OPERATIONS AND SUPPLY CHAIN MANAGEMENT
15th Edition

运营管理

（原书第15版）

[美] **F. 罗伯特·雅各布斯**（F. Robert Jacobs）   **理查德 B. 蔡斯**（Richard B. Chase）   著
印第安纳大学   南加利福尼亚大学

苏强 霍佳震 邱灿华 译

机械工业出版社
China Machine Press

图书在版编目（CIP）数据

运营管理（原书第15版）/（美）F. 罗伯特·雅各布斯（F. Robert Jacobs），（美）理查德 B. 蔡斯（Richard B. Chase）著；苏强，霍佳震，邱灿华译 . —北京：机械工业出版社，2019.7（2025.1 重印）

（华章教材经典译丛）

书名原文：Operations and Supply Chain Management, 15th Edition

ISBN 978-7-111-63049-4

I. 运⋯　II. ①F⋯　②理⋯　③苏⋯　④霍⋯　⑤邱⋯　III. 企业管理 – 运营管理 – 教材　IV. F273

中国版本图书馆 CIP 数据核字（2019）第 128413 号

北京市版权局著作权合同登记　图字：01-2019-2485 号。

F. Robert Jacobs, Richard B. Chase. Operations and Supply Chain Management, 15th Edition.

ISBN 978-1-259-66610-0

Copyright © 2018 by McGraw-Hill Education.

All Rights reserved. No part of this publication may be reproduced or transmitted in any form or by any means, electronic or mechanical, including without limitation photocopying, recording, taping, or any database, information or retrieval system, without the prior written permission of the publisher.

This authorized Chinese translation edition is published by China Machine Press in arrangement with McGraw-Hill Education (Singapore) Pte. Ltd. This edition is authorized for sale in the Chinese mainland (excluding Hong Kong SAR, Macao SAR and Taiwan).

Translation copyright © 2020 by McGraw-Hill Education (Singapore) Pte. Ltd and China Machine Press.

版权所有。未经出版人事先书面许可，对本出版物的任何部分不得以任何方式或途径复制或传播，包括但不限于复印、录制、录音，或通过任何数据库、信息或可检索的系统。

此中文简体翻译版本经授权仅限在中国大陆地区（不包括香港、澳门特别行政区及台湾地区）销售。

版权 © 2020 由麦格劳 – 希尔教育（新加坡）有限公司与机械工业出版社所有。

本书封面贴有 McGraw-Hill Education 公司防伪标签，无标签者不得销售。

本书是生命之树常青的经典教科书，它的价值在于取材于企业的实践，经过理论的研究和升华，又回到了实践，为我们有效地整合战略、人员、技术与运营流程这四个要素提供了指导，是一本运营执行力的必备工具书。本书在介绍和阐述运营管理的体系架构、跟踪和研究不断出现与发展的新话题以及结合企业实践的案例研究等方面，充分体现了作者在运营管理领域教学与研究上的匠心独运。

本书适合 MBA、EMBA 和管理类专业的本科生与研究生，还可供企业经理与管理人员学习或参考。

出版发行：机械工业出版社（北京市西城区百万庄大街 22 号　邮政编码：100037）

责任编辑：施琳琳　　　　　　　　　　　　责任校对：李秋荣

印　　刷：北京铭成印刷有限公司　　　　　版　　次：2025 年 1 月第 1 版第 13 次印刷

开　　本：214mm×275mm　1/16　　　　　印　　张：37.25

书　　号：ISBN 978-7-111-63049-4　　　　定　　价：99.00 元

客服电话：(010) 88361066　68326294

版权所有 · 侵权必究
封底无防伪标均为盗版

Translator's Words 译者序

运营管理是对生产实物产品或交付服务产品的企业和组织进行设计、运营以及改进的系统思维与理论方法。运营管理、营销管理和财务管理是企业管理的三大核心职能领域。运营管理的主要目标是在满足顾客需求的前提下，提升流程效率、优化资源利用、保证产品质量、降低生产成本和能源消耗等。传统的运营管理理论主要关注制造领域，但随着现代服务业的发展，运营管理的相关理论与方法越来越多地被应用于医疗健康、金融证券、教育咨询和公共事业等服务领域，并且发挥着越来越重要的作用。

由美国印第安纳大学F. 罗伯特·雅各布斯教授和南加利福尼亚大学理查德B. 蔡斯教授合著的《运营管理》（原书第15版）是一部体系完整、结构新颖、逻辑严谨、注重实践的运营管理经典教科书。本书自1973年首版问世以来，到现在已经更新至第15版，足以看出它的学术生命力和实践应用活力。目前，本书已被翻译成7种语言，备受各国高校师生和企事业单位从业者的喜爱。在包括我国在内的众多国家，本书已经成为运营管理领域最畅销的教科书之一。

本书主要包括五篇内容：①战略、产品和能力；②制造与服务流程；③供应链流程；④供应、需求的计划与控制；⑤专题。全书共25章，为了方便学生使用，每一章都给出了明确的学习目标，每一个学习目标都对应一个相对独立、完整的知识单元，每一章章末都针对学习目标列出了相关的关键术语，并配有讨论题、客观题和练习测试等，供学生练习使用。

与第14版相比，本书的改进主要体现在如下两个方面：①更加关注供应链分析，强调数据的统计分析和对未来的预测分析，进而运用数学模型实现管理决策优化；②融入了大量最新的、学生熟悉的案例，如星巴克、塔可钟、特斯拉电动汽车和网上零售企业等。

本书是管理类专业运营管理这门核心课程的经典教科书，可供MBA、EMBA、管理类专业的本科生和研究生，以及企业经理与管理人员学习或参考。通过本书的学习，你可以掌握系统、全面的运营分析思路和企业问题的解决方法，学会从流程分析出发，找到管理的瓶颈问题，并通过数据分析和数学建模得出最佳解决方案，帮助企业从基于传统经验的管理模式提升为基于数据和模型的科学决策模式。

能够承担本书的翻译工作是一种荣幸，同时也是一项挑战。本书是在之前翻译版本的基础上，对照第15版英文原书逐字逐句校对修订和翻译而来的。在此，我们特别感谢上海交通大学任建标老师及团队成员为本书第14版及之前版本的翻译所付出的辛苦和努力！除本人之外，同济大学霍佳震教授承担了第14～22章的翻译工作，同济大学邱灿华副教授承担了第1～3章、第5～6章、第23章以及附录部分的翻译工作。

我们在翻译本书的过程中对原书中存在的不妥之处进行了更正。由于译者水平有限，译稿中难免存在不足之处，敬请读者批评指正。

感谢机械工业出版社的编辑和出版人员的支持与帮助，他们高质量和高效率的工作保证了本书的出版。

苏 强

同济大学经济与管理学院

suq@tongji.edu.cn

2020年1月

前言 Preface

运营与供应链管理（OSCM）是提高全球商业生产率的关键因素。要想通过运营建立创新型优势，企业就必须理解运营与供应链管理提高生产率的方式。当然，本书绝非只想告诉读者，企业目前是如何利用可实际操作的工具在市场中建立竞争优势的。

在当今商业领域，运营与供应链管理的相关热门话题是：降低供应链流程的成本、与客户和供应商的集成及协作、可持续性，以及最大限度地降低产品和流程的长期成本。本书紧跟前沿，利用高水平的管理学资料纵观这些热门话题的全貌，并道出了它们如今在商业中占据重要地位的原因。

本书的一大特色是每一章内容都是根据精炼的学习目标组织的。每一个学习目标都是知识的里程碑，应当作为一个单元进行学习。为了实现这些学习目标，每章的结尾都设计了本章小结、讨论题、客观题、案例分析和练习测试等，这些内容能使读者更容易理解每个学习目标。

运营与供应链管理需要从数据的角度来审视公司的业务流程。本书的每个章节都有基于相关数据的决策分析，在决策过程中利用了相应的数学模型。基于实际数据，运营与供应链管理的成功还要求与公司运营一致的战略。我们可以采用不同的方法，与成本和灵活性相关的标准通常是比较实用的。战略通过流程来实现，而流程定义了每个业务是如何开展的。流程在公司的业务管理过程中被一遍又一遍地改善优化，因此这些流程运营得更加有效率，能够在最小化成本的同时符合质量标准。伟大的管理者善于分析决策方法，明确和选择合适的战略，然后通过相应的过程执行战略。我们在本书中贯彻了这一模式。

客户、供应商以及供应链的全球化促使跨国企业逐步意识到，精益和环保都是保持竞争力的重要因素。从高科技制造到高接触服务的应用范围被用于平衡处理该领域的传统主题。企业要想在当下立于不败之地，就必须成功地管理整个供应流程：从企业的采购到增值过程，再到最后的顾客。

每一章都对运营与供应链相关问题的解决方案进行了讨论。对于那些在设计、计划及业务运营管理中需要做出的决策，本书也都有翔实的阐述。本书还提供了大量的电子表格，有助于读者理解这些问题是如何被快速解决的。[一]

本书的目标读者是那些想要投身于产品生产和服务领域的人士。初级的运营专才是对最佳的设计、供应以及流程运营做出决策的人；高级的运营专才则立足于运营与供应链制定公司战略方向，决定采用何种技术与如何选址，并管理用于产品生产或服务的设施。运营与供应链管理是人才管理和复杂技术应用的综合体，其目的是通过提供高品质的产品和服务来创造财富。

本书可以帮助读者理解的材料包括：

- 专栏简要概述了当今的前沿公司是如何运用 OSCM 概念的。
- 章末的练习题可以视为实际应用之前的练习模型。
- 本章小结凝练了每个学习目标中的概念，包含关键术语的定义，并在适当的位置列出了重要公式。
- 讨论题旨在回顾概念并展示其在现实环境中的适用性。这些都包含在每个章节中，并按学习目标进行组织。
- 每章末尾都有客观题，涵盖了每个概念与问题。这些问题是根据每章的学习目标来设计的。

[一] 读者可登录机械工业出版社教育服务网网站（www.cmpedu.com）查询相关的电子表格。

- 每章末尾都有练习测试，可以帮助读者进一步理解每章的一些概念，形式上类似于小测验中的简答。
- 附录 D 给出了部分习题的参考答案。

我们的目标是覆盖运营与供应链管理者所面临的最新、最重要的问题，当然也包括基本的工具和技术。书中提供了许多企业的前沿应用实例。我们竭尽所能，使本书更加吸引人并为读者构建职业上的竞争优势。

希望大家能够喜欢本书！

本书安排

本书主要介绍了能够有效生产以及配送企业所提供的产品与服务的方法。为了能让读者更好地理解本书的内容，本书分为五大模块：战略、产品和能力；制造与服务流程；供应链流程；供应、需求的计划与控制；专题。接下来，我们将快速浏览本书涉及的主题。

第一篇中的战略与可持续性是本书一个重要且反复出现的主题。任何企业都必须有一个全面的战略计划，包括营销战略、运营战略以及财务战略，其中关键点是企业应当保证这三大战略是相互支持的。战略探讨的是企业的顶层设计，见第 2 章的主要内容；更多有关规模经济和学习的内容见第 5 章与第 6 章。

以尽可能低的成本为市场提供持续的创新型产品是企业的生存之道。第 3 章介绍了与产品生命周期中生产和配送相结合的产品设计。这一章的内容关注如何管理及分析产品开发过程中产生的经济影响。第 4 章通过项目来落实公司战略、产品研发和流程的变革。

第二篇聚焦于内部流程的设计。第 7 章和第 9 章分析了生产及服务流程的特点。与设计相关的一些重要技术方法则是第 8 章和第 10 章的主要内容。

第 11 章具体介绍了流程图的绘制，并采用通俗易懂的实践范例来描述流程分析。

流程设计中的一个关键因素是质量。六西格玛质量管理是第 12 章的主题，这一章包含对全面质量管理、六西格玛工具以及 ISO 9000 和 ISO 14000 的介绍。与质量相关的统计技术则在第 13 章中进行详细讨论。

第三篇把我们的视野从物料采购及产品、服务的配送拓宽到整个系统。我们在第 14 章中展开了对精益制造和准时制过程的讨论，这些理念被全世界的企业广泛应用，并成为高效、快速响应供应系统的关键驱动力。供应链整合的需要催生了大量转换过程，这里就涉及一些关键决策，例如，设施应当在何处选址？我们应当购买或租用怎样的设备？我们应当将工作外包还是内部完成？这些是第 15 章和第 16 章讨论的主题，涉及采购、设施选址以及配送。所有这些决策都将对企业产生直接的经济影响。

第四篇介绍了系统在实际运作中所需要的技术，这是运营与供应链管理的核心。这一部分包括第 18 章"预测"、第 19 章"销售与运营计划"、第 20 章"库存管理"、第 21 章"物料需求计划"以及第 22 章"工作中心调度"。这些技术的日常应用一般是在计算机信息系统的帮助下半自动运行的。第 17 章的主题涉及企业资源计划系统。

第五篇是"专题"，阐述了书中的概念如何应用于某些特殊的业务环境。这里，我们选择了两个特殊的业务流程：第 24 章的"医疗"和第 25 章的"运营咨询"。许多人对医院的工作和特殊护理设施感兴趣，这也逐步成为世界经济中很大一部分。另外，许多人也对运营与供应链管理的专业管理咨询很感兴趣。

基于事实的决策制定是运营与供应链管理的全部，因此对决策方法与工具的详尽介绍是本书的显著特色。对决策进行分类的一个有效方法就是依据计划期的长度或决策制定者所必须考虑的周期长短。举例来说，建造新工厂就是企业的一个长期决策，这在未来 10～15 年都将影响着企业。相反，某个物品隔日的订货量决策则涉及一个短得多的计划期，一般是几个月甚至几天。这些短期决策通常由计算机系统自动做出。中期决策只与企业 3～12 个月的运作需求相关，这样的决策通常受年度模型和季度循环的变化影响。

综上所述，本书所有的主题都是相互关联的。企业的战略表明运营是如何设计的，而运营的设计则说明了管理的方式。最后，因为业务中通常会出现新市场、新产品或新技术带来的机会，所以我们还需要善于管理变化。

致谢

许多优秀学者为本书的具体章节做出了巨大的贡献,我们在此逐一表示感谢。

感谢印第安纳大学的 Rhonda Lummus 对本书素材的改进提供了许多宝贵意见。感谢肯尼索州立大学的 Ronny Richardson 和杜克大学的 Matthew Drake 花了大量时间检查书稿问题。

感谢印第安纳大学凯利商学院 ODT 系的 Chris Albright、Goker Aydin、Doug Blocher、Kyle Cattani、Seb Hesse、Ash Soni、Gilvan Souza 和 Wayne Winston,他们一直在贡献各种想法。

附录部分的写作同样花费了大量时间,它们使读者更加容易理解书中的内容,我们向撰写者表示感谢:东卡罗来纳大学的 John Kros 创建了引导示例;托莱多大学的 P. Sundararaghavan 更新了测试库;肯尼索州立大学的 Ronny Richardson 更新了幻灯片。

我们要感谢多年来为本书做出贡献的博士生,包括不列颠哥伦比亚大学的 Mahesh Nagarajan;南加利福尼亚大学的 Hiroshi Ochiumi、Wayne Johannson 和 Jason Niggley;新格莱德大学的 Douglas Stewart;塞浦路斯大学的 Anderas Soteriou;艾奥瓦州北部大学的 Arvinder Loomba;科罗拉多大学丹佛分校的 Deborah Kellogg;加州立大学洛杉矶分校的 Blair Berkeley;雷鸟美国国际管理研究生院的 Bill Youngdahl。

我们还要感谢以下对第 14 版进行深思熟虑并为本书提出宝贵建议的人:佛罗里达国际大学的 Gladys Simpson;内布拉斯加大学的 Scott Swenseth;加州大学河滨分校的 Mohsen El Hafsi;内布拉斯加大学的 Joel Wisner;雅典州立大学的 Kim Roberts;新墨西哥大学的 Chris Kiscaden 和 Steven Yourstone;印第安纳大学的 Mark Ippolito;费里斯州立大学和兰辛社区学院的 Frank Armstrong。

感谢麦格劳-希尔教育团队让这一切成为可能:经理 Chuck Synovec;主要产品开发人员 Michele Janicek;高级营销经理 Trina Maurer;项目经理 Kathryn Wright 和 Kristin Bradley;项目群经理 Mark Christianson;高级采购员 Sandy Ludovissy;设计师 Egzon Shaqiri;内容许可专家 Melissa Homer 和 Jacob Sullivan。

最后,我要感谢以前的合著者 Dick Chase 和 Nick Aquilano,过去 16 年里,我们一起为本书而奋斗。我和 Nick 共同修订过 2 个版本,和 Dick 修订过 6 个版本。Nick 和 Dick 虽然没有参与这一全新版本的修订,但他们参与了许多创新性的活动,给予我很多灵感,他们是非常棒的同事。好好享受退休生活吧,你们值得!

F. 罗伯特·雅各布斯

Contents 目录

译 者 序
前　　言

第一篇　战略、产品和能力

第1章　导论 /2

学习目标 /2

引导案例　西南航空公司的效率 /2

1.1　运营与供应链管理的基本要素 /2

1.2　运营与供应链管理中的职业发展 /8

1.3　运营与供应链管理领域的主要概念 /9

1.4　效率、效果与价值 /12

本章小结 /15

讨论题 /16

客观题 /16

分析练习　使用华尔街效率测量方法比较各公司 /17

练习测试 /17

第2章　战略 /19

学习目标 /19

引导案例　特斯拉汽车 /19

2.1　可持续的运营与供应链战略 /20

2.2　什么是运营与供应链战略 /21

2.3　使用运营与供应链活动来实施战略：宜家的战略 /24

2.4　评估和运营与供应链战略相关的风险 /26

2.5　生产率度量 /27

本章小结 /29

应用举例 /29

讨论题 /30

客观题 /30

案例分析　Timbuk2 的道法 /32

练习测试 /33

第3章　产品与服务设计 /34

学习目标 /34

引导案例　IDEO：一家设计与创新企业 /34

3.1　产品设计 /35

3.2　产品设计标准 /39

3.3　服务设计 /44

3.4　产品开发项目的经济分析 /46

3.5　产品开发的绩效测评 /49

本章小结 /49

应用举例 /50

讨论题 /51

客观题 /52

案例分析 3-1　设计和定价 /54

案例分析 3-2　牙科 SPA /56

练习测试 /56

第4章　项目 /57

学习目标 /57

引导案例　能否在一周之内建起一幢 15 层的宾馆 /57

4.1 什么是项目管理 /57
4.2 网络计划模型 /61
4.3 管理项目 /71
4.4 项目管理信息系统 /75
本章小结 /75
应用举例 /77
讨论题 /79
客观题 /79
案例分析 产品设计项目 /83
练习测试 /84

第5章 战略能力管理 /85

学习目标 /85
引导案例 钢铁制造的规模经济 /85
5.1 运营与供应链管理中的能力管理 /85
5.2 能力规划 /88
5.3 决策树在能力方案评价中的应用 /91
5.4 服务能力规划 /93
本章小结 /95
应用举例 /96
讨论题 /97
客观题 /97
案例分析 休尔德斯医院：技高一筹 /99
练习测试 /100

第6章 学习曲线 /102

学习目标 /102
引导案例 波音团队加速737飞机生产 /102
6.1 什么是学习曲线 /102
6.2 学习曲线如何建模 /103
6.3 实际上能学到多少东西 /109
本章小结 /111
应用举例 /112
讨论题 /112

客观题 /113
练习测试 /114

第二篇 制造与服务流程

第7章 制造流程 /116

学习目标 /116
引导案例 3D打印：应用这一技术可以使零件制造更好更便宜 /116
7.1 什么是制造流程 /116
7.2 如何制定制造工艺流程 /118
7.3 生产工艺流程设计 /122
本章小结 /126
应用举例 /126
讨论题 /127
客观题 /127
案例分析 电路板制造公司 /129
练习测试 /131

第8章 设施布置 /132

学习目标 /132
引导案例 东芝：第一台笔记本电脑的制造者 /132
8.1 四种主要的布置形式分析 /133
8.2 零售服务业布置 /144
本章小结 /146
应用举例 /147
讨论题 /149
客观题 /149
案例分析 制造流程设计：东芝笔记本电脑的装配线 /153
练习测试 /154

第9章 服务流程 /155

学习目标 /155
引导案例 只要摇一下手机就能完成支付 /155

9.1 服务的本质 /155
9.2 服务组织设计 /157
9.3 服务蓝图和故障预防 /162
9.4 三种服务设计的对比 /164
本章小结 /166
讨论题 /167
客观题 /168
案例分析 美国比萨：将顾客需求转变为流程设计要求的练习 /168
练习测试 /169

第10章 排队分析与仿真 /170

学习目标 /170
引导案例 排队会让你抓狂吗 /170
10.1 排队问题 /171
10.2 排队模型 /178
10.3 排队问题的计算机仿真 /190
本章小结 /196
应用举例 /197
讨论题 /199
客观题 /200
案例分析 社区医院晚间手术室 /203
分析练习 顾客订单处理 /203
练习测试 /205

第11章 流程设计与分析 /206

学习目标 /206
引导案例 亚马逊：效率和物流大师 /206
11.1 流程分析 /207
11.2 了解流程 /210
11.3 工作设计决策 /218
11.4 流程分析的实例 /219
本章小结 /225
应用举例 /226
讨论题 /228
客观题 /228

案例分析 老虎机操作过程分析 /231
练习测试 /232

第12章 六西格玛质量管理 /233

学习目标 /233
引导案例 通用电气的六西格玛供应链流程 /233
12.1 全面质量管理 /233
12.2 六西格玛质量 /238
12.3 ISO 9000 和 ISO 14000 /244
本章小结 /245
讨论题 /246
客观题 /247
案例分析 特斯拉的质量挑战 /247
练习测试 /248

第13章 统计质量控制 /249

学习目标 /249
引导案例 通过控制图说明控制波动的重要性 /249
13.1 统计质量控制 /250
13.2 统计过程控制步骤 /255
13.3 抽样检验 /262
本章小结 /264
应用举例 /265
讨论题 /267
客观题 /268
案例分析 13-1 热点塑料公司 /270
案例分析 13-2 质量管理：丰田公司 /272
练习测试 /272

第三篇 供应链流程

第14章 精益供应链 /274

学习目标 /274
引导案例 从精益供应链到精益设计 /274
14.1 精益生产 /274

14.2 精益供应链 /276
14.3 价值流图 /278
14.4 精益供应链设计原则 /280
14.5 精益服务 /286
本章小结 /288
应用举例 /289
讨论题 /289
客观题 /293
案例分析 14-1 品质零配件公司 /294
案例分析 14-2 价值流图 /295
案例分析 14-3 先锋渔船：价值流图应用范例 /296
练习测试 /297

第 15 章 选址、配送和运输 /298

学习目标 /298
引导案例 巴拿马运河更宽的新水道 /298
15.1 物流 /298
15.2 与物流相关的决策 /299
15.3 物流设施选址 /301
本章小结 /308
应用举例 /309
讨论题 /312
客观题 /312
分析练习 配送中心选址 /314
练习测试 /315

第 16 章 全球采购 /316

学习目标 /316
引导案例 无工厂商品生产商 /316
16.1 战略采购 /316
16.2 外包 /320
16.3 总拥有成本 /325
16.4 评估采购绩效 /327
本章小结 /329
讨论题 /330

客观题 /330
分析练习 全球采购决策——固安捷公司：重建中美供应链 /331
练习测试 /333

第四篇 供应、需求的计划与控制

第 17 章 企业资源计划系统 /336

学习目标 /336
引导案例 "云"中的 ERP /336
17.1 什么是企业资源计划 /337
17.2 ERP 如何整合各个功能模块 /338
17.3 供应链计划和控制如何嵌入 ERP /340
17.4 评价集成 ERP 系统有效性的绩效指标 /343
本章小结 /346
应用举例 /347
讨论题 /347
客观题 /348
练习测试 /348

第 18 章 预测 /349

学习目标 /349
引导案例 从种子到杯子：星巴克全球供应链挑战 /349
18.1 运营与供应链管理中的预测 /349
18.2 预测的种类 /350
18.3 定性预测方法 /370
18.4 基于网络的预测：协同规划、预测及补货 /371
本章小结 /372
应用举例 /373
问题讨论 /376
客观题 /376
分析练习 星巴克的供应链需求预测 /381
练习测试 /382

第19章 销售与运营计划 /383

学习目标 /383

引导案例 美国西南制造公司的销售与运营计划 /383

19.1 什么是销售与运营计划 /384

19.2 综合计划技术 /388

19.3 收益管理 /394

本章小结 /395

应用举例 /396

讨论题 /398

客观题 /398

分析练习 为布拉福特制造公司制订生产计划 /400

练习测试 /401

第20章 库存管理 /402

学习目标 /402

引导案例 未来需要仓库吗 /402

20.1 理解库存管理 /403

20.2 库存控制系统 /406

20.3 库存计划和准确性 /419

本章小结 /422

应用举例 /423

讨论题 /425

客观题 /425

案例分析 BIG10Sweater.com 的库存管理 /430

练习测试 /432

第21章 物料需求计划 /433

学习目标 /433

引导案例 iPad 的内部 /433

21.1 理解物料需求计划 /433

21.2 物料需求计划系统的结构 /436

21.3 MRP 应用实例 /439

21.4 MRP 系统中批量的确定 /443

本章小结 /446

应用举例 /447

讨论题 /450

客观题 /451

分析练习 布伦瑞克摩托公司：MRP 入门案例 /453

练习测试 /454

第22章 工作中心调度 /455

学习目标 /455

引导案例 医院缩减急救室等待时间：新的"快速轨道"单位、高科技身份识别提高访问速度 /455

22.1 工作中心调度 /455

22.2 优先原则和技术 /459

22.3 车间作业控制 /464

22.4 服务业中的人员作业调度 /467

本章小结 /469

应用举例 /470

讨论题 /473

客观题 /473

案例分析 让患者等待？在我的办公室里不可能发生 /476

练习测试 /478

第23章 约束管理 /479

学习目标 /479

引导案例 企业的约束管理 /479

23.1 高德拉特的约束理论 /480

23.2 瓶颈资源、能力约束资源和同步制造 /484

23.3 同步制造与传统方法的比较 /492

23.4 约束理论：关于生产什么的问题 /494

本章小结 /499

应用举例 /500

讨论题 /500

客观题 /501

练习测试 /503

第五篇 专题

第24章 医疗 /506

学习目标 /506

引导案例 医疗优化协会 /506

24.1 医疗运营的特点 /507

24.2 绩效测评 /513

24.3 医疗趋势 /514

本章小结 /515

讨论题 /516

客观题 /516

案例分析 在家庭诊所管理患者的等待时间 /516

练习测试 /518

第25章 运营咨询 /519

学习目标 /519

引导案例 PRTM：一家领先的运营咨询公司 /519

25.1 什么是运营咨询 /520

25.2 运营咨询过程 /522

25.3 业务流程再造（BPR） /529

本章小结 /531

讨论题 /531

客观题 /531

分析练习 快速工厂评估 /532

练习测试 /533

附录A 用 Excel Solver 解决线性规划问题 /534

附录B 生产运营技术 /549

附录C 财务分析 /555

附录D 部分习题答案 /569

附录E 现值表 /572

附录F 负指数分布的 e^{-x} 值 /574

附录G 累计标准正态分布概率表 /576

附录H 均匀分布随机数表 /578

附录I 利率表 /580

PART 1

第一篇

战略、产品和能力

第1章 导论
第2章 战略
第3章 产品与服务设计
第4章 项目
第5章 战略能力管理
第6章 学习曲线

21世纪的运营与供应链管理

毋庸置疑,现代供应链的管理需要制造、采购、配送方面的专业人才。当今时代,首席财务官、首席信息官、首席执行官以及运营与客服主管的工作都非常重要。运营与供应链领域已发生革命性的变化,且变革极其迅猛。

本书第1章为理解动态环境下的运营与供应链管理做了一个铺垫。本书主要描述运营流程的设计和运行,使公司能够以满足顾客期望的方式为其提供产品和服务。

第 1 章

导　论

学习目标

1-1 识别运营与供应链管理（OSCM）的基本要素；

1-2 了解运营与供应链管理中潜在的职业发展机会；

1-3 熟悉运营与供应链管理领域的主要概念；

1-4 评估企业的效率。

引导案例

西南航空公司的效率

让乘客快速登机能够极大地降低航空公司的成本。西南航空公司没有预先分配座位，是提高飞机转换速度最有效的一种方法。西南航空公司的目标是让飞机尽可能多地在空中飞行，然而要实现这一点是很困难的，因为每架飞机每天都要进行多次短途飞行。

平均而言，如果不考虑因维修而暂停飞行的情况，西南航空公司的 550 架喷气机，每架每天飞行 6 次以上。对航空公司来说，节省飞机从降落到起飞整个过程的时间是至关重要的。据估计，根据机场和飞机的不同，西南航空公司可以在 30～55 分钟内完成这一任务。想想看：即使每次起降花费 45 分钟，西南航空公司的一架飞机每天仍要在地面上停留 4.5 个小时。所以西南航空公司致力于减少旅客登机时间来缩短这一转换时间，从而使自己的飞机能够飞行更多的班次。

西南航空公司登机：在没有预先分配座位的情况下实现快速登机是 45 分钟起降转机的关键。

1.1　运营与供应链管理的基本要素

真正成功的公司对于如何盈利必须有一个清晰而明确的想法，无论是为单个客户量身定制的高端产品和服务，还是以成本为优势的一般廉价产品，如何具有竞争力地生产和分销这些产品都是一个重大挑战。

本章开篇描述了西南航空公司快速周转飞机的重要性。保持飞机每天飞行是航空公司盈利能力的关键因素，而西南航空公司在飞机着陆时使用的快速转换流程,得到了运营与供应链管理专家的精心设计和优化,从而提高了效率。

考虑企业的主要职能,运营与供应链管理需要来自各领域的专业人才,负责产品设计、采购、生产、服务运营、物流和分销。这些复合型人才,适合具有不同特色的产品和服务。对电视机企业而言,以索尼为例,供应链的功能主要体现在设计电视机、采购原材料、协调生产资源将原材料加工为产品、运输产品和交付给客户。有些企业更注重服务,比如医院,这里的运营管理主要指管理医疗资源,包括用于护理患者恢复健康的手术室、实验室和病床。在这样的情况下,运营成功的关键要素是购买医疗器械、转移患者和协调资源。其他企业则更具特殊性,如亚马逊,要取得成功需要关注采购、网站服务、物流和分销。如今的全球经济是相互联系的,又是相互独立的,交付最终的货物或是服务,从一个地方供给到另一个地方都是通过一些令人惊叹的新科技、古老的智慧、神奇的运算、强大的软件、老式钢筋混凝土和人之间的巧妙的新应用来完成的。

本书主要探讨的是如何以最低的成本达到客户的要求。要取得成功的运营,需要对运营战略、运营流程和运营分析进行精准而有效的集成,其中运营流程指的是交付产品和服务所包含的过程,运营分析则支撑管理企业所做的运营决策。本书的目标是给读者介绍基本的运营与供应链概念,让他们理解供应链是怎样运作的,并且告诉他们成功的企业是如何运用这些策略和概念的。

无论从事哪项业务,理解运营与供应链管理都至关重要。如果你对金融感兴趣,你会发现这些概念都是适用的。把这些概念应用到金融领域,货币的流通、储存和交换就犹如货物的配送、储存和交换。这跟你在课堂中学到的金融知识是完全相同的,只不过由于产品的物理特性和服务的无形特征,所以我们看待事物的方式非常不同。如果你在从事营销工作,这些概念也尤其重要。产品或服务如果不能以消费者可以接受的价格出售,那么无论你的营销策略多么好,都不会有人光顾。最后需要指出,用于管理库存、记录运营情况和供应链信息的会计账目会被用来追踪一家企业的财务状况。理解这些账目之间的运营流程对于理解企业的财务报表至关重要。

1.1.1 什么是运营与供应链管理

运营与供应链管理(operations and supply chain management,OSCM)就是对企业生产交付产品或服务的系统进行的设计、运营以及改进。正如营销和财务管理,运营管理也是企业的一个职能领域,有其明确的管理职责。运营与供应链管理关注的是提供产品和服务的整个系统的管理。比如生产男士尼龙夹克,或提供手机账号服务,都包括一系列复杂的转换过程。

图 1-1 描绘了一种男士尼龙夹克的供应网络,这种夹克在 L. L. Bean、Land's End 等品牌网络上都有销售。我们可以通过观察图中的 4 条路径来理解这个网络。A 路径跟踪的是夹克中抓绒隔层的生产活动。抓绒隔层在被大批量采购后,经过适当的加工后被染色,在经过密封性检验或分级以及颜色检验后被送到仓库储存。B 路径跟踪的是夹克用到的尼龙的生产过程。通过使用从原油中提取的高分子聚合物,尼龙被拉伸成纺线状的材料。后面就到了 C 路径,它给出了使尼龙成型的多个步骤。D 路径显示的是如何将尼龙材料和抓绒材料缝合成又轻又保暖的夹克。这些完工的夹克会被送往仓库,继而再被送到零售商的分销中心进行拣货、包装,最后被送到顾客手中。我们可以将这个供应网络想象成一个用于物料和信息流动的管道。

Courtesy of L. L. Bean, Inc.

这个管道的一些关键位置存放着后续步骤所需的物料和信息:抓绒隔层被存放在靠近 A 路径末端的位置,尼龙则被存放在靠近 B 路径末端的位置。在它们汇聚到 D 路径之前,还需要进行面料的裁剪。尼龙和抓绒隔层在 D 路径被缝制成夹克之前,就已经存放好了。D 路径的末端是一些配送步骤,包括顾客订货前的存储、根据实际订单进行拣货、包装以及最后的运输。

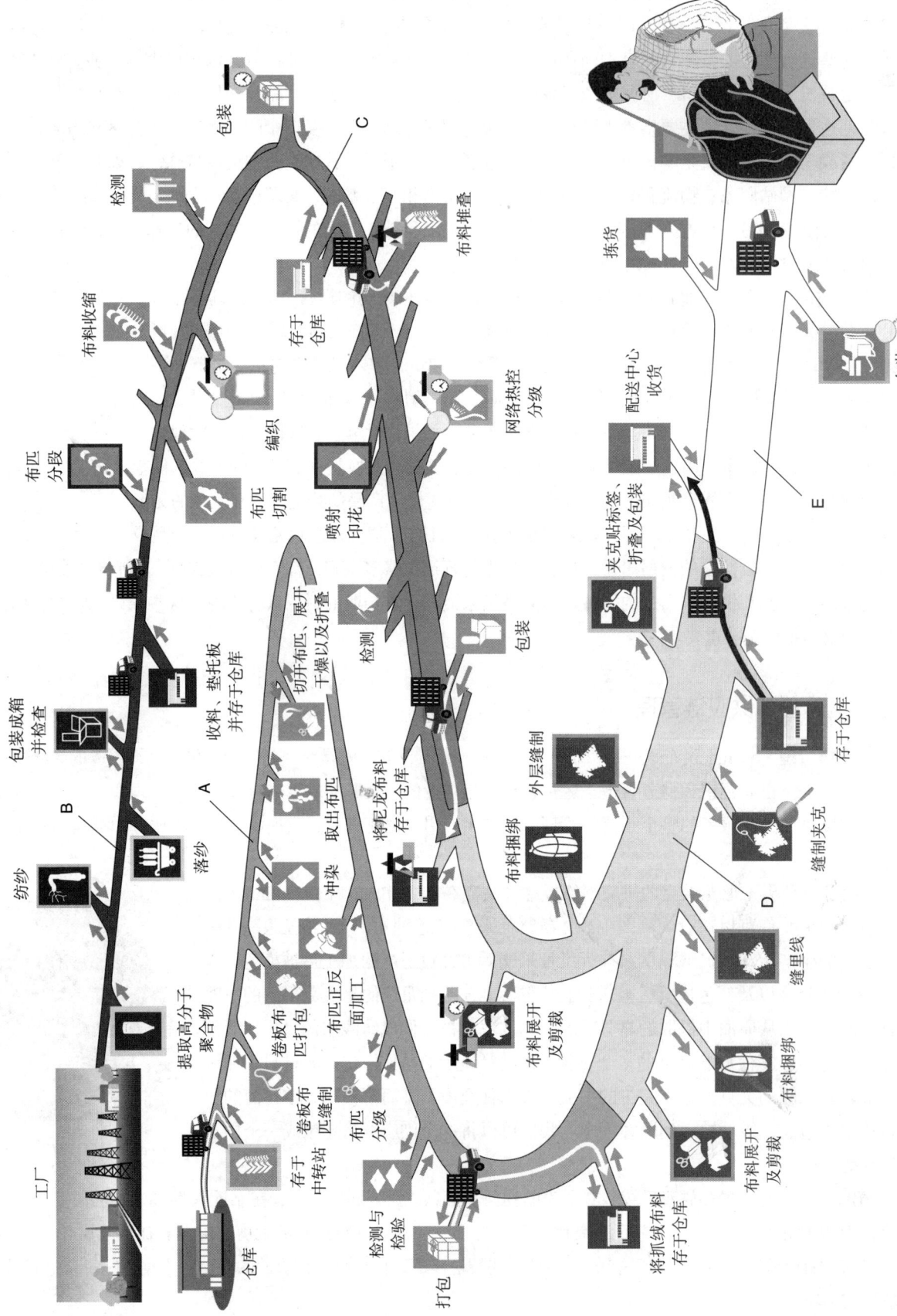

图1-1 男士尼龙夹克的加工过程

任何一种产品或服务都可以构建出这样的供应网络。一般来讲，网络中不同的实体被不同的企业所掌控，如尼龙生产商、抓绒布料生产商、夹克制造商和各类零售商。所有物料的移动都需要交通运输工具，如这个例子中的船和卡车。上述网络还可以是全球范围内的，不同实体可能位于不同的国家。对于一个成功的运输系统而言，所有的步骤都进行了很好的协调运营，以保持低成本和最小化浪费。运营与供应链管理则可以使整个流程中的实体尽可能以高效的方式运营。

> **关键思想**
> 理解供应链的一个好的开端就是从头至尾描绘出整个供应链网络。

1.1.2　区分运营与供应链流程

如今企业要想在全球市场上取得成功，就要有一个合适的经营策略，以符合顾客偏好并使复杂供应链网络与所反映的现实相匹配。形成一种既可以满足股东和员工利益，又可以保护环境的可持续性策略则显得尤为关键。本书第一篇的主题就是与这种策略相关的（见图1-2）。

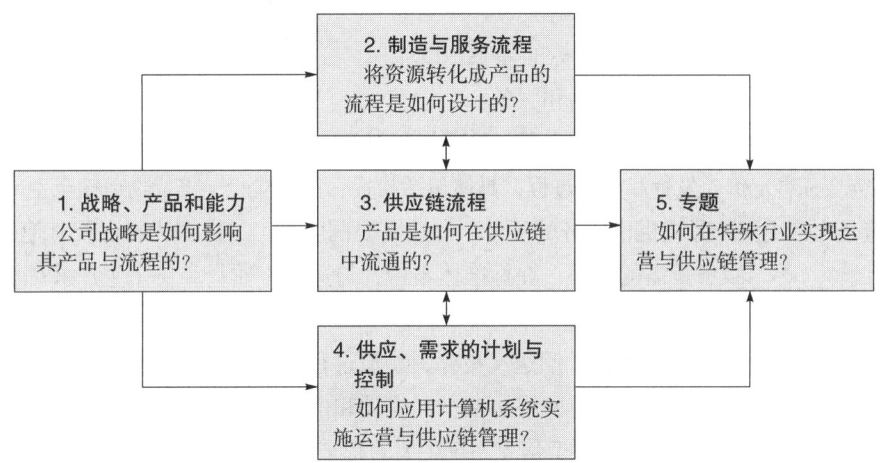

图1-2　运营与供应链管理每个模块的问题

在我们要讨论的内容中，"运营与供应链"这个词有着特殊的含义。**运营**（operations）指的是将公司购入的资源转换成顾客所需的产品的过程，包括制造与服务流程，这些将在第二篇中阐述。举个例子，制造流程就是生产如汽车、计算机等有形产品；服务流程则是提供无形产品，比如呼叫中心向被困在高速公路上的人提供信息或在医院急诊室中救治事故中的伤员。对转化过程的规划涉及不断地分析对运营能力、人力和原材料的需求，管理流程就需要保证质量并持续地改进这些流程。关于这方面的概念也将在本书第二篇中提及。

供应链（supply chain）指的是企业制造与服务流程中信息和物料的流动，其中就包括产品物理移动的物流过程，以及仓储和用于快速向顾客发货的存储过程。这里的供应一方面指的是在输入端向工厂和仓库提供产品和服务，另一方面则是在供应链的输出端向客户提供产品和服务。这些过程包含在本书第三篇的内容中。

第四篇是关于运营与供应链管理资源的规划。从预测需求开始，资源被更加适当地分配给供应端和以需求为导向的生产端。这些资源计划都是通过综合的计算机系统来捕捉企业的活动和现有资源状态的。

第五篇介绍了如何将这些概念应用到具体的行业中，如医疗和咨询。能否真正理解这些概念，就要看能否将这些概念应用到非特殊的商业过程中。本书会以相对一般的方式将生产、服务、采购和物流这些概念介绍给大家，而第一篇将介绍如何将这些概念应用到特殊的商业领域中。

所有的管理者都应理解各转换过程中的基本设计指导原则，包括不同过程间应如何组织、生产能力如何设定、各过程生产单位产品所需时间的长短、加工质量如何监控以及上述过程的设计和运营在信息计划系统中如何协调。

随着全球竞争日益加剧以及信息技术不断发展，运营与供应链管理正发生着翻天覆地的变化。尽管很多基本理论已经存在了很多年，但它们结合新方法后的运用将令人鼓舞。网络技术使信息分享变得实时、可靠且费用低廉。通过销售终端系统（POS）、射频识别标签、条形码扫描器和自动识别的运用，可以直接从源头获取信息。这使人们更加关注对信息内涵的理解以及如何运用信息做出更好的决策。

1.1.3 运营与供应链流程分类

运营与供应链流程的分类并不复杂。从消费产品和服务的角度来考虑，可以分为计划（planning）、采购（sourcing）、制造（making）、配送（delivering）和回收（returning）5 个过程。图 1-3 描绘了这些流程在供应链各个环节上的应用。下面重点描述各过程包含的内容。

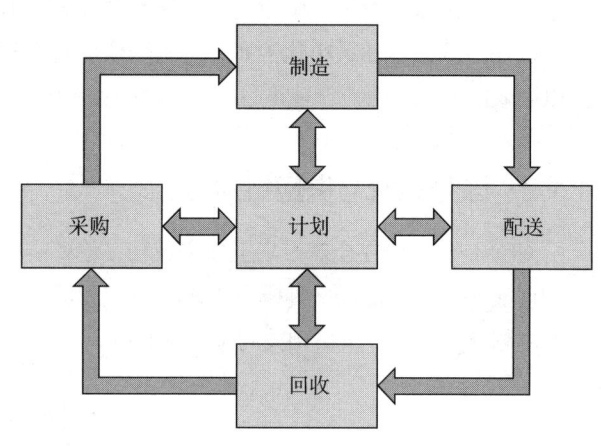

图 1-3　供应链流程

（1）**计划**。计划包括实施现有供应链战略所需的一系列过程。企业应就如何在有限的资源下满足期望做出决策。计划的一个重要方面就是形成一套用于监管供应链的标准体系，以使供应链有效地向顾客提供高品质与高价值的产品和服务。

（2）**采购**。采购包括向企业提供如何选择生产所需的产品和服务的供应商。在监管体系的建立以及增进企业间合作伙伴关系的同时，也需要完善定价、发货和支付过程，具体包括收货、货物检验、将货物运输至生产基地和货款支付。

（3）**制造**。制造是生产主要产品或提供服务的环节。制造需要调度员工、协调物料以及其他关键资源，如生产或服务所需的设备。在标准体系中，与速度、质量和员工生产效率相关的指标就是用来监管这些过程的。

> **关键思想**
> 企业处于供应链的不同位置。在其所处的位置上，它们都需要计划、采购、制造、配送以及回收过程。

（4）**配送**。配送又被称为物流过程。使用各种运输工具将产品送到仓库或者客户手中，通过供应网络协调产品流动和信息流动。它们还关系着仓储网络和信息系统的开发与运营。这个信息系统主要管理来自客户的订单以及与货款回收相关的单据。

（5）**回收**。回收包括对损耗品、次品、客户退回的多余产品的回收以及为持有问题产品的顾客提供支持。在服务业中，这还可能包括售后所需的所有类型的后续支持性工作。

要理解这些过程，就要考虑到供应链中需要协调工作的各个主体。上述讨论的几个过程不仅适用于制造领域，还适合那些不包括非连续性零件生产的过程。服务型企业，以医院为例，医院供应的通常是日常所需的药品和医疗保健。这也需要在制药公司、当地仓库与配送服务及医院接收之间进行协调。在医院为患者验血、做手术时，需要合理地安排相关流程。在其他地方，如急诊室里，医务人员也是按需分配的。所有这些活动的合理组合是保证高质服务和合理价格的关键。

1.1.4 服务与产品的差异

服务与产品的差异主要体现在 5 个方面。第一，服务是一种无法计量的无形过程，而产品是有一定物理特征的有形产出。这一差别在商业上有着重要含义：不像产品创新，服务创新无专利可言。所以，一旦企业有了一个新想法，就必须赶在竞争对手模仿之前迅速实施并推广。对于顾客来说，服务的无形性还表现出另外一个问题：有形产品在购买前可以试用，而服务不可以。

> **关键思想**
> 服务的产物是无形的。与产品生产过程相比，服务流程往往具有高度可变性和时间依赖性。

第二，服务之所以为服务，是因为服务人员需要与顾客进行一定程度的互动。可能只是简单的互动，却贯穿整个服务活动。如果一项服务是需要面对面进行的，那么在服务设施方面还必须考虑到顾客的参与。而有形产品的生产设施是与顾客分离开来的，按照生产计划进行生产就是有效率的。

第三，服务天生具有多变性：由于顾客和服务人员态度的不同，每天甚至每小时呈现出来的服务都会不一样，自动柜员机等硬件服务和信息技术中的电话应答与自动网络交互服务除外。因此，即便有着详细的工作细则（例如呼叫中心），也可能会产生意想不到的结果。相反，有形产品则每日严格按规范生产，毫无变动性可言，产出的次品也可以进行返工或是报废处理。

第四，服务具有易逝性和时间依赖性，此外与产品不同，它不能被存储。不可以说上周的某次航班或者某天的校园生活重来一次。

第五，服务的细节具体可以由以下 4 个方面来定义和衡量。这些方面与 5 种感官相关。

- 支持性设施：地理位置、装修、布局、建筑风格、配套设备。
- 辅助物品：与服务配套的实物产品的多样性、一致性和数量，如餐饮服务中食物的种类。
- 显性服务：服务人员接受的培训、服务水平的一致性、服务的实用性和可获得性以及服务的全面性。
- 隐性服务：服务人员的态度、气氛、等待时间、地位、私密性和安全性以及便利性。

1.1.5　产品与服务的统一

大部分产品是有形产品与服务的结合。图 1-4 列出了由纯产品到纯服务的统一过程。这里的变化主要针对企业的核心业务，从只生产产品的公司到只提供服务的公司。纯产品工业利润低，为了实现差异化，它们通常会加入一定的服务。例如，有些企业会在物流方面提供货物存储、信息数据库的维护和咨询建议。

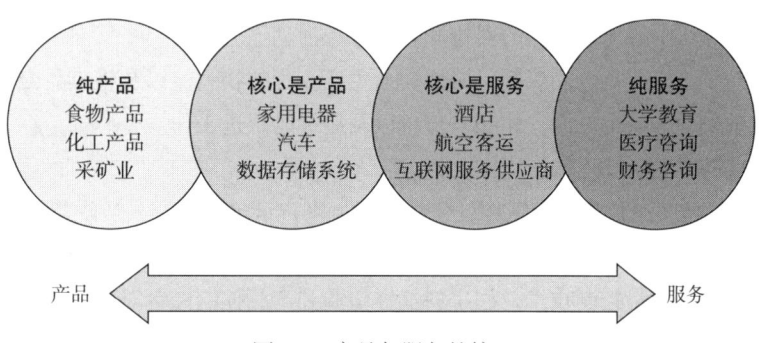

图 1-4　产品与服务的统一

以产品为主的企业现已都将服务看作业务的重要组成部分，比如汽车生产商会向分销商的维修中心提供零件配送服务。

以服务为主的企业则必须结合有形产品。举个例子，一家有线电视公司必须向客户提供有线连接装置、维修服务以及高解析度的分线盒。纯服务，例如财务咨询公司提供的服务，可能只需要提供一点点有形产品，但是它们要用到的参考书、专业资料和电子表格则对工作业绩而言十分重要。

1.1.6　产品与服务的捆绑

产品与服务的捆绑（product-service bundling）是指企业为其客户将服务嵌入产品中。这种服务包括维修、零件供应、培训，有时候还可能是整个系统的设计和研发。该领域有名的先驱代表企业就是 IBM。IBM 将业务看成服务型业务，并认为有形产品只是它提供给客户的业务解决方案中的一小部分而已。实施这种战略最成功的企业会先将同一业务基础上各个方面的服务整合起来，以便创立一个综合性的服务组织。这类服务组织的关注点由提升产品品质演变为系统开发和产品调整，以支持公司沿价值流（value stream）进入一个新的市场。不过，服务化策略并非对所有的公司而言都是最好的方法。最近的一项研究发现，虽然产品与服务的捆绑型企业能够获得更高的收入，但是它们的利润率比不上专注于产品或专注于服务的企业。这是因为它们产生的收入或利润还不足以高到可以抵销由额外投资引起的与服务相关的成本。

1.2 运营与供应链管理中的职业发展

从事运营与供应链管理的人员都做些什么呢？很简单，他们专注于管理生产，以及产品和服务的传递。对于能够胜任这项工作的人来说，工作机会很多。因为每个组织都依赖于这些基本活动的有效运营，以期获得长期发展。

将运营与供应链管理入门工作与市场营销、财务方面的工作进行比较很有趣。市场营销的基本工作大多围绕产品的实地销售或是销售产品的管理。销售人员站在公司的第一线，向潜在客户推销产品。通常，销售人员的收入取决于销售任务的完成情况。基础的财务（或者会计）工作大多由大型公共会计公司负责。这些工作常常是交易审计，以确保财务报告的准确性。还有一些工作是交易分析，以便更好地理解业务操作时的成本。

> **关键思想**
> 供应链管理工作关注及时、低价地交货。它们是有趣的、以人为本的工作。

与市场营销和财务工作相比，运营与供应链管理者则是与他人一起工作，为公司寻找产品和服务的最佳传递方式。当然，他们需要跟销售人员合作，但是他们是买方而不是卖方。他们努力选择最好的原材料，招聘最优秀的人才。他们也会用到财务人员提供的数据，用于过程的分析，以期找到最佳的做事方法。运营与供应链管理者需要亲力亲为，与他人一起找到最好的做事方式。

下面列出了运营与供应链管理中几类典型的职位。

- 工厂经理：监管生产所需的人力和有形物资（库存、设备和信息技术）。
- 医院管理者：监管医疗保健机构的人力资源管理、人员安排、设施供应和财务状况。
- 分支机构经理（银行）：监管分行内财务交易的所有方面。
- 百货公司经理：监管百货公司内所有人员安排和客户服务。
- 呼叫中心经理：监管呼叫中心所有人员的安排和客户服务活动。
- 供应链经理：负责与供应商进行合同谈判，协调输入生产流程的物料流以及将成品交付给客户。
- 采购经理：管理日常采购的各个方面，比如发货单以及后续的跟进工作。
- 物流经理：监管供应链中的货物运输。
- 仓储/分销经理：监管仓库运营的所有工作，包括补货、客户订单履行、人员配备。
- 业务流程改进分析师：运用精益生产工具缩短生产周期，消除流程中产生的浪费。
- 质量控制经理：运用统计质量控制技术，如来料抽样检验和产品控制图等对公司产品进行质量控制。
- 精益改进经理：向组织成员提供精益生产和持续改进方法的培训。
- 项目经理：计划和协调人员的活动，如新产品开发、新技术的应用以及新设施的选址。
- 生产控制分析师：计划并安排日常生产活动。
- 设备经理：确保设施的设计、布局及设备高效运行。

| 专栏 1-1 |

工作中的运营与供应链管理

运营与供应链管理的专业协会

如果你对运营与供应链管理工作比较感兴趣，你可以通过下面的专业协会来学习更多关于该领域的知识，这些团体提供行业认可的证书，也给那些在该领域谋求工作的人提供培训。

APICS, the Association for operations management, www.apics.org.

Council of Supply Chain Management Professional (CSCMP), www.cscmp.org.

Institute for Supply Management (ISM), www.ism.ws.

The project management institute (PMI), www.pmi.org.

首席运营官

在运营与供应链管理领域,你的职业发展到底能达到何种高度?其中的一个职业目标可能是成为公司的首席运营官(Chief Operating Officer,COO)。COO 和首席执行官(CEO)、公司总裁一起制定公司的竞争战略。COO 的思想还会渗透到公司其他方面。COO 决定公司的选址、设施、供应商的选择以及人才的招聘。一旦做出重要决策,基层运营工作人员就得执行。运营工作人员致力于寻找问题解决方案并解决问题。对 COO 来说,管理供应链、服务以及开展支持性工作相当有挑战性。

运营与供应链管理领域的职业发展机会很多,因为现在的公司都想通过提高质量和生产率以及降低成本来提高盈利能力。管理人员的实际工作是与利用最新技术在世界各地的公司完成这项工作的大好机会相结合的。无论你最后做什么工作,运营与供应链管理的知识都将会是一笔很宝贵的财富。

1.3 运营与供应链管理领域的主要概念

在本节中,我们不再赘述所有的细节,因为如果这样做的话将不得不细述整个工业革命历程。本节将重点关注自 20 世纪 80 年代以来与运营相关的一些主要概念。图 1-5 将阐明有关概念出现的时间。在适当的地方,我们还将给出新理念与旧理念之间的联系(我们看起来一直在重新挖掘过去)。

图 1-5 主要运营与供应链管理概念流行起来的时间轴线

资料来源:F. Robert Jacobs.

1. 制造战略范式

20 世纪 70 年代末 80 年代初,**制造战略**(manufacturing strategy)范式被提出,该范式着重探讨了制造业的经理如何将他们工厂的生产能力变成战略竞争的武器。该思想的核心是在低成本、高质量和高柔性等各项指标之间进行权衡。

2. 准时制(JIT)、全面质量控制(TQC)和精益制造

20 世纪 80 年代爆发了生产管理思想和技术革命,由此推动了生产。**准时制**(just-in-time,JIT)生产是制造思想的重大突破。准时制生产是由日本人率先提出的,它指用最少的零部件库存,及时按需送达,从而实现大规模生产。这一思想与**全面质量控制**(total quality control,TQC)密切配合,试图从总体上发现并消除生产中的缺陷。现在这种思想已经成为许多制造商生产实践的基石,**精益制造**(lean manufacturing)则用来表示这方面相关的概念。

然而，这种高度集成并且有效的生产系统并不是日本人首创的。1913年，亨利·福特创建了T型车的装配线。福特创建的这套系统仅受工人能力和当时科技条件的限制。质量是福特首要关注的重点：如果部件质量不能一直保持优质，流水线就不能以平稳的速度运行。及时交付对福特来说也同样重要，要用源源不断的原材料供应来保持工人和机器的工作状态，此时计划就显得非常重要了。产品、生产过程、物料、物流和员工在工厂运营与规划中得到了很好的整合及平衡。

资料来源：Library of Congress/ [LC-DIG-det-4a27966]。

3. 服务质量和生产率

麦当劳在服务质量和生产率方面独创的方式使其获得了如此巨大的成功，成为提供大量标准化服务的榜样。

4. 全面质量管理和质量认证

运营管理另外一个重大的飞跃是20世纪80年代末90年代初提出的**全面质量管理**（total quality management，TQM）。鲍德里奇（Baldrige）国家质量奖进一步推动了质量运动向前发展。这一奖项设立于1987年，由美国国家标准与技术研究机构主导。鲍德里奇国家质量奖每年颁发给在质量管理方面有突出表现的公司。

国际标准化组织颁布的ISO 9000认证体系在全球制造业的质量标准制定中发挥了重要的作用。许多欧洲公司要求它们的供应商达到这些标准，并将这一要求作为签订合同的一个条件。

5. 业务流程再造

20世纪90年代全球经济萧条时期开始要求企业以精益保持竞争力，这促使许多公司开始寻求运营过程革新。与TQM普遍提倡的渐进式改进思想不同，**业务流程再造**（business process reengineering，BPR）强调革命性的变革：重新审视企业现行的所有业务流程，然后剔除不能带来增值的步骤，并把剩余部分计算机化，最终获得企业期望的产出。

6. 六西格玛质量管理

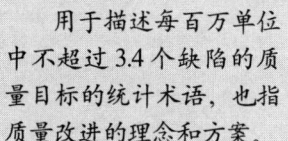

六西格玛
用于描述每百万单位中不超过3.4个缺陷的质量目标的统计术语，也指质量改进的理念和方案。

20世纪80年代，六西格玛管理还是全面质量管理的一部分。而到了90年代，**六西格玛**（six sigma）被看作一系列质量诊断工具而得到空前发展。在许多公司，这些工具以"绿带与黑带课程"的方式被传授给管理人员。现在，这些工具不仅应用在著名的制造业中，而且还应用在一些非制造业流程（如应收账款、销售以及研发）中。六西格玛已经应用在环保、健康医疗和公司安全保障服务中，同时将应用延伸到研发、财务、信息系统、法律、市场营销、公共关系和人力资源管理等方面。

7. 供应链管理

供应链管理（supply chain management）的核心思想是应用集成系统方法来管理从原材料供应商、加工工厂和存储仓库，直到最终用户所构成的供应链上的信息、物料和服务流。外包（outsourcing）与大规模定制（mass customization）的趋势迫使企业寻找能够满足顾客需求的柔性方法，关键在于优化、调整核心活动，尽量以最快的速度响应顾客需求的变化。

8. 电子商务

20世纪90年代末，互联网的迅速普及令人瞩目。**电子商务**（electronic commerce）指的是在业务活动中，把互联网作为最基本的元素。网页、表格以及交互搜索工具的使用，正在改变人们收集信息、购物和沟通的方式。此外，电子商务还改变了运营经理协调、执行生产和分销职能的方式。

9. 可持续性与三角底线

可持续性（sustainability）是指维持系统平衡的能力。现代管理必须把企业发展、员工福利和环境承受力（三角底线，triple bottom line）联系起来。在经济层面，企业必须盈利。在员工层面，他们看重工作保障、良好的工作环境以及发展机会。在环境保护层面，企业要开发生产环境友好型、资源友好型的产品和过程。这个三角底线对运营与供应链管理人员又是一个挑战。

10. 业务分析

业务分析（business analytics）是指对业务数据进行分析以更好地解决业务问题。这并不是什么新的概念：数据一直都被用来解决业务问题。而新颖之处在于，现在企业可以获取比以往多得多的数据信息，以支持决策分析。另外，各种数学支持工具比过去也更加易于使用。

过去，大多数分析主要是制作出标准形式或是一些特殊的报告，用以总结公司的现状，然后用软件来查询和深度分析个体交易行为的特点，从而理解过去究竟发生了什么。决策者仅根据直觉判断或一些简单的警示来制定决策。新的分析方式则利用统计分析，预测未来，寻求最优，将传统的分析提升了一个水平。这些数据分析的结果既可以用来支持决策，也有助于直接做出决策。

比如航空公司的管理者需要为航班机票制定价格。实时的需求数据、历史需求模型、有效的数学模型都可以被用来为不同等级的机票制定价格。这样的分析更接近于航班的实际情况，可以根据实时销售情况及时调整价格。这样的决策对航运能力的利用率产生了巨大的影响，特别是航空公司的利润与成本。这些决策同样可以根据天气情况、燃油价格、乘务组执勤安排以及其他航班的情况来实现公司利润的最大化。

运营管理目前的议题

运营与供应链管理是一个生机勃勃的领域，全球企业面临的挑战引发了运营经理的新思考。展望未来，这个领域将面临以下重大挑战。

（1）**协调相互独立但彼此相互支持的组织之间的关系**。近几年来，企业为了使成本降至最低，将零部件生产和服务大量外包。许多公司甚至外包一些主要的职能部门，比如信息系统、产品设计开发、工程服务以及物流。协调这些活动的能力是对运营与供应链经理提出的重大挑战。

（2）**优化全球供应商、生产和分销网络**。目前大型企业普遍采用全球企业资源计划系统，对经理提出了充分利用信息的挑战。运营与供应链分析就是要利用这些信息来为有关库存、运输与生产的资源决策提供支持。

（3）**管理客户接触点**。当企业想要节约成本时，它们往往会缩减服务部门、求助热线和结账柜台的人员配备。这就会给需要获得帮助的客户带来困扰，比如长时间无人接听客服电话，或者好不容易联系到公司获得的却是糟糕的建议，等等，这大概是每个人都有过的痛苦经历。这其中的问题在于企业要意识到在资源利用方面做出决策时，必须同时掌握失去客户的隐性成本和人员的直接成本。

（4）**提高高级管理人员的认知，让其了解到运营与供应链管理是一个有力的竞争武器**。正如我们在前面所说的，许多高级管理人员来自公司的财务、战略或营销部门，并在相应工作领域树立了权威，以致对运营管理不以为然。随着本书的进一步深入，我们会认识到这是一个严重的错误，并会了解丰田、戴尔、塔可钟和西南航空等一系列有着强大盈利能力的公司。这些公司的管理人员创造性地建立了运营与供应链管理方面的竞争优势。

1.4 效率、效果与价值

与管理者为促进公司成长采取的其他措施（例如技术投资、收购、主要市场活动）相比，运营方面的创新相对来讲更可靠，成本也更低。作为一名商学院学生，你应该了解有关运营的创新理念。你要了解产生成本的各个流程以及支持企业长期生存所必需的现金流。

通过阅读本书，你将了解当前全球企业在进行有效率且有效果的运营时所应用的一些概念及工具。**效率**（efficiency）是指在可能的范围内以最低的成本完成某项工作。本书将在后面的章节中对此进行全面的定义，大致而言，高效即指用最少的资源来生产产品或者提供服务。通常，这些资源是指运营管理流程中所使用的人力、物力、设备和厂房。

效果（effectiveness）是指做正确的事，为企业创造尽可能多的价值。举个例子，要使超市有效果，就必须要有足够多的结账柜台，即使它们经常闲置。这是对客户时间宝贵的一种认知——他们不喜欢等待，但是要同时达到效率和效果最大化往往会产生矛盾。在日常生活中，我们总是需要在两者之间进行权衡：在超市或者银行的顾客服务台，高效率意味着尽可能地减少柜台员工，而有效果意味着增加结账柜台以尽可能地缩短顾客排队等待的时间。

与效率和效果相关的一个概念就是企业的**价值**（value），我们可以将价值形象地理解为质量除以价格。此处，就其特点和耐用性而言，质量指的是产品的吸引力。如果你能在价格不变的条件下向顾客提供更好的汽车，那么汽车价值就提高了。如果你能以更低的价格向顾客提供更好的汽车，那么价值就大大提升了。本书的一个主要目标就是想要告诉你：巧妙的管理是如何实现高水平价值的。

华尔街如何评估运营绩效

产品或者服务的相对成本对于高水平的盈利增长十分重要，所以投资者需要重视从运营与供应链角度比较企业的绩效。盈利增长通常取决于企业的盈利能力，利润可以通过销售额的增长或成本的降低来得到提高。高效率的企业通常在需求回落的经济萧条期还能脱颖而出，是因为它们靠低成本运作以获得持续盈利。精通运营的企业有时甚至把经济萧条期看作获取市场份额的机会，因为低效率的对手此时可能在为生存而挣扎。

在运营与供应链管理的范畴中，成本与利润的有趣关系是成本降低会对企业边际利润产生直接影响。图1-6向我们展示了从一家公司的资产负债表中获得的数据。左边的资产负债表显示了降低原材料成本前的投资回报率。右边的资产负债表显示了同样的内容，只是原材料的成本减少了5%。原材料的成本影响到了供应链中的诸多因素，包括产品的销售成本、库存、总资产。因此，原材料的成本减少5%，导致边际利润增长29%，并且投资回报率增长30%。这样，每减少1美元的原材料成本，就会带来6∶1左右的收益。

华尔街用一系列的财务指标追踪和评估标杆企业，这些指标被称作管理效率比率。一家公司研究另一家公司（或行业）的流程，以确定最佳的实践，这个过程称作**标杆**（benchmarking）研究。你可能在会计课堂上讨论过这些方法。我们的目的不在于进一步回顾和复习这些细节，但是认识到运营与供应链流程对这些比率的影响是非常重要的。表1-1对使用这些比率的几家汽车公司进行了比较。

下面是对这些指标的简单回顾。首先我们来看公司的基本财务数据，最简单的公司效率的衡量指标与公司员工的劳动生产率是相关的。有以下两种比率：

- 每位员工的净收入；
- 每位员工的营业收入（或销售额）。

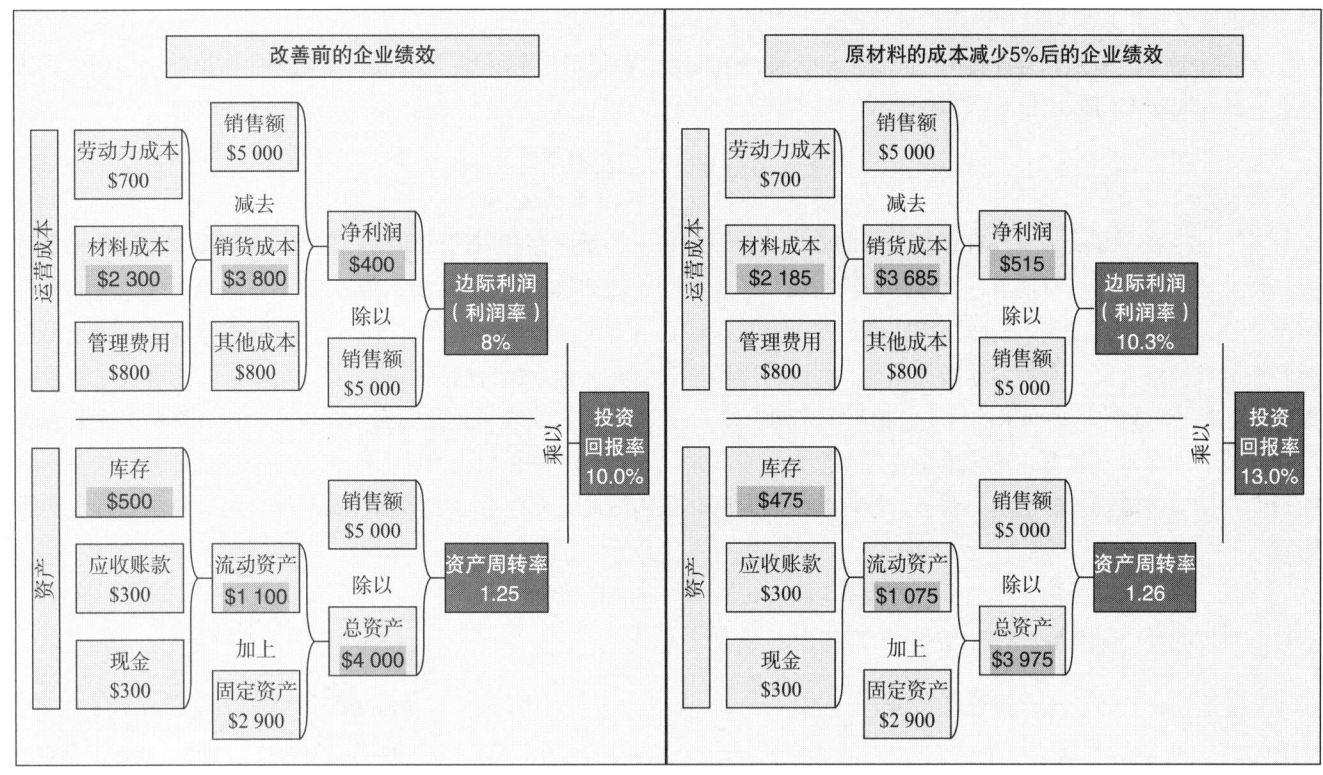

图 1-6　降低原材料成本带来的影响

表 1-1　汽车公司的比较

效率评估	丰田汽车（TM）	通用汽车（GM）	福特（F）	行业
每位员工的净收入（美元）	60 266	50 255	17 037	39 170
每位员工的营业收入（或销售额，美元）	738 754	1 949 113	770 465	799 932
应收账款周转率	3.3	6.4	1.6	3.2
库存周转率	10.5	9.7	15.3	9.5
资产周转率	0.6	0.9	0.7	0.7

许多员工并不直接从事运营与供应链相关的职能，所以这些劳动生产力的衡量方法非常粗糙。然而本书中的其他衡量指标对企业来说都是非常实用的，认识到这一点很重要。

第三个效率比率衡量的是应收账款在一个会计年度平均被回收的次数。这个比率就是**应收账款周转率**（receivable turnover ratio），公式如下：

$$应收账款周转率 = \frac{年赊销收入净额}{应收账款平均余额} \tag{1-1}$$

应收账款周转率衡量了公司赊销账款回收的效率。应收账款也代表了公司提供给客户的间接无息贷款。较高的应收账款比率表明公司要么基于现金运作，要么公司的赊销与账款回收的方式是非常有效的。此外，高比率也反映了销售与变现之间的时间很短，如果该比率较低，那就说明销售变现需要更长的时间。比率越低，应收账款的回收时间就越长，并且回收的风险也就越高。

当比率较低时，表明销售业务需要改善其赊销策略和账款回收的方式。如果该比率上升了，要么是账款回收成效在改善，或者销售额在增长，要么就是应收账款在减少。从运营与供应链的视角来看，企业可以通过以下因素来改变这个比率：产品分销的速度、完成订单的精确性、市场需求预测的检查。有些因素，如产品的质量、消费者订单的处理方式以及其他订单的处理过程，都可能会对应收账款周转率产生重大影响。尤其如今互联网在消费者与企业之间起到主要的连接作用,所以这种因素的影响就更加明显。

另一个效率比就是**库存周转率**(inventory turnover ratio)。库存周转率衡量了库存在一个财务年度里的销售和更替的次数。库存周转率的公式如下:

$$库存周转率 = \frac{所售商品成本}{平均存货总值} \tag{1-2}$$

这一比率衡量了企业将库存销售出去的效率,其目的在于衡量库存利用的流动性或速度。一般而言,这个比率需要与行业的平均水平进行比较,低库存周转率表明了库存周转的低效率,库存会产生机会成本。这表明要么企业销售情况不佳,要么库存过剩。低库存周转率表明了低流动性,可能是由于库存过剩、报废,但同时也体现了为防止出现材料短缺或价格上涨,有计划地增加库存。高库存周转率表明要么企业销售情况很好,要么企业采取了低效率的采购策略(企业采购次数较多而采购量小,抬高了采购价格)。高库存周转率表明企业的流动性较好,或者表明了企业的资源短缺或者库存水平较低,这会给企业带来损失。一般来说,与竞争对手相比,库存周转率高一点是好的。这一比率受运营与供应链流程的影响更为明显,如订购提前时间、采购活动、库存量、生产和订购量都会对这一比率有直接的影响。

最后一个有关效率的比率是**资产周转率**(asset turnover ration)。该比率代表每一单位的资产所能带来的销售额,公式如下:

$$资产周转率 = \frac{收入(或销售额)}{总资产} \tag{1-3}$$

资产周转率衡量了企业利用资产产生销售收入的效率,该比率越高越好。它也表明了企业的定价策略,即利润率较低的企业往往有较高的资产周转率;相反,利润率较高的企业往往拥有较低的资产周转率。这一比率与行业特征有很大关系,因此在不相关的行业中进行资产周转率的比较没有多大意义。在很大程度上,资产周转率与应收账款周转率以及库存周转率有很多的相似点,这三个都包括资产投资。资产周转率更常用,因为它包括了工厂、仓库、设备和企业的其他资产。运营与供应链的活动需要许多这类设备的支撑,因此这一比率会受到技术投入、外包等因素的显著影响。

这些比率都能够从企业的年度财务状况中计算得到,也能够从一些网站中获取,比如 AOL Finance(http://www.aol.com/stock-quotes/)。

福特嘉年华在德国科隆福特工厂的装配线

● ● ● ● ● ● ● ● ● ● ● ●

例 1-1 使用华尔街效率测量方法比较同行业公司的管理效率

在表 1-1 数据的基础上,我们对日本汽车制造商本田汽车与丰田汽车、通用汽车和福特汽车进行比较。具体解决以下问题:

1. 本田汽车(股票代码 HMC)相对于其他公司每位员工的净收入、营业收入、应收账款周转率、库存周转率和资产周转率有何不同?

2. 推测为什么本田汽车的华尔街效率措施与其他汽车公司不同?注意:本田汽车与其他公司相比是一家规模较小的公司。

解答

第一步是获取本田汽车的可比数据,这些数据可以从 www.aol.com/stock-quotes/ 上查阅。使用浏览器链接到此站点,然后在"获取报价"(Get Quote)中输入 HMC。之后,从菜单中找到"关键比率"(Key Ratios),选择"效率比率"(Efficiency Ratios)。检查你的数据是否正确。

在本章编写之日,本田汽车的示例数据如下所示。

每位员工的净收入（美元）	30 203
每位员工的营业收入（或销售额，美元）	585 647
应收账款周转率	4.9
库存周转率	6.3
资产周转率	0.8

接下来，我们需要尝试了解数据。从资产周转率开始可能是一个好的开端，因为它是最全面的衡量标准。请注意，通用汽车的资产周转率是该组中最高的。回想一下，通用汽车最近破产并重新进行了资产重组，这可能是其资产周转率较高的原因。不过与行业平均水平相比，本田汽车的这一指标还算不错。

就每位员工的净收入、营业收入和库存周转率而言，本田汽车在很大程度上看起来比福特汽车强，但比丰田汽车和通用汽车弱。福特汽车在库存周转率方面表现得最为强劲，这令人惊讶，因为鉴于在管理库存方面的声誉，我们可能期望丰田汽车在这方面能够表现强劲。有趣的是，福特汽车在应收账款周转率方面表现最差，这可能与其为客户销售车辆所提供的信贷额度有关。

本章小结

1-1 识别运营与供应链管理（OSCM）的基本要素

总结
- 流程用来实施企业的战略。
- 分析用于支持管理公司所需的持续决策。

关键术语

运营与供应链管理（OSCM）：对创造和交付公司主要产品与服务的系统进行设计、运营及改进。

流程：一个或多个将投入变成产出的活动。

产品与服务的捆绑：当公司在其产品中构建服务活动时，为客户创造额外的价值。

1-2 了解运营与供应链管理中潜在的职业发展机会

总结
- 运营与供应链管理的从业人员专注于产品生产与服务的管理。
- 运营与供应链管理的工作需要实际操作，并且要与其他人合作找出最好的处理方案。
- 首席运营官与首席执行官和公司总裁共同制定公司的竞争战略。
- 首席运营官决定公司的选址、设施、供应商的选择以及人才招聘政策的施行。

1-3 熟悉运营与供应链管理领域的主要概念

总结
- 运营与供应链管理领域中的许多概念源自19世纪的工业革命。本书主要关注20世纪80年代发展起来的有关概念。

关键术语

制造战略：强调如何战略性地利用工厂的能力来获得公司的竞争优势。

准时制（JIT）生产：一系列综合活动，旨在使用最少的零件库存实现大批量生产，这些零件在需要时能准时送达。

全面质量控制（TQC）：积极寻求消除生产缺陷的理念。

精益制造：以最低的库存投资水平实现优质客户服务。

全面质量管理（TQM）：管理整个组织，使其在对客户重要的产品和服务的各个方面都表现出色。

业务流程再造（BPR）：一种改进业务流程的方法，旨在进行革命性的变革，而不是渐进式（小）变化。

六西格玛：用于描述每百万单位中不超过3.4个缺陷的质量目标的统计术语，也指质量改进的理念和方案。

大规模定制：能够根据特定客户的要求生产独特的产品。

电子商务：使用互联网作为商业活动的基本要素。

可持续性：能够在不影响满足后代需求的情况下满足当前资源需求的能力。

三角底线：包括社会、经济和环境标准的商业战略。

业务分析：使用当前业务数据，利用数学分析解决业务问题。

1-4 评估企业的效率

总结

评估企业运营状况的指标包括：

- 效率
- 效果
- 产品和服务创造的价值

效率衡量方法：
每位员工的净收入
每位员工的营业收入（或销售额）

$$应收账款周转率 = \frac{年赊销收入净额}{应收账款平均余额} \quad (1-1)$$

$$库存周转率 = \frac{所售商品成本}{平均存货总值} \quad (1-2)$$

$$资产周转率 = \frac{收入（或销售额）}{总资产} \quad (1-3)$$

关键术语

效率：过程的实际产出与某些标准的比率。此外，"高效"意味着以尽可能低的成本做事情。
效果：做一些能为客户创造最大价值的事情。
价值：产品相对于其价格的吸引力。
标杆：一家被确定为最佳实践的公司，以供其他公司学习。

讨 论 题

1-1

1. 以图 1-3 为模本，描述以下系统的"采购—制造—配送—回收"的关系：
   a. 航空公司
   b. 汽车制造商
   c. 医院
   d. 保险公司
2. 描述你的学校或大学的服务包。其中，哪一个因素最为重要？哪一个最不重要？
3. 在服务行业让你印象最深刻的创新是什么？
4. 产品与服务的捆绑指的是什么？对消费者有何好处？
5. 服务与产品有何区别？

1-2

6. 看过 www.apics.org 的招聘广告后，请评估一下一个有几年经验的运营与供应链管理专业人员的职业发展机会。

1-3

7. 如今，原来内部生产的零部件与服务转为外包，在运营管理方面会面临哪些问题？
8. 是什么因素使如今的人对运营与供应链管理重拾了兴趣？
9. 运营与供应链管理的发展，促生了许多新的概念，帮助公司进行竞争，包括产品和服务的广告。其中一个就是可持续性。探讨一下你是如何看待公司用可持续性来宣传它的产品和服务的。

1-4

10. 虽然效率与效果两者的概念不同，但是仍有许多人在使用时不加以区分。这两者是否有什么关系？存在公司是有效果的但是没有效率的现象吗？非常有效率但是没有效果呢？都会出现还是都不会出现？
11. 本章中提到了两个效率的比率——应收账款周转率和库存周转率，这是两种不相关的测量方法，但在某种形式上两者有相似的地方。两者有哪些共同之处？

客 观 题

1-1

1. 为在运营与供应链管理方面取得成功，需要集成的三个要素是什么？（答案见附录 D。）
2. 当运营与供应链管理和系统设计与管理相结合时，会产生哪些作用？

   _____ 厂长
   _____ 供应链经理
   _____ 项目经理
   _____ 业务流程改进分析员
   _____ 物流经理

1-2

3. 什么职位的管理者才能够与 CEO 和公司总裁共同决定公司的竞争战略？
4. 将运营与供应链管理的职位和工作职责匹配起来。

   A. 制订计划和协调员工工作，如产品研发和新设备选址
   B. 监督供应链中的货物流动
   C. 审查监督公司产品生产所需要的人力与物力
   D. 与供应商协商拟定合同，协调生产过程中的物料输入
   E. 运用精益生产的工具来缩短生产周期和避免不必要的浪费

1-3

5. 以时间为序给下面的运营与供应链管理的主要概念进行排序，1代表最先出现的概念，5代表最新的概念。

　　_____供应链管理
　　_____生产战略
　　_____业务分析
　　_____全面质量管理
　　_____电子商务

6. 当需要利用很少的库存零部件就可以达到较高的产量时，某些方法就随之被设计了出来，运营与供应链管理中的哪些概念描述了这些方法？

7. 运营与供应链管理的_____利用大量的ERP数据来做管理资源决策。

8. 考虑到经济规模、员工与公司环境可持续能力，运营与供应链中的哪些术语与公司维持系统平衡的能力有关？

1-4

9. 下面是Midwest户外设备公司去年的财务数据（单位：美元，答案见附录D）。

毛收入	25 240 000	销售成本	12 600 000
销售总额	24 324 000	总资产	10 550 000
总赊销收入	18 785 000	平均库存	2 875 000
净收入	2 975 000	平均应收账款	3 445 000

　a. 计算应收账款周转率。
　b. 计算库存周转率。
　c. 计算资产周转率。

10. 一家汽车生产制造商与一家主要的生产原材料供应商签订了合同。在"供应商管理库存"的新规则下，供应商在制造商的工厂中管理它的原材料库存，而且只有当制造商消耗了原材料之后才补充原材料。这对制造商的库存周转率有何影响？

11. 一家公司会研究其他公司的流程以确定最佳实践，这是什么过程？

12. 有一家公司最近使用在线自动下单与支付处理的系统，这使从出售到收到账款的时间减少了10天。这对应收账款周转率有什么影响？

分析练习　使用华尔街效率测量方法比较各公司

　　这一练习的目的是比较不同行业的公司效率。这些数据是为了从运营与供应链管理的角度来比较这些行业。为课堂准备现场讨论。

　　步骤1：选择一个有趣的行业。这可能是你希望就职的企业所在的行业，抑或其他。在这一行业中，选择3家相互竞争的公司。建议从http://www.aol.com/stock-quotes/ 和 http://money.msn.com 网站上查找相关的数据。这些网站会经常更新，在美国证券交易所上市的大多数公司的数据都可以从这些网站中获取。

　　步骤2：收集与每一家公司相关的数据。至少，要找到每位员工的净收入、营业收入、应收账款周转率、库存周转率与资产周转率。通过获取财务数据并除以公司员工数来计算每个员工的净收入和营业收入是非常有必要的。其他数据请查询网站中的"效率比率"（efficiency ratios）。

　　步骤3：根据你所发现的数据来比较各家公司。哪家公司的员工产出最高？哪家公司的运营与供应链流程最好？哪家公司的赊销最有效率？哪家公司对厂房和设备的利用效率最高？

　　步骤4：通过分析，你能得出哪些结论？你能从标杆管理中学到什么？

练习测试

写出以下每个语句定义的术语，答案见底部。

1. 在生产产品或服务时，物料与信息的管道式流动。
2. 一种符合股东、员工和环境保护的战略。
3. 现有供应链运行需要的、决定以后具体操作的一类流程。
4. 供应商的选择。

5. 制造产品或提供服务的过程。
6. 将产品运送至仓库或顾客手中的过程。
7. 涉及损耗品、次品、客户退回的多余产品的回收和针对持有问题产品顾客的支持工作的流程。
8. 一项提供无法进行测量的无形产品的业务。
9. 企业将服务植入其所提供产品的操作。
10. 以尽可能低的成本做事情。
11. 通过做正确的事情来为公司创造最大的价值。
12. 质量除以价格。
13. 一种积极地寻求消除产品缺陷的理念。
14. 一种强调革命性改进而不同于全面质量管理倡导的渐进式改进思想的方法。
15. 一种结合了TQM和JIT的方法。
16. 一种以"绿带与黑带课程"方式传授给管理者的工具。
17. 一项致力于应用信息技术中的最新观念,以提高服务效率为目的的项目。

答案:1. 供应链(链)2. 网络 3. 三个底层线路模型 4. 采购 5. 制造 6. 配送 7. 回收 8. 服务 9. 产品与服务的捆绑 10. 效率 11. 效率 12. 价值 13. 零缺陷管理 14. 业务流程再造 15. 精益制造 16. 六西格玛质量管理 17. 服务科学管理与工程

第 2 章

战　略

学习目标

2-1 了解可持续的企业战略以及它和运营与供应链管理的关系；

2-2 界定运营与供应链战略；

2-3 理解运营与供应链战略如何实施；

2-4 明确为什么战略与企业风险有关；

2-5 评估运营与供应链管理的生产率。

引导案例

特斯拉汽车

埃隆·马斯克（Elon Musk）创立的特斯拉汽车公司（Tesla Motors）正在彻底改变我们对个人旅行的看法。全电动 Model S 拥有自动驾驶仪，可实现先进的巡航控制、自动通过以及自动停车功能，甚至可以自动取回，其具备的安全和方便的特性，必将大行其道。

但该公司仍需要克服大众接受电动汽车的主要障碍，这与电池有限的使用范围以及电池组充电的时间有关。

请评估和思考特斯拉汽车公司为解决这些问题实施的战略举措：

- 它在世界各地建立了数千个"超级充电站"，可以在 30 分钟内完成汽车充电。
- 为降低电池的成本，它正在内华达州里诺建造了一个巨大的电池工厂。特斯拉汽车公司称这是它的"超级工厂"（gigafactory），围绕其可互换的电池组外形和功率形成了一个低成本的行业标准。马斯克将与这种新型电池相关的专利向公众公开，以便这些标准能够被其他公司所采用。
- 最后，特斯拉汽车公司引入了一种"电池交换"技术，这种技术很容易被世界各地的加油站所采用。经过自动化处理的基站能够迅速更换电池，并安装一块新充电的电池。这项技术使马斯克很可能在未来拥有电动汽车动力能源的专营权。

特斯拉汽车公司在其汽车中引入的创新涉及很多领域，包括汽车的设计和制造、安全运行的软件技术、新电池的采购和开发，以及汽车使用的基础设施。总的来说，特斯拉汽车很可能开创了公路运输的新纪元。

2.1 可持续的运营与供应链战略

战略应该能描述企业想要怎样为现有的股东创造并保持价值。在这个概念上加入**可持续**（sustainability）就意味着在不牺牲下一代满足其需求的能力的基础上，再加入满足现有需求的要求。**股东**（shareholders）是指在法律上拥有一股或多股公司股票的个体或企业。现在，许多企业都将自己的战略延伸至利益相关者。**利益相关者**（stakeholders）是那些直接或间接受到企业行为影响的个体或组织。这种延伸意味着公司战略不仅要关注股东的经济可行性，还要考虑给关键利益相关者带来的环境和社会影响。

为了更好地理解这种延伸的战略，我们提出一个**三角底线模型**（triple bottom line）。如图 2-1 所示，这种模型从社会责任、经济繁荣和环境管理三个维度来评价一家公司。许多公司都已经基于这三个维度发展了自身的可持续性战略目标。当然，也有一些类似的概念，如壳牌石油公司的"人类、地球与利益"，以及 20 世纪的一位作家帕特里克·格迪斯（Patrick Geddes）提出的"生活、工作与地方"。接下来，我们将详细介绍三角底线模型中各个维度的含义。

社会责任（social responsibility）：属于一种公平、有益的企业行为，与企业运营所依赖的劳动力、社区和地区相关。一家在三角底线内的企业会努力为受其存在所影响的员工、社区及其他社会实体寻求利益。企业不能聘用童工，应同工同酬，为员工营造安全的工作环境。企业不应让员工的工作时间超出其所能承受的极限，否则就是在剥削他们的劳动力。企业也可以通过卫生保健、教育与其他特殊活动等方式为社区的成长和壮大做贡献。

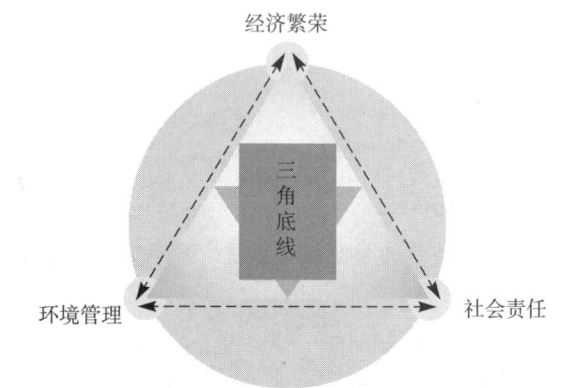

图 2-1 三角底线模型

经济繁荣（economic prosperity）：企业有责任通过投资回报，有力地补偿那些购买股票或其他金融产品来提供资本的股东。公司战略应当为这个群体谋长远利益。在可持续战略框架内，这一维度不仅指为企业创造利润，还包括为社会提供源源不断的经济利益。

环境管理（environmental stewardship）：企业会对环境产生影响，企业应该尽可能保护环境，至少不对环境造成破坏。管理者应当致力于降低企业对生态的破坏，可以通过良好的管理降低对自然资源的消耗、减少浪费以及用安全合法的方式排放毒性废弃物。现在许多企业都对产品进行全面的评估，即评估产品从原材料加工到最后为顾客所弃整个过程中引起的社会成本。

在 SMBC 日兴证券（SMBC NIKKO SECURITIES INC.）的一间办公室里，员工在装有 LED 灯泡的办公桌上工作，为了节约能源，办公室里的灯都被关掉了。

传统战略只看重上述框架中的经济繁荣部分。运营与供应链管理的流程大多对社会和环境有影响，因此从这三个维度来考虑是十分重要的。支持者认为，欧盟国家更加先进，得益于自采用欧元以来，其对造成的生态及社会损失进行的标准化评估。

尽管许多公司的规划者认同社会和环境保护的目标，但是还有许多人不这样看。反对的言论主要集中在由于遵守标准而可能造成的效率损失上。有人指出，这些目标也许适合能够承担社会和环境保护的富裕型社会。贫穷或发展中国家的某些公司必须着重考虑生存问题，大量使用当地资源带来的经济效益与造成的破坏相比，可能被认为是值得的。

本章主要采取以顾客为中心的方法，与人类和环境相关的问题留到单个案例讨论之中。这些问题因涉及的国家、行业和公司范围不同而区别甚大，从而难以找到一个通用的方法来进行分析。这些问题及其和运营与供应链管理的关系确实存在，而且我们期望这些关系能在今后变得更加密切。

2.2 什么是运营与供应链战略

运营与供应链战略（operations and supply chain strategy）围绕如何利用企业资源来制定各项政策和计划，它必须能与公司战略整合起来。举例来说，如果公司高层战略包括与环境、社会责任相关的目标，那么运营与供应链战略就必须考虑到这些目标。运营与供应链战略中的一个重要方面就是运营效果，**运营效果**（operations effectiveness）与核心业务流程运作的所需相关。这些流程横跨所有业务功能，从接受顾客订单、回执处理、制造、网站更新管理到产品运输。运营效果直接反映在企业成本中，与运营效果相关的战略，如质量保证及控制措施、流程再设计、计划与控制系统、技术投资，都能迅速在短期（12～24个月）内体现结果。

运营与供应链战略被认为是流程规划中的一部分，协调运营目标与更高层次的组织目标。高层次的组织目标会随时间而变化，因此运营战略的设计就必须满足组织未来所需。一家公司的运营与供应链战略能力应当包含最能适应企业顾客不断变化的产品和服务需求的组合。

战略规划是一个类似于产品制造或服务交付的过程，这个过程包括一系列在不同时期内重复进行的活动。就像产品生产了一次又一次，战略规划活动也是重复的，主要区别在于这些活动是由董事会高层管理人员完成的。

图2-2给出了一个典型的战略规划过程中的主要活动。战略分析应至少每年进行一次，整体战略在这个活动中形成，它包括观察和预测能对公司战略造成影响的经营状况在今后会如何变化。这时，顾客偏好的变化、新技术的影响、人口分布的变化以及新的竞争者都在考虑之列。作为战略的一部分，公司需要采取一系列措施来落实计划，必要时可以采取特殊的方法来实现公司目标，一个成功的战略应当考虑变化并对外部的新变化做出创造性的反应。

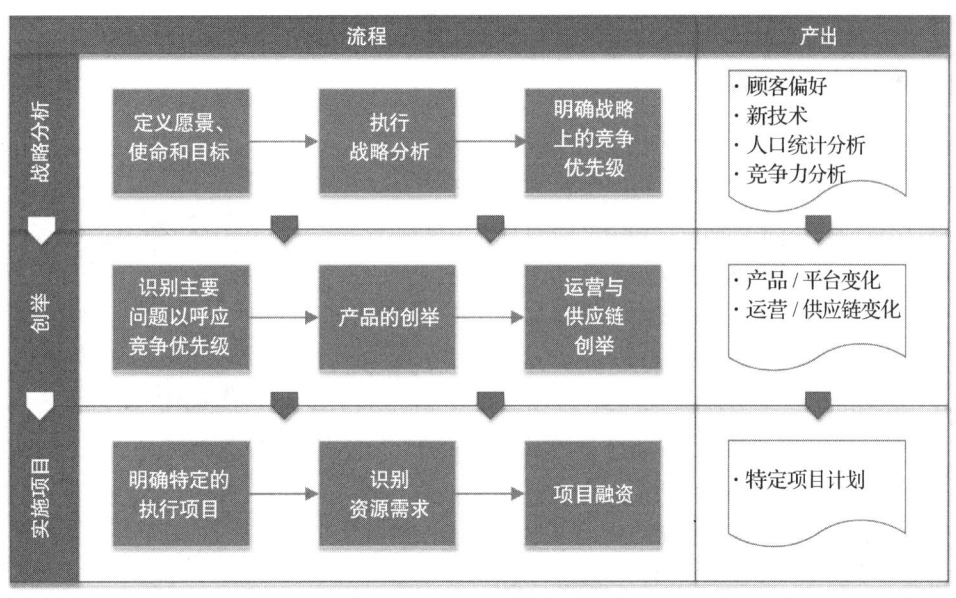

图2-2 制定运营与供应链战略

企业战略是通过一系列运营与供应链的创举来实施的。**创举**（initiatives）是企业追求成功的主要步骤。许多创举会年年重复，比如更新已有产品的设计和在世界范围内不同地区工厂的运营。为响应市场变化而采取独创性的创举对于公司的成功至关重要。开发创新性的产品或开拓新市场的创举，可以驱动未来收入的增长；还有些创举可以降低成本，直接影响公司的盈利能力。采用三角底线模型战略的公司还可能成为当地社区减少浪费或提高福利的创举。

这些创举活动可以通过一年4次的整体战略改进和更新来完成，以及对每个创举进行评估并为下一年或未来几年的活动制定合理的预算。另外，还需要对每个创举进行绩效评估，以使成功或失败都能以一种客观、不带偏见的方法来度量。全球业务迅速变化的特点使许多公司必须每年对创举计划做出多次修改。

精心设计的项目用于实现变革，这些项目的规划需要确定所需的资源，如项目成员的专业知识、特殊设备和其他资源，项目活动的具体时间安排将作为每个项目实施计划的一部分进行分析。

2.2.1 竞争维度

如今的消费者面临着各种选择，他们会选择哪种产品和服务？不同的顾客会被不同的产品或服务特点所吸引。例如，有些顾客注重产品和服务的价格，因此一些公司相对定位于低价。能形成企业竞争地位的竞争重点有若干个。

1. 成本或者价格——使产品或者服务价格降低

> **关键思想**
> 除非公司在竞争中具有某种独特的优势，例如，廉价的原材料来源或获得低成本劳动力，可能会创造必要的优势，否则基于成本的竞争可能是困难的。

在每个行业，通常都会为某些细分市场提供低价产品。为了在这个细分市场上获得竞争优势，企业必须以低成本进行生产，但即使这样，也不总能保证企业获得利润、取得成功。通常，严格遵循低成本原则生产的产品和服务就好像日用品一样，也就是说，顾客不能区分不同公司的产品或服务。这个细分市场往往巨大，许多企业被潜在的巨额利润所吸引从而生产大量的产品，结果导致这个市场的竞争非常激烈，因此经营失败的企业也十分多。毕竟，只能有一家企业可以以最低成本生产产品，而且通常由它来决定市场中该产品的销售价格。

价格并非企业竞争的唯一基础。有些企业（比如宝马公司）相较于已有的产品和服务，注重更高的品质，也就是产品表现、外观或产品性能，即使产品价格会更高。

2. 质量——提供优质的产品或服务

产品或服务质量有两个特性：设计质量和过程质量。**设计质量**（design quality）是产品或服务包含的一系列特征，它与产品或服务的设计直接相关。在产品设计中，产品的质量水平将根据它针对的细分目标市场不同而不同，显然，儿童对第一辆自行车的质量要求与世界级自行车运动员对自行车的质量要求有显著的差异，因为使用特殊铝合金材料、重量特轻的齿轮和链条，对于优秀运动员技能的发挥相当重要。这两种自行车是针对不同市场的顾客需求设计的，高质量的自行车由于其特殊性能在市场上要以高价出售。确立适当的设计质量水平的目标在于关注顾客需求。附带过多特征或者设计超过要求的产品会因为价格高昂而无人问津。然而，相对价格略高，但经使用或体验被顾客认为更有价值的产品或服务，即使价格低廉，也会因设计质量性能不高而失去市场。

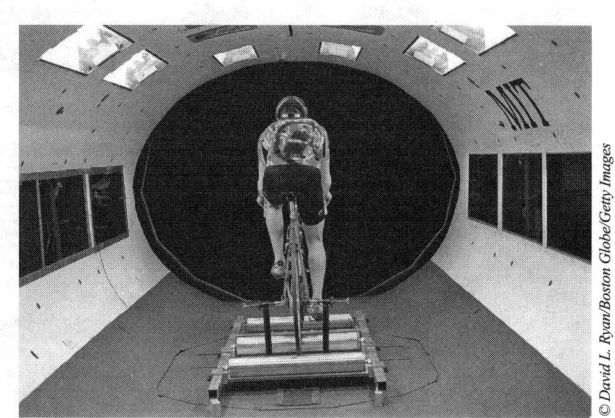

一位空气动力学专家记录了自行车服装和赛车设计风洞测试的结果。

质量的另一个特性——**过程质量**（process quality）也是至关重要的，因为它直接关系到产品或服务的可靠性。不论是儿童的第一辆自行车还是世界级自行车运动员的自行车，顾客都想要没有缺陷的产品。因此，过程质量的目标就是生产没有缺陷的产品和服务。产品和服务的规范限定了产品尺寸公差或者服务的出错率，同时也就规定了产品和服务的提供过程。符合规范对于实现产品和服务预期的可靠性十分关键。

3. 交付速度——快速生产产品或者提供服务

在某些市场上，企业交货速度能否超过其竞争对手是十分关键的。可以在 1～2 小时内提供现场维修服务的企业显然要比保证在 24 小时内提供维修服务的企业更具竞争优势。

4. 交付可靠性——在承诺的时间内送达

这一维度是指企业在承诺交货期当日或之前提供产品和服务的能力。对一家汽车制造商而言，其轮胎供应商能否提供每天生产汽车所需数量和种类的轮胎是十分重要的。假设当某种型号的汽车到达装配线上安装轮胎的环节时，需要的特定轮胎却没有送达，整个生产线就会因此而停滞，直到轮胎送达才能继续生产。对于联邦快递这样的服务型企业，交付可靠性是其战略的基石。

> **关键思想**
> 对一些公司来说，在网上订购的商品可当日送达已经成为一个重要的竞争特征。记住，随着时间的推移，竞争的优先级可能会发生变化。

5. 应对需求变化的能力——改变批量

在许多市场上，企业对需求增减变化的反应能力是重要的竞争力。显然，当需求增长的时候，企业很少会出现问题。当需求旺盛并呈上升趋势时，由于规模经济、成本递减，这时对新技术的投资可以很快得到回报。但当需求下降、规模缩小时，企业需要做出裁员或减少资产等艰难抉择。能长期高效地响应市场的动态需求，是企业运营战略的基本要求。

6. 柔性和新产品开发速度——产品变化

从战略意义上来讲，柔性指的是企业为顾客提供多种类型产品的能力。这种能力涉及的一个重要因素是：企业研制新产品所需的时间以及转变过程生产新产品所需的时间。

7. 特定产品的其他标准——支持产品

以上描述的各项维度是最普遍的，其他维度和特定的产品及情况有关。注意，下面各个维度在本质上主要是服务性的，通常，提供特别服务的目的就是要增加产品的销量。

（1）**技术联系和支持**。人们往往希望供应商为产品研发提供技术支持，特别是在产品设计和制造的前期阶段。

（2）**配合项目的启动期**。开展一个复杂项目往往需要企业和其他企业合作。在这种情况下，研发工作尚未最终完成，而制造工作却可能已经开始了。不同企业在同一项目上合作和同步工作，将会缩短完成该项目的总时间。

> **关键思想**
> 通常，产品中包含的服务是市场中的关键区别。

（3）**供应商售后服务**。企业的售后服务能力也是一个重要方面。它包括替换零件的可获取性、旧设备的可改进性以及现有产品的新性能拓展性。企业对这些售后服务需求的响应速度同样重要。

（4）**环境影响**。这个维度与诸如二氧化碳排放、使用不可再生资源或与可持续性有关的其他因素等标准有关。

（5）**其他维度**。通常包括可供选择的颜色、尺寸、质量、装配线布局、产品定制以及产品组合方案。

2.2.2 权衡的观念

运营与供应链战略概念的中心是运营关注重点和运营的权衡，原因在于企业的运营策略不可能在所有的竞争维度上都做到最好，所以管理者必须确定哪些是企业成功的关键维度，然后集中企业资源去实现这些特定的特点。

例如，如果企业关注交货速度，那么它就不太可能提供多种品类的产品。同样，低成本策略可能无法兼顾交货速度或灵活性，高质量也是低成本的权衡因素。

一个战略定位并不是可持续的，除非它与其他定位相融合。当企业活动之间发生矛盾时就需要权衡，偏重一方面必然会削弱另一方面。一家航空公司可以选择提供餐饮（增加成本、延长机场周转时间），也可以选择不提供食品，但是不可能两全其美。

当企业既想利用成功模式的优点又希望保持现有的定位时，就会形成**骑墙**（straddling）策略，它试图在现有的业务中增加新的特点、服务和科技。骑墙策略是否可行，下面的例子可以很好地说明。大陆航空公司采取了第1章开篇所述的西南航空公司采取的对策，在保留全面服务模式的同时，开设了一些直航航班，并增添了一项新的服务：大陆轻便（Continental Lite），取消了餐饮和头等舱服务，增加了班次，降低了票价以及缩短了在机场的周转时间。因为大陆航空公司仍然在其他航线上保留了提供全面服务的航班，所以它仍然通过旅行社售票。它拥有多种型号的飞机，还提供行李查询和座位预订服务。

这样的权衡方式最终导致了该业务的失败，公司遭受了巨大的损失，首席执行官丢掉了工作。该公司的飞机在繁忙的空港城市延误或者因为机场转运行李而延长了周转时间，每天航班误点和航班取消激起了成千上万的投诉。如果大陆轻便仍要向旅行社支付标准佣金，它就无法承受价格竞争，但是如果没有旅行社提供的全面服务，航班的业务又无法开展。公司最后不得不妥协，降低所有大陆航班的佣金。此外公司不能承受对乘坐廉价的大陆轻便航班的顾客也提供折扣，它不得不再次妥协，降低对公司航班常客的回馈，这些做法激怒了旅行社和乘坐提供全面服务航班的顾客。大陆航空公司试图在两个市场同时竞争，结果为骑墙付出了惨重的代价。

2.2.3 订单赢得要素和订单资格要素：运营与营销的连接

运营与营销两个部门的职责划分非常重要，它能够从运营与营销两个不同的角度帮助企业了解市场。订单赢得要素和订单资格要素是营销方面的两个术语，用来描述对于竞争十分关键的市场取向维度。**订单赢得要素**（order winner）是指企业的产品或服务区别于其他企业的产品或服务的评价标准。根据不同情况，订单赢得要素可能是产品的成本（价格）、产品质量和可靠性或其他在早期形成的特点。**订单资格要素**（order qualifier）是指允许企业的产品参与采购竞争的资格筛选标准。牛津大学的黑尔教授认为，企业在经营过程中要不断地对拥有订单资格的企业进行重新评估。

比如你要购买一台笔记本电脑，你可能要考虑屏幕尺寸、重量、操作系统版本和成本，这些都是重要的衡量维度。但实际上，区分这些候选笔记本电脑的决定性因素是电池寿命。在搜索计算机时，你会列出一系列拥有14英寸[①]屏幕、重量不超过3磅[②]、运行最新版本的微软操作系统，并且成本低于1 000美元的计算机，在这个可供选择的计算机清单中，你会选择其中电池寿命最长的笔记本电脑。

在商业背景下，当企业选择供应商时，决策会有很大的不同。如有一家公司要决定其办公用品的供应商，Office Depot、Office MAX、Quill或Staples等企业都可能是候选者，判断供应商是否合格的条件包括其能否提供需要的产品、能否在24小时内交付、产品是否有保障、是否提供内部网页版的产品目录，具备这些能力的公司才可能成为供应商。而最终取胜的公司可能是能够对所提供的物品提供合适的折扣的供应商。

2.3 使用运营与供应链活动来实施战略：宜家的战略

企业运营包含的各种业务都是相互关联的。要保证这些业务活动的效率，企业必须在满足顾客需求的前提下使其总成本最少。

为验证运营活动是如何运作的，我们选择宜家（IKEA）——一家瑞典家居用品零售商，研究它如何通过一系列独特的活动来实现其战略。宜家的目标客户是那些想以低价格买到风格独特的家具的年轻购买者。宜家选择了区别于竞

[①] 1英寸＝0.025 4米。——译者注
[②] 1磅＝0.453 6千克。——译者注

争对手的经营活动。

考虑一家典型的家具店，它的陈列室里摆放了各种家具样品，其中一个区域可能摆放了许多沙发，另一个区域可能摆放了餐桌，还有一些区域摆放了各种木材样品或书，其他区域也都各自摆放了某一类家具，提供给顾客上千种可选的产品。销售人员陪着顾客在商店里穿梭，回答他们的各类问题并为被众多选择弄糊涂的顾客提供引导和帮助。一旦顾客决定购买，订单就会传递给第三方生产商。运气够好的话，家具会在6～8周内运到顾客的家里。这种供应链最大化了客户定制化服务，但同时也需要高成本。

相反，宜家服务于那些偏向于价格而非服务的顾客，它采用自助式的服务模式来取代导购模式。宜家的陈列方式就像是自家的房间，采用顾客熟悉的布局，不依赖第三方生产商，而是自己设计低成本、模块化、易于组装的家具。商店内有一个仓库单元存放着已经打包好并可以即时发运的产品，许多低成本的操作都是顾客自助的。宜家也会提供一些额外的服务，比如店内小孩托管以及延长营业时间等。这些服务与其顾客的需求可以很好地吻合——它的顾客年轻、不富裕而且很有可能有小孩，只能利用零碎的时间来逛商店。

图2-3展示了宜家如何通过一系列的活动设计来实施战略。**活动系统图**（activity-system map），像宜家用的这种，展示了企业的战略是如何通过一系列与之配合的活动来实施的。在战略明确的企业中，很多高层次的战略（深灰色）可以从一系列紧密相连的活动中得到体现并得以实施。这种类型的系统图可以辅助企业思考开展的活动是否与战略相匹配。竞争优势源于企业战略活动之间的配合以及它们的互相促进。

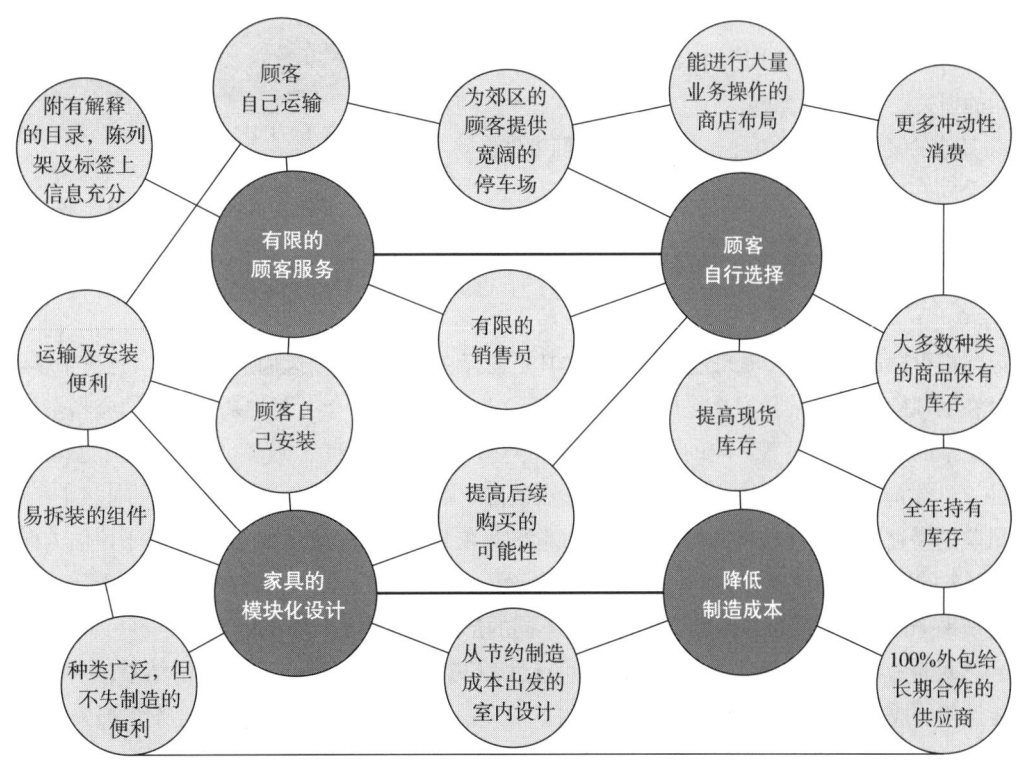

图2-3 宜家——时尚低价家具

注：活动系统图（比如宜家用的这种），展示了企业的战略是如何通过一系列与之配合的活动来实施的。在战略明确的企业中，很多高层次的战略（深灰色）可以从一系列紧密相连的活动（浅灰色）中得到体现并得以实施。

资料来源：Harvard Business School Press, from *On Competition* by Michael E. Porter, Boston, MA, 1998, p.50.

2.4 评估和运营与供应链战略相关的风险

2011年3月11日,毁灭性的大地震和海啸袭击了日本,这给我们提了一个醒:风险管理是开发高效的运营与供应链战略的极其重要的一部分。

全球环境的不确定性要求战略规划者在供应链管理中评估运营与供应链战略的风险。**供应链风险**(supply chain risk)是指影响公司不断满足消费者产品或服务需求的可能性。供应链风险是指那些计划外的、未预料到的事件,这些不确定性会对产品和原材料的正常流动产生影响,也会带来运营与财务风险。运营与供应链战略必须考虑到这些风险,并且主动消除这些不确定性,减少其对公司业务的影响。

关于风险的类型,我们可以从两个维度来分析运营与供应链管理的内在不确定性:①供应链协同风险,与供应链的日常管理有关,通过安全库存、安全提前期、延长时间等来管理库存;②突发性风险,这是由自然或人为灾难造成的,如地震、台风或恐怖主义等。

在本节中,我们主要探讨管理干扰风险的概念和工具。与这些风险有关的事件都是高度不确定的,并且难以预测。

除了以上提到的日本地震和海啸,我们在下面还列举出了相关的部分事件:

- 1996年,通用汽车公司某刹车供应商的员工罢工18天,这一罢工导致26个组装厂的工人停工,造成了约900万美元的损失。
- 1997年,波音公司的某供应商因两个关键零部件没有及时交付,造成了26亿美元的损失。
- 2000年,飞利浦某集成电路工厂的10分钟大火造成了4亿美元的损失。
- 还有许多其他的案例,如2010年丰田汽车的召回事件、英国石油公司在墨西哥湾的石油钻塔着火事件,等等。

2011年3月11日,在日本北部福岛县须贺川市,一座工厂大楼倒塌。一场8.9级的大地震震撼了日本,引发了一场大海啸,导致船只撞向海岸,汽车被冲到沿海城镇的街道上。

风险管理的框架

以上这些风险都可以通过三个步骤来进行管理,尤其是在存在干扰时可以运用这一方法。这三个步骤如下。

(1)识别潜在的风险源。评估易损性是风险管理的第一步。这与环境有很大关系,但我们应当聚焦于那些最不可能发生但仍会对正常的运营产生显著影响的事件上。这种类型的事件包括自然灾害、产能不足、基础设施不到位(航空系统)、恐怖主义、供应商的问题、人力资源问题、设备故障、商品价格波动以及军事或文明冲突。

(2)评估风险的潜在影响。这一步的目的是量化风险的可能性及其潜在的影响。这取决于评估方向的不同,这样的评估可以基于财务的影响、环境的影响、业务发展的可行性、品牌形象/名声、潜在的生活,等等。

(3)通过计划来降低风险。降低风险的详细计划有不同的形式,取决于具体的问题。

风险定位包括对企业造成重大损失的风险事件的可能性和发生频率的评估。根据评估结果,一些风险可以被认作是可接受的,并且相关成本也可以视为企业开展业务的正常开销。在某些情况下,公司会发现损失是能够避免的。在其他情况下,潜在损失过大,这类风险就需要规避。

我们可以应用以下矩阵(见图2-4)来定位特定运营与供应链战略风险,这个矩阵能帮助我们更好地理解在采取运营与供应链战略时,不同类型的供应链干扰会有什么影响。比如,第一行评估了自然灾害的影响。我们可以发现独家供应商、精益实践以及分配中心都会对公司产生很大的影响。

风险	风险减少战略
自然灾害（如气候变化、天气）	应急计划（其他选址地点），保险
国家风险	汇率对冲，生产/资源本土化
供应商问题	选择多家供应商
网络提供商问题	采用更多的数字网络
监管风险（如许可和监管问题）	预先不断地研究分析，好的法律建议和法规
商品价格风险	多资源渠道，期货对冲
物流问题	安全库存，详细的追踪和可选择的供应商
库存风险	库存中心，安全库存
主要质量问题	仔细选择和监控供应商
消费者流失	服务与产品创新
盗窃和故意损坏问题	保险，安全防范，了解可能的风险，专利保护，等等

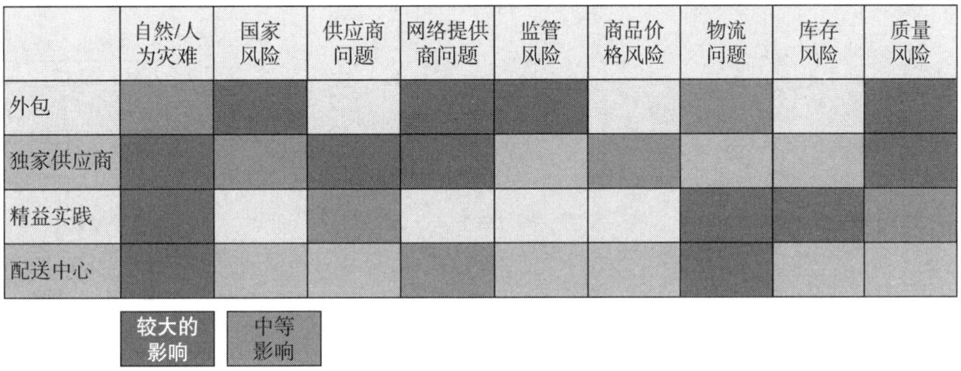

图 2-4　风险降低战略

不幸的是，那些成本效益最好的战略往往也是风险最高的，所以在考虑每个战略时应当时刻谨记这一点。至此，我们都还未讨论特殊的运营与供应链战略，如外包和采购，随着本书的讲解，我们会逐渐涉及这些议题。

2.5　生产率度量

生产率（productivity）是评价一个国家、行业或商业单位使用其资源（或生产要素）效率的一种常用的度量标准。运营管理关注资源的最优利用，因此生产率度量指标自然是了解有关运营绩效的基础。本节将定义生产率的各种不同的度量指标，本书的其他部分还会定义很多其他有关物料的绩效测评标准。

从广义上说，生产率可以定义为：

$$生产率 = \frac{产出}{投入}$$

为了提高生产率，我们要尽可能地加大产出与投入的比率。

我们所说的生产率是相对量。换句话说，它需要与其他量进行比较才有意义。例如，经营一家餐馆，它上周的生产率是每个工时接待 8.4 个顾客，从这些事实中我们能了解什么？什么也没有。

比较生产率可以用两种方法。一种方法是一家企业可以与同行业的类似企业进行比较，如果可以获得有关数据，就可以利用行业数据进行比较（例如，比较不同店的生产率）；另一种方法是在同一家企业内度量不同时期的生产率，这样可以比较不同时间段的生产率。

如表 2-1 所示，生产率可以通过单要素度量、多要素度量和全要素度量来表达。如果我们关心的是单一投入与产出的比率，就使用单要素生产率度量；如果要了解一组（但并非全部）投入与产出的比率，就使用多要素生产率度量；如果要表示总投入和总产出的比率，可以用全要素度量来描述整个组织或者国家的生产率。

表 2-1 生产率度量举例

单要素度量	$\dfrac{产出}{劳动力}$ 或者 $\dfrac{产出}{资本}$ 或者 $\dfrac{产出}{原材料}$ 或者 $\dfrac{产出}{能源}$
多要素度量	$\dfrac{产出}{劳动力+资本+能源}$ 或者 $\dfrac{产出}{劳动力+资本+原材料}$
全要素度量	$\dfrac{产出}{投入}$ 或者 $\dfrac{生产的产品或者服务}{所有资源}$

生产的投入产出数据（美元）		生产率度量举例
产出		全要素度量
1. 成品	10 000	$\dfrac{总产出}{总投入}=\dfrac{13\,500}{15\,193}=0.89$
2. 在制品	2 500	
3. 股息	1 000	多要素度量
总产出	13 500	$\dfrac{总产出}{人力+原材料}=\dfrac{13\,500}{3\,153}=4.28$
		$\dfrac{成品}{人力+原材料}=\dfrac{10\,000}{3\,153}=3.17$
投入		
1. 人力	3 000	单要素度量
2. 物力	153	$\dfrac{总产出}{能源}=\dfrac{13\,500}{540}=25$
3. 资本	10 000	
4. 能源	540	$\dfrac{成品}{能源}=\dfrac{10\,000}{540}=18.52$
5. 其他支出	1 500	
总投入	15 193	

单要素生产率

企业类型	生产率度量
餐馆	每工时顾客数
零售商店	每平方英尺①的销售额
养鸡场	每千克饲料的产肉量
能源工厂	每吨煤的千瓦数
造纸厂	单位体积木材产纸吨数

表 2-1 是生产率计算的一个例子。数据显示的是某产品生产的投入与产出比率的量化计算过程。注意，在计算多要素和单要素生产率时，不必都用总产出作为分子。有时常常需要构造一些度量值来表示我们想要研究的特定产出。例如，在表 2-1 中，生产控制经理可能关心总成品量，而工厂经理则更关心全厂的总产出。合并和分解生产率的过程提供了一种根据生产率度量与改进的不同需要而转换分析层面的方法。

表 2-1 全部用美元做单位。然而，一般采用产品件数作为单位有利于管理部门更好地理解企业的业绩。在这种情况下，只能对生产率进行单要素度量，因为计算时不能将工时和原材料的重量等不同量纲的度量单位合并在一起。表 2-1 给出了一些常用的单要素生产率计算的实例。这些单要素度量采用管理者熟悉的度量单位向他们提供信息，方便管理者在实际的运作中应用这些度量值。

每年夏季，《今日美国》会发布美国大型企业劳动生产率的年度报告。在过去的数年里，劳动生产率一直处于上升势头，这对经济来说是非常有利的。生产率的上升通常出现在经济衰退时期，因为在此时期很多工人被解雇，留下的工人要完成更多的工作。劳动生产率的上升也会来自技术进步，想想拖拉机对农业生产带来多大的影响。

---

① 1 平方英尺 ≈ 0.093 平方米。——译者注

本章小结

2-1 了解可持续的企业战略以及它和运营与供应链管理的关系

总结
- 持续的战略是为了给股东和利益相关者创造价值。
- 股东是指公司的权益所有者。
- 利益相关者是指受公司行为影响的个人或组织。
- 这一观点意味着企业战略不能仅仅围绕着其经济能力,还要考虑环境与社会影响。

关键术语

可持续性:在不损害后代满足其需要的能力的情况下满足当前资源需要的能力。

三角底线模型:包含社会、经济和环境标准的业务策略。

2-2 界定运营与供应链战略

总结
- 包括制定宽泛的政策和计划来利用公司资源。
- 运营与供应链战略是为了协调组织的运营目标,这些目标的协调在大型组织中尤其重要。
- 公司的运营能力应当与公司客户不断变化的产品和服务需求相匹配。以下几个主要的竞争维度可以形成公司的市场竞争定位,包括成本、质量、交付速度和可靠性、数量变化、灵活性和新产品导入速度以及其他与产品相关的具体标准。通常,公司需要在这些竞争维度间做一些取舍和权衡。

关键术语

运营与供应链战略:制定广泛的政策和计划,指导公司使用实施公司战略所需的资源。

运营效果:以最低成本实现最佳战略优先级的方式执行活动。

骑墙策略:当公司试图通过在现有活动中添加新特性、服务或技术来匹配竞争对手的行为,并因此而进行竞争维度的权衡时,这通常会产生问题。

订单赢得要素:一个或多个特定的市场导向的竞争维度,可以清楚地将产品与竞争产品区分开来。

订单资格要素:用于筛选产品或服务作为候选购买对象的维度。

2-3 理解运营与供应链战略如何实施

总结
- 战略的实施需要通过一系列的活动来实现,这些活动被设计用来以一种与战略相一致的方式来交付产品和服务。

关键术语

活动系统图:显示公司战略如何通过一组支持活动交付的图表。

2-4 明确为什么战略与企业风险有关

总结
- 运营与供应链战略需要评估相关风险。
- 供应链风险不在计划内并且难以预测,会影响产品与原材料的正常流动。
- 风险可以从以下两个维度进行分类:供应链协同风险与突发风险。
- 三步骤风险管理的框架包括:识别潜在的风险源、评估风险的潜在影响、通过计划来降低风险。

关键术语

供应链风险:中断的可能性,这种中断将影响公司持续提供产品或服务的能力。

2-5 评估运营与供应链管理的生产率

总结
- 生产率度量是为了确保公司最有效地利用其资源。
- 这些度量都是相关的,因此只有将这些指标比较来看才有意义,通常是与其他公司进行比较。

关键术语

生产率:根据高德拉特(Goldratt)的定义(见第 23 章),生产率是度量资源使用情况的一种方法,是指所有使公司更接近目标的行为。

$$生产率 = \frac{产出}{投入}$$

应用举例

2-5 家具制造公司提供了如下数据(单位:1 000 美元),请比较过去两年的劳动力、原材料和全要素生产率方面的情况。

	去年	今年
产出：产出销售价值	22 000	35 000
投入：劳动力	10 000	15 000
原材料和供给	8 000	12 500
资产设备折旧	700	1 200
其他	2 200	4 800

解答

	去年	今年
单要素生产率		
劳动力	2.20	2.33
原材料和供给	2.75	2.80
全要素生产率	1.05	1.04

讨论题

2-1

1. 什么是三角底线战略？列出一家采用此策略的公司。
2. 找出一些企业通过培育与环境可持续发展相关的特征来赢得新客户的例子。

2-2

3. 运营与供应链战略的重点是什么？对每一个策略重点，描述它们各自适合市场的特征。
4. 为什么对于那些作为世界级竞争对手的企业来说，"适当"的运营战略要不断改变？
5. 订单赢得要素和订单资格要素是什么？你最近一次采购的产品或服务的订单赢得要素是什么？

2-3

6. 选择一家你熟悉的公司，阐述其运营战略以及它是如何吸引消费者的。描述一下它所采取的为实现其战略的具体方法（以图2-3为例）。

2-4

7. 几年前美元与国外货币（如日元、欧元和英镑等）相比，表现相对疲软，这刺激了出口。为什么长期依靠低估的美元是解决竞争矛盾的最佳短期方案？
8. 找出一个运营与供应链的例子，在这个例子中，供应链风险已经影响到了公司。公司该采取哪些措施来减少干扰的影响？

2-5

9. 我们说生产率是一个"相对"量，其管理含义何在？

客观题⊖

2-1

1. 壳牌石油公司的座右铭是"人类、地球与利益"，这是对运营与供应链管理的哪一个概念的落实？（答案见附录D。）
2. 企业战略应该描述为它打算如何为哪些实体创造和维持价值？
3. 哪个术语描述了受公司行为影响的个人或组织？

2-2

4. 公司制定和改善其运营与供应链战略的周期是多久？
5. 哪个术语描述了产品吸引特定消费者属性？这一属性也形成了公司的市场竞争位置。
6. 与产品交付相关的两个主要竞争维度是什么？
7. 产品或服务的两个质量特征是什么？

2-3

8. 什么图显示了公司战略是如何通过一系列支持活动来实现的？
9. 在实施供应链战略时，企业必须在不损害哪一类人需求的前提下，将总成本降至最低？

2-4

10. 对公司持续向消费者提供产品或满足服务需求的能力造成影响的不确定性定义指什么？
11. 因自然或人为灾难造成的、难以准确预测和受控的风险定义是什么？
12. 将以下的风险与风险递减战略匹配起来：

⊖ 特别感谢亚利桑那州立大学的Bill Ruck提供了本部分的问题。

_____ 国家风险
_____ 监管风险
_____ 物流问题
_____ 自然灾害
_____ 重大质量问题

A. 详细的追踪和可选择的供应商
B. 仔细选择和监控供应商
C. 应急计划、保险
D. 好的法律建议、合规
E. 货币对冲、当地采购

13. 哪个术语用来描述负面事件发生的概率与相关损失的总体严重程度的比较?

2-5

14. 作为运营主管,你主要关心下个月的销售需求能否满足。假设你刚刚收到如下一份生产报告。

	1月	2月	3月	4月
产量	2 300	1 800	2 800	3 000
每台机器的工作时间	325	200	400	320
机器数	3	5	4	4

计算出每月的平均生产率(每小时的产量)。

15. Sailmaster 公司提供的有竞争力的风帆冲浪船在帆船运动中有着极佳的表现。下面是其中一款产品——Windy 2000 的投入和产出信息。

销量	1 217
销售价格(美元)	1 700
总劳动时间(小时)	46 672
工资率(美元/小时)	12
总的物料成本(美元)	60 000
总能耗(美元)	4 000

用销售收入/人力成本来计算生产率。

16. Live Trap 公司收到如下有关动物笼子的生产数据,请计算全要素生产率。

产出	投入	
50 000 只笼子	生产时间	620 劳动小时数
售价:3.50 美元/只	工资	7.50 美元/小时
	原材料(总成本)	30 000 美元
	零配件(总成本)	15 350 美元

17. 某汽车制造商去年生产两种汽车(Deluxe 和 Limited)。销售数量、单价以及工时如下表所示。每种车的劳动生产率是多少?试解释与劳动生产率相关的问题(答案见附录 D)。

	数量	单价
Deluxe 型汽车	4 000 辆售出	8 000 美元/辆
Limited 型汽车	6 000 辆售出	9 500 美元/辆
制造 Deluxe 型汽车的劳动力	20 000 小时	12 美元/小时
制造 Limited 型汽车的劳动力	30 000 小时	14 美元/小时

18. 美国某制造企业在某发展中国家(LDC)经营的一家子公司的财务状况如下表所示。

	美国	发展中国家
销售额(单位)	100 000	20 000
劳动力(小时)	20 000	15 000
原材料(货币单位)	20 000 美元	20 000 外币
资本设备(小时)	60 000	5 000

a. 分别计算母公司和子公司劳动力与资本的单要素生产率,计算结果是否看起来让人感到困惑?
b. 计算劳动力和资本的多要素生产率。这个结果看起来是否合理一些?
c. 计算原材料的生产率,解释为什么子公司的生产率较高(1 美元 = 10 外币)。

19. 某公司在过去两年的各种财务数据如下表所示。计算这家公司每年的全要素生产率、劳动力、资金及原材料的单要素生产率。通过计算,你能够了解该公司的哪些情况?

(单位:美元)

	去年	今年
产出:销售额	200 000	220 000
投入:劳动	30 000	40 000
原材料	35 000	45 000
能源	5 000	6 000
资金	50 000	50 000
其他	2 000	3 000

20. 一家电子公司为军队制造通信设备,这家公司刚刚完成了两份合同。与海军签订的合约一共有 2 300 个设备,由 25 个工人花费两个星期(每个星期 40 小时)来完成。陆军的合同一共有 5 500 个设备,由

35 个工人花费 3 个星期来完成。哪份合约工人的生产率高?

21. 一家零售商店在 4 月的销售额为 45 000 美元，5 月的销售额为 56 000 美元。商店雇用了 8 个全职雇员，每星期工作 40 小时。4 月，商店同时雇用了 7 个临时工，每星期工作 10 小时；5 月，商店雇用了 9 个临时工，每星期工作 15 小时（假设每个月有 4 个星期）。用美元表示的销售额作为产出的衡量标准，从 4 月到 5 月生产率改变了多少百分比?

22. 一家包裹递送公司去年递送了 103 000 个包裹，当时它平均雇用了 84 个司机。今年公司雇用了 96 个司机，处理了 112 000 个包裹。这两年生产率改变的百分比是多少?

23. 一家快餐店供应汉堡、芝士堡和鸡肉三明治。该餐馆的一个芝士堡等同于 1.25 个汉堡，一个鸡肉三明治等同于 0.8 个汉堡。现在该餐馆雇用了 5 个全职员工（每个星期工作 40 小时）。如果餐馆一个星期可以卖出 700 个汉堡、900 个芝士堡和 500 个鸡肉三明治，那么生产率是多少？如果它每种产品都售出 700 个，那么生产率又是多少?

案例分析　Timbuk2 的道法[一]

"Timbuk2 不仅仅是个包，也不只是一个品牌。它是情感的一种寄托。对于每个拥有者来说，Timbuk2 是值得信赖、值得每天为伴的。我们一直都能看到顾客与 Timbuk2 之间那种强烈的感情。一个用旧了的 Timbuk2 有着一种特别的光泽——它象征着生活中的磕磕碰碰。许多 Timbuk2 可以用 10 年甚至更久。我们'不坏'神话的真谛就是 Timbuk2 比工作、人际关系甚至宠物都更加持久。这就是 Timbuk2 的道法。"

是什么让 Timbuk2 如此独一无二？你可以自己去它的网站 www.timbuk2.com 看看。每个包都是顾客自己在网站上设计的。当顾客选好包的基本形状之后，就可以在给出的样板中选择大小和颜色。而后还有各式各样的线、图标、口袋以及肩带可选，使做出来的包能够尽可能地体现顾客的特色。顾客只要轻轻一点鼠标，他的包就能在短短两天内直接送到手中。它是如何做到这一点的?

这家位于旧金山的企业以能直接按顾客订单来生产高品质的邮差包而著称。在旧金山的工厂里，他们有一支由 25 名左右勤劳的裁剪工和缝制工组成的队伍。在过去的岁月里，他们成功地将生产线转型，使其可以高效地生产最高品质的邮差包。

当地的工厂集中生产定制化的邮差包。这些订单从网上而来。顾客可以在形状、大小、颜色、口袋以及肩带方面进行选择。在旧金山 Timbuk2 的装配线上，包会严格按照顾客的要求来缝制，然后直接送往顾客手中。

最近，Timbuk2 开始在中国生产一些新产品。这些产品主要针对一些老客户。公司宣称他们已经做好新产品的设计，并以合理的价格提供尽可能好的功能、品质和价值，同时还强调这些新产品的设计全部来源于旧金山。Timbuk2 指出，新包做起来更加复杂，也要求投入更多的人力和昂贵的机器来生产。他们认为只利用旧金山工厂的人力会使得最后的零售价格过高。在对中国的一系列工厂做出调研后，Timbuk2 找到一家他们认为可以胜任新包生产的厂家。与旧金山的工厂相似，中国工厂雇用的是一些勤劳、安分守己的手工艺人，而且工资待遇不错。Timbuk2 每 4～8 周会到中国工厂进行巡查，以确保优良的质量和工作条件。

在 Timbuk2 的网站上，公司宣称他们仍然是那支勤奋的队伍，执着于高品质包袋的设计和制作，同时还为当地社区及其全球竞争力的提高做出贡献。公司的报告指出，市场对旧金山生产的邮差包需求量仍然很大，而对来自中国的新型电脑包则没有那么大的需求。旧金山工厂增长的业务使得他们在总部的各个部门雇用更多的人员，这为当地创造了更多的就业机会。

问题

1. 考虑 Timbuk2 生产和销售的两类产品。对于定制的邮

[一] 特别感谢印第安纳大学的 Kyle Caltani 提供了本案例。

差包，什么是驱动其销售的关键竞争要素？它的核心竞争力与来自中国的新型电脑包有何不同？
2. 从下面几个方面来比较中国和旧金山的装配线：①产量或生产率；②需要的工人技巧；③自动化程度；④原材料和成品的库存量。
3. 请画出两幅流程图，分别描绘出产自中国和旧金山的产品的供应链。请给出所有的重要步骤，包括原材料、制造、成品、分销库存以及运输。除了制造成本，还有什么成本是Timbuk2进行外包决策时需要考虑的？

练习测试

写出以下每个语句定义的术语，答案见底部。

1. 一种在不牺牲下一代满足他们需求的能力的基础上，满足现有需求的战略。
2. 三角底线模型中包含的三类标准。
3. 说出7个运营与供应链竞争维度。
4. 可能是主要的竞争维度中最难竞争的方面。
5. 当企业既想利用一个成功模式的优点又希望保持现有的定位时会发生的现象。
6. 一家企业的产品或服务区别于其他企业的产品或服务的评价标准。
7. 对产品或服务参与竞争的资格进行筛选时所用的标准。
8. 展示企业战略通过一系列支持活动实施的图表。
9. 以投入产出比计量的一种方法。

答案：1. 可持续性。2. 社会、经济、环境。3. 成本、产品质量和可靠度、交付速度、交付可靠性、应对需求变化的能力、柔性和新产品引入的速度以及其他特有标准。4. 成本。5. 战略矛盾。6. 订单赢得者。7. 订单资格筛选。8. 活动系统图。9. 生产率。

第 3 章

产品与服务设计

学习目标

3-1 了解公司的产品设计与典型流程；

3-2 阐明不同标准对产品设计的影响；

3-3 比较服务与产品的不同标准；

3-4 理解产品开发对企业的重大经济影响；

3-5 了解产品开发的一些评价指标。

引导案例

IDEO：一家设计与创新企业

IDEO 产品开发公司是世界最著名的设计公司，它最大的创造就是实行创造过程本身。对于 IDEO 创始人大卫·凯利（David M. Kelley）和他的同事而言，工作就是娱乐，头脑风暴是一门科学，而最重要的规则就是打破规则（www.ideo.com）。公司的重点完全在于设计新产品、服务以及客户所需的其他互动体验。

该公司完成的包括与福特汽车公司的智能移动相关的项目，以及数字医疗应用程序的开发，使人们能够跟踪他们的情绪、睡眠和呼吸。IDEO 不是将设计视为需要一系列步骤的线性过程，而是将过程视为重叠的思想空间。这些空间的含义如下。

- 灵感：激发新设计需求的问题或机会；
- 构思：模型原型、视觉图片或定量分析，用于测试想法；
- 实施：将想法转化为新产品和服务。

人类的愿望、业务的可行性和技术的可行性是 IDEO 设计思维过程的基本原则，创新需要整合这些原则。IDEO 的早期设计项目之一是苹果计算机的第一款鼠标，这是一款引人注目且美观的设计，经受住了时间的考验。

IDEO 慕尼黑办事处的众多协作设计会议之一

设计新产品并让产品尽快进入市场是各行业生产商共同面临的挑战，无论是计算机芯片生产商还是薯片制造商都是如此。计算机芯片制造商的顾客（比如计算机公司）需要为它们不断发展的生产线提供最先进的半导体。本章的主题是怎样设计产品及其生产流程是什么。

3.1 产品设计

因为顾客的需求和想法一直在改变，所以企业需要不断地向市场输入新的产品。对于不同的产业，产品设计有着很大的区别。产品设计是许多企业取得成功的基本因素。定制化产品、了解顾客的喜好以及对新产品进行市场调查是非常重要的。药品通常需要大量的临床检验，并需要严格测试新产品的安全性和有效性，这需要有先进的产品开发流程来完成这些工作。

今天，企业经常把主要的功能（包括设计环节）外包，而不是自己完成这些功能。专门为其他公司提供外包服务的公司也可以取得很大的成功。这些专门为其他公司提供外包生产服务的公司被称为**合同制造商**（contract manufacturers），它们在生产方面取得了很大的成就，比如电子产品、服装、药品、塑料和定制生产行业。简单来说，合同制造商是一个组织，通过制造或购买生产成品所需的零部件完成产品生产，并将这一活动作为服务提供给其他公司。

合同制造商的兴起在很大程度上改变了传统制造商的运营模式。基于这种情况，合同制造商将在一个企业中扮演多种角色。例如，在汽车行业中，合同制造商生产许多零部件，如座位和其他内部零件、汽车前灯和尾灯以及收音机/CD与GPS导航系统等电子设备。为了降低运输成本并有效控制交易风险，现在的汽车行业通常都建造在同一地区，依靠紧密的合作来成功管理各个装配工厂和合作制造商间的协作网络。

除了拥有与合作制造商以及专业设计公司合作的潜在优势之外，企业还必须确定它们的**核心竞争力**（core competency）。企业的核心竞争力就是它能比竞争者做得更好的那个方面。核心竞争力可以是任何方面，比如产品设计或公司员工持续的奉献精神，其目的是使企业拥有长期的竞争优势。

举例来说，我们发现本田汽车的发动机十分专业，本田汽车公司已经利用这个核心竞争力开发了不同特性的产品，从割草机、旋转式清雪机到货车和汽车。作为汽车行业的另一个例子，沃尔沃汽车的安全性是公认的核心竞争力。

核心竞争力有三个特点：

- 它提高了企业开拓新市场的潜力。
- 它增加了潜在的顾客利益。
- 它很难被其竞争者模仿。

美国的设备制造商布莱克-德克尔公司是一个很好的例子，其核心技术竞争力是200～600瓦特的电动机，大多数产品都在这个技术基础上进行不断的完善，它的产品针对以下三个市场：

- 国内手工作坊市场。在国内手工作坊市场上，小电动机可用于制造各种手枪钻、圆形锯、打磨机、刨槽机、旋磨机、抛光机等。
- 国内清洁和园艺维护市场。在这个市场上，小电动机可用于生产除尘器、真空吸尘器、灌木修剪器、边缘修剪器、草坪割草机、叶式鼓风机和按压式喷雾机等。
- 厨房用具市场。在厨房用具市场上，小电动机可用于生产诸如开瓶器、食品加工器、搅拌器和油烟机等相关产品。

对于企业而言，真正的挑战是如何培育对公司的成功起关键作用的某种能力。一个极端是综合型公司，这类公司所有的活动——从设计到各个部件的生产,都是在企业内部实现的。另一个极端是只负责产品销售的公司,其设计和制造功能全部外包。

下面是一些取得成功的大公司的例子:

- 苹果公司设计出了苹果手机,却将它的生产制造转包给其他公司(但苹果公司保留了知识产权的所有权)。
- 特斯拉汽车公司开发了一款全电动汽车,行驶里程为 265 英里[⊖],是典型汽油动力汽车的里程范围。过去,电动汽车由于电池电量大而被认为有很大的火灾风险。因此,特斯拉汽车公司开发了小型圆柱形电池,可以降低火灾风险。此外,新特斯拉汽车的增压技术减少了为电池充电所需的时间。特斯拉汽车公司的高速公路充电站网络使汽车适用于长途旅行。该公司与自动驾驶技术相关的创新可能会改变我们对未来汽车运输的看法。
- 为了快速地生产出化合物,一家制药公司向基因公司购买基因信息,并与化学合成专家签订合同,通过合作的研究机构进行临床实验,但对于最终进入市场的药品,其保留了知识产权(专利权、实验数据、商标权)。

产品开发过程

我们从定义一般产品的开发过程开始,描述产品设计的基本步骤。这一过程再现了公司从提出构思、设计产品到最终产品投放市场的基本流程和活动。大部分任务涉及的是知识活动而不是体力活动。某些公司制定了一套明确详细的流程并严格遵循,而其他一些公司可能无法描述其设计过程。事实上,每个组织的工作流程都与其他任何组织有所不同,同一个组织也会针对不同的产品采用不同的流程。

我们的产品开发过程包括 6 个阶段,如表 3-1 所示。这一过程从计划阶段开始,计划阶段包括前期研究和技术开发活动,计划阶段的工作成果是项目陈述,它是概念开发阶段初期的必要信息,同时对开发团队有一定的指导作用。在产品设计阶段之后是产品投放,这时产品成为市场上可以购买的产品。表 3-1 显示了公司在各个开发阶段不同职能的关键活动和责任。随着过程的不断深入,我们描述了市场、设计和制造的不同作用。其他有代表性的功能,如调查、财政、地区服务和销售,也在这些过程中起着关键的作用。

表 3-1 一般产品的开发过程

列出了 6 个阶段,以及每个阶段关键活动的任务和责任

	第 0 阶段: 计划	第 1 阶段: 概念开发	第 2 阶段: 系统设计	第 3 阶段: 细节设计	第 4 阶段: 测试和完善	第 5 阶段: 投入生产
市场营销	• 明确市场机会 • 定义市场部门	• 收集客户需求 • 确定主要用户 • 确定与其竞争的产品	• 产品选择和延伸产品系列的开发计划 • 设定销售目标的价格点	• 开发市场计划	• 开发促销方式和启动原材料 • 在小范围内进行测试	• 让关键顾客试用样品
设计	• 平台的构建 • 评估新技术	• 调查产品概念的可行性 • 设计生产过程 • 建立并测试实验的原型	• 设计新产品的结构 • 定义主要的子系统和接口 • 完善工业设计	• 定义部件的平面图形 • 选择原材料 • 设定误差容许量 • 完成工业设计并控制文档	• 可靠性测试、生命周期测试、性能测试 • 获得审批手续 • 进行设计修改	• 评估早期的产品样品
生产	• 确定工艺规格 • 建立供应链战略	• 估计制造成本 • 评估生产的可行性	• 确定关键部件的供应商 • 进行外包分析 • 定义最终装配图表 • 建立目标成本	• 定义零部件生产过程 • 设计安装工具 • 定义质量保证过程 • 开始为长期生产采购设备	• 不断为供应商提供便利 • 完善生产和组装过程 • 培训劳动力 • 完善质量保证过程	• 开始整个生产系统的运行

⊖ 1 英里 = 1 609 米。——译者注

(续)

第0阶段： 计划	第1阶段： 概念开发	第2阶段： 系统设计	第3阶段： 细节设计	第4阶段： 测试和完善	第5阶段： 投入生产
其他职能 • 调查：证实技术的有效性 • 财务：提供计划目标 • 一般管理：分配项目资源	• 财务：进行经济分析 • 法律：调查专利问题	• 财务：进行外包分析 • 服务：确定服务问题		• 销售：开发销售计划	

一般产品的开发过程包括6个阶段。

第0阶段：计划。计划活动通常被称为"第0阶段"，因为它发生在项目批准和产品开发过程启动之前。这个阶段从公司的战略出发，包括技术开发和市场评估。计划阶段的成果是项目陈述，它详细说明了产品的目标市场、经济目标、关键假设和约束。

第1阶段：概念开发。此阶段必须明确目标市场的需求，开发并评估新产品概念，并为进一步开发和测试设定一个或多个概念。概念是对产品形状、功能和特征的描述，它通常包含规格、竞争性产品分析以及项目的经济情况分析。

第2阶段：系统设计。系统设计阶段包括产品结构的定义、产品子系统和零部件的分解以及生产系统的最终装配图（将在本章后面讨论）。这一阶段的成果包括产品的平面设计、每个子系统的功能说明以及最终装配过程的初步流程图。

第3阶段：细节设计。这一阶段包括对平面图、原材料、每个产品独特部件的公差、从供应商处购买的标准零部件的识别，也包括建立流程计划，以及为零件确定生产设备。这个阶段的成果是一些图表或计算机文档（说明了每个部件的图纸和生产设备）、采购部件的说明书以及产品制造装配的过程。

第4阶段：测试和完善。测试和完善过程涉及各种样品的试验与评估。作为产品的生产模板，早期的原型通常由几何图形和物理属性相同的部件构成，但在实际生产过程中并非完全按照早期模型来装配。企业需要测试原型并决定产品是否按其设计要求运行，以及是否满足顾客的要求。

关键思想
在公司内部执行此开发过程通常使用项目管理技术进行组织，这些技术将在第4章中介绍。

第5阶段：投入生产。在投入生产阶段，将用预定的生产设备制造产品，目的是培训劳动力并解决生产过程中出现的所有问题，逐步从投入生产发展到提升产量，最后在某个时期推出产品并大力销售。

表3-1描述的开发过程是一般性的，具体的过程根据企业各自的特殊情况而有所不同。一般来说，其符合市场拉动作用下的过程。**市场拉动**（market-pull）是企业根据市场机会开发新产品，并利用一切可行的技术满足市场需求（即市场"拉动"了开发的决策）。除了市场拉动的产品开发过程外，其他情况也普遍存在，例如技术推动型产品、平台产品、工艺集中型产品、定制化产品、高风险产品、速成品和复杂系统。表3-2对每一种情况进行了讨论，并总结了这些过程的特征及其与一般过程的区别。

表3-2 一般产品开发过程的衍生形态的总结

过程类型	描述	鲜明特征	举例
一般（市场拉动型产品）	从市场机会出发开发合适的产品以满足顾客的需求	一般性过程包括计划、概念开发、系统设计、细节设计、测试和完善以及投入生产	体育用品、家具、设备
技术推动型产品	从新技术出发，寻找合适的市场	计划阶段包括技术和市场的匹配；概念开发阶段采用现有的技术	采用塑性涂料薄膜的雨衣、聚乙烯信封
平台产品	假定新产品将建立在已有的技术系统上	概念开发建立在特定的技术平台上	消费型电子产品、计算机、打印机

（续）

过程类型	描述	鲜明特征	举例
工艺集中型产品	这类产品的特征是产品生产过程高度集中	一开始就要明确规定生产过程，产品和流程设计在初始阶段就要同时进行	点心类食品、早餐谷类食品、化学药品、半导体
定制化产品	新产品是对现有产品的小改动	产品的相似性允许用同一条流水线和高度集成的开发过程	发动机、手表、电池、集装箱
高风险产品	技术或市场的不确定性导致失败的不确定性	在早期就发现风险并在过程中解决，尽可能早地采取分析和测试活动	医药品、航空系统
速成品	模型和原型的快速建立，加快"设计—制造—测试"的循环	重复细节设计和测试，直到产品完成或时间与预算用完	软件、手机、电话
复杂系统	系统必须分解成几个子系统和许多部件	子系统和部件的开发依靠许多开发团队同时工作，然后进行系统整合与测试	飞机、喷气式发动机、汽车

1. 技术推动型产品

在技术推动型产品的开发过程中，公司从新技术出发，寻找适合应用该技术的市场（即依靠技术来推动产品开发）。美国戈尔公司生产的塑性涂料薄膜（Gore-Tex）是一个很好的技术推动的例子。这家公司开发了许多塑性涂料薄膜的合成产品，包括人造外科血管、高性能电缆的绝缘材料、牙线以及风笛的衬垫。

2. 平台产品

平台产品围绕预先存在的技术子系统（技术平台）构建。例如丰田普锐斯使用的混合动力马达、Apple iOS 操作系统以及佳能相机使用的视频成像系统。企业在开发这些技术平台的过程中投入了大量资金，因此必须想尽一切办法把这些技术

2010 年，巴黎汽车展上丰田混合 HSD CUTAWAY 演示车

平台应用到不同产品的开发中。在某种意义上，平台产品与技术推动型产品是类似的，因为其开发都基于同样的假定，即产品概念都体现了特殊的技术。它们主要的差别是技术平台型产品已经体现出它在市场上满足顾客需求的功能。在许多情况下，公司假定在相关的市场上这些技术也是可用的。相比从零技术开始的产品开发，基于现有平台开发产品要简单得多。基于上述原因，并且能通过几种产品共同分担成本，企业就会以平台产品进行产品开发过程，而无须单独开发一项新技术。

3. 工艺集中型产品

工艺集中型产品的例子有半导体、食品、药品和报纸。对于这些产品来说，生产工艺对产品的属性有很大的影响，以致不能把产品设计与生产工艺设计分开。在大多数情况下，工艺集中型产品是大批量生产的，而且这些产品一般是大宗物资而不是零散的个别产品。通常，新产品和新工艺是同时开发的。例如，设计新型的早餐谷类食品和点心食品就需要同时进行产品与工艺的开发。另外的情况是，工艺的局限性会约束产品的设计。例如，一种新型纸质产品只能在造纸厂生产，或新的半导体装置在现有的晶片制造厂加工。

> **关键思想**
> 产品开发过程需要根据市场和产品特性进行调整。

4. 定制化产品

定制化产品是对标准配置的细微改动，通常必须根据顾客的特殊要求生产，例如开关、电机、电池以及集装箱。这些产品的开发主要包括确定发生了变化的数值，如物理特性和材料。通过使用高度模式化的设计和开发流程，企业

就能快速生产出这些定制化产品。

5. 高风险产品

高风险产品在技术或市场方面有着较大的不确定性，因此在这两个方面存在较高的风险。在产品开发的早期阶段，通过逐步确定最大的风险，可以使一般产品的开发有能力应对开发过程中出现的高风险。这通常需要在早期阶段进行一些设计和测试活动。例如，对于产品技术性能方面的不确定性，必须建立关键指标的工作模型并尽早测试；同时考察多种解决方案，以期其中一个方案能获得成功；在审查设计时评估常规情况下的风险水平，尽量降低风险，尽可能不让风险在后期阶段出现。

6. 速成品

对于有些产品的开发，比如软件和许多电子产品，模型的建立和测试已经变成一个十分迅速的过程，"设计—制造—测试"这一循环不断被重复。根据概念开发过程，在系统设计阶段需要把产品分解成最重要的部分、一般重要的部分以及次重要的部分。随后从最重要的部分入手进行设计、生产、合成以及测试活动。这一过程充分利用了样品生产周期较快的优势，公司根据每个循环过程的结果来决定在下一个循环中如何进行调整。测试阶段还包括用户测试。当设计时间结束或预算用完时，最重要的部分和一般重要的部分通常已经完成，次重要的部分也许要留到下一个阶段才能完成。

7. 复杂系统

体积较大的产品是由相互作用的许多子系统和零部件构成的复杂系统，如汽车和飞机。当开发复杂系统时，对一般产品的开发过程进行修改可以解决一些问题。概念设计阶段考虑的是整个系统的结构，而且许多时候系统结构是整个系统的竞争力。系统设计变得很重要，在这一阶段，系统被分解为子系统，再进一步分解为许多组件。一些工作小组负责开发每一个组件。另有小组负责把组件合成为子系统，进而把子系统合成为整个系统。部件的细节设计是个高度并行的过程，即通常所说的**并行工程**（concurrent engineering），这一过程中有许多独立的开发团队同时工作。系统工程专家负责协调部件和子系统间的相互作用。测试和完善阶段不仅包括系统合成，还包括大量对产品有效性的测试。

| 专栏 3-1 |

工作中的运营与供应链管理

Google 虚拟现实纸板

Google Cardboard 是一款简单的纸板查看器，可与智能手机配合使用，让你体验虚拟现实。这款简单的价值 20 美元的产品在不到一年的时间内被超过 500 万人购买。通过它，你几乎可以前往世界各地，甚至是想象中的地方。特殊纸板应用程序，如 Chair In A Room, Vrse, Lamper VR: Firefly Rescue, Caaaaardboard! 以及 Proton Pulse，能够让你通过将自己置于行动的中心来更好地理解科学和自然。这一小工具是许多设计创新奖的获得者。

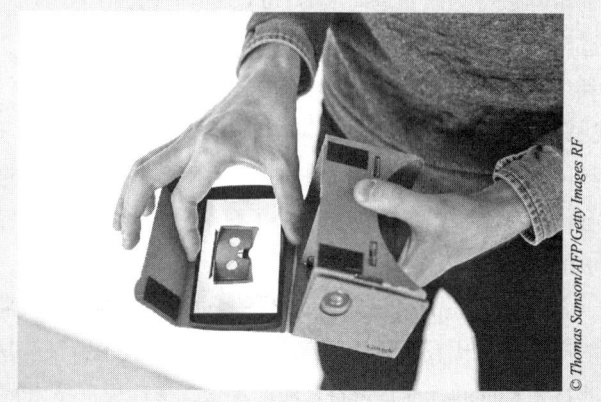

© Thomas Samson/AFP/Getty Images RF

3.2 产品设计标准

本节首先阐述不同标准是如何影响产品设计的。最基本的标准是与消费者需求直接相关的。将产品设计与目标消费群体的需求相匹配是营销观点最基础的要求。本节强调的另一个标准是价值，这一标准包括对产品进行设计，以满足消费者的需求，同时能够以较低的成本生产和维护产品。其次，有关产品工艺的标准对产品的低成本制造也是必需的。最后，我们强调环境对产品的影响，以及它是如何与产品设计相关的。

3.2.1 面向顾客的设计

在详细说明为什么以及怎样设计和生产产品之前，我们先从用户的角度提出（可能用评论更确切些）产品设计问题。近年来，企业对技术成就和技术进步十分关注，尤其是在电子领域，以至于在某种程度上无暇顾及顾客的需求。面向美学和面向顾客的设计统称为工业设计。IDEO 是世界上最成功的工业设计公司之一。该公司使用的独特概念在本章的引导案例中已有所描述。

质量功能展开

将顾客的需求融入产品设计中的一种方法是**质量功能展开**（quality function deployment，QFD）。这种方法建立起营销、设计、制造三个职能部门交叉合作团队，丰田汽车公司曾用这种方法大幅度缩短了设计时间，从而将汽车制造成本降低了 60%。

质量功能展开过程从倾听和了解顾客的需求入手，以确定一个好的产品应该有哪些功能。通过市场研究，确定顾客对产品的需求和偏好并将其分类，称之为顾客需求。下面是一家汽车制造商改进车门设计的例子。通过顾客调查与访问，公司明确了顾客对车门的两个重要要求："在斜坡上依然可维持打开状态"和"容易从外面关上"。确定顾客的需求之后，根据这些需求的重要程度，分别赋予它们权重。接下来，请顾客对公司及其竞争者的产品进行比较与排序。这个过程有助于公司了解顾客所希望的产品特征并衡量自己的产品与其他公司产品的相对关系，这样做的结果是更好地理解与关注了需要改进的产品特征。

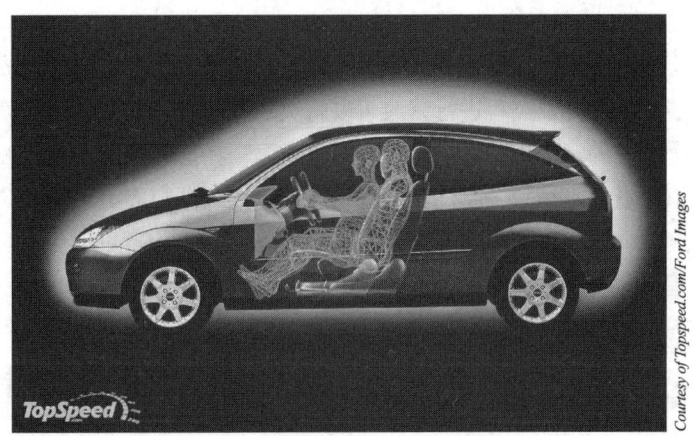

QFD 需要把顾客的需求和期望转换为明确的目标，然后再将这些目标转换为具体的汽车技术规范。比如说，极速汽车（TopSpeed）发现，如果汽车旋转度超过 2 度、侧向加速度超过 13.2 英尺/秒^2，乘客就会感到不舒服。这些数据有助于底盘工程师设定设计标准。

顾客的需求信息可以用一个特殊的矩阵表示出来，这个矩阵被称为**质量屋**（house of quality）（见图 3-1）。通过建立一个质量屋矩阵，负责多项职能的 QFD 团队能利用顾客的反馈信息做出项目决策、营销决策和设计决策。这个矩阵能帮助开发团队把顾客的需求转化成具体的运营或工程目标。在质量屋中，产品特性与改进目标能有效地结合起来。这一过程鼓励不同部门之间进行紧密合作，其结果是各部门能更加了解其他部门的目标和意见。当然，质量屋最重要的优点是帮助企业生产出满足顾客需求的产品。

建立质量屋的第一步是列出顾客对产品的需求，并将这些需求按重要性进行排序，请顾客对本公司的产品与竞争者的产品进行比较，最后确定产品的一系列技术特征，这些技术特征必须与顾客需求有直接的联系。此外，还要评价这些技术特征的标准是否符合顾客理念，最后根据技术特征评估产品的优势和劣势。

3.2.2 价值分析与价值工程

考虑顾客需求的另一个途径是在设计产品时分析最终产品的"价值"。考虑价值在产品设计中是非常重要的，所以

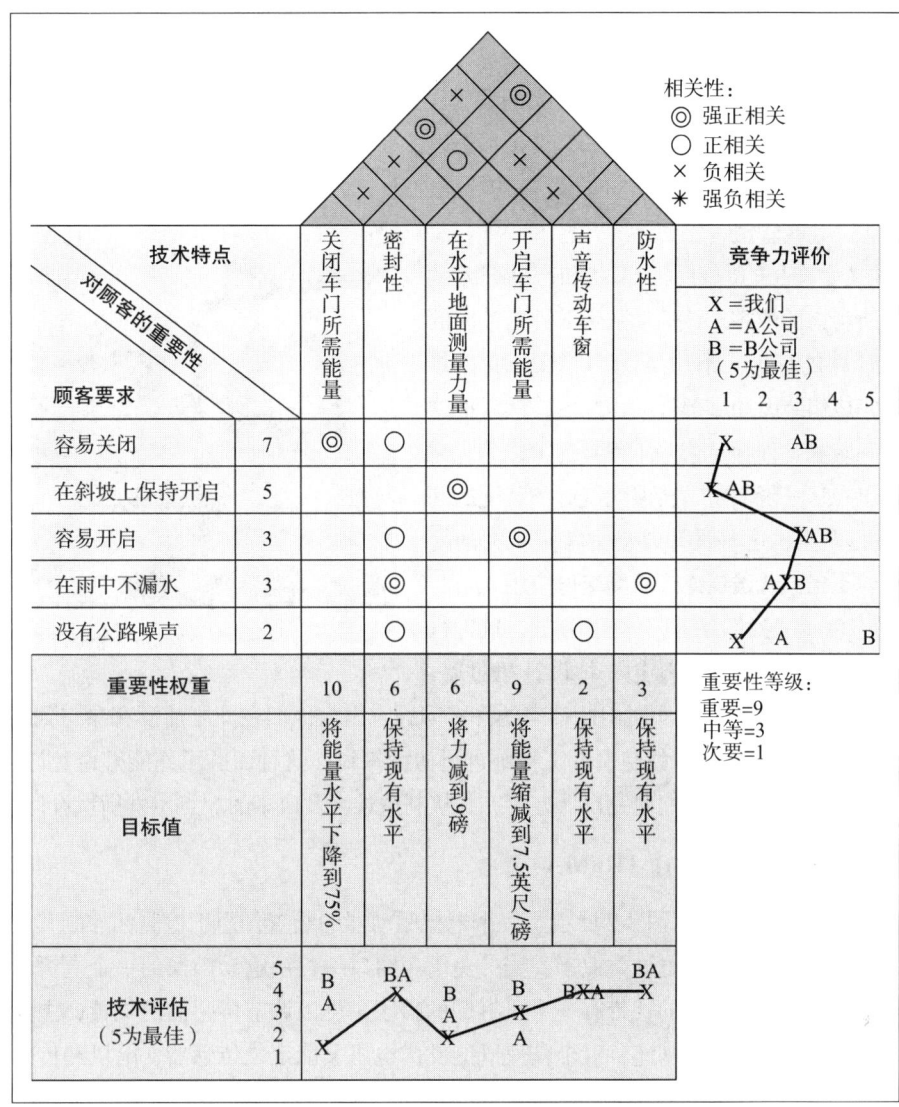

图 3-1 汽车车门完整的质量屋矩阵

我们简要地描述价值分析与价值工程。**价值分析与价值工程**（value analysis/value engineering，VA/VE）的目的是简化产品和工艺。它的目标是以更低的成本获得同样甚至更好的性能，同时顾客需要的所有功能保持不变。价值分析与价值工程通过发现并去除不必要的成本来实现这一目标。采购部门通常将价值分析作为降低成本的途径。在生产之前，价值工程被看作降低成本的方法。然而，实际上，对于一个既定的产品，在价值分析与价值工程间存在一个循环。因为新材料、新工艺等情况，对已经进行过价值工程的产品需要再次应用价值分析技术。使用头脑风暴法讨论价值分析与价值工程方法，问题如下：

- 这个产品有任何不必要的设计吗？
- 能否把两个或更多的部件合并起来？
- 怎样才能减轻重量？
- 有无可删除的非标准部件？

在下一部分中我们将讨论一种更正规的方法，这种方法通常用来指导产品设计和流程的改善。

> **关键思想**
> QFD 和 VA/VE 旨在确保在产品设计中考虑顾客需求。

3.2.3 面向制造和装配的产品设计

"设计"这个词有很多种含义,有时意味着产品的美学设计,比如汽车的外形以及开罐器套子的颜色、质地和形状;有时可能意味着系统基本参数的设定。例如,设计一个发电厂,在考虑一些细节问题之前,必须确定不同设备的特征,如发电机、水泵、锅炉、连接管道等。

设计的另一种含义是产品的原材料、形状和产品公差的详细描述,这是本节所考虑的内容。该活动从零部件与装配的草图开始,接着进入计算机辅助设计(CAD)工作站(见附录B),在这个工作站里完成组装图和零部件的详细图,然后把这些图交给制造工程师和装配工程师,这些工程师的工作是优化最终产品的生产流程。在这一阶段常常会遇到制造和装配的问题,并要求对设计进行调整,这些设计改动常常是重大的变动,会导致大量的额外支出,耽误最终产品的交付使用。

CAD 设计者正在办公室的计算机显示屏前工作

传统上设计者的态度是"我们设计,你们制造",这种行为类似"隔墙抛砖",即设计者在墙的这边,把设计扔过墙,交给那边的工程师,制造工程师不得不面对由此带来的许多问题,因为他们在此之前没有参与到设计工作中。解决这个问题的方法之一是在设计阶段设计者就与制造工程师进行协商探讨,这种团队工作能够避免许多可能产生的问题。这些并行工程团队需要分析工具帮助他们研究设计方案,并从制造难度及成本的观点出发衡量设计。

1. 如何进行面向制造和装配的设计(DFMA)

我们看一个概念设计阶段的例子。图 3-2 展示了一个电机驱动器的装置,用于检测和控制其在两个钢导轨上的位置,这也许类似于麦当劳兔下车窗口中控制电动门窗的一个电机,这个电机必须是完全密封的,带有一个可拆卸的盖子,可以调节传感器的位置,主要用来上下滑动导轨的坚硬基座,这个基座既能支撑电机又能定位传感器,电机和传感器通过电线连接到一个电力供应与控制单元。

> **关键思想**
> DFMA 面向产品工程,重点是降低生产成本。

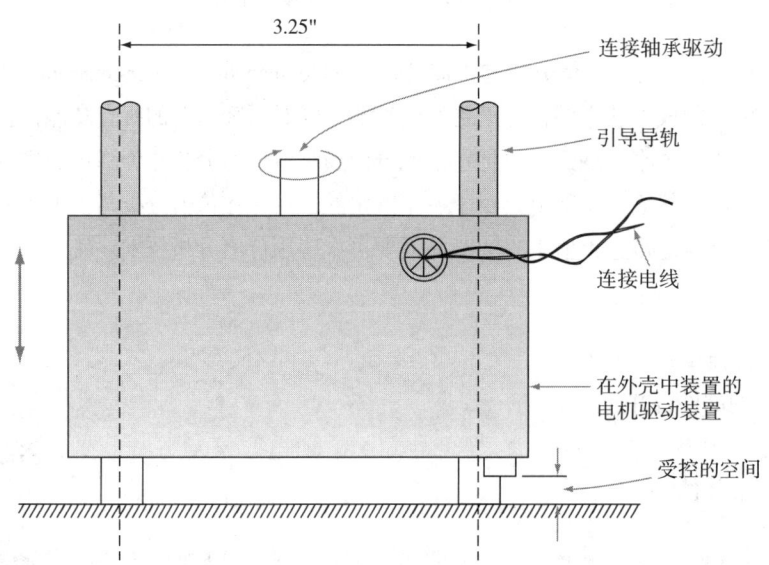

图 3-2 电机驱动的装置

图3-3展示了一个建议方案，基座有两个套管孔以防止孔产生磨损，电机用两个螺钉固定在基座上，基座上有一个孔用来安装柱状的传感器，传感器用螺钉固定，为了安装所需的盒盖，用两个螺钉将一个底板连接在两个螺母柱上，而这两个螺母柱将固定在基座上，为防止电线磨损后在金属盖上发生短路，将导线穿过安在底板上的塑料套管，最后，一个盒子形状的盖子从基座下罩住整个装置，并用4个螺钉安装，两个在基座上，两个在底板上。

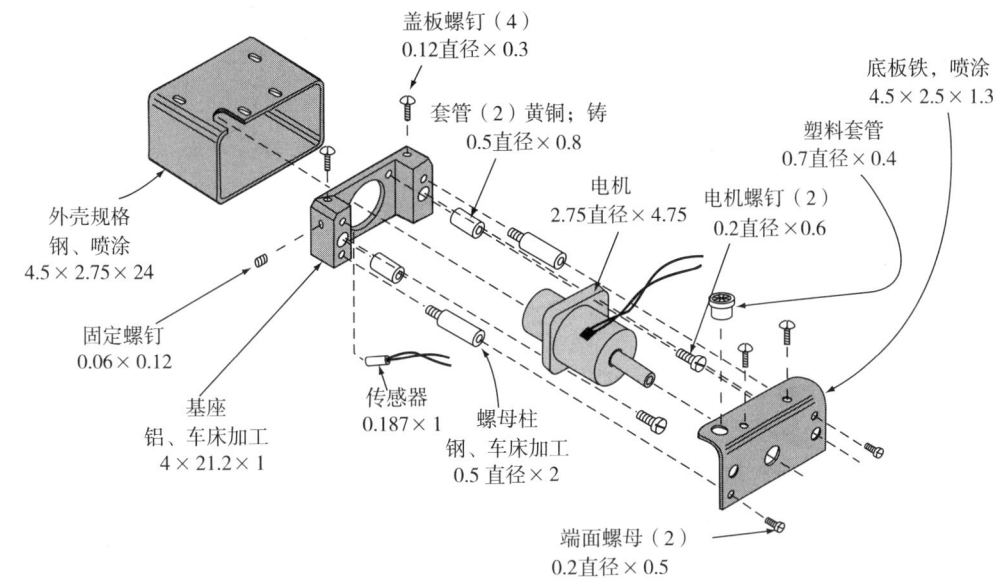

图3-3 特殊电机驱动的设计

目前的设计包括19个部件。它们必须组装起来电机才能正常工作，这些部件包括两个组件（电机和传感器）、附加的8个主要部件（盒盖、基座、两个套管、两个螺母柱、一个塑料套管和底板），以及9个螺钉。

面向制造和装配的设计的最大改进是减少了零部件的数量，进而简化了产品。为了指导设计者减少零部件数量，这个方法提供了三个标准，装配过程中添加到产品上的每个零部件都要用这些标准来进行检验：

（1）在产品运行时，该部件与所有其他已装配的部件间是否发生相对运动？
（2）这个零部件必须使用不同的材料吗？或者必须与其他已安装的零部件隔离开吗？
（3）这个零部件必须与所有其他零部件分离开，以便产品调节或维修时可以方便地拆卸吗？

可以按以下步骤把这些标准应用到设计中：

（1）**基座**。因为这是第一个安装的零部件，没有其他部件与它结合，故理论上这是一个必备的部件。
（2）**套管（2个）**。它不满足第二个标准，理论上基座和套管可以使用同质材料。
（3）**电机**。电机是向供应商购买的部件，标准不适用。
（4）**电机螺钉（2个）**。在大多数情况下，不需要独立的紧固件，通常可以在整体设计中安排紧固件（例如，把零部件咬接在适当的位置）。
（5）**传感器**。这是另一个标准组件。
（6）**固定螺钉**。跟（4）类似，这个也不是必要的。
（7）**螺母柱（2个）**。它不满足第二个标准，可以合成在基座中。
（8）**底板**。这个必须是独立的，可以拆卸（应用标准（3））。
（9）**端面螺母（2个）**。这些也不是必需的。
（10）**塑料套管**。可以与底板使用同样的材料，因此可以与底板结合。
（11）**盖板**。可以与底板结合。
（12）**盖板螺钉（4个）**。不是必需的。

通过这些分析可以看出，如果电机和传感器这两个组件能够咬接或紧旋在基座上，并且塑料盖板设计成可以咬接的话，则只需要 4 个独立的部件，而不是 19 个。这 4 个部件是满足产品设计规范的理论最小值。

现在应由设计小组论证应该包含哪些最小数目的零部件。论证应从实际、技术、经济的角度进行考虑。在本例中，需要两个螺钉固定电机，一个螺钉紧固传感器。对这样一个低产量的产品来说，使用任何替代品方案都是不切实际的。然而，这些螺钉的设计应该遵循方便装配来进行改进。

图 3-4 是重新设计的只使用了 7 个零部件的电机驱动组装图，注意其他部件是怎么排除的。新设计的塑料盖板可直接卡住基座，使新产品更加容易安装，而且由于减少了零部件的数目，产品价格会更加便宜。

图 3-4　进行面向装配的设计（DFA）后重新设计的电机驱动装置

2. 生态设计

生态设计（ecodesign）是在产品或服务的设计和开发过程中加入对环境的考虑。生态设计是设计过程中要考虑的重要方面（如质量、成本、可制造性、功能、耐用性、工效学以及美观等）的延伸。因此，生态设计下的产品是创新型的，有着更好的环境友好性且其质量水平至少与市场所要求的标准等同。这一点使得生态设计的使用在商业中日益重要，而且能为运用生态设计的公司带来明确的优势。生态设计采取的是一种整合式的方法，涉及产品、服务与环境三个层次的关系：

- 考虑产品或服务的全生命周期。环境对产品的影响不仅在它的生产制造、使用或是废弃过程，而且是在它的整个的生命周期中。这包括产品制造所需资源的获取和运输、制造、配送、使用和维护、再利用以及废弃处理。
- 将产品视作一个系统。产品功能开发所需的所有要素（消耗性、包装和能源网络）都必须考虑到。
- 考虑多标准方法。产品系统在生命周期内对环境产生的所有影响都要做出评估，目的是防止出现在不同影响（比如资源消耗、温室效应和毒性）下做出权衡取舍的情况。这一点将在第 11 章中，就物料采购方面进行深入讨论。

生态设计的运用可以同时让生产商、使用者以及社会受益，因为它反映了产品高效生产在经济和环境维度上的共同利益。生产商在产品制造中使用更少的物料、水和能源等，同时产出更少的需要处理的废弃物，制造成本因而得以减少。使用者购买的是更可靠、更耐用的产品，产品所需能源更少、功能消耗性更低，在需要维修时更加方便。社会受益在于在产品设计中考虑了未来产品或服务资源的再利用以及防止对环境可能造成的破坏，从而降低了相应的处理或弥补费用。

另外，欧洲的法律法规强调生产者在自身产品和服务对环境影响最小化方面的责任。生态设计帮助生产者履行这些责任并使其与产品相关的法规保持一致。

生物可分解塑料袋和可降解的塑料袋已经在贝克莱农贸市场使用了。这样的塑料袋上写着"本塑料袋已证实是可分解的。使用，再使用，最后被分解"。贝克莱农贸市场生态中心以它的"零污染地区"和禁止转基因食品为荣。

3.3　服务设计

正如上一节所描述的，产品的设计细节主要考虑物品中零部件数量的减少，并使设计的产品能高效生产。因为顾客直接参与到服务过程之中，所以服务设计有着很大的差异。在服务一个顾客所需的时间以及对公司员工所要求的知识水平方面，顾客都给服务过程带来了很大的变动性。在服务的设计过程中需要重视的问题有：如何处理这些变动性？顾客服务体验与运营成本之间有什么隐含的关联？

开发新服务或更改现有服务时的一个重要问题是：新服务与公司当前提供的服务有何不同？确定此问题时，需要考虑以下三个一般性因素。

（1）**相似于现有服务**。这意味着新服务应当与目前提供给顾客的服务相适应。举个例子，迪士尼乐园在值得纪念的景点处设有带相机的定点员工，以为游客提供拍照服务并将照片上传到网络上供顾客浏览。作为实现梦想和记录服务体验的一部分，这项新服务有着很好的服务体验适应度。然而，有一些服务，例如在餐厅的等候区域提供洗车服务，则缺乏互补性。

（2）**相似于现有流程**。即使是最理想的服务想法，也需要运营支持才能得以实施。杂货店做出提供送货上门服务的决定就是这样一类例子。即便这看起来是服务在逻辑上的延伸，却要求一种全新的运营技能，例如挑拣出易坏的食品、冷冻食品的配送。

（3）**经济调整**。设计并实施一项新的服务成本较高，应当做出经济调整。通常是从带来盈利来考虑引入新的服务，还可以从防止有价值老顾客的流失来考虑引入新的服务。

复杂性和多样性

与基本服务流程相比，找出新服务流程中的复杂性和多样性是分析新服务开发运营适应度的一个有用方法。**复杂性**（complexity）指的是一项服务重视涉及的步骤数以及在这些步骤上可能要进行的动作。**多样性**（divergence）指的是各步骤上的顾客和服务提供者的交互方式因每一步骤的需要与能力的不同而不同。最后的结果可能是某些步骤具有更高的复杂性或多样性，其他步骤具有更低的复杂性或多样性。这些可被用于不同资源需求的设置，例如工人技能、布局以及过程控制。举个例子，假设有一家家庭餐馆（见表3-3），正在考虑是否要改变服务，以创建一个新的流程形式。与现有的流程相比，低等的服务形式有更低的复杂性和多样性，而一种高级的形式则有更高的复杂性和多样性。

在佛罗里达州布纳维斯塔湖的迪士尼世界魔术王国，游客拿到了米奇签字的自传和图片。

表 3-3　一家家庭餐馆的可选流程结构

流程	更低的复杂性和多样性	现有流程	更高的复杂性和多样性
预订	没有预订	接受预订	可选择具体的座位
座位安排	顾客自己找座位	服务员引领	经理负责将顾客带到相应的位置，拉出椅子，并将纸巾放到顾客膝盖上
菜单	没有菜单	放在餐桌上	服务员可背诵并罗列菜单，能描述主菜和特色菜
面包	桌上不提供面包	提供面包和黄油	提供各式热面包和开胃小菜
点菜	顾客在自助餐台取食物	接受点菜	经理到餐桌边进行一对一的点菜
沙拉	沙拉台	根据订单准备	每桌单独准备
主菜	将主菜放在自助台上	（15种可选）主菜	增加到20种主菜；用铁板盛菜，在餐桌前剔除鱼骨
甜点	甜点台	（6种可选）甜点	增加到12种甜点
饮料	顾客在饮料站自取	（6种可选）饮料	增添异国风情咖啡、葡萄酒和白酒
用餐服务	没有	根据订单提供	单独的全程服务；手磨胡椒
结账	在餐厅门口结账	服务员收钱	多种结账方式
餐桌清理	要求顾客清理餐桌	服务员在餐后清理	服务员在用餐期间及时清理

3.4 产品开发项目的经济分析

产品开发团队正在开发新的照片打印机 CI-700。CI-700 能把计算机中的数码影像即时打印成彩色照片。该产品的主要市场有平面艺术、保险、房地产行业。在 CI-700 的开发过程中,宝丽来团队面临着一些对产品盈利性有着重大影响的决策:

- 该团队应该在开发上花更多的时间以使该产品能应用于多种计算机操作系统,还是尽快将 CI-700 投放到市场上以避免成本超支?
- 该产品适用于宝丽来的消费者已经拥有的打印机还是新的专业型高质量打印机?
- 是否应该增加开发费用以提高 CI-700 的可靠性?

请记住,经济分析只能基于那些可量化的因素,而且项目几乎都包含不可量化的因素,因此这可能同时带来正面影响和负面影响。经济分析通常难以准确把握动态和竞争的环境特征,但经济分析至少在两种不同的情况下是有用的。

(1)做与不做之间的选择。例如,我们是否应该开发一种新产品来抓住市场机会?我们是否应该实施一个新的构想?我们是否应该推出已经开发的产品?这些决策通常出现在每一个开发阶段的末尾。

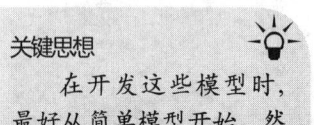

关键思想

在开发这些模型时,最好从简单模型开始,然后根据需要扩展分析。

(2)可行性设计和开发决定。可行性设计决策涉及的问题有:为了将开发时间缩短两个月,我们应该花 100 000 美元请别的公司来设计某个部件吗?我们应该在 4 个月后以 450 美元的单位成本推出产品,还是等到 6 个月后把成本减少到 400 美元时再推出?

我们提出一个基于案例的经济模型,以了解产品开发项目的经济意义。下面,我们说明怎样建立这个模型。

3.4.1 建立基于案例的经济模型

基于案例的模型的建立包括评估未来现金流的时间和规模,计算这些现金流的净现值(NPV)。现金流的时间和规模是通过项目进度表、项目预算、销量预测以及成本估算推导出来的。为了方便其实施,不能过于细化现金流的细节问题,但又必须包括必要的细节使决策能够有效执行。对于典型的新产品开发项目,现金流包括以下几个基本方面:

- 开发成本(设计成本、测试成本以及完善成本);
- 提升产量的成本;
- 市场成本和支持费用;
- 生产成本;
- 销售收入。

我们对经济模型进行了简化,只包括现实活动中的主要现金流,但在理论上,它也适用于更加复杂的模型。现金流的数值来自开发部门、生产部门以及销售部门的预算和其他估计数据。我们使用宝丽来 CI-700 开发部门的数据来说明该步骤(见图 3-5)。

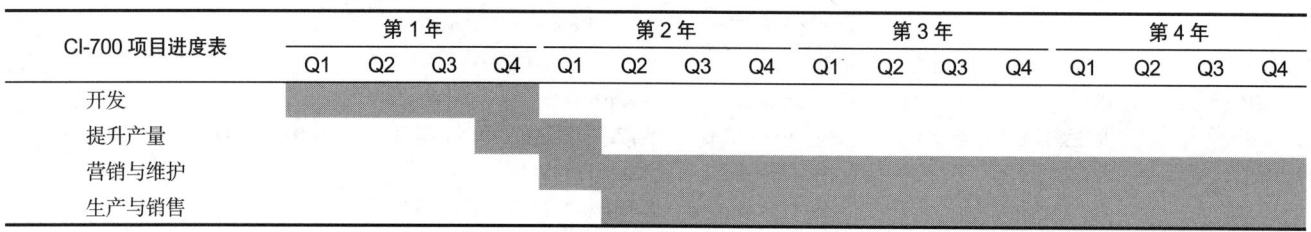

图 3-5 CI-700 从开发阶段到退出市场的进度表

下面是我们的模型中将要用到的成本估计:

开发成本	5 000 000 美元	单位生产成本	400 美元 / 单位
提升产量的成本	2 000 000 美元	产量和销量	20 000 单位 / 年
销售和服务成本	1 000 000 美元 / 年	单价	800 美元 / 单位

对于这个模型，我们假定今天之前产生的收入和支出是沉没成本，与净现值的计算无关。如果你不了解净现值的计算，可以参考本书附录 C。

为了完成模型，财务预算必须考虑时间因素，可以结合时间进度和销售计划来考虑。图 3-5 以甘特图的形式给出了 CI-700 项目的时间进度。对许多项目来说，几个月或几个季度的跨度是最合适的。投放市场的时间预计为 5 个季度，产品销售大约为最后 11 个季度。

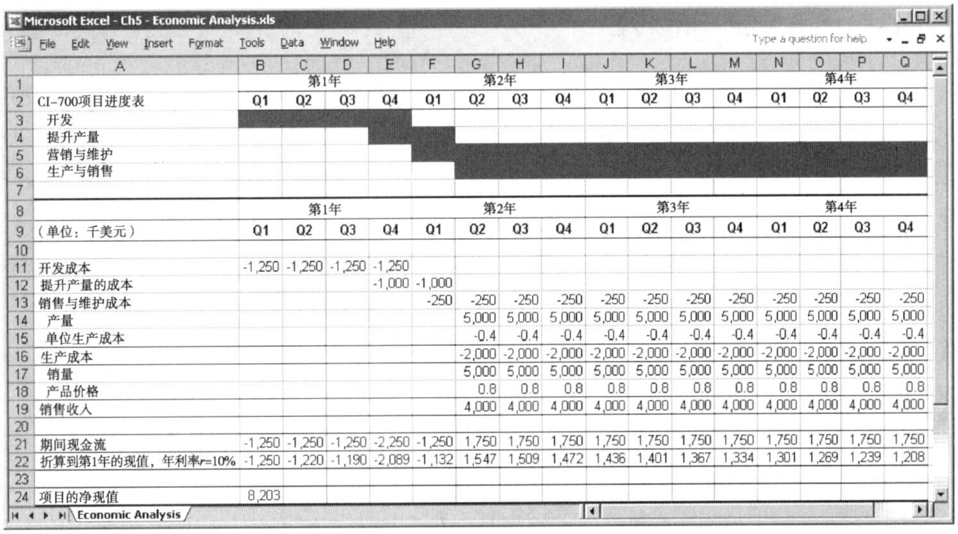

> **关键思想**
>
> 在本节中，我们假设你之前已经完成了此类分析。如果你不熟悉该分析过程，可以学习附录 C 以了解其工作原理。

建立项目现金流的一个简单方法是使用电子数据表。电子数据表中的行是不同类型的现金流，而列则显示了一系列连续的时间段。为了简化过程，我们假定各种现金流的比率在不同的时间段是不变的。例如，一年的总开发费用 500 万美元被平均分配到 4 个季度。当然，这些值在实际中可以任意安排，只要能反映团队对现金流的预测。我们用每阶段的销量乘以单价得到总产品收入，还可以用每阶段的产量乘以单位生产成本得到总生产成本。图 3-6 显示了最终的电子数据表。

Microsoft Excel - Ch5 - Economic Analysis.xls

	A	B	C	D	E	F	G	H	I	J	K	L	M	N	O	P	Q
1		第1年				第2年				第3年				第4年			
2	CI-700项目进度表	Q1	Q2	Q3	Q4	Q1	Q2	Q3	Q4	Q1	Q2	Q3	Q4	Q1	Q2	Q3	Q4
3	开发																
4	提升产量																
5	营销与维护																
6	生产与销售																
7																	
8		第1年				第2年				第3年				第4年			
9	（单位：千美元）	Q1	Q2	Q3	Q4	Q1	Q2	Q3	Q4	Q1	Q2	Q3	Q4	Q1	Q2	Q3	Q4
10																	
11	开发成本	-1,250	-1,250	-1,250	-1,250												
12	提升产量的成本				-1,000	-1,000											
13	销售与维护成本					-250	-250	-250	-250	-250	-250	-250	-250	-250	-250	-250	-250
14	产量						5,000	5,000	5,000	5,000	5,000	5,000	5,000	5,000	5,000	5,000	5,000
15	单位生产成本						-0.4	-0.4	-0.4	-0.4	-0.4	-0.4	-0.4	-0.4	-0.4	-0.4	-0.4
16	生产成本						-2,000	-2,000	-2,000	-2,000	-2,000	-2,000	-2,000	-2,000	-2,000	-2,000	-2,000
17	销量						5,000	5,000	5,000	5,000	5,000	5,000	5,000	5,000	5,000	5,000	5,000
18	产品价格						0.8	0.8	0.8	0.8	0.8	0.8	0.8	0.8	0.8	0.8	0.8
19	销售收入						4,000	4,000	4,000	4,000	4,000	4,000	4,000	4,000	4,000	4,000	4,000
20																	
21	期间现金流	-1,250	-1,250	-1,250	-2,250	-1,250	1,750	1,750	1,750	1,750	1,750	1,750	1,750	1,750	1,750	1,750	1,750
22	折算到第1年的现值，年利率r=10%	-1,250	-1,220	-1,190	-2,089	-1,132	1,547	1,509	1,472	1,436	1,401	1,367	1,334	1,301	1,269	1,239	1,208
23																	
24	项目的净现值	8,203															

Economic Analysis

图 3-6　加入项目财务情况和时间进度的现金流报告

如表 3-4 最后几行显示的那样，净现值要求计算每个阶段的净现金流，然后把这个现金流转换成现值（以当天的货币表示它的价值）。例如，考察第 3 年第 3 季度的计算。

表 3-4　CI-700 开发成本的敏感性

开发成本的变化（%）	开发成本（千美元）	开发成本的变化（千美元）	净现值的变化（%）	净现值（千美元）	净现值的变化（千美元）
50	7 500	2 500	−29.4	5 793	−2 410
20	6 000	1 000	−11.8	7 239	−964
10	5 500	500	−5.9	7 721	−482
基本情况	5 000	基本情况	0.0	8 203	0
−10	4 500	−500	5.9	8 685	482
−20	4 000	−1 000	11.8	9 167	964
−30	2 500	−2 500	29.4	10 613	2 410

（1）这段时间的现金流是现金流入和现金流出的总和。

（单位：美元）

| 销售成本 | −250 000 | 生产成本 | −2 000 000 |
| 产品收入 | 4 000 000 | 现金流 | 1 750 000 |

（2）以每年10%（每季度2.5%）的贴现率将这段时间的现金流贴现到第1年的第一季度（一共9个季度），这段时间的现值是1 401 275美元（附录C中包括了现值、净现值和贴现率的概念及电子数据表的功能）。

$$\frac{1\,750\,000}{1.025^9} = 1\,401\,275\,（美元）$$

（3）项目的净现值是每个阶段现金流贴现的总和，即8 002 819美元（注意，在电子数据表中我们把这个数据四舍五入为1 000美元的整数倍）。

根据基于案例的模型，项目的净现值为正，所以模型是可行的，符合继续开发的决策。该模型也适用于大多数投资决策。例如，开发团队曾在两个不同的生产设备之间做选择，这两个设备的提升产量成本不同：生产成本和维护成本。开发部门可以针对这两种不同的方案建立模型并比较它们的净现值。净现金流较高的方案能更好地支持投资决策。考虑到产品开发决策中可能发生许多不同的情况，我们可以将敏感性分析作为一种工具。

3.4.2 通过敏感性分析理解项目的权衡

敏感性分析是用经济模型来解决"如果……那么……"的问题，即在模型中计算净现值是如何随着因素的变化而变化的。比如考虑净现值随开发成本变化的敏感性——其他因素保持不变，逐步增加开发成本，我们看到项目净现值的变化逐步增加。如果开发成本降低20%，净现值将有什么变化？如果开发时间仍为1年，则每季度的消费将从1 250 000美元降低到1 000 000美元。这一变化在模型和净现值计算的结果中是很明了的。

开发成本降低20%将使净现值上升到9 167 000美元。这表明增加964 000美元将引起11.8%的净现值增幅。这里有一个非常简单的例子：假设我们在开发上少花费1 000 000美元并能达到同样的目标，则在1年内，项目价值将增加1 000 000美元。针对CI-700开发成本变化的敏感性分析如表3-4所示。

项目开发的其他变化因素有以下几种。

（1）**项目开发时间**。考虑项目开发时间延长25%带来的影响。开发时间将从4个季度延长到5个季度，导致了产量提升、营销和产品销售等方面的延误。

（2）**销量**。提高销量是增加利润的有效途径。当然，销量减少将导致严重的损失。例如，比较新产品的盈利减少25%和提高25%的影响。

（3）**生产成本或销售价格**。价格提高1美元或者成本减少1美元都将使利润增加1美元。当然，价格提高1美元会对需求量有很大的影响。与这些参数有关的方案都很值得去研究。

（4）**开发成本**。在开发成本上花费或节省1美元相当于项目价值增加或减少1美元。

> **关键思想**
> 一些公司将此称为"假设"分析。回答这些"假设"问题对于理解分析对成本和利润假设的敏感程度非常有用。

经济模型和敏感性分析是支持产品开发决策的强有力的工具，但是这两项技术有很大的局限性。许多人认为需要用精确的经济分析来控制项目开发过程。其他人认为经济分析只需关注可度量的变量，但这些变量值通常都很难准确预测。经济分析的好坏与模型中建立的假设有关，所以必须要考虑这些局限性。然而更重要的是，有些人认为与经济模型有关的活动开销很大，而且会降低实际产品开发活动的效率，即原来的产品开发时间被用于分析和讨论上。计划和审查时间不断增加，极大程度地提高了开发成本。

开发部门必须了解这一技术的优势和劣势，避免在新产品开发时期形成严重的官僚作风。新产品开发应该是发挥创新和创造力的过程。经济模型的目的是确保团队做出经济可行的决策。

3.5 产品开发的绩效测评

大量证据显示，不断生产新的产品投放到市场上，对企业竞争能力的提高是非常重要的。为了获得成功，企业必须对不断变化的顾客需求和竞争对手的行动做出反应。把握机遇、加大发展力度以及为市场提供新产品和新工艺的能力是至关重要的。由于新产品和新工艺的数量增加，产品生命周期缩短，企业必须比以往开发出更多的项目，同时这些项目都必须使用更少的资源。

以美国汽车市场为例，在过去的 25 年里，随着汽车型号与市场份额的增长，汽车企业为了维持其市场份额，开发的项目数量增长了 4 倍。但每一款车型的产量减少、设计周期缩短，这意味着资源消耗必须大幅降低。为了保持竞争力，企业必须加快生产、设计和开发活动。

评价产品开发是否成功有以下几个标准：推出新产品的速度和频率、开发流程的效率、推出产品的质量。以下是典型措施的一般描述：

- 面市时间——需要评估两个方面：新产品推出的频率及其从最初概念到市场推广的时间。
- 生产率——使用诸如工程小时数、材料成本和工具成本等来衡量。通常，使用实际成本与计划成本之间的比较。
- 质量——与使用中产品的可靠性相关的措施（简称一致性质量），与客户期望相比的产品性能特征（称为设计质量），以及工厂或服务流程生产产品的能力（例如，百万机会缺陷数（DPMO）或交付速度）。

总的来说，时间、质量和生产率决定了开发绩效，外加其他活动（销售、生产、广告和顾客服务）决定了项目的市场影响力和盈利能力。

本章小结

3-1 了解公司的产品设计与典型流程

总结
- 产品开发是直接影响企业成功的主要战略。
- 有效的管理需要企业所有职能部门的共同努力。
- 现在有许多公司将产品设计外包给不同行业的专业公司。合同制造商改变了许多公司的运营方式。
- 创造长期的竞争优势，是决定公司核心竞争力的关键。
- 产品开发需要多个过程步骤，对每一个组织都是不同的。这一过程的典型步骤包括计划、概念设计、系统设计、细节设计、测试和完善及投入生产。

关键术语

合同制造商：执行制造和/或采购所需的组织，不是为自己生产产品或设备，而是为另一家公司提供服务。

核心竞争力：企业可以比竞争对手做得更好的能力。目标是拥有能够为公司带来长期竞争优势的核心竞争力。

并行工程：强调产品及其相关流程的跨功能集成和并行开发。

3-2 阐明不同标准对产品设计的影响

总结
- 产品设计有不同的标准。与消费者相关的标准是最基本的标准，其他与产品成本、工艺性、对环境的影响相关的标准也是很重要的。

关键术语

质量功能展开：帮助公司确定对消费者重要的产品特征并评估其自身产品与其他产品相关的过程。

质量屋：一个矩阵工具，可帮助产品设计团队将客户需求转化为运营和工程目标。

价值分析与价值工程（VA/VE）：分析的目的是通过以较低的成本实现同等或更好的性能来简化产品和流程。

生态设计：将环境因素纳入产品或服务的设计和开发。这些问题涉及整个产品生命周期，包括材料、制造、分配和废物的最终处置。

3-3 比较服务与产品的不同标准

总结
- 服务设计有着很大的差异，因为顾客直接参与到服务过程之中，这导致两个方面的可变性，即服务顾客所需的时间以及服务顾客的知识的可变性。
- 根据消费者预期提供相匹配的服务会驱动服务供给的内容。
- 以确保能够留住顾客为前提，公司必须从期望的行为中实现财务收益。

3-4 理解产品开发对企业的重大经济影响

总结

- 经济分析包括了未来现金流的时间和量级的评估，可以帮助我们更好地理解产品开发的经济价值。典型的现金流包括了开发成本、组装成本、营销和支持成本、生产成本以及销售利润。
- 敏感性分析用来回答与项目时间和成本相关的"如果……那么……"的问题。

3-5 了解产品开发的一些评价指标

总结

- 对公司来说，为市场提供稳定的新产品是非常重要的。
- 评估产品开发是否成功可以用如下指标：产品面市所花费时间、设计与生产的成本、产品质量等。

关键术语

面市时间：衡量产品开发成功与否的标准之一。这里有两个维度：新产品推出的频率，以及产品从最初概念到市场推广的时间。

生产率：衡量资源使用情况的指标。根据高德拉特的定义（见第23章），资源的使用指的是所有使公司更接近其目标的行动所耗费的资源。

质量：与使用中的产品的可靠性相关的措施（称为一致性质量），与客户期望相比的产品性能特征（称为设计质量），以及工厂或服务流程生产产品的能力（例如，百万机会缺陷数或交付速度）。

一致性质量：产品或服务设计规范的满足程度。

设计质量：产品在市场上的内在价值。

百万机会缺陷数（DPMO）：用于描述流程可变性的指标。

应用举例

3-4 手机制造商 VidMark 目前开发了一种新型手机 VidPhone X70，马上就要投入市场。这种革命性的手机允许用户进行视频通话。VidMark 重点关注开发成本和时间，并关心 VidPhone X70 销量的市场评估。下表给出了成本估计和预测。

(金额单位：美元)

开发成本	2 000 000	单价	135
开发时间（年）	2	**产量和销量**	
提升产量的成本	750 000	第 3 年	40 000
每年营销与维护成本	500 000	第 4 年	50 000
单位生产成本	75	第 5 年	40 000

使用以上数据进行分析，下表列出了项目进度和现金流的时间。

项目进度表 VidPhone X70	第1年	第2年	第3年	第4年	第5年
开发					
提升产量					
营销与维护成本					
生产与销售					

关于这个项目，VidMark 必须回答一些问题：

a. 这个项目的年现金流和它们的现值（贴现率12%）是多少？净现值是多少？
b. 如果销售预测下降了20%，对 VidMark 有什么影响？
c. 如果单位生产成本是85美元，对 VidMark 有什么影响？
d. VidMark 认为如果在项目开发中多花费 1 500 000 美元，就能把开发时间减半。如果产品提早一年推出，则产品有 3 年的生命周期，但两年后的预测将是 48 000、60 000、50 000。那么 VidMark 值得在开发上花更多的钱吗？（假设产量提升、营销与维护成本将在第 1 年开始。）

解答

a. 首先做出基本的说明（以千为单位计算）。

(金额单位：千美元)

项目进度表 VidPhone X70	第1年	第2年	第3年	第4年	第5年
开发	−1 000	−1 000			
提升产量		−750			
营销与维修		−500	−500	−500	−500
产量			40	50	40
单位生产成本（美元）			−75	−75	−75
生产成本			−3 000	−3 750	−3 000
销量			40	50	40
单价（美元）			135	135	135
销售收入			5 400	6 750	5 400
期间现金流	−1 000	−2 250	1 900	2 500	1 900
折算到第 1 年的现值（年利率 r = 12%）	−893	−1 794	1 352	1 589	1 078
项目净现值	1 333				

上面给出了现金流和现值。这个案例的项目净现值是 1 333 000 美元。

b. 如果销量减少 20%，项目净现值将下跌至 337 000 美元。

(金额单位：千美元)

项目进度表 VidPhone X70	第1年	第2年	第3年	第4年	第5年
期间现金流	−1 000	−2 250	1 420	1 900	1 420
折算到第1年的现值（年利率 $r = 12\%$）	−893	−1 794	1 011	1 207	806
项目净现值	337				

如果销量增加 20%，则项目净现值上升至 2 328 000 美元。20% 的上下变动对净现值有很大的影响。

(金额单位：千美元)

项目进度表 VidPhone X70	第1年	第2年	第3年	第4年	第5年
期间现金流	−1 000	−2 250	2 380	3 100	2 380
折算到第1年的现值（年利率 $r = 12\%$）	−893	−1 794	1 694	1 970	1 350
项目净现值	2 328				

c. 增加单位生产成本

(金额单位：千美元)

项目进度表 VidPhone X70	第1年	第2年	第3年	第4年	第5年
期间现金流	−1 000	−2 250	1 500	2 000	1 500
折算到第1年的现值（年利率 $r = 12\%$）	−893	−1 794	1 068	1 271	851
项目净现值	503				

单位生产成本的增加会对现金流造成很大的影响。未来现金流增加 1 300 00（= 130 000 × 10）美元导致净现值减少 830 000（= 1 333 000 − 503 000）美元。但是，数据仍然表示开发这个新手机是值得的。

d. 下面 VidMark 做出的改动。

(金额单位：千美元)

开发成本	3 500 000	
开发时间（年）	1	
提升产量的成本	750 000	
每年的营销与维护成本	500 000	
单位生产成本	75	

单价	135
产量和销量	
第2年	48 000
第3年	60 000
第4年	50 000

用上面的数据进行分析，下表列出了项目进度和现金流的时间。

项目进度表 VidPhone X70	第1年	第2年	第3年	第4年
开发				
提升产量				
营销与维护成本				
生产与销售				

这样看来，VidMark 最好用两年的时间来开发新产品 VidPhone X70，因为在正常情况下的净现值是 1 333 000 美元，而快速开发的净现值是 1 452 000 美元（见下表）。

(金额单位：千美元)

项目进度表 VidPhone X70	第1年	第2年	第3年	第4年
开发	−3 500			
提升产量的成本	−750			
营销与维护	−500	−500	−500	−500
产量		48	60	50
单位生产成本（美元）		−75	−75	−75
生产成本		−3 600	−4 500	−3 750
销量		48	60	50
单价（美元）		135	135	135
销售收入		6 480	8 100	6 750
现金流	−4 750	−2 380	3 100	2 500
折算到第1年的现值（年利率 $r = 12\%$）	−4 241	−1 897	2 207	1 589
项目净现值	1 452			

 讨 论 题

3-1

1. 描述本章讨论的一般产品开发流程。"技术推动"产品应如何改变这个流程？

3-2

2. QFD 方法提供了哪些帮助？QFD 方法的局限性有哪些？

3. 讨论工业设计中的产品设计原理和面向制造与装配的产品设计原理。你认为在定制化产品开发中哪一个更重要？

4. 讨论基于设计的增长理论，即在产品生命周期过程中频繁地更改产品设计。这种思想的观点和核心是什么？

3-3

5. 复杂性和多样性的概念能否应用到像戴尔计算机这种

网上销售企业?

3-4

6. 在推出新产品之前产品开发要反复考虑哪些因素?

3-5

7. 可口可乐是一家在全球市场中占据重要位置的产品公司。近几十年来公司的核心产品苏打水的销售一直相对稳定,公司在持续地增长,并且依旧有很高的利润率。"不断稳定地开发新的产品对公司的竞争力是非常重要的",我们从这一角度来看可口可乐公司的发展历史。可口可乐公司的成功是否证明了这一观点是错误的?这家公司是否符合这一准则,甚至是这一准则的实例?

客观题

3-1

1. 一般产品的开发过程中哪一阶段包括了产品试制的建设与评估?(答案见附录 D。)

   _____ 技术推动型产品
   _____ 平台产品
   _____ 工艺集中型产品
   _____ 高风险产品
   _____ 速成品

   A. 有很大的不确定性,在开发过程中需要采取措施应对这些不确定性
   B. 拥有新的技术的公司会寻求可以应用该技术的市场
   C. 利用可重复的原型,利用在一个周期中的结果来调整下一个周期
   D. 生产过程对产品所有权有影响,因此产品设计与过程设计不能分开
   E. 产品设计与构建基于一个现有的技术子系统

2. 强调交叉功能和产品并行开发与相关联流程的过程被称为_____。

3. 将下面的产品类型与产品开发描述匹配起来。

3-2

4. 面向美学和面向顾客的设计被称为什么?

5. 建立质量屋的第一步是列出_____。

6. 价值分析与价值工程的目的是_____。

3-3

7. 什么导致了服务过程的设计和运营与制造过程如此的不同?

8. 哪三个因素决定了新的或改进的服务过程的适应度?

3-4

9. 产品开发成功的衡量标准可以分为哪三类?(答案见附录 D。)

10. Tuff 机轮公司准备开发一项新产品,新产品将用于儿童玩的小型机动车辆轨道。新产品名为儿童推土机,它看上去像装有拖拉机链轨和平铲的微型推土机。Tuff 公司已经预测了开发和生产新产品的需求与成本。下表包含了这个项目的相关信息。

(金额单位:美元)

开发成本	1 000 000	每年的产量和销量	60 000
预计开发时间	9 个月	单位生产成本	100
试生产阶段的测试	200 000	单价	170
提升产量的成本	400 000	利率	8%
每年的营销与维护成本	150 000		

Tuff 公司还提供了下面的项目计划。项目计划中显示公司认为产品生命周期将是 3 年,直到开发出新产品为止。

项目进度表 儿童推土机	第1年				第2年				第3年				第4年			
	Q1	Q2	Q3	Q4	Q1	Q2	Q3	Q4	Q1	Q2	Q3	Q4	Q1	Q2	Q3	Q4
开发																
试生产阶段的测试																
产量提升																
营销与维护成本																
生产与销售																

a. 这个项目的年现金流和它们的现值(贴现率 8%)是多少?

b. 如果实际销量是每年 50 000 件或 70 000 件,这对产品的净现值有什么影响?

c. 若贴现率改为 9%、10%、11%,会产生怎样的影响?

11. Perot 公司正在开发一种基于新技术的 CPU 芯片。这种 Patay2 芯片需要两年的开发时间。然而,其他芯片制造商能够拷贝这种技术,因此这种芯片的市场寿命大约只有两年。Perot 公司打算在第 1 年提高芯片的价格,期望 1 年以后生产成本有大幅下调。下表给出了开发和销售 Patay2 的相关信息。

Patay2 芯片产品评估 （金额单位：美元）

开发成本	20 000 000	第 2 年的单位生产成本	545
试生产阶段的测试	5 000 000	第 1 年的单价	820
调试纠错	3 000 000	第 2 年的单价	650
提升产量的成本	3 000 000	第 1 年的产量和销量	250 000
预销售	5 000 000	第 2 年的产量和销量	150 000
每年的营销与维护成本	1 000 000	利率	10%
第 1 年的单位生产成本	655		

Patay2 芯片的项目时间安排

项目进度表 Patay2 芯片	第 1 年		第 2 年		第 3 年		第 4 年	
	前半年	后半年	前半年	后半年	前半年	后半年	前半年	后半年
开发	■	■						
试生产阶段的测试		■	■					
调试纠错			■	■				
提升产量			■	■				
预销售				■				
营销与维护成本					■	■	■	■
生产与销售					■	■	■	■

d. 这个项目每年的现金流以及现值（贴现率10%）是多少？

e. Perot 公司的工程师认为，如果在开发中多投资 10 万美元，他们就能使该芯片更加先进。这样，芯片价格每年可提高 50 美元（第 1 年 870 美元，第 2 年 700 美元）。请问值得增加投资吗？

f. 如果第 1 年的销量只有 20 000，第 2 年的销量是 100 000，Perot 公司还值得做这个项目吗？

12. 选择一个产品，列出在设计和制造中需要考虑的问题，产品可以是立体扬声器、电话、桌子或厨房用具等。考虑功能和美观方面的设计，以及与制造有关的重要因素。

13. 下面是一个高尔夫乡村俱乐部的质量屋的一部分。从你的角度（或打高尔夫的朋友的角度），在非阴影部分填上重要度的权重。尽量使用质量功能展开方法，把它与你或朋友参加的俱乐部进行比较。

	有形方面	布局	地面维护	风景	插座安排	变换位置	球座放置	服务设施	顾客训练的服务生	一流食品	高水平厨师	吸引人的餐馆	赛事活动	障碍	令人振奋的奖励	感受方面	凭请柬进入	顾客类型	收入水平	知名人士
相关性强：● 相关性中等：○ 相关性弱：△																				
有形方面																				
整齐的地面																				
前往便利																				
地形难易程度																				
服务设施																				
餐厅设施																				
食品好																				
服务好																				
布置好																				
豪华的衣帽间																				
有益的附加服务																				
比赛设施																				
竞赛奖励																				
对手的类型																				
公平的游戏障碍设施																				
感受方面																				
享有声誉																				

案例分析 3-1　设计和定价

这个来自瑞典的零售商在32个国家的市场上占据领导地位，现在正致力于攻克北美市场。它的作战计划是：保持产品不昂贵，而非廉价。

除了之前所提到的原因，还有一个促使宜家成功的因素：质优价低。宜家所卖的家居产品价廉但不劣质，所提供产品的价格通常比竞争对手的价格低30%～50%。当其他公司不断提高产品价格的时候，宜家说在过去的4年内，它已经总共将零售价格降低了20%左右。宜家产品成本的压缩过程在新产品还在孕育期的时候就已经开始了，并在后续各产品过程中保持。举个例子，一把基础型的波昂（Poang）椅子的售价已经从2000年的149美元降到2001年的99美元，再降到今天的79美元。宜家预期，最新的降价能使波昂椅子的销量提高30%～50%。

宜家的格言是"有意义的低价"，其宗旨就是让商品在不昂贵的同时不让顾客觉得廉价和劣质。要在这一点上达到平衡，需要一类特殊的设计、制造和专业配送。宜家用自己独特的方式来推动：尝试性的、技巧性的，甚至愉悦式的，不与其他任何一家公司相同。下面是宜家如何进行设计、建造及将产品分销到世界上所有想要购买它的角落。

Trofé 杯子是宜家最受欢迎的产品之一，这种杯子的故事可以说是宜家工作的缩影：从一个来自员工的精彩点子到生产和销售，它还反映了宜家的顾客对宜家的所有需求，显然，低价就是其中之一，其他需求包括功能、现代化的设计、对环境的考虑以及能确保产品是在可接受的工作条件下生产的，在这个过程中，所有的顾客和合作伙伴都必须能依赖宜家。

第一步：定价

产品开发——新产品的大致构架？当然是，但还包括对产品成本的核算。低价首先开始于草稿图板上。

每种产品背后的团队包括设计师、产品开发员和采购员，采购员需要针对设计方案、物料与合适的供应商进行集中讨论，每个人都用自己的专业知识来做贡献。比如，采购人员通过宜家的贸易服务办公室和世界各地的供应商联系，以确定到底谁才能够在合适的时间、以合适的价格提供最好的质量。

5年前，当产品开发员接到一个开发新杯子的任务时，被告知成本的控制范围。在 Trofé 杯子的例子中，价格低得让人惊讶：5 瑞典克朗！这个杯子的价格着实诱人。

为了以适当的价格生产适合的杯子，开发者不得不考虑材料、颜色和设计。比如，杯子被制成绿色、蓝色、黄色或白色，因为这些颜色耗费的成本要低于其他颜色，如红色。

第二步：生产商选择

供应商和采购——产品开发的任务永不停止。在供应商的合作下，杯子的高度被压缩，而且手柄形状也被改变，以获得更有效的存储，从而为运输、仓储和店铺陈列甚至是为顾客家中的杯盘节省空间。宜家总是在消除包装中的空气方面孜孜不倦，包装盒最好是平面的，以使运输和存储更有效率。

罗马尼亚的一家工厂作为供应商和宜家已经合作了15年，长期的合作伙伴关系使双方积累了大量有关需求方面的信息，这就是为什么产品总能在供应商的紧密合作下完成开发。比如在 Trofé 杯子的案例中，新产品的型号能在焙烧过程中更好地利用烧窑的空间，这不仅节省了成本，还节约了时间。

宜家针对供应商的工作条件和环境，引入了一套管理规范。这套规范处理与健康、工作地安排以及禁用童工相关的问题。这套规范的实际执行工作由宜家在世界各地的贸易服务办公室合作伙伴实施。大部分供应商已经能够满足需求。还有一部分与宜家一起合作，以做出必要的改进。宜家还与外部质量控制和审计公司进行紧密合作，这些公司能查出宜家和其供应商能否达到规范上的要求。

低价对于宜家"为大部分人创造更美好的生活"的使命至关重要，这是为什么宜家一直致力于成本压缩，这也是一个节约原材料，以及从大范围上讲，节省环境资源的问题。低成本的杯子就是考虑对环境影响的产品开发的典型例子。例如，新的杯子用的颜色要更淡，这能减少成本而且更具环境友好性，使用的色素越少就越好，并且这种杯子还不含铅和镉。

第三步：产品设计

在给定的价格和生产商的前提下，宜家再次使用内部竞争的方式来寻找设计师并选择产品设计方案。设计师设计过程的开始是对产品价格、功能、要使用的材料以及制造商的能力做出简要解释，然后设计师再将这份简要解释提交给设计组和自由设计师，而后对提出的设计做出改进，直到达成最后的生产方案。设计师希望产品就像瑞士军刀一般——用最低的成本实现最多的功能。

第四步：产品发货

配送和物流是宜家生命的根源，是破解低价难题的重要方面。宜家努力做到在恰当的时间将恰当数量的产品送到正确的店铺。他们量化产品的需求并确保配送的效率性。每个托盘能存放 2 024 个杯子。这些托盘将从罗马尼亚通过铁路、公路或海路送往宜家在世界各地的配送中心。显然，运输过程也会对环境造成影响，但宜家正在努力减少对环境的影响。

宜家的许多产品都是大体积的，比如桌子和椅子。宜家推崇平面的概念，公司的这个想法产生于1956年，在宜家的第一批设计师观察到一位顾客想要把桌子装进车里时。只有一种方法可以做到：卸掉桌子的脚。从那天以后，宜家的大部分产品都被设计成可装配式的、平面状的，以便能够轻松装到火车的货物舱内或是安全地放在汽车的行李架上。

源自宜家内部的节约文化，浪费被认为是"死罪"。平面式包装是降低运送成本并最大化集装箱内空间利用率的一个极佳方法。经公司测算，倘若运输的是已装配好的产品，运输量将提高 6 倍。从设计室到仓库，宜家的员工都有着相同的格言："我们可不想为空气付运费。"

将产品平面化是宜家的强制性措施。对于一个简单的、耐火黏土型的咖啡杯，你能进行几次重设计？宜家的杯子能被重设计 3 次——只是为了能在托盘上存放最多的杯子。一开始，只能放 864 只杯子。加入一个类似于花盆上的环的设计以后，每个托盘能装 1 280 只杯子。然而另一个使杯子更矮并且带有手柄的设计加上以后，一个托盘上能挤下 2 024 只杯子。当杯子的销售价格维持在 50 美分时，其运输成本就降低了 60%。鉴于宜家每年能卖出 2 500 万只这样的杯子，节省的费用是相当可观的。另外，宜家在罗马尼亚工厂的生产成本也因烧窑内一次能装更多的杯子而降低。

当你在全世界运输 2 500 万立方米的产品时，请加上平面化包装的节约方法。对所有发货用的集装箱，宜家目前使用的目标填充率是 65%。宜家希望将这个目标提高到 75%。要达到这个目标需要更多设计上的改进，有时甚至是将产品内的空气吸出来（像宜家的压缩式枕头，看起来就像是货架上的巨型饼干）。而且，对顾客而言，平面式的包装比已装配好的产品更能节省成本。

随着宜家将其采购范围从欧洲拓展到远东，运输时间和费用就越发显得重要。2017 年，中国超过瑞典成为宜家最大的供应来源国，公司相应地建立了一个配送中心网络，这些中心大部分都靠近集装箱港口和主要的铁路和公路枢纽。宜家在世界上有 18 个配送中心，处理了宜家近 70% 的产品，另外还有 4 个中心在建。宜家另外 30% 的产品是从供应商直接发货到店铺。

有时，产品的各个部分是在店铺里才被首次放到一起的。在波昂椅子的例子中，坐垫来自波兰，而椅架来自中国。这两个部件直到顾客把它们从货架上拿下来的时候才成为一个整体。

第五步：产品销售

宜家也要销售许多昂贵的家具。这在传统的店铺做起来相对容易一些：把产品放在一个丰富的背景之中，令顾客陷于一种富有而舒适的幻想之中，从而愿意付更高的价格。为了维持低价，宜家的家具及其他像杯子一类的产品在销售时没有销售员或明显的价格折扣。公司让顾客自己来组装家具，而且宜家也不想帮你送货。对于任何一种传统的方式，这些都是难以克服的困难。不过这也解释了宜家为什么这么努力地要在店内分出单独的区域。这些区域装修成主题式的家具卖场，那些一般性的原则在这里都已不再适用。

Trofé 杯子到达宜家店铺时是装在托盘上的，一切用于运输的包装都将收集起来用以回收。价格标签在供应商处就已贴好，店内陈列非常重要。这不仅仅是杯子和其他产品的摆放问题，它还需要为巧妙地配置提供灵感。顾客在自住区域进行产品选择，将它们带回家里，然后在包装内的说明书的指导下进行安装。顾客用这种方式为宜家的低价做出贡献，许多顾客已经在宜家的产品目录里选择好了产品，这些目录用 34 种不同的语言印刷了 1.1 亿份。

当你穿过一个宜家店面的大门时，你会被一个精心打造的虚拟瑞典世界所包围，你首先看到的是由一家公司赞助的儿童看护设施。饿了吗？来一些瑞典的肉丸子吧。宜家的布局通过预设路径来引导顾客穿过一些实际的家居模型，这些模型通常给人一种怪异的印象，但是对顾客开放而且可以坐。计划装修的顾客可以到信息处咨询意见，他们提供的彩色卡片上面有很多关于产品特殊用途的指示。

但是价格总是强调的重点。宜家把低价的产品称作惊艳品（breathtaking items，BTI），这些产品通常放在货架醒目处，并贴上大型的黄色价格标签。在那旁边，购物者可以看到其他一些更贵、更注重设计的产品，以作为 BTI 的替代品。

那些家居模型可以折射出年轻人的一些行为：在过道里办聚会、使用不配套的办公椅和窄边的桌子，那里没有可以在 Pottery Barn 或者 Crate & Barrel 里找到的梦幻般的画面。那些都是可以在现代环境下生活得很好的人，是一个认为坐在舒适的地方是有价值的人。

宜家说它最大的卖点是价格标签，但是这种标签不能影响到在宜家巨大的店铺里的穿越，因此布局是经过巧妙处理的，友好而明了，不像迪士尼用的那种方式。然而当顾客最终到达付款处时，他们已经在购买上花了足够的时间来考虑。

宜家的产品传播着一种在现代世界生活的理念：如果你能用同样的价格买到风格独特的水壶，千万不要买那些难看的大水罐。你在整理你的塑料购物袋时，你会有一种更强烈的对生活的控制感。他们将左脑的逻辑很好地应用到右脑的艺术性生活上。如果把笨重的平板式包装从货架上拖下来、在结账处排队等候、把大箱子拖回家、在橱柜安装上花几个小时也属于幸福的话，那么每年有2.6亿个顾客愿意在那些方面权衡。

而且，下一年的价格将更加便宜。

问题

1. 什么是宜家的竞争优势？
2. 请描述一下宜家开发一个新产品的流程。
3. 除了它的设计过程，宜家还有哪些特征可以为顾客创造额外的价值？
4. 对于宜家店铺的选址，哪些选择标准比较重要？

资料来源：来自 http://www.ikea.com 有关 Trofé 杯子的信息。

案例分析 3-2　牙科 SPA

当你在做牙齿清洁或是牙齿处理时，一个温暖的软蜡手部护理是否会让你觉得整个过程变得容易而且更好受呢？这是美国许多大型城市提出"牙科 SPA"服务的一种新的想法。除了音乐背景、舒适的椅子、挂在墙上的宽屏电视以及可以抵挡牙齿处理时噪声的消声耳机，还可以提供脚部去角质护理、脚趾甲修理以及其他 SPA 服务。减轻牙科手术时的痛苦以及增加与牙齿美容相伴的其他 SPA 服务的两大趋势，大大促进了牙科 SPA 业务的增长。

问题

1. 在服务体验适应、运营适应以及经济影响三种新的服务要求方面，牙科 SPA 最不可能通过哪一个要求？为什么？
2. 与标准牙科诊所相比，这种运营方式最主要的复杂性和多样性体现在什么方面？

练习测试

写出以下每个语句定义的术语，答案见底部。

1. 在设计和生产产品时，能够制造和（或）购买所有所需部件的组织。
2. 企业能比它的竞争对手做得更好的能力。
3. 产品开发的 6 个步骤。
4. 产品开发中一个有用的经济分析工具。
5. 通过运用有交叉功能的团队将顾客的需求引入具体的设计当中的方法。
6. 帮助开发团队把顾客的需求转化成具体的运营或工程目标的信息矩阵。
7. 通过简化产品、减少零部件的数量来达到改进的方法。
8. 在产品、服务的设计和开发中引入了环境因素的考虑的方法。

答案：1.垂直同构的 2.核心竞争力 3.计划阶段、概念开发、系统级设计、细节设计、测试改进以及量产爬坡 4.净现值 5.质量功能配置 6.质量屋 7.面向制造和装配的设计 8.生态设计

第 4 章

项 目

学习目标

4-1 解释什么是项目以及项目是如何组织的；
4-2 利用网络计划模型分析项目；
4-3 利用挣值管理评估项目；
4-4 举例说明在商业软件包实施过程中如何利用网络计划模型和挣值管理。

引导案例

能否在一周之内建起一幢 15 层的宾馆

中国一家建筑公司仅用 6 天就建成了一座 15 层楼的宾馆。为了证明这不是侥幸，它又用 15 天建造了一座 30 层的酒店！这家公司相信它可以使用同样的高速技术建造 150 层高的建筑。应用这种技术可以使建筑工期缩短到正常工期的 1/3 以内。

为了实现工期压缩，这家公司使用了很多工人组成不同的团队，并制订了详细的进度计划来协调这些团队全天候并行施工。它事先在一个工厂内将所需建筑材料生产出来，然后将预制好的建筑模块用大型卡车运输到工地，并用吊车将其安装到钢结构上。这家公司还使用专业的检查和评审流程消除施工过程中的延迟。

中国工人生产钢制框架用来建造 15 层的新方舟宾馆，这栋建筑在 6 天内建造完成。

4.1 什么是项目管理

虽然本章节的大部分内容都着眼于项目管理的技术层面（比如构建项目网络和计算关键路径），但管理层面也是同等重要的。项目管理的成功在很大程度上依赖于对关键资源的精心控制。尽管我们在本书中用较大篇幅来强调非人力资源（如机器和材料）的管理，但对一个项目来说，最主要的资源往往是劳动者的时间。人力资源成本往往是最大的，对项目的成功起关键作用的人力资源通常是指那些有价值的经理、咨询师和工程师。

组织高层往往需要对项目组合进行有效管理。项目分为很多种，从新产品的开发、旧产品的更新、新的市场计划，到一系列旨在更好地服务顾客和降低成本的项目。

大多数公司都独立承担项目开发——以尽可能短的时间和尽可能少的成本推进项目。其中，许多公司都善于应用本章所描述的技术来完美地执行大量的任务，但是这些项目没有达成预期结果。更糟糕的是，这些项目耗费了大量的资源，却与公司的战略目标几乎没有关系，这类情况比比皆是。

项目可以根据变革类型来进行分类。比如，一个研发项目可以看作是对产品的变革，以应对市场需求，也可以看作是对过程的变革，以提高效率或质量。4种主要的变革类型包括：产品变革、过程变革、研究开发、联盟合作。另外，项目也可以根据变革程度来进行分类。以上面讲到的产品变革为例，可能只是对产品进行微调，如每一年对汽车的微调，也可能是10年一次的产品重新设计，如新汽车模型的设计。根据变革程度可以把项目分为三类：衍生项目（渐进式创新行为，比如新包装或者简装版本）、平台项目（对现有产品的基本改进）、突破项目（开创新市场的大变革）。图4-1通过实例展示了项目分类的两个维度。

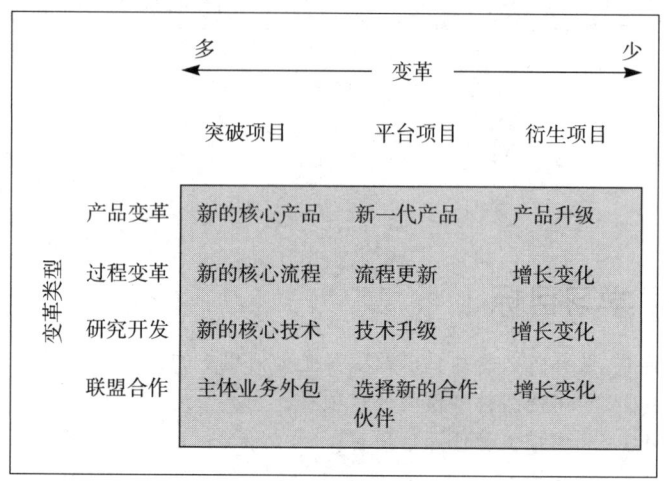

图4-1 开发项目的类型

本章将简单介绍项目管理。作为职业项目经理，不仅要精通项目管理的技术方法，包括最早开始时间、最早完工时间的计算等，而且要精通人员激励等重要的软技能。此外，他还必须具有解决项目重要决策冲突等关键技能。毋庸置疑，面对能够决定你升迁与否的上司，成功地领导一个项目就是证明自己能力的最佳方式。实际上，所有的项目都是团队工作，领导一个项目就是领导一个团队。若你领导某个项目取得了成功，通过团队成员的宣传将会在更大范围内被人知晓。随着组织的扁平化（通过重组、精简、外包），原先在部门内部处理的工作将会更多地依靠项目和项目经理完成。

项目（project）是指在规定时间内必须完成、有明确目标的一系列相关工作。**项目管理**（project management）是指在技术、费用、时间等条件的约束下，对资源（人员、机器和原材料）进行计划、协调和控制。

项目通常被认为是一次性事件，但事实上，很多项目都是可重复的，也可转移到其他应用场所和产品，为其他项目提供借鉴。例如房屋建筑商或生产小批量产品（如生产大型计算机、火车或喷气客机）的企业，都可以按照项目方式进行有效管理。

4.1.1 组织项目团队

在项目开始前，高层管理者必须首先确定采用何种组织结构来管理项目：纯项目、职能项目或者矩阵项目。接下来，我们将讨论这三种组织结构的优点和缺点。

4.1.2 纯项目

汤姆·彼得斯（Tom Peters）曾预测："世界上绝大多数工作将成为脑力劳动，由完成临时性工作的若干小型项目团队组成的群体来实施，每个小组都是相对独立的工作机构；这些工作小组尤其需要速度和灵活性，这就意味着我们和我们祖先一直沿用的层次型管理结构注定要被淘汰。"在这三种基本项目组织结构中，彼得斯更倾向于**纯项目**（pure project）这种形式（俗称 skunk 项目），在该形式中，由一个独立的项目小组负责该项目的全部工作。

优点：

- 项目经理对项目拥有绝对权力。
- 小组成员向一个上司汇报，他们不必担心还需对职能部门经理负责。
- 沟通路径缩短，便于迅速做出决策。
- 小组成员具有很高的自豪感、士气和投入程度。

缺点：

- 资源配置重复，设备和人员不能跨项目共享。
- 忽视组织目标和政策，小组成员通常会身心游离于组织之外。
- 由于削弱了职能机构，组织会在新技术应用方面出现滞后现象。
- 小组成员没有职能上的归属，因此他们会为项目结束后的生计而担忧，由此导致项目延迟。

4.1.3 职能项目

与项目型组织相对的组织形式是**职能项目**（functional project），即在某个职能部门里实施项目。

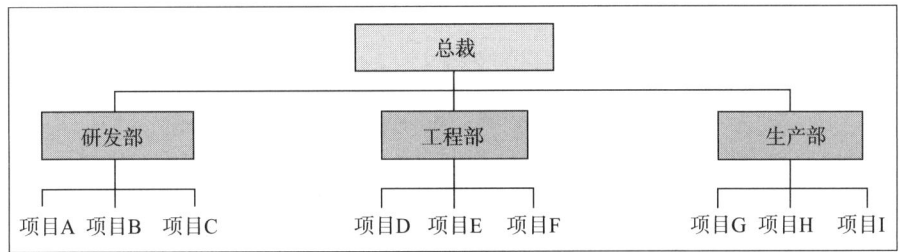

优点：

- 小组成员可以同时参加几个项目。
- 即使某些个人离开了项目或组织，技术专家也能继续留在职能部门里。
- 职能部门是小组成员在项目结束后的"本部"，职能专家可以垂直发展。
- 专业领域的职能专家能集中在一起，共同解决项目中的技术问题。

缺点：

- 项目的其他部分与职能区域不直接相关，缺乏必要的信息。
- 小组成员的士气经常很低落。
- 顾客需求被放在第二位，对顾客需求的反应速度减慢。

4.1.4 矩阵项目

矩阵项目（matrix project）是最普遍的组织形式，它试图集成纯项目和职能项目的优势。每个矩阵项目都能利用各个职能部门的人员。项目经理（project manager，PM）决定执行什么任务以及何时执行，而职能经理则决定使用哪些人员和应用什么技术。假设采用了矩阵项目的形式，不同的项目（矩阵的水平线）可以从不同的职能部门（垂直线）抽调资源。高层管理者要根据项目经理与职能经理在资源分配上的权力平衡关系，决定采用弱矩阵形式（职能经理具有决定权）、平衡矩阵形式（项目经理与职能经理权力相当）还是强矩阵形式（项目经理具有决定权）。

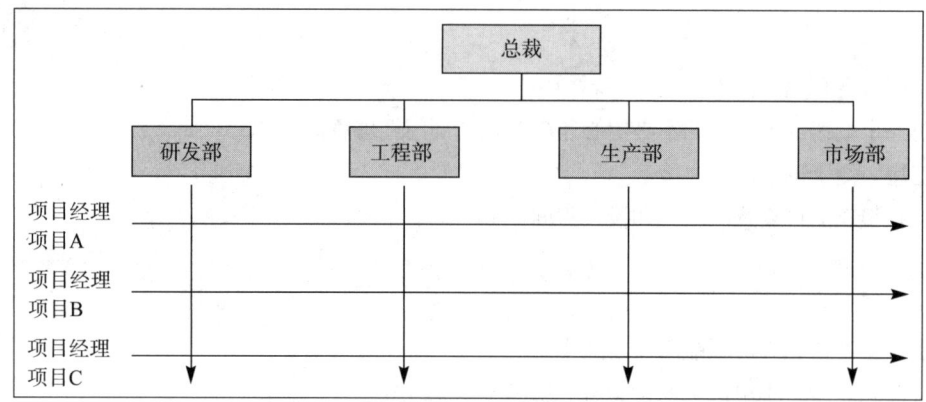

优点:

- 加强了不同职能部门之间的交流。
- 项目经理对项目的成功实施负责。
- 资源的重复配置实现最小化。
- 项目完成后小组成员还可以回到原职能部门,因此与纯项目形式相比,小组成员减少了项目完成后"无家可归"的后顾之忧。
- 母公司的政策得到贯彻,可以增强公司对项目的支持。

缺点:

- 双重领导。往往需要先听从职能经理的命令。到底谁可以决定你的升迁呢?
- 除非项目经理具有很强的谈判能力,否则项目通常会失败。
- 本位主义乘虚而入。经常出现项目经理为自己的项目囤积资源的现象,由此损害了其他项目的利益。

请注意,无论采用哪一种组织形式,项目经理都是与顾客接触的最主要人员。项目经理对项目的成功负责,因此在很大程度上加强了项目中的沟通和执行过程的灵活性。

4.1.5 组织项目任务

项目从工作描述开始。**工作描述**(statement of work,SOW)是对工作任务的书面描述,包括对工作的简短描述以及开始和完工时间的日程安排。它也可以包含预算和完工步骤(里程碑,milestones)形式的绩效评价指标,以及需要提交的书面报告。

任务是对项目的进一步细分,在时间跨度上一般不长于几个月,并且通常由一个小组完成。如果需要的话,可以对任务进一步细分,即分成更有实际意义的子任务。

工作包(work package)是合并在一起分配给某一组织单元完成的一组活动,它同样符合所有项目管理遵循的共同模式。工作包提供了应该做什么、何时开始、何时结束、工作预算、工作评价指标以及某一特定时间所要达到的特定事件。这些特定事件称为**项目的里程碑**(project milestones)。典型的里程碑可能是设计工作的完成、样机的生产、样机检测的完成以及试生产确认等。

工作分解结构(work breakdown structure,WBS)定义了项目任务的层次结构,从上到下依次分为项目任务、子任务和工作包。一个或多个工作包的完成标志着子任务的完成;一个或多个子任务的完成标志着任务的完成;最后所有任务的完成就表示整个项目的完成。该结构可用图 4-2 来表示。

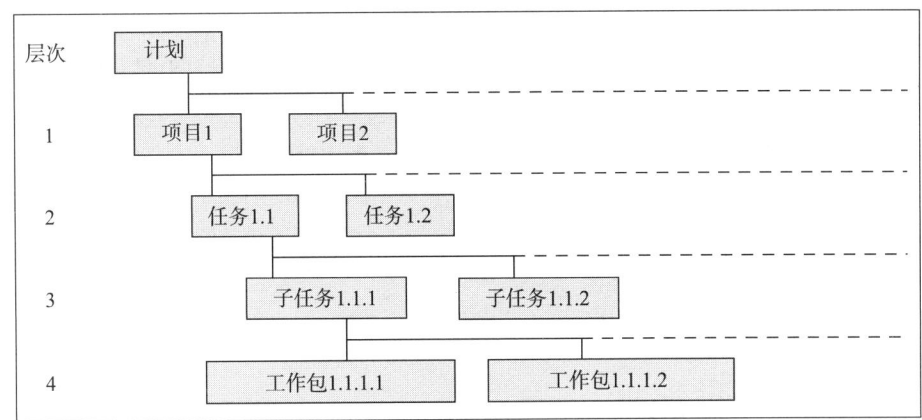

图 4-2 工作分解结构举例

图 4-3 显示了一个光学扫描仪项目的工作分解结构。工作分解结构在组织项目的时候是非常重要的，因为它把项目分解成了若干个可管理的模块。根据项目的不同，其可以分解的层数也会不一样。分解的细致程度，或者说分解成几个层次由如下规则决定：

- 工作包应该分解到这样一个程度：某个员工或某个组织的职责和义务是明确的。
- 项目实施过程中可以方便地收集预算和成本数据。

项目正确的工作分解结构不是唯一的。对同一个项目，两个不同的项目小组可能会设计出不同的工作分解结构。一些专家认为，与其说项目管理是一门科学，倒不如说它是一门艺术。因为同一个项目可以有很多不同的方法来完成。寻找一个正确的途径完成项目，依赖于项目团队的经验。

活动（activities）是在工作分解结构中定义的，是必须耗费时间来完成的工作。尽管活动通常需要人员参与，但人不是必需的。例如，等待油漆风干在项目中就是一个活动。可以认为活动是 WBS 的一部分，在图 4-3 中，活动就包括望远镜的设计/生产（1.1.1）、望远镜/模拟器的光学平面（1.1.2）和数据记录（1.2.4）。活动可以从这样一个角度定义：当所有的活动都完成的时候，整个项目就完成了。

图 4-3 设计大型光学扫描仪的工作分解结构

4.2 网络计划模型

最著名的两种网络计划模型都产生于 19 世纪 50 年代。**关键路径法**（critical path method，CPM）是杜邦公司旗下的化工厂在制订停机期间的维护计划时发明的。由于这个行业经常要进行维护项目，所以对这些维护活动有较为准确的时间预计。关键路径法的假设前提是项目中各项活动所需的时间都能准确预计，且这些时间都不发生变化。**计划评审技术法**（program evaluation and review technique，PERT）是从美国海军制订北极星导弹研制计划发展起来的。这是一个涉及了 3 000 个承包商的特大型项目，由于其中大部分的工作以前都没有做过，所以计划评审技术法就被用来解决不确定时间的估计问题。随着时间的推移，关键路径法和计划评审技术法之间的差异逐渐消失，在这里我们把它们都称为关键路径法（CPM）。

从某种意义上讲，CPM 的发展应归功于其原型——甘特图。对小项目，用甘特图可以直观地将各种活动和时间联系起来，但对于由超过 25 个活动组成的项目，其可视性就变得极差，而且操作起来也十分困难。

在一个项目中，**关键路径**（critical path）是一连串的活动，表示在项目完成过程中花费时间最长的一条路线。如果关键路径上的某一项活动延期，整个项目就将延期。很多时候，一个项目可以同时具有多条关键路径。确定项目中每一个活动的时间是 CPM 技术的主要目标。这个技术可以计算出每一个活动的开始和结束时间，以及该活动是否为关键路径的一部分。

4.2.1 关键路径法

下面是一个项目的计划过程，在这个项目中，我们假设活动的时间都是已知的，因此给出了活动时间的唯一估计值。我们为一个简单的项目安排时间，来说明这个基本的方法。

现在假设你们小组需要做出决定——是否投资于某家公司。投资顾问建议你通过下面的 4 步来进行分析：

A. 选择一家公司。

B. 获得这家公司的年报并做出比率分析。

C. 收集技术股票价格数据并建立图表。

D. 独立审核这些数据并做出决定，是否应该买这家公司的股票。

你们小组的 4 个成员决定按照投资顾问的建议将这个项目分成 4 个活动。你决定要让所有的成员都参与选择公司，并且这项任务要在一周之内完成。你们将在周末碰头，决定你们小组想要投资的公司。在这次会议上，你将进行分组：两个人负责年报和比率分析，其他两个人负责技术数据和建立图表。你们小组希望花费两周时间取得年报并做出比率分析，花费一周时间来收集股票价格数据并做出图表。你同意让这两个小组独立开展工作。最后你们将在一起决定是否买该公司的股票。但在此之前，每一个小组成员都要花费一周的时间对所有的数据进行审核。

新西兰 TE APITI 风电场项目建造了南半球最大的风电场，从委托到完成只用了一年的时间，该项目在预期时间内准时完成。在进行有效的项目管理和使用合适的技术工具的基础上，Meridian 能源公司提供了一个可行的能源再生方案，这一项目也成为之后风电场项目的标杆。

这是一个简单的项目，但是它可以说明这种方法。下面就是相应的方法步骤。

（1）**确定项目中每一个需要完成的活动，并估计完成每一个活动所需要的时间**。这一点很简单，你可以从投资顾问那里得到信息。所有活动如下：A（1），B（2），C（1），D（1）。括号中的数字就是活动所需要的时间。

（2）**确定活动次序，建立起能够反映活动次序的网络**。首先要确定每个活动的紧前活动，**紧前活动**（immediate predecessors）指的是在进行这个活动之前必须要完成的活动。活动 A 需要在活动 B 和 C 开始之前完成。活动 B 和 C 需要在进行活动 D 之前完成。这些关系如下表所示。

活动	表示符号	紧前活动	时间（周）
选择公司	A	—	1
获取年报并做出比率分析	B	A	2
收集股票价格数据并做出技术分析	C	A	1
审核数据并做出决定	D	B，C	1

下面是一个描述前后次序关系的网络图。

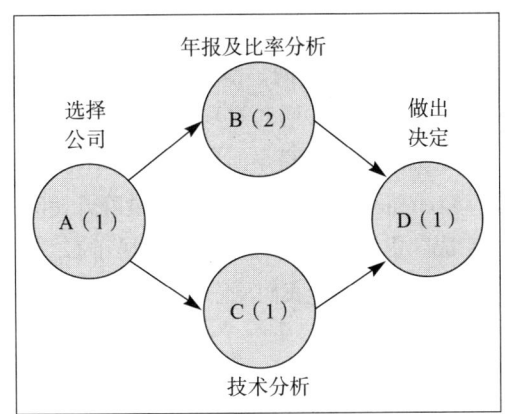

(3) **确定关键路径**。分析项目中从起点到终点的每一个路径。对于这个简单的项目来说，有两条路径：A-B-D 和 A-C-D。关键路径就是总时间最长的一条路径。A-B-D 路径的时间为 4 周，而 A-C-D 路径的时间为 3 周。因此路径 A-B-D 就是关键路径，如果这条关键路径上的任何活动延期，整个项目都将延期。

(4) **确定最早开始／结束时间以及最晚开始／结束时间**。为了安排整个项目，就要找出每一个活动的开始时间和结束时间。但是对一些活动来说，在活动开始和结束的时候会存在一个时间上的余量，这个余量就叫作活动的**松弛时间**（slack time）。对于项目中的每一个活动，我们要确定 4 个时间：最早开始时间、最早结束时间、最晚开始时间、最晚结束时间。最早开始时间和最早结束时间就是这个活动最早能够开始和结束的时间。同样，最晚开始时间和最晚结束时间就是在不影响整个项目工期的情况下活动最晚开始和结束的时间。最晚开始时间和最早开始时间之间的差就是松弛时间。为了能够直观地表示出来，我们在表示活动的符号旁边分别添加了这些数据，如下图所示。

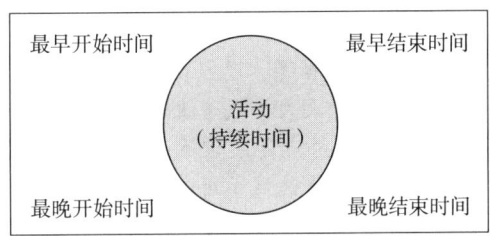

我们可以从网络图的开始活动到结束活动分别计算出每一个活动的最早开始与最早结束时间。设定我们的开始时间为 0。活动 A 的最早开始时间为 0，最早结束时间为 1。活动 B 的最早开始时间是活动 A 的最早结束时间，也就是 1。同样，活动 C 的最早开始时间为 1。活动 B 的最早结束时间为 3，活动 C 的最早结束时间为 2。现在考虑活动 D，只有活动 B、C 完成才能进行活动 D，由于活动 B 的最早结束时间是 3，所以活动 D 的最早开始时间为 3，最早结束时间为 4。至此，我们的图如下所示。

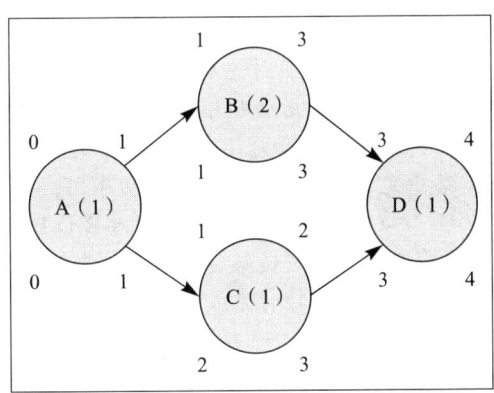

计算最晚结束和最晚开始时间，需要从网络图的结束活动开始，计算到网络图的开始活动为止。考虑活动 D，它的最晚结束时间是 4，如果我们不想推迟项目的完成时间，活动 D 的最晚结束时间应为 4。由于有 1 个时间单位的工期，活动 D 的最晚开始时间就是 3。现在来看活动 C，活动 C 应该在活动 D 开始的时刻 3 完成，所以活动 C 的最晚结束时间为 3，因此最晚开始时间就是 2。注意活动 C 的最早时间和最晚时间的差，我们就会发现这里有 1 周的松弛时间。活动 B 应该在时刻 3 完成，因此活动 B 的最晚结束时间为 3，而最晚开始时间为 1。在活动 B 上并没有松弛时间。最后，活动 A 必须在活动 B 和 C 之前完成。由于活动 B 的开始时间早于 C，所以活动 A 在 B 开始之前就需要完成，因此活动 A 的最晚结束时间为 1，最晚开始时间为 0。我们注意到活动 A、B、D 并没有松弛时间。最终的网络图如下所示（希望你的小组在股票投资中能够成功）。

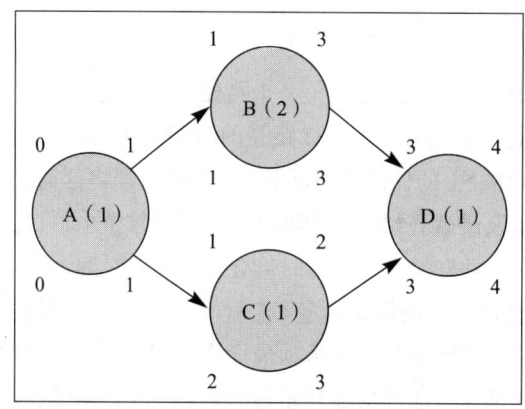

- - - - - - - - - - - - -

例 4-1　关键路径法

许多试图进入笔记本电脑市场的公司都以失败告终。现假设你的公司仍相信该市场有很大的需求，因为现有产品的设计不符合用户的要求。它们或者太重，或者太大，或者太小，以至于不能安装标准尺寸的键盘。你设想中的计算机可以小到能放在衣服的口袋里，其理想的尺寸是不超过 5 英寸 ×9.5 英寸 ×1 英寸，并且配有一个折叠键盘。这种计算机的重量不能超过 15 盎司[⊖]，并配有一个液晶显示屏、一个微型软驱以及一个以太网卡的插槽。它主要是为经常出差的业务人员所设计的，但它也拥有包括学生在内的更广阔的市场。它的价格定位应该在 175～200 美元。

该项目是设计、开发和制造微型计算机的样机。对于瞬息万变的计算机市场，该项目的关键是要在不到 1 年的时间内将新产品投放市场。因此，该项目小组必须在大约 8 个月（35 周）的时间里生产出样机。

解答

项目小组的第一个任务是绘制项目网络图，然后估计在 35 周内完成计算机样机的可能性，现在我们依照编制网络图的步骤来做。

（1）**确定活动**。项目小组确定下列活动是该项目的主要活动：设计样机、建造样机、测试样机、撰写方法说明（在报告中进行总结）、评估自动生产线设备、撰写生产线设备调查报告、撰写总结报告（包括设计、设备和方法等所有方面）。

（2）**活动排序及网络图的构建**。在与项目小组成员讨论后，项目经理建立了活动的优先顺序表以及相应的网络图，如图 4-4 所示。建立网络图的时候，要注意确保活动顺序的正确性和活动之间的逻辑关系，例如，如果设定活动 A 后面是活动 B，活动 B 后面是活动 C，活动 C 后面是活动 A，显然是不符合逻辑的。

（3）**确定关键路径**。关键路径是网络中完工时间最长的一条活动序列，即这个序列中不含有松弛时间。这个网络有 4 条不同的路线，分别为：A-C-F-G、A-C-E-G、A-B-D-F-G 和 A-B-D-E-G。这些路径的长度分别为 38 周、35 周、38 周和 35 周。由此我们注意到，该项目有两条关键路径，表明这个项目可能较难管理。通过编制最早开始和最晚开始计划表，我们进一步发现这个项目确实很难按时完成。

⊖　1 盎司 = 28.35 克。——译者注

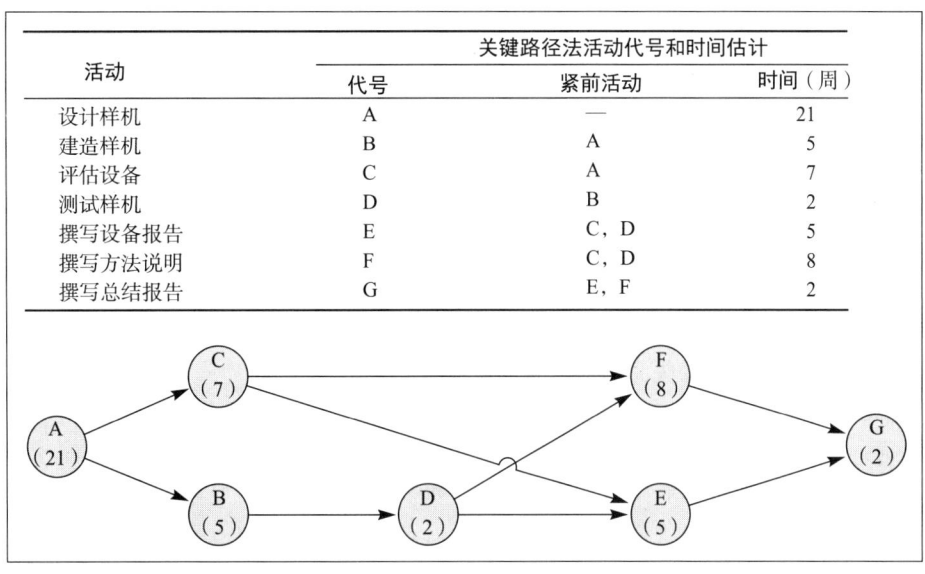

图 4-4 计算机设计项目的关键路径网络图

最早开始计划表与最晚开始计划表

最早开始计划表（early start schedule）是按照最早开始时间的所有活动的列表。非关键路径上活动的完成时间和下一活动的开始时间之间具有松弛时间。最早开始计划表是为了尽早完成所有活动，从而尽早完成项目。

最晚开始计划表（late start schedule）是在不影响项目工期的情况下，每个活动最晚开始的时间列表。使用最晚开始计划表的目的是通过推迟购买原材料、使用人工及降低其他成本来实现成本节约。这些计算如图 4-5 所示，从图中我们可以看到，唯一具有松弛时间的活动是 E。因此这肯定是一个很难按时完成的项目。

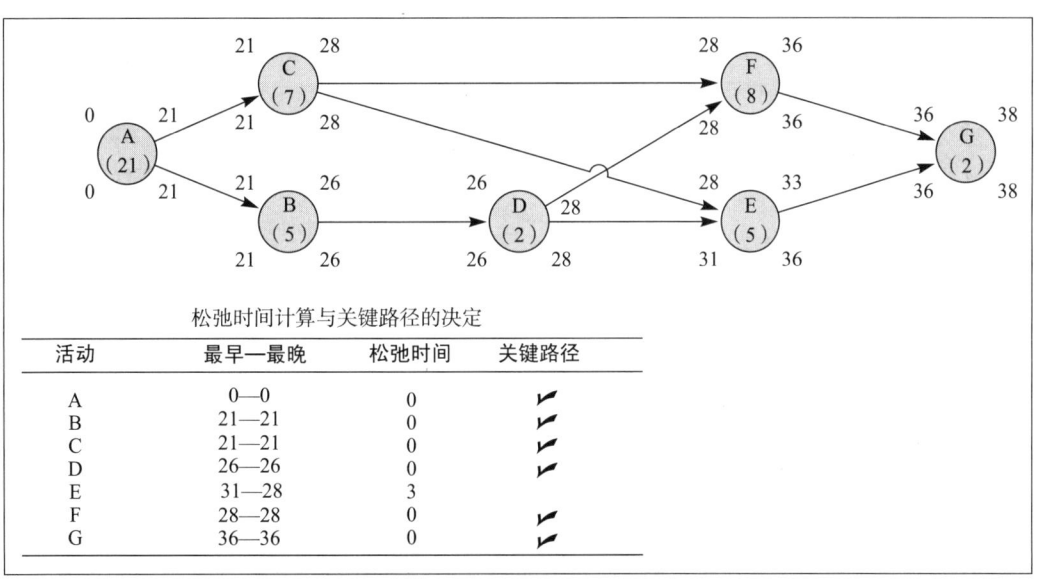

图 4-5 考虑松弛时间计算的计算机设计项目关键路径网络图

4.2.2 具有三点时间估计的关键路径法

如果单点时间估计可靠性不高的话，最好的解决办法是使用三点时间估计。三点时间估计不仅要估计活动时间，而且要估计整个项目在规定时间内完成的概率。其估计过程如下：活动时间的估值是最悲观时间、最乐观时间和最可能时间的加权平均值。项目网络的完成时间可以用我们前面所说的步骤来估算。通过估计关键路径活动的时间变动，可以估算出在特定时间内完成项目的概率（注意，概率计算是经典 PERT 方法的一个显著特征）。

例 4-2 三点时间估计法

本案例描述与例 4-1 相同，只是需用三点时间估计法来计算例 4-1 中的活动时间。

解答

（1）识别项目需要完成的活动。

（2）确定活动顺序，构建反映活动优先顺序关系的网络图。

（3）对完成每一活动所需的时间做三点时间估计：

a——最乐观时间：完成某项活动需要的最短可能时间（活动在更短的时间内完工的可能性很小，通常设定为 1%）。

m——最可能时间：完成某项活动最可能需要的时间。m 是最可能发生的时间，因此它通常服从第 4 步要讨论的 β 分布。

b——最悲观时间：完成某项活动需要的最长可能时间（活动需要更长时间才能完成的可能性也很小，通常设定为 1%）。

在一般情况下，这些数值要从负责完成活动的人员那里获得。

（4）计算每个活动的期望时间（ET）。计算公式是：

$$ET = \frac{a + 4m + b}{6} \tag{4-1}$$

该公式基于 β 分布，赋予了最可能时间（m）4 倍于最乐观时间（a）和最悲观时间（b）的权重。β 分布的灵活性极大，它可以用于通常发生的许多形式，有确定的区间点（限定了可能的活动时间的范围是在 a 和 b 之间），允许直接计算活动的平均值和标准差。

（5）确定关键路径。根据计算得到的活动期望时间来计算关键路径。

（6）计算活动时间的方差（σ^2）。与每一个期望时间有关的方差计算公式是：

$$\sigma^2 = \left(\frac{b - a}{6}\right)^2 \tag{4-2}$$

我们看到，方差是两个极端时间估计之差的 1/6 的平方。当然，时间差距越大，方差就越大。

（7）在应用标准正态分布的基础上确定项目在给定日期之内完工的概率。三点时间估计法最有价值的特点是，它可以估计出不确定因素对项目完工时间的影响（如果你对概率类型不熟悉的话，可以参照专栏 4-1 "概率分析"）。估计该概率的方法步骤如下。

a. 计算关键路径的各项活动的方差值。

b. 将该值与规定的项目到期时间和期望的项目完工时间代入 Z 变换公式。该公式如下：

$$Z = \frac{D - T_E}{\sqrt{\sum \sigma_{cp}^2}} \tag{4-3}$$

式中 D——项目的必须完工日期；

T_E——项目的期望完工时间；

$\sum \sigma_{cp}^2$——关键路径上所有方差的总和。

c. 计算 Z 值，Z 值是项目规定完工日期与项目期望完工时间偏离标准差的数值（正态分布）。

d. 利用 Z 值计算符合项目完工日期的概率（利用附录 G 的正态分布表），期望完工时间是项目开始时间加上关键路径上的活动持续时间之和。

遵循上述步骤，我们得到了如表 4-1 所示的期望时间和方差。项目网络的建立方法与前面的方法一致，唯一的不同是活动时间采用的是加权平均值。确定关键路径时，把它们当作单一数值。单点时间估计和三点时间估计（最乐观时间、最可能时间、最悲观时间）的不同在于，三点时间估计要计算完工的概率。图 4-6 显示的是网络图和关键路径。

表 4-1 活动的期望时间和方差

活动	活动代号	时间估计			期望时间 (ET) $ET=\dfrac{a+4m+b}{6}$	活动方差 (σ^2) $\sigma^2=\left(\dfrac{b-a}{6}\right)^2$
		a	m	b		
设计样机	A	10	22	28	21	9
建造样机	B	4	4	10	5	1
评估设备	C	4	6	14	7	2.777 8
测试样机	D	1	2	3	2	0.111 1
撰写设备报告	E	1	5	9	5	1.777 8
撰写方法说明	F	7	8	9	8	0.111 1
撰写总结报告	G	2	2	2	2	0

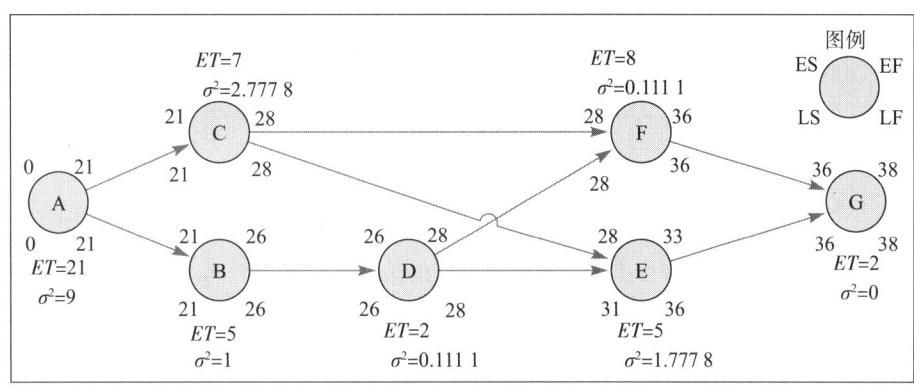

图 4-6 应用三点时间估计法的计算机设计项目

在网络中有两条关键路径，我们必须决定哪一个方差满足项目在目标日期完工的概率。一个保守的方法是使用总方差最大的关键路径来计算完工概率，把注意力集中在那些时间波动最大的活动中。在这个基础上，利用活动A、C、F和G的方差确定完工的概率，则可得到 $\sum \sigma_{cp}^2 = 9 + 2.777\,8 + 0.111\,1 + 0 = 11.888\,9$。若要求在35周内完成项目的概率，则 $D=35$，期望的完工时间是38。把这些值代入 Z 公式，我们得到：

$$Z=\dfrac{D-T_E}{\sqrt{\sum \sigma_{cp}^2}}=\dfrac{35-38}{\sqrt{11.888\,9}}=-0.87$$

查附录G，$Z=-0.87$ 对应的概率值是 0.192 2，这意味着项目经理在35周内完成任务的可能性大约只有19%。请注意，该概率事实上是关键路线A-C-F-G的完工概率。因为本项目还存在另一条关键路径，其他路径也可能变得关键。因此本项目在35周内完成项目的概率事实上小于19%。

专栏 4-1

概率分析

三点时间估计法可以计算出在某个特定时间内完成一个项目的可能性。这个假设的前提是每一个活动所需要的时间都是一个独立的随机变量。如果这些都成立，就可以使用中心极限定理来找出关键路径上每一个活动的平均数和方差。中心极限定理告诉我们，随着随机变量的增加，这些独立的变量将会呈正态分布。在项目管理中，随机变量就是完成每一个活动所需的时间（假设每个活动所用时间是相互独立的，且服从统计分布）。因此，完成关键路径上活动的期望时间就是各活动时间的总和。

同理，由于假设活动所需时间是相互独立的，所以关键路径上活动的方差之和就是完成关键路径所需要时间的方差。标准方差即为方差的平方根。

为了确定在某一特定时间内完成项目的概率，我们要找出在概率分布图表中何时会降低。附录 E 给出了在 Z 取不同的数值时的标准分布形式。Z 表示了在分布中 0 左边和右边的偏差。参照附录 E，$G(z)$ 的值就是在分布图形上曲线下的面积。每一个 Z 数值都对应着一个可能性。例如在表中的第一个数值 -4.00，相对应的 $G(z)$ 就等于 0.000 03，它表示 Z 值是 -4.0 的概率只有 0.003%。同样，当 Z 等于 1.50 的时候，$G(z)$ 就等于 0.933 19 或者 93.319%。Z 的数值可以通过使用例 4-2 中的式（4-3）得到。这些概率值可以通过微软 Excel 软件中的 NORMSDIST(z) 功能来得到。

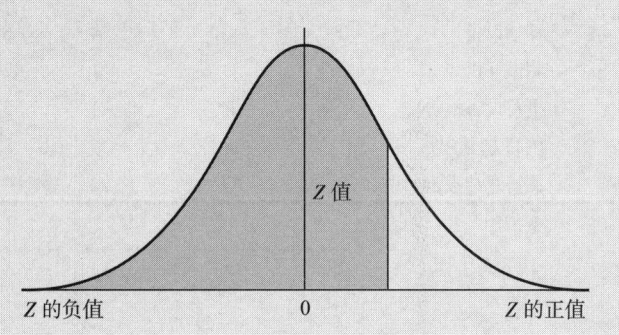

4.2.3 时间 – 费用模型和项目赶工

实际中，项目经理对项目成本的关心程度绝不亚于对工期的关心。因此，**时间 – 费用模型**（time-cost models）就应运而生了。这些模型作为基本关键路径法的拓展，试图为整个项目建立最小成本计划，以控制项目执行期间的费用。

最小费用计划（时间 – 费用均衡）

最小费用计划也叫赶工（crashing），其基本假设是活动的完成时间与项目费用之间存在一定的关系。赶工是指压缩项目工期。一方面，要有资金来保证各项活动的进行；另一方面，需要资金来维持项目实施。与活动有关的费用称为活动的直接费用，加总得到整个项目的直接费用。这些费用可能是与人工有关的费用，如加班费、雇用更多工人的支出以及从其他岗位调用工人的费用；另外一些费用可能与资源消耗有关，例如购买或租赁附加设备、高效率设备以及借用辅助设施的支出。

与维持项目正常进行有关的费用称为项目的间接费用，包括日常管理费用、设施维护费用、资源的机会成本以及在有合同约束下的罚款和奖金支出。因为活动的直接费用和项目的间接费用都随时间变化，所以制订计划的关键问题就是寻找具有最小总费用的项目工期，换句话说，就是找到时间 – 费用的最优平衡点。

例 4-3　时间 – 费用均衡的过程

项目赶工由以下 5 个步骤组成。下面我们通过图 4-7 中 4 个简单的活动网络图来进行说明。假设在项目的前 8 天，间接费用保持每天 10 美元不变。如果项目时间超过 8 天，则间接费用按照每天 5 美元的速度增加。

（1）**绘制关键路径网络图**。针对每一个活动，需要给出以下信息：
　a.常规费用（NC）：活动的最低期望费用（图 4-7 中每个节点下面列出的费用中的较小者）。
　b.常规时间（NT）：与每一常规费用相对应的时间。
　c.赶工时间（CT）：活动最短可能完成时间。
　d.赶工费用（CC）：与每一赶工时间相对应的费用。

（2）**确定每项活动的赶工费用率（单位为天）**。活动的时间和费用之间的关系可用图来表示：标出点（CC，CT）的坐标，将该点与坐标点（NC，NT）连接起来，连接曲线可为凹曲线、凸曲线、直线或其他形式的曲线。图形的形式主要取决于活动的实际费用结构，如图 4-7 所示。对于活动 A，我们假设时间和费用之间是线性关系。这种假设在实际工作中经常使用，它有助于计算赶工费用率，此时赶工费用率的值就等于该直线的斜率，可用公式：斜率 =

$(CC-NC)/(NT-CT)$ 直接计算出来（当不能使用线性假定时，赶工费用必须用图形确定，因为活动工期在每一天都可能在缩短）。

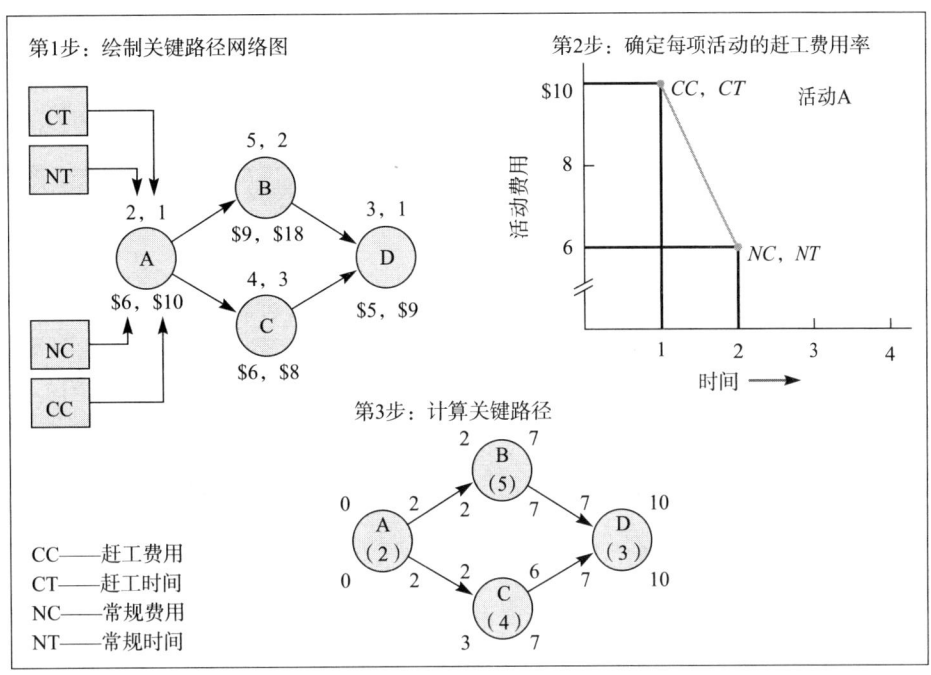

图 4-7 时间 – 费用均衡模型的例子

活动的赶工费用率的计算过程如表 4-2 所示。

表 4-2 对每个活动进行赶工所需的费用计算（天） （金额单位：美元）

活动	CC – NC	NT – CT	$\dfrac{CC-NC}{NT-CT}$	赶工活动每天的费用	可能缩短的最大活动天数
A	10 – 6	2 – 1	$\dfrac{10-6}{2-1}$	4	1
B	18 – 9	5 – 2	$\dfrac{18-9}{5-2}$	3	3
C	8 – 6	4 – 3	$\dfrac{8-6}{4-3}$	2	1
D	9 – 5	3 – 1	$\dfrac{9-5}{3-1}$	2	2

（3）**计算关键路径**。对于我们使用的简单网络图，这个项目计划花费10天时间，其关键路径是A-B-D。

（4）**用最少的费用来缩短关键路径的完工时间**。最简单的办法是从初始计划入手，找到关键路径，将关键路径上赶工费用率最低的活动的完工时间减少一天，然后重新计算并寻找新的关键路径，在新的关键路径上同样逐次逐日减少完工时间。重复这一步骤，直到获得满意的完工时间或完工时间不能进一步缩短为止。表 4-3 显示了逐次逐日减少完工时间的过程。

表 4-3 在常规工作时间内逐次逐日缩短项目的完工时间

当前关键路径	可能缩短的活动天数	赶工活动每天的费用	赶工费用最少的活动	在网络图中所有活动的总费用（美元）	项目完工时间
A-B-D	所有活动的时间和费用都为常规			26	10
A-B-D	A-1, B-3, D-2	A-4, B-3, D-2	D	28	9
A-B-D	A-1, B-3, D-1	A-4, B-3, D-2	D	30	8

（续）

当前关键路径	可能缩短的活动天数	赶工活动每天的费用	赶工费用最少的活动	在网络图中所有活动的总费用（美元）	项目完工时间
A-B-D	A-1, B-3	A-4, B-3	B	33	7
A-B-D A-C-D	A-1, B-2, C-1	A-4, B-3, C-2	A①	37	6
A-B-D A-C-D	B-2, C-1	B-3, C-2	B&C②	42	5
A-B-D A-C-D	B-1	B-3	B③	45	5

① 为了在关键路径上缩短 1 天，可以单独缩短活动 A，或者同时缩短活动 B 和 C（仅仅修改关键路径上的活动 B 或 C 不能缩短时间）。
② 活动 B 和 C 必须同时赶工才能缩短 1 天时间。
③ 缩短活动 B 不能缩短项目的时间长度，所以这个额外的费用不会产生。

以表 4-3 来开展工作一开始看起来会很困难。在第 1 行中，所有的活动都是常规时间和常规费用。关键路径是 A-B-D，完成项目的费用是 26 美元，项目完工时间是 10 天。

第 2 行的目的是把项目的完工时间减少 1 天。我们知道必须在关键路径上减少一项或多项活动的时间。在第 2 列中，我们注意到活动 A 可以减少 1 天（从 2 天变为 1 天），活动 B 可以减少 3 天（从 5 天变为 2 天），活动 D 可以减少 2 天（从 3 天变为 1 天）。再后面一列显示了每项活动时间减少一天所增加的成本。例如，对活动 A，它的常规费用是 6 美元，在 2 天内完成。如果它可以在 1 天内完成，则费用是 10 美元，增加了 4 美元。因此，我们认为使活动 A 完工时间减少一天的费用是 4 美元。对活动 B，它的常规费用是 9 美元，在 5 天内完成。如果让它在 2 天内完成，其费用是 18 美元。因此活动 B 完工时间减少 3 天的费用是 9 美元，或减少 1 天的费用是 3 美元。对于 C，它的常规费用是 5 美元，在 3 天内完成。如果它在 1 天内完成，则其费用是 9 美元。因此活动 C 完工时间减少 2 天的费用是 4 美元（即减少 1 天的成本是 2 美元）。在时间上减少 1 天费用最低的是活动 D，费用是 2 美元。所以整个网络的费用上升到 28 美元，而项目的完工时间减少到 9 天。

我们下一步的迭代开始于第 3 行，目标是把项目的完工时间减少到 8 天。9 天的关键路径是 A-B-D。我们可以缩短活动 A 1 天、B 3 天、D 1 天（注意：活动 D 已经从 3 天减少到 2 天了）。把每个活动减少 1 天所产生的费用与第二条路径相同。接着，活动时间减少费用最小的是活动 D。活动 D 的时间从 2 天减少到 1 天使得在网络中所有活动总费用上升到 30 美元，而项目的完成时间下降到 8 天。

第 4 行与第 3 行相同，只是现在在关键路径中只有活动 A 和 B 的活动时间可以减少。结果活动 B 的时间减少，使得总费用上升到 33 美元，增加了 3 美元，而项目的活动时间缩短为 7 天。

在第 5 行（实际上是我们解决问题的第 5 次迭代），活动 A、B、C 和 D 都在关键路径中，D 不能再减少，因此，我们只能选择活动 A、B 和 C。注意活动 B 和 C 是并行的，因此，减少活动 B 而不减少 C 是没用的。我们的选择是单独减少活动 A，其费用是 4 美元/天，同时减少活动 B 和 C 的费用是 5 美元/天（B 是 3 美元，C 是 2 美元），因此，在这次迭代中我们减少活动 A。

在第 6 行，我们考虑选择在第 5 行时所考虑到的活动 B 和 C。最后，在第 7 行，我们唯一的选择是减少活动 B 的天数。由于活动 B 和 C 是平行的，并且我们不能减少活动 C，所以，单独减少活动 B 也没有实际价值。我们不能再进一步减少项目的完工时间。

（5）绘制项目直接费用、间接费用及总费用的曲线，制订最少费用计划。图 4-8 所示的是前 8 天每天是一个固定成本 10 美元，以后每天增加 5 美元情况下的间接费用曲线。直接成本标示在表 4-3 中，项目的总费用是这两个费用之和。

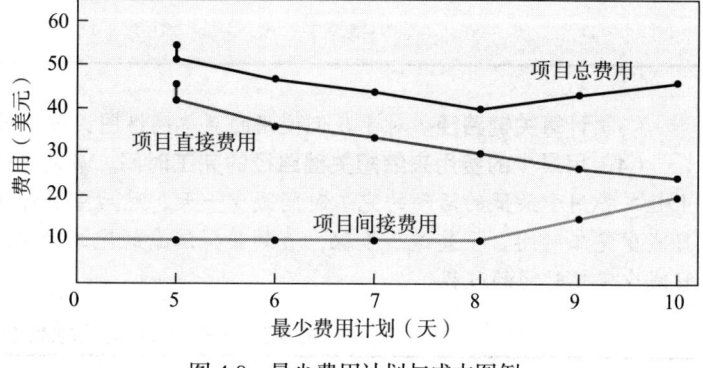

图 4-8 最少费用计划与成本图例

每天的直接费用与间接费用求和就得到总费用曲线。我们可以看出，该曲线的最小值出现在完工时间为 8 天的计划中，其值为 40 美元 = 直接成本（30 美元）+ 间接成本（10 美元）。

4.3 管理项目

学习了项目计划中的运算之后,现在我们来看看项目在实施过程中是如何管理的。图表和各种类型的标准框架是非常有用的,这些图表和框架看起来更加容易理解。计算机程序可以很快地生成这些图表,之后我们再进一步讨论。

图 4-9 是关于**甘特图**(Gantt chart)的例子,有时候又被称为条形图,该图既显示了活动所需的时间,也显示了活动执行的顺序。这个图是以亨利·L. 甘特(Henry L. Gantt)的名字命名的。甘特在第一次世界大战期间把这种图应用到船舶建造上,也因此获得了总统的嘉奖。例如在图 4-9a 中,"提前采购"和"生产计划"是两个相互独立的活动,可以同时进行,而其他所有的活动必须从上到下依次进行。图 4-9b 形象地表示了人工成本、原材料成本和管理成本,其价值在于可以清楚地表示资源和成本。

图 4-9c 表示的是项目中各部门(如生产部门、财务部门等)人工工时的百分比。这些工时与项目总的人工成本比例密切相关。例如生产部门的人工工时占总工时的 50%,而对应的人工成本占总人工成本的 40%。

图 4-9d 的上半部分显示了这些项目的完成情况。垂直的虚线表示今天。从图中可以看出,项目 1 已经出现了延误,尚有工作没有完成。项目 2 暂时停工,因此在计划工作之前有一段空白。项目 3 则是不间断地连续工作。图 4-9d 下半部分是实际总成本和计划总成本的比较。正如我们所看到的那样,出现了两块成本超支区域。而且,当前的累计成本高于计划的累计成本。

图 4-9e 是里程碑图。这 3 个里程碑标志着项目中需要检查的特定点,检查项目是否按计划进度执行。设置里程碑的最佳位置是一项关键活动的完成时刻。在该图中,这些关键活动包括"下订单""收到发票"以及"收到物料"。

其他标准形式的报告也可以使用,如检查成本进度(如成本计划状态报告 CSSR)或制定支付决策依据的有关报告(如挣值报告,我们将在后面讨论)。

挣值管理

挣值管理(earned value management,EVM)是一种客观衡量项目进度的方法。EVM 可以综合衡量项目的范围、进度和成本。只要运用得当,EVM 可以测出项目在某一时点的相对成功情况。这个方法对"营收创造"型项目和"成本关注"型项目都适用。

一般的 EVM 应用具有如下特征:

(1)一个项目计划,能识别所有需要完成的活动。

(2)对各项活动的评估。它在营收创造型项目中又被称为活动的**计划价值**(planned value,PV);在成本关注型项目中,则被称为**计划工作的预算成本**(budgeted cost of work scheduled,BCWS)。

(3)预先定义"挣值或成本原则(矩阵)",用以量化已完工的部分,称为**挣值**(earned value,EV)和**完成工作的预算成本**(budgeted cost of work performed,BCWP)。

这些特征中涉及的专业词汇其实是通用的,因为价值要么基于收益计量(收入或利润),要么基于成本计量。在大型且复杂的项目中,EVM 的应用包括更多特征,比如费用绩效指标和预测(超出还是低于预算)以及进度执行情况(落后或超前于计划)。不过,EVM 系统最基本的要求是应用 PV(或 BCWS)和 EV(或 BCWP)量化评价项目进展。

1. 非 EVM 项目跟踪

先看一个没有采用挣值分析的项目跟踪的例子,这会有助于我们的理解。假定一个项目经过了详细计划,包括各工作要素基于时间的费用计划。这是一个基于成本计量的项目评价案例。图 4-10a 给出了项目随时间变化的累计预算成本(BCWS 线)。图中还给出了前 8 周项目的累计实际成本(AC 线)。不熟悉 EVM 的人可能认为,项目在前 4 周是超出预算的,而在第 6~8 周则是低于预算的。其实,这张图忽略了项目完

关键思想

将项目中已完成的工作与根据项目计划应完成的工作进行比较是挣值管理分析的关键思想。

成的工作任务。如果项目在第 8 周就已完成,那么项目成本是在预算控制内的,而且完成进度提前于计划。如果项目在第 8 周时只完成了 10%,那么这个项目严重超出预算而且进度严重落后。所以,我们需要一个能客观且定量的技术工具来衡量项目的完成情况,这就是 EVM 的用途所在。

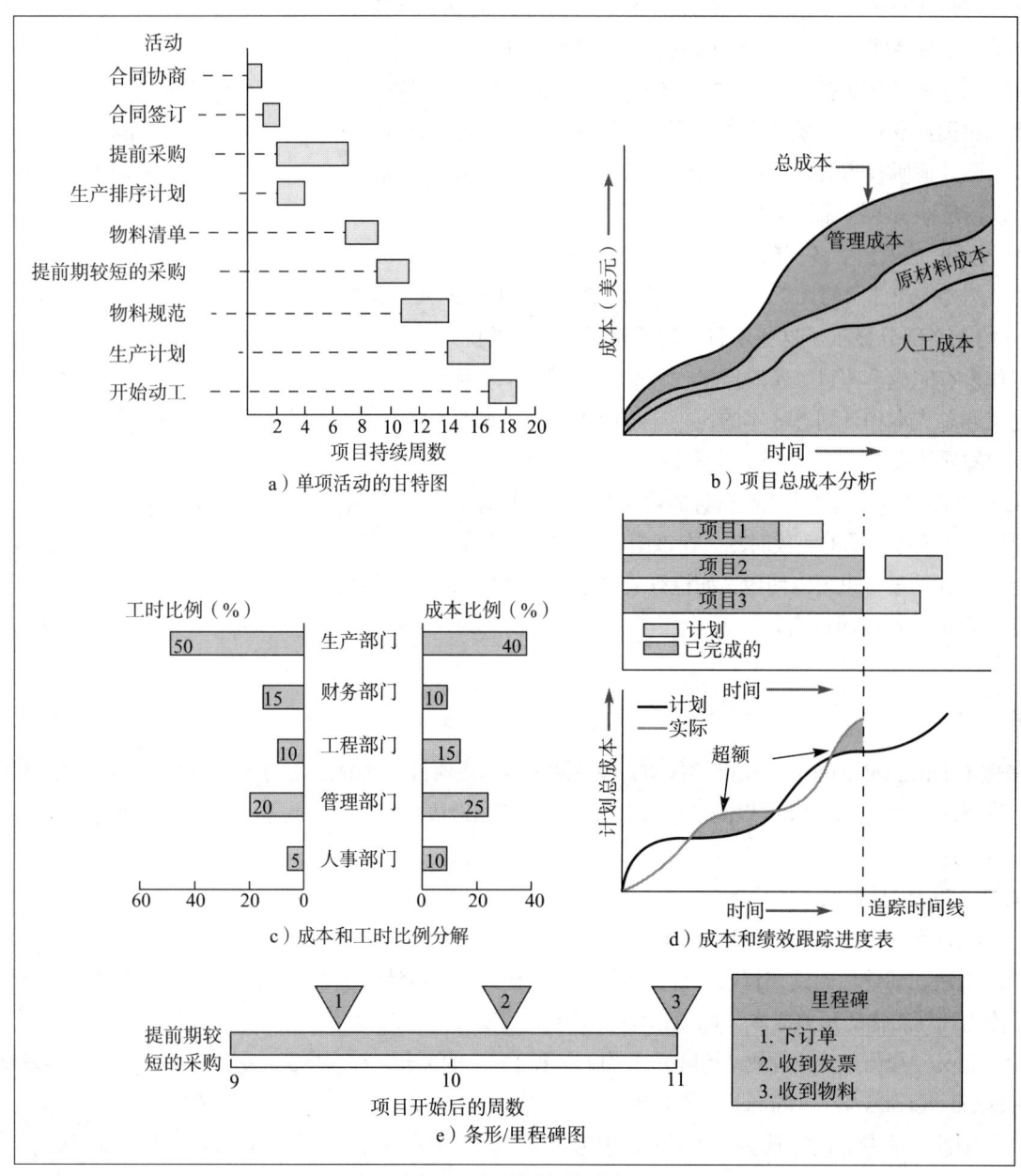

图 4-9 项目报告图解实例

2. EVM 项目跟踪

还是采用上面描述的项目,只不过这里使用了能量化工作完成程度的工具。在每个周末,项目经理会对每项已经完成的具体工作进行统计,然后通过计算每一个活动的完成比例与该活动的预算成本之积,加总求出总的完成工作预算成本。完成工作预算成本可以按月、按周或者按其他周期计算。

图 4-10b 给出了 BCWS 线以及图 4-10c 中所示的 BCWP 线。这个图表明,技术绩效(technical performance,比如完成进度)在开始阶段比计划要完成得更快,但是在第 7 周和第 8 周则落后于计划。这个图就是从 EVM 角度来反映项目完成情况,它可以与关键路径法同时使用(下一节中会讨论)。

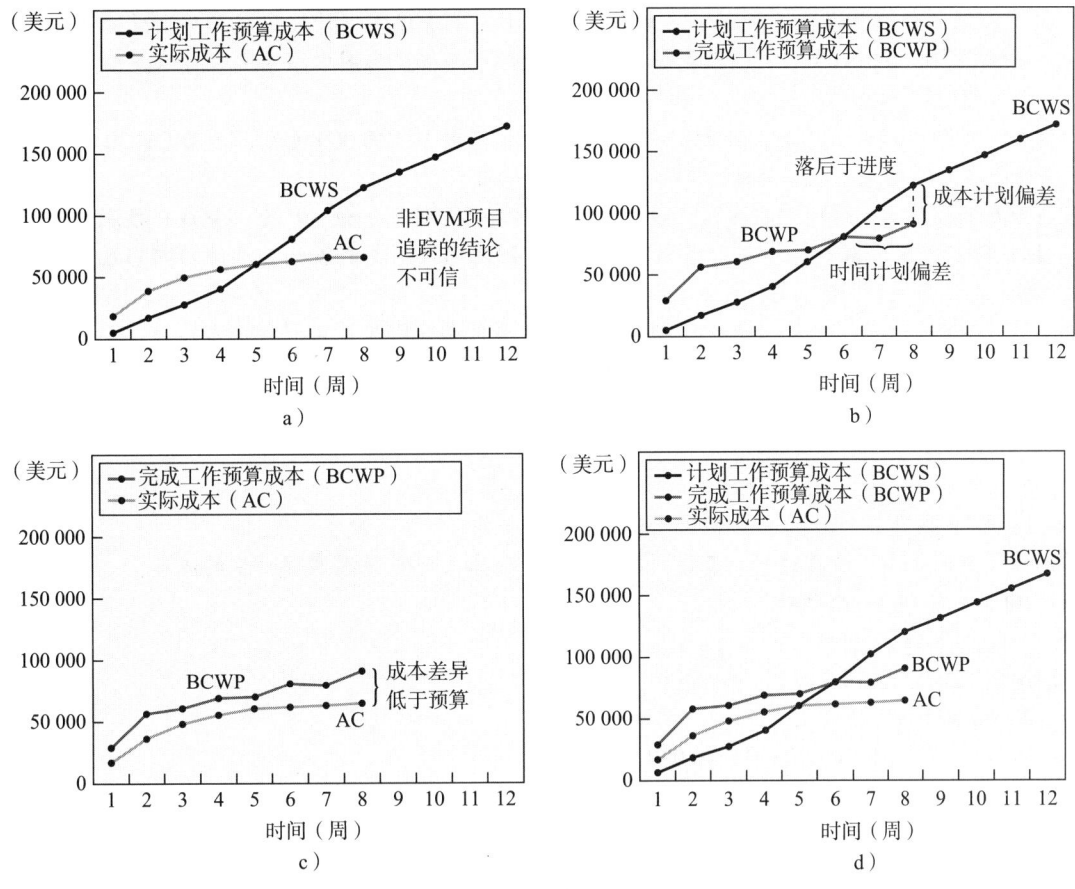

图 4-10 挣值管理图

图 4-10c 同样给出了 BCWP 线,还给出了来自图 4-10a 的 AC 线。可以看出,相对于完工进度,项目开始之后成本支出都是低于预算的。这个结论要比图 4-10a 的结论好得多。

图 4-10d 结合了三条曲线,这是一个典型的 EVM 图。最好的读图方法是先从 BCWS 线开始,然后将其与 BCWP 线(反映完工进度)和 AC 线(反映成本支出)比较。不难发现,若想准确理解成本和进度执行情况,需要先客观测量出技术类绩效。这就是 EVM 的基本原理。

●●●●●●●●●●

例 4-4 挣值管理

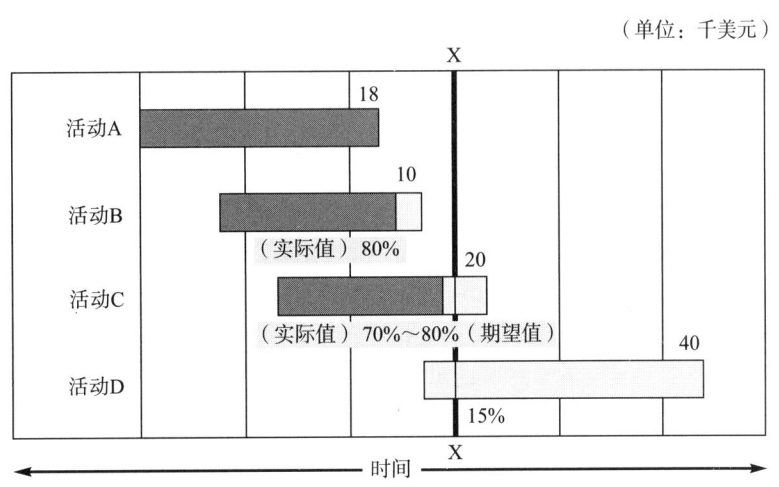

上图给出了计划工作预算成本（BCWS），以美元结算（在 X 阶段末，计划完成工作所需的美元数，以千为单位）。完成工作预算成本（BCWP）由实际已完成工作的挣值加总而得，如图中深色区域所示。

解答

如图，整个项目的预算成本包括：活动 A，18 000 美元；活动 B，10 000 美元；活动 C，20 000 美元；活动 D，40 000 美元。这是各个活动在 100% 完成的情况下计算出的成本。

项目目前处在日期 X，按照图中的计划，活动 A 的实际情况与计划一致，已全部完成；按照计划，活动 B 应当 100% 完成，但实际只完成了 80%；活动 C 计划完成 80%，但实际只完成了 70%；活动 D 应当已完成 15%，但实际上尚未开始。

第一步：计算当前状态下项目的计划工作预算成本，即项目在日期 X 时的预计成本：

活动 A：100%×18 000＝18 000（美元）；
活动 B：100%×10 000＝10 000（美元）；
活动 C：80%×20 000＝16 000（美元）；
活动 D：15%×40 000＝6 000（美元）；
BCWS＝18 000＋10 000＋16 000＋6 000＝50 000（美元）。

第二步：计算当前状态下项目的完成工作预算成本，即项目在日期 X 时实际产生的成本：

活动 A：100%×18 000＝18 000（美元）；
活动 B：80%×10 000＝8 000（美元）；
活动 C：70%×20 000＝14 000（美元）；
活动 D：0×40 000＝0（美元）；
BCWP＝18 000＋8 000＋14 000＋0＝40 000（美元）。

第三步：求已完成工作部分的实际成本（AC）。这需要查看项目的会计记录。假定项目目前的实际成本支出为 45 000 美元。

AC＝45 000 美元（数据来源于财务系统）。

第四步：计算项目的关键绩效指标：

计划偏差（schedule variance）：指的是完成工作预算成本与计划工作预算成本之间的差值。

计划偏差＝完成工作预算成本－计划工作预算成本

计划偏差＝40 000－50 000＝－10 000（美元）

计划偏差大于 0 代表进度超前于计划。

计划执行指标（schedule performance index）：指的是完成工作预算成本与计划工作预算成本之比。

计划执行指标＝完成工作预算成本／计划工作预算成本

计划执行指标＝40 000/50 000＝0.8

计划执行指标大于 1 代表进度超前于计划。

成本偏差（cost variance）：指的是完成工作预算成本与实际成本之间的差值。

成本偏差＝完成工作预算成本－实际成本

成本偏差＝40 000－45 000＝－5 000（美元）

成本偏差大于 0 代表实际成本支出低于预算。

成本执行指标（cost performance index）：指的是完成工作预算成本与实际成本之比。

成本执行指标＝完成工作预算成本／实际成本

成本执行指标＝40 000/45 000＝0.89

成本执行指标 <1，代表项目完成所需成本将高于计划；
成本执行指标 ＝1，代表项目完成所需成本与计划一致；
成本执行指标 >1，代表项目完成所需成本将低于计划。

这个关键绩效指标表明，预算下每一美元所做的工作实际上要支出 1.13 美元才能完成。这个结果不是我们希望的，因为这意味着项目将超出预算，而且不能及时完成或不能按预算完成。计划执行指标和成本执行指标大于 1 才是我们希望出现的情况。

4.4 项目管理信息系统

过去 10 年，项目管理的相关概念和技术研究比较火热，并引起了项目管理软件供应的同步增长。现在，已经有 100 多家企业提供此类项目管理信息系统。查看项目管理研究会的网站（www.pmi.org）可以获得关于软件的最新信息。两家领头企业是微软公司和 Primavera 公司，其旗下两个知名的常用软件分别是 Microsoft Project 和 Primavera Project Planner。

Microsoft Project 程序有优秀的在线指导功能，在中等规模的项目管理中广受欢迎。这个软件包与 Microsoft Office Suite 兼容，它拥有微软的通信技术和互联网整合功能。这个程序的功能包括进度管理、资源分配与平衡、成本控制等，还可以生成高质量的图表报告。

在管理大项目或拥有很多子项目的计划时，常常选择 Primavera Project Planner。Primavera 是这类软件的第一供应商，它的功能可能是现有软件中最先进的。

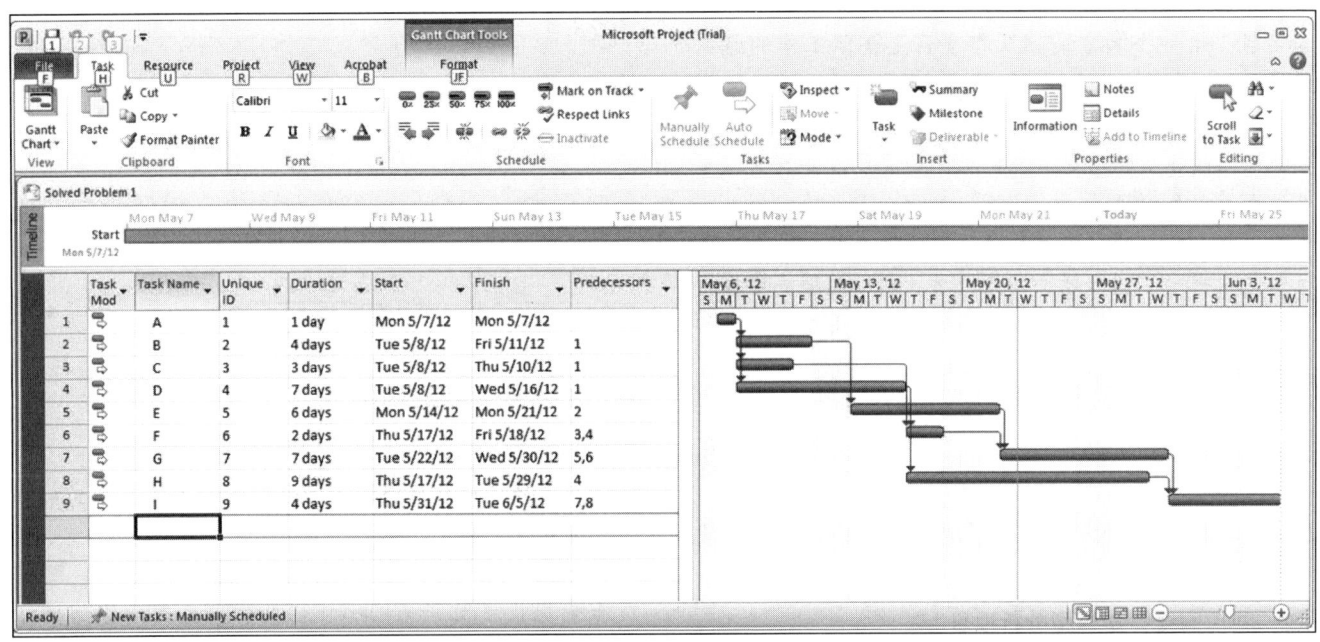

除了制订任务计划之外，这些软件包的主要功能是为项目任务分配资源。比如，这些系统可以为项目安排人员和设备计划。中高级项目管理信息系统软件（PMIS）还可以处理资源平衡的问题。其中常用的规则包括，低优先级任务须等高优先级任务完成之后再开始，或者允许项目工期提前或推后。

过程跟踪要等到项目活动步入正轨后才能进行。项目的实际进展可能与初期计划的情况有所不同。在软件中可以保存几份不同的基本计划，因此你可以同时比较多种情况。

跟踪甘特图将实际计划与基准计划并排绘于图中，这样可以很容易地注意到两者的偏差。根据你的需要，也可以用图表的形式显示同样的信息。如果计划的开始与结束时间和新安排的开始与结束时间之间存在偏差，则可用一个"滑动过滤器"，只强调显示那些结束时间晚于计划基准时间的任务。还可以用例外管理的原则发现预算成本和实际成本间的差异。

本章小结

4-1 解释什么是项目以及项目是如何组织的

总结

- 项目可以分成以下 4 类：产品变革、过程变革、研究开发、联盟合作。
- 虽然有些项目一般被认为是一次性的，但实际上有时会重复进行。
- 项目团队可以以不同的方式进行组织。最常见的项目包括：纯项目，团队所有时间都在项目上；职能项目，项目成员属于自己所在的职能团队，并且可以同时处于多个项目中；矩阵项目，是纯项目与职能项目的混合形式。
- 项目活动的组织要根据工作分解结构，将项目划分为各项子任务和工作包。工作包的完成意味着子任务的完成，所有子任务的完成意味着项目的完成。

关键术语

项目：由有目的性的一系列相关工作组成，且需要一定的时间来执行。

项目管理：计划、指导和控制资源（人员、设备、材料），以满足项目的技术、成本和时间约束。

纯项目：由一个独立的团队在项目上全职工作的组织结构。

职能项目：在这个结构中，团队成员由组织的职能部门分配。团队成员仍然是其职能部门的成员，并且通常不专注于做一个项目。

矩阵项目：一种职能项目和纯项目的混合结构。每个项目都使用来自不同职能部门的人员。项目经理决定执行什么任务以及何时执行，职能经理决定使用哪些人员和应用什么技术。

项目里程碑：一个项目中的特殊（关键）活动。

工作分解结构：项目任务、项目子任务和工作包的层次结构。

活动：项目中需要消耗时间完成的工作。一个项目的所有活动的完成即标志着整个项目的完成。

4-2 利用网络计划模型分析项目

总结

- 关键路径法（CPM）是应用最广泛的项目计划方法。在此方法的基础上又有一些变化的方法。
- 关键路径法的目的是找到整个项目可以结束的最早时间。
- 这一方法也能够找出哪些活动是关键的，为了保障整体项目的最早完成时间不会推迟，这些关键活动必须按时完成。
- 本章研究了三种方法：单一活动时间的关键路径法、基于三点时间估计法的关键路径法、基于赶工的时间－费用均衡模型。

关键术语

关键路径：项目中的活动序列，且该序列具有最长的总工期。关键路径中不包含松弛时间。一个项目可能包含多条关键路径。用于寻找项目关键路径的方法叫作关键路径法（CPM）。

紧前活动：指某个活动要开始的话，前期必须完成的那些活动。

松弛时间：指一个活动延迟但不影响整个项目工期的最长延迟时间。其值等于活动最晚开始时间与最早开始时间的差值。

最早开始时间计划：项目计划按照所有活动的最早开始时间来安排。

最晚开始时间计划：项目计划按照所有活动的最晚开始时间来安排。这个时间计划可能通过推迟采购与项目相关的材料来节省开支。

时间－费用均衡模型：这个模型是关键路径法的一个拓展，考虑了完成项目所需要的时间和成本之间的权衡。通常用于压缩项目工期。

关键公式

$$ET = \frac{a + 4m + b}{6} \quad (4\text{-}1)$$

$$\sigma^2 = \left(\frac{b-a}{6}\right)^2 \quad (4\text{-}2)$$

$$Z = \frac{D - T_E}{\sqrt{\sum \sigma_{cp}^2}} \quad (4\text{-}3)$$

4-3 利用挣值管理评估项目

总结

- 项目管理的一个关键方面就是要了解各项活动当前所处的状态。
- 简单的图形化技术常常被标准的报告所强化，这些报告提供了对完成的工作以及待完成的工作的详细分析。
- 挣值管理（EVM）是评估项目进程的常用方法。

关键术语

甘特图：以图形方式显示所涉及的时间量和可以执行活动的顺序。通常用条形图来表示。

挣值管理（EVM）：结合项目范围、进度和成本来评估项目进度的技术。

4-4 举例说明在商业软件包实施过程中如何利用网络计划模型和挣值管理

总结

- 本章中的一些方法和概念在一些商业软件中可以直接应用。
- 两个常用的软件是 Microsoft Project 和 Primavera Project Planner。
- 这些软件可以同时管理多个项目，并且可以帮助解决项目实施过程中的资源冲突问题。

应用举例

4-2 问题1

假定某个项目包含以下活动,每个活动所需的完成时间如下表所示。

活动	完工时间(天)	紧前活动	活动	完工时间(天)	紧前活动
A	1	—	F	2	C, D
B	4	A	G	7	E, F
C	3	A	H	9	D
D	7	A	I	4	G, H
E	6	B			

1. 画出项目网络图。
2. 标出活动的最早开始时间、最早完成时间、最晚开始时间和最晚完成时间。
3. 找出关键路径。
4. 假如把活动F的时间从2天改为4天,将会发生什么情况?

解答

问题1、2、3的答案已经显示在下面的图中。

路径	长度(天)
A-B-E-G-I	22(关键路径)
A-C-F-G-I	17
A-D-F-G-I	21
A-D-H-I	21

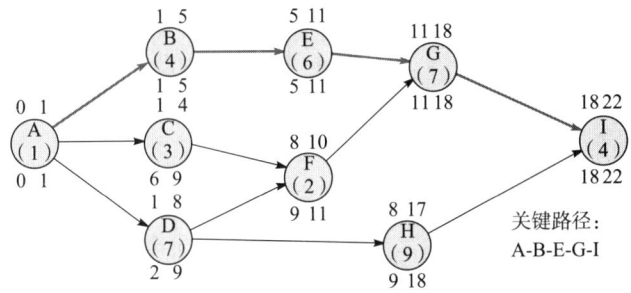

4. 新的关键路径:A-D-F-G-I,项目总工期是23天。

4-2 问题2

一个项目包含以下这些活动,活动预计完成时间如下表所示。

活动	时间估计			紧前活动	活动	时间估计			紧前活动
	a	m	b			a	m	b	
A	1	4	7	—	E	3	6	12	D
B	2	6	7	A	F	3	6	8	16	B, C
C	3	4	6	A	G	1	6	6	E, F
D	6	12	14	A					

1. 计算每个活动的期望时间和方差。
2. 用关键路径法画出网络图。
3. 标出活动的最早开始时间、最早完成时间、最晚开始时间和最晚完成时间。
4. 找出关键路径。
5. 计算项目能在34周内完成的概率是多少?

解答

1.

活动	期望时间 $ET=\dfrac{a+4m+b}{6}$	活动方差 $\sigma^2=\left(\dfrac{b-a}{6}\right)^2$
A	4.00	1
B	5.50	0.694 4
C	4.17	0.250 0
D	11.33	1.777 8
E	6.50	2.250 0
F	9.00	2.777 8
G	4.50	0.694 4

2.

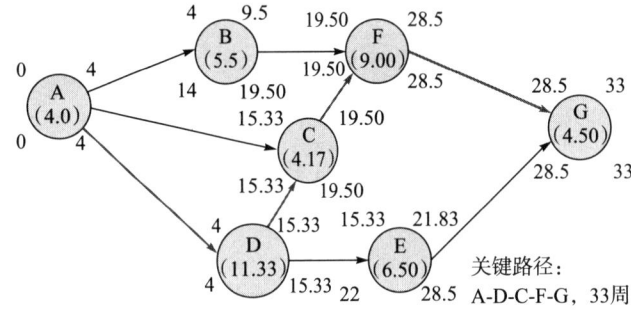

关键路径:A-D-C-F-G,33周

3. 见上图。
4. 见上图。

路径	时间(天)
A-B-F-G	23
A-D-C-F-G	33(关键路径)
A-D-E-G	26.33

5. $Z=\dfrac{D-T_E}{\sqrt{\sum\sigma_{cp}^2}}=\dfrac{34-33}{\sqrt{1+1.777\,8+0.25+2.777\,8+0.694\,4}}$

$=\dfrac{1}{2.549\,5}=0.392\,2$

根据附录G,大约有65%的概率在规定时间完成项目。

4-2 问题3

项目活动的逻辑顺序、完成该项目各活动的常规时间和赶工时间以及常规费用和赶工费用如下表所示。

活动	紧前活动	需要的时间（周）		费用（美元）	
		常规时间	赶工时间	常规费用	赶工费用
A	—	4	2	10 000	11 000
B	A	3	2	6 000	9 000
C	A	2	1	4 000	6 000
D	B	5	3	14 000	18 000
E	B, C	1	1	9 000	9 000
F	C	3	2	7 000	8 000
G	E, F	4	2	13 000	25 000
H	D, E	4	1	11 000	18 000
I	H, G	6	5	20 000	29 000

1. 找出关键路径，并计算项目完工时间。
2. 为了使项目工期缩短3周，应该压缩哪一个活动时间？最后项目的总费用是多少？

解答

构造的网络图如下图所示。

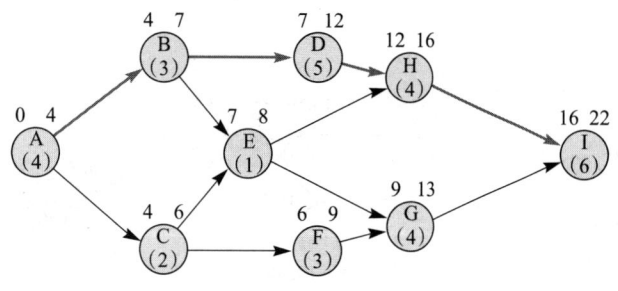

1.

路径	时间（周）	路径	时间（周）
A-B-D-H-I	22 关键路径	A-C-E-H-I	17
A-B-E-H-I	18	A-C-E-G-I	17
A-B-E-G-I	18	A-C-F-G-I	19

常规完工时间是22周。

2.

活动	常规时间	赶工时间	常规费用（美元）	赶工费用（美元）	每周费用（美元）	周数
A	4	2	10 000	11 000	500	2
B	3	2	6 000	9 000	3 000	1
C	2	1	4 000	6 000	2 000	1
D	5	3	14 000	18 000	2 000	2
E	1	1	9 000	9 000		0
F	3	2	7 000	8 000	1 000	1
G	4	2	13 000	25 000	6 000	2
H	4	1	11 000	18 000	2 333	3
I	6	5	20 000	29 000	9 000	1

（1）第1周：关键路径是A-B-D-H-I，费用最低的是A，为500美元。关键路径保持不变。

（2）第2周：A为500美元，仍旧是费用最低的。关键路径保持不变。

（3）第3周：因为A已经不能选择，接下来可以选择B（3 000美元）、D（2 000美元）、H（2 333美元）或I（9 000美元）。因此，选择D。

缩短3周的总的项目费用如下表所示。

（单位：美元）

A	11 000	F	7 000
B	6 000	G	13 000
C	4 000	H	11 000
D	16 000	I	20 000
E	9 000		97 000

4-3 问题4

现让你用挣值管理技术来计算某项目的成本绩效指标。项目到目前为止已进行了20天，下表总结出了项目目前的状况。

活动	预算（美元）	活动时间（天）	预计开始日期	预计完工日期	预计完工百分比	实际完工百分比	实际支出（美元）
启动	100 000	10	0	10	100%	100%	105 000
建造	325 000	14	8	22	12/14=85.714%	90%	280 000
完工	50 000	12	18	30	2/12=16.667%	25%	2 500

请计算出该项目的计划偏差、计划执行指标和成本执行指标。

解答

第一步：计算计划工作的预算成本。

启动活动的完工比例为100%，且我们已超过预计完工日期，所以这个活动的预算成本是100 000美元。

假设完成85.714%的建造活动的到期成本为278 571美元。

假设完成16.667%的完工活动的到期成本为8 333

美元。

计划工作的预算成本 = 100 000 + 278 571 + 8 333 = 386 904（美元）。

第二步：计算已完成工作的预算成本。

启动活动的完工比例为 100%，所以这个活动的预算成本是 100 000 美元。

建造活动实际已完成 90%，所以完成部分活动的成本为 325 000×0.9 = 292 500（美元）。

完工活动已完成 25%，所以成本为 50 000×0.25 = 12 500（美元）。

已完成工作的预算成本 = 100 000 + 292 500 + 12 500 = 405 000（美元）。

第三步：计算项目的实际成本为 105 000 + 292 500 + 2 500 = 387 500（美元）。

第四步：计算执行指标：

计划偏差 = 405 000 − 386 904 = 18 096（美元）

计划执行指标 = 405 000/386 904 = 1.05

成本执行指标 = 405 000/387 500 = 1.05

这个项目目前进展状况很好，因为其完成量超过计划且支出低于预算。

讨 论 题

4-1

1. 你所参加的最特别的项目是什么？请在该项目中举出下列定义的实例：工作分解结构、任务、子任务和工作包。你参加这个项目关键路径上的活动了吗？你们有一个优秀的项目经理吗？
2. 一些项目计划执行情况不佳的原因有哪些？

4-2

3. 为了应用关键路径法，一个项目必须要具备什么样的特征？哪一种类型的项目适合应用关键路径法来分析？
4. 最小费用计划的基本假定是什么？它们同现实相符吗？
5. 对这句话进行评论："关键路径是项目控制最应该关注的地方。"
6. 为什么政府项目的分包商希望他们的活动处于关键路径上？在什么样的条件下，他们会尽量避免在关键路径上？

4-3

7. 讨论图 4-9，假如你是项目经理，你还有其他想看的图表吗？
8. 为什么在项目管理中利用挣值管理是很重要的？将其与仅使用基线和现有计划的情况做比较。
9. 查看图 4-10 中的挣值管理图，是否还有其他方法可以用在项目管理中？有哪些可控的变动会影响跟踪成本？

4-4

10. 你认为在使用本章所介绍的项目管理软件的过程中，会有哪些障碍影响到使用的成功性和效率？

客 观 题

4-1

1. 根据变革的量可以将项目分成哪三类？
2. 根据变革的类型可以将项目分成哪四类？
3. 将下面的特征与项目团队组织结构匹配起来：

　　_____项目属于公司某个职能部门　　A 纯项目
　　_____项目管理者领导的是来自不同　　B 职能项目
　　　　　 职能部门的人员　　　　　　　 C 矩阵项目
　　_____员工属于一个专门的项目团队
　　_____项目成员向两个老板报告工作
　　_____团队荣誉、激励和认同感很高
　　_____团队成员可以从事多个项目
　　_____资源的重复利用性很小

4. 将一系列项目活动分配到单一的组织单元中，这被称作什么？

4-2

5. 下表所示的是要使用关键路径法的项目的部分活动。

活动	紧前活动	时间（周）	活动	紧前活动	时间（周）
A	—	6	E	B, D	4
B	A	3	F	D	3
C	A	7	G	E, F	7
D	C	2			

a. 画出网络图。
b. 关键路径是哪一条？
c. 完成这个项目需要多少周？
d. 活动 B 有多少松弛时间？

6. 用关键路径法为下面的活动制订计划。

活动	紧前活动	时间（周）	活动	紧前活动	时间（周）
A	—	1	E	C, D	5
B	A	4	F	D	2
C	A	3	G	F	2
D	B	2	H	E, G	3

a. 画出网络图。
b. 关键路径是哪一条？
c. 完成这个项目需要多少周？
d. 哪一个活动有松弛时间？松弛时间是多少？

7. 研发部正计划投标一个大型项目，为商用飞机开发一个新的通信系统。下表给出了项目要求的活动、时间及序列。

活动	紧前活动	时间（周）	活动	紧前活动	时间（周）
A	—	3	F	C, D	6
B	A	2	G	D, F	2
C	A	4	H	D	3
D	A	4	I	E, G, H	3
E	B	6			

a. 画出网络图。
b. 关键路径是哪一条？
c. 假如你想要尽可能地缩短完工时间，且你可以任意将活动B、C、D和G缩短一周时间，你将选择缩短哪一个活动？
d. 新的关键路径是哪一条？最早完工时间是多少？

8. 下表所示是计划使用关键路径法（CPM）来规划的某个项目。

活动	紧前活动	时间（天）		
		a	m	b
A	—	1	3	5
B	—	1	2	3
C	A	1	2	3
D	A	2	3	4
E	B	3	4	11
F	C, D	3	4	5
G	D, E	1	4	6
H	F, G	2	4	5

a. 画出网络图。
b. 找出关键路径。
c. 项目的期望完成时间是多少天？

d. 项目在16天内完成的概率是多少？

9. 已知下面这个项目在X周内完成的概率为82%，求X的值为多少？

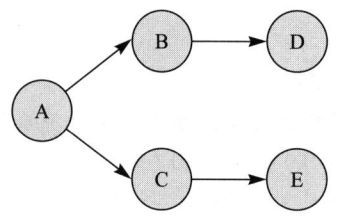

活动	最乐观时间	最可能时间	最悲观时间
A	2	5	11
B	3	3	3
C	1	3	5
D	6	8	10
E	4	7	10

10. 下表所示是一个项目的计划。

工作	紧前活动	时间（天）		
		a	m	b
1	—	2	3	4
2	1	1	2	3
3	1	4	5	12
4	1	3	4	11
5	2	1	3	5
6	3	1	2	3
7	4	1	8	9
8	5, 6	2	4	6
9	8	2	4	12
10	7	3	4	5
11	9, 10	5	7	8

a. 画出网络图。
b. 找出关键路径。
c. 项目的期望完成时间是多少？
d. 你可以选择下列任意一项操作，但必须增加额外费用1 500美元。
（1）工作5的时间减少2天。
（2）工作3的时间减少2天。
（3）工作7的时间减少2天。
　　假如项目每提前一天完工可以节省1 000美元。你会选择怎样做？
e. 项目超过30天才能完工的概率是多少？

11. 一项建筑工程被分解成了如下10个活动。

活动	紧前活动	时间（周）	活动	紧前活动	时间（周）
1	—	4	6	3	6
2	1	2	7	4	2
3	1	4	8	5	3
4	1	3	9	6, 7	5
5	2, 3	5	10	8, 9	7

a. 请画出该项目的网络图。

b. 找出关键路径。

c. 如果活动 1 和 10 不能压缩，但是活动 2~9 可以压缩一周，且每压缩一周的成本为 10 000 美元。如果要将整个项目缩短 4 周，你会压缩哪些活动？

12. 下图是应用关键路径法画出的网络图，且标出了活动时间（单位：周）。

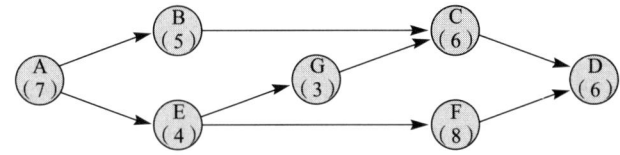

a. 找出关键路径。

b. 这个项目完工需要几周？

c. 假设 F 可以缩短 2 周、B 可以缩短 1 周。这对最终的项目完工时间有何影响？

13. 下图是一项工程的网络图，且标出了活动时间（单位：天）。

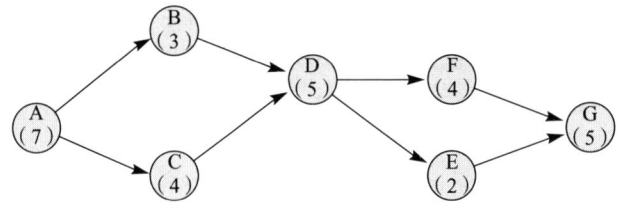

a. 找出关键路径。

b. 每个活动的常规时间、赶工时间及赶工费用，如下表所示。

活动	常规时间	赶工时间	常规费用（美元）	赶工费用（美元）
A	7	6	7 000	8 000
B	2	1	5 000	7 000
C	4	3	9 000	10 200
D	5	4	3 000	4 500
E	2	1	2 000	3 000
F	4	2	4 000	7 000
G	5	4	5 000	8 000

假如项目打算缩短 4 天时间，找出要缩短时间的活动并计算出最终费用。

14. 一家百货商场的会计部门每月要向商场的采购代理商提供库存报告，有关资料如下，请用关键路径法确定：

a. 整个过程所需的时间。

b. 在不影响后续工序最早开始时间的提前下，哪些工作可以延迟？

工作	工作描述	紧前活动	时间（小时）
a	开始	—	0
b	计算机打印出顾客购买情况	a	10
c	获得每月的库存记录	a	20
d	平衡订单和库存记录	b, c	30
e	部门总的库存记录	b, c	20
f	确定下一阶段的订货数量	e	40
g	为采购人员准备库存报告	d, f	20
h	结束	g	0

15. 网络图如下所示。

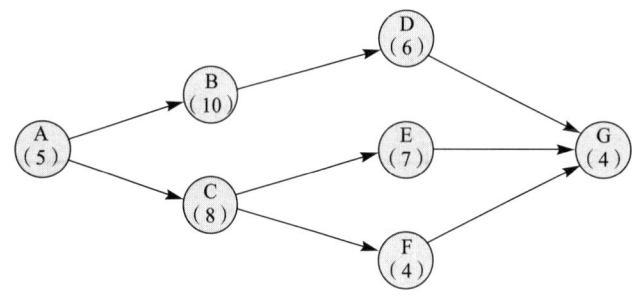

a. 确定关键路径和项目最早完工时间（单位：周）。

b. 数据如下表所示，要求项目完工时间缩短 3 周。假设成本增加与时间缩短之间呈线性关系，请逐步说明应该如何安排计划。

活动	常规时间（周）	常规费用（美元）	赶工时间（周）	赶工费用（美元）
A	5	7 000	3	13 000
B	10	12 000	7	18 000
C	8	5 000	7	7 000
D	6	4 000	5	5 000
E	7	3 000	6	6 000
F	4	6 000	3	7 000
G	4	7 000	3	9 000

16. 关键路径网络图已经估计出了每个活动所需的时间，以周为单位，如下图所示。

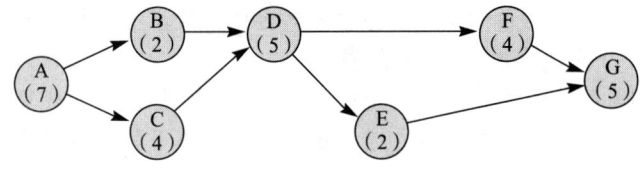

a. 确定关键路径。
b. 完成项目所需的时间。
c. 哪个活动存在松弛时间，松弛时间是多少？
d. 下表是常规和赶工的时间与费用。要求完工时间减少2周，则应该缩短哪些活动的时间？增加的费用是多少？关键路径是否有变化？

活动	常规时间（周）	赶工时间（周）	常规费用（美元）	赶工费用（美元）
A	7	6	7 000	8 000
B	3	2	5 000	7 000
C	4	3	9 000	10 200
D	5	4	3 000	4 500
E	2	1	2 000	3 000
F	4	2	4 000	7 000
G	5	4	5 000	8 000

17. Bragg 面包店正在 Sandusky 镇建立一家自动面包房，下面是建造面包房和安置机器所必需的活动。

活动	紧前活动	常规时间（周）	赶工时间（周）	赶工费用（美元）
A	—	9	6	3 000
B	A	8	5	3 500
C	A	15	10	4 000
D	B, C	5	3	2 000
E	C	10	6	2 500
F	D, E	2	1	5 000

a. 绘制网络图。
b. 在常规时间下，项目完工所需时间是多少？
c. 如果所有的活动都赶工至最短时间，项目完工所需时间是多少？
d. 面包房若一周不营业，则损失利润3 500美元。因此希望赶工费用超过每周3 500美元时就停止赶工，这时项目完工需花费多少周的时间？

18. 假设某项目网络图和数据如下表所示。
   a. 绘制网络图。
   b. 在常规时间下，确定关键路径。
   c. 根据每一个活动的费用计算出在某项目周期内完成项目的最小总费用。分别考虑项目周期为13、14、15、16、17和18周的情况。

活动	常规时间（周）	常规费用（美元）	赶工时间（周）	赶工费用（美元）	紧前活动
A	2	50	1	70	—
B	4	80	2	160	A
C	8	70	4	110	A
D	6	60	5	80	A
E	7	100	6	130	B
F	4	40	3	100	D
G	5	100	4	150	C, E, F

d. 如果在每一个项目周期中，间接成本分别为400美元（18周）、350美元（17周）、300美元（16周）、250美元（15周）、200美元（14周）和150美元（13周），计算每一种情况下的项目成本。计算出成本最少的项目周期。

4-3

19. 假设你的一个计划为40天的慈善捐赠项目现在已进行到第30天了。该项目包括三个活动。第一个活动是筹集个人捐赠，这个活动的计划时间为项目的前25天，计划筹集金额为25 000美元。尽管项目已经进行了30天，但是这一部分的活动只完成了90%。第二个活动是企业捐赠，这个活动计划的时间为项目的第5～35天，共30天。预计该活动目前应完成83%（=25/30），但实际上只完成了50%。这一部分活动计划筹集捐款金额为150 000美元。最后一个活动是筹集配对基金。这个活动的计划时间为项目的最后10天，目前尚未开始。这个活动预计筹集捐款金额为50 000美元。到目前为止，项目实际筹集资金为175 000美元。

请计算出计划偏差、计划执行指标和成本（这里为实际成本）执行指标。请问这个项目进展如何？提示：本案例用于衡量项目进展的是收入而非成本。请仔细分析各个指标的含义。

20. 一项造桥项目似乎进行得十分顺利，因为项目计划合理，成本看起来很低。主要的项目里程碑是前两个活动，且已经全部完工，而第三个活动也已完成60%。计划人员原计划这个时间点第三个活动只应完成50%。第一个活动是大桥的选址，该活动原计划要支出1 420 000美元，而完成时只用了1 300 000美元。第二个活动是注入水泥，这个活动的预计成本为10 500 000美元，而实际成本只有9 000 000美元。第三个活动是完成桥跨结构部分，这个活动总预算成本为8 500 000美元，到目前为止一共支出 5 000 000 美元。

请计算出计划偏差、计划执行指标和成本执行指标,并评价该项目进展如何。

4-4

21. 在项目管理信息系统中可以用哪种方法解决过量分配的问题?

22. 最主要且广泛应用于大型项目管理的项目管理信息系统是哪个?

23. 为了更容易地看到两者的偏差,可以将实际计划与基准计划并排绘于哪种图上?

案例分析　产品设计项目

假设你在诺基亚公司的全球手机中心工作,而且你是新款手机设计的项目经理。你针对上级已给出的项目范围做了工作分解结构(WBS),并列出了项目主要涉及的一些活动。你必须针对项目做出计划,并估算出项目的持续时间和预计成本。你的老板希望你在明天早上就把项目计划和成本预算送到他的桌上。

假定你手上有的信息如表4-4所示,包括项目中所有涉及的活动及相应的活动时间。另外,活动之间的关联关系也已给出。记住,有紧前活动的工作必须等前面的活动全部完成后才能开始。

表 4-4　手机设计项目中的工作分解结构和活动

主要项目任务/活动		活动标识	紧前活动	持续时间(周)
产品规范(P)	市场调研	P1	—	2
	整个产品说明	P2	P1	4
	硬件技术规范	P3	P2	5
	软件技术规范	P4	P3	5
供应商规范(S)	硬件	S1	P4	5
	软件	S2	P4	6
产品设计(D)	电池	D1	S1	1
	显示屏	D2	S1	2
	摄像头	D3	S1	1
	手机外壳	D4	D1、D2、D3	4
产品整合(I)	硬件	I1	D4	3
	用户界面	I2	D2	4
	软件编码	I3	I2	4
	样机测试	I4	I1、I3	4
外包(V)	供应商选择	V1	S1、S2	10
	合同谈判	V2	I4、V1	2

你的项目被划分为5项主要任务。任务P为列出新手机的技术规范,包括电池寿命、手机大小等需要决定的产品规范。这些都取决于用户使用手机的方式。用户使用规范实际上对供应商有意义,他们才是新手机的制造者,也就是任务S,供应商规范包括产品表现方面的详细设计。

组成产品的各个部件的制造集中在任务D。任务I整合所有部件以制成模型并进行测试。

最后,任务V是供应商选择以及相关合同的谈判。

1. 请画出包含所有活动的项目网络图。
2. 计算各个活动的开始时间和完成时间,找出项目完成所需的最短时间,并找出该项目在最短时间完成时的关键活动。
3. 计算不在关键路径上的活动的松弛时间。
4. 你的老板希望你能够研究如果做出以下两个调整,会对项目有哪些影响。第一个调整是利用专门的团队负责每个子项目相应的活动。比如,在子项目P(产品规范),团队同时并发进行P1、P2、P3和P4的活动。换言之,在子项目中,任务没有优先的顺序关系,子项目中的所有任务同时并发进行,每项任务都要消耗预先设定的时间。在这一新的设计中,所有子项目都必须在P完成之后才可以进行,然后是子项目S、D、I,最后是V。如果这样进行调整,那么会对项目完成时间有什么影响?

5.你的老板希望你考虑的第二个调整是在子项目P中选择供应商,让他们与问题4中专门的团队一起工作。这样会在子项目P中增加一个活动,即供应商选择和合同协商(P5),时间长度为12周。这项活动与P1、P2、P3和P4一同进行则可以去除子项目S和V。如果这样进行调整,那么会对项目完成时间有什么影响?

6.评估一下做出这些调整会对项目完成时间以及其他方面有哪些影响?你觉得对诺基亚来说,在这个项目和未来手机设计项目上做这些调整是否有意义?

练习测试

写出以下每个语句定义的术语,答案见底部。

1. 由一个独立的项目小组负责这种项目的全部工作。
2. 项目中的一个特殊事件,标志着项目完成中的重要进展。
3. 这个概念定义的项目层次包括项目任务、子任务以及工作包。
4. 组成项目的各个工作部分,需要花时间完成。
5. 一个能包含项目中的活动以及活动之间次序的图表。
6. 这是一连串的活动,形成了完成项目花费时间最长的一条路径。
7. 最早开始时间和最晚开始时间之间的差值。
8. 这种方法用任务时间的概率来计划活动。
9. 通过权衡时间与成本来减少项目完成时间的步骤。
10. 在采用关键路径法时,这是一个与完成活动所需资源相关的关键假设。

> 答案:1.纯项目 2.项目里程碑 3.工作分解结构 4.活动 5.井络图 6.关键路径 7.松弛时间 8.计划评估方法(PERT) 9.赶工 10.项目资源是可重新获取

第 5 章

战略能力管理

学习目标

5-1 了解什么是能力管理以及为什么它在战略中很重要;
5-2 举例说明如何规划能力;
5-3 利用决策树来评估备选能力方案;
5-4 描述制造型企业和服务型企业在能力规划上的区别。

引导案例

钢铁制造的规模经济

Eleonora Maersk 号船,长约 400 米,是丹麦 A. P. Moller-Maersk 集团运营的 E 系列集装箱船之一。这些船只可以装载 7 500 个 40 英尺的集装箱。因为每一个集装箱都可容纳 70 000 件 T 恤,所以在中国制造的 T 恤仅以 2.5 美分的费用运输到荷兰。

这些大型船只以及目前正在运输使用的更大型船只可以让货物以非常低的成本运往世界各地。当然,唯一的缺点是这些船只在将货物从中国、印度和印度尼西亚等国家的工厂运往美国、加拿大、澳大利亚与西欧的大型消费市场时需要较长的时间。

Eleonora Maersk 号船正离开鹿特丹港。三"E"(规模经济、效率、环境)船只为规模、燃料、成本和减少二氧化碳排放制定了新的标准。这一新船只的运载能力达到 18 000 个标准集装箱,超过了世界上最大的集装箱货运船的运载能力——Maersk Line 的货运能力为 15 550 个标准集装箱。

5.1 运营与供应链管理中的能力管理

能力一词在词典中的定义是:"持有、获取、储存或调整的条件。"在一般的业务中,能力最常被看作在某个时期内,一个系统所能获得的产出量。在服务业中,能力可能是正午 12 点到下午 1 点能够接待的顾客数。在制造业中,这可能是一个班次所能生产的汽车量。

在考虑能力时,运营经理需要同时考虑资源的输入和产品的产出。在计划中,实际(或有效)能力取决于企业要生产什么。例如,对于一家生产多种产品的企业而言,同样的资源输入水平,总会不可避免地出现一种产品产量比另一种产品多的情况。因此，当一个汽车制造商的经理说设备的产能是每年 6 000 个生产小时的时候，他们还可以说这些时间可以生产 150 000 个双门车型或是 120 000 个四门车型（或者是双门和四门车型混合的一个数）。这可以反映出他们对目前技术、劳动力输入以及由资源决定的产品组合产出的认识。

许多行业用**产出**（outputs）来衡量和表示它们的能力大小，而某些行业产品结构很不确定，因此常用**输入**（inputs）来衡量能力大小。比如，医院的能力用床位来表示，这是因为患者数量和服务类型是与患者的实际需求有关的。

从运营经理的角度来看，能力的时间维度也是一个重要方面。也就是说，能力还取决于不同的时期。这一点可以从公司在做长期、中期和短期能力规划时的差异体现出来。

一般从三个时间段来做能力规划：

- 长期：超过 1 年。包括那些需要很长时间获得或处理的生产资源（比如建筑、设备或设施）。长期能力规划需要高层管理人员的参与和批准。
- 中期：为接下来 6～18 个月做出的月度或季度计划。这里，能力可能因雇用、解雇、新添工具、减少设备采购和外包的变化而不同。
- 短期：少于 1 个月。短期计划与每日或每周的安排结合紧密，且需要为消除实际产出与计划产出之间的差异做出调整。可用的调整方法包括加班、人员调动以及生产程序的变动。

本章主要讨论与长期决策相关的能力规划。这涉及资本密集型的物品采购，如建筑、设备和其他资产。中期能力与运营规划决策相关，我们将在第 19 章中讨论这一问题。本书将在不同章节介绍短期能力计划的内容：第 7 章的制造能力计划、第 9 章的服务能力计划、第 21 章的物料需求计划。

虽然还没有职位叫作"能力经理"，但是许多管理类职位都要求有效地运用能力。能力是一个相对概念；在运营管理的理解中，它可以定义为"在特定时期内，为达到一定产出所需要的资源输入"。

战略能力规划（strategic capacity planning）的目标是为资金密集型资源，如基础设施、设备和所有劳动力等整体能力水平的决策提供方法，从而对公司的长期竞争战略提供最佳支持。能力水平的选择对公司的反应速度、成本结构、库存策略、管理和需求等有着关键性的影响。如果能力缺乏，则企业会因服务速度慢或者竞争者的进入而失去顾客。如果能力过剩，公司则需要通过降价来刺激需求，而且不能充分利用劳动力，甚至要增加盈利性较差的产品来维持业务。

5.1.1 能力规划的概念

能力（capacity）指的是可以达到的产出率，比如我们可以说每天生产 480 辆汽车，而不必说可以维持这种产出率多久。这样，我们就不知道每天生产 480 辆汽车是一天的最大产量还是半年的平均产量。为了避免出现这一问题，可以使用**最佳运营水平**（best operating level）这个概念。这是生产流程所实现的能力水平，这时的平均单位成本最低。这个最小值的设定有一定难度，因为它需要综合考虑之前固定成本的摊销以及加班费、设备折旧、次品率和其他成本。

一个重要的测量方法是**能力利用率**（capacity utilization rate），它反映了一家企业与其最佳运营水平的接近程度。

$$能力利用率 = \frac{已利用的生产能力}{最佳运营水平} \tag{5-1}$$

$$能力利用率 = \frac{480}{500} = 0.96 \text{ 或 } 96\%$$

能力利用率用百分数表示，且分子和分母需要用同样的单位和时间段（比如每天的机器小时数、每天的桶数、每天的美元产出额）。

5.1.2 规模经济与规模不经济

规模经济（economies scale）的基本含义是随着工厂扩大、产量上升，单位产品的平均成本逐渐下降。这其中有一部分得益于运营成本和资金成本的降低，因为同样的设备要扩大 1 倍能力所需要的购买或运营成本并不会扩大 1 倍。通过信息技术、物料处理以及管理方面的改进，当工厂大到可以充分利用已有资源（人力和设备）时，工厂也能得到效率的提高。

在有些时候，一个工厂的规模过大就会有**规模不经济**（diseconomies scale）的问题。规模不经济可以通过多种方式体现出来。比如说，为了让大型设备持续运作，就可能需要给出较多的商品折扣，这是美国汽车生产商一直以来需要面对的问题。还有一个典型的例子就是在少数大型设备的使用方面，运营这一类设备的关键就是使停机时间最少。举个例子，M&M 巧克力公司使用的是高自动化、高产量的设备进行 M&M 巧克力豆的生产，一条包装线上每个小时就能传送 260 万个巧克力豆，尽管设备运行的直接人力成本很低，但是需要进行维护的人力成本很高。

在许多情况下，影响一个工厂规模的因素不只是内部的设备、劳动力及其他资本支出。还有一个可能的主要因素是原材料和产成品在工厂运进运出的成本。例如，一家水泥厂可能需要在不同的时间，而不是一天的某几个小时为顾客提供服务。类似地，像福特、本田、日产和丰田这些汽车公司也发现了在特定国际市场中建立工厂的优势，这些目标市场的预计规模会在很大程度上影响工厂的规模和产能。

M & M 的生产

注：M & M'S® 是 MARS, INCORPORATED 的注册商标。本商标和拍摄 M & M'S® 巧克力豆的照片均已获得许可使用。MARS, INCORPORATED 与麦格劳 - 希尔无关。

最近，豪华车制造商捷豹意识到它的工厂过多。捷豹在 3 个工厂共聘用了 8 560 名工人，总共生产 126 122 辆汽车，平均每名工人 15 辆。而沃尔沃在瑞典托斯兰达的工厂则有着两倍多的生产效率，只用 5 472 名工人生产了 158 466 辆汽车，或者说平均每名工人 29 辆汽车。进一步比较，宝马公司在英国的一家工厂只用 4 500 名工人生产了 174 000 辆 Mini 车（平均每名工人 39 辆）。

5.1.3 生产能力中心

焦点工厂（focused factory）的概念认为当生产设施聚焦于某几个有限的生产目标时可以表现得更好。这意味着，企业不可能希望自己在生产领域的各个方面（如成本、质量、交付速度与可靠性、生产柔性等）都非常完美，达到最佳水平。相反，企业更应当有选择地在有限的几个方面集中发展，从而为实现公司的总体目标做出最大的贡献。典型的焦点工厂只生产某一种产品或者相关的产品组。焦点工厂的能力只会专注于这些特定产品的生产。

生产能力中心的概念可以用**厂中厂**（plant within a plant，PWP）的形式来描述。一个焦点工厂（见图 5-1）可以有多个 PWP，每个 PWP 都有各自独立的机构、设备、流程策略、人员管理方法、生产控制方法以及不同的产品，即使这些产品都是在同一个屋檐下生产的。这就使得各机构的部门能找出最佳的运营水平，从而使关注的焦点具体到运营水平上。

5.1.4 生产能力柔性

生产能力柔性（capacity flexibility）是指（企业）具有迅速提高或降低生产水平，或者迅速地将生产能力从一种产品（服务）转移到另一种产品（服务）的能力。实现生产能力柔性的途径主要有：柔性工厂、柔性生产过程、柔性操作工人以及调用其他部门能力的柔性策略。在供应链的设计中，公司越来越多地运用柔性的思想。通过与供应商的合作，企业可以在整个生产系统内对能力进行控制。

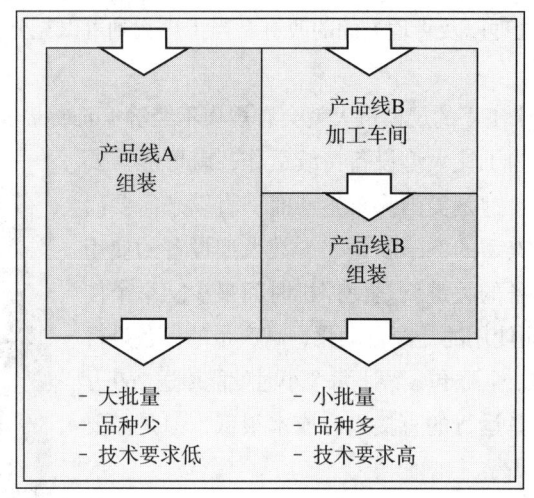

公司要生产两种不同的产品：产品A是量大且标准化的产品（制造过程无差异），产品B低产量并且依据订单个性化制造；这家工厂被分成三个独立运作的区域；组装线A是用来生产A的高产量的组装线，加工车间B是用来生产产品B所需要的零部件的地方，组装线B根据顾客订单对产品B进行组装；"厂中厂"的设计要比所有产品在一个产品线上生产更有效率

图 5-1　焦点工厂：厂中厂

1. 柔性工厂

柔性工厂的最佳形式是"零时转换工厂"，在那里，有可自由移动的机器设备、易拆装的隔墙以及随时可以获得并且便于重新组合的生产工具，从而使工厂能对变化迅速做出响应。如同服务机构可以很好地把握顾客口味的变化一样，柔性工厂也可以灵活拆卸组装及移动机器设备，就像过去用帐篷的马戏团时代的巴纳姆 & 贝利马戏团（Barnum and Bailey Circus）和灵林兄弟（Ringling Bros.）。

2. 柔性生产过程

柔性的生产制造系统再加上易拆装的机器设备，就构成了柔性生产过程。通过这些技术，工厂可以迅速且低费用地在不同种类的产品间转换生产。这样也就实现了人们所说的范围经济性，**范围经济性**（economies of scope）是指多种产品在一起混合生产时耗费的成本低于单独生产这些产品时的成本。

3. 柔性操作工人

柔性操作工人需要掌握多种技能，以便随时从一个工种转换到另一个工种。他们不再是某项专业工人，而是经过多种培训的工人。同时，还需要有主管人员和其他职员来灵活配合柔性操作工人的工作。

5.2　能力规划

5.2.1　能力变动考虑

许多问题都要考虑到能力的扩大或缩减，其中三个重要的问题是：维持系统平衡、能力变动的频率和外部能力的利用。

1. 维持系统平衡

在一个处于最佳平衡状态的工厂中，第一阶段的输出就是第二阶段的输入，第二阶段的输出则是第三阶段的输入，依此类推。然而在实践中，这样一种"最佳"的设计一般不重要也不需要，其中一个原因就是各个阶段的最佳运营水平是不同的。比如说，部门 1 可能在每个月 90～110 个单位的区间上效率最高，然而在下个阶段部门 2 和部门 3 则可能分别在每个月 75～85 个单位、150～200 个单位的区间上效率最高。还有一个原因就是产品需求以及过程的变动性都会破坏平衡。

有几种应对不平衡的方法。第一个办法是提高瓶颈上的能力，这可以通过加班、设备租赁、能力外包等暂时性措施来实现。第二个方法是在瓶颈过程前设置缓冲库存，以确保瓶颈一直保持工作状态。第三个方法是将一个部门的设施复制或添至另一个独立的部门。所有这些办法正越来越多地被运用到供应链的设计中，供给规划也能帮助供应商合作伙伴和客户降低不稳定性。

2. 能力变动的频率

企业在扩大能力的同时需要考虑两类成本：升级过于频繁产生的成本和升级过少产生的成本。频繁的能力升级的花费是很高的，直接成本包括旧设备的处理和针对新设备进行的员工培训，还有新设备的购买价格一般都高于老设备。最后，还有变动时工厂或服务设施的闲置成本。

另外，能力升级过少也会带来高成本。能力扩张的缺乏意味着需要大量购入能力。任何购买的而没有被利用的多余能力都可认为是间接成本（图 5-2 比较了能力升级过于频繁与不频繁两种情况）。

3. 外部运营与供应能力

在某些情况下，与采用外包能力相比，或许不增添任何能力更为经济。企业用得较多的两种方法是外包和能力共享。戴尔计算机运用中国企业来组装笔记本电脑就是外包的一个例子。能力共享的例子是国内两家航空公司在不同需求季节有不同的飞行航线，当一家航空公司的航线任务繁重而另一家相反时，则会进行飞机互换（相应地改变喷漆）。一个新的融合方式是共享航线——使用相同的航班号，即使相同航线上的航空公司发生改变。外包在第 16 章中有深入讨论。

4. 能力缩减

尽管我们一般想到的是能力的扩大，但是因需求下降而引起的能力缩减也是企业需要考虑的重要问题。像安排更少的工作时间或部分时间停产都是用得比较多的临时性策略。能力永久性的缩减一般要求改变设备规模，甚至有可能要处理掉整套设施。

图为工人在纬创资通集团工厂的戴尔笔记本生产线上生产计算机，纬创资通集团是戴尔和联想的主要合作伙伴，位于中国四川成都。

图 5-2 能力升级频率

5.2.2 需求能力设定

在设定能力需求时，我们必须考虑到单个产品线的需求、单个工厂的能力以及整个工厂网络的生产配置。通常依据下列步骤进行操作：

（1）运用预测技术（见第 18 章）来预计各个产品线上产品的销量。

（2）计算要满足各产品线的预测所需要的设备和劳动力。

（3）在计划期内进行劳动力和设备的配置。

接下来企业通常会对预计需求和实际能力之间的缓冲能力做出考虑。**缓冲能力**（capacity cushion）是指能力超过实际需求的部分。比如说，如果实际年度需求为1 000万美元的产品，而设计能力是每年1 200万美元，那么缓冲能力就是20%。20%的缓冲能力代表着83%（=100%/120%）的利用率。

当企业的设计能力不足以满足实际需求时，就可以说缓冲能力为负。举例来说，如果一家企业的年需求为1 200万美元的产品，而每年只能生产1 000万美元，那么缓冲能力为 –16.7%。

下面我们把这三个步骤应用到例题中。

例5-1 需求能力设定

斯图尔特公司生产两种不同口味的沙拉酱：保罗牌和纽曼牌。每种沙拉酱都有瓶装和塑料袋包装。管理人员想要算出未来5年公司对设备和劳动力的需求情况。这两种口味的需求和包装选择如下表所示。公司有3台每年可包装150 000件瓶装产品的机器（每台机器有2名操作人员），还有5台进行塑料包装的机器（每台机器有3名操作人员），每年可包装250 000袋产品。这些能力设定已根据预期的停机时间和质量问题进行了调整。公司有足够的包装能力来满足未来市场需求吗？

	年份				
	1	2	3	4	5
保罗牌					
瓶装（千）	60	100	150	200	250
袋装（千）	100	200	300	400	500
纽曼牌					
瓶装（千）	75	85	95	97	98
袋装（千）	200	400	600	650	680

解答

第一步：利用预测技术来预计每类产品线上各种产品的销量。市场部正在筹办纽曼沙拉酱的促销活动，部门用表格给出未来5年预计的需求量（单位为千）。促销活动估计持续两年。

第二步：计算满足需求所需的设备和劳动力。现有的3台机器每年至多可以包装瓶装产品150 000件。每台机器都需要2名操作人员，可以包装瓶装的纽曼牌沙拉酱和保罗牌沙拉酱。目前可用的瓶装机器操作人员有6名。另外还有5台进行塑料包装的机器，每年至多可以包装250 000袋产品。每台这样的机器需要3名操作人员，可以进行纽曼牌和保罗牌沙拉酱的塑料包装。目前，可用的袋装机器操作人员有15名。

我们可以通过增加的瓶装和袋装沙拉酱的年需求以及根据上表计算总产品线预测，如下表所示。

	年份				
	1	2	3	4	5
瓶装（千）	135	185	245	297	348
袋装（千）	300	600	900	1 050	1 180

现在，我们可以计算出今年（第1年）所需要的设备和劳动力。因为全部可用的瓶装包装能力是每年450 000件（3台机器×每台150 000件），我们今年的可用能力是135 000/450 000=0.3或0.3×3=0.9台机器。同样地，今年袋装可用能力是300 000/1 250 000=0.24或0.24×5=1.2台机器。为满足需求所需要的总人数由瓶装机器和袋装机器所需要的人员组成。

第1年瓶装操作所需要的劳动力为：

0.9台瓶装机器 ×2人=1.8（人）

1.2台袋装机器 ×3人=3.6（人）

第三步：在整个计划的年份内计算所需的劳动力和设备。用上述办法来计算剩余年份的数据，如下表所示。

	年份				
	1	2	3	4	5
袋装包装操作					
能力利用率	30%	41%	54.4%	66%	77.3%
设备需求	0.9	1.23	1.63	1.98	2.32
劳动力需求	1.8	2.46	3.26	3.96	4.64
瓶装包装操作					
能力利用率	24%	48%	72%	84%	94%
设备需求	1.2	2.4	3.6	4.2	4.7
劳动力需求	3.6	7.2	10.8	12.6	14.1

相对于机器的可用性，各年份的缓冲能力均为正，因为两种操作的可用能力总是超过预期需求。斯图尔特公司现在可以开始为两条生产线制订中期销售与运营计划。该运营计划需要解决这些机器在实际生产过程中如何根据每周和每月的时间间隔使用加班或多班制的问题。

5.3 决策树在能力方案评价中的应用

解决能力问题的一个简便方法是决策树。这种形式不仅可以帮助企业理解问题，而且有助于找到解决方案。决策树是一种简明的图形，它按顺序列出问题的步骤、条件以及各步骤的结果。近年来出现了一些支持决策树创建和分析的商业软件包，这些软件包使得过程分析更加快捷和简单。

决策树由决策节点以及与其相连的分枝组成。通常用正方形代表决策点，圆圈代表随机事件。从决策点延伸出来的分支代表可供决策者选择的方案，从随机事件延伸出来的分支代表发生的可能性。

在解决决策树的问题时，我们从树的末端倒推至树的开始端。我们在回溯的过程中，还需要算出每一步的期望值。在计算期望值时应注意，如果时间跨度很长，货币的时间价值也是个重要因素。

计算完毕后，要对树进行修剪：从各决策点开始，除去具有最高收益的所有分枝。这个步骤一直重复到第一个决策点，这时候决策问题就解决了。

下面我们举一个能力计划的例子：黑客计算机商店（Hackers Computer Store）。

例 5-2 决策树

黑客计算机商店的店主正在考虑未来 5 年的商业计划。过去几年的销售情况良好，如果在其所在地区创建一家有重大影响的电子公司，将会使销售得到明显增长。目前店主有 3 个可选方案。第一个选择是扩大现有店面的规模，第二个选择是重新选址，第三个选择就是暂不行动。扩张或搬迁新地址的过程将花费很少的时间，因此，商店不会失去收入。如果第一年在暂不行动的情况下销售出现强劲增长，则扩张的选择会被重新考虑。如果超过一年不行动，竞争者就会进入并使得扩张变得不再可能。

给出下列假设条件：
1. 由新建的电子公司带来的计算机爱好者引起销售强劲增长的可能性为 55%。
2. 由新公司引起的强劲增长每年会带来 19 5000 美元的收益；如果销售增长不佳，则每年只有 115 000 美元的收益。
3. 由扩张引起的强劲增长每年会带来 190 000 美元的收益；如果销售增长不佳，则每年只有 100 000 美元的收益。
4. 在暂不行动的情况下，强劲的销售增长会带来 170 000 美元的收益，而增长不佳则只有 105 000 美元的收益。
5. 在现有店址上扩张需要支出 87 000 美元。
6. 搬迁新址需要支出 210 000 美元。
7. 如果销售增长强劲，第二年在现有店址上扩张的成本仍为 87 000 美元。

8. 每种情况下的运营成本都一样。

解答

我们建立一个决策树,以为店主做出最佳决策提供参考。图 5-3 给出了这个问题的决策树。其中,决策点(用方形节点标注)有 2 个,可能发生的事件(圆点标注)有 3 个。

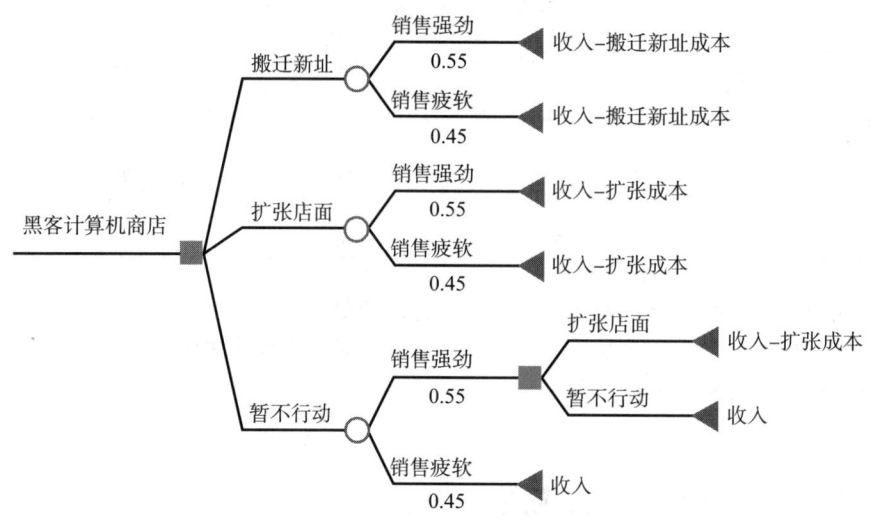

图 5-3 黑客计算机商店问题的决策树

每个方案下可能的产出值在图 5-4 的右端标出,其计算过程如下。

(单位:美元)

方案	收入	成本	净值
搬新址,销售强劲	195 000×5	210 000	765 000
搬新址,销售疲软	115 000×5	210 000	365 000
扩张店面,销售强劲	190 000×5	87 000	863 000
扩张店面,销售疲软	100 000×5	87 000	413 000
暂不行动,销售强劲,下年扩张	170 000×1 + 190 000×4	87 000	843 000
暂不行动,销售强劲,下年不扩张	170 000×5	0	850 000
暂不行动,销售疲软	105 000×5	0	525 000

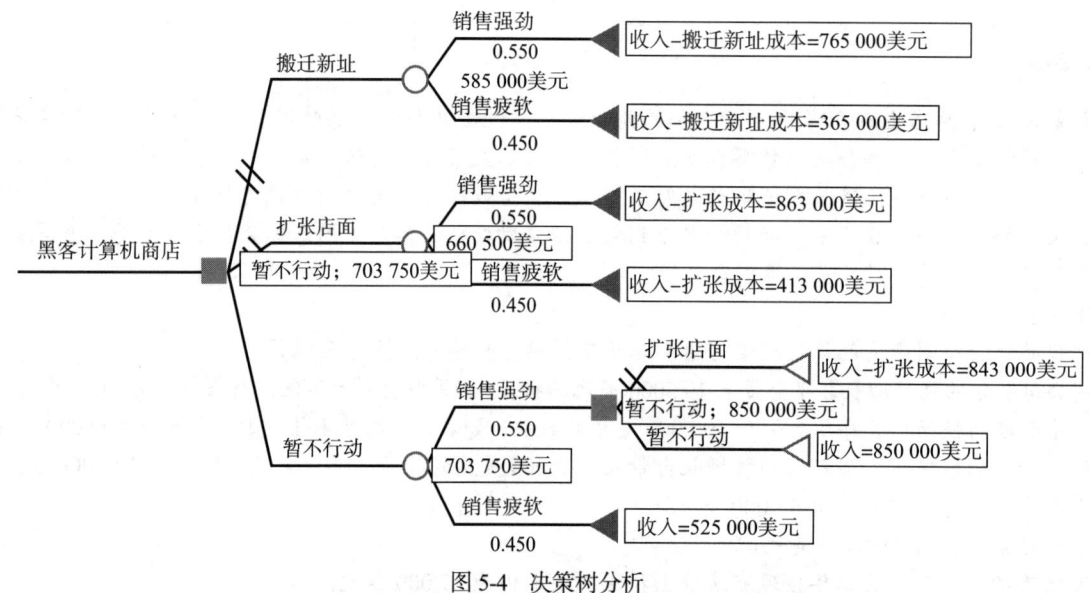

图 5-4 决策树分析

从最右端的方案开始，也就是扩张与否的决策，我们会发现暂不行动这个选择的产出值要比扩张方案的产出值高。因此我们删掉第二年进行扩张这一选项。这就意味着如果第一年我们暂不行动而第二年销售出现强劲增长，那么第二年仍不需要进行扩张。

下面，我们计算当前决策方案的期望值。只需简单地将发生的概率和相应的产出值相乘，然后相加。搬迁新址方案、扩张方案和暂不行动方案的期望值分别为 585 000 美元、660 500 美元和 703 750 美元。我们的分析说明最佳的选择就是暂不行动（今年和明年都不行动）！

因为时间跨度为 5 年，因此在计算时收入和成本的时间价值可能会有影响。我们假定利率为 16%，第一个选择（现在搬迁新址，增长强劲）产出值的折现值为 428 487 美元（= 195 000×3.274 293 654）减去成本 210 000 美元。图 5-5 给出的分析考虑了折现。具体的计算过程如下所示，可以在附录 E 的现值表中查找折现系数。为了使我们的计算与 Excel 的计算一致，我们使用 10 位精度的折现系数。稍微有点麻烦的是第一年暂不行动、第二年进行扩张下收入的计算。在这种情况下，第一年的收入是 170 000 美元，后面 4 年的收入为 190 000 美元。第一部分的计算（170 000×0.862 068 966）折现到第一年收入折现的现值；第二部分的计算（190 000×2.798 180 638）后 4 年折现到第二年年初，然后计算这 4 年收入的现值。

（单位：美元）

方案	收入	成本	净值
搬新址，销售强劲	195 000 × 3.274 293 654	210 000	428 487
搬新址，销售疲软	115 000 × 3.274 293 654	210 000	166 544
扩张店面，销售强劲	190 000 × 3.274 293 654	87 000	535 116
扩张店面，销售疲软	100 000 × 3.274 293 654	87 000	240 429
暂不行动，销售强劲，下年扩张	170 000 × 0.862 068 966 + 190 000 × 2.798 180 638 × 0.862 068 966	87 000 × 0.862 068 966	529 874
暂不行动，销售强劲，下年不扩张	170 000 × 3.274 293 654	0	556 630
暂不行动，销售疲软	105 000 × 3.274 93 654	0	343 801

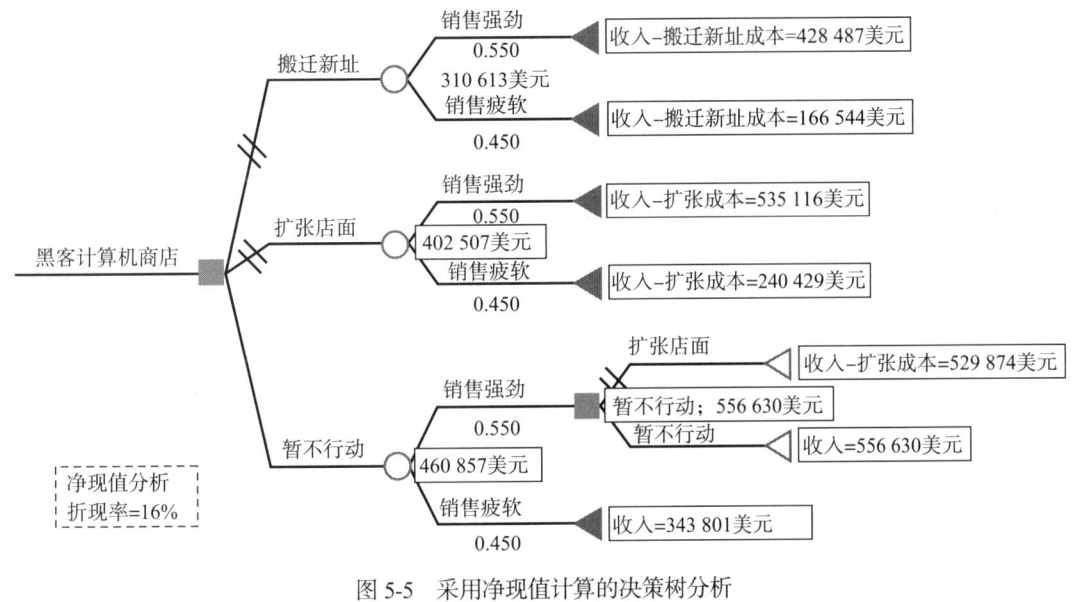

图 5-5 采用净现值计算的决策树分析

5.4 服务能力规划

5.4.1 服务能力规划与生产能力规划比较

尽管在许多相同的问题上，服务能力规划使用的是与生产能力规划相同的方法，设施规模问题的解决方案也大同小异，但它们还是有一些重要的区别。服务能力更依赖于时间和选址，更容易受到需求变动的影响，而利用率会直接影响服务质量。

1. 时间

与产品不同，服务不能被储存以留作后续使用。正因为如此，服务业的管理者必须将时间看作一种供给，当一项能力被需要的时候，必须有空闲才能提供服务，比如说，前一趟不满而这一趟满员的航班是不能再给顾客提供座位的，而顾客也不能预订某个特定日期航班的一个座位，然后带回家晚点使用。

2. 选址

在面对面的服务模式下，服务能力必须靠近顾客。在制造业中，生产在一个地方进行，然后产品会交付到顾客手中，然而服务业恰恰相反，提供服务的能力必须先送到顾客处（要么是物理形态的，要么是通过一些沟通媒介，比如电话），然后才能提供服务。在另外一个城市的酒店或出租车对顾客来说是没有用的——它必须出现在顾客需要的时候、所在的地方。

3. 需求波动性

> **关键思想**
> 一般来说，工厂可以比呼叫中心等服务设施有高得多的能力利用率。需求可预测性差的公司需要较低的能力利用率以获得良好的服务。

服务系统面对的需求波动性要比制造业面对的波动性高得多的原因有三个。第一个原因是，就像前面提到的，服务不能储存，这意味着不能像制造业那样用库存来平衡需求的变动。第二个原因是顾客与系统直接进行互动，而且这些顾客的需求一般都不一样，这就使得服务过程经历不同负荷，甚至服务交互的次数也可能不同，这造成每个顾客的处理时间有很大的波动，从而造成所需最小能力的更大变动。第三个原因是服务需求的波动性直接受到顾客行为的影响。小到天气，大到国家事件，这些对顾客行为造成影响的事件就会直接影响到不同服务的需求。在寒假的时候去你学校附近的餐厅看一看，那里很有可能就是空的。这类行为的影响还可以出现在更短的时间间隔内，比如快餐店的窗口会在午饭时间出现高峰。由于这种波动性的存在，服务能力的计划周期可以短到 10～30 分钟，而制造业中一般以一周作为计划周期。

5.4.2 能力利用率和服务质量

服务能力规划的水平必须考虑到每天服务利用率与服务质量的关系。图 5-6 描绘的是排队模型（到达率和服务率）下的一种服务情形。到达率指的是在给定的一段时间内，到达服务区的顾客的平均数。服务率指的是服务设施以最高能力运行时，在相同时间内能服务顾客的平均数。最佳的运行点在最大能力的 70% 左右。这个水平足以使服务人员保持忙碌状态，同时也对各顾客保有足够的服务时间并保留足够的能力以免出现太多令人头疼的问题。在临界区域，系统能服务于顾客，但是服务质量有所下降。在临界区上面，等待队伍越来越长，而且很有可能有些顾客一直得不到服务（有关排队系统与能力的关系见第 10 章）。

最佳的利用率一般视情况而定。不确定性很高、利害关系较大的情况适合低利用率。比如医院的急诊室和消防部门

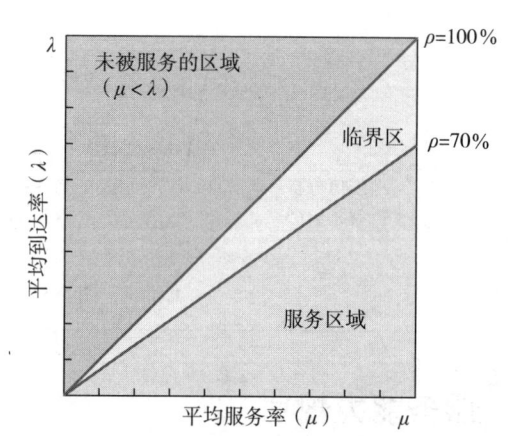

图 5-6 服务利用率（ρ）和服务质量的关系

资料来源：J. Haywood-Farmer and J. Nollet, *Services Plus: Effective Service Management* (Boucherville, Quebec, Canada: G. Morin Publisher Ltd. 1991), p.59.

应设置低利用率，因为它们面对的不确定性大而且涉及生命的安危。相对而言，像市郊往返列车等可预测的服务或者像信件分拣等不需要与顾客直接接触的服务，可以以接近 100% 的利用率运行。还有一类正在发展的服务则需要高利用率，比如，所有的运动场都喜欢满座，这不仅是因为几乎所有的顾客都会带来收入，而且满场的情况会给顾客带来良好的气氛，让主场队伍表现得更好，并刺激未来的门票销售，舞台表演和酒吧也需要这样的氛围。

俄亥俄球迷在上半场对阵扬斯敦的比赛中为七叶树队加油助威

本章小结

5-1 了解什么是能力管理以及为什么它在战略中很重要

总结

- 从能力的角度来看，运营与供应链管理更强调能力的时间维度。
- 三个时间范围是常用的：长期（超过1年）、中期（6～18个月）、短期（少于1个月）。
- 为了区别系统的最大产量（可获得的最高产出率）和系统的持续产出（长期有效的运行），最佳运营水平的概念被提出。系统利用率衡量了系统的运营水平与最佳水平的接近度。
- 当生产资源（如制造工厂）不断变大并且产量不断增长时，单位产出的平均成本会降低，这时资源就获得了规模经济。
- 当产能到达某一临界点时，资源规模不断增大会导致成本开始增长。这就是规模不经济所带来的问题。
- 焦点工厂是指当产能被设计为生产多样性的产品时也可以获得规模经济，其通过"厂中厂"的概念来实现，这一概念也很好地证明了范围经济性。
- 能力柔性对满足消费者的需求同样很重要。

关键术语

战略能力规划：寻找资本密集型资源的总体能力水平，以更好地支持公司的长期战略。

能力：系统能够在一段时间内实现的输出。

最佳运营水平：它是一种产能水平，运营系统在这个水平下所获得的产出，其单位成本最低。

能力利用率：公司当前产出率与其最佳经营水平（百分比）接近程度的度量。

规模经济：随着工厂规模扩大和生产量增加，单位平均成本下降。继续增大到某个临界点之后，随着规模继续增大，单位成本也会增加。

焦点工厂：它是围绕一系列有限的生产目标而设计的设施。通常，焦点指的是涉及特定的产品或产品组。

厂中厂（PWP）：大型工厂中专门用于特定生产目标（例如，产品组）的区域，这可以用于实现焦点工厂的概念。

范围经济性：多个产品联合生产时可以比单独生产成本低。

关键公式

$$能力利用率 = \frac{已利用的生产能力}{最佳运营水平} \qquad (5-1)$$

5-2 举例说明如何规划能力

总结

- 从长期战略的角度来看，能力增加或减少是以批量形式出现的（固定量），比如某一种特定类型的机器被添加到现有的机器组中。能力的增加或减少不用关注其频率和量的大小的问题。

关键术语

缓冲能力：超出预期需求的产能。

5-3 利用决策树来评估备选能力方案

总结

- 决策树是分析能力问题的很有效的工具。
- 利用决策树这种形式，决策顺序的组织就像树枝一样。
- 所有可能的决策都将被列举出来，并且根据其发生的概率和期望收益进行评估。

5-4 描述制造型企业和服务型企业在能力规划上的区别

总结

- 通常服务都会要求服务能力是及时的并且相对于消费者是距离较近的。比如银行需要安排自动取款机（ATM）离需要取现金的消费者很近，并且数量要足够以避免消费者排队等候。
- 同样，提供服务的公司也需要对消费者需求的变化及时做出反应（比如在午饭时间银行服务窗口会有大量的客户涌入）。

应用举例

5-3 E-教育（E-Education）是一家新成立的公司，它通过网络提供MBA课程。公司位于芝加哥，共有150名员工。因为强劲的业务增长，公司需要扩大办公区域。公司的一个可选方案就是在芝加哥目前公司所在地新租一些办公室，但是只能租两年。两年后需要搬到新的办公楼。第二个方案就是将所有的办公设施马上搬到中西部的一座小镇上。第三个方案是公司在芝加哥马上租一个新的办公楼。如果公司选择第一个方案，即在目前公司所在地租新的办公室，公司可以在两年后在芝加哥租新的办公楼或者搬到中西部的小镇。

下面是关于各可选方案以及目前状况的补充信息：

1. 公司在未来两年的存活概率是75%；
2. 在芝加哥目前所在地租入新办公室的费用为每年750 000美元；
3. 将所有的办公设施马上搬到中西部的一座小镇上的成本是1 000 000美元，而每年只需花费500 000美元；
4. 搬到芝加哥的新办公楼需要成本200 000美元，而每年需要花费650 000美元；
5. 公司随时都可以取消租约；
6. 如果公司存活下来，公司会在5年后建立自己的办公楼；
7. 假设其他成本和收入不受公司位置的影响。

E-教育公司应该如何做？

解答

第一步：给E-教育公司所有可选方案建一个决策树。下面的决策树有决策点（正方形节点），后面是随机事件（圆形节点）。在第一个决策点后，如果公司存活下来，另外还有两个决策点需要考虑。

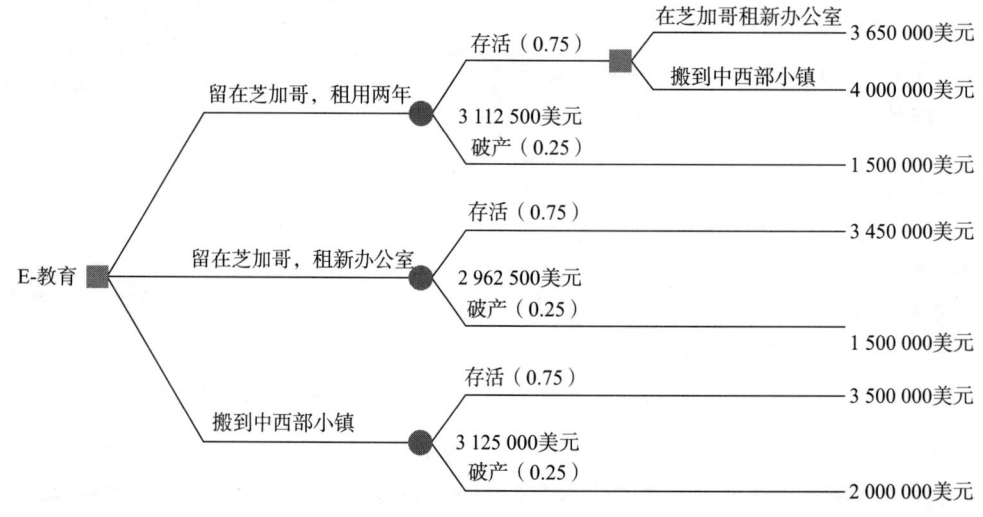

第二步：按如下步骤计算各方案的费用值。

（单位：美元）

可能情形	计算	净值
留在芝加哥，租用两年，存活后，再在芝加哥租新办公室	(750 000) × 2 + 200 000 + (6500 00) × 3 =	3 650 000
留在芝加哥，租用两年，存活后，搬到中西部小镇	(750 000) × 2 + 1 000 000 + (500 000) × 3 =	4 000 000
留在芝加哥，租用两年，破产	(750 000) × 2 =	1 500 000
留在芝加哥，租新办公楼，存活	200 000 + (650 000) × 5 =	3 450 000
留在芝加哥，租新办公楼，破产	200 000 + (650 000) × 2 =	1 500 000
搬到中西部小镇，存活	1 000 000 + (500 000) × 5 =	3 500 000
搬到中西部小镇，破产	1 000 000 + (500 000) × 2 =	2 000 000

从最右端开始，需要在右端第一个决策点从两个备选方案中选择一个。但如果头两年就破产了，那么成本只有1 500 000美元的第三个方案就是新的选择。第一个方案——留在芝加哥并且前两年继续租用的期望值是：0.75 × 3 650 000 + 0.25 × 1 500 000 = 3 112 500（美元）。

第二个方案——留在芝加哥且租新办公室的期望值是：0.75 × 3 450 000 + 0.25 × 1 500 000 = 2 962 500（美元）。

最后，马上搬到中西部的第三个方案的期望值是：0.75 × 3 500 000 + 0.25 × 2 000 000 = 3 125 000（美元）。

由此看来，最好的选择是留在芝加哥，并立即租用一栋新大楼。

 讨 论 题

5-1

1. 引入一种新药会面对什么能力问题？
2. 请列出规模经济在实际中的一些限制，或者说，工厂在什么时候会停止扩大？
3. 下列组织或机构会面对哪些能力平衡的问题？
a. 民航终点站；
b. 大学里的计算机实验室；
c. 一家服装厂。
4. 从表面来看，焦点工厂的概念和柔性能力可能互相冲突，真是这样吗？

5-2

5. 在选择增加能力方面，有些管理者可能是依据预测的需求，有些则依据的是实际需求。请列出这两种方法的优劣。
6. 什么是能力平衡？能力平衡为什么难以达到？有哪些方法可以用来应对能力不平衡？
7. 一家工厂持有缓冲能力的原因有哪些？如果是负的缓冲能力呢？

5-3

8. 利用决策树来分析能保证公司决策是最优的吗？为什么？如果不能，为什么还使用它？
9. 查看图5-5的例子，你能想到其他可以做的来帮助最终决策者吗？

5-4

10. 医院要考虑的能力主要有哪些？如何将它们与工厂的能力区分开来？
11. 在图5-6中，在典型的服务运营中，为什么关键区域从70%的利用率开始？根据你作为客户或作为服务人员的经验来分析这一问题。

 客 观 题

5-1

1. 一个制造商设定的运营效率是每天产出550单位，上个月产出了490单位，上个月的能力利用率是多少？（答案见附录D。）
2. 一家公司的工厂设定的效率（平均单位成本最低）是每月产出15 000单位。然而，这家工厂每月的最大产出将近17 250单位，在公司总部没有将生产转移到其他工厂时的每月最低产出可降低至7 000单位。若该工厂10月生产了10 925单位，那么其在10月的能力利用率是多少？

3. Hoosier 制造商的一个生产车间设定的最低生产成本下的产出率是每月 100 单位。7 月，公司生产线运营了 175 小时，生产了 16 900 单位，这个月的能力利用率是多少？

5-2

4. 常润灌溉公司（AlwaysRain Irrigation Inc.）想要为未来 4 年做能力需求规划。公司目前有两个洒水器产品线：铜质洒水器和塑料洒水器。各产品线都有 90 度旋转喷嘴洒水器、180 度旋转喷嘴洒水器以及 360 度旋转喷嘴洒水器三种可选形式。管理部门已经就市场对各种产品的需求做出了预测，如下表所示。

	年需求（单位：千）			
	1	2	3	4
90 度旋转塑料洒水器	32	44	55	56
180 度旋转塑料洒水器	15	16	17	18
360 度旋转塑料洒水器	50	55	64	67
90 度旋转铜质洒水器	7	8	9	10
180 度旋转铜质洒水器	3	4	5	6
360 度旋转铜质洒水器	11	12	15	18

两个产品线都能生产这三类喷嘴。铜质洒水器生产所用的机器需要 2 名操作员工，且一年最多能生产 12 000 个洒水器。塑料洒水器生产所用的注塑机需要 4 名操作员工，且一年最多能产出 200 000 个洒水器。公司目前有 3 台铜质洒水器生产所用的机器和 1 台注塑机。请问未来 4 年的能力需求是多少？（假设不存在模仿。）

5. 假定常润灌溉公司的市场部正紧锣密鼓地开展铜质洒水器的广告宣传活动。铜质洒水器比塑料洒水器要贵，但也更耐用。下表是未来 4 年的需求预测数据。

	年需求（单位：千）			
	1	2	3	4
90 度旋转塑料洒水器	32	44	55	56
180 度旋转塑料洒水器	15	16	17	18
360 度旋转塑料洒水器	50	55	64	67
90 度旋转铜质洒水器	11	15	18	23
180 度旋转铜质洒水器	6	5	6	9
360 度旋转铜质洒水器	15	16	17	20

市场部的宣传活动会给能力需求规划带来什么影响？（假设不存在模仿。）

6. 在市场部做出广告宣传活动的情况下，常润灌溉公司决定购进一台铜质洒水器生产所用的机器。请问这样是否能确保提供足够的生产能力？

7. 假定常润灌溉公司有 10 名操作员工，这些操作员工都接受过铜质洒水器生产机器以及注塑机操作的培训。在问题 5 所描述的广告宣传活动下，管理层批准再购入 2 台铜质洒水器生产机器，请问对劳动力的潜在需求是多少？

5-3

8. 易思邦德公司（Expando Inc.）正在考虑新建一座工厂，用于一条新的产品线的生产。公司目前考虑了两个方案。第一个方案是建一座成本只有 600 万美元的小工厂。如果新产品的需求不高，公司预计收入的折现值（未来现金流的现值）为 1 000 万美元；如果需求旺盛，预计收入的折现值为 1 200 万美元。第二个方案是建一个大的工厂，成本为 900 万美元。在这种情况下，如果需求不高，公司预计收入的折现值为 1 000 万美元；如果需求旺盛，公司估计收入的折现值可达到 1 400 万美元。在两种情况下，需求旺盛出现的概率为 0.4，而需求不高出现的概率为 0.6。不建新厂则不会带来任何新的收入，因为现有设施不具备新产品生产的条件。请为易思邦德公司构造一个决策树，帮助其做出最佳选择（答案见附录 D）。

9. 一个开发商看中了一块土地并想要买下进行开发建设。这块地现在的规划是每亩建 4 套住房，但是她在考虑重新分区。她的想法能否实现取决于对重新分区的审核以及你提供的分析。根据开发商提供的信息以及你的分析，整个决策过程简化为如下的成本、备选方案以及概率：

- 土地成本：200 万美元；
- 重新分区的可能性：0.60；
- 如果土地被重新分区，新增加的道路、灯光等会新增加成本 100 万美元。

如果土地被重新分区，承包商就需要决定是要建一个购物中心或是建 1 500 套公寓，这两个选择都是新计划所允许的。如果选择建一个购物中心，开发商有 70% 的可能将购物中心卖给一家大型连锁百货公司，卖出价格将超过建造成本（不包括土地成本）400 万美元。另外，她还有 30% 的可能卖给一家保险公司，卖出价格超过成本（同样不包括土地成本）500 万美元。如果不建购物中心，而是建 1 500 套公寓，开发商给出如下盈利可能：有 60% 的可能将公寓卖给一家房地产投资公司，每套公寓卖出价格超过成本 3 000 美元；有 40% 的可能卖出价格只超过成本 2 000 美元（都不包括土地成本）。

如果不将土地重新分区，开发商会按照现有的分区办法，只建600套住房。她估计每套住房的价格会超过成本4 000美元（不包括土地成本）。

请为这个问题画出决策树，找出最佳方案并计算预期净利润。

5-4

10. 一家餐馆的规模不断增长，而且吸引了越来越多的消费者，因此老板正考虑他们给消费者提供高质量服务的能力。他们需要从一周中最忙的时候——周五和周六的晚上收集数据。在这些时间段内，每小时会有75位消费者到达。根据桌椅的数量和服务一位消费者的平均时间，老板估算出来他们平均每小时能够为100位消费者提供服务。在这两晚，他们是否在服务区域？临界区域？或者未被非服务的区域？（答案见附录D。）

11. 在上一个问题中，老板预期只要他们给消费者提供优质的服务，餐馆的需求在一年内就会翻倍。那么他们应该将服务能力增加多少才能不在临界区域内？

案例分析　休尔德斯医院：技高一筹

> 休尔德斯医院最初是为治疗疝气建的房子，现已转变为一个乡村庄园，有"乡村俱乐部"之称。
> ——引自《美国医学新闻》

加拿大休尔德斯医院的疝气修复手术举世闻名。实际上，这是该所医院实施的唯一的手术，绝大部分手术都很成功。在过去的20年里，这所只有90个病床的小医院平均每年要实施7 000例手术，去年创纪录地达到将近7 500例。在休尔德斯医院接受过治疗的患者在出院后并不代表治疗结束。每年的疝气聚会日（并且附有疝气检查）都会吸引超过1 000名曾经的病患参加，有些人甚至已经连续参加超过30年。

休尔德斯医院的服务传递系统闪光点很多，是其取得成功的重要原因：①休尔德斯医院只接受外疝气病情不复杂的患者，使用的是休尔德斯医生在第二次世界大战期间所创的技术；②患者在早期就被要求进行离床活动，这有助于患者的恢复（患者需要自己走下手术台，并在后续逗留的3天时间内坚持锻炼）；③医院的乡村俱乐部氛围、积极善谈的医务人员以及自然散发的社交气息，使原本令人不愉悦的医疗变得十分欢畅。在平常时间还有茶点提供，并会筹办社交活动。医院为所有的患者安排了有相似背景和兴趣爱好的室友做伴。

手术系统

休尔德斯医院的医疗设施包括5间手术室、1个患者康复室、1个图书馆和6个检查室。休尔德斯医院平均每周进行150例手术，患者一般在医院逗留3天时间。尽管一周中只有5天会进行手术，但是在剩余的时间内，医院还是会继续服务于需要进行术后修复的患者。

休尔德斯医院的一例手术由12名全职外科医生中的一名医生主刀，并附有一名兼职助手，医院共有7名这样的助手。1例手术的准备时间和操作时间一般约为1小时，他们一天为4位患者实施手术。医生在手术日只工作到下午4点，但是每隔14天要值一次晚班、每隔10周要在周末值班。

休尔德斯医院的经验

每位患者在选择手术日之前，都要预先进行检查。来自多伦多的患者通常都被鼓励步行到医院接受检查。周一到周五的检查时间是上午9点到下午3点30分，周日为上午10点到下午2点。不在城里的患者可以将病症信息问卷（可从网上下载）填好后发送给医院，以做诊断之用。一小部分体重超标或是存在其他不可控的治疗风险的患者会被拒绝，其他患者则会收到确认信息以及安排好的手术日。当患者的手术日到来时，相关患者的资料文件会被送到前台。

患者会在手术的前一天下午1~3点到达医院。经短暂等待后，会对患者进行一个简单的术前检查，然后他们需要到具有相关资格批准人员处完成一些必要的文件工作。患者下一步就可以直接去两个护士站中的其中一个进行血检和尿检，然后再被带往自己的房间。从这之后到参观介绍之前的时间内，患者可以进行自我安顿，并了解自己的室友。

参观介绍在下午5点开始，然后便在普通餐厅就餐。到了晚上9点，患者就会聚在休息室喝茶、吃点心。这时候，新患者就可以和已经做过手术的患者进行交流。就寝时间在晚上9点30分到10点之间。

在手术日当天，手术安排最早的患者需要在5点30分起床，然后接受术前镇静。第一个手术在早上7点半开始。手术开始前一小会儿，患者会被局部麻醉，但仍会在整个手术期间保持充分的清醒。手术结束后，医生会要求患者自己从手术台走到轮椅上，然后再回到自己的房间。经过短时间的休息之后，医生会建议患者下床开始锻炼。到晚上9点，患者就已经在休息室使用茶点，并和新患者开始交流了。

为帮助伤口愈合的皮肤夹会在第二天解开甚至拿掉，其余的则会在第三天早上患者离开之前取下来。

休尔德斯医院刚成立时，患者在医院的平均逗留时间是3周，现在，许多医院推出了"一天手术"，休尔德斯医院认为这并不是对患者最有利的，他们承诺3天的治疗过程，休尔德斯医院的术后恢复项目的设计初衷就是为了让患者在最小的干扰和不适下进行恢复活动，休尔德斯医院的患者在几天之后就能继续上班，而这一平均时间为8天。

"需要指出的有趣的一点就是，大概每100名休尔德斯患者中，就有一位是医生。"

未来的规划

休尔德斯的管理人员正在考虑扩大医院能力，以服务未能满足的需求。为做到这一点，副院长正在仔细考虑两种方案。第一种方案是在现有的5个手术日的基础上增加1个手术日（周六），这可以把能力提高20%；第二个方案是在医院新加入一层病房，即在现有病房的基础上增加50%，这会要求更紧张的手术室安排。

不过医院的管理者则坚持对所提供服务质量的控制，他认为现有设施的利用率已经很好了。医生和其他医务人员对自己的工作都很满意，患者对医院的服务也很满意。在他看来，医院服务能力的进一步扩张将不利于维持现有的工作关系和态度。

问题

表5-1是当前系统的手术室占用表格。每一行表示在给定时间需要的病床数。每一列表示给定时间的患者数量。比如第一行表示周一有30位患者需要检查，而且医院在周一、周二和周三各有30位患者。对周三这一列求和，得出周三那一天有90位患者在医院。

表5-1　90张病床（每天30位患者）时的手术

入院日	需要的病床数						
	周一	周二	周三	周四	周五	周六	周日
周一	30	30	30				
周二		30	30	30			
周三			30	30	30		
周四				30	30	30	
周五							
周六							
周日	30	30					30
总计	60	90	90	90	60	30	30

1. 休尔德斯医院病床目前的利用率怎样？
2. 请画出将周六增添为手术日后的表格（假定每天进行的手术仍为30例）。这会对病床的利用率带来怎样的影响？请问这样的能力是否能满足新增的患者？
3. 现在来看一下增加50%病床会有什么影响。在病床够用的前提下，医院每天要进行多少例手术？（假定手术一周进行5天，且每天的手术量相同。）与目前的状况相比，新增设施的利用率怎样？医院是否真的会进行这么多的手术？为什么？（提示：注意12名外科医生以及5间手术室的能力。）
4. 虽说财务数据还不够详细，但依据建筑公司估计，新增病床的成本约为每张床100 000美元，另外，每例疝气手术的收费在900～2 000美元不等，平均收费为1 300美元，每例手术要支付给外科医生600美元。鉴于政府医疗法规的各种不确定因素，休尔德斯医院想要在5年之内确认扩张方案。

练习测试

写出以下每个语句定义的术语或回答问题，答案见底部。

1. 这是流程所设计的能力水平，在该水平上的运营成本最低。

2. 考虑到加班并忽略掉日常维护时间，某设施的最大能力是每天4 000单位。当该设施处于每天3 500单位的水平时，每单位产品的成本最低。目前，该设施以每天3 000单位的水平运营，请问它的能力利用率是多少?

3. 这一概念是指通过充分利用已有的资源（如人力和设备）来提高效率。
4. 只限于生产一种或一类高度相似产品的生产设施。
5. 这个术语用来指多种产品（通常为相似产品）在一起混合生产时耗费的成本低于单独生产这些产品时的成本。
6. 当我们能服务于超过预期数量的顾客时，就说明拥有了该项能力。
7. 一项能力扩张规划有两个备选方案：第一种方案的成本为 1 000 000 美元，预计在未来 3 年能带来 500 000 美元的利润；第二种方案的成本为 800 000 美元，预计在未来 3 年能带来 450 000 美元的利润。我们应当选择哪个方案？该项规划的实际价值又是多少？假定利率为 10%。
8. 在服务型流程中（如一家折扣店的收银台），其理想的能力利用率的目标百分比是多少？

答案：1. 最佳运行水平 2. 85% 3. 规模经济 4. 集中工厂 5. 范围经济性 6. 缓冲能力 7. 方案一的净现值 = 500 000×(0.909+0.826+0.751)－1 000 000 = 243 000（美元），方案二的净现值 = 450 000×(0.909+0.826+0.751)－800 000 = 318 700（美元），故方案二最佳。 8. 70%

第 6 章

学 习 曲 线

学习目标

6-1 理解什么是学习曲线以及它是如何应用的；

6-2 绘制和分析学习曲线；

6-3 比较不同行业中学习有什么影响。

引导案例

波音团队加速 737 飞机生产[一]

为了提高其畅销的 737 喷气式客机的产量以满足航空公司的需求，波音公司计划将其位于华盛顿州伦顿工厂的产量从现在的每月 42 架增加到 2017 年的 47 架，然后在 2019 年增加到 57 架。为实现这一目标，波音将依靠其工程师来优化工作、提高飞机的生产效率。由于工厂空间有限，所以扩建工厂不是一种选择。

高管表示，他们正在研究如何最终达到每月 60 架，因为他们计划将飞机版本升级为 737 Max，这是波音预计将于 2017 年开始交付的飞机。该公司正试图解决订单积压问题，约有 4 300 架积压的订单，其中包括约 3 000 架最畅销的 737 飞机。

据波音公司报道，华盛顿州伦顿工厂组装 737 飞机目前需要大约 11 天时间，相比 10 年前的 22 天已经缩短了很多，而该公司的近期目标是将这个数字减少到 9 天，显然，学习曲线（本章的主题）对于波音公司的成功至关重要。

资料来源：Boeing earnings call on January 27, 2016.

定期检查服务期间正在保养的德国汉莎航空公司的飞机涡轮

6.1 什么是学习曲线

学习曲线（learning curve）是用来表示单位产品生产时间与所生产的产品总数量之间关系的一条曲线。学习（或经

[一] 737 Max 的两次空难及相关报道称将暂停其生产。——译者注

历）曲线理论在商业中有着非常广泛的应用。在生产制造方面，它可以被用来估计产品的设计时间和生产时间，同时可用来估计成本。另外，学习曲线还是公司战略决策中必不可少的一个组成部分，比如价格决策、资本投资决策和基于经验曲线的运营成本的决策。

学习曲线还可以应用于个体和组织。当人们重复同一过程并从自己的实践经历中获得了技能并且提高了效率时，**个体学习**（individual learning）能力将得到提高，这就是所谓的"熟能生巧"。**组织学习**（organization learning）能力同样来源于实践，但它也来源于管理、设备和产品设计等方面的变化。在组织中，我们希望能够同时获得两种学习能力的提高，通常用一条学习曲线来描述两者相结合的结果。

学习曲线理论基于以下三个假设：

（1）每次完成给定的任务或单位产品后，下一次完成该任务或单位产品的时间将缩短。

（2）单位产品完成时间将以一种递减的速率下降。

（3）单位产品完成时间的减少将遵循一个可预测的模式。

学习曲线最先被应用于航空工业，并在实际的应用中证明以上三个假设都是正确的。在这项应用中发现，随着产量增加为原来的2倍，工人生产一件产品的直接生产小时数将会下降20%。比如，如果生产飞机1需用100 000小时，那么生产飞机2需用80 000小时，生产飞机4需用64 000小时，依此类推。因为20%的降低率意味着生产产品4的时间仅为生产产品2的80%，在产量-时间坐标系中的这条曲线就称为"80%学习曲线"（传统上，用百分比来表示任何给定学习率的学习曲线）。

学习曲线可通过使用算术列表、对数或其他的一些曲线拟合方法得出，这取决于可利用数据的形式及可利用数据的多少。

从学习曲线考虑，改进业绩的方法有两种，即通过改进单位产品生产时间（见图6-1a）或单位时间生产量（见图6-1b）。单位产品生产时间学习曲线给出了每生产一件产品所需的生产时间，累计平均时间曲线给出了产品总数量增加时的累计平均生产时间。单位产品生产时间曲线和累计平均时间曲线也称为"进步曲线"或"产品学习曲线"，它们对于那些复杂的产品或生产周期很长的产品较为适用。单位时间生产量曲线也称为工业学习曲线，通常适用于大量生产（短生产周期）。

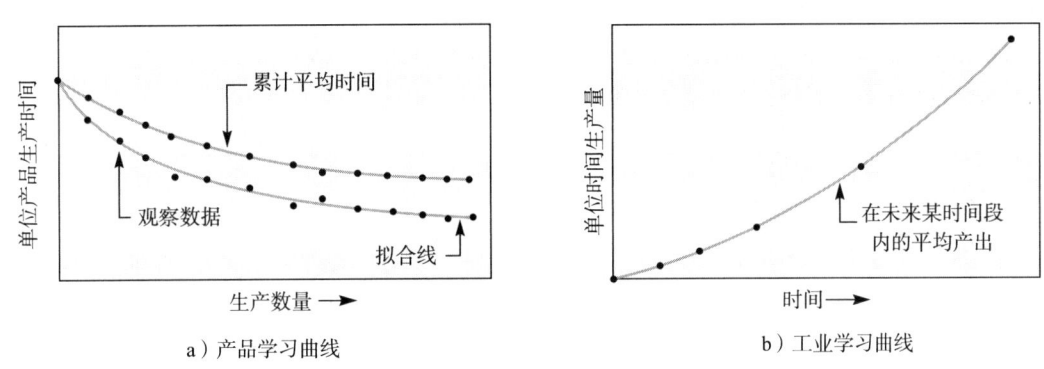

a）产品学习曲线　　　　　　　　　　　　b）工业学习曲线

图6-1　单位产品生产时间和单位时间生产量的学习曲线的绘制

注意在图6-1a中的累计平均生产时间曲线下降的速度没有单位产品生产时间曲线快，因为前者的时间是经过平均运算之后的时间。例如，如果产品1、2、3、4的生产时间分别为100、80、70、64，单位产品生产时间曲线将按该数字画出，但累计平均生产时间曲线将以100、90、83.3、78.5画出。

6.2　学习曲线如何建模

有多种方法可以对历史数据进行分析来描绘一条有用的趋势曲线。首先我们将使用简单的指数曲线作为运算程序，然后使用对数进行分析。在算术制表方法中，纵坐标为生产单位，一列产品单位数量依次成倍增加，如1，2，4，8，16，…，生产第1个单位产品的时间乘以学习率得到生产第2个单位产品的时间，生产第2个单位产品的时间再乘以学习率将得到生产第4个单位产品的时间，依此类推。因此，如果我们绘制一条80%学习曲线，将得到表6-1中的第2列数字。为便于计划，通常我们要知道累计直接劳动时间，表6-1中的第3列提供了这方面的信息。第4列即累计平均直接劳动时间，由第3列除以第1列得到（参照下面的部分是如何进行单位计算的）。

表6-1　80%学习曲线所需的单位、累计直接劳动时间、累计平均直接劳动时间

（1）	（2）	（3）	（4）
单位数量	单位产品直接劳动时间	累计直接劳动时间	累计平均直接劳动时间
1	100 000	100 000	100 000
2	80 000	180 000	90 000
4	64 000	314 210	78 553
8	51 200	534 591	66 824
16	40 960	892 014	55 751
32	32 768	1 467 862	45 871
64	26 214	2 392 447	37 382
128	20 972	3 874 384	30 269
256	16 777	6 247 572	24 405

图6-2a给出了三条不同学习率的曲线，其学习率分别为90%、80%、70%。假定第1个单位产品的生产成本是100美元，第30个单位产品在90%的学习率下的生产成本就是59.63美元，在70%的学习率下的生产成本就是17.37美元。学习率的不同将使结果产生很大差异。

在实践中，学习曲线经常是在以对数坐标刻度的图上绘制的，其结果是单位产品生产时间学习曲线在整个范围内都变成了直线，而累计学习曲线在开始的几个单位之后也变成了直线。线性的好处是有助于预测，并且可以更准确地读出累计学习曲线。微软Excel中有这种刻度，在电子表格上简单地生成一个普通的散点图，然后选中每一个轴并且使用对数运算。图6-2b是在对数坐标图上画出的学习率为80%的单位产品生产成本曲线和平均生产成本曲线。注意，累计平均生产成本曲线在8个单位后就完全变成了直线。

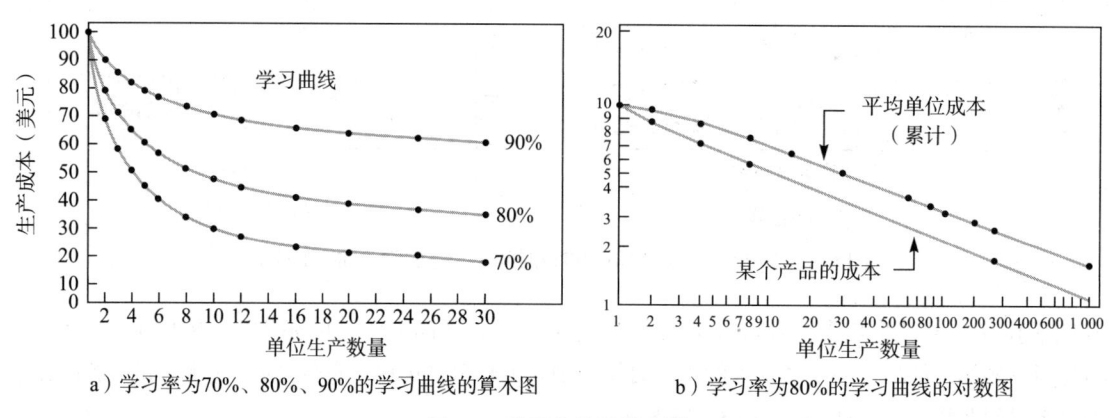

a）学习率为70%、80%、90%的学习曲线的算术图　　b）学习率为80%的学习曲线的对数图

图6-2　学习曲线的算术图

虽然算术列表方法很有用，但对学习曲线问题的对数分析方法因为不需要对连续的一系列时间–产量的组合数据进行一一列举，因而通常比算术列表方法更为有用。而且，在那些数据难以获得的情况下，对数分析模型可能是获得估计产出的最佳方法。

6.2.1 对数分析

学习函数的一般形式是：

$$Y_x = Kx^n \quad (6\text{-}1)$$

式中 x ——单位生产数量；

Y_x ——生产第 x 个产品所需的直接劳动时间；

K ——生产第一个产品所需的直接劳动时间；

n ——$\log b/\log 2$，其中 b 表示学习率。

这个问题我们可以用数学方法加以求解，也可以用下一节的表格来求解。采用数学方法，为了计算出在我们的例子（表 6-1）中生产第 8 个单位产品所需的劳动时间，我们将以下式计算：

$$Y_8 = 100\,000 \times 8^n$$

使用对数：

$$Y_8 = 100\,000 \times 8^{\log 0.8/\log 2} = 100\,000 \times 8^{-0.322} = \frac{100\,000}{8^{0.322}} = \frac{100\,000}{1.953\,4} = 51\,193$$

因此，生产第 8 个单位产品将需要 51 193 小时。答案可能会有细微差别，可以利用 Excel 中的公式 = 100 000 × 8 (log 0.8/log 0.2) 得到精确值（见表 6-1）。

6.2.2 学习曲线表

已知学习率，利用表 6-2 和表 6-3 可以非常方便地估计出某一特定产品或某一组产品的劳动小时数，只需用最初的劳动小时数乘以表中给出的相应值就可以了。获得单元和累计改进因子的另一种方法是从 OSCM Tools 应用程序中获得，该应用程序在 http://oscm-pro.com/tools/ 中。

表 6-2 学习曲线单位改进因子表

单位	单位改进因子							
	60%	65%	70%	75%	80%	85%	90%	95%
1	1.000 0	1.000 0	1.000 0	1.000 0	1.000 0	1.000 0	1.000 0	1.000 0
2	0.600 0	0.650 0	0.700 0	0.750 0	0.800 0	0.850 0	0.900 0	0.950 0
3	0.445 0	0.505 2	0.568 2	0.633 8	0.702 1	0.772 9	0.846 2	0.921 9
4	0.360 0	0.422 5	0.490 0	0.562 5	0.640 0	0.722 5	0.810 0	0.902 5
5	0.305 4	0.367 8	0.436 8	0.512 7	0.595 6	0.685 7	0.783 0	0.887 7
6	0.267 0	0.328 4	0.397 7	0.475 4	0.561 7	0.657 0	0.761 6	0.875 8
7	0.238 3	0.298 4	0.367 4	0.445 9	0.534 5	0.633 7	0.743 9	0.865 9
8	0.216 0	0.274 6	0.343 0	0.421 9	0.512 0	0.614 1	0.729 0	0.857 4
9	0.198 0	0.255 2	0.322 8	0.401 7	0.493 0	0.597 4	0.716 1	0.849 9
10	0.183 2	0.239 1	0.305 8	0.384 6	0.476 5	0.582 8	0.704 7	0.843 3
12	0.160 2	0.213 5	0.278 4	0.356 5	0.449 3	0.558 4	0.685 4	0.832 0
14	0.143 0	0.194 0	0.257 2	0.334 4	0.427 6	0.538 6	0.669 6	0.822 6
16	0.129 0	0.178 5	0.240 1	0.316 4	0.409 6	0.522 0	0.656 1	0.814 5
18	0.118 8	0.165 9	0.226 0	0.301 3	0.394 4	0.507 8	0.644 5	0.807 4
20	0.109 9	0.155 4	0.214 1	0.288 4	0.381 2	0.495 4	0.634 2	0.801 2
22	0.102 5	0.146 5	0.203 8	0.277 2	0.369 7	0.484 4	0.625 1	0.795 5
24	0.096 1	0.138 7	0.194 9	0.267 4	0.359 5	0.474 7	0.616 9	0.790 4
25	0.093 3	0.135 3	0.190 8	0.262 9	0.354 8	0.470 1	0.613 1	0.788 0

（续）

单位	单位改进因子							
	60%	65%	70%	75%	80%	85%	90%	95%
30	0.081 5	0.120 8	0.173 7	0.243 7	0.334 6	0.450 5	0.596 3	0.777 5
35	0.072 8	0.109 7	0.160 5	0.228 6	0.318 4	0.434 5	0.582 5	0.768 7
40	0.066 0	0.101 0	0.149 8	0.216 3	0.305 0	0.421 1	0.570 8	0.761 1
45	0.060 5	0.093 9	0.141 0	0.206 0	0.293 6	0.409 6	0.560 7	0.754 5
50	0.056 0	0.087 9	0.133 6	0.197 2	0.283 8	0.399 6	0.551 8	0.748 6
60	0.048 9	0.078 5	0.121 6	0.182 8	0.267 6	0.382 9	0.536 7	0.738 6
70	0.043 7	0.071 3	0.112 3	0.171 5	0.254 7	0.369 3	0.524 3	0.730 2
80	0.039 6	0.065 7	0.104 9	0.162 2	0.244 0	0.357 9	0.513 7	0.723 1
90	0.036 3	0.061 0	0.098 7	0.154 5	0.234 9	0.348 2	0.504 6	0.716 8
100	0.033 6	0.057 2	0.093 5	0.147 9	0.227 1	0.339 7	0.496 6	0.711 2
120	0.029 4	0.051 0	0.085 1	0.137 1	0.214 1	0.325 5	0.483 0	0.701 7
140	0.026 2	0.046 4	0.078 6	0.128 7	0.203 8	0.313 9	0.471 8	0.693 7
160	0.023 7	0.042 7	0.073 4	0.121 7	0.195 2	0.304 2	0.462 3	0.686 9
180	0.021 8	0.039 7	0.069 1	0.115 9	0.187 9	0.295 9	0.454 1	0.680 9
200	0.020 1	0.037 1	0.065 5	0.110 9	0.181 6	0.288 7	0.446 9	0.675 7
250	0.017 1	0.032 3	0.058 4	0.101 1	0.169 1	0.274 0	0.432 0	0.664 6
300	0.014 9	0.028 9	0.053 1	0.093 7	0.159 4	0.262 5	0.420 2	0.655 7
350	0.013 3	0.026 2	0.049 1	0.087 9	0.151 7	0.253 2	0.410 5	0.648 2
400	0.012 1	0.024 1	0.045 8	0.083 2	0.145 3	0.245 4	0.402 2	0.641 9
450	0.011 1	0.022 4	0.043 1	0.079 2	0.139 9	0.238 7	0.395 1	0.636 3
500	0.010 3	0.021 0	0.040 8	0.075 8	0.135 2	0.232 9	0.388 8	0.631 4
600	0.009 0	0.018 8	0.037 2	0.070 3	0.127 5	0.223 2	0.378 2	0.622 9
700	0.008 0	0.017 1	0.034 4	0.065 9	0.121 4	0.215 2	0.369 4	0.615 8
800	0.007 3	0.015 7	0.032 1	0.062 4	0.116 3	0.208 6	0.362 0	0.609 8
900	0.006 7	0.014 6	0.030 2	0.059 4	0.111 9	0.202 9	0.355 6	0.604 5
1 000	0.006 2	0.013 7	0.028 6	0.056 9	0.108 2	0.198 0	0.349 9	0.599 8
1 200	0.005 4	0.012 2	0.026 0	0.052 7	0.102 0	0.189 7	0.340 4	0.591 8
1 400	0.004 8	0.011 1	0.024 0	0.049 5	0.097 1	0.183 0	0.332 5	0.585 0
1 600	0.004 4	0.010 2	0.022 5	0.046 8	0.093 0	0.177 3	0.325 8	0.579 3
1 800	0.004 0	0.009 5	0.021 1	0.044 6	0.089 5	0.172 5	0.320 0	0.574 3
2 000	0.003 7	0.008 9	0.020 0	0.042 7	0.086 6	0.168 3	0.314 9	0.569 8
2 500	0.003 1	0.007 7	0.017 8	0.038 9	0.080 6	0.159 7	0.304 4	0.560 5
3 000	0.002 7	0.006 9	0.016 2	0.036 0	0.076 0	0.153 0	0.296 1	0.553 0

表 6-3 学习曲线累计改进因子表

单位	累计改进因子							
	60%	65%	70%	75%	80%	85%	90%	95%
1	1.000	1.000	1.000	1.000	1.000	1.000	1.000	1.000
2	1.600	1.650	1.700	1.750	1.800	1.850	1.900	1.950
3	2.045	2.155	2.268	2.384	2.502	2.623	2.746	2.872
4	2.405	2.578	2.758	2.946	3.142	3.345	3.556	3.774
5	2.710	2.946	3.195	3.459	3.738	4.031	4.339	4.662
6	2.977	3.274	3.593	3.934	4.299	4.688	5.101	5.538
7	3.216	3.572	3.960	4.380	4.834	5.322	5.845	6.404

（续）

单位	累计改进因子							
	60%	65%	70%	75%	80%	85%	90%	95%
8	3.432	3.847	4.303	4.802	5.346	5.936	6.574	7.261
9	3.630	4.102	4.626	5.204	5.839	6.533	7.290	8.111
10	3.813	4.341	4.931	5.589	6.315	7.116	7.994	8.955
12	4.144	4.780	5.501	6.315	7.227	8.244	9.374	10.620
14	4.438	5.177	6.026	6.994	8.092	9.331	10.720	12.270
16	4.704	5.541	6.514	7.635	8.920	10.380	12.040	13.910
18	4.946	5.879	6.972	8.245	9.716	11.410	13.330	15.520
20	5.171	6.195	7.407	8.828	10.480	12.400	14.610	17.130
22	5.379	6.492	7.819	9.388	11.230	13.380	15.860	18.720
24	5.574	6.773	8.213	9.928	11.950	14.330	17.100	20.310
25	5.668	6.909	8.404	10.190	12.310	14.800	17.710	21.100
30	6.097	7.540	9.305	11.450	14.020	17.090	20.730	25.000
35	6.478	8.109	10.130	12.720	15.640	19.290	23.670	28.860
40	6.821	8.631	10.900	13.720	17.190	21.430	26.540	32.680
45	7.134	9.114	11.620	14.770	18.680	23.500	29.370	36.470
50	7.422	9.565	12.310	15.780	20.120	25.510	32.140	40.220
60	7.941	10.390	13.570	17.670	22.870	29.410	37.570	47.650
70	8.401	11.130	14.740	19.430	25.470	33.170	42.870	54.990
80	8.814	11.820	15.820	21.090	27.960	36.800	48.050	62.250
90	9.191	12.450	16.830	22.670	30.350	40.320	53.140	69.450
100	9.539	13.030	17.790	24.180	32.650	43.750	58.140	76.590
120	10.160	14.110	19.570	27.020	37.050	50.390	67.930	90.710
140	10.720	15.080	21.200	29.670	41.220	56.780	77.460	104.700
160	11.210	15.970	22.720	32.170	45.200	62.950	86.800	118.500
180	11.670	16.790	24.140	34.540	49.030	68.950	95.960	132.100
200	12.090	17.550	25.480	36.800	52.720	74.790	105.000	145.700
250	13.010	19.280	28.560	42.050	61.470	88.830	126.900	179.200
300	13.810	20.810	31.340	46.940	69.660	102.200	148.200	212.200
350	14.510	22.180	33.890	51.480	77.430	115.100	169.000	244.800
400	15.140	23.440	36.260	55.750	84.950	127.600	189.300	277.000
450	15.720	24.600	38.480	59.800	91.970	139.700	209.200	309.000
500	16.260	25.680	40.580	63.680	98.850	151.500	228.800	340.600
600	17.210	27.670	44.470	70.970	112.000	174.200	267.100	403.300
700	18.060	29.450	48.040	77.770	124.400	196.100	304.500	465.300
800	18.820	31.090	51.360	84.180	136.300	217.300	341.000	526.500
900	19.510	32.600	54.460	90.260	147.700	237.900	376.900	587.200
1 000	20.150	31.010	57.400	96.070	158.700	257.900	412.200	647.400
1 200	21.300	36.590	62.850	107.000	179.700	296.600	481.200	766.600
1 400	22.320	38.920	67.850	117.200	199.600	333.900	548.400	884.200
1 600	23.230	41.040	72.490	126.800	218.600	369.900	614.200	1 001.000
1 800	24.060	43.000	76.850	135.900	236.800	404.900	678.800	1 116.000
2 000	24.830	44.840	80.960	144.700	254.400	438.900	742.300	1 230.000
2 500	26.530	48.970	90.390	165.000	296.100	520.800	897.000	1 513.000
3 000	27.990	52.620	98.900	183.700	335.200	598.900	1 047.000	1 791.000

详细解释如下,假设我们要严格检查表 6-1 中第 16 个单位产品的劳动小时数和累计劳动小时数。查表 6-2 可知,第 16 个单位产品在 80% 的学习率下的改进因子为 0.409 6,该数乘以 100 000(生产第 1 个单位产品的小时数)得 40 960,同表 6-1 中的结果完全一样。从表 6-3 中可知,前 16 个单位产品的累计改进因子为 8.920,乘以 100 000 后得到 892 000,同表 6-1 中得出的确切值 892 014 非常接近。

下面是应用学习曲线解决生产问题的一个更为详细的例子。

例 6-1 简单学习曲线问题

萨伯特潜水艇公司(SUB)的老板雷蒙感到非常困惑。他有一份生产 12 艘潜水艇的合同,并且已经生产了 4 艘。他发现主管生产的经理——年轻的欧里克先生,在生产 4 潜水艇后,抽调越来越多的工人到鱼雷艇装配线上去工作了。例如,生产第 1 艘潜水艇需要 225 名工人,每人工作 1 周,工作时间为 40 小时,生产第 2 艘潜水艇所需要的工人少了 45 名。欧里克已经告诉他们"这仅仅是个开始",并且说生产合同中所签的最后一艘潜水艇将只需要 100 名工人。

欧里克的计划是基于学习曲线制订的,但他对工人人数的削减是不是做得有些过分了呢?

解答

因为生产第 2 艘潜水艇需要 180 名工人,由简单的指数曲线可知学习率为 80%(= 180 ÷ 225)。为了求出生产第 12 艘潜水艇需要多少工人,我们在表 6-2 中查一下学习率为 80% 的第 12 个单位的改进因子,并将此值乘以生产第 1 艘潜水艇需要的工人数。改进因子为 0.449 3,需要 101.092 5(= 0.449 3 × 225)名工人(注意,电子表格可用于查找表中未包括的值,它们可直接从式 (6-1) 中计算得到)。因此,欧里克对生产最后一艘潜水艇所需的工人人数的估计只比真正所需工人人数少 1 人。

例 6-2 使用学习曲线估算成本

SUB 公司生产第一艘小型潜水艇的成本为 500 000 美元,其中 200 000 美元为材料成本,300 000 美元为劳动成本。基于以上成本,公司可接受的利润率为 10%,且公司愿意基于 70% 的学习率签订一份合同。那么签订生产 3 艘潜水艇合同的协议价格应该是多少?

解答

(单位:美元)

第 1 艘潜水艇成本		500 000
第 2 艘潜水艇成本		
材料成本	200 000	
人工成本:300 000 × 0.70	210 000	410 000
第 3 艘潜水艇成本		
材料成本	200 000	
人工成本:300 000 × 0.568 2	170 460	370 460
总成本		1 280 460
提取利润:1 280 460 × 0.10		128 046
销售价格		1 408 506

如果生产受到干扰,那么将需要重新学习。在某些情况下,可以估计出学习曲线上新的时间位置。

6.2.3 估计学习率

如果已经开始生产了一段时间,那么通过以前的生产记录能够很容易地得到学习率。一般而言,生产时间越长,估计就越准确，因为生产初期可能发生很多状况，所以大部分公司直到已生产了一些产品之后才开始收集用于学习曲线分析的数据。

如果生产还未开始，对学习率的估计就是一个具有启发性的猜测问题。在这种情况下，分析人员可以有以下三种选择：

（1）假设学习率与同一行业以前应用的学习率一样。

（2）假设学习率与相同的或类似的产品的学习率是一样的。

（3）分析目前的运营方式与之前的运营方式的相同点和不同点，并由此得出最适合此种情况的修正了的学习率。

6.2.4 学习时间应该持续多久

生产在经过一定阶段后产出是否会稳定下来呢？还是对生产的改进会持续下去呢？有些领域的改进可以持续几年甚至几十年（如收音机、计算机和其他电子产品，如果我们考虑通货膨胀的影响，那么汽车、洗衣机、电冰箱和大部分制造类产品也属于这种情况）。如果学习曲线对几百件甚至几千件产品都有效，那么对以后的几百件甚至几千件产品还会继续有效。从另一方面来说，高度自动化系统的学习曲线，其学习率可能近似为1，因为安装系统之后，它们很快就达到了一个稳定的生产水平。

6.3 实际上能学到多少东西

在本节中我们将提出两类"学习者"提高学习率的指导方针——个体和组织。

6.3.1 个体学习

有许多因素影响个体的表现和学习率。记住其中的两个因素：学习率和初始时的水平。为了解释得更清楚些，我们可以比较图6-3中的两条学习曲线。假定这是两个个体完成一项简单的机械检验某件产品的测试时间，这项测试是人事部门用来评估装配线上雇用申请人员的一部分。

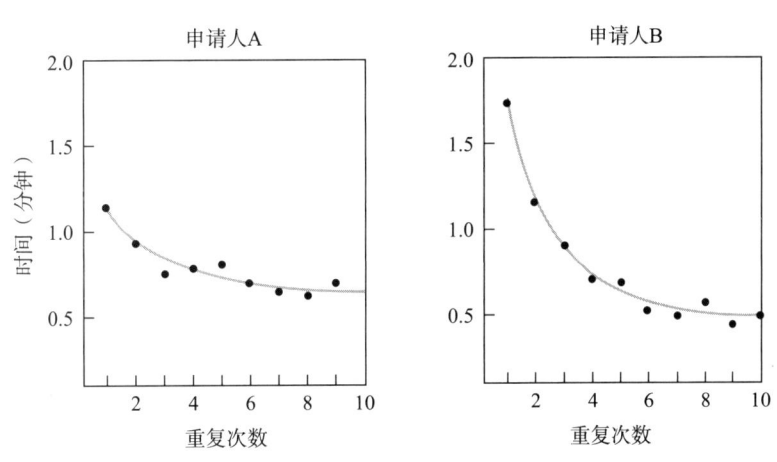

图6-3 两个工作申请人的测试结果

你会雇用哪一个申请人呢？申请人A开始的起始点高但学习速度慢，申请人B虽然起点低，但很明显选择他更好。这说明不仅学习率本身很重要，操作次数也很重要。

为了改善个体的业绩，基于学习曲线的一般指导方针包括：

（1）**合理选择工人**。应采用某些测试以更好地选择工人。这些测试必须对计划好的工作具有代表性：装配类型的工作应该测试工人的灵巧性，脑力劳动类型的工作应

> **关键思想**
> 个体学习在不同员工之间有很大差异。这在估计预期生产率时会带来挑战。

该测试智力能力，前台类型的工作应该测试其与顾客打交道的能力，等等。

（2）**合理的培训**。培训越有效，学习率就越高。

（3）**激励**。除非有报酬，否则基于学习曲线的生产任务很难完成。报酬可以是金钱（个体或团队的激励计划）或与金钱无关的东西（月度杰出雇员称号等）。

（4）**工作专业化**。一般的规律是，任务越简单，学习就越快。应注意由于长期干同一工作所导致的厌烦感是否会对工作产生干扰。如果确实对工作产生了干扰，那么就应对任务进行重新设计。

（5）**一次完成一项或很少的作业**。对于每一项工作，一次只完成一项比同时做所有的工作学习要快。

（6）**使用能够辅助或支持操作绩效的工具或设备**。

（7）**能够提供快速的帮助途径**。当工人获得帮助时，培训的效果就会体现并且能够持续得到体现。

（8）**允许工人协助重新设计他们的工作**。把更多的操作因素考虑到学习曲线的范围中，就能使学习曲线向下倾斜的速度更快。

下面的指南对评估学习率对制造作业任务的影响很有用。这些指南估计了花在体力劳动（如手工装配）上的时间百分比和花在机器控制（如机械加工）上的时间百分比。

- 75%的手工装配/25%的机械加工=80%的学习；
- 50%的手工装配/50%的机械加工=85%的学习；
- 25%的手工装配/75%的机械加工=90%的学习。

6.3.2 组织学习

组织同样需要学习。组织学习对于企业保持竞争优势非常关键。对于个体来说，知识如何获取、如何保存以及这些知识的获取和保存对个体学习产生多大的影响等方面的概念很容易建立。当然，组织学习主要来自所有雇员个体学习的结果，但是一个组织得到的知识还来自它的技术、组织结构、保存的文件以及标准作业流程（SOP）等。例如，随着制造单位的经验越来越丰富，知识就嵌入到用来生产的软件和操作的工具中了。另外，知识也可以嵌入到组织结构中，例如，当一个组织把它的工业工程团队从集中于某一地点的功能组织中转移到员工分散在工厂各地的分散型组织中时，如何提高生产率这些方面的知识将会嵌入到组织结构中。

一组基于特定行业的学习率指南如下所示：

- 航天航空，85%；
- 造船，80%～85%；
- 新模型的复杂制造工具，75%～85%；
- 重复的电子制造，90%～95%；
- 重复的机械制造或冲床操作，90%～95%；
- 重复的电子产品装配（电线和电路板的制造），75%～85%；
- 重复的焊接作业，90%；
- 原材料制造，93%～96%；
- 装配采购的零部件，85%～88%。

有两个原因会使一家公司的学习率与其所在行业的学习率存在很大差异。第一，任何两家公司之间在运营特性上不可避免地存在一些差异，这些差异来自设备、方法、产品设计、工厂组织等。第二，在估计学习率本身时，估计方法方面的差异也是很明显的，如基于单一产品还是基于一条产品线进行估计，以及数据收集的方式，等等。

利用学习曲线的一些考虑

管理者在应用学习曲线时应当考虑以下几个因素。

（1）**个体学习和激励**。大量研究表明一个事实：为了提高员工的学习，必须对员工和组织有足够的激励（然而，应当指出，激励的概念可以扩大至包括经理人可用的各种正面或负面的管理决策）。

（2）**新工作与老工作的学习**。工作越新，员工的工作时间和成本的提升也越明显。相反，当生产已经持续了较长的时间时，这种提升就难以察觉。比如，80%的学习曲线区域，第一年和第二年之间的提升达到20%。然后，如果已经生产了50年，假定每年的产量是恒定的，那么将要再耗费50年来减少20%的劳动时间。

（3）**提升来自更聪明地工作，而不是更努力地工作**。对于个体员工，必须通过激励来鼓励员工，大多产量的提升来自采取更好的方法和更有效的支持系统，而不是简单地提升员工努力程度。

（4）**确立明确的目标而不只是建议实现这一目标**。如果管理者希望能有80%的提升，他应当将这一比例作为一个目标而不是实际学习的度量。简而言之，它可能是"自我满足的预言"。然而，这不是一定不可取的。设立一个改进因子目标并不断努力控制产量来实现这一目标又有什么不对呢？

（5）**预生产与后期生产调整**。学习曲线的学习量取决于最初的产出量和学习率。如果有足够的生产计划、实验和调整，最初单位的生产将要比最初几个单位的生产更加迅速——其他条件相同。即使之后的"实际"学习都是一样的，但在第一种情况下，表面上的学习要比第二种情况少。

（6）**间接劳动力和监管的变化**。学习曲线表示了直接劳动力产出，但是如果间接劳动力和监管发生变化，直接劳动力的产量可能会受到影响。例如，我们想着监工、修理工和材料管理人员越多产量会越高，然而，这些人员的减少会减缓产量的下降。

（7）**采购、方法和组织结构的变化**。很明显，这些因素大的调整都会影响产出率和学习曲线。同样地，预防机制措施、零次品措施和其他计划都是为了提升效率或产品质量，这对学习现象都已有一定的影响。

（8）**合同临近结束的影响**。虽然不是与所有合同都相关，但学习曲线在合同将要完成时会上升。这也许是由于将受过训练的员工安排到其他项目中、磨损的工具不可替换、对管理效率的关注降低。

本章小结

6-1 理解什么是学习曲线以及它是如何应用的

总结

- 学习曲线表示单位产品生产时间与所生产的产品总数量之间的关系。
- 学习曲线可用来计算产品生产的时间和估算成本。
- 它对大规模、资本和劳动密集型产品尤其有用，如飞机。
- 学习曲线的基本思想就是当产量翻倍时，生产单位产品的时间会减少固定的比例。
- 人们重复一个过程和获得技能都是学习的提升，学习也可能是由公司管理、设备和技术以及产品设计导致的。

关键术语

学习曲线：显示单位生产时间与生产单位累计数量关系的曲线。

个体学习：当人们重复一个过程并从自己的经验中获得技能或效率时产生的改进。

组织学习：由经验以及管理、设备和产品设计的改变而带来的改进。

6-2 绘制和分析学习曲线

总结

- 可以利用图表或数学公式来分析学习曲线。
- 当电子表格无法使用时，学习曲线可以用来简化计算过程，这时使用一个计算器就可实现。
- 最常见的计算是估计将来生产一个单位产品的时间和生产某个确定数量的产品所需要的累计时间。

关键公式

$$Y_x = Kx^n \qquad (6\text{-}1)$$

6-3 比较不同行业中学习有什么影响

总结

- 实际上，个人学习可以通过对求职者的简单测试进行估算。不同类型的任务有不同的学习率。
- 期望组织学习率与行业相关。如果一家公司能够比其他公司保持较高的学习率，它就可能会有明显的竞争优势。

应用举例

6-2

例 1

假设你正在测试求职者能否胜任一条装配线上的工作。管理部门认为，在操作 1 000 次后大体上就可以达到稳定状态。预计普通装配工人在 4 分钟内完成该任务。

a. 如果求职者第 1 次的操作时间为 10 分钟，第 2 次的操作时间为 9 分钟，那么是否应该雇用这个求职者？
b. 该求职者第 10 次操作的预期时间为多少？
c. 这一分析的主要限制是什么？

解答

a. 学习率 = 9/10 = 90%。

由表 6-2 可知，第 1 000 次操作所要求的时间为 0.349 9×10 = 3.449（分钟），因而应该雇用这个求职者。

b. 由表 6-2 可知，在学习率为 90% 时，第 10 次操作的改进因子为 0.704 7，因此第 10 次操作的预期时间为 0.704 7×10 = 7.047（分钟）。

c. 对雇用工人绩效的估计需要收集更多的数据。

例 2

波音公司收集了它生产的前 8 架新的商务喷气式飞机的成本数据。

a. 估计新商务喷气式飞机的学习曲线。
b. 估计前 1 000 架喷气式飞机的平均生产成本。
c. 估计第 1 000 架喷气式飞机的生产成本。

单位数	成本（百万美元）	单位数	成本（百万美元）
1	100	5	60
2	83	6	57
3	73	7	53
4	62	8	51

解答

a. 首先，通过计算每个双倍产量的平均学习率估计学习率：

第 1 架～第 2 架 = 83/100 = 83%
第 2 架～第 4 架 = 62/83 = 74.7%
第 4 架～第 8 架 = 51/62 = 82.26%
平均 =（83 +74.4 + 82.6）/3 = 80%

b. 从表 6-3 可以估计出前 1 000 架飞机的平均成本。在学习率是 80% 的情况下，第 1 000 架飞机的改进因子是 158.7。前 1 000 架飞机的制造成本是：

100×158.7 = 15 870（百万美元）

前 1 000 架飞机的平均制造成本是：

15 870/1 000 = 15.9（百万美元）

c. 用表 6-2 估计第 1 000 架飞机的制造成本。在学习率是 80% 的情况下，第 1 000 架飞机的改进因子是 0.108 2。生产第 1 000 架飞机的成本是：

100×0.108 2 = 10.82（百万美元）

讨 论 题

6-1

1. 下列一些企业中的专家将如何应用学习曲线：会计、市场调研员、经济分析员、人力资源经理和计算机程序员？
2. 学习曲线与生产率有什么关系？
3. 学习曲线与能力分析有什么关系？
4. 你认为学习曲线分析在服务行业（如餐馆行业）是否适用？为什么？

6-2

5. 正如本章所示的那样，某个给定的系统的学习效果会随着时间逐渐变弱。从系统生命周期内的某一点开始，学习效果不断降低，但这种学习依然存在。除了那一点，是否还能够显著减少单位产品的生产时间？怎么样才能实现？
6. 学习曲线已经被证明在实际中是广泛适用的。当一家公司为一个过程建立了学习率时，它就可以利用其来预测系统未来的绩效。自最初建立以后，什么时候才会重新评估过程的学习率？
7. 作为经理，你会喜欢哪一种学习率（其他的情况相同），是 110% 还是 60%，为什么呢？

6-3

8. 人力资源管理策略是否会对公司可能达到的学习率产生很大影响？

9. 某制造商的学习率达到 90%。最近他发现一个竞争者的学习率达到了 85%。你对此有什么想法？

10. 如果顾客的订单为 10 000 件，一次全部生产并交付与每批生产 2 500 件分 4 次交付有什么区别？

客观题

6-1

1. 公司 A 在其运营过程中的学习率达到了 85%，公司 B 的学习率达到了 80%。哪家公司的学习效果明显？

2. 公司 Z 刚开始制造一种从未生产过的新产品。目前已经完成了 2 件产品。第一件花费了 12 小时，第二件花费了 11 小时。仅根据这些信息，该过程的学习率估计有多少？

3. Omega 技术公司正制造一种用于大型研究学院的超级计算机。目前已经完成了第一件，花费了 120 单位的劳动时间。基于以往经验，它估计学习率有 80%。完成第二件产品的期望劳动时间有多少？

6-2

4. 假设你刚完成生产 10 件重要产品的试生产任务，并发现每一件的操作时间如下表所示。

件数	时间（小时）	件数	时间（小时）
1	970	6	250
2	640	7	220
3	420	8	207
4	380	9	190
5	320	10	190

a. 根据采集的数据，估计学习率为多少？

b. 基于问题 a，再生产 190 件需花多少时间？（假定学习能力不会丧失。）

c. 生产第 1 000 件需要多少时间？

5. 作为星云航空公司（Nebula Airframe Company）合同的谈判者，杰克·辛普森（Jack Simpson）最近要为一政府合同定价。根据从最初生产的 3 件产品中收集到的数据（这 3 件是按研究和开发合同生产的），他发现生产第一件需 2 000 小时，生产第二件需 1 800 小时，生产第三件需 1 692 小时。

如果合同中要求再生产 3 件，那么辛普森计划完成此任务需花多少劳动时间？（答案见附录 D。）

6. 激光技术公司（LTI）已经生产了 20 个高能激光系统，这些系统可以用来摧毁敌人的任何正在靠近的导弹或飞行器。已经生产的 20 个，其资金部分来自 LTI 调研和开发部，其他大部分来自美国国防部（DOD）。对此激光产品的测试表明，这些系统是有效的防御武器，通过重新设计以增强其可移动性，该系统防御能力将会更强。DOD 要求提交生产 100 个高能激光系统的定价。LTI 目前已生产的 20 个系统，按其生产顺序成本列表如下。

件数	成本（百万美元）	件数	成本（百万美元）
1	12.0	11	3.9
2	10.0	12	3.5
3	6.0	13	3.0
4	6.5	14	2.8
5	5.8	15	2.7
6	6.0	16	2.7
7	5.0	17	2.3
8	3.6	18	3.0
9	3.6	19	2.9
10	4.1	20	2.6

a. 基于以前的经验，学习率为多少？

b. 假定"学习"过程持续下去，LTI 应该为 100 件的订单提交的定价是多少？

c. 依据你估计的学习率，生产最后一件的预期成本是多少？

7. 约翰逊公司收到一份开发和设计 4 套高密度长距离接收器/发射器的订单。生产第一套需 2 000 小时，购买和生产零部件花费 39 000 美元；生产第二套需 1 500 小时，购买和生产零部件花费 37050 美元；生产第三套需 1 450 小时，购买和生产零部件花费 31 000 美元；生产第四套需 1 275 小时，购买和生产零部件花费 31 492 美元。

要求约翰逊公司为再生产 12 套接收器/发射器协议出价。忽略任务遗忘因素的影响，约翰逊公司估计它再生产 12 件所需时间和零部件成本各为多少？（提示：该题中有两条学习曲线，一条用于生产一套所需的小时数，一条用于零部件。）

8. 兰达计算机公司通过竞争得到一份生产两台新型计算机的合同。

兰达公司生产第一台计算机需 5 000 小时，所需的原材料、设备使用和供应费为 250 000 美元；生产第二台需 3 500 小时，所需的原材料、设备使用和供应费为 200 000 美元。工人工资为 30 美元/小时。

a. 当完成第二台时，顾客要求为再生产 10 台定出价格。生产将立刻开始，定价应为多少？

b. 假定两个协议之间的时间间隔很长。在这段时间里，人员和装备被重新安排了其他任务。解释这将对后一次定价产生什么影响？

9. 本田汽车公司（Honda Motor Company）发现某汽车生产线上的旧系统中存在问题，为了达到政府规定的安全性要求，该公司已同意做出必要的改进。依据公司的标准程序，每一次维修完成之后都要给经销商支付适当的费用。

本田公司为确立一个适当的补偿金额以支付经销商，决定随机抽取一批技工并观察他们的绩效和学习率。分析说明平均学习率为90%，本田公司决定每维修一次支付60美元（=3小时×20美元/小时）。

西南本田公司（Southwest Honda）已经就费用问题向本田汽车公司抱怨。6名分别独立工作的技工每人已完成两次维修工作，他们第一次完成的时间平均为9小时，第二次完成的时间平均为6.3小时。除非本田汽车公司答应每次完成时间至少为4.5小时，否则西南本田公司将拒绝继续干下去。需改进的维修量估计为300辆。

你如何评价本田汽车公司的支付率和技工的表现？

10. 联合研究协会（United Research Associates，URA）接到一份生产两个新型巡航导弹导向控制装置的订单。完成第一个需花4 000小时，原材料和装备使用成本为30 000美元；完成第二个需花3 200小时，原材料和设备使用成本为21 000美元。劳动力成本为18美元/小时。

主要的订约人现在已经到达URA，并且要求URA提交再生产20个导向控制装置的成本价。

a. 生产最后一个导弹导向控制装置的成本是多少？
b. 生产20个导弹导向控制装置的平均时间为多少？
c. 生产协议中20个导弹导向控制装置的平均成本是多少？

6-3

11. 什么类型的系统最有可能有一个更好的学习效果，是拥有高度自动化设备的企业还是劳动密集型企业？
12. 哪一个行业有更好的学习效果：一个重复制造的电子制造业还是一个大型复杂产品，如船舶制造行业？
13. 判断对或错：组织学习仅来员工的个体学习。
14. 一家公司测试了申请同一工作的两位申请人的技巧。他们发现申请人A的学习率比B要高。他们应该想当然地就雇用A吗？

练习测试

写出以下每个语句定义的术语或回答问题，答案见底部。

1. 表示单位产品生产时间与所生产的产品总数量之间关系的曲线。
2. 人们重复同一过程并从自己的实践经历中获得了技能且得到效率的提高。
3. 来源于管理、设备和产品设计等方面的提高。
4. 假设学习率是80%。如果第4个单位产品的生产耗时100小时，那么第16个单位产品的生产需要多长时间？
5. 在以对数坐标刻度的图上绘制的学习曲线的形状。
6. 学习曲线的学习率可能近似为1的系统。

答案：1. 学习曲线 2. 个体学习 3. 组织学习 4. 64小时 5. 一条直线 6. 高度自动化的系统

PART 2

第二篇

制造与服务流程

第 7 章　制造流程
第 8 章　设施布置
第 9 章　服务流程
第 10 章　排队分析与仿真
第 11 章　流程设计与分析
第 12 章　六西格玛质量管理
第 13 章　统计质量控制

制造与服务流程

　　本书第二篇主要关注各种业务流程的设计和分析。你是否经历过在一家商店排长队，而在另外一家却不用排队的情况呢？不论是提供商品还是服务，服务好顾客的关键，都是要有一个好的流程。

　　企业还应当树立质量观，并将其融入流程之中。在实际中，质量和流程效率是高度相关的。你曾经是否因为第一次没做好某件事而又重新做一次？本篇就讨论制造业和服务业中的这些问题。

第 7 章

制造流程

学习目标

7-1 了解什么是制造流程；

7-2 解释制造流程是如何组织的；

7-3 分析简单的制造流程。

引导案例

3D 打印：应用这一技术可以使零件制造更好更便宜

3D 打印技术已经存在了几十年，但是它的应用仅限于一些新颖的物品和专门的定制制造，例如为特定人群制作假肢。该技术现在已经改进到这样的程度，即这些打印机可以用耐用的材料，包括陶瓷和金属（如钛和铝）来制造复杂的物体，分辨率达到几十微米的水平。

先进的制造技术对生产率的影响是巨大的。每年，美国制造企业都投入数以百万计的美元将制造厂改造成计算机化的环境，以提高公司的竞争地位。其他主要制造业国家（如德国、日本和韩国）的公司也在进行类似的投资。中国企业是生产力的领导者，因为中国拥有先进的技术和低廉的劳动力成本。

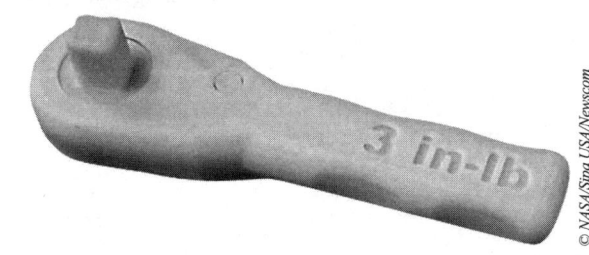

这个棘轮扳手是国际空间站花费大约 4 小时用 3D 打印技术制造的。

7.1 什么是制造流程

本章将讨论生产有形产品的流程。从我们居住的公寓到使用的钢笔，都涉及制造工艺流程的运用。站在一定的高度来看，产品制造可以分为三个简单步骤：第一步是采购所需的零部件，接着就是产品的制造，然后就是把产品交付给顾客。如第 1 章所述，倘若从供应链的角度来看，产品制造是一个复杂的过程，包括承包商向供应商供货、供应商向工厂供货、工厂向仓库供货以及最后的仓库向零售商供货等。根据所制造产品的不同，供应链可能很长，包括遍布全世界的承包商和制造工厂（像汽车制造商或计算机制造商）；供应链也可能很短，零部件的供应以及产品的制造都在当地实现（例如住房的建造）。

如图 7-1 所述，采购阶段是指从一个或多个供应商处购得零部件，制造阶段指的是产品生产，而交付阶段是指产品运往顾客处。根据企业自身的战略及其生产能力和顾客的需求，企业会对上述活动进行合理组织，在寻求成本最小化的同时，满足竞争需求并吸引顾客订单。比如说，对于电视或服装等消费品，顾客希望可以方便地从当地百货商店获得这些产品。这些产品的生产商，它们则需要根据需求预测提前生产，并将产品送到各个零售店作为库存储存下来，直到产品卖出。另一种完全不同的产品是顾客定制化产品，比如军用飞机等。顾客在下达订单时对产品有很明确的要求，因此需要对产品进行设计，然后根据设计来生产。制造商从获得顾客订单到完成订单的时间称作**提前期**（lead time）。飞机制造的提前期可能长达几年，而电视则只有几分钟。

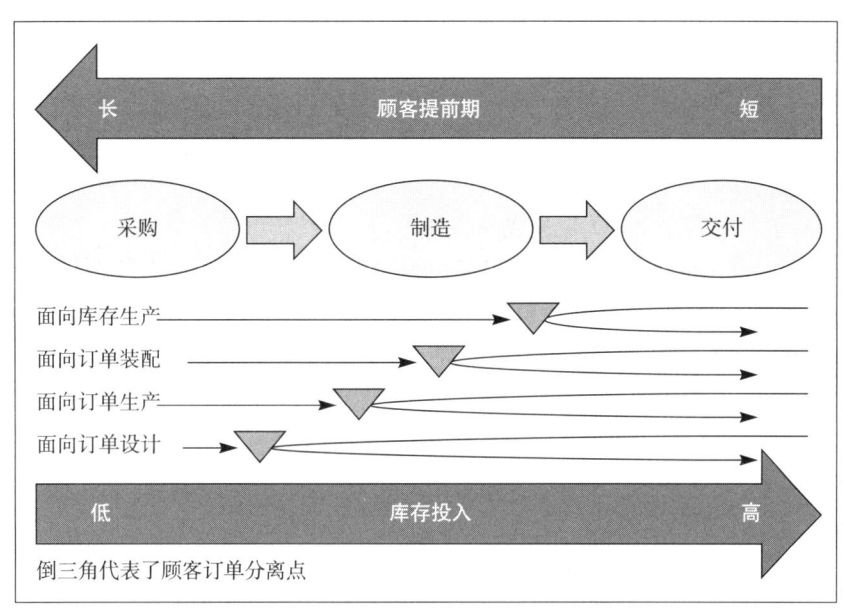

图 7-1　供应链中库存的位置

在制造流程中有一个关键的概念叫**顾客订单分离点**（customer order decoupling point），指库存在供应链中的位置，以使得供应链中的某些过程或者实体可以与运营独立开来。比如说，一个产品如果储存在零售商处，那么顾客就可以从货架上获得产品，而制造者看不到顾客下订单的过程。库存作为缓冲器将客户与生产过程隔离开来。分离点的选择属于战略决策，不仅会决定提前期的长短，而且可以对库存投资产生重要影响。这个分离点离顾客越近，顾客就能越快得到服务。一般来说，对顾客需求的快速响应与更大的库存投入之间存在平衡关系，因为成品库存的成本比原材料库存的成本高得多。成品库存中的产品通常包含生产该产品所需的所有原材料，因此，从成本的角度来看，它包括原材料成本，加上制造成品所需的成本。顾客订单分离点的选择对于理解制造环境是非常重要的。用成品库存来服务顾客的企业称作**面向库存生产**（make-to-stock）型企业。事先生产一些预装模块，然后根据顾客的特定要求来组装预装模块的企业称作**面向订单装配**（assemble-to-order）型企业。那些直接从原材料到零件再到部件，为顾客组装产品的企业称作**面向订单生产**（make-to-order）型企业。**面向订单设计**（engineer-to-order）型企业则与顾客一起进行产品设计，然后从原材料到零件再到部件进行产品生产。当然，许多企业同时提供多种服务模式，也有少数企业会同时使用所有模式。根据制造模式和顾客订单分离点位置的不同，企业会分别关注成品库存、在制品库存（work-in-process，制造过程中的库存）、原材料库存或者供应商处的库存，如图 7-1 所示。

在面向库存生产模式下，满足顾客需求的关键问题就是成品库存持有水平与顾客服务水平之间的权衡。采用这一模式生产的产品有电视机、服装以及袋装食品。如果库存量没有限制，而且免费，那么这个问题就变得很简单。然而实际中没有这种情况。库存增加就会导致成本增加，因此必须对库存水平和服务水平做出权衡。企业可以通过更好地估计（或了解）客户需求、更快的运输替代方案、更快的生产和更灵活的制造来改善这种权衡。因此，一些面向库存生产的企业会采用**精益制造**（lean manufacturing）模式，以在给定库存投入水平下获取更高的服务水平。除了上述提到的权衡，面向库存生产模式关注的焦点是在顾客需要的时间和地点为其提供产成品。

在面向订单装配模式下，企业的主要任务是根据可选组件和选项定义客户的订单，因为库存中包含这些组件。戴尔生产台式计算机的方式就是一个很好的例子。戴尔可以生产的产品组合数几乎达到无穷大（虽然其中有一些组合不可行）。要想成功实施面向订单装配模式，企业需要具备一定的产品设计能力，从而在将零部件和模块组装成最终产品的过程中具有足够的灵活性。与面向库存生产模式相似，许多面向订单装配型企业也采用精益制造思想，从而显著缩短成品装配时间。通过这种方式，企业向顾客交付订单的速度可以变得很快，顾客感觉就像面向库存生产型企业一样。

Latasha Bell，戴尔公司的一位员工正在位于美国田纳西州莱巴嫩市的工厂组装商用台式机。

在面向订单生产模式下，顾客订单分离点从成品移到产品部件，从而帮助企业赢得了许多优势。产品成品种类往往要比其构成组件种类多得多。假如说一台计算机的可选组件有4种处理器、3种硬盘、4种DVD光驱、2种扬声器系统以及4种显示器。如果这17种组件的各种组合都是可行的，那么它们最后可以组装出384种不同配置的计算机。我们可以这样计算：

假设第 i 种组件有 N_i 种选择，那么 n 种组件总共的组合可能（假定都是可行的）就是：

$$组合总数 = N_1 \times N_2 \times \cdots \times N_n \tag{7-1}$$

在此例中即为 $4 \times 3 \times 4 \times 2 \times 4 = 384$。

对17种组件的管理和预测远比384种计算机简单得多。

在面向订单生产和面向订单设计模式下，顾客订单分离点或者在制造商原材料，或者在供应商库存。波音公司的商用飞机制造就是面向订单生产的一个例子。面向订单设计模式区别于面向订单生产模式，因为前者在设计中可以决定所需原材料的类别以及制造过程所需要的生产步骤。有时产品之间的差别会很大，使得某些产品的零件甚至都不能预先订购。这两种模式强调得更多的是对关键资源的管理，比如工程和建造人员，而不是库存。洛克希德·马丁公司的卫星事业部采用的就是面向订单设计的策略。

7.2 如何制定制造工艺流程

流程选择（process selection）指的是选择使用哪种生产流程来生产产品或提供服务的战略决策。以东芝笔记本电脑为例，如果订货量很小，那就可以让一个工人进行手工装配。相反，如果订货量很大，那么就比较适合安排一条装配线。

工厂设施的安排形式取决于工作流程的一般模式，一般有5种基本类型：项目式、工作中心式、制造单元、装配线和连续生产。

在**项目式**（project）布局中，产品（由于体积或重量过大）一般保持在一个固定位置。需要把生产设备搬到产品所在地，而不是把产品搬到设备所在地。建筑工地（住房和桥梁）以及电影摄影基地就是这种形式的一些例子。这种设施中的产品生产通常采用第4章中描述的项目管理技术进行管理。生产点会根据不同的用途分成不同的区，比如原材料存放区、局部装配区、重型设备存放区以及管理区。

在项目式布局中，可以把产品看作车轮的轴，各种原材料和设备都以产品为中心，根据使用及移动的难度摆放在产品的周围。例如，在商用飞机的制造过程中，由于铆钉全程使用，因此会放在靠近机身处或者机身内；大型发动机部件由于只需运到机身旁边一次，因此会被放到一个相对较远的位置；起重机因为使用频繁，就会布置在机身附近。

项目式布局的任务排序经常会很复杂,而任务排序决定了生产过程。如果一个任务的顺序或优先级决定了生产阶段,则可以根据材料的装配优先级来制定项目式布局。这种方法一般应用于有严格生产工艺的大型设备的制造,比如冲床。它们的装配是从地面上开始的,然后不断在原有的基础上加入新的零部件,就像搭积木一样。

工作中心(workcenter)式布局,有时又称作加工车间(job shop),会把相似的设备或者功能集中到一起,比如所有钻床都放在一个区域,而所有冲床都放在另一个区域。根据预先设定的加工程序,一个零部件需要从一个工作中心转移到另一个工作中心,以便在相应的机器处被加工。

工作中心式布局中一个重要原则就是物料搬运的最优化。一个工作中心就被看成一个部门,只专注于一种操作,比如钻孔工作中心、磨削工作中心以及涂装工作中心。例如,生产小批量玩具的工厂可能有收发货中心、塑料铸模中心、冲压中心、金属成型中心、缝纫中心以及喷漆中心。玩具的各个部分在各工作中心进行加工,然后再送往装配中心进行组装。在这种情况下,最佳的布局就是把相互之间有大量物料运输的工作中心安排在一起。

制造单元(manufacturing cell)布局是指一种专用区域,用来加工有着相似工艺要求的产品。这些单元只能加工特定的一些工艺,而且能加工的产品类型也有限。一家企业可能会在一个产区内设置多个制造单元,每个制造单元只加工一种或一组相似的产品,而且一般来说加工批量较少。这些单元一般都根据顾客当前的需求进行"按需"生产。

一个制造单元内会放置各种不同的机器,用以加工形状或工艺相近的产品。制造单元在金属加工、计算机芯片生产以及装配工作中有着广泛应用。

装配线(assembly line)的加工流程是根据产品所需的生产步骤安排的。这些生产步骤可以保证装配线具有一定的生产效率。在实际中,其中各个零件按直线流动。根据产品生产的程序,各个离散的产品按照控制好的速率从一个工作站移到另一个工作站。这样的例子包括玩具的组装、电器和汽车的装配。这种布局通常应用于大批量专用流程生产。

装配线上各步骤执行的区域称作工作站(stations)。通常各个工作站之间通过物料传送设施相连,而且每个工作站的加工时间都受到控制,有特定的工作节拍。我们现在不对装配线的设计进行详细展开,本章下一节将专门讲装配线的设计,装配线在制造业中的应用非常广泛。连续生产,又叫流水作业,与装配线相似,只是其流程中的产品是连续流动的。通常,连续生产中的产品是液体或化学品,实际上它们的确在系统中"流动",这也是"流水作业"这个词的由来。汽油

项目式布局

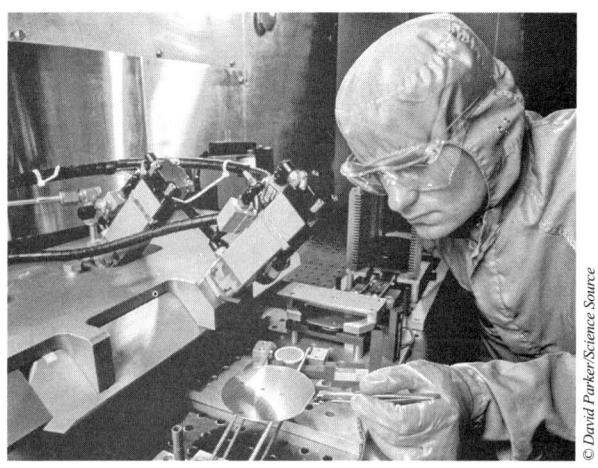

工作中心式布局

制造单元

资料来源:Official US Navy photo.

精炼厂就是流水作业的一个很好的例子。

连续生产（continuous process）与装配线相似，都是按预先设定的顺序生产，但生产像流水一样是连续的而不是离散的。这种生产模式一般是高度自动化的，实际上，它构成了一台集成的"机器"，可以一天24小时运转，从而避免因为启动和停机带来的成本。石油、化学品和药品的转化和加工是很好的例子。

这几种工艺结构形式之间的关系一般通过**产品-工艺矩阵**（product-process matrix）来描述，如图7-2所示。这个矩阵有两个维度，其中一个维度与某个产品或某组标准化产品的产量相关。纵轴上的标准程度指的是所生产产品的差异性。这种差异性可以从形状和材料等方面来测量。标准化产品的制造工艺具有较高的相似度，而非标准产品则需要不同的加工工艺。

装配线

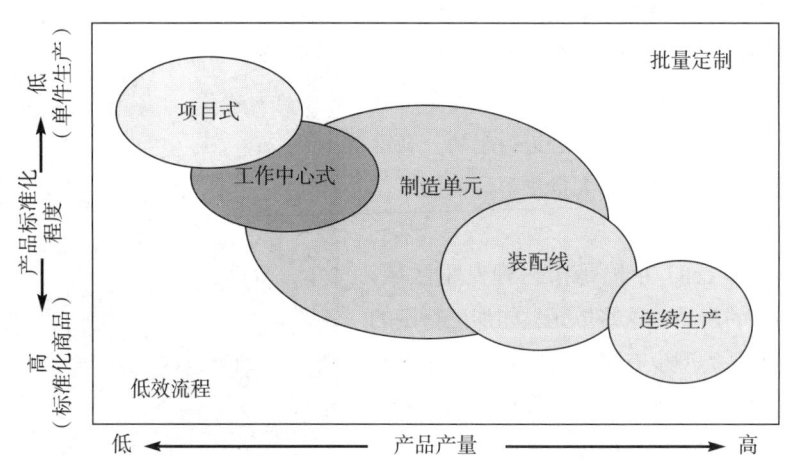

图7-2　产品-工艺矩阵：布局战略的框架

从图7-2中可以看出，各种工艺结构的排列几乎刚好在矩阵的对角线上。一般而言，我们可以认为沿对角线设计工艺是理想的。比如说，如果我们所生产的产品是非标准产品，而且产量相对较低，那么就比较适合采用工作中心的形式。对于标准化程度高、产量高的产品（商品），就应当采用装配线或连续生产的形式。如今随着制造技术的不断进步，我们会发现各个工艺流程形式在产品-工艺矩阵上的跨度也在变大。例如，制造单元的运用范围很大，成为许多制造工程师最喜欢采用的一种方式。

盈亏平衡分析

流程对专用设备的选择通常要基于成本平衡分析，还需要对设备的专用化程度进行权衡。专用化程度不高的设备又叫"万能设备"，可以通过适当的设置实现各种加工。与万能设备相反，专用化程度高的设备叫"专用设备"，可以实现一些特殊功能。举个例子，如果我们要在某金属上钻一个孔，可以选择手摇钻这种万能型设备，还可以选择钻床这种专用设备，只要经过恰当的设置，钻床就可以比手摇钻更快地钻孔。因此我

一个连续生产的例子

们就需要在设备成本（手摇钻很便宜，而钻床很贵）、准备时间（手摇钻的准备时间很短，而钻床的准备需要一定时间）以及每单位产品的生产时间（手摇钻的加工时间长，而钻床的加工时间短）之间做出权衡。

盈亏平衡分析是工艺或者设备选择的一种标准方法。盈亏平衡表可以清楚地反映不同生产或销售数量下的收益与损失。这样的选择显然依赖于对需求的预测。当工艺或设备占用大量初始投资和固定成本，并且可变成本的大小与产品数量成比例时，这种方法非常适用。

例7-1 盈亏平衡分析

假设一个生产厂商想获得一种机械零部件，有以下几种选择：以单价200美元的价格购买这批零部件（包括原材料）；在一台半自动数控车床上加工这种零部件，每个价格为75美元；或者在加工中心生产这批零部件，每个价格为15美元。若采用购买方式，固定资产损耗可以忽略不计；一台半自动数控车床的价格为80 000美元；建造一个加工中心需要花费200 000美元。

每种选择的总成本如下

$$购买成本 = 200 \times 需求量$$
$$数控车床加工成本 = 80\,000 + 75 \times 需求量$$
$$加工中心加工成本 = 200\,000 + 15 \times 需求量$$

解答

只要收益函数维持线性关系，用成本最小化或利润最大化的方法来解决这个问题在本质上是相同的。图7-3显示了每种方案的盈亏平衡点。如果预期需求超过2 000件（A点），选择加工中心是最优的，因为这样总成本最少。当需求介于640件（B点）和2 000件之间时，采用半自动数控车床最节省成本。如果需求低于640件（介于原点和B点之间），最经济的方法是外购。

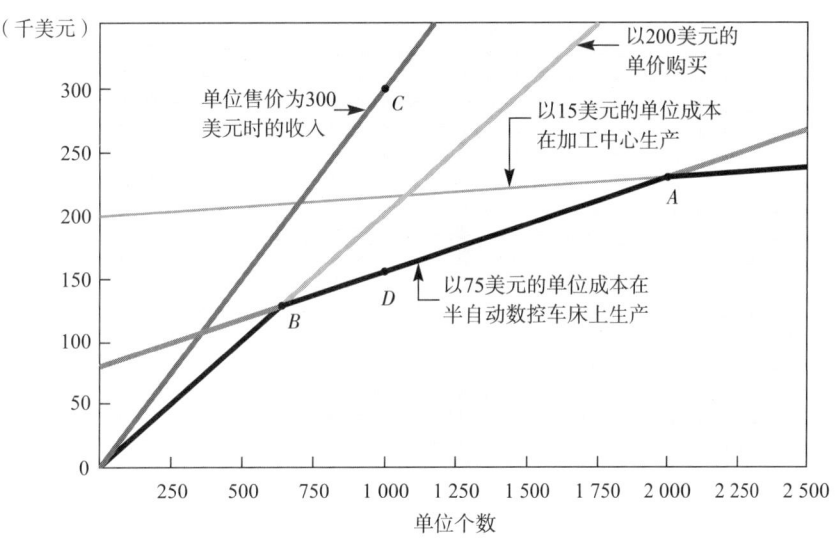

图7-3 可选方案的盈亏平衡图

盈亏平衡点A的计算：

$$80\,000 + 75 \times 需求量 = 200\,000 + 15 \times 需求量$$
$$需求量（A点） = 120\,000 \div 60 = 2\,000（件）$$

盈亏平衡点B的计算：

$$200 \times 需求量 = 80\,000 + 75 \times 需求量$$
$$需求量（B点） = 80\,000 \div 125 = 640（件）$$

考虑收入的影响，假设这种零部件的价格为每个300美元。如图7-3所示，利润（或亏损）可以用收入线和成本线之间的距离来衡量。例如，在 1 000 个单位这一点，利润位于 300 000 美元收入（C 点）和采用半自动数控机床生产的 155 000 美元成本（D 点）之间。对于这个需求量，采用半自动数控机床生产是最优的。按照成本最小化或利润最大化的原则进行最优选择，则是这几条直线的最低部分：从原点到 B 点，再到 A 点，以及 A 点向右的这条射线，如图中的黑线所示。

7.3 生产工艺流程设计

生产工艺流程设计是一种评估方法，用来分析原材料、零部件和半成品在工厂中的转化过程。工艺流程规划和设计的常用工具有装配图、装配表、路径表和流程图。这些图表是很有用的分析工具，可以用来改进生产系统稳定状态下的运营水平。生产系统分析的第一步就是使用上述一种或者几种工具绘制流程与操作，形成制造系统中的"组织图"。

装配图（见图 7-4）显示出产品各个零部件的分解示意图。装配表（见图 7-5）利用装配图信息确定零部件的装配方法和装配顺序，以及全部的物料流动模式。顾名思义，路径表（见表 7-1）详细说明了每一个零部件的作业和工艺路径，其中的信息包括：所需设备的类型、工装夹具以及完成作业所需的操作。

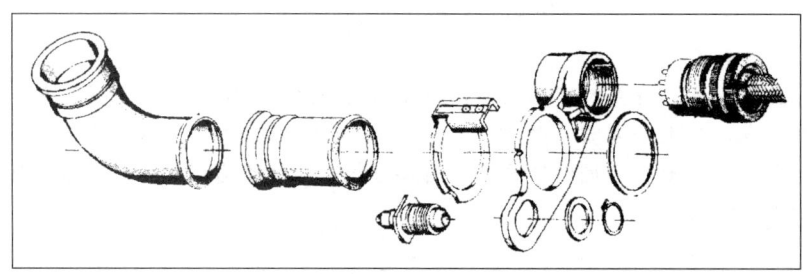

图 7-4　插栓装配图

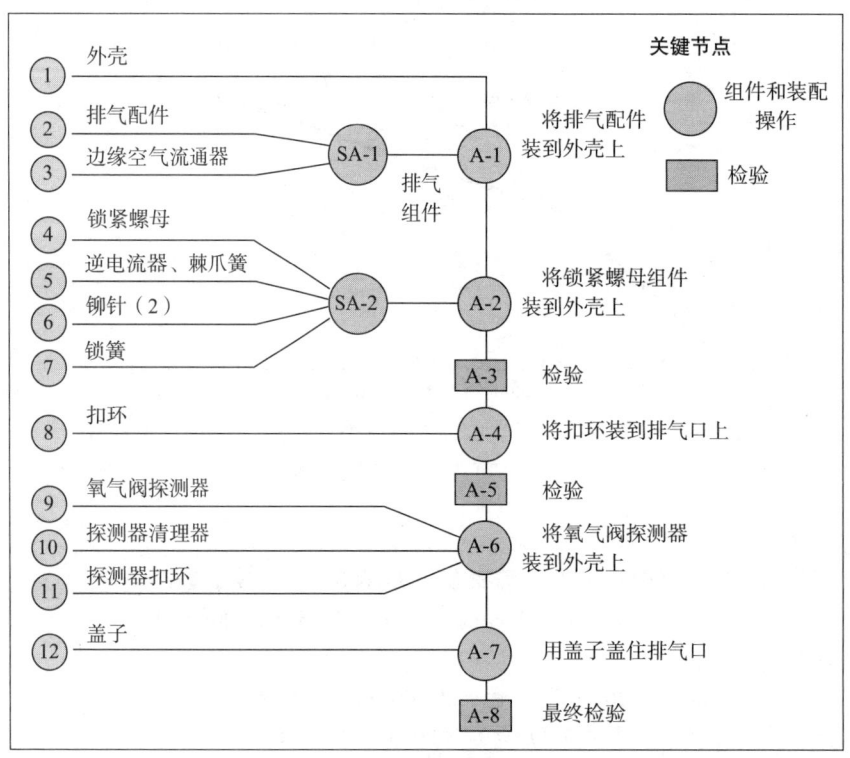

图 7-5　插栓装配图详解

表 7-1 插栓装配路径表

物料规格 _____	零件名称：__插拴外壳__	零件号：__TA 1274__
库存量 _____	用途：__插拴装配__	下达日期：_____
Pcs. 型号 _____	装配号：__TA 1297__	提供日期：_____
重量 _____	子装配号：_____	下达命令部门：_____

操作号	操作描述	部门	机器	调整时间	Rate pc. Hr.	工具
20	钻孔 $0.32^{+0.015}_{-0.005}$	钻孔	机器 513 钻孔	1.5	254	钻孔装置 L-76 jig# 10393
30	清理毛刺孔的直径 $0.312^{+0.015}_{-0.005}$	钻孔	机器 510 钻孔	0.1	424	多齿清理毛刺工具
40	削角 0.09/875. 口径 0.878/0.875 直径（双孔）口径 0.760 0/0.762 5 直径（单孔）	车床	机器 D 109 车床	1.0	44	Ramet-1, TPG 221，削角工具
50	出钢口设计为 1/4 min. 全螺纹	刻螺纹	机器 517 刻螺纹机	2.0	180	夹具 #CR-353 攻螺纹 4 flute sp.
60	钻孔直径 1.33～1.138	车床	H & H E107	3.0	158	L44 哈特福德夹具
						大型间隔装置 pl.#45 支架 #L46
						FDTW-100，插入 #21 夹具
70	整体清理毛刺两边为 0.005～0.010，人工推进直至停机	车床	E162 车床	0.3	175	CR #179 1327 RPM
80	键槽拉刀，清理螺纹毛刺	钻孔	机器 507 钻孔	0.4	91	B87 夹具, L59 螺纹钻, 0.875120 G-H6
90	螺纹磨刀编号 0.822/0.828	磨光	研磨机	1.5	120	
95	磨刀 0.760 0/0.762 5	磨光	研磨机	1.5	120	

工艺流程图（见图 7-6）说明了产品的处理过程。对于工艺流程图，我们将在第 11 章中讲述。分析某个生产运营流程的重点是识别其中可以减少或去除的活动，例如生产中的运输和存储活动。通常来说，运输、等待和存储的次数越少，流程就越好。

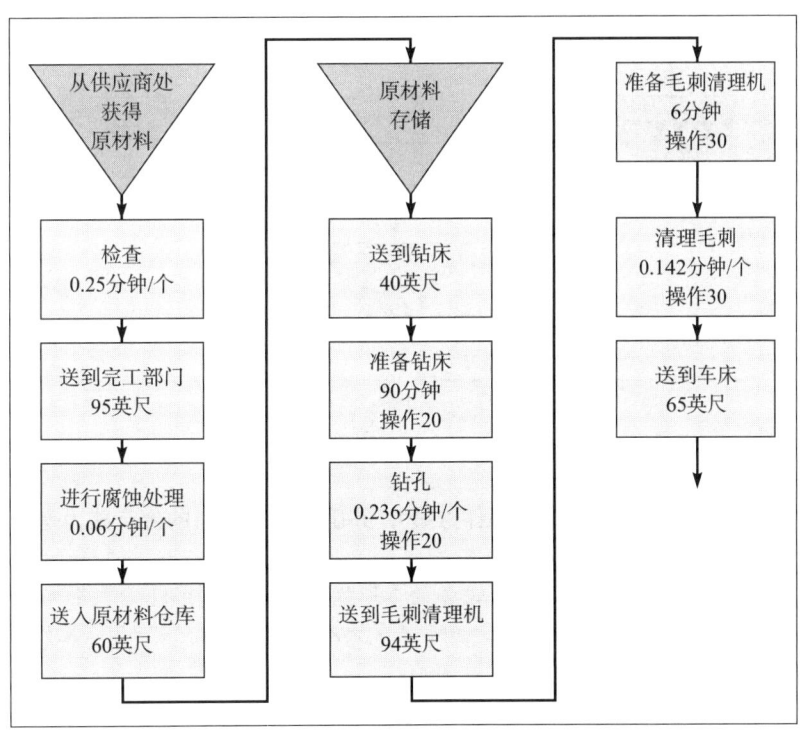

图 7-6 火花塞装配工艺流程图（部分）

例7-2 制造工艺分析

一道工序通常由以下几部分组成：①一系列作业；②连接作业的物流和信息流；③物料、信息的存储。

1. 在一定程度上，工序中的每一项作业都在完成输入向所期望输出的转换。
2. 工序中的流由物流和信息流组成。物流指产品从一项作业转换到下一项作业。信息流帮助确定在前一项作业中完成了多少转换，以及当前作业还剩下什么需要完成。
3. 当既无作业正在进行，又无须转移时，工件必须存储。等待下一项作业的存储中的工件通常称为"在制品"。

工艺分析包括调整生产能力和平衡工艺中的不同环节，在有限资源条件下实现产出最大化和成本最小化。假设一家公司为几家大型汽车厂提供部件。该部件在某条装配线上以每小时150个的速度生产，这条装配线上共有15名工人，每人每天工作8小时。以团队计件制支付工人工资，每生产一个完全合格的部件，报酬是0.3美元，工人均分报酬。管理者认为若有必要，可再雇用15名工人，增加一个班次。

最后一道装配工序所需的零件来自两个部门，其中一个非常关键的部件由铸造部门完成，其他部件则由外部供应商提供。有11台机器负责铸造这一关键零件，但是根据以往的经验，任何既定时间内都有一台机器处于检查或维修的状态。每台机器都需要一个专职操作工。每台机器每小时可以生产25个零件，每名操作工加工一个合格品的报酬是0.2美元。如果加班，工资将会上升50%，也就是每个零件0.3美元。铸造工人的人数不固定；目前只有6名工人在工作，但是公司的劳动力储备中还有另外4名工人。每个零件的原材料成本是10美分；根据财务部门的具体分析，完成每个零件所耗电费为0.02美元。从外部供应商处购买的其他零件成本是每件30美分。

生产在租借的厂房中完成，每周需要支付租金100美元。管理成本、维护成本和文员工资每周为1 000美元。财务部门核算的设备折旧费为每周50美元。

以下流程图描述了这一工艺。矩形表示工作，三角形表示存储（库存）。

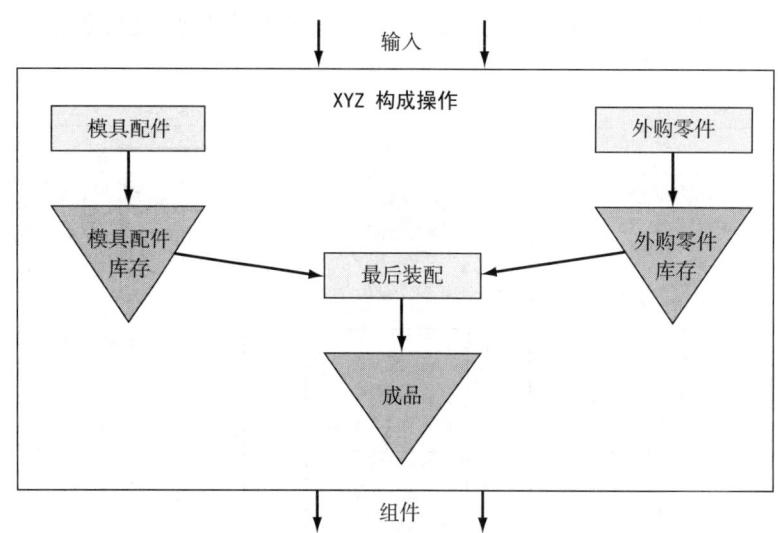

解答

a. 确定整个工序的生产能力（每周生产的零部件数量），并确定所有工序的生产能力是否均衡。

铸造工序的生产能力：

铸造工序中只需要6名工人，每名工人是一台设备的专职操作工。因此，11台机器中只有6台同时运转。

$$铸造生产能力 = 6台机器 \times 25个/(小时 \cdot 台) \times 8小时/天 \times 5天/周 = 6\,000(个/周)$$

装配工序的生产能力：

$$装配生产能力 = 150个/小时 \times 8小时/天 \times 5天/周 = 6\,000(个/周)$$

因为这两项工序的生产能力均为每周6 000个，因此是均衡的。

b. 如果铸造工序需要 10 台机器而不是 6 台，保持最终装配能力不变，整个工序的能力会如何变化？

10 台机器的铸造能力：

$$铸造能力 = 10 台机器 \times 25 个/(台 \cdot 小时) \times 8 小时/天 \times 5 天/周 = 10\,000（个/周）$$

由于最终的装配任务没有改变，装配工序的生产能力仍然维持每周 6 000 个。因此，即使铸造能力为每周 10 000 个，整个工艺的生产能力仍然为每周 6 000 个，因为从长期来看，整体生产能力不可能超过最慢作业的生产能力。

c. 如果公司在装配作业中启动第二个 8 小时班次，新的生产能力又会如何？

在装配作业中再增加一班：

如前面的计算，铸造能力为每周 10 000 个。

$$装配能力 = 150 件/小时 \times 16 小时/天 \times 5 天/周 = 12\,000（个/周）$$

现在，即使装配能力提高到每周 12 000 个，整体生产能力仍然维持每周 10 000 个，因为现在最慢的作业是铸造工序，其生产能力为每周 10 000 个。因此，从这里我们可以看出，一项工序的生产能力并非固定不变，它取决于要素的可用性和作业的顺序。实际上，它还取决于其他几项这里未提及的因素。

d. 确定当生产能力为：①每周 6 000 个；②每周 10 000 个时，每个产品的生产成本。

①当产出为每周 6 000 个时的单位生产成本。

首先，我们计算一周生产 6 000 个部件的总成本。

名称	计算	成本（美元）
铸造原材料	0.1 美元/个 × 6 000 =	600
外购部件	0.3 美元/个 × 6 000 =	1 800
用电	0.02 美元/个 × 6 000 =	120
铸造工人工资	0.2 美元/个 × 6 000 =	1 200
装配工人工资	0.3 美元/个 × 6 000 =	1 800
租金	100 美元/周	100
管理费	1 000 美元/周	1 000
折旧	50 美元/周	50
总成本		6 670

$$单价成本 = \frac{每周总成本}{每周生产总数} = \frac{6\,670}{6\,000} = 1.11（美元/个）$$

②当产出为每周 10 000 个时的单位生产成本。

下一步，我们计算一周生产 10 000 个部件的总成本。

名称	计算	成本（美元）
铸造原材料	0.1 美元/个 × 10 000 =	1 000
外购部件	0.3 美元/个 × 10 000 =	3 000
用电	0.02 美元/个 × 10 000 =	200
铸造工人工资	0.2 美元/个 × 10 000 =	2 000
装配工人工资	0.3 美元/个 × 10 000 =	3 000
租金	100 美元/周	100
管理费	1 000 美元/周	1 000
折旧	50 美元/周	50
总成本		10 350

$$单价成本 = \frac{每周总成本}{每周生产总数} = \frac{10\,350}{10\,000} = 1.04（美元/个）$$

可以看出，将固定成本分摊到更多的产品上，可以降低单位成本。

在本书中，许多生产决策都采用这种工艺分析的计算方法。

本章小结

7-1 了解什么是制造流程

总结
- 制造流程是为了制造有形的产品。
- 这一流程大体可以分为三个步骤：①采购所需的零部件；②产品的制造；③把产品交付给顾客。
- 为实现每道工序的独立运营，在这些流程中就会产生库存。制造流程中的库存所在地称为库存缓冲点。
- 这些库存缓冲点所处的位置对服务顾客的速度有一定的影响，也对响应消费者的特定需求和其他相关交易的灵活性有一定影响。

关键术语
提前期：从接到顾客订单到完成交货的时间。
顾客订单分离点：决定库存的位置，以使得某些操作或者实体在供应链中的运行能够独立开来。
面向库存生产：用成品库存"按需"向客户提供服务的一种生产方式。
面向订单装配：事先生产一些预装模块，然后根据特定的客户订单组合在一起的一种生产方式。
面向订单生产：从原材料到零件再到部件，为顾客组装产品。
面向订单设计：产品的设计和原材料以及组成零件的购置都专门针对顾客订单来进行。
精益制造：用最低水平的库存来实现高质量的顾客服务。

关键公式

$$组合总数 = N_1 \times N_2 \times \cdots \times N_n \quad (7-1)$$

7-2 解释制造流程是如何组织的

总结
- 制造布局是根据产品属性、满足需求的生产量和设备成本来设计的。
- 流程类型选择在产品-工艺矩阵中有所描述，显示了与产品数量和产品标准相关的流程类型。
- 盈亏平衡分析有助于在成本分析的基础上选择设备。

关键术语
项目式布局：一种保持产品位置不动，通过移动设备来完成产品生产的布局方式。
工作中心：通常被称为加工车间，适用于各种非标准化产品的小批量生产的工艺结构。工作中心有时也被称为部门，主要专注于特定类型的操作。
制造单元：生产一组类似产品的专用区域。
装配线：产品通过固定的工作站进行顺序生产，使得生产速度维持在一个特定的值。
连续生产：在一个连续的过程中将原材料转化为成品的生产方式。
产品-工艺矩阵：一个用于描述使用不同生产类型的框架，主要取决于产品的产量和产品标准化程度。

7-3 分析简单的制造流程

总结
- 可视图表可用来分析制造工艺流程。一些常用的图表有装备图、装配表、路径表和流程图。
- 流程图在商业活动中通常提供了非常丰富的信息。它能对整个流程的生产能力和生产每个产品单位的可变成本进行简单、有效的分析。

应用举例

7-1

例1

一家汽车生产厂商正在考虑改进一条生产线，这项改进能降低劳动力成本和材料成本。这项改进需要引入4台新的自动设备来自动安装汽车挡风玻璃。这4台设备的成本，包括安装和初始程序编制，共需要400 000美元。通常的做法是在今后的2年内，以线性的方式摊销设备的初始成本。据工艺工程师估计，该自动设备需要一名专职技工对其进行监控、维护和重新编程，以使其正常运转。每年大约需要支付给这名技工60 000美元。目前，公司雇用了4名全职技工负责这项工作，每人每年工资为52 000美元。其中一名工人负责物料管理，在新方案中需要保留这一岗位。据工艺工程师估计，使用自动设备来安装挡风玻璃，每块玻璃将节省原材料成本0.25美元。在今后的2年内，需要生产多少辆汽车才能吸引厂商投资这项新设备？由于时间跨度较短，所以货币的时间效应不予考虑。

解答

现有工艺在今后2年内的成本仅为4名全职技工的工资。

$$52\,000 \times 4 \times 2 = 416\,000\,(美元)$$

假设自动设备的使用寿命只有2年，新的生产方式在今后2年内的成本为：

（52 000 + 60 000）× 2 + 400 000 - 0.25 × 汽车数量

令两式相等，得：

416 000 = 624 000 - 0.25 × 汽车数量

求解盈亏平衡点：

-208 000/-0.25 = 832 000（辆）

这表明，为了达到盈亏平衡，在今后2年内需要生产832 000辆汽车。

例2

一个合同制造商为某顾客生产一种包括两个部件的产品，一个部件是带有标准RCA连接器的电缆，另一个部件是带有小型接口的电缆。把这两个部件装配在一起才成为最终产品（每个卖出的产品中包括一个RCA电缆和一个小型接口电缆）。该制造商用同一装配线装配这两种电缆，在同一时间段内只能装配一种电缆，即要么装配RCA电缆，要么装配小型接口电缆。机器在装配两种电缆之间转换时需要一定的准备时间。装配线每小时的运营成本是500美元，这个费用不论是在准备还是在实际生产时都要支出。

工厂目前每生产100个RCA电缆后会生产100个小型接口电缆，然后再生产100个RCA电缆和100个小型接口电缆，如此循环。下表给出了每种电缆的生产时间和准备时间。

部件	准备/转换时间	每单位产品的生产时间
RCA电缆	5分钟	0.2分钟
小型接口电缆	10分钟	0.1分钟

假设两种电缆的包装是全自动的，且每包装成一套最终产品只需0.2分钟。这一步是与装配线分开的单独步骤。鉴于包装步骤速度很快，所需时间也与装配批量无关，所以我们在分析时不考虑时间价值。

以包装好的产品（包括一个RCA电缆和一个小型接口电缆）来看，该工厂每小时的平均产出量是多少？请问每个产品的平均装配成本是多少？如果生产批量从100变为200，每个产品的装配成本将会受到怎样的影响？

解答

当生产批量为100时，每小时的平均产出量应该用生产该批电缆的总时间除以批量。总时间包括该批次的准备时间和生产时间：

5 + 10 + 0.2 × 100 + 0.1 × 100 = 15 + 30 = 45（分钟/100个）

所以，如果我们能在45分钟之内生产100个产品，也就可以计算出60分钟内的生产量，可以用下列等式计算：

$$45/100 = 60/X$$

解得：

$$X = 133.3（个/小时）$$

那么，每个产品的成本为：

$$500/133.3 = 3.75（美元/个）$$

如果生产批量增加到200，则：

5 + 10 + 0.2 × 200 + 0.1 × 200 = 15 + 60 = 75（分钟/200个）

$$75/200 = 60/X$$

$$X = 160/小时$$

$$500/160 = 3.125（美元/个）$$

讨 论 题

7-1

1. 流程的含义是什么？描述它的重要特性。
2. 什么是顾客订单分离点？为什么它很重要？
3. 制造流程与公司战略竞争维度（第2章）有什么关系？

7-2

4. 产品-工艺矩阵带给我们什么启示？一家中餐厅的厨房应该用什么组织方式？
5. 据记载，在第二次世界大战期间，德国出现了一个致命的失误，它让火车机车制造厂生产威力巨大的虎式坦克，而美国则让本国汽车制造工厂生产威力稍逊的谢尔曼坦克。使用产品-工艺矩阵解释这一失误，并说明其可能造成的后果。
6. 产量如何影响盈亏平衡分析？

7-3

7. 什么是生产工艺流程？
8. 为什么说减少制造过程中的流转、延迟和存储是有利的？它们能完全消除吗？

客 观 题

7-1

1. 制造流程的三个简单步骤中，第一个步骤是什么？
2. 顾客订单分离点决定了供应链中什么的位置？
3. 戴尔从消费者那里获取有关台式计算机和笔记本电脑

的型号参数的订单。消费者须从模具中选择特定的计算机型号以及可使用的零部件，通过这些操作，消费者可以根据需求定制计算机。一旦订单被接收，戴尔就会组装计算机并运送至消费者。请问这一制造流程属于什么类型？

4. 用最低库存实现消费者高满意度的制造流程是什么？

7-2

5. 比较工艺专业化生产车间和装配线生产车间，以下几个因素之间最重要的区别在哪里？

因素	工艺专业化生产车间	装配线生产车间
转变的数量		
产品的劳动含量		
柔性		

6. 产品-工艺矩阵描述了产品需求量（连续的形式）和工厂在某一特定状况下采用的工艺系统之间的关系。下表描述了车间类型（行）和工艺维度（列）之间的关系。

	工艺专业化生产车间	流程生产车间
工程技术的重要性		
一般劳动力技能		
设备布局安排		
在制品库存水平		

7. 对于下面的每个变量，解释它们在工艺专业化生产车间和流程化生产车间的一般区别。
   a. 生产时间（将原材料制作成产品所用的时间）；
   b. 资金/劳动力密集度；
   c. 瓶颈。

8. 有一家书籍出版商，其固定成本为30万美元，每本书的可变成本为8美元，书籍售价为每本23美元。
   a. 为了达到盈亏平衡，需要售出多少本书？
   b. 如果固定成本上升，新的盈亏平衡点将会更高还是更低？
   c. 如果可变成本上升，新的盈亏平衡点将会更高还是更低？

9. 某种生产工艺，每月的固定成本为15万美元，每件产品的物料成本为25美元，人工费用为45美元。如果单位售价为90美元，则盈亏平衡点为多少？

10. 假设固定成本为900美元，单位可变成本为4.5美元，单位售价为5.5美元。
    a. 盈亏平衡点为多少？
    b. 为获得500美元利润，需要销售多少单位产品？
    c. 为获得平均每单位0.25美元的利润，需要销售多少单位产品？如果要获得每单位0.5美元的利润，需要销售多少单位产品？如果要获得每单位1.5美元的利润呢？

11. Aldo Redondo在工作中使用自己的汽车。他的老板愿意为他支付每公里36美分的费用。Aldo估计每年的固定成本为2 052美元，其中包括税收、保险和折旧。直接或者可变成本包括汽油和保养费用，平均每公里为14.4美分。为了达到盈亏平衡，需要行驶多少公里？

12. 一家公司销售两种产品：椅子和长凳，单价均为50美元。椅子的可变成本为25美元，长凳的可变成本为20美元。公司的固定成本为2万美元。
    a. 如果销售比例为1:1（销售1把椅子的同时销售1张凳子），盈亏平衡点为多少？分别用销售额以及椅子和凳子销售数量表示。
    b. 如果销售比例为1:4（销售1把椅子的同时销售4张凳子），盈亏平衡点为多少？分别用销售额以及椅子和凳子销售数量表示。

7-3

13. 欧文·康纳为印第安纳当地一家经销商提供兼职的软件打包服务，其固定成本为10 000美元，每单位产品的直接人力成本为3.5美元、材料成本为4.5美元。每单位产品的售价为12.5美元。欧文·康纳需要多少收入才能达到盈亏平衡点？用产品量计算，盈亏平衡点是多少？

14. 音源线公司（AudioCables，Inc）目前所生产的适配器，每单位可变成本为0.5美元，售价为1美元，固定成本为14 000美元。目前的销量为30 000。该公司可以通过添置一套新设备来大幅度改善产品质量，其成本支出为6 000美元，而可变成本将变为0.6美元，但是销量会因质量的提升而增加到50 000。音源线公司是否要购买这套新设备？

15. Goodpart公司生产飞机的零部件。这个部件由A、B、C三个零件组成，这三个零件均通过外购获得，每件价格分别为40、35和15美分。零件A和B首先在1号装配线上以每小时140个的速度进行装配。零件C要先进行钻孔，然后与1号装配线生产的部件进行装配。公司一共有6台钻床，但只有3台可以使用。每台钻床加工部件C的速度为每小时50个。在最后的装配中，1号装配线生产的组件将与钻过孔的部件C进行装配。最终装配线的生产率为每小时160个。公司目前的工作时间为每天8小时，一周5天。管理层认为如果需求量上升，则在装配线上再增加一班8小时的工时。

每条装配线上的装配工资为每件30美分，钻孔工人工资为每件15美分。钻孔的用电成本为每件1美分。总管理费用为每周1 200美元。设备折旧费用为每周30美元。

a. 画出工艺流程图，确定整个工艺的生产能力（每周生产的零部件数目）。
b. 假设在1号装配线和最终装配线上都额外增加一班8小时的工时。此外，6台钻床中有4台可以正常运行，但钻床一天只能工作8小时，新的生产能力为多少（每周生产的零部件数目）？三项作业中的哪一项限制了生产能力？
c. 管理层决定在1号装配线上额外增加一班8小时的工时，而在最终装配线上仅增加4小时。5台钻床每天工作8小时，新的生产能力为多少？三项作业中哪一项限制了生产能力？
d. 计算问题b和c中每件产品的单位成本。
e. 产品价格为每单位4美元。假设每台钻床的成本（固定成本）为3万美元，公司每周生产8 000个产品。假设有4台车床投入使用。如果公司有另外一种选择，按照每件3美元的价格外购这种产品，那么盈亏平衡点为多少？

16. 下图描述了一个工艺流程，在A1和A2两处分别生产两个零件（一个零件在A1生产，另外一个在A2生产）。然后这两个零件在B处进行装配，接着进入后面的流程，完成在C、D、E处的工艺。

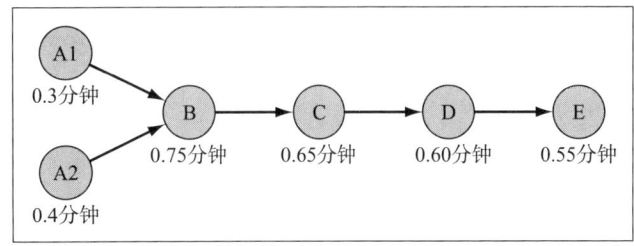

假设每处有且仅有一名工人。假设下面给出的时间表示每处需要完成的总工作量，且给出的时间固定不变。假设系统不允许库存存在。

计算正常工作时，这个工艺流程每小时的平均产量（答案见附录D）。

17. 某雕刻公司为客户提供定制服务，通常客户订单中的产品需求数量从1到50不等。一位大客户要定制一批雕刻奖牌（原则上每个都是相同的），客户联系了这家雕刻公司，希望其参加这项业务的竞标。客户预期需求量为每年12 000个，合作可能会持续4年。为了以足够低的价格赢得竞标，得到这批订单，这家雕刻公司应该怎么做？

案例分析　电路板制造公司

电路板制造公司（Circuit Board Fabricators, Inc., CBF）是位于加利福尼亚州靠近旧金山处的一个小型制造工厂。它为苹果计算机和惠普公司的新产品原型制作电路板。快速为客户提供高质量的服务对CBF至关重要。对于研究新产品的工程师来说时间进度比较紧，他们无法忍受马马虎虎的工作或错过了交货的时间。

电路板是一块硬质平板，上面布满了电子元件，如集成电路、电阻、电容和二极管，这些电子元件都焊接在电路板上。蚀刻在电路板上的导线将各个电子元件通过电路连接起来。由于导线不能相交，所以电路板上有许多孔，这些孔可以将导线连接起来，从而实现复杂的电路。电路板的大小为4英寸×6英寸，上面通常有40～50个元件，通过数百条导线连接起来。

CBF制订了一个很好的商业计划。现有4种标准化的电路板配置，且制造这些标准化电路板的工艺大都实现了自动化。制造这些电路板需要对CBF的数控设备（NC）进行编程。通过工业标准代码制作工程图已经成为格式化的流程，所以自动化工艺一般是直接从工程图开始的。

当前，最常见的是需求量为60块电路板的订单。工程师为客户提供电路板的计算机辅助设计（CAD）图纸。这张CAD图纸精确地标明了电路板上所有的电路导线、电线接口和元件点。CBF的工艺工程师使用电子版图纸对数控设备进行编程，并制作电路板。

由于生产过程中可能会出现次品，所以CBF规定生产的产品数比订单数量多出25%。例如，对于常见的60块电路板的订单，会生产75块电路板。初期产品检查淘汰其中的15%，最终检查再淘汰5%。

电路板制造工艺

CBF向供应商购买空白电路板，这些板由注有环氧树脂的玻璃纤维织物制成，板的两面涂有铜层。CBF将其裁成标准形状，这样数控车床才能对其进行加工。

下面是CBF处理订单的工艺步骤。

1. 接受订单。检查并核实CBF的设备可以生产订单所需规格的电路板。CBF 的工艺工程师和客户工程师共同解决订单中的问题。

2. **数控车床编程**。使用 CAD 信息对设备进行设置，以进行订单生产。

3. **电路板制造**。

a. **清洁**。操作工人将电路板放入机器中。机器用特殊化学剂清洗电路板，然后每块板自动地转移到涂层机器中。

b. **涂层**。在板的两侧涂上液态塑料。此后，操作工人将其装到一辆小车上，装满电路板的小车被立即送入"清洁房"。

c. **曝光**。这是一种照相工艺，曝光后，塑料涂层不会和需要铺设铜导线的区域融合在一起。操作工人必须监控机器，并负责在机器上安装和拆卸电路板。

d. **冲洗**。工人将电路板手工装入机器中。机器逐个将板浸入化学药水，使塑料涂层和下面的铜层在适当的地方进行融合。之后，机器自动将电路板放置到传送带上。

e. **检查**。冲洗工序完成后，所有传送带上的板都要经过检查。一台类似扫描仪的机器从外观上对板进行瑕疵检查。在此阶段大约有 15% 的板被检验为不合格。通过检验的板再次由传送带送入烤箱。整个程序有两台检验设备。

f. **烘烤**。电路板通过烤箱之后，塑料涂层变得更加坚硬，因此可以保护导线。此后电路板被手工卸下并放置到一辆小车上。当订单需要的所有板都放置到小车上时，这批电路板将被运到钻床上。

g. **钻孔**。用数控车床对电路板进行钻孔，使板两面的电路连通。工人在机器上手工安装和拆卸电路板。由于放置数控车床的位置比较合理，一名工人可以同时监控两台机器。小车用来将电路板运送到镀铜工艺。

h. **镀铜**。当电路板经过特殊的镀铜工艺后，铜被灌入小孔中。这些铜将两侧的导线连接起来。工人将电路板手工放置到传送带上进行镀铜。这道工序需要两名工人，一名工人将电路板装上传送带，另一名工人将板从传送带上卸下来。完成镀铜后，电路板通过小车运送到最后检验的机器上。

i. **最后检验**。使用特殊的数控设备对每块电路板进行最后的电子检验，检验其电路是否完整。通常有大约 5% 的电路板无法通过检验。工人在机器上手工安装和拆卸电路板。这道工序需要一名工人操作机器，并将合格与不合格的电路板进行分类。小车用于将合格的电路板运到包装处。不合格的板将被丢弃。

4. **发货**。将整批订单产品进行包装并发送给客户。

工厂预定的生产能力为每天生产 1 000 块电路板，一周工作 5 天，每天工作一班 8 小时。不幸的是，它至今都没有达到这一生产能力。在最好的状况下，工厂一天只能生产 700 块电路板。有关生产工艺流程的准备和运行时间的数据如表 7-2 所示。这些时间包括早上和下午的休息时间，但不包括中午半小时的午餐时间。此外，目前公司的工艺数据也如表 7-2 所示。CBF 的工艺工程师坚持认为每道工序的生产能力都达到了每天生产 1 000 块电路板的水平。

表 7-2 电路板制造商：工艺数据

要求每班产出	1 000			
平均工作规模（电路板）	60			
每天工作时间	7.5			
每周工作天数	5			

工艺/机器	机器数量	工人数量	准备时间（每项工作分钟数）	运行时间（每部分分钟数）
装载	1	1	5	0.33
清洁	1			0.50
涂层	1			0.50
卸载	1	1		0.33
曝光	5	5	15	1.72
装载	1	1	5	0.33
冲洗	1			0.33
检查	2	2		0.50
烘烤	1			0.33
卸载	1	1		0.33
钻孔	6	3	15	1.50
镀铜	1	2	5	0.20
最后检验	6	6	15	2.69

为了帮助理解这个问题，CBF 雇用了一个咨询公司来解决这一问题。

问题

CBF 雇用你来分析为什么他们不能实现每天生产 1 000 块电路板的生产目标。

1. CBF 使用的工艺流程结构的类型。
2. 用图 7-6 的方法画一张加工流程图。
3. 分析工艺生产能力。
4. 在检查和最终检验环节中出现次品的影响是什么？
5. 对 CBF 问题的短期解决方案，你的提议是什么？
6. 你的长期建议是什么？

练习测试

写出以下每个语句定义的术语或回答问题，答案见底部。

1. 直接按照顾客订单生产已预先设计好的产品的生产模式。
2. 将库存定位为允许生产流程独立于客户订单交付流程运行的点。此类型的企业与顾客一起进行产品设计，然后再从原材料到零件、部件进行产品生产。
3. 企业按照顾客的特定要求设计与生产产品。
4. 如果某生产过程每隔两小时生产一单位产品，且每单位产品的全部制造时间为 42 小时，那么它的在制品期望值为多少？
5. 某成品库存的平均存储量为 10 000 单位，每周的平均需求为 1 500 单位。假设生产流程每年运行 50 周，请问库存周转率是多少？（假设每个产品在库存持有期间的价值不变。）
6. 这种布局适合相似产品的生产，且一般都是根据顾客现在的需求进行"按需"生产。
7. 它描绘了不同工艺结构之间的关联以及在不同的生产量和产品标准化程度下的流程类型。

答案：1. 面向订单生产。 2. 顾客订单分离点。 3. 面向设计生产。 4. 42/2=21 单位。 5. (1 500×50)/10 000=7.5 次。 6. 制造单元。 7. 产品—工艺矩阵。

第 8 章

设施布置

学习目标

8-1 分析制造布置的常见类型;

8-2 阐明在非制造领域应用的布置。

引导案例

东芝:第一台笔记本电脑的制造者

东京芝浦电气公司(Tokyo Shibaura Denki)成立于1939年,由日本两家创新型企业合并而成。一家是芝浦制作所(Shibaura Seisaku-sho),主要生产变压器、电机、水力发电机以及 X 射线管;另一家是东京电气公司(Tokyo Electric Company),主要生产灯泡、无线电接收机以及阴极射线管。1978年公司被正式命名为"东芝"(Toshiba)。在日本,东芝创造了许多第一:1940年的日光灯、1942年的雷达、1952年的广播设备以及1954年的数字计算机。东芝还在1985年成为世界上第一个制造出1兆内存条以及第一台手提电脑 T3100 的公司。

与竞争对手相比,东芝用其价格优势和创新技术创建了自己强劲的个人笔记本电脑市场优势。个人笔记本电脑市场的竞争十分激烈,而东芝通过不断改进制造流程并降低成本保持了它在市场上的领导地位。

对东芝来说,戴尔是一个强劲的竞争对手。戴尔通过面向订单装配来降低成本,并且将产品直销给顾客。与戴尔相比,东芝的优势来自其在技术上的巨大投入,例如薄膜晶体管(thin-film transistor,TFT)彩色显示器、硬盘驱动、锂离子电池以及 DVD 光驱(原有型号)。另外,通过与行业巨头建立合作或合营关系,东芝还能分散其昂贵的新技术开发所带来的风险。

假如你是东芝在东京青梅工厂的生产主管中村亨弘(Toshihiro Nakamura),需要在10天之内开始生产东芝的最新产品小型笔记本电脑。中村在迷宫般办公桌之间穿行而过,去往工厂,思考着是否可以按时完成装配线设计。

请参阅本章章末部分的案例分析,了解更多关于新装配线设计的细节。

在公司发布新的 PC 产品时,一位员工正在检查东芝新产品 SS RX PC 的新生产线。

设施决策包括部门的选址、部门内各工作组、工作站、机器的位置和在制品库存点,其目标是合理安排这些要素,确保工厂内的工作流程顺畅或服务组织内的运输模式。总的来说，规划决策的依据如下：

（1）使用明确的目标和相应的指标来评价设计方案。其中基本的指标包括总的空间需求以及各单元之间的运输距离。

（2）系统对产品或服务的需求预估。

（3）设施规划中各单元之间的物流量以及操作数量等工艺需求。

（4）设施规划中各单元的空间需求。

（5）设施本身的可用空间。对于新设施，要考虑可能的建筑配置。

在研究设施规划的过程中，我们将介绍在各种形式（或者工作流程结构）下如何进行设施规划。我们的重点在于介绍定量方法，但是也列举了很多在规划设计中起重要作用的定性因素。本章将涉及制造设施规划和服务设施规划。

一家工程工厂的工作中心概况

8.1 四种主要的布置形式分析

工作流程形式决定了如何在一个设施中安排各部门的规划。工作流程有三种基本类型（工作中心、装配线和项目式布置）和一种混合类型（制造单元）。

工作中心（也称加工车间或功能布置）是将相似的设备或功能放在一起的规划方法，例如将所有的车床放置在同一个区域，将所有的冲压机床放置在另外一个区域。根据已经预先设定好的操作顺序，工件从一个区域转移到另一个区域，每个区域中都放置了相应的设备来完成对工件的操作。医院就是这种规划方式的典型代表，在医院内每一个区域处理一类医疗服务，例如妇产科和加护病房。

装配线（也称流水作业布置）是根据产品生产的步骤来安排设备位置或操作工艺的方式。这里，每种产品的加工路径都是直线（或朝同一方向）。制鞋工厂、化工厂和洗车店都属于这类。

制造单元是将不同的机器放置在一起，用以生产形状和工艺相似的产品。制造单元与工作中心的相似之处在于制造单元可以完成一系列特定的工艺过程。制造单元与装配线的相似之处在于制造单元可以完成若干个产品的生产（**成组技术**（group technology）是指工件的分类和编码系统，可以用来明确加工中心需要的机器类型）。

在**项目式布置**中，产品（由于体积或重量庞大）固定在一个位置。生产设备移动到产品所在处，而不是将产品移到设备处。建筑工地和摄影棚都是这种规划的例子。

许多制造设施都是两种规划类型的结合。例如，在一个生产区域可能采用工作中心，而在另一个区域可能采用装配线。很多工厂使用产品流的规划方式，例如，先是一个零件制造区域，然后是分装区域，最后是总装区域。其中，每个区域规划方法不同，比如在制造阶段使用工作中心规划，在分装阶段使用制造单元规划，在最后的总装阶段采用装配线规划。

8.1.1 工作中心（加工车间）

工作中心最常见的方法是将相同的工艺安排在同一部门中，并使这些部门之间的相对位置实现最优化。例如，生产小批量玩具的工厂中可能有收发货中心、注塑及冲压中心、金属成型中心、缝纫中心以及喷漆中心。玩具的各个部分在各工作中心进行加工，然后再送往装配中心进行组装。这里的最优化规划就是指将相互之间有大量物料运输的工作中心尽可能安排在一起。

例 8-1　工作中心式布置设计

假设我们要对玩具厂的 8 个工作中心（车间）的位置进行设计，以使相互间的物料运输成本最小。首先，为了简化问题，假设所有车间占地面积相同（比如，40 英尺×40 英尺），并假设厂房宽 80 英尺，长 160 英尺（因此刚好可以容纳这 8 个车间）。我们想知道的第一件事就是部门间的物流量及其运输方式。如果有另外一家生产相似产品的工厂，物料流动的信息也许可以从其记录中提取出来。如果这是一条新的产品生产线，上述信息就只能从日常的物流单据中得出或者根据技术人员如工艺工程师或工业工程师的估计得到。当然，不管数据的来源是什么，都需要加以修正以反映项目寿命期内这个方案的物流特征。

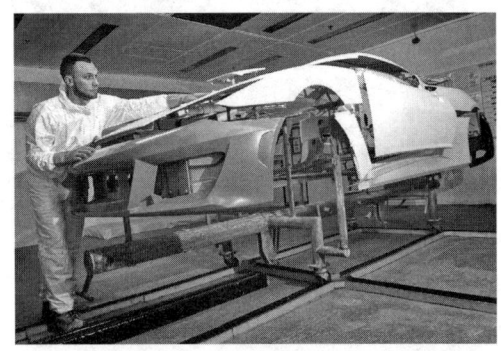

Lotus Evora 制造工厂位于英国海瑟尔。第一排：装配线，喷漆车间；最后一排：装配线，测试轨道。

让我们假设以下信息是可以获得的。所有的物料都放置在一个标准的箱子内，通过叉车来运输，叉车每次运输一箱物料（这样构成了一个"单位货物"）。现在，假设单位货物在相邻两车间的运输成本为 1 美元，每增加一个车间就额外增加 1 美元。在第一年的操作中，车间之间的预计工作量已经在图 8-1 中给出；现有工厂空间的大小如图 8-2 所示。注意在这个例子中，允许对角线移动，所以车间 2 和 3，或者车间 3 和 6 都是相邻的。

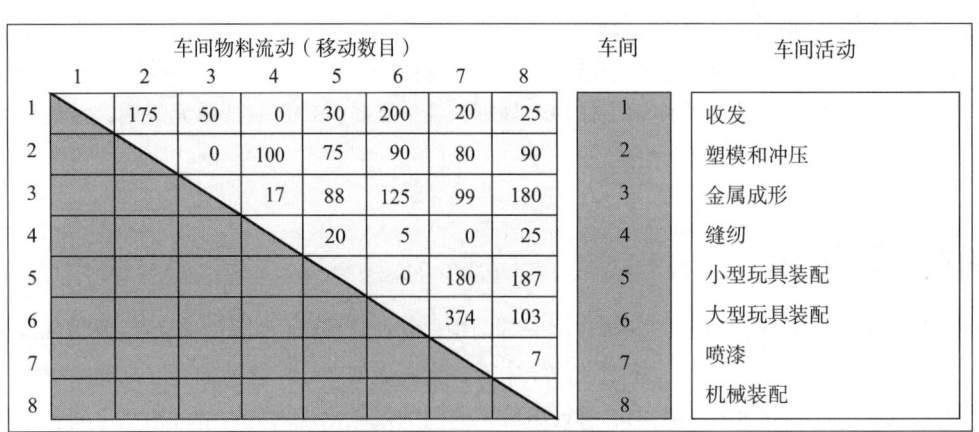

	车间物料流动（移动数目）							车间	车间活动
	1	2	3	4	5	6	7	8		
1		175	50	0	30	200	20	25	1	收发
2			0	100	75	90	80	90	2	塑模和冲压
3				17	88	125	99	180	3	金属成形
4					20	5	0	25	4	缝纫
5						0	180	187	5	小型玩具装配
6							374	103	6	大型玩具装配
7								7	7	喷漆
8									8	机械装配

图 8-1　车间之间物料流动

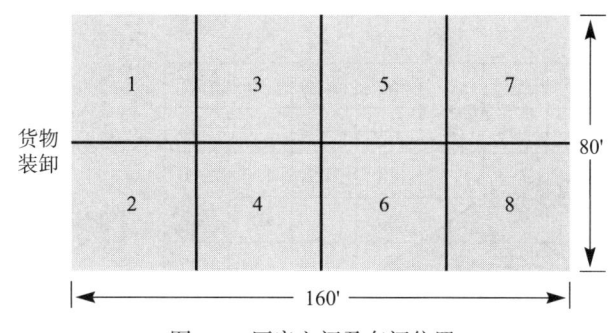

图 8-2 厂房空间及车间位置

解决方案

根据这些信息,第一步是通过一个模型说明车间之间的物料流动(见图 8-3),根据这个给出的初始方案来进行改进。

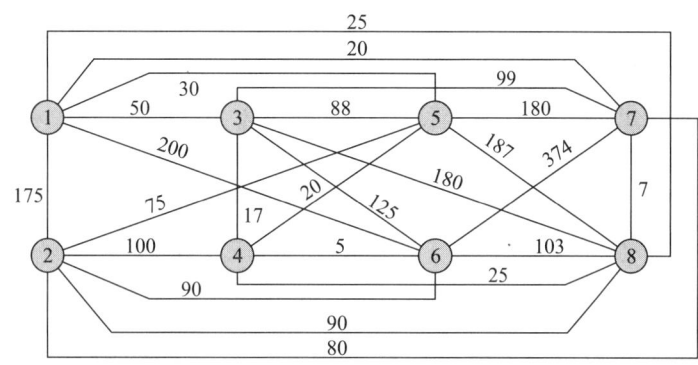

图 8-3 用年物流量来表示的车间物料流动图

第二步是通过计算每两个车间之间的物料运输成本来计算这个方案的总成本。图 8-4 给出了初始规划的成本信息,通过以下方式计算获得:车间 1 和 2 之间年物流成本为 175 美元(=1×175),车间 1 和 5 之间为 60 美元(=2×30),车间 1 和 7 之间为 60 美元(=3×20),车间 2 和 7 之间为 240 美元(=3×80),等等(距离信息来自图 8-2 或者图 8-3,而不是图 8-4)。

第三步是研究如何规划车间的位置以降低成本。在物流图和成本矩阵的基础上,将车间 1 和 6 安排在一起以降低它们之间较高的物流费用是合理的。但是,这需要改变其他几个车间的位置,因此会影响它们之间的物流成本和第二种规划方案的总成本。图 8-5 给出了修正规划后的结果,即重新安排了车间 6 和其相邻车间的位置(对车间 4 进行调整是带有主观性的)。修改后的成本矩阵如图 8-6 所示,注意总成本比初始规划方案高出 262 美元。显然,车间 6 和 7 之间的距离加倍是成本增加的主要原因。这表明即使一个很小的问题,也几乎不可能通过简单的观察就得出正确的"重新规划方案"。

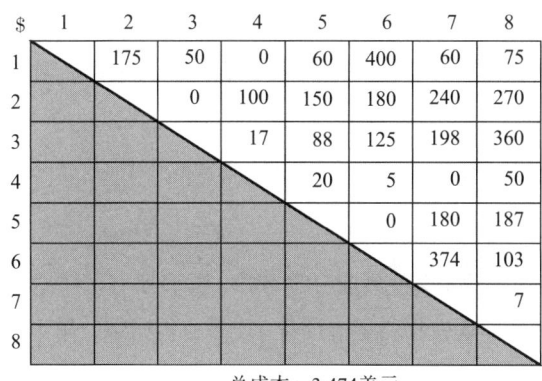

图 8-4 成本矩阵:第一种方案

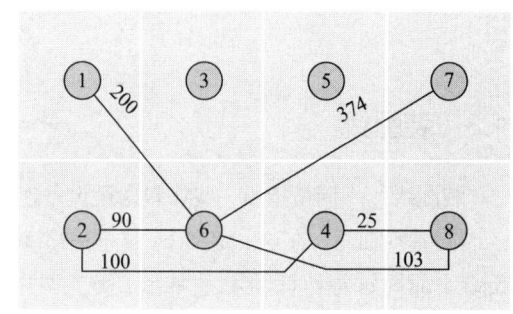

图 8-5 修改后的车间物料流动图(图中只标出了对成本产生影响的物流量)

	1	2	3	4	5	6	7	8	净成本变化
1		175	50	0	60	200	60	75	− 200美元
2			0	200	150	90	240	270	+ 10
3				17	88	125	198	360	
4					20	5	0	25	− 25
5						0	180	187	
6							748	206	+ 374美元，+ 103美元
7								7	
8									
									+ 262美元 总成本：3 736美元

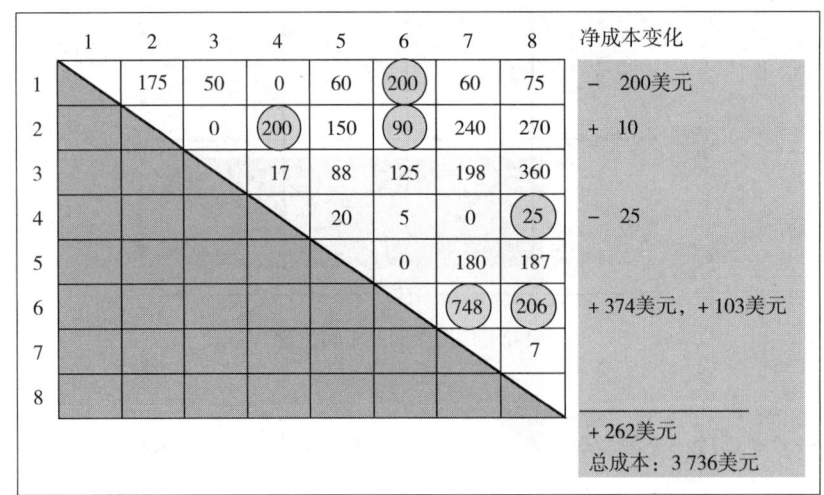

图 8-6 成本矩阵：第二种方案

到目前为止，在许多可能的修改方案中，我们仅仅互换了两个车间的位置。实际上，对于 8 个车间的规划问题，总共有 8！(40 320）种可能的安排方法。因此要使用这种方法，必须经过大量的试验才可能得到一个最优的规划方案。问题到这里并没有结束。

假设我们确实得出了一个好的降低物料运输成本的规划方案，如图 8-7 所示。首先，我们会注意到收发部门靠近工厂中心，这种方式是不现实的。缝纫车间与喷漆车间相邻，会增大绒布、线头和碎布颗粒飘到刚漆好的产品上的危险。此外，小型玩具装配部门和大型玩具装配部门分别在厂房的两端，这就增加了装配工人（一天当中他们可能要在不同的时间到不同的车间工作）和管理者（也许需要同时监督这两个部门）来回走动的时间。一般而言，最终布置的确定还需要考虑物料运输成本以外的很多因素。

小型玩具装配车间 5	机械装配车间 8	收发车间 1	大型玩具装配车间 6
金属成形车间 3	塑模和冲压车间 2	缝纫车间 4	喷漆车间 7

图 8-7 一种可行的规划方案

8.1.2 系统布置规划

在某些规划问题中，用数字定量化表示部门间物料流动要么无法获得，要么不能揭示规划决策中至关重要的定性因素。在这种情况下，可以使用一种经典的方法——**系统布置规划**（systematic layout planning，SLP)。使用该方法可以制作一张相关图，表示各个部门之间的密切程度。根据相关图可以制作出活动相关图，从而显示出各个工作中心之间的物流关系。活动相关图要用试算法进行调整，最后得到一个满意的规划方案。接下来，就要根据建筑物的空间限制合理地安排各个部门的位置。图 8-8 通过一个简单的五部门平面规划设计，演示了这种方法在规划百货商店时的应用。

8.1.3 装配线

“装配线”一词是指由一些物料搬运设备连接起来的连续生产线。通常假定装配线有一定节拍，并且所有工作站的加工时间基本相等。在这一定义下，不同种类装配线存在重要区别，主要体现在物料运输设备（皮带、传送带、吊车)；装配线平面规划类型（U 形、直线形、分支型)；装配线速度（机动、手动)；装配产品品种（单个产品、多个产品)；工作站的特征（工人站姿、坐姿、跟着装配线走动或随装配线移动)；装配线长度（少数工人、多数工人)。

使用装配线装配的产品包括玩具、家用电器、汽车、飞机、枪支、园艺工具、服装和各种电子器件。事实上，由多个零部件组成的大批量生产的产品，都可以在一定程度上使用装配线进行生产。显然，装配线是一种重要的技术，为了真正理解它在管理上的需求，我们应当掌握装配线是如何进行平衡的。

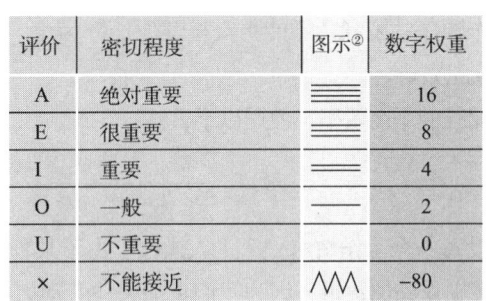

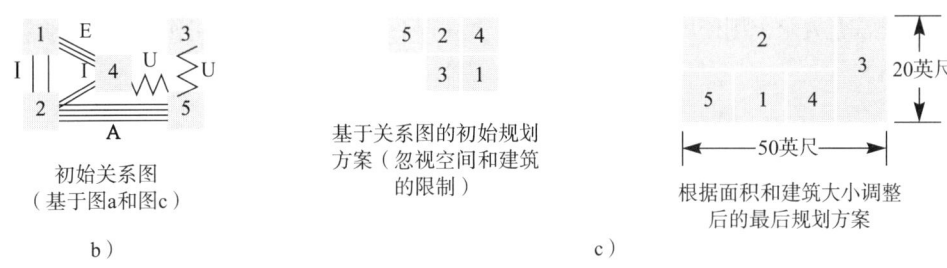

图 8-8 对百货商店的某一层进行系统的规划设计

8.1.4 装配线设计

最常见的装配线是传送带，它以相同的时间间隔经过一系列的工作站，这种时间间隔称为**工作站节拍**（workstation cycle time，即产品下线的间隔时间）。在每个工作站上，对产品的操作不是添加零件，就是完成装配连接。每个工作站上的操作由许多小的作业组成，也称为任务。通常，我们关心的是工人所做的工作，而任务时间会反映出这项工作。

工作站的总工作量与分配给该工作站的任务总量相同。**装配线平衡**（assembly-line balancing）问题也就是将所有的任务分配给不同的工作站的问题，使每个工作站的工作时间不超过工作站节拍，同时尽可能降低各个工作站的闲置时间。由于产品设计和工艺技术带来的各装配任务之间的约束关系，导致装配线平衡问题变得更加复杂。这种约束关系称为**优先关系**（precedence relationship），它决定了装配过程中各项作业的先后顺序。

实现装配线平衡的步骤如下。

（1）用优先关系图详细说明作业间的顺序关系。优先关系图由圆圈和箭头组成。圆圈代表单个任务，箭头表示作业顺序。这个图类似于第 5 章的项目网络计划图。

（2）确定生产要求的工作站节拍（C），用以下公式计算：

$$C = \frac{每天工作时间}{每天计划生产量} \tag{8-1}$$

（3）确定满足工作站节拍的最小工作站数量的理论值（N_t），用以下公式计算（计算结果需要向上取整）：

$$N_t = \frac{完成作业所需总时间（T）}{工作站节拍（C）} \tag{8-2}$$

（4）确定给每个工作站分配工作的主要原则，若该原则在应用时出现多个选择，则需要应用第二原则进行抉择。例如，主要原则可以是将时间最长的工作任务优先分配给工作站，如果有两个或多个任务都具有最长的工作时间，那么采用第二原则，既将后续任务数较多的工作优先分配给工作站。

（5）首先给第一个工作站安排作业，一次一项，逐项增加任务，每当一个任务被安排进工作站之后，重新产生任务列表，然后应用步骤（4）中给出的遴选原则进行任务挑选。如此这样，直至所有作业的总时间与工作站节拍相等，或受到时间和操作顺序的限制，不能再安排其他任务为止。重复该过程，给工作站 2 安排任务，然后是工作站 3，直至所有的作业都分配完毕。

（6）评价装配线的平衡效率，使用以下公式：

$$效率 = \frac{完成作业所需总时间（T）}{工作台实际数量（N_a）\times 工作站节拍（C）} \tag{8-3}$$

这里我们假设每一个工作站由一个工人操作。由于某种原因，当工作站的数量不等于工人的数量时，我们通常用工人的数量来代替工作站的数量，因为我们更加关注劳动力的使用。在这种情况下，式（8-1）的计算将不再适用，平衡效率计算中也需要应用真实的作业周期。

（7）如果效率不能满足要求，则使用其他决策标准再次进行平衡。注意，如果工作站的数量保持不变，那么效率是不可能提高的。

例 8-2　装配线平衡

一家玩具公司要在一个传送带上装配 J 形玩具车，每天需要生产 500 辆。生产时间为每天 420 分钟，J 形玩具车的组装步骤及其作业时间在表 8-1 中给出。请在工作站节拍和作业次序的限制下，找出工作站数目最少的装配线平衡方案。

表 8-1　J 形玩具车的装配步骤及作业时间

作业	作业时间（秒）	描述	紧前工作
A	45	安装后轴支架，拧紧 4 个螺母	—
B	11	插入后轴	A
C	9	拧紧后轴支架螺栓	B
D	50	安装前轴，用手拧紧 4 个螺母	—
E	15	拧紧前轴螺栓	D
F	12	安装 1# 后轮盖，拧紧轮轴盖	C
G	12	安装 2# 后轮盖，拧紧轮轴盖	C
H	12	安装 3# 后轮盖，拧紧轮轴盖	E
I	12	安装 4# 后轮盖，拧紧轮轴盖	E
J	8	安装前轴上的车把手，拧紧螺栓和螺钉	F, G, H, I
K	9	上紧全部螺栓螺钉	J
	195		

解答

（1）画出流程图，如图8-9所示，图中显示出了表8-1中的作业次序关系（箭头长度无实际意义）。

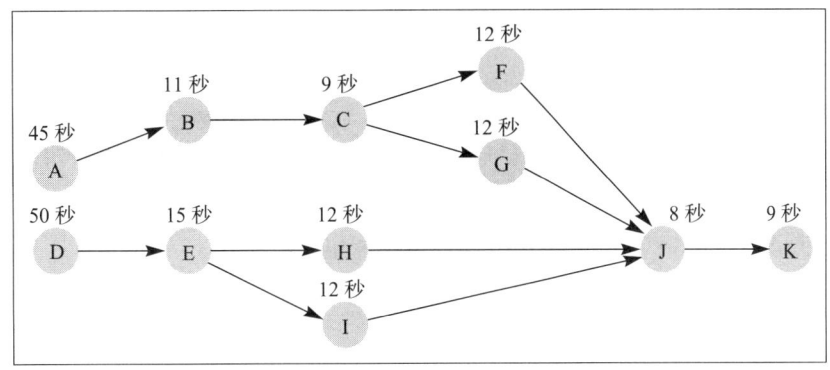

图8-9 J形玩具车的流程图

（2）计算工作站节拍。因为作业时间是以秒计算，所以这里必须把单位换算成秒：

$$C = \frac{每天工作时间}{每天计划生产量} = \frac{60 \times 420}{500} = 50.4 \text{（秒/辆）}$$

（3）计算工作站数量的理论最小值（实际数字可能会稍大一点）：

$$N_t = \frac{T}{C} = \frac{195}{50.4} = 3.87 = 4 \text{（取整）}$$

（4）确定作业分配的规则。研究表明，对于特定的问题，某些规则会优于其他规则。在一般情况下，我们首先安排后续作业数多或者持续时间较长的作业，因为它们可能会是实现装配线平衡的限制。在这种情况下，我们使用如下规则：

a. 优先安排后续作业数多的作业。

作业	后续工作数量	作业	后续工作数量
A	6	F, G, H 或 I	2
B 或 D	5	J	1
C 或 E	4	K	0

在第一规则遇到冲突时，使用第二规则。

b. 优先安排作业时间长的作业（见图8-10）。注意到根据这一规则，D应该安排在B之前，E应该安排在C之前。

	作业	作业时间（秒）	剩余时间（秒）	可安排的紧后工作	紧后工作最多的作业	操作时间最长的作业
工作站1	A	45	5.4 空闲	无		
工作站2	D	50	0.4 空闲	无		
工作站3	B	11	39.4	C, E	C, E	E
	E	15	24.4	C, H, I	C	
	C	9	15.4	F, G, H, I	F, G, H, I	F, G, H, I
	F①	12	3.4 空闲	无		
工作站4	G	12	38.4	H, I	H, I	H, I
	H①	12	26.4	I		
	I	12	14.4	J		
	J	8	6.4 空闲	无		
工作站5	K	9	41.4 空闲	无		

① 若最长操作时间相同，则任选其一作业。

a）根据优先安排后续作业多的作业规则得到的装配线平衡方案

图 8-10

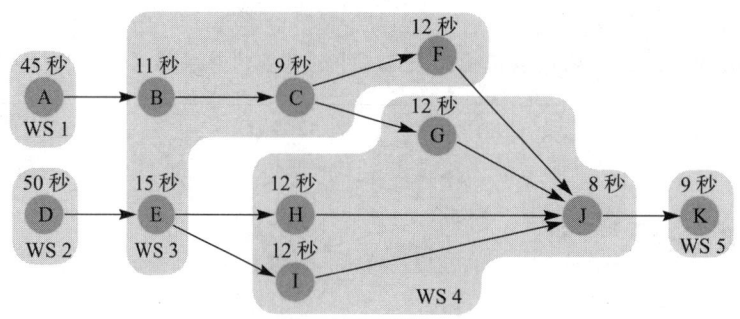

b）J形玩具车标有工作站的顺序作业图

$$\text{效率} = \frac{T}{N_a C} = \frac{195}{5 \times 50.4} = 0.77 \text{ 或者 } 77\%$$

c）效率计算

图 8-10 （续）

（5）先给工作站 1 安排作业，然后是工作站 2，依此类推，直至所有的作业都安排完毕。图 8-10a 表示了实际的作业安排，并用流程图的形式在图 8-10b 中表示出来。为了理解这一点，最好按照图 8-10a 中的顺序进行任务分配。请注意，当进行分配时，可行的剩余分配任务会随着优先级规则一起更新。在分配任务时，必须满足任务优先级和任务时间要求。

（6）计算生产效率。如图 8-10c 所示。

（7）评估方案。77% 的效率意味着整个装配线不平衡或闲置时间达到 23%（= 1 - 0.77），从图 8-10a 可以看出闲置时间总共为 57 秒，最空闲的是工作站 5。

存在更好的装配线平衡方案吗？在本例中，答案是肯定的：不采用规则 a，用规则 b 来平衡装配线（你将得到可行的 4 个工作站的装配线平衡方案）。

8.1.5 作业分解

通常，作业时间最长的工作站决定了生产线最小的工作站节拍。这个最长的作业时间就是工作站节拍的下限，除非可以将这些作业分配到两个或更多的工作站。

考虑下面的例子：假设一条装配线的作业时间（秒）分别为：40、30、15、25、20、18、15。装配线每天运行 7.5 小时，计划产出量为每天 750 台。

每天生产 750 台的工作站节拍为 36 秒（=（7.5×60×60）/750）。现在的问题是其中一项作业时间为 40 秒。应该如何处理这一作业呢？

有几种方法可以将 40 秒的作业在 36 秒的工作站节拍内完成，如下所示。

（1）**作业分解**。是否可以将这项作业分解，使其在两个工作站进行？

（2）**作业共享**。作业能否在相邻的工作站进行一定程度的共享？这与第一种作业分解方法不同，因为相邻工作站只提供协助，而不是独立完成作业中的某一部分。

（3）**使用平行工作站**。也许有必要将这项作业分配到平行操作的两个工作站。

（4）**聘用操作技能更高的工人**。因为这项作业时间只是超出工作站节拍的 11%，所以工作更快的员工也许可能满足 36 秒的要求。

（5）**加班**。以每件 40 秒的速度生产，1 天能产出 675 台，比 750 台的要求少了 75 台。生产这额外的 75 台需要加班 50 分钟（= 75×40/60）。

（6）**重新设计**。也许有可能通过对产品的重新设计来减少一些作业时间。

其他可能减少作业时间的方法还包括：设备升级、安排备用人员、改变原材料以及让多技能的工人组成一个团队来操作生产线而不是每个工人独立地各司其职。

8.1.6 柔性的 U 形生产线规划

正如我们在前面例子中所看到的那样，装配线平衡经常导致各个工作站的作业时间不相等。如图 8-11 所示的柔性生产线规划是解决这一问题的最常见方法。在玩具厂的例子中，通过 U 形生产线可以实现工作共享，可以解决不平衡问题。

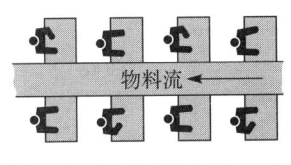

缺点：操作者互相分开，没有机会相互交换工作元件
（这是在美国工厂中常见的装配线规划）

优点：操作者可以相互交换工作元件，可以增加或减少操作人数；
操作者经过训练可以自主平衡不同的生产速度

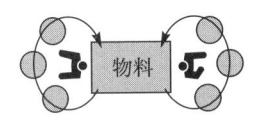

缺点：操作者被包围起来，没有机会通过第三个操作者来提高产量

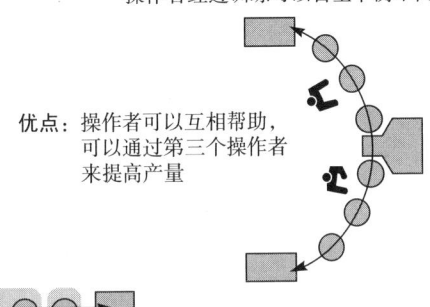

优点：操作者可以互相帮助，可以通过第三个操作者来提高产量

缺点：直线形生产线很难平衡

优点：U 形生产线的一个优点就是操作者容易上手，此处 5 个操作者可以减到 4 个

图 8-11　柔性生产线规划

8.1.7 混合型装配线平衡

混合型装配线平衡就是在指定的时间内（一天或一周），使用循环的方式为一条装配线上同时生产的不同产品安排生产时间。这种方法经常应用在准时制生产企业中，例如丰田。混合型装配线的目标是生产多品种的产品，并避免大量的库存。

例 8-3　混合型装配线平衡

为了说明混合型装配线的平衡是如何实现的，现在假设玩具公司有一条生产线对 J 形和 K 形玩具车支架进行钻孔。这两个类型的玩具车钻孔时间不同。

假设最后的装配线要求两种模型车的支架数量相等。而我们要为该生产线设计一个使生产线平衡的工作站节拍，以生产出相同数目的两种支架。当然我们可以选择先生产几天 J 形玩具车支架，然后生产 K 形玩具车支架，使两者数目相同。但这种方式就造成了不必要的在制品库存。

如果要降低在制品库存的数量，可以采用混合型装配线，在保证生产相同数目的 J 形和 K 形玩具车支架的同时，大大降低在制品库存。

加工时间：每个 J 形玩具车支架需要 6 分钟，每个 K 形玩具车支架需要 4 分钟。
每日工作时长为 480 分钟（8 小时 ×60 分钟）。

解答

$$6J + 4K = 480$$

因为要生产等量的 J 形和 K 形玩具车支架，即 $J = K = 48$，所以每天要生产 J 形和 K 形玩具车支架各 48 个，或每小时生产 J 形和 K 形玩具车支架各 6 个。

下表显示了 J 形和 K 形支架的一种平衡方案。

平衡的混合型产品生产次序

产品次序	J J	K K K	J J	J J	K K K	
作业时间	6 6	4 4 4	6 6	6 6	4 4 4	每天重复8次
最小工作站节拍	12	12	12	12	12	
总的生产周期			60			

该生产线每小时加工两种支架各 6 个、最小工作站节拍为 12 分钟，以此来实现平衡。

另外一个平衡方案是 JKKJKJ，时间为 6、4、4、6、4、6。这个平衡方案每 30 分钟加工两种支架各 3 个，最小工作站节拍为 10 分钟（JK，KJ，KJ）。

8.1.8 单元

单元式布置是将不同的机器安排在一个单元，生产具有相似形状和工艺需求的产品。制造单元式布置现在被广泛地应用于金属加工、计算机芯片的制造和装配作业中，其主要目标是获得类似装配线布置的优点。这些优点主要包括：

（1）**更好的人际关系**。工作单元中，几个工人组成一个团队，共同完成整个作业。

（2）**提高操作技能**。在一个有限的生产周期内，工人只生产有限数量的不同部件，重复程度较高，有利于工人快速学习。

（3）**减少在制品库存和物料运输**。一个工作单元包括几个生产步骤，可以减少部件在车间里的运输。

（4）**缩短生产调整时间**。少量的工作意味着工具种类少，可以加快工具更换的速度。

1. 制造单元的创建

可通过以下三个步骤来实现工作中心到单元式布置的转换：

（1）按照工艺步骤对零部件进行分组。该步骤需要开发和维护一个计算机辅助部件分组与编码系统。虽然很多公司已经开发了简化的程序用于确定零部件分组，但是这类系统的开支仍然很大。

（2）确定零部件组的主要物料流动类型，以此作为工艺布置和调整的基础。

（3）将机器和工艺分组，组成不同的工作单元。在此过程中，经常会有一些零部件不能分组或有些专用设备不能被具体分入任何一个单元。这些无法分组的部件和设备都放入"剩余单元"中。

图 8-12 给出了一个可以生产 4 种产品的单元规划开发过程。图 8-12a 表示初始的工作中心布置，图 8-12b 表示基于工件流动的路径矩阵，图 8-12c 表示最终工作单元的组织形式，其设备按照传统的 U 形摆放。这个例子假设有多种车床、磨床和其他设备，每个单元都具有一定数量的各种机床。

2. 虚拟制造单元

当设备不易移动时，许多公司会将从一组相同的机器中拿出一台专门布置在工作中心。例如，对于一项为期两个月的生产工作，虚拟制造单元可能由钻床区的 1 号钻床、磨床区的 3 号磨床以及装配区的 1 号装配线组成。类似于单元中的流动，零件组的所有工作只在这些指定的机器上完成。

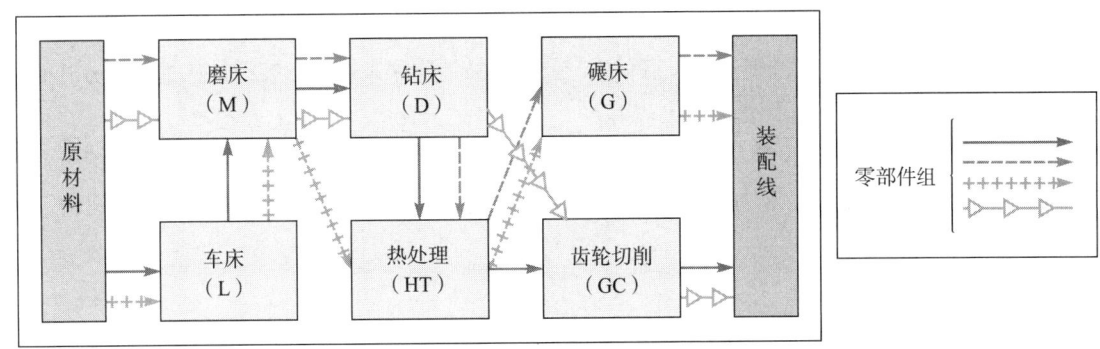

a）初始工作中心

原材料	零部件组	车床	磨床	钻床	热处理	碾床	齿轮切削	到	装配线
	--▷→		X	X	X	X		--▷→	
	–▷→		X	X			X	–▷→	
	⟶	X	X	X	X		X	⟶	
	+++▷→	X	X		X	X		+++▷→	

b）基于零部件流动的路径矩阵

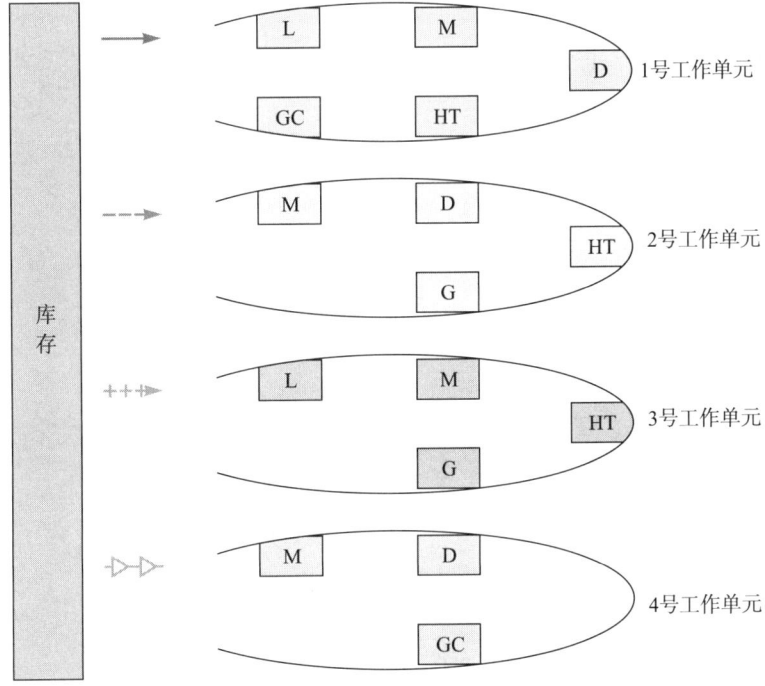

c）根据零部件组的加工要求重新规划机器以形成工作单位

图 8-12　制造单元的创建

8.1.9　项目式布置

与工作中心和装配线相比，项目式布置的特点是生产数量相对较少。在设计项目式布置时，应该以产品为中心，按照使用和移动的难易程度安排物料与设备的位置。例如在造船时，整个过程都需要使用铆钉，因此要将其放在近处或放在船体里；重型发动机部件只需要一次运到船体，就要将其放在相对较远的位置；起重机由于经常使用，就要布置在靠近船体的地方。

在项目式布置中，普遍的做法是按照先后工序来决定生产阶段，按照物料的优先性来安排物料。在对大型机器设备（例如对冲压机床）进行规划时就必须遵循这一点，生产要严格按照次序来进行。装配是从基础部分开始进行的，新的零件像积木一样被不断地按顺序装配到基础件上。

就定量布置技术而言，文献中很少涉及项目式布置，即使它已经使用了数千年。但是，在特定情况下，可以通过定量方法制订出一套项目式布置方案。例如，如果物料运输的成本非常大，工厂又允许直线型物料运输，则可以考虑优先利用工作中心规划技术。

8.2 零售服务业布置

零售服务业（如商店、银行和饭店）的布置目标是使每平方米的净利润最大化。苹果公司成功利用每一英寸的布置空间获得了极大的成功。图 8-13 展示的是苹果零售店的布置。顾客通过"现金支付"区进出店面。Mac 和 iPod 这样的入门级产品被放在第一个区域柜台的左右两边和展示墙上。这些产品的配件放在商店的中间位置。

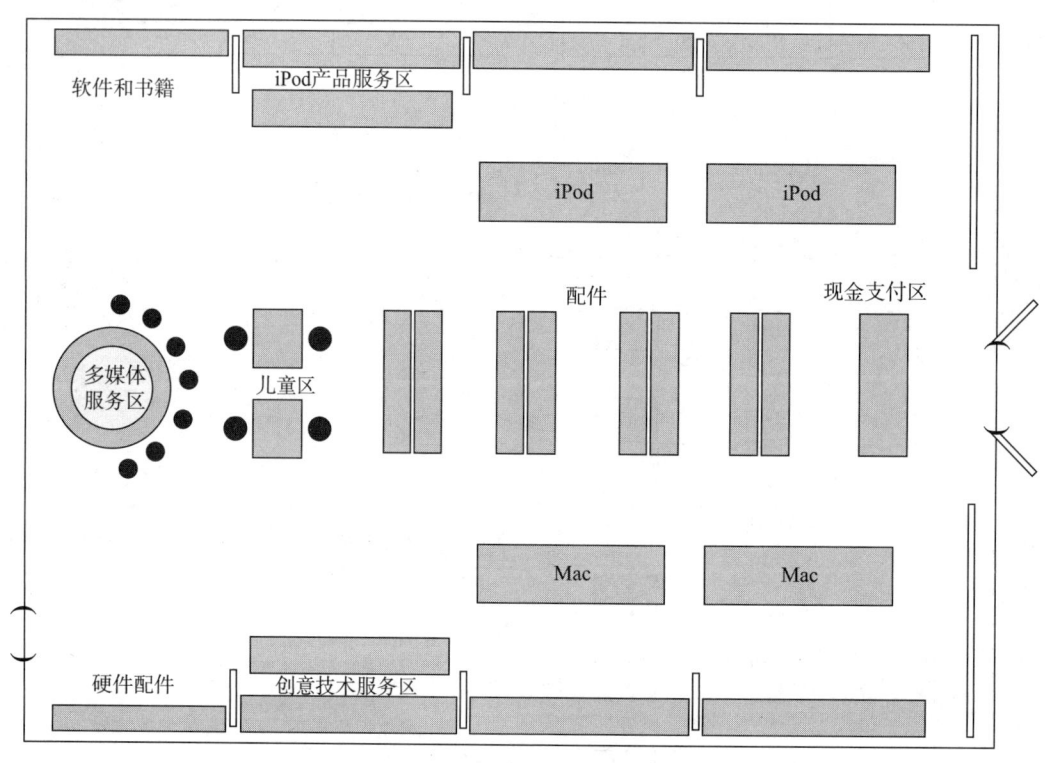

图 8-13　苹果零售店布置

所有的苹果零售店都设有一个创意技术服务区（Genius Bar），为顾客提供技术建议、开机设置服务以及产品维修服务。为了服务越来越多的 iPod 用户，一些新开的零售店还特意在创意技术服务区设了一个 iPod 产品服务区。大部分店面还设有一个多媒体服务区（The Studio）。类似于创意技术服务区，顾客可以在这里得到"创新的"服务和帮助，比如如何制作照片集、创作音乐、编辑电影等。产品体验区设置在店面的后部。软件和书籍也放在了这里。店内还设有一个儿童专区，提供矮凳子和圆桌子，供小朋友体验热销产品。

8.2.1　服务场景

如前所述，零售服务业规划的目标通常是使每平方米的净利润达到最大。从操作角度来看，这一目标经常被分解成如下指标，"运输成本最小化"或"产品曝光最大化"。然而，在服务业布置规划中使用这些指标将会使商店看起来像仓库，同时使购物者像订单拣选员或仓库保管员一样工作。当然，沃尔玛和家得宝的顾客非常喜欢这样的产品摆放，因为这可以降低价格。

此外，在服务业布置规划中还需要考虑一些更加人性化的因素。**服务场景**（service scape）是指提供服务的物理环境，以及这些环境是怎样影响顾客和雇员的。为了给服务性企业（或制造企业中与服务相关的部门）提供一种好的布置规划，应该对服务场景有所了解。服务场景有三个考虑要素：环境条件；空间布置及功能性；标牌、符号和装饰品。

> **关键思想**
> 与制造布置类似，在零售业中，布置的设计是为了增加销量而不是最小化成本。

环境条件（ambient conditions）指的是环境的特点，如噪声等级、音乐、照明、温度和气味等，这些因素都会影响员工的表现和士气，以及顾客对服务的感知，从而影响顾客的逗留时间和消费情况。虽然其中许多特点主要受到建筑设计的影响（例如，灯具、吸音板和排风扇的规划），但建筑内部的布置仍然起到很大的作用。例如，靠近食物区的地方就会有食物的味道，剧院外走廊上的灯光比较昏暗，靠近舞台的座位会比较吵闹，靠近入口的位置通风较好。

对于空间规划及功能性，有两个方面特别重要：设计顾客走动的路径和货物分类。路径设计的目标是为顾客提供一个路径，使他们能最大限度地接触到商品，并且在这一路径上，商家会按照服务的需求顺序来安排服务。例如，宜家的店面规划使顾客在付钱离开商店之前需要经过每一类产品。同时，宜家还沿着通道设立了快餐厅，使购物者无须离开原来所走的路线就可以吃点东西。通道至关重要，除了确定通道的数目以外，还要确定通道的宽度，这与预期或希望的客流量直接相关。此外，通道的宽度还可以影响客流方向。一些零售店由于其宽度限制，一旦顾客推着购物车进入就无法调头出来。在规划时可以利用焦点吸引顾客注意力，从而引导其向商家希望的方向流动。凯马特（Kmart）中有名的蓝色光线就是很好的例子。

当顾客沿着主通道行进时，为了更多地吸引他们的注意力，可以按一定角度规划二级和三级通道。考虑图8-14中的两种规划方案。采用矩形规划也许能降低货架的费用，并可以得到更大的展示空间。如果商店管理者关注的是存储空间，这种规划将是最合适的。否则，具有一定角度的规划可以使购物者更清楚地看见商品，在其他条件相同的情况下，提供了一个更合宜的销售环境。

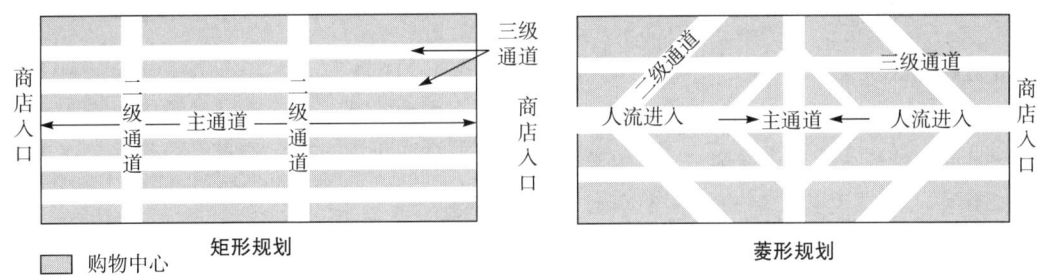

图8-14 可供选择的两种商店规划方案

现在流行的做法是将顾客心中的相关物品放在一起，而不是按照货物的物理特性、货架空间或服务要求来规划。这种按照相关性来分类的方法在百货商店的精品柜和超市的食品区较为常见。

对于流通规划与货物分类，市场研究提供了以下几个指导方针：

（1）人们在超级市场购物时倾向于以一种环形的方式购物。将利润高的物品沿墙摆放会提高购买的可能性。

（2）摆放在通道尽头的减价商品总是要比摆放在通道里面的相同物品卖得好。

（3）需要顾客排队等待服务的信贷部和其他非销售区应当规划在上层或"死角"等不影响销售的地方。

（4）在百货商店，离商店入口最近的地方和靠近陈列窗的地方的销售潜力最大。

8.2.2 标牌、符号和装饰品

标牌、符号和装饰品是具有社交意义的服务要素。这些要素与环境一起体现出建筑物的风格，虽然建筑物的方向、位置及大小也传递出特殊的信息。例如：

- 银行信贷员很容易识别，因为他们的办公桌通常是处于玻璃围成的办公室里面。
- 坐在靠近入口柜台旁的人通常负责接待顾客并引导他们到达目的地。
- 在百货商店里，铺瓷砖的区域是供购物者行走的通道，而铺地毯的区域仅供参观。

也许你会从上面的例子中发现，为服务行业规划制定严格有效的规则受到行为因素的影响，因此变得非常困难。可以这样说，布置选择不仅仅是在产品展示空间和顾客空间流动之间的选择问题，它是一个更复杂的设计问题，需要考虑这些环境因素。

8.2.3 办公室布置

办公室布置（office layout）越来越趋向于开放式，员工的工作空间仅用矮墙隔开。许多公司已经将固定围墙拆掉，以鼓励员工进行更多的交流和团队协作。服务规划中的标牌、符号和装饰品在办公室布置中的应用也许比在零售服务业中更重要。例如，办公桌的大小和方向可以暗示它主人的重要程度或职业水平。

中心管理部门的办公室设计和规划通常反映了公司希望向外界传递的形象。例如，北欧航空公司（SAS）的行政办公综合楼位于斯德哥尔摩郊外，它是由玻璃外墙构成的两层结构，这种设计给人一种开放交流和扁平结构（较少的组织结构层次）的感觉，体现了公司的管理理念。

苹果公司在加利福尼亚州库比蒂诺的新总部，由于其飞碟式的设计，经常被称为"宇宙飞船"。关注环保的设计和建筑方法包括使用循环水冲洗厕所；巨大的太阳能电池板阵列，以满足建筑物的大部分能源需求；旧址上许多建筑材料被回收成新材料并用于建造新建筑，所有这些都反映了苹果公司关注产品的环境友好性和引领性创新。

本章小结

8-1 分析制造布置的常见类型

总结

- 本节聚焦在对制造布置设计的技术理解上。四种常见的布置是：工作中心、装配线、制造单元和项目式布置。
- 工作中心（通常指加工车间）涉及安排职能工作中心（完成某一特定工作），使这些部门之间的相对位置实现最优化。
- 装配线设计主要是针对生产线上工作站的工作内容进行定义，这一技术被称为装配线平衡。为了能够在应对最大生产周期和紧前约束时将生产效率最大化，工作站必须进行科学的规划。在多数情况下我们都希望将类似的产品放在同一装配线上进行生产，这被称为混合型装配线平衡。
- 制造单元一般用于产量较小的产品生产（相较于装配线）。这是为了将用作不同目的的机器（如在工作中心中的机器）置于不同区域以生产相应的产品。常见的形式是工人以工作单元的形式完成工作。

关键术语

工作中心：通常被称为车间，一种适合大批量生产非标准产品的工艺结构。工作中心有时被称为部门，并专注于特定类型的工作。

装配线：通过固定顺序的工作站来生产产品，被设计用于实现特定的生产率。

制造单元：对形状和加工要求相似的产品进行分组。

项目式布置：一种保持产品位置不动，通过移动设备到产品位置来完成产品生产的布置方式。

系统布置规划（SLP）：一种通过数字来定量化表示部门间物料流动，解决工艺布置问题的规划技术。

工作站节拍：装配线上相邻两个产品通过装配线尾端的

间隔时间。
装配线平衡：将工作分配给一系列的工作站，以便满足所需的节拍，并使得闲置时间最小化。
优先作业关系：在生产过程中的活动所必须满足的生产顺序。

关键公式
工作站节拍：

$$C = \frac{每天工作时间}{每天计划生产量} \quad (8\text{-}1)$$

满足工作站节拍的工作站的最小数量：

$$N_t = \frac{完成作业所需总时间(T)}{工作站节拍(C)} \quad (8\text{-}2)$$

装配线平衡效率：

$$效率 = \frac{完成作业所需总时间(T)}{工作台实际数量(N_a) \times 工作站节拍(C)} \quad (8\text{-}3)$$

8-2 阐明在非制造领域应用的布置

总结
- 其他类型的规划包括应用在零售服务业和办公室的规划。
- 在零售店的案例中，其目的是使店面每平方米的净利润最大化。

应用举例

8-1
例1

一所大学的咨询部门有4个办公室，每个办公室处理不同的问题：A办公室处理学生来函，B办公室处理日程安排，C办公室处理年级申诉，D办公室处理学生咨询。办公室长80英尺，宽20英尺。每个房间的面积是20英尺×20英尺。目前的办公室以A、B、C、D顺序按直线型规划。用工作负荷表示每个咨询员与其他办公室咨询员的接触次数。假设所有的咨询员的权重相等。

工作负荷：$AB=10$，$AC=20$，$AD=30$，$BC=15$，$BD=10$，$CD=20$。

a. 用物料运输成本的方法评价该规划方法。
b. 交换各办公室的工作职能以改进规划方式。用a中使用的方法评估改进程度。

解答

a.

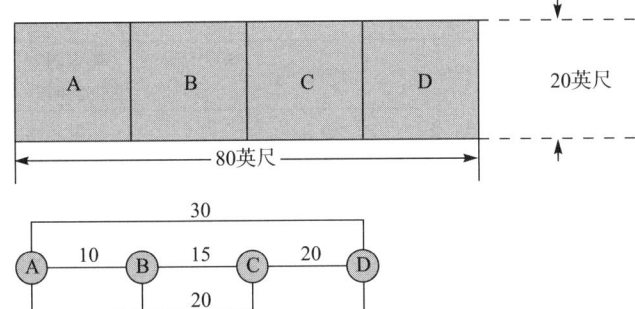

使用玩具公司例子中（见图8-1～图8-7）物料运输成本的计算方法，我们可以得到下列成本，假设不相邻的办公室的运输成本是在初始单位距离成本的基础上加倍。

$AB = 10 \times 1 = 10$
$AC = 20 \times 2 = 40$
$AD = 30 \times 3 = 90$
$BC = 15 \times 1 = 15$
$BD = 10 \times 2 = 20$
$CD = 20 \times 1 = 20$
当前成本 = 195

b. BCDA是更好的规划方式。

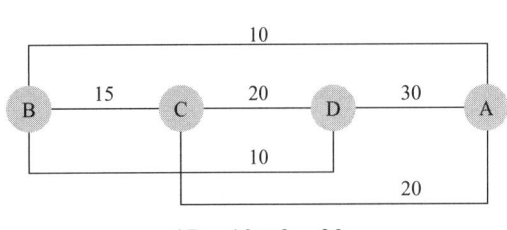

$AB = 10 \times 3 = 30$
$AC = 20 \times 2 = 40$
$AD = 30 \times 1 = 30$
$BC = 15 \times 1 = 15$
$BD = 10 \times 2 = 20$
$CD = 20 \times 1 = 20$
改进后成本 = 155

例2

下面的作业必须按照给定的次序和时间在装配线上完成。

作业	作业时间（秒）	紧前作业	作业	作业时间（秒）	紧前作业
A	50	—	E	20	C
B	40	—	F	25	D
C	20	A	G	10	E
D	45	C	H	35	B, F, G

a. 画出流程图。
b. 若每天工作 8 小时，计算日生产 400 单位产品时，所需工作站最小数目的理论值。
c. 使用最长作业时间优先的原则，以最少的工作站数目来平衡装配线，使得每天可以生产 400 单位产品。

解答

a.

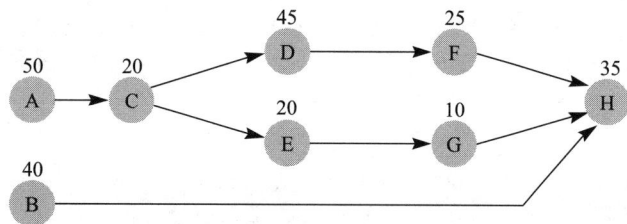

b. 当 $D = 400$ 时，工作站最少数目理论值：

$$N_t = \frac{T}{C} = \frac{245}{\frac{60 \times 480}{400}} = \frac{245}{72} = 3.4 \text{（个）}$$

c.

	作业	作业时间（秒）	余留的未支配时间	可行的保留作业
工作站 1	A	50	22	C
	C	20	2	—
工作站 2	D	45	27	E, F
	F	25	2	—
工作站 3	B	40	32	E
	E	20	12	G
	G	10	2	—
工作站 4	H	35	37	

例 3

桑尼公司的生产工程师准备生产一种新型遥控玩具——怪物卡车。他们雇用了一个生产顾问帮助设计生产工艺的最佳形式，以满足新产品的预期需求。顾问建议他们使用一条装配线。他告诉工程师，为了满足预期的需求，这条装配线必须每天生产 600 辆怪物卡车。工人每天工作 8 小时。新怪物卡车的作业信息如下表所示。

作业	作业时间（秒）	紧前作业
A	28	—
B	13	—
C	35	B
D	11	A
E	20	C

（续）

作业	作业时间（秒）	紧前作业
F	6	D, E
G	23	F
H	25	F
I	37	G
J	11	G, H
K	27	I, J
共计	236	

a. 画出流程图。
b. 按照每天工作 8 小时，计算日生产 600 辆卡车所需的工作站节拍。
c. 根据 b 的回答确定工作站最小数目的理论值。
d. 按照最长作业时间优先的规则来平衡装配线，用数量最少的工作站实现日生产 600 辆卡车的目标。
e. 使用后续作业数多且最短作业时间优先的规则来平衡生产线，用数量最少的工作站实现日生产 600 辆卡车的目标。

解答

a.

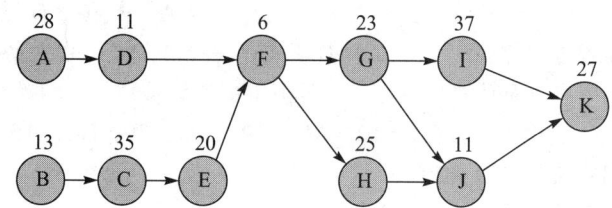

b. $C = \dfrac{\text{每天工作时间}}{\text{每天计划生产量}} = \dfrac{60 \times 480}{600} = \dfrac{28\,800}{600} = 48$（秒）

c. $N_t = \dfrac{T}{C} = \dfrac{236}{48} = 4.92 = 5$（取整）

d.

	可行作业	作业	作业时间（秒）	剩余的未支配时间
工作站 1	A, B	A	28	20
	B, D	B	13	7
工作站 2	C, D	C	35	13
	D	D	11	2
工作站 3	E	E	20	28
	F	F	6	22
工作站 4	G, H	H	25	23
	G	G	23	0
工作站 5	I, J	I	37	11
	J	J	11	0
工作站 6	K	K	27	21

e.

作业	后续工作数
A	7
B	8
C	7
D	6
E	6
F	5
G	3
H	2
I	1
J	1
K	0

	可行作业	作业	作业时间（秒）	剩余时间
工作站1	A, B	B	13	35
	A, C	A	28	7
工作站2	C, D	D	11	37
	C	C	35	2
工作站3	E	E	20	28
	F	F	6	22
工作站4	G, H	G	23	25
	H, I	H	25	0
工作站5	I, J	J	11	37
	I	I	37	0
工作站6	K	K	27	21

讨论题

8-1

1. 健身中心应该采用哪种布置规划方式？
2. 装配线平衡的目标是什么？如果有一个工人，无论怎么努力都比装配线上的其他10个工人慢20%，你将如何处理？
3. 如果给定装配线平衡，你如何确定闲置时间的比率？
4. 使混合型装配线变得切实可行的必要条件是什么？
5. 为什么创建制造单元比较困难？

8-2

6. 从哪些方面体现出服务行业中的设施规划是一个营销问题？给出一个例子，说明服务行业系统布置规划的目的是使客户在系统中逗留的总时间最大化。
7. 对于一家百货公司，哪些部门可能不应该相邻规划？任何部门都会从邻近规划中获益吗？
8. 在服务场景的规划中，流程图所起的作用是什么？怎样的服务特征会成为焦点或能吸引顾客沿特定路径运动？在一家超市里，哪些商品应该放置在通道前面？哪些应该放置在通道后面？

客观题

8-1

1. 塞浦路斯柑橘合作社向西欧大量出口柑橘。下图是办理发货手续的流程图。试着修改规划图以改进流动顺序并尽可能地节省空间。

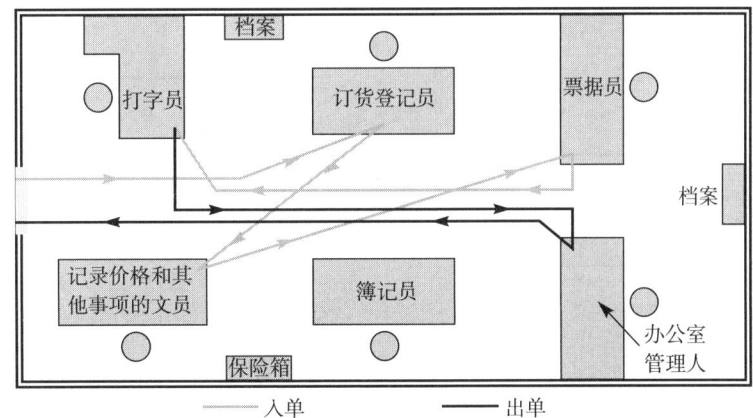

2. 克拉夫特希望你能帮忙为在加利福尼亚州新建的门诊部设计一个布置方案。通过对另一家最近开设的门诊进行分析，他得到的数据如下图所示，这包括一天中患者在医院各部门间走动的次数（对角线上的数

字）和新诊所的医生确定的各部门间联系的权重（在图 8-8c 中已定义，对应于对角线下）。新诊所面积为 60 英尺 ×20 英尺（假设从部门中心到其他部门中心的距离是"直线"测量的）。

a. 考虑患者的走动，设计部门间的人员流动图。
b. 使用系统布置规划计划，设计出好的关系图。
c. 任意选择 a 或 b 中一种规划方案，按比例画出部门安排草图。
d. 这种规划方案能让护士满意吗？解释其原因。

部门	2	3	4	5	6	所需面积（平方英尺）
1 挂号	A / 2	O / 5	E / 200	U / 0	O / 10	100
2 X-放射科		E / 10	I / 300	U / 0	O / 8	100
3 手术室			I / 100	U / 0	A / 4	200
4 检查室（5）				U / 0	I / 15	500
5 实验室					O / 3	100
6 护士站						100

3. 多顿（Dorton）大学校长要求运营管理部门将 8 个生物学教授（A、B、C、D、E、F、G 和 H）安排到新生物楼中的 8 间办公室（如下图所示的 1～8 号）。

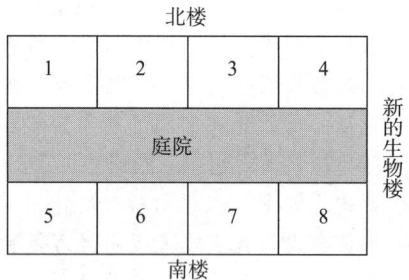

北楼 / 庭院 / 新的生物楼 / 南楼

办公室距离和任意两间办公室间双向走动如下表所示。

办公室距离（英尺）								
	1	2	3	4	5	6	7	8
1	—	10	20	30	15	18	25	34
2		—	10	20	18	15	18	25
3			—	10	25	18	15	18
4				—	34	25	18	15
5					—	10	20	30
6						—	10	20
7							—	10
8								—

任意两个办公室间双向走动（次数）								
	A	B	C	D	E	F	G	H
A	—	2	0	0	5	0	0	0
B		—	0	0	0	3	0	2
C			—	0	0	0	0	3
D				—	0	4	0	0
E					—	1	0	0
F						—	1	0
G							—	4
H								—

a. 如果办公室分配没有约束，有多少种可选方案？
b. 生物系将下面的信息和要求发给了运营部门：
只有办公室 1、4、5 和 8 有窗户。
教授 A 必须分配到办公室 1。
教授 D 和 E 是副系主任，他们的办公室要有窗户。
教授 H 的办公室必须隔着院子和教授 D 的办公室相对。
教授 A、G 和 H 的办公室要在同一侧。
教授 F 不能与教授 D 的办公室相邻，同时也不能与教授 G 的办公室相邻或者相对。

找到合适的办公室安排方案，满足生物系的所有要求，并使物流总成本最小化。你可以使用路径人流表来帮助计算。

路径	流	路径	流	路径	流	路径	流	路径	流
A—B	2	B—C	0	C—D	0	D—E	4	E—F	1
A—C	0	B—D	0	C—E	0	D—F	0	E—G	0
A—D	0	B—E	0	C—F	0	D—G	0	E—H	0
A—E	5	B—F	3	C—G	0	D—H	0	F—G	1
A—F	0	B—G	0	C—H	3			F—H	0
A—G	0	B—H	2					G—H	4
A—H	0								

4. 一条装配线生产两类卡车：B 型和 D 型。生产一辆 B 型卡车需要 12 分钟，生产一辆 D 型卡车需要 8 分钟。要求日产出量为 24 辆，建立一个平衡混合型生产顺序来满足这一需求。

5. 一条装配线每天工作 8 小时，要求日产出量为 240 件。下表给出了产品的作业时间和优先顺序。

作业	作业时间（秒）	紧前工序	作业	作业时间（秒）	紧前工序
A	60	—	E	90	B, C
B	80	A	F	30	C, D
C	20	A	G	30	E, F
D	50	A	H	60	G

a. 画出流程图（答案见附录D）。
b. 要求每天生产240单位，那么工作站节拍为多少？
c. 使用最长作业时间优先原则来平衡装配线。
d. 装配线的效率为多少？假定运作的周期是b中的周期。

6. 一条装配线规定日生产量为360单位。这一装配线每天工作450分钟。下表给出了产品的作业时间和先后次序。

作业	作业时间（秒）	紧前工序	作业	作业时间（秒）	紧前工序
A	30	—	E	15	C
B	35	A	F	65	C
C	30	A	G	40	E, F
D	35	B	H	25	D, G

a. 画出流程图。
b. 要求每天生产360单位，那么工作站节拍为多少？
c. 使用后续作业数多优先原则平衡装配线。使用最长工作时间作为第二优先原则。
d. 装配线平衡的效率为多少？假定运作的周期是b中的周期。

7. 下表给出了一些工序并根据装配要求确定了这些工序的顺序。这些工序结合起来组成了一条装配线。这条装配线每天工作7.5小时，每天要求生产1 000件产品。

作业	作业时间（秒）	紧前工序	作业	作业时间（秒）	紧前工序
A	15	—	G	11	C
B	24	A	H	9	D
C	6	A	I	14	E
D	12	B	J	7	F, G
E	18	B	K	15	H, I
F	7	C	L	10	J, K

a. 要求每天生产1 000单位，那么工作站节拍为多少？
b. 基于日产量1 000件的预期，使用最长作业时间优先原则平衡装配线，说明每个工作站需要完成的任务有哪些。
c. 对于b，装配线平衡效率为多少？假定运作的周期是a中的周期。
d. 在生产开始之后，市场部门意识到低估了需求，应该将产出增加到1 100件。你将采取什么措施？用定量的方法具体说明。

8. 对于下面的工作中心规划问题，已经给出了初始方案。根据所给的物料流动和每件产品每移动一英尺花费2美元的条件，计算这种规划方法的总成本。所有的车间长100英尺，宽50英尺，数字已经在图中标出。在确定距离时以部门中心为测量点，用直线距离来进行测量。

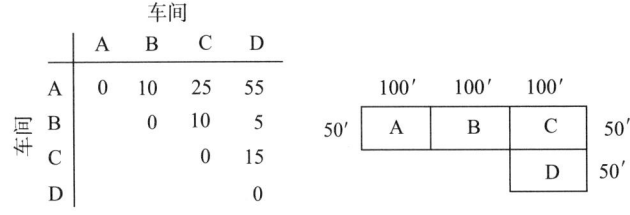

9. 一条装配线每天工作7.5小时，每天生产300件。下表是作业和作业时间。

作业	紧前作业	作业时间（秒）	作业	紧前作业	作业时间（秒）
A	—	70	G	D	60
B	—	40	H	E	50
C	—	45	I	F	15
D	A	10	J	G	25
E	B	30	K	H, I	20
F	C	20	L	J, K	25

a. 画出流程图。
b. 要求每天生产300单位，那么工作站节拍是多少？
c. 工作站最小数目的理论值是多少？
d. 使用最长作业时间优先的规则对工作站分配任务。
e. 装配线平衡时效率为多少？假定运作的周期是b中的周期。
f. 假设需求增加了10%。你会如何应对？假设一天只能生产7.5小时。

10. 下面的作业必须在一条装配线上完成。

作业	作业时间（秒）	紧前工序	作业	作业时间（秒）	紧前工序
A	20	—	E	15	C
B	7	A	F	10	D
C	20	B	G	16	E, F
D	22	B	H	8	G

每天工作7小时，日产量为750件（答案见附录D）。
a. 要求每天生产750单位，那么工作站节拍为多少？
b. 工作站数目的理论值是多少？
c. 画出流程图。
d. 在作业顺序约束下用最长作业时间优先原则来平衡装配线。
e. d中设计的装配线的效率为多少？假定运作的周期是a中的周期。
f. 假如需求从每天750件增加到800件，应该采取什么措施？给出定量计算。
g. 假如需求从每天750件增加到1 000件，应该采取什么措施？给出定量计算。

11. 8个车间之间的物料流动如下表所示。虽然表中区分了物料的流入和流出,但假设物料流动的方向并不重要。此外,假设物流成本只和移动距离有关。

	部门							
	1	2	3	4	5	6	7	8
1	—	20						
2	15	—	25				4	
3		5	—	40	5			
4			5	—	10			
5	1			20	—	30		
6						—	20	
7			3				—	10
8						5		—

a. 给出一个规划方案,将所有车间放入一个2×4的格子中,其中每个格子代表一个10米×10米的正方形区域。

b. 使用距离时间流的方法评价该规划方案。假设距离是指直线距离(在这里,直接相邻的车间距离为10米,中间相隔一个车间的两车间之间的距离是20米)。

12. 某公司采用了一系列装配线系统,需要解决下列问题:

a. 需要建立一套新的工艺系统,要求每班(7.5小时)产量为900单位。在这一系统中,产品要通过4个工作站,每个工作站的作业时间为30秒。这一系统的工作站节拍是多少?

b. 在这个工作站节拍下,装配线效率为多少?

c. 工作站3发生了变化,其作业时间变为45秒。为了满足生产需要,应该采取什么办法(假设每天只工作7.5小时)?新生产系统的效率为多少?

13. 阳光河饮料公司是一家地区性的茶饮、果汁和能量饮料的生产商。由于对健康生活的强调,市场对该公司无糖配方饮料的需求大幅提高。

最终的包装操作包括13个作业。阳光河饮料公司每周5天、每天5小时进行装瓶。市场每周对该种产品的需求为3 000瓶。请利用下列数据解决公司装配线平衡问题,并计算出你平衡后的效率。请使用最长作业时间优先规则。

作业	作业时间(分钟)	紧前工序	作业	作业时间(分钟)	紧前工序
1	0.1	—	6	0.2	3, 4, 5
2	0.1	1	7	0.1	1
3	0.1	2	8	0.15	7
4	0.2	2	9	0.3	8
5	0.1	2	10	0.5	9

(续)

作业	作业时间(分钟)	紧前工序	作业	作业时间(分钟)	紧前工序
11	0.2	6	13	0.1	12
12	0.2	10, 11			

14. 下表列出了有线电视数字机顶盒的作业要素、作业时间和紧前工序。

作业	作业时间(分钟)	紧前工序	作业	作业时间(分钟)	紧前工序
A	1	—	F	1	A
B	1	A	G	1	F
C	2	B	H	2	G
D	1	B	I	1	E, H
E	3	C, D			

假定节拍为4分钟,请为该装配过程设计两套方案,利用最长任务时间优先规则,最大紧后任务数量优先为第二原则。

你的方案的效率是多少?假定节拍是4分钟。

前沿问题

15. 福朗斯·约翰逊的工厂需要设计一条高效的装配线,用于生产新产品。这条装配线每小时需要生产产品15件,并且工厂只能容纳4个工作站。作业和作业顺序已经在下表中给出。作业不能再分解,并且无论使哪一个作业重复,代价都非常大。

作业	作业时间(分钟)	紧前工序	作业	作业时间(分钟)	紧前工序
A	1	—	E	3	C
B	2	—	F	2	E
C	3	—	G	3	E
D	1	A, B, C			

a. 画出流程图。

b. 要求每小时生产15单位,那么工作站节拍为多少?

c. 要求装配线上只有4个工作站,请平衡装配线。任何你认为合适的方法都可以使用。

d. 平衡的装配线效率为多少?假定运作的周期是b中的周期。

8-2

16. 在制造布置设计中,最关心的是运营效率。在零售服务业中,最关心的是什么或者它的目标是什么?

17. 什么是用来概括提供服务的物理环境,以及这些环境是怎样影响顾客和雇员的?

18. 用来描述服务运营的、有明显的社会特征的是哪三个术语?

案例分析　制造流程设计：东芝笔记本电脑的装配线

制造工程部经理中村亨弘仔细查看了用于超小型笔记本电脑装配的装配线模型的设计方案（见表 8-2）。每次一有新产品的引入，管理者就觉得有必要提高装配线的生产效率并降低成本，从而也会要改变装配流程。当进行一项新产品的设计时，应当适当考虑如何减少产品生产所需要的配件数量并依据装配要求简化各部分的生产。最新的产品是高科技和低成本方面的一个重大创新，会在秋冬销售季节给东芝带来优势。

表 8-2　笔记本电脑的组装过程表

作业	作业时间（秒）	紧前工序
1. 组装封面	75	—
2. 在封面安装 LCD	61	任务 1
3. 准备底座的组装	24	—
4. 在底座安装 M-PCB	36	任务 3
5. 安装 CPU	22	任务 4
6. 组装备份电池并测试	39	任务 4
7. 安装定位设备和腕垫	32	任务 4
8. 安装喇叭和麦克风	44	任务 4
9. 在 M-PCB 安装 A-PCB	29	任务 4
10. 准备和安装键盘	26	任务 9
11. 准备和安装 DVD 与硬盘（HDD）	52	任务 10
12. 安装电池组	7	任务 11
13. 插入内存	5	任务 12
14. 开始加载软件	11	任务 2, 5, 6, 7, 8, 13
15. 加载软件（不需要劳动力）	310	任务 14
16. 测试视频播放	60	任务 15
17. 测试键盘	60	任务 16

超小型笔记本电脑的生产在 10 天之内就要开始安排。新产品的初始生产规模为每天 150 台，并在接下来的一个星期逐渐增加到每天 250 台（管理层原本希望最终能达到每天 300 台）。在工厂 14.4 米长的装配线上一般有 10 个装配工人。如果有需要的话，最多可安排 12 个装配工人。装配线一般每天工作 7.5 小时（工人们从早上 8：15 工作到下午 5 点，中间包括无薪的午饭时间 1 小时和 15 分钟的休息时间）。装配线允许加班 1 小时、2 小时或 3 小时，但是至少需要提前 3 天通知员工。

装配线

在装配线的前上方有一台计算机，上面显示着当天的生产安排，包括要生产的产品型号以及该装配线需要装配的量。这些产品只在硬盘型号、内存以及电池上稍有区别。生产安排一般包括 7～8 种产品，常量从 10～100 个不等。产品按顺序一个一个地装配：第一个产品的所有零部件放在一起装配，然后是第二个产品的所有零部件放在一起装配，依此类推。这台计算机同时显示了完成当天生产任务还需要的时间，以给物料员在进行装配线零部件分配时提供指导。

附近的藤桥配件收集和分配中心也能看到这个日常生产安排。有需求时，零部件会在 2 小时内从藤桥中心购得。这个物料供应系统协作紧密，运行情况良好。

装配线上有一条 14.4 米长的传送带，用于计算机的传送。传送带每隔 1.2 米就会被一个白色条纹隔开。装配工人整齐地站在传送带的同一边，并对经过的零部件进行加工。除了这 10 个装配工人，每条装配线上还有一个叫作助理工人的熟练技工。这个助理工人沿着装配线巡查，给进度落后的工人提供帮助，或者顶替需要休息的工人的工作。这些助理工人还需要解决装配过程中出现的一些问题（比如说次品）。装配线的速度和工人的数量每天都有变化，主要取决于生产需求和工人的熟练程度以及可用人数。尽管装配线有 12 个位置，但实际并不是都会使用到。

表 8-3 中给出了一些关于超小型笔记本电脑设计者的细节，他们觉得应当组装一条新的生产线。这些设计者假定 6 个装配工人 2 分钟装一台计算机。

表 8-3　装配线的最初设计

装配线位置	任务	工作站序号	劳动时间（秒）
1	1. 组装封面（75）	1	75
2	2. 在封面安装 LCD（61） 3. 准备底座的安装（24）	2	61 + 24 = 85
3	4. 在底座安装 M-PCB（36） 5. 安装 CPU（22） 6. 组装备份电池并测试（39）	3	36 + 22 + 39 = 97
4	7. 安装定位设备和腕垫（32） 8. 安装喇叭和麦克风（44） 9. 在 M-PCB 安装 A-PCB（29）	4	32 + 44 + 29 = 105
5	10. 准备和安装键盘（26） 11. 准备和安装 DVD 与硬盘（HDD）（52） 12. 安装电池组（7） 13. 插入内存（5） 14. 开始加载软件（11） 15. 加载软件（19）	5	26+52+7+5+11 = 101
6	加载软件（120）		
7	加载软件（120）		
8	加载软件（51）		
9	16. 测试视频播放（60） 17. 测试键盘（60）	6	60 + 60 = 120

装配线位置	任务	工作站序号	劳动时间（秒）
10	空		
11	空		
12	空		

下面就各个工作站的操作进行简单描述。

工作站1：第一名工人在传送带上相邻的两个区域放上计算机装配所需要的一些主要的零部件，并安装扣件和固定连接线，为安装LCD屏幕做准备。

工作站2：第二个操作工有两项不同的任务。首先，在封面安装LCD屏幕。这一任务需要等到封面组装完成（任务1）。第二项独立的工作是准备底座以安装M-PCB。

工作站3：在底座安装M-PCB。之后安装和测试CPU与备份电池。

工作站4：安装定位设备和腕垫、喇叭和麦克风、A-PCB。这些都是独立的任务，都要在M-PCB安装完成之后再进行。

工作站5：下面这些任务都是根据顺序来进行的。首先，安装键盘、DVD和HDD。然后安装电池包，之后是内存。计算机打开时开始加载软件。加载软件实际花费310秒的时间，而且加载软件要通过装配线6、7和8之后才能完成。那些无法正常工作的计算机将被送至可修理的重加工区域。只有1%的计算机无法启动，而且这些计算机都能够很快的修复。

工作站6：在这一工作站主要测试视频播放与测试键盘。

组装完成之后，这些计算机会被送到干燥区。这个区域一天24小时保持25摄氏度的温度，计算机被放在架子上，进行电路元件的"烘干"。烘干以后，计算机再次进行测试，软件安装，完成的笔记本电脑被包装并放置在托盘上，以便装运到世界各地的东芝配送中心。

调整初始装配线的设计

根据中村亨弘以往的经验，他发现设计师提供的装配线设计方案通常都需稍做调整。下面是中村亨弘在考虑的一些问题：

1. 这些工程师所设计的装配线的日常生产能力是多少？假定在每一天的开始，装配线上的每一个位置都有一台计算机。

2. 当装配线以最大产能运行时，装配线的生产率是多少？假定效率的计算不考虑支持人员的工作。

3. 如果以每天生产250件产品为目标，该如何对装配线进行重新设计（假定不允许加班）？新设计方案的生产率又是多少呢？

4. 每天生产300件产品会怎样？如果工程师最初的设计中包括加班时间，那么每天装配线要运行多长时间？

5. 设计一条不需要加班就可以每天生产300台的装配线（如表8-3所示，指定生产线上每个位置的任务）。

6. 为了提高新装配线的生产速度，中村亨弘还可能会考虑些什么问题？

练习测试

写出以下每个语句定义的术语或回答问题，答案见底部。

1. 这三个术语都指将相似的设备或功能集合在一起的布置。
2. 在这种布置下，产品生产的作业顺序是连续的，且作业之间的移动时间间隔固定。
3. 用来评价工作中心布置的方法。
4. 当装配线的作业时间长于设计的周期时，就用这个方法来缩短实际周期。假设不能加快作业速度、分解作业、采用加班以及重新设计作业。
5. 这种方法会以周期循环的方式在给定的一天或一周内安排同一产品的不同型号在同一生产线上进行生产。
6. 如果你想以循环的方式生产20%的第一种产品（A）、50%的第二种产品（B）以及30%的第三种产品（C），请问你会怎么安排？
7. 这个术语用来概括提供服务的物理环境，以及这些环境是怎样影响顾客和雇员的。
8. 一家企业需要用装配线每天生产500单位的产品，生产时间为每天8小时。请问要求的节拍是多少秒？
9. 请问一条有25名工人、节拍为45秒的装配线的效率是多少？已知每单位产品在线上的生产时间为16分钟，这个时间是由工程师在工厂中研究测算得出的。

答案：1. 工作中心，加工车间，功能区。2. 装配线。3. 每种排列次数以及水平核移动距离最小化。4. 使用并开行工作站。5. 混合型装配线分配。6. AABBBBCCC（重复）7. 服务景观。8. $(8 \times 60 \times 60)/500 = 57.6$ 秒。9. $(16 \times 60)/(25 \times 45) = 9.85\%$

第 9 章

服务流程

学习目标

9-1 了解服务流程的特点；

9-2 解释服务系统是如何组织的；

9-3 分析简单的服务系统；

9-4 比较不同的服务设计。

引导案例

只要摇一下手机就能完成支付

未来学家很早就预言将来在零售店，顾客只要摇一下手机就能完成支付，不再需要用信用卡。在美国的星巴克店，几年之前就已经可以应用 App 实现智能手机支付。顾客可以在收银款处扫描一下手机，然后钱就会从自己的星巴克账户扣掉，星巴克账户可以通过信用卡或者 PayPal 充值。

苹果公司开发了一种更加方便的支付方式——Apple Pay，可以在任何商店实现支付。用户只需要将其 iPhone 靠近一个读取器，然后进行指纹认证，iPhone 里的一个特殊近场天线就可以连接并完成交易，然后，通过快速振动和嘟嘟声让用户知道结账完毕。

使用这些快速手机应用程序简化和加快了交易，并减少了每个人的排队等候。

© Philippe Huguen/AFP/Getty Images

9.1 服务的本质

简单浏览一下当地书店的管理类书籍，你会发现从业人员非常关注服务行业。现在我们认识服务的角度同原来看待质量的角度是一样的：顾客是（或应该是）服务组织所有决策和行动的着眼点。图 9-1 中的服务三角很好地阐述了这种观点。这里，顾客是服务策略、系统、服务人员三者的中心。从这个角度来说，组织是为了服务顾客而存在的，系统和服务人员则是为了实现服务流程而存在的。但是也有人认为，服务组织也是为了服务全体员工而存在的，因为他们决定了顾客对服务的感知。根据后一种观点，顾客得到的服务就是管理者应得的回报，即管理者怎样对待员工，员工就会怎样对待顾客。如果员工得到了管理者良好的培训和激励，他们就会为顾客提供优质的服务。

在服务三角中运营的作用非常重要。运营负责服务系统（程序、设备、设施）以及服务人员的管理，服务人员通常占大型服务组织的大多数员工。在进一步讨论之前，我们需要将服务进行分类，以便说明顾客是如何影响运营的。

每一种服务都有一个**服务包**（service package）。服务包可以定义为在某种环境下提供的一系列产品和服务。服务包有五个特点：

（1）支持性设施：服务之前必须到位的物理资源，如互联网网站、高尔夫球场、滑雪缆车、航空线路和汽车修理设施。

（2）辅助物品：顾客需购买或消费的材料或者提供给顾客的物品，如高尔夫球杆、滑雪板、饮料和汽车零部件等。

（3）信息：为顾客提供的运营数据或信息，以促进形成高效的、客户化的服务，如可提供项目的详细描述、开球时间、天气情况、医疗记录、座位偏好和项目可用性。

（4）显性服务：可以明确感知到的受益，是服务的核心内在的特征，如救护车的反应时间、酒店房间内的空调以及经调整后可以平稳行驶的汽车。

（5）隐性服务：顾客只能模糊感知的心理受益，或者说是服务的外在特征，如常春藤学校的学位身份、贷款办公室的私密性以及无担忧的汽车修理。

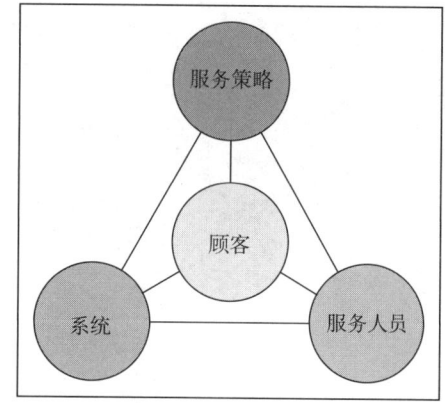

图 9-1　服务三角

服务运营分类

我们通常根据顾客类型（如个人顾客或企业顾客）和所提供的服务（金融服务、医疗服务、运输服务等）对服务组织进行分类。尽管这种分类有利于阐述总体的经济数据，但不适于运营与供应链管理（OSCM），因为几乎不涉及服务流程。相比之下，在制造业中可以找到一些十分具有启发性的术语来对生产活动进行合理的分类（如离散性生产或连续性生产）。当将其应用于制造业时，可以明确传达流程本质。尽管也可以用这些术语描述服务流程，但是我们需要加入一个附加信息来反映顾客参与到生产过程。顾客在服务提供过程中的参与程度就可以作为这样一个信息来区分不同的服务类型。

顾客接触（customer contact）是指顾客在系统中的物理存在，**服务创造**（creation of the service）是指服务提供的工作过程。**接触程度**（extent of contact）可以简单地定义为顾客接触时间占服务总时间的百分比。在一般情况下，服务系统与顾客的接触时间占比越大，两者在服务过程中的交互程度越大。

在餐馆里为青少年提供比萨的女服务员

从这些概念来说，与**顾客接触程度低**（low degree of customer contact）的服务系统相比，**顾客接触程度高**（high degree of customer contact）的服务系统将更难控制和优化。在高度接触系统中，顾客可以影响服务的需求时间、服务的具体性质以及服务质量或者感知质量，这是由于顾客参与了这个过程。

表 9-1 描述了两者的区别。在此，我们可以看到每一个设计决策都受到服务期间顾客是否出现的影响。我们还可以看到，后台的服务工作（例如银行的处理中心），其结果是生成顾客所需的诸如报表、数据以及发票，等等。我们还

看到，当工作在后台完成时（在本例中，即银行的处理中心），它是通过对客户的报告、数据库和发票的操作执行的。针对这种后台服务，我们可用与设计工厂相同的原则（即在生产日内的产量最大化）来设计服务。

表 9-1 银行中高度接触与低度接触系统的主要差别

设计决策	高度接触系统（分支机构）	低度接触系统（检查中心）
设施位置	必须在顾客附近运营	可在接近供应、运输或劳力的地方运营
设施布置	服务设施应该满足顾客的生理、精神需求以及期望	应把服务设施着眼点放在生产效率上
产品设计	环境及有形产品决定了服务的性质	顾客不在服务环境中，因此这样的产品由较少的因素决定
流程设计	生产过程的阶段对顾客有直接的影响	顾客没有介入流程的主要部分
排程	在排程中必须考虑顾客的感受	顾客关心的主要是完成时间
生产计划	订单不可存储，均衡生产将导致经营亏损	储备充足及均衡生产是可实现的
工人技能	直接的劳动者组成了服务生产的主要部分，因此必须与公众有良好的交流	直接接触顾客的服务人员仅仅需要专业技术能力
质量控制	质量标准常常是由顾客掌握的，因此它会发生变化	质量标准一般是可以测量的，因此是固定的
时间标准	服务时间依赖于顾客的需求，因此时间标准本质上是弹性的	工作是在顾客的替代物上进行的（例如表格），因此时间标准是相对固定的
工资支付	多样的产出需要计时制的工资体制	固定的产出允许基于产量的工资体制
服务能力计划	为了避免服务跟不上，必须根据高峰时的需求制定服务能力	

在高度接触的服务系统中，由于顾客影响差异巨大，导致服务系统也存在极大的差异。例如，一家银行分支机构既有简单的服务，如提取现金（仅需 1 分钟左右）；又有复杂的服务，如申请贷款的准备工作（往往超过 1 小时）。这些活动可以是简单地通过 ATM 机自助服务，也可以是银行雇员与顾客合作，以完成贷款申请。

9.2 服务组织设计

在服务组织设计中，我们必须牢记服务的一个重要特征——服务不能存储。在制造业中，我们可以在淡季储备一些库存，以满足高峰时期的需求，从而保持雇员数量与生产计划相对稳定。而在服务业中，我们必须在没有库存的情况下及时满足变化的市场需求（很少有例外情况），因此服务能力管理成为一个关键问题。想一想你熟悉的服务场景，例如在餐厅吃饭或是去看周六的夜场电影。在一般情况下，如果餐馆或者电影院坐满了，你会决定去其他地方。因此在服务业中一个重要的设计参数就是"我们的目标服务能力是多少"，过剩的能力导致过高的成本，能力不足则导致顾客流失。在这种情况下，我们可以应用市场营销手段来影响需求，这就是机票打折、旅馆提供周末折扣等的理由。由此可以看到，服务业的运营管理和市场营销是密切关联的。

第 10 章将对排队模型进行讨论，该模型提供了一个十分有效的数学工具，以分析许多常见的服务情况。诸如"一个银行需要多少位出纳员"或"在互联网服务运营中需要多少条电话线"等此类的问题都能够用这些模型来进行分析，这些模型分析可以方便地通过 Excel 电子表格来实现。

服务设计与开发不同于制造产品开发，主要不同点在于：第一，服务流程与服务产品必须同时开发。事实上，对服务业而言，流程即是产品（这样说是基于一般的认知，许多制造业目前使用并行工程设计及 DFM（面向制造的设计）这种概念作为设计手段，以实现产品设计与流程设计的紧密结合）。

第二，虽然支持服务的设备和软件可以得到专利和版权保护，但服务运营过程缺乏像产品生产那样常见的法律保护。第三，服务包和确定的产品不同，它构成了开发过程的主要成果。第四，服务包的许多部分通常用于训练那些尚未加入服务组织的个体，特别是像律师事务所和医院这样的专业服务组织（professional service organization，PSO），雇用职员首先要进行资格认定。第五，很多服务组织可以快速改变其服务产品。日常服务组织（routine service organizations，RSO），如理发店、零售店及餐馆都有这样的灵活性。

9.2.1 构建服务接触：服务系统设计矩阵

服务接触能以很多不同的方式来构建。图9-2中的服务体系设计矩阵给出了6种常见的方式。

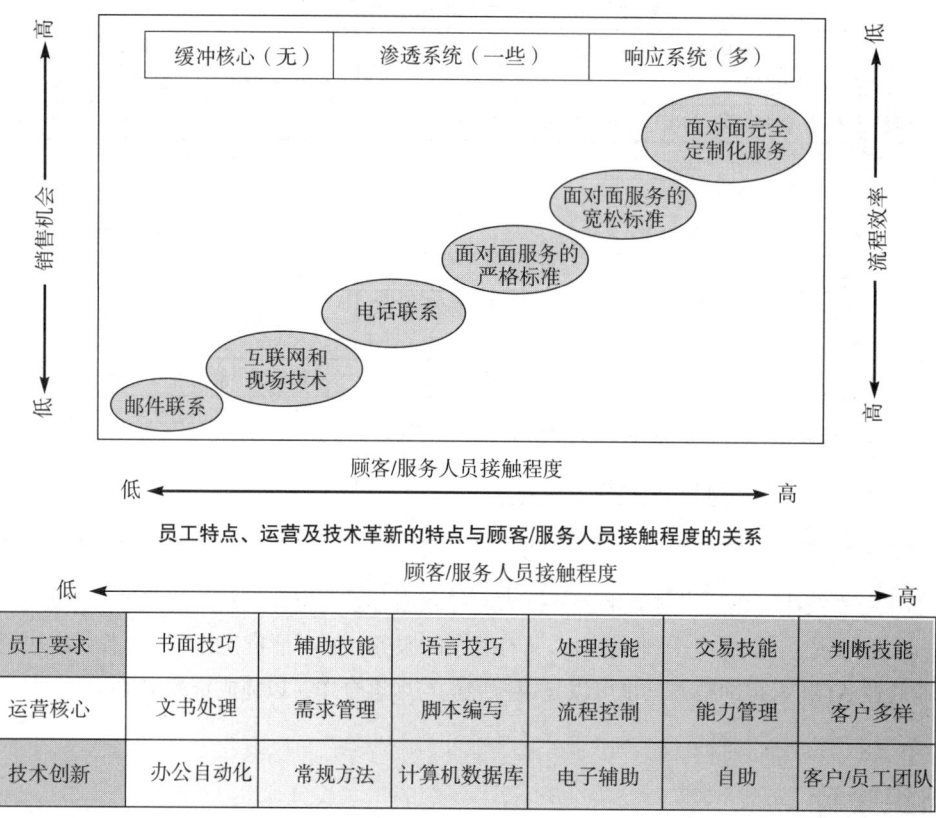

图 9-2 服务体系设计矩阵

矩阵的最上端表示顾客与服务接触的程度：缓冲核心表示服务实际上与顾客是分离的；渗透系统表示顾客通过电话或面对面进行接触；响应系统既要接收顾客要求，又要回应顾客要求。矩阵的左边表示一个符合逻辑的营销命题，即与顾客接触的机会越多，卖出商品的机会就越大。矩阵的右边表示随着顾客对运营施加影响的增加，服务效率的变化情况。

矩阵中列出了服务传递的几种方式。在一个极端的情况下，服务接触通过邮件来完成，顾客与系统的交流很少。另一种极端情况下，服务通过面对面接触来完成，顾客按照自己的要求获得服务。矩阵中其他四种方式代表了不同程度的交流。

正如人们猜测的那样，随着与顾客接触的增多（因而能施加更多的影响），系统的生产效率会随之降低。作为弥补，面对面的接触提供了更多的销售机会，从而可以卖掉更多的产品。反之，较少的顾客接触（例如邮件）可以使系统运作更为有效，这是因为顾客不能对系统施加明显的影响（或干扰）。然而，这种方式减少了卖出更多商品的机会。

> **关键思想**
>
> 在考虑服务遇到的有效性时，考虑一下你与服务人员打交道的经验。除了你已经购买的产品外，服务人员还试图向你推销其他产品。此外，考虑"自助服务"，客户自己完成工作。它是如何适应矩阵的？本章稍后将对此进行讨论。

矩阵中条目的位置是可以改变的。首先让我们讨论一下"互联网和现场技术"这种方式。互联网可以使公司远离顾客，同时还有各种机会为顾客提供相关信息和服务，可以通过编程使网站根据顾客输入做出智能化响应，也可能给企业提供大量新的销售机会。如果顾客需要的服务超出网站程序提供的服务能力，系统会提供员工支持。互联网是一种革命性的技术，可以提升服务。

另一个改变矩阵条目位置的例子是如图9-2所示的"面对面服务的严格标准"。该条目适用于那些在服务过程中很少有变化的情况——在创造服务的过程中，顾客和服务者都没有太多的随意性，这使人想到快餐店和迪士尼乐园。"面对面服务的宽松标准"则表示另外一种情况，即人们大致了解服务流程，但是服务实现可以有多种选择或提供不同的实物产品。全方位服务饭店或者汽车销售代理商都具有这个特点。"面对面完全定制化服务"是指必须通过顾客与服务者之间的相互交流来明确服务需求。法律和医疗服务都属于这一类型。同时，服务系统的资源聚集程度决定了系统是否具有反应性，甚至可能具有前瞻性，或者仅仅具有渗透性。例如，广告公司动用资源准备迎接一位大客户的访问，或者一个手术队准备进行一次紧急的外科手术。

正如图9-2下端矩阵所描述的，随着顾客/服务人员接触程度的不同，员工、运营以及技术创新的类型也有所不同。从员工的技能要求角度来讲，邮件联系和书面技巧、互联网技术和辅助技能、电话联系和语言技巧之间的关系是不言而喻的。面对面服务的严格标准特别需要程序技能，因为员工必须遵循例行程序来实施一个个通用的、标准化的、大批量的处理过程。而面对面服务的宽松标准常常需要交易技能（银行出纳、绘图员、餐厅领班、牙医）来最终实现服务。面对面完全定制化服务需要具有专业技能来确定顾客的需求或期望。

1. 矩阵的策略应用

图9-2中的矩阵具有运营和战略两方面的应用。运营方面的应用包括员工要求的识别、运营核心和前面所讨论的技术创新，而战略方面的应用则包括：

（1）实现运营和营销战略的系统集成，权衡变得更加清晰，更重要的是，为了分析的目的，至少将一些主要的设计变量具体化。例如，该矩阵表明，如果服务公司计划使用严格的规格进行操作，那么相对于销售来说，投资于高技能工人是没有意义的。

（2）明确公司提供的服务组合。当公司将矩阵对角线上的服务方式进行组合时，其作业流程就会变得多样化。

（3）比较分析其他公司是如何提供具体服务的，有助于明确一家公司的竞争优势。

（4）指示出公司在其发展过程中出现的进化或生命周期变化。在制造业的生产流程矩阵中，公司是沿着一个方向发展的，即随着产品数量的增长，从工作中心模式发展到流水线模式。服务公司则不同，其进化过程可以沿着对角线的任一方向发展，以实现服务量和工作效率的平衡。

2. 虚拟服务：顾客的新角色

服务体系设计矩阵的开发是从生产系统中公司资源利用率的角度来考虑的。随着网络中虚拟服务的出现，我们不仅要考虑顾客与企业的交互，还需考虑他跟其他客户的互动。杨伯翰大学（BYU）的斯科特·桑普森（Scott Sampson）教授建议，可以将与客户的接触分为两类。一类是纯虚拟客户接触，如eBay和Second Life允许顾客在一个开放的环境中相互交流；另一类是虚实混合式客户接触，这里顾客是在服务人员的指导下进行交流的，例如产品讨论组、YouTube和维基百科。在这些环境中，运营管理面对的挑战是如何保持技术的功能和更新，并提供突发状况的解决功能。在这些环境中，运营管理的挑战是保持技术发挥作用并得到更新，以通过监控所发生的服务接触来保障服务。

9.2.2 管理来自顾客的变化

服务经理必须做出的决策之一是，他们应该如何管理来自顾客的变化。该决策的标准处理办法是平衡成本和质量之间的关系。容纳的越多，则成本越高；容纳的少就意味着顾客满意度低。这种狭隘的分析忽略了企业可以在容纳顾客的同时控制成本。要想达到这点，企业必须找出五类变量中的哪个将会导致运营困难，然后选择四种容纳方法中哪个最有效。

这里将举例说明这五类基本变化，到达变化——一家餐厅的顾客到达时间与平均需求不一致，导致服务者时常超负荷或不饱和工作（这种变化在第10章的排队分析中有讨论）；要求变化——旅客要求一家拥挤的酒店提供带景观的房间；能力变化——一个病人无法向医生解释他的症状；行动变化——购物者懒得将购物车停放到超市指定的停放区域；

主观偏好变化——有些银行客户觉得银行出纳叫自己名字是一种亲切的表现，而其他客户则觉得这样不够正式。

> **关键思想**
> 可变性是需要与客户直接联系的服务的主要问题。需要创新的方法来管理这种可变性。

有四类基本的协调变化的策略：传统协调——需要额外的员工或额外的技能来应对顾客中的各种变化；低成本协调——采用低成本劳动力、外包以及自助服务来减少协调成本；传统缩减——比如要求顾客进行更多的自助服务、使用预订系统或者调整他们的预期；无承诺缩减——利用顾客信息来开发流程以实现良好服务，并最大程度减少变化对服务传递系统的影响。表 9-2 给出了各类容纳策略中一些有用的方法。

表 9-2 管理来自顾客的变化的策略

	传统协调	低成本协调	传统缩减	无承诺缩减
到达率的变化	• 保证有足够多可提供服务的员工	• 雇用低成本劳动力 • 任务自动化 • 外包顾客接触 • 提供自助服务选项	• 要求预约 • 提供非高峰折扣价 • 限制服务可得性	• 在不要求顾客改变他们行为的同时，创造互补式的需求以使到达率呈平滑趋势
顾客要求的服务的变化	• 保证足够多具有专业技能的员工来提供服务 • 培训员工，使其能处理各类要求	• 雇用低成本专业劳动力 • 任务自动化 • 提供自助服务选项	• 要求顾客在有专业服务需求时进行预约 • 说服顾客折中其需求 • 限制服务范围	• 限制服务范围 • 在顾客需求的基础上，确立目标客户
顾客能力的变化	• 保证在服务的员工能处理各种专业需求 • 帮顾客做事	• 雇用低成本劳动力 • 提供不需要专业技巧的自助服务选项	• 要求顾客在使用服务之前能提高自身的能力水平	• 在顾客能力的基础上，确立目标客户
顾客愿意付出的努力的变化	• 保证在服务的员工能弥补顾客缺乏的行动 • 帮顾客做事	• 雇用低成本劳动力 • 提供高自动化的自助服务选项	• 采用奖惩措施，促使顾客能自觉行动	• 在顾客需求的基础上，确立目标客户 • 采用常规方法促使顾客自觉行动
顾客偏好和期望的变化	• 保证在服务的员工能察觉顾客需求差异并做出相应处理	• 提供允许定制的顾客化自助服务选项	• 说服顾客调整期望，使之与提供的价值匹配	• 在顾客的主观偏好基础上，确立目标客户

我们可以从表 9-2 中看出，有效的变量管理一般要求一个企业能影响顾客的行为。Redbox 提供了减少变化的例子。它提供了按天付费的电影 DVD 出租服务，因此，顾客就具有强烈的意愿，希望能在 24 小时之内还回 DVD 租片。即使不能按时还回，公司还可以获得租金收入。相反，Netflix 提供的是订阅模式，只要顾客愿意，他就可以长期保存 DVD。只有当顾客可以得到他下一部想看的电影时，才会还回 DVD。可见，Netflix 的方法可以更好地容纳顾客变化行为，而 Redbox 的方法保证了顾客持有 DVD 的租金收入。

9.2.3 在服务接触中应用行为科学

有效的服务要求管理者不仅能掌握服务流程的技术特点，更要学会理解顾客的感知。南加州大学的蔡斯（Chase）和达苏（Dasu）教授建议使用行为科学的概念从服务接触的三个方面来加强顾客的感知：服务流体验（正在发生什么）、时间流（时间过得是否快）和对服务接触的评价（服务过后的顾客想法）。从这个角度来看待服务接触，能为服务接触的设计和管理提供以下 6 个行为准则。

> **关键思想**
> 如果问题得到迅速解决，客户对糟糕遭遇的看法可能会改变。

（1）**服务接触的开始和结束并不是同等重要的**。人们普遍认为，在顾客眼中服务的开始和结束，即所谓的"服务书挡"，是同样重要的。然而，大量的研究表明事实并非如此。虽然在开始时必须达到令人满意的性能水平，以便顾客继续消费后续的服务，但是与拥有一个好的开端和平淡的结果相比，一家公司如果起步相对较弱，最后略有上升，则情况可能更好。这与行为决策理论中的两个发现有关：一是人们对服务改进的偏好，二是顾客对服务印象的支配因素是结束。由此得到一个原则，即结束重于开始。采用"强调结束"理念的公司包括：马来西亚航空公司，它投入大量精力关注行李领取和地面交通，从而给顾客留有良好印象；一家橱柜生产公司在所有安装好的柜子上系好蝴蝶结，并在离开时给顾客赠送一盆花；游艇公司在每天的行程结束时举行抽奖、比赛和表演，在旅程结束前让游客与船长共进晚餐，并在回到出发港口时赠送纪念品或者葡萄酒。这些策略都是为了加强最后的好印象。研究者发现，在类似结肠镜检查这种不愉快的经历中，在检查结束后通过延长约1分钟的时间并无痛地取出结肠镜会使患者对这一过程的印象大大改观（注意，我们实际上延长了不舒适的时间，然而顾客的感觉比立即停止检查过程更好）。

（2）**分割满意，整合痛苦**。分割满意也许做起来比较困难，但是在不同的服务接触形式下，也许这是最好的选择。把满意分成小的部分能使这种感觉更为长久。这就意味着把愉快的经历分成若干个阶段，同时把不愉快的经历合并在一起。也就是说，即使延长看病的时间也应减少看病的次数。迪士尼乐园提供两轮各90秒的乘坐，其满意程度优于一轮3分钟的乘坐。

（3）**让顾客控制流程**。把流程的实施交给顾客控制可以加强他们的满意度。在医疗领域，让顾客自己选择哪个手臂来抽血能减少抽血过程带来的疼痛感。对于某些修理工作，顾客更倾向于自己选择修理的日期，而不是马上开始修理工作。

（4）**关注标准和礼节**。偏离标准被认为是导致失败的原因。对于那些过程和结果都不易被顾客所了解的专业服务来说，这一点更加重要。因此坚持标准是评估的中心。咨询公司需要给老板提供咨询报告，即使他对于研究的问题一无所知。在报告中必须感谢客户团队所有人的帮助和支持，即使他们在工作过程中几乎没有出力。

（5）**人员更容易受到责备，而不是系统**。当服务出错时，人们的直觉反应是去责备服务人员，而不是系统。我们总想找到一个受过者。尤其是对于一些复杂服务，顾客很难了解背后的情况以及系统的具体操作过程。机场门卫经常因不让迟到的登机者登机而受到责备，即使航空部门有规定："起飞前15分钟禁止登机"（这个问题的推论是："失之毫厘，谬之千里"。也就是说，当有人迟到时，最好不要说"太糟了，你迟到了"）。

用鲜花和便条欢迎顾客光临他们的旅馆套间。

（6）**根据错误类型进行相应的服务补救**。服务接触错误要如何补救呢？研究表明，需要根据服务错误类型——服务任务（结果）错误还是处理（人际交往过程）错误，选择适合的服务补救方法。一个失败的服务任务需要物质补偿，而一个不良的服务处理则需要道歉。采取错误的补救行动将得不到相应的效果。例如，在复印店里发生了复印错误时，当然需要迅速地道歉，但是更重要的是迅速重新复印并且对给客户带来的不便进行补偿。另外，如果复印过程没有问题，但员工态度很差，则来自经理和员工的道歉要比一张优惠券或者一些物质补偿更能令顾客满意。

作为设计动力的服务承诺

"全方位、无条件、全天候"是我们熟记于心的服务承诺。为了履行这些承诺，运营组织必须采取一系列行动。

许多公司把**服务承诺**（service guarantees）作为一种市场营销的手段，为尚未确定是否接受服务的顾客提供放心保障。从运营的角度来看，服务承诺不仅仅可以作为一种服务改进工具，同时也使公司在设计阶段就认真思考服务交付系统，更好地满足顾客需要。

即使像瑞斯和斯特朗咨询公司（Rath and Strong Consulting）这样的专业服务公司也有服务承诺（这些承诺允许顾客可以从付款清单中选择，清单选项中包含退款条款以及超过服务免费等条款）。

优秀服务承诺的要素包括无条件服务（无小字体条款约束）、对顾客有意义（赔偿可以完全弥补顾客不满）、便于理解和沟通（不仅对客户同样对于雇员）、索赔简单方便（主动提供服务）。

服务承诺的使用规则如下：

（1）有承诺强于无承诺。最有效的服务保证就是提供大量服务。但在客户眼中，这些承诺将公司置于风险之中。

（2）在服务设计中要同时考虑雇员和顾客。

（3）避免使用复杂的或法律性的语言。用大字印刷而不是小字标出。

（4）当顾客要求补偿时，不要狡辩或逃避。

（5）让客户明白你非常欢迎顾客要求补偿。

在服务过程中，企业在实际提供所承诺的服务时，如何承担道义上甚至可能是法律上的责任呢？这一问题的重要性已日益显现。例如，当航班满员时，航空公司是否有责任按预先的承诺搭运乘客？但这是一个很棘手的问题，因为超负荷服务的代价是非常昂贵的。我们几乎不可能精确地预计需求量，因此也很难估计系统所需的容量。

排队模型是一种非常有效的工具，有助于更好地理解影响服务系统各因素之间的关系。这些因素包括：在一定时期内到达系统的平均顾客数、每位顾客的平均服务时间、服务设施的个数以及顾客总体规模的有关信息。排队模型可以估算出期望等待时间和期望资源利用率，这个问题将在第 10 章中讨论。

9.3 服务蓝图和故障预防

同制造流程设计的情况一样，服务流程设计的标准工具也是流程图。最近，服务行业的权威人士开始把这种流程图称为**服务蓝图**（service blueprint），以强调流程设计的重要性。服务蓝图的特点之一就是区分了与客户接触点（顾客能看到的环节）和那些不为顾客所见的后台服务。该区别在流程图中用"可视线"（line of visibility）表示。

图 9-3 是典型的汽车服务运营蓝图。服务接触的每一项活动都标注在流程图中。为了表示控制这些活动的实体，该图共分 4 个层次：第一层由客户控制的活动组成，第二层为接触客户的服务人员所完成的活动，第三层是在汽修厂里进行的维修活动，第四层是内部的会计活动。

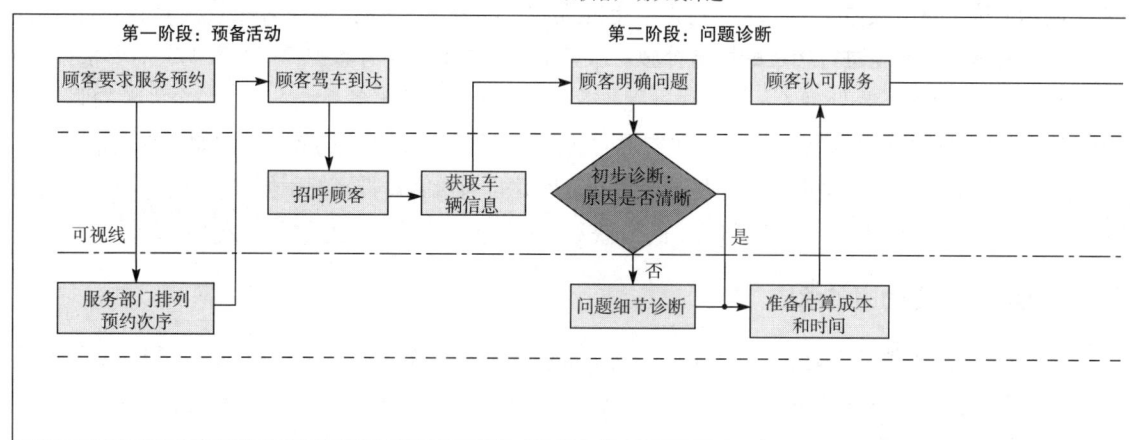

图 9-3　汽车服务运营

基本的蓝图描述了服务设计的特点，但没有提供任何直接的指导以帮助流程与设计相互吻合。解决此问题的方法之一就是**防故障**（poka-yoke）——防止不可避免的错误发展为服务缺陷。poka-yoke（从日语"防止故障"一词音译过来）在工厂中的应用非常普遍（见第12章），它包括确保零件正确组装的设备、故障发生时自动关闭设备的电子开关、确保装配数量正确的装置、保证操作步骤顺序正确的检查表。

防故障在服务业中同样具有广泛的用途。大致可分为：警告方式、物理连接或可视连接以及所谓的3T法（任务（task）、措施（treatment）、可接触特征（tangible features））——将要完成的任务（汽车修理是否正确），根据顾客所采取的措施（服务经理是否谦虚有礼）以及服务设施的可接触特征或环境特征（等候区是否干净而舒适）。最后，不同于制造业的情况，服务业的防故障也需要应用于顾客行为的故障预防，而不仅仅是服务人员的故障预防。

应用防故障的例子很多，包括游乐园的防护栏、外科医生用于检查是否有器械遗留在病人体内的锯齿盘、维护排队秩序的绳索、排号系统、旋转门、ATM机上提醒人们取卡的警示音、餐馆提醒顾客不要错过餐桌服务的提示音、为保证"微笑服务"而装在电话上的小镜子、预约提醒电话、飞机上可自动关启电灯的厕所门锁、在意见卡中附送的小礼物以鼓励顾客提供服务反馈信息、为幼儿园小朋友提供的"整洁房间"的标准图片，等等。

游乐园的儿童在用高度杆测量身高

图9-3是一个典型的应用防故障的汽车服务流程。最后需要指出的是，尽管这些程序不能确保达到工厂防止出现错误的目标，但其的确减少了服务环节中的一些错误。

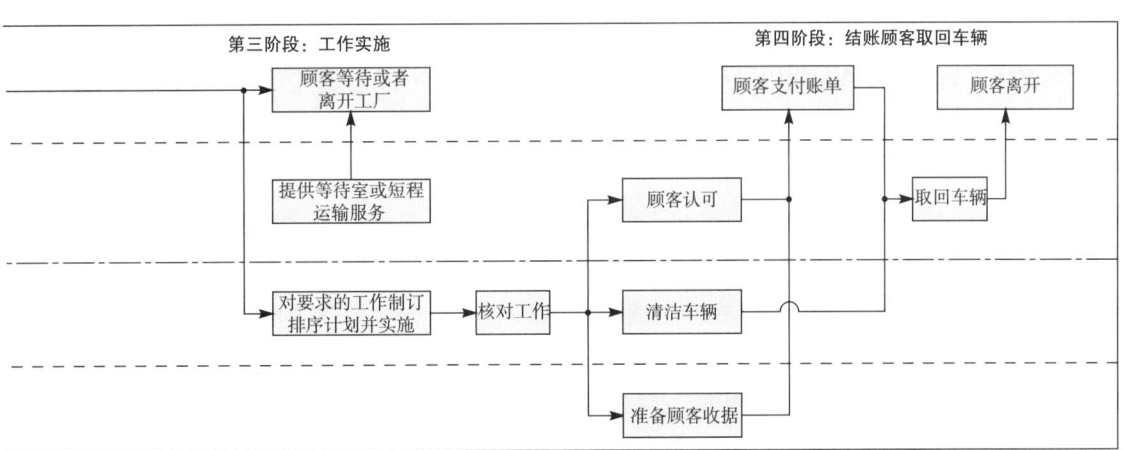

过程中的防故障程序

9.4 三种服务设计的对比

三种可对比的现场服务方式分别是：麦当劳公司应用的生产线法，类似于 ATM 和加油站应用的自助服务法，诺德斯特龙百货公司（Nordstrom Department Stores）和丽思·卡尔顿酒店（Ritz-Carlton）应用的个体关注法。

9.4.1 生产线法

由麦当劳公司率先应用的生产线法不仅仅是指生产一个巨无霸汉堡所需要的步骤，而是将快餐服务看作一个制造过程而不是服务过程。这种理念的价值在于它克服了服务中许多固有的问题，例如服务隐含着服务员地位低下，而制造则避免了这层含义，因为制造关注的焦点在于事物而不是人。因此，麦当劳的制造过程以高效快速的食品生产为导向。公司还密切控制着每一个分店的核心功能的实施——在一个整洁、井然有序、服务态度良好的环境中，快速提供统一的、高质量的食品。公司还大量应用专用设备和信息技术保证其能够吸引并服务于大量顾客，具备了远远超过其他快餐店的服务能力。

麦当劳公司运营的几个事例阐释了其经营理念。我们应注意预防故障的广泛应用：

- 麦当劳炸锅一次烹饪的法国薯条数量是最优的。
- 用一把宽口的铲子盛取精确数量的法国薯条（雇员从不接触产品）。
- 储藏空间根据事先决定的预制食品包和预称过的产品进行精确设计。
- 在每个设施的周围提供充足的垃圾箱以保持清洁（大的门店为停车区提供自动清扫器）。
- 采用印有颜色编码的纸来包装汉堡。
- 整体设计和设施布置相当严谨，所有一切都集成在麦当劳机器和系统技术之中。对营业员来说，唯一的选择就是严格按照设计者的意图操作。利用我们的服务系统设计矩阵（见图9-2），我们可以将其归为面对面规范严格的服务。

9.4.2 自助服务法

与生产线法不同，自助服务法可以让顾客在服务过程中发挥更大的作用，以此改善服务流程。公司网站、自动取款机、自助加油站、沙拉吧以及电子客票都是将服务移交给顾客的方法。根据服务系统设计矩阵，这些是互联网和现场技术应用的典型实例。很多顾客喜欢自助服务，因为自己可以掌控服务过程。对其他人而言，这种理论也许不具吸引力，需要一些激励措施让自助服务能吸引人，可以使用诸如降低成本、更快的速度和便利性等激励措施。此外，跟进以确保程序被有效地使用是很重要的。从本质上讲，这将使顾客变为"部分雇员"，他们必须学习如何去做，并如前面所述，在出错时能够进行"故障预防"。

9.4.3 个体关注法

通过诺德斯特龙百货公司和丽思·卡尔顿酒店所提供的个体关注法，我们可以观察到一些有趣的对比。

诺德斯特龙百货公司的服务流程相当松散,并且是非结构化的,依靠销售人员和顾客间的关系(这是一种面对面的定制服务)。相反,在丽思·卡尔顿酒店,流程被详细刻画,并由信息系统来记录顾客的个人偏好(这是面对面规范宽松的例子)。

丽思·卡尔顿酒店的方法已经很好地抓住了企业的黄金标准,覆盖了企业运营的价值观和哲学思考。图 9-4 展示了标准化的服务流程(服务的三个步骤)。

提供优质服务的一线人员获得了很好的待遇。诺德斯特龙百货给销售人员每小时的报酬是其竞争对手的两倍,此外还有可观的提成。最优秀的销售员一年要经手超过 200 万美元的商品。诺德斯特龙百货为顾客和销售人员而生存,在它的组织结构图中,顾客被放在最顶端,其次是销售和销售支持人员,再次是部门经理,然后是商店经理,董事会则在最底层。

购物者走进芝加哥密歇根大道的诺德斯特龙百货

销售员随身携带着一本"个人手册",上面记录着每位顾客的相关信息。系统帮助销售人员实现每天发展一个新客户的目标。每一位销售人员都有经费支持来给客户寄送贺卡、鲜花和感谢信,同时公司鼓励销售人员带领顾客到店里的任何部门参观,协助顾客实现一次成功的购物经历。

图 9-5 展示了收集客户数据的信息系统(丽思·卡尔顿酒店常客的历史数据),注意服务的三个阶段被集成在顾客历史信息系统中。

关键思想

良好的员工培训、信息系统和流程,以及支持性的奖励结构,对模范服务至关重要。

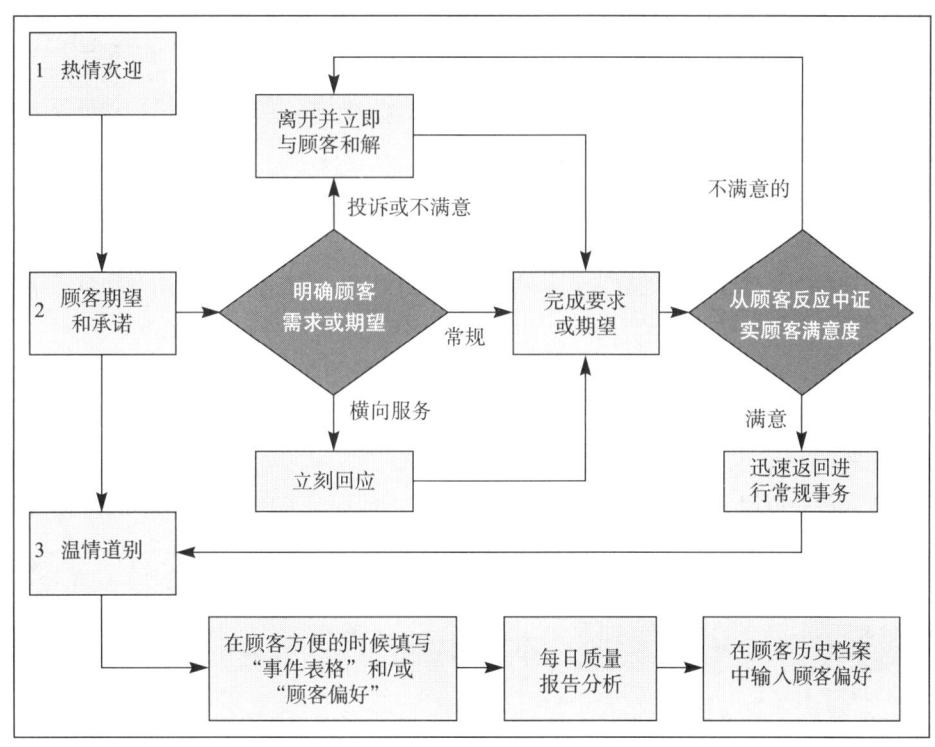

图 9-4 丽思·卡尔顿酒店的三步服务

员工这个行业或任何其他行业中最自由的退货政策:随意退货,不问任何问题。没有任何官僚机构妨碍他们为顾客提供服务。它们鼓励员工始终依靠自己的判断来行事。

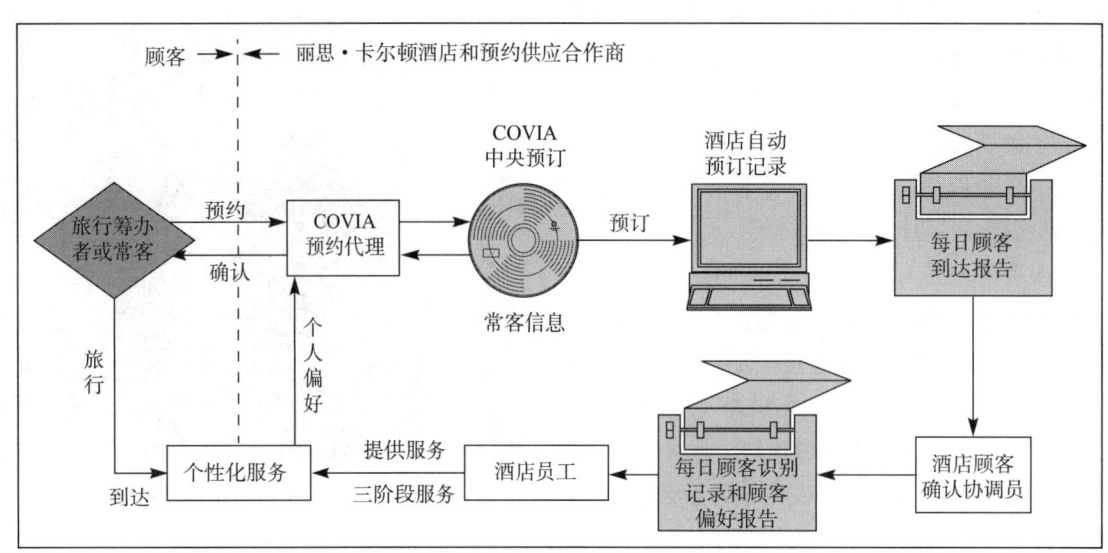

图 9-5 丽思·卡尔顿酒店常客历史信息系统（目的是提供高度个性化的服务）

9.4.4 设计优秀的服务系统的七大特点

无论采用什么方法来设计服务，设计优秀的服务系统都具有如下典型特征。

（1）**服务系统的每一个要素都符合公司的运营战略**。例如当运营战略为服务传递速度时，流程中的每一步都应有助于提高速度。

（2）**系统的用户友好性**。顾客可以容易地与系统进行交流，即在流程中有明确的标志、便于理解的形式、逻辑化的步骤以及能够解答顾客疑问的服务人员。

（3）**系统的稳健性**。能够有效地应付需求的变化和资源的变化。例如，如果计算机出现故障，有效的后备系统将立即到位以保证服务能够继续进行。

（4）**系统的结构化，从而保证服务人员和系统能提供一致性的服务**。即分配给员工的任务是可实现的，技术支持是可靠且有益的。

（5）**系统为后台和前台之间提供有效的联系，从而保证在运行期间不出现错误**。用橄榄球术语来说，即"没有传球失误"。

（6）**管理服务系统质量，以确保顾客了解到系统所提供服务的价值**。很多服务在后台做了大量卓有成效的工作，却不能为顾客所了解。尤其是当改进了服务质量时，除非通过明确的沟通让顾客意识到服务已经得到改进，否则改善工作很难获得最大的效果。

（7）**成本有效性**。在服务传递过程中浪费的时间和资源最少。即使服务的结果令人满意，顾客也不会选择一家效率很低的服务公司。

本章小结

9-1 了解服务流程的特点
总结
- 服务包是在某种环境下向顾客提供的一系列产品和服务。
- 服务可以根据顾客在系统中的"接触"程度或实际存在进行简单的分类。
- 在某些情况下，顾客不需要在现场，比如顾客的订单是通过网上交易进行处理的。在其他情况下，顾客是直接参与到服务过程中的，比如在牙医诊所拔牙。

关键术语

服务包：在某种环境下提供的一系列产品和服务。

与顾客接触程度高或低：顾客在系统中实际存在，以及客户必须在系统中的时间占执行服务所花费的总时间的百分比。

9-2 解释服务系统是如何组织的

总结

- 服务系统与制造系统有以下几个方面的不同：①服务不能存储以供未来使用；②过程即产品；③没有专利或产权；④服务并不是可触的产品；⑤通常需要特殊的培训和证书（比如律师事务所和医院）。
- 服务系统设计矩阵描述了销售机会、效率和员工特点之间的关系。
- 管理服务系统的一个挑战在于顾客与系统的直接互动所带来的巨大的变动性，这在制造系统中并不显著。专门的战略可以有效地管理这一变动性。
- 服务承诺向顾客提供了一个明确的服务期望。

关键术语

服务承诺：一种服务满意度的承诺，由一系列必须采取的行动支持这一承诺。

9-3 分析简单的服务系统

总结

- 服务蓝图是一种特殊的流程图工具，它特别强调识别服务中的高度顾客接触和低度顾客接触方面。
- 这种区别在流程图中用"可视线"表示出来。

关键术语

服务蓝图：服务流程的流程图，强调顾客的可见内容和不可见内容。

防故障：防止错误成为缺陷的程序。它们通常用于制造，但也可用于服务流程。

9-4 比较不同的服务设计

总结

- 对比鲜明的服务设计包括：①麦当劳采用的生产线法；②加油站的自助服务法；③诺德斯特龙百货公司和丽思·卡尔顿酒店公司采用的个体关注法。
- 设计优秀的服务系统有以下几个特点：它们都具有要素的一致性、顾客友好性、稳健性、连贯性、集成前台和后台业务、为顾客产生价值，且具有成本有效性。

讨论题

9-1

1. 你所在大学的服务包是什么？
2. 应用行为科学的方法说明，对于一个酒店经理，你有什么具体的建议来改善顾客离开酒店时的服务？
3. 列出一些行业或体育赛事，这些赛事的结果决定评估成功与否。

9-2

4. 行为学家指出我们是以快照的形式而不是电影的形式来记忆事情的。如何应用此理论来设计服务？
5. 有人指出顾客期望是服务成功与否的关键，根据你的经历举例支持或反对这一论断。
6. 根据服务系统设计矩阵，一家免下车的教堂、校园食品贩卖机或酒吧中的自助饮料机各归于哪一类？
7. 制造商除了提供产品承诺外，还需要提供服务承诺吗？
8. 假设你是一家餐馆的经理，得知正在吃饭的夫妇刚刚看到了一只老鼠。你将如何向他们解释？你会如何处理这起服务事故？
9. 下列组织采用的是哪一类顾客变量管理策略？

    a. eBay；
    b. 丽思·卡尔顿酒店；
    c. 一条新航线的登记手续。

10. 价格和多样性的竞争如何改变麦当劳追求成功的基本运营法则？
11. 服务企业能否应用生产线法或自助服务设计法，从而保证其仍然以顾客为中心？用案例来解释和支持你的答案。

9-3

12. 为什么用于评估银行总行经理的方法应不同于评估支行经理的方法？
13. 区分下列企业服务是属于高度接触还是低度接触：

    a. 牙医诊所；
    b. 航空公司；
    c. 会计师事务所；
    d. 汽车代理行；
    e. 亚马逊公司。

9-4

14. 乍一看，要求顾客通过自助服务法来给自己提供服务似乎不是很友好。自助服务运营中的哪些特点导致了其被顾客接受并变得相当普及？
15. 你是否认为将本章中三个类型的服务设计特点结合起来的服务系统会成功？为什么？请提供实例。

客观题

9-1

1. 在某些环境中，每一个服务操作所提供的产品和服务捆绑使用的术语是什么？（答案见附录D。）
2. 和与顾客接触程度高的服务相比，顾客接触程度低的服务更难还是更容易？

9-2

3. 列举出至少三个服务系统与制造系统之间的显著区别。
4. 在游乐园骑车是在服务中顾客与服务提供商直接接触的一个实例，但有所不同的是顾客与服务商都无法判断这样的服务将如何开展。正如在服务设计矩阵所示，这是哪种类型的服务？（答案见附录D。）
5. 在服务运营中，随着顾客接触程度的增长，服务效率会有什么变化？
6. 随着顾客接触程度的增长，哪种员工技能会更重要？书面技巧还是判断技能？
7. 服务和制造一个很大的不同是顾客在服务系统中为运营引入了更多的可变因素。列举出至少三个基础的顾客给系统带来的可变因素。

9-3

8. 流程图是在服务和制造中进行流程设计与分析常用的工具。在服务运营使用的流程图中，明显区分前台和后台部分的关键特性是什么？
9. 服务系统中与防故障设计相关的3T指的是什么？

9-4

10. 列举出至少四个设计优秀的服务系统的特点。
11. 心理治疗师根据患者的实际需要来服务患者。患者在同一办公室根据既定的安排进行服务。每位患者的治疗方案是根据治疗师的专业训练而个性化制定的。在本章对比鲜明的服务设计中，哪一种最恰当地描述了治疗师的服务？

案例分析　美国比萨：将顾客需求转变为流程设计要求的练习

当代运营管理的中心主题之一是关注顾客。这很容易理解，即如果一家公司确实以顾客为中心，并且以符合成本效益的方式不断满足顾客需求，那么这家公司就会成功。困难的部分在于了解顾客的真实需要。把顾客的需求转换成可以交付的产品（指商品和服务的某种组合）以及设计一套能以符合成本效益的方式不断地交付产品的流程，这些都是非常困难的。最后，更具挑战性的是将这些产品和流程的管理联系起来，从而获得整个服务组织想要的结果。

下面的练习将说明满足上述要求有多么困难。

场景

美国比萨是一家提供外卖和即食比萨的连锁店。许多顾客称，如果美国比萨提供送货服务的话，他们会购买更多的比萨。这个练习分为两部分：在第一部分中你扮演顾客的角色，在第二部分中你扮演美国比萨店的经理，负责比萨送货流程的需求设计。

第一部分

开始你必须像一名顾客一样考虑问题。这很容易，因为你很可能有过订购比萨送货服务的经历。将此经历应用到练习中。从顾客的角度列出比萨送货服务中的最重要因素。

正如我们所说，这很容易，是吗？在设计你的清单时，请考虑以下因素：

比萨送货服务必须完成哪些内容才能使你感到适度满意？除此之外，比萨送货服务还应怎样做才能使服务变得更为独特，并创造出竞争优势？或者说，怎样提供比萨送货的服务才能使你忠诚地购买这家公司的比萨（也许你会为这项服务支付更多的费用）。

当你补充清单时，请记住你考虑的是送货服务而不是比萨产品本身。假定这家比萨连锁店能提供你想要的任何比萨。

第二部分

现在假设你是美国比萨店的经理，在这部分练习中，你将会与其他学生组成一个小组。首先，从小组成员所罗列的清单中总结出一份主要的清单，然后将这些项目分组，并在每组上标出标题。例如，"要送的比萨的状态"或者"快速，准时送达"，或者"订单的准确性"，等等。最后，列出一个必须满足"比萨送货流程设计需求"的送货服务的清单。当你在做这些工作时，需要考虑量化的标准。或者说，你将根据哪些指标来确认你的流程在高效地运行？为什么你认为这些指标是有用的？

这有一个例子说明了这一部分的分析是如何应用的：顾客要求比萨送达时应该是热的。事实上比萨出炉时就开始逐渐变冷。因此，你如何做才能防止比萨在送到顾客手中之前，温度不低于某一个最低值？

问题

1. 作为一名顾客,列出你认为在比萨运送过程中最重要的因素清单。
2. 比较你和其他同学所列的清单,将其中最重要的几个因素分类并加上标题。
3. 列出比萨运送过程设计要求的清单。对每一项要求都有一个测量手段,从而确保运送过程满足要求。
4. 设计一个流程来满足需求。用类似于图9-3的流程图来描述它。

练习测试

写出以下每个语句定义的术语或回答问题,答案见底部。

1. 服务系统通常可以根据与客户相关的这一特性进行分类。
2. 服务三角包含的四类特征。
3. 与顾客服务系统平台相关的一个框架。
4. 将服务蓝图与普通流程图相区分的一个关键特点。
5. 在你的航班抵达机场时,你的行李也及时送到了,这属于服务包中的哪一类服务?
6. SecondLife 就属于这一类虚拟服务。
7. 这是一个系统进行故障预防时需要做的。
8. 诺德斯特龙百货提供的服务中的三个步骤。
9. 管理来自顾客的变化的四类策略。
10. 服务的开始和结束叫作什么?

> 答案:1. 顾客接触。 2. 服务战略、支持系统、员工和顾客。 3. 服务系统设计矩阵。 4. 可视线。 5. 隐性服务。 6. 我看起来像个摇滚明星。 7. poka-yoke。 8. 迎到顾客、调查、帮助和再邀请。 9. 传统排队则、传统排队则、信息和非调节。 10. 服务接触。

第 10 章

排队分析与仿真

学习目标

10-1 了解什么是排队问题；

10-2 分析排队问题；

10-3 利用仿真分析复杂的排队问题。

引导案例

排队会让你抓狂吗

我们大多数人都是很没有耐心的，排队可能是我们必须处理的最令人沮丧的事情之一。有时，我们似乎无论到哪里都要排队。在杂货店、在餐馆、在医生的办公室，我们总是需要排队。

你有没有注意到，当你无事可做时，时间似乎过得不那么快？所以如果你在排队，试着想一些事情，比如在餐馆里看菜单或者在医生的办公室里读一本书。做任何事让你的大脑忘记正在等待。

人们自然希望自己能够立即被服务。当有下面的这些想法时，等待常常会引起焦虑：为什么我排在最慢的队伍里？我到售票员那里还会有票吗？轮到我接受服务时，我会得到我需要的一切吗？

我们一生中很可能把两三年的时间花费在排队上。考虑到这一点，花点时间学习排队是如何进行的以及如何管理排队可能是有意义的。一些简单的数学知识对理解这个问题大有帮助。

麦当劳或塔可钟等客流量大的餐厅的点单窗口和取货窗口的部署技术令人惊叹。每一步都是经过测量的，每一个动作都是经过计算的，每一个字都是经过脚本编写的。塔可钟在美国有6 500多家分店，目前经营着该行业中速度最快、最准确的"汽车餐厅"。在本章最后的分析练习中，我们将分析塔可钟的服务交付流程是如何工作的。

在加利福尼亚州圣何塞，一位驾车的顾客在塔可钟那里买午餐。

10.1 排队问题

许多服务场景的一个核心问题就是等待时间的管理。管理者必须衡量为提供更快捷的服务（如更多的车道、额外的降落跑道、更多的收银台）而增加的成本和相应的等待造成的费用之间的关系。

通常，这种对于成本的权衡决策是十分直截了当的。比如，如果我们发现我们的员工能将排队等候使用复印机所花费的时间用在其他的生产性的活动上，我们就可以比较这种成本与增加一台复印机的成本。于是，这种决策就可转化为成本与收益的比较问题，这样会使决策变得直观和容易。

换句话说，假如我们排队问题的核心是对医院病床的需求。我们能够通过把建设成本、所需的新设备和增加的维护人员成本加起来，计算增加新病床的成本。但是事情的另一面是什么呢？这里我们面对的问题是要计算出一个病人到达医院而没有病床可用时，为医院带来的损失。我们可以估计出医院收入方面的损失，但是怎么估计由于医院能力不足而使得病人因得不到适当的救护所遭受的损失呢？

10.1.1 排队问题的实际应用

在我们开始对排队理论的专业术语进行介绍之前，首先让我们直观地观察一下排队问题，这对我们了解其实际意义是非常有益的。图10-1 表示的是到达某一服务设施（如银行）的人数和对于在这一设施中的服务人员需求（如出纳员和信贷人员）。在提供服务的过程中，每小时到达系统的顾客人数是一个很重要的变量。从提供服务的观点来看，顾客对于服务的需求是不断变化的，而且经常超过服务系统所能提供的服务能力。我们可以通过一些不同的方法对到达人数加以控制。例如我们只可允许很短的队列长度（如快餐店的免下车窗口的空间很小），也可以为特定的顾客留出特定的时间段，或者我们可以提供特殊服务。对于服务台，我们可以通过使用更快或者更慢的服务人员、更快或者更慢的机器、不同的工具、不同的物料、不同的设施布置和更快的准备时间等来影响服务时间。

值得注意的是排队不是生产系统中的一个固定状况，它在系统的管理和设计中有很大的控制范围。在对银行业进行研究后，可以给出下列有用的建议：

- **细分顾客**。如果一种顾客所需的服务可以很快完成，那么将他们单列一队，这样他们就不必等待那些较慢的顾客了。这通常适用于杂货店，那里的结账队列被设计为"12 件或以下"。

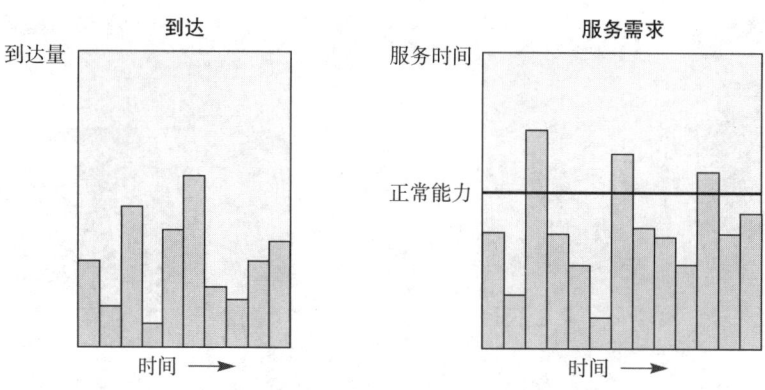

图 10-1　顾客到达及服务的情形

- **对服务人员进行培训，使他们的服务态度更为友好**。问候一下顾客或提供其他一些特殊的关照可以在很大程度上消除长时间等待的负面影响。心理专家建议，应该告诉工作人员，在问候顾客、拿到订单或者是找零（例如，在便利店中）的时候，应该有特殊的友好的举动，如微笑。对这些特别举动的测试表明，顾客所感受到的服务人员给他们带来的友好感显著增加了。
- **及时告诉顾客他们所期望了解的情况**。当顾客等待时间比通常情况下要长的时候，这一点就显得非常重要。告诉他们为什么等待时间比平时要长些，你准备如何缓解这种情况。
- **尝试着转移正在等待顾客的注意力**。通过播放音乐、录像和其他娱乐形式可能使顾客暂时淡忘其正在等待。
- **鼓励顾客在非高峰时期到达**。告诉顾客他们通常不需要等待的时间段，也告诉他们高峰段时间——这有助于平衡工作负荷。

10.1.2　排队系统

正如图 10-2 所示，**排队系统**（queuing system）有三个主要部分：①顾客源和顾客到达系统的方式；②服务系统；③顾客离开系统的方式（是否回到顾客源中）。在下面的几个部分中，我们将逐一讨论这几个方面的问题。

图 10-2　排队系统的组成部分

1. 顾客到达

到达服务系统的客户总体可分为有限顾客源和无限顾客源两类。做这一区分很重要，因为这两类问题的分析建立在不同的前提之上，而且解决方式也不一样。

2. 有限顾客源

有限顾客源（finite population）是指使用服务的顾客数是有限的，有时会排成一队。这种有限分类很重要，因为当顾客总体中的某一位离开其位置（例如由于一台服务机器停机待修）时，顾客的总体数量就减少了一个，这将降低下次出现这种情况的概率。与之相反，当被服务的顾客回到顾客总体中时，总体数量就增加了，同时每位顾客对服务需求的概率也就增加了。因此，解决有限顾客源问题的公式和解决无限顾客源问题的公式是不同的。

举例来说，假设一个维修工负责一组 6 台机器的维修工作，若有 1 台机器出故障，则机器数就减少为 5 台，而且这 5 台中有一台出故障需要维修的概率要比 6 台中有一台出故障需要维修的概率小。如果 2 台机器停机，只有 4 台运转的话，那么剩下的机器停机需要维修的概率会再次变小。反之，当某一台机器经修复又重新工作时，机器总数增加了，这样，下一次停机需要维修的概率就增加了。

3. 无限顾客源

无限顾客源（infinite population）是指，对于服务系统来说顾客数量足够大，人数增减（顾客需要服务或者服务完的顾客重新回到总体）而引起的总体规模的变化不会对系统的概率分布产生显著影响。就上述有限顾客源的例子来说，如果是 100 台机器而非 6 台，那么如果有一两台机器停机的话，下一次停机的概率将不会有太大变化，这样就可以认为总体是无限的假设就不会有大的误差（基于所有的实际应用目的）。同样地，如果将无限顾客源的公式应用于有 1 000 名病人的医生和有 10 000 名顾客的商场，也不会产生太大的误差。

4. 顾客到达的分布

当描述一个等待系统时，我们需要定义顾客或者等待单位进行服务的方式。

排队问题的公式中通常需要一个**到达率**（arrival rate）或者说单位时间到达数（如平均每 6 分钟有一个到达）。固定到达的分布是呈周期性的，即相继到达的两个顾客之间的时间间隔几乎相同。在生产系统中，那些属于机械控制的到达分布真正达到了固定时间间隔的分布。在多数情况下，顾客到达呈随机分布。

对到达服务设施的顾客进行观察，我们可以从以下两点来分析。首先，我们可以分析一下相邻两个顾客到达的时间间隔是否服从某些统计分布。在通常情况下，我们可以假定时间间隔服从指数分布。其次，我们可以设定一个时间段 T，然后确定在 T 时间段内可能有多少顾客到达并进入系统。我们通常假定单位时间到达的人数服从泊松分布。

5. 指数分布

第一种情况：当顾客以完全随机的方式到达服务设施时，相邻到达间隔时间服从**指数分布**（exponential distribution），如图 10-3 所示，其概率密度函数为：

$$f(t) = \lambda e^{-\lambda t} \tag{10-1}$$

式中 λ 代表单位时间段内到达的顾客数量。

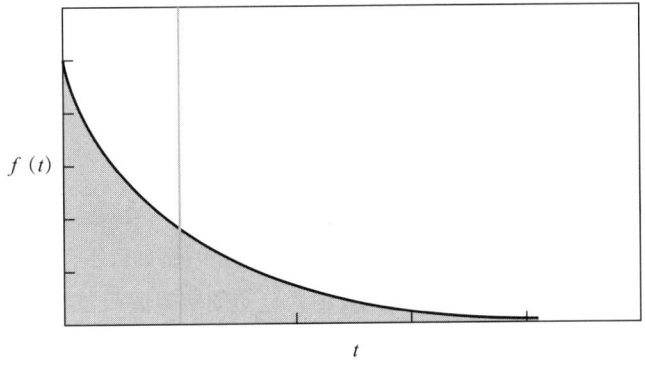

图 10-3　指数分布

图 10-3 中曲线下方的阴影区域即为式（10-1）在正数范围内的积分，即 $e^{-\lambda}$，通过这种方式，我们可以计算出某一特定时间内顾客到达的概率。例如，在顾客是单一到达服务系统（$\lambda=1$）时，我们可以通过两种方法得到下表。一种是根据公式 $e^{-\lambda}$ 所得，另一种可以应用附录 D。下表第二列所示的是下一个到达的顾客的时间间隔超过 t 分钟的概率。第三列所示为下一个顾客到达间隔时间小于 t 分钟的概率（用 1 减去第二列中的数）。

（1） t（分钟）	（2） 下一个顾客在 $\geq t$ 分钟内到达的概率 （根据附录 D 或公式 $e^{-\lambda t}$）	（3） 下一个顾客在 $\leq t$ 分钟内到达的概率 [1－（2）]
0.0	1.00	0.00
0.5	0.61	0.39
1.0	0.37	0.63
1.5	0.22	0.78
2.0	0.14	0.86

6. 泊松分布

第二种情况：主要针对某一时间段 T 内到达的人数。图 10-4 所示的分布即为该分布，这一分布式通过确定时间段 T 内有 n 个人到达的概率而得到的。如果到达过程是随机的，且服从**泊松分布**（Poisson distribution），其公式为：

$$P_T(n) = \frac{(\lambda T)^n e^{-\lambda T}}{n!} \tag{10-2}$$

式（10-2）表示在 T 时间段内有 n 个顾客到达的概率（其中 $n! = n(n-1)(n-2)\cdots\times 2\times 1$）。如果一个系统的平均到达率是每分钟有 3 个顾客到达（$\lambda=3$），要求 1 分钟内有 5 个人到达的概率（$n=5$，$T=1$），其计算公式如下：

$$P_1(5) = \frac{(3\times 1)^5 e^{-3\times 1}}{5!} = \frac{3^5 e^{-3}}{120} = 2.025 e^{-3} = 0.101$$

这就是说，在任何 1 分钟的时间间隔内有 5 人到达的概率是 10.1%。

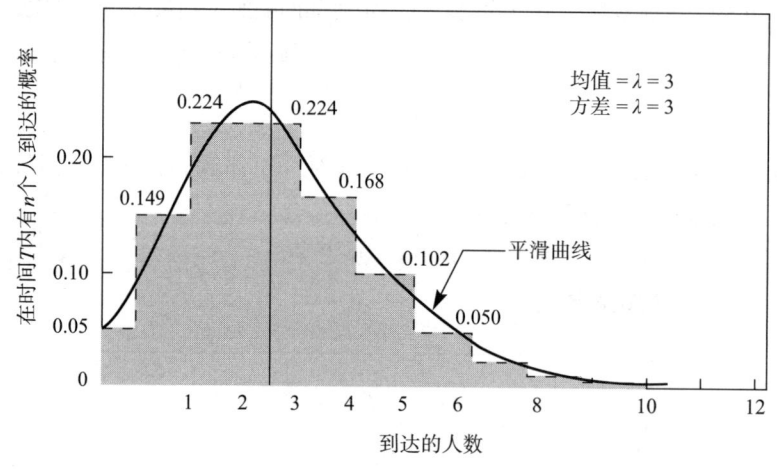

图 10-4 泊松分布（$\lambda T=3$）

虽然图 10-4 所展示的是一条平滑的曲线，然而泊松分布是离散分布（当 n 越大时，曲线越趋于水平）。在我们的例子中，n 指的是到达系统的人数，必须为整数，所以该分布是离散的（例如，不存在到达 1.5 人的情况）。

要注意到，指数分布与泊松分布可以互相推导得到。泊松分布的期望值和方差相等，都为 λ。指数分布期望值为 $1/\lambda$，方差为 $1/\lambda^2$（记住，相邻顾客到达时间间隔服从指数分布，单位时间段内到达的顾客数服从泊松分布）。

顾客到达的其他特征包括到达方式、到达顾客的规模以及顾客的耐心程度（见图 10-5）。

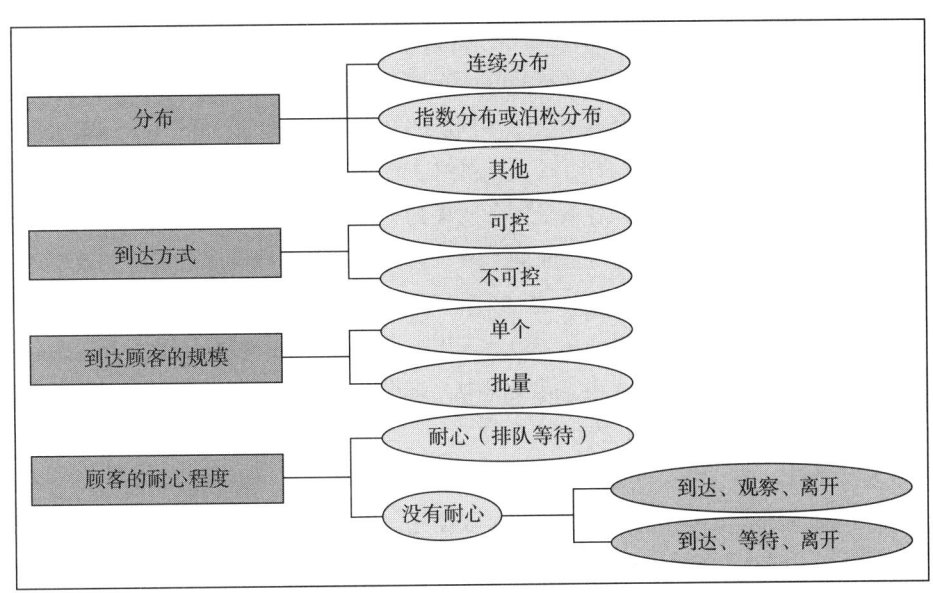

图 10-5 队列中的顾客到达

- **到达方式**：系统中顾客到达要比人们想象的更容易调节。理发师可以通过向成年顾客多收 1 美元或者以成年人的价格向未成年人收费，来减少在周六顾客的到达率（假定顾客分散到一周中的其余各天）；百货商场采取季节性削价或者偶尔进行"某日特价销售"，在某种程度上也是为了控制顾客到达人数。出于同样的原因，航空公司也提供了短途旅游折扣和淡季折扣。而营业时间公告是最简易的顾客到达控制方法。

  某些服务的需求明显是不可控制的，例如对某一城市急救医疗设施的需求。但即使是这种情况，在一定程度上，到达指定医院急救的患者人数也是可控的，比如说，我们可以通过告诉救护车司机正要赶去的医院的急诊设施的状况的信息进行调控。

- **到达顾客的规模**：单个到达指每次只到达 1 单位顾客（1 单位是可服务的最小数量）。纽约股票交易所（NYSE）中 1 单位是指 100 股股票，而在蛋类加工厂则有可能是一打鸡蛋和一排（30 个）鸡蛋；在饭店中，1 单位是指 1 个人。成批到达是指每次到达系统的数量是单位数量的数倍，例如，在纽约股票交易所中一次交易 1 000 股股票，蛋类加工厂一次到达一箱鸡蛋或是餐馆中一次到达 5 人。

- **顾客的耐心程度**：耐心的顾客是指在接受服务之前一直都在等待的顾客（即使是到达的顾客有所抱怨或有不耐烦的举动，但是一直等待这一事实足以将其归为排队论中有耐心的顾客这一类）。

  排队论认为有两类不够耐心的顾客。第一类顾客到达后，先观察服务设施和队列长度，然后再决定离开。第二类顾客到达后，通过观察，进入到队列中，经过一段时间后才离开。第一类行为称为望而却步（balking），第二类称为中途离队（reneging）。为了避免望而却步和中途离队，提供高质量服务水平的公司通常尝试将服务利用率（繁忙时间的百分比）目标定为不超过 70% 或 80%。

7. 排队和服务台

排队系统主要包括队列和可用的服务台数量两部分。在此我们着重讨论与队列的特征和管理相关的问题、队列结构和服务率的相关问题。在队列中应考虑的因素有队列长度、队列数和排队规则。

- **队列长度**：在实际中，无限队列比较简单，即指相对于服务系统来说是相当长的队列。比如，堵塞在立交桥上的车辆或者绕着街区排列成队购买戏票的顾客，都可看作无限长队列。

  加油站、卸货码头和停车场由于法律规定和实际空间特点而限制了队列长度。这不仅使服务系统利用率和队列长度的计算复杂化，而且使实际到达分布变得复杂。那些到达后见没有足够空间而离开的顾客，也许过一会儿再来或者转向别的系统寻求服务。在有限顾客源的情况下,这些行为都能产生显著影响。
- **队列数**:单列队是指只有一个队列。多列队指排在两个或两个以上服务台前的多个单列队,或者只在中间某点汇集的多个单列队。对于一个繁忙的服务系统,多列队的缺点是:如果前面的几个顾客服务时间较短或者那些在其他队列中的顾客需要较短服务时间的时候,后面到达的顾客会变换队列。
- **排队规则**:排队规则是指队列中决定顾客接受服务次序的一个或一系列优先法则。这些法则对整个系统的运行有巨大的影响。队列中顾客人数、平均等待时间、等待时间变化范围以及服务设施的效率正是受排队优先规则影响的几个因素。

最常用的优先法则是先到先服务法(FCFS)。该法则是指队列中的顾客接受服务的次序以他们的到达时间顺序为根据,而与其他特征无关。尽管在实际情况中,该规则作为最公平合理的规则而被关广泛使用,但是这种法则实际上忽视了要求较短时间服务的顾客。

其他的优先法则有:预订优先、紧急优先、最大盈利的顾客优先、最大的订单优先、最好的顾客优先、队列中最长等待时间的顾客优先和最短承诺日期的顾客优先,等等。在使用任何一个优先法则时,存在两个现实问题:一是确保顾客了解并遵守法则;二是保证有一个雇员能对队列进行有效管理的系统(例如取号系统)。

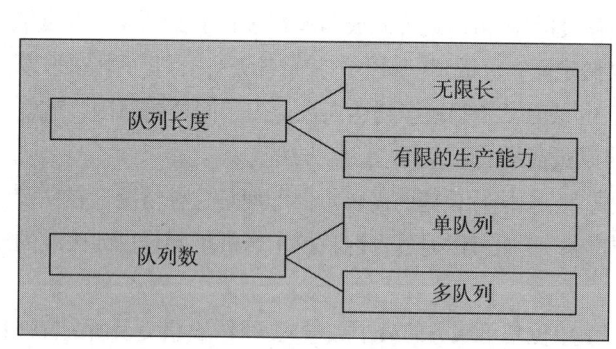 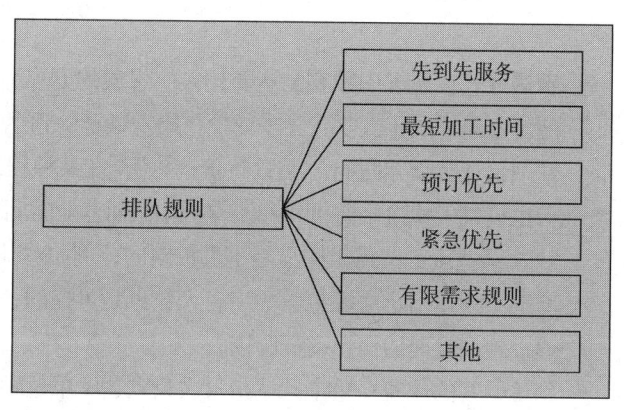

8. 服务时间分布

排队系统的另一个重要特征是一旦服务开始后顾客接受服务所需要花费的时间。在排队问题的公式中,**服务率**(service rate)通常是指单位时间内服务台完成服务的顾客数(如每小时 12 位),而不是指每位顾客的服务时间(如平均每位 5 分钟)。固定服务时间是指每次服务的时间完全相同,正如固定到达一样,这一特征通常局限于机器受控的运营场所。

当服务时间随机时,则其近似于指数分布,当用指数分布来近似表示服务时间分布时,我们用 μ 作为每时间段内被服务的平均单位数量或者顾客数。

9. 队列结构

如图 10-6 所示,被服务的顾客可以经过单通道、多通道或混合通道。这些形式的选择,一方面依赖于被服务的顾客数;另一方面,依赖于对服务顺序的特殊要求。

(1)**单通道、单阶段**:这是最简单的队列结构形式,通过简单的公式我们可以解决到达人数和服务时间的标准分布问题。如果分布不标准,可以用计算机仿真的办法来解决。单通道、单阶段典型的例子是单人理发店。

(2)**单通道、多阶段**:这种类型的一个很好的实例是洗车。洗车有一系列以非常标准的顺序进行的服务(吸尘、打湿、擦洗、冲洗、晾干、洗车窗和停车)构成。单通道、多阶段服务系统中的一个重要因素是该服务有多少个步骤组成,在各个不同步骤中又分别形成了队列。

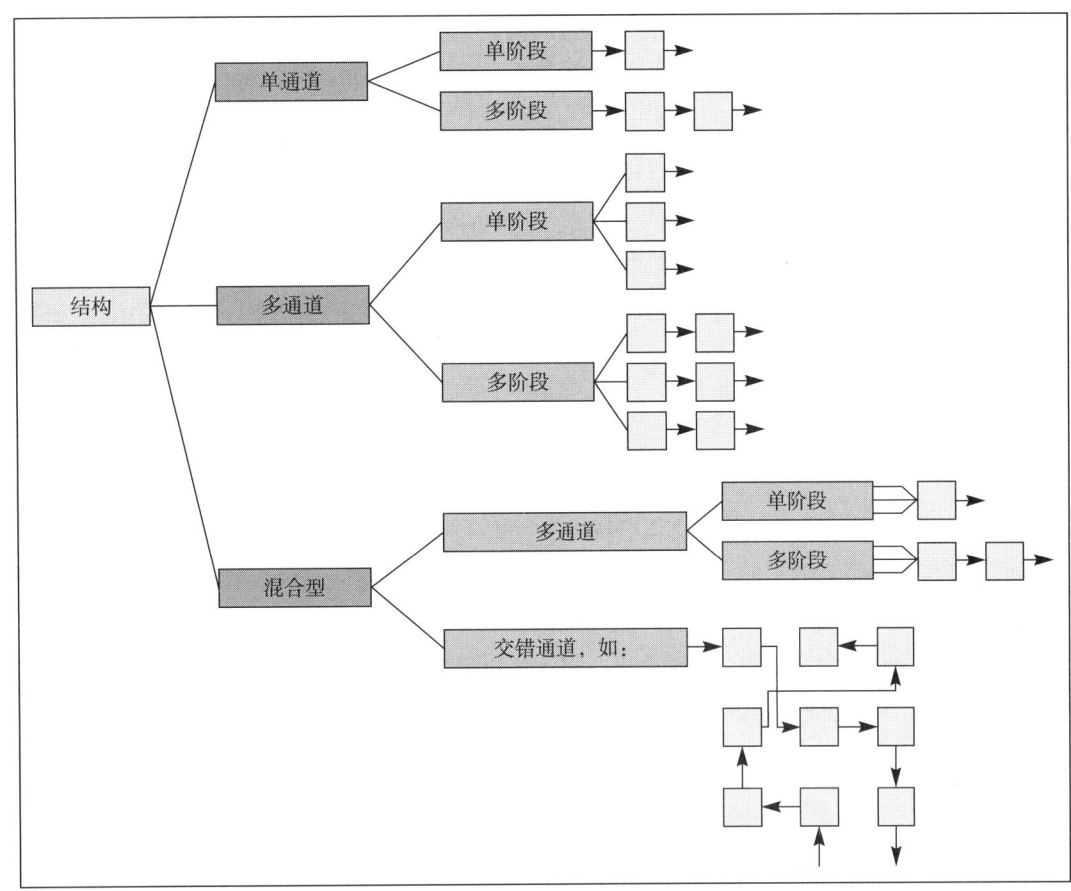

图 10-6　队列结构

（3）**多通道、单阶段**：银行的出纳窗口和大型百货商店收银台可以很好地解释这种类型结构。这种结构比较难以表达，因为任何一个顾客不均匀的服务时间都会引起队列流动的不均匀。这就导致某些顾客会先于比他还要早到的顾客而接受服务，同时也在一定程度上影响顾客，他们经常挪动队列。若要改变这种结构以保证到达顾客按到达时间顺序接受服务，这样就会排列成一个单队，当一个服务台空出来时，队里最前面的顾客就可去接受服务。

这种结构的最大问题在于需要对队列进行严格的控制，通过维持秩序和引导顾客到空闲的服务台。在一些实例中，根据顾客到达的顺序进行排号有助于避免该问题的发生。

（4）**多通道、多阶段**：这种情况与前面的情况类似，只不过在这种类型中由两个或多个服务台组成。医院里接待病人的系统就是这种结构，其具体的程序常常是：和登记处联系、填表、做病人身份证明卡、分配病房、护送病人住进医院等。因为在本过程中可以有多个服务台，因而可以有多个病人同时被服务。

（5）**混合型**：这里有两种情况：①多通道-单通道结构；②交错通道结构。在第一种情况下，单阶段服务的多通道变成了单通道，比如说在过桥时，并列的两个队列变成了一队；或者多阶段服务的多通道变成了单通道，如多条子装配线合并成一条主装配线。在第二种情况下，我们会遇到两种不同流动方向的结构。第一种结构的情况相似于多通道、多阶段结构，但有两点不同：①当前某个服务受阻时，可能出现从上一通道直接跳过下一通道流动的情况；②在完成第一个服务后，通道和阶段数将有可能发生改变。

10. 离开排队系统

接受服务后，顾客离开的情况基本上有两种：①顾客马上回到顾客源，变成一名新的顾客要求服务；②顾客重新要求服务的可能性极小。第一种情况的例子是机器例行修理后重新使用，但其可能会再次出现故障而需要修理；第二种情况的例子是机器进行彻底检查和修理后，在最近一段时间内不会需要重新维修。简单地说，我们通常称第一种情况为经常发生的事件（recurring-common-cold case），第二种情况为只发生一次的事件（appendectomy-only-once case）。

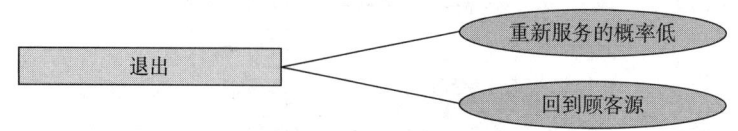

很显然，当顾客源有限时，对回头客进行服务的任何变化都会改变顾客的到达率。这样会引起所研究的排队问题的特征发生变化，从而需要进行重新分析。

10.2 排队模型

在这一节中，我们将介绍4种排队模型及其求解方法。这4种模型在结构上（见表10-1）以及求解公式上（见表10-2）略有不同。在实际中我们遇到的问题肯定不止这4种，但随着问题的复杂性加大，其求解公式也会变得异常复杂，因此往往要借助于计算机仿真技术。同时我们应记住，应用这些公式的排队问题必须符合一个假设，即研究过程是持续稳定的。因此如果在一个问题中，其服务率或到达率随时间而改变的话，那么运用这些公式得出的结果将是不精确的。一个便捷的应用程序可以用来解决这些问题。此外，电子数据表格文件"10 Waiting Line Analysis.xls"也是可以使用的。

表10-1 一些特殊排队模型的特征

模型	分布	服务阶段	顾客源	到达分布	排队规则	服务时间分布	允许队列长度	典型例子
1	单通道	单一	无限	泊松	FCFS	指数	无限	银行免下车柜台的出纳员，只有一个出口的收费桥
2	单通道	单一	无限	泊松	FCFS	常数	无限	游乐园的过山车
3	多通道	单一	无限	泊松	FCFS	指数	无限	汽车经销商零件柜台
4	单通道	单一	有限	泊松	FCFS	指数	无限	工厂里故障机器的维修服务

表10-2 公式中符号的定义

无限排队符号定义：模型1～3	有限排队符号定义：模型4
λ——到达率	D——到达时必须等待的概率
μ——服务率	F——效率因子，衡量必须等待的效果
$\frac{1}{\mu}$——平均服务时间	H——平均被服务的顾客数
$\frac{1}{\lambda}$——相邻到达平均时间间隔	J——顾客总体与系统中顾客数之差（$N-n$）
ρ——单个服务台的到达率与服务率的比值$\left(\frac{\lambda}{\mu}\right)$①	L——队列中的平均顾客数
L_q——队列中等待的平均顾客数	S——服务通道数
L_s——系统中的平均顾客数（包括正在服务的）	n——系统中的平均顾客数（包括正在服务的）
W_q——每个顾客的平均等待时间	N——顾客总体的人数
W_s——每个顾客在系统中的平均逗留时间（包括接受服务时间）	P_n——系统中恰有n个顾客的概率
n——系统中的平均顾客数	T——平均服务时间
S——完全相同的服务通道数	U——顾客提出服务要求的平均时间间隔
P_n——系统中恰有n个顾客的概率	W——顾客在队列中平均等待时间
P_W——等待的概率	X——服务因子，或者服务时间所占的比例

① 对于单服务台队列而言等于利用率。

4 种队列问题的求解公式

单通道系统

模型 1
$$\begin{cases} L_q = \dfrac{\lambda^2}{\mu(\mu-\lambda)} & W_q = \dfrac{L_q}{\lambda} \quad P_n = \left(1-\dfrac{\lambda}{\mu}\right)\left(\dfrac{\lambda}{\mu}\right)^n \quad P_o = \left(1-\dfrac{\lambda}{\mu}\right) \\ L_s = \dfrac{\lambda}{\mu-\lambda} & W_s = \dfrac{L_s}{\lambda} \quad \rho = \dfrac{\lambda}{\mu} \end{cases}$$
（10-3）

恒定服务时间系统

模型 2
$$\begin{cases} L_q = \dfrac{\lambda^2}{2\mu(\mu-\lambda)} & W_q = \dfrac{L_q}{\lambda} \\ L_s = L_q + \dfrac{\lambda}{\mu} & W_s = \dfrac{L_s}{\lambda} \end{cases}$$
（10-4）

多通道系统

模型 3
$$\begin{cases} L_s = L_q + \dfrac{\lambda}{\mu} & W_s = \dfrac{L_s}{\lambda} \\ W_q = \dfrac{L_q}{\lambda} & P_W = L_q\left(\dfrac{S\mu}{\lambda}-1\right) \end{cases}$$
（10-5）

（表 10-3 给出了在 λ/μ 以及服务通道数 S 给定情况下 L_q 的值）

有限顾客系统

模型 4
$$\begin{cases} X = \dfrac{T}{T+U} & H = FNX \quad L = N(1-F) \quad n = L+H \\ P_n = \dfrac{N!}{(N-n)!}X^n P_0 & J = NF(1-X) \\ W = \dfrac{L(T+U)}{N-L} = \dfrac{LT}{H} & F = \dfrac{T+U}{T+U+W} \end{cases}$$
（10-6）

表 10-4 在给定 X 的前提下，提供了 S、D 和 F 的值

表 10-3　期望的队列长度

λ/μ	M	L_q	P_0	λ/μ	M	L_q	P_0	λ/μ	M	L_q	P_0
0.15	1	0.026	0.850	0.60	1	0.900	0.400		3	0.030	0.403
	2	0.001	0.860		2	0.059	0.538		4	0.004	0.406
0.20	1	0.050	0.800		3	0.006	0.548	0.95	1	18.050	0.050
	2	0.002	0.818	0.65	1	1.207	0.350		2	0.277	0.356
0.25	1	0.083	0.750		2	0.077	0.509		3	0.037	0.383
	2	0.004	0.778		3	0.008	0.521		4	0.005	0.386
0.30	1	0.129	0.700	0.70	1	1.633	0.300	1.00	2	0.333	0.333
	2	0.007	0.739		2	0.098	0.481		3	0.045	0.364
0.35	1	0.188	0.650		3	0.011	0.495		4	0.007	0.367
	2	0.011	0.702	0.75	1	2.250	0.250	1.10	2	0.477	0.290
0.40	1	0.267	0.600		2	0.123	0.455		3	0.066	0.327
	2	0.017	0.667		3	0.015	0.471		4	0.011	0.332
0.45	1	0.368	0.550	0.80	1	3.200	0.200	1.20	2	0.675	0.250
	2	0.024	0.633		2	0.152	0.429		3	0.094	0.294
	3	0.002	0.637		3	0.019	0.447		4	0.016	0.300
0.50	1	0.500	0.500	0.85	1	4.817	0.150		5	0.003	0.301
	2	0.033	0.600		2	0.187	0.404	1.30	2	0.951	0.212
	3	0.003	0.606		3	0.024	0.425		3	0.130	0.264
0.55	1	0.672	0.450		4	0.003	0.427		4	0.023	0.271
	2	0.045	0.569	0.90	1	8.100	0.100		5	0.004	0.272
	3	0.004	0.576		2	0.229	0.379	1.40	2	1.345	0.176

（续）

λ/μ	M	L_q	P_0	λ/μ	M	L_q	P_0	λ/μ	M	L_q	P_0
	3	0.177	0.236	2.50	3	3.511	0.045	3.40	4	3.906	0.019
	4	0.032	0.245		4	0.533	0.074		5	0.737	0.029
	5	0.006	0.246		5	0.130	0.080		6	0.209	0.032
1.50	2	1.929	0.143		6	0.034	0.082		7	0.063	0.033
	3	0.237	0.211		7	0.009	0.082		8	0.019	0.033
	4	0.045	0.221	2.60	3	4.933	0.035	3.50	4	5.165	0.015
	5	0.009	0.223		4	0.658	0.065		5	0.882	0.026
1.60	2	2.844	0.111		5	0.161	0.072		6	0.248	0.029
	3	0.313	0.187		6	0.043	0.074		7	0.076	0.030
	4	0.060	0.199		7	0.011	0.074		8	0.023	0.030
	5	0.012	0.201	2.70	3	7.354	0.025		9	0.007	0.030
1.70	2	4.426	0.081		4	0.811	0.057	3.60	4	7.090	0.011
	3	0.409	0.166		5	0.198	0.065		5	1.055	0.023
	4	0.080	0.180		6	0.053	0.067		6	0.295	0.026
	5	0.017	0.182		7	0.014	0.067		7	0.019	0.027
1.80	2	7.674	0.053	2.80	3	12.273	0.016		8	0.028	0.027
	3	0.532	0.146		4	1.000	0.050		9	0.008	0.027
	4	0.105	0.162		5	0.241	0.058	3.70	4	10.347	0.008
	5	0.023	0.165		6	0.066	0.060		5	1.265	0.020
1.90	2	17.587	0.026		7	0.018	0.061		6	0.349	0.023
	3	0.688	0.128	2.90	3	27.193	0.008		7	0.109	0.024
	4	0.136	0.145		4	1.234	0.044		8	0.034	0.025
	5	0.030	0.149		5	0.293	0.052		9	0.010	0.025
	6	0.007	0.149		6	0.081	0.054	3.80	4	16.937	0.005
2.00	3	0.889	0.111		7	0.023	0.055		5	1.519	0.017
	4	0.174	0.130	3.00	4	1.528	0.038		6	0.412	0.021
	5	0.040	0.134		5	0.354	0.047		7	0.129	0.022
	6	0.009	0.135		6	0.099	0.049		8	0.041	0.022
2.10	3	1.149	0.096		7	0.028	0.050		9	0.013	0.022
	4	0.220	0.117		8	0.008	0.050	3.90	4	36.859	0.002
	5	0.052	0.121	3.10	4	1.902	0.032		5	1.830	0.015
	6	0.012	0.122		5	0.427	0.042		6	0.485	0.019
2.20	3	1.491	0.081		6	0.120	0.044		7	0.153	0.020
	4	0.277	0.105		7	0.035	0.045		8	0.050	0.020
	5	0.066	0.109		8	0.010	0.045		9	0.016	0.020
	6	0.016	0.111	3.20	4	2.386	0.027	4.00	5	2.216	0.013
2.30	3	1.951	0.068		5	0.513	0.037		6	0.570	0.017
	4	0.346	0.093		6	0.145	0.040		7	0.180	0.018
	5	0.084	0.099		7	0.043	0.040		8	0.059	0.018
	6	0.021	0.100		8	0.012	0.041		9	0.019	0.018
2.40	3	2.589	0.056	3.30	4	3.027	0.023	4.10	5	2.703	0.011
	4	0.431	0.083		5	0.615	0.033		6	0.668	0.015
	5	0.105	0.089		6	0.174	0.036		7	0.212	0.016
	6	0.027	0.090		7	0.052	0.037		8	0.070	0.016
	7	0.007	0.091		8	0.015	0.037		9	0.023	0.017

（续）

λ/μ	M	L_q	P_0	λ/μ	M	L_q	P_0	λ/μ	M	L_q	P_0
4.20	5	3.327	0.009		8	0.209	0.008		10	0.066	0.004
	6	0.784	0.013		9	0.074	0.008		11	0.024	0.005
	7	0.248	0.014		10	0.026	0.008		12	0.009	0.005
	8	0.083	0.015	4.90	5	46.566	0.001	5.50	6	8.590	0.002
	9	0.027	0.015		6	2.459	0.005		7	1.674	0.003
	10	0.009	0.015		7	0.702	0.007		8	0.553	0.004
4.30	5	4.149	0.008		8	0.242	0.007		9	0.204	0.004
	6	0.919	0.012		9	0.087	0.007		10	0.077	0.004
	7	0.289	0.130		10	0.031	0.007		11	0.028	0.004
	8	0.097	0.013		11	0.011	0.007		12	0.010	0.004
	9	0.033	0.014	5.00	6	2.938	0.005	5.60	6	11.519	0.001
	10	0.011	0.014		7	0.810	0.006		7	1.944	0.003
4.40	5	5.268	0.006		8	0.279	0.006		8	0.631	0.003
	6	1.078	0.010		9	0.101	0.007		9	0.233	0.004
	7	0.337	0.012		10	0.036	0.007		10	0.088	0.004
	8	0.114	0.012		11	0.013	0.007		11	0.033	0.004
	9	0.039	0.012	5.10	6	3.536	0.004		12	0.012	0.004
	10	0.013	0.012		7	0.936	0.005	5.70	6	16.446	0.001
4.50	5	6.862	0.005		8	0.321	0.006		7	2.264	0.002
	6	1.265	0.009		9	0.117	0.006		8	0.721	0.003
	7	0.391	0.010		10	0.042	0.006		9	0.266	0.003
	8	0.134	0.011		11	0.015	0.006		10	0.102	0.003
	9	0.046	0.011	5.20	6	4.301	0.003		11	0.038	0.003
	10	0.015	0.011		7	1.081	0.005		12	0.014	0.003
4.60	5	9.289	0.004		8	0.368	0.005	5.80	6	26.373	0.001
	6	1.487	0.008		9	0.135	0.005		7	2.648	0.002
	7	0.453	0.009		10	0.049	0.005		8	0.823	0.003
	8	0.156	0.010		11	0.018	0.006		9	0.303	0.003
	9	0.054	0.010	5.30	6	5.303	0.003		10	0.116	0.003
	10	0.018	0.010		7	1.249	0.004		11	0.044	0.003
4.70	5	13.382	0.003		8	0.422	0.005		12	0.017	0.003
	6	1.752	0.007		9	0.155	0.005	5.90	6	56.300	0.000
	7	0.525	0.008		10	0.057	0.005		7	3.113	0.002
	8	0.181	0.009		11	0.021	0.005		8	0.939	0.002
	9	0.064	0.009		12	0.007	0.005		9	0.345	0.003
	10	0.022	0.009	5.40	6	6.661	0.002		10	0.133	0.003
4.80	5	21.641	0.002		7	1.444	0.004		11	0.051	0.003
	6	2.071	0.006		8	0.483	0.004		12	0.019	0.003
	7	0.607	0.008		9	0.178	0.004				

表 10-4 有限的队列长度表

总体数 = 4				总体数 = 4			
X	S	D	F	X	S	D	F
0.015	1	0.045	0.999	0.030	1	0.090	0.997
0.022	1	0.066	0.998	0.034	1	0.102	0.996

（续）

总体数 = 4				总体数 = 4			
X	S	D	F	X	S	D	F
0.038	1	0.114	0.995	0.155	2	0.066	0.994
0.042	1	0.126	0.994		1	0.441	0.916
0.046	1	0.137	0.993	0.160	2	0.071	0.994
0.048	1	0.143	0.992		1	0.454	0.910
0.052	1	0.155	0.991	0.165	2	0.075	0.993
0.054	1	0.161	0.990		1	0.466	0.904
0.058	1	0.173	0.989	0.170	2	0.079	0.993
0.060	1	0.179	0.988		1	0.479	0.899
0.062	1	0.184	0.987	0.180	2	0.088	0.991
0.064	1	0.190	0.986		1	0.503	0.887
0.066	1	0.196	0.985	0.190	2	0.098	0.990
0.070	2	0.014	0.999		1	0.526	0.874
	1	0.208	0.984	0.200	3	0.008	0.999
0.075	2	0.016	0.999		2	0.108	0.988
	1	0.222	0.981	0.200	1	0.549	0.862
0.080	2	0.018	0.999	0.210	3	0.009	0.999
	1	0.237	0.978		2	0.118	0.986
0.085	2	0.021	0.999		1	0.572	0.849
	1	0.251	0.975	0.220	3	0.011	0.999
0.090	2	0.023	0.999		2	0.129	0.984
	1	0.265	0.972		1	0.593	0.835
0.095	2	0.026	0.999	0.230	3	0.012	0.999
	1	0.280	0.969		2	0.140	0.982
0.100	2	0.028	0.999		1	0.614	0.822
	1	0.294	0.965	0.240	3	0.014	0.999
0.105	2	0.031	0.998		2	0.151	0.980
	1	0.308	0.962		1	0.634	0.808
0.110	2	0.034	0.998	0.250	3	0.016	0.999
	1	0.321	0.958		2	0.163	0.977
0.115	2	0.037	0.998		1	0.654	0.794
	1	0.335	0.954	0.260	3	0.018	0.998
0.120	2	0.041	0.997		2	0.175	0.975
	1	0.349	0.950		1	0.673	0.780
0.125	2	0.044	0.997	0.270	3	0.020	0.998
	1	0.362	0.945		2	0.187	0.972
0.130	2	0.047	0.997		1	0.691	0.766
	1	0.376	0.941	0.280	3	0.022	0.998
0.135	2	0.051	0.996		2	0.200	0.968
	1	0.389	0.936		1	0.708	0.752
0.140	2	0.055	0.996	0.290	3	0.024	0.998
	1	0.402	0.931		2	0.213	0.965
0.145	2	0.058	0.995		1	0.725	0.738
	1	0.415	0.926	0.300	3	0.027	0.997
0.150	2	0.062	0.995		2	0.226	0.962
	1	0.428	0.921		1	0.741	0.724

（续）

总体数 = 4				总体数 = 4			
X	S	D	F	X	S	D	F
0.310	3	0.030	0.997		1	0.937	0.492
	2	0.240	0.958	0.520	3	0.141	0.976
	1	0.756	0.710		2	0.561	0.835
0.320	3	0.033	0.997		1	0.947	0.475
	2	0.254	0.954	0.540	3	0.157	0.972
	1	0.771	0.696		2	0.592	0.820
0.330	3	0.036	0.996		1	0.956	0.459
	2	0.268	0.950	0.560	3	0.176	0.968
	1	0.785	0.683		2	0.623	0.805
0.340	3	0.039	0.996		1	0.963	0.443
	2	0.282	0.945	0.580	3	0.195	0.964
	1	0.798	0.670		2	0.653	0.789
0.360	3	0.047	0.994		1	0.969	0.429
	2	0.312	0.936	0.600	3	0.216	0.959
	1	0.823	0.644		2	0.682	0.774
0.380	3	0.055	0.993		1	0.975	0.415
	2	0.342	0.926	0.650	3	0.275	0.944
	1	0.846	0.619		2	0.752	0.734
0.400	3	0.064	0.992		1	0.985	0.384
	2	0.372	0.915	0.700	3	0.343	0.926
	1	0.866	0.595		2	0.816	0.695
0.420	3	0.074	0.990		1	0.991	0.357
	2	0.403	0.903	0.750	3	0.422	0.905
	1	0.884	0.572		2	0.871	0.657
0.440	3	0.085	0.986		1	0.996	0.333
	2	0.435	0.891	0.800	3	0.512	0.880
	1	0.900	0.551		2	0.917	0.621
0.460	3	0.097	0.985		1	0.998	0.312
	2	0.466	0.878	0.850	3	0.614	0.852
	1	0.914	0.530		2	0.954	0.587
0.480	3	0.111	0.983		1	0.999	0.294
	2	0.498	0.864	0.900	3	0.729	0.821
	1	0.926	0.511		2	0.979	0.555
0.500	3	0.125	0.980	0.950	3	0.857	0.786
	2	0.529	0.850		2	0.995	0.526

在这儿，让我们先快速预览一下这 4 种问题，然后借助表 10-1 和表 10-2 来说明这 4 个排队模型。

问题 1：队列中等待的顾客。 一个银行希望知道有多少顾客在等待免下车窗口出纳员的服务？他们得等多久？出纳员的利用率是多少？如果要求有 95% 的把握，在任何时刻系统中不超过 3 辆车，则其服务率应达到什么水平？

问题 2：设备选择。 Robot 清洗设备的一个特许专营店决定在 3 种设备中选择一种，设备功率越大，成本越高，但洗车速度也越快。因此做决策时，成本与收入是紧密相连的。

问题 3：服务人数决策。 汽车经销公司零件部必须决定柜台需要雇用多少职员。职员越多，成本越高，但机械修理师等待时间的减少能带来成本的节约。

问题 4：有限顾客源。 前面的模型都是有关无限顾客源的，而有限排队问题是基于有限顾客总体，在顾客总体数量比较小时,有限的排队问题有一系列独立的公式可以使用。该问题的例子如维修工负责使 4 台织布机正常运转的情况,在充分考虑织布机的闲置成本和维修工的服务成本的基础上,决定应该需要多少名维修工。

例 10-1 队列中等待的顾客

美国西部国家银行正考虑开设一个免下车服务窗口。管理者估计顾客将以每小时 15 人的速度到达,出纳员的服务速度是每 3 分钟服务一位顾客。

第一部分

假设到达人数服从泊松分布,服务时间服从指数分布,求:
1. 出纳员的利用率。
2. 平均等待顾客数。
3. 系统中平均顾客数。
4. 平均顾客等待时间。
5. 顾客在系统中的包括接受服务时间在内的平均逗留时间。

解答

第一部分

1. 出纳员的平均利用率为(使用模型 1):

$$\rho = \frac{\lambda}{\mu} = \frac{15}{20} = 75\%$$

2. 平均等待顾客数为:

$$L_q = \frac{\lambda^2}{\mu(\mu - \lambda)} = \frac{15^2}{20 \times (20 - 15)} = 2.25 \text{(人)}$$

3. 系统中平均顾客数为:

$$L_s = \frac{\lambda}{\mu - \lambda} = \frac{15}{20 - 15} = 3 \text{(人)}$$

4. 平均顾客等待时间为:

$$W_q = \frac{L_q}{\lambda} = \frac{2.25}{15} = 0.15 \text{(小时)} \text{ 或 } 9 \text{ 分钟}$$

5. 顾客在系统中的平均逗留时间为:

$$W_s = \frac{L_s}{\lambda} = \frac{3}{15} = 0.2 \text{(小时)} \text{ 或 } 12 \text{ 分钟}$$

第二部分

由于空间的限制以及希望提供给顾客一个可接受的服务水平,假设银行经理希望能保证以 95% 的置信度,在任意时刻系统中的车辆数不超过 3 辆,那么在 3 辆车限制下,服务水平应为多高?出纳员的利用率应达到什么水平?为保证 95% 的服务水平,出纳员的服务率应为多少?

解答

第二部分

3 辆车或更少时的服务水平是指系统中车辆数分别为 0、1、2 或 3 时的概率。根据模型 1 和表10-2,可得:

$$P_n = \left(1 - \frac{\lambda}{\mu}\right)\left(\frac{\lambda}{\mu}\right)^n$$

当 $n = 0$ 时,$P_0 = \left(1 - \frac{15}{20}\right) \times \left(\frac{15}{20}\right)^0 = 0.250$

当 $n = 1$ 时,$P_1 = \left(1 - \frac{15}{20}\right) \times \left(\frac{15}{20}\right)^1 = 0.188$

当 $n = 2$ 时,$P_2 = \left(1 - \frac{15}{20}\right) \times \left(\frac{15}{20}\right)^2 = 0.141$

当 $n = 3$ 时，$P_3 = \left(1 - \dfrac{15}{20}\right) \times \left(\dfrac{15}{20}\right)^3 = 0.015$

$P_0 + P_1 + P_2 + P_3 = 0.250 + 0.188 + 0.141 + 0.015 = 0.684$ 或 68.4%

系统中车辆数大于 3 的概率为 1 减去系统中车辆数为 3 辆及小于 3 辆的概率：$1 - 68.4\% = 31.6\%$。

要求系统中不大于 3 辆车的服务水平为 95%，即应使 $P_0 + P_1 + P_2 + P_3 = 95\%$

$$0.95 = \left(1 - \dfrac{\lambda}{\mu}\right)\left(\dfrac{\lambda}{\mu}\right)^0 + \left(1 - \dfrac{\lambda}{\mu}\right)\left(\dfrac{\lambda}{\mu}\right)^1 + \left(1 - \dfrac{\lambda}{\mu}\right)\left(\dfrac{\lambda}{\mu}\right)^2 + \left(1 - \dfrac{\lambda}{\mu}\right)\left(\dfrac{\lambda}{\mu}\right)^3$$

$$0.95 = \left(1 - \dfrac{\lambda}{\mu}\right)\left[1 + \dfrac{\lambda}{\mu} + \left(\dfrac{\lambda}{\mu}\right)^2 + \left(\dfrac{\lambda}{\mu}\right)^3\right]$$

我们可以用试算法来解这个方程，当 $\lambda/\mu = 0.50$ 时：

$$0.95 \stackrel{?}{=} 0.5 \times (1 + 0.5 + 0.25 + 0.125)$$

$$0.95 \neq 0.9375$$

当 $\lambda/\mu = 0.45$ 时：

$$0.95 \stackrel{?}{=} (1 - 0.45) \times (1 + 0.45 + 0.203 + 0.091)$$

$$0.95 \neq 0.96$$

当 $\lambda/\mu = 0.47$ 时：

$$0.95 \stackrel{?}{=} (1 - 0.47) \times (1 + 0.47 + 0.221 + 0.104) = 0.95135$$

$$0.95 \approx 0.95135$$

因此，当利用率 $\rho = \lambda/\mu = 47\%$ 时，系统中车辆数不多于 3 辆的概率是 95%。

要求 95% 的服务水平下的服务率，我们只需解方程 $\lambda/\mu = 0.47$，式中 $\lambda =$ 每小时到达的顾客数，由此可解得 $\mu = 32$ 人/小时。这就是说，出纳员必须每小时为 32 人服务（比原来每小时 20 人的服务水平提高 60%），这样才能以 95% 的置信度使系统中的车辆数不超过 3 辆。也许通过调整服务方式，比如说增加另一个出纳员或者限制营业的种类，服务速率将可以大大提高。另外，我们可以看到，在 95% 的置信度下保证系统中不多于 3 辆车时，出纳员将有 53% 的闲暇时间。

- - - - - - - - - - -

例 10-2 设备选择

Robot 公司在全美特许经营把加油和汽车冲洗业务合并在一起的设备业务。Robot 公司对加满油的车辆提供免费洗车服务，对于不加油只洗车的车收费 0.5 美元。以往的经验表明：加油并且洗车的顾客数和单独洗车的顾客数大致相等。平均加一次油可盈利 0.7 美元，洗一次车的成本是 0.1 美元，公司每天营业 14 小时。

Robot 公司有三档功率和清洗组合不同的设备，一家特许专营店必须先对这 3 款设备做个选择。选择 I 档功率时，可以每 5 分钟洗 1 辆车，每天的成本是 12 美元。II 档功率高于 I 档，每 4 分钟洗 1 辆车，但每天的成本是 16 美元；选择 III 档功率时，每洗 1 辆车需 3 分钟，但每天的成本是 22 美元。

该特许专营店估计，每位顾客排队等候洗车的时间不会超过 5 分钟。更长的等待时间将导致公司失去加油和洗车的顾客。

若估计每小时有 10 名顾客前来洗车，那么该选择哪档功率的设备？

解答

选择功率 I 时，根据模型 2 的公式（见表 10-2）可计算出顾客的平均等待时间（对于功率 I，$\mu = 12$ 人/小时），此时：

$$L_q = \dfrac{\lambda^2}{2\mu(\mu - \lambda)} = \dfrac{10^2}{2 \times 12 \times (12 - 10)} = 2.08333$$

$$W_q = \dfrac{L_q}{\lambda} = \dfrac{2.08333}{10} = 0.208（小时），即 12.5 分钟$$

对于功率 II，$\mu = 15$ 人/小时，此时：

$$L_q = \dfrac{\lambda^2}{2\mu(\mu - \lambda)} = \dfrac{10^2}{2 \times 15 \times (15 - 10)} = 0.667$$

$$W_q = \frac{L_q}{\lambda} = \frac{0.667}{10} = 0.0667(小时),即 4 分钟$$

如果等待时间是唯一标准,则应选择功率Ⅱ的设备,但在我们得出最后结论之前,还必须看一下两者的利润差异。

对于功率Ⅰ,由于等待时间为 12.5 分钟,部分顾客会放弃接受服务。尽管这将使数学分析复杂化,我们仍可以估计出选择功率Ⅰ时营业额的减少量。我们可以通过增加 $W_q = 5$ 分钟或 1/12 小时(平均等待时间),并从中解得 λ,这将是最有效的顾客到达率。

$$W_q = \frac{L_q}{\lambda} = \frac{\lambda^2/2\mu(\mu-\lambda)}{\lambda}$$

$$W_q = \frac{\lambda}{2\mu(\mu-\lambda)}$$

$$\lambda = \frac{2W_q\mu^2}{1+2W_q\mu} = \frac{2\times\left(\frac{1}{12}\right)\times(12)^2}{1+2\times\left(\frac{1}{12}\right)\times(12)} = 8(人/小时)$$

因此,既然 λ 的最初估计值是 10 人/小时,则每小时将失去 2 名顾客。每小时失去 2 名顾客的损失 × 14 小时 × 1/2(0.7 美元的加油利润 + 0.4 美元的洗车利润)= 15.40(美元/天)。

因为选择功率Ⅱ,成本只增加了 4 美元/天,显然,相比较于所损失的 15.40 美元,我们都会选择功率Ⅱ而放弃功率Ⅰ的设备。

功率Ⅱ能满足最初设定的 5 分钟等待最大限度,因此功率Ⅲ可不予考虑,除非预料到达率会增长。

例 10-3 服务人数的决策

在格伦·玛柯(Glenn-Mark)汽车销售公司的售后服务部门,机械修理师要为汽车修理或服务而准备零件,这种需求以表单的形式递交到零件部柜台,由柜台职员填表,而此时机械修理师处于等待状态。机械修理师的到达是随机的(符合泊松分布),到达率为 40 人/小时,职员填表的速率为 20 份/小时,且处理时间服从指数分布。如果售后部的职员工资是 30 美元/小时,机械修理师的工资是 60 美元/小时,请决定该柜台职员的最佳数量(由于到达率很大,所以假设顾客源是无限的)。

解答

首先假定安排 3 名职员,因为只有一名或两名职员将产生无限长的队列(此时 $\lambda = 40$,$\mu = 20$)。在这里我们将用到表 10-2 中模型 3 的公式,不过首先我们得根据表 10-3 计算队列中的平均顾客数。由 $\lambda/\mu = 2$,$S = 3$,可得 $L_q = 0.8889$(名机械师)。

由此,我们可以看出,每天队列中平均等待数为 0.8889 名,按一天 8 小时、每小时 60 美元来计算,机械师等待的成本 = $0.8889 \times 60 \times 8 = 426.67$(美元)。

不同 S 和 λ/μ 值下的期望排队人数(L_q)

下一步,如果我们增加一名职员,则应重新计算等待时间,然后比较增加一名职员的成本与机械师因此而节约时间所带来的效益两者之间的差异。此时,$S = 4$,利用表 10-3,我们可得 $L_q = 0.1739$(队列中平均等待机械师数)。

$$0.1739 \times 60 \times 8 = 83.47(美元)(机械师等待成本)$$

减少机械师的等待时间可节约:$426.67 - 83.47 = 342.20$(美元)
增加一名职员的成本是:$8 \times 30 = 240.00$(美元)
增加第 4 名职员可节约的成本:102.20(美元)

该问题可引申为增加一个运送员向机械师运送零件的情况,那么解决这个问题需要决定运送人员的最佳人数。这样又得考虑由于传递错误引起的时间耽误所带来的费用,因为机械师可以在柜台上发现错误时立即做出纠正,但零件运送员不能。

例 10-4 有限顾客源

对露丝编织（Loose Knit）公司纺织车间的一排共 4 台纺织机进行的研究表明，平均每台机器每小时都要做一次调整。就目前的这些维修人员来说，平均一次调整时间为 7.5 分钟。假设到达数服从泊松分布，服务时间服从指数分布，每台机器闲置时每小时损失 80 美元。如果有另外一位维修人员（其平均一次调整时间也为 7.5 分钟），请决定是否以每小时 14 美元的成本雇用他。

解答

这是一个有限顾客源的排队问题，可以通过有限排队模型来求解（参见本章最后的表 10-4）。解决该问题的方法是：比较机器停工期成本（包括等待的和被修理的时间）加上一位维修人员的成本与机器停工期成本加上两位维修人员的成本之间的大小，我们先找出在系统中等待的平均机器数，并乘以每小时的停工成本，然后在这个基础上，再加上维修人员的成本。

在进一步计算之前，我们先定义一些参数：

N——总体中的机器数；
S——维修人员数；
T——每台机器的维修时间；
U——在被维修之前，每台机器的平均运行时间；
X——服务因子或每台机器维修时间比率（$X = T/(T+U)$）；
L——队列中等待修理的平均机器数；
H——被维修的平均机器数。

需要从有限排队表中获得的值有：

D——一台需要维修的机器等待的概率；
F——效率因子，衡量需维修的机器需等待的概率。

有限排队表是根据三个变量来安排的：N 为总体大小；X 为服务因子；S 为服务路线数（在本例中为维修人员数）。要查一个值，先找到相应 N 值的表，然后从第一列中找到恰当的 X 值，最后找到 S 值，之后分别读出 D 与 F 值（除了这些值外，其他有关有限排队系统的参数可通过有限排队模型的公式获得）。

为解决此问题，考虑情况 I——一位维修人员和情况 II——两位维修人员两种情况。

情况 I——一位维修人员。

$$N = 4$$
$$S = 1$$
$$T = 7.5 \text{ 分钟}$$
$$U = 60 \text{ 分钟}$$
$$X = \frac{T}{T+U} = \frac{7.5}{7.5+60} = 0.111$$

通过表 10-4，即 $N = 4$ 的有限表，当 $X = 0.111$，且 $S = 1$ 时，可查得 F 的值接近 0.957。

队列中等待维修的机器数是：

$$L = N(1-F) = 4 \times (1-0.957) = 0.172 \text{（台机器）}$$

被维修的机器数为：

$$H = FNX = 0.957 \times 4 \times 0.111 = 0.425 \text{（台机器）}$$

表 10-5 所示的是由于故障机器停工期和维修人员引起的成本。

表 10-5 4 台机器停工成本与维修成本的比较表

维修人员数	故障机器数 ($H+L$)	故障机器每小时成本 [($H+L$)×80，美元]	维修人员成本（14 美元/小时）	每小时总成本（美元）
1	0.597	47.76	14.00	61.76
2	0.451	36.08	28.00	64.08

情况 II——两位维修人员。根据表 10-4，当 $X = 0.111$，且 $S = 2$ 时，可查得 $F = 0.998$。

等待维修的机器数是：

$$L = N(1-F) = 4 \times (1-0.998) = 0.008（台机器）$$

被维修的机器数为：

$$H = FNX = 0.998 \times 4 \times 0.111 = 0.443（台机器）$$

机器闲置成本与两位维修人员的成本显示在表 10-5 中。最后一列表明，安排一位维修人员是最佳选择。

顾客的近似等待时间

只需要均值和标准差就可以计算出平均的等待时间，这对经理来说是个好消息。对于本章前面的排队模型，一些好的研究成果已经推导出"简捷但不太精确"的数学方法，其优点在于不用假设特定的到达率以及服务时间的分布。所需的仅仅是到达间隔时间和服务时间的均值与标准差。我们将不再详细说明其中的近似方法是如何推导出来的，只要懂得如何运用这些公式就可以。

首先，我们需要收集服务时间。服务时间即指为顾客提供服务所花费的时间长短。要注意应该在你所关心的时间段内收集相应数据。比如，如果你想知道在周五午间需要多少银行出纳员为客户服务，那么你应该收集这段时间段内的数据。这样才能保证业务情况与未来预期相似。你可以用秒表测量每位顾客的服务时间。基于这些数值，可以计算出服务时间的均值和标准差。

回顾你的统计数据则可得均值为：

$$\overline{X} = \sum_{i=1}^{N} x_i / N \tag{10-7}$$

其中 x_i 为观察值，N 为总观察次数。

标准差为：

$$s = \sqrt{\frac{\sum_{i=1}^{N}(x_i - \overline{X})^2}{N-1}} \tag{10-8}$$

然后，测出两个新顾客到达的间隔时间。根据这些数据，计算出到达间隔时间的均值和标准差。基于以上计算，我们可以得出：

$\overline{X}_s$——服务时间平均值；

$\overline{X}_a$——到达间隔时间平均值；

S_s——服务时间样本的标准差；

S_a——到达间隔时间样本的标准差。

接下来，定义以下一些数值：

C_s——服务时间的变化系数 $= \dfrac{S_s}{\overline{X}_s}$

C_a——到达间隔时间的变化系数 $= \dfrac{S_a}{\overline{X}_a}$ \qquad (10-9)

λ——顾客到达率 $= \dfrac{1}{\overline{X}_a}$

μ——顾客服务率 $= \dfrac{1}{\overline{X}_s}$

现在，我们可以计算系统中的一些统计量。首先，定义 S 为需要雇用的服务台的数量，则：

ρ——服务器的利用率 $=\dfrac{\lambda}{S\mu}$

L_q——期望的队列长度 $=\dfrac{\rho^{\sqrt{2(S+1)}}}{1-\rho}\times\dfrac{C_a^2+C_s^2}{2}$ （10-10）

L_s——系统中顾客的期望人数 $=L_q+S\rho$

W_q——期望的顾客等待时间 $=\dfrac{L_q}{\lambda}$

W_s——顾客在系统中逗留的期望时间 $=\dfrac{L_s}{\lambda}$

服务器的利用率（ρ）是服务器期望忙碌的时间百分比。通常提供高质量服务的公司，其服务利用率在 70%～80%，这决定于顾客到达率和服务比率的方差。L_q 是期望的队列长度，W_q 是顾客期望等待的时间。L_s 和 W_s 分别是系统中顾客的期望数量和一个顾客在系统中停留的期望时间。这些统计量在度量顾客总数和总的等待时间时将正在接受服务的顾客的数量及占用的时间计算在内。

例 10-5 近似排队问题

让我们来看一个呼叫中心的例子，该中心处理邮购业务。在高峰期，呼叫到达的平均间隔时间（$\bar{X}_a$）为 0.5 分钟，标准差（S_a）为 0.203 分钟。接电话的平均时间（$\bar{X}_s$）为 4 分钟，标准差（S_s）为 2.5 分钟。如果呼叫中心雇用 9 名话务员来接电话，那么请你预计顾客将等待多长时间？如果增加一名话务员会产生怎样的影响？

解答

W_q 是我们期望的顾客等待时间。做这些计算的最好方法是用电子表格。电子表格"10 Waiting Line Analysis"使用起来很方便。以下是计算顾客等待时间的具体步骤。

步骤 1：计算预期的顾客到达率（λ）、每个服务人员的服务率（μ）、到达间隔时间的变化系数（C_a）、服务时间的变化系数（C_s）：

$$\lambda=\dfrac{1}{\bar{X}_a}=\dfrac{1}{0.5}=2（顾客/分钟）$$

$$\mu=\dfrac{1}{\bar{X}_s}=\dfrac{1}{4}=0.25（顾客/分钟）$$

$$C_a=\dfrac{S_a}{\bar{X}_a}=\dfrac{0.203}{0.5}=0.406$$

$$C=\dfrac{S_s}{\bar{X}_s}=\dfrac{2.5}{4}=0.625$$

步骤 2：计算期望的服务机构利用率（ρ）：

$$\rho=\dfrac{\lambda}{S\mu}=\dfrac{2}{9\times 0.25}=0.888\,889（预计话务员 89% 的时间处于忙碌状态）$$

步骤 3：计算处于等待状态的顾客的预期数量（L_q）以及期望的等待时间（W_q）：

$$L_q=\dfrac{\rho^{\sqrt{2(S+1)}}}{1-\rho}\times\dfrac{C_a^2+C_s^2}{2}=\dfrac{0.888\,889^{\sqrt{2\times(9+1)}}}{1-0.888\,889}\times\dfrac{0.406^2+0.625^2}{2}=1.476\,064（位顾客）$$

（这是我们期望的处于等待接听电话的顾客数。）

$$W_q=\dfrac{L_q}{\lambda}=\dfrac{1.476\,064}{2}=0.738\,032（分钟）$$

平均而言，我们预计顾客在通话前的平均等待时间为 44 秒（$=0.738\,032\times 60$）。

如果话务员为 10 名，计算如下：

$$\rho=\dfrac{\lambda}{S\mu}=\dfrac{2}{10\times 0.25}=0.8（预计话务员 80% 的时间处于忙碌状态）$$

$$L_q = \frac{\rho^{\sqrt{2(S+1)}}}{1-\rho} \times \frac{C_a^2 + C_s^2}{2} = \frac{0.8^{\sqrt{2\times(10+1)}}}{1-0.8} \times \frac{0.406^2 + 0.625^2}{2} = 0.487\,579(位顾客)$$

$$W_q = \frac{L_q}{\lambda} = \frac{0.487\,579}{2} = 0.243\,79(分钟)$$

如果话务员为 10 名，等待时间将减少约 66% 至 14.6 秒。如果增加两名话务员（使总数量达到 11），排队的等待时间为 6.4 秒。增加第一名话务员会对顾客等待时间产生很大的影响。

对很多典型的排队问题来说，这种近似非常有效。它很容易在如"10 Waiting Line Analysis.xls"电子表格上实施。要记住，这种近似须假定接受服务的人数众多，并且顾客一次只能到达一个。在排队问题的快速分析中，这种近似非常有用。

10.3 排队问题的计算机仿真

一些排队问题给人的第一印象看似非常简单，真正做起来却极其困难或者根本就不可求解。在这里，我们已经对相互独立的排队问题做了讨论，也就是说，无论是由单阶段构成的整个系统服务还是系列服务中的一个阶段服务，它们都是相互独立的（这种情况发生于当一个服务台的输出在下一个服务台之前允许累计起来，从实质上说，该输出成为下一个服务的输入客户源）。当一系列服务依次进行，且前一个服务的输出率是后一个服务的输入率时，我们将不能再运用这些简单的公式。另外，当问题不能满足公式规定的条件时，如表 10-2 规定的条件，也不能运用这些公式。解决这类问题的最好手段是计算机仿真。

排队问题常常连续地和并行地发生（例如在装配线和工作车间），通常无法用数学的方法解决。然而，排队问题通常容易用电子表格仿真。

10.3.1 例题：一条两阶段装配线

考虑一条所组装的产品体积很大的装配线，如冰箱、炉子、汽车、船、电视或家具的组装。图 10-7 表示的是一条装配线上的两个工作站。

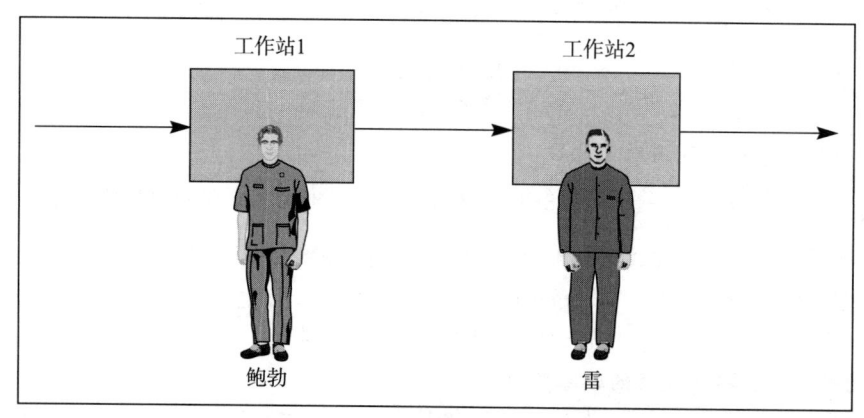

图 10-7　一条装配线上的两个工作站

产品的体积是装配线分析和设计所要考虑的一个重要因素，因为每个工作站上所能存放的产品数量将会影响工人的工作。如果产品体积很大，那么相邻的工作站存在着相互依赖关系。如图 10-7 所示，鲍勃（Bob）和雷（Ray）在一个两阶段装配线上工作，鲍勃在工作站 1 上装配完的产品传递给在工作站 2 上的雷，雷再进行加工。如果两个工作站相连，中间没有存放半成品的地方，那么如果鲍勃干得慢，雷就会被迫等待；相反，如果鲍勃干得快（或者说雷完成工作的时间要比鲍勃长），那么鲍勃就得等雷。

在这个仿真问题中，我们假设鲍勃是组装线上的第一个工人，他能够在任何时候拿到需组装的半成品进行工作，那么我们把分析重点放在鲍勃与雷彼此间的相互影响上。

1. 研究目标

关于这条装配线，我们希望能通过研究解决一些问题。下面我们列出了部分待解决的问题：

- 每个工人的平均完工时间是多少？
- 这条组装线的生产率是多少？
- 鲍勃等待雷的时间是多少？
- 雷等待鲍勃的时间是多少？
- 如果两个工作站中间的空间加大，可以存储半成品，从而增加了工人的独立性，那么这对于生产率、等待时间等问题会有什么影响？

2. 收集数据

进行系统仿真，我们需要鲍勃和雷的装配时间数据。要收集这些数据，一种方法就是将总装配时间分割成小段时间，在每段时间内对工人进行单独观测。对这些数据进行简单的汇总和分析，我们可以得到非常有用的直方图。

表10-6显示的是观测鲍勃和雷两人装配时间后得到的数据表格。为了简化操作过程，装配时间以10秒为区间进行划分。对鲍勃的工作我们进行了100次观测，而对雷的观测我们只进行了50次。二者的观测次数可以不同，但观测次数越多，时间间隔的划分越细，则研究的准确性越高。然而，时间间隔越小，观测次数越多，需要投入的时间和人力也就越多（同时，用于编程的时间和仿真模型运行的时间也就越长）。

表10-6 通过观测工人得到的数据表格

完成任务所需时间（秒）	鲍勃	合计	雷	合计
5～14.99	IIII	4	IIII	4
15～24.99	IIII I	6	IIII	5
25～34.99	IIII IIII	10	IIII I	6
35～44.99	IIII IIII IIII IIII	20	IIII II	7
45～54.99	IIII IIII IIII IIII IIII IIII IIII IIII	40	IIII IIII	10
55～64.99	IIII IIII I	11	IIII III	8
65～74.99	IIII	5	IIII I	6
75～84.99	IIII	4	IIII	4
		100		50

这种方式的数据收集定义了可以用作仿真的经验分布。正如本例中所示的那样，经验分布源自对相关事件的观察结果。在本例中，观察的是完成任务的时间。在其他例子中，可观察到某个时间段内到达排队系统中的顾客数量、产品需求和服务单个顾客的时间。

对于仿真，某一事件发生的频率是一个随机数。这一随机数与系统中的其他数字完全不相关。附录H中包括了随机数表。如需要00～99的随机数，按照表格中的顺序取出从该表中随机产生一个随机数。比如56、97、08、31和25是该表中的前5个随机数。电子数据表格的RAND( )函数可以返回0～1的任一随机数，函数RANDBETWEEN（minimum，maximum）返回最小值和最大值之间的随机数。

在本例中，使用了 00 ~ 99 的随机数。如果某一时间发生概率为 10%，需要分配 10 个数字；如果发生概率 32%，则要分配 32 个数字，如此往复。这样，随机数与观察到的经验频率分布是相匹配的。

表 10-7 包含了按照实际观测数据的比率进行分配的随机数区间。例如，鲍勃在 100 次操作中有 4 次在 10 秒钟内完成。因此，如果我们用 100 个数进行分配，那么我们应该分配 4 个数与 10 秒钟相对应。这 4 个数可以是任意的，例如 42、18、12 和 93，但是这会使查找工作变得非常烦琐，所以我们就分配连续数，比如 00、01、02 和 03。

表 10-7 鲍勃和雷的随机数区间

秒	鲍勃的加工次数	随机数区间	雷的加工次数	随机数区间
10	4	00 ~ 03	4	00 ~ 07
20	6	04 ~ 09	5	08 ~ 17
30	10	10 ~ 19	6	18 ~ 29
40	20	20 ~ 39	7	30 ~ 43
50	40	40 ~ 79	10	44 ~ 63
60	11	80 ~ 90	8	64 ~ 79
70	5	91 ~ 95	6	80 ~ 91
80	4	96 ~ 99	4	92 ~ 99
	100		50	

我们得到了 50 个对雷的观测的值。我们有两种方法可以用来分配随机数。第一种方法是，我们就用 50 个数（如 00 ~ 49）来进行分配，并在仿真中忽略掉所有超过 49 的数。然而，这是一种浪费，因为我们将丢弃随机数列中 50% 的数。另一种方法是将频率次数加倍。例如，我们不是将 00 ~ 03 分配给 50 次观测中装配时间为 10 秒的 4 次观测，而是将 00 ~ 07 分配给 100 次观测中的 8 次观测，这样的话，观测次数加倍了但比例不变。实际上，考虑到当前的计算机速度和本例装配线的规模，由该方法增加的运行时间是微不足道的。

表 10-8 显示的是对鲍勃和雷装配 10 件产品的手工仿真结果。随机数来自附录 H，从二位数的第一列开始向下取数。

表 10-8 鲍勃和雷：两阶段装配线的仿真 （单位：秒）

工件序号	鲍勃					存储时间	雷				
	随机数	开始时间	加工时间	完工时间	等待时间		随机数	开始时间	加工时间	完工时间	等待时间
1	56	00	50	50		0	83	50	70	120	50
2	55	50	50	100	20	0	47	120	50	170	
3	84	120	60	180		0	08	180	20	200	10
4	36	180	40	220		0	05	220	10	230	20
5	26	220	40	260		0	42	260	40	300	30
6	95	260	70	330		0	95	330	80	410	30
7	66	330	50	380	30	0	17	410	20	430	
8	03	410	10	420	10	0	21	430	30	460	
9	57	430	50	480		0	31	480	40	520	20
10	69	480	50	530		0	90	530	70	600	10
			470		60				430		170

假设我们从 00 时间开始，接下来以秒来计算（不要自找麻烦将其换成小时或分钟）。第一个随机数 56 对应于鲍勃第一个装配工作时间 50 秒。这个工件传送给雷，它的开始时间是第 50 秒。接下来的随机数是 83，根据表 10-7，雷用

70秒完成了工作。同时，鲍勃开始装配下一件产品，从第50秒开始用时50秒（随机数55），在第100秒完成。然而，鲍勃无法开始第三件产品的工作，因为雷在第120秒才做完头一个工件。因此，鲍勃等了20秒（如果鲍勃与雷的工作站之间有存储空间，鲍勃干完的工件可以移出工作站，在第100秒鲍勃就可以做下一个工件）。表里剩下的数据可以用同样的方法来计算：得到一个随机数，找到对应的加工时间，注意等待的时间（如果有的话），并计算完工时间。我们可以看出，由于鲍勃与雷之间没有存储空间，两位工人的等待时间都很长。

现在，我们可以回答一些问题，并且可以对系统进行一些评述，例如：

每件工作的平均加工时间为60秒（总共用时为600秒，平均分配给雷加工的10个工件）。

鲍勃的利用率为470/530 = 88.7%

雷的利用率为430/550 = 78.2%（除去最开始的等待时间50秒）

鲍勃的平均加工时间为470/10 = 47（秒）

雷的平均加工时间为430/10 = 43（秒）

我们已经说明了怎样对这个问题进行简单的手工仿真，但10个抽样所组成的样本实在是太小了，不足以保证结果的可信度。因此，这个问题应由计算机进行数千次的重复计算才能得到比较可信的结果（我们将在本章的下一节中对该问题进行进一步扩展）。

对于两个工人间的存储空间的研究也是很重要的。解决这个问题，主要是要看在工人之间没有存储空间的条件下，流程时间和工人利用率等数据。第二次仿真存储空间增加一个单位产品，并记录下相关数据的变化，然后在增加存储空间2个、3个、4个……的情况下进行仿真。经理可以根据这些数据计算增加存储空间所增加的成本和使用价值，并将二者加以比较。在工人间增加存储空间有可能需要一个更大的厂房，系统中需要更多的物料和工件，需要增加物料处理设备、传送设备，使用更多的热能和电能，以及增加厂房的维护等。

通过仿真，还可以让经理知道：如果一个工人被自动化设备所取代，那么相关数据会有哪些变化。从这个自动化设备装配线上仿真得到的数据，还可以看出引入自动化设备是否合适。

10.3.2 运用电子表格仿真

在本书里，我们已经多次提到了电子表格可用于解决许多问题。表10-9就是在Excel电子表格中说明了鲍勃和雷两阶段装配线的情况。这与我们在表10-8中手工仿真的格式一样。

表10-9 鲍勃和雷两阶段装配线在微软Excel上的仿真 （单位：秒）

工件序号	鲍勃					雷					单位工件平均用时	总用时	平均系统用时
	随机数	开始时间	加工时间	完工时间	等待时间	随机数	开始时间	加工时间	完工时间	等待时间			
1	93	0	70	70	0	0	70	10	80	70	80.0	80	80.0
2	52	70	50	120	0	44	120	50	170	40	85.0	100	90.0
3	15	120	30	150	20	72	170	60	230	0	76.7	110	96.7
4	64	170	50	220	10	35	230	40	270	0	67.5	100	97.5
5	86	230	60	290	0	2	290	10	300	20	60.0	70	92.0
6	20	290	40	330	0	82	330	70	400	30	66.7	110	95.0
7	83	330	60	390	10	31	400	40	440	0	62.9	110	97.1
8	89	400	60	460	0	13	460	20	480	20	60.0	80	95.0
9	69	460	50	510	0	53	510	50	560	30	62.2	100	95.6
10	41	510	50	560	0	48	560	50	610	0	61.0	100	96.0
11	32	560	40	600	10	13	610	20	630	0	57.3	70	93.6

(续)

工件序号	随机数	鲍勃 开始时间	加工时间	完工时间	等待时间	随机数	雷 开始时间	加工时间	完工时间	等待时间	单位工件平均用时	总用时	平均系统用时
12	1	610	10	620	10	67	630	60	690	0	57.5	80	92.5
13	11	630	30	660	30	91	690	70	760	0	58.5	130	95.4
14	2	690	10	700	60	76	760	60	820	0	58.6	130	97.9
15	11	760	30	790	30	41	820	40	860	0	57.3	100	98.0
16	55	820	50	870	0	34	870	40	910	10	56.9	90	97.5
17	18	870	30	900	10	28	910	30	940	0	55.3	70	95.9
18	39	910	40	950	0	53	950	50	1 000	10	55.6	90	95.6
19	13	950	30	980	20	41	1 000	40	1 040	0	54.7	90	95.3
20	7	1 000	20	1 020	20	21	1 040	30	1 070	0	53.5	70	94.0
21	29	1 040	40	1 080	0	54	1 080	50	1 130	10	53.8	90	93.8
22	58	1 080	50	1 130	0	39	1 130	40	1 170	0	53.2	90	93.6
23	95	1 130	70	1 200	0	70	1 200	60	1 260	30	54.8	130	95.2
24	27	1 200	40	1 240	20	60	1 260	50	1 310	0	54.6	110	95.8
25	59	1 260	50	1 310	0	93	1 310	80	1 390	0	55.6	130	97.2
26	85	1 310	60	1 370	20	51	1 390	50	1 440	0	55.4	130	98.5
27	12	1 390	30	1 420	20	35	1 440	40	1 480	0	54.8	90	98.1
28	34	1 440	40	1 480	0	51	1 480	50	1 530	0	54.6	90	97.9
29	60	1 480	50	1 530	0	87	1 530	70	1 600	0	55.2	120	98.6
30	97	1 530	80	1 610	0	29	1 610	30	1 640	10	54.7	110	99.0

在 Excel 中总共进行了 1 200 次仿真（见表 10-9），也就是说，雷一共加工了 1 200 个工件。仿真技术作为一种分析工具，它的动态特性决定了它在定量分析方面具有优势。解析方法表示的是系统长期运转的平均结果。我们从图 10-8a 中可以看出有一个明显的启动阶段（或称瞬时阶段），而从图中曲线的长期表现中我们可能也会产生疑问，甚至在 1 200 后，曲线也没能达到一个常数值（或称稳定值）。图 10-8a 描绘了通过鲍勃和雷两阶段系统的 100 件的数据。请注意第一个工件完成后的剧烈变化。曲线数据指的是工件完成的平均时间。它是一个累计数据，即第一个工件时间采用的是随机产生的数值，两个工件的平均时间是第一次和第二次所用总时间的平均值，而三个工件的平均时间则是前三次所用总时间的平均值，依此类推。曲线的开始阶段取决于产生的随机数据流，因而可以是任何形状，并不一定如图所示。我们能够确定的是加工时间在系统启动之后的一段时间内将上下波动，直到加工后期，平均加工时间趋于一致。

图 10-8b 显示的是加工工件在系统中的平均时间。在开始阶段，曲线在系统中表现出时间不断增加的趋势。这是合理的，因为系统从闲置状态开始，工件从鲍勃到雷的过程中没有间断。通常工件进入系统后，在两个工序间会等待，这使得随后的工件进入系统的时间不得不延期，从而增加了等待时间。随着时间的增长，除非第二道工序的工作能力小于第一道，工件传递将趋于稳定。在我们当前的案例中，不允许他们之间存在空间。所以，若是鲍勃先完成，他不得不等待雷；反之亦然。

图 10-8c 表示的是模拟鲍勃和雷完成 1 200 个工件产品后的结果。将这些数据与我们手工模拟的 10 个工件数据相比，手工模拟还不是很差。鲍勃的平均工作时间为 46.48 秒，这非常接近于长期运行时你所期望的加权平均值，鲍勃工作时间的期望值是 $(10 \times 4 + 20 \times 6 + 30 \times 10 \times \cdots \times)/100 = 45.9$（秒）。雷的工作时间的期望值是 $(10 \times 4 + 20 \times 5 + 30 \times 6 \times \cdots \times)/50 = 46.4$（秒）。

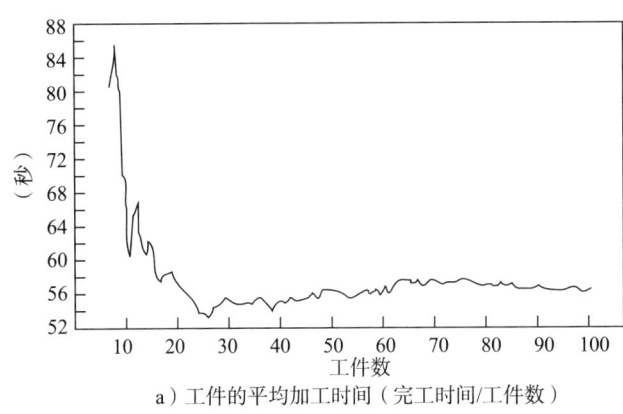
a）工件的平均加工时间（完工时间/工件数）

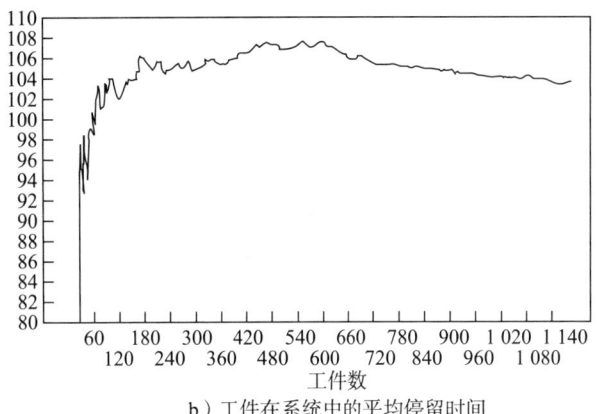
b）工件在系统中的平均停留时间

	鲍勃	雷	工件
利用率	0.81	0.85	
平均等待时间	10.02	9.63	
平均加工时间	46.48	46.88	
每个工件的平均用时			57.65
每个工件在系统中的平均时间			103.38

c）鲍勃和雷加工 1 200 个工件的仿真结果

图　10-8

两阶段装配线仿真是设计电子表格分析问题的一个很好的例子。在 Excel 中可以内嵌更多的仿真程序。康奈尔大学运营管理教授约翰·麦克莱恩（John McClain）就开发了两种仿真电子表格，可以用于说明许多类似的系统。本书的网页中有这些电子表格。

第一个电子表格叫作"LineSim"，用于分析简单的序列生产线。这种系统中拥有一系列机器，一台机器的产品输出到存储区，然后成为下一台机器的输入产品。这个电子表格可以很容易地设置以适用于不同数量的机器，不同大小的缓冲存储区和不同处理时间分布。另外，还可以模仿机器故障和修理的情况。第二个电子表格"CellSim"与前一个相似，但机器的变化适用范围更加广泛。我们感谢麦克莱恩教授提供了这些电子表格。

10.3.3　仿真程序和语言

仿真模型可以分为连续型和离散型。连续型模型是基于数学方程建立的，因而是连续的，每一时间点上均有对应值。相反，离散型仿真仅在特定的节点上才运行。例如，对顾客到达银行的出纳窗口这一事件的仿真就是离散型仿真。仿真从一个节点跳到另一个节点：顾客到达、服务开始、服务结束、下一个顾客到达，等等。离散型仿真也可由单位时间（每天、每小时、每分钟）来引发。这种仿真方法也可以叫作事件仿真。由于前后事件间没有某种数学联系，所以节点之间的点既得不到仿真有效数值也无法得到计算值。运营管理的应用几乎都采用离散型仿真（事件仿真）。

仿真程序可以分为通用程序和专用程序两类。通用模式软件指的是那些允许程序员设计自己的模型。专用模式软件的仿真程序是专门用于仿真某种特定的应用。再如，在用于制造业的专用仿真中，会考虑到指定的加工中心数量、特性、开工率、加工时间、生产批量、在制品数量、包括人力和加工顺序的可用资源等因素。另外，程序还可以让使用者观察到动画，以及在仿真运行时观察通过系统的数量值和流量值。数据被收集、分析，然后绘制成这些应用类型大都适用的数据表格。命名为 ExtendSim 的仿真软件的特征在专栏 10-1 中进行了介绍。

| 专栏 10-1 |

动画和仿真软件

仿真可以很好地应用于呼叫中心。呼叫中心的工作很容易被模拟，而且服务时间、到达频率、挂断时间、电话接入呼叫中心的路径这些信息都很容易获取。在这个呼叫中心中，有4类电话在随机间隔时间内到达，呼叫中心有4类接线员可以接线。每个接线员专长于特定的呼叫类型，但是其中一些接线员可以应答不同种类的电话。

我们可以很快地应用 Imagine That! 公司的产品 ExtendSim 得到这个仿真。这个产品广泛运用了动画，所以可以使读者能实际地看到呼叫中心运营。你可以访问下面的网站来更多地了解这个产品：http://www.extendsim.com。

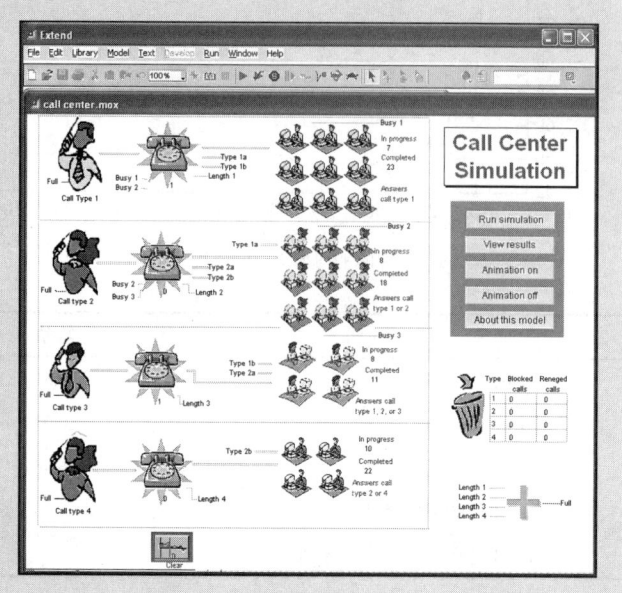

对于仿真软件我们最后说一点，不要忘记运用电子表格进行仿真。正如你所注意到的，我们在电子表格中仿真了鲍勃和雷的工作流程。在仿真中，电子表格使用起来简单快捷，这弥补了必须将复杂问题简单化以适应电子表格的不足。

@RISK 是与微软 Excel 一起使用的一个加载宏。这个程序给电子表格增加了许多与仿真有关的功能。使用 @RISK 可以自动地从确定的分布函数中提取随机数值，然后自动重算带入了新随机数的电子表格，并得到输出值和统计值。@RISK 简化了建立和运行电子表格仿真的过程。

本章小结

10-1 了解什么是排队问题

总结

- 对队列中的等待进行研究是这个问题的核心。排队论是对排队系统的数学分析。排队系统可分为以下三个主要部分：①到达系统的顾客；②顾客的服务；③顾客离开系统。
- 排队论假设顾客到达服从泊松分布，服务时间服从指数分布。这些都是在实际情况相吻合的常用的特殊的分布。

关键术语

队列：排成一列等候的人、任务或类似的东西。
排队系统：顾客排队等候服务的过程。
到达率：每个阶段预计到达的顾客数量。

指数分布：与到达时间相关的概率分布。
泊松分布：每个时间段内到达次数的概率分布。
服务率：服务台在给定时间段内可以处理的顾客数量。

关键公式

指数分布

$$f(t) = \lambda e^{-\lambda t} \quad (10-1)$$

泊松分布

$$P_T(n) = \frac{(\lambda T)^n e^{-\lambda T}}{n!} \quad (10-2)$$

10-2 分析排队问题

总结

- 有很多不同的排队模型，本章中列举出了常见的四种模型。

- 模型 1 是简单的仿真模型，一个队伍，顾客到达服从泊松分布；一个服务台，服务时间服从指数分布（例如自动取款机）。
- 模型 2 与模型 1 类似，不同的是服务时间是固定的（也就是说服务时间没有变动性）（如机器人的生产重复的相同部件）。
- 模型 3 与模型 1 也类似，但是有两个及以上的服务台（如银行大厅有多个职员）。
- 模型 4 的不同之处是只有少量的顾客退出（如一个技工在机器故障时可以维修 4 台机器）。
- 另外，本章也提出了一个估计排队时间的更简单的模型。

关键公式

模型 1（见表 10-2）

$$L_q = \frac{\lambda^2}{\mu(\mu-\lambda)} \quad W_q = \frac{L_q}{\lambda}$$

$$P_n = \left(1-\frac{\lambda}{\mu}\right)\left(\frac{\lambda}{\mu}\right)^n \quad P_0 = \left(1-\frac{\lambda}{\mu}\right)$$

$$L_s = \frac{\lambda}{\mu-\lambda} \quad W_s = \frac{L_s}{\lambda} \quad \rho = \frac{\lambda}{\mu} \tag{10-3}$$

模型 2

$$L_q = \frac{\lambda^2}{2\mu(\mu-\lambda)} \quad W_q = \frac{L_q}{\lambda}$$

$$L_s = L_q + \frac{\lambda}{\mu} \quad W_s = \frac{L_s}{\lambda} \tag{10-4}$$

模型 3

$$L_s = L_q + \frac{\lambda}{\mu} \quad W_s = \frac{L_s}{\lambda}$$

$$W_q = \frac{L_q}{\lambda} \quad P_W = L_q\left(\frac{S\mu}{\lambda}-1\right) \tag{10-5}$$

模型 4

$$X = \frac{T}{T+U} \quad H = FNX$$

$$L = N(1-F) \quad n = L+H$$

$$P_n = \frac{N!}{(N-n)!}X^n P_0 \quad J = NF(1-X)$$

$$W = \frac{L(T+U)}{N-L} = \frac{LT}{H} \quad F = \frac{T+U}{T+U+W} \tag{10-6}$$

等待时间近似

$$\bar{X} = \sum_{i=1}^{N} x_i/N \quad \text{（均值）} \tag{10-7}$$

$$s = \sqrt{\frac{\sum_{i=1}^{N}(x_i-\bar{X})^2}{N-1}} \quad \text{（标准差）} \tag{10-8}$$

$$C_s = \frac{S_s}{\bar{X}_s} \quad C_a = \frac{S_a}{\bar{X}_a} \quad \lambda = \frac{1}{\bar{X}_a} \quad \mu = \frac{1}{\bar{X}_s} \tag{10-9}$$

$$\rho = \frac{\lambda}{S\mu} \quad L_q = \frac{\rho^{\sqrt{2(S+1)}}}{1-\rho} \times \frac{C_a^2+C_s^2}{2}$$

$$L_s = L_q + S\rho \quad W_q = \frac{L_q}{\lambda} \quad W_s = \frac{L_s}{\lambda} \tag{10-10}$$

10-3 利用仿真分析复杂的排队问题

总结

- 另一种更通用的分析排队的方式就是仿真。利用仿真来分析排队模型的优势就是只需要几个假设。同样，其他复杂的问题也可以利用仿真来分析。
- 一个简单的两阶段装配线的分析就是使用仿真的例子。仿真可以通过手工，也可以用数据表来实现。

应用举例

10-2

例 1

快客润滑油公司经营润滑油和换油汽车修理业务。通常，每小时到达 3 个顾客，平均每 15 分钟更换一次润滑油。机械师以小组的形式对每辆车进行修理。

假定到达服从泊松分布，服务时间服从指数分布，计算：

a. 润滑小组的利用率。
b. 平均排队汽车数。
c. 汽车平均等待时间。
d. 汽车通过系统的总时间（即等待时间与换油时间之和）。

解答

$\lambda = 3, \mu = 4$

a. 利用率 $\rho = \frac{\lambda}{\mu} = \frac{3}{4} = 75\%$

b. $L_q = \frac{\lambda^2}{\mu(\mu-\lambda)} = \frac{3^2}{4\times(4-3)} = \frac{9}{4} = 2.25$（辆等待汽车）

c. $W_q = \frac{L_q}{\lambda} = \frac{2.25}{3} = 0.75$（小时）或 45 分钟

d. $W_s = \frac{L_s}{\lambda} = \frac{\lambda}{\mu-\lambda}/\lambda = \frac{3}{4-3}/3 = 1$（小时）（等待+换油）

例 2

美国自动售货公司（AVI）为很多大学提供自动售货食

品。学生经常由于生气或恼怒而踢售货机，因此需要不断的维修。已知平均每小时有 3 台机器出现故障，且服从泊松分布。每台故障机器每小时给公司带来 25 美元的损失，每名修理工的工资为 16 美元/小时，平均每小时每名工人可以修理 5 台机器，两名维修工一起工作每小时可服务 7 台，3 名工人组成的小组每小时可修理 8 台，且服务时间都服从指数分布。

问维修小组的最优人数为多少？

解答

情况 I——1 名工人

$$\lambda = 3, \mu = 5$$

在此系统中的平均机器数为：

$$L_s = \frac{\lambda}{\mu - \lambda} = \frac{3}{5-3} = \frac{3}{2} = 1.5(台)$$

故障成本：$25 \times 1.5 = 37.50$（美元/小时）。维修成本为 16.00 美元/小时。一名工人的情况下每小时的总成本：$37.50 + 16.00 = 53.50$（美元）

故障成本：$25 \times 1.5 = 37.50$（美元）

劳动成本：$1 \times 16 = 16.00$（美元）

总成本：$37.5 + 16.00 = 53.50$（美元）

情况 II——2 名工人

$$\lambda = 3, \mu = 7$$

$$L_s = \frac{\lambda}{\mu - \lambda} = \frac{3}{7-3} = 0.75(台)$$

故障成本：$25 \times .75 = 18.75$（美元）

劳动成本：$2 \times 16 = 32.00$（美元）

总成本：$18.75 + 32.00 = 50.75$（美元）

情况 III——3 名工人

$$\lambda = 3, \mu = 8$$

$$L_s = \frac{\lambda}{\mu - \lambda} = \frac{3}{8-3} = 0.60(台)$$

故障成本：$25 \times 0.60 = 15.00$（美元）

劳动成本：$3 \times 16 = 48.00$（美元）

总成本：$15.00 + 48.00 = 63.00$（美元）

比较上面三种情况，可以看出情况 II，即小组中有 2 名工人是最优解。

例 3

美国银行在一家购物中心有一台自动提款机（ATM），周六下午高峰时刻采集的数据说明顾客到达的平均间隔时间为 2.1 分钟，标准差为 0.8 分钟，同时顾客完成交易的平均时间为 1.9 分钟，标准差为 2 分钟。在高峰时刻顾客需要等待多少时间？

解答

第一步：计算预期顾客到达率（λ）、服务率（μ）、到达系数（C_a）和服务系数（C_s）：

$$\lambda = \frac{1}{X_a} = \frac{1}{2.1} = 0.476\,19(人/分钟)$$

$$\mu = \frac{1}{X_s} = \frac{1}{1.9} = 0.526\,316(人/分)$$

$$C_a = \frac{S_a}{X_a} = \frac{0.8}{2.1} = 0.380\,952$$

$$C_s = \frac{S_s}{X_s} = \frac{2}{1.9} = 1.052\,632$$

第二步：计算预期系统利用率（ρ）：

$$\rho = \frac{\lambda}{S\mu} = \frac{0.476\,19}{1 \times 0.526\,316} = 0.904\,762\text{（操作员被期望}$$
$$90.5\%\text{ 的时间为忙碌状态）}$$

第三步：计算预期排队人数（L_q）和预期等待时间（W_q）：

$$L_q = \frac{\rho^{\sqrt{2(S+1)}}}{1-\rho} \times \frac{C_a^2 + C_s^2}{2}$$

$$= \frac{0.904\,762^{\sqrt{2 \times (1+1)}}}{1 - 0.904\,762} \times \frac{0.380\,952^2 + 1.052\,632^2}{2}$$

$$= 5.385\,596(人)\text{（这是我们预期的顾客排队人数）}$$

$$W_q = \frac{L_q}{\lambda} = \frac{5.385\,596}{0.476\,19} = 11.309\,75(分钟)$$

平均而言，在使用 ATM 之前，顾客平均需等待 11 分 19 秒（11 分钟 + 0.309 75 分钟 × 60 秒/分钟）。

例 4

一个乡村诊所每周从血站中心收取新鲜的血液。最常见的血型 O 型血的供应会随着这一地区的其他诊所和医院的需求变化而变化，但变动范围为 4 ~ 9 品脱[⊖]。每周需要这一类型血液的病人为 0 ~ 4，每位病人的需要量为 1 ~ 4 品脱。给定下面的发放数量、病人分布、每位病人的需求，在 6 周内血液供给超过或短缺的量有多少？用仿真求得结果。假定血液是可存储的并且当前是没有血液的。

发放数量		病人分布		每位病人的需求	
品脱/每周	概率	每周需要血液的患者数	概率	品脱	概率
4	0.15	0	0.25	1	0.40
5	0.20	1	0.25	2	0.30
6	0.25	2	0.30	3	0.20
7	0.15	3	0.15	4	0.10
8	0.15	4	0.05		
9	0.10				

⊖ 1 英制品脱 = 568.261 毫升，1 美制湿量品脱 = 473.176 毫升，1 美制干量品脱 = 550.610 毫升。——译者注

解答

首先，产生随机数序列，然后进行仿真。

发放数量			病人分布			每位病人的需求		
品脱	概率	随机数	每周需要血液的病人数	概率	随机数	品脱	概率	随机数
4	0.15	00～14	0	0.25	00～24	1	0.40	00～39
5	0.20	15～34	1	0.25	25～49	2	0.30	40～69
6	0.25	35～59	2	0.30	50～79	3	0.20	70～89
7	0.15	60～74	3	0.15	80～94	4	0.10	90～99
8	0.15	75～89	4	0.05	95～99			
9	0.10	90～99						

周序号	开始库存	发送数量		当前总血量	需要血液的病人		优先级	需求量		剩余品脱数
		随机数	品脱		随机数	病人		随机数	品脱	
1	0	74	7	7	85	3	第一轮	21	1	6
							第二轮	06	1	5
							第三轮	71	3	2
2	2	31	5	7	28	1		96	4	3
3	3	02	4	7	72	2	第一轮	12	1	6
							第二轮	67	2	4
4	4	53	6	10	44	1		23	1	9
5	9	16	5	14	16	0				14
6	14	40	6	20	83	3	第一轮	65	2	18
							第二轮	34	1	17
							第三轮	82	3	14
7	14									

第 6 周周末，当前有 14 品脱的血液。

讨 论 题

10-1

1. 请谈一下通道和阶段的区别。
2. 先到先服务原则在哪些情况下对于银行或医院服务系统中的顾客是不公平的?
3. 请定义服务时间指数分布的实际含义。
4. 你认为下面情况下的服务时间是否近似于服从指数分布?
   a. 在机场购买机票;
   b. 在狂欢节上骑旋转木马;
   c. 在旅馆里结账;
   d. 在运营管理课程的期中考试中完成试卷。
5. 你认为下面的情况是否近似于服从泊松分布?
   a. 波士顿马拉松赛中冲过终点线的选手;
   b. 运营管理课上学生的到达时间;
   c. 到达学校车站的公共汽车的到达时间。

10-2

6. 在排队问题的解决过程中，什么是最主要的成本权衡因素?
7. 运用模型 1 的公式的前提条件有哪些?

10-3

8. 为什么仿真常被称作是最后的技术手段?
9. 你必须使用计算机才能从仿真中获得好的信息吗? 请解释一下。
10. 在仿真模型中利用什么方法来分析时间? 它们是如何工作的?
11. 在系统为空时利用仿真有何利弊? 系统平衡时呢?
12. 区别已知的数学分布与经验分布。利用已知的数学分布来仿真需要哪些信息?

客观题

10-1

1. 指数分布应用于哪种排队系统中?
2. 如果顾客到达时间平均是8分钟,那么每小时的到达率是多少?
3. 要实现服务率达到每小时20位顾客,那么服务台服务每位顾客的平均时间是多少?
4. 潜在顾客到达系统时看到一个很长的队伍时会选择离开系统,这一现象被称作什么?
5. 处理排队问题最常用的顺序是什么?是不是最公平的?

10-2

6. 假设平均每15分钟有一名学生到达管理办公室,并需要10分钟处理其请求。服务台只有一名员工朱迪,其每天工作8小时。假定泊松到达和指数服务,求(答案见附录D):
   a. 朱迪的空闲时间率。
   b. 每个学生的平均等待时间。
   c. 平均等待队列长度。
   d. 新到学生发现办公室中至少有一个其他学生在排队等待的概率。

7. 墨西哥玉米煎饼王(一种遍布全美国的新兴的特许快餐专营店)已成功地实现了快餐车上的玉米煎饼的生产自动化。Burrito-Master 9000生产一批玉米煎饼需要45秒。据估计,到达快餐车窗口的顾客服从泊松分布,平均每50秒1人。为了决定在快餐车窗口留多大的空间,玉米煎饼王想知道顾客在系统中的平均逗留时间、平均队列长度(以车辆数表示)以及系统中平均的车辆数(包括等待中的和正在接受服务的顾客)。

8. 比亚剧院以放映老电影而著称。已知顾客平均到达率是每小时100人,售票员的平均服务率是每30秒1人,其中包括在顾客的停车收据上加盖有效停车印章的时间和在常客卡上打孔的时间(因为这些附加服务,许多顾客直到电影开场才能入场)。请问:
   a. 顾客在系统中的平均逗留时间是多少?
   b. 如果增加一名售票员,他只进行印章和打卡服务,这样可以使平均服务时间降低到20秒,请问这样将对整个系统的等待时间产生什么影响?
   c. 如果增加一个窗口并且两个窗口前的服务员都提供这三项服务,那么系统等待时间是否比b有所减少?

9. 为了支持国家心脏健康宣传周的活动,美国心脏协会计划在伊尔肯路建立一个免费血压测量站。以往的经验表明,平均每小时有10人要求服务。假设顾客源是无限顾客源,而且到达顾客服从泊松分布,血压测量的服务率是每5分钟1人,假定按先到先服务的原则进行服务,并且队列长度是无限的,请问:
   a. 队列中平均顾客数是多少?
   b. 系统中的平均顾客数是多少?
   c. 一个顾客在队列中的平均等待时间是多少?
   d. 为了测量血压,平均每个顾客得花多少时间(包括等待时间和服务时间)?
   e. 周末到达率将预期上涨到每小时12人,那么队列中平均顾客数有什么影响?

10. 自助食堂设有一个自助咖啡壶。已知顾客的到达人数服从泊松分布,到达率是3人/分钟。顾客平均每次的操作时间是15秒,服从指数分布,请问:
    a. 在咖啡壶前平均有多少顾客?
    b. 取一杯咖啡平均得花多少时间?
    c. 咖啡壶的利用率是多少?
    d. 自助咖啡壶前有3名或4名顾客的概率是多少?
    e. 如果自助食堂安装一个自动售货机以15秒的速度分发一杯咖啡,那么问题a和b的答案有什么改变?

11. 在一个项目中,一家工程公司聘用了一名技术专家来辅助4名设计工程师的工作。专家为工程师提供服务的时间变化的范围很大:在专家的头脑中已经存在一些问题的答案,但有些问题需要一些计算时间,而另一些问题则需要许多思考时间。平均而言,专家每次得花1小时时间提供帮助。

    工程师要求专家帮助的频率是平均每天1次,因为每提供一次服务,专家只花费1小时,则每个工程师每天有7个小时是在没有帮助的情况下进行工作。更进一步说,如果专家已经处理另一个问题,那么要求帮助的工程师不得打扰专家的工作。

    如果将该问题看作一个有限排队问题,请问:
    a. 平均有多少工程师等待技术专家帮助?
    b. 一个工程师等待专家帮助的平均等待时间是多少?
    c. 工程师必须等待专家帮助的概率是多少?

12. L.温斯顿·马丁(图森城的一位过敏症专家)有一个专门用来对病人进行注射的系统。前来注射的病人先填好一种名字条,然后将该纸条放在一个小槽中,传送到另外一间有一个或者两个护士的房间,这样对某一个病人的注射剂就准备完毕。接着,护士通过一个扬声系统,通知病人到房间中接受注射。在一些时间内,病人只要求点滴注射,这样我们只需要一名护士。

    让我们着重于简单一点的情况——只有一名护

士的情况。同样我们假定病人到达人数服从泊松分布，护士的服务时间服从指数分布。病人到达率为每3分钟1名，护士平均服务率为2分钟1名，请问：

a. 在马丁医生的诊所中，你将看到平均有多少的病人在等待？

b. 一个病人从到达、接受注射到离开需多长时间？

c. 在以上前提下，系统中有3个或3个以上顾客的概率是多少？

d. 护士的利用率是多少？

e. 假设有3名护士，每一名都得平均花2分钟来准备注射剂和进行注射，那么每位顾客在系统中平均逗留时间为多少？

13. 图片复印公司有4台自动设备，因需要物料、保养和维修，这些设备经常不能正常运营，已知每台设备平均每小时需要看管两次，或者说每台在进行看管之前平均运行30分钟。服务时间变化范围很大，从一项简单的服务（如重启系统或者重新定位置纸张）到更复杂的服务包括设备拆卸。总之，平均服务时间为5分钟。

设备的停工成本为60美元/小时，这位看管人员的工资是18美元/小时。运用有限排队系统的分析方法，请问：

a. 系统中的平均设备数量是多少？

b. 仍在运行的平均设备数量是多少？

c. 接受服务的平均设备数量是多少？

d. 公司考虑增加一名看管人员，其成本也是18美元/小时，公司是否应做出这项决定？

14. 理发师贝尼正在考虑增加一个椅位。在理发师学院，贝尼被告知他的顾客服从泊松到达分布并且他提供的服务服从指数分布。他的市场调查显示顾客每小时有2名到达，同时贝尼平均理发时间为20分钟。基于以上信息，请问：

a. 平均的等待顾客数？

b. 每位顾客的平均等待时间？

c. 顾客在理发店平均逗留时间？

d. 贝尼时间的平均利用率？

15. 理发师贝尼正在考虑在当地报纸上做广告，因为他有45%的空闲时间。目前，顾客平均到达间隔为40分钟。如果想要贝尼达到85%的工作时间，那么需要怎样的到达率呢？

16. 顾客到达百货商店的照相机柜台的平均到达率是6人/小时，该柜台只有一个服务员，他平均花费6分钟为一个顾客服务。假定顾客到达人数服从泊松分布，服务时间服从指数分布，请问：

a. 作为一个留意的观察者，你将在照相柜台前平均看到多少人（不包括服务人员）？一个顾客期望花费在照相机柜台的时间是多少（总共）？

b. 服务员的利用率是多少？

c. 照相机柜台有2名或者以上的顾客，概率是多大？

d. 若再增加一个服务员，他对每个顾客的平均服务时间是6分钟，那么现在顾客在柜台前的平均逗留时间为多少？

17. 某一个办公室雇用了若干个职员进行文档制作工作，同时也雇用了一名操作员负责将文档信息输入文字处理设备。这些职员每小时能制作25份文档，操作员将一份文档输入处理设备的平均时间为2分钟，且处理时间服从指数分布。假定文档总体是无限的，到达的文档数服从泊松分布，按先到先服务的原则，而且队列长度假定是无限的，计算：

a. 操作员的利用率；

b. 系统中的平均文档数；

c. 每份文档在系统中的平均逗留时间；

d. 系统中不少于4份文档的概率；

e. 如果再增加一名职员，文档的生成率将提高到30份/小时，那么系统中的平均期望文档数量是多少？请说明原因。

18. 学校建立了一个辅助学习的工作室，并且聘请一位毕业生回答和帮助学生解决运营管理课程上所遇到的问题，该工作室每天开放8小时。院长想知道工作室的工作情况。统计数据表明，学生的到达率平均为4人/小时，到达时间服从泊松分布；一个学生接受辅助的时间平均为10分钟，且服从指数分布。假定系统总体和队列长度都是无限的，而且系统按照先到先服务的原则进行工作，计算：

a. 毕业生的利用率；

b. 系统中的平均学生数（除了毕业生）；

c. 学生在系统中的平均逗留时间；

d. 队列中等待或正接受服务的学生不少于4人的概率；

e. 一次临考前，学生的到达率增大到6人/小时，此时平均队列长度是多少？

19. 在一个边境检查站，汽车以每10分钟一辆的速率到达，且服从泊松分布。为了简化问题，假定该检查站只有一个通道和一名检查员，该检查员平均每小时检查12辆车，服从指数分布，请问：

a. 平均等待队列长度是多少？

b. 为了通过这个系统，每辆车的平均等待时间是多少？

c. 检查员的利用率是多少？

d. 当你到达那儿时，你前方不少于3辆车的概率是多少？

20. 在校园春季体育比赛中，赛车由于故障需要修理。维修工的雇用成本是每小时20美元，但是他们更习惯以小组的形式进行工作。因此，如果雇用一个人，他将单独工作，也可以雇用两至三个人共同完成同一项工作。每个维修工修理一辆车的平均时间为30分钟，两个维修工共同工作修理一辆车的平均时间需20分钟，三个维修工需15分钟。如果这些车出故障，每小时将失去收入40美元，赛车的故障率为2辆/小时，那么应该雇用多少名维修工？

21. 某一收费隧道决定试用一种记账卡来收费。最初只有一个通道在使用，估计车辆到达该试行通道的速率是750辆/小时，每张卡的刷卡时间是4秒，请问（答案见附录D）：
    a. 顾客从等待、用记账卡付款到离开共需多少时间？
    b. 系统中的平均车辆数将为多少？

22. 假设你计划开一家银行，将雇用6个出纳员，每个出纳员的服务时间为15分钟，标准差为7分钟。顾客每隔3分钟到达一个，服从指数分布（即标准差等于均值）。每一个到达的顾客享有均等的服务机会。
    a. 平均有多少顾客在排队等候？
    b. 平均每位顾客将在银行花费多少时间？
    c. 如果一个顾客到达，看到队列后决定不排队，则这位顾客有_____。
    d. 一位参加排队但在接受服务前决定离开的顾客将有_____。

23. 假设你计划重新布置Sixth Ninth银行的当地分行。你正在考虑将出纳窗口分成三种不同服务的窗口。每种服务有其独立的出纳员和顾客，巧合的是，尽管每种服务不同，但都有相同的需求和服务时间。需要某种服务的顾客每隔4分钟到达一位，且服从指数分布（即标准差等于均值）。出纳员将花费7分钟的时间提供服务，其标准差为3分钟。每种服务有2名出纳员。
    a. 平均来讲，每一个出纳窗口前的队列长度为多少？
    b. 平均来讲，每一位顾客在银行花费的平均时间为多少（假定其进入银行、直接排队、服务结束后立刻离开）？

    你决定将所有的出纳员合并，这样他们在不增加服务时间的条件下服务所有类型的顾客。
    c. 每位出纳员的空闲时间有什么变化（增加、减少、维持不变，决定于_____）？
    d. 每位顾客在银行花费的平均时间有什么变化（增加、减少、维持不变，决定于_____）？

24. 当地的一家快餐店想要分析它的外卖窗口的驱动情况。现在，唯一知道的信息是系统内顾客的平均量（4.00）以及顾客在餐厅里的平均逗留时间（1.176分钟）。求到达率和服务率。

10-3

25. 一家小邮局的管理者关注到随着小镇的增加，单一服务窗口的服务压力渐大。抽取了100个顾客，样本数据如下。

到达时间间隔	频率
1	8
2	35
3	34
4	17
5	6
	100

服务时间	频率
1.0	12
1.5	21
2.0	36
2.5	19
3.0	7
3.5	5
	100

利用下面的随机数序列，仿真6个到达事件。估算出顾客的平均等待时间和服务人员的平均闲置时间。

随机数：08，74，24，34，45，86，31，32，45，21，10，67，60，17，60，87，74，96。

26. 一家制造企业的一台机器设备出故障的间隔时间服从以下分布。每位维修工完成一个机器的修理时间分布如下表所示。

时间间隔（小时）	概率	随机数
0.5	0.30	0~29
1.0	0.22	30~51
1.5	0.16	52~67
2.0	0.10	68~77
3.0	0.14	78~91
4.0	0.08	92~99
	1.00	

服务时间（小时）	概率	随机数
0.5	0.25	0~24
1.0	0.20	25~44
2.0	0.25	45~69
3.0	0.15	70~84
4.0	0.10	85~94
5.0	0.05	95~99
	1.00	

对 5 台机器的故障进行仿真。有两位维修工，利用下面的随机数序列计算机器的平均故障时间（两位维修工不能同时维修同一个机器）。

随机数：30，81，02，91，51，08，28，44，86，84，29，08，37，34，99。

案例分析　社区医院晚间手术室

美国医科学院（The American College of Surgeons）发表了一份关于制定美国手术室标准的准则。要求水平 I 和 II 的创伤中心为室内手术室且医务人员 24 小时工作，也就是一个一天 24 小时工作的手术团队是必须要有的。在正常营业时间内，即使这个时期内的手术都已安排好，医院一般会有额外的手术团队可调用，以应对紧急情况。然后，还有一个重要决策就是晚间必须有后备团队可供调用。

后备团队是在晚间有两个或更多的重要事件同时发生时被需要的。要判断是否"重要"有些困难，但是，当两个或以上的重要事件同时发生的概率超过 1% 时，就必须配备一个后备团队。

最近，斯坦福德的哥伦比亚大学内外科学院的医生做了一个真实的应用调查。这些医生对晚上 11 点到早上 7 点之间到达紧急手术室的病人做了长达一年的调查。在这段时间，有 62 位病人需要进行手术处理，平均手术时间是 80.79 分钟。

在分析问题时，要把系统考虑成是单通道、单一步骤、泊松到达以及指数服务。

问题
1. 计算患者的平均到达率和每小时的服务率。
2. 计算系统内没有病人的概率（P_0）、1 位病人的概率（P_1）以及晚间 2 个或以上个病人同时到达的概率。
3. 采用上述提到的标准，即当概率超过 1% 就必须配备一个后备团队。请你为医院管理给出建议。

分析练习　顾客订单处理

塔可钟餐厅分析

以下内容由一名在塔可钟工作了几小时，以体验在世界上最高科技快捷服务的餐饮连锁店工作的滋味的记者撰写。正如你将读到的，用本章讨论的排队模型将塔可钟的情况视觉化。之后我们会给你一些如何对快捷服务餐厅建模的提示，同时还会提出一系列关于建模的问题。

在塔可钟，你别想听到"今天怎么样""你好吗"或者是"欢迎来到塔可钟"，你听到的只会是"今天要点什么"或者更直接，"你要什么"。每个塔可钟的服务冠军在第一班之前都要记住菜单。不管是在这里——加州的塔斯廷，还是 35 英里外的洛杉矶南部，或者其他地方，每个在塔可钟免下车窗口工作的员工都可以被称为服务冠军。那些食品生产线上工作的员工都可以被称为食品冠军。

你认为说一句"今天感觉怎么样"非常简单，你认为你可以说"看好了再点单吧"，不，在塔可钟你说的是"你要点菜吗"这句话给了司机压力，司机可能是一个心烦意乱的青少年，忙着给朋友发短信，也可能是一个带着 6 个小孩的妈妈。"这一句话就够了。司机们会迅速点完单。" 49 岁的塔可钟系统运营副经理汉克斯如此说道。汉克斯的每天必定满脑子都是厨房和免下车窗口。

我第一次在点菜窗口值班的时候就是汉克斯指导的。准备好后洗手，必须擦洗 20 秒，戴上橡胶手套，戴上连接至订单中心和其他服务员的三通道耳机。站定位置，"叮"的一声表示有顾客进站，然后我会马上问，"你好，最近好吗？"

然后问题就来了。作为一个服务冠军，我的工作是谨守我的岗位，把订单输入到 POS 系统，准备类似于汽水类的饮料、收钱或者刷信用卡，然后找零。我喜欢牛肉卷饼、墨西哥卷饼之类的订单，最害怕超级套餐。一般超级卷饼包括很多种食材酱料，准备需要 27 秒，而普通订单的输入只需要一半的时间。超级卷饼是订上最复杂的东西，即使是服务冠军，按照操作规范，他也需要164秒来制作超级卷饼，而164秒几乎是正常顾客从开车进站到取走食物离开的时间。

我上方的墙上悬挂着一个液晶显示器，显示器上显示订单中心和售货窗口最慢的5辆车。如果数字呈红色，这就意味着两个中的一个或者两个的等待时间超过了50秒，而50秒是高峰时段等待时间的目标。现在它显示的是53秒，然后逐渐升到60秒、70秒，然后我就没有再关注这个了。高音调的"叮"表示顾客变得焦躁沮丧——高峰时段，排了85辆车，而我还在和菜单做斗争。

我的速度如此之慢，以至于餐厅经理A，一个在快捷服务餐厅有着12年工作经历的资深高管不得不过来帮忙。"你会习惯的。"她一边说，一边处理订单。

每个塔可钟店都有两条食品生产线：一条为免下车窗口服务，一条为普通顾客服务。食品生产线的工作可不是件轻松活儿。餐厅的后部经过了精心设计，以便在换班时，"Steamers""Stuffers"和"Expeditors"（这些名字是给那些在后厨工作的食品冠军取的）尽可能少地走动。有三个准备区：热食区、冷食区和打包区。热食区的员工将牛肉填入玉米饼中，用塔可钟公司的专用工具BPT（牛肉分选工具）舀牛肉。舀牛肉的步骤已经被分解成另一个缩写词SST，代表搅拌、舀和轻敲。面饼必须一面煎15秒，另一面煎5秒。

当我开始准备餐点的时候，他们是不会让我做超级卷饼这种复杂套餐的。他们希望流程越简单越流畅越好。最大的挑战在于包装。塔可钟有13种不同的包装纸，通过对包装纸边角的说明，它们被分成6类。包装纸的上方标有包装食品的名称。设计成单张从纸堆上滑下来的纸张，必须与在左上角制作的物品名称成一定角度。玉米粉圆饼被放在纸的中间，然后从中间组装起来，直到你在烤架旁边的快速包装区把整个东西折叠起来。"我们之前有很多种包装纸、6种胶带，每次打包都有些耗时。"汉克斯这样说道。我试过好几次，都没能成功用正确的包装纸包装正确的食品，而且我总是卷不好墨西哥卷饼。

我的窗口对应的生产线有60岁的F和36岁的R。最好的服务冠军能在半小时之内做好100个墨西哥卷、玉米饼、肉饼和牛肉饼，而且他们把菜单上的78种食品记得牢牢的。F和R的合作非常迅速而准确。显示器上一次显示10个订单：5个汽车订单，5个普通订单。F是行动派，她立刻抽出包装纸，拿出肉饼、浆料、蔬菜、胶带，一边按顺序做饼，一边看屏幕上的订单。最好的服务冠军能够一次扫5个订单，分辨出比较复杂的订单，并且先把这些准备起来再去做简单的订单。如果R的速度慢下来了，F就会在一旁帮助他，两个人迅速完成任务。

在汽车餐厅的售货窗口，如果不是A的帮忙，我肯定会漏掉很多订单，但我坚持下来。过了一会儿，我发现了系统、生产线的固定节奏。每个的时间都是可预测的。正确输入订单、顾客开车到窗口、付钱、送上餐点、微笑说再见，你会觉得非常有成就感。就像汉克斯一样，每件事就像他计划的一样。

然后我的耳机响了。

"嗯，你好吗？"

白痴，我想，我又把订单搞砸了。

资料来源：Karl Taro Greenfeld, *Bloomberg Businessweek*, Features Section, May 5, 2011.

餐厅建模

在这个案例中，他们指出在高峰时段每服务一个顾客，平均需要164秒。假设你开车到免下车点餐。我们假设你在窗口点餐，然后带回去和朋友分享美食。

你开车进餐厅，发现那边排了一条长队，你排队等待服务。你能清楚地看到菜单，从中选择你所需的。很快轮到你了，你迅速下单，获悉餐费，然后开车到取餐窗口，等待的时候，你取出餐费，计算找零。很快到你了，你付给服务员餐费，拿上你的餐点，然后开车离开。

想象餐厅里面会发生些什么。第一，你需要在两条队中排队。第一条是下单处排的队，第二条是取餐窗口的队。接下来考虑一下，为了完成你的整个订单，餐厅需要完成哪些流程。服务员确认订单，将其输入到POS系统，准备食物和饮料，收钱，然后送上食物。一个服务员通过屏幕上由另一个服务员输入的订单信息为你准备食物。

从你到餐厅到你离开餐厅，耗费的时间可由以下几段组成：

（1）服务员处理你订单的时间；
（2）准备餐点的时间；
（3）排队等待的时间。

为了用排队模型建模，假设点单流程和食品生产流程是完全独立的。每个流程都有每个顾客平均服务时间。服务冠军必须为每个顾客服务，而每个固定时间会有顾客进店。服务冠军按照订单准备食物。食品冠军会按顺序制作餐点。在执行订单时，每个单独的餐品都会显示在显示器上，告诉食品冠军接下来应该做什么。每个顾客经过整个流程的时间包括服务时间、排队时间。我们假设各个流程相互独立，虽然现实中这不大可能。

但这点我们之后再讨论。

假设汽车餐厅的停车场非常大，排队的每位顾客都能开车进站。同时，假设在每个免下车餐厅有一个服务冠军和两个食品冠军。另外，我们还假设顾客是按照泊松分布入站，而顾客是先到先服务，服务分布是指数分布。

根据以上假设，回答以下问题：
1. 使用图 9-3 中的格式画表。
2. 假设每 40 秒来一个顾客，服务冠军每小时能服务 120 个顾客。有两个食品冠军，每个每小时能服务 100 个订单。那么每个顾客从开始排队到最后拿食物离开的时间有多长？用排队模型估算。
3. 平均来说，服务冠军和两个食品冠军有多忙？
4. 平均来说，在汽车餐厅里排队的车辆有多少（包括等待下订单和等待取餐的车辆）？
5. 如果餐厅打折，来餐厅的顾客增加了 20%，那么服务每位顾客的时间会有多少改变？这又会对汽车餐厅排队的车辆数目有什么影响？
6. 目前，相对少的顾客（少于 0.5%）会点超级卷饼。如果餐厅促销，超级卷饼的销量增加，30% 的订单都点这个超级卷饼，情况又会如何？通过定量的方法回答这个问题。假设服务冠军不会帮助食品冠军，两个流程仍然独立。
7. 在这个案例的分析中，哪些是关键的假设？如果这些假设是假的，我们的分析会受到怎样的影响？
8. 这种分析方法也能用于其他的服务类企业吗？请举例。

 **练习测试**

回答下列问题，答案见底部。
1. 排队模型假定顾客服从怎样的服务顺序？
2. 有两个只在服务时间分布上不同的服务系统，第一个系统的服务时间随机且服从泊松分布，第二个系统的服务时间保持不变。请问这两个系统的排队等待时间会有何不同？
3. 对于有三个服务者的服务系统，服务者的平均利用率是多少？已知平均每隔 15 分钟有 15 名顾客到达，每个服务者需要花 3 分钟服务每个顾客。
4. 在第 3 题中，系统的预期等待时间为多少？
5. 公司想要达到的高服务水平，也就是在服务人员的利用率水平不超过这个百分比的前提下，顾客等待时间较短。
6. 如果一家公司将其服务能力提高了 10%，那么预期等待时间会减少多少个百分点？假定顾客到达及服务时间都随机分布。
7. 一家冰淇淋店有一个服务窗口，只有一个服务人员服务顾客。在忙碌的季节，平均每小时有 30 个顾客到达，服务一个顾客平均需要花费 1.5 分钟。员工的利用率是多少？
8. 在第 7 题中，顾客在队伍中的平均等待时间是多久？
9. 随机服务时间可用此模型来描述。
10. 一个银行职员服务一个顾客的时间为 2.4 分钟。每小时的服务率有多少？
11. 在第 10 题中，假设有 3 个职员，每小时平均有 60 个顾客到达银行，那么在银行队伍中平均有多少顾客？

答案：1. 先到先服务。 2. 第一个系统的等待时间是第二个的两倍。 3. 100%。 4. 无限长。 5. 70%~80%。 6. 大于 10%。 7. 75%。 8. 0.0075 小时。 9. 指数分布。 10. 每小时 25 个顾客。 11. 2.588 8（见笔 10-3）

第 11 章

流程设计与分析

学习目标

11-1 阐明典型的业务流程以及如何分析业务流程；

11-2 比较不同类型的流程；

11-3 解释如何进行工作设计；

11-4 分析制造、服务和物流过程以保障公司的竞争力。

引导案例

亚马逊：效率和物流大师

作为世界最大的在线零售商，亚马逊是如何通过其服务中心来处理公司每小时接到的成千上万的订单的？公司在全球雇用了 120 000 名全职和兼职员工，并将人力资源和机器设备优化组合，高效处理每一个订单。

服务中心使用传送带来运输包裹，并应用机器打印邮寄标签贴在包裹上。公司的计算机可以应用条码追踪每一个包裹。所有这些工作都是在人员和机器的高效协作下完成的。

该公司高效的流程使他们能够为其主要会员客户提供免费的两天送货服务。在一些大城市的某些地区，亚马逊甚至提供当天送货到家的服务。

亚马逊正在尝试使用无人驾驶飞机，也许有一天可以在 30 分钟内交付包裹。亚马逊称这个服务为优先空运。不需要人员的干预，通过无人机将顾客的包裹自动

亚马逊的优先空运在未来可能实现将小包裹在 30 分钟内送达目的地

配送到顾客家中。也许这种优先空运服务还需要几年才能可行，但是它为亚马逊提供了一种令人期望的机会。

这种高效的基础设施使亚马逊领先于其竞争对手——沃尔玛、塔吉特和阿里巴巴。

11.1 流程分析

了解工艺流程对于企业竞争力而言是非常重要的。无法满足企业需求的流程会随时制约企业的发展。以两家快餐店为例，如果第一家餐厅销售重1/4磅汉堡的直接成本是50美分，而第二家为75美分，那么无论怎样，相比于第一家餐厅，第二家餐厅每销售一个汉堡的利润都要损失25美分。在设计汉堡生产流程时，需要考虑许多因素，包括原材料成本、汉堡加工成本、订单处理成本以及把产品递送到顾客手中的成本。

流程是什么？**流程**（process）是指组织将投入转化为产出的过程，而且对于组织来说，产出的价值应该比投入的价值高。我们来看几个流程的例子，本田汽车公司在俄亥俄州的Marysville工厂里进行雅阁汽车的装配。装配工厂首先采购组装汽车所需的零部件，然后通过装配线上的工人和设备及能源，将这些零部件组装成汽车。对于每一家麦当劳餐厅，投入是汉堡肉、生菜、番茄、土豆等原材料。通过熟练的厨师、订餐员和设备，这些原材料就会转化为汉堡、炸薯条和其他食物。

在这两个例子中，流程的最终产出物都是产品。但是，许多流程的产出是服务。比如在医院中，投入的是专业设备和受过专业训练的医生、护士、技师以及患者。通过适当的治疗，患者得以恢复健康。航空公司是另外一个服务型组织的例子，它通过飞机、地面设施、机组人员、地勤人员、票务人员和燃料，把乘客运送到世界各地。

本章介绍了如何进行流程分析。分析流程需要解决几个重要问题，比如该流程每小时能处理多少位顾客？服务一位顾客需要多少时间？哪些改进可以扩展服务能力？流程的成本是多少？流程分析的第一个步骤是确定分析目标，这项工作比较困难，但是非常重要。其目标是为了解决问题，还是更好地了解流程改进对于企业未来运作的影响？

只有明确流程分析的目标才能明确流程建模的详细程度。流程分析越简单越好。本章后面的小节将详细讨论如何针对不同类型的流程建立流程图和分析方法。在此之前我们先来看一个简单的案例。

11.1.1 案例：拉斯维加斯老虎机的流程分析

在世界各地的赌场中，老虎机是很常见的。我们就以这种机器为例来说明如何分析一个简单的流程。

假设我们在一家赌场工作，而管理层正在考虑用速度更快的新型电子式老虎机代替现有的机械式老虎机，并向我们询问与旧的机械式机器相比，新型电子老虎机每天（24小时）能多赚多少钱。

第一步，分析机械式老虎机。我们先来分析一下机械式老虎机的流程。当顾客向机器中投入一枚或几枚硬币并拉动机器把手时（老虎机通常被称为"独臂强盗"），就启动了老虎机，接着它的三个转轮开始转动，过一段时间转轮会停止转动，并显示一个特殊的图案。当某个特定的组合图案同时出现时，老虎机就会付钱给顾客。

老虎机的设计原理是将吞入的钱以一定比例返还给顾客。一般返还90%～95%；赌场留下5%～10%。返还比例是通过每个转轮上不同图案的数量来控制的。每个转轮上的每个图案都会重复出现一定次数。例如，假设一个轮子有10个图案：1个单栅栏的图案、1个双栅栏的图案、1个柠檬的图案、两个樱桃的图案、3个幸运数字7的图案和两个独立钟的图案。由于转轮是随机地停在任一幅图案上的，所以以幸运数字7的图案同时出现在三个转轮上的概率是$(3/10) \times (3/10) \times (3/10) = 0.027$或2.7%。特定图案组合出现的概率和每个组合所支付的钱决定了老虎机的平均返还比例。

我们以一个返还比例为95%的机械式老虎机为例。假设这台机器平均顾客每15秒钟就投入一枚硬币，这15秒被称为流程的周期。一个流程的**周期**（cycle time）是指完成连续单元的平均时间间隔。在这个老虎机的例子中，这个工作单元就是投入1美元。以15秒为周期，机械式老虎机每分钟吞入4美元（=60秒/15秒），即每小时吞入240美元（=4美元/分钟×60分钟）。因为老虎机的返还比例为95%，所以老虎机预期会返还给顾客228美元（=240×0.95），即每小时为赌场赚12美元。如果花100美元来玩老虎机，则会用大约8.3小时（=100美元/12美元）输光。也许我们会幸运地中了头奖，或是在第一个小时内就倒霉地输光，但是我们平均会用 8.3 小时输完这 100 美元。

第二步，分析新的电子式老虎机。现在让我们看看新的电子老虎机。它的运营流程几乎没有发生变化，唯一的不同是它使用"电子硬币"，这种老虎机每一次赌博的时间是 10 秒。以 10 秒为周期，新的老虎机每分钟吞入 6 美元（= 60 秒 /10 秒），即每小时吞入 360 美元（= 6 美元 / 分钟 × 60 分钟）。如果返还比例仍然是 95%，则它每小时返还给顾客 342 美元（= 360 × 0.95），每小时为赌场赚 18 美元。我们在这台机器上输掉 100 美元的平均时间仅为 5.6 小时（= 100 美元 /18 美元）。

在高速渡轮上的老虎机

第三步，比较。与机械式老虎机相比，电子式老虎机每天能为赌场赚多少钱呢？为了回答这个问题，需要明确一个最关键的信息是：老虎机每天工作多长时间？赌场设定老虎机每天（24 小时）工作 12 小时，因此 12/24 = 0.5 就是机器的期望利用率。**利用率**（utilization）是指一项资源的实际使用时间和总的可用时间之间的比率。根据利用率，机械式老虎机每天的收入是 144 美元（= 12 美元 / 小时 × 24 小时 × 0.5），而电子式老虎机每天的收入是 216 美元（= 18 美元 / 小时 × 24 小时 × 0.5）。在进行分析的过程中，很重要的一点是做出一些假设来对分析进行限定。在以上的计算中，我们假设顾客每次只向机器投入 1 美元，而且机械式老虎机和电子式老虎机的利用率相同。

第四步，老虎机是众多赌场流程的一种。老虎机的速度对赌场的利润影响很大，但是老虎机只是赌场业务中的一小部分。要了解赌场的真实收入，就要考虑所有其他能创造收入的流程，比如 21 点、纸牌游戏、基诺（一种赌博游戏）、骰子和赌场里其他一些项目。正如分析老虎机一样，在许多情况下对一个企业进行分析就必须对各种独立的活动进行评估。各个独立活动加总效果可能就是我们想要了解的总体流程。另外，一些独立的活动或流程之间显著的交互作用也是我们必须考虑的。

再来考虑下赌场，有许多赌场为顾客提供了丰盛的食物。你认为赌场的餐饮部经理首先应该考虑什么？食物的味道重要吗？食物的价钱重要吗？服务的速度重要吗？好的食物当然是重要的。如果食物不够好，顾客就不会考虑在赌场内用餐。这对于赌场来说是很不利的，因为顾客离开时也把他们的钱带走了。记住，赌场生意的好坏主要取决于顾客在赌场中赌博的时间。顾客赌博的时间越长，赌场赚的钱就越多。那么食物的价钱呢？如果顾客认为赌场提供的食物太贵，他们就会离开。所以应该降低食物的成本，以保证食品的低价位，这点很重要，许多赌场甚至免费供应食物。那么为顾客提供服务的速度有多重要呢？你可以这样想：顾客待在餐厅里的每一分钟，都不可能往老虎机里投入美元。所以服务的速度也是很重要的，因为它也影响到赌场的利润。

11.1.2 流程图

流程中的各项活动通常是互相影响的，所以考虑一系列活动同时进行时的绩效是很重要的。开始对一个流程进行分析时，最好的方法是画一幅图来标出流程的基本组成部分——典型的任务、流和存储区。任务以矩形来表示，流以箭头标出，产品或其他物品的存储区用倒三角形表示。在某些时候，根据具体情况的不同，流程中的流会指向多个方向。决策点通常以菱形表示，不同的选项从菱形顶点中引出。图 11-1 画出了流程图的例子。有时需要将流程图按水平方向或垂直方向分解成不同区域，这样表达有助于将流程中的任务进行分离。以老虎机为例，我们可以将顾客执行的活动与老虎机执行的活动分离开来。

> **关键思想**
> 画流程图总是分析流程的第一步。保持一切从简单的绘图开始。

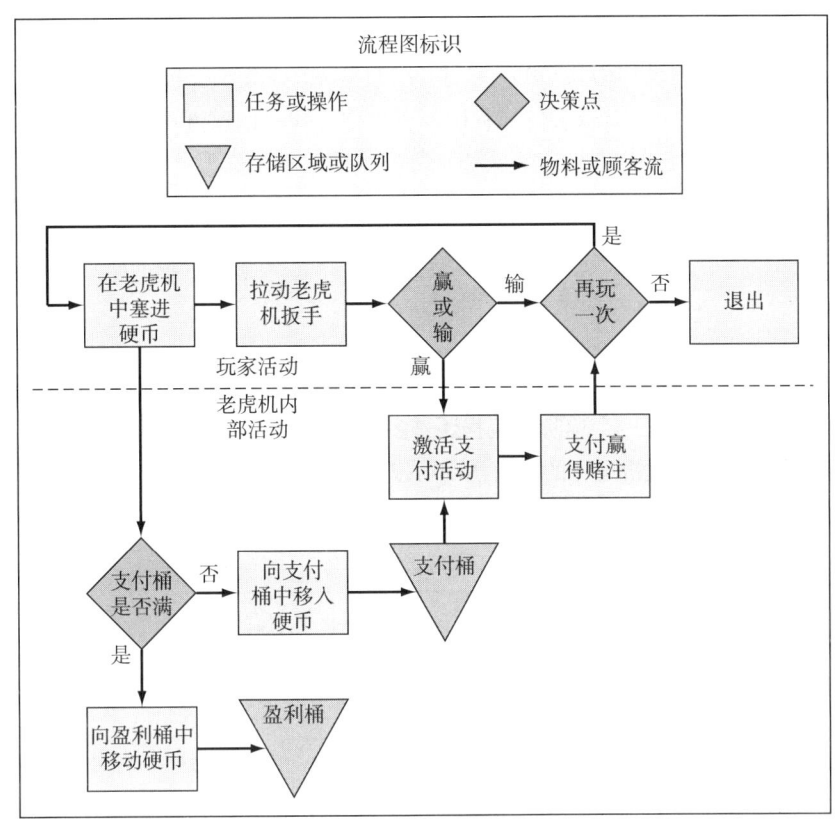

图 11-1 流程图举例

在老虎机的例子中，抽象一点来说就是一个黑匣子——在每个周期中吞入硬币，或是留下或是按比例返还给顾客。如果目的仅仅是分析老虎机平均每小时可以为赌场赚多少钱，那么把它看成一个黑匣子就够了。事实上，老虎机还需要其他许多内部活动的支持，在传统机械式老虎机里有两个装硬币的桶，其中一个桶用来存放供老虎机使用的硬币。当顾客赢的时候，支付给顾客的钱来自这个支付的桶。老虎机在运转时会自动将这个桶填满。当支付桶放满硬币后，其他硬币就被保存在第二个盈利桶内。赌场定期将盈利桶清空，以获得赌场收益。图 11-1 的流程图描述了顾客的外部活动以及老虎机内部硬币的运动。

或许我们最感兴趣的是支付桶究竟有多大。当支付桶里清空硬币时，老虎机就自动停止运行，并且机器上方的小灯会闪个不停，告知赌场的工作人员一位幸运的顾客赢光了机器里所有的硬币。支付桶的设计应尽量减少这种情况的发生。这里可以把支付桶看成一个缓冲器，或是一个临时的存放硬币的空间，以维持老虎机的正常运行。支付桶越小，工作人员就需要越多的时间来看管机器，老虎机因缺少硬币而空闲的时间也就越长。反之，支付桶越大，可以累积的钱就越多。

机器中盈利桶的情况是类似的。盈利桶越小，清空的频率就越高。反之，如果盈利桶过大，则赌场不能及时将钱存入银行。可以看出，在老虎机中设计缓存区是有好处的。大的缓存区可以使流程独立运营，而小的缓存区则需要更多关注。老虎机中缓存区中装的是硬币。而在其他情况下，缓存区里可能是其他东西，比如原材料。这些东西是有价值的，也代表着钱。

以某种老虎机为例，我们期望它的盈利桶每小时能存入 12 美元。如果盈利桶能存放 1 000 枚硬币，并且老虎机连续工作，那么我们平均 83.3 小时（= 1 000 美元/12 美元）就要清空一次盈利桶。想一想当盈利桶装满时会是怎样的情形呢？如果老虎机足够智能，知道盈利桶已经满了，它可能会像支付桶清空时一样停止工作，并闪动机器上方的小灯。这会导致机器停止工作，使顾客大为扫兴，因为他必须换一台机器玩。如果老虎机不能自动停止工作，硬币就会塞满机器底部的空间。可以想象，当工作人员打开老虎机时，硬币就会滚得到处都是。所以，我们必须计划隔多久清空一次盈利桶呢？

一个简单的制作流程图的方法是使用微软 Office 软件（比如 Word、Excel 和 PowerPoint）中的图形库。想要获得图形库，点击插入标签，选择"形状"，会有众多的流程图标识供你选择去创建流程图。你还可以通过鼠标选择流程图标，然后点击鼠标右键并选择"添加文字"的方式来添加文字说明。不同标志之间可以通过使用图库中的"连接头"来进行连接。使用这些工具可以制作出一张漂亮的流程图。

11.2 了解流程

流程分类有利于了解流程设计方法，通过对流程分类，我们可以看出流程之间的相同点和不同点。

第一种流程分类的方法是确定它是一个单阶段流程还是多阶段流程。如果把老虎机看成一个简单的黑匣子，它就属于单阶段流程。在这种情况下，老虎机运行的所有活动可以简化为一个循环周期，代表老虎机的速度。多阶段流程包括多组活动，通过流程联系起来。阶段一词表示多个活动集成在一起进行分析。

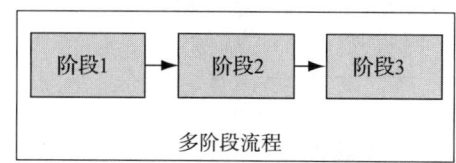

多阶段流程

11.2.1 缓冲区、阻塞与停工待料

多阶段流程之间或许需要缓冲。**缓冲区**（buffering）是指两个阶段之间用于存储的区域，上一阶段的产出在进入下一阶段之前暂时存放在这个区域。缓冲区使得各个阶段可以独立运行。如果一个阶段的产出直接用于下一阶段，中间没有缓冲，我们就认为这两个阶段是直接相连的。如果流程中没有设计缓冲，最常发生的问题就是阻塞和停工待料。**阻塞**（blocking）是因为无处存放刚完工的半成品，流程中的活动不得不停止。**停工待料**（starving）是因为无工作可做只好停工待料。

以一个两阶段流程为例，其中阶段 1 的周期为 30 秒，阶段 2 的周期为 45 秒。如果流程需要生产 100 单位的产品，那么每生产一个单位产品，阶段 1 就会阻塞 15 秒。

如果在两个阶段之间添加一个库存缓冲区，情况会发生怎样的变化呢？在这种情形下，阶段 1 能在 3 000 秒（= 30 秒/单位 × 100 单位）内生产出 100 单位的产品。阶段 2 在 3 000 秒内只能生产 66 单位（=（3 000 – 30）秒 ÷ 45 秒/单位）的产品。在 3 000 秒内减去 30 秒是因为在最初的 30 秒内阶段 2 是处于停工待料状态的。这就意味着在一开始的 3 000 秒内，库存缓冲区里将会累计存储 34 单位（= 100 – 66）的产品。全部产品的生产将耗时 4 530 秒。在这种情况下，阶段 2 称为**瓶颈**（bottleneck），因为它限制了流程的生产能力。

如果阶段 1 的周期是 45 秒，而阶段 2 的周期是 30 秒，情况又会如何呢？在这种情形中，阶段 1 将成为瓶颈，每一单位的产品将会直接从阶段 1 转移到阶段 2。阶段 2 需要停工待料 15 秒以等待阶段 1 完工，但是，生产所有的产品仍需要 4 530 秒。上述分析都假设两个阶段的周期固定不变。阶段 2 的利用率为 67%，周期的可变性对于系统绩效的影响将会很小，但如果两个阶段的周期接近，缓冲区就会产生库存。

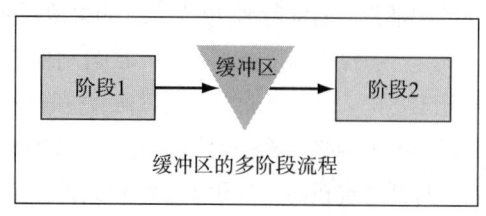

缓冲区的多阶段流程

通常，活动、阶段甚至整个流程都可以并行操作。比如，并行操作两个同类型的活动在理论上能使产能加倍，或者两个不同类型的活动也能并行操作。分析一个系统时，如果系统中有并行的活动或步骤，那么了解它们之间的关系是很重要的。当并行流程代表不同选择时，比如流程图中的菱形显示了流向不同方向的流，以及流向每个不同方向的流的比例，有时两个或两个以上不同的流程可能终止于同一个库存缓冲区。通常这表示两个流程生产的产品是相同的，而且都流入这个缓冲区。如果平行流程生产的产品不同，则应在流程图中设计不同的库存缓冲区。

11.2.2 面向库存生产与面向订单生产

另一种流程分类方法是把流程分为面向库存生产或面向订单生产。为了阐述这两个概念，我们以美国三家主要的快餐连锁店——麦当劳、汉堡王和温迪生产汉堡的流程为例。其中，麦当劳于1999年开始采用新的生产流程——面向订单生产，但后来又将流程改为混合式生产。首先让我们回顾一下这三家快餐连锁店使用的传统的流程方法。

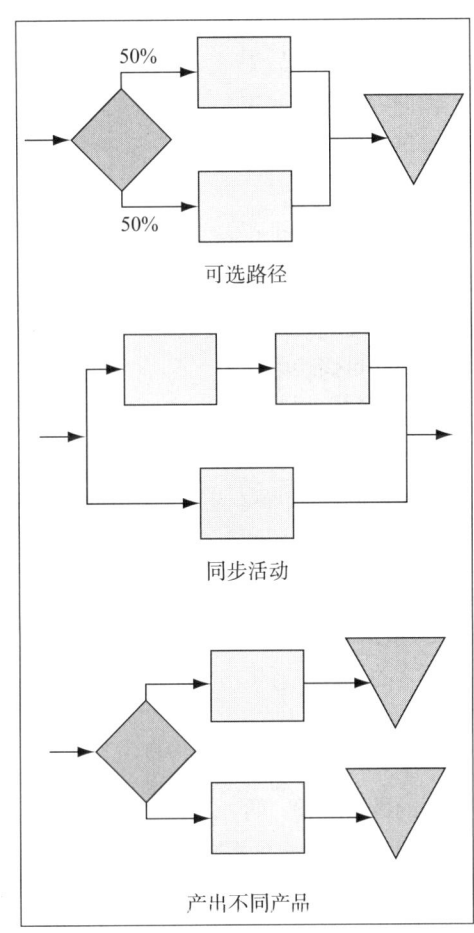

想一想传统餐厅制作汉堡的方法。在快餐时代之前，汉堡通常是按照订单生产的。在传统的流程中，顾客下达订单，指定需要几成熟（半熟或全熟）和需要哪些调味品（泡菜、奶酪、芥末、洋葱、番茄酱）。根据这些要求，厨师从库存中取出生的汉堡肉（一般是现成的冰冻小肉饼），制作汉堡肉并加热面包，最后制成汉堡送到顾客手中。汉堡的质量在很大程度上依赖厨师的技术。

面向订单生产（make-to-order）流程只有在订单下达后才启动。库存（在制品和产成品）控制在最低程度。理论上，响应时间会很长，因为在产品交付之前，必须一步一步完成所有的活动。所以，服务特性决定了它通常采用面向订单生产流程。

麦当劳变革了汉堡的制作流程，开发出一种大批量生产方法。图 11-2a 显示了麦当劳的传统制作流程。在旧式流程里，汉堡是按批烘焙的。标准的汉堡（比如巨无霸，它包括两块牛肉饼、沙司、生菜、奶酪、泡菜、洋葱以及两片撒有芝麻的面包）制作好后放在存储箱内，随时可以送到顾客手中。有专门的人员根据当前需求下达订单，使存储箱中的汉堡保持在合适的数量，以此来控制整个流程。这就是高效率的**面向库存生产**（make-to-stock）流程，它可以生产标准化的产品并能迅速送到顾客手中。这一快速生产流程颇受具有儿童的家庭欢迎，因为对于它们而言，交付速度是很重要的。

通常，面向库存生产的流程最终将建立起一定数量的成品库存，然后根据顾客订单就可以直接用库存成品来满足。我们可以根据实际或预期的成品库存量来控制面向库存生产的流程。比如，我们可以设定一个目标库存量，然后周期性地进行生产以维持这个目标库存量。面向库存生产的流程也被用于季节性需求，在淡季提高库存量供旺季使用，以使流程在全年保持稳定的运行速度。

汉堡王的流程特征是一个十分专业的"传送带–烘烤箱"（conveyor-broiler），如图 11-2b 所示。生的汉堡肉放在一个移动的传送带上通过高温烘烤炉。90 秒后，肉饼的两面都烤好了，带有一股特别的烤肉味。由于肉饼在烘烤炉中移动加热的时间是固定的，所以每一片汉堡肉饼的厚度都必须一致。面包片同样需要在烘烤箱中加热。这个系统可以生产出独特的、高度一致的产品。烤好的汉堡肉饼被放进保温的储藏箱中。当需求量很大时，库存中事先做好的标准化的汉堡就可以快速提供给顾客。顾客定制的需要特殊调味品的汉堡则根据订单进行生产。通过按订单装配的后端流程，构成的混合式生产流程具有柔性，可以根据顾客的偏好进行生产，因此汉堡王有一句口号叫作"按你的喜好享用汉堡"。总的来说，**混合式**（hybrid）流程将面向库存生产和面向订单生产的特点结合起来。在汉堡王生产流程的最后阶段，两

温迪的面向订单生产流程

一位麦当劳的员工正在一家英国伦敦的麦当劳餐馆为汉堡添加肉，麦当劳是世界上最大的餐饮公司，计划 2018 年在俄罗斯增加 20% 的销售点，以利用欧洲快速增长的市场。

种类型的流程构成可供选择的平行流程。在最常见的混合式流程中，在流程的前几步生产和存储一些通用的半成品，然后在流程后端根据顾客订单要求生产最终产品。

我们接着来看看温迪的生产流程，它是根据订单生产的（见图 11-2c），顾客可以看到整个生产过程。汉堡肉饼在烤架上进行加工。在客流高峰期，厨师预计顾客的到来数量，提前制作汉堡。在烤架上烘烤时间过长的肉饼用来制作辣椒汤。当顾客下达订单后，厨师从烤架上取下肉饼，根据顾客的特殊要求制作汉堡。由于流程要从汉堡肉饼的烤制开始，所以要稍微慢一些。因为顾客可以看到汉堡的制作过程，从而能够感知它是一个高品质的定制产品。

最后，我们来看麦当劳在 1999 年引入的新流程（见图 11-2d 所示），它是一个混合式流程。做好的汉堡肉饼存放在特制的储存装置中，使肉饼湿度可以保持 30 分钟。这个流程使用了最新的烹调技术，汉堡肉饼在 45 秒钟内就可以制成，烤面包只需要 11 秒钟。通过专门设计的计算机系统，顾客的特殊要求能及时传到汉堡制作区。包括烤面包在内的制作流程在 15 秒内对顾客的需求做出响应。通过将先进的烹调技术和巧妙的流程工艺相结合，麦当劳开发出快速响应

的流程。产品新鲜，交付迅速，而且符合顾客的口味。

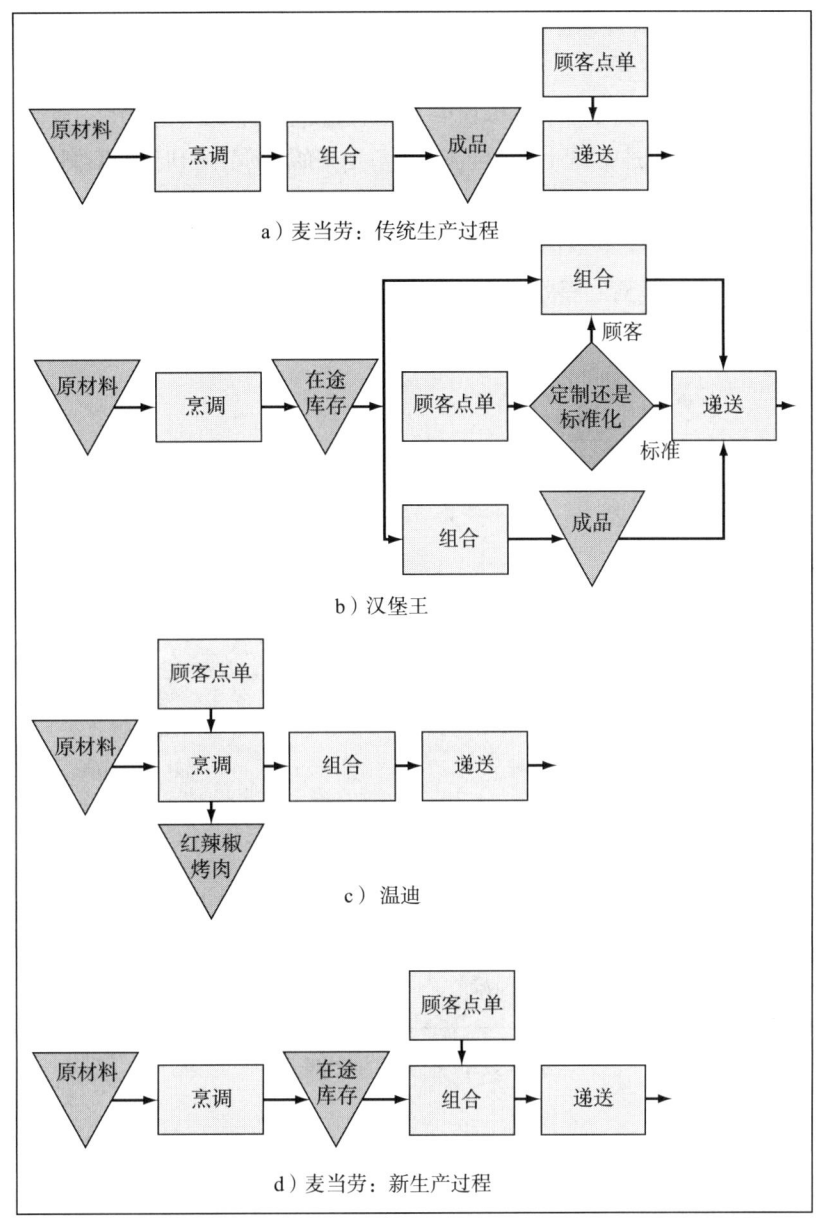

图 11-2 麦当劳、汉堡王和温迪制作汉堡的流程

每一家公司的流程都有其优点和缺点。麦当劳是高产量的先驱，主要面向有孩子的家庭。汉堡王有其独特的口味。温迪的产品适合那些喜欢用传统方法制作汉堡的顾客。每一家公司都在广告和促销方面花费心思，以吸引适合其流程特点的消费群体。

最后一种流程分类的方法是节拍流程和非节拍流程。我们回顾一下汉堡王的流程，它使用传送带-烘烤箱，保证汉堡的制作时间固定为 90 秒。**节拍**（pacing）是指流程中每一道工序所用的时间都是固定的。在串行流程中，为了和整条流程相协调，每项活动（或步骤）的节拍往往是用机械方式实现的。以装配流水线为例，它每 45 秒钟移动一次。另一种方法是用一个计时器计算倒计时，当计时器显示的剩余时间为零时，产品就以人工的方式进入下一道工序。用顾客给定的生产时间除以要求产量就可以得到流程的周期。例如，一家汽车制造商要在一个班中生产 1 000 辆汽车，一个班装配流水线运行 420 分钟，则节拍就是 25.2 秒（= 420 分钟 /1 000 辆 × 60 秒 / 分钟）。

11.2.3 流程绩效的衡量

在实践中，绩效指标的计算方法有许多种。在这里，我们用实践中常用的方式来定义这些指标。重要的是，我们在做出决定之前必须准确理解来自特定公司或行业的某个指标是如何计算的。如果指标的计算方法基本相同，我们的工作就会简单得多，但实际情况往往不是这样。所以如果一位经理说他的利用率是 90%，或他的效率是 115%，我们肯定会问"你是怎么计算出来的"。指标通常是针对特定流程计算出来的。你正在研究的案例中应用的指标可能与我们这里给出的指标有一些差异。重要的是，我们需要根据案例环境来分析指标具体是怎么用的。

将不同公司的指标之间做对比，称为标杆管理，这是一项重要的活动。指标可以显示公司是否在不断改进。类似于会计使用的财务指标，流程指标为运营经理提供了一个标准，能衡量流程当前的生产率及其随着时间的变化。通常，运营经理需要提高流程性能或者预测改进建议可能带来的影响。本节介绍的指标有助于回答这些问题。为了帮助读者理解这些计算，图 11-3 显示出了这些指标间的关系。

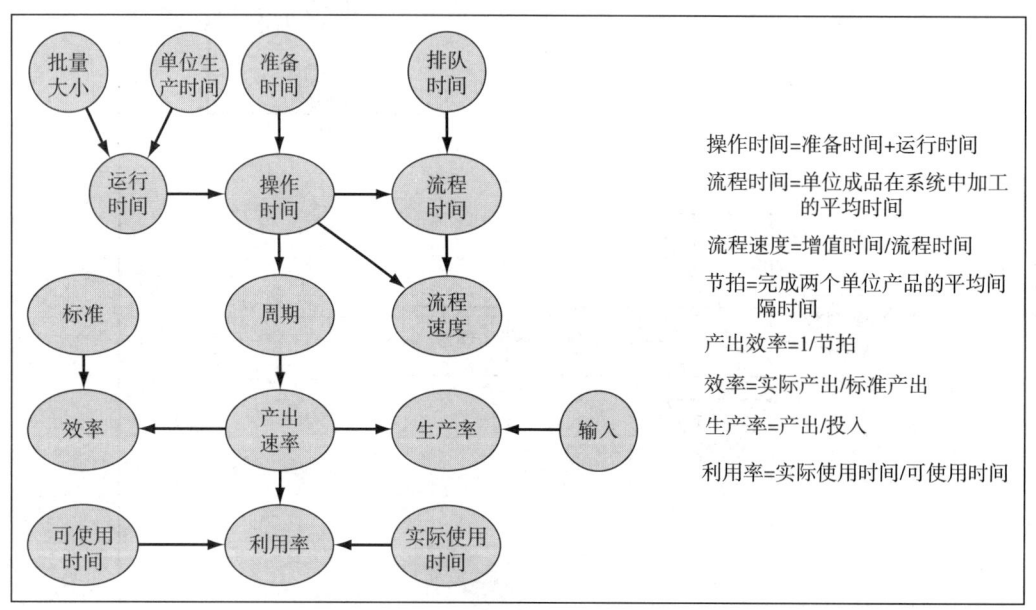

图 11-3　流程绩效的衡量指标

也许利用率是最常用的流程指标。根据前面的讨论，利用率指的是资源实际使用时间与其可以使用时间的比值。利用率经常用于衡量某些资源的使用情况，比如直接劳动力的利用率或设备的利用率。区别利用率和生产率是很重要的。**生产率**（productivity）是指产出和投入的比率。**全要素生产率**（total factor productivity）通常以货币单位美元测量，例如，用产出（比如商品或服务）的货币价值除以投入（比如原材料、劳动力和投资）的成本。相应地，**多要素生产率**（partial factor productivity）则使用单一的投入，劳动力是最常用的投入。多要素生产率能让我们知道对于一定量的投入能有多少产出，比如计算机制造工厂每位工人能生产多少台计算机（详见第 2 章中关于生产率的详细介绍）。利用率衡量了资源的实际使用情况，比如一台昂贵的设备实际运行时间比例是多少。

效率（efficiency）指的是流程实际产出与某个标准的比率。比如，一台包装谷物的设备的工作速度设计为 30 箱/分钟，如果操作者实际生产了 36 箱/分钟，那么设备效率就是 120%（= 36/30）。效率也可以用来衡量流程的损失或收益。比如，若一个流程的投入是 1 000 单位的能源，用于转化为其他形式的能源，如果流程只产出了 800 单位新形式的能源，那么流程的效率就是 80%。

运行时间（run time）是指生产一批零件所用的时间。这个指标是用单个零件的生产时间乘以这批零件的数量得到的。**准备时间**（setup time）是指为生产特定产品的设备准备时间。准备时间较长的设备通常是用于批量生产的。**操作时**

间（operation time）是指一台设备生产一批产品所需的运行时间和准备时间的总和。以刚才提到的谷物包装机为例，它每分钟包装 30 箱，每一箱的运行时间为 2 秒。将机器从包装 16 盎司的箱子改成包装 12 盎司的箱子，需要 30 分钟的准备时间。因此包装 10 000 个 12 盎司的箱子，需要 21 800 秒的操作时间（= 30 分钟准备时间 × 60 秒 / 分钟 + 2 秒 / 箱 × 10 000 箱），或者是 363.33 分钟。

在实际中，准备时间通常不包括在流程利用率中。本质上，准备时间和由于修理或其他原因引起的停机时间归为一类。关于这点，不同公司的处理方式也不同，因此在比较设备或其他资源的利用率前，应该先了解公司对准备时间是如何进行归类的。

周期（已在本章的前半部分给出定义）是指一项工作从开始到完工所需的时间。另一个相关的概念是**流程时间**（flow time）。流程时间包括产品的实际加工时间和产品在队列中等待的时间。实际上，通常可以用周期代表流程时间。因此，在流程分析时需要特别注意指标的使用场景。

举个简单的例子，一条生产线上有 6 个工作站，节拍是 30 秒。如果 6 个工作站是串联在一起的，每 30 秒就有一个产品从一个工作站传到下一个，那么流程时间就是 3 分钟（= 30 秒 / 站 × 6 站 ÷ 60 秒 / 分钟）。

产出效率（throughput rate）指的是在一定时间内流程的期望产出率。在上例中，生产线的产出效率是 120 单位 / 小时（= 60 分钟 / 小时 × 60 秒 / 分钟 ÷ 30 秒 / 单位）。可见，产出效率是节拍的倒数。

通常，流程中的产品不是每时每刻都在加工。由于流程各个工作站的周期各不相同，因此需要加入缓冲区，使各个活动在某种程度上能够独立运行。在刚才提到的 6 个工作站的生产线中，假如我们另外安插 10 个缓冲工位，会产生什么影响呢？假设在第一个和第二个工作站之间有两个缓冲工位，第二个和第三个工作站之间也有两个，依此类推。如果这些缓冲工位都必须经过，那么流程时间将会变为 8 分钟（假设装配线上总共有 16 个工作站，每个工作站的平均节拍都是 30 秒）。

流程速度（process velocity），也称产出比例（throughput ratio），是指增值时间和流程时间的比值。**增值时间**（value-added time）指在产品上投入的真正有效的工作时间。假如流程中的所有活动都是增值活动，那么增值时间就应该是流程中所有活动时间的总和。对于前面提到的包括 10 个缓冲工位的装配线，如果每个工位的时间利用率都是 100%，那么生产线的流程速度（即产出比例）就是 0.375（= 3 分钟 /8 分钟）。

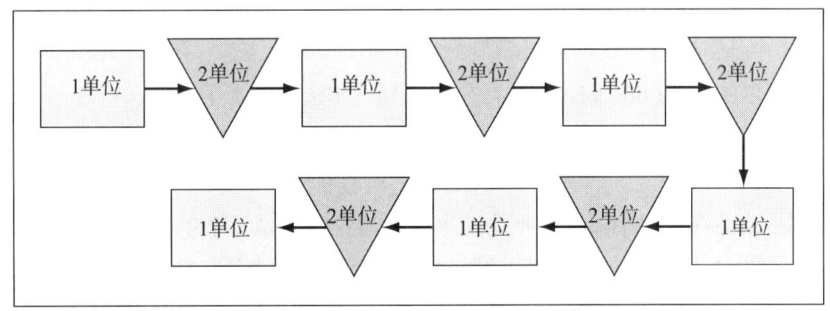

11.2.4 生产流程图和利特尔法则

下面我们来看一下如何快速地制作高水平的流程图，这有助于我们理解物料流动和库存占用。这个方法是分析生产过程中物料流动的第一步。这一点在第 12 章中有详细阐述。

我们首先来看一个简单的系统，它是面向库存生产型企业的一个代表。如图 11-4 所示，物料从多个供应商处购得后先存放在原材料库，这些物料是产品生产过程所需要的。在制造结束后，产品会存放在成品库，然后再根据顾客的订单从此库存中发货。

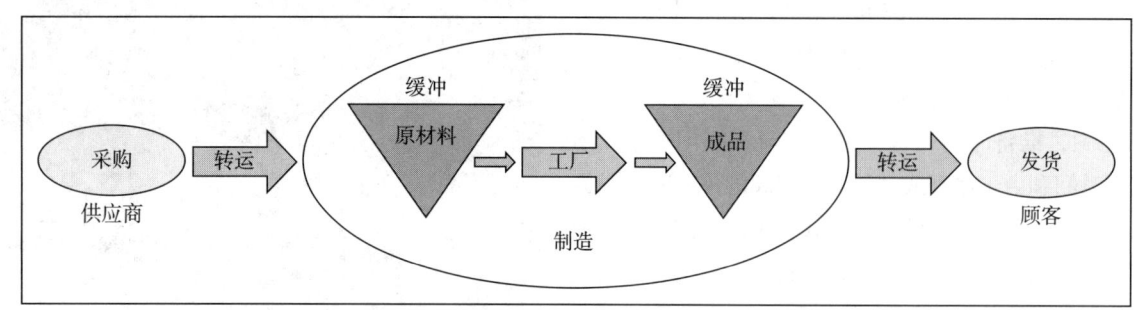

图 11-4　面向库存生产的流程图

对于流程中的制造部分，其绩效分析比较关注库存投资和物流的速度。物料在流程中的状态可以简化为两者之一，要么物料处于移动或"转运"状态，要么物料作为"缓冲"存放在库房中，以备使用。

在第一个状态下，物料正在流程中移动。这时物料在不同企业之间转运，比如说在供应商和制造商的原材料库存之间。处于工厂制造过程中的物料也可以认为是处在转运状态。实际中，我们称这种物料为"在制品库存"（work-in-process inventory）。在第二种状态下，物料被放在仓储区等待使用。对于原材料库存来说，其使用是依赖于工厂需要，而"缓冲"库存使流程中不同实体的操作变得相对独立。

流程中用的比较多的一种评价指标是**总平均库存价值**（total average value of inventory）。从会计角度来看，它是原材料、在制品以及成品库存价值（以成本计）的总和。这个数值通常在会计系统中有记录，并且是企业财务报告的一部分。另外，除了库存的总价值，另一个评价指标是企业**库存周转率**（inventory turn），指的是所售商品的成本除以平均库存价值。

总平均库存价值尽管在会计上很有用，但它并不能很好地反映流程的绩效。假设一个企业的总平均库存价值 200 万美元，而另一个企业拥有价值 400 万美元的库存价值，那么哪个企业更好呢？这主要取决于企业的规模、采取的战略类型（比如是面向订单生产还是面向库存生产）以及产品的相对成本。

一个比总平均库存价值更好的测量指标就是库存周转率，因为库存周转率是所售商品成本与库存价值之比，它提供了一个可比较的度量，至少可以在相似企业之间比较。对于两个生产类似消费产品的厂商，每年库存周转率为 6 次的企业当然优于库存周转只有 2 次的企业。一个相对直接的测量指标是**供给天数**（days-of-supply），即以天计算的库存周转率的倒数。比如说，一家企业的库存周转率是一年 6 次，那么供给天数就等于每年的 1/6，约为 61 天（即 1/6 × 365 = 60.8 天）。

简单系统可以通过**利特尔法则**（Little's law）进行分析。利特尔法则刻画了生产系统处于稳定状态时，其库存、产出效率以及流程时间之间的关系。它们之间的关系具体为：

$$库存 = 产出效率 \times 流程时间 \tag{11-1}$$

如前所述，产出效率是物品在流程中流动的平均速率，而流程时间是一个单位产品从流程开始到结束所需要的时间。假设一个工厂的流程如图 11-4 所示，送到工厂的原材料经生产转换后作为成品库存存储。我们的分析假定流程的运营处于"稳定状态"，也就是说经过较长的一段时间之后，工厂生产的产品数量与发给顾客的产品数量一致，即流程的产出效率等于平均需求，不会生产多余的产品也不会出现缺货。如果不是这样，比如说产量大于需求，那么成品库存就会越来越大。所以，如果每天的平均需求是 1 000 单位产品，而单位产品流经整个工厂流程的时间为 20 天，那么工厂的在制品库存就是 20 000 单位。

我们可以将利特尔法则看作产品数量与生产时间之间的关系。库存用产品数计量，流程时间以天计，而产出效率指的是每天生产的产品数。所以，我们用库存除以产出效率就可以得到流程时间。举个例子，用 20 000 单位产品除以每天 1 000 单位产品就是 20 天。我们也可以用库存除以流程时间，这样可以求得产出效率。这里我们用 20 000 单位产品除以 20 天就等于 1 000 单位产品每天。这种转换在我们分析某个工厂的运营绩效时是十分有用的。

我们来考虑一下这个法则的主要限制。假设一个流程刚开始运行，还没有库存。需要通过最初的生产来"填满"这个系统，此时的产出效率为零。这种情况下利特尔法则就不成立。但是在流程运行一段时间以后，每个步骤上都有库存时，即流程趋于稳定之后，这个时候利特尔法则成立。

利特尔法则的应用范围不仅限于简单的产品转换，它还可以应用到单个工作站、多步骤生产线、工厂甚至是整条供应链，而且它还可以用于到达率（或需求率）和加工时间存在变动的流程。单产品或多产品系统均可用。它甚至还可以用于非生产系统，这些系统中的库存就用人、财务订单或者其他实体表示。

工作人员在仓库扫描存货

工厂会计系统习惯用正在工厂内加工的库存的价值（以成本计）来衡量平均在制品。举个例子，如果说平均的在制品为 200 000 美元，每单位产品的成本价值为 10 美元，这就意味着工厂中存在 20 000 个产品（＝ 200 000 美元/10 美元每单位）。

下面的例子显示如何应用这些概念快速分析简单的流程。

例 11-1

一家汽车制造商从事汽车装配，并且从中国某供应商处采购电池。每个电池的平均成本为 45 美元。当电池运到工厂时，该汽车制造商就拥有了电池的使用权。每辆汽车的装配时间为 12 小时，工厂 8 小时的一个轮班可以装配 200 辆汽车（该工厂目前每天只工作一个班）。每辆车都需要装配电池。该制造商原材料库存中平均拥有 8 000 个电池，以作缓冲之用。

任务： 请算出平均存在于工厂内的电池总数（包括在制品和原材料库存）。这些电池价值为多少？原材料库存的平均供给天数是多少？

解答

我们可以分两种库存讨论——在制品和原材料。对于在制品，可以直接用利特尔法则来计算在制品库存的数量：

$$库存 = 产出效率 \times 流程时间$$

产出效率就是工厂的生产速度，即每班 200 辆或者每小时 25 辆。因为每辆车要装配一个电池，所以电池的产出效率就是每小时 25 个。流程时间为 12 小时，所以在制品库存为：

$$在制品库存 = 25 \times 12 = 300（个）$$

我们已知原材料库存中有 8 000 个电池，所以整个流程中电池的总数为：

$$总库存 = 8 000 + 300 = 8 300（个）$$

这些电池的价值为 8 300 × 45 = 373 500（美元）。

原材料库存的供给天数是电池作为原材料库存的"流程时间"（或者说是电池作为原材料库存储存时间的平均值）。这里，我们假定电池使用的顺序与它们到达的顺序一样。改变一下利特尔法则的形式：

$$流程时间 = 库存 / 产出效率$$

所以，流程时间 = 8 000/200 = 40（天），也就是库存供给为 40 天。

11.3 工作设计决策

本章到此为止,我们已经知道了完成一项任务需要多久。实际上确定这个时间本身就是一件很重要的事。本节我们将讨论有关工作设计以及工作时间估算的内容。**工作设计**(job design)可定义为:描述组织环境中由个人或团队实施的工作活动。工作设计的目标是制定工作结构,以满足组织和技术的要求以及员工个人的需求。

由于劳动者的文化和教育背景多种多样,再加上组织频繁地重组,因此要求很高的人员管理技能。运营与供应链经理运用工作设计技术来设计工作,以使它满足工人们生理和心理两方面的需要。作业测定方法是确定完成某一既定任务的最有效的操作方法以及设定完成该任务的合理标准。

11.3.1 工作设计中行为因素的考虑

员工专业化(specialization of labor)是工作设计中的一把双刃剑。一方面,专业化使高速度、低成本生产成为可能,而且从现实主义的观点来看,它已在很大程度上提高了我们的生活水平;另一方面,过高的专业化(如我们在大批量生产的工厂所看到的)通常对工人产生严重的负面影响,这些影响又被传递到管理中。实际上,问题在于确定什么样的专业化程度是足够的。

工作扩展(job enrichment)通常指调整某一项专业化作业,使其变得更加有趣。横向工作扩展要求工人执行更多数量不同种类的任务,纵向工作扩展要求工人参与自己工作的计划、组织和检验等环节。横向工作扩展是为了抵消工作的过度简化,允许工人对"全部工作"都能够操作。纵向工作扩展通过授予工人对自己工作活动的一定的管理权,尝试在转变过程中扩大工人对其工作的影响。

工作扩展可以使组织在质量和生产效率方面都获得利益,尤其能使质量得到非常大的改善,因为个人在对其工作结果负有责任时,他们会有主人翁感,并且想把工作做得更好。同样,由于他们对生产过程有一个更广泛的理解,与只局限于一个狭窄范围相比,他们更能发现错误并加以纠正。工作扩展也能使工作效率得到很大的改善,但是没有质量方面的改善大。原因在于工作扩展总是包含着各种不同的任务,当从一项任务转换到另一项任务时,它们(对手工劳动而言)在节奏变换和不同操作的转换过程中可能会导致中断,而在专业化作业中就不存在这种情况。

11.3.2 作业测定和作业标准

作业测定(work measurement)的基本目的是为每一项作业确定时间标准,设置这些标准是必要的,主要有如下四个方面的原因。

(1)**安排作业进度(排程),分配工作能力**。所有的进度安排方法均要求估计进度中完成每一项作业所需要的时间。

(2)**提供一种激励员工和测定他们表现的客观标准**。在采用基于产出的激励策略时,测定标准尤为关键。

(3)**为投标一个新合同和评价现有的绩效**。回答诸如"我们能否做""我们如何做"之类的问题就需要有标准。

(4)**为改进工作提供标杆**。除了内部评价之外,标杆小组经常把本公司的工作标准同其他组织中的类似工作进行比较。

作业测定及其所产生的作业标准一直是一个有争议的话题,其中许多批评来自工会,它们争论说管理中经常会设置一些工作中难以达到的标准(为了反驳这样的观点,在一些合同中,设定标准的工业工程师必须证明在标准时间内,他能够以设定的速度执行作业任务)。还有一种批评声音说:

作业测定的先驱弗兰克·吉尔布雷思拿着一个胳膊运动的物理模型来分析组装工作。

如果工人发现了一种更好地完成某项作业的方法，不但得不到奖励，反而会因为标准的提升得到惩罚。

尽管存在以上一些批评，作业测定和作业标准仍然被证明是有效的。这主要依赖于作业的社会技术方面的一些观点。当一项工作需要以作业小组为团队来发挥作用和创造改善时，作业标准就有意义了。另外，在作业确实要求快速完成，而且不需做任何创造性工作（例如，UPS 的包裹运输）时，专业、严格的标准是必需的。

有 4 种作业测定和设置作业标准的基本方法，包括两种直接观察方法和两种间接方法。两种直接观察方法是**时间研究**（time study）和**工作抽样**（work sampling），前者是用秒表对工作计时，后者需要记录随机观察的个人或是团队工作的情况。两种间接方法之一是**预定动作时间数据系统**（predetermined motion-time data systems，PMTS），该系统从实验室收集到某工作的一般动作时间，制成表格并加总得到完成某个工作所需的时间。另一种间接方法是**元数据方法**（elemental data），它将数据库里相似的动作合成并将时间加总，得到对应作业所需的时间。对技术的选择取决于所期望的作业测定的详细程度以及作业本身的性质。强调细节和重复性的作业通常都需要进行时间研究与预定动作时间数据分析。如果工人的作业是在有固定操作时间的设备上完成的，那么可以使用元数据方法以减少直接观察作业时间。如果是不经常做的作业或者要求较长周期的作业，那么工作抽样是常用的分析工具。

11.4 流程分析的实例

在这一节中，我们用三个例子来说明本章中提到的概念。这三个例子是制造业、服务业和物流业中流程分析的典型案例。每一个案例的分析方法在许多不同的环境中都适用。要灵活运用在别的案例中学到的方法来解决现有的问题。第一个例子分析了面包的制作流程，接下来我们来分析一家餐厅的运营，最后是一个典型的物流运营活动。

11.4.1 面包制作流程分析

- -
例 11-2　面包制作

面包店的经理必须首先了解面包是如何制作的，以及生产面包的流程所需要的步骤。图 11-5a 是面包制作流程的简单示意图。制作面包需要两个步骤：第一步是准备生面团，对其进行烘烤；第二步是对面包进行包装。受到面包店内搅拌器大小的限制，面包制作分批进行，每批为 100 个。制作每批面包的时间为 1 小时，这就是制作面包的周期。将 100 个面包包装入袋的时间仅为 0.75 小时。我们可以假设包装是在面包制作 1 小时后开始的，否则就会在 1 天开始工作之前闲置 1 小时。

从以上信息中我们可以看出，面包制作是这个流程的瓶颈。瓶颈是指流程中限制流程总产量的那项活动。如果我们假设面包制作和面包包装所需的时间是相同的，那么面包店每小时的产量就是 100 个。我们注意到，上一批面包的包装工作完成后的 15 分钟，也就是下一批面包制作完成之前，包装作业处于闲置状态。在这种情况下，包装作业的利用率只有 75%。

如图 11-5b 所示，假设我们有两条面包生产线，而不是只有一条，每一条生产线制作 100 个面包的周期仍为 1 小时。因为包装作业每 0.75 小时只能包装 100 个面包，所以为两条生产线的产品进行包装的周期为 1.5 小时，这时包装作业就成为瓶颈。如果要使生产线和包装线每小时的工作量相同，就要降低面包每小时的生产数量，因为我们没有这么大的包装能力。但是，如果我们每天安排 3 个班次的包装线和两个班次的生产线（每班 8 小时），那么两项作业每天的工作量都是 3 200 个面包（假设包装线在生产线运营 1 小时后才开始运营）。为了满足上述要求，每天要有一班生产线的产量作为产品库存。包装线将在第 3 个班次对这些库存进行包装。在这种情况下，面包店的流程时间是多少呢？

解答

一开始只有一条面包生产流程，因为在生产线和包装线之间没有库存，所以是很容易计算的。在这种情况下，流程时间是 1.75 小时。

在我们安排了 3 个班次的包装线后，在制品库存的平均等待时间就要好好计算一下了。如果两条生产线同时开始运转，那么 1 小时后，第一条生产线上的 100 个面包可以马上进入包装线，而第二条生产线上的 100 个面包必须等待。每一批100个面包的等待时间将会增加,直到第二班生产线的最后一批面包制作完成。

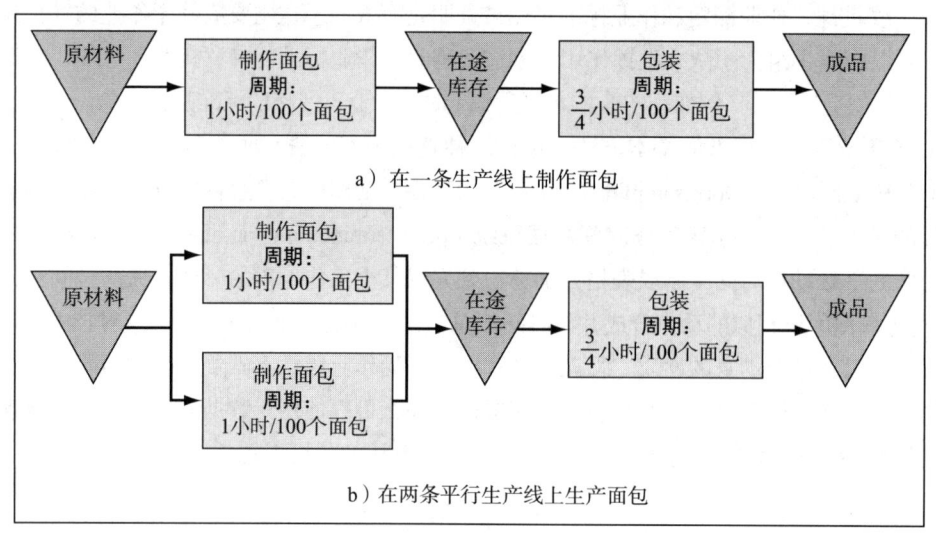

图11-5 面包的制作流程

我们可以用利特尔法则来计算出面包作为在制品库存的等待时间。为了应用该法则,我们需要估计生产线和包装线之间的平均在制品库存。在前两班中,库存从0升至1 200。我们可以计算出在16小时中的平均在制品库存是600(最大库存量的一半)。在最后一个8小时的班次中,库存量从最大值1 200降为0。平均在制品库存还是600。所以,在24小时内总的平均在产品库存仍然是600。包装作业将流程的周期限制为每0.75小时制作100个面包(假设面包是成批包装的),也就是说,产出效率是133.3个/小时(=100/0.75)。通过利特尔法则我们计算出面包作为在制品库存的平均时间是4.5小时(=600/133.3)。

总流程时间是面包作为在制品库存的时间与制作和包装时间的总和。所以,总流程时间为6.25小时(=1小时生产时间+4.5小时在产品库存等待时间+0.75小时包装时间)。

11.4.2 餐厅的运营

例11-3 一家餐厅的运营

面包店的运营情况就是所谓的稳定状态,也就是说在整个运营时间内,操作都是以稳定的速度启动和运行的。这种稳定状态流程的产出靠设定运营的总时间来调整。在面包店的案例中,我们假设生产线每天安排两班,包装线每天安排三班。

餐厅不能以这种方式运营。在一天中的任何时候,餐厅都必须及时满足顾客的不同需求。在需求高峰期,对所有顾客都做到及时服务几乎是不可能的,一些顾客可能不得不在座位上等待片刻。由于餐厅需求变化的多样性,它是一个非稳定状态流程。但我们要注意到,菜单中的许多菜式是可以提前准备的。这些菜式提前准备可以加快为顾客服务的速度,比如色拉和甜品。

下面以我们之前讨论过的赌场餐厅为例。因为对于赌场中的餐厅而言,为顾客提供快速服务是非常重要的,所以餐厅安排了自助餐,顾客可以服务自己。自助区的食物会不断更新,以保证食物的新鲜度。为了进一步加快服务速度,无论顾客吃了多少食物,一律收取固定价格。假设在我们设计的自助区中,顾客取用食物并用完餐的平均时间为30分钟。进一步假设顾客通常两三个人在一张桌子上用餐。餐厅有40张桌子,每张桌子可以坐4位顾客,那么这个餐厅的最大的服务能力是多少?

解答

容易看出,餐厅能同时容纳160位顾客。实际上,在这种情况下以顾客群来衡量服务能力更加方便,因为这可以显示餐厅服务能力的利用程度。如果顾客群平均为2.5人,那么当餐厅以其目前的能力运营时,座位的平均利用率是62.5%（=2.5÷4），餐厅的运营周期是0.75分钟（=30÷40）。因此，每张桌子平均每45秒就可以再使用，餐厅每小时能接待80个顾客群（=60÷0.75）。

这家餐厅目前面临的问题是，几乎所有顾客都在同一时间段要求用餐。管理人员已经收集了数据，并记录了午餐时间顾客群的到达分布，如下表所示，表中记录了11:30~13:30这段时间的数据。顾客最晚是在13点到达的。

时间	到达的顾客群
11:30 ~ 11:45	15
11:45 ~ 12:00	35
12:00 ~ 12:15	30
12:15 ~ 12:30	15
12:30 ~ 12:45	10
12:45 ~ 13:00	5
顾客群总数	110

因为餐厅在午饭时间内运营两小时，且每小时的服务能力是80个顾客群，从表面上看餐厅似乎没有什么问题。但实际上顾客的到来不是均匀分布的，这就导致了问题的产生。要分析这种情况，一个简单的方法是以15分钟为一个区间，计算正在用餐的顾客数量和排队等候的顾客数量，以此计算系统中顾客源的分布特征。我们可以把它想象成每15分钟为餐厅拍一张快照。

要理解这个分析方法，关键是观察累计的数目。累计到达顾客群数与累计离开顾客群数之差就是目前餐厅内的顾客数量（包括用餐和排队等待的顾客）。由于只有40张桌子，所以当某个时间内两者累计数目之差大于40时，就造成了等待。当40张桌子都有人在用餐时，系统满负荷运营。根据以上计算，我们知道餐厅平均每个顾客群的周期是45秒（这意味着平均每45秒就能空出一张桌子，平均每15分钟就能空出20张桌子）。最后一个顾客群需要等到前面所有的顾客都得到桌子入座，因此等待的期望时间是队伍中的顾客群数量乘以周期。

时间段	到达的顾客群数量（累计）	离开的顾客群数量（累计）	正在用餐和排队等待的顾客群数量（在时间段末尾）	桌子的使用数量（在时间段末尾）	等待的顾客群数量（在时间段末尾）	期望等待时间（在时间段末尾）（分钟）
11:30 ~ 11:45	15	0	15	15		
11:45 ~ 12:00	35（50）	0	50	40	10	7.5
12:00 ~ 12:15	30（80）	15	65	40	25	18.75
12:15 ~ 12:30	15（95）	20（35）	60	40	20	15
12:30 ~ 12:45	10（105）	20（55）	50	40	10	7.5
12:45 ~ 13:00	5（110）	20（75）	35	35		
13:00 ~ 13:30	0（110）	35（110）				

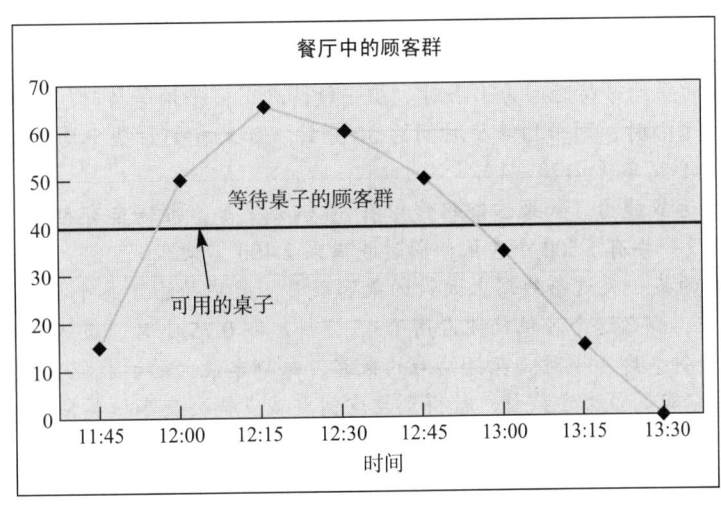

从以上分析中可以看出，中午12:00时有10个顾客群正在排队等待。12:15时，等待顾客群数量扩大到25个。12:45时，等待的顾客群减少到10个。

因此，我们应该怎么解决排队等待的问题呢？第一个方法是缩短每一张桌子的使用周期，但是当顾客的用餐时间少于30分钟时，他们肯定不愿意被强制离开。另一个方法是增加桌子的数量。如果餐厅能够增加25张桌子，那么就能消除等待的情况。当然，这会占用老虎机的空间，因此这种方法并不适用于赌场。最后一个方法是增加每个顾客群中的人数，这样就能提高座位的利用率。这是一种简单的解决办法。如果40张桌子中有25张桌子上的人数增加一倍，那么我们的问题就能解决了。

11.4.3 公交车的运行计划

例11-4 公交车的运行

最后一个例子包含一个物流系统。物流指的是物品的移动，比如原材料、人员或者成品的移动。这个例子包括一条公交线路——校园或者城市里典型的公交线。类似的方法可以用于分析航班线路、货车线路或者轮船线路。与餐厅运营类似，公交线路的运营状态也不是稳定的。在白天和傍晚都会出现明显的需求高峰。与餐厅案例中的解决方法类似，一种好的解决方式是针对不同的时间段进行分析，这些时间段代表了不同类型的需求模式。这些不同的分析可以称为"情景"。根据不同的情况，我们可以对所有相关的"情景"都使用相同的一种解决方式，也可以对不同的"情景"采取不同的方法。

巴黎有一条大型公交线路叫作"巴拉公交"（Balabus），或称为"游览线路"。这条线路贯穿了巴黎所有著名的旅游景点。沿线的景点包括：巴黎圣母院、罗浮宫、协和广场、香榭丽舍大道、凯旋门、埃菲尔铁塔和其他一些景点。

下面我们来考虑应该给这条公交线路安排多少辆公交车。这里涉及许多因素。假设一辆公交车在高峰期通过整条线路需要2小时。公交公司还考虑了堵车的情况，这样即使交通堵塞，公交车也能按时间表运行。这条线路一共有60个公交站点，公交车只有在乘客要求下车或司机看到顾客在站台等待时才会停下。每辆车大约有50个座位，另外还可以容纳30名站着的乘客。在一天中的大多数时间内，这条线路都是很繁忙的，因为游客一般很早就开始游览各个景点，直到天黑才返回。最后，公交公司希望能够提供更好的服务，有足够的运载能力来应对高峰期的客流。现在我们开始分析这个问题。

解答

衡量服务质量的一个关键因素是乘客在上车前的等候时间有多长。首先考虑这条路线只有一辆公交车的情况。如果乘客在任一时间到达某个公交车站，我们知道最长等待时间为2小时。在这里我们假设公交车确定能在2小时内通过整条线路。如果运行周期的变化很大，等待时间就有可能延长。我们已经在第10章中讨论过这种变化所带来的影响。如果公共汽车已经通过了一半的路程（相对于顾客等车的地点来说），那么顾客需要等待1小时。按照这个逻辑，我们可以估计顾客的平均等待时间为1小时。在一般情况下，平均等待时间是运行周期的一半。如果路线中有两辆公交车，周期就是1小时，则平均等待时间为30分钟。如果我们希望平均等待时间缩短至2分钟，那么周期应为4分钟，需要30辆公交车（=120÷4）。

接下来我们讨论系统的运载能力。如果这条路线中有30辆公交车，每辆车有50个座位，并能容纳30名站着的乘客。我们能算出这条路线一共有1 500个座位，同时能搭乘2 400名乘客。

下表给出了旅游季节中的某一天这条线路上大致的乘客数量。表中给出了每个小时公交车所需的运载能力。如果一个乘客乘坐了45分钟，那么这个座位就被占用了45分钟，即0.75小时。当然，根据数据显示，本案例平均每个座位的占用时间是60分钟，即1小时。包括站着的乘客，每辆车最大的运载能力是每小时80名乘客。用每小时乘客数量的期望值除以每辆车的最大运载量，就得到至少需要多少辆公交车。类似地，如果要使每一位乘客都有座位，只要用乘客数量的期望值除以每辆车的座位数。

时间	乘客数量	公交车的平均运行时间（分钟）	每小时的运载量	所需公交车的最少数量	每一名乘客都有座位所需的公交车数量
8:00～9:00A.M.	2 000	45	1 500	18.75	30
9:00～10:00A.M.	4 000	30	2 000	25	40
10:00～11:00A.M.	6 000	30	3 000	37.5	60
11:00～12:00A.M.	5 000	30	2 500	31.25	50
12:00～1:00P.M.	4 000	30	2 000	25	40
1:00～2:00P.M.	3 500	30	1 750	21.875	35
2:00～3:00P.M.	3 000	45	2 250	28.125	45
3:00～4:00P.M.	3 000	45	2 250	28.125	45
4:00～5:00P.M.	3 000	45	2 250	28.125	45
5:00～6:00P.M.	4 000	45	3 000	37.5	60
6:00～7:00P.M.	3 000	45	2 250	28.125	45
7:00～8:00P.M.	1 500	45	1 125	14.062 5	22.5
总计	42 000		25 875		

从以上分析中我们可以知道，如果巴黎的公交公司全天只给这条线路安排30辆公交车，那么许多乘客都需要站着。此外，在上午的高峰期10～11点以及下午的高峰期5～6点，这条线路无法搭载所有需要服务的乘客。在上午9点～晚上7点，至少安排40辆公交车才合理。而且即使安排了这么多车，仍然有乘客需要站着。

如果公交车公司决定在上午8点～晚上8点安排40辆公交车，那么根据座位的占用情况来计算车辆的利用率，结果是多少呢？在这12小时内，公交车一共可以提供24 000个座位的运载能力（＝40×12×50）。从上表得知，需要的座位数量为25 875，座位的利用率是107.8%（＝25 875÷24 000×100）。这就意味着平均有7.8%的顾客需要站着。当然，这个平均值极大地掩盖了高峰期运载能力不足的问题。

以上案例中的分析方法对巴黎的公交公司而言是很有帮助的。我们可以收集一周内每一天的数据，进而分析路线设计或公交车运载能力这类有趣的问题。例如，如果把整条路线分为两段，情况会是怎样的？如果使用可以乘坐120人的大型公交车，结果会发生什么变化？这种方法还可以用来分析服务的成本，比如考虑司机的工资、运行和维护的成本以及车辆的折旧。正如我们在这个案例中看到的，设计一个公交系统需要对服务的便利性、车辆到达各个站点的频率以及车辆服务能力的利用率进行权衡。

11.4.4 缩短流程时间

我们希望缩短关键流程的时间，"时间就是金钱"。例如，顾客等待的时间越长，就越有可能转向另外一个商家。原材料的库存时间越长，占用的投资成本就越多。不过在服务业中有例外，也就是流程时间越长就能挣越多的钱（参见专栏11-1）。

| 专栏 11-1 |

当效率遇到企业目标

针对当地咖啡店考虑以下流程改进的方法。

流程改进的理念是通过缩短等待时间、缩短生产线长度来更快地提供咖啡，以此提高咖啡店为客户提供服务的效率。

问题：为什么喝普通咖啡的人会与喝双倍拿铁卡布奇诺咖啡的人排在同一支队伍？哪种咖啡的准备时

间更长？

想法：让喝普通咖啡的人单独排成一支队伍。想法简单但实用。

因此，咨询顾问怀着这个好想法，与咖啡店老板联系。他解释了关于两条生产线的想法：一条生产普通咖啡，另一条生产其他特殊类型的咖啡。

咖啡店的老板同意他在咖啡店赚更多的钱确实是他的目标。此外，他还解释说，咨询顾问需要了解的是，在排队等候和倒咖啡之前的停顿期间，顾客会盯着糕点盒，决定要一杯咖啡和一块糕点！这位顾问对咖啡店老板完美的逻辑和非常有效的流程管理感到惊讶。事实上，这是一件很美妙的事情。这个顾问咨询师也因此了解到，保持快速并不总等于保持最大化利润。

最有效率的流程并不总能实现你的业务目标。过程和目标必须一致。此外，还要学会欣赏现有的流程和尊重设计流程的业务人员。针对当前问题进行设计流程的人可能最清楚地知道他们在做什么。

不幸的是，重要的流程通常依赖于一些有限的特殊资源，这就导致了瓶颈的产生。但有时无须购买额外的设备也可以减少流程时间。以下是不通过购买新设备来减少流程时间的一些建议。这些方法的联合应用将更为有效。

（1）**并行操作流程中的活动**。流程中的步骤大多数是按顺序进行的。所有步骤的时间加总就得到流程时间，其中包括每个步骤的运行时间、步骤间的传输时间和等待时间。使用并行操作的方法可以将流程时间缩短80%，并且还能产生更好的效果。

一个典型的例子是产品开发，目前的发展趋势是使用并行工程方法。传统的方法是形成概念，画出图纸，列出原材料清单，最后画出流程，而现在所有的活动都是通过集成团队并行操作的。这样能极大地缩短开发时间，并能在开发过程中考虑并满足所有参与者的需要。

（2）**调整活动的顺序**。文件和产品经常要在设备、车间、办公楼间来回传递。例如，为了满足制造与检验需求，一个工件可能会在两个机器之间传送多次。如果可以理顺流程，使工件先完成全部的制造活动然后再去检验，这样就可以消除来回传递的无效时间。

（3）**减少中断**。许多流程的各项活动之间的间隔时间可能很长。例如，采购订单每天才处理一次。工作人员在准备采购订单报告时必须注意最后期限，以免错过时间。提高这些步骤的效率能减少很多流程时间。

为了说明这点，我们以一家电子产品生产商为例，这家企业接到一位客户的投诉，抱怨订单处理时间竟然长达29天。在对订单处理系统的分析中发现，经理需要对于员工工作进行12次审批，而前10次的审批都是不必要的。这样，订单处理时间平均可以缩短7~8天。

许多工作任务类似的子系统都会干扰流程的正常运行。合理的步骤应尽量减少重复，并制定出详细的流程图。仔细检查发现，这家企业的流程中有16个步骤是彼此类似的。通过调整活动的顺序和制定适用全公司的订单文件可以消除13个步骤。

公司花费4个月重新设计了整个订单系统，使得信息一旦录入系统，整家公司都能获得。经过这样的调整，各项活动能够平行地处理。经过价值分析（主要是减少不产生附加值的活动），企业将订单处理时间从29天缩短为9天，并减少了订单的成本和处理时间，同时顾客满意度也提高了。

流程分析是理解企业如何运营的基本技能。画一张流程图，标示出企业中的物料流和信息流，我们能够了解许多情况。这张图应当包括所有的运营要素，并展示出这些要素是如何互相配合的，另外一定要指明原材料的存储位置，以及订单的排队等候。通常为顾客提供服务的时间中，90%以上都花费在排队上。因此，只要减少等待时间就能极大地改进流程的绩效。

记住分析流程时使用的基本概念：流程的投入必须能够变为产出。流程作为一个整体应该类似于图11-6的漏斗。漏斗的出口限制了流出数量。正如在实际的企业流程中，某些资源限制了产出。如果往漏斗中注入液体的速度超过了液体流出的速度，那么漏斗内的液面会不断上升，相应地，液体流出的时间也会增加。如果注入漏斗的液体过多，它们就会从顶部溢出，而不是从出口流出。

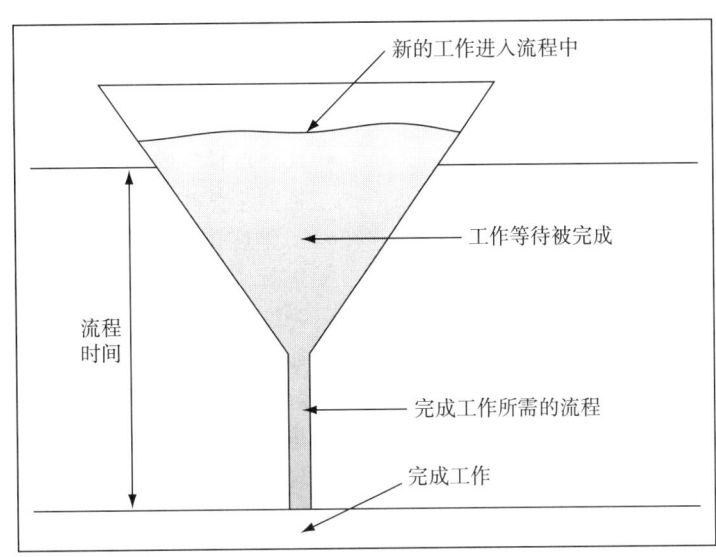

图11-6 流程的投入必须能够转化为产出，投入的速度应≤产出的速度，否则系统将会出现超负荷溢出的现象

对实际流程而言，也是一样的道理。如果流程中的工作太多，那么等待的时间就会增加，从而完成工作的时间也相应增加。有时，顾客会转向其他商家，企业就会因此而蒙受损失。当流程满负荷运营时，若想完成更多的工作而不增加等待时间，唯一的办法是扩大生产能力。这需要找出限制流程产出的活动，并且提高这项活动的产能。从本质上来说，需要加大漏斗下端管子的直径。

 本章小结

11-1 阐明典型的业务流程以及如何分析业务流程

总结

- 企业是通过流程来完成各项事情的。流程是通过将投入转化为产出，从而为组织创造价值的。
- 从供应商采购原材料，到在工厂中将其转变为产品从而卖给消费者，都是在流程中完成的。一个企业可能会有许多不同的流程。
- 流程设计是本章的核心。
- 理解一个流程通常是从准备描述任务、任务流和存储区域的流程图开始的。

关键术语

流程：组织执行的任何一组活动，它接受投入并将其转换为产出，在理想情况下对组织的价值大于原始投入。

节拍：一个过程中连续单元完成之间间隔的平均时间（这是本书使用的定义）。

利用率：指资源实际使用的时间与其可供使用的时间之比。

11-2 比较不同类型的流程

总结

- 多步骤的流程中有一系列的活动，这些活动要按照特定顺序来完成，而且通常会在各活动之间设置库存。这能够使各项活动相对独立地进行，并且能够防止停工待料和阻塞。
- 瓶颈是指在流程中限制产出和整个流程能力的活动或步骤。
- 仅当实际订单到达后才开始生产的模式称为面向订单生产。

- 面向库存生产是指通过向顾客提供库存产品来满足订单。
- 流程中满足需求的工作还有许多其他的变化形式。
- 基本的流程绩效可通过生产速度和生产能力来衡量。
- 流程中驱动成本的衡量包括效率、生产率和资源利用率。
- 利特尔法则是一个数学公式,它描述了流程中库存、流程时间和产出效率或产出能力之间的关系。
- 这些概念对分析流程的运营、响应速度和成本很重要。

关键术语

缓冲区:阶段之间的存储区,是一个阶段的产出在被用于下一阶段之前被放置的区域。

阻塞:指由于没有地方存放刚刚完成的物品,阶段中的活动必须停止。

停工待料:指因为没有工作可做,阶段中的活动必须停止。

瓶颈:限制生产能力或流程最大输出的某种资源。

面向订单生产:一种生产环境,产品直接由原材料和组件构成,以响应特定客户订单。

面向库存生产:为客户提供"按需"成品库存服务的生产环境。

混合式:将按订单生产和按库存生产的特点结合的方式。

节拍:通过一个设定的时间机制来协调流程中物料的移动。

生产能力:是衡量资源使用情况的指标。根据高德拉特的定义(见第23章),指所有使公司接近其目标的行为。

效率:过程实际产出相对于某个标准的比率。"高效"也往往意味着以尽可能低的成本做一些事情。

运行时间:生产一批零件所需的时间。

准备时间:机器运行制造特定物品所需的准备时间。

操作时间:机器上运行的一批零件的准备时间和运行时间之和。

流程时间:一个单位产品在整个流程中移动的平均时间。

产出效率:流程在一段时间内的期望产出率。

流程速度:增值时间与流程时间之比。

增值时间:实际中对单位产品进行有价值工作的时间。

总平均库存价值:原材料、在制品和成品库存的平均总投资。

库存周转:衡量一年内库存更换的预期次数。
供给天数:物品的库存天数。
利特尔法则:用于说明产出效率、流程时间和在制品库存量之间的数学关系。

关键公式

利特尔法则

$$库存 = 产出效率 \times 流程时间 \qquad (11\text{-}1)$$

11-3 解释如何进行工作设计

总结

- 设计流程中的每项任务都是非常重要的。每项任务都需要花费时间,也需要由人或机器来完成。
- 工作设计就是研究如何为个人或员工群体设计工作活动。
- 关键的设计决策针对一系列特殊的工作。
- 如果工作过于专业化,可能会使工人产生厌倦感,并对工人健康造成影响。
- 需要对生产质量和相关流程的生产率进行权衡,这也取决于工作是如何设计的。

关键术语

工作设计:个人或团体工作活动的说明。
劳动专业化:将简单、重复的工作分配给每个工人。
工作扩展:通过赋予工人更多种类的任务,使专门化的工作变得更加有趣。
作业测定:为工作设定时间标准。

11-4 分析制造、服务和物流过程以保障公司的竞争力

总结

- 有许多类型的流程。本章列举出了面包制作、餐厅运营和公交车运行的流程案例。
- 有许多的"窍门"可以给流程加速。
- 一个基本的概念就是当以一定形式投入一个流程中时,必须以一定的形式产出。如果像原材料这类的投入进入流程的速度要快于它们被消耗的速度,那么这些投入就会在流程中不断累积,导致很严重的问题。
- 协调投入与产出对一个好的流程非常重要。

应用举例

11-2
例1

假设我们需要为顾客安排发货计划,每次要发的货会在成品库存中停留两天(实际上就是在能够发货前要额外加上两天)。这样做的目的是避免系统变动的影响,从而保证准时送货服务。如果我们每天发货 2 000 单位,请问这个额外时间的加入使得我们成品库存中的产品数变为多少?如果每个产品的价值为 4.5 美元,这些

库存价值又是多少？

解答

使用利特尔法则计算成品库存：

库存 = 2 000 × 2 = 4 000（单位）

其价值为：4 000 × 4.5 = 18 000（美元）

例2

Daffy Dave 的潜水商店按顾客的要求定制潜水艇中食用的三明治。他分析了商店的流程，并将流程中的活动表示在下面的图中。流程中的每个环节都由专人负责。

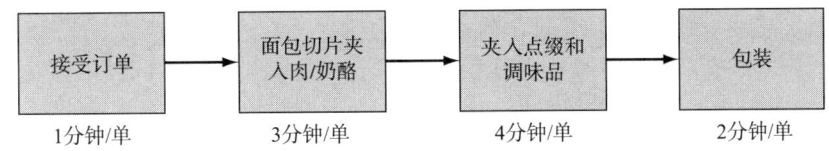

在一天工作 8 小时的情况下，Daffy Dave 希望找到以下问题的答案：

a. 流程的最大产出量是多少？
b. 如果多雇用一名员工，应把他安排在哪个位置？因此获得的收益又是多少？
c. 如果我们将面包切片环节的工作时间减少 1 分钟，并使订单接受的环节增加 1 分钟，能否获得更大的收益？假设此时我们没有采用 b 中的做法。
d. 如果我们将添加调味品环节的工作时间减少 1 分钟，并使包装环节增加 1 分钟，能否获得更大的效益？假设此时我们没有采用 b 和 c 中的做法。

解答

a. 流程每天最大的产出量为 120 个。

环节	产出
接受订单	（1小时60分钟/1分钟每个订单）× 8 小时 = 480 个/天
面包切片并夹入肉饼/奶酪	（1小时60分钟/3分钟每个订单）× 8 小时 = 160 个/天
添加调味品	（1小时60分钟/3分钟每个订单）× 8 小时 = 160 个/天
包装三明治	（1小时60分钟/3分钟每个订单）× 8 小时 = 160 个/天

每天的产出由产量最低的环节决定，因此每天只能生产 120 个产品，因为这是添加点缀和调味品环节的上限。

b. Dave 应将新雇用的员工安排在产量最低的环节（添加调味品），因为这是整个流程的瓶颈。

环节	产出
接受订单	480 个/天
面包切片并夹入肉饼/奶酪	160 个/天
添加调味品	120 × 2 = 240 个/天
包装三明治	240 个/天

这样安排的作用不是很大。虽然添加调味品环节现在每天的产量为 240 个，但面包切片环节的产量仅为 160 个，这就是整个流程的产量。

c. 订单接受环节的工作时间由 1 分钟变为 2 分钟，同时面包切片环节的工作时间由 3 分钟缩短为 2 分钟。

环节	产出
接受订单	（1小时60分钟/2分钟每个订单）× 8 小时 = 240 个/天
面包切片并夹入肉饼/奶酪	（1小时60分钟/2分钟每个订单）× 8 小时 = 240 个/天
添加调味品	（1小时60分钟/4分钟每个订单）× 8 小时 = 120 个/天
包装三明治	（1小时60分钟/2分钟每个订单）× 8 小时 = 240 个/天

这样做不会获得更多收益。Dave 每天仍然只能生产 120 个产品，因为添加点缀和调味品环节限制了产量。

d. 添加点缀和调味品环节的工作时间由 4 分钟缩短为 3 分钟，同时包装环节的工作时间由 2 分钟变为 3 分钟。

环节	产出
接受订单	（1小时60分钟/1分钟每个订单）× 8 小时 = 480 个/天
面包切片并夹入肉饼/奶酪	（1小时60分钟/3分钟每个订单）× 8 小时 = 160 个/天
添加调味品	（1小时60分钟/4分钟每个订单）× 8 小时 = 120 个/天
包装三明治	（1小时60分钟/3分钟每个订单）× 8 小时 = 240 个/天

这个改变能带来收益。Dave 现在每天能生产 160 个产品。这与多雇用一名员工增加的效益相等。如果 Dave 希望进一步提高产量，他需要多雇用数名员工。

讨论题

11-1

1. 定义一个普通的流程。将这个定义应用于大学、食品杂货店和啤酒酿造公司。
2. 以你最喜欢的快餐店为例。下次你再过来时，注意食物的准备和发放过程。制成一张类似于图11-1的流程图。尽可能包含更多的细节以用来解释这个过程，注意区别作为顾客的流程和作为服务者的流程。
3. 简述关于业务流程的循环周期。为什么它对于业务流程的管理很重要？它与生产率和资源利用率有何关系？

11-2

4. 比较麦当劳制作汉堡的原有流程和新流程。麦当劳声称新的流程可以为顾客提供更加新鲜的产品，这是如何有效实现的？对比麦当劳的新流程与汉堡王和温迪使用的流程，哪一个更可能生产出最新鲜的汉堡？
5. 解释利特尔法则。描述一个你观察到的应用利特尔法则的例子。
6. 解释为什么增加在制品库存可以提高流程的效率。这样的缺点又是什么？

7. 最近，一些运营管理专家开始坚持认为简单的最大化流程速率，即将系统中一些流程的时间最小化，是衡量改善流程的唯一的一个最重要标准。你能够想出一个例子来证明这个规则可能是不成立的吗？

11-3

8. 什么是工作扩展？什么导致了它在工作设计中很重要？
9. 为什么作业测定和时间标准对公司来说很重要？落实这些标准是否会产生消极影响？如果不设置这些标准，是否还有其他方式来实现相同的目标？

11-4

10. 根据你的实际经验，比较你最喜欢的实体商店和在线商店的流程。将两种类型的公司进行比较，它们分别有什么优点？对消费者来说它们各自又有什么优点呢？
11. 制造流程中的等待时间会有什么影响？为什么减少等待时间是有益的？等待时间能够完全消除吗？
12. 需求的季节波动对流程时间和等待时间有怎样的影响？企业该怎么做才能减少这种波动性的影响？

客观题

11-1

1. 一家制造企业有一个小型的生产线，用来生产某一类型的产品。这一生产线有4个工作站。输入进入到工作站1，然后从工作站1输出，成为工作站2的输入。从工作站2输出之后成为工作站3的输入，如此以往。从工作站4输出的即为最终产品。工作站1每月处理2 700单位，工作站2每月能够处理2 500单位，工作站3每月能处理2 300单位，工作站4每月能够处理2 100单位。哪个工作站决定了系统的最大产出？最大产出是多少？
2. 在流程图中，如何表示存储过程？
3. 流程就是指一个组织将_____，将它们转化为_____，并在这一过程中增加_____。

11-2

4. 假设你开车排在去某银行的一个行车道上，你前面有10辆车。你估计银行职员要与每辆车的车主讨论5分钟。请问你预计自己还要排多长时间的队？
5. 一家企业重新设计了自己的生产流程后，生产一个产品的时间变为10小时。倘若使用原来的流程，则一个产品的生产时间为15小时。如果流程平均每小时生产1单位的产品，而且每个产品价值为1 500美元。请问在制品价值减少了多少？
6. Avis公司是一家汽车租赁公司，离洛杉矶机场有3英里。Avis公司每2分钟派遣一辆大巴从办公地点到机场。平均的往返时间为20分钟。
   a. Avis公司有多少大巴正驶向机场和离开机场？
   b. 管理者希望提高服务水平，建议每0.5分钟就发一班车，她解释道这将减少平均往返时间到2.5分钟。她说的对吗？如果你的答案是否定的，那么平均往返时间是多少？
7. 在西雅图的儿童医院，每周平均有60个新生儿出生。母亲和婴儿在出院前平均要待2天时间。在瑞典医院（西雅图也一样），每周平均有210个新生儿出生。母亲和婴儿在医院平均要待2天时间。
   a. 在儿童医院，平均有多少母亲待在这里？
   b. 在瑞典医院，平均有多少母亲待在这里？
   c. 两家医院的管理者正协商统一两家医院的产科病房。他们相信通过此种方式能够减少待在产科病房的母亲的数量。他们是对的吗？有多少母亲会待在产科病房？假设平均新生儿的数量和母亲的数量都没变。

11-3

8. 作业测定和制定时间标准的四种基本技术是什么？

9. 哪种作业测定技术最适用于频率不快或周期较长的任务？

11-4

10. 一位有创意的学生为商学院的学生建立了一个实习票据交换所，每一位使用这项服务的学生都要填写一张表格，列出10家他想签约的公司。票据交换所有两种处理表格方法可供选择。传统的方法需要20分钟来检查表格，以正确的顺序来处理信息。一旦完成了准备工作，处理每家公司的信息只需要2分钟。另一种方法是使用一个浏览/查找系统，这种方法只需要1分钟的准备时间，但处理每家公司的信息需要5分钟。如果两种方法每分钟的处理成本是相等的，那么两种方法分别适用于哪种情况？（答案见附录D。）

11. Rockness循环系统使商学院学生的面貌焕然一新。流程使用一条移动的传输带，这条传输带带领每个学生按顺序通过流程中的5个环节。这5个环节的内容如下表所示。

环节	描述	每个学生需要的时间（分钟）
1	卸下包装并进入传输带	1.0
2	抛弃坏习惯	1.5
3	灌输新思想	0.8
4	教其使用现代化方法	1.0
5	抛光并包装	1.2

每一个环节由一名专家负责。专家每周工作40小时，每周要交换工作。Rockness先生与通用电气签订了合同，每周为其输送2000位改变面貌的学生。一名人力资源部门的代表抱怨道，公司至今还没得到足够的学生数量。Rockness先生对产成品库存进行了检查，发现库存所剩无几。接下来该怎么办呢？

12. 运营管理中的浴缸原理被视为应对全球化竞争的新突破。假设工厂是一个浴缸，能存放50加仑⊖的水。排出的水就是投放市场的产品，如果排水管完全打开，每小时能排出3加仑的水。水龙头就是原材料的投入，原材料以每小时4加仑的速度流入。现在，测试一下你是否能理解这个复杂的运营情况（假设浴缸在开始时是空的，答案见附录D）。
    a. 画一个工厂的图表，如果所有的阀门都开到最大，往市场中投放产品的最大速度是多少？随着时间的推移，系统会发生什么情况？

⊖ 1美制加仑=3.785升，1英制加仑=4.546升。——译者注

b. 假设不使用水龙头，而是用一个5加仑的容器往浴缸中倒水（假设开始时容器中装满了水），重新往容器中灌水并倒入浴缸需要2小时。随着时间的推移，系统会发生什么情况？

13. 一家本地的市场研究公司赢得了一项合同，合同包括几千个小项目，如数据收集和统计分析。过去，公司会将每个项目分配给一个受过专业训练的员工。这名员工负责收集数据和分析数据。使用这种方法，一名专业员工如果每天工作8小时，那么每天平均可以完成10个项目。

为了使员工更加专业化并提高他们的工作效率，公司的管理者考虑安排两个人共同负责一个项目。流程需要一名数据收集人员负责收集数据，将其输入到计算机的矩阵中，并检查输入是否正确，最后将数据传输到统计分析程序中，以供分析人员使用。数据收集人员在收集项目数据时，分析人员可以分析另一个项目的数据，但统计分析程序只有获得新的数据时才能进行分析。经过实践，新的流程完成数据收集需要20分钟，完成数据分析需要30分钟。

a. 每种方法的产量（每小时的产出）是多少？生产率（每小时每个劳动力的产出）是多少？

b. 每种方法完成1 000个项目各需要多少时间？每种方法完成1 000个项目的劳动量（劳动力小时数）是多少？

14. 一家工厂生产两种零件：A和B，并将它们组合在一起作为最终产品（每件出售的产品包括一个A和一个B）。工厂在一段时间内只能生产同一种零件，即生产A或生产B。从生产A转向生产B需要准备时间。

目前的计划是生产100个A，然后生产100个B，再生产100个A，再生产100个B，这样不停地交替。下表给出了准备时间和运行时间。

（单位：分钟）

零件	安装/转换时间	运行时间/每单位
A	5	0.2
B	10	0.1

假设两种产品的包装是全自动的，每个最终产品的包装时间只有2秒。这个包装时间很短，你可以忽略不计。那么平均每小时的产出是多少？用包装好的最终产品的数量来表示（包括一个A和一个B）。

15. 下图给出了椅子的生产流程，这种椅子是不带皮套的。步骤A、B和C制作座位，步骤J、K和L安装椅子的框架，步骤X将这两个部分组装在一起，其他后续工作在步骤Y和Z中完成。每个步骤安排一名工人。每个步骤使用秒表来控制生产速度。虽然在每两个步骤之间安排了一件产品的存储空间供短暂使用，但在系统中的各个步骤中一般不会出现库存。

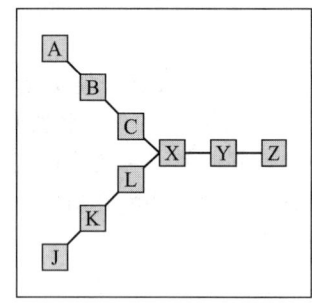

下表给出的是每个步骤需要的工作时间，以秒为单位。

A	38	J	32	X	22
B	34	K	30	Y	18
C	35	L	34	Z	20

a. 如果每天流程运行8小时，那么日产量可能为多少？
b. 根据a的产出率，计算流程的效率为多少？
c. 流程时间为多少？

16. Wally的装饰品商店从早上7点到下午7点都能接受订单。商店经理希望对流程进行分析，员工已为他提供了如下流程图。处理客户订单需要三个步骤。第一步是接受客户订单，第二步是挑出订单中需要的产品，第三步是对其进行包装，以方便运输。Wally承诺当天收到订单，次日就能发货。这就意味着员工在下班前必须完成所有订单的挑选和包装工作。

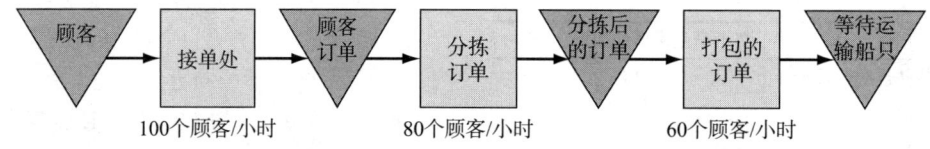

Wally希望对以下内容进行计算：
a. 现在流程的最大产出能力是多少？
b. 如果一天订单接受达到最大能力限度，那么挑选和包装的流程需要多少时间？
c. 根据b，排队等待挑选的最大订单数是多少？
d. 根据b，排队等待包装的最大订单数是多少？
e. 如果我们将包装能力提高1倍（从每小时处理60个订单增加到120个订单），b、c和d的答案又会是多少？

17. 中央银行希望知道它是否拥有足够的员工，以处理周五下午蜂拥而至的需要兑现支票的顾客。银行只考虑最后一个工作小时的情况，即下午4~5点。处理一位顾客的需求需要5分钟。下表给出了顾客的平均到达数量。

银行有8个服务窗口，在周五下午的高峰期，每个服务窗口都有工作人员。
a. 银行在高峰期时的最大产出是多少？
b. 银行能否在下午5点之前处理完所有顾客的需求？
c. 顾客的最长等待时间是多少？在哪个时间段会发生该等待现象？

时间	顾客到达数量
4:00～4:05	2
4:05～4:10	5
4:10～4:15	6
4:15～4:20	8
4:20～4:25	10
4:25～4:30	12
4:30～4:35	16
4:35～4:40	12
4:40～4:45	10
4:45～4:50	6
4:50～4:55	4
4:55～5:00	2
5:00～5:05	0
总计	93

18. I-mart是一家折扣眼镜店，该店大部分订单处理时间大约在1小时左右。管理人员目前正在分析店内的流程。下表中的每一项任务现在都由一名员工负责。验光师被委派任务B，他有1小时的午饭时间，其他员工都是全天工作。

任务	时间
A. 招呼病人，并进行登记	每个病人 2 分钟
B. 验光师进行眼睛检查	每个病人 25 分钟
C. 镜框/镜片选择	每个病人 20 分钟
D. 眼镜制作（可以同时做 6 副）	每个病人 60 分钟
E. 最后的调试	每个病人 5 分钟

在一个正常的销售日（上午 10 点～晚上 8 点），经理想要计算出下列数据：

a. 目前现有流程每天最大的产出是多少？（假设每个病人都要求配眼镜。）

b. 如果想要增加一名员工，哪项任务是最合理的位置？

c. 订单邮寄形式（眼镜不当场配，5～7 天后寄给顾客）对流程会有什么影响？

19. 一个定制化出版社的报价部门一天可以完成 4 例报价，现有 20 例处理程度不同的报价。请运用利特尔法则计算一例报价的提前期。

20. 一家小型理发店有一把理发椅和一个一次只能容纳一个人的等候区，顾客只能在理发后离开。这个系统大致为：

入店→等待→理发→离店

假设顾客的到达率为每小时 10 位，平均逗留时间为 0.5 小时。

请问理发店内顾客的平均数是多少？

前沿问题

21. 还记得问题 11 中的 Rockness 先生吗？他现在需要重新培训大学中的教授。这是一个更加具有挑战性的工作，仍然包括 5 个环节。他已经努力地去平衡生产线，但是仍然面临着许多可变性。流程的每一个步骤由 1～6 名专家负责，具体数量要视工作的困难程度而定。如果每一个点都有一些库存量（不必担心启动的问题），那么每小时的期望产出是多少？假设每一阶段是独立的，而且每一阶段的每小时中有 1、2、3、4、5 或 6 名专家参与的概率是相等的。

 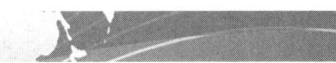

案例分析　老虎机操作过程分析

把硬币从老虎机中拿出的活动称为取出流程。在流程的一开始，一名保安人员和一名老虎机取钱小组的负责人从赌场的财务经理那里拿到老虎机的钥匙。拿钥匙需要 15 分钟。老虎机取钱小组的成员包括硬币计数部门、安全部门和财务部门的员工。在一名保安和一名财务部门员工的监督下，负责人将盈利桶从老虎机中取出，并在上面贴上一张标签，注明老虎机的号码，以标明盈利桶的出处以及取出流程是何时开始的。取出每个老虎机中的盈利桶需要 10 分钟。从 20 个不同的老虎机中取出盈利桶并装上手推车后，取钱小组的负责人、安全部门与财务部门的员工会将盈利桶送往硬币计数部门。盈利桶安全地锁在硬币计数部门内，等待硬币计数流程的开始。运送并放置每一车盈利桶需要 30 分钟。

在有关部门指定的时间里，硬币计数流程开始。硬币计数小组首先检查秤的刻度，这需要 10 分钟。刻度决定了美元的价值，通过调整可以设定 10 磅或者 25 磅的重量。将称重结果与标准刻度的结果进行比较，可以判断称重是否存在着较大的误差。如果确实存在误差，硬币计数小组的负责人必须与负责刻度调整的人员进行沟通。如果没有发现较大的误差，则进入称重流程。

检查完秤的刻度之后，每个盈利桶中的硬币被倒入一个标有刻度的漏斗中。通过盈利桶上标签所提供的信息，盈利桶所属的老虎机号码被输入计算机。通过实现设定的标准，计算机将硬币的重量转化为美元价值，这个数值连同老虎机的编号一起被记录在计算机中的账本上。每个桶的称重和记录流程需要 7 分钟。一旦盈利桶中的硬币称完重量，就会被放到一条传送带上，送往包装设备。包装设备以每分钟 10 卷的速度将 25 美元硬币包进一个卷中。包装好的硬币会被放在另外一条传送带上，送往罐装设备。

在罐装设备处，硬币卷被放入金属或塑料的罐子，一罐硬币的价值根据硬币的单位而定。这些罐子被堆放整齐，以便计量硬币的数量。一个罐子能够装 1 000 美元硬币，即 40 卷。装罐和堆放的工序需要 5 分钟。当称重工序结束后，计算机会对称重情况做一个总结报告。硬币总量被记录在称重/包装报告上，这需要 5 分钟。

当包装工作完成后，所有的硬币卷被装罐并堆放在一起，同时由人工进行计数。计数结果同样记录在称重/包装报告上，同时以美元数目和百分比两种方式来计算方差。如果方差超过正负 2%，或大于等于 1 000 美元（两者以较小者为准），硬币计数的监督者就必须对情况做出调查，并递交一份调查报告。如果不存在重大误差，硬币计数小组的所有成员会在称重/包装报告上签字。在硬币计数流程中，赌场的财务经理会事先接到通知，在此期间他必须对取出的硬币负责。人工计数和核实数目的平均速度为每罐2分钟。

除了硬币计数流程以外，财务经理还要对包装好的硬币再进行一次计数和核实。如果所有的财务数目达到平衡，银行的出纳人员将在称重/包装报告上签字，表示其接下来对取出的硬币负责。到此，老虎机的实际总收入情况才确定下来。

问题

1. 画出取出流程的流程图。取出300台老虎机中的硬币需要多长时间？
2. 画出硬币计数流程的流程图。完成300台老虎机的硬币计数需要多长时间？假设每台老虎机中的硬币价值平均为750美元。
3. 赌场正在考虑购买第二台硬币包装机。这会对硬币计数流程产生什么影响？购买这台机器可取吗？
4. 如果采购不使用硬币的"电子"自动售货机将会产生什么影响？

 ## 练习测试

写出以下每个语句定义的术语或回答问题，答案见底部。

1. 组织中的一部分，它可以接受投入，并将投入转化为产出。
2. 资源的实际使用时间和可以被使用时间之间的比率。
3. 流程中的活动无工作可做而必须停止。
4. 因无处存放上一个步骤的产出而引起流程活动的中止。
5. 与其他步骤相比，它是流程中最慢的步骤。这个步骤限制了流程的最大产出能力。
6. 麦当劳原有流程与现有流程之间的区别是什么？
7. 产品通过流程的固定时间。
8. 企业以自身的运营表现与它做比较。
9. 一个单位产品通过整个流程所需的平均时间，包括排队和缓冲的时间。
10. 用于表示流程中时间和产品之间的关系。
11. 流程中时间和产品之间的数学关系是什么？
12. 什么是利特尔法则能有效运用的一个主要假设？
13. 什么是工作设计的双刃剑？
14. 指工作被水平或垂直扩展时的情况。
15. 四种基本的工作测定技术是什么？

答案：1. 流程 2. 利用率 3. 停工待料 4. 阻塞 5. 瓶颈 6. 即时间产生产与按订单生产 7. 节拍 8. 标杆 9. 流程时间 10. 利特尔法则 11. 库存=流通率×流通时间 12. 流程状态稳定 13. 专业化 14. 工作扩展和充实 15. 时间研究、工作抽样、预定时间数据系统、元素数据

第 12 章

六西格玛质量管理

学习目标

12-1 理解公司全面质量管理的范围；

12-2 理解提高质量和生产率的六西格玛质量管理；

12-3 举例说明全球的质量标杆。

引导案例

通用电气的六西格玛供应链流程

15 年来，通用电气一直是六西格玛的主要倡导者。通用电气传奇人物、前 CEO 杰克·韦尔奇（Jack Welch）宣称："六西格玛不仅仅是质量控制与统计，它可以帮助组织应用一些工具方法来解决关键问题，进而提升组织的领导力。六西格玛的核心理念是彻底改变一个组织，使其关注顾客需求。"因此，通用电气信奉以六西格玛为中心的质量管理。

到底什么是六西格玛？首先我们应该理解它不是一个神秘的协会，也不是一个空洞的口号或者一个时髦的术语。六西格玛是一个严格的流程，可以帮助我们实现近乎完美的产品和服务。"西格玛"是一个统计术语，描述一个流程偏离标准值的程度。六西格玛技术的中心理念是：测量一个流程产生的缺陷数量，并应用系统方法消除这些缺陷，从而实现接近"零缺陷"的过程。六西格玛质量水平意味着一个流程每 100 万个出错机会的缺陷数不能超过 3.4 个。也就意味着，我们需要保证流程几乎没有缺陷。

12.1 全面质量管理

全面质量管理（TQM）可以定义为管理整个组织中对顾客重要的产品和服务，并使其各个方面都具有优势。它有两个基本的运营目标：

（1）产品或服务精心的设计。

（2）确保组织系统能够生产或提供与设计保持一致的产品或服务。

为了实现这两个目标，整个组织都要以它为导向，体现 TQM 理念。20 世纪 80 年代，TQM 开始成为美国的关注焦点，当时美国人注意到日本在汽车制造业和其他耐用品（比如室内空调）生产上的质量优势，意识到美国在质量管理上的巨大差距，并将提升工业质量作为国家优先发展战略。为此，美国商业部于 1987 年设立**马尔科姆·鲍德里奇国家质量奖**（Malcolm Baldrige National Quality Award）来帮助公司评估和建立它们的质量体系。同时，ISO 标准也得到广泛关注，供应商如果希望在国际竞标中获胜，那么他们就需要依据 ISO 标准来度量和证明他们的质量实践。关于这一点将在后面详述。

著名质量大师菲利普·克罗斯比（Philip Crosby）、爱德华·戴明（W. Edwards Deming）和约瑟夫·朱兰（Joseph M. Juran）对质量的定义略有差别（见表 12-1），但是他们都认为：若想实现杰出质量，需要高层的质量领导、对顾客的关注、全员参与、基于过程分析的持续改进。有关这些原则在 TQM——六西格玛中的应用将稍后讨论，这里我们先讨论质量管理的两个基本概念：质量标准和质量成本。

表 12-1 质量大师观点的比较

	菲利普·克罗斯比	爱德华·戴明	约瑟夫·朱兰
质量定义	符合需要	在低成本和适应市场情况下的可预测的一致性和可靠度	适用性（满足顾客需要）
高层管理责任程度	对质量负有责任	对 94% 的质量问题负责	不到 20% 的责任由工人负责
行为标准/动机	零缺陷	质量有很多"等级"；运用统计方法度量各个领域的表现；零缺陷的临界	避免实施完美工作的运动
基本方法	预防而非检验	通过持续改善减少变异；结束大批量检验	对质量全面管理，尤其重视人的因素
结构	质量改进的 14 步法则	质量管理的 14 个要点	质量改善的 10 个步骤
统计工序管理（SPC）	拒绝质量的统计可接受水平（要求 100% 的完美质量）	必须运用质量控制的统计方法	建议使用 SPC，但警告这种方式可能导致工具驱动方法
改进基础	一个流程而不是一个项目；改进目标	不断减少变异；取消没有方法的目标	逐个项目组的方法；设立目标
团队	质量改进团队；质量委员会	雇员共同参与决策制定；打破部门之间的界限	团队和质量环方法
质量成本	不符合的成本，质量是免费的	不存在最优，持续改进	质量不是免费的，不存在最优
采购和验收	表明需求；供应商是业务的扩展；大多数错误是由采购人员自己造成的	检验太迟；抽样让次品进入系统；要求有统计证据和控制图	问题比较复杂；要进行一些正式调查
供应商评级	进行供应商评级，认为质量评审没用	不进行供应商评级，但对供应商的许多体系严格要求	进行供应商评级，但帮助供应商改进其质量

| 专栏 12-1 |

马尔科姆·鲍德里奇国家质量奖

马尔科姆·鲍德里奇国家质量奖授予那些产品和工艺流程的质量表现优异的组织与团体。该奖由美国国家标准和技术研究院颁发，它是美国商业部门的机构。该奖每年共颁发 18 个奖项给如下企业和机构：制造型企业、服务型企业、小型企业和教育卫生保健组织等非营利机构。

候选者必须提交一篇至少 50 页的申请书，并从 7 个主要方面详述质量管理活动的方法、实施和结果。这 7 个方面是：领导作用、战略规划、对顾客和市场的关注、信息和分析、对人力资源的关注、流程管理以及经营绩效。主考官和评判员对其申请进行打分，满分为 1 000 分。那些分数高于 650 的公司则被选出做实地访问。胜出者将在华盛顿举行的年会上受到奖励。所有申请者的主要受益来自质量审核员的反馈意见，事实上这是对他们业务的审查。许多州已经采用鲍德里奇标准作为它们自己质量奖励项目的基础。一篇在关于竞争力的私人会议上做的报告——《建立在鲍德里奇之上：21 世纪的美国质量》中讲道："和其他项目不一样，马尔科姆·鲍德里奇国家质量奖的责任是使质量成为整个国家的优先任务，在美国传播最好的质量管理实践活动。"

12.1.1 质量规范和质量成本

任何质量计划的基础是确定质量规范和达到（或者达不到）这些规范的成本。

12.1.2 制定质量规范

质量规范源自与产品或者服务的设计质量及与设计符合性相关的决策和行动。

设计质量（design quality）指的是产品在市场中的内在价值，以及因此做出的公司战略性决策。通常的质量维度如表12-2所示。这些维度与产品或者服务的设计特征直接相关。

表12-2 设计质量的维度

维度	含义
性能	产品或服务的主要特性
特征	附加的次要特性如触摸、铃声和口哨
可靠性/耐用性	可连续工作的时间、出现故障的概率、使用寿命
维护性	修理的难易程度
美观	感知特征（声音、感觉、视觉等）
感知质量	过去的表现和声誉

一家公司设计一项具有某种性能和特征的产品或者服务是以市场需求为基础的。原材料和制造工艺的特性将在很大程度上影响产品的可靠性和持久性。公司尝试设计一项产品或者服务，并且要以合理的成本来生产或者交付。产品的可维护性对产品或服务购买之后的使用成本有很大的影响。它还影响公司的保修和维修成本。美学设计对产品或者服务的需求有很大影响，尤其是消费品。特别是围绕一个品牌的名称，设计通常代表了下一代产品或者服务的潮流。比如，与其艺术形态相比，产品相关性能的一致性可能对产品质量的认知影响更大。这些都对产品或服务的长期成功十分重要。

专栏 12-2

鲍尔市场研究公司的初步质量研究报告

鲍尔市场研究公司使用了与本章所描述的相似概念，来测量新汽车在刚刚购买90天内的质量。这个报告每年都被广泛应用于世界各地的汽车制造商所生产的新设计的汽车中。每一年，研究的结果都在www.jdpower.com网站上公示。研究获取了使用者遇到的两个不同类别的问题——设计相关的问题和缺陷，以及故障问题。下面是它的一组测试。

动力系统质量：此分数是基于引擎或传输的问题，也就是影响驾驶体验的问题，比如乘车的流畅性、转向系统和制动器的响应性以及操作/稳定性。

车身和内部质量：此分数是基于基础车的设计问题。需要检查的内容包括风噪、漏水、内饰不佳、喷漆缺陷和吱吱嘎嘎的声音。

功能、控制和显示质量：此分数是基于特殊物品如座椅、挡风玻璃雨刷、导航系统、后座娱乐系统、暖气、空调、立体声系统、天窗和行程计算机等。

资料来源：www.jdpower.com.

符合性质量（conformance quality）指的是产品或服务设计规范的满足程度。符合性涉及的活动都是策略性的日常活动。我们应该知道，一项产品或服务的设计质量可以很高，但是其符合性质量可能很低。也可能相反，设计质量很低，一致性质量却很高。

源头质量（quality at the source）常常是在质量符合性中进行讨论，指产品生产者有责任保证其产出符合规范。对于制造产品而言，达到质量规范通常是制造部经理的职责；在服务公司中，这通常是运营经理的职责。表 12-3 给出了**质量维度**（dimensions of quality）的两个例子。一个是激光打印机，要求满足每分钟打印页数和打印密度标准；另一个是银行支票账户的处理。

表 12-3 质量维度举例

维度	度量	
	产品的例子激光打印机	服务的例子银行结算账户
性能	每分钟打印页数 打印密度	处理顾客需求的时间
特征	多纸托盘 色彩	自动账单支付
可靠性/耐用性	出故障间隔时间 预计淘汰时间 主要部件的期望寿命	处理需求的时间波动 与行业趋势同步
维护性	授权维修中心的便利性 每个墨盒打印页数 模块化设计	在线报告 获取更新报告的便利性
美观	控制键布局 外壳风格 经销商礼仪	银行大厅的外观陈设 银行出纳员的礼仪
感知质量	品牌认知 消费者报告中的排名	行业协会的认可

设计质量和符合质量旨在提供满足顾客需求的产品。这一点常常用产品的适用性（fitness for use）来表示，它明确了顾客想要的产品（或者服务）的维度（也就是顾客的声音），并且制订一套质量控制计划来确保这些维度上的要求得到满足。

12.1.3 质量成本

尽管没多少人会对质量预防的观点提出异议，但是管理者经常需要一些确切的数据来决定质量预防工作所需的成本。这个问题是由朱兰发现的，他在 1951 年所著的《质量控制手册》中对此做了介绍。今天，**质量成本**（cost of quality，COQ）分析在工业领域中已相当普遍，并且成为 QC 部门的一项主要职能。

质量成本这个术语有多种定义和解释。正统的观点认为，质量成本指的是当生产的产品不是百分之百符合要求时产生的全部成本。一个不太严格的定义认为，质量成本是当前实际生产成本与卓越质量水平下的成本之差。

质量成本究竟有多么重要？据估计，质量成本占销售额的 15%～20%，包括返工成本、报废成本、返修成本、检查成本、试验成本、保修费以及其他与质量有关的成本。对于一个运行良好的质量管理体系而言，其质量成本应该低于销售额的 2.5%。

对质量成本的分析有三种基本假设：①故障的发生是有原因的；②预防成本比较低；③性能可以度量。

质量成本大体上可以分为四种类型：

（1）**鉴定成本**（appraisal cost）。为了确认产品或者工艺是否可接受所产生的费用，比如试验、检验和其他费用。

（2）**预防成本**（prevention cost）。为防止缺陷产生而发生的成本总和，比如识别缺陷原因成本、采取补救措施消除缺陷原因的成本、人员培训成本、产品或系统重新设计成本以及购买新设备或更新设备的成本。

（3）**内部损失成本**（internal failure cost）。在交付之前，在公司内因不合格而造成的损失，比如报废、返工以及修理的成本。

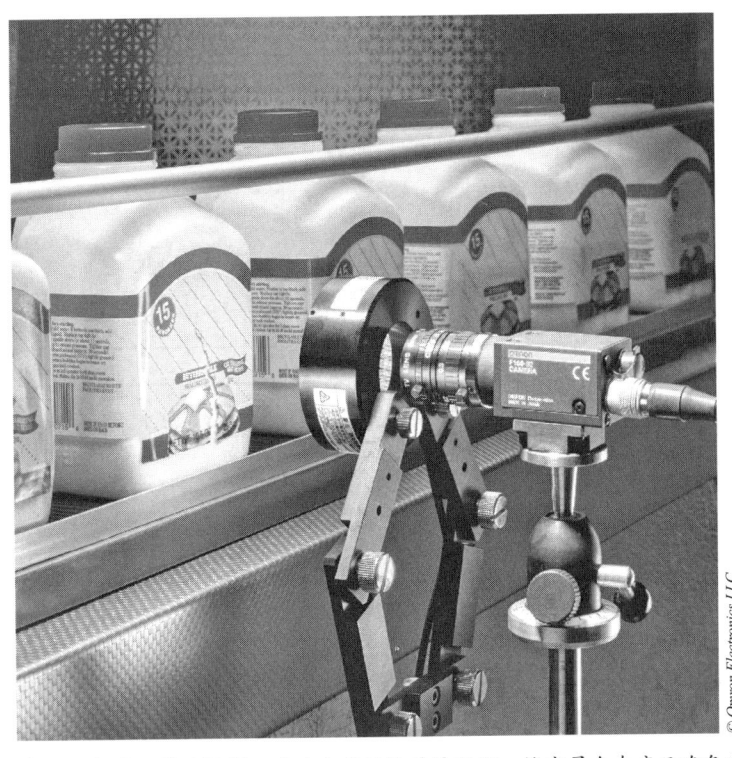

裂开的或位置贴得不对的商标,都是品牌的问题,反映出产品的质量问题。检查员会在产品准备出售前仔细检查瓶子上的商标。

(4)**外部损失成本**(external failure cost)。在交付之后,在顾客端和市场上出现不合格产品而造成的损失,比如保质期内的退换、顾客流失或者信誉损失、投诉处理以及产品维修的成本。

表 12-4 所示的是一个成本报表,用于显示各种不同的成本。从表中我们可以发现,预防成本是最重要的影响因素。一条重要的规律是:你花在预防成本上 1 美元,可以在故障和鉴定成本上节省 10 美元。

表 12-4　质量成本报告

	目前每月成本(美元)	在总成本中所占比例(%)
预防成本		
质量培训	2 000	1.3
可靠性诊断	10 000	6.5
指导生产运作	5 000	3.3
系统开发	8 000	5.2
预防成本总计	25 000	16.3
鉴定成本		
物料检测	6 000	3.9
供应商检测	5 000	3.3
可靠性检测	3 000	2.0
实验室检测	25 000	16.3
鉴定成本总计	39 000	25.5
内部损失成本		
报废	15 000	9.8
返修	18 000	11.8
返工	12 000	7.8
停工	6 000	3.9
内部损失成本总计	51 000	33.3

(续)

	目前每月成本（美元）	在总成本中所占比例（%）
外部损失成本		
保修成本	14 000	9.2
保修期外的修理和置换	6 000	3.9
顾客投诉	3 000	2.0
产品责任	10 000	6.5
运输损失	5 000	3.3
外部损失成本总计	38 000	24.9
总质量成本	**153 000**	**100.0**

我们通常可以通过降低质量成本来提高生产率。例如，某银行的初衷是提高质量并降低质量成本，结果发现生产率得到明显提升。这个银行的生产率是用贷款处理的票数除以所需资源数（劳动力成本、计算时间、表格数量）。在质量提升之前，生产率是 0.266 1 [= 2 080/(11.23×640 + 0.05×2 600 + 500)]。在质量提升之后，劳动时间下降到 546 小时，表格总数上升到 2 100，生产效率上升至 0.310 6 [= 2 100(11.23×546 + 0.05×2 600 + 500)]，上升 16%。

12.2 六西格玛质量

六西格玛（Six Sigma）是通用电气和摩托罗拉倡导提出的一种思想方法，可以用来消除产品和过程缺陷。简单说，一个缺陷就是指零件参数超出了顾客规定的标准范围。公司执行的每个步骤或者活动都可能导致缺陷的发生，而六西格玛就是通过减少过程波动来避免缺陷。六西格玛倡导者认为波动是质量的天敌，因此六西格玛理论的重点就是解决波动问题。在六西格玛控制下的生产过程的缺陷率小于十亿分之二。如果过程在目标标准的 1.5 个西格玛范围下运行，那么缺陷率将是每 100 万中有 3.4 个。

六西格玛思想的优点在于管理者能用过程的波动描述过程的绩效，并能用这个统一的度量来比较不同的过程。这个度量是**百万机会缺陷数**（defects per million opportunities，DPMO）。这个计算需要三个部分的数据：

（1）单位——已生产的产品或者已进行的服务。
（2）缺陷——任何不符合顾客要求的产品或者事件。
（3）机会——缺陷发生的机会。

采用下式可以直接计算出结果：

$$DPMO = \frac{缺陷数}{每单位产品出错的机会 \times 单位数} \times 1\,000\,000$$

例 12-1

一家抵押银行的顾客希望他们的抵押申请过程能在 10 天内完成，这在六西格玛术语中被称为**关键客户需求**（critical customer requirement，CCR）。假设我们统计了所有缺陷数（在样本月中处理时间超过 10 天的贷款业务），确定上个月 1 000 份申请中有 150 个贷款不能满足顾客的需求。因此，$DPMO = 150/1\,000 \times 1\,000\,000$，也就是每 100 万份里有 150 000 份贷款不能满足 CCR。从另一个角度来看，这也意味着每 100 万份里面只有 850 000 份贷款在顾客时间期望值范围内。据统计，15% 的贷款是有缺陷的，85% 是合格的。这是一个要求贷款处理过程少于 10 天来满足标准的案例。在通常情况下，我们的客户要求同时有上限和下限，而不只是像上述例子中一样只有一个上限要求。

在下面的章节中，我们将描述六西格玛过程循环和在六西格玛项目中常用的工具。

12.2.1 六西格玛方法

六西格玛方法包含许多其他质量管理也用到的统计工具。这里它们被运用于以系统项目为导向的定义、测量、分析、改进和控制（define, measure, analyze, improve, and control，DMAIC）循环中。由于六西格玛方法论是使生产过程实现利润的关键，因此该方法论关注的焦点就是理解和完成顾客想要的。实际上，为了理解这一点，许多人戏称 DMAIC 是"愚钝的经理总是忽视顾客"(dumb managers always ignore customers)。

六西格玛项目的标准过程是通用电气发明的 DMAIC 方法论，描述如下。

（1）定义（D）。

- 明确顾客和他们的首要考虑因素。
- 基于商业目标、顾客需要及反馈确定适合实现六西格玛的项目。
- 确定质量关键特征（critical-to-quality characteristics，CTQ），即顾客认为对质量影响最大的因素。

（2）测量（M）。

- 确定如何测量过程及其如何实施测量。
- 确定影响 CTQ 的关键内部过程，并测量目前这些过程中相关的缺陷率。

（3）分析（A）。

- 确定可能性最大的缺陷发生原因。
- 通过明确最可能产生过程波动的关键变量理解缺陷产生的原因。

（4）改进（I）。

- 确定消除缺陷产生原因的措施。
- 确定关键变量并量化它们对 CTQ 的影响。
- 确定关键变量的最大可接受范围，同时确定一个测量变量偏离情况的系统。
- 修改过程，使其保持在可接受范围内。

（5）控制（C）。

- 确定如何维持改进。
- 将工具设置在适当的位置确保关键变量在过程修改后保持在最大可接受范围内。

12.2.2 六西格玛分析工具

在传统的管理改善项目计划中，六西格玛分析工具已经使用了很多年。六西格玛工具应用的独特之处在于在整个企业管理系统中整合了这些工具。各种质量管理工具包括流程图、运行图、帕累托图、柱状图、检查表、因果图和控制图。根据机会流程图，我们将这些方法的例子展示在图 12-1 中，这些工具根据 DMAIC 目录被安排在它们通常会出现的地方。

流程图（flow chart）。流程图的种类有许多。图 12-1 所描述的过程步骤是 SIPOC（供应商、输入、处理、输出、顾客）分析的一部分。SIPOC 是建立输入-输出模型的基本方法，经常用于一个项目的定义阶段。

运行图（run chart）。它们用一段时间中的数据来描述趋势，因此在定义阶段帮助我们来理解问题的大小。通常它们可以得出处理过程的中值水平。

帕累托图（Pareto chart）。这些图可以帮助我们把一个问题分解成各个部分。它们是以普遍的经验发现为基础的，即大部分问题是由少数原因造成的。在例子中，80%顾客的抱怨是由于送达的延误导致的，而这个原因只占所有列举的原因中的 20%。

检查表（check sheet）。检查表是辅助将数据收集工作标准化的基本表格。它们常被用于创建帕累托图中所示的柱状图。

因果图（cause-and-effect diagram，C&E）。它也被称为鱼骨图（fishbone diagrams）。它们表示出了潜在原因和研究问题之间的假设关系。一旦建立了 C&E 图，分析员就能分析并找出真正导致这些问题发生的潜在原因。

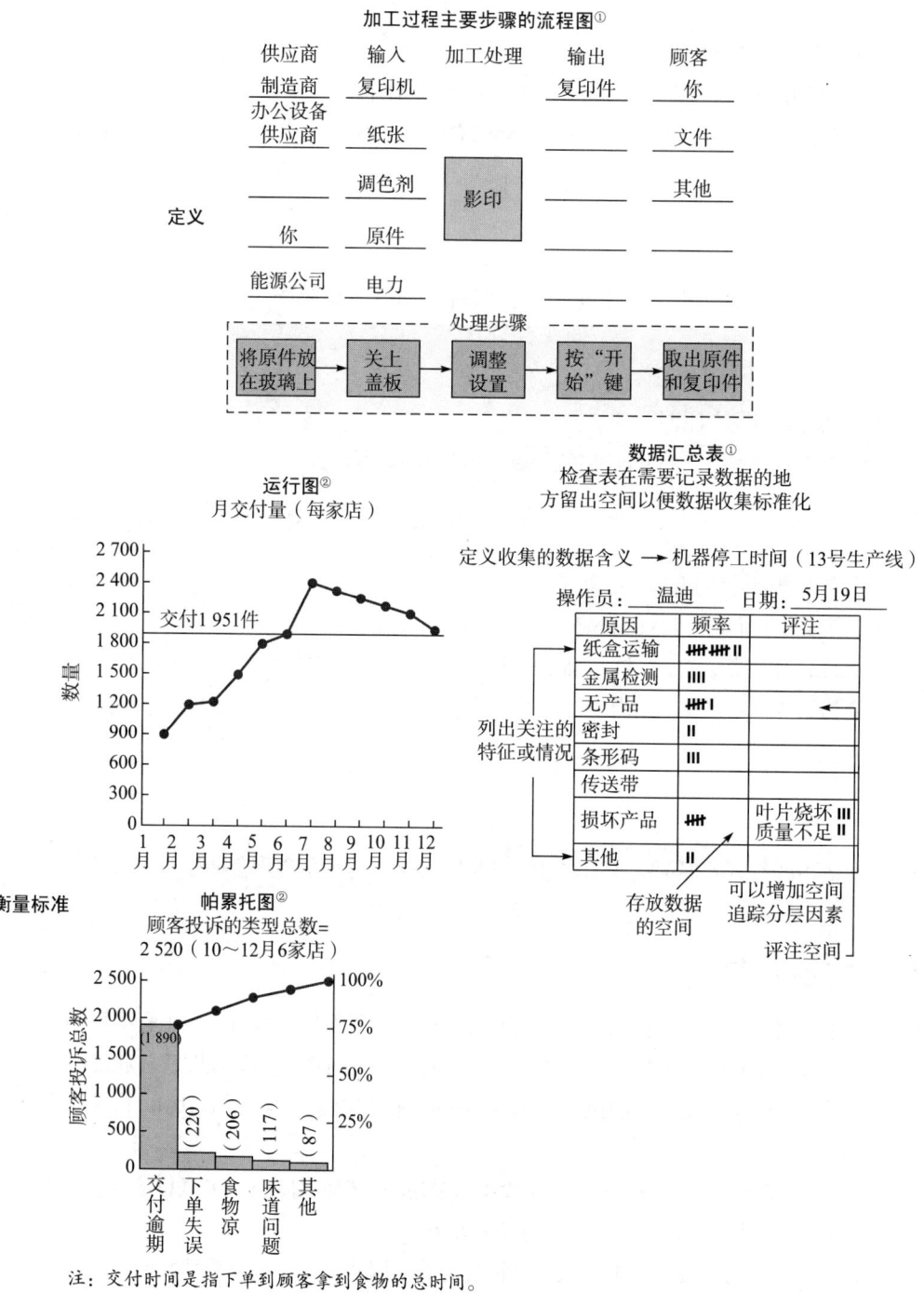

注：交付时间是指下单到顾客拿到食物的总时间。

图 12-1　六西格玛分析工具及持续改进

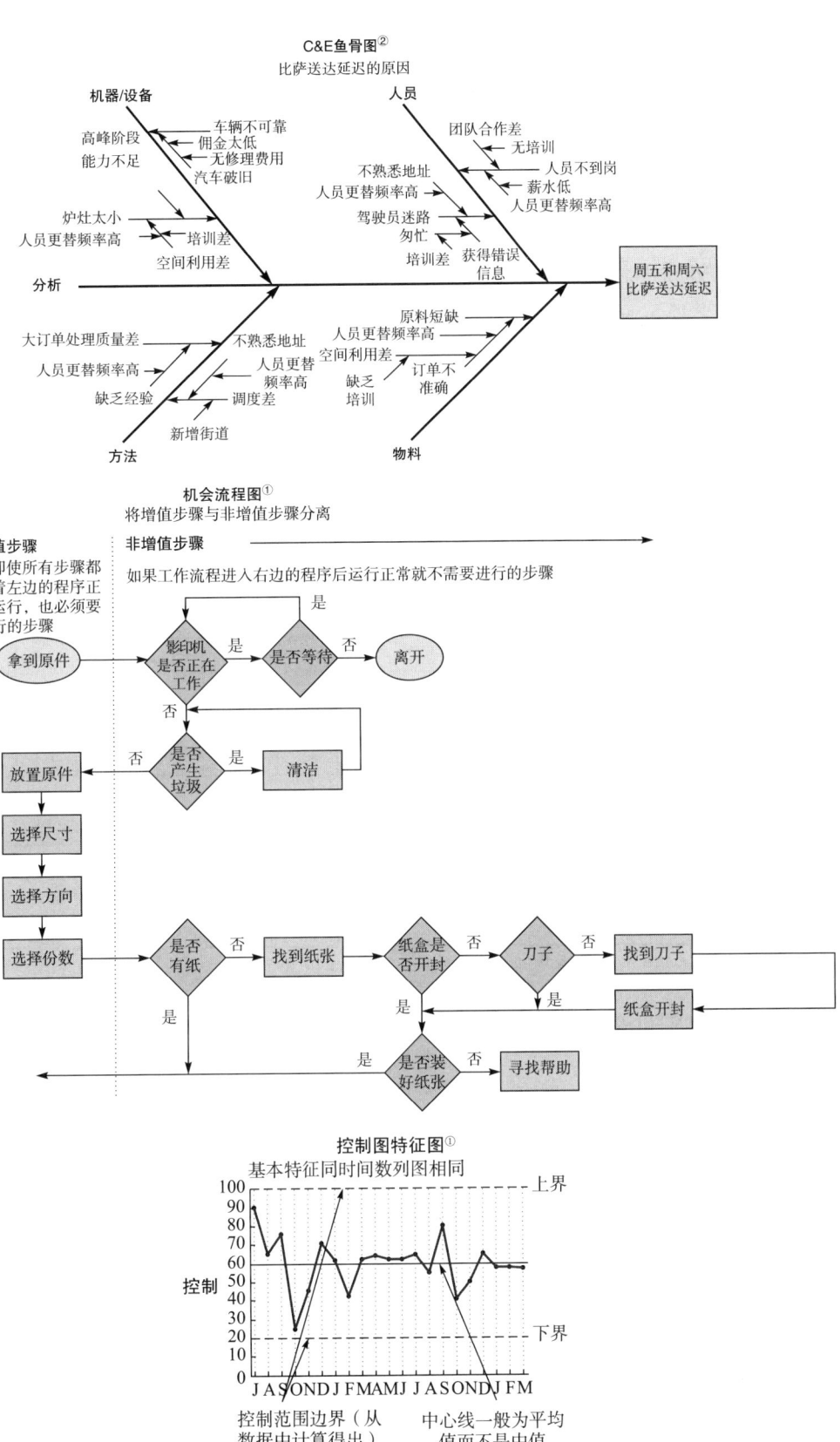

图 12-1（续）

资料来源：① Rath & Strong, *Rath & Strong's Six Sigma Pocket Guide*, 2001.
② From *The Memory Jogger*™ Ⅱ, 2001. Used with permission of GOAL/QPC.

机会流程图（opportunity flow diagram）。用来分离一个过程中的增值步骤和非增值步骤。

过程控制图（process control charts）。这些是时间顺序图，这个图描绘出了统计数值点，其中包括平均中值线和控制边界。它用来确保过程处于统计控制状态。

另外，六西格玛项目中运用比较广泛的工具是故障模式影响分析和实验设计。

故障模式影响分析（failure mode and effect analysis，FMEA）。这是识别、估计、区分优先次序和每阶段可能发生故障的风险评估的结构化方法。首先识别每个要素、装配线、过程的各个部分，列出潜在故障的模式、潜在原因、每种故障的影响。计算每种故障的风险优先级数（risk priority number，RPN）。它是用于衡量 FMEA 图表上列出各项的重要性排名的指数，可参见表 12-5。考察的条目包括故障发生的可能性（发生率）、故障带来的损失（严重性）、内部检测到故障的概率（可察觉性）。RPN 高的项目要优先改进。FEMA 建议指派一个负责的人或者部门通过对系统、设计、过程进行重新设计，并且重新计算 RPN 来消除故障。

表 12-5 FMEA 表格
FEMA 分析

项目：_____   日期：_____（原始的）
团队：_____   （校订的）

项目或者过程步骤	潜在故障模式	潜在故障影响	严重性	潜在原因	发生率	现有控制	可察觉性	RPN	建议的措施	责任与目标日期	"之后"→行动执行	严重性	发生率	可觉察性	RPN
				总风险优先级数：							改进后风险优先级数：				

资料来源：Rath & Strong, *Rath & Strong's Six Sigma Pocket Guide*, 2001, p.31.

实验设计（design of experiment，DOE）。DOE 有时也叫多元检验（multivariate testing），是用于确定过程变量（X）和输出变量（Y）之间因果关系的统计方法。标准统计要改变每个单独的变量来确定影响最大的因素，而 DOE 通过仔细选择一个变量子集可以进行多变量同步实验。

精益六西格玛（lean Six Sigma）结合了六西格玛质量管理工具盒精益制造中的物料管理观念。精益制造（见第 14 章）通过利用准时制库存控制方法达到高产量和最小浪费。精益指的是通过减少原材料、在制品库存和成品库存至最低值来降低成本。库存的降低就要求高水平的质量，因为在不能获取外部库存时就需要过程是可预测的。降低变动性是精益六西格玛成功的关键。

12.2.3 六西格玛的角色和责任

六西格玛的成功实施基于可靠的人员实践和技术方法。下面是六西格玛实施过程中常用的员工实践操作的简要概括。

（1）**执行领导**（executive leader），真正负责六西格玛项目并将它在整个组织中推广；**倡导者**（champion），负责需要进行改善的过程。倡导者是从执行者和管理者中选取的，他们要在项目前期确定适当的衡量标准并要确保改进工作可以带来业绩（见专栏 12-3）。

| 专栏 12-3 |

优秀的倡导者需要具备什么

在一家实施六西格玛的制造公司，被任命的倡导者总是定期会见他的黑带成员。在报告会上，黑带向他汇报她要购买并安置一张工作台，用于离线缺陷产品的分类。这将花费 17 000 美元，却可以给关闭整条生产线的情况提供一个备选方案，而关闭整条生产线的花费显然要远超于这笔花销。管理者告诉她经过正常的申请程序，这个工作台将在 4 个月后到位。这个延迟期会令项目届时失败：将项目提交给常规业务，这几乎体现不出对六西格玛的支持作用。因此倡导者获得了支持她请求的一些数据，对它们进行了分析，认可了这个方案，立即签字要求确保在第二周这个工作台可以到位。

排除障碍让下属明确地感觉到，他和上级都认可并采用六西格玛的思想，承担六西格玛的工作，这就是一个优秀的倡导者。倡导者总是会尽力支持黑带的工作。

资料来源：Greg Brue, *Six Sigma for Managers* (New York: McGraw-Hill, 2002), p.84.

（2）**在整个企业范围内进行有关六西格玛思想和工具的培训**。通用电气花费了十亿美元对专业员工进行关于六西格玛思想的培训。现在事实上每个专业人员在六西格玛技术方面都是合格的。为有力地解决问题，专业人员被授予武术中常用的等级头衔来反映他们的技术和角色：**黑带大师**（master black belt）是受过有关统计工具和过程改进方面的深入培训的人（他们所做的工作大部分和黑带相同，但他们领导很多团队工作）；**黑带**（black belt）是指导或实际领导六西格玛改进团队的人；**绿带**（green belt）是接受了足够的六西格玛培训，可以加入一个团队，或者在某些公司中独立完成与他们自身工作直接相关的小范围的项目。不同的公司在团队中组合不同数量的各种头衔的人，并给团队配备发起人和倡导者指导团队的工作。

（3）**设定改进的延伸目标**。

（4）**持续地加强和回报**。在通用电气，在宣布一个项目节省多少资源之前，负责项目的黑带人员必须证实问题已经永久地被解决了。

12.2.4　Shingo 系统：故障保险设计

Shingo 系统与质量控制的统计方法并行开发，在许多地方和统计方法相冲突。这个系统，确切地说是这种生产管理的思想是以丰田准时制生产系统的开发者之一——Shigeo Shingo 命名的。Shingo 体系有两方面尤其受到关注：一方面就是如何通过快速换模法（single-minute exchange of die，SMED）大幅缩短设备准备时间；另一方面，即本部分关注的焦点，采用源头检查和 poka-yoke 系统达到零缺陷。

Shingo 系统认为 SQC 方法不能预防缺陷。尽管它们能告诉我们发生缺陷的概率，但这是一种事后行为。防止在过程结束的时候产生缺陷的方法是在过程中引入控制。错误和缺陷的区别是 Shingo 系统的核心。缺陷发生是由于人员犯了错误。即使错误是不可避免的，但如果一旦发生错误就立即得到反馈并采取改正措施，缺陷一样可以得到预防。这种反馈和措施要求对生产的产品进行百分之百的监控。这种监控有三种类型：连续检查、自我检查、源头监控。连续检查（successive inspection）监控是由下一过程的人员或者由一个类似于小组长的客观的评估者来执行。缺陷的信息立即被反馈给生产该产品的人员，由他对产品进行修理。自我检查是由工人自身来执行的，它适用于那些可以用感官判断的工作（例如，有无划痕以及划痕的严重程度、和油漆颜色深浅是否匹配）。这些都要求持续不断地检查。源头监控也是由工人自身执行的，只是工人检查的不是缺陷，而是检查是否存在可能导致缺陷的源头。这样预防了缺陷的发生，因而就不需要再进行返工。这三种监控方法要依靠**缺陷预防程序**（fail-safe procedures）及其工具（称为 poka-yoke）。poka-yoke 包括诸如检查表或者特定的工具，可以：①在过程开始之前预防工人犯可能引起缺陷的错误；②迅速地向工人反馈过程中的异常情况，使工人能及时纠正错误。

poka-yoke 有很多不同种类，不仅有用特定工具箱装工件（保证装配线中采用的部件数量正确）的方法，还有的会采用精密的探测器和电子信号仪器。图 12-2 选自 Shingo 系统的作品，展示了 poka-yoke 的一些例子。

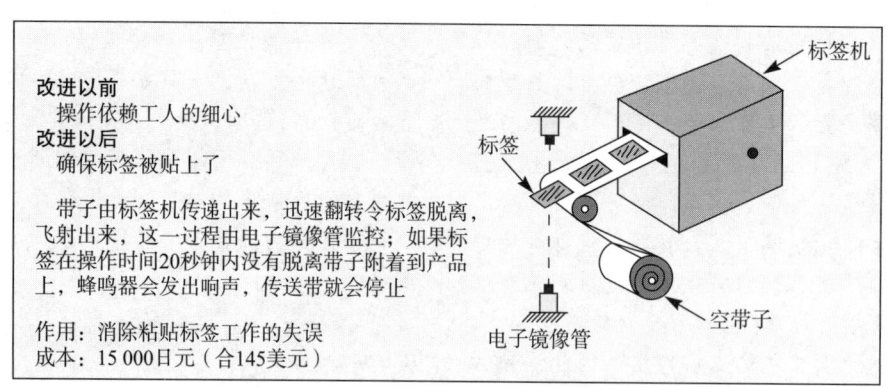

图 12-2　poka-yoke 举例（给传送带上传送下来的部件贴上标签）

12.3　ISO 9000 和 ISO 14000

ISO 9000 和 ISO 14000 是质量管理与保证的国际标准。这些标准的制定初衷是为了帮助企业制定能保持高效质量体系的文件。这些标准于 1987 年由国际标准化组织（International Organization for Standardization，ISO）首次颁布，这个组织有超过 160 个国家的成员。ISO 9000 已经成为业务往来中质量管理要求的国际参考文件，ISO 14000 主要关注的则是环境管理。

这些标准背后的思想是通过计划和工程中每个阶段实施最佳实践（best practice）来防止缺陷的产生，整个过程包括设计阶段、制造阶段、安装阶段和服务阶段。这些标准主要是使不管是制造企业还是服务企业都能保证离开工厂或者营业点的产品或者服务满足顾客的需求。这些标准要求一家公司首先制作质量管理的文档，然后来实施这个系统，接着通过一个独立的、公认的第三方组织的审核，证实这些系统符合标准要求。

ISO 9000 标准的制定基于质量管理的七大原则。这些原则主要关注与以下领域企业相关的业务流程：①以顾客为关注点；②领导作用；③人员参与；④过程方法；⑤持续改进；⑥基于事实的决策方法；⑦互利互惠的供应商关系。ISO 文件给出了满足标准所需的详细要求，同时还为企业描述了用于质量改进的标准工具。这些文件的设计通用化，并能应用于任何产品型或服务型组织。

与环境管理相关的 ISO 14000 标准强调环境责任。这个标准定义了三套与环境相关的方法。第一个是对超过 350 种监管空气、水和土壤质量的国际标准的定义。在许多国家，这些标准被用作环境法规的技术基础。ISO 14000 的第二部分是战略方法，定义了可用于管理这些工具的环境管理系统的要求。最后，环境标准鼓励将环境因素考虑到产品设计之中，同时还鼓励可盈利的、环境友好型的产品和服务的开发。

除了一般的 ISO 9000 和 ISO 14000 标准，还有其他许多特殊标准。下面给出了其中的一部分：

- QS-9000 是克莱斯勒、福特和通用为汽车行业中零部件、原材料和服务供应商制定的质量管理体系。
- ISO/TS 16949 由国际汽车工作小组制定，它将美国、德国、法国和意大利的汽车质量标准融入世界企业行业。
- ISO 14001 是在福特和通用的要求下，被应用于汽车供应商的环境标准。
- ANSI/ASQ Z1.4-2003 提供了属性检验相关的数据收集、分析和解释的方法，而 Z1.9-2003 则与变量检验相关。
- TL 9000 定义了通信行业中产品和服务设计、开发、生产、配送、安装与维修相关的通信质量系统的要求。

新的 ISO 标准已在商定中。有关社会责任行为指导的 ISO 26000 标准近期也已经被采纳。这一标准鼓励组织探讨社会责任问题和相关股东的行为。虽然这不是一个严格意义上的"标准",但这一文件探讨了社会责任对公共组织和个人组织都是需要的。

ISO 标准在全球范围内提供了质量方面的指导。尽管 ISO 认证并不是必需的,但是许多企业认为它有利于在全球市场中取得竞争力。假设你要为公司采购部件,同时有几个供应商以相近的价格提供相似的部件。假设这些公司中有一家已经通过 ISO 9000 认证,而其他的并没有通过,那么你将会从哪一家供应商购买呢?毫无疑问,你决策的时候会考虑经过 ISO 9000 认证的那家公司。为什么呢?因为 ISO 9000 详细规定了供应商的运用、质量标准、交付时间、服务水平,等等。

ISO 9000 标准的认证形式有三种:
(1) 第一方认证:公司按照 ISO 9000 标准对自身进行评审。
(2) 第二方认证:客户审核供应商。
(3) 第三方认证:一个具有认证权威资格的国家标准或国际标准认证机构充当评审。

一个企业的最佳认证方式是通过第三方审核。一旦通过了第三方审核,企业就可以获得认证,可以注册和登记成为 ISO 9000 达标企业。第三方认证在欧洲共同体中具有法律上的优势。比如一个制造商被起诉其产品对使用者造成了伤害,但只要该制造商表明它在生产过程中采用了适当的标准,并且把仔细选择供应商包含在采购要求中,那么它可以免于承担责任。因此,企业都强烈希望选择经过 ISO 认证的供应商。

质量改进的对标活动

到目前为止我们所描述的质量改进方法似乎都是从内部角度来看的。它们试图通过对目前公司自身实践进行详细分析来获得改进。**外部标杆企业**(external benchmarking)则转向组织外部来考察行业内的竞争者以及行业外的优秀实施者是如何做的。标准程序通常包括如下步骤。

- **识别需要改进的过程**。确定一家在执行某过程方面占世界领先地位的公司。这家公司可能处在不同的行业,如宝洁公司采用亚马逊作为评估其订单录入系统的对标企业,以及沃尔玛采用通用汽车的标准改善它的分配系统。许多公司从待改进的过程中挑选一组员工作为访问小组的成员。
- **分析数据**。这项工作要找出你公司目前的表现与基准公司之间的差距。研究包括两个方面:一是对实际过程进行比较,二是根据设定的度量值比较这些过程的绩效。这些过程经常是用流程图以及对员工与这一过程之间关系如何的主观评价来描述的。公司有时允许视频录像,但目前有些作为基准的公司会掩饰一些事情以防泄露过程中的商业秘密。

本章小结

12-1 理解公司全面质量管理的范围

总结
- 全面质量管理是质量管理的综合性方法,关注对消费者更重要的质量问题。
- 这一概念有两个运营目标:①产品或服务的设计;②确保公司的过程与设计保持一致。
- 质量规范是坚实的质量项目的基础。首先要确保设计的特征与产品的预期市场及其固有价值相关。
- 过程需要专门的设计,才能让设计标准如尺寸、表面、产成品或交付速度在产品生产和服务交付时能持续地满足。
- 与质量相关的成本包括检查、返工、修理和保修的费用,其中一些成本很难估测。

关键术语
全面质量管理:管理整个组织,使其在对客户重要的产品和服务的各个方面都表现出色。
马尔科姆·鲍德里奇国家质量奖:由美国商务部设立的奖项,每年颁发给在质量方面有突出表现的公司。

设计质量：产品在市场上的内在价值。
一致性质量：产品或服务设计规范的满足程度。
源头质量：使工人个人对其产出质量负责的理念。工人应该在第一次正确地制造出零件，并在出现问题时立即停止生产。
质量维度：衡量质量的标准。
质量成本：与实现产品或服务质量相关的支出，例如预防、评估、内部损失和外部损失的成本。

12-2 理解提高质量和生产率的六西格玛质量管理

总结

- 这是一种测量和减少次品的方法与工具。
- 六西格玛项目遵循以下五个步骤：①定义；②测量；③分析；④改进；⑤控制。
- 六西格玛项目的分析工具有许多。许多工具都是利用数理统计来分析数据的。
- 六西格玛的培训使用了技术职称来反映技能水平，如黑带和绿带。
- 通常，某些程序可以用来保障高质量。这一程序称为缺陷预防程序。

关键术语

六西格玛：用于描述每100万单位中不超过3.4个缺陷的质量目标的统计术语，也指质量改进的理念和计划。
百万机会缺陷数（DPMO）：用于描述流程可变性的指标。
DMAIC（定义、测量、分析、改进和控制）：参与六西格玛计划的公司所遵循的定义、测量、分析、改进和控制的首字母缩略词。
精益六西格玛：结合六西格玛的实施和质量控制工具以及精益制造的库存管理理念。
黑带大师、黑带和绿带：用于描述六西格玛计划中不同级别的个人技能和责任的术语。黑带大师对统计工具和流程改进进行了额外的深入培训，并为团队提供这些技能的支持。黑带经过了足够多的培训来领导团队。绿带指的是受过足够培训的员工，他们可以参加改进团队。
故障预防程序：帮助防止错误的简单实践。
poka-yoke：防止错误成为缺陷的程序。它们通常用于制造，也可用于服务过程。

12-3 举例说明全球的质量标杆

总结

- 国际标准组织（ISO）已经制定了许多质量规范，并得到国际上的认可。
- 应用最广泛的一个是ISO 9000标准，该标准与生产制造、商业业务过程相关；另一个是ISO 4000标准，它与环境管理相关。

关键术语

ISO 9000：由国际标准化组织制定的质量认证的正式标准。
外部标杆企业：在公司外部寻找公司行业内外的优秀员工在质量方面都做了些什么。

讨 论 题

12-1

1. 六西格玛的目标对于Blockbuster音响店或红盒子DVD售卖部这样的服务企业来说现实吗？
2. 讨论"如果要求生产线上的雇员从事质量改进活动，这会影响到生产"。
3. "你不是要检验产品的质量，而是要制造产品的质量。"讨论这句话的含义。
4. "在建立质量之前，你必须以质量思想思考。"这句话的含义和第3题中那句话的含义有什么不同？

12-2

5. 商业作家Tom Peters建议在改变过程的时候，我们要"尝试，测试，继续推进"，这与DMAIC/持续改进思想在哪些方面有契合之处？
6. 用一张因果图（鱼骨图）来分析影响课程成绩的所有因素。有多少是你可以控制的？

12-3

7. Shingo讲述过一个有关他发明的一种poka-yoke的故事，在一个按键设备中要装入四根弹簧，这种poka-yoke可以确保操作者不会出现少放弹簧的错误。现有的办法是装配工从一个装有几百个弹簧的盒子里取出两个弹簧放在按键"开"后面，取出两个放在按键"关"后面。Shingo发明的poka-yoke是怎样的呢？
8. 典型的文字处理包中通常包含poka-yoke。请列举其中三种。你还希望这种软件包中有哪些其他的poka-yoke吗？
9. 本章中的ISO标准是现代市场竞争中所必需的吗？公司在决定是否要认证时应该考虑哪些因素？
10. 你认为本章提到的ISO质量标准与本书之前提到的竞争战略概念之间有何关系？

客 观 题

12-1

1. 由美国政府颁布的国家质量奖项叫什么？
2. 将质量"大师"与他们的教学专业领域匹配起来，用 C 代表克罗斯比，D 代表戴明，J 代表朱兰。

　　_____定义质量为"适用性"
　　_____定义质量为"符合需求"
　　_____将性能标准设置为"零缺陷"
　　_____定义了要遵循的 14 点管理建议
　　_____强调了对质量全面管理，尤其重视人的因素
　　_____拒绝统计上可接受质量水平的概念
　　_____认为工人对质量问题负不到 20% 的责任
　　_____建议持续提高以减少变动

3. 让从事工作的人负责确保满足规范的术语是什么？
4. 质量成本包括哪四个基本类型？
5. 管理整个组织使得其在对客户重要的产品和服务的所有方面表现突出，这叫什么？

12-2

6. 一个管理者认为自己的工艺过程确实运行得很好，他生产的 1 500 个部件里面有 1 477 个是合格品并通过检测。基于六西格玛理论，在相同条件下，你如何评定这个过程？（答案见附录 D。）
7. 下表列出了去年山姆冲浪店与质量相关的成本（单位：美元）。山姆去年的质量评估成本是多少？

年检验成本	155 000
年废料成本	286 000
年返工成本	34 679
年质量培训成本	456 000
年保修成本	1 546 000
年测试成本	543 000

8. 下表收集了当地一家杂货店过去 6 个月的数据。请给这些数据做出帕累托分析，并算出两类最常见投诉所占的百分比。

其他所有的	71	价格制定	45
收银员	59	产品质量	87
一般事务	58	产品要求	105
服务水平	55	排队结账	33
政策/程序	40	店面条件	170

9. 许多驾驶员都常会遇到的一个问题就是汽车发动不了。绘制鱼骨图来帮助诊断产生这个问题的潜在原因。
10. 一家制造企业正在检查生产过程中的产品。每个产品的检查都要根据 5 个标准来进行评估。如果这个产品不符合某一标准，那么就称为该产品的缺陷。每个产品可能有 0～5 个缺陷。检查 2 000 个产品之后，他们发现了 33 个缺陷。这一过程的百万机会缺陷数（DPMO）是多少？
11. 用来分离一个过程中的增值步骤和非增值步骤的流程图叫什么？（答案见附录 D。）
12. 缩写 DMAIC 代表什么意思？
13. 一个客户呼叫中心正在评估顾客满意度，以确定在其过程中最常见的质量问题。对具体的客户投诉进行分析，将其分为 8 个不同的类型。每个投诉都将计入所在类别。哪种六西格玛分析工具在此处最有用？

12-3

14. 最近制定的哪个国际标准可以用来处理和鼓励企业的社会责任行为？
15. 三大汽车制造商为汽车行业的零部件、原材料和服务供应商制定了哪些行业特殊标准？
16. 公司转向组织外部考察，寻找最佳实践的标杆企业，这一过程被称为什么？

案例分析　特斯拉的质量挑战

　　2016 年 3 月 31 日，特斯拉汽车宣布发布新一代电动汽车 Model 3。世界各地超过 276 000 人在三天内支付了 1 000 美元的定金。该车于 2017 年年底首次交付。这种创新的新车是更为昂贵的 S 型和 X 型汽车的后续产品。在 Model 3 发布之前，特斯拉交付了大约 11 万辆这样的汽车。该公司杰出的首席执行官马斯克曾表示，他有信心到 2020 年，该公司每年能卖出 50 万辆汽车。考虑到在 Model 3 发布会上公众表现出的兴趣，一些专家认为这是可能的。

　　这家刚刚起步的加州帕洛阿尔托（Palo Alto）汽车制造商一直在努力扩大生产，尤其是 2015 年推出的 Model X 运动型多功能车（SUV）。该公司报告表示，在计划生产的后期阶段会有许多采购变更。特斯拉倾向于自行生产 Model X 的中间座椅等产品，而不是外包，许多汽车制造商都是这样做的。

　　与汽车生产相关的问题是机械和计算机软件问题的

特斯拉 X 型鹰翼车门

复杂结合。这些汽车的流行特征包括辅助驾驶自动驾驶仪功能、自动平行停车和自动刹车。这款车甚至有自动召唤功能,司机可以在无人的情况下停车及取回自己的车。许多后期问题已经通过无线连接下载软件更新来解决,但其他机械问题则更难解决。

车主抱怨说,Model X 汽车的鹰翼式车门打不开。当车主遇到这样的问题时,特斯拉通常会安排取车维修。

最近出现的另一个问题是,第三排座位的锁扣在碰撞中可能会松开。于是特斯拉决定召回 2 700 辆 Model X 汽车,以更换新的锁扣设计。这次召回令特斯拉的服务网点完全超负荷运行,需要等待两个多星期才能修复。由于等候时间长,一些顾客享受了租车服务。

迄今,消费者期待特斯拉目前提供的"白手套"服务,但一个大问题是,当路上有数十万辆汽车行驶时,特斯拉会怎么做?尽管遇到了一些问题,马斯克的特斯拉汽车仍有很多忠实的客户。但是,除非做出一些重大的服务改进,否则从数万辆汽车转换到数十万辆汽车可能是困难的。

假设你是特斯拉负责质量和客户满意度的经理。关于下列问题,你有什么建议?

问题

1. 《消费者报告》(*Consumer Reports*)是一家报告汽车(以及我们购买的所有其他产品)的公正测试和评级的服务机构,它建议在新车投产的第一年不要购买新车,尤其是那些使用了新技术的新车。特斯拉能做些什么来反驳这一建议呢?
2. 特斯拉应该如何"管理"Model 3 最初的交付?请结合汽车应该在什么地理位置交易以及服务流程应该如何设计来考虑。
3. 特斯拉是否应以先到先得的方式(即按付款的先后次序)向客户提供汽车?
4. 对于确保特斯拉新的 Model 3 汽车的质量,你还有什么其他建议?

练习测试

写出以下每个语句定义的术语或回答问题,答案见底部。

1. 市场中产品固有的内在价值,并且是企业的战略决策的一种。
2. 它与产品或服务满足设计规范的程度相关。
3. 顾客看待产品或服务质量维度的方式。
4. 一系列国际质量标准。
5. 良好质量的天敌是什么?
6. 在其控制中心运行的六西格玛过程可能会出现这种缺陷率。
7. 由通用电气开发的标准质量改进方法。

答案:1. 设计质量 2. 一致性质量 3. 感知质量 4. ISO 9000 5. 变动性 6. 百万分之二 7. DMAIC 循环

第 13 章

统计质量控制

学习目标

13-1 说明什么是过程波动并解释如何测量它；

13-2 应用统计方法分析过程质量；

13-3 应用统计方法分析批量产品的质量。

引导案例

通过控制图说明控制波动的重要性

我们都喜欢波动，但是商业领域的波动可能导致大的麻烦。无论是在服务活动还是制造活动中，商业的持续稳定都是成功的关键。

控制图是一种重要的工具，可以用来理解商业过程中的变化。它可以帮助我们识别波动是正常的、可以接受的，还是特殊的、必须予以处理的。

当你从快餐店购买汉堡的时候，你希望得到的食品是一致的，而不是不可预测的。例如，与上周相比，这次购买的汉堡上的腌黄瓜距离面包边缘更近一些，但是只要腌黄瓜在那里，这个汉堡就是可以接受的。

商业上应用统计过程控制（SPC）技术来保证过程稳定、一致和可预测，从而保证产品和服务的质量。在SPC中最常用也最有用的工具之一是控制图。

控制图可以显示出一个过程或者其输出的属性随着时间的变化情况，从而可以轻易识别出"正常原因"的波动和"特殊原因"的波动。识别属性中波动的不同原因会提醒相关人员在必要时采取行动修复过程波动。

例如，在汉堡的例子中，正常原因的波动是指腌黄瓜放在面包的不同位置。具体讲，2～4片腌黄瓜随机地放在面包上，虽然放置的位置不一样，但是只要没有露在面包圈的外面，就属于正常波动。

特殊原因的波动是指突然大量出现夹有10片腌黄瓜的汉堡，而不是平均的3片。很显然，一些不寻常的事情正在引起"特殊的"和不可接受的波动，需要进行处理。

在这里，我们可以用控制图，通过定期对汉堡进行抽样检验，在问题发生时检测到这种不可接受的波动。这会触发对整个流程的审查，明确导致特殊波动的原因，可能是机器出问题了，或者是腌黄瓜没有处理好，或是工人培训不到位。

13.1 统计质量控制

本章内容涉及**统计质量控制**（statistical quality control，SQC），主要讲述质量管理的定量分析方法。通常 SQC 是从一致性角度评估质量的一些技术方法。它需要进行定期的过程抽样和数据统计分析，从而评估出我们提供的产品和服务与其设计要求之间的吻合程度。

如下面的例子所示，SQC 可以应用在物流、制造和服务过程中。

- 汽车喷漆缺陷数量的控制，安装一个新的喷嘴是否可以提升喷漆质量？
- 在基于 Web 的交易系统中执行订单的时间控制，安装一台新的服务器是否可以提升服务，在交易日里系统绩效是否有变化？
- 我们对 3 英寸滚珠轴承的装配尺寸公差进行控制，给定轴承的制造工艺，每生产 100 万个预计会产生多少个缺陷产品？
- 在中午繁忙时间段，通过免下车窗口服务一位顾客需要多长时间？

制造和服务流程的输出结果通常都会出现一些波动。多种因素可以导致这种波动，其中有些因素是可以控制的，有些因素是流程所固有的。那些可以被识别和控制的因素导致的波动称为**非随机波动**（assignable variation）。例如，由于工人的培训不一致导致的波动和由于机器调试不当导致的波动都是非随机波动。流程固有的因素所导致的波动叫**正常波动**（common variation），通常称为随机波动。

在中国深圳的美泰实验室里，ELMO 舞蹈小鸡玩偶正在接受声音检查。美泰公司曾游说自己的实验室要为玩具的安全性提供检测证明。这家加州公司在 6 个国家拥有 10 个实验室。

正如本节的标题所示，我们需要了解基本的统计知识。回忆一下正态分布的均值和标准差的定义。其中，均值是指一组数据的平均值。其数学表达如下：

$$\overline{X} = \frac{\sum_{i=1}^{n} x_i}{n} \quad (13\text{-}1)$$

式中　x_i——观测值；
　　　n——观测值的总数。

标准差是：

$$\sigma = \sqrt{\frac{\sum_{i=1}^{n} (x_i - \overline{X})^2}{n}}^{\ominus} \quad (13\text{-}2)$$

应用 SQC 进行过程监控时，过程输出结果被随机抽样并进行统计计算。样本的统计分布与流程本身的统计分布具有类似的变化规律，只是样本的统计方差会较小。因此，它可以快速诊断出真实流程分布的变化，抽样的目的是识别出非随机的变化何时产生，进而确定变化产生的根源。

在 SQC 术语中，西格玛（σ）是指样本标准差，根据分布特点不同（比如，正态分布或者泊松分布）西格玛的计算方法也不相同。

13.1.1 理解并测量过程变化

人们普遍认为，减少变异可以提升质量。直观的理解是：如果火车总是可以保持准时，那么列车时刻表就可以制

$\ominus$ 原书疑有误，更正为此。——译者注

定得更加精确；如果服装尺寸是一致的，可以降低通过从目录中订购的时间。但是人们很少考虑降低这些可变性所带来的价值。在设计一个机械设备（如汽车）的时候，相关知识被明确地定义。活塞必须适合汽缸，门必须适合门框，电气部件必须兼容，轮胎必须能够承担所需的负载，等等。否则，质量将无法接受，客户将不满意。

然而，工程师也知道不可能有零变异性。由于这个原因，设计人员建立了规范，不仅定义了目标值，而且还定义了可接受的范围限制。例如，如果一个尺寸的目标值是 10 英寸，那么设计规范可以是 10 ± 0.02 英寸。这将告诉制造部门，虽然它应该追求 10 英寸，但是 9.98～10.02 英寸都是可以接受的。这些设计限制通常被称为**规范上限和下限**（upper and lower specification limits）。

如图 13-1 所示，传统观念认为只要规范参数落在可接受的范围内，那么就认为这些零件的质量是好的，而且都是一样好；如果是落在可接受范围之外，则认为这些零件的质量都是坏的（这里要注意，在可接受范围内的质量成本都是 0，一旦超出这个范围就会产生一定数额的质量成本）。

来自日本的知名质量专家田口原一（Genichi Taguchi）曾经指出如图 13-1 所示的传统观念是不合适的，理由如下。

（1）从顾客角度来说，如果两个产品都在规范界限附近，一个在可接受范围之内，一个在可接受范围之外，那么这两个产品并没有什么差别；相反，同样是处于可接受范围之内的两个产品，如果一个处于目标水平，而另一个处于界限水平，那么这两个产品的质量具有明显差别。

（2）随着顾客要求越高，降低波动的紧迫性就越大。然而，图 13-1 没有反映这种思想。

田口原一给出了一个更科学的展示损失的图，如图 13-2 所示。注意，在这个图中成本用一条平滑的曲线来表示。有许多例子可以体现这种观点：齿轮传动过程中的啮合、胶片电影的速度、工作间或者百货商店的温度，等等。几乎所有可以被测量的事物，顾客看到的不是一条突变的线条，而是一条接受度随着偏离目标值的距离渐变的线。相比图 13-1，图 13-2 能更好地反映顾客眼中的损失函数。

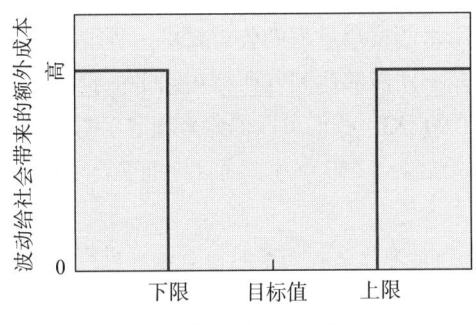
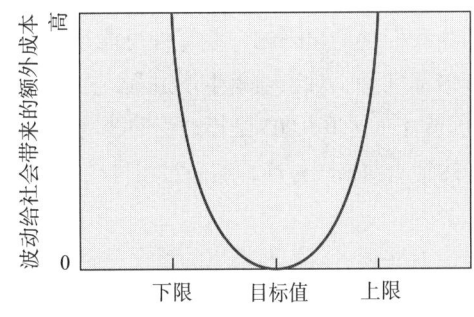

图 13-1　传统的波动成本的观点　　　　图 13-2　田口原一的波动成本的观点

当然，如果在规范范围之外的产品总是做报废处理，在大多数情况下成本损失曲线会在规范范围之外变得平坦。这是因为，至少在理论上讲，这些产品是不会卖出去的，因此不会给社会造成外部损失成本。然而，在许多实际情况中，要么就是企业有能力生产相当高比例的符合规范的产品而不需要进行百分之百的检验，要么就是生产的合格品比例不高而需要进行全检，并对超出界限的产品通过返工返修达标。在任何一种情况下，这种抛物线形损失函数都是一个合理的假设。

13.1.2　测量过程能力

田口原一认为是否在可接受范围内并非一个是或者不是的判断，而是一个连续函数。另外，摩托罗拉公司的质量专家认为用于生产产品或者提供服务的过程应该要达到非常高的水平，从而使缺陷的发生概率很低。摩托罗拉采用六西格玛管理令其过程能力和产品设计闻名于世。[一]我们在设计一个零件的时候，就规定某些尺寸必须在规范限定的上下限之内。

　　㊀　但因其未能持续关注质量而走向末路。——译者注

举个简单的例子，假设我们为一个转轴设计轴承，比如一个汽车车轮的车轴。这里会涉及很多变量，比如轴承的宽度、滚子的尺寸、车轴的尺寸、车轴长度、它怎样得到支撑的，等等。设计者为每个变量设定了限制，以确保这些部分能够正确地匹配。假设开始选择了一种设计，其轴承的直径设为 1.250±0.005 英寸。这就是说可以接受的轴承直径在 1.245～1.255 英寸（分别是规范下限和上限）波动。

接下来考虑一下制造轴承的过程。试想我们可以许多不同的过程来制造轴承。通常在设计制造某一个部件的过程时还要考虑一些权衡。例如，这一过程可能速度非常快但不是很稳定，或者相反，它可能很慢但非常稳定。轴承制造过程的一致性可以通过测量直径的标准差得到。我们可以这样进行测试：制造 100 个轴承并测试样本中的每个直径。

我们假设经过测试，发现直径的均值是 1.250 英寸。也就是说，这一过程的均值正好位于规范上限和下限的中间。在实际中像我们的例子中这样恰好居中的过程是很少的。假如说直径的标准差或者 σ 等于 0.002 英寸，这意味着过程生产出的轴承不完全是同一尺寸。

在本章后面我们将会看到，一般我们用控制图对某生产过程进行监控，比如当这一过程生产的轴承大于或者小于 1.250 英寸 3 个标准差（±0.006 英寸），就停止该过程。这就是说我们的产品都是在 1.244（也就是 1.250－3×0.002）和 1.256（也就是 1.250＋3×0.002）英寸之间，其中 1.244 和 1.256 就是这一过程所限制的上下界。注意，不要把这里的术语搞混淆了。"过程"的限制是显示制造轴承这一过程的一致性如何。管理这一过程的目标是把轴承的直径保持在均值的上下 3 个标准差之内。"规范"限制是关于部件的设计。回忆一下，从设计的角度来看，可接受的零件的直径在 1.245～1.255 英寸（分别是规范下限和上限）。

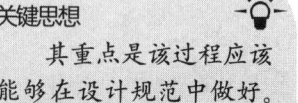

关键思想

其重点是该过程应该能够在设计规范中做好。在这里，我们将展示如何使用统计数据来评估流程的优异程度。

我们可以看到，过程的界限范围比设计者规定的规范范围要稍大一些。这样并不好，因为我们生产出来的一些零件可能达不到规范要求。采用六西格玛过程的公司要求过程设计规格界限偏离过程均值 6 倍标准差。对于轴承生产过程，过程的标准差要达到多小才能够达到六西格玛水平？我们的设计规范是 1.250±0.005 英寸。这里 0.005 是指过程的波动，0.005 除以 6 等于 0.000 83，我们可以据此来确定六西格玛过程的标准差。因此要达到六西格玛标准，这一过程生产出的产品直径均值要恰好为 1.250 英寸，而且标准差要小于等于 0.000 83 英寸。

可能这时有些读者对六西格玛的整个思想有点混淆不清了。比如，为什么我们不对每一轴承进行测试，然后把那些直径小于 1.245 英寸和大于 1.255 英寸的挑出来呢？这当然可以做到，并且有很多零件都是进行百分之百的检测的。而问题是对于一家每小时要制造成千上万个零件的公司来说，测量每一个生产出来的零件的每一个关键尺寸将是非常昂贵的。对于轴承来说，除了直径之外，很可能还有 10 个或者更多其他关键尺寸需要测量。如果采用百分之百检测的方法，公司在检测上花费的时间可能要比实际制造这些零件的时间还要多。这就是为什么公司用小样本进行定期检测以保证过程是在统计控制之中。我们将在本章后面详细讨论统计抽样的原理。

当一个过程的均值和标准差可以令过程上下控制界限相对于规范的上下限来说可以接受，那么我们说一个过程是合格的。图 13-3a 是我们在前面讨论的过程中轴承直径尺寸的分布情况。平均值或者说均值为 1.250，设计规范要求的上下限分别是 1.245 和 1.255。过程的控制界限是加减 3 个标准差（1.244 和 1.256）。注意，这里深色的区域表示将会产生缺陷产品的概率。

如果我们可以通过减小轴承直径的标准差来改进过程，缺陷的概率就会减小。图 13-3b 展示了一个标准差减小到 0.000 83（浅色区域）的新过程。尽管我们不能从图中看出该过程仍有可能产生缺陷，但是这个概率将会非常低。

假设过程中心值或者过程均值偏离了均值。如图 13-4 所示，过程均值朝着上界的方向偏离了一个标准差。这就会使缺陷期望值升高，但我们看到这样的过程仍旧很不错。我们可以用能力指数来衡量一个过程相对于设计要求的满足水平。关于过程能力的计算将在下一节中详细描述。

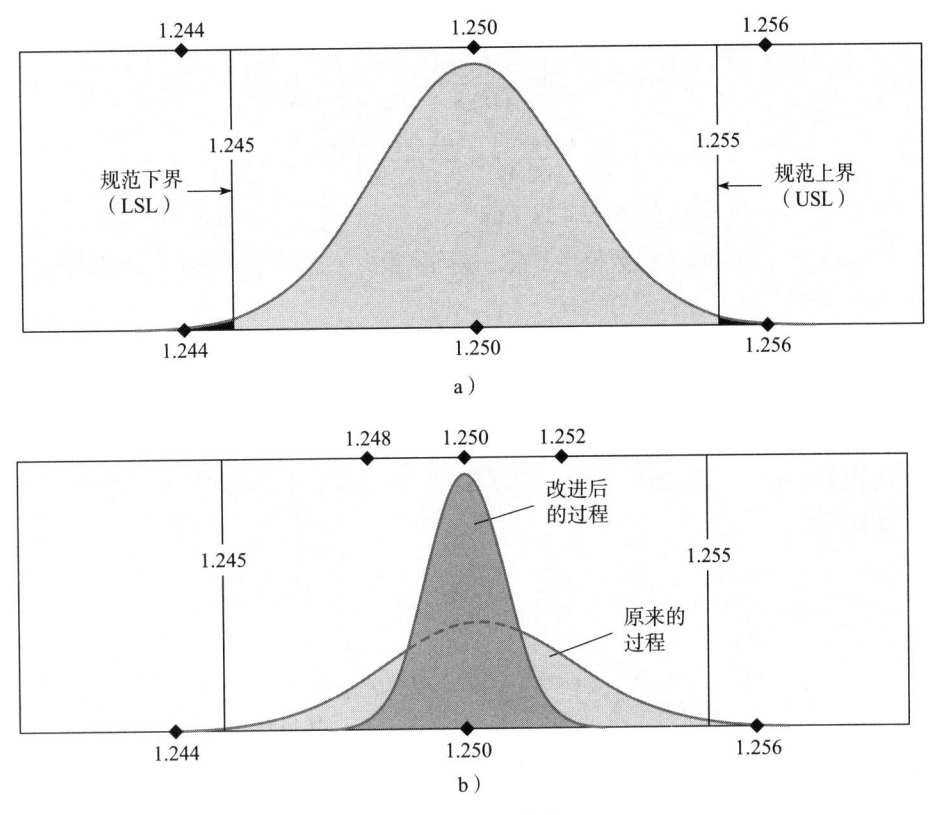

图 13-3 过程能力

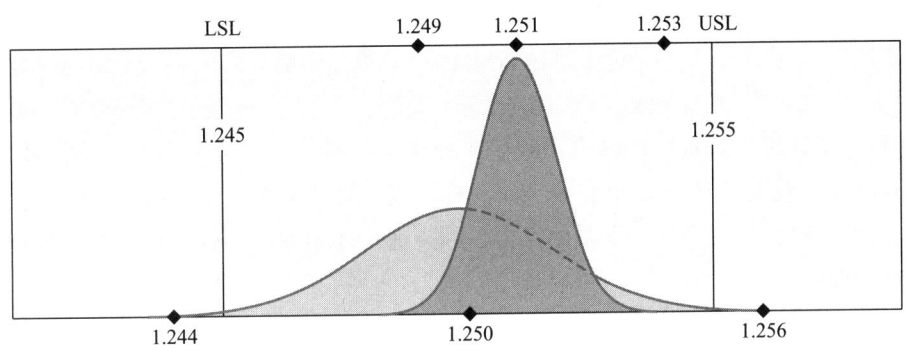

图 13-4 过程均值偏离中值的过程能力

过程能力指数

过程能力指数（capability index，C_{pk}）表示生产的零件与设计界限规定的范围的吻合程度。如果设计界限比过程所允许的 3σ 大，则可以允许过程均值在调试前偏离中心值，即使这样仍然能够得到较高的合格率。

根据图 13-3 和图 13-4 可以看出，过程能力指数（C_{pk}）是指过程均值及其分布边界相对于设计规范的位置。中值偏离程度越大，产生缺陷的概率就越大。

由于过程中值可能向任一方向偏离，所以其偏离方向与设计规范距离就规定了过程能力的界限。偏离的正方向是数字小的方向。

过程能力指数（C_{pk}）的计算公式如下：

$$C_{pk} = \min\left[\frac{\overline{\overline{X}} - LSL}{3\sigma} \text{ 或 } \frac{USL - \overline{\overline{X}}}{3\sigma}\right] \qquad (13\text{-}3)$$

结合在图 13-4 中的例子，假设过程均值为 1.251 且 $\sigma = 0.000\,83$（σ 代表了标准差）：

$$C_{pk} = \min\left[\frac{1.251 - 1.245}{3 \times 0.000\,83} \text{ 或 } \frac{1.255 - 1.251}{3 \times 0.000\,83}\right]$$

$$= \min\left[\frac{0.006}{0.002\,49} \text{ 或 } \frac{0.004}{0.002\,49}\right]$$

$$C_{pk} = \min[2.4 \text{ 或 } 1.6]$$

$C_{pk} = 1.6$，为最小值。可见，这个过程能力指数相当不错，缺陷将很少。这告诉我们过程中值偏向右侧，与图 13-4 所示相似，但是零件参数仍然在设计界限之内。

有时候我们需要计算实际缺陷率。假设过程以某一稳定不变的标准差生产，我们可以应用电子数据表来方便地计算。方法就是根据过程均值和标准差计算产品落在设计规范的上限和下限之外的概率。

计算一下我们的例子，在这个例子中过程是不居中的，均值为 1.251 英寸，$\sigma = 0.000\,83$，$LSL = 1.245$，$USL = 1.255$，首先我们要用规格的上限和下限来计算 Z 值。回忆一下所学过的统计学，Z 值代表在某一个概率分布下相对于零点右侧或者左侧偏离的标准差倍数。

$$Z_{LSL} = \frac{LSL - \bar{\bar{X}}}{\sigma} \quad Z_{USL} = \frac{USL - \bar{\bar{X}}}{\sigma}$$

在我们的例子中：

$$Z_{LSL} = \frac{1.245 - 1.251}{0.000\,83} = -7.228\,9 \qquad Z_{USL} = \frac{1.255 - 1.251}{0.000\,83} = 4.819\,3$$

得到这些 Z 值的一种简单方法是在 Excel 中用 NORMSDIST 函数（你也可以用附录 G 中的表格）。这一函数的计算公式为 NORMSDIST(Z)，其中 Z 为上面计算得出的 Z 值。Excel 得出如下的值（你得到的结果可能与这里给出的稍微有些差别，这与你用的 Excel 的版本有关）：

$$\text{NORMSDIST}(-7.228\,9) = 2.434\,61\text{E-}13 \quad \text{和} \quad \text{NORMSDIST}(4.819\,3) = 0.999\,999\,28$$

要解释这些数值所表示的信息需要清楚地了解 NORMSDIST 函数给出的具体含义。NORMSDIST 得出的是给定的 Z 值左侧的累计概率。$Z = -7.228\,9$ 是对应于规范下限相对于标准差的倍数，生产出低于这个数的零件概率为 2.434 61E-13。

这个数字是用科学记数法，后面的 E-13 表示我们要把小数点移动 13 位才能得到真实的缺陷率。因此缺陷率为 0.000 000 000 000 243 61，这是一个非常小的数字。同样，我们计算得到 0.999 999 28 的零件在规范范围的上限以下。这里我们真正感兴趣的是大于这个上限的部分，因为那些才是缺陷零件。这一大于规范上限缺陷概率为：$1 - 0.999\,999\,28 = 0.000\,000\,72$。

把这两部分的缺陷率加起来我们得到 0.000 000 720 000 243 61。我们可以这样解释，即每 100 万个零件中预计只有大概 0.72 件是有缺陷的。显然这是一个很好的过程。计算了本章后面的习题后你会发现实际情况并不总是这样。

- - - - - - - - - - - - -

例 13-1

质量保证部门经理在评估一个把压缩润滑油装入气溶胶罐过程的能力。设计规范要求每罐中平均每平方英寸（psi）的压强为 60 磅，且上限为 65psi，下限为 55psi。他从产品中抽取了一个样本，发现这批产品平均压强为 61psi，标准差为 2psi。这一过程的生产能力如何？产生一个次品的概率有多大？

解答

第一步：对问题中的数据进行阐述。

$$LSL = 55 \quad USL = 65 \quad \bar{\bar{X}} = 61 \quad \sigma = 2$$

第二步：计算 C_{pk}。

$$C_{pk} = \min\left[\frac{\bar{\bar{X}} - LSL}{3\sigma}, \frac{USL - \bar{\bar{X}}}{3\sigma}\right]$$

$$C_{pk} = \min\left[\frac{61-55}{3\times 2}, \frac{65-61}{3\times 2}\right]$$

$$C_{pk} = \min[1, 0.6667] = 0.6667$$

这不是一个很好的能力指标。我们在第三步中看看为什么这是正确的。

第三步：计算生产一个缺陷的概率。

罐压小于 55psi 的概率：

$$Z = \frac{X - \bar{\bar{X}}}{\sigma} = \frac{55-61}{2} = -3$$

NORMSDIST（-3）= 0.001 349 898

罐压大于 65psi 的概率：

$$Z = \frac{X - \bar{\bar{X}}}{\sigma} = \frac{65-61}{2} = 2$$

1 - NORMSDIST（2）= 1 - 0.977 249 868 = 0.022 750 132

罐压小于 55psi 或者大于 65psi 的概率：

概率 = 0.001 349 898 + 0.022 750 132 = 0.024 100 030

即大约 2.4% 的气罐有缺陷。

下表是各种设计界限（以标准差表示）对应的缺陷概率的快速参考表。这个表的假设前提是标准差保持不变并且过程中精确地处于设计界限中间。

设计界限	C_{pk}	缺陷件数	缺陷率
±1σ	0.333	每 1 000 件中有 317 件	0.317 3
±2σ	0.667	每 1 000 件中有 45 件	0.045 5
±3σ	1.0	每 1 000 件中有 2.7 件	0.002 7
±4σ	1.333	每 100 万件中有 63 件	0.000 063
±5σ	1.667	每 10 亿件中有 574 件	0.000 000 574
±6σ	2.0	每 10 亿件中有 2 件	0.000 000 002

在摩托罗拉的六西格玛设计界限中，过程偏离均值量为 1.5σ（C_{pk} = 1.5），从而实现每生产 100 万个产品只有 3.4 个缺陷。如果均值非常精确位于设计规范界限中间（C_{pk} = 2），那么预计每 10 亿中只有 2 个缺陷，如上表所示。

13.2 统计过程控制步骤

过程控制关注的是在产品或者服务产出的过程中对质量进行监控。过程控制的目标是对目前生产的产品是否符合设计规范提供实时信息，并及时检测出过程中可能将要产生不符合规范的产品。**统计过程控制**（statistical process control，SPC）是指对一个过程的随机抽样进行测试，判断过程是否在一个预设的范围内生产。

目前为止所举的例子都是基于可测度的质量特征（或变量），比如某一部件的直径或者重量。**计数型**（attributes）是指质量特性符合或不符合某一规范要求。产品和服务有优劣、正常运营和故障之分。例如，一台割草机是否运转正常，它是否达到特定水平的扭矩和马力，这种测量方式被称为属性抽样。

另外，割草机的扭矩和马力可以用偏离设定标准的程度来测量，这种方式称为计量型（variable）抽样。在以下的章节中，我们将讨论控制过程的一些标准方法：首先是适用于计数型的方法，而后是适用于计量型的方法。这两种方法都可以生成控制图。图 13-5 给出了一些例子，解释如何应用控制图分析和了解一个过程的运营状况。

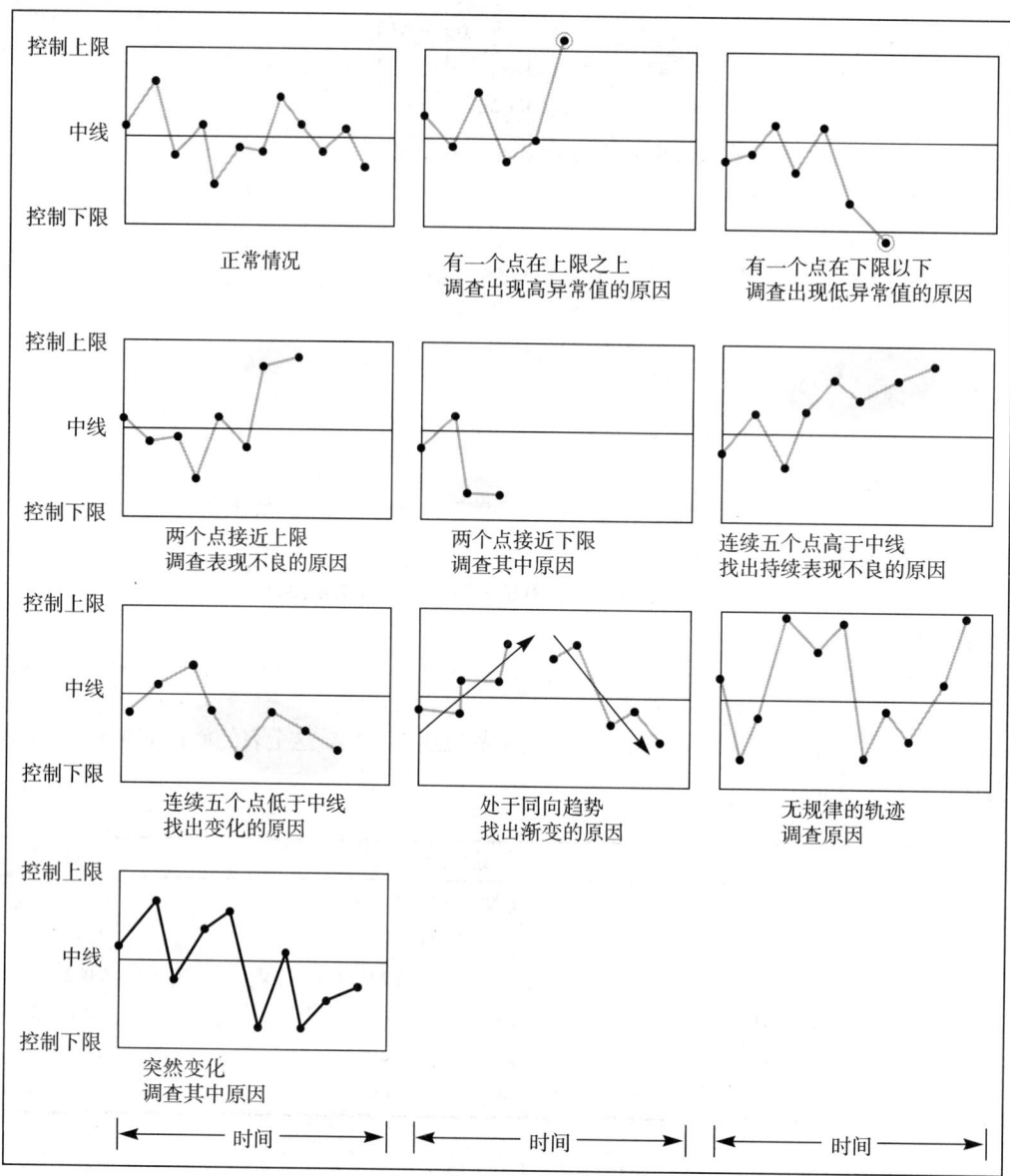

图 13-5 为调查提供依据的控制图

13.2.1 计数型过程控制：p 图的应用

计数型测量是指抽取样本并做出一个判断——产品合格与否。因为这是一种是或否的判断，我们可以运用简单的统计工具建立一个 p 控制图，该图有一条控制上限（UCL）和一条控制下限（LCL）。我们可以在图中把这些上下限画出来，然后将每个检验样本的缺陷率在图上用点描出来。如果定期抽取的样本缺陷率一直处于控制线之内，那么我们认为该过程工作正常。

$$\bar{p} = \frac{\text{所有样本中缺陷的总数}}{\text{样本数} \times \text{样本容量}} \tag{13-4}$$

$$s_p = \sqrt{\frac{\bar{p}(1-\bar{p})}{n}} \tag{13-5}$$

$$UCL = \bar{p} + zs_p \tag{13-6}$$

$$LCL = \bar{p} - zs_p \text{ 或 } 0(\text{小于 0 时}) \tag{13-7}$$

其中 $\bar{p}$ 为缺陷率，s_p 为标准差，n 为样本大小，z 为某一特定置信度所对应的标准差数。常用的有 $z = 3$（置信度为 99.7%）或者 $z = 2.58$（置信度为 99%）。

样本容量

在计数型过程控制中，为了方便计数，要求样本容量足够大。例如，如果我们知道某一机器生产缺陷率为 1%，那么一个容量为 5 的样本很少会出现缺陷。根据经验，当描绘 p 图的时候，要使样本足够大，使每个样本中出现某一属性的数量达到两次以上。因此如果缺陷率约为 1%，那么适当的样本容量为 200。最后一点要注意的是：在式（13-4）～式（13-7）所示的计算中，均假设样本容量固定。对标准差的计算都建立在这一假设上。如果样本容量有变化，每一个样本的标准差和上下限都需要重新计算。

例 13-2　过程控制图设计

一家保险公司希望设计一个控制图来监控其保险索赔工作表是否正确填写。公司希望运用图表观察表格设计的改进是否有效。公司首先收集了过去 10 天里没有正确填写的保险索赔单数量的数据。由于公司每天处理数以千计的表格，检测所有表格需很大的成本，所以公司每天只收集了一小部分具有代表性的样本。有关数据和分析如图 13-6 所示。

样本	已调查数量	错误填写的表格数量	出错部分
1	300	10	0.033 33
2	300	8	0.026 67
3	300	9	0.030 00
4	300	13	0.043 33
5	300	7	0.023 33
6	300	7	0.023 33
7	300	6	0.020 00
8	300	11	0.036 67
9	300	12	0.040 00
10	300	8	0.026 67
总计	3 000	91	0.030 33
样本标准差			0.009 90

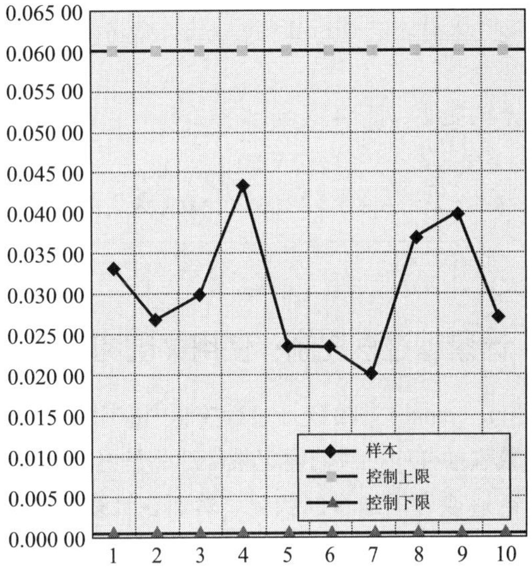

图 13-6　保险公司理赔单

解答

要构造控制图，首先要计算所有样本的总缺陷率。把这作为控制图的中线。

$$\bar{p} = \frac{\text{所有样本中缺陷的总数}}{\text{样本数} \times \text{样本容量}} = \frac{91}{3\,000} = 0.030\,33$$

接着计算样本标准差：

$$s_p = \sqrt{\frac{\bar{p}(1-\bar{p})}{n}} = \sqrt{\frac{0.030\,33 \times (1 - 0.030\,33)}{300}} = 0.009\,90$$

最后，计算控制上限和控制下限。z 值为 3，对应 99.7% 的置信度，于是这一过程的上下限为：

$$UCL = \bar{p} + 3s_p = 0.030\,33 + 3 \times (0.009\,90) = 0.060\,03$$
$$LCL = \bar{p} - 3s_p = 0.030\,33 - 3 \times (0.009\,90) = 0.000\,63$$

图 13-6 的计算过程以及控制图，都包含在"13 Statistical Process Control.xls"电子表格内。

13.2.2 计数型过程控制：c 图的应用

在 p 图的例子中，产品要么是好的要么是坏的。有时候产品或服务中会出现多个缺陷。举个例子，木材厂卖出的一块木板可能有多个节孔。为了控制每单位产品上的缺陷数，使用 c 图更合适。

假设缺陷在每单位产品上随机发生，因此 c 图服从泊松分布。如果 c 是某一单位产品上的缺陷数，那么 $\bar{c}$ 就是每单位产品上的平均缺陷数，且标准差为 $\sqrt{\bar{c}}$。为了达到我们控制图的目的，我们采用泊松分布的常态近似值，并用如下控制界限来构建控制图：

$$\bar{c} = 每单位产品的平均次品数 \tag{13-8}$$

$$s_c = \sqrt{\bar{c}} \tag{13-9}$$

$$UCL = \bar{c} + z\sqrt{\bar{c}} \tag{13-10}$$

$$LCL = \bar{c} - z\sqrt{\bar{c}} \text{ 或 } 0 \text{（小于 0 时）} \tag{13-11}$$

正如 p 图一样，一般使用 $z = 3$（99.7% 的置信度）或 $z = 2.58$（99% 的置信度）。

例 13-3

一家木材厂厂主想要设计一个控制图，用来监控来自供应商的 2×4 型号的木板。对于中等质量的木材，他们希望每 8 英寸木板上的平均节孔数为 4。请为接受木板的人员设计一个控制图，并使用 3σ（标准差）的限定。

解答

在这个问题中，$\bar{c} = 4$，$s_p = \sqrt{\bar{c}} = 2$

$UCL = \bar{c} + z\sqrt{\bar{c}} = 4 + 3 \times 2 = 10$

$LCL = \bar{c} - z\sqrt{\bar{c}} = 4 - 3 \times 2 = -2 \rightarrow 0$（取 0 是因为缺陷数不可能是负的）

13.2.3 计量型过程控制：使用 $\bar{X}$ 图和 R 图

$\bar{X}$ 图和 R（range）图在统计过程控制中应用广泛。

在计数型抽样中，我们确定某件产品是好或坏、合适或者不合适——它是一种通过或者不通过的状况。然而在**计量型抽样**（variables sampling）中，我们测量实际的重量、容积、英寸数或其他变量值，然后在这些测量值的基础上构造控制图来决定是应该接受或者拒绝。例如，在计数型抽样法中，我们认为某物大于 10 磅时拒绝它而低于 10 磅时接受它。在计量型抽样中，我们测量一个样本，并记录为 9.8 磅或者 10.2 磅。这些数值可以用来构造或者修正控制图，看它们是否落在可接受区间内。

在构造控制图过程中要说明四个主要问题：样本容量、样本数、抽样频率和控制界限。

1. 样本容量

工业企业在应用计量型控制图时，最好选取较小的样本容量。这里有两个主要原因。第一，样本的选取需要在一个合理的时间长度范围内，否则在样本选取的过程中生产过程可能会发生变化。第二，样本越大，花费的成本就越高。

一般样本容量可取 4 或 5。不管其总体的分布如何，这样大小的样本的

达纳公司研发中心汽车车轴的控制检查

均值都近似服从于正态分布。样本容量大于 5 时控制图的控制界限会更窄,因而更为敏感。为了更精确地检测一个过程的波动,可以采用较大的样本容量。然而,当样本容量超过 15 个时,最好采用带有标准差 σ 的 $\bar{X}$ 控制图而不是我们在例 13-3 中采用的带 R 的 $\bar{X}$ 控制图。

2. 样本数

一旦控制图建立起来,每一个抽取的样本都可以与其进行比较并判断过程是否可以接受。谨慎起见,从统计学角度建议抽取 25 个左右的样本建立控制图。

3. 抽样频率

多长时间抽取一次样本是由抽样成本(如果是破坏性试验,那么还包括被毁坏的产品成本)与系统调整后的收益之间权衡决定的。通常,最好在开始时对过程的抽样频繁一些,随着对过程了解增加而逐渐减少抽样频率。例如,一开始可以每半小时抽取一个 5 单位的样本,而后一天抽取一次样本就够了。

4. 控制界限

在计量型统计过程控制中标准的做法是把控制上限设置在均值上方 3 倍标准差的地方,控制下限设置在均值下方 3 倍标准差的地方。这表示 99.7% 的样本均值落在控制界限之内(即在 99.7% 的置信区间内)。因此,如果某一样本均值落在这个范围之外,我们就有足够的证据证明过程失控。

13.2.4 如何构造 $\bar{X}$ 图和 R 图

如果过程分布的标准差已知,则 $\bar{X}$ 控制图可以定义为:

$$UCL_{\bar{X}} = \bar{\bar{X}} + zS_{\bar{X}}, \quad LCL_{\bar{X}} = \bar{\bar{X}} - zS_{\bar{X}} \tag{13-12}$$

式中 $S_{\bar{X}} = s/\sqrt{n}$ ——样本均值的标准差;

　　　s ——过程分布的标准差;

　　　n ——样本容量;

　　　$\bar{\bar{X}}$ ——样本均值的平均值或过程设定的目标值;

　　　z ——特定置信度对应的标准差倍数(通常 $z = 3$)。

$\bar{X}$ 控制图就是根据过程中抽取的样本的均值描出的图。$\bar{\bar{X}}$ 是均值的平均。

在实际操作中,过程的标准差是未知的。由于这个原因,普遍采用极差替代标准差的方法。这种方法详解如下。

R 图是对每个样本的极差的描绘。极差是样本中最大值和最小值的差。R 值是一种简单的测量方法,可以用来估算过程的波动,例如标准差。$\bar{R}$ 是每个样本极差的平均值。这些量的数学定义为:

$$\bar{X} = \frac{\sum_{i=1}^{n} x_i}{n} \qquad [类似式(13-1)]$$

式中 $\bar{X}$ ——样本均值;

　　　i ——各项序号;

　　　n ——样本容量。

$$\bar{\bar{X}} = \frac{\sum_{j=1}^{m} \bar{X}_j}{m} \tag{13-13}$$

式中 $\bar{\bar{X}}$ ——样本均值的平均数;

　　　j ——样本序号;

　　　m ——样本总数。

$$\bar{R} = \frac{\sum_{j=1}^{m} R_j}{m} \tag{13-14}$$

式中　R_j——样本中最大值和最小值之差；

　　　$\bar{R}$——所有样本极差 R 的平均值。

表 13-1 帮助我们很容易地计算出 $\bar{X}$ 图和 R 图的控制上下限。定义如下：

$$\bar{X}\text{图的控制上限} = \bar{\bar{X}} + A_2 \bar{R} \tag{13-15}$$

$$\bar{X}\text{图的控制下限} = \bar{\bar{X}} - A_2 \bar{R} \tag{13-16}$$

$$R\text{图的控制上限} = D_4 \bar{R} \tag{13-17}$$

$$R\text{图的控制下限} = D_3 \bar{R} \tag{13-18}$$

表 13-1　由 $\bar{R}$ 决定 $\bar{X}$ 图和 R 图的 3σ 控制界限系数

子样本容量 n	$\bar{X}$ 图系数 A_2	R 图系数	
		控制下限 D_3	控制上限 D_4
2	1.88	0	3.27
3	1.02	0	2.57
4	0.73	0	2.28
5	0.58	0	2.11
6	0.48	0	2.00
7	0.42	0.08	1.92
8	0.37	0.14	1.86
9	0.34	0.18	1.82
10	0.31	0.22	1.78
11	0.29	0.26	1.74
12	0.27	0.28	1.72
13	0.25	0.31	1.69
14	0.24	0.33	1.67
15	0.22	0.35	1.65
16	0.21	0.36	1.64
17	0.20	0.38	1.62
18	0.19	0.39	1.61
19	0.19	0.40	1.60
20	0.18	0.41	1.59

$\bar{X}$ 的控制上限 $= UCL_{\bar{X}} = \bar{\bar{X}} + A_2 \bar{R}$
$\bar{X}$ 的控制下限 $= LCL_{\bar{X}} = \bar{\bar{X}} - A_2 \bar{R}$
R 的控制上限 $= UCL_R = D_4 \bar{R}$
R 的控制下限 $= LCL_R = D_3 \bar{R}$

注：所有系数都基于正态分布。

例 13-4　$\bar{X}$ 和 R 图

我们要为某一过程构建 $\bar{X}$ 图和 R 图。表 13-2 给出了所有 25 个样本的观测值。最后两栏给出了样本均值 $\bar{X}$ 和极差 R。A_2、D_3 和 D_4 的值可以从表 13-1 中得到。

表 13-2 一个过程的样本容量为 5 的样本观测值

样本序号	样本数据					平均值 $\bar{X}$	极差 R
1	10.60	10.40	10.30	9.90	10.20	10.28	0.70
2	9.98	10.25	10.05	10.23	10.33	10.17	0.35
3	9.85	9.90	10.20	10.25	10.15	10.07	0.40
4	10.20	10.10	10.30	9.90	9.95	10.09	0.40
5	10.30	10.20	10.24	10.50	10.30	10.31	0.30
6	10.10	10.30	10.20	10.30	9.90	10.16	0.40
7	9.98	9.90	10.20	10.40	10.10	10.12	0.50
8	10.10	10.30	10.40	10.24	10.30	10.27	0.30
9	10.30	10.20	10.60	10.50	10.10	10.34	0.50
10	10.30	10.40	10.50	10.10	10.20	10.30	0.40
11	9.90	9.50	10.20	10.30	10.35	10.05	0.85
12	10.10	10.36	10.50	9.80	9.95	10.14	0.70
13	10.20	10.50	10.70	10.10	9.90	10.28	0.80
14	10.20	10.60	10.50	10.30	10.40	10.40	0.40
15	10.54	10.30	10.40	10.55	10.00	10.36	0.55
16	10.20	10.60	10.15	10.00	10.50	10.29	0.60
17	10.20	10.40	10.60	10.80	10.10	10.42	0.70
18	9.90	9.50	9.90	10.50	10.00	9.96	1.00
19	10.60	10.30	10.50	9.90	9.80	10.22	0.80
20	10.60	10.40	10.30	10.40	10.20	10.38	0.40
21	9.90	9.60	10.50	10.10	10.60	10.14	1.00
22	9.95	10.20	10.50	10.30	10.20	10.23	0.55
23	10.20	9.50	9.60	9.80	10.30	9.88	0.80
24	10.30	10.60	10.30	9.90	9.80	10.18	0.80
25	9.90	10.30	10.60	9.90	10.10	10.16	0.70
						$\bar{\bar{X}} = 10.21$	$\bar{R} = 0.60$

$\bar{X}$ 的控制上限 $= \bar{\bar{X}} + A_2 \bar{R} = 10.21 + 0.58 \times 0.60 = 10.56$

$\bar{X}$ 的控制下限 $= \bar{\bar{X}} - A_2 \bar{R} = 10.21 - 0.58 \times 0.60 = 9.86$

R 的控制上限 $= D_4 \bar{R} = 2.11 \times 0.60 = 1.27$

R 的控制下限 $= D_3 \bar{R} = 0 \times 0.60 = 0$

解答

图 13-7 展示了所有样本均值和极差的 $\bar{X}$ 图和 R 图。所有点都在控制范围内,尽管样本 23 的均值已经接近 $\bar{X}$ 的下限,样本中的 13～17 都在目标之上。

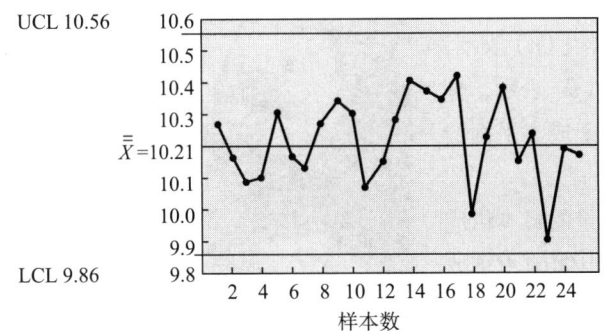 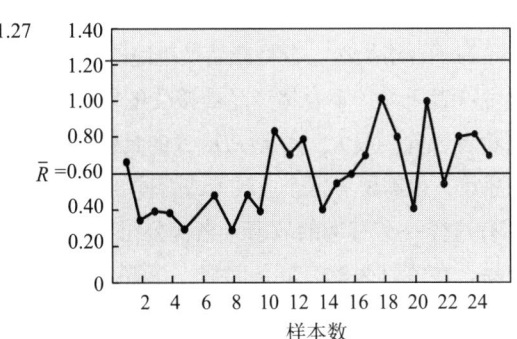

图 13-7 $\bar{X}$ 图和 R 图

13.3 抽样检验

13.3.1 计数型单次抽样方案设计

抽样检验（acceptance sampling）是对生产出来的产品实施的检验，确定符合规范要求的合格产品的比例。这些产品可能是来自供应商，并由企业的进货检验部门进行评估；或是来自企业内部的某道加工工序，并要由后续加工或者库管人员进行评估。在下面的例子中我们将说明如何进行检测。

抽样检验是通过一个抽样方案实施的。在本节中，我们将介绍单次抽样方案（即通过一个样本的检验来评判质量）的设计过程（其他计划可能会用到两个或更多的样本，更加深入的内容可参考有关质量控制的专业书籍）。

例 13-5　验证是否需要检测的成本

如果不检测产生的损失大于检测的成本，那么就证实完全（百分之百）检测是必要的。假设次品造成 10 美元损失，且该批产品的缺陷率是 3%。

解答

如果一批产品的平均缺陷率为 3%，那么次品造成的期望成本是 0.03×10，即平均每件 0.3 美元。因此如果每件产品的检测成本小于 0.3 美元，那么实施百分之百的检测更为经济。不是所有缺陷产品都会被发现，检测设备有时会错过一些次品，而有时又会误把合格品判断为次品。

执行抽样方案的目的是检测产品，一方面判断其质量，另一方面保证产品质量符合预设的要求。因此，如果质量控制主管已知质量水平（就像例子中给出的 3% 一样），他就不需要为检测缺陷率抽样了。要么就检测所有的产品，剔除缺陷品；要么就干脆不检测让所有的次品都进入别的工序。这一决策完全取决于检测的单位成本和放过 1 单位次品带来的成本孰大孰小。

单次抽样方案由 n 和 c 确定，其中 n 是样本容量，c 是接受数。n 的大小可以从 1 到整个批量大小（常用 N 表示）不等。接受数 c 表示可以被接收的一批产品中最多可以出现的缺陷产品数量。n 和 c 的值由四个因素相互作用决定（AQL、α、$LTPD$、β），这些因素刻画了产品的提供者和消费者的质量与风险要求。

其中，生产者希望抽样计划拒绝合格批次的概率很低。如果一批产品中缺陷比例小于某一特定缺陷水平（称为可接受质量水平（acceptable quality level，AQL）），那么就认为该批产品为合格批次。消费者希望抽样计划接受不合格批次的概率很低。如果一批产品的缺陷比例大于某一特定水平（称为批量容许缺陷比例（lot tolerance percent defective，$LTPD$）），那么就认为该批产品为不合格批次。合格产品被拒绝的概率用希腊字母阿尔法（α）表示，称为生产者风险。不合格产品被接受的概率用希腊字母贝塔（β）表示，称为消费者风险。AQL、α、$LTPD$、β 的具体值的设定是一种基于成本平衡的经济决策，也需要考虑企业政策或合同要求的因素。

有这样一个有趣的故事：惠普公司第一次和十分重视质量的日本供应商交易，在签订采购合同的时候，惠普公司坚持采购 100 根电缆的 AQL 要为 2%，但日本供应商不同意这个条款，于是讨论变得十分激烈。最后日本供应商还是妥协了。不久，货物送到了，惠普公司发现箱子里有两包产品，其中一包为 100 根好电缆，另一包为 2 根坏电缆，旁边的便条上写着："我

们给贵公司送去 100 根高质量的电缆。由于贵公司坚持 AQL 为 2%，所以我们同时也将 2 根有缺陷的电缆送上，只是我们不理解贵公司为什么需要它们。"

接下来的例子，摘录了标准抽样方案表的部分内容，说明了如何运用 AQL、α、LTPD、β 这四个参数构造抽样方案。

例 13-6　n 和 c 值

高技术工业（Hi-Tech）公司生产 Z 波段的雷达扫描器用以监测计速路段。扫描器中印刷电路板是从外部供应商那里购买的。供应商按 2% 的 AQL 生产这种线路板，并且供应商承担的缺陷率小于等于 AQL 水平的产品被拒绝的风险（α）为 5%。Hi-Tech 公司认为缺陷率高于 8%（LTPD）就不能接受，并且质量低于该水平的产品被接受的概率（β）不能超过 10%。一大批货物刚刚送达。要确定这批货物的质量选取的 n 和 c 的值应该为多少？

解答

这个问题中的参数为 AQL = 0.02，α = 0.05，LTPD = 0.08，β = 0.10。我们可以用表 13-3 来查找 c 和 n。首先，用 LTPD 的值除以 AQL（0.08÷0.04 = 2）。然后找出第 2 栏中刚好等于或比该值（4）稍微大一点的比率。这个值为 4.057，对应的 c = 4。最后，找出第 3 栏中的与 c = 4 同一行的值，并把这个值除以 AQL 得到 n 的值（1.970÷0.02 = 98.5）。因此，合理的抽样计划为 c = 4，n = 99。将要检查 99 个扫描仪，如果 4 个残次品被检查出来，这个假设将会被拒绝。

表 13-3　α = 0.05、β = 0.10 的样本计划表部分摘录

c	LTPD/AQL	n × AQL
0	44.890	0.052
1	10.946	0.355
2	6.509	0.818
3	4.890	1.366
4	4.057	1.970
5	3.549	2.613
6	3.206	3.286
7	2.957	3.981
8	2.768	4.695
9	2.618	5.426

13.3.2　操作特性曲线

尽管刚刚介绍的抽样方案可以鉴别出高质量产品和低质量产品的差别，但我们还不能确定这个方案是否能很好地区分中等质量产品的优劣。由于这个原因，通常采用**操作特性曲线**（operating characteristic curves，OC 曲线）来表示抽样方案的特性。不同的 n 和 c 组合可以确定一条唯一的 OC 曲线，它可以形象直观地说明在不同缺陷率情况下的接受概率。实际上我们在构建抽样方案时，只是确定了 OC 曲线上的两点：一点是由 AQL 和 1 - α 的值确定的，另一点是由 LTPD 和 β 确定的。其他常见的 n 和 c 对应的操作特性曲线可以从高级质量控制书籍中查表得到。

1. 绘制 OC 曲线

在理想情况下，一个可以很好地区分优劣的抽样方案的特性曲线应该是在选定的 AQL 取值处的一条垂直线。如图 13-8 所示，位于 2% 左边的任一缺陷率总是被接受的，而那些位于右边的总是被拒绝。然而，这样的曲线仅在完全检测的情况下才有可能存在，而在实际的抽样方案中是不可能的。

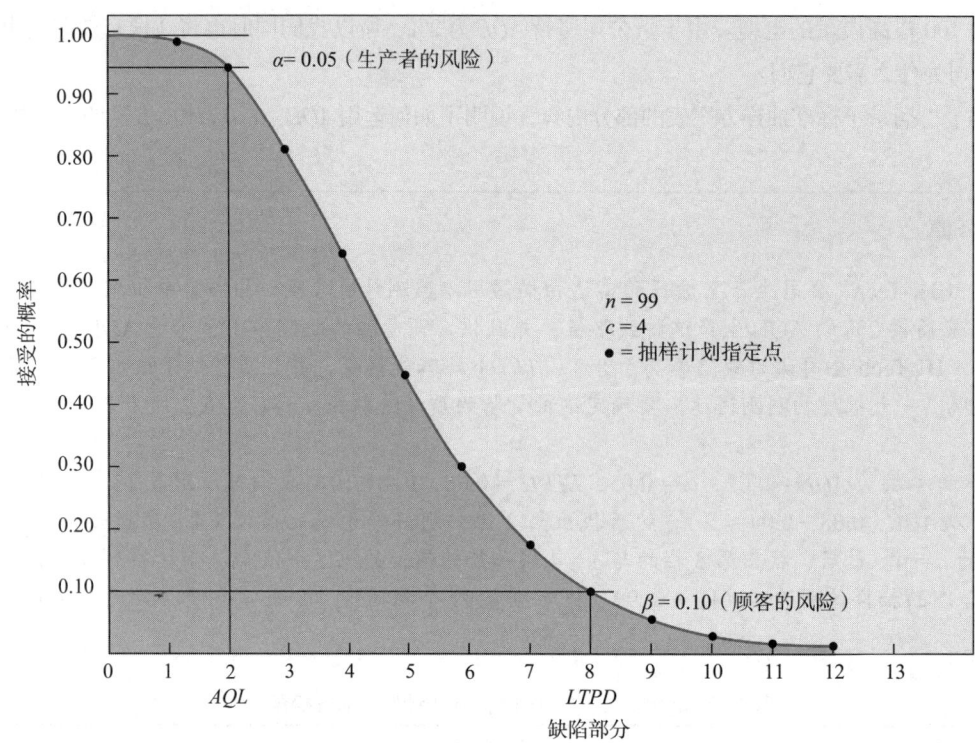

图 13-8 操作特性曲线（$AQL = 0.02$，$\alpha = 0.05$，$LTPD = 0.08$，$\beta = 0.10$）

OC 曲线在 AQL 和 LTPD 之间的区域内应该比较陡峭，这一点可以通过选取合适的 n 值和 c 值来实现。如果 c 保持不变，增加样本容量 n 将会使 OC 曲线更趋于垂直。而保持 n 不变，减小 c（最大的缺陷品数量）也将会使斜率更趋向垂直，且更加接近原点。

2. 批量大小的影响

批量的大小对质量预防效果来说几乎没有影响。比如，考虑相同容量（20 单位）的样本，它们分别来自从 200 到无穷大不等的批次。如果已知每一个批次都有 5% 的次品，那么根据 20 个样本接受总体的概率为 0.34 ~ 0.36。这表明在总体容量比样本容量大若干倍的时候，总体有多大是没有多少差别的。这一点似乎让人难以接受，但在统计学上（从长期的平均结果来看），不管货物是一卡车还是一箱，所得结果都是一样的。虽然看上去好像一卡车货物应该选一个更大的样本规模，当然，假设前提是抽样是随机的并且缺陷也是随机地散布其中的。

本章小结

13-1 说明什么是过程波动并解释如何测量它

总结

- 这一章探讨了有关质量管理的数量方面的内容。
- 波动性是所有过程内在固有的，这些波动可能是由许多因素导致的。由那些可以明确识别并可能得到控制的原因引起的波动称为非随机波动。过程中内生的波动称为正常波动或随机波动。
- 统计质量控制（SQC）涉及过程样本抽样，以及利用数理统计分析何时这一过程开始有规律的变化。
- 当产品和服务设计出来时，也会有相应的规范规定其关键变量。过程的设计就是为了使产出超过这些限制的概率相对较低。
- 过程能力指数衡量了限制范围内持续生产的能力。

关键术语

统计质量控制（SQC）：从一致性角度评估质量的一些技术方法。

非随机波动：过程输出结果中可以明确被识别和控制的偏差。

正常波动：过程输出结果中的偏差，是过程本身固有的随机偏差。

规范上限和下限：在给定产品或服务的预期用途的情况下，与流程相关的度量值的范围。

能力指数：设计规范允许的值的范围除以过程产生的值的范围的比率。

关键公式

均值：

$$\bar{X} = \frac{\sum_{i=1}^{n} x_i}{n} \quad (13\text{-}1)$$

标准差：

$$\sigma = \sqrt{\frac{\sum_{i=1}^{n}(x_i - \bar{X})^2}{n}} \quad (13\text{-}2)$$

过程能力指数：

$$C_{pk} = \min\left[\frac{\bar{\bar{X}} - LSL}{3\sigma} \text{ 或 } \frac{USL - \bar{\bar{X}}}{3\sigma}\right] \quad (13\text{-}3)$$

13-2 利用统计方法分析过程质量

总结

- 统计过程控制涉及运营过程的数量监测。
- 控制图是过程状态的可视化监测工具。
- 计数法是指质量特性按符合或不符合某一规范分类。控制图中适用于计数法的是 p 图和 c 图。
- 当用计量型的测量方法时，如重量或直径，可以用 $\bar{X}$ 图和 R 图。

关键术语

统计过程控制（SPC）：对一个过程的随机抽样进行测试，判断过程是否在一个预设的范围内生产的技术。

计数型：质量特性按符合或不符合某一规范要求进行的分类。

计量型：质量特性以实际重量、体积、英寸、厘米或其他计量单位测量的质量特性。

关键公式

计数型过程控制：

$$\bar{p} = \frac{\text{所有样本中缺陷的总数}}{\text{样本数} \times \text{样本容量}} \quad (13\text{-}4)$$

$$s_p = \sqrt{\frac{\bar{p}(1-\bar{p})}{n}} \quad (13\text{-}5)$$

$$UCL = \bar{p} + zs_p \quad (13\text{-}6)$$

$$LCL = \bar{p} - zs_p \text{ 或 } 0(\text{小于 } 0 \text{ 时}) \quad (13\text{-}7)$$

$$\bar{c} = \text{每单位产品的平均次品数} \quad (13\text{-}8)$$

$$s_c = \sqrt{\bar{c}} \quad (13\text{-}9)$$

$$UCL = \bar{c} + z\sqrt{\bar{c}} \quad (13\text{-}10)$$

$$LCL = \bar{c} - z\sqrt{\bar{c}} \text{ 或 } 0(\text{小于 } 0 \text{ 时}) \quad (13\text{-}11)$$

过程控制 $\bar{X}$ 图和 R 图：

$$UCL_{\bar{X}} = \bar{\bar{X}} + zS_{\bar{X}}, \quad LCL_{\bar{X}} = \bar{\bar{X}} - zS_{\bar{X}} \quad (13\text{-}12)$$

$$\bar{\bar{X}} = \frac{\sum_{j=1}^{m} \bar{X}_j}{m} \quad (13\text{-}13)$$

$$\bar{R} = \frac{\sum_{j=1}^{m} R_j}{m} \quad (13\text{-}14)$$

$\bar{X}$ 图的控制上限 $= \bar{\bar{X}} + A_2\bar{R} \quad (13\text{-}15)$

$\bar{X}$ 图的控制下限 $= \bar{\bar{X}} - A_2\bar{R} \quad (13\text{-}16)$

R 图的控制上限 $= D_4\bar{R} \quad (13\text{-}17)$

R 图的控制下限 $= D_3\bar{R} \quad (13\text{-}18)$

13-3 利用统计方法分析批量产品的质量

总结

- 可接受的样本可用来估计批次的产品，比如可接受的样本表示符合规范要求。这在从供应商采购原材料时是比较受用的。
- 一个抽样方案包括了样本规模和样本中可接受的残次品数量。
- 抽样方案是用数理统计方法来定义的，因此有一定的概率会出现坏的假设被接受的情况，这会给顾客带来风险，也会出现好的假设被拒绝的情况，这会给生产商带来风险。

应用举例

13-1 例 1

暖通空调制造商为暖气设备、通风设备和空调行业生产零部件与原材料，其中一家工厂为家居建材市场生产不同尺寸的金属管道。有一种产品是直径为 6 英寸的金属管道。这是一个很简单的产品，但产品的直径是很关键的一个指标。如果它太大或太小，都会造成建筑工人难以将这个管道与系统中其他部分匹配起来。精确的尺寸是 6 英寸，可接受的波动范围是 ±0.3 英寸。任何在此范围外的产品都是残次品。生产线的检查人员发现实际产品的直径是 5.99 英寸，标准差是 0.01 英寸。

a. 这一过程的能力指数是多少？生产一件残次品的概率是多少？

b. 生产线的检查人员认为他可以不改变过程波动，就能通过调整过程以改变直径的均值，使其与目标直径一致。如果他能做到这一点，那么能力指数会是多少？在这调整后的过程中，生产一件残次品的概率是多少？

c. 通过对员工进行更好的培训和设备升级的投资，公司能够实现产品直径的均值与目标均值一致，并且标准差为0.005英寸。如果能够实现这一目标，那么能力指数将会是多少？生产出一件残次品的概率将是多少？

解答

a. $\bar{\bar{X}} = 5.99$ $LSL = 6.00 - 0.03 = 5.97$
$USL = 6.00 + 0.03 = 6.03$ $\sigma = 0.01$

$$C_{pk} = \min\left[\frac{5.99 - 5.97}{0.03} \text{ 或 } \frac{6.03 - 5.99}{0.03}\right]$$
$$= \min[0.667 \text{ 或 } 1.333] = 0.667$$

这一过程是不满足条件的。能力指数是基于LSL的，表明过程的均值要比目标值低。

为了求得生产一件残次品的概率，我们需要先找到LCL和USL的Z值：

$$Z_{LSL} = \frac{LSL - \bar{\bar{X}}}{\sigma} = \frac{5.97 - 5.99}{0.01} = -2.00$$

NORMSDIST(−2.00) = 0.022 75

即2.275%的产品都会太小。

$$Z_{USL} = \frac{USL - \bar{\bar{X}}}{\sigma} = \frac{6.03 - 5.99}{0.01} = 4.00$$

NORMSDIST(4.00) = 0.999 968

过大的概率是 1 − 0.999 968 = 0.000 032，因此会有0.003 2%的产品太小。

生产出残次品的概率是 0.022 75 + 0.000 032 = 0.022 782，因此2.278 2%的产品会是残次品。从数量上来看，每100万件产品中会有22 782件产品是残次品。

b. $\bar{\bar{X}} = 6.00$ $LSL = 6.00 - 0.03 = 5.97$
$USL = 6.00 + 0.03 = 6.03$ $\sigma = 0.01$

$$C_{pk} = \min\left[\frac{6.00 - 5.97}{0.03} \text{ 或 } \frac{6.03 - 6.00}{0.03}\right]$$
$$= \min[1.00 \text{ 或 } 1.00] = 1.00$$

$$Z_{LSL} = \frac{LSL - \bar{\bar{X}}}{\sigma} = \frac{5.97 - 6.00}{0.01} = -3.00$$

NORMSDIST(−3.00) = 0.001 35

即只有0.135%的产品会太小。

$$Z_{USL} = \frac{USL - \bar{\bar{X}}}{\sigma} = \frac{6.03 - 6.00}{0.01} = 3.00$$

NORMSDIST(3.00) = 0.998 65

过大的概率是 1 − 0.998 65 = 0.001 35，因此会有0.135%的产品会太大。

生产出残次品的概率是 0.001 35 + 0.001 35 = 0.002 7，因此0.27%的产品会是残次品。从数量上来看，每100万件产品中会有2 700件产品是残次品。通过调整过程的均值，使残次品的产出降低了90%。

由于过程的均值与目标值是一致的，且规范限制与过程均值有3个标准偏差的距离，因此这一调整过程的能力指数$C_{pk} = 1.00$。为了要比此方式更好地实现目标，我们需要减少过程的波动，正如c部分那样。

c. $\bar{\bar{X}} = 6.00$ $LSL = 6.00 - 0.03 = 5.97$
$USL = 6.00 + 0.03 = 6.03$ $\sigma = 0.005$

$$C_{pk} = \min\left[\frac{6.00 - 5.97}{0.015} \text{ 或 } \frac{6.03 - 6.00}{0.015}\right]$$
$$= \min[2.00 \text{ 或 } 2.00] = 2.00$$

通过将过程标准差减半，实现了过程能力指数翻了1倍。这对产出的残次品率有什么影响呢？

$$Z_{LSL} = \frac{LSL - \bar{\bar{X}}}{\sigma} = \frac{5.97 - 6.00}{0.005} = -6.00$$

NORMSDIST(−6.00) = 0.000 000 000 986 6

$$Z_{USL} = \frac{USL - \bar{\bar{X}}}{\sigma} = \frac{6.03 - 6.00}{0.005} = 6.00$$

NORMSDIST(6.00) = 0.999 999 999 013 4

按照前面的思路，生产出一件残次品的概率是0.000 000 001 973，这一概率非常小！利用前面的数字例子，每100万件产品中只有0.001 973件残次品。通过将过程标准差降低一半，我们可以实现残次品出现概率降低，这一降低比例远超于50%，本例中是通过管道直径来判断是不是残次品。这一例子证明了六西格玛质量概念的强大和重要性。

13-2 例2

每天对一家保险公司的某一部门填写好的表格进行抽样，以检查这一部门的工作质量。为了给这个部门制定一个试验性规范，在15天中每天抽取一个容量为100单位的样本，其结果如下表所示。

样本	样本容量	有错误的表格数
1	100	4
2	100	3
3	100	5
4	100	0
5	100	2
6	100	8
7	100	1
8	100	3
9	100	4
10	100	2
11	100	7
12	100	2
13	100	1
14	100	3
15	100	1

a. 在 95% 的置信度区间下绘制一个 p 图（$z = 1.96$）。
b. 画出这 15 个样本点。
c. 你如何评价该过程？

解答

a.
$$\bar{p} = \frac{46}{15 \times 100} = 0.0307$$

$$s_p = \sqrt{\frac{\bar{p} \times (1-\bar{p})}{n}} = \sqrt{\frac{0.0307 \times (1-0.0307)}{100}}$$

$$= \sqrt{0.0003} = 0.017$$

$$UCL = \bar{p} + 1.96 s_p = 0.031 + 1.96 \times 0.017$$
$$= 0.064$$

$$LCL = \bar{p} - 1.96 s_p = 0.031 - 1.96 \times 0.017$$
$$= -0.00232 \text{ 或 } 0$$

b. 缺陷点图示如下。

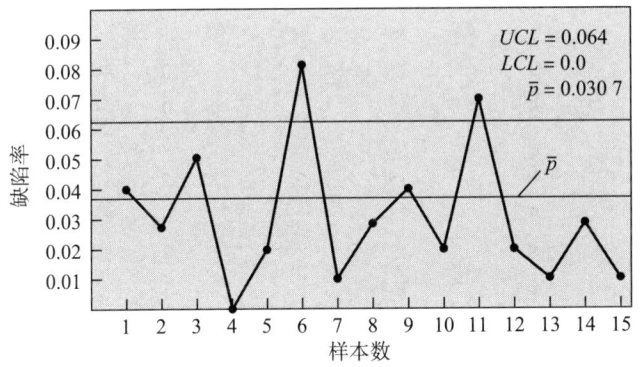

c. 在 15 个样本中，有 2 个超出了控制界限。由于控制界限设定为 95%，即 1/20，因此我们认为该过程失控。需要对其进行检查，找出如此巨大波动的原因。

13-3 例 3

管理者试图确定以 3% 的缺陷率稳定生产的零件 A 是否需要检测。如果不进行检测，这 3% 的缺陷品将通过产品装配阶段，在后面的阶段被更换掉。如果检测所有的零件，1/3 的缺陷品将会被发现，因此质量水平提升到 2% 的缺陷率。

a. 如果每单位检测成本为 0.01 美元，在最后装配时替换一个次品的成本为 4.00 美元，是否应该进行检测？

b. 假设每单位检测成本为 0.05 美元而不是 0.01 美元，问题 a 的答案是否会变化？

解答

是否应该检测零件 A？

无检测缺陷率为 0.03。

有检测缺陷率为 0.02。

a. 只要简单地计算 1% 提升带来的效果，很容易解决问题。

收益 = 0.01 × 4.00 = 0.04（美元）

检测成本 = 0.01（美元）

因此，进行检测，每单位节约成本 0.03 美元。

b. 单位检测成本为 0.05 美元，比检测节约的成本高 0.01 美元。因此不应进行检测。

讨 论 题

13-1

1. 过程能力指数允许过程均值有些偏移。讨论在产品产出质量方面这意味着什么？
2. 在供应商和客户之间的一个协议中，供应商必须保证所有的部件在运送给顾客之前都在规范的上限和下限以内，这对客户的质量成本有什么影响？
3. 在第 2 题叙述的情况中，对供应商的质量成本有什么影响？

13-2

4. 讨论 p 图与 $\bar{X}$ 图和 R 图的用途以及它们之间的区别。
5. 控制图的应用在制造过程中是很常用的，但要求产品是实体物品，并且物理特征都是很容易用数字来衡量的。质量控制对于服务业来说也很重要，但你不太可能去衡量消费者的某些物理特征。你认为控制图在服务业中是否有用？讨论一下你是如何将它们用在某些特殊例子中的。

13-3

6. 讨论可接受质量水平（AQL）达到 0 和可接受质量水平达到某正数值（例如可接受质量水平为 2%）的权衡。
7. 产品样本检查的成本与质量失败的成本刚好相反。可以通过提高检查力度，也当然会增加检查成本的方式，降低质量失败的成本。你能想到有什么方法可以降低质量失败的成本，同时不会增加公司的检查成本吗？尤其是在从供应商处采购原材料的方面。

客观题

13-1

1. 一家公司目前在其原材料验收部门采用一个检测程序，试图实施一个全面降低成本的计划。一个有可能降低成本的方法是取消一个检测点。这个检验点所检验的材料的平均缺陷率是 0.04。通过检测所有的原材料，检测器能够排除所有的次品。检测器每小时能够检查 50 单位产品。扣除额外收益这种检测器每小时的费用为 9 美元。如果取消这一检测器，次品进入产品装配线，并在最终检测时被发现，此时每件替换成本为 10 美元（答案见附录 D）。
   a. 是否应该取消该检测装置？
   b. 单位检测成本是多少？
   c. 目前的检测过程有收益（或损失）吗？为多少？

2. 一家金属加工厂生产的连杆的外径规范为 1±.01 英寸。一位机械操作师在一段时间内抽取了若干样本，确定该样本的外径为 1.002 英寸，标准差为 0.003 英寸。
   a. 计算这个例子中的过程能力指数。
   b. 这些数据能告诉你有关该过程的哪些特征？

3. 某过程的产出包含 0.02 个缺陷。未被检测出的次品进入最后装配时，替换一个的成本为 25 美元。可以建立一个能够检测并排除所有次品的检测程序来测试所有的产品。一个检验员每小时能检验 20 个部件，他每小时的工资是 8 美元，包括附加福利。是否应该建立一个检测点来测试所有产品？
   a. 每单位产品的检测成本为多少？
   b. 从检测程序中能够得到的收益（或损失）为多少？

4. 某一生产过程在特定点的误差率为 3%。如果在这一点上配置一名检验员，就能找出所有错误并排除所有错误。该检验员每小时的工资是 8 美元，每小时能检验 30 个部件。

   如果不设检验员，而且允许所有缺陷通过该点，那么就需在后面以每件 10 美元的成本纠正缺陷。是否应该雇用这名检验员？

5. 某产品一个关键尺寸的设计规范要求为 100±10 单位。一个正在考虑用于生产这种产品的过程的标准差为 4 单位。
   a. 你将如何评价该过程的过程能力（定量的）？
   b. 假设过程平均值变为 92。计算新的过程能力。
   c. 变化以后的过程能力表现如何？生产出的产品缺陷率大约为多少？

6. C-Spec 公司想确定现有的机床是否能研磨一个发动机部件。该部件的关键特征值规范是 4±0.003 英寸。在这台机器上试运行一段时间后，C-Spec 公司确定了这台机器生产的产品的样本均值是 4.001 英寸，标准差是 0.002 英寸（答案见附录 D）。
   a. 计算这台机器的 C_{pk}。
   b. C-Spec 公司是否应该采用这台机器生产这种部件？为什么？

13-2

7. 从正在生产的过程中抽取容量为 15 单位的 10 个样本，以建立 p 图进行控制。样本和缺陷数如下表所示。

样本	n	每个样本中的缺陷数
1	15	3
2	15	1
3	15	0
4	15	0
5	15	0
6	15	2
7	15	0
8	15	3
9	15	1
10	15	0

   a. 在 95% 置信度下构造 p 图（1.96 倍标准差）。
   b. 根据绘制出的样本数据点，你如何评价该过程？

8. 一家 T 恤制造商从供应商那里购买了 100 码的卷布料。为此建了一张控制图来管理缺陷（如脱线和裂口），下面的数据就是由供应商提供的一个样本。

样本	1	2	3	4	5	6	7	8	9	10
缺陷	3	5	2	6	5	4	6	3	4	5

   a. 利用这些数据，建立 $z=2$ 的 c 图。
   b. 假设之后的 5 卷布中有 3、2、5、3、7 个缺陷。供应商的过程是否在控制之下？

9. 一台高速自动机床制造电子线路所用的电阻器。这台机器生产大批量的单位电阻为 1 000 欧姆的电阻。

   为了安装这一机器并构造一个用于运转过程的控制图，抽取了 15 个样本容量为 4 的样本。所有的样本及其测量值如下表所示。

样本号	测量值（欧姆）			
1	1 010	991	985	986
2	995	996	1 009	994
3	990	1 003	1 015	1 008
4	1 015	1 020	1 009	998
5	1 013	1 019	1 005	993
6	994	1 001	994	1 005
7	989	992	982	1 020
8	1 001	986	996	996
9	1 006	989	1 005	1 007
10	992	1 007	1 006	979
11	996	1 006	997	989
12	1 019	996	991	1 011
13	981	991	989	1 003
14	999	993	988	984
15	1 013	1 002	1 005	992

绘制一个 $\bar{X}$ 图和一个 R 图并描出上述点。从控制图来看，你对该过程作何评价？（采用表 13-1 中的 3σ 控制界限，答案见附录 D。）

10. 假设你是一所地方医院新任命的管理助理人员，你的第一个项目是调查由饮食服务部门提供的患者饮食质量情况。你在 10 天中每餐向 400 名病人每人发放一份简单的问卷，请他们在问卷上回答对饮食是否满意。为简化这个问题，我们假设每天从 1 200 份饮食问卷当中收回 1 000 份，结果如下。

	对饮食不满意的总人数	样本容量
12 月 1 日	74	1 000
12 月 2 日	42	1 000
12 月 3 日	64	1 000
12 月 4 日	80	1 000
12 月 5 日	40	1 000
12 月 6 日	50	1 000
12 月 7 日	65	1 000
12 月 8 日	70	1 000
12 月 9 日	40	1 000
12 月 10 日	75	1 000
	600	10 000

a. 在调查问卷基础上构造一个 p 图，采用 95.5% 的置信区间，即两倍标准差。

b. 你如何评价这一调查结果？

11. 州和地方公安部门正试图分析犯罪率，以便将巡逻范围从犯罪率下降的地区转移到犯罪率上升的地区。城市和农村按照地理位置被划分成了许多小区域，每个小区域包含 5 000 名居民。公安部门知道并非所有的违法犯罪行为都会被上报：人们不想卷入案件中，或认为太轻度的犯罪行为不值得报警，或出于尴尬的原因不报警，也或者没有抓紧时间等。正因为如此，每个月公安部门通过电话从 5 000 位居民中抽取一个容量为 1 000 的犯罪数据的随机样本（保证举报匿名）。下表是过去 12 个月中某地区收集到的相关数据。

月份	犯罪案件	样本容量	犯罪率
1	7	1 000	0.007
2	9	1 000	0.009
3	7	1 000	0.007
4	7	1 000	0.007
5	7	1 000	0.007
6	9	1 000	0.009
7	7	1 000	0.007
8	10	1 000	0.010
9	8	1 000	0.008
10	11	1 000	0.011
11	10	1 000	0.010
12	8	1 000	0.008

在 95% 置信度（1.96）水平上构造一个 p 图并绘出每个月的情况。如果接下来的 3 个月这一地区的犯罪案件如下：

1 月为 10（1 000 个样本中）
2 月为 12（1 000 个样本中）
3 月为 11（1 000 个样本中）

对于犯罪率情况你做何评价？

12. 部分市民向城市委员会成员抱怨，抵制犯罪案件的发生应该实施同等的法律警戒保护。市民认为这种同等保护应该表现为在犯罪高发地区比犯罪率低的地区实施更多的警戒。因此，警戒巡逻以及其他防止犯罪发生的措施（如设置街灯、清理废弃区域和建筑物）应该根据犯罪率同比的数量进行投入。

类似于第 11 题，城市按地理位置划分为 20 个区，每个地区包含 5 000 位居民。下表从每个区得到的容量 1 000 的样本显示了过去一个月中的犯罪事件发生情况。

区域	犯罪案件	样本容量	犯罪率
1	14	1 000	0.014
2	3	1 000	0.003
3	19	1 000	0.019
4	18	1 000	0.018
5	14	1 000	0.014
6	28	1 000	0.028
7	10	1 000	0.010
8	18	1 000	0.018
9	12	1 000	0.012
10	3	1 000	0.003
11	20	1 000	0.020
12	15	1 000	0.015
13	12	1 000	0.012
14	14	1 000	0.014
15	10	1 000	0.010
16	30	1 000	0.030
17	4	1 000	0.004
18	20	1 000	0.020
19	6	1 000	0.006
20	30	1 000	0.030
	300		

给出一个犯罪警戒力量的再分配的建议，如有需要，在 p 图分析的基础上分析。为了使你的建议具有合理的确定性，选择 95% 的置信水平（即 $Z = 1.96$）。

13. 下表是一个喷油口的关键长度尺寸的测量值。每隔一个小时抽取一个容量为 5 单位的样本。

样本号	观测值				
	1	2	3	4	5
1	0.486	0.499	0.493	0.511	0.481
2	0.499	0.506	0.516	0.494	0.529
3	0.496	0.500	0.515	0.488	0.521
4	0.495	0.506	0.483	0.487	0.489
5	0.472	0.502	0.526	0.469	0.481
6	0.473	0.495	0.507	0.493	0.506
7	0.495	0.512	0.490	0.471	0.504
8	0.525	0.501	0.498	0.474	0.485

（续）

样本号	观测值				
	1	2	3	4	5
9	0.497	0.501	0.517	0.506	0.516
10	0.495	0.505	0.516	0.511	0.497
11	0.495	0.482	0.468	0.492	0.492
12	0.483	0.459	0.526	0.506	0.522
13	0.521	0.512	0.493	0.525	0.510
14	0.487	0.521	0.507	0.501	0.500
15	0.493	0.516	0.499	0.511	0.513
16	0.473	0.506	0.479	0.480	0.523
17	0.477	0.485	0.513	0.484	0.496
18	0.515	0.493	0.493	0.485	0.475
19	0.511	0.536	0.486	0.497	0.491
20	0.509	0.490	0.470	0.504	0.512

为喷油口的长度构造一个 3σ 的 $\bar{X}$ 控制图和 R 控制图（使用表 13-1）。如何评价这一过程？

13-3

14. 过去 Alpha 公司从未对购入物品进行过质量控制检测，而一直是接纳供应商所说的质量水平。然而近来，Alpha 公司几次对采购产品的质量感到不满意，因此公司想为收货部门建立一套抽样方案。

对于一种特定的元件 X，Alpha 公司允许一个批量的缺陷率为 10%。Zenon 公司作为 Alpha 公司此中元件的供应商，对其生产设备中 X 元件的可接受质量水平为 3%。Alpha 公司的顾客风险为 10%，Zenon 公司的制造商风险为 5%。

a. 当收到 Zenon 公司寄来的元件 X 时，验收部门应该选取多大的样本进行检测？

b. 如果要接受这批货物，可以接受的次品数量为多少？

15. 一家电子产品公司的某个部门生产大规模集成（LSI）电路芯片。这些芯片插入一种元件然后嵌入环氧树脂中。LSI 制造商的收益不是特别好，因此部门规定的 AQL 为 0.15，而装配部门接受的 LTPD 为 0.40。

a. 制订抽样方案。

b. 解释抽样方案的意义，即告诉别人怎样去进行测试？

案例分析 13-1　热点塑料公司

热点塑料公司生产一种塑料钥匙圈。塑料原材料成型后，会被修剪成所需的形状。成型过程中刮擦时间（即塑料冷却时间）会影响钥匙圈边缘的质量。我们用 $\bar{\bar{X}}$ 图和 R 图来对冷却时间进行统计控制。

在生产过程受控的前提下，提取了 25 个冷却时间的样本数据，样本大小为 4，具体数据如下（注：电子表格 "13 Statistical Process Control" 中有这些数据）。

样本编号	观测值				均值	范围
1	27.346 67	27.500 85	29.944 12	28.212 49	28.251 03	2.597 45
2	27.796 95	26.150 06	31.212 95	31.332 72	29.123 17	5.182 66
3	33.532 55	29.329 71	29.704 60	31.053 00	30.904 97	4.202 84
4	37.984 09	32.269 42	31.917 41	29.442 79	32.903 43	8.541 30
5	33.827 22	30.325 43	28.381 17	33.701 24	31.558 77	5.446 05
6	29.683 56	29.566 77	27.230 77	34.004 17	30.121 32	6.773 40
7	32.626 40	26.320 30	32.078 92	36.171 98	31.799 40	9.851 68
8	30.295 75	30.528 68	24.433 15	26.852 41	28.027 50	6.095 53
9	28.438 56	30.482 51	32.430 83	30.761 62	30.528 38	3.992 27
10	28.277 90	33.949 16	30.474 06	28.874 47	30.393 90	5.671 26
11	26.918 85	27.661 33	31.469 36	29.669 28	28.929 71	4.550 51
12	28.465 47	28.299 37	28.994 41	31.145 11	29.226 09	2.845 74
13	32.426 77	26.104 10	29.477 18	37.200 79	31.302 21	11.096 69
14	28.842 73	30.518 01	32.236 14	30.471 04	30.516 98	3.393 41
15	30.751 36	32.999 22	28.084 52	26.199 81	29.508 73	6.799 41
16	31.257 54	24.294 73	35.464 77	28.411 26	29.857 08	11.170 04
17	31.249 21	28.579 54	35.008 65	31.235 91	31.518 33	6.429 11
18	31.415 54	35.800 49	33.609 09	27.821 31	32.161 61	7.979 18
19	32.202 30	32.020 05	32.710 18	29.376 20	31.577 18	3.333 98
20	26.916 03	29.777 75	33.926 96	33.783 66	31.101 10	7.010 93
21	35.053 22	32.932 84	31.516 41	27.736 15	31.809 66	7.317 07
22	32.124 83	29.328 53	30.997 09	31.396 41	30.961 72	2.796 30
23	30.091 72	32.439 38	27.847 25	30.707 26	30.271 40	4.592 13
24	30.048 35	27.237 09	22.018 01	28.696 24	26.999 92	8.030 34
25	29.302 73	30.837 35	30.827 35	31.907 33	30.718 69	2.604 60
均值	—	—	—	—	30.402 89	5.932 155

问题

1. 请根据以上数据，利用本章介绍的方法画出 $\overline{X}$ 和 R 图。
2. 分析该表，并评论该生产过程是否处于受控及稳定状态。
3. 从实际生产运行中收集了来自成型过程的另外 12 个冷却时间样本的数据。这些新样本的数据已在下表中列出。请更新你所画的控制图，并将结果与前者比较。$\overline{X}$ 图和 R 图应使用新的样本数据，但仍采用原已设定的控制上下限。评论新图表显示的内容。

样本编号	观测值				均值	范围
1	31.658 30	29.783 30	31.879 10	33.912 50	31.808 30	4.129 20
2	34.464 30	25.184 80	37.766 89	39.211 43	34.156 86	14.026 63
3	41.342 68	39.545 90	29.557 10	32.573 50	35.754 80	11.785 58
4	29.473 10	25.378 40	25.043 80	24.003 50	25.974 70	5.469 60
5	25.467 10	34.851 60	30.191 50	31.622 20	30.533 10	9.384 50
6	46.251 84	34.713 56	41.412 77	44.633 19	41.752 84	11.538 28
7	35.447 50	38.832 89	33.088 60	31.634 90	34.750 97	7.197 99
8	34.551 43	33.863 30	35.188 69	42.315 15	36.479 64	8.451 85
9	43.435 49	37.363 71	38.857 18	39.251 32	39.726 93	6.071 78
10	37.052 98	42.470 56	35.902 82	38.219 05	38.411 35	6.567 74
11	38.572 92	39.067 72	32.220 90	33.202 00	35.765 89	6.846 82
12	27.030 50	33.639 70	26.630 60	42.791 76	32.523 14	16.161 16

案例分析 13-2　质量管理：丰田公司

丰田公司的质量控制分析

作为提高汽车质量过程的一部分，丰田公司的工程师发现一个潜在可改进的过程，就是制造用在加速器集成中的垫圈的过程。由于匹配程度可以较低，所以垫圈厚度的公差比较大，但是如果过大，就会导致加速器出现问题，也会给司机带来问题（注：本案例是为了教学目的而编制，数据不是从丰田公司取得的）。

让我们假设，作为改进过程的第一步，从生产垫圈的机器上取 40 个垫圈样本并测量厚度，单位是毫米。下表列出了样本的测量结果。

1.9	2.0	1.9	1.8	2.2	1.7	2.0	1.9	1.7	1.8
1.8	2.2	2.1	2.2	1.9	1.8	2.1	1.6	1.8	1.6
2.1	2.4	2.2	2.1	2.1	2.0	1.8	1.7	1.9	1.9
2.1	2.0	2.4	1.7	2.2	2.0	1.6	2.0	2.1	2.2

问题

1. 如果标准要求垫圈厚度都不能高于 2.4 毫米，假设厚度的分布是正态分布，预期有多少产品会高于这个厚度？
2. 如果有上限和下限的限制，上限是 2.4 毫米，下限是 1.4 毫米，预期有多少产品会超出公差？
3. 该过程的 C_{pk} 是多少？
4. 如果该过程处于限制的中间（假设标准差也是一样的），那么 C_{pk} 是多少？
5. 如果该过程是居中的，那么产出品超过预期的概率有多大？
6. 为现有过程建立 $\bar{X}$ 图和 R 图。假设运营者会一次性取出 10 个垫圈样本。
7. 在控制图中描绘出数据。现有过程是否在控制之内？
8. 如果该过程能够进一步改进，标准差能够降低至 0.10 毫米，那么预期的残次品概率会是多少？

练习测试

写出以下每个语句定义的术语或回答问题，答案见底部。

1. 以控制线为基础的六西格玛过程可以预期残次品概率。
2. 可以明确识别并可能得到控制的原因引起的波动。
3. 过程中内生的波动。
4. 如果某过程的能力指数为 1 且运行正常（在设计的控制上下限之间），那么出现一个次品的百分比是多高？
5. 这种方法根据产品是否在规范的上限和下限范围内简单决定产品的好或坏。
6. 在这种方法下，质量特性按符合或不符合某一规范分类。
7. 在这种方法下，用产品的实际质量等测量质量特性。
8. 这种质量图适合于合格或不合格的产品。
9. 这种质量图适合于控制每单位产品上的瑕疵数，如线轴上的纱线。
10. 当我们要周期性地大量购买某一物品且单个物品的检验成本很高时，这种方法尤为适用。
11. 这个图描绘了在某种抽样方案中，制造商和消费者的风险。

答案　1. 每 100 万个中有 2 个单位　2. 非随机波动　3. 正常波动　4. 设计限制为 ±3σ，或者次品率为 2.7 每千　5. 用口径一把关　6. 计数型法　7. 计量型法　8. p 图　9. c 图　10. 抽样检验　11. 操作特性曲线

PART 3

第三篇

供应链流程

第14章　精益供应链
第15章　选址、配送和运输
第16章　全球采购

绿色供应链

对跨国企业来说，可持续重要的组成部分就是对它们供应链的环境足迹进行密切监测。环境足迹（environmental footprint）指的是在供应链运营过程中对环境的影响。企业将环保意识贯穿于整个供应链流程是很有必要的，包括产品开发、采购、生产、包装、运输、产品交付以及使用后废弃管理。

物流管理，即与运输相关的流程，也许是供应链中讨论环保最多的一个部分了。运输效率和运输成本之间有直接的联系。以最短的路程、采用更有效率的方式来运送产品，以及通过货物的整合来减少能源消耗、降低成本并提高能源利用率的同时，还可以减少碳排放。

第 14 章

精益供应链

学习目标

14-1 解释什么是精益生产；

14-2 阐述精益的概念是如何在供应链流程中应用的；

14-3 运用价值流图来分析供应链流程；

14-4 将精益的概念用在服务业中。

引导案例

从精益供应链到精益设计

如下图所显示的那样，在过去 20 年中准时制生产方法导致了美国企业的库存显著减少，但是有些制造企业认为减少得有点过了，并且认为有些许的库存更加安全。

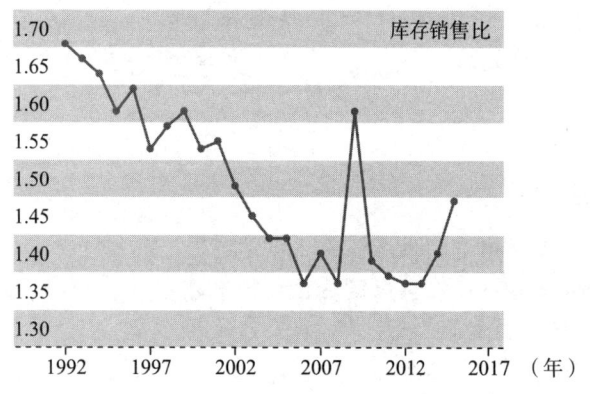

虽然保持精益能够通过降低零部件和产成品库存来帮助制造企业减少成本，但是如果供应链出现中断也会导致半成品的库存很高，例如地震和其他自然灾害。准时制生产非常有意义，但是它使得供应链配送更加脆弱，因此此处我们看到的是理论概念在实际世界中的应用。

准时制的先驱——丰田公司，也正在进行调整，最近它又宣布了一项名为丰田新全球架构的体系。为了降低成本，丰田公司正在实施一项新的全球模块化装配计划，该计划可以追溯到车辆的设计。新流程充分利用了整个生产线中大大增加的组件共享。丰田将能够批量订购零件，并通过更大的规模经济节省成本。

14.1 精益生产

在过去 50 年中影响最大的运营与供应链管理方法是**精益生产**（lean production）。在供应链领域，精益生产就是尽可能地减少浪费。供应链中不必要的移动、步骤和多余的库存都是精益过程改进的对象。一些工业咨询师提出价值链的概念，旨在识别出供应链中能为产品和服务创造价值的过程以及那些不能创造价值的过程。精益生产可以说是制造和服务过程中实施绿色战略的最佳方法之一。

精益思想的根源是首创于日本丰田公司的准时制生产（JIT）。其实在20世纪70年代在世界范围内开始流行的JIT的一些思想可以追溯到20世纪初的美国。亨利·福特在流水式的汽车移动装配线中就运用了JIT思想。比如为了消除浪费，福特利用包装箱底板来制作汽车座椅。尽管JIT早在20世纪30年代就已经开始在日本工业中运用，但直到丰田公司的大野耐一（Taiichi Ohno）应用JIT将丰田汽车打造成交货时间和质量的佼佼者后，它才被真正地提炼出来。

顾客价值（customer value），在精益生产的背景下，其定义就是顾客愿意花钱购买的东西。增值活动可以将原材料和信息转换成顾客所想要的产品，而非增值活动不仅消耗资源，而且还不对顾客想要的产品做出直接贡献。因此，从顾客角度来说，**浪费**（waste）就是不能增值的部分。生产过程中浪费的例子包括次品、过量生产、库存、多余操作、加工、运输和等待。

和制造过程一样，消除浪费也是服务过程的一大目标，只是二者浪费的来源不同。相对于服务过程，生产过程的浪费更加可控。不确定性的确能造成原材料和人力的浪费，但这些都能被预期并控制在一定范围之内。员工、产品设计和生产工具，在很大程度上都是可控的。并且如果将销售和市场与生产协调起来，能够进一步消除不确定性。

相反地，服务过程充满了不确定性和多样性，非常难以控制。以下是服务过程中不确定性的来源。

- **任务时间的不同**。服务产品的本质便是服务提供的方式不同。这种不同带来的是任务时间的负指数分布。简单来说，这意味着大部分任务的执行都在比较紧的期限内完成，但某些任务会花更长的时间。比如登机过程也存在不确定性，美国西南航空公司为此需要找到一种降低不确定性，缩短航空站转机时间，提高有效容量的方法。
- **需求的不确定性**。服务需求能够被预测，但预测永远不可能百分之百准确。生产部门可以通过成品库存来缓冲这种预测的不确定性。但在服务过程中，制造和消费同时发生，库存策略在这里毫无用处。当需要增长时，企业的服务容量也应随之增加，比如餐厅在用餐高峰期需要更多的桌位。
- **客户的生产角色**。以上两种不确定性都与客户参与服务过程有关。客户通常在服务过程中扮演一定的角色，为此企业根据自身提供服务的能力，来提供不同的服务。客户在服务开始前，会告知服务提供者一些信息，而这些信息通常是有形的。

精益生产和六西格玛方法最适合用在重复性、标准化运营中。尽管服务是可重复的，但结合以上三条，服务能在多大程度上实现标准化呢？我们来看看航空业的近期经验吧。

类似美国西南航空的航空公司运营都十分高效，而且客户满意度也非常高。但最近的暴风雨带来了问题。每年春天可怕的暴风雨会袭击美国中部地区。航空公司无法控制天气这种不确定性。恶劣天气来袭，航班取消，乘客需要重新预订。需求的不确定性带来的是巨大的需求高峰，当然这只是一个极端例子。

同时，为了消除浪费、提高效率，航空公司倾向于缩减运营，提高航班满座率。如今，大部分航班都是90%～100%的满座率。空座减少，意味着一旦由于天气原因造成航班取消，航空公司需要花上数天才能把重新预订的乘客送走。我们的观点是精益服务总会需要一些代价，而这些代价往往是来自偶然情况发生下的客户服务。无论是在生产过程还是服务过程中，精益制造总会有得有失，而企业需要谨慎对其进行权衡。

本章首先回顾日本和丰田公司的精益概念的演变，然后，我们扩展此视图以覆盖完整的供应链。本章的其余部分专门介绍价值流图，这是一种可用于消除浪费和提高供应链效率的工具。

精益生产是一组活动的集合，旨在利用最少量的原材料、在制品以及产成品库存实现大批量生产。零件"准时"到达下一个工作站，并被迅速加工和转移。精益生产的理念还基于以下逻辑：任何产品，只在需要时才进行生产。图14-1表示的就是精益生产的实现过程。生产需要产生于对产品的实际需求。从理论上讲，当有一件产品卖出时，市场就从系统的终端（在本例中是指总装线）拉动一个产品，于是形成了对生产线的订货。接着，总装线工人从物流的上游工作站拉动一个新产品补充被取走的产品。这个上游工位又从更上游的工位拉动产品需求。这一过程不断循环，直到原材料投入流程。为了保证流程平稳工作，精益生产要求流程的各阶段都要具有高质量水平、与供应商的良好关系以及对最终产品需求的准确预测。

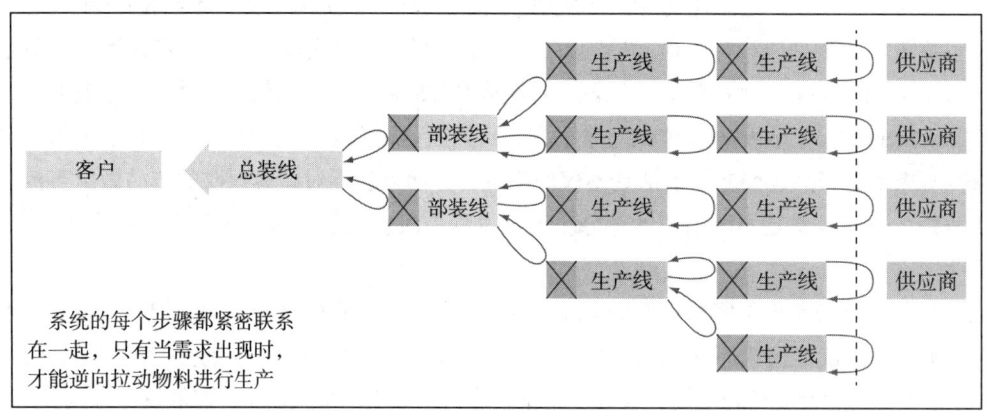

图 14-1　精益生产拉动系统示意图

丰田生产系统

本节研究了精益生产的哲理和要素。精益生产源于日本，丰田生产系统就是其最好的体现——精益制造的基准。丰田生产系统是为了提高质量和生产力而逐步发展起来的，以日本文化中消除浪费和尊重员工的思想为基石。

1. 消除浪费

浪费是生产中任何非绝对必要的事物。一种拓展的精益定义指出了供应链中可以被消除的 7 种主要浪费：①过量生产的浪费；②等待时间的浪费；③运输的浪费；④库存的浪费；⑤工序的浪费；⑥动作的浪费；⑦产品缺陷的浪费。

2. 尊重员工

尊重员工是丰田生产系统的一个关键因素。公司有着对永久职位实行终身雇用的传统和在商业环境恶化的情况下维持一个稳定的工资水平的传统。公司的长期员工（占日本总劳动力的 1/3）享有工作保障，而且具有更好的灵活性，可以尽其所能地帮助公司实现其目标（不过日本最近的经济衰退已经使很多企业放弃了这种思想）。

丰田以及日本其他公司的工会组织与管理层建立了合作关系。在经济繁荣期，所有的员工每年能获得两次红利。员工知道如果公司业绩好，他们就能得到红利。这激励员工努力提高生产效率。管理者把员工看成是财富，而不是人力机器。公司尽量使用自动设备和机器人完成枯燥的工作或常规的工作，这样可以使雇员解放出来去完成更重要的工作改进。

丰田非常依赖分包商网络。事实上，日本 90% 以上的公司是由小公司构成的供应商网络的一部分。其中一些供应商是某个小领域的专家，他们通常会为多客户服务。公司与供应商和客户建立了长期合作关系，供应商也将自己看作客户大家庭中的一员。

14.2　精益供应链

丰田生产系统的焦点是消除浪费和尊重员工，随着精益思想的进一步发展及其在供应链中应用面的扩大，还新增了最大化顾客价值这一目标。当整个供应链以终端顾客为中心，企业的目标就是最大化顾客所愿意购买的产品或服务，这时候就要考虑到顾客价值。**价值流**（value stream）中包括从设计到实施、从订单到发运、从原材料到顾客手中的增值活动和非增值活动，是设计、预订以及提供产品和服务所需要的。这种包括系统所有方面的观点拓宽了丰田公司所提出的精益思想应用范围。把价值流应用到供应链之中，通过优化增值活动、消除非增值活动以**减少浪费**（waste

reduction）。下一节将讨论价值流分析工具。

下面我们将讨论供应链中各个不同的组成部分及相应的精益聚焦点。

- **精益供应商**　精益供应商是能应对变化的供应商。因为有高效的精益过程，他们能提供低于一般水平的价格，同时为下一环节提供质量可靠的产品，他们的质量改善恰到好处，这样下一环节的检测工作就可免除。精益供应商能准时送货，他们的宗旨就是持续改进。想要发展精益供应商，企业就应当把供应商划入价值流规划之中，从而有助于解决问题和节约成本。
- **精益采购**　精益采购的一个核心就是自动化。**电子采购**（e-procurement）指的是在网络应用的基础上进行自动交易、采购、投标和决标，消除人工交易并整合企业各类财务报告。精益采购的关键是可视化：供应商应当"看"清顾客的操作和顾客也必须能"看"清供应商的操作。从终端用户来看，二者之间重叠的部分应当进行优化以达到价值的最大化。
- **精益制造**　精益制造系统用最少的资源，在顾客想要的时间生产他们想要的产品，并达到他们想要的质量。精益思想在制造中的应用通常表现为成本降低和质量改进方面。
- **精益仓储**　精益仓储指的是消除非增值步骤以及产品仓储中的浪费，典型的功能包括收料、上架、补货、拣货、装运和发货。大多数仓储过程中都存在浪费，比如运输损坏会造成退货、产品过量生产和运输、多余的库存会占用额外的空间并降低仓库利用率、多余的移动和操作、等待零部件以及不完备的信息系统。

在这里，一名工人目视检查在螺旋输送机上移动的装有番茄酱的纸箱，并更换不完美的瓶子。这个过程可以变得更有效率。

- **精益物流**　精益思想可以应用到系统中所有与物料移动相关的行为，其中比较常见的有优化方法的选择和订单的汇集、需在多个地点卸货的运输的整合、路线优化、交叉配送、进出口运输以及回运的最小化。正如其他领域，这些物流操作需要通过消除非增值活动并提升增值活动进行优化。
- **精益客户**　精益客户对自己的业务需求有深刻的认识并能提出详细而有意义的需求。他们看重速度、灵活度，并倚重高水平的配送。精益客户会精心建立与供应商的合作伙伴关系。精益客户重视所购买商品的价值并致力于向自身的客户提供价值。

精益供应链最大的优势在于对顾客需求反应的提升。商业环境的不断变化使得供应链需要不断地应对动态变化的需求。最理想的状态是能满足各种迅速变化的需求。精益供应链内库存的降低能减少因过时而出现的废弃，还能降低增值过程的流程时间。成本的降低以及顾客服务的提升为应用精益供应链的企业在全球市场上赢得了竞争优势。

14.3 价值流图

价值流图（value stream mapping，VSM）是一种用于精益流程开发的特殊流程图工具。这个工具能将产品在各个加工工序上的流动过程可视化，而且还能显示出因加工而产生的信息流以及用于控制加工的信息。本节的主要内容是简单介绍价值流图并通过一个例子来介绍它的应用。

精益流程的创造需要对业务有全面而充分的认识，包括生产过程、物料流动以及信息流动。我们这一节主要讨论产品制造中的生产过程，但价值流图的应用绝不仅限于此。它还能应用到服务、物流、配送以及其他任何看得见的过程之中。

在生产这一领域，比如一家制造工厂，价值流图技术是要识别出从原材料进厂到成品发往顾客手中的所有增值活动以及非增值活动。图 14-2 就是一个描绘生产过程的例子。有了这个图，我们就可以找出存在浪费的过程和物料流动，然后有针对性地进行改进或是消除，这样生产系统的生产率将得到提高。

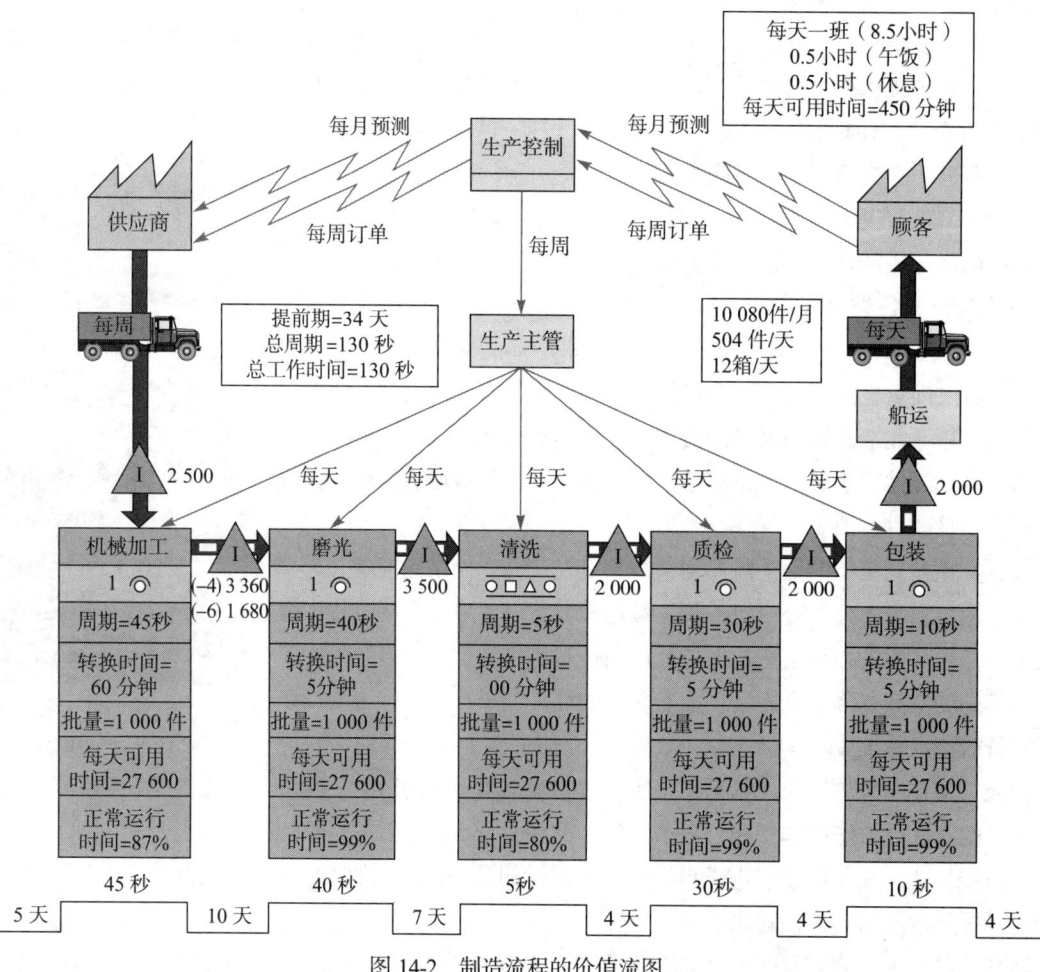

图 14-2 制造流程的价值流图

图中各种图标的详细解释会在本节后半部分给出，这里我们先讨论图14-2中所包含信息的实际含义。从左边开始，我们可以看到物料按周供应，然后存放为原材料库存，用三角形表示。这个库存的平均水平为2 500个单位。接着，物料依次通过机械加工、磨光、清洗、质检和包装五个过程。机械加工、磨光、质检和包装都只需一名操作工人。在这些过程图标下标有活动周期、转换时间（changeover time，C/O，两类产品之间的转换时间）、批量（lot size）、每天可用时间（单位为秒）以及正常运行时间所占的百分比。清洗是一个多步骤过程，按先到先服务的原则进行处理。各个过程之间都有库存缓冲，其平均库存水平在图上均有标注。

价值流图上还显示了信息的流动。从图14-2中我们可以看到，生产控制部门会发出每月的需求预测、会给供应商下达每周的订货需求，还会发出以天做管理时间单位的生产安排计划。月度预测是由顾客提供的，他们每周都会下达订单。底部的时间线给出了各个生产活动的加工时间（秒）以及库存的平均等待时间。把这些时间加总就可以对整个系统的提前期做出估计。

大部分价值流图图标是标准化的，但也有很多变化。图14-3给出了一些常见的图标，分成加工图标、物料图标、信息图标和一般图标几类。

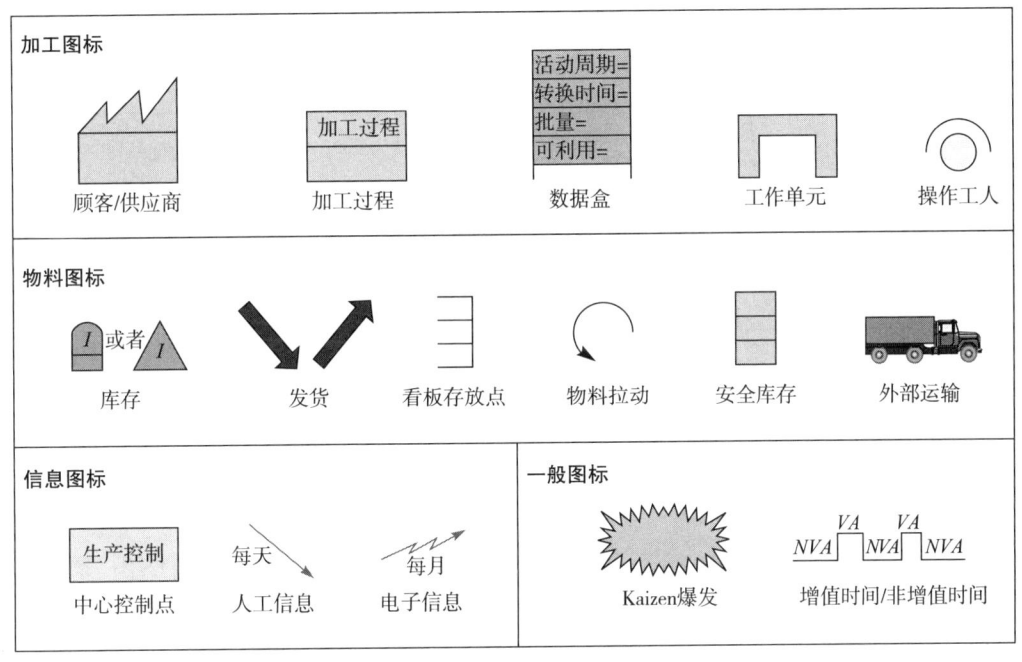

图14-3　价值流图图标

价值流图方法包括两个步骤，第一步是描绘流程的"现状图"，第二步是描绘可能的"未来状态图"。同样还是上面的几个过程，图14-4给出了一些改进建议，图中用Kaizen爆发标注了可以做出改进的区域。在日本文化中，Kaizen指的是持续改进。Kaizen爆发确定了团队致力于实施流程改进的特定短期项目（通常称为"Kaizen事件"）。这幅图几乎把整个流程重新设计了一遍：各独立的生产过程被组合到一个有三名操作工人的工作单元内。另外，与原来通过生产控制部门发出每周生产安排计划来"推动"整个系统中的物料流动不同，整个流程转变为一个直接依据顾客需求进行操作的拉动系统。注意，与原系统34天的提前期相比，新系统的提前期缩短到只有5天。

我们来看看本章末应用举例中的例2，它是另一个价值流图应用的例子。价值流图是一个能分析现有系统并找出可消除浪费地方的绝佳的可视化工具。价值流图作图简便，整个图用纸和铅笔就能完成。当然，这些图用标准的办公软件或图形包来绘制会更加容易。Strategos（www.strategosinc.com）和System2win（www.Systems2win.com）都有提供专用于价值流图制作的软件。

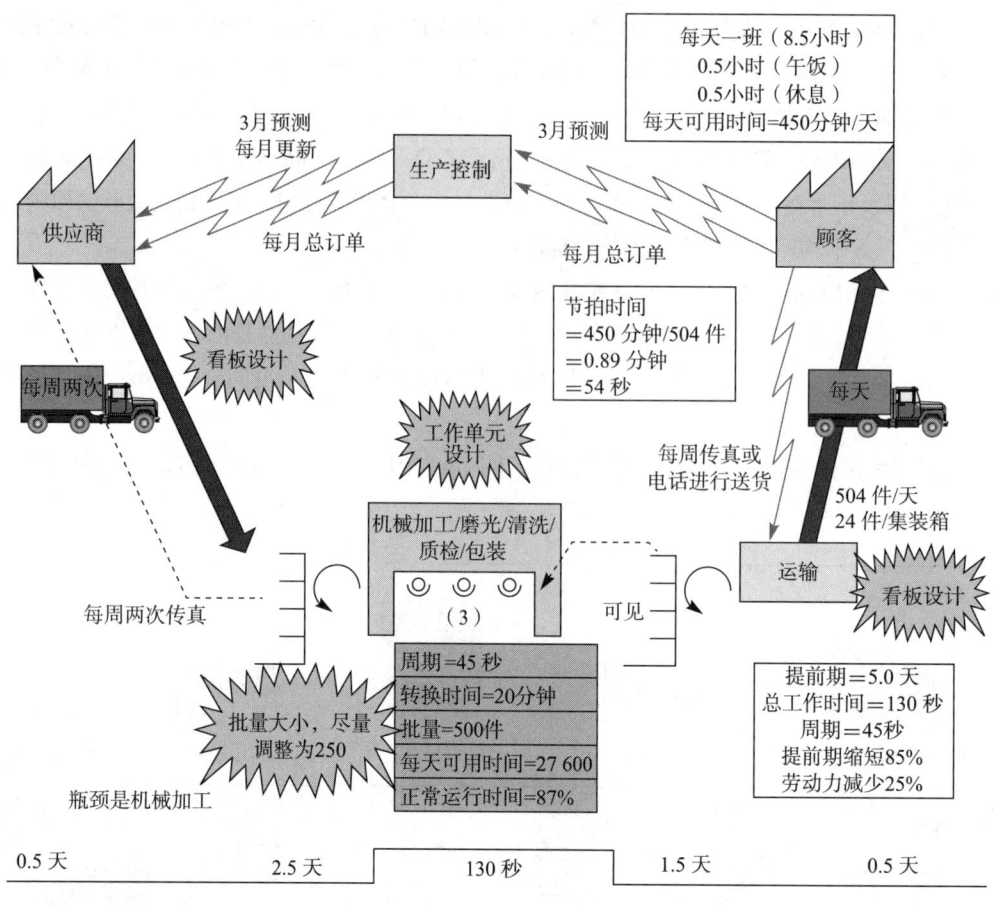

图 14-4　流程中可改进区域的分析

14.4　精益供应链设计原则

在寻找改进供应链流程的方法的同时，应当遵循那些已经千锤百炼的思想。下面我们介绍一系列能对精益供应链设计做出指导的关键原则，它们主要分为三类。前两类原则与内部生产流程相关，这些流程在企业里创造了实实在在的产品和服务。第三类原则是将精益思想应用到整个供应链之中。这些原则包括以下几个。

（1）精益布局：

a. 成组技术；

b. 源头质量的控制；

c. 精益生产（准时制生产）。

（2）精益生产调度：

a. 均衡生产负荷；

b. 看板生产控制系统；

c. 准备时间的最小化。

（3）精益供应链：

a. 专业化工厂；

b. 与供应商合作；

c. 精益供应链的建设。

14.4.1 精益观念

"精益"要求工厂布置的设计能保证工作流程在在制品库存最小时保持平衡。每个工作站都是生产线的一部分,不论这个生产线的物理形态是否存在。在装配线上也用同样的逻辑来进行能力平衡,并用拉动系统来连接各个操作。另外,系统设计者必须将物流系统里里外外所有方面都可视化,并在布局中显示。

重视**预防性维修**(preventive maintenance)可以保证系统流动不被停机或设备故障打断。预防性维修包括定期检查和维修,以保证机器的可靠性。操作员工负责大部分维修工作,这不仅因为他们是最了解他们机器的人,还因为精益操作偏向多而简单的机器,而非大而复杂的机器,这样机器维修简单得多。

1. 成组技术

在**成组技术**(group technology,GT)的理念中,类似的零部件被分成一组,生产这些零部件的工作由一个专门的工作单元负责。成组技术取代了将工作从一个部门转移到另一个部门的专业员工操作的方式,考虑了制作一个零部件的所有操作,并将完成这些操作的机器组合在一起。图 14-5 显示了两种布局方式的不同:一种是将生产一种零部件的各种机器组成一个工作中心,另一种是按部门进行布局。成组技术单元消除了不同操作之间的移动、等待时间,减少了库存和所需雇员的数量。然而,员工必须具有充分的灵活性以便能够操作几种不同的设备,完成工件的加工过程。由于工人具有先进的技术水平,因此工作的安全性也得到了提高。

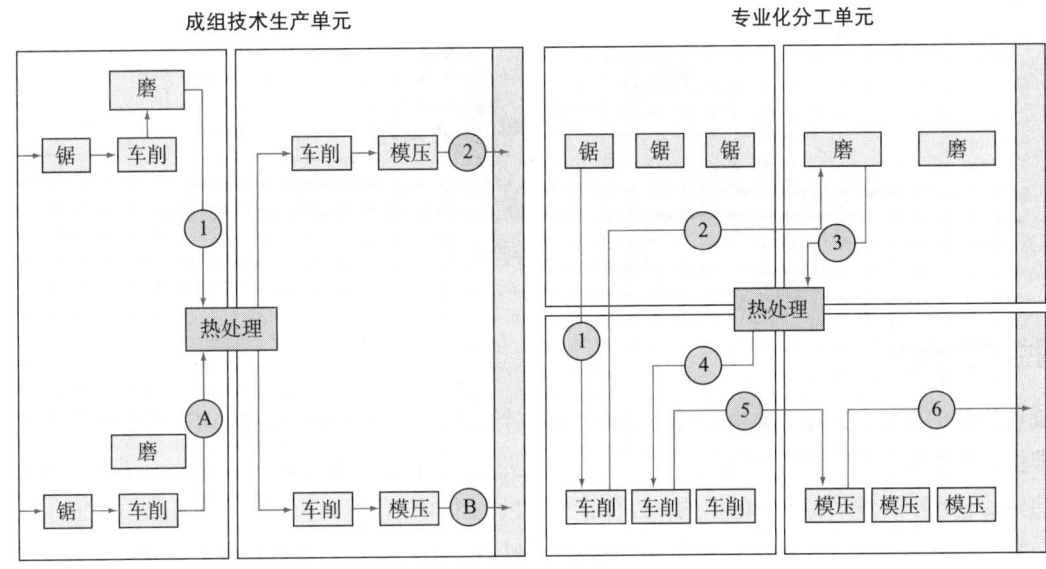

图 14-5 成组技术与专业化分工的比较

2. 源头质量控制

源头质量控制(quality at the source)意味着必须一次性就把工作做好,而一旦出现错误,就立即停止该流程或装配线的工作。工厂的工人成为自己工作的检查者,每人都必须对自己的产品质量负责。由于工人一次只关心工作的一部分,因此就容易发现工作中存在的质量问题。如果工作节奏太快,或者工人发现了质量问题,再或者如果工人发现了安全性的问题,他都必须按下按钮停止生产线的运行,同时发出一个可视信号。其他部门的人员对该警报和问题将立即做出反应。此时,会授权工人维修自己的机器和清理工作,直到问题解决。

3. JIT 生产

JIT 意味着仅在需要的时候才生产必要的产品,决不过量生产。超过最小需求的任何产品都将被看成是浪费,因为在当前不需要的事物上投入的精力和原材料不能马上得到利用。这种思想与那种依靠额外物料投入以预防出现工作失误的做法形成鲜明的对比。

JIT通常被应用于重复性生产——一个接一个地生产相同或类似的产品。JIT并不要求进行大批量生产，它可用于任何业务中具有重复性的部分，而不论它们出现在何处。在JIT的生产模式中理想的批量规模是1个。尽管工作站可能会铺得比较开，但日本人还是可以将运输时间降到最低，同时保持运送批量最小——通常是把日产量的1/10作为单位运送批量。供应商有时甚至要每天供应多次物料，以保持较小的批量规模和较低的库存。这样做的目标就是尽量把排队中的库存降低为零，实现库存投资的最小化，大大缩短订货到交货的时间。

当库存水平比较低的时候，质量问题就很明显。图14-6体现出了这种观点。用池子中的水代表库存，用石头代表企业中可能出现的问题。当水位较高时，就隐藏了问题，同时管理层也会认为每件事都做得很好。但当水位在经济衰退中下降时，问题就出现了。如果特意让水位下降（尤其是在经济繁荣期这样做），就能在引起更严重的问题之前，发现和解决这些问题。JIT生产可以发现其他生产方式中由于过多的库存和过多人员而隐藏的问题。

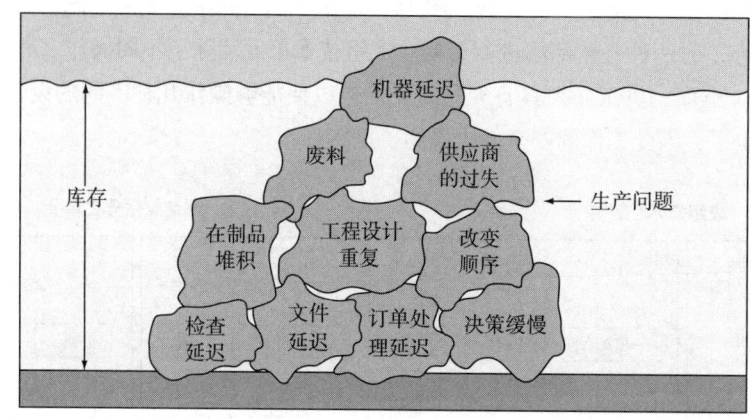

图14-6　库存隐藏问题

14.4.2　精益生产调度

正如前面所提到的那样，实施精益生产的公司需要有一个能在较长时间跨度内保持相对稳定的工作计划。这可以通过平准化排程、冻结区间和生产能力的留用等限制手段来实现。**平准化排程**（level schedule）是指：要求在从原材料直到总装线的拉动过程中尽量采用统一的模式，以保证生产的各个单元都能对拉动信号做出反应。这并不意味着生产线各部分都必须每时每刻自始至终都处于使用中；它仅仅意味着现有的生产系统要能够灵活建立，以及上游生产线中要有固定数量的原材料对装配线的动态需求做出反应。

冻结区间（freeze window）是指在一个时间段内计划是固定不变的，并且在该时间段中，也不可能对计划做任何改变。计划稳定所带来的优点可以从对拉动系统零部件的清点中看出。这里使用**倒冲法**（backflush）的概念来表示，如果定期察看成品的物料单（组成各种产品的基本零件清单）就可以计算出最终产品中每种零部件到底有多少。例如，如果要制造1 000辆公路自行车，则自动从现有库存中移除1 000个合适的车把、2 000个轮胎、1 000台座椅等，由此消除了工厂生产区大量的数据的收集活动。而本来，如果每种零件在生产过程中都要进行追踪和计算的话，我们就必须耗费精力和资源进行这些清点活动。

生产能力留用及其过度使用在精益生产中尚有争议。在传统的生产方式中，常见的做法是用安全库存和提前移送作为预防诸如质量偏差、机器故障、突发瓶颈等生产问题的手段。而精益生产中预防这些问题的手段是：过量的劳动力和机器设备或加班。过量的劳动力和设备要比过量库存的成本便宜得多。当需求超过预期，可以通过加班生产来满足。当需要额外生产能力时，通常会采用雇用临时工的做法。在生产淡季，多余员工可以去做其他工作，如参加特殊项目工作、参加工作小组活动，也可以参与工作站的日常维护工作等。

1. 均衡生产负荷

平稳化生产流程用来抑制通常由于计划的变动所带来的波动反应，称为**均衡生产负荷**（uniform plant loading）。在总装线上发生变化时，这种变化就在整条生产线上和供应链上放大了。解决该问题的唯一办法是制订企业月生产计划，使生产率固定在一个稳定的水平上，使调整尽可能的小。丰田公司发现可以通过每天建立相同的产品组合进行小批量生产的方式解决车间生产负荷不均衡的问题。因此，他们总是有一个总产品组合来适应需求的变化。表14-1 为丰田公司的一个例子。各车型汽车月产量被分解为日产量（假设每月 20 天），以便计算每一车型生产的周期（这里定义为生产线上两个相同单位产品之间的生产时间）。该周期用于调整资源，以精确地生产出所需数量的产品。设备或生产线的速度可供调整，以使每天的产量与需求相符。JIT 强调按计划、成本和质量进行生产。

表 14-1 丰田公司在日本的一条装配线进行混合加工的例子

车型	月产量	日产量	该车型的周期（分钟）
轿车	5 000	250	2
顶篷车	2 500	125	4
货车	2 500	125	4

生产顺序：轿车、顶篷车、轿车、货车、轿车、顶篷车、轿车、货车，间隔为一分钟。

2. 看板生产控制系统

看板控制系统使用信号装置管理 JIT 的物流。在日本，**看板**（kanban）在日语中的意思是"信号"或"指令卡"。在无纸传输信息的控制系统中，可以使用容器代替卡片。卡片或容器组成了**看板拉动系统**（kanban pull system）。在这个系统里，增加生产或供应部件的职权来自下游操作。图 14-7 画出了一条装配线，该装配线由一个加工中心供应零件。该加工中心生产 A 和 B 两种零件，这两种零件储存在靠近装配线和加工中心的容器里。每个靠近装配线的容器中有一个取货看板，每个靠近加工中心的容器中有一个生产看板，这就是通常所说的两看板系统。

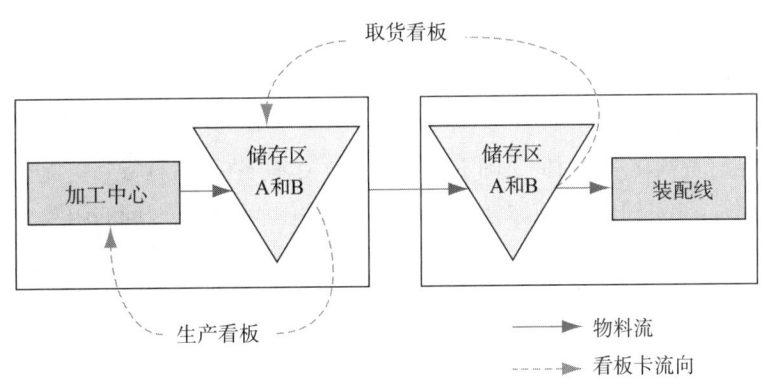

图 14-7 两看板系统物流图

当装配线从一个装满第一种零件 A 的容器中取走零件时，就有一个工人从容器中取走取货看板，把这个看板放到加工中心的储存区。在加工中心，工人发现了零件 A 的容器，从中取出生产看板，并放入了取货看板。容器中放入了取货看板就说明准许将该容器移送到装配线。而取出的生产看板则放在加工中心的工具架上，说明现在准许另一批原材料投入生产。零件 B 的生产流程也类似。这样工具架上的看板就成为加工中心的分配表。看板并不是发出生产请求的唯一途径；发出生产请示还可采用其他可行方法，如图 14-8 所示。

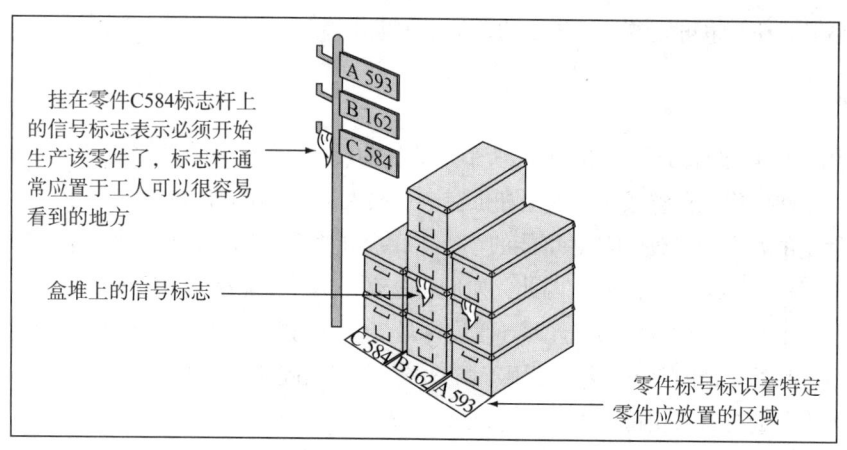

图 14-8　具有警告信号标志的输出存储地点图

下面还列举了其他一些可供选择的方法。

- **看板方块空间**　有些公司使用画在地面上或桌面上的有标记的方格来标识应该存放原材料的地方。当方格为空时，供应部门就被准许生产；当方格是满的话，就不需要进行。
- **容器系统**　有时容器本身也可用作信号装置。这时，工厂地板上放着的空容器显然在发出把它装满的需求信号。库存数量可以简单地用增加或移走容器的方法来调节。
- **彩色高尔夫球**　在川崎公司发动机生产厂中，当一条子装配线上的零件数接近队列的最低点时，装配工人就放出一个彩色高尔夫球，通过管道滚到补充加工中心。这就可以告诉补充生产中心的工人下面应生产哪种零件。基于这种方法，已经发展出了很多个变种。

看板拉动方法不仅可以用于制造车间之内，也可用于制造车间之间（例如，拉动发动机和传动装置进入汽车装配车间），还可用于制造商和外部供应商之间。

3. 确定看板的数量

建立看板控制系统需要确定所需的看板卡（或容器）的数量。对于两种看板系统，我们要确定取货看板和生产看板的数量。看板卡代表了装载用户与供应商间来回流动的物料的容器数，每个容器代表所需供应的最小生产批量，因此容器数量直接控制着系统中在制品的库存数。

精确地估计容器零件从订货到交货的时间是确定容器数量的关键所在。从订货到交货的时间是一个关于容器的加工时间、生产过程中的任何等待准备时间和将原材料运送到客户手中所需运输时间的函数。所需看板的数量应该等于从订货到交货的这段时间内的期望需求量加上一些作为安全库存的额外数量。看板卡数量的计算公式如下：

$$k = \frac{\text{从订货到交货这段时间内的期望需求量} + \text{安全库存量}}{\text{容器容量}} = \frac{DL(1+S)}{C} \qquad (14\text{-}1)$$

式中　k——看板卡数量；

　　　D——特定时间段内所需产品的平均数量（从订货到交货这段时间必须与需求以同样的时间单位表示）；

　　　L——从补充订货到交货的时间（与需求使用相同的单位表示）；

　　　S——安全库存量，在订货到交货这段时间内用需求量的百分比表示（其数值以第 20 章介绍的服务水平和偏差为基础）；

　　　C——容器容量。

由此可见，看板系统并不能实现零库存，但是，它能控制一次投入流程中的物料数量——通过控制每种零件的容器数来实现。看板系统可以方便地进行调整以适应系统当前的运行方式，因为卡片的数量可以十分容易地从系统中增加或减少。如果工人发现他们不能准时完成零件的加工，则可以增加一个新的物料容器，当然同时也加入一个新的看板卡。如果发现有多余的物料容器，则可以很容易地减少看板卡片，即减少了库存数量。

例 14-1 确定看板卡的数量

美驰汽车配件公司（Meritor Automotive Company）是一家为汽车工业生产消音器组件的企业。该公司应用看板拉动的方式控制物料在其生产单元中的移动。每个生产单元被设计用来装配一种特定的消音器。消音器组件的装配包括切断和弯曲多根管子，再焊接到消音器和汽车的催化式排气净化器上等多项工作。消音器和催化式排气净化器是基于当前需求而引入生产单元的。催化式排气净化器在特定的生产单元中生产。

催化式排气净化器生产单元以 10 个一批的方式进行生产，并用一种特殊的手推车运送到装配单元，它的设计是为了实现在零重置时间的前提下生产多种催化式排气净化器。该单元可以每隔大约 4 小时对一批催化式排气净化器的需求做出反应。因为催化式排气净化器生产单元就位于消音器装配单元的旁边，因而运输时间实际上为零。

消音器装配组装单元平均每小时大约装配 8 个组件，每个组件都使用同样的催化式排气净化器。由于流程中多少存在些差异，因此管理层确定需求量的 10% 作为安全库存。

试问需要多少看板卡来管理催化式排气净化器的补货任务？

解答

在本题中，从补充订货到交货的时间（L）是 4 小时，对催化式排气净化器的需求（D）是每小时 8 个，安全库存（S）是期望需求的 10%，容器容量（C）是 10 单位。

$$k = \frac{8 \times 4 \times (1 + 0.1)}{10} = \frac{35.2}{10} = 3.52 \text{ 或 } 4(\text{个})$$

在本例中，我们需要 4 个看板卡，即我们需要在系统中设置 4 个装载净化器的容器。无论在何种情况下，当我们计算 k 时，都应将计算出的看板数量进位取整，因为我们总是需要用装满了零件的容器来进行工作。当 10 组催化式排气净化器的第一个进入到制造单元中时，"信号"卡片被送至催化式排气净化器单元触发另一组的生产。

4. 最小化准备时间

要使流程平稳化必须减少机器的重置和转换时间。图 14-9 显示了批量生产和准备成本的关系。在传统方法中，机器准备工作的成本被认为是常量，最佳订货批量在图中显示是 6。而实施看板生产后，机器准备工作的成本是变量，最佳订货量减少。如图所示，实行精益生产后，通过采取减少准备时间的工艺，订货量从 6 个降低到 2 个。公司将会不断追求，直至实现批量降为 1 的最终目标。

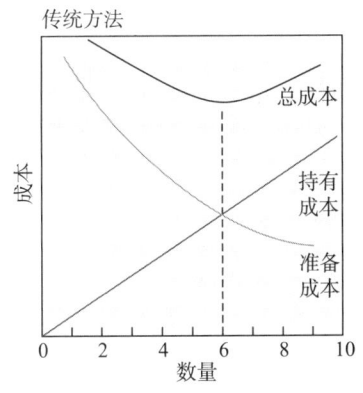
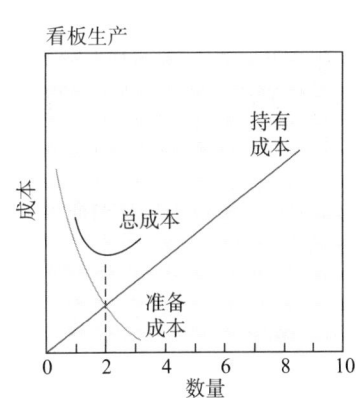

图 14-9 批量生产与准备成本的关系

注：持有成本包括库存存储成本及库存占用资金的成本，准备成本包括支付给工人的工资成本及各种管理成本和供应成本（关于它们的总体介绍请参见第 20 章）。

为实现建立时间的减少，在 JIT 系统中将准备工作划分为内部准备和外部准备。内部准备只能在停机后才能进行，而外部准备则可在机器的运行期间实现。准备工作的过程因此改变，在预期下一次准备工作时，外部准备可以在机器运行时完成。其他节约时间的装置如备用的刀架等也可达到加快准备时间这一目的。

14.4.3 精益供应链

精益供应链的建立需要一个整合各方参与者的系统方法。供应必须与生产设施的需求相匹配，而生产则必须与顾客对产品的需求紧密相连。再怎么强调对顾客需求反应的速度、稳定性以及持续性也不为过。下面就对精益网络设计相关的概念做一些介绍。

1. 专业化工厂

那些小而专业的工厂，虽不是纵向整合的大型制造商，但也很重要。大规模运营和内部官僚主义都不利于管理，也不符合精益的原则。目标单一的工厂在建设和运营时都更具经济性。把这些小工厂整合为一体，以达到相互之间的同步以及与市场的实际需求同步。

2. 与供应商合作

正如顾客和员工是精益生产的关键组成部分一样，供应商也同样非常重要。如果企业与供应商分享其预计用料的需求信息，将使企业的供应商对其生产和分销系统的需求有一个长远的规划。有些供应商还通过互联网与顾客保持联系，共享生产计划和进货需求等数据，这就保证了供应商企业也可以建立起均衡化生产系统。如果对供应商或供货商的供货能力充满信心，企业就可以减少缓冲库存数量。把库存维持在精益生产的需求水平上，就要求每天必须频繁运送必要的零件。有些供应商甚至将产品运送到生产线中某个指定地点而不仅仅是送到接货料场。当供应商的产品质量可以完全保证时，对其供应产品的验收检查程序甚至可以取消。

3. 建立精益供应链

供应链是一系列组织的集合，涉及的组织从提供原材料的多级供应商到原始设备制造商，再到最终产品配送和交付至顾客。沃麦克（Womack）和琼斯（Jones）在他们的重要著作《精益思想》(*Lean Thinking*)中为实现精益供应链提出了以下建议：

- 产品价值的确定要结合其目标成本，并以最终客户对价值的理解为基础。
- 价值流上的所有公司必须得到足够的相关投资收益。
- 供应链上的企业必须一起合作，鉴别并消除浪费。
- 当成本目标实现后，价值流上的企业将立即着手进行新的分析以发掘仍然存在的浪费，并设置新的目标。
- 供应链上的企业协作检查浪费，因此每个企业都有权核查与价值流相关的任何企业的任何活动。

总的来说，为了实现精益，供应链上的所有企业必须同心协力。

14.5　精益服务

许多精益生产技术已经成功地应用于服务业公司。跟制造行业一样，每种技术及相应的工作步骤的适用性取决于行业市场的特点、产品及设备的技术水平、员工的工艺技能水平和企业文化。在这点上服务行业也不例外。下面就是10个成功应用精益服务的企业实例。

（1）**建立问题解决小组**。霍尼韦尔（Honeywell）公司正在促使其质量团队从生产部门向服务部门扩展。其他公司如达拉斯第一银行（First Bank/Darlas）、标准肉联公司（Standard Meat）及米勒酿造公司（Miller Brewing Company）也正在用同样的方法来提高各自的服务水平。英国航空公司（British Airways）把质量团队作为其实施的新的服务战略的一个基础部分。

（2）改进工作环境。保持良好的工作环境绝不仅仅意味着赢得清洁卫生奖。它的真谛是要使工作区域除必须的物品之外别无他物，而且所有物品要归位，并且要干净，保持在随时可以使用的状态。每个员工清理自己的工作环境。

像麦当劳、迪士尼乐园及速度润滑油公司（Speedi-Lube）这样的服务企业已经认识到保持工作环境清洁的重要性，它们在这方面的投入意味着服务过程更加良好，不断改进的理念更容易深入人心，并且顾客也将感受到他们获得了更优质的服务。

（3）提高质量。唯一有成本效益的提高质量的方法就是建立可靠的生产处理能力。过程质量是源头质量——它在第一时间保证了产品和服务的一致性和统一性。

麦当劳由于将质量作为它的服务交付流程的组成部分而闻名。该公司正确地实现了服务交付系统的"工业化"，从而使世界上任何地方的麦当劳员工（即使是临时工人）都能提供同样的饮食服务。质量好并不是说要提供最好的产品和服务，它意味着要不断地提供给顾客与他们所付出的价值相符的产品或服务。

（4）清晰的流程。在JIT理论下，清晰的流程可以显著地提高工作业绩。以下是这方面的一些例子。

第一个例子是联邦快递公司将原来始点—终点的空运方式改为始点—汇总分发站的方式，在汇总分发站里将不同的邮件转移到飞往相应目的地的飞机上。这种方式导致了空运行业的革命。第二个例子是关于一家制造企业的，这家企业的下单系统一改以往按照职能划分子系统的方式，变为以顾客为中心的工作小组。由此，使订货到交货的时间从8天降为2天。第三个例子是，Supermaids公司派出一队房屋清洁工，每个人都有特定的责任，通过并行流程快速清理房屋。流程变化能够引发服务行业的革命。

（5）完善设备和工艺技术。完善技术是指对设备和工艺能力的不断修正以促使其能够符合工艺的需要，能够不断地生产出在公差范围内的产品，并能够与工作小组的生产规模和能力相适应。

速度润滑油公司将其标准服务站转变为专业化润滑和检修中心。其方法是将服务区的工作方式由"开入"式变为"开过"式，同时取消了升降装置，代之以在汽车下面建立坑道，让员工可以完全接触到车辆的每一个需要润滑的部分。

某家医院减少了手术室的准备时间以便手术室有较大的柔性来承接更广泛的手术，而同时并不减少手术室的利用率。

（6）均衡工作负荷。服务行业中生产与需求具有同步性。服务企业已经建立起独特的方法来均衡需求，以避免让顾客久等。麦当劳在早上提供特殊的食谱，零售商店使用记账系统，邮局对于要求第二天寄送的邮件收费较高，以上都是服务行业建立均衡工作负荷的例子。

（7）消除不必要的活动。一个不能带来价值增值的步骤就是一个可消除的步骤。就算是能带来价值增值的活动也可能会成为重新设计的对象，以提高工作的连续性或减少完成任务的时间。

一家医院发现在手术开始时如果有尚未准备好的仪器，那么会花费很长的等待时间。因此，该医院为每类手术所需设备建立了一个清单，以减少手术的等待时间。速度润滑油公司取消了服务过程中的某些步骤，但也增加了一些步骤，虽然不能改善润滑工艺，但能让顾客对所做的工作感到更有保证的步骤。

（8）组织结构的重组。工作区域的布局在实施JIT期间通常都需要重新布置。一般来讲，制造商通常采用的方法是建立小型加工单元以实现小批量生产，保持与需求同步。这

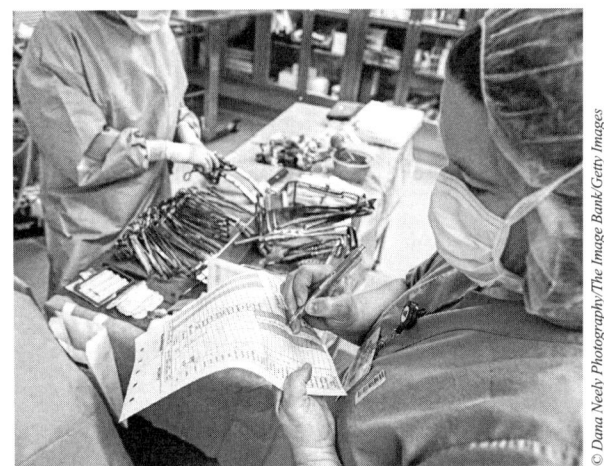

手术前，护士检查无菌仪器和其他将要使用的设备。手术前检查表用于确保医生在手术期间得到他们需要的东西，从而避免延误和提高患者安全性。

些单元可看作是企业内部的"微型工厂"。

但大多数服务企业在该领域都远远落后于制造企业。然而，在服务领域也确实有几个很有趣的例子。某些医院（不是指那种整个医院全是等着进行化验、检查、X 光透视和注射的普通患者的医院）对其服务机构进行了重组，根据问题类型，组成相应的工作小组。最常见的是专门处理外伤的小组，不过也建立了一些治疗类似疝气之类的慢性疾病的工作小组。每个小组都相当于医院内部的"微型治疗部门"。

（9）**引入需求拉动计划**。根据服务行业的生产和消费特点，建立需求拉动（顾客驱动）计划，对于经营一家服务企业而言是十分必要的，甚至许多服务企业将它们的经营业务分为"后台业务"和"前台（与顾客接触）业务"两部分，这种方法又产生了协调各部分的服务计划的问题。温迪餐厅的布置能够让厨师看到进入停车场的汽车。这样，他们就可以为每辆车在烤炉上放上预先已确定了数目的汉堡肉饼。该拉动系统的设计甚至能在顾客下订单之前就将新鲜的汉堡肉饼放在烤炉上。

（10）**建立供应商网络**。在精益背景下，供应商网络指的是供应商和企业为了长期互利而建立的协作关系。服务企业一般不重视原材料的供应商网络，因为在这类企业中，服务成本中最主要的部分通常是劳动力成本。当然也有明显例外的服务组织，如麦当劳，它是世界最大的食品购买商之一，一直以来都在实行精益服务方式。Manpower 以及其他人力资源公司与临时雇员服务组织和相关职业学校建立了精益型伙伴关系，使它们成为提供受过正规训练的装配工人的可靠来源。

本章小结

14-1 解释什么是精益生产

总结
- 精益生产专注于通过消除浪费和多余库存改进流程。
- 其基础是丰田公司首创的准时化运营模式。
- 这个概念被广泛应用于整个供应链流程，旨在消除所有非增值活动，创造顾客价值。

关键术语
精益生产：旨在利用最低库存量的原材料、在制品和产成品来实现大批量、高质量生产的综合性活动。
顾客价值：在精益生产的背景下，顾客愿意为此付出代价的东西。
浪费：任何从客户的角度来看，不增加价值的东西。

14-2 阐述精益的概念是如何在供应链流程中应用的

总结
- 精益理念几乎可以应用于供应链中的所有流程。
- 关键领域包括生产布局、生产调度和供应链设计。
- 供应链可以通过根据需求购买原材料的实时系统管理。
- 看板系统便是其中一例。

关键术语
价值流：一组从设计到实施、从订单到发运、从原材料到顾客手中的增值活动和非增值活动。
减少浪费：优化价值流中的增值活动并消除非增值活动。

14-3 运用价值流图来分析供应链流程

总结
- 价值流图是将流过各个流程的资金流可视化的流程图工具。
- 该工具的特点便是显示各个活动和流程时间的时间线，以及区分增值活动和非增值活动。
- 该工具可应用于生产、物流和分销过程。
- 价值流图的目标是通过消除浪费和增加客户价值，实现精益流程。
- 改善活动是一个短期项目，旨在快速改进流程。

关键术语
价值流图：一种图形化的方法，用于分析物料在流程中流动时的增值或不增值活动。
改善活动：一种起源于日本、专注于持续改进的活动。
预防性维修：定期检查和维修，确保设备的可靠性。
成组技术：在这种理念中，类似的零部件被分成一组，生产这些零部件的工作由一个专门的工作单元负责。
源头质量控制：一种使工人对其产出的质量负个人责任的思想。工人被期望一次性就正确地把零件制造出来，如果出现问题，要立即停止加工。
平准化排程：一种以恒定速度将原材料拉到总装线的安排。
冻结区间：在该时间区间内，生产计划固定不变。

倒冲法：计算每个零件在生产中使用的数量，并使用这些计算结果调整实际的现有库存余额，这样就不需要跟踪生产中使用的每个零件。

均衡生产负荷：平稳化生产流程以抑制由于计划的变动所带来的波动反应。

看板：用于控制生产的符号设施。

看板拉动系统：使用符号设备来管理物料流动的库存或生产控制系统。

关键公式

$$k = \frac{DL(1+S)}{C} \quad (14\text{-}1)$$

14-4 将精益的概念用在服务业中

- 精益理念可成功应用于服务业公司。
- 和生产流程一样，消除浪费、增加客户价值也是服务流程的目标。
- 通常，服务在更不确定的环境中进行，使其更难控制。

应用举例

14-2 例 1

当地的一家医院想要建立一套看板系统来管理当地血库的血液供应。每天，当地血库会将血液送往医院，但是从订货到交货需要 1 天时间（今天下午 6 点订货的话要等到明天下午才运到）。医院的采购小组每天固定在下午 5 点下达血液采购订单。血液以品脱计算，送血的容器容量为 6 品脱。对某种血型，医院平均每天消耗 12 品脱。因为出现用血短缺将导致严重的后果，医院希望能持有相当于两天的血液供应量的安全库存。则该医院应持有多少个看板卡？

解答

该题是一道典型的关于看板系统如何应用的问题。根据已给出的数据，该题涉及的变量如下：

D——每天 12 品脱（平均需求量）；
L——1 天（从订货到交货的时间）；
S——200%（安全库存量，或 2.0）；
C——6 品脱（容器容量）。

$$k = \frac{DL(1+S)}{C} = \frac{12 \times (1+2)}{6} = 6$$

这说明我们需要准备 6 个看板卡。每当打开一个新的血液存储容器（装有 6 品脱血液），看板就被送至医院购买处，同时购买处发出另一个 6 品脱血液的订单。当血液送到医院时，卡片附着在新的容器上，并与容器一起送到血液储存区域。

14-3 例 2 价值流图应用举例：门闩生产

这个简单的例子会向我们展示价值流图的使用。图 14-10 描绘了门闩的制造过程，其每周发货 7 500 个。现状图上给出了 15 个流程的周期和准备时间、各个位置上的库存水平，还给出了钢铁供应商、门闩消费者以及进行生产排程的管理层之间的信息流动。增值时间总和，也就是加工时间，可以由各个加工步骤单独贡献的增值时间加总而得，时间值可以在底部时间线上找到。比如，这里的值为 28.88 秒。各个库存上的提前期可以通过库存水平除以日生产需求（也就是 1 500 个门闩）计算出来。把这些提前期加总就可以得到整个生产提前期为 66.1 天，即一个门闩从最初生产到离开工厂的所有时间。

现有生产状态存在多个可能的优化点。图 14-11 用 Kaizen 爆发指出了其中几个，包括消除部分加工步骤、调整部分现有步骤以及缩短加工步骤之间的运输距离。图 14-12 是未来状态图，包括了上述几个改进措施。可以看出，经改进之后，生产提前期缩短为 50.89 天，缩短了 23%。如果在多个位置引入拉动系统，生产状态还可以得到进一步改进。

讨论题

14-1

1. 实现零库存可能吗？如果可能，为什么？如不可能，又为什么？
2. 帮助实现精益生产系统的方式之一是使用灵活的制造设备和物料控制系统。这种方式会导致对员工的需求减少，因此需要与工会进行协商。你认为这样的方式与丰田生产系统尊重员工的原则相矛盾吗？
3. 供应链过于精益好吗？解释你的答案，如果可以，举出例子说明。

290 第三篇 供应链流程

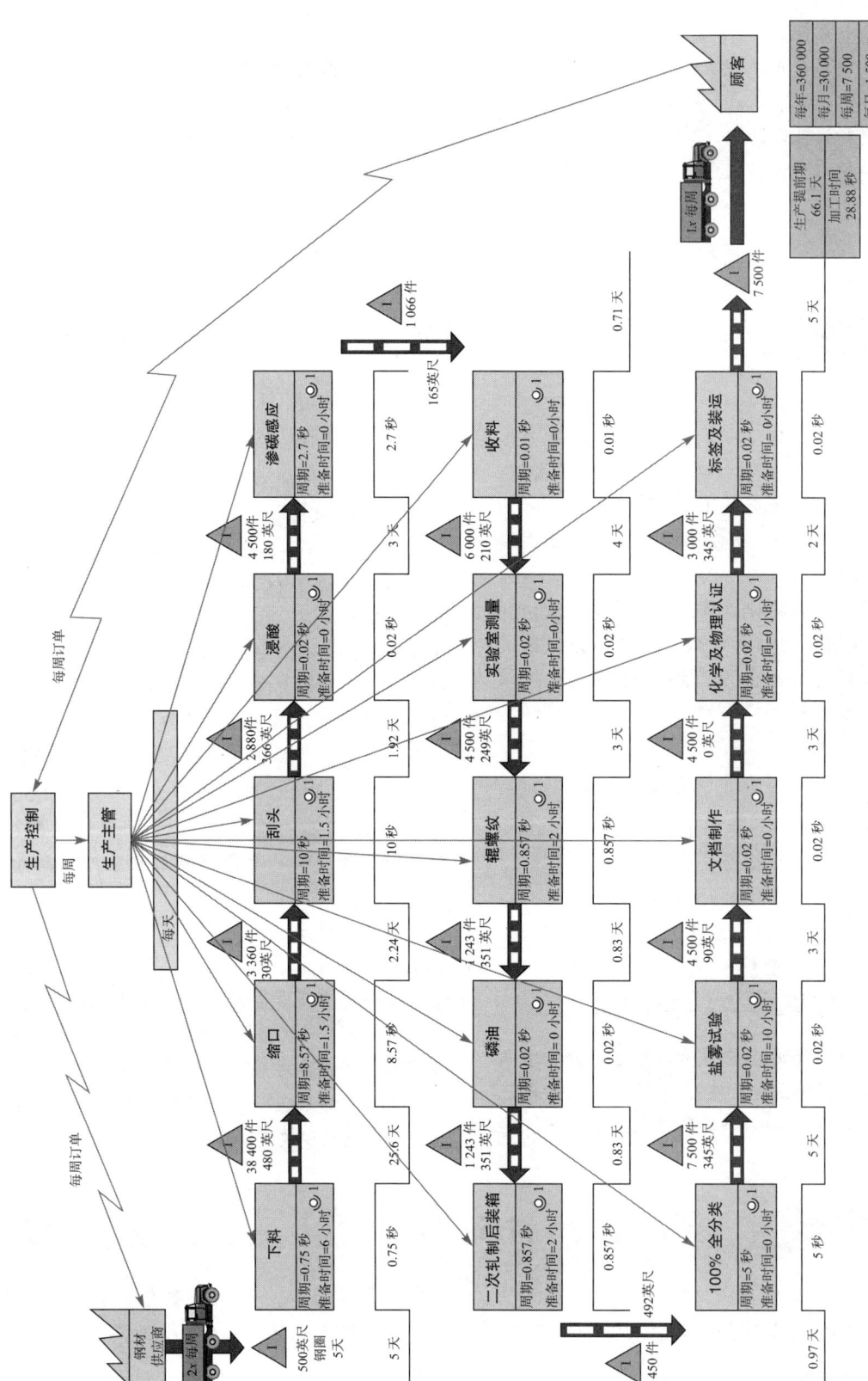

图 14-10 门闩生产案例的现状图

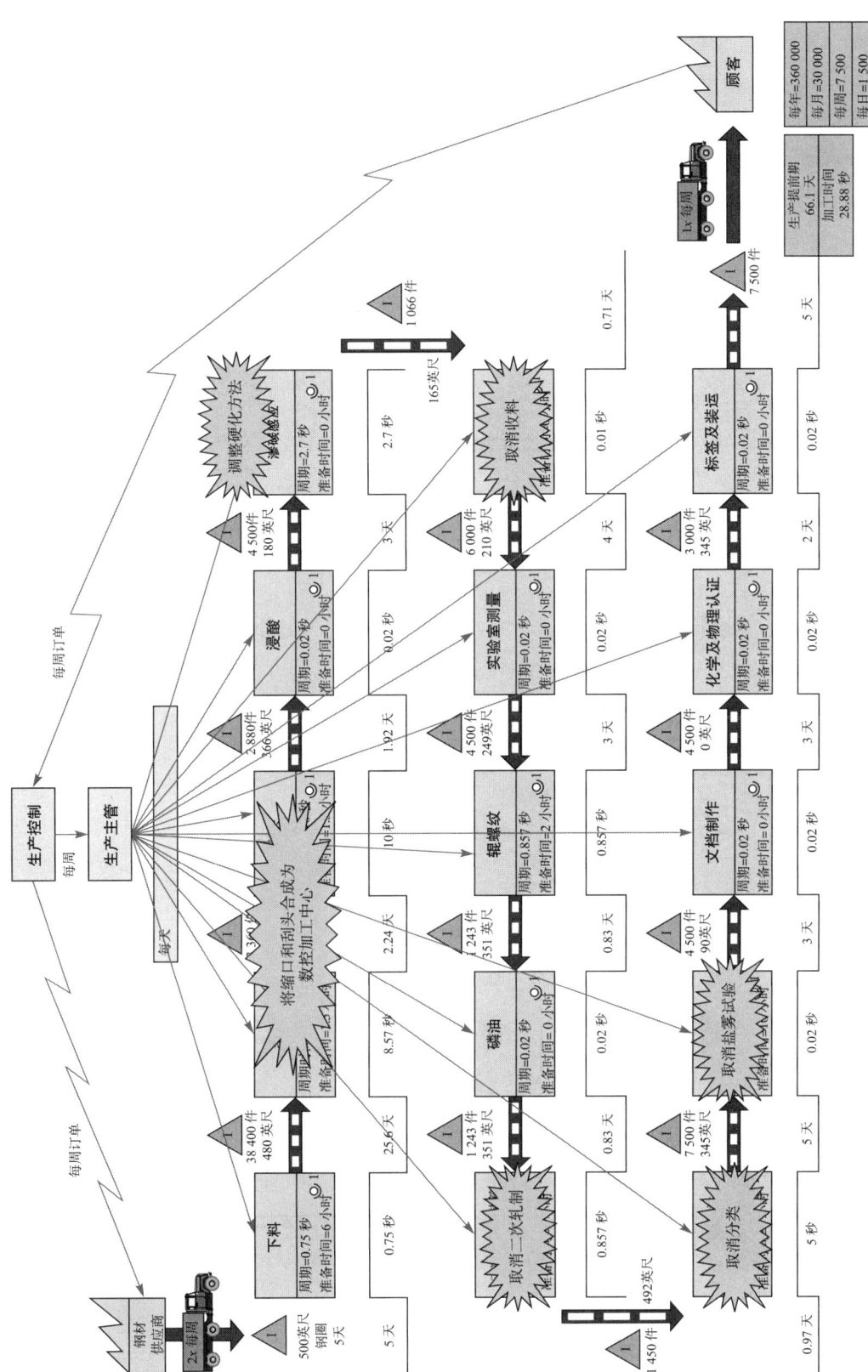

图 14-11　门门生产案例中可能的流程改变

292 第三篇 供应链流程

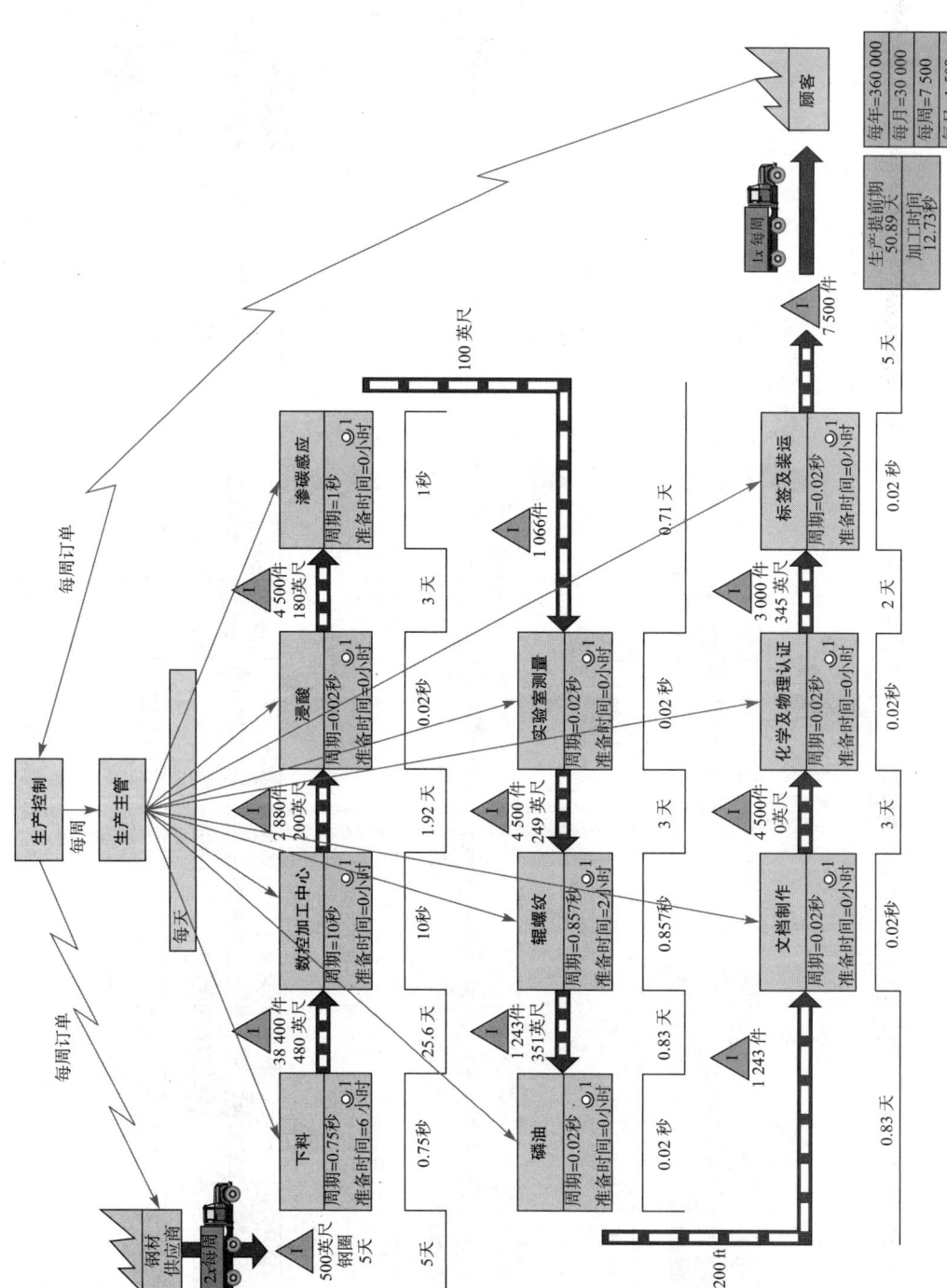

图 14-12 门闩生产案例的未来状态图

14-2

4. 为什么精益生产需要保持一个稳定的生产计划？
5. 市场营销经理可能对均衡生产负荷提出什么样的反对意见？
6. 精益生产成本核算的含义是什么？
7. 精益系统中供应商和企业各有什么作用？
8. 解释在看板系统中看板卡是如何使用的。
9. 下面系统的哪些生产方式（如果有的话）与看板类似：将空瓶子送还超市再拿一瓶满的；在午餐时经营热狗的摊位；从支票账户上取钱；用耙子把树叶装进袋中。
10. 为什么精益生产在实践中很难实行？
11. 解释在精益理念下的质量和生产率之间的关系。

14-3

12. 消除浪费是精益生产的重要理念，使用价值流图识别你家或是宿舍有哪些浪费来源，并讨论如何消除这些浪费。
13. 在应用举例 2 中，怎样在打孔和数控加工步骤之间加入价值流图拉动系统？
14. 什么是价值流图？
15. 价值流图的目的是什么？如何实现？

14-4

16. 精益生产会用在服务业中吗？为什么？
17. 市场营销经理可能对均衡生产负荷提出什么样的反对意见？

客观题

14-1

1. 供应链中所有将产品和服务配送给顾客的环节是为了创造价值，这一过程被称为什么？
2. 价值流中增值活动的优化以及消除非增值活动指的是什么？
3. 列举出应当从供应链中去除的 7 种浪费中的至少 4 种。
4. 什么概念与消除非增值步骤和产品存储过程中的浪费相关？

14-2

5. 以固定速度把原材料以拉动方式引入总装配线的计划指的是什么？
6. 对设备进行定期的检查和维修，目的是确保设备的可靠性，从而消除因故障导致的计划外停机，这指的是_____。
7. 什么是必须一次性就生产出符合标准的产品，而一旦出现错误，就立即停止该道工序的工作？
8. 在 JIT 系统中，在图表中标记出区域或者标识出物料存储区域。当该区域为空时，供应链运营就要生产更多的产品。这些区域叫什么？
9. 在精益制造的看板方法中，订单数量应该尽可能的少。在内部生产的部分，哪一部分的制造过程应当尽量减少以降低最优的订单数量？
10. 一家计量仪器组件供应商使用看板系统控制其物流。计量仪器盒一次可运送 5 件仪器。生产中心每小时大约生产 10 件仪表，另外按上外壳还需要大约 2 小时的时间。由于加工时间的不确定性，管理人员决定持有所需库存的 20% 作为安全库存。需要多少看板卡？（答案见附录 D。）
11. 将汽车的变速器运送到加工车间需要 1 小时，每次的输送量为 4 个。工厂每小时大约可以生产 4 辆汽车，管理人员决定持有预计需求量的 50% 作为安全库存。需要多少看板卡？
12. 一个装瓶车间每小时可以装满 2 400 个瓶子。从订货到交货的时间是 40 分钟，一个容器可以容纳 120 个瓶子。安全库存为预计需求量的 10%。需要多少看板卡？
13. 根据例 14-1 解决以下问题。美驰公司雇请了一个咨询小组。他们建议采取局部自动控制的方案，同时将安全库存比例提高至 0.125。美驰公司将此建议付诸实践后，成果斐然，消音器组件以及催化式排气净化器的装配效率都得到了提高。消音器组件装配单元平均每小时可以装配 16 个组件，而且每批催化式排气净化器（10 个）从订货到交货的时间降低到 2 小时。需要多少看板卡？
14. 美驰公司对咨询小组先前提出的建议的实施成果非常满意，于是再次请来该小组为公司提供咨询服务。现在该小组提出可以在消音器组件装配线上实行更完全的自动化方案，同时可以将容器缩小，将其容量改为 8。美驰公司施行了以上建议后，消音器组件装配单元平均每小时可以装配 32 个组件，而每批催化式排气净化器从订货到交货的时间降到 1 小时，安全库存仍然是 12.5%。需要多少看板卡？（答案见附录 D。）

14-3

15. 在价值流图中，在闪电球中的箭头表示什么？
16. 价值流图中的倒三角形代表什么？
17. 在价值流图的数据盒中，缩写 CT 和 C/O 代表什么意思？
18. 有什么方法可以提升价值流？

14-4

19. 与制造系统相比，为什么服务运营环境会让其更难控制？

20. 本章列举出了能够让服务企业过程更加精益的多种技术。在传统的慢周期中，餐馆用特殊折扣可以用来吸引消费者，这是哪一种技术？

案例分析 14-1　品质零配件公司

品质零配件公司（Quality Parts Company）为一家位于几英里外的计算机制造商供应线盒。该公司生产三种不同的线盒，生产批量从 100～300 个单位不等。

X 型和 Y 型线盒的生产流动过程如图 14-13 所示。Z 型线盒的第一步是切削，后续生产过程与 X 型、Y 型一致。一辆滑轮车一次至多可以盛放 20 个线盒。表 14-2 给出了每单位产品在各工序上的大致加工时间以及机器设备的准备时间。

表 14-2　操作时间及准备时间

工序编号及名称	加工时间（分钟）	准备时间（分钟）
切削 Z 型线盒	20	60
1 车工	50	30
2 钻孔	15	5
3 钻孔	40	5
4 装配步骤 1	50	
装配步骤 2	45	
装配步骤 3	50	
5 质检	30	
6 喷漆	30	
7 烘干	50	20
8 包装	5	

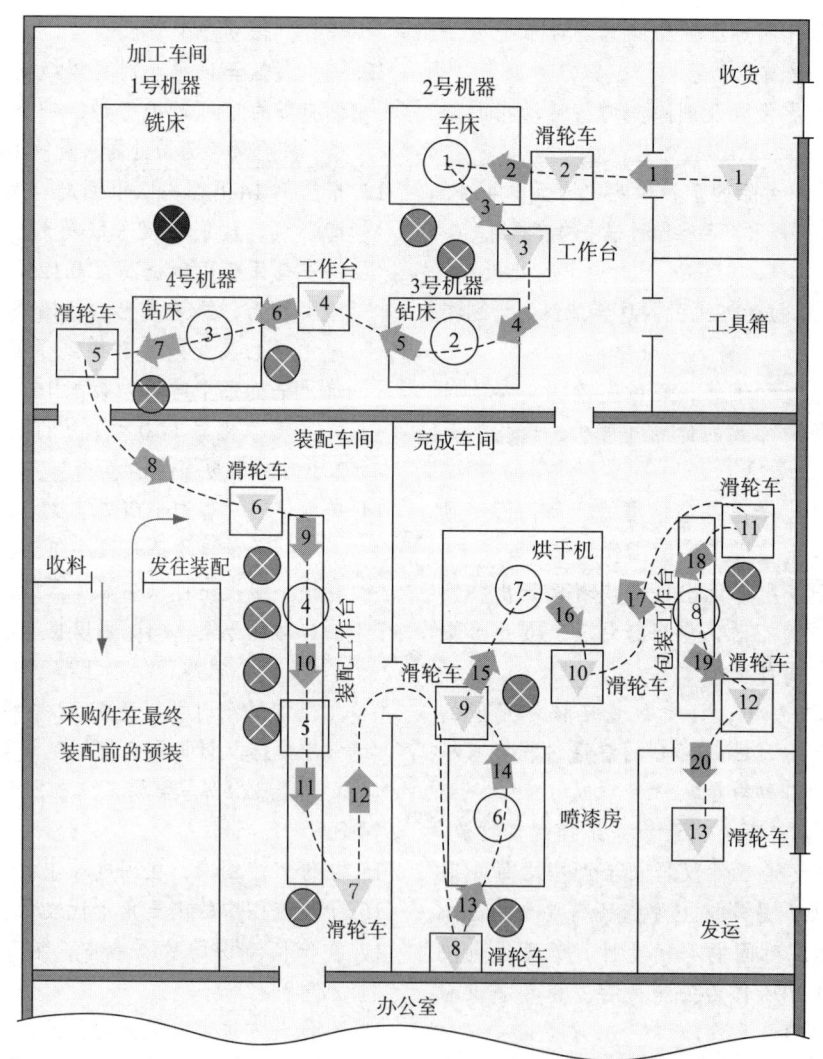

图 14-13　线盒生产流程

计算机制造商线盒每月的需求量在 125～175, X 型、Y 型和 Z 型线盒的需求各占 1/3。预装工序在 1 个月之前就已形成库存，目的是要保证缓冲库存一直可用。用于预装的原材料和采购件占线盒制造成本的 40%。所有零部件来自 80 家左右的供应商，供应商的发货时间随机（线盒有 40 种不同的零部件）。

每道工序上的加工报废率约为 10%，库存周转率为一年两次，工人工资日结，员工每年的离职率为 25%，每年的净利润率维持在 5%，需要一定的维修和维护。

品质零配件公司的管理者正在考虑安装一个自动订货系统，以更好地控制库存并"保持滑轮车满载"（她认为工人在工作台前工作两天可以促使工人达到最高的生产速度）。她还打算增添三名质检人员，以消除质量问题。另外，她也在考虑安装一条返工生产线。尽管她对大部分机器和劳动力的高利用率感到满意，但是铣床的闲置时间过高的问题让她烦恼。最后，她还让工业工程部门添置一个高脚柜，用于存放机器 4 加工后的零部件。

问题

1. 在品质零配件公司管理者所考虑的几项措施中，有哪几项与精益思想背道而驰？
2. 请从安排调度、布局、看板、任务组合以及库存等方面提出精益改进的建议，并尽可能使用定量数据，必要时说明相应的假设条件。
3. 请为品质零配件公司现有系统设计一套拉式生产系统。
4. 请为品质零配件公司精益的引入规划一套方案。

案例分析 14-2　价值流图

价值流图首先是要针对公司内外部运营情况做一幅基本情况图，然后运用精益思想，画出改进后的未来状态图。图 14-14 是现状图的一个例子，其生产提前期为 4.5 天。这是一个批量生产的推式系统（因为使用的是虚线箭头），其延时长并且有库存。图 14-15 显示的未来状态图中的提前期只有 0.25 天。这是通过把系统转换为连续生产的拉式系统并针对七大浪费做出改进而达成的。价值流图使用很多特有的图标、框和流的显示形式。

问题

1. 通过消除加工中的排队现象可以极大地提高零件在系统中的流动速度。请问去除这些排队会有什么不良影响？
2. 在你看来，机器操作工人对这些变化会有什么反应？
3. 为了保证操作工人一直处于忙碌状态，你会采取什么措施？

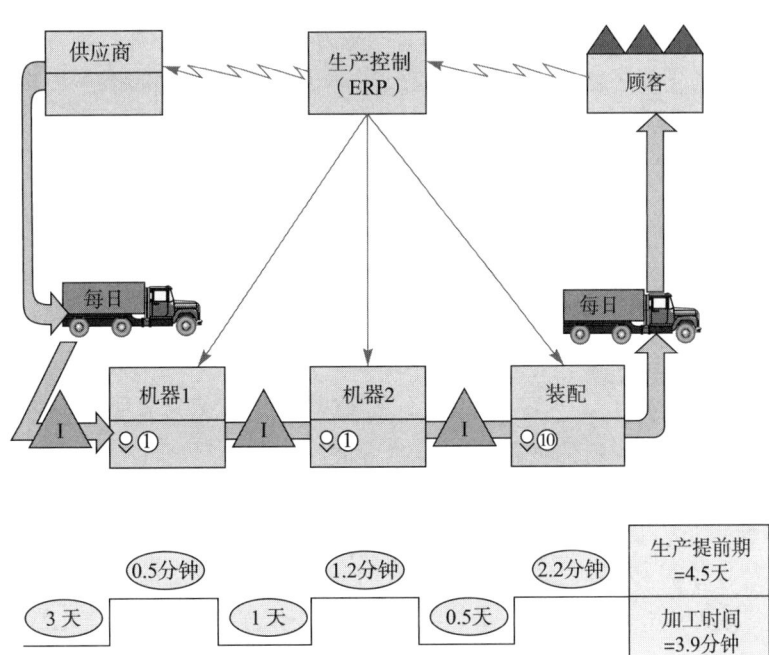

图 14-14　现状图

资料来源：Jared Lovelle, "Mapping the Value Stream," *IIE Solutions* 33, no. 2 (February 2001), p. 32.

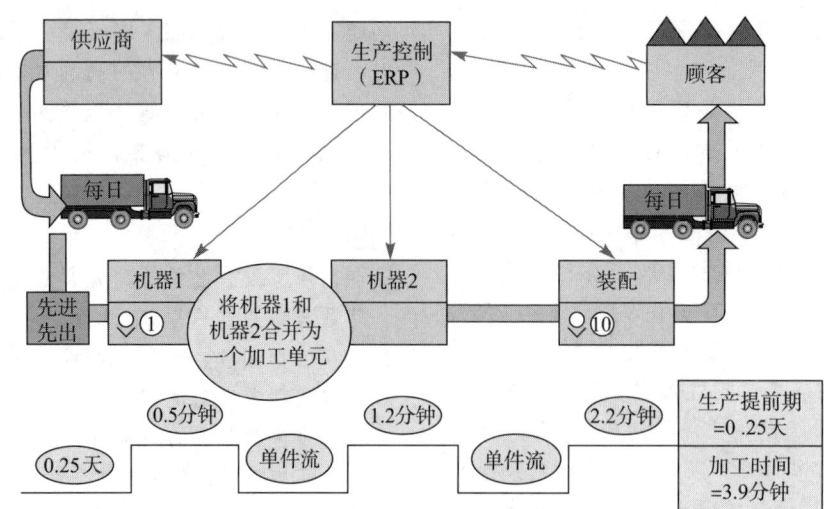

图 14-15 未来状态图

资料来源： Jared Lovelle, "Mapping the Value Stream," *IIE Solutions* 33, no. 2 (February 2001), p. 32.

案例分析 14-3　先锋渔船：价值流图应用范例

先锋渔船是一个渔船生产商，现在正面临一些关于全球采购零部件的问题。先锋渔船在美国有两个生产基地。公司已越来越多地依赖于全球供应链的高效运营，因为有越来越多的零部件在国外采购，包括一些关键的组件。近期出现的一些问题就是由这些关键零部件造成的生产线停工。为了解决这一问题，先锋渔船打算为在国外采购的零部件设立 6 周的库存。管理层令你对这一决定做出评估。

首先，你必须了解先锋渔船的供应链。目前，供应链库存方面的可视性（对现状的了解）非常低，与供应库的交流更是少之又少。实际上，公司没有任何超出一级供应商的数据。这个问题更为复杂的一面是供应链中的各个环节是由公司内部不同部门处理的。

为了了解供应链，先锋渔船令你画出其供应链的现状图。为实现这一目标，公司给出了一个可在供应链中追踪的关键部件。通过与供应链各参与方，包括供应商进行沟通以后，你收集到了以下信息。

这个部件在中国生产，厂家为一级供应商制造公司。制造公司的生产计划安排是依据先锋渔船仓库以传真形式发出的订单而制定的。这家供应商会就 30 天、60 天、90 天内各周的订货做出预测。一旦渔船部件生产完毕，制造公司会将其用卡车运往上海港，并在那儿装上开往美国的货船。在上海港装船需要 1 周时间，运往上海的路上需要 3 天时间。制造公司会持有 9 周的成品缓冲库存。每个部件的生产时间只有 3 天。货船需要航行 14 天才能到达美国。货船一旦抵达美国洛杉矶港就开始卸货。卸货需要 5 天时间，海关会在洛杉矶进行质检工作。这批货物然后会通过火车运往芝加哥，运输时间大约为 7 天。货物抵达后会在芝加哥停留约半周的时间，然后采用卡车运到先锋渔船的仓库，作为 6 周缓冲库存存储。上述运输时间为 2 天。根据美国各家工厂的电子订单，再将存放在仓库的关键部件运到各工厂。

关于制造公司，先锋渔船了解到它们主要使用两种原材料来生产该关键部件，其中一种来自中国，另一种来自美国。为了避免原材料短缺的风险，制造公司会维持 4 周来自中国的原材料缓冲库存以及 12 周来自美国的原材料缓冲库存。这些二级供应商只接受正式的采购订单。有趣的是，制造公司规定这些供应商要执行先锋渔船严格的供应商管理标准。

问题

1. 请画出供应商的价值流图。需要些什么信息？
2. 在该供应链中，导致物料流动停止的风险在哪里？
3. 在该供应链中，有哪些地方存在改进的可能？价值流图是如何揭露出这些可改进的地方的？

练习测试

写出以下每个语句定义的术语或回答问题,答案见底部。

1. 从客户角度看,不能增值的部分。
2. 一组活动的集合,旨在实现维系原材料、在制品以及产成品最少库存的状态下进行大批量、高质量的生产。
3. 丰田生产系统的两个基础思想。
4. 一组从设计到实施、从订单到发运、从原材料到顾客手中的增值活动和非增值活动。
5. 一种起源于日本、专注于持续改进的活动。
6. 为了生产目的,将类似的零部件组合在一起的思想。
7. 只在需要时生产需要的产品。
8. 在该时间区间内,生产计划固定不变。
9. 尽可能使所生产的产品组与需求相吻合。
10. 使用符号设备来管理物料流动的生产控制系统。
11. 如果一个产品的提前期刚好是5天,且需求稳定在每天4个单位。每个装运箱内只能盛放两个产品。请问需要多少张看板卡?(假设无安全库存。)
12. 一家公司想要验证小批量生产更具经济性。管理层知道不能压缩每单位产品的库存成本,因为这取决于产品本身的价值。为了证明小批量的合理性,他们应该怎么做?

答案:1. 浪费 2. 精益生产 3. 尊重员工、持续改进 4. 价值流 5. Kaizen 6. 成组技术 7. 准时制生产 8. 冻结区间 9. 均衡化生产 10. 看板 11. 10 张 12. 降低机器准备成本

第 15 章

选址、配送和运输

学习目标

15-1 解释什么是物流；

15-2 比较物流和仓库设计；

15-3 分析物流驱动的选址决策。

引导案例

巴拿马运河更宽的新水道

美国大多数从亚洲进口的货物是由船运至西海岸，然后由火车转运至全美各地。2016 年 7 月 26 日，巴拿马震撼了世界物流业。2016 年，巴拿马运河将会开通新航道，该航道能够承载重量为目前轮船的三倍的轮船。大轮船能够通过运河将货物运送到东部港口和美国墨西哥湾沿岸的港口。一些物流专家称水道的拓展是"游戏颠覆者"和"西部海岸与铁路交通的威胁"。

从装货，再由亚洲驶往美国西海岸，最后运至东海岸，一共需要 18 天。当运河状态好时，巴拿马水道的全程水运需要 22 天，基本和苏伊士运河（苏伊士运河是由亚洲到东海岸的另一条竞争水道）水运的时间相等。有时，由于船速和航道拥挤，海运可能会需要更长时间。

先由船运再转铁路的线路比单纯水运的线路贵 10%～25%。扩大水道会增加这二者的费用差，从成本上来看，单纯水运极具吸引力。航海人员喜欢有替代方案，实际上现在有三种方式可以将货物从亚洲运往美国东部：扩展的巴拿马运河，苏伊士运河以及船舶、火车混合运输模式。

© EvrenKalinbacak/Getty Images RF

15.1 物流

在为制造业设计一个大型供应链时，其中一个主要问题就是选择以何种方式将物品从制造工厂送到顾客。对于消费型产品，这通常还包括从制造工厂到仓库再到零售店的运送。你可能认为这种情况不会经常发生，但是想想所有那些打上"中国制造"标签的产品。一件运动衫经历的路程可能超出你的想象。如果你住在美国的芝加哥，而那件运动

在每一个工作日，联邦快递通过全球 10 个航空快递中心运送超过 350 万件包裹

衫是在中国福建省生产的，这就意味着它在到达你购买的那家零售店之前，已经走了超过 6 600 英里，或者 10 600 公里，将近半个地球的长度。为了使运动衫的价格降下来，这个运输就必须尽可能地提高效率。那件运动衫是如何完成它的旅行的，我们无从得知。它可能是经过飞机空运，或者是汽车、部分通过火车、轮船或者飞机的组合的方式运送的。物流指的是供应链中产品的移动。

专业的供应链与运营组织——美国生产与库存管理协会（American Production and Inventory Control Society, APICS），将**物流**（logistics）定义为：" 在适当的地点获得、生产以及配送适当数量的物料和产品的艺术与科学。"这是一个广义的定义，这一章我们主要关注仓库和工厂选址的分析以及如何评价物料在这些地点上的进出情况。**国际物流**（international logistics）指的是物品在全球范围内移动的管理。显然，如果在美国或欧洲销售中国产的运动衫，这就涉及国际物流。

还有一些公司是专业的物流公司，例如联合包裹服务（United Parcel Servicer, UPS）、联邦快递（FedEx）和 DHL。这些国际化公司的业务包括各种物品的运送：从鲜花到工业设备。现在，一家制造型企业经常会把大部分物流业务交给上述企业中的一家来处理。在这种情况下，这些运输企业通常被称作**第三方物流企业**（third-party logistics company），其最基本的功能就是把产品从一个地方送到另一个地方。物流企业还提供额外的服务，如仓储管理、库存控制以及其他客户服务功能。

物流是一个大的业务模块，占到美国 GDP 总额以及增长的 8%～9%。如今，现代化、高效的仓库和配送中心是物流的核心所在。这些中心被严格管理、高效运营，以保证存储物资的安全以及产品、服务和相关信息从出发点到消费点的快速流动。

15.2 与物流相关的决策

如何将产品以一种尽可能好的方式从工厂送给顾客是一个复杂的问题，它影响着产品的成本。成本上的权衡主要包括产品运输、交付速度以及应对变化的柔性等方面。信息系统在各项活动的协调方面扮演了主要的角色。这些活动包括资源配置、库存管理、调度和订单跟踪。对这类系统的全面讨论已超出本书的范围，但是后面的章节会提到基本的库存控制和调度。

15.2.1 运输模式

一个关键的决策是物料应以何种方式运输。图 15-1 所示的物流系统设计矩阵给出了几种基本的方式。广为人知的运输方式有6种：高速公路（货车）、水运（轮船）、空运（飞机）、铁路（火车）、管道以及人工运送。每种方式都有各自所适合的产品，如下所述。

- **高速公路（货车）**。实际上，几乎所有产品的运输都涉及高速公路这种运输方式。在将产品运送到任何一个不为水域所分割的地点上时，高速公路提供了很大的柔性。各种尺寸、重量的产品、液体状或大块的产品都适合采用这种运输方式。
- **水运（轮船）**。这种方式的运输能力大，运输成本低，但是运输时间长，且世界上大部分区域并不能直接使用水运装载工具。这种方式尤其适用于像原油、煤炭以及化工等大型产品。
- **空运（飞机）**。这种方式速度快但费用高。小、轻且昂贵的物品最适合采用这种运输方式。
- **铁路（火车）**。这是一种成本相对较低的方式，但运输时间也可能比较长且存在变动性。铁路的适用性取决于铁路设施的建设。欧洲铁路的建设高度发达，使得铁路较公路而言，更加具有吸引力。然而在美国，铁路建设在过去的50年里有所下降，致使铁路的吸引力下降。
- **管道**。这种一种高度专业化的运输方式，而且限于液体、气体以及半流质的固体。在管道方式下，包装是不需要的，而且每公里的运输成本低，但最初建造管道的成本很高。
- **人工运输**。这是许多供应链中的最后一步。由于对劳动力的依赖度高，将产品送到顾客手中是一项相对较慢、费用较高的活动。

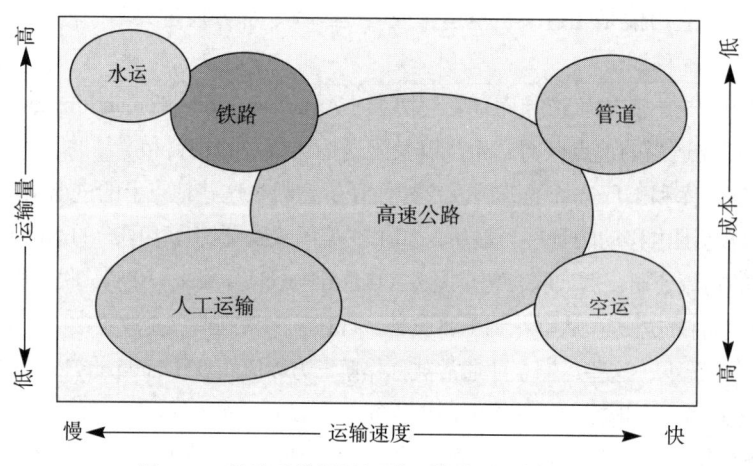

图15-1　物流系统设计矩阵：物流过程描述框架

很少有公司只用其中一种运输方式；采用多种运输方式是很正常的。找到正确的组合策略是一个重要的议题。对装载工具的协调及调度需要全面的系统来跟踪物品。公司一般会采用标准化的集装箱，这样产品才能在货车、飞机或轮船之间高效转运。

15.2.2　仓库设计

在把来源不同的货物集合到一起并整合成为更大批次、有相同目的地的货物时，需要用到一类特殊的集中式仓库，这样可以提高整个系统的效率。**越库**（cross-docking）就是这类集中型仓库中要用到的一种方法。越库并非把货物合成更大的批次，相反，它是把大批货物分割成多个小部分，以配合当地的配送。这种方法通常采用的是一种协作的方式，这样货物就不需要储存在仓库。

零售商在自己当地的仓库接受来自多个供应商的货物，然后马上通过计算机控制的越库系统将其分类，并送往各个独立的零售店铺。这样可以使仓库持有的库存量最小。

转运中枢系统（hub-and-spoke systems）结合了集中式仓库和越库的思想。这个系统中的仓库被称作"枢纽"（hub），它唯一的目的就是将货物分类。进入的货物经分类后会送到各个集中区域。每个集中区域上的货物都会被发往相同地区。枢纽的战略位置一般坐落在靠近某个区域的地理中心，这可以最大限度地缩短一个商品所必须移动的路程。

设计一个系统是一项有趣而复杂的工作。下一节我们将集中讨论工厂和仓库的选址问题，这是一种典型的在物流中必须做出的决策。物流是一项大的议题，其所涵盖的要素已拓展到物流供应商所提供的各项增值服务。具有合适的网络规划是该行业提高效率的基础。

15.3 物流设施选址

无论是对于一个新建企业或已存在的企业都普遍存在设施选址问题。这类问题的决策对于一家公司的最终成功起着至关重要的作用。一家公司的供应链设计中的一个重要环节就是它的设施的选址。例如，3M已将其职能活动中很重要的一部分（包括R&D）转移到了气候更宜人的得克萨斯州的奥斯汀；作为其全球战略的一部分，"R"Us玩具公司在日本选定了一个新址，并且业已投入使用；迪士尼公司选择了在上海建造中国的迪士尼主题乐园；波音公司选择在南卡罗来纳州组装787梦想飞机。制造业和服务业的选址决策受到各种标准的左右，这些标准无一例外是由竞争需要决定的。影响制造企业和仓库选址计划的判断标准如下所述。

- **接近顾客**：举例来说，日本的NTN轴承（NTN Driveshafts）在印第安纳州哥伦布市建立了一家大型工厂，以便更接近美国的主要汽车制造工厂，该公司的客户希望他们的订货能够隔夜送达。接近顾客同时也确保了生产和研发的产品与顾客的需求保持一致。
- **商业氛围**：良好的商业氛围应包括规模类似的企业和同行业的企业存在，如果考虑跨国选址的问题，还应有其他国外公司的参与。政府是否推行积极的经济立法，当地政府是否愿意通过政府补贴、减税和其他便利的条件吸引企业前来落户，这些都是设施选址中应该考虑的因素。
- **总成本**：选址的目标就是寻求总成本最小的地址。总成本包括地域成本和货物运进运出的运输成本。土地、建筑、劳动力、税收和能源成本构成了地域成本。另外，还有比较难以衡量的隐性成本，包括：①产品在交付给顾客之前，其半成品在各地间被过于频繁地搬运；②因远离主要消费客户群而无法及时得到消费者的反馈所带来的损失。
- **基础设施**：充足的公路、铁路、航空和海运能力是至关重要的。当然，能源和电信设施也必须同时满足要求。此外，当地政府是否愿意改建升级基础设施以满足所需，对选址也有重要的影响。
- **劳动力素质**：劳动力的教育和技术水平必须与公司的需求相匹配。更为重要的是，劳动者必须具有学习的热情和能力。
- **供应商**：一个合适的选址必须具有高质量和富有竞争力的供应商。接近主要供应商的工厂同时也是精益生产方式的需要。
- **其他设施**：公司其他工厂或配送中心的位置会影响新工厂在整个网络中的选址。在这种情况下，产品组合和生产能力两个问题与选址决策密切相关。
- **自由贸易区**：国际贸易区或**自由贸易区**（free trade zone）是典型的封闭式设施（在海关的监督下），国外货物的进出可不必受通常的海关规定的制约。现今在美国有大约260个这样的自由贸易区。这种特殊区域也存在于其他国家。自由贸易区内的制造商可先使用进口元件装配其最终产品，并延期支付相应的关税，直至产品运抵使用国。
- **政治风险**：许多国家地理政治的突变使公司的设施选址同时面临着机会与挑战。当然，许多国家正在进行的体制改革也使得在这些地区设厂变得极具风险。投资国和东道国之间的政治关系也会影响投资国在设施选址问题上的决策。
- **政府壁垒**：如今，许多国家正在通过立法清除妨碍外国产品进入和在本国设厂的壁垒。但是，除立法以外的其他因素以及文化壁垒也是需要在设施选址中认真考虑的问题。

- **贸易共同体**：随着《中美洲自由贸易协定》（CAFTA）的签订，世界上又增加了一个新的**贸易共同体**（trading bloc）。这类协议将同时影响该贸易共同体内外的国家的选址决策。受贸易协定的影响，成员国公司通常通过选址或重新选址来得到新的市场机会，或者降低其总成本。其他公司（成员国之外的公司）也可以在该共同体成员国国内选址，以避免在新市场的竞争中丧失竞争资格。这样的例子很多，如1992年以前许多日本汽车制造厂在欧洲建厂；自NAFTA生效后，许多通信和金融服务公司开始向墨西哥挺进。
- **环保条例**：在设施选址决策中还必须包括这一点，某些地区的环保规章也将会影响一些行业。除了对成本的直接影响之外，它还将影响企业与所在社区的关系。
- **东道社区**：调查东道社区是否欢迎企业落户于此也是决策中必须的部分。此外，当地的教育设施和逐渐受关注的生活质量问题也很重要。
- **竞争优势**：对于跨国公司来说，对其每个不同的业务分支确定本垒所在国也是个重要问题。公司应根据不同的业务或部门设置不同的本垒。制定企业战略的本垒具有竞争优势，可以创造出核心产品和技术，并进行大规模生产。所以一家公司应将本垒迁移到一个能激励创新并能为全球性的竞争提供最好环境的国家。该思想也适用于那些希望保持长期竞争优势的国内企业。这也是美国东南部各州迅速崛起，成为企业乐于投资和迁入的地区的部分原因（这说明，它们的经济环境能够促进创新和低成本的生产）。

专栏 15-1

波音787梦想飞机在南卡罗来纳州组装，部件来自世界各地

波音公司一直在西雅图和华盛顿组装大型客机，但是后来发生了变化。2012年4月27日，在数千名工人的欢呼中，波音公司在美国南部组装了第一架客机。到2016年，工厂每月可以生产12架改进型客机，预计到2020年将增至14架。除了新的装配地点，787飞机还使用了全球分包商，他们将配件交付到南卡罗来纳工厂。例如，在日本制造机翼，在意大利和韩国制造水平稳定器，在法国制造乘客门，在瑞典制造货物和检修门。为了运输所有这些部件，波音公司将4架使用747-400的飞机改装成747梦想运输者，这是一种能够承载完整机翼和大型机身部分的巨型载货飞机。

这种截然不同的飞机制造方法的目的是节约成本和加快生产速度。

在南卡罗来纳州北查尔斯顿的波音公司装配厂，波音员工聚集在一架747梦想运输者旁

15.3.1 工厂选址方法

我们将会看到，有许多技术可用来确定潜在的工厂或其他设施的地址。将决策简化到某个特定区域的流程根据商业类型和需要考虑的竞争压力而变化很大。就像我们之前讨论的，从一组可选择的厂址中确定一个合适的厂址经常有很多标准需要考虑。

在这一部分中，我们列举了三种不同的技术，它们已被证明对许多公司是非常有用的。第一个是因素评分法，它允许我们用简单的基于不同标准的评分来选址；第二个是属于线性规划的运输方法，它是一种用来估算工厂和仓库组成的网络成本的很有用的技术；第三个是重心法，通信公司（手机服务提供商）经常使用这种方法来确定其信号发射塔的地址。最后，在本章后面部分我们将讨论像麦当劳和州立农业保险这样的服务公司是怎么用统计的技术来为其设施选址的。

要记住，本节所采用的方法要在更复杂的选址战略中使用，尤其是当某些主要区域是第一次被考虑时，应当做更多的筛选工作；逐渐缩小区域，然后到可能地区，最后在某几个候选区域做选择。这些方法可以有不同的使用方式。因素评分法在非量化因素很重要时才有用。线性规划方法和重心法是量化方法，而且与成本和相关服务标准有关。这些数理统计方法在差异很显著的时候很有用。这些方法通常结合起来使用来解决问题。

1. 因素评分法

因素评分法（factor-rating system）大概是设施选址使用最广泛的技术了，因为它提供了一种方法，将多种因素结合成一种容易理解的形式。

举例来说，一家精炼厂将以下一组分值范围确定为选址时要考虑的主要因素。

	范围
地区的燃料状况	0～330
能源可得性与可靠性	0～200
劳动力环境	0～100
居住条件	0～100
运输	0～50
水供应	0～10
气候	0～50
供应商	0～60
税收政策与法律	0～20

就每个因素来评价每个地址，每个因素都在分值范围内打一个分，然后比较每个地址打分之和，选择得分最高的地址。

积分评价表的一个大问题是它们没有考虑每个因素内可能产生的费用范围变化很大。比如说，对于某一个因素最好的地址与最差的地址产生的费用差别可能只有几百美元，对另一个因素则有好几千美元的差别。第一个因素的得分可能很高，但它对设施选址的决策作用是微小的，而第二个因素的得分可能很低，但在选址方面的作用很大。为了解决这个问题，建议每个因素根据成本的标准方差而不是简单的总成本来确定一个权重。这样就考虑了相对费用。

2. 属于线性规划的运输方法

运输方法（transportation method）是一种特殊的线性规划方法（附录 A 详细介绍了线性规划）。之所以叫运输方法，是它被用于解决从不同生产地到不同目的地的产品运输问题。这种问题的两个主要的目标是：①使 n 个单位的产品运到 m 个目的地的成本最小；②使 n 个单位的产品运到 m 个目的地的利润最大。

例 15-1 美国制药公司

假定美国制药公司有 4 个工厂为 4 个主要的客户中心数据库提供供应，其管理的目标是为这些客户每个月的供应定出一个成本最低的运输计划。工厂供应、仓库需求和药品的单位运输费用如表 15-1 所示。

表 15-1 美国制药公司运输问题的数据

工厂	供应量	数据库	需求	各种情况的运输费用（单元：美元）				
				从	至哥伦布	至圣路易斯	至丹佛	至洛杉矶
印第安纳波利斯	15	哥伦布	10	印第安纳波利斯	25	35	36	60
凤凰城	6	圣路易斯	12	凤凰城	55	30	25	25
纽约	14	丹佛	15	纽约	40	50	80	90
亚特兰大	11	洛杉矶	9	亚特兰大	30	40	66	75

本例中的运输矩阵如表 15-2 所示，每个工厂的供应量由表中最右边一列给出，数据库的需求则在最下面那行。运输成本由各个方格中的小格子给出。如从印第安纳波利斯的工厂运输一个单位的产品到哥伦布客户中心数据库的成本为 25 美元。实际的流程表示在与工厂的行和仓库的列相交的单元格中。

表 15-2 美国制药公司运输问题的运输矩阵

起点＼终点	哥伦布	圣路易斯	丹佛	洛杉矶	工厂供货量
印第安纳波利斯	25	35	36	60	15
凤凰城	55	30	25	25	6
纽约	40	50	80	90	14
亚特兰大	30	40	66	75	11
目的地需求量	10	12	15	9	46 / 46

解答

这个问题可用 Microsoft Excel Solver 的功能来解答。如果你对 Solver 不熟悉，可以学习附录 A。图 15-2 显示了如何在电子数据表中解决这个问题。单元格 B6～E6 是每个客户中心数据库的需求，单元格 F2～F5 是每个工厂的可供应量，单元格 B2～E5 是各个工厂与客户中心数据库联合时每单位产品的运输费用。

单元格 B9～E12 是问题的解。这些单元格在建立电子数据表时置空。单元格 F9～F12 这一列是每一行的值的和，这些值表示在候选解中有多少产品从各个工厂运出。类似地，单元格 B13～E13 是候选解中运到各个客户的产品量。Excel 的求和功能能够计算这些值。

备选方案的总费用在单元格 B16～E19 中计算出来，是将相应备选方案中各个单元格的运输量与运费相乘得到的。比如将 B2 与 B9 相乘得到 B16，即得出从印第安纳波利斯到哥伦布的运费。总的运输费用为各单元格表示的运费总和，表示在单元格 F20 中。

为了解这个问题，需要进入 Excel Solver。单击 Excel 菜单上的"工具"，然后选择 Solver，如下图的屏幕截图所示。如果你找不到 Solver 的位置，可能是因为你安装 Excel 的时候没有安装该功能。

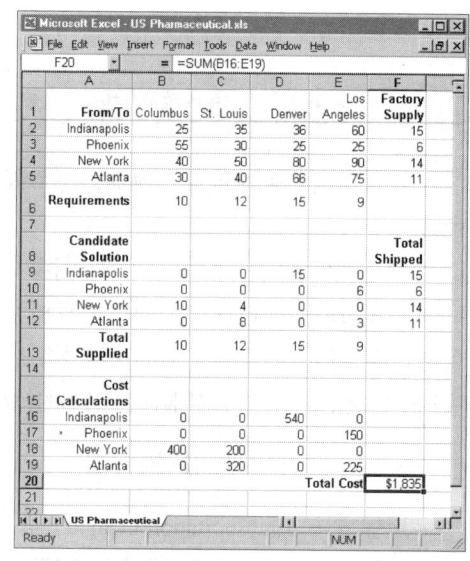

图 15-2 屏幕上所显示的解决美国制药公司问题的 Excel 界面

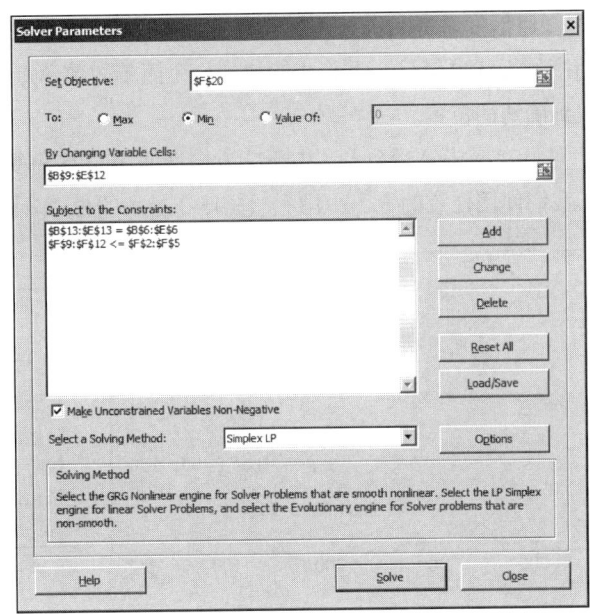

Excel screen shots from Microsoft Excel. © 2010 Microsoft Corporation.

  Solver 参数应该设置好。首先设定目标单元格。这个单元格显示总运输费用的计算结果。在我们这个例子里，就是单元格 F20，这个单元格是 B16～E19 的总和。下一步指定问题为最小化，选择"最小化"按钮。在"通过更改可变单元格"中指明我们的解的位置。解则在"可变单元格"B9～E12 中给出。

  下一步我们需要确定问题的约束条件，对于运输问题，要保证需求得到满足且不能超过工厂生产能力的限制。为了保证需求得到满足，单击"添加"按钮，并将我们计算的已发送给每个客户的总量的单元格突出表示。然后单击"="按钮，表示我们想使供应量等于需求。最后在电子数据表中的最右边一栏输入客户实际需求的范围，如图 15-2 中的 B6～E6 所示。

  第二组约束要保证不能超过工厂的生产能力，输入方法同上。F9～F12 表示有多少产品从各个工厂运出。这些值应该小于等于各个工厂的生产能力，如图 15-2 中单元格 F2～F5 所示。

  解决运输问题需要设置两个选项。一个是"采用线性模型"，这相当于告诉 Solver 在电子数据表中没有非线性的计算。这很重要，因为如果这个条件存在的话，Solver 能用一个非常有效的算法来计算最优值。另一个"假定非负"要选中。这相当于告诉 Solver 解应该是大于或等于 0 的。在运输问题中，负的运输量是没有意义的。点"求解"来解这个问题。如果有解，Solver 给出问题的解，并提示你保存结果。最后点"确定"返回主电子数据表。结果显示在单元格 B9～E12 中。

  如果能够创新地应用，运输方法可以解很多类型的问题，比如能够用来计算不同的候选厂址对整个生产—分销网络的成本影响。为此我们需要在现有的客户中心数据库中再增加新的一行，包含从工厂到新的厂址，如达拉斯的单位运输费用，还要给出他所能提供的供应总量。然后我们就能解这个特殊的矩阵问题来求得最低费用了。接下来，如果我们把这一行用另一个工厂休斯敦来替换达拉斯，再次解这个问题。假设达拉斯与休斯敦其他条件都是一样的，那么就应该选择最低成本的网络。

  要了解 Solver 使用的更详细知识，可参照附录 A。

15.3.2 重心法

  重心法（centroid method）是一种为单个设施选址的技术，需考虑现有工厂、它们之间的距离以及货物运输量等因素。这种技术经常被用于为中间仓库或分销仓库选址。该方法最简单的形式是假定运进与运出费用是相等的，并且未满载时不增加特别的运输费用。

现在重心法的另一个应用是市区通信发射塔的选址，如收音机、电视、手机信号塔等。在这种应用里，目标是找到靠近顾客群的地点，还要保证清晰的无线电信号。重心法能找到一个简单的数学点。一旦找到，就应该再考虑地理、道路和公用事业等定性因素，以找到确切的位置。

重心法的第一步是将现有的厂址标在网格坐标系上，由于能方便地使用 GPS 系统，因此坐标通常是基于经度和纬度测量的。为了简化我们的例子，我们使用任意的 X、Y 坐标。图 15-3 显示的是一个网格规划的例子。

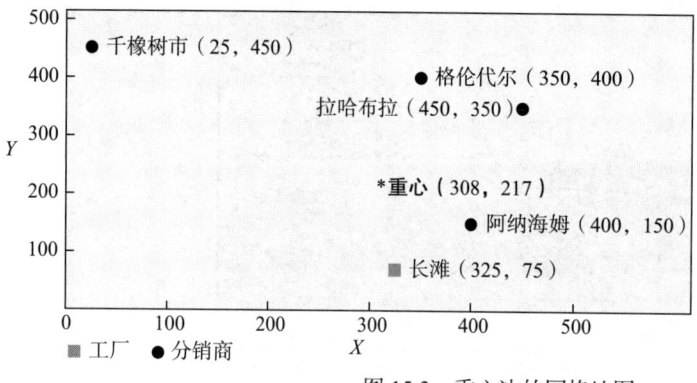

图 15-3 重心法的网格地图

重心通过 X、Y 坐标的计算得到，以确定最低费用。公式如下：

$$C_x = \frac{\sum d_{ix} V_i}{\sum V_i}, \quad C_y = \frac{\sum d_{iy} V_i}{\sum V_i} \tag{15-1}$$

式中　C_x——重心的 X 坐标；

C_y——重心的 Y 坐标；

d_{ix}——第 i 个厂址的 X 坐标；

d_{iy}——第 i 个厂址的 Y 坐标；

V_i——从第 i 个厂址运进或运出的货物量。

例 15-2　海奥克塔恩炼油公司

海奥克塔恩（HiOctane）炼油公司需要为在长滩的炼油厂与主要分销商之间的库存设施选址。图 15-3 显示的是坐标图以及从工厂和分销商处运进或运出的汽油量。

在这个例子中，对于长滩（第一个厂址）有：$d_{ix} = 325$，$d_{iy} = 75$，$V_1 = 1\ 500$。

解答

利用图 15-3，可得重心的坐标为：

$$C_x = \frac{(325 \times 1\ 500) + (400 \times 250) + (450 \times 450) + (350 \times 350) + (25 \times 450)}{1\ 500 + 250 + 450 + 350 + 450}$$

$$= \frac{923\ 750}{3\ 000} = 307.9$$

$$C_y = \frac{(75 \times 1\ 500) + (150 \times 250) + (350 \times 450) + (400 \times 350) + (450 \times 450)}{1\ 500 + 250 + 450 + 350 + 450}$$

$$= \frac{650\ 000}{3\ 000} = 216.7$$

这让管理层可以分别把 X 坐标和 Y 坐标近似取为 308 和 217，为选择新厂址提供了一个开端。通过在网格地图上分析计算出来的重心坐标，我们可以看到直接在长滩工厂和阿纳海姆分销中心输运货物比通过重心附近的仓库转运具有更高的成本效益，在一个选址决策做出之前，管理层很可能需要通过改变数据来重新计算重心（即减去从长滩运往阿纳海姆分销中心的汽油量，并取消阿纳海姆分销中心）。

15.3.3 服务设施选址

由于服务公司的多样性和与制造业公司相比更低的设施建设费用，现在新的服务设施远比新工厂或新仓库普遍。的确，在一些社区中，快速增长的人口还不如零售店、餐馆、市政设施、娱乐设施数量增加得快。

服务业通常需要靠近顾客的多个店址。选址决策与市场选择决策紧密相关。如果目标市场是大学生年龄层次的群体，那么把店址选在退休居民区就是不合适的，尽管在成本、资源的有效性等方面有优势。市场需要也决定了店址的数量、规模及特征。制造业的选址考虑的是成本最小，许多服务公司的选址目的则是最大化不同店址的潜在利润。下面我们利用一个多元回归模型来解决选址问题。

例 15-3　筛选旅馆的选址点

对连锁酒店而言，选址是重要的。在四个主要的市场因素（价格、产品、促销、店址）中，店址和产品对多店址公司是最重要的。因此，能够迅速选择好的店址的连锁酒店的老板就有了很大的竞争优势。

表 15-3 是一家连锁旅馆选择一个新店址需要考虑的几个主要变量。数据来源于现有的 57 家旅馆。数据分析确定了两年中与旅馆运营的利润相关的一些变量（见表 15-4）。

表 15-3　为建立最初模型所收集的独立变量表

类别	变量名	描述	类别	变量名	描述
竞争性变量	INNRATE	旅馆的价格	需求创造变量	OFCCBD	中心商业区内的办公空间
	PRICE	汽车旅馆的房价		PASSENGR	机场客流量
	RATE	竞争对手旅馆的平均房价		RETAIL	零售活动的规模等级
	RMS1	1 英里内旅馆房间数		TOURISTS	年均游客人数
	RMSTOTAL	3 英里内旅馆房间数		TRAFFIC	车流量统计
	ROOMSINN	小旅馆的房间数		VAN	机场客车数量
需求创造变量	CIVILIAN	文职人员数	人口变量	EMPLYPCT	失业率
	COLLEGE	大学注册学生人数		INCOME	家庭平均收入
	HOSP1	1 英里内医院病床数		POPULACE	居民人口数
	HOSPITAL	4 英里内医院病床数	市场认知变量	AGE	汽车旅馆营业年数
	HVYIND	从事重工业工作人数		NEAREST	与最近小旅馆的距离
	LGTIND	轻工业占地面积		STATE	每家小旅馆的外来人数
	MALLS	商业购物中心面积		URBAN	每家小旅馆的城里人数
	MILBLKD	受管制的军事基地	物理变量	ACCESS	交通便利性
	MILITARY	军人数		ARTERY	主要交通干线
	MILTOT	文职人员 + 军人人数		DISTCBD	到市区的距离
	OFC1	1 英里内的办公空间		SIGNVIS	招牌或标记的清晰性
	OFCTOTAL	4 英里内的办公空间			

表 15-4　与运营收益相关的变量表

变量	第 1 年	第 2 年	变量	第 1 年	第 2 年
ACCESS	0.20		OFCCBD	0.30	
AGE	0.29	0.49	POPULACE	0.30	0.35
COLLEGE		0.25	PRICE	0.38	0.58
DISTCBD		−0.22	RATE		0.27
EMPLYPCT	−0.22	−0.22	SIGNVIS	0.25	
INCOME		−0.23	STATE	−0.32	−0.33
MILTOT		0.22	TRAFFIC	0.32	
NEAREST	−0.51		URBAN	−0.22	−0.26

解答

关于回归模型构建将在第18章中介绍。关于变量选择的内容超出了本书的内容范围。这些基本的变量是高度相关的（见表15-4），这些变量用于线性模型中使利润与潜在地址的匹配程度最高。这些相关性是对相关统计变量的测量结果。接近1或–1的变量比接近0的变量具有更大的变动性。

旅馆供应链的分析表明模型中最好的变量有以下几个：

- 每个旅馆的平均外来人口数（STATE）；
- 旅馆的房费（PRICE）；
- 地区收入的平方根（INCOME）；
- 4英里内的大学生（COLLEGE）。

模型最终形式如下：

利润 = 39.05 – 5.41 × 每个旅馆的平均外来人口数（1 000）+ 5.86 × 旅馆的价格 – 3.91 × 当地居民中等收入的平方根（1 000）+ 1.75 × 4英里范围内的大学生数量

该模型表明利润受到市场渗透的影响，与价格正相关，与收入负相关（旅馆对低收入地区的利润更高），与附近的大学生数正相关。

连锁旅馆在电子数据表上执行这个模型，并用电子数据表列出要购置的潜在的房屋。连锁旅馆的创立者兼总裁肯定了这种模型的有效性，并且认识到可以不需要亲自来选址了。

这个例子表明一个特定的模型可以通过服务业的需求来实现，并可在选址决策中用来确定出最重要的因素。

本章小结

15-1 解释什么是物流

总结

- 物流包括获取、生产和配送合适数量的原材料与产品到合适地点的全过程。
- 在本书中，物流关注的是原材料的运输以及仓库和工厂的位置，同时考虑运输的成本。
- 类似FedEx和DHL的第三方物流公司为许多企业提供物流服务。

关键术语

物流：从生产物料的采购和内部控制，到在制品的计划和控制，到成品的采购、运输和分销。

国际物流：与全球范围内的原材料和产成品运输有关的所有职能。

第三方物流企业：管理其他公司全部或部分产品交付活动的公司。

15-2 比较物流和仓库设计

总结

- 原材料的运输方式的选择，工厂和仓库位置的选择对于产品的成本有较大影响。

- 运输产品的成本、运输速度和应对变化的灵活性三者之间需要权衡。
- 运输方案（专业人士称之为模式），包括火车、高速公路、水运、空运、管道等。通常在供应链的不同阶段会采用不同的模式。
- 仓库和配送中心用于整合不同的货物运输，以提高供应链效率。
- 物流系统的设计包括从生产工厂到配送中心、仓库，最终到客户的整个原材料流动的流程最优化。这是一个非常复杂的任务。

关键术语

越库：在集中型仓库中使用的一种方法，在该仓库中，货物不是合成更大的批次，而是分解为多个小批次，以配合当地的配送。

转运中枢系统：将集中型仓库和越库的思想结合起来的系统。

15-3 分析物流驱动的选址决策

总结

- 在确定构成公司供应链的设施的位置时，除了成本之

- 外还有许多其他的标准。
- 因素评分系统是一种分析工具，它可以通过基于不同标准的评分来选址。
- 线性规划方法，特别是运输方法，在运输成本为主要评价标准的情况下非常实用。
- 第三种方法是重心法，它适用于为类似手机信号台的设备寻找适合的地理位置。
- 服务型企业的选址通常非常依赖于与客户联系的密切程度。例如，银行的自动出纳机需要距离现有的和潜在的客户很近。

关键术语

自由贸易区：一种封闭式设施（在政府海关官员的监督下），外国货物无须缴纳正常进口关税即可进入该设施。

贸易共同体：一些国家，商定了一套管理成员国之间货物贸易的特别协议。公司可能会在受协议影响的地方寻找到新的市场机会。

因素评分法：结合各种因素来选择设施位置的方法。每个标准有一个分值范围，然后根据每个标准对每个潜在位置进行评估打分，并用分数之和计算各位置的评级。

运输方法：一种特殊的线性规划方法，可用于解决将产品从多个来源地运输到多个目的地的问题。

重心法：一种考虑现有设备、它们之间的距离以及要装运的货物量，从而确定单个设施位置的技术。

关键公式

$$C_x = \frac{\sum d_{ix} V_i}{\sum V_i}, \quad C_y = \frac{\sum d_{iy} V_i}{\sum V_i} \tag{15-1}$$

应用举例

15-1 例1

绿能技术公司（GET）为满足迅速增长的市场需求，计划在美国东南地区新建一个太阳电池板生产厂。公司打算从亚拉巴马州的蒙哥马利市、佐治亚州的亚特兰大和北卡罗来纳州的查尔斯顿三个城市选择建厂地点。公司为此列出了一系列相关的重要因素。通过参观三个建厂地址，选址小组为各个地点的各个因素评分，结果如下。

因素	满分值	评分		
		蒙哥马利	亚特兰大	查尔斯顿
劳动力可获得性	60	55	52	48
技术技能可获得性	50	37	46	41
交通设施	40	34	37	32
仓库可获得性/成本	40	30	33	28
与客户的距离	35	22	27	25
与供应商的距离	25	25	22	20
税率	15	12	10	14
生活质量	10	7	8	9
气候	5	3	3	4

根据因素评分法和选址小组给出的分数，你认为哪个城市是最佳选址？

解答

应用因素评分法的困难在于各个因素的选取和评分。这部分工作完成之后，问题就会变得非常简单，把所有分数加起来一比较，结果就不言而明了。根据上表的分值，总分值如下。

蒙哥马利	225
亚特兰大	238
查尔斯顿	221

由上可知，亚特兰大是最佳地点。

15-2 例2

IPS公司是一个瓦楞纤维板航运箱生产商。该公司为批发商供货，而批发商则为下级零售商和终端客户提供该商品。成品航运箱用统一大小和重量的货盘装运。因此，运输1货盘的货物到固定位置的费用是固定的。IPS销售与运营计划的标准单位是货盘负载。

IPS最近为满足市场需求，新建了一个工厂。IPS希望能够合理分配订单到各个工厂，减少将成品运输至批发商的物流成本。

IPS一共有3个工厂，为8个批发商供货。相关数据如下表所示。

工厂位置	产能（1 000货盘）
丹佛，CO	25
芝加哥，IL	50
巴尔的摩，MD	35

批发商位置	需求量（1 000 货盘）	批发商位置	需求量（1 000 货盘）
斯波坎，WA	8.5	印第安纳波利斯，IN	11.8
洛杉矶，CA	19.6	亚特兰大，GA	13.6
堪萨斯城，MO	9.3	纽约，NY	17.2
明尼阿波利斯，MN	8.8	奥兰多，FL	8.4

从物流提供商处，IPS 公司得到了相关的交通费用信息。下表的费用是每运输 1 货盘产品的费用。此处，大批量运货并无优惠。

工厂位置	目的地和相应交通费用（美元）							
	斯波坎	洛杉矶	堪萨斯城	明尼阿波利斯	印第安纳波利斯	亚特兰大	纽约	奥兰多
丹佛，CO	42	49	45	54	56	65	70	72
芝加哥，IL	65	69	49	38	32	45	50	55
巴尔的摩，MD	75	77	68	62	43	44	35	38

请根据以上信息，运用线性规划法为 IPS 制订一份低成本的物流计划。

解答

第一步，在单独的表中一并列出产能、需求量和成本数据，如下表所示。请注意，产能和需求量已转化为以每货盘为单位，从而与运输成本单位保持一致。你可以将运输成本数据单位转换为每 1 000 个货盘。任何一种方法都可以，只要所有数据的单位都一致。

工厂位置	目的地和相应交通费用（金额单位：美元）								产能
	斯波坎	洛杉矶	堪萨斯城	明尼阿波利斯	印第安纳波利斯	亚特兰大	纽约	奥兰多	
丹佛，CO	42	49	45	54	56	465	70	72	25 000
芝加哥，IL	65	69	49	38	32	45	50	55	50 000
巴尔的摩，MD	75	77	68	62	43	44	35	38	35 000
需求量	8 500	19 600	9 300	8 800	11 800	13 600	17 200	8 400	

接下来，将这个表格插入 Excel 里，表格应该包括各个备选方案。新建一个表格，计算各个方案的成本。下面是 Excel 的截图，同学们可以按照此例来建表。

各个备选方案中的空格代表的是从各个工厂运到目的地的货物量。这些对应的是 Solver 软件里的变动单元格。需求满足一栏是表格中其他栏的总和，显示的是根据我们的方案，多少需求已被满足。例如，B14 格中的公式是 SUM（B11：B13）。类似地，已用产能栏是每行的总和，显示的是在我们的方案中从各个工厂运出的产品量。再比如说，J11 单元格的公式是 SUM（B11：I11）。成本计算表格中的各个单元格是备选方案表和成本数据表中相应数据的乘积，显示的是各个备选方案针对各个工厂－客户组合的成本。比如，B18 的公式是 B11*B4。总计表格是表格中所有成本的加总。

接下来，我们需要打开 Solver 软件，通过软件来帮我们解决这个问题。有了以上表格，这一步就非常简单了。我们需要告诉软件以下事情：

- 我们的目标是总成本最低。
- Solver 可以改变备选方案表中的空格值。
- 必须按照客户需求量为其发货。
- 从各个工厂运出的货物重量不能超过其产能。

运行 Solver 软件后，我们需要设置参数，具体参见下图。确保勾选"设定为线性模型"和"确定非负"两个选项（后者的设定可通过为所有可变动单元格设置限定条件，要求其值不能为负）。

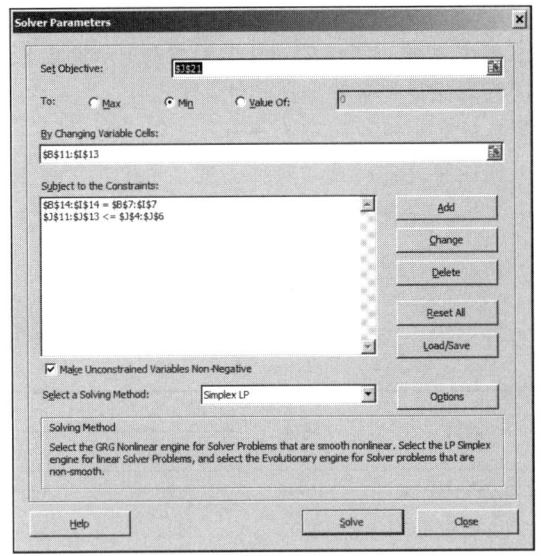

运行 Solver 以后，我们得到以下方案。

如果 IPS 按照 Solver 提供的方案执行，那么明年它只需要花 400 万美元多一点的钱来运货到客户手上。推荐方案其实也在意料之中，丹佛市的配送中心主要满足西海岸的需求，芝加哥市主要服务于中部，而巴尔的摩市则主要服务于东部。路程越长交通费越高，并且我们知道丹佛市和巴尔的摩市能够在这个计划里最大化地使用其产能，而芝加哥则只能用到 75% 的产能。

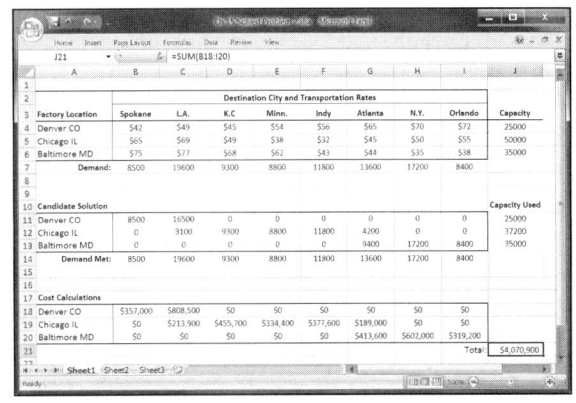

15-3 例3

劲浪（Cool Air）是一家汽车空调的制造商，目前在三个不同的地点生产 XB-300 系列产品：工厂 A、工厂 B 和工厂 C。最近管理层决定在另一个单独的工厂 D 生产所有的压缩机（一个主要的产品部件）。

运用重心法和图 15-4 提供的信息，决定工厂 D 的最佳位置。假定运输量和运输费用之间呈线性关系（没有额外费用）。

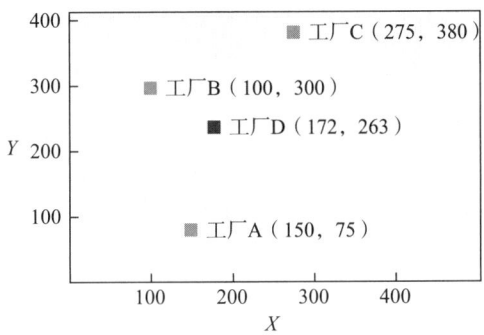

工厂	压缩机的年需求量
A	6 000
B	8 200
C	7 000

图 15-4　工厂选择矩阵图

解答

$$d_{1x} = 150 \quad d_{1y} = 75 \quad V_1 = 6\,000$$
$$d_{2x} = 100 \quad d_{2y} = 300 \quad V_2 = 8\,200$$
$$d_{3x} = 275 \quad d_{3y} = 380 \quad V_3 = 7\,000$$

$$C_x = \frac{\sum d_{ix} V_i}{\sum V_i} = \frac{(150 \times 6\,000) + (100 \times 8\,200) + (275 \times 7\,000)}{6\,000 + 8\,200 + 7\,000} = 171.9$$

$$C_y = \frac{\sum d_{iy} V_i}{\sum V_i} = \frac{(75 \times 6\,000) + (300 \times 8\,200) + (380 \times 7\,000)}{21\,200} = 262.7$$

工厂 $D[C_x, C_y] = D[172, 263]$

讨论题

15-1
1. 通常是什么原因促使公司开始选址或重新选址?
2. 列举出一家新的电子元件制造公司要搬迁到你所在的城市或城镇的5个主要原因。

15-2
3. 最近的数据表明美国将近60%的货运都是通过火车(货车)运输的。铁路运输在长距离运输上更加节能高效——CSX宣传1加仑的燃料能够负载1吨行驶468英里。为什么铁路运输没有更大的美国市场份额?
4. 物流供应商的越库解决方法有什么要求?

15-3
5. 一家中小规模的制造公司(生产成品)从美国搬迁到中国,其优势和劣势分别是什么?
6. 设施选址在制造业和服务业为什么不同?
7. 如果你能够将你新开的软件发展公司选在世界上任意一个地方,你会选在哪里?为什么?

客观题

15-1
1. 一些制造型公司雇用外来公司负责物流活动。有一个术语专用于形容提供这类服务的公司,这个术语是什么?
2. 物流占美国GDP的多大比例?

15-2
3. 承载最大货物运输量的交通方式是哪种?
4. 哪种运输方式专用于运输液体和气体?

15-3
5. 生产商为了满足日益增长的市场需求,决定在美国西北部新建工厂。经过反复核查,他们从众多地点中挑出了两个作为候选地点:A城市和B城市。为了评价二者,公司有针对性地列出了一些重要因素并打分,结果如下。

因素	城市A	城市B
公共设施完备性	100	115
技术工可获得性	78	75
税率	40	35
交通	46	38
离供应距离远近	35	34
生活质量	19	16

根据以上信息,判断哪个城市更适合建厂。

6. LCI公司为其他公司提供包括设施选址决策在内的物流分析服务。LCI公司最近为一个主要客户完成了一个项目,但在展示结果的前一晚,由于计算机故障,部分数据被误删。一个包含最终结果的文件遭到破坏。下表是及时抢救回的部分数据。我们可以看到,部分数据缺失。

因素	满分	评分	
		X市	Y市
劳动力可获得性	150	130	123
公共设施可获得性	130	122	110
交通设施	80	73	
仓库成本	75	70	63
离客户距离远近	65	59	
商业氛围	40	30	24
税率	30	15	
生活质量	25	22	17

假设你是LCI公司的项目经理,在部分数据缺失的情况下,你会怎么办?

7. 宾德利(Bindley)公司与生产洗衣机的云树(Rinso)有限公司签订了一份1年的合同,向这家公司所有的洗衣机供应电机。云树有限公司在全美有4个厂址:纽约、富特沃斯、圣迭戈和明尼阿波利斯。各工厂的计划生产量如下。

纽约	50 000
富特沃斯	70 000
圣迭戈	60 000
明尼阿波利斯	80 000

宾德利公司有3个工厂生产电机。工厂与产能如下所示。

大石城	100 000
梅肯	100 000
加里	150 000

由于生产与运输成本都是可变成本，宾德利公司每生产1 000个电机的利润取决于它们在哪里生产以及运输到哪里。下表给出了会计部门估计的每单位的利润（单位：美元，以1 000为单位运输）。

生产地	运到			
	纽约	富特沃斯	圣迭戈	明尼阿波利斯
大石城	7	11	8	13
梅肯	20	17	12	10
加里	8	18	13	16

以利润最大化为标准，宾德利公司需要决定每个工厂应该生产多少电机，多少电机分别从每个工厂运到每个目的地。

a. 为这个运输问题建立一个矩阵。
b. 用Microsoft Excel求解最优解。

8. 租车人（Rent'R Cars）公司是一家拥有多厂址的汽车租用公司，公司正在实施一项新政策：将汽车送到对你来说最方便的地点，以提高服务质量。但是这意味着公司需要不断地把汽车在城市里移动以保证汽车达到要求的可利用性。对经济型汽车的供求，以及将这些车从一点移动到另一点的成本，在下表中表示了出来。

从\至	D	E	F	G	供给
A	9美元	8美元	6美元	5美元	50
B	9美元	8美元	8美元	0美元	40
C	5美元	3美元	3美元	10美元	75
需求	50	60	25	30	165 / 165

a. 用Microsoft Excel解出成本最优的方案。
b. 你会如何控制成本，以保证从A地向D地送车总是最优方案？

9. 梧桐塑料（SP）是一家聚乙烯塑料球的制造商，这种材料用于美国其他制造商的塑料产品生产。SP现在有4家制造中心，分别在宾夕法尼亚州费城、佐治亚州亚特兰大、密苏里州圣路易斯和犹他州盐湖城。这些工厂有不同的产能和生产成本，如下表所示。

工厂	最大能力（10 000磅）	生产成本（美元，每1 000磅）
费城	7.5	325.00
亚特兰大	9.0	275.00
圣路易斯	12.0	305.00
盐湖城	10.3	250.00

SP现在有6家客户，分别位于纽约市、亚拉巴马州伯明翰市、伊利诺伊州特雷霍特市、得克萨斯州达拉斯市、华盛顿州斯波坎市和加利福尼亚州圣迭戈市。工厂和不同客户之间的运输成本以及每个客户的需求如下表所示（答案见附录D中）。

从/到	每1 000磅的运输成本（美元）					
	纽约	伯明翰	特雷霍特	达拉斯	斯波坎	圣迭戈
费城	45	52	56	62	78	85
亚特兰大	55	42	58	59	80	82
圣路易斯	57	60	50	54	65	70
盐湖城	72	71	67	57	52	60
全部需求（1 000磅）	525	415	925	600	325	400

a. 建立一个算法模型，找到最优的解决方案，帮助SP建立配送计划，从而最小化成本，同时又满足客户的需求。
b. 对你的解决方案进行简单评价。除了显而易见的影响之外，你提的方案对SP是否还有其他影响？

10. 一家小型制造厂正在计划为三家大型制造厂供应零件，这三家制造厂的坐标与所需的零件数见下表。

工厂地址	坐标（x, y）	零件数（每年的需求量）
皮奥里亚	300 320	4 000
迪凯特	375 470	6 000
乔利埃特	470 180	3 000

用重心法决定该小型制造厂的位置。

11. DM办公产品（DMOP）是一家办公产品的批发商，在宾夕法尼亚州有一家工厂。现在它决定要在纽约建立一家新的配送仓库，以满足持续增长的市场需求。它有4家主要的客户，分别位于布法罗、锡拉丘兹、奥尔巴尼和纽约市。虽然纽约市是最大的市场，但它同样面临激烈的竞争，DMOP并不是主要的厂商。当DMOP在配送订单时，它使用自己的两节卡车来配送，因此对于装满的或者未装满的汽车，其运输成本都是一样的。每年货运的期望数量和x、y坐标如下表所示。

城市	x坐标	y坐标	货运数量
布法罗	325	850	78
锡拉丘兹	1 420	900	82
奥尔巴尼	2 300	630	122
纽约	2 275	25	62

利用重心法为 DMOP 推荐一个仓库的合适位置,精确到一位小数。

12. Santa Cruz 是一家有机软饮的制造商,位于加利福尼亚州的中心沿岸。它的产品名声不断增长,在美国西南部的需求也在不断增长。由于软饮的运输成本较高,它正考虑设立一家新的工厂来服务新墨西哥州和亚利桑那州。选定新地址的一个关键因素是服务关键市场的运输成本。下面列出了一些主要批发客户所在的城市,同时给出了产品需求的每年预测量。

城市	x 坐标	y 坐标	产品数量
凤凰城	250	250	25 000
图森	350	125	20 000
阿尔布开克	800	450	28 000
圣达菲	850	520	17 000

a. 利用重心法为新工厂推荐一个地址,精确到一位小数。
b. 你对这个结果有什么担心吗?如何处理?

分析练习 配送中心选址

固安捷公司:重建中美供应链

固安捷公司是美国、加拿大、墨西哥领先的设备维护、修理和运营(MRO)企业,目前在中国、日本、印度和巴拿马的业务也在扩大。固安捷公司有超过 3 000 家的供应商,在其经营的网站(www.grainger.com)上提供的产品多达 90 万种。产品种类丰富,包括从制造用的工业黏合剂到手工具、清洁用具、照明设备以及电动工具。当 180 万客户中的任意一个人需要某产品时,需求往往非常紧急。因而,快速的服务和供货能力是固安捷公司成功的关键所在。本案例主要涉及美国固安捷公司供应链的配送。固安捷公司在中国大陆和中国台湾有 250 个供应商。这些供应商生产固安捷公司需要的产品,然后通过海运从中国大陆和中国台湾的主要港口运至美国。产品从这些港口运输到美国西雅图、华盛顿或洛杉矶、加利福尼亚等港口。经过海关之后,这些 20 英寸或 40 英寸的集装箱通过火车运输到堪萨斯州的堪萨斯城固安捷配送中心。在此处,进行集装箱卸货,然后经过质检,由配送中心将各个产品运输到 9 个美国仓库、1 个加拿大仓库和 1 个墨西哥仓库。

固安捷公司:美国配送

在美国,大约 40% 的集装箱会运至西雅图和华盛顿,60% 会运至洛杉矶、加利福尼亚港口。运至各个港口的集装箱需要通过联邦部门的审核,然后才能装上开往堪萨斯城配送中心的火车车厢。在洛杉矶和西雅图,处理费用是 5 美元/立方米集装箱(CBM)。运送至堪萨斯城的(每英里)火车费用则为 0.001 8 美元/CBM。

在堪萨斯城,集装箱被卸载,然后进行质检。此过程中处理费用为 3 美元/CBM。极少部分的原材料需要重返到供应商处,但数量和包装尺寸比较容易出错。这种情况下需要账务调整。

各类原材料被存在堪萨斯城配送中心,该配送中心会为美国的 9 个仓库服务。同时,堪萨斯城配送中心也为加拿大和墨西哥的仓库供应原材料,但此处,我们只关心美国的物流情况。9 个仓库将补货订单提交到配送中心,配送中心按照订单补足原材料、装货,然后用 53 英尺的卡车发往各个仓库。卡车运费为每英里 0.022 美元/CBM。明年从中国大陆和中国台湾购买的原材料数量、距离预测如下表所示。

仓库	需求(CBM)		距离(英里)		
	平均	占需求的百分比(%)	堪萨斯	洛杉矶	西雅图
堪萨斯	20 900	11	0	1 620	1 870
克利夫兰	17 100	9	800	2 350	2 410
新泽西	24 700	13	1 200	2 780	2 890
杰克逊维尔	15 200	8	1 150	2 420	2 990
芝加哥	22 800	12	520	2 020	2 060
格林维尔	15 200	8	940	2 320	2 950
孟菲斯	17 100	9	510	1 790	2 330
达拉斯	22 800	12	500	1 430	2 130
洛杉矶	34 200	18	1 620	0	1 140
总计	190 000				

尽管有很大比例的需求来自堪萨斯城的南边或者东边，但问题是18%的产品从洛杉矶运到堪萨斯，然后又运回洛杉矶。如果在洛杉矶再建一个配送中心，可以减少由于双程运输带来的成本。到达西雅图港口的货物先通过火车运到新的洛杉矶配送中心。该配送中心应当和原有的洛杉矶仓库在同一地点。

据估计，新的配送中心建成需要花初始成本150万美元，每年运营费为35万美元。在新的洛杉矶配送中心，集装箱卸载，然后经过质检，整个过程处理费用为5美元/CBM，其中还包括了从配送中心运到洛杉矶仓库的费用。

当原材料在洛杉矶加工后，洛杉矶仓库留下18%的产品，剩余通过火车发往堪萨斯城。堪萨斯城直接让这些产品入库，补充库存。当新配送中心运营正常后（大概6个月），几乎不需要有任何产品需要重新发回洛杉矶。

固安捷公司的管理层感觉这项改变是可行的，但并不确定这项改变能否为公司省钱，是不是好的战略性改变。

分析中需要注意的关键点

（1）计算现有的美国配送网络系统的运营成本。假设40%的货物由西雅图进入美国，剩余60%则由洛杉矶进入。联邦政府在两个港口征收的入关手续费均为5美元/CBM。假设所有货物均由火车送往堪萨斯城。假设所有货物都由卡车送往9个仓库。

（2）考虑将现有洛杉矶仓库改建成包含能够处理全部货物的配送中心的大型仓库。假设进入西雅图的集装箱将由联邦官员检查（这在所有港口都需要进行），然后立即用原来的集装箱通过铁路运输到洛杉矶。所有货物在洛杉矶卸货并接受质检，质检的费用为5美元/CBM。洛杉矶仓库会保留18%的货物，并将剩余货物由火车发往堪萨斯城仓库。从洛杉矶到堪萨斯城的运输费用为每英里0.0018美元/CBM。发往堪萨斯城的货物不需要卸货和质检，直接入库。假设剩余的货物会从堪萨斯城由卡车发往其余8个仓库，运输费用为每英里0.022美元/CBM。

（3）根据你对美国配送系统的分析，固安捷公司应当采取什么措施？固安捷公司应当新增洛杉矶配送中心吗？固安捷公司在此改变的基础上，如何进一步降低成本？

（4）固安捷公司应当新建配送中心吗？固安捷公司是否要做一些战略上的改变？该公司是否还有一些重要因素没有考虑到？

（感谢固安捷公司的Gary Scalzitti对本案例提供的帮助。）

练习测试

写出以下每个语句定义的术语或回答问题，答案见底部。

1. 这个词指的是从合适的地点、以合适的数量获取、生产以及配送物料和产品的科学与技术。
2. 被雇来处理物流的企业。
3. 这是运输方式的一种，在考虑成本、运输量以及运输速度时，它最具灵活性。
4. 它把大批货物分割成多个小部分，以配合当地的配送。
5. 这种仓库的主要目的就是将产品分类。
6. 在这个地方上，从国外运到美国的货物可以免受关税影响。
7. 在运用运输模型分析物流网络时，这是考虑的最主要的成本指标。
8. Microsoft Excel中用来解决运输模型的功能。
9. 一个运输模型要找到可行解时，这个值必须大于或等于需求量。
10. 运输模型中的可变单元格。
11. 这种方法用X、Y网格坐标系考虑设施选址。
12. 这种方法适用于寻找服务设施的地址。

答案：1. 物流。 2. 第三方物流企业。 3. 公路运输。 4. 拆货。 5. 转运仓库。 6. 自由贸易区。 7. 运送成本。 8. Solver。 9. 总产能。 10. 将产品从工厂运送到目的地的数量。 11. 重心法。 12. 回归分析。

第 16 章

全球采购

学习目标

16-1 理解战略性采购的概念；

16-2 理解公司将流程外包的原因；

16-3 分析公司的拥有成本；

16-4 评估采购绩效。

引导案例

无工厂商品生产商

像苹果这样的公司，对于它所生产的 iPhone 和 iPad，公司负责除了实际的制造之外的产品制造的每个步骤。目前，苹果公司将其许多产品的生产外包给中国台湾鸿海精密集团。鸿海，又被称为富士康，其收入的 40%～50% 来自组装苹果产品。

随着许多行业成为全球供应商，这种类型的全球外包已经成为生产服装、大多数零售家用产品、家具和计算机的常见形式。这些无工厂商品生产商承担了生产的大部分职能，并且在许多情况下，还会设计产品和监督分销。

中国工厂传统的低劳动力成本，使这种外包充满了吸引力，但由于后来中国的劳动力成本激增，像富士康这样的企业已将它的外包业务拓展到其他低工资国家，比如越南、印度尼西亚、土耳其、巴西、墨西哥和匈牙利。

© Mick Ryan/Getty Images RF

16.1 战略采购

战略采购（strategic sourcing）是通过发展和管理全球供应关系来获得产品和服务，以满足业务的直接需要。过去，采购（sourcing）只是购买（purchasing）的另一种说法，是财务的一个重要功能，而不是战略关注的焦点。如今，全球化的发展和通信技术费用的下降，使竞争的基础正在发生改变。当今，企业不再受自身能力的限制，对企业而言，更重要的是其全面利用全球资源的能力，不管这些资源是否为己所有。外包是如此的强大，像工程研发、制造、信息技术和市场开发等核心功能都可以交给其他企业。

采购活动因要购买的物品不同而会有很大的差异。图16-1描绘了一些物品在采购过程上的区别。"采购"指复杂的产品采购过程，具有战略重要性。图中描绘的购买范围是从某地的简单购买或一次性购买到长期的战略联盟，该图根据物品的特殊性、合同期以及交易成本来设置各个不同的购买过程。

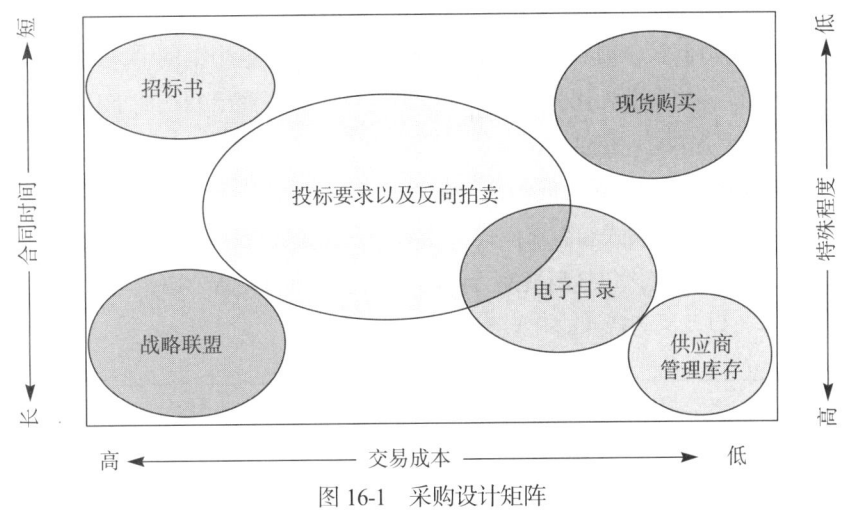

图 16-1 采购设计矩阵

特殊性（specificity）指的是物品的普遍程度，换句话说，就是有多少可供替代的产品。举例来说，空 DVD 盘可以从很多供应商处购买，因此其特殊性很低；为了装下某个特殊的物品而特制的信封，就是高特殊性物品。

普通产品的购买相对而言是比较简单的。对于日常所需的量小而价低的物品，企业可能通过网络产品目录来下订单。这些目录通常都是为顾客定制的。通过授予顾客用户名，顾客就可以在特有的产品名录下进行购买了，还可以控制预算。不在名录下的其他产品的购买则要复杂一些。

当所要采购的产品复杂程度高或者价格昂贵，并且有多名潜在供应商同时存在时，**招标书**（request for proposal，RFP）是一种普遍采用的方法。采购商在投标前会准备一份有关要采购产品的详细信息的文件，并分发给潜在供应商。供应商随后会提出详细的建议方案，说明自己的公司将如何满足招标书所提出的要求。投标申请或反向竞拍与所需信息文件相似，主要区别在于投标价格是如何协商的。在 RFP 方式中，标价会在招标书中给出；在投标申请或反向竞拍中，供应商需要进行实时竞标，而且一般是在网络上进行。

供应商管理库存（vendor-managed inventory）是供应商全权负责管理顾客的某一种或者某一组产品。在这种情况下，供应商有权适时进行补货。一般来讲，顾客会有一些限制条件：愿意持有的最大库存量、服务水平以及账单交易过程。管理过程的方式选择取决于供应商在特定时间内（例如，1年内）交付产品的成本费用以及顾客在库存管理上的成本费用之间的平衡。本章稍后将结合采购项目的"总拥有成本"对此进行讨论。

顾客不发送采购订单，而是通过电子方式向供应商发送每日需求信息。供应商根据此需求信息为顾客生成补货订单。

16.1.1 牛鞭效应

在许多情况下，供应链合作者之间存在冲突以及无效的运营，比如对促销的依赖。食品行业每年 1 月都要进行促销活动，零售商对此做出的反应是增加库存，有时储备长达 1 年的供应量，这种行为称为提前购买。在交易中没有哪一方是赢家，零售商要支付 1 年的供应量，增加的购买量也提高了供应商系统的成本。比如，供应商的工厂为满足多出的需求，必须从前一年的 10 月就开始加班，甚至连生产企业的供应商也受到了影响，因为他们必须快速地对原材料需求的巨大变化做出反应。

已有人研究了这几类运营的影响，比如宝洁公司。图 16-2 显示了对于制造业供应链中的每个节点，什么样的需求模式是最典型的，供应链由制造商、分销商、批发商和零售商构成。在这个案例中，最终需求是一次性尿布。零售商给批发商下达的订单与最终顾客的需求相比表现出更大的波动性，批发商给制造商下达的订单波动得更厉害，制造商给供应商下达的订单则是最不稳定的。在供应链中，从顾客到生产者的需求波动不断增大，这种现象称为**牛鞭效应**（bullwhip effect），它反映了供应链成员之间缺乏同步性。顾客需求的微小变化传导到供应链上游时会被放大，这与晃动牛鞭一端产生的效果很相似。由于供应模式和需求模式不匹配，造成在某些时段库存增加，另外一些时段则产生缺货。许多行业的大多数公司都存在牛鞭效应，包括消费品行业的金汤宝公司和宝洁公司，电子行业的惠普、IBM 和摩托罗拉公司，汽车行业的通用汽车，以及医药行业的礼来公司（Eli Lilly）。

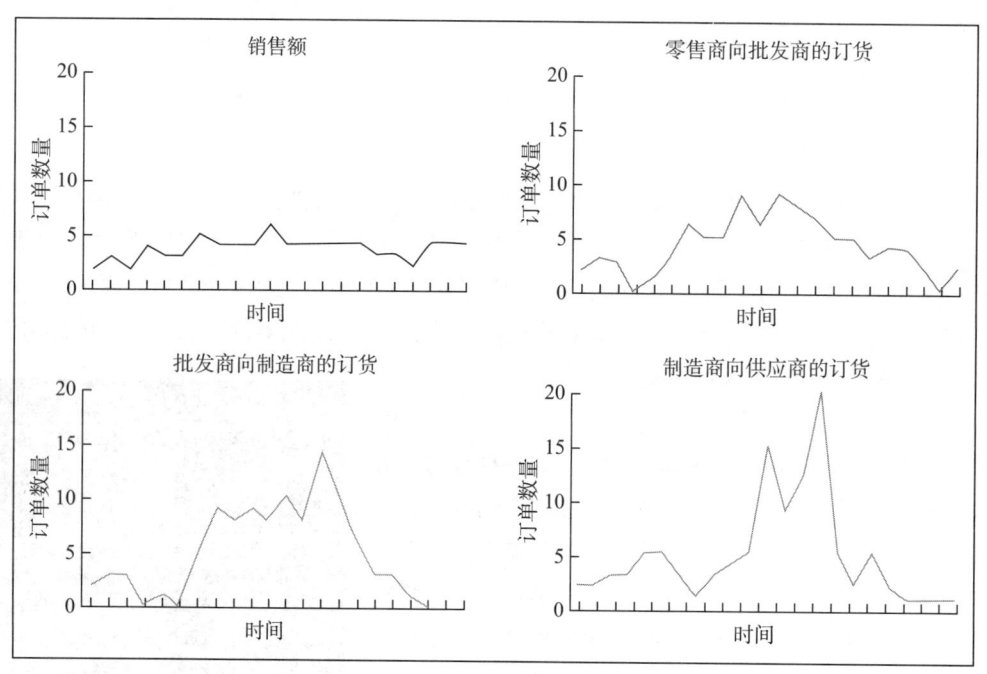

图 16-2　供应链中不断增大的订单波动

金汤宝公司拥有**持续补货**（continuous replenishment）的流程，它代表了许多制造商为稳定供应链中的物流所采取的行动。这里介绍了它是如何运营的。金汤宝公司与零售商建立了电子数据交换（EDI），并用"天天平价"的策略代替折扣。每天早上，零售商通过电子数据通知金汤宝公司他们的需求和分销中心的库存情况。金汤宝公司使用这些信息预测未来的需求，并根据事先设定好的各个零售商库存的上下限来决定哪些产品需要补货。当天下午，载着货物的卡车从金汤宝公司工厂离开，到达零售商的分销中心。通过这个系统，金汤宝公司能将零售商的库存减至 2 周的需要量，而在原来的系统下为 4 周。

这个系统解决了金汤宝公司的一些问题，但是这对零售商有什么好处呢？大多数零售商计算出某种产品的年库存费用至少相当于产品成本的 25%。减少 2 周的库存成本相当于节省了将近 1% 的销售成本。零售商的平均利润大致为销售额的 2%，那么这个节省就能使零售商的利润提高 50%。因为零售商通过金汤宝公司的持续补货系统赚到了更多的钱，所以他们愿意给金汤宝公司的产品提供更多的货架空间。金汤宝公司发现自从引进了这个系统，在参与持续补货系统的零售商那儿，产品销量的增长速度比其他零售商快了 1 倍。

16.1.2 供应链的不确定结构

供应链的不确定性结构（见表 16-1）旨在帮助管理者理解产品需求的性质，从而设计出能最好地满足需求的供应链。产品需求的许多方面都很重要，比如产品生命周期、需求的可预测性、产品的多样性以及服务的市场标准。产品可分为功能型和创新型两类。因为两类产品的供应链类型是非常不同的，所以供应链产生问题的根本原因在于产品类型和供应链类型不匹配。

表 16-1 需求和供应不确定的特征

产品（需求）的特点		生产（供应）过程的特点	
功能型	创新型	稳定的	发展的
需求预测性高	需求难以预测	不易出错	易于出错
产品生命周期长	产品生命周期短	产量高	产量低
库存费用低	库存费用高	质量问题少	质量问题多
产品多样性低	产品多样性高	更多的供应资源	有限的供应资源
数量大	数量小	工艺变化少	工艺变化多
缺货成本低	缺货成本高	提前期可靠	提前期不可靠

资料来源：基于 Marshall Fisher（宾夕法尼亚大学沃顿商学院）的研究。

功能型产品（functional products）指人们在各种零售店（如食品店和加油站）里买的东西。这些产品能满足人们的基本需求，而且这些产品的长期需求变化不大，因此有着稳定的、可预测的需求和较长的生命周期。但是这种稳定性带来了竞争，导致产品的边际利润率很低。判断功能型产品可以使用以下具体标准：产品生命周期超过 2 年，边际利润率为 5%～20%，只有 10～20 个不同的产品类型，生产时需求预测的平均错误率只有 10%，根据订单生产的产品提前期为 6 个月到 1 年。

为避免边际利润率太低，许多公司在产品式样和技术上不断创新以吸引顾客购买，流行服饰和个人电脑就是很好的例子。尽管创新能为公司带来更高的利润，但同时也会导致产品需求的不确定性。**创新型产品**（innovative products）的生命周期通常只有几个月。模仿者能使创新型产品的竞争优势迅速消失，因此公司被迫不断地进行创新。较短的生命周期和巨大的需求变化进一步提高了产品的不可预测性。表 16-1 总结了功能型产品和创新型产品的不同。

我们之所以关注供应链的"供方"，是因为虽然供应链的不确定性结构抓住了重要的需求特点，但供方同样有不确定性，这也是供应链战略的决定因素。

稳定的供应流程（a stable supply process）被定义为制造技术已经成熟，供应基地也已建立完善的制造流程。与此相对的是**发展的供应流程**（evolving supply process）——制造技术还处在发展的早期阶段，而且变化很大，因此供应基地在规模和经验方面都很欠缺。在稳定的供应流程中，制造工艺简单且易于管理。稳定的制造流程逐渐趋于高度自动化，长期的供应合同十分常见。在发展的供应流程中，制造流程需要大量协调工作，易于产生问题，产量也不稳定。供应基地较为不可靠，因为供应商自己也在不断地进行调整和改革。表 16-1 总结了稳定的供应流程和发展的供应流程之间的区别。

功能型产品的供应流程趋于成熟和稳定，但也并不全是这样。比如，某地区对电力和其他一些功能型产品的年需求是稳定、可预测的，但水力发电的供给由于受到当地降雨的影响，每年都在发生变化。某些食物有着稳定的年需求，但是其供应（包括数量和质量）则取决于每年的天气情况。类似地，一些创新型产品却有着稳定的供应流程。比如流行服饰的销售季节很短，需求不易预测，但供应流程非常稳定，有可靠的供应基地和成熟的生产技术。关于供应和需求不确定的产品，表 16-2 列举了一些例子。

表 16-2 供应链的不确定性结构

		需求不确定性	
		低（功能型产品）	高（创新型产品）
供应链不确定性	低（稳定的流程）	经济型供应链 杂货店、普通服饰、食品、天然气、石油	响应型供应链 流行服饰、计算机、季节性产品
	高（发展的流程）	风险共担型供应链 水力发电、某些食品生产	敏捷型供应链 电信、高端计算机、半导体

资料来源：基于 Hau Lee（斯坦福大学）的研究。

在大多数情况下，表 16-2 中右列的供应链管理比左列更具有挑战性，下一行的供应链管理比上一行更有挑战性。在建立供应链战略之前，有必要了解资源的潜在不确定性并设法降低。如果能将产品不确定性的特点从右列移到左列，或从下行移到上行，供应链的绩效就会得到改善。

根据目前为止讨论过的供应和需求特点，表 16-2 描述了 4 种可能的供应链战略类型，信息技术在建立这些战略的过程中发挥了重要作用。

- **经济型供应链**。供应链战略目标是成本最小化。为了达到经济性的目标，应取消不增值的活动，追求规模经济。为了最有效地利用资源，必须在生产和分销的过程中尽量使用最优化技术，同时建立信息链接以保证在供应链中有效、准确、经济地传输信息。
- **风险共担型供应链**。供应链战略目标是供应链成员集成和共享供应链中的资源，并共同承担供应链中断的风险。供应链中单独的成员很容易遭受供应链中断的影响，但如果供应链中的资源不唯一，或存在替代资源，那么供应链中断的风险就降低了。比如对于关键资源，一家公司会持有安全库存以防止供应链中断，如果与其他公司共同持有该资源的库存，就能降低库存成本。这种战略在零售行业很常见，不同的零售商实行库存共享。对于这种战略的成功实行，信息技术十分重要，因为库存和需求的实时信息能使战略伙伴实现有效管理，并使转移货物的成本最小化。
- **响应型供应链**。供应链的战略目标是对顾客需求的变化性和多样性做出快速而灵活的响应。为了能够快速响应，公司采用订单生产和大规模定制生产的方式，以满足顾客的特殊需求。
- **敏捷型供应链**。这种供应链的战略目标是对顾客需求做出快速而灵活的响应，同时通过库存和集成其他资源，实现供应短缺和中断风险的最小化。这种供应链其实结合了响应型供应链和风险共担型供应链的优点。被称为"敏捷"，是因为它有能力对顾客需求的变化性、多样性和不可预测性做出快速响应，同时又能使供应链中断的风险最小。

需求和供应不确定性是理解供应链战略的一个框架，创新型产品的需求较难预测，同时是发展的供应流程，面临着很大的挑战，由于产品的生命周期越来越短，所以公司迫切需要形成动态的、不断调整的供应链战略。下面我们将会探讨外包、绿色采购和总拥有成本概念，这些都是应对供应和需求不确定性的有效工具。

16.2 外包

外包（outsourcing）是公司将部分内部活动和决策交给外部供应商完成，通过合同达成一致意见。外包的含义超越了普通的采购和咨询合同，因为不仅工作移交了，所需的人力、设施、设备、技术及其他资产也是如此。另外，在工作中做出决策的责任也同时移交了。在外包中负完全责任的是专门的合同制造商，比如伟创力（Flextronics）公司。

公司采用外包的原因有很多。关于外包的原因和优点，表 16-3 列举了一些例子。外包能使公司将注意力集中在自己的核心竞争力上，因此，公司能在降低成本的同时获得竞争优势。能够外包的可以是一整项工作，也可以是一项工作的几个部分，而其余的由自己来完成。以信息技术为例，也许一部分工作是战略性的，一部分工作是非常关键的，而另一部分交给第三方来完成能够节省资金。先确定一项可能进行外包的工作，然后对其进行分解，由决策者确定哪些活动是战略性且关键的，因此必须由自己完成，哪些活动可以外包。下面的例子将讨论物流功能的外包问题。

表 16-3　外包的原因和优点

财务驱动因素
降低库存并出售非必要资产，以提高资产收益率
出售投资回报率低的产业，以增加现金流
进入新兴市场，尤其是发展中国家
调整成本结构，降低成本
将固定成本变成可变成本
改善驱动因素
提高质量和产能
缩短生命周期
获得专家、技能和技术，而这些在其他情况下是无法得到的
加强风险管理
与顶级供应商合作能提高信誉和形象
机构驱动因素
更能集中精力于最擅长的事
对于变化的商业环境和产品服务需求，外包能增加灵活性
提高产品和服务的价值，增加顾客满意度和股东利益

16.2.1　物流外包

在物流领域，外包有了巨大的发展。**物流**（logistics）指的是一种管理职能，它支持物料的完全流通：从采购与原材料管理、在制品的计划与控制，到成品的购买、运输与分销。对精益库存的强调意味着物流中不能有过多的错误。像 Ryder 这样的卡车公司已经将物流服务加入自己的业务中——不再仅仅将货物从 A 点运送到 B 点，而是在一段较长的时间内全部或部分地管理整个运输情况，这个时间通常是 3 年，并将托运方的员工换成自己的员工。物流公司如今有复杂的计算机追踪技术，能减少运输中的风险，相比委托方自己负责物流活动，物流公司能提供更多的增值服务。第三方物流服务提供商利用电子数据交换技术和卫星系统追踪货物，告诉顾客运输司机的位置以及送达时间。对于送货时间只需 30 分钟的传送系统，这些技术是至关重要的。

联邦快递公司拥有先进的系统来追踪自己运送的货物。这个系统对所有因特网用户开放，它可以准确告知目前由公司运送的每项货物的状态，并提供货物出发的精确时间、在公司运输网络节点转移的时间和送达的时间。你可以登录公司网站（www.fedex.com）进入这个系统，在初始页面中选择你所在的国家并单击页面左边菜单上的"追踪"，当然，你还需要知道货物的跟踪号码才能获得货物的信息。联邦快递公司的这个系统已经同许多客户的内部系统实行了整合。

另一个将物流功能实行创新性外包的例子是惠普公司。惠普公司将其在不列颠哥伦比亚省温哥华的原材料入库工作外包给了快车道物流（Roadway Logistics）公司。快车道物流公司的 140 名员工每周 7 天、每天 24 小时地对仓库实行管理，协调仓库的入货并管理库存，而惠普公司的 250 名员工则转为负责公司的其他工作。惠普公司认为这样能将仓库的运营成本降低 10%。

外包的一个缺点是经常需要解雇员工。尽管有时实行外包的公司会重新招募以前的员工，但只给他们提供较低的工资和较少的福利。外包被许多联盟认为是对合同的投机取巧。

16.2.2 供应商关系结构

理论上，外包不是一种负担。通过第三方服务提供商，公司能削减非核心职能，减少资产，提高资产回报率。然而在现实中，情况很复杂。

表 16-4 是一个有用的框架，它能够帮助管理者选择合适的供应商关系结构。这种决策不再是"核心业务"必须处于公司的直接管理之下，而其他业务可以外包。在这个框架中，从不外包（纵向一体化）到外包是一个连续行为，共同构成了决策的基础。

表 16-4 供应商关系结构的框架

	不外包	外包
协调特征	"凌乱"的对接；工作任务所需的信息特殊；相似的任务需要高度的适应性和无保留的知识交流以及在工作中学习	相似的任务有标准的对接；任务所需的信息有很高的标准（价格、数量、交付日期等）
投资是战略型资产的特征	需要对特殊资产进行大量投资；如果关系终止，则投资得不到回报；需要对长长的学习曲线和特殊研发项目进行长期投资	资产对于那些有大量潜在供应商和客户的公司是可以获得的
知识产权特征	较弱的知识产权保护；易于模仿的技术	较强的知识产权保护；不易模仿的技术

一项活动能用以下特点来衡量：所需的协调、战略控制和知识产权。所需的协调指的是该项活动与整个工艺整合的难度，需要大量信息传递的、不确定性活动不应该外包，而那些易于理解的、高度标准化的活动则可以交给专业的商业伙伴来完成。战略控制是指若与合作伙伴的关系中断，给公司造成损失的程度。需要考虑的损失有多种，如专业的设备、与大客户关系的信息、研发投资等。最后必须考虑合作关系可能造成知识产权的潜在流失。

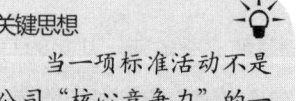

关键思想
当一项标准活动不是公司"核心竞争力"的一部分时，公司通常将其外包。

英特尔是一个典型的例子，它在 20 世纪 80 年代中期认识到这个决策框架的重要性。80 年代早期，英特尔发现自己被日本竞争者如日立、富士通、NEC 等挤出存储芯片的市场。这些公司具备了很强的能力来开发和快速改进半导体的生产工艺。1985 年，英特尔的主要专长是设计复杂的集成电路，而不是开发标准化芯片的制造工艺。结果，面对持续的财务亏损，英特尔被迫退出存储芯片市场。

从存储芯片市场中吸取了教训，英特尔将注意力放在微处理器市场上，它在 20 世纪 60 年代末期就发明了这种微处理器。为了避免犯与存储芯片同样的错误，英特尔认为关键在于开发强大的工艺制造能力。专注"核心能力"战略使英特尔致力于微处理器的设计，并将制造外包。但由于微处理器的研发与制造工艺紧密联系，依赖于制造外包有可能使研发时间增加，从而提高成本。因此 80 年代后期，英特尔投入巨资以开发世界一流的制造工艺。这是英特尔在 PC 微处理器市场上占据大约 90% 份额的主要原因，即便竞争对手能快速"克隆"其设计（如 AMD）。不断提高原有的产品设计核心能力是英特尔保持成功的因素之一。

一个好的建议是控制，即获取真正的竞争力，保留潜在的竞争优势，并将剩余的工作外包。区分"核心"与"战略性"是非常重要的。核心工作是一家公司的关键工作，但不一定能提高竞争优势，如银行的信息技术运营。战略性行动是竞争优势的来源，因为竞争环境的变化迅速无常，公司需要进行持续的监控与调整。比如，可口可乐公司在 20 世纪初决定自身不生产饮料瓶，而是与专门的饮料瓶生产商合作，并很快建立起市场份额。但到了 80 年代，饮料瓶成为关键的竞争因素，因此可口可乐公司决定自己生产饮料瓶。

| 专栏 16-1 |

7-11 便利店的能力外包

能力外包（capability sourcing）指企业专注于擅长的方面而将其他业务功能外包给关键合作伙伴。这个思想表明，对某些能力的拥有还不如对这些能力进行控制来得重要，因为可以通过外包来获得许多能力。由于不断加剧的竞争，企业面临着来自提高收入和利润的压力，而便利店行业在这方面的压力尤其明显。7-11 便利店就是这个行业中主要成员。

在 1991 年以前，7-11 还是一家纵向整合的连锁便利店。纵向整合代表着一家企业控制着供应链中的大部分活动。在 7-11 的例子中，公司拥有自己的配送网络，为每一家便利店提供汽油。公司还自己做糖果和冰块，并要求经理自己负责店面维护、信用卡处理、薪资管理，甚至还有店内的信息系统。有一段时间，7-11 甚至自养奶牛，用以供应销售所需的牛奶。这些复杂的功能都使 7-11 便利店难以进行成本控制。

在那个时候，7-11 在日本的一个分支做得很成功，但用的是一种完全不同的整合模式。这些在日本的店铺并不使用企业自有的、纵向整合的模式，而是通过让有合作伙伴关系的供应商来承担大部分日常功能。各个供应商在自己领域的高度专业化使得成本在得到控制的同时，还提高了质量并提升了服务水平。日本分支的这种模式将可能的方面都外包，但没有透露给竞争者关键信息，从而没有对业务造成影响。其中一条简单的原则就是，如果合作商能比 7-11 自己提供更有效的能力，那么这种能力就应该外包。美国的公司最终也将人力资源、财务管理、信息技术、物流、配送、产品开发和包装等活动进行外包，7-11 则仍然对所有关键信息保有控制权，并管理所有的销售计划、定价、定位、汽油推销和即食食品。

下表给出了 7-11 与合作伙伴的合作结构。

活动	外包策略
汽油	燃油产品配送的外包，保有对定价以及促销活动的控制权，这些活动在各个自有店可以有差异
零食	Frito-Lay 公司直接将产品送到各个店面，7-11 自行做出订货量以及货架摆放等关键方面的决策；7-11 通过数据挖掘，发现当地顾客的购买习惯，并相应地为各个店面做出决策
预加工食品	与 E. A. Sween 建立合资企业；采用集中配送中心（com-bined distribution center, CDC）模式，为 7-11 的各个店面直接供应三明治及其他新鲜食品，每天两次
特有食品	许多特有产品都是为 7-11 的顾客特别开发的。比如说，7-11 与 Hershey 公司一起，针对流行的 Twizzler 糖果开发了一种食用炖菜；与 Anheuser-Busch 饮料公司一起为全美汽车比赛协会和高级联赛协会棒球赛做出的促销活动
数据分析	7-11 依赖于供应商 IRI 来维护和格式化购买数据，并保护数据的机密性；只有 7-11 才能看到顾客在各个店面购买的商品种类
新能力	美国运通公司提供 ATM 机 美国西部联盟电报公司处理电子汇款 CashWorks 提供支票兑现业务 电子数据系统进行网络功能的维护

16.2.3 绿色采购

对环境负责已经成为企业经营中必不可少的一部分，许多企业开始在供应链传递"绿色"的理念。它们关注的一个重要方面就是通过与供应商合作，寻找既能节约成本，又有利于环境的机会。财务绩效的改善经常是通过成本的降低和收入的增加来获得。

绿色采购不仅仅是寻找环境友好型的技术或者提高对可回收物料的利用，它还能通过各种途径来降低成本，包括产品替代、降低浪费以及减少使用。

一个全面的绿色采购应当对企业内部购买、内部运营以及提供产品和服务所需的所有物品进行评估。由于钢铁、电力以及燃料等商品的价格不断攀升，经过合理设计的绿色采购就应当找出能明显降低或消除对这些商品的需要的方法。比如说，企业可以考虑运用一些现代化的节能技术来改进大型办公楼的内部照明。每单位面积的电能消耗降低

10～12个百分点，就可以节约上百万美元。

在绿色采购中可以压缩成本的方面就是降低浪费。从能源和水到包装及运输，所有的事物中都存在着降低浪费的可能。一个典型的例子就是一家杂货零售商对牛奶壶的重新设计。新的牛奶壶通过运用了更多直角和方形板面，使牛奶壶的用水量较之前的设计降低了60%～70%，因为新设计的牛奶壶不需要牛奶架。由于牛奶的溅出和一些其他原因，牛奶架往往会被弄得很脏，所以，牛奶架在再次使用前都需要用水管来冲洗，消耗掉大量的水。新设计还可以降低对燃料的消耗，因为不再需要牛奶架，所以也不再需要将牛奶架在乳品厂或农产品流通点之间来回运输。此外，新的牛奶壶还可以放在家里的冰箱里或者零售商的冰柜里。新牛奶壶的突破性成果可以看作是使用方和供应方共同合作、寻找创新性的解决方法所带来的结果。

与供应商进行合作可以带来增加收入的机会，这种机会可能是将废弃产品变成收入来源。例如，一家知名的饮料生产商通过旗下的一家回收子公司，从大量的供应商手中回收铝罐。事实上，这家子公司回收的铝罐数量超出了公司内部产品的需求量，从而为公司开辟了一条可观的收入渠道。

在其他领域，绿色采购也可以通过为有环保意识的顾客提供服务来建立全新的业务。在超市里购物的人会发现清洁品货架上有许多"绿色"清洁品可选，这些产品一般都是用天然成分来替代化学成分，而且还有许多产品特别注意降低产品包装成本。

物流服务供应商也可从这个绿色趋势中获得许多业务机会。一家大型汽车制造商通过对零部件及汽车成品的运输工具、产地以及配送网络的整体效率进行分析，完成了自有物流/配送网络的绿色化。通过增加铁路运输、减少货运港口以及与物流服务提供商的合作来提高海运和铁路运输的燃料利用率，这家公司每年减少的与运输相关的碳排放达到几千吨。

下面列出的六大步骤（见图16-3）就是把传统采购转为绿色采购的过程。

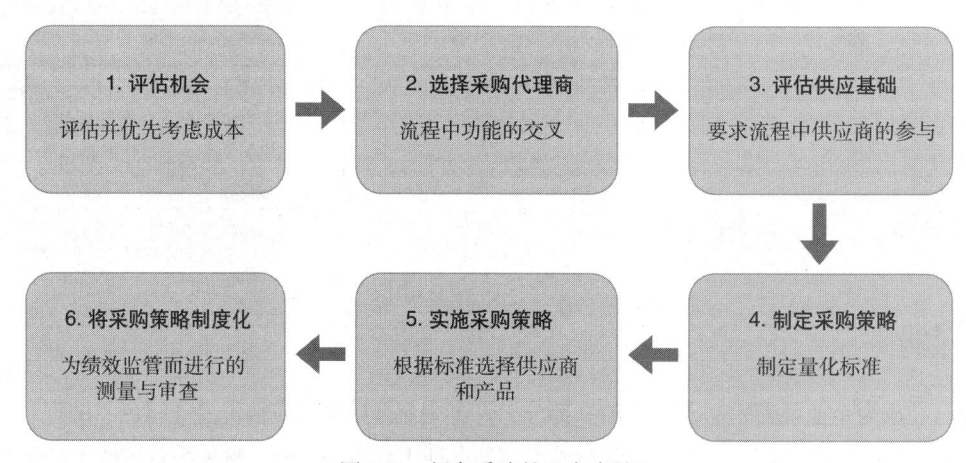

图16-3　绿色采购的六大步骤

（1）**评估机会**。对于给定的成本类别，一切相关的成本都应当列入考虑范围。最常被考虑的五个方面包括电能和其他能源的耗费、物料处置和回收、包装、替代品（像钢铁、塑料等物料的替代品）以及水（或者其他相关资源）。在对总成本进行分析（有时候称作成本耗费分析）时，需要找出这些成本并进行综合考虑。在分析时，还可以依据最高节约额以及重要性将不同类型的成本给予不同的优先级。这个很重要，因为它可以对财务上的改进以及总成本的降低带来最直接的影响。

（2）**选择采购代理商**。内部供应链采购代理属于公司内部，并对业务需求、产品要求以及供应链的内在需求有最直接的认识。这样的个体和团体在过程改进方面应当具有一定的话语权并成为伙伴，从而帮助提出更实际的绿色化目标。比如说，为了不产生浪费，需要供应链各环节的共同努力，并且十分依赖于合适供应商的寻求。这些公司内部的管理者应当找出最主要的突破口，然后为能降低现有或未来成本的方面建立有力的基本实施架构。而对于新设备的采购，举例来说，这样的基本实施架构不仅应该包括传统采购中所有的初始价格，还应该包括能耗、处置、回收以及维护成本。

（3）**评估供应基础**。可持续采购过程需要现有供应商以及未来供应商的参与。在传统采购中，企业需要了解供应商的供应能力、限制条件以及产品情况。绿色采购过程则将与环境相关的因素列入正式考虑，包括可能的替代品和新的制造过程。这些要求应当包含在供应商投标文件或者招标书中。

粉煤灰一般放在火电厂或者放在如图所示的填埋场中。43%的回收物降低了填埋场对环境的不利影响。

利用粉煤灰以及煤电厂的副产品制成水泥就是一个很好的例子。用粉煤灰来代替预拌混凝土或者混凝土砖中的硅酸盐水泥可以使产品更坚硬、更轻，还可以降低对水的消耗。粉煤灰还使企业能够规避水泥价格波动，特别是快速上涨带来的风险。与此同时，砖块重量的下降还降低了企业的运输成本。该企业还可以为后续的效仿者建立粉煤灰厂设定要求体系。最后，这样一种替代帮助电厂开辟了一个新市场，因为原先的电厂只能将粉煤灰遗弃。

（4）**制定采购策略**。这个步骤的主要目标是为采购过程的评价建立定性及量化评价标准。这需要对相关成本和收益做出合适的分析。这些标准应当在投标文件以及招标书中进行清晰的说明，这样潜在的供应商能就与可持续性相关的目标做出阐述。

（5）**实施采购策略**。在第四步中建立的评价标准应当用于选择各种业务要求下的供应商和产品。这样的评价过程应当在招标时就考虑到初始成本以及总拥有成本。因此，举例来说，节能设备的初始成本可能会偏高，但是考虑到在整个使用过程中，由于能耗小、碳排放少，所以实际的总成本可能更低。像节能、降低浪费等与环保节能相关的机会应当被考虑，并列入采购的分析之中，从而使供应商的选择尽可能的全面并且更有效地满足企业所需。

（6）**将采购策略制度化**。一旦供应商选定并签订了合同，采购过程就开始了，采购部门需要就合同期内供应商的评价制定一套评价体系。这个评价体系应当基于绩效、交付、与已知价格的符合程度及其他因素。这个体系对于公司的可持续发展目标也很重要。制度化这一过程还应加入定期审查，检查评价体系的实际操作情况，以保证数据的真实性。

与传统采购过程相比，绿色采购的一个关键部分就是向采购决策方面的拓展。这种拓展要求加入评判备选方案的新标准。另外，绿色采购还需要企业内部多方的参与，比如设计师、工程师和市场营销人员等。最后要指出的是，对绿色采购所节约的成本进行仔细的跟踪通常会带来更高的复杂性，并且还会延长投资回收期。

16.3 总拥有成本

总拥有成本（total cost of ownership，TCO）指的是对一件物品的估计成本，包括一切与物品采购、使用以及不再使用后的弃置相关的成本。这个概念可以用来衡量企业内部的成本，或者可以推广到整个供应商成本的衡量。要想充分衡量一个物品从供应商处购得时的成本，就应当考虑一个方法，这个方法联系了与采购以及该物品使用相关的活动。由于采购过程的复杂性不一，像竞标准备会议、潜在供应商的来访，甚至对潜在供应商的拜访，都有可能对物品的总成本造成很大的影响。

虽然在通常情况下所考虑的成本框架如图16-4所示，但是TCO的分析在很大程度上还是取决于实际情况。成本可以被分为三大类：取得成本（acquisition costs）、拥有成本（ownership costs）和事后拥有成本（post-ownership costs）。取得成本是物料、产品以及服务在购得时的初始成本。它不是长期拥有成本，但会引起当期现金流出。取得成本包括购买前分发给潜在供应商的文件资料的支出、供应商选择和评价成本以及其他与采购相关的成本。实际采购价格（包含税费和运输费用）也包括在里面。

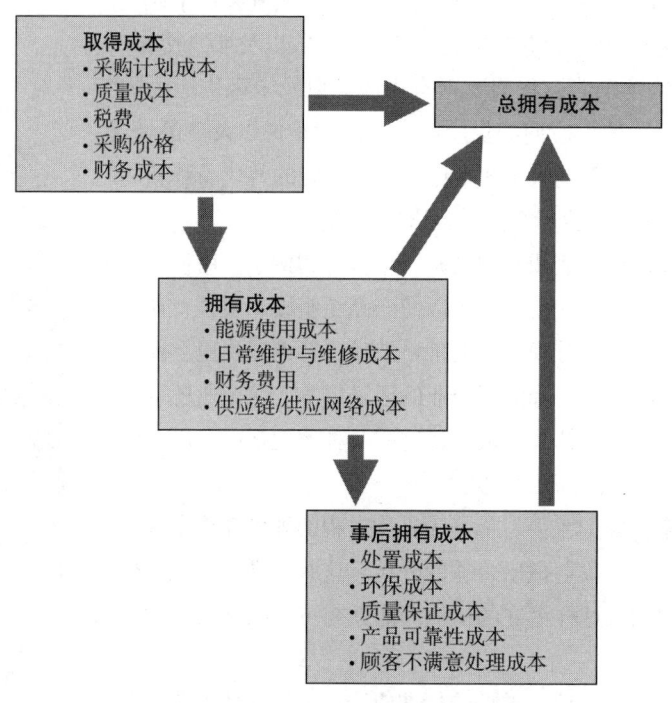

图 16-4　总拥有成本

拥有成本在原始购买后开始发生，并且一直持续到产品或物料的后续使用。一般可以可靠计量的成本类型有能源使用成本、日常维护与维修成本、财务费用（在出租的情况下）。另外还有只能定性计量的成本，例如美观因素（比如需要被欣赏的物品）、人机工程学因素（比如生产率的提高和减轻疲劳）。这些拥有成本往往会超过初始购置成本，并对现金流、盈利水平甚至员工的精神风貌和工作效率造成影响。

事后拥有成本主要包括残值和处置成本。对大多数采购情况，市场上一般都会有数据来估计未来价值，比如用于二手汽车价值估计的凯利蓝皮书（Kelley Blue Book）。其他影响事后拥有成本的因素还包括环境的长期影响（尤其是在公司有长远的可持续发展目标的情况下）、产品担保及可靠性和由顾客对产品的不满意导致的市场负面影响。

对取得成本或购买价格的过分强调通常会忽略像拥有成本和事后拥有成本这些重要方面。在获得某个供应商的产品或服务时，总拥有成本是一个能全面理解相关业务成本的方法。它不仅与想要降低成本的业务相关，还与想要通过产品或服务的设计为顾客提供低拥有成本的企业相关。例如，一些汽车生产商将许多车型发动机的调整范围扩大到 100 000 英里，令许多车主的汽车维护费用得到降低。TCO 方法可以为现有顾客以及潜在顾客带来产品价值的提升。

TCO 相关的成本可分为现金流入（旧设备的处置收入）和现金流出（购买价格、废旧设施的清除等）。例 16-1 应用了电子表格进行成本分析。值得注意的是，所考虑的成本需要与所做的决策相适应，不需考虑不依决策而变化的成本，而需分析依决策而变化的相关成本。

TCO 是一个覆盖面很广的全面分析方法，包括经济（净现值）、财会（产品定价与费用）、运营管理（可靠性、质量、需求与库存计划）、市场营销（需求）以及信息技术（系统整合）。这个方法的应用最好是通过一个由关键职能部门的人员参与的跨职能团队来进行。

例 16-1 总拥有成本分析

我们以复印中心进行复印机采购时的成本做分析。复印机的初始成本为 120 000 美元,预计每年可以带来 40 000 美元的收入。每年机器需要的物资供应为 7 000 美元,且机器在第 3 年的时候要进行大修,成本是 9 000 美元。第 6 年机器会被卖出,那时复印机的残值为 7 500 美元。

解答

考虑到这些成本发生的时期,我们要使用净现值方法进行分析。表 16-5 所示,每年的现金流入都被折算成了现值(参见附录 E 的现值表)。我们可以看出,这个现值分析得出的结果是复印机成本的现值为 12 955 美元。

表 16-5　办公室复印机采购分析　　　　　　　　　　　　　　　　　（金额单位:美元）

年份	目前	第 1 年	第 2 年	第 3 年	第 4 年	第 5 年	第 6 年
初始成本	−120 000						
大修费用				−9 000			
每年的收入		40 000	40 000	40 000	40 000	40 000	40 000
物资供应		−7 000	−7 000	−7 000	−7 000	−7 000	−7 000
残值							7 500
总的现金流	−120 000	33 000	33 000	24 000	33 000	33 000	40 500
折现系数	1.000	0.833	0.694	0.579	0.482	0.402	0.335
现值——每年	−120 000	27 500	22 917	13 889	15 914	13 262	13 563
现值	−12 955						

注:折现率=20%,以上计算采用的是电子表格中的精确数据。

需要注意的是任何分析都是在特定情形下使用的。这些因素,如汇率、在全球某些特定区域开展业务的风险、运输和其他因素等都很重要。除此之外,还有许多比成本更重要的因素需要考虑。采用这样的成本分析并将其与定性的风险分析结合起来在公司的实际应用中非常有效。

16.4　评估采购绩效

供应链的一种观点集中在系统的库存上。图 16-5 向我们展示了在一个典型的快餐连锁店中,汉堡包肉和土豆如何存放在不同的环节,我们看到牛肉和土豆一步一步移动到本地零售店,然后到达顾客手中。每个环节都有库存,而且这种库存会给公司带来一定的成本。库存作为一种缓冲器,允许每一个环节独立工作。比如说分销中心的库存让这个为零售商供应产品的系统独立地进行肉和土豆的包装工作。每个阶段的库存都与资金有关,因此协调每个阶段的操作从而最小化缓冲库存是非常重要的。供应链的效率可以以供应链中库存投资的多少来衡量。库存投资是用通过供应链提供的货物的总成本来衡量的。

两个常用的供应链绩效评估指标是库存周转率和供应周数,它们实际上衡量的是同一指标,在数值上,供应周数为库存周转率倒数的 52 倍。**库存周转率**(inventory turnover)的计算公式如下:

$$库存周转率 = \frac{所售商品成本}{平均库存总值} \qquad (16\text{-}1)$$

所售商品成本(cost of goods sold)是一家公司为顾客提供产品或服务的年成本,有时也称为**收益成本**(cost of revenue),它不包括公司的销售费用和管理费用。**平均库存总值**(average aggregate inventory value)是公司各种形式库存的总价值,包括公司的原材料、在制品、成品及销售库存。

对于不同的行业与产品,好的库存周转率也是不同的。一个极端的例子是食品连锁店每年库存周转可达 100 次以上。对于制造业而言,库存周转率为 6~7 则是比较常见的。

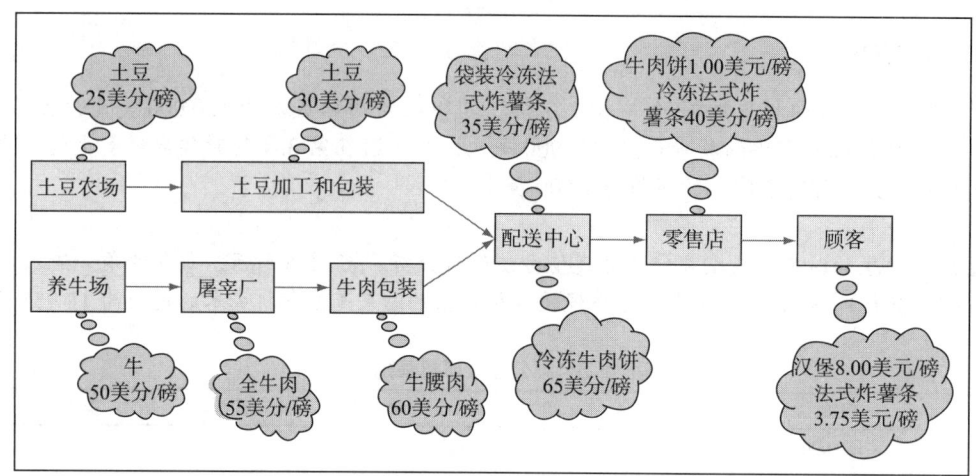

图 16-5 供应链中的库存：快餐连锁店

许多情况下，尤其是分销库存较多时，**供应周数**（weeks of supply）是更常用的指标。这个指标表示在某个特定时点，系统中的库存能维持多少周。计算公式如下：

$$供应周数 = \frac{平均库存总值}{所售商品成本} \times 52 \tag{16-2}$$

当公司的财务报告引用了库存周转率和供应周数时，我们可以认为这些数据的计算是准确可靠的。例 16-2 使用了戴尔公司的数据，这些计算适用于公司内单独的部门，比如我们可能对原材料的周转率，或是公司仓库运营的供应周数感兴趣，这时库存也许与特殊库存的总量有关。对库存很低的业务，用天或小时作为单位来计算供应也许更为合适。

例 16-2　库存周转率的计算

戴尔公司在最近的年度报表中公布了以下数据（金额单位：百万美元）。

净收益	49 205
收益成本	40 190
现有生产原材料	228
现有在制品和产成品	231
库存供应天数	4

这里的收益成本即所谓的所售商品成本，读者也许会认为美国公司使用的是通用的会计术语，但情况并不是这样的。库存周转率的计算如下：

$$库存周转率 = \frac{40\,190}{228+231} = 87.56（次/年）$$

对于高科技企业来说，这样的业绩非常惊人，它显示了公司在财务运营方面的成功。

相应的供应周数计算如下：

$$供应周数 = \frac{228+231}{40\,190} \times 52 = 0.59（周）$$

企业将库存视为投资，因为在未来它将用于出售。库存占用了资金，而这些资金本来可用于其他用途，有时公司还必须通过借贷来维持库存投资。库存管理的目标是维持合适的库存量，并且这些库存必须位于供应链中合适的节点，

决定每个节点的库存量需要对供应链进行详细分析，并且确定产品市场的竞争战略。

本章小结

16-1 理解战略性采购的概念

总结

- 采购是战略性地从全球和网络连接的市场中挑选原材料与货物的过程。
- 采购矩阵则用于确定包括一次性现货采购以及和某公司建立长期战略联盟的采购方式。
- 由于较长的交付周期和供应链的多阶段性特征，客户需求往往会在需求传递到生产商的过程中发生很大变化，这种现象称为牛鞭效应，在多种行业中均较为普遍。
- 供应链可根据需求和供应不确定性分成四类：经济型、风险共担型、响应型和敏捷型。

关键术语

战略采购：开发和管理供应商关系，从而能以有助于实现业务需求的方式来获得商品和服务。
采购：用于购买对公司具有战略重要性的产品的过程。
特殊性：指材料的普遍可获得性以及是否可以使用替代品。
招标书（RFP）：要求有兴趣提供物品的供应商提供详细建议的请求。
供应商管理库存：指客户允许供应商管理一种或一组项目的库存政策。
提前购买：指零售商对促销活动做出反应，在促销时间之前提前准备好库存。
牛鞭效应：指在供应链中，从顾客到生产者的需求波动不断增大。
持续补货：一种用于定期自动向客户提供一组商品的程序。
功能型产品：人们在各种零售店（例如杂货店和加油站）里购买的主要产品。
创新型产品：诸如时尚服装和个人电脑等生命周期通常只有几个月的产品。
稳定的供应流程：基础技术稳定的流程。
发展的供应流程：基础技术变化迅速的流程。

16-2 理解公司将流程外包的原因

总结

- 有时候公司会选择第三方公司来提供某些对于公司成功运营十分重要的服务，这就是外包。
- 物品的运输（通常叫物流）通常会被外包。

- 公司经常基于合作要求、与该外包业务重要性相关的战略控制问题和知识产权等，确定是否将某项活动外包。
- 绿色采购是许多公司的必需业务，它能为企业产品开发新市场。

关键术语

外包：将公司的一些内部活动和决策转移给外部供应商。
物流：支持物料全周期的管理功能——从生产物料的采购和内部控制，到在制品的计划和控制，到成品的采购、运输和分销。

16-3 分析公司的拥有成本

总结

- 总拥有成本是理解一种产品的总成本的一种途径。
- 成本大致可以分为三方面的成本：取得成本、拥有成本和事后拥有成本。

关键术语

总拥有成本：对一个项目成本的估计，包括与该项目的采购和使用相关的所有成本，也包括在该项目的使用寿命到期后对其进行处置的成本。

16-4 评估采购绩效

总结

- 评估供应链效率最常用的指标是库存周转率和供应周数。这两个指标在不同行业中有着非常大的区别。

关键术语

库存周转率：对供应链效率的估测。
所售商品成本：公司生产提供给客户的商品或服务的年成本。
平均库存总值：在公司库存中，所有项目按成本计价的平均总价值。
供应周数：评估供应链效率的首选度量方式，在数值上，它是库存周转率倒数的 52 倍。

关键公式

$$库存周转率 = \frac{所售商品成本}{平均库存总值} \quad (16\text{-}1)$$

$$供应周数 = \frac{平均库存总值}{所售商品成本} \times 52 \quad (16\text{-}2)$$

讨论题

16-1
1. 最近发生了什么样的变化，使供应链管理变得重要了？
2. 描述功能型产品和创新型产品的不同。
3. 经济型供应链、响应型供应链、风险共担型供应链和敏捷型供应链的特点各是什么？一个供应链能同时具备经济型和响应型吗？或能同时具备风险共担型和敏捷型吗？为什么？

16-2
4. 美国有如此大的产能和空间可以扩张，为什么美国的公司要到国外进行采购呢？讨论这样做的优缺点。
5. 作为供应商，那些你愿意与其建立长期关系的顾客或潜在顾客都有哪些重要特征？
6. 描述外包是如何起作用的。为什么公司会选择外包？

16-3
7. 你是否曾经只根据采购价格买过东西，后来惊讶于该物品的总拥有成本（无论是时间上或金钱上的成本）？试着介绍一下。
8. 为什么很多管理者会拒绝购买采购价格比较贵但总拥有成本较低的仪器，而选择购买采购价格便宜但总拥有成本比较高的仪器？

16-4
9. 提高企业的库存周转率有什么益处？
10. 研究和比较三大零售商的库存周转率：沃尔玛、塔吉特百货和诺德斯特龙百货。选取相同的时间段，使用同一网站上的财务信息。这些比率能告诉你哪些信息？对于结果，你是否感到惊讶？

客观题

6-1
1. 哪个术语专指为了满足即时需求获取货物或者服务而进行的与供应商关系的发展和管理工作？
2. 有时候企业需要购买一些独特的、复杂的或者非常贵的产品或服务。这种采购和一般的流程不一样，但有许多提供商供应该种服务或者产品，哪个流程用于将企业的需求传达至供应商处，并且获得详细答复？
3. 索尼电子公司为消费者市场生产种类丰富的电子产品，包括笔记本电脑、游戏平台和台式机，哪种产品能用不确定性分析框架来分析？
4. Staples公司大量出售的产品之一是打印纸。根据不确定性分析框架，哪种供应链策略比较适合这种产品？

16-2
5. 哪个术语用于形容将公司内部的活动和决策流程转移到外部公司？
6. 哪个术语用于形容公司将原材料周转的整个流程管理转交给外部服务提供商？
7. 很多瓶装水生产商和供应商合作，用含塑料更少的瓶子来装水，减少了需要运输、回收和处理的塑料。本例采用的是哪种采购方式？
8. 哪个术语专指企业关注自身最擅长的环节，并将其他业务活动外包给关键合作伙伴？

16-3
9. 总拥有成本包括哪三个部分？
10. 在产品生命周期内哪一种成本有时会被过分强调，从而导致不能够全面认识总拥有成本？
11. 一家供应商投标了你的工厂正在装配的一个新产品线——成型塑料部件。供应商的投标价格为每单位0.1美元，其给出的供给预测为第一年20万个，第二年30万个，第三年50万个。该产品的运输及处理成本估计为每单位0.01美元。另外，库存费用为每单位0.005美元。最后，管理费用预计每月20美元。

尽管你的工厂可以继续生产这种部件，但是工厂想要投资另外一种成型机器，其成本为1万美元。直接物料成本为每单位0.05美元，直接人工成本预计每单位0.03美元再加上50%的额外费用，间接人工成本预计每单位0.011美元再加上50%的额外费用。前期施工和设计成本为3万美元。最后，管理层坚持，如果内部制造的直接人工成本为100%，那么他们要求分配间接费用。公司每年使用15%的资本成本。

请问你会怎么做，是继续自己生产还是外包给供应商？（答案见附录D。）

12. 你的企业目前装配5种小型摩托车，这些摩托车在美国专卖店中出售。每款摩托车使用的发动机是一样的。你现在接到一个选择来年发动机供应商的任务。因为仓库大小以及管理限制，每批最多只能订购1 000个发动机。因为发动机都有自己的特征，所以需要专用工具进行生产，而你同意补偿供应商。你的助手收到来自两家供应商的报价，你需要决定使用哪一家。下面是收集到的数据。

需求（年预测）	12 000个
每个发动机的重量	22磅
订单处理成本	每个订单125美元
库存持有成本	每年为库存平均价值的20%

注：假设平均库存为半个批量（1 000/2 = 500个）。

两家供应商提交的报价如下。

产品价格	供应商1	供应商2
1～999个	510.00美元	505.00美元
1 000～2 999个	500.00美元	498.00美元
3 000个及以上	490.00美元	488.00美元
工具成本	22 000美元	20 000美元
距离	125英里	100英里

你的助手提供了运输的收费率：

一标准卡车载货量（40 000）	0.8美元/吨/英里
低于一标准卡车载货量	1.2美元/吨/英里

注：1吨/英里 = 2 000磅/英里。

a. 请就总拥有成本进行分析，并选择一家供应商。
b. 将批量大小提高到一标准卡车载货量是否经济？你是否会改变供应商？

16-4

13. 当大部分库存都在分销渠道中时，用哪一种方法测量供应链效率更加合适？
14. 从成本角度看，公司中所有库存产品的平均总价值应该称作什么？
15. 一家大型机器工厂刚刚完成了上一个财政年度的财务分析，下表是该财务报告中的摘要（单位：美元）。

净利润	375 000
所售商品成本	322 000
在库生产材料价值	42 500
在产品库存价值	37 000
产成品价值	12 500

a. 计算库存周转率（ITR）。
b. 计算供应周数（WS）。

16. 麦当劳校园快餐店每周平均售出4 000个1/4磅的汉堡包。肉饼每周供应两次，商店平均库存的汉堡包为350磅。假定肉饼每磅的成本为1美元，肉饼的库存周转率是多少？平均供应天数是几天？

17. 美国空气过滤器（U. S. Airfilter）公司聘请你为供应链顾问。公司为住宅取暖和空调系统生产空气过滤器。这些过滤器由位于美国肯塔基州路易维尔市的一家工厂生产。产品通过美国、加拿大和欧洲的100个批发中心出售给零售商。关于美国空气过滤器公司供应链中的库存价值，你已经收集了如下数据（单位：百万美元）。

	第一季度（1～3月）	第二季度（4～6月）	第三季度（7～9月）	第四季度（10～12月）
销售额（整季）：				
美国	300	350	405	375
加拿大	75	60	75	70
欧洲	30	33	20	15
所售商品成本（整季）	280	295	340	350
路易维尔市工厂的原材料（季末）	50	40	55	60
工厂的在制品与成品（季末）	100	105	120	150
分销中心库存（季末）：				
美国	25	27	23	30
加拿大	10	11	15	16
欧洲	5	4	5	5

a. 公司的平均库存周转率是多少？
b. 如果你的任务是提高库存周转率，你会集中精力做什么？为什么？
c. 公司提供的数据是每年需要价值5亿美元的原材料。工厂平均有多少周的原材料供应？

分析练习　全球采购决策——固安捷公司：重建中美供应链

固安捷公司是美国、加拿大、墨西哥领先的设备维护、修理和运营（MRO）企业，目前在中国、日本、印度和巴拿马的业务也在扩大。固安捷公司有超过3 000家供应商，在其经营的网站（www.grainger.com）上提供的产品多达90万种。产品种类丰富，从制造用的工业黏合剂到手工具、清洁用具、照明设备以及电动工具。当180万客户中任意一人需要某产品时，需求往往非常紧急，因而快速的服务和供货能力是固安捷公司成功的关键所在。

本案例主要涉及美国固安捷公司供应链的配送。固安捷公司在中国大陆/中国台湾有250家供应商。这些供应商生产固安捷公司需要的产品，然后通过海运从中国大陆/中国台湾的主要港口运至美国。产品从这些港口运输到美国西雅图、华盛顿或洛杉矶、加利福尼亚等港口。经过海关之后，这些20或40英尺的集装箱通过火车运输到堪萨斯州堪萨斯城的固安捷配送中心。集装箱在此处卸货，然后接受质检，再由配送中心将各个产品运输到9个美国仓库、1个加拿大仓库和1个墨西哥仓库。

当前中国大陆/中国台湾物流安排

固安捷公司与中国大陆/中国台湾供应商的协议是供应商持有产品并承担供应的产品到装货港口的全部费用。这类协议通常被称为离岸价格协议（FOB）。固安捷公司将来自亚洲供应商的全部货物装运外包给一家货运代理公司。

目前，供应商可以选择用货盘装货然后运到在港口的整合中心，或者用20或40英尺的集装箱装好直接运到开往美国的货轮。很多时候，来自一家供应商的货物数量相当少，甚至装不满一个集装箱。整合中心把各个货盘的货物装进集装箱，以防止货物在从太平洋到固安捷堪萨斯城配送中心的途中受到损坏。货运代理公司能够保证这些20或40英尺的集装箱高效运输。注意，这些集装箱运到美国之后会由火车运往其他各地。

目前，每年有19万立方米的原材料由中国大陆/中国台湾运往固安捷公司。在接下来的5年里，每年会按照15%的速度增长。大约有89%的原材料会被供应商直接经由集装箱送往美国。大约21%的原材料装进20英尺的集装箱，79%的原材料装进40英尺的集装箱。20英尺的集装箱容量为34立方米，从中国大陆/中国台湾的任何一个港口运到洛杉矶或西雅图的费用为480美元；40英尺的容量为67立方米，运费为600美元。固安捷公司估算过，这些集装箱平均装进的货物占其容积的85%。

剩余的11%则经由整合中心发货。整合中心由货运代理商运营，每年的运营费用大概为7.5万美元。目前每立方米货物的运费为4.9美元。如果每年经手的原材料能达到5万立方米，那么采用新技术，每立方米货物的运输成本能降到1.4美元。目前各个整合中心的货物量浮动较大，平均每年每个中心的货物量大概为5 000立方米。

整合中心会等到把集装箱装满，然后将其运到港口。每周每个整合中心至少能装满一个40英尺的集装箱。固安捷公司发现整合中心能够将货物填满集装箱体积的96%。

中国大陆/中国台湾供应商从4个港口运货到固安捷公司。大约10%的货物由青岛港口送出，42%由上海/宁波港口运出，10%由台湾高雄港口送出，最后38%由盐田/香港港口送出。4个港口都有整合中心。

固安捷公司管理层认为他们能够对供应链进行优化以提高其效益。

问题

1. 估算目前中国大陆/中国台湾的物流成本。假设总货物量为19万立方米，89%直接由供应商打包成集装箱送出，这些集装箱装货占其容量的85%。整合中心只用40英尺的大集装箱，并且装货占其体积的96%。20英尺的集装箱运费为480美元，40英尺的集装箱运费为600美元。以此计算，将全部货物运往美国的总成本是多少？不考虑货物在美国港口处的花费。

2. 如果中国大陆/中国台湾只有上海/宁波一个整合中心，供应商将20英尺的集装箱送往这个整合中心，然后整合中心将这些20英尺的集装箱换成40英尺的集装箱，装至96%，然后送往美国。供应商把40英尺的集装箱直接送到美国，这些集装箱还是装至85%。成本是多少？

3. 基于你的计算，固安捷公司需要采取哪些行动？有哪些问题你没考虑到，但是可能会影响分析的可靠性和实用性？你认为固安捷公司管理层会采取什么措施？

（感谢固安捷公司的Gary Scalzitti对本案例提供的帮助）

练习测试

写出以下每个语句定义的术语或回答问题，答案见底部。

1. 这个术语指的是一个产品的普通程度，或者存在多少可能的替代品。
2. 顾客允许供应商全权负责管理某一个或者某一组产品。
3. 在供应链中，从顾客到生产者的需求波动不断增大的现象。
4. 满足基本需求的产品，在一段时间内的需求变动不大。
5. 这种产品的生命周期短，且通常有很高的利润空间。
6. 这种供应链必须应对供应和需求上的高度不确定性。
7. 为了应对供应的高度不确定性，企业会采用这种策略降低风险。
8. 这个术语用来描述供应链中与物料流动相关的职能。
9. 企业与供应商一起，共同寻求节约成本并对环境友好的机会。
10. 这个术语指的是一件物品的估计成本，包括一切与物品采购、使用以及不再使用后的弃置相关的成本。

答案：1. 特殊性 2. 供应商管理库存 3. 牛鞭效应 4. 功能型产品 5. 创新型产品 6. 敏捷供应链 7. 多个供应商（源）8. 物流 9. 绿色采购 10. 总拥有成本。

PART 4

第四篇

供应、需求的计划与控制

第 17 章　企业资源计划系统
第 18 章　预测
第 19 章　销售与运营计划
第 20 章　库存管理
第 21 章　物料需求计划
第 22 章　工作中心调度
第 23 章　约束管理

在成功的运营与供应链管理中，信息技术扮演了重要的角色

企业的运营需要一个强大的计划系统。我们希望在未来卖些什么产品？在圣诞节高峰时期，我们需要雇用多少人？我们需要多少库存？我们现在应该生产什么产品？本篇将讨论一系列能够解决这些问题的方法。大量软件的综合运用已非常普遍，理解这些软件背后的基本计划概念非常重要，这有助于我们购买合适的软件并进行合理配置。另外，基于对基本计划概念的理解，还可用电子表格制作简单的生产计划。

第 17 章

企业资源计划系统

▍学习目标▍

17-1　理解企业资源计划（ERP）系统的定义；

17-2　解释 ERP 如何通过信息共享来整合各个业务部门；

17-3　供应链计划和控制如何嵌入 ERP；

17-4　根据 ERP 数据评估供应链绩效。

▍引导案例▍

"云"中的 ERP

如果你的计算机、手机、平板始终保持同步；如果你可以随时获取自己所有的个人信息，包括银行账户信息、投资，甚至是合作伙伴的位置；如果你能检索组织中任何网络资源的数据；如果你能快捷地和家人、朋友、同事分享照片、合约、电影、电邮、文件等；如果没有以太网线，你也能随时随地完成这些任务。一切都是无线的，而且信息也是高度保密的。这该是多么美好的世界啊！这一切都将由云计算为我们提供。

云计算技术在企业的经营中也能得到很好的应用。公司通过简单的应用就可以让员工获取各种数据。每个员工不管身处哪里，通过简单安全的无线网，打开公司的应用就能办公。所有员工获取相同的数据，使用相同的应用软件，对相同的实时信息进行响应，这大大节约了网线、服务器、员工培训、技术支持等方面的成本，

但实现低成本的前提是运营系统的最优化、决策的一致性、与客户共享信息以及对公司当前状况的把控。

欢迎来到"云"中的 ERP 世界。

本章主要介绍**企业资源计划**（enterprise resource planning，ERP）系统。该系统通常被大公司用于支持供求计划和控制。主要的软件提供商，包括 JDA 软件公司、微软公司、甲骨文公司、SAP 公司（见表 17-1），都提供了先进的支持实时数据处理的软件，用于支持决策和多功能整合，提高工作效率，为企业的运营提供指导意见。

在大部分公司中，ERP 提供每天运营的关键性信息，同时支持标准计划和控制功能，本章将会有所涉及。其中，包括预测在内的功能将在第 18 章中介绍，销售与运营计划将在第 19 章中介绍，库存控制将在第 20 章中介绍，物料需求计划将在第 21 章中介绍，工作调度将在第 22 章中介绍。主要提供商提供的标准，通常通过更专业的特定行业应用，

以及由电子表格或其他通用软件建立的自定义模块得到延伸。

表 17-1 主要的 ERP 提供商

公司	特点	网站
JDA 软件公司	通过收购 i2 和 Manugistics 公司有所发展，专门开发供应链相关应用	www.jda.com
微软公司	Windows 系统和 Office 软件（包括 Excel、Word、PowerPoint），ERP 产品有关注客户关系管理的 Microsoft Dynamics	www.microsoft.com
甲骨文公司	主要的数据库提供商（硬件和软件）	www.oracle.com
SAP 公司	最大的 ERP 提供商，产品覆盖多个行业	www.sap.com

17.1 什么是企业资源计划

企业资源计划（ERP）有多重含义。对企业管理者来说，ERP 的重点是计划：ERP 是一套全面的，用于支持企业制定与当前业务计划和控制一致的经营策略的软件。对信息技术人员来说，ERP 是一套整合了财务、生产、物流、销售、市场、人力和其他方面的应用程序的软件系统。ERP 的整合通过全部功能和数据处理应用共享同一个数据库实现。ERP 通常对于公司各项活动的业务处理非常高效。此处，我们关注 ERP 在管理尤其是计划上的功能。接下来，我们将介绍 ERP 的设计思路，以及如何选择合适的 ERP。我们着重关注 ERP 如何支持供应链计划和控制决策。

ERP 涵盖并整合了企业各部门的计划。或许更重要的是，ERP 涵盖了企业各部门的业务执行与整合。如今，企业更关注的是企业内部的统一规划和执行，而这正是 ERP 要解决的问题。

17.1.1 定义一致

ERP 要求公司各部门在各项业务上保持一致的定义。在需求衡量上，这一点尤为重要。需求如何衡量？是生产部门完成一份订单的时候，还是货物检验的时候，还是成品交货的时候，还是开具发票的时候，还是买方收货的时候？由此可知，各部门在处理业务的时候应当使用一套通用的定义，以方便各个环节的顺利交接和信息的共享。需求、缺货、原材料库存、成品库存等信息的定义必须保持一致。这是 ERP 的基本条件。

企业希望通过 ERP 系统，提高供应链计划和控制的效率，从而提高绩效。另外，ERP 系统提供的实时信息也能提高企业对于用户需求的灵敏性。为了加深读者对这点的认识，我们接下来会介绍 ERP 系统的特征。

17.1.2 软件规则

ERP 系统的质量可由以下 4 个方面决定：

（1）软件必须实现多功能。在资金方面，ERP 系统能追踪财务情况；在产品和服务方面，ERP 系统能追踪原材料采购、销售情况；在资源或人力方面，ERP 系统能追踪生产和人员流动。也就是说，ERP 系统能在企业日常业务的方方面面发挥作用。

（2）软件必须是高度协调的。当某个部门将一个业务或相关数据录入系统时，相关部门的对应数据也会实时更新。这样避免了重新录入的麻烦，整个公司的员工看到的是一致的数据和信息。

（3）软件必须模块化。各个模块构建成一个庞大的系统。每个模块则关注一类业务，或通过其他应用系统相连。

（4）软件必须为基本的计划和控制活动提供便利。比如，预测、产量计划和库存管理。

如果企业希望通过信息系统，实现数据和流程的整合，从而提高效率，那么它就非常适合使用 ERP。ERP 通过删除冗余流程、精简流程、提高信息准确率、提高企业对客户需求响应的灵敏度来提升企业绩效。

ERP 软件系统可以支持由不同软件提供商提供的软件模块。当然，企业也可以从一个提供商处购买所有模块。各个软件提供商在不同的功能上各有特色，你可以根据需求寻求最优配置。这种做法的问题是，不同功能模块需要整合，因此会带来人力、物力的增加。从这方面来讲，从一个提供商处购买可以减少麻烦，但某些功能可能不尽如人意。

17.1.3 日常决策

分清 ERP 系统的事务处理能力和决策支持能力之间的差别是非常重要的。**事务处理**（transaction processing）是指对业务数据信息的上传和追踪。比如说，当企业从供方购买一件物品时，一系列的活动就会发生。这些活动包括询价、接受报价、货物递送、库存、付款。ERP 的首要目标便是对货物经过各个流程的事务进行处理。

ERP 的次要目标是决策支持。**决策支持**（decision support）是指系统帮助用户做出如何经营业务的明智决定。关键是，做出决策的是人，而非系统，系统只是起到支持决策的作用。例如，在购买物品时，购买量、供应商的选择、物流方式都是需要做决定的。起初，由专业人员做出选择，而系统则面向事务进行处理。但随着 ERP 系统的持续使用，员工会逐渐习惯依赖系统提供的参数进行逻辑判断。比如，ERP 系统会针对要购买的物品提供相应的库存、再订购点、订单数量、供应商、物流提供商、仓库位置等信息。之后，系统会根据判断逻辑，再次优化结果。目前，很多家公司都在开发能够嵌入 ERP 系统的、更智能的决策支持软件包。

17.2 ERP 如何整合各个功能模块

ERP 系统一般由多个功能导向的高度整合的模块构建而成。系统所有的模块都采用一个公用的实时更新的数据库。每个模块的用户界面和常用的 Office 系列产品的界面类似，比较统一而且友好。不同提供商提供的 ERP 系统在系统组织上有些差别，但通常各个模块都主要关注以下 4 个方面的功能：财务、生产和物流、销售和市场以及人力资源管理。

ERP 系统的更新换代历程和车型的发展历程颇为类似。每一到两年，汽车生产商都会推出几款在原有基础上有多处细微改进的车型。大的改进比较少，通常 5～8 年才有一次。ERP 系统的改进也是如此。ERP 提供商不断改进系统的功能，常为系统增加一些新功能和特色。通常提供商会通过更加友好的用户界面或者增加针对时下"热点"的功能，来提高系统的适用性。大的软件改进通常是数据库结构的变动，网络和计算机硬件技术的改进，一般 3～5 年发生一次。由于有大量的现有用户和模块提供商，基本的 ERP 平台不轻易变动。

图 17-1 展示了 ERP 系统的事务范围。从图中我们可以看出，ERP 系统是企业综合信息系统的核心或主干。ERP 系统还能整合一些其他的非必需的功能。更加专业的有针对性的软件，比如决策支持软件，能够为企业带来极大的优势。接下来，我们会针对 ERP 系统的各个功能进行介绍。

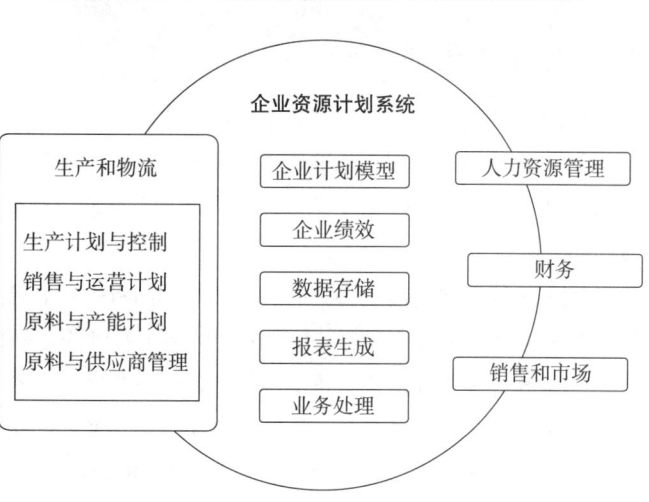

图 17-1　ERP 系统的功能概览

17.2.1 财务

随着企业规模的壮大,各个部门的决策权也各有侧重,随之而来的复杂烦琐的财务数据对于许多企业来说是一个非常棘手的问题。ERP 系统为财务数据的获取、通用的定义、流程、账户对账提供了平台。ERP 系统的真正价值在于从事务源头处自动获取会计经济信息。比如说,来自客户的实际订单,不但用于生产部门制定产量要求,当货物寄出时,该信息还能更新应付账款信息。

17.2.2 生产和物流

生产和物流是整个系统中比重最大也是最复杂的环节,其主要应用有:

- **销售与运营计划**。促进一系列计划工作的协调进行,包括市场计划、财务计划、运营计划以及人力资源计划。
- **物料管理**。这一部分内容主要包括供应链中的原材料购买、供应商评价、发票管理等环节,同时也包括通过库存与仓储管理来提高物料的有效管理。
- **工厂维护**。这一部分包括维修和预防性维护的计划和实施。
- **质量管理**。本部分针对质量控制和保证工作。
- **生产计划和控制**。本部分既涵盖离散制造又包括流程制造。系统提供重复生产和定制生产两种模式。大部分 ERP 系统涵盖生产的全部事务,包括产能、物料需求计划、准时生产制、成本计算、材料加工清单以及数据库维护。通过网络连接,订单可与销售订单同步更新。
- **项目管理**。本部分针对大型的复杂项目的计划、管理和评价。

17.2.3 销售和市场

这部分支持包括客户管理、销售订单管理,预测、信用检查管理,分销与出口控制、出货与运输管理,票据及折扣处理。这些模块在全球范围内的运用已十分普遍,便于企业处理全球范围内的销售业务。比如,如果企业在中国香港收到了一份订单,但在当地产品缺货,那么企业很可能从其他分部的仓储调货,将这些货品集中配送至香港客户手里。

17.2.4 人力资源管理

这部分系统支持员工的管理、排班、薪酬、招聘、培训等工作。常用的功能包括工资单、福利管理、招聘流程、个人发展管理、员工培训、排班计划、时间管理和差旅费管理等。

17.2.5 个性化模块

除了以上的标准模块外,许多企业会增加一些特别的、针对企业特殊需求的个性化附加模块。这些模块可能是根据不同的行业定制的,比如说化工或石化企业、天然气公司、医院或银行等。这些模块可以支持特别的决策支持功能,比如关键资源的最优配置。

即使 ERP 系统本身具有非常多的功能和模块,由于各家公司的性质和情况的不同,因此附加模块也是非常必要的。每家公司提供独特的产品和服务以保持市场竞争力,这种独特性需要有针对性的附加功能加以支持。这些附件可能是从软件提供商处购买,也可能是公司定制开发的。个性化模块也广泛用于协调企业与上游供应商、下游客户的关系。

17.2.6 数据集成

如前所述,各个软件模块构成了 ERP 系统的核心。该核心能够高效处理各种商务事务,为企业运营各种必需的活动提供支持。各个模块使用共同的集成数据库，处理企业的各种事务。集成数据库的主要价值在于在流程中，数据信息不需要重复录入，这样减少了工作量和差错的出现。

事务的**实时**（real time）处理，意味着只要交易在系统中生成，该交易对于其他项目，包括库存状态、订单状态、应收账款等的影响也会实时更新，其他用户也能同时看到，丝毫不会耽搁。比如说，客户可以通过企业订货处了解到订单的确切情况，也可以选择自己通过网络访问。从决策分析的角度来说，ERP 系统提供的信息非常丰富。举例来说，如果你想估算定制产品的交付周期，分析师可以从系统里调出之前 3 个月同类产品的订单记录，计算下单日期到交货日期之间的时间，最后计算平均交付周期。交付周期这类分析数据对于评价公司的绩效（比如灵敏度）有非常重大的意义。

标准的 ERP 系统并不包括查询功能，通常查询功能另有一个独立的**数据库**（data warehouse）。数据库是特殊的专用于为基本 ERP 功能之外的应用自动存档和处理数据的程序，通常在另一台独立的计算机上运行。例如，数据库能够计算平均交付周期。数据库软件独立于 ERP 数据库的意义在于减轻 ERP 系统的运行负担。数据仓库的存在支撑了 ERP 系统的高级决策支持功能（见专栏 17-1）。

| 专栏 17-1 |

公开信息仓库

现在的数据库里使用 SQL 语句查询都是非常简单的，比如查询"公司 2016 年在意大利的销量"，系统会生成类似这样的表格应答该查询。

地区	第一季度	第二季度	第三季度	第四季度	总计
翁布里亚	1 000	1 200	800	2 000	5 000
托斯卡尼	2 000	2 600	1 600	2 800	9 000
卡拉布利亚	400	300	150	450	1 300
合计	3 400	4 100	2 550	5 250	15 300

但如果用户想在此基础上，"挖掘"多个地区不同门店和销售代表的销售数据，问题就比较麻烦。这需要系统从已有框架中检索并获取大量的数据，费时费力。

在下面的例子中，系统从销售数据的深海中查询了托斯卡尼的销售代表的销售情况。Corleone 先生的销售在第三季度并未受影响。

销售代表	第一季度	第二季度	第三季度	第四季度	总计
S. Paolo	500	600	300	500	1 900
S. Vialli	700	600	200	700	2 200
S. Ferrari	600	700	400	700	2 400
S. Corleone	200	700	700	900	2 500
总计	2 000	2 600	1 600	2 800	9 000

此时，用户可以切换到另一个维度来看待该问题，比如说，各个产品每个季度的销售数据。这种方法即所谓的交叉分析法。

产品	第一季度	第二季度	第三季度	第四季度	总计
X-11	2 000	2 500	1 500	3 550	9 550
Z-12	1 400	1 600	1 050	1 700	5 750
总计	3 400	4 100	2 550	5 250	15 300

从数据分析师的角度来看，分析特定产品在各个地区的销量是非常有意义的。SAP 软件通过数据仓库，使终端用户能够快速简便地获取这些信息。

在数据仓库的利用方面，沃尔玛堪称典范。沃尔玛如今已能将两年的零售店销售数据录入线上。内部人员和外部供应商都能获取和利用沃尔玛销量与现有库存的数据。供应商通过查看他们各自提供的产品的相应数据，据此确定补货。供应商能在隔天早上 4 点之前查到前一天各个商店的销售情况。这个数据库超过了 130TB，每 1TB 的内容相当于 2.5 亿页文字。平均一本书 500 页，1TB 相当于 500 万本书。对沃尔玛来说，这相当于 20 所高校的图书馆容量。

17.3　供应链计划和控制如何嵌入 ERP

ERP 系统涵盖了供应链的方方面面，包括物料管理、设备和人员安排、供应商和关键客户维护，这些对于公司各部门的顺利运行都是非常重要的。我们通过下面的例子来看看这些协调管理的重要性。

17.3.1 例子

A 食品公司有一个生产三明治的工厂。这些三明治在自动贩售机、小商店和咖啡店出售，其中一种三明治是花生葡萄酱口味的（PBJ 三明治），制作原材料有面包、黄油、花生酱和葡萄酱。当制作完毕后，会包上 A 公司三明治的塑料包装袋。一个面包可以做 10 个三明治，一包黄油可用于 50 个三明治，一罐花生酱和葡萄酱各可用于 20 个三明治。

如果 A 公司要针对 PBJ 三明治进行供应链计划和控制，那么需要哪些信息呢？首先，A 公司需要知道 PBJ 三明治在近期的市场需求，这可以通过分析 PBJ 各分销处的销售记录来预测。由于不同地点的销售是由销售代表经手的，那么可以从实际订单和这些销售代表处获取相应信息，从而进行预测。人力资源部也可以利用这些信息计算各销售代表的工资。市场部可以利用这些数据分析各销售点的销售现状来评价新销售点的业绩。

食物的新鲜度对于 A 公司来说十分重要，所以三明治的每日需求预测对于 A 公司来说非常重要。试想，如果 A 公司预测本周五需要 300 份 PBJ 三明治，那么周四当天 A 公司就会制作完毕。根据前面提供的信息，我们可以知道，A 公司需要购买面包 30 个、黄油 6 包、花生酱和草莓酱各 15 罐。面包的新鲜程度在很大程度上直接决定了三明治的新鲜程度，所以 A 公司必须和当地的面包房密切合作。面包房每天早上根据 A 公司的安排送面包。类似地，黄油、花生酱、草莓酱的提供商也需要按照 A 公司的计划送货。

A 公司雇用兼职大学生来制作这些三明治。一个学生每小时可以制作 60 个三明治。下午 4 点前三明治必须送上卡车，运输至各个销售点。300 个三明治需要 5 个小时的工作，所以如果只雇用一个学生，该学生必须在 11 点准点或之前开始制作面包。

ERP 系统的目的就在于为协调这类活动提供信息和决策支持。当然，这个例子中的协调工作较为简单。但是如果 A 公司制作上百种三明治，并且在各个城市有上百个销售点，这项工作就会复杂得多，而 ERP 系统则擅长处理这类大量数据。

本例主要解释 ERP 系统如何完成这些工作。ERP 系统的计算内容包括原材料需求的所有细节、产能，从而给出需求预测及其根据。

17.3.2 SAP 供应链管理

本节我们会介绍主要的 ERP 提供商之一——SAP 如何处理关于供应链计划和控制的各项细节。本节以 SAP 为例，介绍软件提供商如何有序地实现这些功能。其他主要的软件提供商（比如 JDA 公司、甲骨文公司、微软公司）设计供应链软件的方法各有不同。

SAP 将供应链软件分成 4 个主要的功能：供应链计划、供应链执行、供应链合作和供应链协调。各大提供商的网站上会有相关产品的介绍和说明，用户可自行下载技术白皮书了解提供商的设计思路。这些文件会介绍提供商未来的设计动向。同时，这些文件非常有教育意义。用户可通过比较这些文件，确定哪些业务可以采用 ERP 自带功能，而不需另外购买附加功能。

供应链设计模块为整个供应链提供了集中化的功能视图，并给出关键绩效指数。公司可以通过这些指数确定薄弱环节和可能的改进。同时系统通过模拟市场或者客户需求的变化对企业的影响，给出相应的战略计划。这里，我们仍然以 A 公司为例，看看增加特定营销渠道和销售点能为公司带来的利润。

协同需求预测和供应计划模块则负责将需求与供应相匹配。需求计划工具通过对历史需求数据、影响因素、市场推广活动、市场情报和销售目标的全面考虑，为供应链网络提供一份完善高效的预测结果。供应计划工具制订全面的供应计划，其中包括物料管理、生产、配送、运输要求以及限制。如此一来，A 公司便可以分别为每种三明治和每个销售点确定需求预期与补货计划。

17.3.3　SAP 供应链执行

物料管理模块可以获取库存和采购订单信息，以确保生产所需物料能够准确及时地到达指定地点。这套应用程序通过供求信息的反馈，支持采购、库存管理和开票工作，增加企业对市场响应的灵敏性。通过本功能，A 公司可以确保每种三明治的原材料准时到达指定地点。花生酱等产品得以入库，面包和其他原料也能按时供应，以保证新鲜度。

协同生产模块允许各生产环节分享信息，促进合作的高效性，增加工作的透明度和灵敏度。这套应用程序支持生产的各类事务，按单设计、按单装配、按单生产以及为库存而生产。该模块在从设计到计划到执行的整个生产过程中，产生连续的信息流，结合原材料和产能限制，最优化生产计划。这里 A 公司和关键供应商联合制订计划，有时可能会制订特别促销活动的供应计划。

协同履行模块支持实时配货和及时交货。这套应用程序能够计算待分配库存，成品、原材料的数目和位置，以及设备产能。同时，还能计算销售渠道中的产品数量，将供应与市场需求相匹配，重新分配供求，以减轻由于客户需求的变化带来的冲击，以及管理运输和库存。对于 A 公司来说，为了将合适数量的新鲜三明治配送到各个销售点，这些物流信息非常重要。

17.3.4　SAP 供应链协同

库存协同中心模块利用网络增加对供应商的透明度，从而控制补货业务。从网络上，供应商能获得他们各自提供的原材料在各个工厂的使用情况，当库存告急时，供应商也会得到系统自动的通知，保证供应商能够快速准确地补货。同时该模块可以整合后端事务计划系统，及时更新库存信息，制订补货计划。这里 A 公司为其供应商以及下游库存提供了实施的库存信息（即三明治）。

协同补货计划模块对于日用品和零售产业尤其有用。这些应用能让企业增加收益，提高服务水平，减少库存和成本。该模块让企业在不增加人手的情况下协同规划、预测与补货。如果 A 公司打算扩展全球业务，增加配送渠道，这个模块就会非常有用。

供应商管理模块是一套通过网络，以供应商为驱动进行补货的应用软件。如今 A 公司的供应商不必坐等 A 公司发来补货通知，而是根据各自意愿为 A 公司补货。当然，只有 A 公司使用了该产品，供应商才能获得相应的报酬。

企业门户网站是系统支持的个性化地获取信息、应用和服务的渠道。根据用户的角色，确定各个用户的权限，根据其在供应链中的责任，确定其能够获取的信息和功能。通过网络工具，该模块也能集成第三方企业供应链系统。比如，A 公司的营销人员为了新产品的引进，可以浏览具体的销售数据。

移动供应链管理模块是用户通过移动和遥控设备制定、执行与控制事务的应用。模块支持通过个人数据助理设备实现移动数据录入，利用类似无线"智能标签"之类的技术自动获取数据，比如 A 公司可以接收营销人员甚至是配送人员关于销售和类别管理的报告，比如各种三明治是否符合生产标准。

17.3.5　SAP 供应链协调

供应链事件管理模块监控供应链事件的执行，比如对托盘、货车的安排，并记录任何发生的问题。这套应用程序尤其适合产品追踪。对于 A 公司来说，如果有消费者投诉三明治的质量问题，那么 A 公司需要迅速确定该问题是只出现在单个产品上，还是该批三明治都不合格，如果是一批都不合格，那么 A 公司需要追回这些不合格食物。

供应链绩效管理模块帮助企业定义、选择和监控关键的绩效指标，比如成本和资产，并且利用这些指标全面了解供应链的绩效。该模块长期监控关键的绩效指标，一旦偏离计划，该模块会自动报警。该模块可和商业智能软件 MySAP 与 SAP 数据仓库结合在一起使用。A 公司通过该软件不仅可以计算各种三明治的利润贡献和所在位置，同时可以确定最佳供应商和合作伙伴。

17.4 评价集成 ERP 系统有效性的绩效指标

如前所述，集成 ERP 系统能为企业带来的一大好处便是收集公司绩效相关的信息。ERP 系统提供了评价企业各部门战略部署的全部绩效信息。比如说，企业可通过追踪从付款购买原材料到最终销售回款之间的周期来衡量相关工作的有效性。

资产负债表和收支表包含了净利润之类的财务信息，而净利润是传统的绩效衡量指标。传统财务指标提供的是过去的业绩，而决策者希望通过对消费环境、供应商、职工、生产工艺和其他创新的投资来创造未来价值。从这一点来说，传统财务指标具有相当的局限性。

我们的目标是更加全面地管理企业。图 17-2 介绍了制造型企业内部供应链的三大职能：采购、生产以及销售和配送。三大职能必须密切合作，才能保证有效的生产计划和控制。采购环节主要负责降低物料成本，生产环节负责降低生产成本，销售环节负责最大化销量，配送环节则负责降低库存和配送成本。

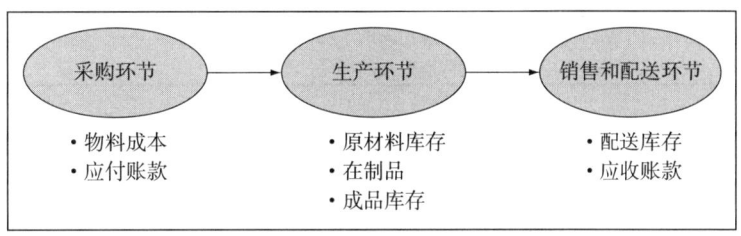

图 17-2　生产经营周期

17.4.1 职能筒仓法

采购部门负责购买支持生产流程的全部原材料。当分开作业时，该部门需要知道长期所需的原材料及其数量。采购部门需要通过询价找出每种原材料的最佳价格，主要的标准是实现最低价格。采购工作的评价标准是最近实际成本和标准成本之比。当然，质量也是重要的衡量标准，因而，一般采购部门会对供应商提出一定的质量标准。然而质量更多的是限制而非目标，供应商必须保证质量在指标之上。配送安排、数量和响应灵敏度都是非常重要的，但在传统企业对采购部门的评价中，这些指标通常是次要的。

对于生产部门来说，以最低的成本生产是最经典的衡量标准。这需要保障仪器停工期最短化，人力和仪器都要高效利用。停下来修理装配仪器极大地降低了工厂效率。生产部门的目标在于在降低生产工艺变化的前提下保持高产出。质量在这里同样重要，但就如采购部门一样，质量对生产部门也只是要求而非目标。

大批生产能降低成本，但也增加了库存。对于销售来说，大库存似乎更有利于客户服务，但事实并非如此。当我们缺 B 产品的时候，大量的 A 产品库存毫无意义。

配送存在同样的问题。传统观念是，配送应当以最低成本将产品从生产部门处运输到客户处。根据产品的不同，各个产品可能需要存储在一个甚至多个配送点，可能需要一种或多种运输方式（卡车、火车等）。对配送的评价主要关注其中涉及的各类活动。比如，很多企业衡量配送绩效的标准是将产品从配送链的上一环转移到下一环的最低成本，而不是将产品配送至客户处的整体成本。同时配送的绩效衡量还与低库存、快速响应和客户服务等指标挂钩。

想想如果采购、生产和配送三者各自为政的情形吧。为了拿到最大折扣,采购部门会大量拿货,从而造成原材料堆积,占用库存。生产部门希望扩大产量,充分利用固定成本,但高产量带来的是库存积压、商品滞销。同时大量生产造成批次周期过长,减慢了部门对特殊订单的响应速度。配送部门则会将每辆货车载满货物,以降低运输成本。当然这也会造成配送中心的库存积压,同时,配送产品可能并不符合客户需求。而销售部门为了增加销量,甚至会提前销售无法按时到货的产品。毕竟销售部门的业绩是通过销量而不是配送衡量的。ERP 系统保证了这几者之间的协调合作。下面是一套能够有效管理供应链绩效的衡量指标。

17.4.2 供应链综合绩效指标

APICS 供应链委员会提供了多种衡量供应链整体绩效的指标,这些指标能够帮助实现企业之间供应链绩效的比较。表 17-2 展示的是各类指标中优秀和中等的标准,这些指标主要针对典型大型工业产品。供应链针对不同类型的企业制定了类似的指标。

表 17-2 供应链绩效衡量指标

指标	描述	最优	中等
交付能力	按期交付的订单占全部订单的多大比例	93%	69%
单项产品供应比率	订单通常包含多种产品,该指标是衡量实际上足货的产品所占的比例	97%	88%
订单完全执行率	衡量完全执行完成的订单所占的比例	92.4%	65.7%
订单履行前置时间	从客户下订单到客户收货之间的时间	135 天	225 天
保修费用占收益的百分比	实际保修费用占收益的百分比	1.2%	2.4%
可供应库存天数	物品占用库存的时间	55 天	84 天
现金循环周期	企业在经营中从付出现金到收到现金所需的平均时间	35.6 天	99.4 天
资金周转率	同一资产在企业运营中可产生利润和收益的循环次数	4.7 次	1.7 次

有效的绩效衡量指标不仅能够反映三大职能(采购、生产、销售和配送)对企业运营的整体影响,还应该体现财务表现。**现金循环周期**(cash-to-cash cycle time)就能衡量供应链财务方面的效率。现金循环周期反映了图 17-2 中的采购、生产、销售和配送的效率。同时,它反映了企业经营中的一条金科玉律:现金为王。我们可以通过利用采购、会计、生产和销售相关数据来计算该指标。

事实上,现金循环周期是衡量资金流动的指标。资金流动反映了资金的来源、去处和年净值变化。了解公司运营中的资金流动对于管理业务是非常必要的。会计师用经营周期这个专业术语来描述企业用于人力、原材料等的现金流出转变成现金流入的周期。该周期长度在很大程度上决定了企业的启动和运营资金。从概念上来讲,现金循环周期可用以下公式计算。

现金循环周期 = 库存转换周期 + 应收账款转换周期 –
应付账款递延周期   (17-1)

事实上,现金循环周期是为原材料付出现金到收到客户为产品所付现金所需的平均时间。从式(17-1)中,各部门协调合作的作用可见一斑。ERP 系统可直接进行这些计算。现金循环周期包括三部分:应收账款周期、库存周期、应付账款周期。

图 17-3 显示的是计算现金循环周期的数据。这些数据由公司不同部门控制。目前应付账款金额是采购部门基于信用基础和供应商协商的结果,即公司欠供应商的账款。该金额取决于公司的信用。

库存账户体现了企业内整个库存的价值。该账户包括原材料、

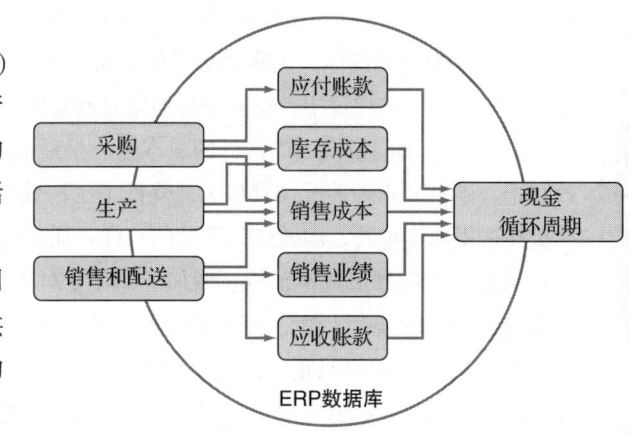

图 17-3 ERP 计算现金循环周期

在制品、成品和配送库存。该账户主要取决于库存的数量和成本。采购、生产、销售和配送都对库存账户有一定影响。其中，采购主要影响原材料的库存，生产则影响在制品和成本的库存，销售和配送主要影响成品所在地，并且通过预测和订单影响成品数量。

正如库存受采购、生产、销售和配送等环节的影响，销售成本则取决于整个企业流程中的总成本。在现金循环周期计算中，该成本被表示成总销售业绩的百分比。该百分比取决于原材料成本、人力成本和其他与原材料采购、生产过程、物品配送直接相关的成本。

销售业绩是给定时间内的总销售收入。应收账款是客户欠公司的钱，取决于公司的信用制度和按时送货能力。图 17-3 显示了三大职能对现金循环周期的影响。

17.4.3　现金循环周期计算

如前所述，计算现金循环周期的第一步是计算应收账款转换周期，该周期衡量的是从获得应收账款的权利到收回款项、变成现金所需要的时间。换句话说，就是企业花多长时间收回了已售商品的账款。计算该周期的一种方法便是用可收账款除以日均销售额。

$$S_d = \frac{S}{d} \tag{17-2}$$

其中，S_d 是日均销售额，S 是 d 天的总销售额。

$$AR_d = \frac{AR}{S_d} \tag{17-3}$$

其中，AR_d 是应收账款平均回收期，AR 是应收账款。

接下来是库存转换周期的计算。库存转换周期的计算是相对于销售成本进行的。

$$C_d = S_d CS \tag{17-4}$$

其中，C_d 是日均销售成本，CS 是销售成本（占总销售额的百分比）。

$$I_d = \frac{I}{C_d} \tag{17-5}$$

其中，I_d 是平均库存天数，I 是库存总价值（包括原材料、在制品、成品和配送库存）。

接下来是应付账款递延周期，其计算也是相对于销售成本进行的。

$$AP_d = \frac{AP}{C_d} \tag{17-6}$$

其中，AP_d 是平均应付账款递延天数，AP 是应付账款。

最后，现金循环周期可根据上面三者来计算。

$$\text{现金循环周期} = AR_d + I_d - AP_d \tag{17-7}$$

现金循环周期能够有效衡量企业供应链的相对效率。某些企业通过合适的制度和管理，甚至可以实现负的现金循环周期。这意味着这些企业不需要额外的资金支持就可以根据需要进行投资。ERP 系统能够为各类衡量指标的有效计算提供所需数据。此外如有需要，ERP 系统可对这些指标进行实时计算和汇报。

例 17-1　现金循环周期的计算

ERP 系统的会计模块提供了以下信息。
数据：
30 天的总销售额 = 102 万美元
月末应收账款 = 20 万美元
月末库存账户 = 40 万美元

销售成本 = 总销售额的 60%

月末应付账款 = 16 万美元

请计算该企业的现金循环周期。

解答

$$S_d = \frac{S}{d} = \frac{1\,020\,000}{30} = 34\,000$$

$$AR_d = \frac{AR}{S_d} = \frac{200\,000}{34\,000} = 5.88\,(\text{天})$$

$$C_d = S_d CS = 34\,000 \times 60\% = 20\,400$$

$$I_d = \frac{I}{C_d} = \frac{400\,000}{20\,400} = 19.6\,(\text{天})$$

$$AP_d = \frac{AP}{C_d} = \frac{160\,000}{20\,400} = 7.84\,(\text{天})$$

现金循环周期 = $AR_d + I_d - AP_d$ = 5.88 + 19.6 - 7.84 = 17.64(天)

本章小结

17-1 理解企业资源计划系统（ERP）的定义

总结

- ERP 是全面集成企业各职能相关数据的软件系统，其集成功能通过各个应用的共同数据库信息共享实现。
- 通过 ERP 系统，企业可以简化流程，提高信息准确度，同时系统的实时信息更新也提高了企业对于市场、内部变化的响应灵敏度。
- 该系统的设计旨在高效处理企业运营活动相关的各项事务，同时帮助用户做出更明智的运营决策。

关键术语

云计算：一个术语，指通过互联网提供托管 ERP 服务，这可以显著降低 ERP 的成本。

企业资源计划（ERP）系统：全面集成企业各职能相关数据的软件系统，其集成功能通过各个应用的数据库信息共享实现。

事务处理：对企业详细活动信息的上传和跟踪。

决策支持：系统帮助用户对如何经营业务做出明智决策的能力。

17-2 解释 ERP 如何通过信息共享来整合各个业务部门

总结

- 典型的 ERP 系统包含了财务、生产和物流、销售和市场以及人力资源方面的功能应用。
- 这些模块全部连接到一个实时更新的通用数据库。各个模块共享数据，当某个模块录入新数据时，其他模块的相关数据也会随之发生改变。
- 除标准应用外，企业可以根据自身的需要，为系统增加自定义模块。

关键术语

实时：只要交易在系统中生成，系统的所有用户都能看到它的影响。

数据库：特殊的专用于为基本 ERP 功能之外的应用自动存档和处理数据的程序。

17-3 供应链计划和控制如何嵌入 ERP

总结

- ERP 系统的供应链应用包括物料管理、设备和人员安排、供应商维护以及客户订单处理等。
- 通常系统支持的供应链活动包括：供应链系统设计、为满足供求关系的未来规划以及执行、供应商和客户的维护，以及追踪和协调计划的执行。

17-4 根据 ERP 数据评估供应链绩效

总结

- 综合绩效衡量指标能够防止各个部门各自为政，为实现自身绩效，牺牲其他部门利益。例如，生产部门可能为了降低成本，倾向于大批量生产，减小转换成本。这样做可能造成某种产品产量过剩，而另一种产品则缺货，导致无法按时交付客户订单。
- APCIS 供应链委员会为各个行业制定了有效的衡量标准，并提供了相应信息。现金循环周期通过衡量花在原材料上的成本转化成企业收益的速度，有效衡量了供应链的效率。ERP 系统为现金循环周期的计算提供了相应的会计数据。

关键术语

现金循环周期：现金循环周期是企业为原材料或其他资源付出现金到收到客户为产品所付的销售现金所需的平均时间。

关键公式

现金循环周期 = 库存转换周期 + 应收账款转换周期 − 应付账款递延周期 （17-1）

$$S_d = \frac{S}{d} \tag{17-2}$$

$$AR_d = \frac{AR}{S_d} \tag{17-3}$$

$$C_d = S_d CS \tag{17-4}$$

$$I_d = \frac{I}{C_d} \tag{17-5}$$

$$AP_d = \frac{AP}{C_d} \tag{17-6}$$

现金循环周期 $= AR_d + I_d - AP_d$ （17-7）

应用举例

17-4

M 公司专营烘焙产品，该公司生产一系列工业用和家用干货。随着公司的日益壮大，经理开始为库存和现金流的追踪感动头疼。6 个月前，该公司引进了 ERP 系统，如今该系统运行得十分顺利。信息部门在培训各个部门的员工，让他们能从 ERP 系统中获取相应信息和报告。下表是系统提供的 5 月信息（美元）。

总销售额	1 440 000
销售成本	720 000
应收账款（月末）	250 000
应付账款（月末）	150 000
净资产	3 754 000
库存账户（月末）	470 000

请根据以上数据计算现金循环周期（保留两位小数）。

解答

根据式（17-2）~式（17-7）依次计算，我们最终可通过式（17-7）算出现金循环周期。

日均销售额

不同于例 17-1，此处由于 5 月有 31 天，因而分母为 31。

应收账款平均回收期

$$AR_d = \frac{AR}{S_d} = \frac{250\ 000}{46\ 451.61} = 5.38\ (\text{天})$$

库存周转期

此处我们需要用到式（17-4）。由于在式（17-4）中，销售成本是以百分数形式出现的，而此处只有销售成本，我们首先需要将其转化成式（17-4）中需要的百分数。

$$CS = \frac{COGS}{总销售额} = \frac{720\ 000}{1\ 440\ 000} = 50\%$$

那么根据式（17-4）有：

$$C_d = S_d CS = 46\ 451.61 \times 50\% = 23\ 225.81$$

平均库存天数

$$I_d = \frac{I}{C_d} = \frac{470\ 000}{23\ 225.81} = 20.24\ (\text{天})$$

应付账款递延周期

$$AP_d = \frac{AP}{C_d} = \frac{150\ 000}{23\ 225.81} = 6.46\ (\text{天})$$

现金循环周期

$$\begin{aligned}
\text{现金循环周期} &= AR_d + I_d - AP_d \\
&= 5.38 + 20.24 - 6.46 \\
&= 19.16\ (\text{天})
\end{aligned}$$

由上可知，根据该报告，企业的现金循环周期为 19.16 天。

讨论题

17-1

1. 介绍使用 ERP 系统带来的好处。
2. 本章介绍的 ERP 系统是否适合所有企业？为什么？

17-2

3. 解释 ERP 系统如何嵌入企业整体信息系统结构。
4. ERP 系统提供了海量信息，这些信息可用多种方式进行分析利用。大量信息会带来什么固有风险?

17-3

5. 浏览 SAP 和微软 Dynamics ERP 系统的相关网页。写出二者在实现 ERP 系统方法上的 4 个不同点。
6. 简单描述 ERP 系统是如何实现供应链系统的计划和控制的。

17-4

7. 解释 ERP 系统如何提高绩效标准的分析和衡量效率。
8. 为什么现金循环周期在供应链绩效衡量中非常重要?

客观题

17-1

1. 哪家公司是全球最大的 ERP 提供商?
2. 哪个术语与业务运营相关活动的发布和追踪有关?
3. 如果想要 ERP 系统有效运行,各模块就必须从同一个提供商处购买。这种说法是否正确?

17-2

4. 不同提供商提供的 ERP 系统存在较大差异,但通常它们都关注哪 4 个主要职能?
5. 哪个模块是 ERP 系统中最复杂比例最大的?(答案见附录 D。)
6. 哪个术语是形容专用于处理非标准 ERP 系统数据库查询的程序?

17-3

7. SAP 的供应链软件里的四大职能是哪四个?
8. 哪个术语专门形容为协调生产、增加透明性和响应灵敏度而建立的信息共享?
9. SAP 的哪个部门为用户提供了个性化的权限,根据其角色的不同,分配其对系统支持的信息、应用、服务浏览和使用的权限?

17-4

10. 哪个供应链衡量指标衡量完全执行完成的订单所占的比例?
11. 某企业过去一个月的相应指数如下。

平均应收账款转换周期	6.75 天
日均销售成本	3.5 万美元
现有库存账户	30 万美元
应收账款	20 万美元

请计算现金循环周期。计算过程中请保留两位小数(答案见附录 D)。

练习测试

写出以下每个语句定义的术语或回答问题,答案见底部。

1. 通过一套集成的应用程序和一个公用数据库来连接公司所有部门的计算机系统。
2. 应用程序按照工业标准或(　　)设计。
3. 判断正误:ERP 系统的实施非常简单,只需要在一台计算机上安装一套软件即可。
4. 一个用于形容根据需要实时网络发布 ERP 服务的术语。
5. 微软公司提供的 ERP 系统的名称。
6. ERP 中用于管理某个特定职能相关活动的术语。
7. 一套能使供应商自行补货的管理方法。
8. 衡量企业是否能按期交付订单的绩效指标。

答案:1. 企业资源计划(ERP)系统 2. 最佳业务实践 3. 错误 4. 云计算 5. Microsoft Dynamics 6. 模块 7. 供应商管理库存 8. 按时完成率

第 18 章

预 测

学习目标

18-1 理解预测对供应链计划的重要性；

18-2 用定量预测方法预测需求；

18-3 用定性方法预测需求；

18-4 用综合法预测需求。

引导案例

从种子到杯子：星巴克全球供应链挑战

星巴克是全球最大的咖啡公司，在50多个国家拥有超过1.7万家门店。该公司每周为超过5 000万消费者提供服务。

需求预测对于星巴克来说是个巨大挑战。这可远不只为各个门店提供咖啡这么简单，其中包括了基于浓缩咖啡的热饮、其他热饮和冷饮、咖啡豆、沙拉、冷/热三明治、面包、糕点以及各式杯子，同时星巴克的文娱部还需要经营书籍、音乐和录像类产品。星巴克的许多产品具有地域性或者季节性，同时星巴克冰激凌和咖啡在全球各大超市也都有销售。

鉴于星巴克漫长复杂的供应链，建设单一、全球的物流系统非常有必要。星巴克从拉丁美洲、非洲和亚洲购买咖啡豆，通过集装箱运至美国和欧洲。进入海关后，这些咖啡豆通过卡车运至6个仓库点，这些仓库点通常在烘焙厂内部或附近。当豆子被烘焙并包装好后，成品会运至面积达20万～30万平方英尺的地区配送中心。星巴克在美国有5个配送中心，在欧洲和亚洲各有2个配送中心。咖啡仅仅是这些中心库存的大量物品中的一部分而已，这些仓库还有星巴克的其他商品，从家具到调味粉应有尽有。

位于阿拉伯联合酋长国迪拜Burjuman购物中心的星巴克咖啡。

本章的分析练习便是分析星巴克为成功运营必须攻克的供应链预测难题。

18.1 运营与供应链管理中的预测

预测对每一个商业组织和每一个重要的管理决策来说都是至关重要的，它是长期计划实施的基础。在财务和会计等功能性领域中，预测为制订预算计划和控制成本提供了基础。营销部门依靠销售预测来制订新产品计划、为销售人员支付工资以及制定其他关键决策。生产和运营人员使用预测来制定周期性决策，包括供应商选择、工艺选择、生产负荷计划以及设备布局，也包括采购、产品计划、调度和库存等方面的连续性决策活动。

在考虑要采用何种预测方法时，重要的是要考虑预测的目的。有些预测针对的是高层次的需求分析。例如，对于一组产品，我们所期望的来年的需求是多少？从整体来看，一些预测用于帮助我们制定满足需求的策略，这类预测我们称作**战略预测**（strategic forecasts）。根据本书所讨论的知识，战略预测最适用于制定各种相关战略，如整体战略（第2章）、产能规划（第5章）、生产过程设计（第7章）、服务过程设计（第9章）、选址与配送（第15章）、采购（第16章）以及销售与运营计划（第19章）。这些都涉及与需求满足情况相关的中长期战略的制定。

企业在日常运营中也需要预测，比如一个产品应该在什么时间补货，或是这个产品下一周应该安排多少生产，这就是**策略预测**（tactical forecasts），只做出几周或几个月的短期需求预测。这些预测很重要，有助于确保我们能在短期内满足顾客对提前期或者其他与产品和服务相关的指标的要求。

在第7章中，我们讨论了"顾客分离点"这个概念，它是指如何决定库存在供应链中的存放位置，以使得某些操作或者实体在供应链中的运行能够独立开来。比如说，一个产品如果储存在零售商处，那么顾客自己就可以把该产品从货架上拿下来，而制造者则看不到顾客下订单的过程。这里的库存就是一个将顾客和制造过程分离开来的缓冲。分离点的选择属于战略决策，会决定提前期的长短并对库存投资产生重要影响。这个分离点离顾客越近，顾客就能越快得到服务。这就涉及对顾客需求的快速响应与更大的库存投入之间的权衡，因为成品库存的成本比原材料的库存成本高得多。

在为这些顾客订单分离点设定适当的库存水平以做缓冲时，就需要用到预测。如何设置库存水平是第20章讨论的主题，就这些决策而言，对期望需求以及期望需求偏差的预测则是基本的输入。比如说，如果我们能非常准确地预测出需求，那么就能依此精确地设定恰当的库存水平。而如果难以对短期需求做出预测，那么就需要额外的库存来应对这种不确定性。

尽管服务业不需要用库存充当需求的缓冲，但预测同样很重要，因为服务业的问题在于可用能力与需求之间的平衡。如果能准确地预测服务需求，那么我们所要做的就是保证在短期内我们有足够的能力来满足需求。而当需求不可预测却要迅速提供给顾客服务时，就需要保留多余的能力。

预测对于维持多少库存来满足消费者需求的决策是十分重要的

需要牢记的是，商业环境中存在着太多无法确切预测的因素，预测不可能完全准确。因此，相对于苦苦寻求理想的预测而言，对预测进行反复评估并学会利用不精确的预测结果反而远远重要得多。当然，这并不是说不应该尽力去完善预测方法、模型或是通过某种方式来影响需求以降低不确定性。进行预测的时候，一个好的战略是应用两到三种预测方法，并从常识的视角来审视它们。经济中的某些预期可能发生的变化是否会对预测的结果产生影响？我们现有的方法是否考虑到了消费者行为的某些变化对需求带来的影响？在本章中我们将探讨基于管理决策的定性（qualitative）方法和基于数学模型的定量（quantitative）方法。在我们看来，这些方法的综合运用是一个好的预测过程的关键，将有助于我们做出正确的决策。

18.2 预测的种类

预测可以分为4种基本类型：定性预测、时间序列分析、因果关系以及模拟。

本章后面将介绍一些量化的方法。**时间序列分析**（time series analysis）是本章的重点，它是基于这样一种出发点：与过去相关的历史数据可以用来预测将来的需求。历史数据可能包括诸如趋势因素、季节性因素、周期性因素等，我们将在下一节中对此加以描述。因果关系假定需求与某些内在因素或周围环境的外部因素有关，我们将用线性回归法对此加以讨论。模拟模型则允许预测者通过对预测环境进行一系列的假设。这一章将重点讨论定性预测和时间序列分析方法，因为它们是在供应链计划与控制中用的最多的。

18.2.1 需求的组成

在大多数情况下，对产品或服务的需求可以分解成6个部分：一段时期内的平均需求、趋势性需求、季节性需求、周期性因素、随机变量以及自相关因素。图18-1描述了一个超过4年时间的需求，并在图上标明了平均需求、趋势性需求、季节性需求等因素以及平滑的需求曲线附近的随机性因素。

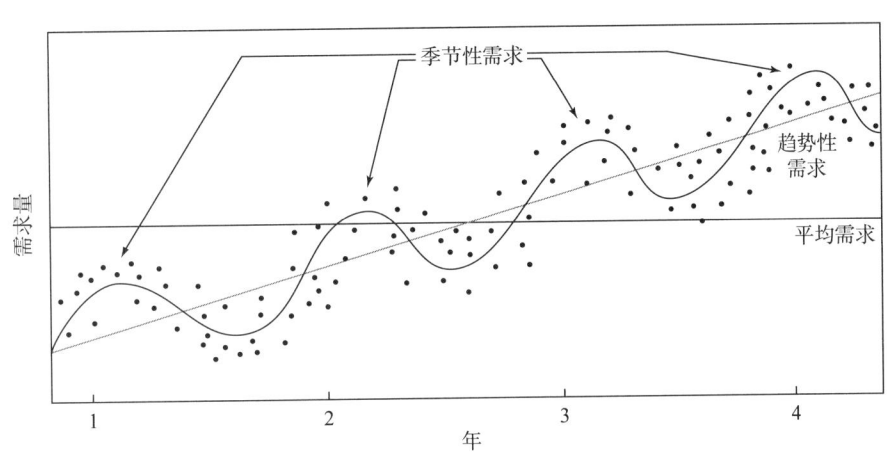

图18-1 包括增长趋势和季节性需求在内的产品需求的历史数据

周期性因素是很难确定的，因为时间跨度可能是未知的或者导致周期的因素没有被考虑进去。需求的周期性影响可能来自政治选举、战争、经济条件或者社会压力等。

随机变量是由偶发事件引起的。从统计学角度来讲，当所有引起需求的已知原因（平均值、趋势性因素、季节性因素、周期性以及自相关性）从总需求中扣除后，剩下的就是需求中无法解释的部分。如果我们不能识别引起这剩余部分需求的原因，则只能假设它是纯粹的随机因素。

自相关性代表着事件的持续性。更具体地说，即某一数据的期望值与其自身的历史值高度相关。例如在排队理论中，队列的长度就是高度自相关的。也就是说，如果某一队列在某一个时刻较长，则在这一时刻之后的较短时间内，该队列仍将是较长的队列。

当需求是随机的时候，则各周间的需求变化可能非常大。但如果存在高度自相关性，则各周间的需求变化就不会很大。

趋势曲线通常是开展预测的起点，然后根据季节性因素的作用效果、周期性因素和其他可能影响最终预测结果的事件，对这些趋势曲线加以调整。图18-2展示了4种最常见的趋势类型。线性趋势顾名思义反映了数据呈连续性的直线关系。S曲线是产品成长-成熟周期的典型曲线。S曲线上最重要的点是变化趋势由缓慢增长变为迅速增长的转折点，或由迅速增长变为缓慢增长的转折点。渐近的趋势曲线需求在其起始点增长较快，而后逐渐减慢。当企业进入一个已经存在的市场，并以渗透和争夺大量市场份额为目标时，就会出现上述的趋势曲线。对于呈爆炸性增长的产品来说，指数趋

关键思想

需要注意的是，我们正在讨论长期曲线的形状，所以在进行长期预测时，这些内容需要被考虑进去。当进行短期预测时，这些曲线的形状没有这么明显。

势曲线最为常见。这一指数趋势表明销售额还会持续增长，当然，实际情况可能不是这样的。

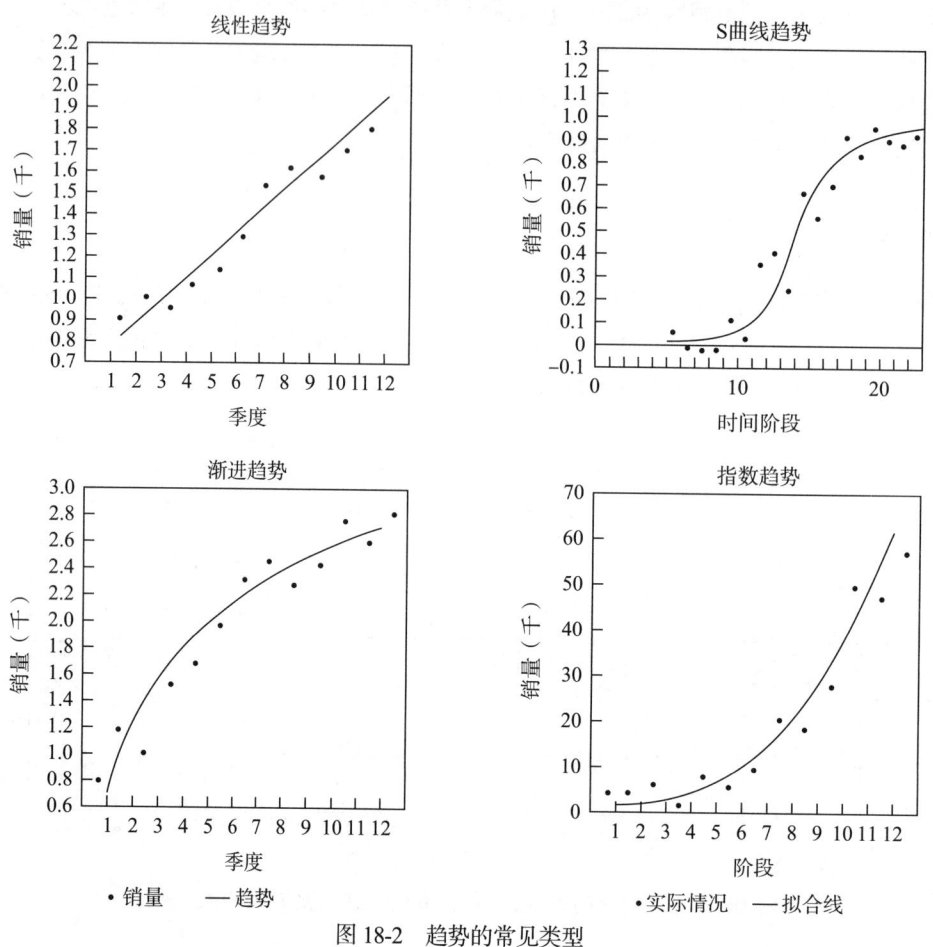

图 18-2　趋势的常见类型

一种广为使用的预测方法是绘制数据散点图，然后寻找与之最适合的标准分布（如线性的、S 形的、渐近的或指数型的）。这一方法的优点在于由于曲线的数学表达式已知，因此从中求解未来某一时段的预期值就很容易了。

有时候，数据与上述几种标准曲线似乎都不匹配，这可能是几种原因在同一时间从几个方向严重影响了数据的趋势。在这种情况下，一个简单且行之有效的方法就是根据数据绘制简单散点排列图。

18.2.2　时间序列分析

时间序列分析模型力求基于过去的数据来预测未来。例如，过去 6 周销量的统计可以用来预测第 7 周的销量情况，过去几年内每季度的销量也可用于预测未来某季度的销售情况。虽然上述两个例子都与销量有关，但在做预测时用的很可能是不同的时间序列模型。

表 18-1 所示的是本章讨论的时间序列模型以及它们的一些特征。短期、中期和长期是相对于使用这些模型的背景而言的。尽管如此，在商业预测中，短期（short-term）通常指的是 3 个月之内；中期（medium-term）指的是 3 个月到两年；长期（long-term）则是超过两年。我们通常运用短期预测进行策略决策，如短期内的库存补充或员工排班；运用中期预测来规划未来 6 个月到一年半的需求满足策略。总的来说，短期模型适合于随机变量而且随着短期变化（比如消费者对一个新产品的反应）而调整。它们特别适用于度量当前需求的变化，这对于设置安全库存水平或估计服务业中的最大客流量非常有用。中期预测对季节性影响比较有用，而长期模型观测长期的趋势并且在识别主要的转折点时特别有用。

表 18-1 如何选择一个合适的预测方法

预测方法	历史数据的数量	数据形态	预测范围
简单移动平均法	6～12个月，每周的数据通常被使用	静态的数据（比如没有趋势或季节性）	短期
加权移动平均法以及简单指数平滑法	5～10个观察值	静态的数据	短期
趋势修正指数平滑法	5～10个观察值	静态的和趋势的数据	短期
线性回归分析	10～20个观察值	静态的或趋势的以及季节性的数据	短期到中期
趋势和季节性模型	每个季节2～3个观察值	静态的或趋势的以及季节性的数据	短期到中期

一家公司选择哪种预测模型应该根据：

（1）预测的时间范围。
（2）数据的可用性。
（3）所要求的准确度。
（4）预测预算的规模。
（5）是否有合格的预测人员。

在选择一个预测模型的过程中，还要考虑其他事项，比如公司的柔性程度（对变化反应的能力越强，预测需要的精度就越低）和不良预测带来的后果。如果要根据这项预测进行大规模的投资决策，那么这个预测必须是一个精度较高的预测。

1. 简单移动平均

当产品需求既不快速增长也不快速下降，且不存在季节性因素时，**移动平均**（moving average）能有效地消除预测中的随机波动。这一思想就是简单地计算最近期间内的平均需求。每次做出了新预测，都会将最早的期间剔除，而将最近的期间纳入进来。这样，如果我们想利用5个月的移动平均值来预测6月的值，就可以计算1月、2月、3月、4月、5月这5个月的平均值。当6月过了之后，7月的预测就是利用2月、3月、4月、5月和6月的值。一个利用周需求的例子如图18-3所示，此处我们计算了3周和9周的移动平均预测值。要注意表中的预测是如何计算出来的。第4周的3周移动平均值来自第1～3周的实际需求。

时间跨度应当根据预测的使用目的来决定。比如在计划预算时要预测中期需求，以月为周期可能更加合适，如果是与补充库存相关的短期预测，按周预测更加合适。尽管对移动平均法而言，选择最佳时间跨度很重要，但时期的数量对预测准确性有很大影响。平均移动时间越短，期间数量越少，会有更大的波动性，但这样更能紧跟趋势；反之，时间跨度较长能给出更为平滑的响应，但将滞后于趋势。

简单移动平均法的公式是：

$$F_t = \frac{A_{t-1} + A_{t-2} + A_{t-3} + \cdots + A_{t-n}}{n} \tag{18-1}$$

式中　　F_t——对将来时期的预测；

　　　　n——用于平均的时期数量；

　　　　A_{t-1}——过去时期的实际数据；

A_{t-2}、A_{t-3}以及A_{t-n}——两个时期前的实际数据，3个时期前的实际数据，依此类推到n个时期前。

图18-3显示了用不同时期数进行移动平均的效果。我们发现增长的趋势在第23周趋于平衡。3周的移动平均比9周的移动平均更能反映此次变化，然而总体来说，9周的移动平均更加平滑。

计算移动平均的主要缺点在于所有的因素都必须作为数据来处理。因为新的预测期里包括新的数据，并且要舍弃一部分早先的数据。对3期或6期的移动平均来说，这不算很严重，但是要为100 000种库存中的每一种计算期间为60天的移动平均数，这就涉及相当大的数据量。

周	需求	3周	9周	周	需求	3周	9周
1	800			16	1 700	2 200	1 811
2	1 400			17	1 800	2 000	1 800
3	1 000			18	2 200	1 833	1 811
4	1 500	1 067		19	1 900	1 900	1 911
5	1 500	1 300		20	2 400	1 967	1 933
6	1 300	1 333		21	2 400	2 167	2 011
7	1 800	1 433		22	2 600	2 233	2 111
8	1 700	1 533		23	2 000	2 467	2 144
9	1 300	1 600		24	2 500	2 333	2 111
10	1 700	1 600	1 367	25	2 600	2 367	2 167
11	1 700	1 567	1 467	26	2 200	2 367	2 267
12	1 500	1 567	1 500	27	2 200	2 433	2 311
13	2 300	1 633	1 556	28	2 500	2 333	2 311
14	2 300	1 833	1 644	29	2 400	2 300	2 378
15	2 000	2 033	1 733	30	2 100	2 367	2 378

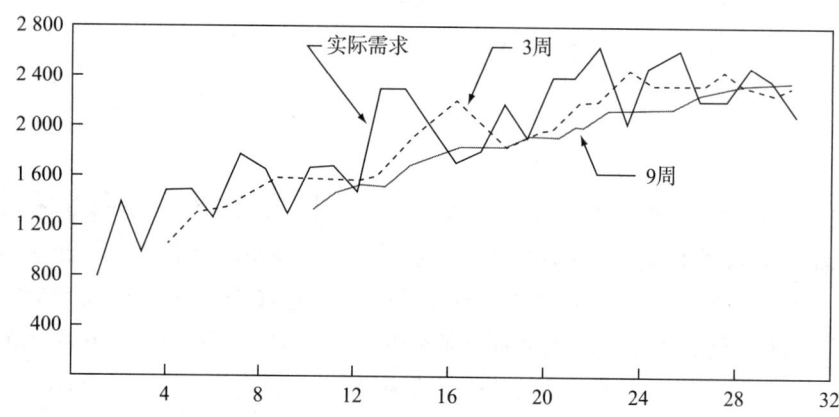

图 18-3 基于 3 周和 9 周的简单移动平均法做出的预测需求

2. 加权移动平均

简单平均给移动平均数据库中的每个组成部分赋以相等的权重，而**加权移动平均**（weight moving average）则允许每个因素有不同的权重，当然，这些权重之和等于 1。例如，一家百货商店可能发现，在为期 4 个月的期间当中，最好的预测办法是使用上月销量的 40%，2 个月前销量的 30%，3 个月前销量的 20%，以及 4 个月前销量的 10%。如果实际的销量数据如下所示：

第 1 个月	第 2 个月	第 3 个月	第 4 个月	第 5 个月
100	90	105	95	?

那么对第 5 个月销量的预测为：

$$F_5 = 40\% \times 95 + 30\% \times 105 + 20\% \times 90 + 10\% \times 100$$
$$= 38 + 31.5 + 18 + 10$$
$$= 97.5$$

加权移动平均的公式是：

$$F_t = w_1 A_{t-1} + w_2 A_{t-2} + \cdots + w_n A_{t-n} \tag{18-2}$$

式中　w_1——第 $t-1$ 期实际数量的权重；
　　　w_2——第 $t-2$ 期实际数量的权重；
　　　w_n——第 $t-n$ 期实际数量的权重；
　　　n——预测当中的总期数。

尽管我们可能忽略了很多期（也就是说，权重为 0），并且加权方案可能以任何顺序进行（例如，许多远期的数据甚至可能比最近几期数据的权重更高），但是，所有权重的总和必须等于 1。

$$\sum_{i=1}^{n} w_i = 1$$

假设第 5 个月的实际销量为 110，那么第 6 个月的销量预测值应该这样计算：

$$F_6 = 0.40 \times 110 + 0.30 \times 95 + 0.20 \times 105 + 0.10 \times 90$$
$$= 44 + 28.5 + 21 + 9$$
$$= 102.5$$

根据经验和试算是计算权重最简单的方法。根据一般法则，距今最近的时期是预测当中最重要的参数。因此，它的权重应该相对较高。例如，根据过去一个月的收益以及生产能力来预测下一个月的收益及生产能力要比用前几个月的数据更加准确。

然而，如果我们的数据具有季节性，则权重必须相应做出调整。去年 7 月泳衣销量的权重就应该要比 11 月销量的权重高（对北半球来说）。

加权移动平均比简单移动平均要好的一个确切的原因是它可以对以往数据做出不同的估计。然而，它比指数平滑法成本更高，而且不方便。我们下面来讨论指数平滑法。

3. 指数平滑法

在前面提到的预测方法（简单和加权移动平均）当中，主要的缺点在于需要持续输入大量的历史数据（对于我们将要讨论到的回归分析来说也是这样）。因为我们需要不断增加新的数据、舍弃旧的数据来计算新的预测值。在许多预测当中（可能是大部分），最近的数据比距今更远的数据更有价值，但是如果这个假设——数据的重要性随着时间往前推移会递减是无效的，那么**指数平滑法**（exponential smoothing method）可能就是最符合逻辑和最简单的预测方法。

指数平滑是我们使用最多的预测技术。所有的计算机预测程序都内置了这种预测方法，它被广泛应用于零售公司、批发公司以及服务机构的库存订购当中。

人们接受指数平滑法主要是基于以下 6 个主要的原因：

（1）指数模型非常精确。
（2）构造一个指数模型相对来说比较简单。
（3）使用者可以理解模型的工作原理。
（4）计算量较小。
（5）因为使用的历史数据量较小，所以对计算机的存储要求较低。
（6）容易计算其精确性。

在指数平滑法当中，仅需要三种数据就可以预测未来：最近一期的预测量、该期的实际发生数量以及**平滑常数阿尔法**（smoothing constant alpha，α），该常数决定了平滑的水平以及对于预测量和实际数量之间差异的反应速度。常数是由两方面的因素构成的：一方面是产品的特性，另一方面则是经理人对于如何形成好的响应率的理解。例如，如果公司的产品是标准产品并且需求很稳定，那么对预测数量和实际数量之间区别的反应率就会趋向于比较小，可能仅为 5%～10%。然而，如果公司业务不断增长，反应率会相应比较高，可能会达到 15%～30%，这给了最近的增长以更大的权重。增长速度越快，反应率就越高。有时，简单移动平均的使用者开始使用指数平滑法，但是希望能得到与简单移动平均相同的预测。这时，α 约为 $2 \div (n+1)$，此处 n 为期数。

简单指数平滑法的公式是：

$$F_t = F_{t-1} + \alpha(A_{t-1} - F_{t-1}) \tag{18-3}$$

式中 F_t ——对第 t 时期的指数平滑预测；

  F_{t-1} ——对之前一个时期的指数平滑预测；

  A_{t-1} ——之前一个时期的实际需求；

  α ——预期的响应率或平滑系数。

这个公式表明，新预测等于旧预测加上部分误差（之前预测和实际发生数之间的差异）。

为了阐述这个方法，我们假设被研究的产品的长期需求是相对固定的，而且平滑系数（α）为 0.05 被认为是合理的。如果指数平滑法被当作一个长久的策略来使用，那么上个月也应当有一个预测值。假设上个月的预测值（F_{t-1}）是 1 050 个单位，实际的需求是 1 000 而不是 1 050，那么这个月的预测将是：

$$\begin{aligned} F_t &= F_{t-1} + \alpha(A_{t-1} - F_{t-1}) \\ &= 1\,050 + 0.05 \times (1\,000 - 1\,050) \\ &= 1\,050 + 0.05 \times (-50) \\ &= 1\,047.5 (\text{单位}) \end{aligned}$$

平滑协同效应比较小，因此新的预测结果对 50 个单位的误差反应对下个月的预测影响仅为 2.5 个单位。

当第一次使用指数平滑法时，初始预测值可以通过简单估算来确定，比如采用第一期的需求值，也可以采用之前几期需求的平均值，如前 2 期或 3 期的平均值。

简单指数平滑法的缺点是，它对需求的变化反应迟钝。图 18-4 把数据点描绘成了一条光滑的曲线，显示出了指数平滑法的滞后效应。在增长或下降段中预测滞后了，但当方向发生改变时，预测又是超前的。注意，α 的数值越大，预测值与实际值则越接近。为了更贴近地追踪实际需求，可能会增加一个趋势因素，调整的值也会有所帮助，这被称为适应性预测（adaptive forecasting）。趋势效应和适应性预测都会在下一节中进行简单的介绍。

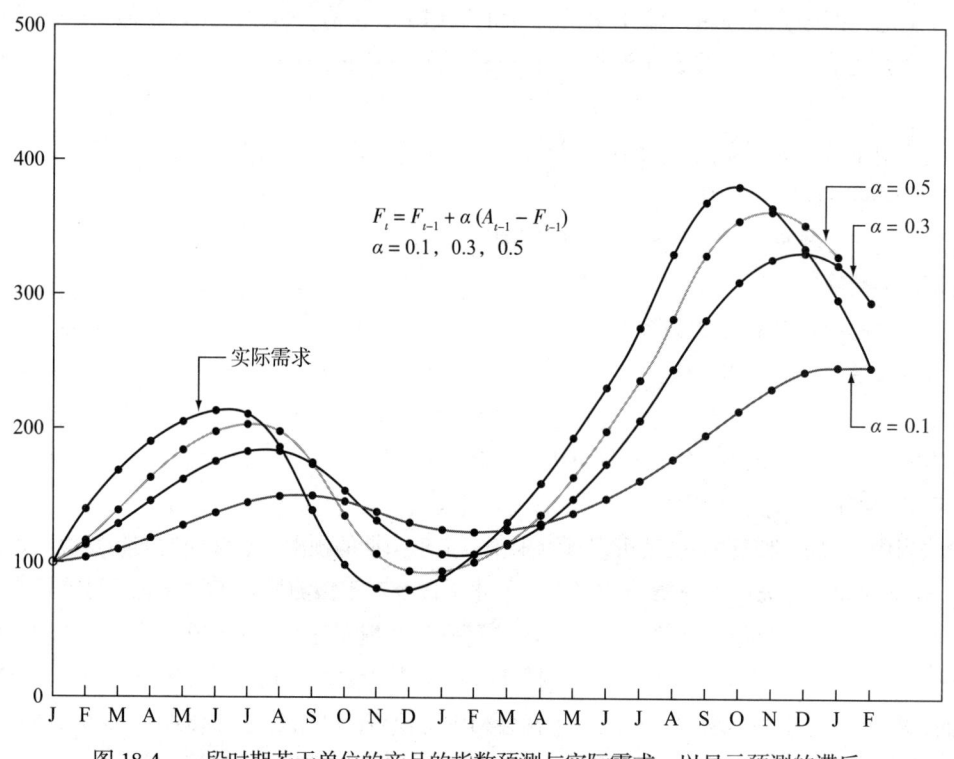

图 18-4　一段时期若干单位的产品的指数预测与实际需求，以显示预测的滞后

4. 指数平滑趋势

记住，在我们收集到的一连串时期的数据中体现的上升或下降的趋势，使指数预测总是滞后（偏高或偏低）于实际发生数。通过添加趋势修正值，可以在一定程度上改进指数平滑预测的结果。改进趋势需要两个平滑常数，除了 α 外，趋势方程中还用到了**平滑常数德尔塔**（smoothing constant delta，δ）。α 和 δ 减弱了由实际值与预测值之间的误差所带来的影响。如果没有 α 和 δ，趋势将会极大地受到误差的影响。

为确保趋势方程成立，第一次使用该方程时应首先由人工给定趋势值。此初始值可以是一个有事实基础的猜想值或者从观测所得的历史数据中计算得出。

计算包含趋势的预测（FIT）公式是：

$$F_t = FIT_{t-1} + \alpha(A_{t-1} - FIT_{t-1}) \tag{18-4}$$

$$T_t = T_{t-1} + \delta(F_t - FIT_{t-1}) \tag{18-5}$$

$$FIT_t = F_t + T_t \tag{18-6}$$

式中　F_t——对 t 时期的指数平滑预测；

T_t——t 时期的指数平滑趋势；

FIT_t——包含趋势的对 t 时期的预测；

FIT_{t-1}——包含趋势的对之前一个时期的预测；

A_{t-1}——之前一个时期的实际需求；

α——平滑系数；

δ——平滑系数。

为了做出包含趋势在内的指数预测，步骤如下。

步骤 1：利用式（18-4）做出没有趋势修正的预测。这要利用到之前的预测和实际值。

步骤 2：利用式（18-5）更新预测的趋势、未修正的预测和之前的预测。

步骤 3：利用步骤 1 和步骤 2 做出包含趋势的新预测。

例 18-1　包含趋势的预测

假设初始 F_t 为 110 单位，趋势为 10 单位。α 为 0.20，δ 为 0.30。如果实际需求结果是 115 而不是之前预测的 100，计算下一个时期的预测值。

解答

实际给出的 A_{t-1} 为 115，因此：

$$F_t = FIT_{t-1} + \alpha(A_{t-1} - FIT_{t-1})$$
$$= 110 + 0.2 \times (115 - 110) = 111.0$$
$$T_t = T_{t-1} + \delta(F_t - FIT_{t-1})$$
$$= 10 + 0.3 \times (111 - 110) = 10.3$$
$$FIT_t = F_t + T_t = 111.0 + 10.3 = 121.3$$

如果实际的需求不是 121.3 而是 120，重复这个过程，下一时期的预测将是：

$$F_{t+1} = 121.3 + 0.2 \times (120 - 121.3) = 121.04$$
$$T_{t+1} = 10.3 + 0.3 \times (121.04 - 121.3) = 10.22$$
$$FIT_{t+1} = 121.04 + 10.22 = 131.26$$

指数平滑法要求平滑指数值限定在 0 和 1 之间，α 和 δ 在 0.1 和 0.3 之间，这取决于需求的方差和趋势因素的稳定

性大小。本章后面对误差测量的讨论将帮助我们为这些变量选择恰当的数值。

5. 线性回归分析

回归（regression）可以被定义为两个或两个以上相互关联的变量之间的函数关系。它根据一个已知变量去预测另一个变量。这种函数关系通常从观测数据中找出。首先，做出数据散点图，观察数据是否呈线性或至少部分呈线性。**线性回归**（linear regression）是指变量呈直线关系的一种特殊回归形式。

线性回归直线的形式为 $Y = a + bt$，Y 是我们要求解的因变量，a 是 Y 的截距，b 是斜率，t 是时期。

对重大事件和计划的长期预测来说，线性回归是比较有用的。例如，在预测产品系列的需求时，线性回归将会非常有用。尽管一个系列中的单个产品的需求在一个时期内可能变化很大，但是整个产品系列的需求十分平稳。

顾名思义，**线性回归预测**（linear regression forecasting）的主要局限是假设历史数据和未来的预测都服从一条直线。尽管有时候这的确限制了它的应用，但如果预测的是一个较短的时期，那么线性回归分析仍然可以被采用。例如，在一个长期的时间跨度内，可能有几个短的时间段近似线性。

线性回归对于时间序列预测和因果关系预测都适用。当因变量（通常为图中纵轴）随时间（水平轴）而变化时，则为时间序列分析。如果某一变量随另一变量而变，则为因果联系（如因肺癌而致死的比率随抽烟人数的增加而上升）。

我们使用例 18-2 来阐述最小二乘法回归分析。

- - - - - - - - - - - -

例 18-2 最小二乘法

一家公司某一产品线在过去 3 年中 12 个季度的销售额如下表所示。

季度	销售额	季度	销售额
1	600	7	2 600
2	1 550	8	2 900
3	1 500	9	3 800
4	1 500	10	4 500
5	2 400	11	4 000
6	3 100	12	4 900

该公司希望预测第 4 年每个季度即第 13～16 季度的销售额。

解答

线性回归的最小二乘公式是：

$$Y = a + bt \tag{18-7}$$

式中 Y——由该公式计算的因变量；
  y——实际因变量的数据点（下面部分会用到）；
  a——Y 轴的截距；
  b——直线的斜率；
  t——时期。

最小二乘法试图让直线与某些数据相对应，这些数据的特点是每个数据点和它在直线上对应点之间的垂直距离的平方和最小。如果直线是通过平常的数据区域来绘制的，那么数据点与直线之间的距离就是 $y - Y$。图 18-5 标出了这些距离。标绘的数据点与直线点之间的距离的平方的总和是：

$$(y_1 - Y_1)^2 + (y_2 - Y_2)^2 + \cdots + (y_{12} - Y_{12})^2$$

要使用的最佳直线就要使这个总和最小。

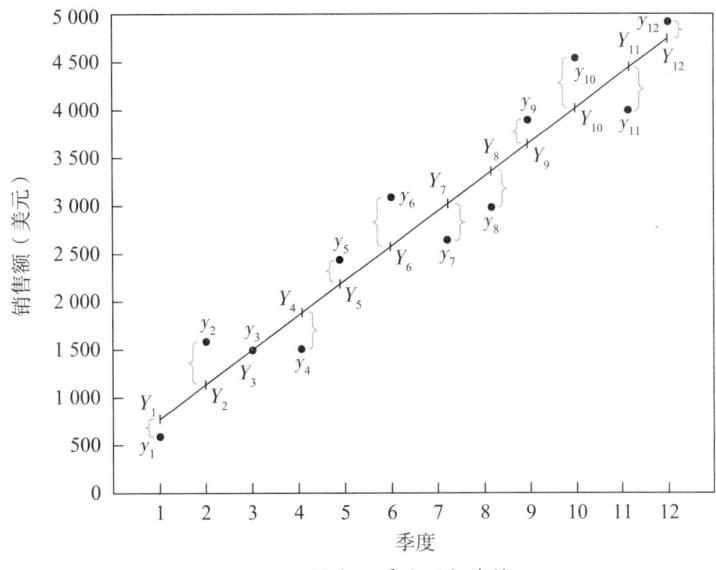

图 18-5 最小二乘法回归直线

以前直线的公式是：

$$Y = a + bt$$

以前我们是从图上确定 a 和 b 的，在最小二乘法中，a 和 b 的计算公式为：

$$b = \frac{\sum ty - n\bar{t} \cdot \bar{y}}{\sum t^2 - n\bar{t}^2} \tag{18-8}$$

$$a = \bar{y} - b\bar{t} \tag{18-9}$$

式中　a——Y 的截距；

　　　b——直线的斜率；

　　　$\bar{y}$——所有 y 的平均值；

　　　$\bar{t}$——所有 t 的平均值；

　　　t——每个数据点的 t 值；

　　　y——每个数据点的 y 值；

　　　n——数据点的数量；

　　　Y——通过回归公式计算出的因变量的值。

表 18-2 列出了根据该问题中 12 个数据点计算出来的结果。注意最后的等式，Y 的截距是 441.67，斜率是 359.6。这个斜率表示，t 每变化 1 个单位，Y 就变化 359.6 个单位。提示，在 Microsoft Excel 中，这些公式可以通过 INTERCEPT 和 SLOPE 函数实现。

表 18-2 最小二乘法回归分析

（1）t	（2）y	（3）ty	（4）t^2	（5）y^2	（6）y
1	600	600	1	360 000	801.3
2	1 550	3 100	4	2 402 500	1 160.9
3	1 500	4 500	9	2 250 000	1 520.5
4	1 500	6 000	16	2 250 000	1 880.1
5	2 400	12 000	25	5 760 000	2 239.7
6	3 100	18 600	36	9 610 000	2 599.4
7	2 600	18 200	49	6 760 000	2 959.0
8	2 900	23 200	64	8 410 000	3 318.6
9	3 800	34 200	81	14 440 000	3 678.2
10	4 500	45 000	100	20 250 000	4 037.8

(1) t	(2) y	(3) ty	(4) t^2	(5) y^2	(6) y
11	4 000	44 000	121	16 000 000	4 397.4
12	4 900	58 800	144	24 010 000	4 757.1
78	33 350	268 200	650	112 502 500	

$\bar{t} = 6.5 \quad b = 359.615\,4$
$\bar{y} = 2\,779.17 \quad a = 441.666\,7$
因此，$Y = 441.67 + 359.6t$
$S_{yt} = 363.9$

严格参照这个公式，那么第 13～16 季度的预测将会是：

$$Y_{13} = 441.67 + 359.6 \times 13 = 5\,116.5$$
$$Y_{14} = 441.67 + 359.6 \times 14 = 5\,476.1$$
$$Y_{15} = 441.67 + 359.6 \times 15 = 5\,835.7$$
$$Y_{16} = 441.67 + 359.6 \times 16 = 6\,195.3$$

估计的标准误差，或者直线与数据拟合的程度是：

$$S_{yt} = \sqrt{\frac{\sum_{i=1}^{n}(y_i - Y_i)^2}{n-2}} \quad (18\text{-}10)$$

估计的标准误差是根据表 18-2 中的第二列和最后一列来计算的：

$$S_{yt} = \sqrt{\frac{(600 - 801.3)^2 - (1\,550 - 1\,160.9)^2 + (1\,500 - 1\,520.5)^2 + \cdots + (4\,900 - 4\,757.1)^2}{10}}$$
$$= 363.9$$

除了 INTERCEPT 和 SLOPE 函数，Microsoft Excel 还设计了一款非常强大的工具来执行这些计算（现在也可以用来进行移动平均计算和指数平滑计算）。要使用这个工具，需要一张包含有问题相关数据的表格（见图 18-6）。这个工具是数据分析工具箱中的一部分，可以从工具菜单中进入（你可以通过"文件→选项→添加"来把这个添加到你的工具选项中）。

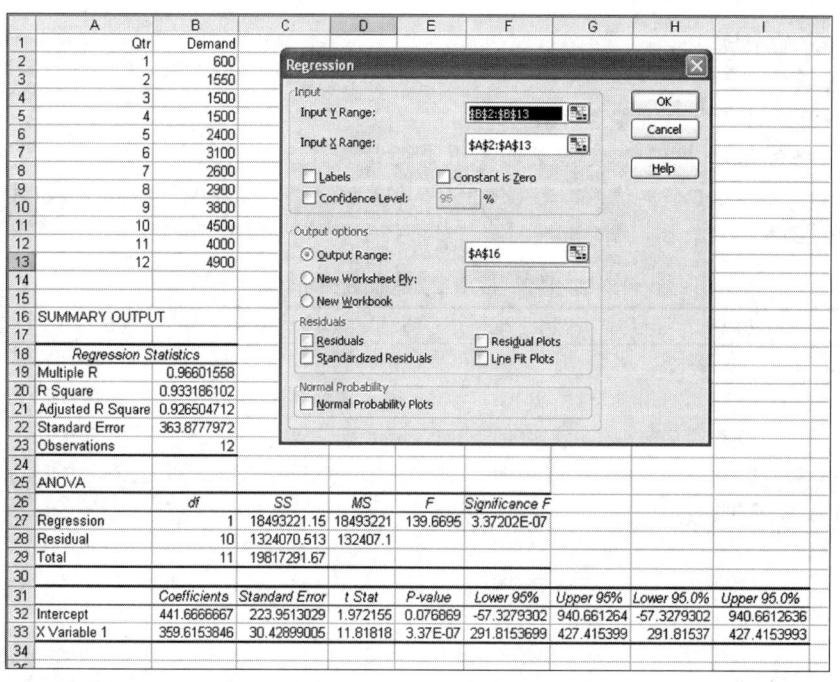

图 18-6 Excel 回归工具

要使用这个工具，首先在你的空白表格的两列中输入数据，然后从"工具→数据分析"菜单中进入回归选项。接下来具体指定 Y 的范围，即 B2:B13，以及 X 的范围，在我们的例子中是 A2:A13。最后，一个输出范围将会被指定——在此设置你希望回归分析的结果在表格中显示的位置。在这个例子中，结果输入在 A16 中。这里提供了一些超出我们覆盖范围的信息，而你正在寻找的是与线性等式中的截距和斜率值一致的截距和 x 变量的系数。这些在图 18-6 中的单元格 B32 和 B33 中显示。

6. 时间序列分解

时间序列（time series）可以定义为按时间顺序排列的数列，它包含一个或多个需求的影响因素：趋势、季节性、周期性、自相关性和随机性。时间序列的**分解**（decomposition）意味着将时间序列数据识别并分解为以上因素。在实际中，识别趋势（即使不进行数学分析也很容易画出散点图并找出运动方向）和季节性因素（通过历年相同时期的比较）相对容易一些，但要确定周期（也许长达数月甚至数年）、自相关和随机因素相当困难（预测人员一般把所有不能识别为上述因素的其他因素统称为随机因素）。

当需求同时包含季节变动和趋势效应时，这二者究竟有何联系呢？在说明此类问题时，我们先讨论两类季节变动：相加式（additive）季节变动和相乘式（multiplicative）季节变动。

相加式季节变动简单地假设认为季节量是一个常数，不管趋势或者平均量是多少。

$$包含趋势和季节性的预测 = 趋势 + 季节变动量$$

在图 18-7a 所示的例子中，季节量是固定的而趋势则是呈上升的。

在相乘式季节变动中，趋势与季节性因素相乘。

$$包含趋势和季节性的预测 = 趋势 \times 季节性因素$$

在图 18-7b 中，季节性变量随着趋势的增长而增长，因为它的大小取决于趋势。

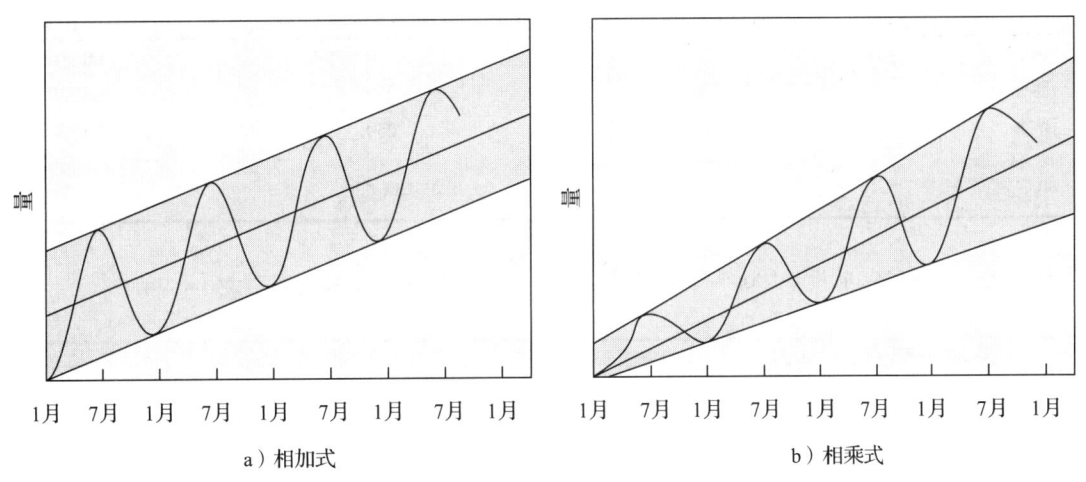

a）相加式　　　　　　　　　　　　　b）相乘式

图 18-7　在变化的趋势中的相加式和相乘式季节变动

相乘式季节性变动是经验得出的。从本质上说，基数量越大，基于此的变量就越大。

季节性因素是在时间序列中用于修正季节影响的量。

我们通常把季节性与一年中有某些特殊活动的一段时期相联系。我们使用周期这个词来表示每年定期重复发生的活动。

例 18-3 和例 18-4 阐述了如何确定和使用季节性指数来预测：①基于过去季节性数据的简单计算；②通过描点得来的回归线的趋势与季节性指数。接下来我们用更加正规的数据分解的步骤并使用最小二乘法来预测。

Toro Manufacture Lawnmowers 和 Snow Bblowers 等公司都试图迎合季节性需求。使用相同的设备和装配线可以提供更好的设备使用率、劳动力稳定性、生产率以及收益。

例 18-3 简单比例

假设在过去几年中，公司每年销售一个特殊产品系列，平均数量为 1 000 单位。平均而言，春季销售 200 单位，夏季销售 350 单位，秋季销售 300 单位，冬季销售 150 单位。该季节性因素（或者指数）是每个季度的销售额与所有季节的平均值的比率。

解答

在这个例子中，年销售总额平均到每个季节中的数额为 1 000/4 = 250，因而季节性因素如下表所示。

	过去的销售额	每个季节的平均销售额（1 000/4）	季节性因素
春季	200	250	200/250 = 0.8
夏季	350	250	350/250 = 1.4
秋季	300	250	300/250 = 1.2
冬季	150	250	150/250 = 0.6
总计	1 000		

如果我们预期下一年的需求为 1 100 单位，使用以上系数，我们预测发生的需求如下表所示。

	下一年的预期需求	每个季度的平均销售额（1 100/4）		季节性因素		下一年的季节性预测
春季		275	×	0.8	=	220
夏季		275	×	1.4	=	385
秋季		275	×	1.2	=	330
冬季		275	×	0.6	=	165
总计	1 100					

当新的数据可用的时候，季节性因素可能会定期更新。下面是一个关于季节性因素和相乘式季节变动的例子。

例 18-4 利用 Excel 得到的线性回归直线计算趋势季节性因素

利用趋势和季节性因素来预测下一年每个季度的需求，过去两年的需求如下表所示。

季度	数量	季度	数量
1	300	5	520
2	200	6	420
3	220	7	400
4	530	8	700

解答

首先，我们利用 Excel 进行描点，得到图 18-8 那样的趋势图。在 Excel 中对季度从 1 到 8 进行编号。y 为实际销量（300、200、220 等），x 代表季度（1、2、3 等）。求得斜率为 52.3，截距为 176.1。公式如下：

$$\text{预测趋势}(FIT) = 176.1 + 52.3t$$

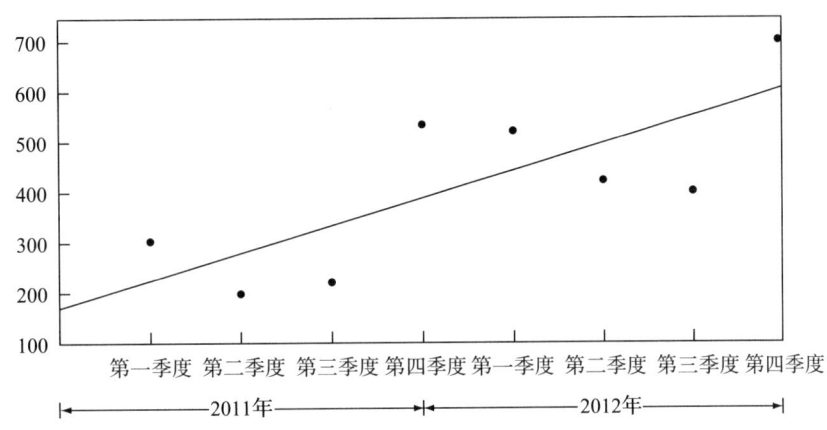

图 18-8 通过实际数据和趋势线计算季节性因素

接下来我们可以通过比较实际数据和趋势线（见图 18-8 下半部分）来得到季节性指数。季节性因素是通过把每年相同季度进行平均得到的。

我们计算 2013 年包含趋势和季节性因素（FITS）的预测如下：

$$FITS_t = FIT \times \text{季度}$$

2013 年第一季度：$FITS_9 = (176.1 + 52.3 \times 9) \times 1.25 = 808$

2013 年第二季度：$FITS_{10} = (176.1 + 52.3 \times 10) \times 0.79 = 552$

2013 年第三季度：$FITS_{11} = (176.1 + 52.3 \times 11) \times 0.70 = 526$

2013 年第四季度：$FITS_{12} = (176.1 + 52.3 \times 12) \times 1.28 = 1\,029$

考虑到是利用 Excel 计算得到的，因此计算结果可能会由于精度不同有所差异。

7. 最小二乘回归分解

这个过程与前一种方法不同，在一些情况下，它可以给出更好的结果。例 18-3 描述了这种拟合回归曲线的方法。通过给定曲线，可以计算出季节指数。我们首先用这种方法计算季节指数；然后运用线性回归，基于已去除季节性因素的数据，预测一条趋势线。一般地，步骤如下。

（1）将时间序列分解为各组成分量：

a. 找出季节性成分；

b. 去除需求的季节性因素；

c. 找出趋势成分。

（2）预测每个成分的未来值：

a. 将趋势成分投影到未来。

b. 用季节成分乘以趋势成分。

表 18-3 显示了用最小二乘回归法和第一个回归法例子中的基本数据，对某一时间序列进行分解的过程。每个数据点使用整个 3 年期间（12 个季度）的某一个季度（3 个月）的数值。我们的目标是预测第 4 年 4 个季度的需求量。

表 18-3　去除季节性因素后的需求

(1) 时期 (t)	(2) 季度	(3) 实际需求 (y)	(4) 每年相同季度的平均值	(5) 季节性因素	(6) 去除季节性因素需求 (y_d) (3)÷(5)	(7) t^2 (1)^2	(8) $t \cdot y_d$ (1)×(6)
1	第一季度	600	(600+2 400+3 800)/3=2 266.7	0.82	735.7	1	735.7
2	第二季度	1 550	(1 550+3 100+4 500)/3=3 050	1.10	1 412.4	4	2 824.7
3	第三季度	1 500	(1 500+2 600+4 000)/3=2 700	0.97	1 544.0	9	4 631.9
4	第四季度	1 500	(1 500+2 900+4 900)/3=3 100	1.12	1 344.8	16	5 379.0
5	第一季度	2 400		0.82	2 942.6	25	14 713.2
6	第二季度	3 100		1.10	2 824.7	36	16 948.4
7	第三季度	2 600		0.97	2 676.2	49	18 733.6
8	第四季度	2 900		1.12	2 599.9	64	20 798.9
9	第一季度	3 800		0.82	4 659.2	81	41 932.7
10	第二季度	4 500		1.10	4 100.4	100	41 004.1
11	第三季度	4 000		0.97	4 117.3	121	45 290.1
12	第四季度	4 900		1.12	4 392.9	144	52 714.5
78		33 350①		12.03	33 350.1①	650	265 706.9

$$\bar{t} = \frac{78}{12} = 6.5$$

$$b = \frac{\sum t y_d - n \bar{t} \bar{y}_d}{\sum t^2 - n \bar{t}^2} = \frac{265\,706.9 - 12 \times 6.5 \times 2\,779.2}{650 - 12 \times 6.5^2} = 342.2$$

$$\bar{y}_d = 33\,350/12 = 2\,779.2 \quad a = \bar{y}_d - b\bar{t} = 2\,779.2 - 342.2 \times 6.5 = 554.9$$

因此 $Y = a + bt = 554.9 + 342.2t$

① 第 3 列和第 6 列应该都等于 33 350，差异是由于取整所引起的。第 5 列取到小数点后两位。

第一步：计算季节性因素（或指数）。表 18-3 总结了需要进行的计算。第 4 列计算了 3 年相同季度的平均值。例如，将 3 年的第一季度加总后除以 3，将该平均值除以 12 个季度的总平均值（$\frac{33\,350}{12}$ 或者 2 779）得出季节性因素。例如，第一季度因素为 $\frac{2\,266.7}{2\,779} = 0.82$，输入第 5 列中。注意每一年的季节性因素几乎相等。

第二步：对原始数据做去除季节性因素处理。为了去除季节性因素的影响，我们将原始数据除以季节性因素。这一步被称为需求的去除季节性因素处理。显示在表 18-3 的第 6 列当中。

第三步：为去除季节性因素的数据做出最小二乘回归线。这里的目的是构造趋势线 Y 的方程，然后我们用季节性因素对其进行修改。程序与我们以前使用过的相同。

$$Y = a + bt$$

式中　Y——需求；

　　　t——季度；

　　　a——Y 的截距；

　　　b——曲线的斜率。

使用表 18-3 的第 1 列、第 7 列和第 8 列进行的最小二乘计算显示在表的下方。最终的去除季节性因素的等式是 $Y = 554.9 + 342.2t$。这条直线显示在图 18-9 中。

第四步：将回归直线外推至所要预测的区间。我们的目标是预测第 13～16 季度，将各点代入方程即可求得 Y 值（见第五步，即下表中的第 3 列）。

第五步：用季节性因素修正回归直线，建立最终预测方程。回想一下，Y 等式已经进行了去除季节性因素处理。现在我们把那个步骤反过来：乘以我们从该季度的季节性因素当中得出的季节性数据。

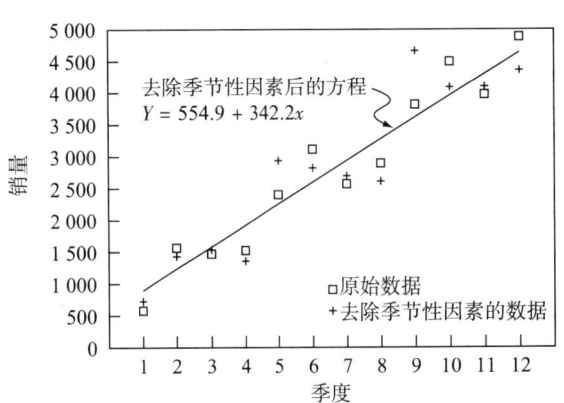

图 18-9　去除季节性因素后的方程的直线图形

时期	季度	回归线当中的 Y	季节性因素	预测（$Y\times$ 季节性因素）
13	1	5 003.5	0.82	4 102.87
14	2	5 345.7	1.10	5 880.27
15	3	5 687.9	0.97	5 517.26
16	4	6 030.1	1.12	6 753.71

现在我们的预测完成了。

如果通过数据点拟合出一条直线，然后该直线被用来进行预测，这样就有可能产生误差。误差的来源主要有两个：第一个是一般性误差，类似于任何数据集合中都存在的标准差。第二个是由错误的曲线引起的误差。图 18-10 显示了误差的范围。在这里，我们不进行统计，而仅仅简要地说明一下为什么误差范围扩大了。第一，该图中显示的其中一条线由于太往上倾斜，所以产生了误差。我们可以计算这条线的标准误差。还有一条曲线太往下倾斜了，它也存在标准误差。这项分析里的总误差范围由这两条线和其他所有可能的线产生的误差组成。该图也表明了随着时间的推移，误差范围是如何扩大的。

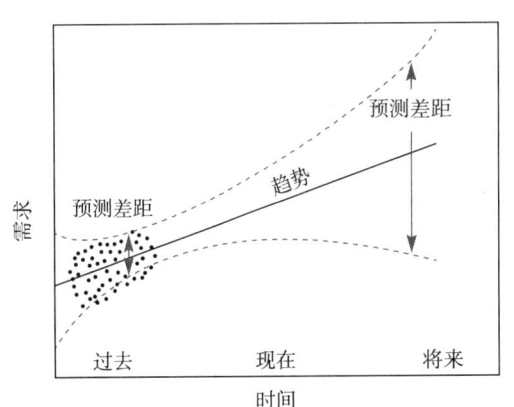

图 18-10　线性趋势的预测区间

18.2.3　预测误差

在使用**预测误差**（forecast error）的时候，我们指的是预测值与实际发生值之间的差别。在统计学中，误差也被称为残差（residuals）。只要预测值落在置信区间内，就算是真正的误差，这部分内容我们将在后面"误差测量"中讨论，但通常仍将偏差当作误差。

一个产品的需求是通过一些因素的交互作用产生的，这些因素太复杂了以至于不能在一个模型中精确描述。因此，所有的预测肯定都会包含某些误差。在讨论预测误差时为方便起见，最好区分开误差来源（sources of error）和误差测量（measurement of error）。

1. 误差来源

误差可能有各种来源。一种常见的来源是将过去的趋势直接外推至未来，而很多预测人员却往往没有意识到这一点。例如，当我们谈到回归分析中的统计误差时，指的是观测值对回归曲线的偏移量。为减少不可解释误差，通常为回归曲线附上一个置信区间（即统计控制界限）。但当我们将回归曲线作为预测手段外推至未来时，预测误差不一定能被同样经过外推的置信区间所正确界定。这是因为置信区间建立在过往数据之上，它对外推后的数据点也许不适用，因此不能用相同的置信度。事实上，经验表明，实际误差大于预测模型所给出的误差。

误差可以分为偏移误差和随机误差。**偏移误差**（bias errors）出现在发生一致性错误之时，其来源有：未包含正确变量；变量间关系定义错误；趋势曲线使用不正确；季节性需求偏离正常轨迹；存在某些未知的长期趋势等。**随机误差**（random errors）可定义为无法由现有预测模型解释的误差项。

2. 误差测量

经常用来描述误差程度的术语有标准误差（standard error）、均方差（或者方差）（mean squared error(or variance)）以及平均绝对离差（mean absolute deviation）。另外，跟踪信号可用于显示预测中偏移误差的正负。

标准误差会在本章线性回归部分中讨论。标准误差是一个函数的平方根，使用函数本身通常会更加方便，被称为均方差或方差。

平均绝对离差（mean absolute deviation，MAD）曾经一度流行，但由于人们对标准差和方差的偏好而逐渐被忽略了。近几年，由于它简单明了并且可以用于获取跟踪信号，MAD又再度受宠。MAD是预测误差的平均值，用绝对值计算。与标准误差一样，MAD的优点在于它测量了某些观测值与某些期望值的离差。

MAD是通过使用实际需求和预测需求之间的差异来计算的，不考虑符号。它等于绝对离差的总和除以数据点的数目得来的值，或者说是等价形式。

$$MAD = \frac{\sum_{t=1}^{n} |A_t - F_t|}{n} \tag{18-11}$$

式中　t——时期序号；

　　　A_t——该时期的实际需求；

　　　F_t——该时期的预测需求；

　　　n——时期的总数；

　　　| |——用来表示绝对值的一个符号，不考虑正负符号。

当预测中发生的误差呈正态分布的时候（通常的情况），平均绝对离差与标准离差的关系为：

$$1\text{ 标准离差} \approx \sqrt{\frac{\pi}{2}} \times MAD, \text{ 或者约等于 } 1.25\ MAD$$

反过来：

$$1 MAD = 0.8\text{ 标准离差}$$

标准离差值较大，如果一系列数据点的MAD是60单位，那么标准离差将是75单位。在平常的统计方法中，如果控制域设定为正负3个标准离差（或者±3.75MAD），那么99.7%的数据点将会落在控制界限之内。

另外，**平均绝对误差百分比**（mean absolute percent error，MAPE）也是一个常用的误差测量指标。这个方法测量的是偏离平均需求的误差量。比如说，如果MAD为10，平均需求是20，那么误差就很大，为$0.5\left(=\frac{10}{20}\right)$。如果平均需求是 1 000，那么误差相对而言就小得多，为 $0.01\left(=\frac{10}{1\,000}\right)$。MAPE 等于 MAD 除以平均需求。

$$MAPE = \frac{100}{n}\sum_{t=1}^{n}\left[\frac{|A_t - F_t|}{A_t}\right] \qquad (18\text{-}12)$$

这个值很有用，因为它反映了估计误差在预测中的相对大小。MAPE 真正的价值在于它可以让人们比较平均需求差异较大的产品之间的预测值。如果使用 MAD，那么需求较高的产品即使预测值比较准确，它还是会有比较高的 MAD。

跟踪信号（tracking signal，TS）是对预测的平均值是否与需求的真实上升或下降变化保持一致的测定。若预测值连续过高或过低，则指该预测为**偏离预测**（biased forecast）。图 18-11 所示为平均值为 0、MAD 等于 1 的一个正态分布。如果我们计算跟踪信号并发现它等于 –2，那么我们就知道预测模型提供的预测比实际数值的平均值要大很多。

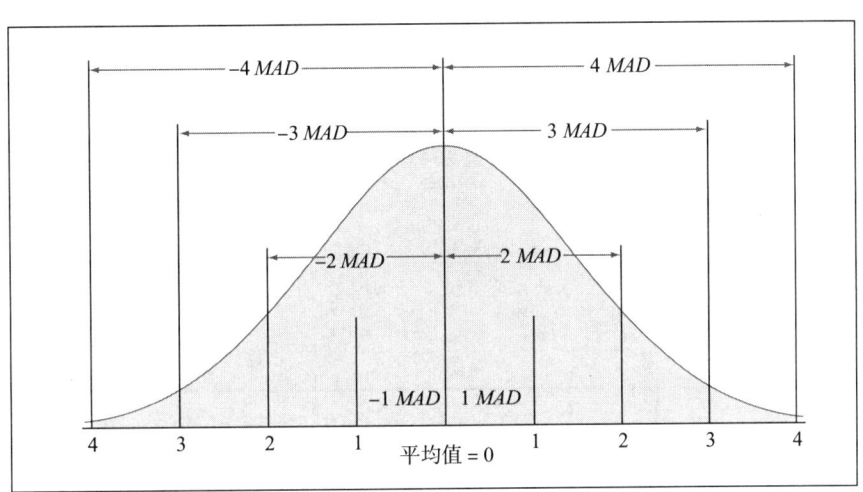

图 18-11　平均值为 0、MAD 等于 1 的一个正态分布

跟踪信号（TS）的计算可以用预测离差的算术总和除以平均绝对离差来求得：

$$TS = \frac{RSFE}{MAD} \qquad (18\text{-}13)$$

式中　RSFE——预测误差的连续和，考虑到误差的性质（例如，负偏差抵消正偏差，反过来也是这样）；

　　　MAD——所有预测误差的平均值（不考虑偏差是正的还是负的），它是绝对偏差的平均值。

图 18-12 列举了求解 MAD 和跟踪信号的步骤。在所预测的 6 个月内，需求预测值均设为 1 000，实际需求如表中所示。在这个例子中，平均而言，预测结果偏离了 66.7 单位，跟踪信号等于 3.3 倍 MAD。

我们可通过绘制散点图来帮助理解 MAD 和跟踪信号。虽然从样本容量的立场看这么做并不是很合适，但我们仍在图 18-12 中绘制各月的数据散点图以表示跟踪信号的移动情况。应注意，跟踪信号从 –1 倍 MAD 变化到了 +3.3 倍 MAD，出现这一结果是因为在 6 个月的预测期中，有 4 个月出现了实际需求大于预测值的情况。如果实际需求没有降低到预测水平之下以抵消连续出现的正 RSFE，跟踪信号将会继续上升。由此我们得出结论，假设需求为 1 000 是个精度不高的预测。

18.2.4　因果关系预测

因果关系预测（causal relationship forecasting）使用除时间以外的独立变量来预测未来的需求。为使预测有意义，任何独立变量必须是最主要的影响因素。例如，我们估计雨天的延长会导致雨伞和雨衣销量的上升。雨天导致了雨具的销售，这是一种因果关系，即一种事情会导致另一种事情的发生。如果作为动因的事件在事先就可以肯定地预见，则可用它作为预测的依据。

月份	需求预测	实际值	离差	RSFE	Abs.Dev.	Abs.Dev. 总和	MAD（% 误差）①	$TS = \dfrac{RSFE}{MAD}$②
1	1 000	950	−50	−50	50	50	50（5.26%）	−1
2	1 000	1 070	+70	+20	70	120	60（5.61%）	0.33
3	1 000	1 100	+100	+120	100	220	73.3（6.67%）	1.64
4	1 000	960	−40	+80	40	260	65（6.77%）	1.2
5	1 000	1 090	+90	+170	90	350	70（6.42%）	2.4
6	1 000	1 050	+50	+220	50	400	66.7（6.35%）	3.3

① 对于这 6 个月，$MAD = 400/6 = 66.7$，$MAPE = (5.26\% + 5.61\% + 6.67\% + 6.77\% + 6.42\% + 6.35\%)/16 = 6.18\%$。
② 对于这 6 个月，$TS = RSFE/MAD = 220/66.7 = 3.3\ MAD$。

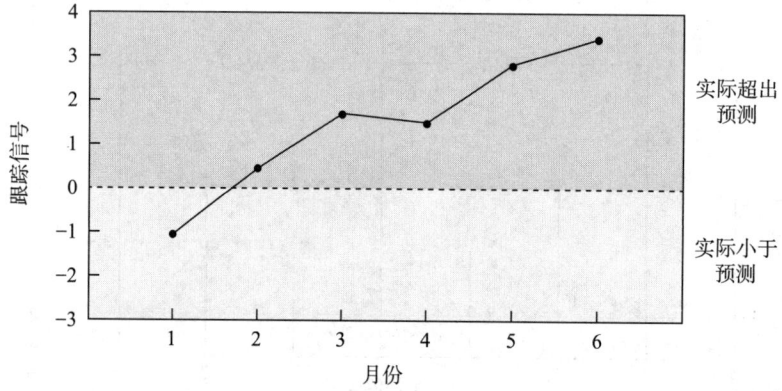

图 18-12　用预测和实际数据计算平均绝对离差（MAD）、预测误差的连续总和（RSFE）以及跟踪信号（TS）

先行指标间没有因果关系，但是可能会间接地导致某种其他事情的发生。另外一些非因果关系看起来仅仅是巧合。例 18-5 是一个使用因果关系进行预测的例子。

- - - - - - - - - -
例 18-5　使用因果关系进行预测

伴随着区域内新房执照的增加，Carpenteria 的地毯商城每年都保持它的销量纪录。

	新建房数	
年份	执照	销量（单位：平方码⊖）
1	18	13 000
2	15	12 000
3	12	11 000
4	10	10 000
5	20	14 000
6	28	16 000
7	35	19 000
8	30	17 000
9	20	13 000

⊖　1 平方码 ≈ 0.836 平方米。——译者注

地毯商城的运营经理相信，如果已知当年的新建房数，那么对需求量进行预测就是可能的。数据被绘制在图 18-13 当中，其中：x = 新建房执照的数目；y = 地毯的销量。

因为这些点看起来像是直线，所以经理决定使用线性关系 $Y = a + bx$。

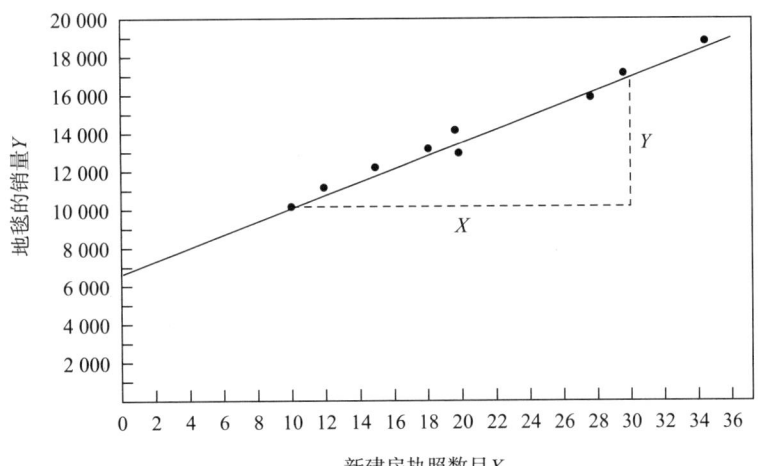

图 18-13　因果关系：销量与新建量

解答

解决此问题的一个简单方法是利用 Excel 中的 SLOPE 和 INTERCEPT 函数。根据表格中的数据，SLOPE 函数得到结果是 344.221 1，INTERCEPT 函数得到的结果是 6 698.492。

经理将斜率解释为在该区域内每建一套新房子所能销售出的平均地毯数量。因此，预测方程就是：

$$Y = 6\,698.492 + 344.221\,1x$$

现在假设明年有 25 个新建房的执照，那么明年的销售预测就是：

$$6\,698.492 + 344.221\,1 \times 25 = 15\,304.02\,（平方码）$$

在该问题当中，与适当的机构签署执照和新房拥有者来地毯商城购买地毯之间构成了因果关系，这种因果关系可以被用来进行预测。

多元回归分析

另一种预测方法是**多元回归分析**（multiple research analysis）。该方法考虑许多变量，以及每个变量对于我们所感兴趣的项目的影响。例如，在家庭装饰领域，结婚数量、新建房数、可支配收入以及趋势之间的关系可以通过一个多重回归方程表达出来。

$$S = A + B_m(M) + B_h(H) + B_i(I) + B_t(T)$$

式中　S——年度总销量；

A——基本销量，其他因素开始有影响的起始点；

M——年度结婚数量；

H——年度新房建设数；

I——年度个人可支配收入；

T——时间趋势（第 1 年 = 1，第 2 年 = 2，第 3 年 = 3，依此类推）。

B_m、B_h、B_i 以及 B_t 分别表示结婚数量、新建房数、可支配收入以及趋势各自对预期销量的影响。

当有许多因素影响我们所感兴趣的变量（在本例当中是销售额）时，就适合使用多元回归分析。它的难度在于收集所有额外的数据，以便用于预测，尤其是收集来自公司外部的数据。然而幸运的是，有标准的多元回归分析的计算机程序可供我们使用，把我们从无聊的手工计算当中解放出来。

Microsoft Excel 支持本部分所提到的时间序列分析。这些功能可以在数据分析工具下找到，包括指数平滑、移动平均以及回归。

18.3 定性预测方法

定性预测方法一般需要借助于专家知识，并需要大量主观判断。一般来讲，这些方法在实施预测时，对参与方的参加过程进行了清晰的定义。举个例子，一家零售店要对一款新产品进行需求预测，公司会请顾客描述他对产品的偏好情况，并聆听理解产品组合和销量的零售店经理的意见，而后在此基础上来评价产品并进行一系列实验设计，以求找到双方共同的预测值。要指出的是，这并非对预计需求的随意猜测，而是一个考虑周全的、结构化决策的方法。

定性预测方法尤其适用于对新产品或者是缺乏经验的新市场的预测。市场上相似产品的信息、该地区顾客的消费习惯以及产品的推广方式都可能是成功预测的重要因素。有时候，行业数据以及与其他企业竞争的经验也会有助于需求预测的制定。

下面是一些定性预测方法的例子。

18.3.1 市场调研法

公司通常雇用外面的专业市场调研（market research）公司来指导这种类型的预测。你也许曾经在市场营销课上了解过这种市场调查。当然，你也不可避免地接到过各种电话，询问你的产品偏好、收入、生活习惯等情况。

市场调研主要用于产品研究以获得开发新产品的创意，了解顾客对现有产品的好恶，了解特定层次的顾客偏好哪些竞争性商品等。同样，收集数据的方法主要有问卷调查和上门访谈两种。

18.3.2 小组共识法

在小组共识法（panel consensus）中，"三个臭皮匠胜过一个诸葛亮"的思想被推而广之，即相较由背景范围比较狭窄的成员组成的小组而言，由来自不同职位的、背景更为广泛的成员组成的小组所做的预测更加可靠。小组共识法是通过开放式的会议来开发的，在会议中，来自不同级别的管理者和职员自由地交换想法。这种开放形式的一个难点是：低级别的员工会被较高管理层级员工的意见所左右。例如，某种产品的销售人员可能对该产品未来的需求情况估计得更准确，但他在会议上可能不会对市场副总裁的截然不同的观点提出反对意见。德尔菲法（随后还将介绍）正是为改善自由讨论的上述弊端而发展起来的。

当预测中的决策是在一个更广、更宽的层面时（比如当引进一条新的产品线或者考虑像新营销领域这样的战略产品决策时），一种被称为高层决策的方法就被普遍使用。顾名思义：更高层级的管理者参与其中。

18.3.3 历史类比法

在预测某种新产品的需求时，如果现有的产品或类似的产品可用来作为类比，这将是最理想的情况。历史类比法（historical analogy）可用于很多产品类型——互补产品、替代产品或竞争性产品、随收入而变化的产品等。当你通过产品目录或互联网购买了一件商品后，你往往会收到一大堆与该目录类似的其他产品目录的邮寄广告。假如你在网上购买了一张 DVD，你将收到更多有关新 DVD 及 DVD 机的消息。这中间的因果关系就是人们对 DVD 机的需求导致了对 DVD 的需求。通过分析立体声录像机需求的历史数据，可用类比法预测出市场对数码影碟机的需求量。该产品与电子音响设备同属一大类，并可能会被顾客以类似的速度购买。还有一个更简单的例子是面包机和咖啡壶。一家原来生产面包机的公司如果要生产咖啡壶的话，可以用面包机的历史数据建立类似的增长模型。

18.3.4 德尔菲法

正如我们在小组共识法中提到的那样，高层人员的陈述或观点很可能比基层人员更受重视。更糟糕的情况是，基层人员经常因为畏惧而不敢表达自己的真实想法。为了避免出现这种情况，德尔菲法（Delphi method）隐去了参与研究的各成员的身份，每个人的重要性都相同。其操作过程是：由主持人设计调查问卷并发给每个参与者，各个成员的意见经汇总后以匿名方式和新一轮问卷一起，再反馈给全组的每个成员。

德尔菲法的具体步骤如下：

（1）选择参与的专家，专家组成员应包括来自不同领域的学识渊博人士。
（2）通过问卷调查（或电子邮件），从各个参与者处获得预测信息（包括对预测所假设的前提和限制）。
（3）汇总调查结果，添加适当的新问题后重新发给所有专家。
（4）再次汇总，提炼预测结果和条件，再次提出新的问题。
（5）如有必要，重复步骤（4），将最终结果发给所有专家。

经过上述三轮预测，德尔菲法通常能得到满意的结果。该方法所需的时间取决于专家组成员数目、进行预测所需的工作量，以及各个专家的反馈速度。

18.4 基于网络的预测：协同规划、预测及补货

协同规划、预测及补货（collaborative planning, forecasting, and replenishing，CPFR）是一个基于网络的，用来调整需求预测、生产及购买计划、供应链中交易伙伴之间库存补给的工具。CPFR被用来将一个n层供应链的所有成员整合起来，包括生产商、零售商以及分销商，如图18-14当中描述的那样。运用CPFR理想的协作点是零售商水平的需求预测。它沿供应链逆流而上，相继被用于同步预测、生产以及补给计划上。

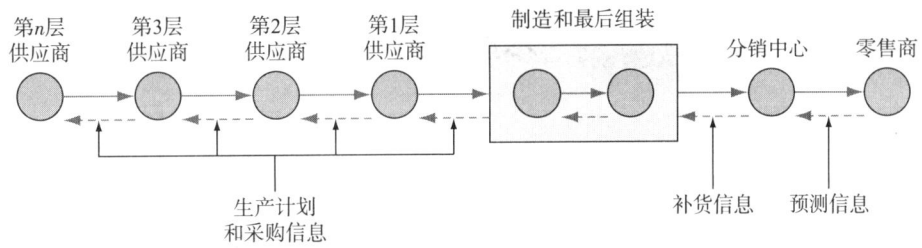

图18-14 包含零售商行为的n层供应链

注：实线箭头代表物料流，虚线箭头代表信息流。

该方法可以被运用于任何行业，当今的CPFR应用主要集中在食品、服饰以及一般机器工业当中。在任何供应链中，分享信息以提升计划的透明度，其潜在收益都是巨大的。对于因改进了供应链协作关系而节约下来的成本，人们有多种多样的估计，仅仅在食品行业每年就有300亿美元。

CPFR的目标是通过共享的网络服务器交换经过选择的内部信息，以提供可靠、长期的关于未来的供应链需求的观点。CPFR使用一种循环、交互的方法来使大家对供应链需求预测产生相同的意见。它由下面的五步组成。

第一步：建立一个前期合作协议。这项协议列明了：①要通过协作达到的目标（例如减少库存、阻止销售额下降的趋势、减少废品率）；②协作所必需的资源（例如硬件、软件、绩效标准）；③在涉及分享敏感的公司信息时所必需的先决条件是信任。对于机密性的期望则会是执行过程当中的巨大障碍。

第二步：联合业务计划。一般来说，成员之间确立合作策略，他们共同设计一个时间表来确定计划活动的顺序和频率，并按照该时间表行事（这影响了产品的流程），另外在交易伙伴之间因需求预测而引起的计划分歧方面，细化了特殊处理的标准。

第三步：实施需求预测。预测的产生可能遵循公司已有的流程。零售商应该在这一过程当中起关键性作用。通过对销售点（point of sale, POS）信息的共享，可以使得卖主和零售商制定更为精确、及时的预期（与外销仓库的撤销和总的商店订单相比）。考虑到预测频率以及可能需要预测的产品的巨大数量，一种简单的预测程序，例如移动平均方法通常会在CPFR当中使用。这些简单的技术通常与专家对促销和定价的知识结合使用，以相应地修改预测值。

第四步：分享预测。零售商（订单预测）以及卖主（销售额预测）随后将他们对于一系列产品的最新的预测数据放到一个共享、专用的服务器上。

服务器对相应的几对预测进行检查，当差值超过预设的安全边际（如5%）的时候，服务器就会对这几对预测值发出异常警告。如果超出安全边际，那么各家公司的计划制订者就会通过电子方式进行协商，以得出一个共同的预测量。

第五步：库存补充。一旦就预测量达成了一致，订单需求就便成了实际的订单，这时，补货过程就开始了。然后这些步骤以不同的次数不断地循环重复，这是根据交易伙伴之间的单个产品以及事件的日程安排来确定的。例如，交易伙伴之间可能会每年对前期的协议做一次审查，每季度对联合商业计划进行一次评价，每周到每月进行一次预测，并且每天进行补货。

交易伙伴之间信息的尽早交流在供应链之间提供了可靠、长期的对未来的预测。基于信息共享的前瞻性会在供应链伙伴之间产生很多收益。

对于大部分先行进行这项工作的公司，会产生怀疑和抗拒变革的情绪。阻碍协作的最大障碍之一是供应链成员之间对于完全的信息共享缺乏信任。以利润最大化为目标的卖主和以成本最小化为目标的顾客之间的目标冲突增加了供应链成员之间的对抗情绪。对于敏感运营数据的分享可能会导致其中一个交易伙伴利用其他交易伙伴。相似地，实施的另一项障碍是可能会对其失去控制。某些公司对于将一些战略性数据，例如财务报表、生产计划以及库存价值公布到网上的理应有合情合理的关切。公司将自己暴露在安全缺口前，前期的合作协议、保密协议以及有限的数据权限可能对克服这些恐惧有帮助。

本章小结

18-1 理解预测对供应链计划的重要性

总结

预测对每个商业组织来说都是必不可少的。在选择方法之前，考虑预测的目的是很重要的。

- 战略预测是典型的长期类型，通常包括预测产品的需求。
- 策略预测涉及短期或者至多几周时间的预测而且多是用于单个产品的预测。

（预测在本书不同的题目中都使用过。）

关键术语

战略预测：用于做出与战略和总需求相关的决策的中期或长期预测。

策略预测：用于做出与满足需求相关的日常决策的短期预测。

18-2 用定量预测方法预测需求

总结

本节主要是针对时间序列技术。在时间序列分析中，利用过去的需求数据来预测未来需求。

- 需求可以分解成如趋势、季节性和随机波动等基本的要素（也有其他的要素，但在本章中讨论的只有这些）。
- 4种不同的时间序列模型包括：简单移动平均、加权移动平均、指数平滑法和线性回归法。
- 针对这些问题我们分析了趋势和季节性因素。
- 由于因果关系预测是利用数据而不是过去的需求来预测的，因此它与时间序列有很大不同。根据误差来衡量预测的质量。各种衡量指标包括平均误差、误差百分比和偏移量。当预测比实际需求偏高或偏低时，就表明发生了偏移。

关键术语

时间序列分析：用过去的需求预测未来需求的一种预测方法。

移动平均：基于过去平均需求的一种预测方法。

加权移动平均：使用过去数据进行的预测，其中近期数据比远期数据更重要。

指数平滑法：一种时间序列预测方法，其使用的权重在过去每段时间以指数（$1-\alpha$）下降。

平滑常数 α：指数平滑方程中的参数，用于控制对预测与实际需求之间差异的反应速度。

平滑常数 δ：指数平滑方程中包含趋势调整的附加参数。

线性回归预测：一种过去的需求是直线的预测方法。

分解：识别时间序列数据并将其分离为基本组成部分（如趋势和季节性）的过程。

预测误差：实际值与预测值之间的差异。

平均绝对离差（MAD）：实际预测误差绝对值的平均值。

平均绝对误差百分比（MAPE）：以平均需求的百分比衡量的平均误差。

跟踪信号：衡量预测是否与需求真实向上或向下变化保持同步的指标，用于检测预测误差。

因果联系：运用除时间以外的自变量来预测未来需求的预测方法。

关键公式

$$F_t = \frac{A_{t-1} + A_{t-2} + A_{t-3} + \cdots + A_{t-n}}{n} \quad (18\text{-}1)$$

$$F_t = w_1 A_{t-1} + w_2 A_{t-2} + \cdots + w_n A_{t-n} \quad (18\text{-}2)$$

$$F_t = F_{t-1} + \alpha(A_{t-1} - F_{t-1}) \quad (18\text{-}3)$$

$$F_t = FIT_{t-1} + \alpha(A_{t-1} - FIT_{t-1}) \quad (18\text{-}4)$$

$$T_t = T_{t-1} + \delta(F_t - FIT_{t-1}) \quad (18\text{-}5)$$

$$FIT_t = F_t + T_t \quad (18\text{-}6)$$

$$Y = a + bt \quad (18\text{-}7)$$

$$b = \frac{\sum ty - n\bar{t} \cdot \bar{y}}{\sum t^2 - n\bar{t}^2} \quad (18\text{-}8)$$

$$a = \bar{y} - b\bar{t} \quad (18\text{-}9)$$

$$S_{yt} = \sqrt{\frac{\sum_{i=1}^{n}(y_i - Y_i)^2}{n-2}} \quad (18\text{-}10)$$

$$MAD = \frac{\sum_{t=1}^{n}|A_t - F_t|}{n} \quad (18\text{-}11)$$

$$MAPE = \frac{100}{n}\sum_{t=1}^{n}\left[\frac{|A_t - F_t|}{A_t}\right] \quad (18\text{-}12)$$

$$TS = \frac{RSFE}{MAD} \quad (18\text{-}13)$$

18-3 用定性方法预测需求

总结

- 定性方法更多地取决于专家的评价或选择，尤其是当过去的需求数据不准确时比较有用。
- 这些方法涉及结构化过程，因此可以增长经验，并且准确度也可以得到评估。

18-4 用综合法预测需求

总结

- 供应链各方，如制造商和销售产品的零售商之间的合作会非常有用。
- 人们经常使用基于网络的技术来获取一个所有相关方均满意的预测。这个系统以其信息共享和对未来计划的透明度两大特点，为所有相关方均带来了极大的利益。

关键术语

协同规划、预测及补货（CPFR）：一种用于协调公司供应链中的预测、生产和采购的网络工具。

应用举例

例1

日升烘焙公司向一系列的食品商店销售油炸圈饼。公司一直经历着因为预测错误所导致的过剩以及供不应求的状况。下面的数据是它过去4周以来对油炸圈饼的需求（单位是打）。油炸圈饼是为第二天生产的，例如，周日油炸圈饼的生产是为了满足周一的销售，周一的生产是为了满足周二的销售，依此类推。面包店在周六会关门，因此周五的生产必须能同时满足周六和周日的需求。

	4周以前	3周以前	2周以前	上周
周一	2 200	2 400	2 300	2 400
周二	2 000	2 100	2 200	2 200
周三	2 300	2 400	2 300	2 500
周四	1 800	1 900	1 800	2 000
周五	1 900	1 800	2 100	2 000
周六	0	0	0	0
周日	2 800	2 700	3 000	2 900

根据如下要求预测本周的需求：

a. 使用 4 周的简单移动平均计算每天的需求；
b. 使用加权平均预测每天的需求量，过去 4 周的权重分别为 0.40、0.30、0.20 以及 0.10。
c. 公司也在对其生产面包所需要的原材料制订计划。如果上周的面包需求量预测为 22 000 块，但是实际需求量仅有 21 000 块，那么使用指数平滑法，公司本周的预测量将是多少（$\alpha = 0.10$）？
d. 假设使用 c 中的预测量，本周的实际需求变成了 22 500 块。下周的新预测量会是多少？

解答

a. 4 周的简单移动平均为：

$$周一 = \frac{2\,400 + 2\,300 + 2\,400 + 2\,200}{4}$$

$$= \frac{9\,300}{4} = 2\,325（打）$$

$$周二 = \frac{8\,500}{4} = 2\,125（打）$$

$$周三 = \frac{9\,500}{4} = 2\,375（打）$$

$$周四 = \frac{7\,500}{4} = 1\,875（打）$$

$$周五 = \frac{7\,800}{4} = 1\,950（打）$$

$$周六及周日 = \frac{11\,400}{4} = 2\,850（打）$$

b. 加权平均。权重分别为 0.40、0.30、0.20、0.10。

	(0.10)	(0.20)	(0.30)	(0.40)	
周一	220 +	480 +	690 +	960	= 2 350
周二	200 +	420 +	660 +	880	= 2 160
周三	230 +	480 +	690 +	1 000	= 2 400
周四	180 +	380 +	540 +	800	= 1 900
周五	190 +	360 +	630 +	800	= 1 980
周六及周日	280 +	540 +	900 +	1 160	= 2 880

c. 对面包需求的指数平滑预测为：

$$F_t = F_{t-1} + \alpha(A_{t-1} - F_{t-1})$$

$$= 22\,000 + 0.10 \times (21\,000 - 22\,000)$$

$$= 22\,000 - 100 = 21\,900（块）$$

d. 指数平滑预测为：

$$F_{t+1} = 21\,900 + 0.10 \times (22\,500 - 21\,900)$$

$$= 21\,900 + 0.10 \times 600 = 21\,960（块）$$

例 2

给定以下信息，利用趋势指数平滑法和线性回归法为 5 月做出预测。

月份	1 月	2 月	3 月	4 月
需求	700	760	780	790

对于趋势指数平滑法，假定过去有趋势的预测（4 月）是 800 单位，过去趋势分量是 50 单位，且 $\alpha = 0.3$，$\delta = 0.1$。

对于线性回归法，利用 1～4 月的需求数据来匹配回归线。利用 Excel 的回归函数 SLOPE 和 INTERCEPT 来计算这些值。

解答

趋势修正指数平滑法

利用以下三个步骤来更新每个阶段的预测值：
1. 无趋势预测 $F_t = F_{t-1} + \alpha(A_{t-1} - F_{t-1})$
2. 更新趋势估计 $T_t = T_{t-1} + \delta(F_t - FIT_{t-1})$
3. 新的包含趋势的预测 $FIT_t = F_t + T_t$

给定 $FIT_{4月} = 800$

$$T_{4月} = 50$$

$$F_{5月} = 800 + 0.3 \times (790 - 800) = 797$$

$$T_{5月} = 50 + 0.1 \times (797 - 800) = 49.7$$

$$FIT_{5月} = 797 + 49.7 = 846.7$$

线性回归法

1. 建立问题并且计算斜率和截距。
2. 利用线性回归来预测：

$$F_t = a + bt$$

此处 a 为斜率，b 为截距，t 为 5，则：

$$F_5 = 685 + 29 \times 5 = 830$$

	A	B	C	D	E
1	Month	Demand			
2	1	700			
3	2	760			
4	3	780			
5	4	790			
6	Intercept	685	=INTERCEPT(B2:B5,A2:A5)		
7	Slope	29	=SLOPE(B2:B5,A2:A5)		
8					

例 3

下表是过去两年的季度性数据。从这些数据当中，使用分解的方法为来年做预测。

时期	实际	时期	实际
1	300	5	416
2	540	6	760
3	885	7	1 191
4	580	8	760

解答

（要注意，由于取整，你所得到的数据可能有些许的差别。这里的数据是使用 Excel 电子表格得到的。）

（1）时期 t	（2）实际 Y	（3）时期平均水平	（4）季节性因素	（5）去除季节性因素的需求（y_d）
1	300	358	0.527	568.99
2	540	650	0.957	564.09
3	885	1 038	1.529	578.92
4	580	670	0.987	587.79
5	416		0.527	789.01
6	760		0.957	793.91
7	1 191		1.529	779.08
8	760		0.987	770.21
总计	5 432	2 716	8.0	
平均	679	679	1	

第 3 栏是季节平均。例如，第一季度的平均是：

$$\frac{300 + 416}{2} = 358$$

第 4 栏是季度平均（第 3 栏）除以总平均（679）。第 5 栏是实际需求量除以季节指数。要计算 t^2 和 ty，我们建立如下表格。

时期	去除季节性因素的需求（y_d）	t^2	ty_d
1	568.99	1	569.0
2	564.09	4	1 128.2
3	578.92	9	1 736.7
4	587.79	16	2 351.2
5	789.01	25	3 945.0
6	793.91	36	4 763.4
7	779.08	49	5 453.4
8	770.21	64	6 161.7
总和	36	5 432	204	26 108.8
平均	4.5	679		

现在我们可以为去除季节性因素的数据计算回归结果。

$$b = \frac{26\,108 - 8 \times 4.5 \times 679}{204 - 8 \times 4.5^2} = 39.64$$

$$a = \bar{y}_d - b\bar{t}$$

$$a = 679 - 39.64 \times 4.5 = 500.6$$

因此，去除季节性因素的回归结果是：

$$Y = 500.6 + 39.64t$$

时期	趋势预测		季节性因素		最终预测
9	857.4	×	0.527	=	452.0
10	897.0	×	0.957	=	858.7
11	936.7	×	1.529	=	1 431.9
12	976.3	×	0.987	=	963.4

例 4

一个具体的预测模型被用来预测某种特定产品的需求，预测需求量和相应的实际需求量如下表所示。使用平均绝对离差以及追踪信号方法来评价预测模型的准确性。

	实际需求量	预测需求量
10 月	700	660
11 月	760	840
12 月	780	750
1 月	790	835
2 月	850	910
3 月	950	890

解答

使用平均绝对离差和追踪信号评价模型。

	实际需求量	预测需求量	实际离差	累计离差（RSFE）	追踪信号	绝对离差（% 偏差）
10 月	700	660	40	40	1.00	40（5.71%）
11 月	760	840	−80	−40	0.67	80（10.53%）
12 月	780	750	30	−10	0.20	30（3.85%）
1 月	790	835	−45	−55	1.13	45（5.70%）
2 月	850	910	−60	−115	2.25	60（7.06%）
3 月	950	890	60	−55	1.05	60（6.32%）
平均需求	805					总离差 = 315

$$MAD = \frac{315}{6} = 52.5$$

$$追踪信号 = \frac{-55}{52.5} = -1.05$$

$$MAPE = (5.71\% + 10.53\% + 3.85\% + 5.70\% + 7.06\% + 6.32\%)/6 = 6.53\%$$

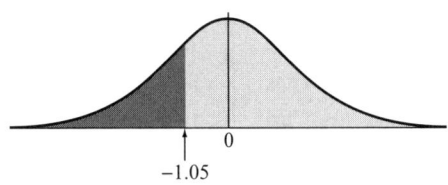

没有足够的证据可以否定该预测模型，所以我们可以使用它。

问题讨论

18-1

1. 为什么在运营与供应链管理中需要预测?
2. 我们经常说关于预测唯一可以确定的是它将是错的。这是什么意思?

18-2

3. 你认为简单移动平均、加权移动平均、指数平滑法、线性回归分析当中的哪一种预测技术最为精确? 为什么?
4. 所有使用指数平滑法、修正平滑法、趋势指数平滑法的预测方法都需要初始值来进行计算。你如何选择 F_{t-1} 的初始值?
5. 通过线性回归分析计算出的季节性指数如何?
6. 讨论平均绝对离差和标准离差之间的基本区别是什么。
7. 预测误差对于寻求复杂性统计预测模型有何启示?
8. 因果关系对一个时间序列的哪一部分有潜在的作用?

18-3

9. 假设你在一家制作早餐谷物如玉米片的公司工作。你的公司正计划引进一种新的很热门的早餐产品,这是由全谷物制成的,且需要由顾客做些许准备。这对公司来说是一种全新的产品。你将如何对该产品的初始需求做出预测?

18-4

10. 因特网的发展是如何影响公司的预测并对其供应链计划产生积极影响的?
11. 在协同规划、预测及补货(CPRF)中,与互联网相关的风险类型有哪些?

客观题

18-1

1. 为了满足需求而做的日常预测是什么?
2. 哪种类型的预测方法使用管理评价代替了数值数据?

18-2

3. 给定下列数据,使用 3 季度的移动平均法来预测今年第三季度的需求。注意:第一季度是 1~3 月,第二季度是 4~6 月,第三季度是 7~9 月,第四季度是 10~12 月。

	1月	2月	3月	4月	5月	6月	7月	8月	9月	10月	11月	12月
去年	100	125	135	175	185	200	150	140	130	200	225	250
今年	125	135	135	190	200	190						

4. 如下是一种特定产品过去 21 个月的实际销售数据。

	去年	今年		去年	今年
1月	300	275	7月	400	350
2月	400	375	8月	300	275
3月	425	350	9月	375	350
4月	450	425	10月	500	
5月	400	400	11月	550	
6月	460	350	12月	500	

使用加权移动平均法,根据过去 3 个季度的数值来预测第四季度的需求。过去 3 个季度的加权值分别为 0.5(最近的季度)、0.25(第二近的季度)、0.25(第三近的季度)。使用季度数值来预测,而不是每月的数值。

5. 下面表格中的数据是一家百货公司开张前 6 个月收到的投诉量。

月份	投诉量	月份	投诉量
1月	36	4月	90
2月	45	5月	108
3月	81	6月	144

如果前 3 个月采用了移动平均法来平滑数据,那么 5 月原预测的投诉量是多少?

6. 下面表格中的数据是 6 个月的实际销量以及 1 月的初始预测需求量。
   a. 使用简单指数平滑为未来的 5 个月计算需求量。$\alpha = 0.2$。
   b. 计算需求的平均绝对离差。

	实际需求量	预测需求量
1月	100	80
2月	94	
3月	106	
4月	80	
5月	68	
6月	94	

7. 下表包含了过去 10 个月来的需求量。

月份	实际需求量	月份	实际需求量
1	31	6	36
2	34	7	38
3	33	8	40
4	35	9	40
5	37	10	41

a. 为这些数据计算指数平滑预测，$\alpha = 0.30$，初始预测 (F_1) 为 31。

b. 为这些数据计算趋势指数平滑预测量，$\alpha = 0.30$，$\delta = 0.30$，初始的趋势预测 (T_1) 为 1，初始的指数平滑预测 (F_1) 为 30。

c. 为每个预测计算平均绝对离差。哪种方法是最好的？

8. 某种产品过去 3 个月来的实际需求量如下表所示。

3 个月前	400 单位
2 个月前	350 单位
上个月	325 单位

a. 使用简单 3 个月的移动平均，计算本月的需求量。

b. 如果本月的实际需求量为 300，下月的预测量是多少？

c. 使用简单指数平滑，如果 3 个月前的指数平滑预测量为 450 单位，本月的预测量会是多少？平滑常数为 0.20。

9. 假设初始为 F_t 为 300 单位，趋势 T_t 为 8 单位，$\alpha = 0.30$，$\delta = 0.40$，如果实际需求为 288，计算下期的需求。

10. 康纳欧文酒厂在 8 年中销售的梅乐红酒数量如下所示。

年份	梅乐红酒的箱数	年份	梅乐红酒的箱数
1	270	5	358
2	356	6	500
3	398	7	410
4	456	8	376

请用 $\alpha = 0.20$ 的指数平滑模型估计第 8 年年底平滑后的值。初始预测值采用第 1 年～第 3 年的平均值，然后向前平滑预测至第 8 年。

11. 如果考虑需求的话，办公室用品供应商店里的产品不是最终全部都能被分销掉的。所以你决定为你的商店进行需求预测以制订计划。8 月的历史数据如右表所示。

第一周	300	第三周	600
第二周	400	第四周	700

a. 使用 3 周的移动平均，预测下周的需求量是多少？

b. 使用 $\alpha = 0.20$ 的指数平滑法，如果对第 3 周的指数预测量被估计为前两周的平均水平 [(300 + 400) / 2 = 350]，那么第 5 周的预测量会是多少？

12. 假设你的商店销售的商品是根据需求预测来确定的。如果分销商的销售人员每月第一天来拜访，使用如下要求的三种方法计算你的预测量。

	实际
6 月	140
7 月	180
8 月	170

a. 使用 3 个月的简单移动平均计算 9 月的预测量。

b. 使用移动加权平均计算 9 月的预测量。6 月、7 月、8 月的权重分别为 0.20、0.30、0.50。

c. 假设对 6 月的预测量为 130，使用单一指数平滑预测 9 月的销量（平滑常数 $\alpha = 0.30$）。

13. 某种产品的历史需求数据如下表所示。

4 月	60
5 月	55
6 月	75
7 月	60
8 月	80
9 月	75

a. 使用 4 个月的简单移动平均计算 10 月的预测量。

b. 使用 $\alpha = 0.2$、9 月预测量 = 65 的单一指数平滑法计算 10 月的需求量。

c. 使用简单线性回归，为历史数据计算趋势曲线。X 轴为 4 月 = 1，5 月 = 2，依此类推。Y 轴为需求量。

d. 使用回归公式，预测 10 月的需求量。

14. 对立体声耳机和为慢跑者设计的 CD 播放器的需求导致 Nina 公司去年的销量几乎增加了 50%。慢跑者的数量一直在持续增大，因此 Nina 公司预测对于头戴式耳机的需求数量也会增加。因为到目前为止，还没有任何一条安全法规禁止慢跑者在跑步时戴耳机。去年对播放器的需求如下表所示。

月份	需求（单位）	月份	需求（单位）
1月	4 200	7月	5 300
2月	4 300	8月	4 900
3月	4 000	9月	5 400
4月	4 400	10月	5 700
5月	5 000	11月	6 300
6月	4 700	12月	6 000

a. 使用最小二乘法回归分析，你预计明年每个月的需求量会是多少？根据表 18-2 和图 18-6，使用电子表格进行计算。把你的结果与使用预测电子表格功能得到的结果进行比较。

b. 为了能够有相当的自信满足需求，Nina 公司为了安全起见决定使用 3 个估计标准误差。应该有多少额外的单位来满足这个水平的置信水平？

15. 某产品的历史需求数据如下表所示。

1月	12
2月	11
3月	15
4月	12
5月	16
6月	15

a. 使用加权移动平均计算 7 月的需求量，权重分别为 0.60、0.30、0.10。

b. 使用 3 个月的简单移动平均，计算 7 月的预测量。

c. 使用指数平滑法（$\alpha = 0.2$，6 月的预测需求量 = 13）计算 7 月的预测需求量。可以根据情况设定假设条件。

d. 使用简单线性回归分析，为先前的需求数据计算回归方程。

e. 使用 d 中得出的回归方程计算 7 月的需求。

16. 使用历史需求数据为三种不同的产品计算得出的追踪信号如下表所示。每种产品使用相同的预测技术。

	TS1	TS2	TS3
1	−2.70	1.54	0.10
2	−2.32	−0.64	0.43
3	−1.70	2.05	1.08
4	−1.10	2.58	1.74
5	−0.87	−0.95	1.94
6	−0.05	−1.23	2.24
7	0.10	0.75	2.96
8	0.40	−1.59	3.02
9	1.50	0.47	3.54
10	2.20	2.74	3.75

讨论每种追踪信号以及它们的含义。

17. 下表是一种产品 9 个月（1～9 月）的实际需求量。你的上司希望你测试一下两种预测技术，以试验在该段时间内哪种方法更好。

月份	实际需求量	月份	实际需求量
1月	110	6月	180
2月	130	7月	140
3月	150	8月	130
4月	170	9月	140
5月	160		

a. 使用 3 个月的移动平均方法预测 4～9 月的需求量。

b. 使用简单指数平滑法（$\alpha = 0.30$）预测 4～9 月的需求量（以 1～3 月的平均值作为 4 月的初始预测值）。

c. 使用平均绝对离差决定哪种方法得出的这 6 个月的预测更好。

18. 一种特殊的预测模型被用来预测 6 个月的需求量。如下是预测量和实际需求量。

	预测需求量	实际需求量
4月	250	200
5月	325	250
6月	400	325
7月	350	300
8月	375	325
9月	450	400

找出追踪信号并且说明你是否认为该模型能够给出可以接受的答案。

19. Harlen 公司有一项简单的预测模型：用去年某月的实际需求量除以该月的部分星期数，得出该月的平均每周需求量，然后将该平均每周需求量当作今年相同月份的每周预测量。该项技术被用来预测今年某 8 周的需求，得出的数量以及实际需求量如下表所示。

接下来的 8 周显示了预测量（基于去年）以及实际的需求量。

周	预测需求量	实际需求量	周	预测需求量	实际需求量
1	140	137	5	140	180
2	140	133	6	150	170
3	140	150	7	150	185
4	140	160	8	150	205

a. 计算预测误差的平均绝对离差。

b. 使用 RSFE 计算追踪信号。

c. 基于 a 与 b 的答案，评价 Harlen 公司的预测方法。

20. 在这个问题当中，你要讨论预测模型的有效性。如下是你过去一直在使用的模型的预测需求量以及相应的实际需求量。

周	预测需求量	实际需求量
1	800	900
2	850	1 000
3	950	1 050
4	950	900
5	1 000	900
6	975	1 100

使用书中提到的方法计算平均绝对离差以及追踪信号，然后说明你一直在使用的预测模型是否给出了可信的预测量。

21. 下表显示了使用独特预测方法所得出的产品预测需求量以及实际需求量。

预测需求量	实际需求量
1 500	1 550
1 400	1 500
1 700	1 600
1 750	1 650
1 800	1 700

a. 使用平均绝对离差计算追踪信号并且计算预测误差的总和。

b. 讨论你的预测方式是否得出了好的预测结果。

22. 你的经理正在决定使用何种预测方式。基于下列历史数据，计算如下预测，并且详细说明你所使用的程序。

月份	实际需求量	月份	实际需求量
1 月	62	7 月	76
2 月	65	8 月	78
3 月	67	9 月	78
4 月	68	10 月	80
5 月	71	11 月	84
6 月	73	12 月	85

a. 计算 4~12 期的 3 月简单移动平均预测量。

b. 计算 4~12 期的加权 3 月平均预测量，权重分别为 0.50、0.30 以及 0.20。

c. 计算 2~12 期的单一指数平滑预测量。初始预测量（F_1）为 61，$\alpha = 0.30$。

d. 计算 2~12 期的趋势指数平滑预测量。初始趋势预测（T_1）为 1.8，初始指数平滑预测（F_1）为 60，$\alpha = 0.30$，$\delta = 0.30$。

e. 计算使用每种技术所得出的 4~12 期预测量的平均绝对离差（MAD）。你更倾向于使用哪一种预测方法？

23. 使用某预测模型 6 个月以后，你决定使用平均绝对离差以及追踪信号对其进行检验。下表是过去 6 个月的实际需求量及预测需求量。

月份	预测需求量	实际需求量
5 月	450	500
6 月	500	550
7 月	550	400
8 月	600	500
9 月	650	675
10 月	700	600

a. 找出追踪信号。

b. 说明你的预测程序是否可以接受。

24. 宙斯公司以前的主要业务是生产迅驰芯片，但是过去的 3 年内市场业绩一直在下降，因为宙斯公司不能生产双核芯片。因此，公司很不情愿为来年的需求量做预测，因为公司还没有为其生产线找到替代的芯片。下表是公司过去 12 个季度所面临的需求。

两年前		去年		今年	
第一季度	4 800	第一季度	3 500	第一季度	3 200
第二季度	3 500	第二季度	2 700	第二季度	2 100
第三季度	4 300	第三季度	3 500	第三季度	2 700
第四季度	3 000	第四季度	2 400	第四季度	1 700

使用分解技术预测未来 4 个季度的需求。

25. 两年来公司的销量数据如下。在每一个周期内，每两个月的需求量被合计起来。

月份	销量	月份	销量
1~2 月	109	1~2 月	115
3~4 月	104	3~4 月	112
5~6 月	150	5~6 月	159
7~8 月	170	7~8 月	182
9~10 月	120	9~10 月	126
11~12 月	100	11~12 月	106

a. 为该数据作图。

b. 为这些销量数据找出合适的简单线性回归模型。

c. 除了回归模型以外，找出多季节指数因素。假设一整年为一个周期。

d. 使用 b 和 c 中得出的结果，为来年做预测。

26. 下面的表格显示了过去两年每季度的销量信息。假设趋势与季节性因素都存在，并且季节性因素的周期为一年。使用时间序列分解法预测下一年每季度的需求。

季度	销量	季度	销量
1	215	5	160
2	240	6	195
3	205	7	150
4	190	8	140

27. 图森机器公司生产由数字控制的机器，平均售价为 500 000 美元。过去两年来机器的销售如下表所示。

季度	数量（单位）	季度	数量（单位）
去年		今年	
第一季度	12	第一季度	16
第二季度	18	第二季度	24
第三季度	26	第三季度	28
第四季度	16	第四季度	18

a. 在 Excel 中使用回归法画一条线。

b. 找出趋势和季节性因素。

c. 预测下一年的销量。

28. 给定以下数据，计算去除季节性需求，并利用回归分析来预测明年夏季的市场需求。

年份	季节	实际需求量
2 年前	春季	205
	夏季	140
	秋季	375
	冬季	575
去年	春季	475
	夏季	275
	秋季	685
	冬季	965

29. 右表是两家公司从 3 年前第一季度到 2 年前第二季度的每股收益。预测今年下半年和明年的每股收益。使用指数平滑预测今年第三季度的需求，使用时间序列分解法预测今年后 2 个季度和明年 4 个季度的每股收益（使用电子表格解决此问题会非常容易，这样你会看到到底发生了什么）。

（美元）

	季度	公司 A	公司 B
3 年前	第一季度	1.67	0.17
	第二季度	2.35	0.24
	第三季度	1.11	0.26
	第四季度	1.15	0.34
2 年前	第一季度	1.56	0.25
	第二季度	2.04	0.37
	第三季度	1.14	0.36
	第四季度	0.38	0.44
1 年前	第一季度	0.29	0.33
	第二季度	−0.18（损失）	0.40
	第三季度	−0.97（损失）	0.41
	第四季度	0.20	0.47
今年	第一季度	−1.54（损失）	0.30
	第二季度	0.38	0.47

a. 对于指数平滑方法，选择 3 年前年第一季度作为初始预测。在 $\alpha = 0.10$ 和 $\alpha = 0.30$ 的情况下做两次预测。

b. 使用平均绝对离差方法，加上从 3 年前到今年第二季度的实际数据，检验预测模型的表现如何？

c. 使用时间序列分解预测方法预测今年最后 2 个季度的每股收益以及明年 4 个季度的需求。在收益当中是否有季节性因素？

d. 使用你的预测对每家公司进行评价。

30. 扬声器公司的新产品经理，需要找出哪些变量对其立体声扬声器需求量的影响最大。他不确定产品的单价或者增加营销努力是否为提高销量的主要驱动力，并且希望用回归分析的方法来找出哪个因素对其特定市场需求量的增加作用最大。持续 12 年的大规模营销信息被收集，数据如下（年份 1 是 12 年前的数据）。

年份	销量/单位（千）	价格/单位	广告（1 000 美元）
1	400	280	600
2	700	215	835
3	900	211	1 100
4	1 300	210	1 400
5	1 150	215	1 200
6	1 200	200	1 300
7	900	225	900
8	1 100	207	1 100
9	980	220	700
10	1 234	211	900
11	925	227	700
12	800	245	690

a. 使用 Excel 软件基于这些数据进行回归分析。根据结果回答后面的问题。

b. 价格和广告，哪个变量对于销售额的影响更大？你是如何知道的？

c. 如果单价为 300 美元，广告费用是 900 美元。根据回归的结果指出年度的扬声器销售额。

31. 去年 4 个季度和今年前 3 个季度的销售情况如下。

（美元）

	季度			
	1	2	3	4
去年	23 000	27 000	18 000	9 000
今年	19 000	24 000	15 000	

分析从去年到今年的需求变化，以及需求的季节性，同时预测今年第四季度的预期销售情况。

32. 右表展示的是一家公用事业公司从第 1～11 年的销售情况。预测第 12～15 年的销售情况。根据自己的判断、直觉或者常识决定该用哪种模型或者方法以及哪段时间的数据。

18-3

33. 哪种预测方法用到了电话调研或书面调研？

	销售情况（百万美元）
1	4 865.9
2	5 067.4
3	5 515.6
4	5 728.8
5	5 497.7
6	5 197.7
7	5 094.4
8	5 108.8
9	5 550.6
10	5 738.9
11	5 860.0

34. 哪种定性预测方法将各个参与者赋予相同权重？

35. 当需要为新产品做需求预测时，有时公司会用类似已有产品的需求数据来帮助计算新产品的需求预测。这个例子属于哪类预测方法？

18-4

36. 很多时候企业会和供应链上的企业合作，以实现需求预测和产品配送。这属于哪种预测方法？

37. 使用综合法实现协同式供应链库存管理时，有哪几个步骤？

38. 协同式供应链库存管理的第一步是什么？

 分析练习 星巴克的供应链需求预测

正如本章开头我们所讨论的一样，星巴克有一个全球性的、巨大的需要供应 1.7 万家门店的供应链系统。尽管各个门店看起来情况一致，但事实上各个门店存在较大的差异性。星巴克需要各个门店根据所在地、大小、客户需求，充分利用空间和客户偏好，实现利润最大化。

星巴克的配送系统非常复杂，此处我们主要关注其在美国五大配送中心对同一个物品的供应流程。我们选择的是在主要门店销售的煮咖啡器。煮咖啡器的性能稳定，每年的销量也比较稳定。星巴克不把它作为季节性产品，但需求随着时间也有一定起伏。过去 13 周的销量如下面的表格所示。

从表中可以看出，各个配送中心的销售情况略有不同。比如说在第 13 周，亚特兰大每周销售 40 个，而达拉斯则销售 42 个。本季度的销售情况和该表较为接近。

管理层现在想要测试几种预测模型，并选择一种在新系统中实施运用。这个系统预计会使用两种模型之一：简单移动平均或指数平滑。

周	1	2	3	4	5	6	7	8	9	10	11	12	13	平均
亚特兰大	33	45	37	38	55	30	18	58	47	37	23	55	40	40
波士顿	26	35	41	40	46	48	55	18	62	44	30	45	50	42
芝加哥	44	34	22	55	48	72	62	28	27	95	35	45	47	47
达拉斯	27	42	35	40	51	64	70	65	55	43	38	47	42	48
洛杉矶	32	43	54	40	46	74	40	35	45	38	48	56	50	46
总计	162	199	189	213	246	288	245	204	236	257	174	248	229	222

问题

1. 假定使用的是简单移动平均模型。实验采用了近5周和过去3周的数据。各区域以前的数据可在下表中找到（−1周代表早于上表第1周一个星期，−2周则早于两个星期，依此类推）。请依据平均绝对离差、平均绝对误差百分比和跟踪信号来评价基于各区域13周需求数据做出的预测。

周	−5	−4	−3	−2	−1
亚特兰大	45	38	30	58	37
波士顿	62	18	48	40	35
芝加哥	62	22	72	44	48
达拉斯	42	35	40	64	43
洛杉矶	43	40	54	46	35
总计	254	153	244	252	198

2. 假定下面使用的是指数平滑模型。在分析中，α 分别取 0.2 和 0.4 两个值，并使用问题1中所提到的几个指标来评价本模型。假定 α 为 0.2 的模型最初的预测是过去3周的平均值（周次 −3、−2 和 −1 的平均需求），而 α 为 0.4 的模型则是基于过去5周的数据。

3. 星巴克正考虑为煮咖啡器的供应链进行简化——不再用5个分销点，而只采用1个分销点。请对5个区域的总需求数据做出预测的准确度进行分析，并以此来评价这一新方案。分析时可采用你从问题1、2中得出的那个最佳模型。利用平均绝对离差、平均绝对误差百分比和跟踪信号评估你的新预测。

4. 从预测角度来看，这种基于总需求的预计有何优劣？从多个配送中心转为单个配送中心时，是否还有其他应当考虑的因素？

练习测试

写出以下每个语句定义的术语或回答问题，答案见底部。

1. 这种预测用于长期决策的制定，例如仓库的选址、工厂来年所需雇用工人的数量。
2. 这种需求最适合使用预测模型。
3. 这个术语在某产品或服务的销售受到实实在在的影响时会被使用。
4. 这是组成需求的6个主要部分。
5. 这个方法最适于过去的数据能很好地反映未来的情况。
6. 这个方法识别出时间序列数据，并将其分离成需求的各个组成部分。
7. 如果本周的需求是 102 个单位，且我们预测下一周的需求为 125 个单位，那么下一周使用 α 为 0.3 的指数平滑模型做出的预测是多少？
8. 假设你正使用趋势修正指数平滑模型。需求正以每周 5 个单位的速度稳定增长。你认为 α 和 δ 是接近 1 还是接近 0？
9. 假设你做出的预测的平均错误率约为 10%，平均需求是 130 个单位，请问 MAD 为多少？
10. 如果你的预测的追踪信号一直为正，你就能用这个来描述你的预测方法。
11. 对于第10题描述的情况，你有什么改进的意见？
12. 你知道你们公司在当地报纸上的广告能极大地影响公司的销售，在这种情况下你会建议采用哪种预测方法？
13. 当你就产品与顾客紧密合作时，最适合使用哪种预测工具？

答案：1. 长期预测。2. 独立需求。3. 需求有量值。4. 一般趋势的需求、季节性需求、随机性需求、季节性需求以及自相关需求。5. 时间序列分析。6. 分解。7. 118。8. 均为1 接近。9. 13。10. 偏高，唯一直偏小。11. 加入趋势。12. 因果关系分析（使用回归）。13. 协同规划、预测及补充。

第 19 章

销售与运营计划

学习目标

19-1 理解什么是销售与运营计划及其如何与制造、物流、服务和营销计划相协调；

19-2 制订并评估为满足需求含有多种战略的综合计划；

19-3 解释什么是收益管理以及为什么它是确定需求的一个重要策略。

引导案例

美国西南制造公司的销售与运营计划

思考美国西南制造公司执行人员在月度计划会议上面临的困境。事情很艰难，似乎每个人都在抱怨。

总经理一直在审查来自市场的报告。"我们的产品总是脱销。如果我们没有产品，如何能在顾客需要的时候卖出货物呢？而且客户响应时间也很糟糕。当问题产生的时候，我们通常要花好几天才能给予答复。我们不能再这样继续下去了。"

供应链主管说："我们上个月的市场预测非常不准确。我们比预期多卖了 30%。你怎么能指望我们还有库存呢？"

市场营销主管也附和道："我们这个月过得很好，你们在抱怨什么？我们在月中告诉过你们事情进展得很顺利。"工厂经理回答说："我们不可能那么快做出反应。你对我们有什么期望？我们的时间表在未来 6 周是固定的。你希望我们更加有效率，不是吗？"

总经理问道："我们下个月是不是应该把所有产品的产量都提高 30%？我可不想再脱销了。"

市场营销主管回应道："只要你愿我们像上个月一样买二赠一。我不敢肯定像这样打折我们能赚到多少钱。"

这让财务主管明白起来："哦，所以现在我明白为什么我们的收入会出现这么大的负值了。我们不能再把东西送出去了。"

销售人员、供应人员、财务人员之间的争执持续了一个月又一个月。问题在于如何以能够使公司盈利的价格匹配供需，这十分困难，并且大多数公司都会出现这样的问题。

现在，许多公司使用一种名为销售与运营计划（S&OP）的业务流程来帮助避免类似的问题。本章定义了销售与运营计划并讨论它是如何工作的。

© Lane Oatey/Getty Images RF

19.1 什么是销售与运营计划

在本章中，我们主要讨论**综合运营计划**（aggregate operations plan）。它把年度和季度的业务计划转化为一般的中期（3～18个月）劳动力以及产出计划。综合运营计划的目标是使满足当期需求所需要的资源的成本最低。

销售与运营计划用于帮助企业提高客户服务、减少库存、缩短交货时间、稳定生产率以及帮助高层管理人员处理业务。该流程旨在协调与市场营销及销售相关的主要业务活动以及满足长期需求所需的运营与供应链活动。根据不同的情况，业务活动可能包括报纸广告的时间安排、停产产品的折扣数量以及直销促销。这项流程可以帮助企业实现供给与需求之间的平衡并且一直保持这种平衡。这项流程基于销售、运营、财务以及产品研发部门之间的通力合作。

销售与运营计划是通过一系列会议来制定的，并且以一种制定关键终期决策的更高层次的会议为终结。它的最终目标是在各部门之间达成协议，以实现供需之间的最佳平衡。主要的思想是使运营计划与总体业务计划相符合。

这种平衡必须要在综合水平以及单个产品水平达到。在综合（aggregate）上达到平衡指的是在主要产品组合层次上的平衡。我们必须保证一直有足够的总体生产能力，因为需求是不断变化的，所以必须在 3～18 个月或更长时间内监控我们的预测需求。在规划未来时，很难精确地知道我们需要多少某种特定产品，但是我们应该知道大概可以卖出多少相似产品的组合。综合指的就是这种产品的组合。假设有足够的综合能力，每种产品的生产量就能满足每天和每周每种产品的订单，进而满足短期的顾客需求。该调度程序受到总能力的限制。

19.1.1 销售与运营计划概览

图 19-1 表明了销售与运营计划相对于其他主要运营计划的重要作用。**销售与运营计划**（sales and operations planning）用于企业保持需求和供给之间的平衡，在运营管理中，我们通常称这项工作为**综合计划**（aggregate planning）。这一新术语旨在捕捉跨职能工作的重要性。一般来说，这种活动包括一般管理、销售、运营、财务以及产品研发。

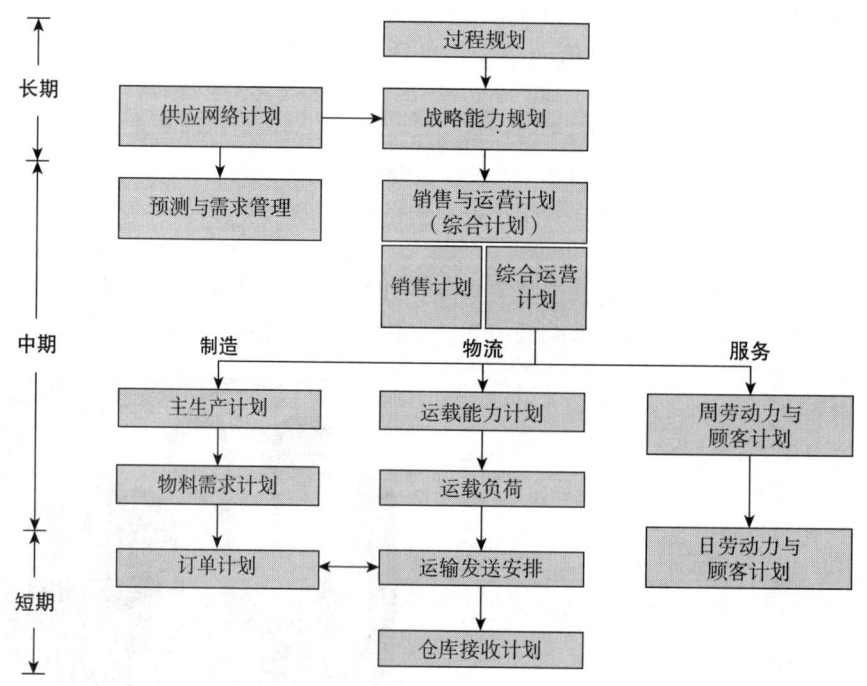

图 19-1 主要运营与供应计划活动概述

在销售与运营计划中，营销部门制订了一项延续至未来 3～18 个月的销售计划。这项销售计划一般是以综合产品组合为单位，并且经常与销售激励项目和其他销售行为紧密相关。在运营方面则开发出了一个运营计划作为流程的输出结果，在本章中我们将要深入讨论这个计划。通过对产量和销量的关注，营销和运营部门可以联合开发计划来满足需求。当市场上的需求随着市场趋势、季节以及其他因素的变化而显著变化时，这就是一项十分困难的任务。

供给端的综合计划由产品族来实现，需求端则由消费者群体来实现。由于销售与运营计划流程，人们可以更轻松地处理单个产品生产计划和匹配客户订单。典型的销售与运营计划以月为周期。销售与运营计划将公司的战略计划和业务计划与其详细的运营与供应流程联系起来。这些详细的流程包括制造、物流以及服务，如图 19-1 所示。

一家公司的耳机产品族

图 19-1 中的时间纬度被分为长期、中期和短期。**长期计划**（long-range planning）通常每年编制一次，它关注的时间范围长于 1 年。**中期计划**（intermediated-range planning）通常涵盖从 3 个月到 18 个月的时间段，时间通常按每周、每月或者有时以每季度单位增长。**短期计划**（short-range planning）涵盖从 1 天到少于 6 个月的时间段，以每天或者每周的单位增长。

长期计划的活动主要有两个方面：一方面是公司产品生产的制造和服务流程的设计，另一方面是将产品送至顾客的物流活动的设计。流程计划则决定用于产品或服务生产的具体技术和程序。战略能力计划决定生产系统的长期能力（如规模和范围）。类似地，从物流角度来看，供应网络计划决定如何在企业外部将产品配送给顾客，并做出仓库选址、所用运输系统类型的决定。在企业内部，供应网络计划包括与生产外包、零部件供应商选择等相关的决策。

中期计划的活动包括预测与需求管理以及销售与运营计划。预期需求的确定是预测和需求管理的核心。根据这些数据，才能相应地做出满足需求的销售与运营计划。销售计划是销售人员活动的输入端，是编制营销计划的核心。运营计划是企业制造、物流以及服务活动计划的输入端。主生产计划和物料需求计划旨在生成详细的计划，以指导制造活动确定何时需要零部件。与这些计划相配合的是物流计划，用于零部件和产成品在供应链里的运输。

短期计划的具体内容主要关注生产调度和发运请求。这些请求需要与在供应链内进行实际运输的车队相配合。对于服务业，人员的短期计划是要保证提供足够的客户服务并维持公平的员工安排。

19.1.2 综合运营计划

综合运营计划根据产品类或更广泛的分类确定中期（3～18 个月）的生产率。图 19-1 中显示，综合计划在主生产计划之前制定。综合计划的主要目的是确定生产率、劳动力水平和当前库存的最佳组合。**生产率**（production rate）指的是单位时间（例如每小时或者每天）内所生产出的产品数量。**劳动力水平**（workforce level）指的是生产某一产量所需要的工人数量（产量＝生产率 × 劳动力水平）。**当前库存**（inventory on hand）指的是前期所存留下来的未使用的库存。

下面是对综合计划问题的正式描述：已知在计划期 T 期中第 t 期的需求预测 F_t，确定生产水平 P_t、库存水平 I_t 以及劳动力水平 M_t（$t = 1, 2, \cdots, T$），使得计划期内的相关成本最低。

不同的公司有不同的综合计划形式。在有些公司中，综合计划是一种标准化的报告，包含了计划的目标以及计划所基于的前提假设。在其他企业中，尤其是在相对较小的企业中，工厂主往往只是简单地计算一下影响总员工策略所需要的劳动力。

综合计划所形成的过程也有很大的不同。通常的做法是根据公司的年度计划来安排，如图 19-1 所示。典型的公司计划包含一个生产上的环节：确定未来 12 个月中每条主生产线上需要多少单位才能满足销量的预测。计划制订者利用这个信息来确定如何利用现有资源最好地满足需求。另一种办法是，企业把产出所需要的资源换算到同一单位中，并把这作为综合计划的基础。例如，通用的汽车的一个部门被要求在某一工厂生产一定数量的所有车型的小汽车。生产计划制订者就可以以所有车型的汽车所需要的平均劳动力水平作为总的综合计划的基础。对该计划进行一下修改，将要生产的某一特定种类的车型会被反映到短期生产计划当中。

另一种制订综合计划的方法是将各种生产时序安排综合起来，并且计算相应的能力需求，来看每个工作中心是不是都具有足够的劳动力以及设备。如果生产能力不足，需要加班、分包订单或者雇用额外的工人，就把它细分到每一条生产线并且形成粗略计划。经过试算或者数学方法，这个计划形成了一个相对成本较低的最终计划。

1. 生产计划环境

图 19-2 显示了构成生产计划环境的内部和外部因素。总体来说，外部环境是超出计划制订者的直接控制范围的，但是在某些公司中，对产品的需求可以被有效地管理。通过营销和运营部门的密切合作，促销和降价可以在淡季创造需求。反过来说，当对产品的需求比较旺盛的时候，可以减少促销活动或者提高价格，使公司可以提供的产品或者服务所获得的收益最大化。在"收益管理"（yield management）这部分，我们会讨论当前为管理需求而实施的一些实践活动。

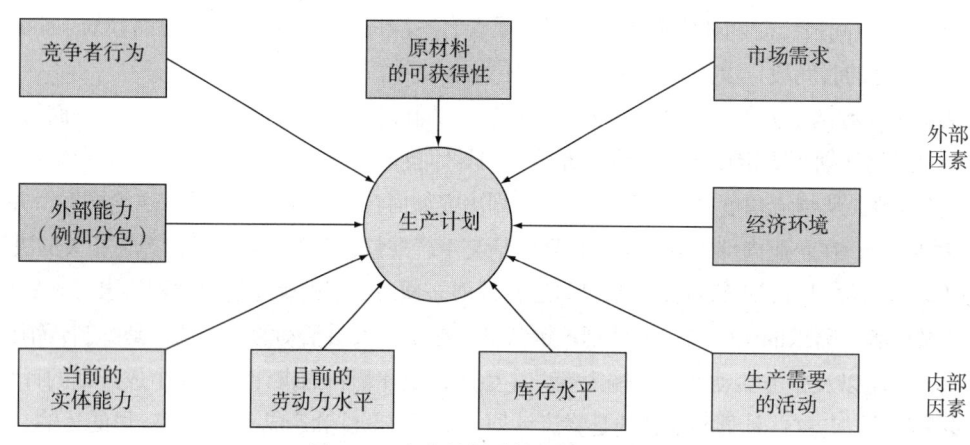

图 19-2　生产计划系统所需要的信息

互补产品可以为面临循环需求波动的公司服务。例如，剪草机生产企业在春季和夏季面临着强劲的市场需求，然而在秋冬季节市场需求却很低。这样，通过生产在秋冬季需求量很高，而在春夏季需求量较低的互补产品（例如铲雪车、吹雪机或者吹叶机），生产系统的需求量就变得平滑了很多。在服务业中，这个周期通常以小时而不是月来计算。在午餐和晚餐时间面临很高需求的餐馆，通常会在早上丰富早餐菜单来增加需求。

尽管如此，我们能够控制的需求量仍然是有限的。最终，在制订生产计划时，计划制订者在制订计划的过程中必须要依据营销部门所实施的销售计划以及接到的订单，把内部因素作为可以被控制的变量。一种方便管理这些内部因素的新方法叫作**精确响应**（accurate response）。它需要对历史需求模式进行精确测量以及对何时开始生产某一特定产量进行专业判断。这种方法的关键因素在于把相对来说可以预测出需求量的产品从那些相对来说不能预测需求量的产品中确定出来。

内部因素自身在可控性上也有区别。当前的实体生产能力（工厂或者设备）在短期内几乎是固定的，与工会的契约通常会限制我们采取措施改变劳动力，实体生产能力也不能一直增加，而且最高管理层可能会限制库存所占用的资金数量。尽管如此，管理这些因素仍然具有一定的柔性，生产计划的制订者可以实施一种或者几种我们这里提到的**生产计划策略**（production planning strategies）。

2. 生产计划策略

本质上说，有三种生产计划策略。这些策略在劳动力规模、工作时间、库存以及未完成订单之间寻求平衡进行取舍。

冲浪板和滑雪板就是互补产品的一个很好的例子

（1）**追赶策略**（chase strategy）。根据订单多少的变化来决定雇用或者解雇雇员，使生产率和订单数量相匹配。这种策略能否成功取决于在需求量上升的时候是否具有受过简单培训的应征者储备可供雇用。很明显，这种策略会影响员工的情绪。当未完成的订单很少的时候，雇员可能被迫减慢速度，因为他们害怕在现有订单完成后被解雇。

（2）**稳定劳动力水平：可变劳动时间**（stable workforce：variable work hours）。利用柔性生产时间安排或者加班来改变工作小时数，通过改变工作小时数来改变产出。通过改变工作小时数，我们可以实现生产数量和订单之间的匹配。这种策略提供了劳动力的延续性并且能够避免一些追赶策略因为解雇和雇用劳动力而造成的情感上或者实际上的成本。

（3）**平准策略**（level strategy）。保持稳定的劳动力水平以及稳定的产出水平。通过改变库存水平、订单积压和销售损失来消除短缺与过剩。对顾客的服务水平潜在地下降了，库存成本增加了，但是员工能够从稳定的工作时间中得益。另一个需要关注的问题是库存产品可能被荒废。

如果只采用以上策略当中的一种来应对需求的波动，就被称为**单一策略**（pure strategy）；使用两种或两种以上策略就被称为**混合策略**（mixed strategy）。你可能已经想到了，混合策略在实际中应用更加广泛。

3. 分包

除了这些策略，管理人员还经常把产量中的一部分分包（subcontracting）出去。这种策略和追赶策略相似，只不过雇用还是解雇被转化为是否分包。某一水平的分包可以调节需求的波动。然而，除非与供应商有相当强的关系，否则生产者可能失去对产量和时间的控制。

4. 相关的成本

有4种成本与综合生产计划相关，它们与生产自身以及保持库存的成本和未完成订单的成本相关。具体来说，它们是：

（1）**基本生产成本**。这些是在某一特定时间段、某一生产类型下生产所导致的固定成本和可变成本，包括直接或者间接的劳动力成本以及超时的补偿。

（2）**与生产率相关的成本**。这种成本包括雇用、培训以及解雇员工所需要的成本。雇用临时工是避免这种成本的方法之一。

（3）**库存成本**。最主要的组成部分是库存所占用的资金，其他的组成部分是存储、保险、税金以及废弃的成本。

（4）延期交货成本。这种成本通常很难衡量，包括支出的成本、客户好评的下降以及由于缺货所引起的销售收益的减少。

| 专栏 19-1 |

全都在于计划

总经理突然召集员工开会。你战战兢兢地坐在会议室里，声音紧张得发抖。最近公司里谣言四起，说本月又要有一名人员会被解雇，而从上次"清洗"中留下来的都是些狡猾的家伙。会议开始了。三色图片和3D电子图表中显示的仍然是跟原来一样的过时消息，经理对这些消息已经产生了怀疑，在这场没有尽头的游戏中，经理正努力想要得到官方的准确回应。

这是全世界许多公司都非常熟悉的场景。有趣的是，像高级光学零件这样的公司已经学会如何将需求和供应相匹配。这家公司是Finisar的一个部门，前身是VCSEL。高级光学零件最近研发了一种新型的半导体激光器，广泛应用于计算机、网络以及传感设备。对于这家有一系列将要投放市场新型创新产品的公司来讲，对生产能力进行预测和管理是一项十分独特的挑战。高级光学零件使用以月为单位的销售与运营计划流程，对短期和长期预测的准确性能够达到60%～95%，甚至更好。他们计划中一些具体的步骤使执行小组关注下面的问题：①现有以及新产品的需求机会；②对公司生产产品满足需求的限制有哪些。这个计划在每月的销售与运营执行会议上提出，保证了需求和供给之间保持一致。这样消费者就可以在合适的时间得到他们想要的产品，而库存和成本也被控制在最小。

高级光学零件的经理指出，计划最重要的环节是要得到总经理的支持。第二步是要充分理解团队需要做什么，包括承诺把需求和供应计划进行平衡，对满足绩效标准负责，诚实开放的沟通，不随便对做不到的事情许诺，做决策来帮助确认机会以及限制。

5. 预算

为了获得资金支持，运营经理必须每年甚至每季度提出预算申请。综合计划是编制预算过程成功的关键所在。回忆一下，综合计划的目的是使计划期内总的与生产相关的成本达到最低，这是通过劳动力水平和库存水平的最优结合确定的。因此，综合计划为所申请的预算金额提供了支持理由。精确的中期计划增加了下面活动的可能性：①接收预算申请；②在预算范围内进行运营活动。

在下一部分中，我们会提供制造业和服务业当中中期计划的一些例子。这些例子表明了不同的生产计划策略之间的权衡。

19.2 综合计划技术

公司经常用表格和图形进行试算来制订综合计划。试算法包括在各种生产计划的供选方案当中选择一个最好的。人们开发出了详尽的电子表格以方便决策过程，包括线性规划和仿真在内的复杂方法通常包含在电子表格当中。下面我们将以JC公司的需求满足为例说明如何利用电子表格比较4种策略，然后我们讨论运用线性规划的更加复杂的方法（见附录A）。

19.2.1 应用试算法举例：JC公司

一个需求有显著季节变动的公司通常会制订全年的生产计划以适应最忙与最闲的月份，但我们可以在一个较短的计划期内说明试算法的一般原则。假设我们要为JC公司制订下6个月的生产计划，已知信息如下页表所示。

	需求和工作天数						
	1月	2月	3月	4月	5月	6月	总计
需求预测	1 800	1 500	1 100	900	1 100	1 600	8 000
工作天数	22	19	21	21	22	20	125
	成本						
原材料成本	100.00 美元/件						
库存成本	1.50 美元/件·月						
库存的边际成本	5.00 美元/件·月						
分包的边际成本	20.00 美元/件·月（120 美元分包成本 – 100 美元原材料成本）						
雇用和培训成本	200.00 美元/人						
解雇成本	250.00 美元/人						
需要的劳动时间	5 小时/件						
正常人工成本（每天 8 小时）	4.00 美元/小时						
加班成本（1.5 倍正常人工成本）	6.00 美元/小时						
	库存						
期初库存	400 件						
安全库存	每月需求的 25%						

为了解决这个问题，我们可以把原材料成本排除在外。在计算中，我们可以包括这个 100 美元的成本，但是如果我们假设这 100 美元的成本对于需求量的每一个单位都是相同的，那么我们就可以仅仅关注边际成本。因为分包的成本为 120 美元，所以不包含原材料成本的边际成本就是 20 美元。

应该注意的是，许多费用的表达形式与会计记账形式不一样，因此不要指望能够直接从会计记账中得到所有成本，而应该从管理人员那里间接获取，他们能够帮助解释这些数据。

第一期的初始库存为 400 单位。因为需求预测是有误差的，所以 JC 公司决定设立**安全库存**（safety stock，缓冲库存）来减少缺货的可能性。在这个例子中，假设安全库存是需求预测的 25%（第 20 章会详细介绍这个问题）。

在研究被选生产方案之前，将需求预测转化为重视安全库存估计的**产品需求**（production requirement）通常是十分有用的。在表 19-1 中，这些需求隐含地表明安全库存从未实际使用过，因此每月的最终库存等于该月的安全库存。举个例子来说，1 月的安全库存是 450（即 1 月需求预测量 1 800 的 25%），变成了 1 月底的库存。1 月的产品需求就是需求预测加安全库存再减去初始库存（1 800 + 450 – 400 = 1 850）。

表 19-1 综合生产计划需求

	1月	2月	3月	4月	5月	6月
初始库存	400	450	375	275	225	275
需求预测	1 800	1 500	1 100	900	1 100	1 600
安全库存（0.25 × 需求预测）	450	375	275	225	275	400
产品需求（需求预测 + 安全库存 – 初始库存）	1 850	1 425	1 000	850	1 150	1 725
最终库存（初始库存 + 产品需求 – 需求预测）	450	375	275	225	275	400

现在我们必须为 JC 公司制订备选的生产计划方案。我们使用电子表格研究寻找最低总成本的 4 种不同的计划方案。

计划 1 精确生产，每天工作 8 小时，改变劳动力水平以使生产出来的产品数量恰好与产品需求一致。

计划 2 保持现有的劳动力水平不变，生产满足未来 6 个月平均需求的产量。这个不变的劳动力水平是通过找出平均每天的工人需求量计算出来的，用总产品需求乘以每单位需要的时间，然后除以每人工作的总小时数 [（8 000 单位 × 5 小时/单位）÷（21 天 × 8 小时/天）= 40 个工人]。库存是允许累加的，本月的短缺可以靠下个月的生产来满足。

负的初始库存表明需求出现了缺货的现象。在有些例子当中，如果需求没有被满足的话，销售可能会下降。下降的销售额可以通过负的最终库存表现出来，而下期的初始库存就为0。注意，在这个计划中，1月、2月以及3月，我们使用安全库存来满足预期的需求。

计划3 使用不变的劳动力水平，生产满足最低预期需求（4月）的产品。用分包来满足额外的需求。需要的工人数量是这样计算出来的：确定每月产品需求的最低数额，决定那个月的工人需求量［（850单位×5小时/单位）÷（21天×8小时/天）=25人］，将产品需求以及产量之间的差额分包出去。

计划4 利用稳定不变的劳动力和规范的劳动时间生产能够满足前两个月所有预期需求的产量，用加班的办法来满足额外的产量需要。需要的工人数在这个例子当中更加难以计算，我们的目标是使6月的最终库存量和6月的安全库存量尽量接近。通过试算和试错，我们可以了解到38个工人是最优的近似。

下一步就是计算每个计划的成本。这需要进行一系列的简单计算，如表19-2所示。注意，不同计划每行中的标题是不同的，因为每个都是一个单独的问题，需要自己的数据和计算。

> **关键思想**
> 在实践中，通常存在许多不同类型的特殊需求。这可能是由于劳工合同或与工人可用性有关的其他因素造成的。

表19-2　4种生产计划方案的成本　　　　　　　　　　　　　　　　　　（金额单位：美元）

生产计划1：精确生产；改变劳动力水平							
	1月	2月	3月	4月	5月	6月	总计
产品需求（根据表19-1）	1 850	1 425	1 000	850	1 150	1 725	
需要的生产时间（产品需求×5小时/单位）	9 250	7 125	5 000	4 250	5 750	8 625	
每月的工作天数	22	19	21	21	22	20	
每位工人每月的工作小时数（工作天数×8小时/天）	176	152	168	168	176	160	
需要的工人数（需要的生产时间/每位工人每月的工作时间）	53	47	30	25	33	54	
雇用的新工人数（假设初始的工人数等于第1个月的53个工人的需求）	0	0	0	0	7	21	
雇用成本（新雇用的工人数×200美元）	0	0	0	0	1 400	4 200	5 600
解雇的工人数	0	6	17	4	0	0	
解雇成本（解雇的工人数×250美元）	0	1 500	4 250	1 000	0	0	6 750
标准时间成本（需要的生产时间×4美元）	37 000	28 500	20 000	17 000	23 000	34 500	160 000
						总成本	172 350

生产计划2：劳动力水平不变；改变库存和缺货							
	1月	2月	3月	4月	5月	6月	总计
初始库存	400	8	−276	−32	412	720	
每月的工作天数	22	19	21	21	22	20	
可用的生产时间（每月的工作天数×8小时/天×40人）①	7 040	6 080	6 720	6 720	7 040	6 400	
实际产量（可用的生产时间÷5小时/单位）	1 408	1 216	1 344	1 344	1 408	1 280	
需求预测（根据表19-1）	1 800	1 500	1 100	900	1 100	1 600	
最终库存（初始库存+实际产量−需求预测）	8	−276	−32	412	720	400	
缺货成本（短缺的单位数×5美元）	0	1 380	160	0	0	0	1 540
安全库存（根据表19-1）	450	375	275	225	275	400	
过剩单位数（最终库存−安全库存；当为正数时）	0	0	0	187	445	0	
库存成本（过剩单位数×1.50美元）	0	0	0	281	668	0	948
标准时间成本（可用的生产小时数×4美元）	28 160	24 320	26 880	26 880	28 160	25 600	160 000
						总成本	162 488

① （表19-1中需要的生产数量的总和×5小时/单位）/（可用的生产时间的总和×8小时/天）=（8 000×5）/（125×8）=40。

(续)

	生产计划 3：劳动力水平不变；分包						
	1月	2月	3月	4月	5月	6月	总计
产品需求（根据表 19-1）	1 850	1 425	1 000	850	1 150	1 725	
每月的工作天数	22	19	21	21	22	20	
可用的生产时间（工作天数 ×8 小时/天 ×25 人）	4 400	3 800	4 200	4 200	4 400	4 000	
实际产量（可用的生产时间 ÷5 小时/单位）	880	760	840	840	880	800	
分包单位数（产品需求 − 实际产量）	970	665	160	10	270	925	
分包成本（分包单位数 ×20 美元）	19 400	13 300	3 200	200	5 400	18 500	60 000
标准时间成本（可用的生产时间 ×4 美元）	17 600	15 200	16 800	16 800	17 600	16 000	100 000
						总成本	160 000

	生产计划 4：劳动力水平不变；加班						
	1月	2月	3月	4月	5月	6月	总计
初始库存	400	0	0	177	554	792	
每月的工作天数	22	19	21	21	22	20	
可用的生产时间（工作天数 ×8 小时/天 ×38 人）①	6 688	5 776	6 384	6 384	6 688	6 080	
常规轮班产量（可用的生产时间 ÷5 小时/单位）	1 338	1 155	1 277	1 277	1 338	1 216	
需求预测（根据表 19-1）	1 800	1 500	1 100	900	1 100	1 600	
加班前可用的数量（初始库存 + 常规轮班产量 − 需求预测）四舍五入后的数值	−62	−345	177	554	792	408	
加班单位产量	62	375	0	0	0	0	
加班成本（加班单位产量 ×5 小时/单位 ×6 美元/小时）	1 860	10 350	0	0	0	0	12 210
安全库存（根据表 19-1）	450	375	275	225	275	400	
过剩单位数（加班前可用的数量 − 安全库存；当为正数时）	0	0	0	329	517	8	
库存成本（过剩单位数 ×1.50 美元）	0	0	0	494	776	12	1 281
标准时间成本（可用的生产时间 ×4 美元）	26 752	23 104	25 536	25 536	26 752	24 320	152 000
						总成本	165 491

① 通过试算决定的工人数量。

最后一步就是为每个计划列表、画图并且比较它们的成本。从表 19-3 中我们可以看出，使用分包的方法可以使总成本最低（计划 3）。图 19-3 显示了 4 种计划各自的效果。这是一张累计的图形，表明了预期总产品需求的结果。

表 19-3　4 种计划的比较　　　　　　　　　　　　　　　　　　　　　　　（单位：美元）

成本	计划 1：精确生产；改变劳动力水平	计划 2：劳动力水平不变；改变库存和缺货	计划 3：劳动力水平不变；分包	计划 4：劳动力水平不变；加班
雇用	5 600	0	0	0
解雇	6 750	0	0	0
过剩库存	0	948	0	1 281
短缺	0	1 540	0	0
分包	0	0	60 000	0
加班	0	0	0	12 210
标准时间	160 000	160 000	10 000	152 000
	172 350	162 488	160 000	165 491

应该注意的是，在这个例子中我们做了另一个假设：这个计划的开始可以使用任何数量的工人，并且没有雇用和解雇的成本。通常情况就是这样，因为综合计划利用现有人员，我们可以以这种方式开始制订计划。但是，在实际的应用中，公司通过调用其他部门已有的可用人力的方式，可能会改变这样的假设。

计划 1 是我们通过改变劳动力来追随需求产生的 S 形曲线。计划 2 是最高的平均生产率（给出的线代表具有最大斜率的累计需求）。计划3中分包使得生产率最低。在可用加班时间总数上的限制使得计划4的结果与计划2类似。

这4种方案的每一种都各自关注一项特别的成本，前面3个策略是单一策略。很显然，除此之外还有许多可行方案，其中一些方案综合考虑了劳动力规模的变动、加班及分包等方面。本章最后所讨论的问题包含了许多这一类混合策略的例子。在实际中，最终所选择的计划是从大量备选方案以及我们使用的6个月计划期的规划当中搜寻出来的。

要明白，这种试验性方法不能保证找到成本最低的方法。然而，例如Microsoft Excel这样的电子表格程序，可以在几秒内运行试验性成本估计，并且将这种假设分析变为一种艺术。许多复杂先进的程序可以生成更好的解决方案，并且不需要用户像试验性方法那样进行调整。

19.2.2 综合生产计划在服务业中的应用：以图森公园以及娱乐部门为例

图表技术在服务业的综合计划当中也相当有用。下面的例子表明了一个城市的公园和娱乐部门如何在全职员工、兼职员工以及分包之间进行选择以实现对城市进行服务的任务。

图森公园以及娱乐部门有用于运营和维护的预算9 760 000美元。这个部门对公共空间、所有的公共娱乐设施、成人体育联盟、高尔夫球场、网球场、游泳池等的开发和维护负责。部门有336个相当于全职的员工（FTE），其中有216位全职固定员工，他们每年对所有的

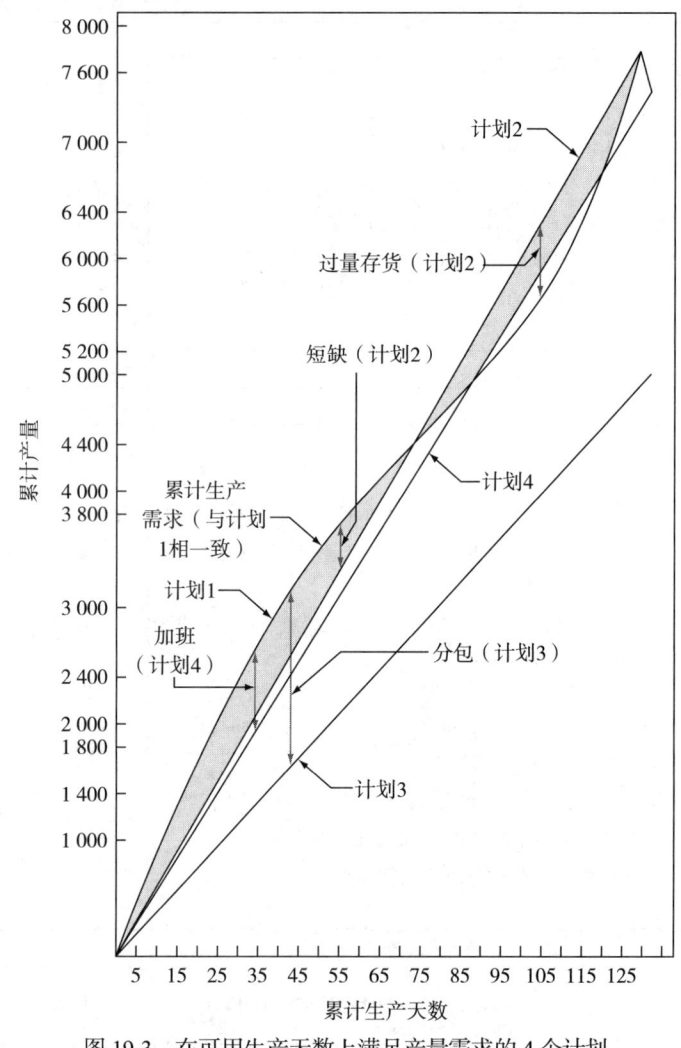

图19-3 在可用生产天数上满足产量需求的4个计划

场地进行管理和维护。剩余的120个FTE职位都是兼职员工，其中3/4用在夏季，剩余的1/4则是在秋季、冬季和春季。其中，3/4（或者说90个FTE员工）可以做800项夏季兼职工作：救生员、垒球裁判以及夏季儿童项目的辅导员。由于许多工作仅仅持续一两个月，因此90个FTE可以做800项兼职工作，然而FTE的工作要持续一年的时间。

当前，唯一分包出去的公园以及娱乐项目的金额不超过100 000美元，包括高尔夫以及网球场和图书馆、老兵公墓的场地维护。

关键思想
对于服务项目来说，库存通常不是问题。公司有时会增加一些额外的员工作为缓冲，来弥补员工放假时的空缺或其他的需求。

由于城市就业的性质、可能受损的公众形象以及行政部门的规章制度，因此通过随时解雇或者雇用全职员工来满足季节性的需求变化是不可能的。然而，和在其他行业中一样，暂时的雇用兼职是被允许的。此外，让常规的（全职）员工来做所有的夏季工作是根本不可能的。在夏季，大约800个兼职雇员会参与许多暂时的项目，使原本基于常规40周的劳动力均衡计划变得无效，对许多全职员工不具备的技能的需求量较大（例如裁判、教练、救生员、制瓷老师、吉他、空手道、肚皮舞以及瑜伽）。

对于该部门来说，综合计划面临下面三个选择。

（1）现有的方法，即在淡季保持中等规模的全职员工数量和预订计划工作（例如在冬季重建垒球场地），而在旺季雇用兼职劳动力。

（2）全年保持较低的劳动力规模水平，把目前全职员工所干的额外工作分包出去（仍然雇用兼职员工）。

（3）只保持管理员工，把所有的工作分包出去，包括兼职工作（这种办法要求必须同景观美化公司、游泳池维护公司以及新建立的雇用提供兼职服务的公司签订合同）。

对全部区域的工作进行衡量的一般单位是等同于全职的工作数或者雇员数量。例如，假设在同一周里 30 个救生员每人工作 20 小时，40 个教练每人工作 15 小时，35 个垒球裁判每人工作 10 小时。这相当于在这一周有（30×20）+（40×15）+（35×10）=1 550/40=38.75 个 FTE 职位。尽管有很多工作量可以转到淡季，但是大部分工作必须在需要的时候完成。

全职雇员由三部分人构成：①关键部门的骨干员工，他们配合整个城市的规划、制定政策、决定预算、衡量绩效等；②监督部门和办公室员工，他们的工作与一线工人直接相关或者对他们负责；③ 116 个全职职位的一线工作人员。这些工人进行体力劳动来维护部门所负责的区域，例如清扫、修剪高尔夫草坪或者球场、修整树木以及灌溉。

用来决定最佳备选方案的成本信息如下表所示。

全职一线员工		兼职员工	
平均工资率	8.90 美元/小时	平均工资率	8.06 美元/小时
额外收益	工资率的 17%	额外收益	工资率的 11%
管理成本	工资率的 20%	管理成本	工资率的 25%
		将所有全职工作分包	3 200 000 美元
		将所有兼职工作分包	3 700 000 美元

在图森公园，6 月和 7 月是需求的旺季。图 19-4 显示了 7 月和 8 月对员工的高需求。需要兼职的数量达到了 576 个 FTE 职位（尽管实际数字大约是 800 个雇员）。经过秋季和冬季较低的劳动力水平后，对"全职一线"员工的需求在 3 月达到了 130（此时场地需要重新播种和施肥），在 7 月达到了 325。现在的方法通过早期的工作时序安排将一年内不均衡的需求进行了平衡，达到了一年 116 个全职工作人员。请注意实际需求是 115（28 897/252 = 114.67）名员工，不过为了安全起见，多增加了一名员工。和前面提到的一样，没有尝试雇用或者解雇全职工作人员来满足不均衡的需求。

	1月	2月	3月	4月	5月	6月	7月	8月	9月	10月	11月	12月	总计
天数	22	20	21	22	21	20	21	21	21	23	18	22	252
全职员工	66	28	130	90	195	290	325	92	45	32	29	60	
全职天数①	1 452	560	2 730	1 980	4 095	5 800	6 825	1 932	945	736	522	1 320	28 897
FTE	41	75	72	68	72	302	576	72	0	68	84	27	
FTE 天数	902	1 500	1 512	1 496	1 512	6 040	12 096	1 512	0	1 564	1 512	594	30 240

①全职天数是由每月天数乘以员工数得来的。

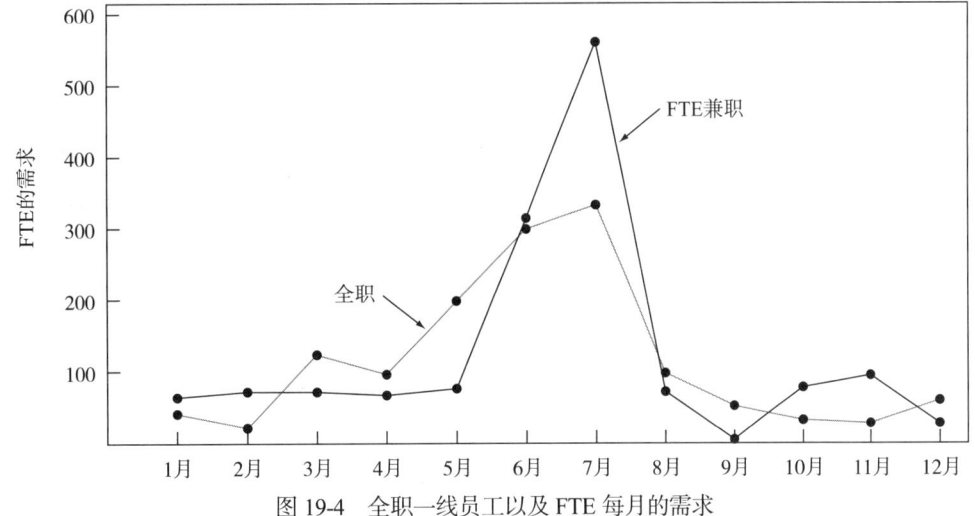

图 19-4 全职一线员工以及 FTE 每月的需求

表 19-4 列出了这三种可选方案的成本计算并比较了每种方案的成本。经过分析我们可以很明显地发现，该部门已经在使用成本最低的方案了（备选方案 1）。

表 19-4　公园和娱乐部门 3 种可能的计划　　　　　　　　　　　　　　　　　　　　（单位：美元）

备选方案 1：保持 116 个固定一线工人；在淡季安排工作，使其全年的工作量较为平均；继续使用 120 个 FTE，以满足高峰期需求					
成本	每年的工作天数（图 19-4）	小时数（雇员数量×天数×8 小时）	工资（全职，8.90 美元；兼职，8.06 美元）	额外福利（全职，17%；兼职，11%）	管理成本（全职，20%；兼职，25%）
116 个全职常规雇员	252	233 856	2 081 318	353 824	416 264
120 个兼职雇员	252	241 920	1 949 875	214 486	487 469
总成本 =5 503 236			4 031 193	568 310	903 733

备选方案 2：保持 50 个全职常规的一线员工以及现有的 120 个 FTE；分包部分工作，减少 66 个全职常规员工，分包成本是 2 200 000						
成本	每年工作天数（图 19-4）	小时数（员工数量×天数×8 小时）	工资（全职，8.90；兼职，8.06）	额外收益（全职，17%；兼职，11%）	管理成本（全职，20%；兼职，25%）	分包成本
50 个全职雇员	252	100 800	897 120	152 510	179 424	
120 个 FTE 兼职雇员	252	241 920	1 949 875	214 486	487 469	
分包成本			——	——	——	2 200 000
总成本 = 6 080 884			2 846 995	366 996	666 893	2 200 000

备选方案 3：将以前由 116 个全职常规工人进行的工作分包；分包成本是 3 200 000；将以前由 120 个 FTE 做的工作分包，分包成本是 3 700 000	
成本	分包成本
0 个全职员工	
0 个兼职员工	
将全职工作分包	3 200 000
将兼职工作分包	3 700 000
总成本	6 900 000

19.3　收益管理

为什么飞机上坐在你旁边的家伙购买机票的费用仅仅是你的一半？为什么你提前 6 个月预订酒店房间比你直接登记入住要贵（反之亦然）？答案就在人们称为"收益管理"的实施。**收益管理**（yield management）可以做如下定义：以合适的价格在合适的时间将适当的生产能力分配到正确的顾客，使收益获得最大化。收益管理是一项可以使得需求预测更加容易的有效方法之一，这对总生产计划是十分有用的。

当对客户的服务能力有限时，收益管理就应运而生。然而，它广泛的科学应用是从美国航空在 20 世纪 80 年代的计算机预定系统（SABRE）开始的。作为需求预测的一项功能，这个系统允许航线即时改变任何航线机票的价格。大众航空——一家不提供不必要服务的低成本竞争的航空公司，是收益管理系统最有名气的牺牲者当中的一位。大致上，系统使美国航空可以在竞争路线上每小时更新一次价格。因此，无论大众航空在哪条航线上飞行，美国航空都能提供相当水平的甚至更为优惠的价格。当大众航空总经理的母亲坐着美国航空公司的客机（以大众航空不能提供的低价格）到达大众航空总部的时候，这位总经理意识到他已经输掉了这场游戏。

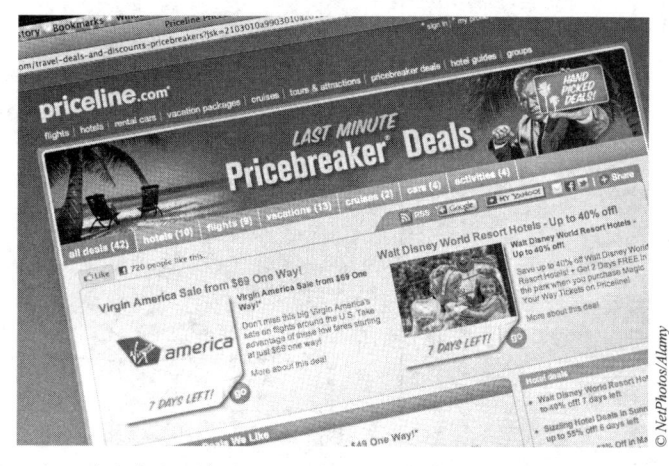

许多连锁酒店利用 Priceline 以折扣价出售过剩的产能

从运营的角度来看，收益管理在如下时候更为有效。

（1）需求可以由顾客来进行分割；

（2）固定成本很高但是可变成本很低；

（3）库存具有易逝性；

（4）产品可以提前售出；

（5）需求波动大。

酒店基本上具有以上全部 5 个特征，它们在工作日将一系列的费率提供给商务旅行人员，而在周末则为度假者实施另一套费率。与增加房间相比，每个房间的可变成本（例如清扫）是很低的。可供居住的房间不会从这一晚转到另一晚，而整套的房间可以出售给常客以及游客。最后，潜在的客户可能缩短他们的居住时间或者干脆选择不住在这里。

大多数企业组织（如航空公司、租车公司、游轮公司以及酒店）通过建立开放和关闭费率分级作为管理收益的决策依据。开放和关闭费率分级是预期需求与可利用供给的函数。做这件事情的方法可能十分复杂。一种常用的方法是预测计划期内的需求，如果需求预测高于或者低于预测方法中设置的控制范围，再运用边际分析决定采用哪种。

收益管理系统的操作

在收益管理当中有许多有趣的问题，其中第一个问题就是定价结构在顾客看来必须是合乎逻辑的，且对不同价格要有合理的解释。这种调整通常叫作**价格屏障**（rate fences），它要么有一个物质基础（例如一间可以看见风景的房间），要么有一个非实体的基础（例如对因特网无限制的访问）。定价也必须与生产能力问题密切相关。如果生产能力足够满足高峰时期的需求，定价的重点就应该放在降价以刺激低谷的需求上。如果生产能力不足，采取措施使顾客在淡季来购买（或者创造出备选的服务地址）可能会增加收益。

第二个问题是如何处理顾客到来的或者初始的时间、过程中以及顾客之间的时间这三方面的多变性。这就要求我们采用最为精确的预测方法（需求预测的精确度越高，收益管理越可能成功）；协调好对超额预订、保证金以及放弃预订等行为的惩罚措施；设计良好的服务过程，确保其可靠并且始终如一。

第三个问题与管理服务流程有关。有些策略包括使用额外的员工来满足高峰需求的措施，增加顾客自助服务；创造可调整的生产能力；利用闲置生产力补充服务能力；训练工人的多项技能为需求高峰做储备。

第四个问题（可能也是最关键的问题）是训练工人和经理人员在这样一种环境中工作：在这种环境中，超额预订和价格变化这种直接影响到客户的情况十分常见。许多公司已经开发出了有助于安抚超额预订客户的创新方法。一家高尔夫球场公司可能为在受欢迎的开球时间超额预订的顾客提供价值 100 美元的轻击棒。当然，航空公司经常给超额预订的乘客其他航班的免费机票。

本章小结

19-1 理解什么是销售与运营计划及其如何与制造、物流、服务和营销计划相协调

总结

- 销售与运营计划又叫综合计划。
- 综合计划是通过运营与供应链功能来执行的高水平运营计划。
- 这一过程将不同的职能——市场营销和销售、分销和物流、运营、金融和产品开发结合在一起，以制订最佳计划，使供应与需求相匹配。
- 对该过程的输入是通过市场营销制订的销售计划。
- 综合计划通常是通过产品族或消费群体来实现的，计划也是通过综合的供应和需求数量来完成的。
- 计划的输出包括生产率、综合劳动力需求和预期产成品的库存水平。
- 在制订计划时，成本最小化通常是主要的驱动因素。

关键术语

综合运营计划：关于劳动力和产品的中期生产计划，目

的是尽量减少满足需求所需的资源成本。

销售与运营计划：公司通过协调制造、分销、营销和财务计划来保持供需平衡的过程。

长期计划：一年或更长时间的计划。

中期计划：通常为 3～18 个月的计划。

短期计划：1 天～6 个月的计划。

生产率：单位时间内的产量。

劳动力水平：一段时间内需要的工人数量。

当前库存：前一阶段留下的库存。

生产计划策略：满足包含权衡就业人数、工时、库存和短缺需求的计划。

单一策略：为了满足需求而只有一种选项的简单策略，如雇用和解雇工人。

混合策略：为了满足需求包含多种选项的策略。

19-2 制订并评估含有多种战略以满足需求的综合计划

总结

- 公司通常使用简单的试错法（反复试验）来分析需求问题。复杂的数学编程方法也同样适用。
- 根据公司所处环境的不同可以采用不同的战略。计划通常是根据成本来制订的，但是计划的灵活性也是很重要的（如延长时间不能过多）。

19-3 解释什么是收益管理以及为什么它是确定需求的一个重要策略

总结

- 公司调整产品或服务价格以影响需求的行为就是收益管理。通常，这是为了使未来的需求更加可预测，这对成功的销售与运营计划很重要。
- 这一实践在航空、旅店、娱乐场和自动租赁等行业的使用很普遍。
- 在不同的价格方案中，可以结合使用超额预订、押金和违约金等策略。

关键术语

收益管理：用合适的价格和时间将有限的产能分配客户以最大化利润的过程。

   应用举例

19-2

杰森公司为家庭市场生产视频电话，此时它的质量还达不到它可以做到的最好水平，但是销售价格很低，在杰森公司花费大量时间用于研发的时候，它还可以观察顾客的反应。

在这一阶段，杰森公司需要为 1～6 月的未来 6 个月制订综合生产计划。你被授权进行计划的编制，下面的信息可能会对你有所帮助。

需求和工作天数							
	1月	2月	3月	4月	5月	6月	总计
需求预测	500	600	650	800	900	800	4 250
工作天数	22	19	21	21	22	20	125
成本							
原材料成本	100.00 美元/单位						
库存成本	10.00 美元/单位·月						
库存的边际成本	20.00 美元/单位·月						
分包的边际成本	100.00 美元/单位（200 美元分包成本 – 100 美元原材料成本）						
雇用和培训成本	50.00 美元/人						
解雇成本	100.00 美元/人						
需要的劳动时间	4 小时/单位						
正常人工成本（每天 8 小时）	12.50 美元/小时						
加班成本（1.5 倍正常人工成本）	18.75 美元/小时						
库存							
初始库存	200 单位						
需要的安全库存	每月需求的 0%						

下面几种生产策略各自的成本是多少？

a. 精确生产以满足需求；改变劳动力水平（假设初始劳动力水平和第一个月的需求相等）。

b. 劳动力水平不变；仅仅改变库存和允许缺货（假设初始的劳动力水平为 10）。

c. 劳动力水平为 10 且不变；使用分包的策略。

解答

（金额单位：美元）

综合生产计划需求

	1月	2月	3月	4月	5月	6月	总计
初始库存	200	0	0	0	0	0	
需求预测	500	600	650	800	900	800	
安全库存（0.0×需求预测）	0	0	0	0	0	0	
产品需求（需求预测＋安全库存－初始库存）	300	600	650	800	900	800	
最终库存（初始库存＋产品需求－需求预测）	0	0	0	0	0	0	

生产计划1：精确生产；改变劳动力水平

	1月	2月	3月	4月	5月	6月	总计
产品需求	300	600	650	800	900	800	
需要的生产时间（产品需求×4小时/单位）	1 200	2 400	2 600	3 200	3 600	3 200	
每月的工作天数	22	19	21	21	22	20	
每位工人每月的工作小时数（工作天数×8小时/天）	176	152	168	168	176	160	
需要的工人数（需要的生产时间/每位工人每月的工作时间）	7	16	15	20	21	20	
雇用的新工人数（假设初始的工人数等于第1个月的7个工人的需求）	0	9	0	4	1	0	
雇用成本（新雇用的工人数×50美元）	0	450	0	200	50	0	700
解雇的工人数	0	0	0	0	0	0	
解雇成本（解雇的工人数×100美元）	0	0	0	0	0	100	100
标准时间成本（需要的生产时间×12.50美元）	15 000	30 000	32 500	40 000	45 000	40 000	202 500
						总成本	203 300

生产计划2：劳动力水平不变；改变库存和缺货

	1月	2月	3月	4月	5月	6月	总计
初始库存	200	140	−80	−310	−690	−1 150	
每月的工作天数	22	19	21	21	22	20	
可用的生产时间（每月的工作天数×8小时/天×10人）①	1 760	1 520	1 680	1 680	1 760	1 600	
实际产量（可用的生产时间÷4小时/单位）	440	380	420	420	440	400	
需求预测	500	600	650	800	900	800	
最终库存（初始库存＋实际产量－需求预测）	140	−80	−310	−690	−1 150	−1 550	
缺货成本（短缺的单位数×20美元）	0	1 600	6 200	13 800	23 000	31 000	75 600
安全库存	0	0	0	0	0	0	
过剩单位数（最终库存－安全库存；当为正数时）	140	0	0	0	0	0	
库存成本（过剩单位数×10美元）	1 400	0	0	0	0	0	1 400
标准时间成本（可用的生产时间×12.50美元）	22 000	19 000	21 000	21 000	22 000	20 000	125 000
						总成本	202 000

①假设不变的劳动力水平为10。

生产计划3：劳动力水平不变；分包

	1月	2月	3月	4月	5月	6月	总计
产品需求	300	460①	650	800	900	800	
每月的工作天数	22	19	21	21	22	20	
可用的生产时间（工作天数×8小时/天×10人）②	1 760	1 520	1 680	1 680	1 760	1 600	
实际产量（可用的生产时间÷4小时/单位）	440	380	420	420	440	400	
分包单位数（产品需求－实际产量）	0	80	230	380	460	400	
分包成本（分包单位数×100美元）	0	8 000	23 000	38 000	46 000	40 000	155 000
标准时间成本（可用的生产时间×12.50美元）	22 000	19 000	21 000	21 000	22 000	20 000	125 000
						总成本	280 000

①2月的初始库存：600−140＝460。
②假设不变的劳动力水平为10。

总结

计划描述	雇用	解雇	分包	标准工作时间	短缺	过剩库存	总成本
1. 精确生产；改变劳动力水平	700	100		202 500			203 300
2. 劳动力水平不变；改变库存和缺货				125 000	75 600	1 400	202 000
3. 劳动力水平不变；分包			155 000	125 000			280 000

讨论题

19-1
1. 生产计划问题的基本可控变量是什么？4种主要成本是什么？
2. 生产计划当中单一策略和混合策略的区别是什么？

19-2
3. 制造业和服务业的综合计划的主要区别是什么？
4. 总体来说，预测的精确性是如何与本章中讨论的综合计划的实际应用相联系的？
5. 综合计划的时间期选择如何决定它是不是公司的最佳策略？

19-3
6. 定义收益管理。它与生产计划当中的单一策略有何区别？
7. 如何在理发店运用收益管理？一个自助饮料售卖机呢？

客观题

19-1
1. 根据活动的相关时间范围，主要的运营与供应链计划活动可以划分成不同类型。销售与运营计划适用于哪种时间范围？
2. 哪种类型的计划覆盖了1天到6个月的期间，并且以天或周时间单位增加？
3. 在农业中，通常雇用流动工人收获玉米。根据需要来雇用这些人，当玉米收成后就解散他们，该行业的特点促成了这样一种雇用方式。哪一种生产计划战略描述了该种方法？
4. 将多种基本战略结合起来的更复杂的生产战略是什么？
5. 列举出与综合生产计划相关的4种成本中的至少3种。
6. 在4种成本中，与综合生产计划相关哪一种成本是最难精确测量的？

19-2
7. 一家公司，其需求预测如下：秋季，10 000，冬季，8 000，春季，7 000，夏季，12 000。请为其制订生产计划并且计算其年度成本。秋季的初始库存是500单位。在秋季的一开始，你有30名工人，但是你计划在夏季一开始雇用临时工，夏季结束后就解雇他们。如果必须采用加班来避免缺货的话，你可以与工会进行谈判，在冬季或者春季让普通工人加班。在秋季加班是不行的。相关的成本如下：雇用，每位临时工100美元；解雇，每位工人200美元；库存成本，每单位每季度5美元；缺货成本，每单位10美元；标准工作时间，5美元每小时；加班，8美元每小时。假设生产率是每位工人每小时0.5单位，每天8小时，每个季节60天。
8. 计划2～5月这4个月的生产。2～3月必须按照需求预测精确生产，4～5月可以在稳定的劳动力水平下采用加班和库存的办法，稳定意味着4月和5月所需要的工人数是不变的。然而政府限制在4月和5月每个月的最大加班劳动力为5 000小时（在2月和3月为零加班）。如果需求超过了供给，就会发生脱销。1月31日有100名工人。需求预测如下：2月，80 000；3月，64 000；4月，100 000；5月，40 000。生产率是每位工人每小时4单位，每天工作8小时，每月20天。假设2月1日的库存为0。成本如下：雇用，每位新工人50美元；解雇，每位工人70美元；库存成本，每单位每月10美元；标准工作时间，10美元每小时；加班，15美元每小时；缺货，20美元每单位。计算这个计划的总成本。
9. 为下一年制订生产计划。需求预测如下：春季，20 000；夏季，10 000；秋季，15 000；冬季，18 000。在春初你有70名工人和1 000单位的库存。与工会的合同限制了你一年只能在夏初解雇一次工人，而且你只能在夏末雇用新工人，让他们在秋季开始工作。夏初解雇的工人数和夏末雇用的工人数决定了计划产量，同时秋季和冬季的计划产量应当等于各自的需求预测。如果需求超过了供给，那么仅仅在春季加班，这意味着冬季可能出现缺货。成本如下：雇用，每位新工人100美元；解雇，每位工人200美元；库存成本，每单位每季度20美元；缺货，8美元每单位；标准工作时间，10美元每小时；加班，15美元每小时；假设生产率是每位工人每小时0.5单位，每天8小时，每个季节50天。计算总成本。
10. DAT公司需要为其生产线制订一项综合计划，相关数据如下。

生产时间	1小时每单位	初始库存	500 单位
平均劳动力成本	10 美元每小时	安全库存	一个半月
每周工作	5天，每天8小时	缺货成本	每单位每月 20 美元
每月的天数	假设每月工作 20 天	库存成本	每单位每月 5 美元

次年的预测如下。

1月	2月	3月	4月	5月	6月
2 500	3 000	4 000	3 500	3 500	3 000
7月	8月	9月	10月	11月	12月
3 000	4 000	4 000	4 000	3 000	3 000

管理层倾向于保持不变的劳动力水平和生产水平，需求变化则通过库存和缺货来吸收。未满足的需求可以延期至下月满足。

制订一个综合计划满足需求和问题中的其他条件。不要试图找出最优解，仅仅找出一个比较好的方案，并且提出你要寻找更优方案所遵循的程序。可以做任何必要的假设。

11. 老普韦布洛工程承包商创造了一种 6 个月的"循环"计划，并且每月进行验算。因为竞争（他们可能会泄漏先进的设计标准、方法等），老普韦布洛没有采取分包。因此，唯一能够满足顾客需求的选项包括：①按标准时间工作；②加班，但加班时间最多是标准工作时间的 30%；③尽早做顾客的工作，这样做的成本是每月每小时 5 美元；④晚点进行顾客的工作，这样每月每小时会有 10 美元的罚金，这是合同所约定的。

老普韦布洛现有 25 名工程师，每小时费率是 30 美元。加班的费率是 45 美元。顾客在 1～6 月的每小时需求如下。

1月	2月	3月	4月	5月	6月
5 000	4 000	6 000	6 000	5 000	4 000

使用电子数据表制订综合计划，假设每月工作 20 天。

12. 艾伦公司正在扩展它的生产线，使之能生产新型产品：A 型、B 型和 C 型。这些都是在同一部生产设备上生产出来的，我们的目标是满足对这 3 种产品的需求，必要时可以加班。未来 4 个月的需求预测如下（单位是制造每种产品所需小时数）。

产品	4月	5月	6月	7月
A 型	800	600	800	1 200
B 型	600	700	900	1 100
C 型	700	500	700	850

因为产品老化得很快，所以质量上会有很大的损失，因此库存成本就很高。每小时的产量能够保存到未来月份的成本是每生产一小时 A 型 3 美元，B 型 4 美元，C 型 5 美元。

在标准时间和加班时间都可以进行生产，标准时间 A 型每小时付给 4 美元，B 型 5 美元，C 型 6 美元。加班的奖金为 50%。

标准时间和加班时间可用的生产能力如下。

	4月	5月	6月	7月
标准时间	1 500	1 300	1 800	2 000
加班时间	700	650	900	1 000

13. 在电子表格中建立问题并使用 Excel Solver 求出最佳方案。附录 A 描述了 Excel Solver 的使用方法。Shoney 音像公司生产一系列视频流服务器，这些服务器可与个人计算机连接以存储电影。这些设备运行快，容量大。

Shoney 音像公司试图制订未来 12 个月的生产计划。计划主要的标准就是在这个时期劳动力水平必须是不变的。Shoney 音像公司仍然在努力研发一项新的程序，因此它不想在当地的劳动力中造成敌对的情绪。此外，所有的雇员必须整周都工作，即使这不是成本最低的方案。未来 12 个月的需求预测如下。

月份	需求预测	月份	需求预测
1月	600	7月	200
2月	800	8月	200
3月	900	9月	300
4月	600	10月	700
5月	400	11月	800
6月	300	12月	900

生产成本是每套 200 美元，原材料和劳动力成本各占一半。库存短缺成本是每月 5 美元。由于短缺所造成的销售额的下降估计每单位会带来 20 美元的成本。

计划期初始库存是 200 单位。每台影碟机需要 10 个工时。每天工作时间为 8 小时。

使用不变的劳动力水平制订生产计划。为了简化问题，假设除了 7 月（7 月工厂关闭，有 3 周的假期，只剩下 7 个工作日），每月工作 22 天。假设总的生产能力大于或者等于总需求。

14. 为下面的问题制订生产计划，通过改变劳动力规模恰好达到生产所需要的产量。使用本章中的例子作为指导（计划1）。

产品X1月、2月、3月的需求预测分别为1 000、1 500、1 200。安全库存政策建议将每月需求预测量的一半作为安全库存。1月有22个工作日，2月有19个，3月有21个。初始库存为500单位。

生产成本是每单位200美元，存储成本是每月每单位3美元，标准报酬率是每小时6美元，加班报酬率是每小时9美元，缺货成本是每月每单位10美元，分包的边际成本是每单位10美元，雇用以及培训成本是每位工人200美元，解雇成本是每位工人300美元，工人的生产率是每小时0.1单位。假设初始工人数为50，每天工作8小时。

15. Helter公司是一家生产女式泳装的公司，雇用临时工进行生产来满足夏季的需求。当前4个月的循环计划中有3个临时雇员以及12个全职雇员。临时雇员可以在需要的时候雇用，并且按照需要的方式使用。然而全职雇员不管是否需要，都必须要付给他们工资。每位全职员工每月可以生产205套，而临时雇员每月只能生产165套。

未来4个月对于泳装的需求如下。

5月	6月	7月	8月
3 200	2 800	3 100	3 000

5月的初始库存为403整套（一整套两件式泳装包括上衣和下衣）。每套泳装的成本是40美元，每年的库存成本为24%。

制订一个综合计划，要求充分利用12个全职员工和尽可能少的临时工。假设所有员工都能充分发挥生产力。计算该综合计划下的库存成本。

19-3

16. 收益管理的科学应用是从哪个行业开始的？
17. 在哪种类型的需求下，收益管理最有效？
18. 在收益管理系统中，不同的价格要给顾客合理并且是正当的感觉。价格调整的基础是什么？
19. 收益管理的必要性是管理什么的能力？

分析练习 为布拉福特制造公司制订生产计划

背景

假设你是一家生产布丁的制造工厂的运营经理。你的重要责任之一就是为该工厂制订一项综合计划。该计划是年度预算计划的一项重要组成部分。计划提供如下信息：生产率、生产所需要的劳动力数量、计划来年要完成的商品库存水平。

你在工厂的包装线上生产小盒的混合布丁。一条包装线包括由传送带联系起来的几台机器。在生产线的开始，布丁还是混合的，然后就会被放到小包里，之后小包就会被放到布丁盒子里，这些小盒子再被放到箱子里，每箱装48盒布丁，最终，160箱的布丁就被收集起来放到一个货盘里。货盘然后被放到装船区域，并从这里被分配到4个分发中心。这些年来，包装生产线的技术有了进步，所有不同口味的布丁被分成相对小批，在转换口味时省下装配的时间。工厂有15条这样的装配线，但是当前只有10条被使用。每条装配线需要6个工人。

对此项产品的需求随着月份波动。另外，有一个季节性的成分，在感恩节、圣诞节、复活节之前会有一个销售高峰。更加复杂的是，在每年的第一季度末，营销部门会进行一次促销活动，大宗购买合同会在此期间签约。生意会变好，公司的销售额会增加。

工厂将产品送到4个大型分发仓库，它们战略性地分布在美国不同的地方。卡车每天运送产品，运送的数量是基于保持仓库的目标库存水平，这个目标是根据每个仓库每周的预测供应量计算出来的。目前的目标设定在两周的供应量。

过去，公司有一项政策，就是生产的量与预计的销量应该非常接近，因为库存能力有限，而生产能力足够支持这样的政策。市场部门已经做出了明年的销售预测。这个预测是根据每季度销售配额做出的，这是一个激励销售人员的方法。销售主要面向美国的零售店。根据销售人员拿到的订单，布丁从分销仓库运往各零售店。

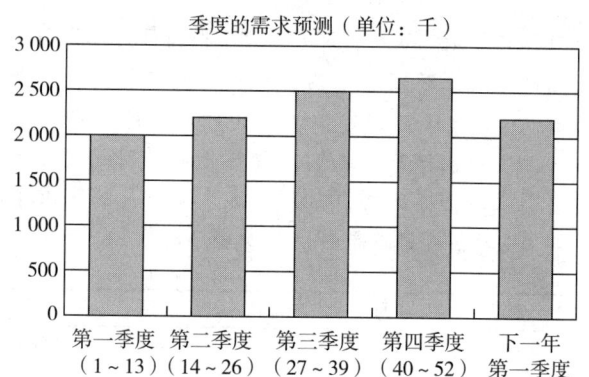

季度的需求预测（单位：千）

你的任务就是制订来年的综合生产计划。所需考虑的技术和经济因素列示如下。

技术和经济信息

1. 工厂每周工作5天，且目前有10条包装线不加班。每条包装线需要6个工人。出于计划目的，每次工作7.5小时。当然，支付工人8小时的工资。可以考虑每天加班两小时，但这必须规划成每次加班至少持续一周，而且所有包装线都得加班。工人的正常工资是20美元/小时，加班工资是30美元/小时。每条包装线的标准生产率为450套/小时。
2. 市场部门对需求的预测如下，Q1：2 000；Q2：2 200；Q3：2 500；Q4：2 650；Q1（下一年）：-2 200。这些数字都是以1 000套为单位的。每个数字代表13周的预测。
3. 管理部门已经通知生产部门维持足够仓库两周供应的生产量。这两周供应量应该建立在对未来销售的预测上。如下是每季期末库存的目标水平，Q1：338；Q2：385；Q3：408；Q4：338。
4. 根据会计估计，库存存储成本约为每套每年1美元，这意味着如果一套布丁存放一整年，库存成本就是1美元。如果存放一周，成本就是1美元/52，即0.019 23美元。成本与存放时间成比例。在Q1的时候有200 000套库存（这是预测的以1 000套为单位的200套）。
5. 如果脱销发生，那么就要延期交货并推迟运输。由于信誉丧失以及紧急运输，所以延期交货的成本是240美元/套。
6. 人力资源小组估计雇用并培训一个新的生产工人需要花费5 000美元，解雇一个工人需要花费3 000美元。
7. 有以下假设：
   - 库存成本是基于超过安全库存的库存水平。
   - 延期交货成本是由与计划的安全库存的负偏差造成的，即使计划库存可能是正的。
   - 整个季度中需要延长时间，并且要以每天的时间为基础。

问题

1. 假设销售预测正确，请制订来年的综合生产计划。使用本书网站中的"Bradford Manufacturing"的电子表格。在这个电子表格中，制订总计划的区域已经指定。给出包装线的数量和每季度的加班小时数。在该电子表格中，还要计算成本。

   你可能会想使用Excel Solver来得到最低成本的结果。记住最后结果的包装线数量为整数，每季的加班小时数也为整数（8.913 4条包装线和1.256小时的加班，这样的结果是不可行的）。

   设置电子表格是很重要的，这样可以让你正确评估包装线数量及加班时间。你的电子表格也会基于此被评估。

2. 找到一个超出最小成本的解，用一段话描述你得出结果的过程并证明为什么你认为这是一个好的解决方案。

练习测试

写出以下每个语句定义的术语或回答问题，答案见底部。

1. 用于描述公司进行供需平衡过程的一个术语。
2. 在综合计划中，3个与一般运营相关的变量。
3. 一种使生产率与预期需求相吻合的策略。
4. 为了满足需求而采取加班，以避免招聘和解雇带来的费用。
5. 采用库存和延迟订单作为部分策略以满足需求的一种策略。
6. 用于描述企业有时会将全部或部分工作交给外部供应商的一个术语。
7. 如果以下4个季度的预期需求分别为15万、12.5万、10万、7.5万个单位，且每名工人平均每个季度可生产1 000个单位产品，请问在平准策略下，需要多少名工人？
8. 参照第7题提供的数据，请问在追赶策略下，需要多少名工人？
9. 在服务业领域，与制造业相比，哪一个通常的运营变量是不存在的？
10. 一种管理能力的方法，使需求变得更具可预测性。

答案：1. 销售与运营计划。2. 生产率、劳动力、库存水平。3. 追赶策略。4. 稳定劳动力策略。5. 综合策略。6. 分包。7. 113。8. 150。9. 库存时间。10. 收益管理。125、100、75。

第 20 章

库存管理

学习目标

20-1 解释库存的使用，理解与库存有关的成本；

20-2 分析不同的库存控制系统是如何工作的；

20-3 利用帕累托法则分析库存。

引导案例

未来需要仓库吗

多年来，物流管理界的远见者一直在讨论消除或至少大幅降低库存在现代供应链中的作用。毕竟，最有效、紧凑的供应链不需要任何库存缓冲，因为供需将完全同步。这一愿景当然有其吸引力：库存的消失意味着物流成本的大幅降低和服务流程的简化。

当然现在还没有必要唱衰库存，因为大多数公司还没有充分完善它们的供应网络和技术以消除对最低库存的需要。物流经理必须每天进行微妙的平衡工作：

- 运输成本与服务速度；
- 库存成本与缺货成本；
- 顾客满意度与服务成本；
- 拥有新能力与保持盈利能力。

此外，两个加速的业务趋势使同步供应链变得更加困难。

首先，全球采购正迫使供应链进一步跨越国界。人们在世界其他地方消费的商品正在不断增加，特别是在亚洲。全球采购的加速改变了物流平衡。当货物跨越国界时，诸如服务速度（这些是收到订单后执行的活动）和库存成本等考虑因素变得更加复杂。其次，有影响力的零售商和其他终端客户开始将增值供应链的责任进一步推向供应链的前端。更多的客户要求制造商或第三方物

流供应商对单个商品进行标注和准备，这样产品就可以直接进入货架了。当然，随着责任的增加，成本也会增加。上游的供应商总是想方设法从供应链的其他领域（如运输和分销）来减少更多的成本。

越来越多的企业正通过一种更为直接的全球运营方式来跨越这种障碍。这种直接面向商店的方法又被称作配送中心短路，或者直接配送。它将库存从制造商送给终端客户，而无须经过仓库。这种方式使得企业可以缩短服务周期并消除库存成本，因此直接面向商店的方法能够在提升服务速度与减少物流成本间提供良好的平衡。

供应链各参与者之间基于互联网的电子连接使供应链各个方面有了更好的协作。同时，在供应链前端，越来越高端的销售点管理系统能更好地挖掘产品的需求形式。这种需求信息可以反馈给制造商和各个供应商。更为准确的销售预测工具减小了对销售情况的猜测并降低了对大量安全库存的依赖。各种追踪工具的运用也使得对跨国订单、流通于供应链各环节的订单跟踪变得简单。

简而言之，企业已不再需要那么多带来浪费的库存堆在仓库，因为它们可以将需求和生产、配送更好地进行同步化。直接面向商店的模式使得它们可以在全世界范围内动态持有库存。

你可以把库存设想为搁置在叉式升降机、货架、卡车和飞机中转途中的一袋袋的钱，这就是库存——钱。对很多企业而言，库存在任何时候都是它们资产负债表中最大的一部分资产，即便流动性不是很好。尽可能地降低库存是个很好的选择。

降低库存所带来的经济效益可以从以下的数据中清楚地看出：美国的平均库存成本是其价值的30%～35%。例如，如果一家公司拥有2 000万美元库存，那么它每年的库存成本将超过600万美元。这些成本主要是废弃、保险和机会成本等。如果库存能够降到1 000万美元，企业就将节省超过300万美元，这些节省的金额将直接计入最终项目。也就是说，降低库存所节省下来的成本将直接形成利润的增长。

20.1 理解库存管理

本章和第21章介绍了不同供应链形式下库存管理的方法。本章主要关注保有一定库存的情况，并将其按需送给顾客。回忆第7章提到的顾客订单分离点的定义，即决定库存的存放位置，以使得某些操作或者实体在供应链中的运行能够独立开来。比如说，一个产品如果储存在零售商处，那么顾客自己就可以把该产品从货架上拿下来，而制造者则看不到顾客下订单的过程。这里的库存就是一个将顾客和制造过程分离开来的缓冲。分离点的选择属于战略决策，会决定提前期的长短并对库存投资产生重要影响。顾客订单分离点越接近顾客，企业就能越好地服务顾客。

本章介绍的方法适用于这些分离点上的库存管理，一般涉及对顾客需求的快速响应与更大的库存投入之间的权衡，因为成品库存的成本比原材料的库存成本高得多。在实际情况中，一个供应链内一般不只一个分离点，而是有可能存在几个用于缓冲的分离点。

本章所讨论的模型中涉及的一些典型例子有零售店、百货店、总经销商、医院供应商和设备快速维护所需的零部件的供应商。本章所介绍的模型要实现的理想情形之一就是使产品在有需要时是有"现货"的，而这些模型需要就产品做出区分：是一次性购买（比如说，某一季节或某个特定活动所需要的产品），还是留作长期使用而储存的。

> **关键思想**
> 顾客订单分离点是进行库存的地方，这就使得供应链"上游"部分的运行可以相对独立于"下游"部分。

图20-1给出了面向库存生产模式下，供应链中存在的几种库存类型，一般是直接针对顾客的产品类型。在供应链的上端，也就是靠近顾客的供应端，持有库存是为了在顾客有需求时能更快地将产品送给顾客。当然，还有很多例外，这只是一般情形。原材料和工厂生产库存位于梯形的下端，这有利于该部分供应链的计划和同步化的高效管理。在这里，本章描述的模型最适合上端的库存类型（零售库存和仓库），而下端的库存类型应当使用第21章中介绍的物料需求

计划（MRP）技术。这些模型的适用性在其他的情境中可能会不同，例如直接向客户交付产品的飞机制造行业。

本章描述的技术方法尤其适合难以精准预测需求的情况。在这些方法模型中，我们用概率分布来分析需求，并通过持有库存的方法来应对缺货风险。我们会讨论下面 3 种模型。

（1）**单期库存模型**（the single-period model）：这个模型在某个产品的一次性购买决策中会要用到，比如在一次性的运动赛事中需要采购的 T 恤。

（2）**定量订货模型**（fixed-order quantity model）：在我们希望某个产品处于"有货"状态以及重新供应某个产品时，每次都会需要订购一定数量的产品，也就会要用到这个模型。产品库存状态会被监控，当库存水平下降使缺货风险增加到一定程度时，就会迫使我们订货。

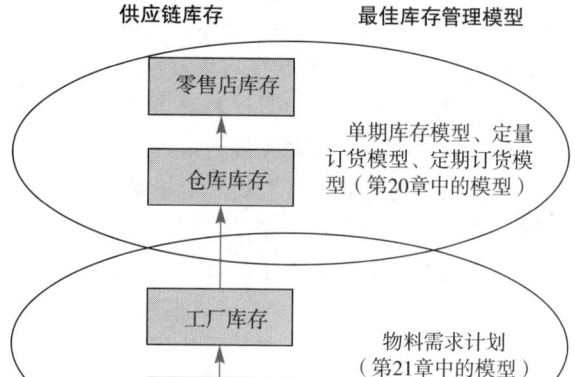

图 20-1　供应链库存：面向库存生产

（3）**定期订货模型**（fixed-time period model）：与定量订货模型类似，该模型的使用是因为希望某个产品"有货"且能被随时使用。在这种模型下，每隔一个固定时期就会订货，比如每周五上午，而不是通过监控库存水平或等其降到某个关键值时才订货。在多种产品一起订货时，这种模型一般用起来会比较方便。给食品杂货店配送各种面包就是这样的一个例子，面包供应商可能有 10 种或者更多种的面包，10 种面包按同样的安排、同时送出会比在不同时间、分类别单独运送要更有效率。

这一章，我们想要展示的不仅仅是对大量库存进行控制的数学方法，我们还会介绍库存管理中具"艺术"性的方法。确保库存记录的准确性对于库存控制过程的高效是十分关键的。ABC 分类法和周期盘点法等方法在实际管理中用得很多，因为它们的重心在高价值产品，并能确保会影响库存水平监控的交易的质量。

库存（inventory）是一个组织中存储的供其使用的任何物品或资源。一个库存系统就是设置管理库存水平的政策和控制机制，决定需要保持何种水平、何时补充存储量以及订单该有多大。

按照惯例，制造库存通常是指对企业产出品有贡献或变成产出品一部分的物品。制造库存典型地被分为原材料库存、成品库存、零部件库存和在制品库存。在服务业，库存通常指将来售出的无形产品与管理服务所必需的供给。

无论在制造业还是服务业，分析库存的目的是明确：①何时订货；②订购多少。许多企业倾向于与能为它们提供可能一整年供货的卖方建立长期的关系。这将"何时"与"订购多少"变成了"何时"与"运送多少"。

20.1.1　库存的目的

所有企业（包括实行 JIT 的企业）都持有一定的库存，其原因如下。

（1）**保持运营的独立性**。工作中心的原材料库存使中心在运营中具有柔性。

例如，因为确定任何一个新的生产准备（setup）都需要成本，所以这些库存就能使管理人员减少生产准备的数量，从而降低成本。

组装线的各工位也需要相互的独立。即使是同样的操作，在不同工位上所花费的时间也不同。因此，每个工位留存一些缓冲是有必要的，这样较快的工位就可以和较慢的工位相互协调，平均产出就会相当稳定。

（2）**适应产品需求的变化**。如果能够准确掌握产品的需求，产品生产正好满足需求也许是有可能的（虽然未必经济）。然而，通常需求是不能准确把握的，必须持有安全库存或缓冲库存以抵消变动。

> **关键思想**
>
> 库存中的每个物品都有其特定目的。此外，当你在库存中看到一个物品时，可以假想其上方悬浮着一个美元符号——库存就像存储在仓库里的一堆钱。

（3）**增强生产计划的柔性**。库存能够缓解生产系统要尽早生产出产品的压力。这使得提前期延长，进而使生产计划可以考虑平稳流量和通过较大规模的生产实现较低成本的运营。例如，若生产准备成本较高，企业就希望一旦准备完成就能生产较大批量的产品。

（4）**为企业提供防止原材料交货时间变化方面的保障**。当从卖方订购原材料后，可能由于种种原因发生交货延迟：运输时间的正常变动，卖方工厂原材料不足导致无法完成订单，卖方工厂或个别货运公司出现罢工，货物丢失或发送错误或不合格的原材料。

从高处观察仓库内部

（5）**获得经济订货规模效益**。订货需要成本，包括人工、电话、打印、包装等。因此，每次订货数量越大，订单数量就越少。此外，从运输成本方面考虑，企业也偏好较大的订单。货运量越大，单位运输成本就越低。

（6）**其他特殊领域的原因**。根据情况，需要保持合适的库存。比如，在途库存是指从供应商转移到客户的物料，其取决于订购数量和订购提前期。再如飞机燃料、计算机使用的电子元件等在运送过程中可能出现价格变化的产品。还有许多其他例子。

考虑上述的每一个原因尤其是（3）（4）（5）时，我们应该注意库存是需要成本的，数量通常不宜太多。生产周期长是由大量库存引起的，这也是其不利的一面。

20.1.2 库存成本

在做任何影响库存规模的决策时，都必须考虑以下成本。

（1）**持有（或保有）成本**。这个大类成本的范围相当广泛，包括：仓储设施、管理、保险、失窃、破损、废弃、贬值、税金和资金占用的机会成本。显然，高持有成本使企业倾向于低库存水平和频繁供给。

（2）**准备（或生产调整）成本**。为了生产不同产品，需要获取必需的原材料、安排特定设备的生产调试、完成所需的文件、适当地消耗时间和原材料以及清理先前的原材料库存。

如果从一种产品转换到另一种产品不产生任何成本或时间损耗，企业将会进行许多小批量生产。这将降低库存水平，从而节省成本。目前的挑战就是要在较小批量生产情况下尽量降低这些准备成本（这是 JIT 系统的目标）。

（3）**订货成本**。这些成本是指准备采购或生产订单的管理及人工费用。订货成本包括所有的细节，例如盘点货物和计算订货数量。为保持系统运营需要跟踪订单，与此相关的成本也包含在订货成本内。

（4）**缺货成本**。当一种产品的库存已经用尽时，针对该产品的订单要么等库存补充，要么就被取消。持有库存以满足需求与缺货导致的成本，两者之间需要权衡。有时候很难达到该均衡，因为可能无法估计损失的利润、顾客流失的影响或是往后的惩罚。即便确定缺货成本的范畴通常是可能的，承担此类成本也往往稍高于预测值。

确定向卖方订货的正确数量或是确定企业生产线的正确批量大小需要寻求总成本最小化，该成本源于 4 个独立成本的综合作用，即持有成本、准备成本、订货成本和缺货成本。当然，这些订单的时间安排是可能影响库存成本的一个关键因素。

20.1.3 独立需求与相关需求

在库存管理中，了解各种库存管理模式之间的关联是非常重要的。图 20-2 给出的是不同库存管理系统在需求、交易成本以及呆滞库存风险方面的特点。图中左上方的几个系统是本章要讨论的，右下方的几个系统会在第 21 章中讨论。

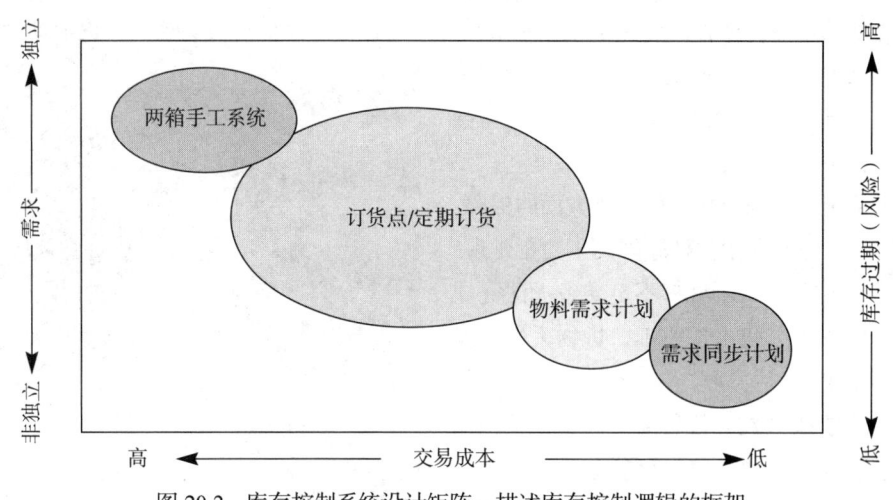

图 20-2　库存控制系统设计矩阵：描述库存控制逻辑的框架

交易成本取决于库存系统中的整合水平以及自动化水平。人工系统（比如简单的两箱系统）要依赖于人工进行库存补给的操作，这比计算机自动识别出产品有订货需求要贵。系统的整合水平取决于系统内部的关联。比如说，物料订单以电子形式自动发送给供应商，而供应商则通过库存控制系统自动识别出这些订单已是司空见惯。这种整合形式可以大大削减交易成本。

呆滞库存的风险也是需要重视的。如果一种产品的使用频率不高或者用途单一，那么在不具备对该产品进行需求来源跟踪的库存控制系统中就会存在很大的风险。此外，对于容易因技术更新而过时的产品，比如计算机内存条、处理器就需要依据实际需求进行具体管理，以降低因过时而引起的呆滞库存风险。

需求的一个重要特征就是需求是否来自终端产品或者与该产品直接相关。我们用**独立需求**（independent demand）和**相关需求**（dependent demand）来刻画这一特征。简而言之，独立需求和相关需求的区别在于：独立需求中各产品的需求之间没有关联，比如一个工作站上会为某一外部需求生产很多种互不相干的零部件；在相关需求中，任一产品的需求都是直接来源于另一产品——通常高于这一级别的产品。

理论上，相关需求是一个相对比较直观的计算问题。在较高层次的产品需求量确定的基础上，就能够简单地计算出所需的相关需求产品的数量。例如，假设一家汽车企业计划每天生产 500 辆轿车，显然它将需要 2 000 个车轮和轮胎。所需的车轮和轮胎的数量就取决于生产规模，它们不是各自产生的需求。另外，轿车的需求量是独立的。它源于汽车企业外部的许多因素，也不是其他产品的一部分，它与其他产品的需求无关。

为确定必须生产的独立产品的数量，企业通常依赖它们的销售和市场调查部门。它们使用各种各样的技术，包括顾客调查、预测技术以及经济与社会形势，正如我们在第 18 章中提到的预测。因为独立需求是不确定的，所以库存中必须持有额外的数量作为缓冲。本章提出的模型用以确定需要订多少以及需要持有多少库存以降低缺货的风险。

20.2　库存控制系统

库存系统为企业提供其保持和控制库存的组织机构与运营政策。该系统负责预订和接收货物：安排订货时间和跟踪已订的货物、数量以及卖方。该系统也应该能回答如下问题：供应商是否收到订单？货物是否交付运送？日期是否正确？是否确定了重新订货或召回不合格产品的程序？

该部分将系统分为单期系统和多期系统。这种分类方法基于决策是否只是一个一次性采购决策。设计这种采购是为了满足某一固定时间段且不重复订购，或者适用于那些定期采购且保持库存以满足需求的产品。我们先看一下一次性采购决策和单期库存模型。

20.2.1 单期库存模型

一个简单的例子就是经典的单期"报童"问题。例如，思考一个报童每天早晨考虑要购进多少报纸到他的报亭。如果那个人没有购进足够的报纸，部分顾客就买不到报纸，卖报人就会失去与这部分销售相关的利润。另外，如果报亭积压了太多的报纸，报童将为那些当天没有售出的报纸买单，这将降低当天的利润。

事实上，这是十分常见的问题。假设一个卖T恤的人赞助篮球锦标赛或足球比赛。这相当有难度，因为他必须等到得知哪些球队将参加比赛，然后才能在T恤上印上合适的球队标识。当然，他必须估计事实上有多少人想要这些T恤。赛前售出的T恤很有可能会获得一个很可观的价格，但赛后售出将大打折扣。

左边的售货员Alberto Tilghman正在体育用品商店摆出费城人队的商品。

思考这个问题的一个简单方法就是考虑我们愿意承担多大的缺货风险。我们来看看，假设卖报人已经收集了几个月的数据，并且发现周一售出报纸的平均数量为90份，标准差是10份（当然，这是假设这些报纸从没缺货）。根据这些数据，卖报人就能够简单地确定一个可接受的服务水平。例如，卖报人可能希望保证周一80%的不缺货水平。

回顾你们学过的统计学，假设报纸销售服从正态的概率分布，那么如果我们每周一早上正好储备90份报纸，则可能缺货的概率是50%，因为我们认为50%的时间需求小于90份，另外50%的时间需求大于90份。为了达到80%的不缺货水平，我们需要持有更多的报纸。从附录G给出的累计标准正态分布概率表中，我们可以看出需要大约0.85的过剩报纸的标准差，以保证80%的不缺货水平。为一个给定的不缺货概率找出准确的标准差的一种快速方法是运用Excel里面的NORMSINV（概率）函数（NORMSINV（0.8）= 0.841 62）。Excel得出的结果比较精确，根据这个结果，得出过剩的报纸数量将为0.841 62 × 10 = 8.416 2，或者9份报纸（0.4份报纸是卖不出去的）。

为了更充分地利用这个模型，我们可以考虑与报亭库存太多或太少相关的潜在利润和损失。假定每份报纸的进价是0.2美元，售价为0.5美元。在这种情况下，低估需求的边际成本就是0.3美元，即丢失的利润。类似地，高估需求的边际成本是0.2美元，即购买过量报纸的成本。运用边际分析法，最佳库存水平发生在持有下一单位所获得的预期收益小于预期成本时。要记住，特定的利润和成本取决于问题本身。

用符号的形式，定义：

C_o——高估需求的单位成本；

C_u——低估需求的单位成本。

引入概率后，期望边际成本等式变为：

$$P(C_o) \leq (1-P)C_u$$

这里P是该单位产品不能被售出的概率，$1-P$是其被售出的概率，因为两种情况中必定有一种会发生（该单位产品被售出或没被售出）。⊖

整理上式，我们得到：

$$P \leq \frac{C_u}{C_o + C_u} \quad (20\text{-}1)$$

该不等式表明，我们应该继续增加订货量直到售出我们所预订货物的概率等于或小于$\frac{C_u}{C_o + C_u}$。

⊖ P实际上是一个累计概率，因为第n个单位产品的销售不仅取决于正被需求的n，还取决于任何数字大于n的单位产品的需求。

回到报童的问题，高估需求的成本（C_o）是每份报纸 0.2 美元，低估需求的成本（C_u）是 0.3 美元，所以概率为 0.3/（0.2+0.3）= 0.6。现在我们需要从需求分布上找出对应累计概率为 0.6 的那个点。使用 NORMSINV 函数得到持有多余报纸的标准差（通常被称为 Z 值），得到 0.253。这意味着我们应该储备 0.253×10=2.53 或 3 份过剩报纸。因此，这个报纸每周一应该进 93 份报纸。

单期库存模型对很多服务业和制造业都很适用，例如：

（1）**航班超额预订**。乘客因为各种原因取消预订的航班普遍发生。这里低估航班取消数量的成本就相当于由航班空座导致的收入损失。高估取消数量的成本是赔偿金，例如让不能登机的乘客免费搭乘下一个航班或支付现金给他们。

（2）**预订时尚商品**。销售时尚商品的零售商面临的一个问题就是，他们经常整个季度只能下一个订单，这通常是由提前期长及商品寿命有限引起的。低估需求的成本就是由于不能实现交易而丢失的利润，而高估需求的成本则是其折扣销售时的成本。

（3）**任何一次性订货类型**。例如，因某一体育赛事预订 T 恤或者印制一段特定时期后就会不再使用的地图。

例 20-1 旅馆房间预留

一家靠近大学的旅馆在足球比赛的前夜总是客满。历史数据表明，当旅馆全部被订满时，最后取消预订的平均值为 5、标准差为 3。平均房价为 80 美元。当预订超过旅馆房间数量时，旅馆需要为顾客找一家附近的旅馆并为其买单。这通常需要旅馆花费 200 美元，因为这么迟订，房价变得很高。旅馆应该接受多少超额预订呢？

解答

低估预订取消数量的成本是 80 美元，高估的成本则为 200 美元。

$$P \leq \frac{C_u}{C_o + C_u} = \frac{80}{200 + 80} = 0.285\,7$$

Excel 中的 NORMSINV（0.285 7）给出一个 Z 值，为 -0.565 99。负值表明我们应该设置少于 5 单位的超额预订。准确的值应该为 0.565 99×3 = 1.697 97 或 2 间预留房间，或者比均值 5 小 2 的预订量。旅馆在足球赛前夜应该接受 3 个超额预订。

分析该类问题的另一个常用的方法是使用离散型概率分布，结合真实值和边际分析。对于该旅馆，假设我们已经收集了如下数据和预订房间却未出现的那些人的分布。

未出现的人数	概率	累计概率	未出现的人数	概率	累计概率
0	0.05	0.05	6	0.11	0.84
1	0.08	0.13	7	0.06	0.90
2	0.10	0.23	8	0.05	0.95
3	0.15	0.38	9	0.04	0.99
4	0.20	0.58	10	0.01	1.00
5	0.15	0.73			

使用这些数据，就得出了关于超额预订影响的表格。接着，就能用每一个可能的结果乘以其相应的概率算出每一种超额预订选择的期望总成本及加权成本合计。成本最低的就是最佳的超额预订战略。

未出现人数	概率	超额预订的数量										
		0	1	2	3	4	5	6	7	8	9	10
0	0.05	0	200	400	600	800	1 000	1 200	1 400	1 600	1 800	2 000
1	0.08	80	0	200	400	600	800	1 000	1 200	1 400	1 600	1 800
2	0.10	160	80	0	200	400	600	800	1 000	1 200	1 400	1 600
3	0.15	240	160	80	0	200	400	600	800	1 000	1 200	1 400
4	0.20	320	240	160	80	0	200	400	600	800	1 000	1 200

(续)

未出现人数	概率	超额预订的数量										
		0	1	2	3	4	5	6	7	8	9	10
5	0.15	400	320	240	160	80	0	200	400	600	800	1 000
6	0.11	480	400	320	240	160	80	0	200	400	600	800
7	0.06	560	480	400	320	240	160	80	0	200	400	600
8	0.05	640	560	480	400	320	240	160	80	0	200	400
9	0.04	720	640	560	480	400	320	240	160	80	0	200
10	0.01	800	720	640	560	480	400	320	240	160	80	0
总成本		337.6	271.6	228	212.4	238.8	321.2	445.6	600.8	772.8	958.8	1 156

从上表可以看出，最小总成本出现在设置 3 单位超额预订时。当有历史数据的时候，这种采用离散概率的方法是很有用的。

20.2.2 多期库存系统

多期库存系统大体上有两种类型：**定量订货模型**（fixed-order quantity models，又称经济批量 EOQ 和 Q 模型）和**定期订货模型**（fixed-time period models，又称定期系统、定期盘存系统、固定订货间隔期系统及 P 模型）。设计多期库存模型是为了保证某一产品全年都能持续供应。这种产品通常一年需要多次订货，该系统就是要给出准确的订货数量和订货时间。

两种模型的基本区别在于：定量订货模型是"事件驱动"的，而定期订货模型是"时间驱动"的。也就是说，当到达一个特定再订货水平的事件发生时，定量订货模型就会提示订货。这个事件可能随时发生，这取决于该产品的需求量。相反，定期订货模型仅限于在某一预先确定的时期发出订单，只有时间的变化驱动该模型。

运用定量订货模型（当剩余库存降至某一预先确定的再订货点 R 时才发出订单），必须连续监控剩余库存量。这样，定量订货模型就是一个连续的系统，它要求每次提取库存或增加库存都必须及时更新库存记录，以反映是否达到再订货点。而定期订货模型只是在订货间隔期（review period）盘点库存（我们将讨论几个结合以上两个模型特征的系统）。

影响系统选择的一些附加差异如表 20-1 所示。

表 20-1　定量订货模型与定期订货模型的差异

特征	定量订货模型（Q 模型）	定期订货模型（P 模型）
订货量	Q——不变（每次的订货量都相同）	q——可变（每次的订货量都不同）
何时发出订单	R——当库存水平低于再订货点	T——当到达订货间隔期
保持记录情况	每次提货或增加库存都登记	只在订货间隔期盘点
库存水平	低于定期订货模型	高于定量订货模型
维持所需时间	较长，因为连续检查	高效，因为可以同时订购多种物品
物品种类	价格较高、关键或贵重的物品	通常为低成本的物品

- 定期订货模型的平均库存水平较高，因为它必须防止订货间隔期（T）发生缺货情况，而定量订货模型没有订货间隔期。
- 定量订货模型更适用于贵重物品，因为它的平均库存水平较低。
- 定量订货模型比较适合如关键维修零件等重要物品，因为其检查频率较高，对潜在的缺货反应较快。
- 定量订货模型需要较多时间来管理，因为每一次补充或提取库存都需要登记。

当使用这两种模型，使其变为运营系统时，将会发生什么？图 20-3 说明了这个问题。我们可以看出定量系统侧重订货量和再订货点。根据程序，每次从库存中提取一单位，就要登记并立即将剩余库存量与再订货点做比较。如果库存降至再订货点以下，就需要发出数量为 Q 的订单；如果没有，系统将处于闲置状态直到下一次库存物资被提取。

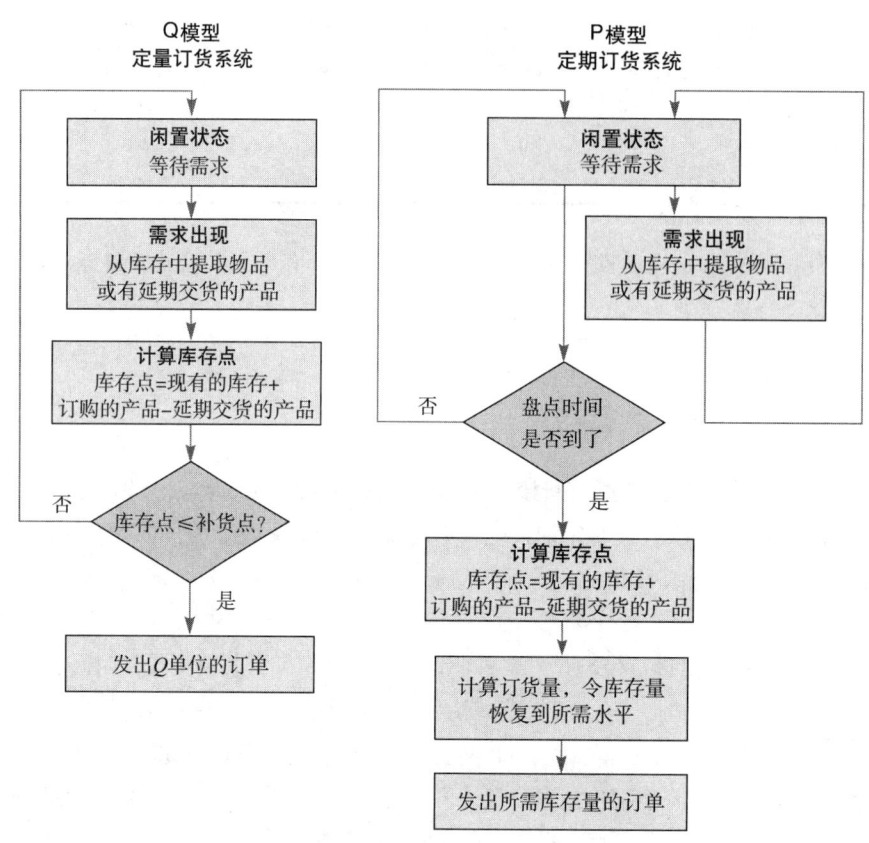

图 20-3　定量订货模型和定期订货模型下库存系统的比较

在定期系统中，只有盘点或检查过库存，才会做出订货决策。订单是否准确，取决于当时的库存水平。

20.2.3　定量订货模型

定量订货模型是要确定企业发出订单的特定点 R 和订货量 Q。再订货点 R 是一个固定单位数量的特定点。当现有库存（目前在仓库中的和已订的）达到再订货点时，企业将发出数量为 Q 的订单。**库存水平**（inventory position）被定义为现有的库存加上已订购的产品，然后再减去延期交货的产品。定量订货模型的答案可以表示如下：当库存水平降至 36 单位时，发出数量不少于 57 单位的订单。

该类别中最简单的模型发生在所有条件都是确定的前提下。假设某产品的年需求量为 1 000 单位，即确切的 1 000 单位，而不是 1 000×（1±10%）。准备成本与持有成本也是一样。虽然完全确定的情况几乎不可能，但这一假设为我们研究库存模型提供了一个良好的基础。

图 20-4 以及关于确定最佳订货数量的讨论就是基于该模型的以

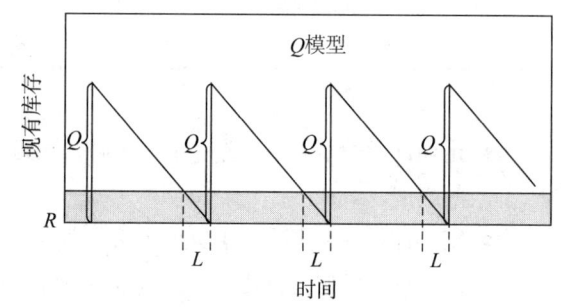

图 20-4　基本定量订货模型

下特征。这些假设是不现实的，但它们给了我们一个起点，使我们能够运用简单的例子。

- 对产品的需求是固定的，且在整个时期内保持一致。
- 提前期（从订货到收货之间的时间间隔）是固定的。
- 单位产品价格是固定的。
- 库存持有成本是由平均库存决定的。
- 订货成本或准备成本是固定的。
- 对产品的所有需求都被满足（不允许延迟交货）。

图 20-4 显示与 Q 和 R 相关的"锯齿效应"表明，当库存水平降至再订货点 R 时发出订单，预订的这批货物将在提前期 L 结束时收到。在该模型中，提前期是不变的。

在建立任何库存模型时，第一步就是要在感兴趣的变量与效益指标之间建立一个函数关系。在库存模型中，因为我们关心的是成本，所以方程为：

$$总成本 = 年采购成本 + 年订货成本 + 年持有成本$$

或者

$$TC = DC + \frac{D}{Q}S + \frac{Q}{2}H \tag{20-2}$$

式中 TC ——年总成本；
　　　D ——年需求量；
　　　C ——产品单位成本；
　　　Q ——订货量（最佳数量被称为经济批量 EOQ 或 Q_{opt}）；
　　　S ——准备成本或订货成本；
　　　H ——单位年持有成本（或保有成本）和仓储费用（持有成本通常取产品成本的一个百分比，例如 $H = iC$，这里的 i 是指保管费率）。

等式右边的 DC 是年采购成本，$(D/Q)S$ 是年订货成本（订货次数 D/Q 乘以每次订货费用 S），$(Q/2)H$ 是年持有成本（平均库存 $Q/2$ 乘以单位持有成本和仓储费用 H）。图 20-5 给出了这些成本之间的关系。

建立模型的第二步是找出使总成本最低的订货量 Q_{opt}。从图 20-5 中可以看出，总成本最低出现在曲线斜率为零的点。运用微积分，我们可以求出总成本对 Q 的导数，并令其为零。该基本模型的计算如下。

$$TC = DC + \frac{D}{Q}S + \frac{Q}{2}H$$

$$\frac{dTC}{dQ} = 0 + \left(\frac{-DS}{Q^2}\right) + \frac{H}{2} = 0$$

$$Q_{opt} = \sqrt{\frac{2DS}{H}} \tag{20-3}$$

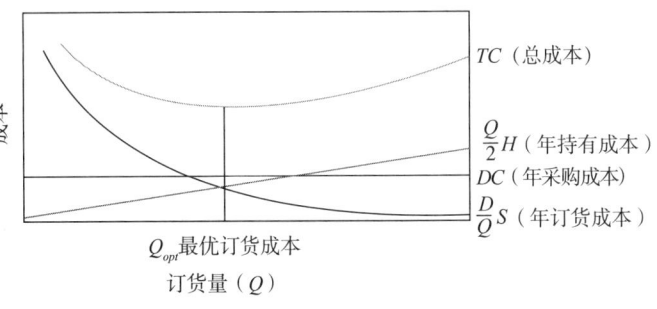

图 20-5 基于不同订单大小的年生产成本

由于这个简单模型假设需求和提前期都是不变的，所以不需要安全库存，可以简单地算出再订货点 R：

$$R = \bar{d}L \tag{20-4}$$

式中 $\bar{d}$ ——平均日需求（不变）；
　　　L ——提前期（不变）。

例 20-2 经济批量与再订货点

已知如下条件，求经济批量与再订货点。

$$年需求量(D) = 1\,000 \text{ 单位}$$
$$平均日需求(\bar{d}) = 1\,000/365$$
$$订货成本(S) = 5 \text{ 美元/次}$$
$$持有成本(H) = 1.25 \text{ 美元/年·单位}$$
$$提前期(L) = 5 \text{ 天}$$
$$单位成本(C) = 12.5 \text{ 美元}$$

需要订购多少?

解答

最佳订货量为:

$$Q_{opt} = \sqrt{\frac{2DS}{H}} = \sqrt{\frac{2 \times 1\,000 \times 5}{1.25}} = \sqrt{8\,000} = 89.4(\text{单位})$$

再订货点为:

$$R = \bar{d}L = \frac{1\,000}{365} \times 5 = 13.7(\text{单位})$$

取最接近的整数单位,库存策略如下:当库存水平降至 14 单位时,应订购多于 89 单位。年总成本为:

$$TC = DC + \frac{D}{Q}S + \frac{Q}{2}H = 1\,000 \times 12.50 + \frac{1\,000}{89} \times 5 + \frac{89}{2} \times 1.25 = 12\,611.81(\text{美元})$$

注意,总订货成本(1 000/89×5 = 56.18 美元)与总持有成本(89/2×1.25 = 55.625 美元)非常相近,但不完全相同,因为 Q 取了近似值——89。

我们注意到在该例中,产品的采购成本在决定订货量与再订货点过程中并不起作用,因为该成本是不变的,与其订货量无关。

------

1. 设置安全库存水平

前面的模型都假设需求是已知并且不变的。然而,在大多数情况下,需求并非不变而是每天都在变动。因此,必须持有安全库存以对缺货做出某种程度的预防。**安全库存**(safety stock)可以被定义为超过预期需求的库存数量。在正态分布下,它指的就是平均值。例如,假设平均月需求量为 100 单位且我们期待下个月也一样,如果我们持有 120 单位,那么我们将有 20 单位的安全库存。

安全库存可以基于很多不同的原则来确定。一个普遍的方法就是企业简单地将几周的供应量设置为安全库存。但是,采用能够反映需求变动的方法会更好。

例如,目标可以类似"设置安全库存使得需求超过 300 单位时,缺货概率仅为 5%"。我们将这种设置安全库存的方法称为概率法。

2. 概率法

用概率标准来确定安全库存是十分简单的。运用本章讲过的模型,我们假设一定时期的需求服从正态分布,有其期望和标准差。再次强调一下,这种方法只考虑缺货的概率,而不考虑缺货的数量。为了确定某一时期的缺货概率,我们可以简单地画出预期需求的正态分布图,并在曲线上标出我们现有的数量。

我们用几个简单的例子来说明。假定下个月的预期需求为 100 单位,并且我们知道方差为 20 单位。如果我们只持有 100 单位,缺货的概率将为 50%。我们期望需求有一半大于 100 单位,也有一半可能小于 100 单位。再进一步考虑,如果我们一次订 100 单位并在每个月月初收到货物,从长期来看,我们全年中大约有 6 个月缺货。

如果缺货这么多是难以接受的,我们将持有额外的库存以降低这种缺货的风险。可能持有 20 单位额外的产品库存。在这种情况下,我们还是每次订一个月的库存量,但是当我们还有 20 单位库存时,我们将调整到货时间。这将使我们没有缓冲安全库存用以降低缺货的概率。如果需求的标准差为 20 单位，我们将持有与标准差相等的安全库存。查看累计标准正态分布概率表（见附录 G），将平均值往右移动一个标准差，得到的概率为 0.841 3，所以大约 84% 的时间我们将不会遇到物资短缺的情况，而 16% 的时间会遇到。如果我们每个月都订购，我们大约每年有两个月会出现缺货（$0.16 \times 12 = 1.92$）。如果使用 Excel 的话，给定 z 值，就可以用 NORMSDIST 函数求出相应的概率。

企业经常用这种方法来确定不缺货概率为 95% 的安全库存，这意味着我们应当建立 1.64 倍标准差的安全库存。在我们的例子中，安全库存是 33 单位（$1.64 \times 20 = 32.8$）。这并不是说我们每月应额外订购 33 单位，而是除了每次订购一个月的使用量外，还应有 33 单位的货物作为安全库存，但是我们必须计划收货时间，这样我们才能在货物到达时还有 33 单位的预期库存。在这种情况下，我们每年大约有 0.6 个月出现缺货，或者每 20 个月中将有 1 个月会发生缺货。

3. 设置安全库存的定量订货模型

固定订货量系统对库存水平进行连续监控，且当库存量降至某一水平 R 时就再进行新的订购。在该模型中，缺货的危险只会发生在提前期，即介于发出订单与收到货物之间的那段时间。如图 20-6 所示，当库存水平降至再订货点 R 时发出订单。在提前期 L，需求可能在一定范围内变动。确定该范围，不是根据历史需求数据的分析就是通过估计得出（如果无法取得历史数据）。

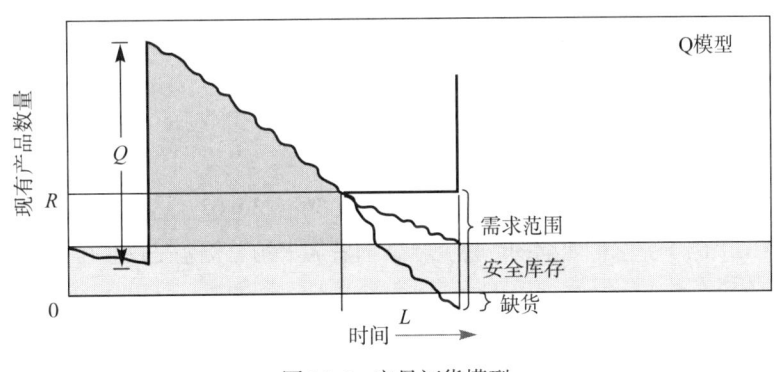

图 20-6　定量订货模型

前面提到过，安全库存的数量取决于要求的服务水平。计算订货量 Q 还是用同样的方法，考虑需求、缺货成本、订货成本、持有成本等。定量订货模型可以用来计算 Q，正如前面讨论过的简单 Q_{opt} 模型。然后，确定订货量以满足提前期的期望需求以及服务水平要求的安全库存。这样，需求确定的定量订货模型与需求不确定的定量订货模型之间的主要区别就在于再订货点的计算。在两种情况下，订货量是一样的。确定安全库存时考虑了不确定因素。

再订货点为：

$$R = \bar{d}L + z\sigma_L \tag{20-5}$$

式中　R——再订货点；
　　　$\bar{d}$——平均日需求；
　　　L——提前期（发出订单与收到货物之间的时间）；
　　　z——特定服务水平概率对应的分位数；
　　　σ_L——提前期中需求的标准差。

$z\sigma_L$ 是安全库存量。注意，当安全库存是正值的时候，其影响在于要提前订货。也就是说，没有安全库存的 R 只是简单的提前期的平均需求。例如，如果提前期的预期用量为 20，计算出来的安全库存为 5 单位，那么当剩余 25 单位库存时，就应该尽快发出订单。安全库存越多，就应越早发出订单。

4. 计算 $\bar{d}$、σ_L 和 z

提前期的需求确实是从发出订单到收到货物期间库存用量的估计值或预测值。它可以是一个简单的数字（例如，如果提前期为1个月，月需求可以用前一年的年需求除以12），或者可以是提前期日需求量的合计（例如提前期30天日需求的总和）。至于日需求 d 可以用第18章讲过的任何一种模型的预测需求。例如，用30天为周期来计算 $\bar{d}$，简单的平均为：

$$\bar{d} = \frac{\sum_{i=1}^{n} d_i}{n} = \frac{\sum_{i=1}^{30} d_i}{30} \tag{20-6}$$

这里 n 为天数。

日需求标准差即为：

$$\sigma_d = \sqrt{\frac{\sum_{i=1}^{n}(d_i - \bar{d})^2}{n}} = \sqrt{\frac{\sum_{i=1}^{30}(d_i - \bar{d})^2}{30}} \tag{20-7}$$

σ_d 指的是日标准差，如果提前期不止1天，我们就可以运用统计的结论：一系列独立事件的标准差等于所有偏差和的平方根。也就是，大体上等于：

$$\sigma_L = \sqrt{\sigma_1^2 + \sigma_2^2 + \cdots + \sigma_n^2} \tag{20-8}$$

例如，假设计算出每天需求的标准差为10单位，如果提前期为5天，就可以计算出这5天的标准差，因为每天都可以看作独立的。

$$\sigma_5 = \sqrt{10^2 + 10^2 + 10^2 + 10^2 + 10^2} = 22.36$$

接下来，我们需要找出安全库存的标准差 z 值。

假设我们希望提前期不缺货的概率为95%。与95%的不缺货概率相对应的 z 值为1.64（查看附录G或使用Excel中的NORMSINV函数）。得到这个，我们就能算出安全库存如下：

$$SS = z\sigma_L = 1.64 \times 22.36 = 36.67 \tag{20-9}$$

现在，我们对比以下两个例子。它们之间的区别在于，前者需求的总偏差是用整个提前期的标准差表示的，而后者是用每天的标准差表示的。

例20-3 经济批量

考虑一个经济批量的例子：年需求量 D 为1 000单位，经济批量为 Q 为200单位，不缺货的期望概率 P 为95%，提前期的需求标准差 σ_L 为25单位，提前期 L 为15天。试求再订货点。假设需求是基于一年250天工作日的情况。

解答

在我们的例子中，$\bar{d} = \frac{1\,000}{250} = 4$，提前期为15天。我们运用公式：

$$R = \bar{d}L + z\sigma_L = 4 \times 15 + z \cdot 25$$

在本例中，z 值为1.64。

$$R = 4 \times 15 + 1.64 \times 25 = 60 + 41 = 101（单位）$$

这就是说，当现有库存降至101单位时，需要再订购200单位。

例20-4 订货量与再订货点

某一产品的日需求服从均值为60、标准差为7的正态分布。供货源可靠，且提前期保持6天不变。订货的成本为10美元，单位年持有成本为0.50美元。缺货没有成本，且未完成的订单在订单到达后尽快补齐。假定全年365天销售。试求满足提前期不缺货概率为95%的订货量和再订货点。

解答

在本例中，我们既要计算订货量 Q，又要计算再订货点 R。

$$\bar{d} = 60 \qquad S = 10 \text{ 美元}$$
$$\sigma_d = 7 \qquad H = 0.50 \text{ 美元}$$
$$D = 60 \times 365 \qquad L = 6$$

最佳订货量为：

$$Q_{opt} = \sqrt{\frac{2DS}{H}} = \sqrt{\frac{2 \times 60 \times 365 \times 10}{0.50}} = \sqrt{876\,000} = 936 (\text{单位})$$

为了计算再订货点，我们需要求出提前期产品使用的数量，并把这些加上安全库存。

6 天提前期的需求标准差由每天需求方差求出，因为每天的需求是独立的：[⊖]

$$\sigma_L = \sqrt{\sum_{i=1}^{L} \sigma_d^2} = \sqrt{6 \times 7^2} = 17.15$$

z 值还是 1.64。

$$R = \bar{d}L + z\sigma_L = 60 \times 6 + 1.64 \times 17.15 = 388 (\text{单位})$$

由以上计算得出的策略为：只要库存降至 388 单位，就要发出 936 单位的订单。

20.2.4 定期订货模型

在定期系统中，只在特定的时间盘点库存，例如每周或每月一次。定期盘点库存并发出订单适用于以下两种情形：当卖方进行日常拜访时，顺便带走对其产成品的订单，或是买方想要拼单以节省运输费用。其他公司为了方便其库存盘点计划而采用定期操作。例如，分销商 X 每两周订一次货，员工就知道必须按时盘点分销商 X 的所有产品。

定期模型产生的订货量每期都在变动，这取决于使用率。大体上，这需要比定量系统持有较高的安全库存水平。定量系统需要连续检查现有库存，以便达到再订货点就立即发出订单。相对而言，定期模型只要求定期对库存进行检查。发出订单后，可能一个大批量需求就会使库存马上降至零点。这种状况直到下一次检查才会被发现。而当新订单发出后，需要一定时间才能到货。这样，在整个检查间隔期 T 和提前期 L 内就可能一直处于缺货状态。因此，安全库存不仅要防止检查期内，还要防止从发出订单到收到货物之间的提前期都不断货。

设置安全库存的定期订货模型

在一个定期系统中，在检查库存期 (T) 发出订单，其中需要预订的安全库存为：

$$\text{安全库存} = z\sigma_{T+L} \tag{20-10}$$

图 20-7 是一个检查周期为 T、提前期保持为 L 不变的定期系统。在这里，需求随机分布的均值为 $\bar{d}$，要订购的量 q 为：

$$\text{订货量} = \text{易损期的平均需求量} + \text{安全库存} - \text{现有库存量}$$
$$q = \bar{d}(T + L) + z\sigma_{T+L} - I \tag{20-11}$$

式中　q——订货量；

　　　T——两次盘点间的间隔天数；

　　　L——提前期（发出订单与收到货物之间的时间）；

　　　$\bar{d}$——平均日需求；

　　　z——特定服务水平概率对应的分位数；

　　　σ_{T+L}——盘点周期与提前期需求的标准差；

　　　I——现有库存量（包括已经订购而尚未到达的）。

⊖ 如前所述，自变量和标准差等于方差的平方根。

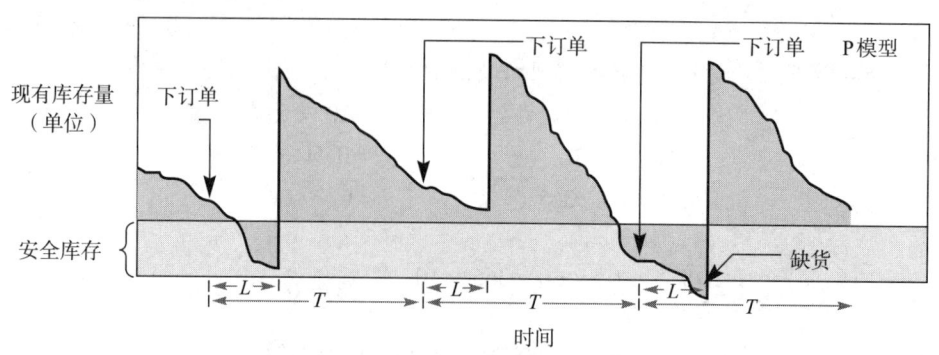

图 20-7 定期库存模型

注意：需求、提前期、检查期等可以是任意时间单位，例如天、周或者年，只要整个公式中时间单位保持统一。

在该模型中，需求量（$\bar{d}$）可以采用预测值，如果需要，可以在每个盘点周期加以修改；或者如果相近，可以使用年平均值。我们假定需求服从正态分布。

z 值取决于缺货概率，并从附录 G 或用 Excel 中的 NORMSINV 函数求得。

例 20-5 订货量

某一产品的日需求均值为 10 单位，标准差为 3 单位。检查期为 30 天，提前期为 14 天。管理层设立了这样一个政策，即用库存来满足 98% 的需求。在检查期开头，库存量为 150 单位。

需要订购多少单位？

解答

订购量为：

$$q = \bar{d}(T+L) + z\sigma_{T+L} - I = 10 \times (30+14) + z\sigma_{T+L} - 150$$

在我们得出答案之前，我们需要找出 σ_{T+L} 和 z 值。为了找出 σ_{T+L}，我们使用前面提到过的方法，即一系列独立随机变量的标准差等于各自方差和的平方根。因此，$T+L$ 期间的标准差就是每天方差和的平方根：

$$\sigma_{T+L} = \sqrt{\sum_{i=1}^{T+L} \sigma_{d_i}^2} \qquad (20\text{-}12)$$

由于每天都是独立的且 σ_d 不变，因此：

$$\sigma_{T+L} = \sqrt{(T+L)\sigma_d^2} = \sqrt{(30+14) \times 3^2} = 19.90$$

对应于概率 $P = 98\%$ 的 z 值为 2.05。

那么，订购量为：

$$q = \bar{d}(T+L) + z\sigma_{T+L} - I = 10 \times (30+14) + 2.05 \times 19.90 - 150 = 331(\text{单位})$$

为了保证 98% 的不缺货概率，在该检查期需要订购 331 单位。

20.2.5 库存周转的计算

对经理而言，很重要的一件事是了解运用库存控制思想进行产品运营是如何与企业财务业绩直接相关的。与企业业绩相关的一个主要衡量指标是库存周转率。回想一下，库存周转率的计算如下：

$$\text{库存周转率} = \frac{\text{所售产品成本}}{\text{平均库存总值}}$$

如何管理某一产品与其库存周转率是什么关系呢？这里，我们把问题简化，只考虑一种产品或一揽子产品的库存周转率。首先，如果我们只看分子，某一所售产品成本与该产品预期的年需求量（D）有直接关系。给定该产品单位成本（C），则所售产品成本正好是 C 的 D 倍。回想一下，这与我们在经济批量公式中用过的一样。其次，考虑平均库存总值。如果我们假设需求是不变的，经济批量模型中的平均库存就为 $Q/2$。当我们把不确定因素引入公式时，就需要设置安全库存以应对由需求变动带来的风险。定量模型与定期模型中用于计算安全库存的公式都要求给定不缺货的概率。在两个模型中，我们都假设在整个订货周期中，有一半的时间我们需要使用安全库存，另一半的时间我们并不需要用到安全库存，因此平均而言，我们可以将现有的库存当作安全库存（SS）。给定了这个，平均库存就如下：

$$\text{平均库存总值} = (Q/2 + SS)C \tag{20-13}$$

那么单一产品的库存周转率就为：

$$\text{库存周转率} = \frac{DC}{(Q/2 + SS)C} = \frac{D}{Q/2 + SS} \tag{20-14}$$

例 20-6　计算平均库存：定量模型

假设采用设置安全库存的定量模型管理如下的产品。

$$\text{年需求量}(D) = 1\,000 \text{ 单位}$$
$$\text{订货量}(Q) = 300 \text{ 单位}$$
$$\text{安全库存}(SS) = 40 \text{ 单位}$$

该产品的平均库存水平与库存周转率为多少？

解答

$$\text{平均库存} = Q/2 + SS = 300/2 + 40 = 190 \text{（单位）}$$

$$\text{库存周转率} = \frac{D}{Q/2 + SS} = \frac{1\,000}{190} = 5.263 \text{（次／年）}$$

例 20-7　计算平均库存：定期模型

考虑采用设置安全库存的定期模型管理如下的产品。

$$\text{周需求量}(d) = 50 \text{ 单位}$$
$$\text{检查期}(T) = 3 \text{ 周}$$
$$\text{安全库存}(SS) = 30 \text{ 单位}$$

该产品的平均库存水平与库存周转率为多少？

解答

这里我们需要确定每个周期需要订购多少单位。如果我们假定需求是相当平稳的，那么我们可以预期订购的数量就为检查周期期间的预期需求量。如果我们假设需求模式不存在任何趋势性或季节性，该预期需求量就等于 dT。

$$\text{平均库存} = dT/2 + SS = 50 \times 3/2 + 30 = 105 \text{（单位）}$$

$$\text{库存周转率} = \frac{52d}{dT/2 + SS} = \frac{52 \times 50}{105} = 24.8 \text{（次／年）}$$

这里我们假设一年有 52 周。

20.2.6　价格分界模型

价格分界模型主要研究的是销售价格随着订单大小变动的情况。这是不连续或间隙变动而不是一单位一单位地变动。例如订购 1～99 个木钉，其单位成本为 0.02 美元，而每 100 个的成本为 1.6 美元，每 1 000 个的成本为 13.5 美元。为了确定任何一种产品的最佳订货量，我们只要简单地求出每一价格下与价格转变点的经济批量。然而，不是所有用公式算出的经济批量都是可行的。在木钉的例子中，最佳订货量 Q_{opt} 公式告诉我们，价格为 1.6 美分时的最佳订货量为

75个木钉。然而，这是不可能的，因为订购75个时，每一个木钉的成本为2美分。

总之，为了找出成本最低的订货量，我们需要计算每一个可能价格对应的经济批量，并验证其是否可行。计算出来的经济批量可能高于也可能低于该价格对应的数量范围。我们也需要求出每一个价格分界点订货的总成本，因为我们知道在这些点价格是可行的，总成本可能在其中某一点达到最低。

如果持有成本是取单位价格的一定百分比（在该书给出的所有例子和问题中都是如此），那么计算就可以稍微简化一点。在这种情况下，我们只需要看价格分界点订货量的一个子集，可以采用以下两步法。

第一步，将价格从低到高排列，然后从最低的价格开始，分别计算各个价格水平对应的经济批量，直到找出一个可行的经济批量。可行指的是，价格处于正确的对应范围内。

第二步，如果第一个可行的经济批量在最低的价格下就出现，那么该数量就为最佳订货量，计算结束。否则，要计算第一个可行经济批量的总成本（从最低价算到最高价），还要计算低于第一个可行经济批量对应价格的所有价格分界点的总成本。这就是充分利用价格分界的最低的订货量。成本最低的订货量即为最佳的 Q。

通过图20-8，我们可以依次从右到左或从最低到最高单位价格计算订货量，直到求得一个有效的 Q，然后用该 Q 以上的每一个价格分界点的订货量来找出具有最低成本的订货量——是算出的 Q 或是在某个价格分界点的 Q。

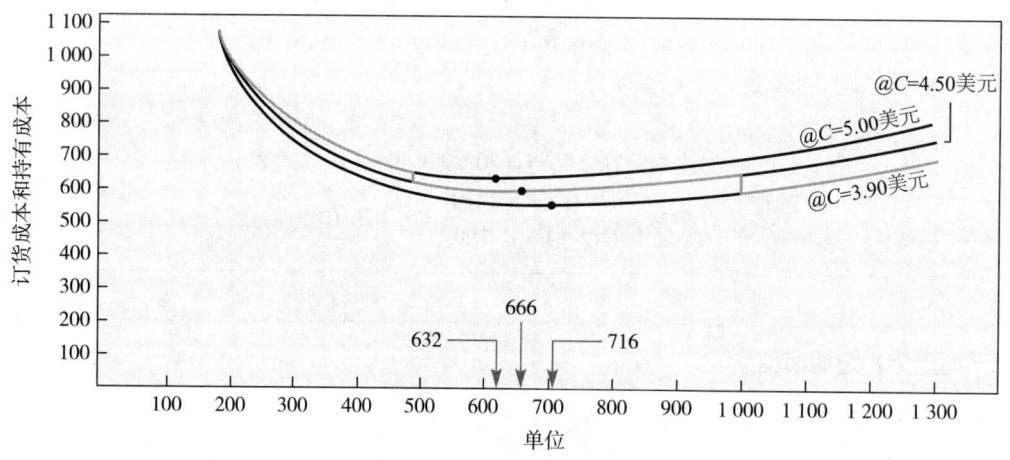

图20-8　3个价格分界点下的3个独立定量模型曲线（黑线表示采购的可行域）

例20-8　价格分界

考虑如下案例，其中：

D = 10 000 单位（年需求）

S = 20 美元订一次货

i = 成本的 20%（年保有成本、仓储、利息、过期作废等）

C = 单位成本（根据订单大小：0～499 单位，每单位 5.00 美元；500～999 单位，每单位 4.50 美元；1 000 单位及以上，每单位 3.90 美元。）

应该订购多少单位？

解答

基本的定量模型告诉我们：

$$TC = DC + \frac{D}{Q}S + \frac{Q}{2}iC$$

且

$$Q = \sqrt{\frac{2DC}{iC}} \tag{20-15}$$

求解经济订货量，我们得到：

@ C = 3.90 美元	Q = 716	不可行
@ C = 4.50 美元	Q = 667	可行，总成本 = 45 600（美元）
验证 Q = 1 000	总成本 = 39 590（美元）	最优解

图 20-8 是成本与订货范围的关系图。该图中大部分的数量 – 成本关系都落在可行域外，只有各个连续的区间有解。这是很显然的，例如，第一个订货量为 632 的对应价格为 5.00 美元。然而，如果订购 632，其价格为 4.50 美元，而不是 5.00 美元。第三个订货量同样是如此，单位价格为 3.9 美元时对应的订货量应该为 716 单位，而在订货量未达到 1 000 单位时是得不到这个价格的。

表 20-2 给出了经济批量下及价格分界点的总成本，我们可以看出最佳订货量为 1 000 单位。

表 20-2　3 个价格分界点模型的相关成本

	Q = 632 c = 5.00 美元	Q = 667 c = 4.50 美元	Q = 716 c = 3.90 美元	价格分界点 1 000
持有成本 $\left(\dfrac{Q}{2}iC\right)$		$\dfrac{667}{2} \times 0.20 \times 4.50 = 300.15$（美元）		$\dfrac{1\,000}{2} \times 0.20 \times 3.90 = 390$（美元）
订货成本 $\left(\dfrac{D}{Q}S\right)$	不可行	$\dfrac{10\,000 \times 20}{667} = 299.85$（美元）	不可行	$\dfrac{10\,000 \times 20}{1\,000} = 200$（美元）
持有与订货成本		600.00 美元		590 美元
产品成本（DC）		10 000 × 4.50		10 000 × 3.90
总成本		45 600 美元		39 590 美元

价格分界模型中需要考虑一个现实的问题，即价格随着采购量的增加而下降经常让人感觉订购比 Q_{opt} 多的数量看起来更经济。因此在运用这个模型的过程中，当估计产品废弃与仓储成本时就必须格外小心。

20.3　库存计划和准确性

在盘点、发出订单、接收货物等管理库存的过程中，都需要花费时间和金钱。当这些资源有限的时候，合理的行为就是尝试用最佳的方式使用现有资源来控制库存。换句话说，关注于最重要产品的库存。

19 世纪，帕累托在一个关于米兰财富分配的研究中发现，20% 的人控制着 80% 的财富。这种少数人占据最重要地位而多数人不重要的逻辑已经延伸到许多领域，并被称为帕累托法则。⊖ 该法则适用于我们的日常生活（我们的大部分决定相对不那么重要，但是少数会影响我们的未来），同样也适用于库存系统（少数产品决定我们的大部分投资）。

任何库存系统都应该确定什么时候发出订单以及需要订购多少单位。在大多数情况下，需要对很多产品进行库存控制，对每个产品都运用模型并控制到位是不可能的。为了解决这个问题，ABC 分类方案将库存的产品分成三组：高资金占用类（A）、中等资金占用类（B）与低资金占用类（C）。资金占用量是重要性的衡量标准，一个低成本但数量大的产品可能比一个高价值但数量小的产品重要。

20.3.1　ABC 分类法

如果根据资金占用量来排列各种产品的年使用情况，我们通常会发现少数产品占用了大部分资金，而其余多数的产品占用少量资金。表 20-3a 给出了这种关系。

ABC 分类法根据价值将排列清单分成三组：A 类大体是前 15% 的产品，B 类是接下来的 35%，C 类是最后的 50%。观察发现，在表 20-3a 的清单中，A 类有 20%，B 类有 30%，C 类有 50%。这些数字很清楚地划清了各部分的区

⊖　帕累托法则也通过帕累托图的使用在质量问题中得到了广泛的应用（见第 12 章）。

别。该分类在表 20-3b 中列出，并在图 20-9 中用图表示出来了。

分类不可能总是这么平稳，我们的目标就是尽量将重要与不重要区分开来。分界线在哪里事实上取决于具体的产品与多少人工成本（需要更多的时间，企业就可以扩大 A 类或 B 类的比例）。

表 20-3

a) 根据价值排列的年库存使用情况

产品编号	年资金占用量（美元）	占总价值的百分比（%）
22	95 000	40.69
68	75 000	32.13
27	25 000	10.71
03	15 000	6.43
82	13 000	5.57
54	7 500	3.21
36	1 500	0.64
19	800	0.34
23	425	0.18
41	225	0.10
	233 450	100.00

b) ABC 产品库存分类法

类别	产品编号	年资金占用量（美元）	占总量的百分比（%）
A	22, 68	170 000	72.8
B	27, 03, 82	53 000	22.7
C	54, 36, 19, 23, 41	10 450	4.5
		233 450	100.0

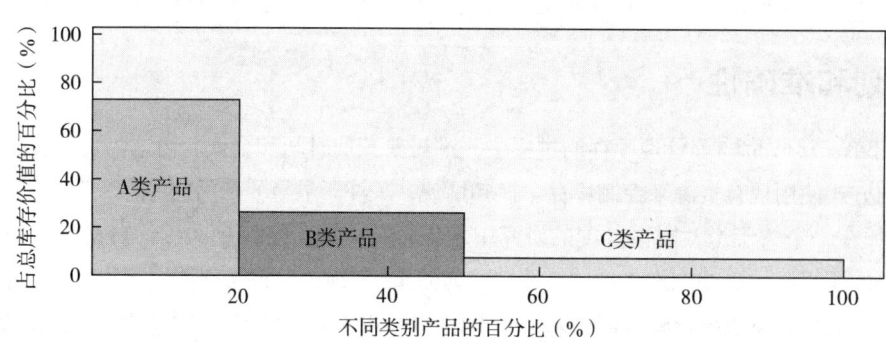

图 20-9　ABC 库存分类（每组的库存价值与其相应的总价值比例）

将产品分组的目的在于对每一产品设置适当的控制程度。例如根据周期，A 类产品一周订一次可能更便于控制，B 类产品可能双周，C 类产品可能一个月或两个月一次。请注意，产品的单位成本与它们的分类无关。产品被归入高资金占用类可能有两种情况：低成本与高使用量的结合，高成本与低使用量的结合。同样，C 类产品资金占用量少，可能是因为其低需求或低成本。在一个汽车服务站，汽油可能是 A 类产品，需要每天或每周补充库存；轮胎、电池、润滑油、变速器油可能属于 B 类，需要每 2 周或 4 周订购一次；C 类产品可能包括阀杆、雨刷胶皮、散热箱盖、空气管接头、风扇传动带、燃料添加剂、汽车蜡等，可能两三个月订一次货，甚至可以允许缺货，因为缺货的成本不高。

有时候某种产品可能对系统起到关键作用，如果缺少该产品，可能会导致重大的损失。在这种情况下，不管该产品是什么类别，都应该持有足够的该种产品以防缺货。当难以抉择一种产品是属于 A 类还是 B 类时，一种更有保障的控制方式就是将其划入高级别，尽管它的资金占用量不一定达到那个水平。

20.3.2 库存精度与周期盘点

库存记录通常与实际盘点数量不一致,库存精度就是指这两者的相符程度。像沃尔玛这样的企业很清楚库存精度的重要性,它做出巨大的努力以保证这一指标。现在的问题在于,多少偏差是在接受范围之内的?如果记录表明 X 的库存量为 683 而实际盘点数量为 652,这合理吗?假定实际盘点数量为 750,比库存记录多了 67,这种情况是不是更好一点?

每一个生产系统都必须使记录的库存水平与现实的库存水平保持一致性,即在某个特定的范围内。记录与实际库存水平可能不一致的原因有很多。例如,一个开放式的仓储区域使产品可能被正当使用,也可能有人未经授权使用。正当提货也可能因为时间仓促没来得及登记。有时候可能一部分放错位置,几个月以后又突然出现。另一部分可能储存在不同的地方,但是记录可能遗失或者所记录的位置不正确。有时候库存补给订单是根据实收的量登记的,而实际上以前从来没这样做。偶尔,一组零部件被提走时登记了,但是顾客取消了订单,这些零部件又重新放回仓库,没有取消之前的记录。为了保持生产系统的流畅性,避免部件缺货,又保持其有效性,避免过剩,记录必须精确。

企业如何保持精确,即时更新记录呢?第一种方法就是把仓库锁起来。如果只有仓管人员可以进入,并将库存精度作为其个人绩效考核的一个衡量标准,那么他们就会有足够的积极性去遵守。每个库存地点,无论是封闭的仓库还是生产车间,都应该有一个记录机制。第二种方法就是将精度的重要性传达给所有员工,依靠他们的相互协作来提高精度(这可以简化成如下:将仓储区域用一个延伸

东京三越百货的一个售货员正在扫描牛仔裤上的 RFID 标签以查询库存。三越百货、日本电气巨头富士通已采用 RFID 来改进库存控制和顾客服务。

至天花板的栅栏围起来,这样工人就不能翻过去取货;用锁把仓库门锁起来,并只给一个人钥匙。任何人没有授权或记录交易,都不得提取库存)。

另外一个确保精度的方式就是频繁地盘点库存,并与记录对照。一种普遍使用的方法是周期盘点。

周期盘点(cycle counting)是实际清查库存的一种技术,它要求频繁地盘点库存而不是一年只盘点一次或两次。因此,有效的周期盘点和精确记录的关键在于决定盘点哪些产品、什么时候盘点以及由谁负责。

事实上,目前所有的库存系统都已经计算机化了。我们可以通过编程,使计算机在以下情况下发出周期盘点提示。

(1)当显示的现有库存记录很低或为零时(数量越少,越容易盘点)。

(2)当库存记录为正,却出现延迟交货记录时(说明这是矛盾的)。

(3)在某些特定的活动之后。

(4)根据产品的重要级别(如 ABC 系统)提示检查,例如下表。

年资金使用量	检查周期	年资金使用量	检查周期
10 000 美元或以上	30 天或以下	250 ~ 3 000 美元	90 天或以下
3 000 ~ 10 000 美元	45 天或以下	低于 250 美元	180 天或以下

最容易盘点库存的时间是当仓库或生产车间都没有任何活动的时候,这就意味着要在周末或者是第二班或第三班时,因为那时候相对不那么繁忙。如果这样做不可行的话,在生产和交易发生的同时盘点库存时就要求更小心地记录和分隔产品。

盘点的周期取决于现有人员。有些企业安排固定的仓管人员在特定的工作日间歇对库存进行盘点，也有一部分企业请专业的私人公司来盘点库存，还有一部分企业采用全职周期盘点人员，他们不做其他事情，就是盘点库存并处理记录中出现的差异。虽然最后一种方法听起来成本很高，但许多企业认为该方法的成本事实上比那种常用的忙乱的年度库存盘点更低，年度库存盘点通常发生在工厂假期停工的那两三周。

关于实际盘点与记录之间多大程度的偏差是在可接受范围内的问题存在着许多争议。一些企业争取100%的精度，而其他企业认为1%、2%或3%的偏差是可以接受的。专家建议的精度水平通常是这样的：A类产品为 ±0.2%，B类产品为 ±1%，C类产品为 ±5%。不管确定的精度水平，关键点在于该水平应该是可靠的，那样才能正确地设置作为缓冲的安全库存。精度对于维持平稳的生产过程是很重要的，它有助于按计划加工顾客的订单，不至于因为缺少零部件而停产。

本章小结

20-1 解释库存的使用，理解与库存有关的成本

总结

- 库存成本较高，主要原因是存储、废弃、保险和投资成本。
- 关于库存，有几个问题是需要确定的：①何时订货；②订购多少。
- 本章的模型最适用于难以预测某个物品的需求量，但又需要有一定库存的情况。事实上，这也是库存的意义和作用。
- 与库存相关的成本主要包括物品本身的成本、存储该物品的成本、准备成本、订购成本和物品短期造成的成本。

关键术语

库存：组织中使用的任何物料或资源的库存。

独立需求：这些物料的需求彼此无关，或与可以准确地预测的活动无关。

相关需求：物料需求是对其他产品需求的直接结果，通常是组成产品的一部分。此外，由于计划或特定活动，物料需求可以准确预测。

20-2 分析不同的库存控制系统是如何工作的

总结

- 库存系统为管理存储的物品提供了特定的运营策略。库存系统不仅能帮助确定订单的时间和数量，还能追踪这些订单的确切状态（供应商是否确认订单、订单是否发货、应到日期等）。模型可分为单期系统和多期系统。
- 如果一个物品只买一次，以后不会再订购，那么单期模型适合该物品。
- 如果该物品需要重新订购保证库存量，此时就需要用到多期模型。

- 多期模型分为两种，主要差别在于重新订购的时间点确定原则不同。
- 在定期订货模型中，当库存量降到一个固定的较低水平（被称为再订货点）时，系统会重新订购。定期订货模型则是周期性地订货，比如两周一次。
- 当需求存在不确定性时，为了防止需求大于预期，企业需要保留额外库存。额外库存被称为安全库存。系统会通过数据的统计，计算库存断货的可能性，从而确定安全库存的量。
- 库存系统一个非常有效的衡量标准是库存周转率。库存周转率衡量的是一年中库存替换的平均预期次数，可以根据全部库存物品的平均库存水平来计算，也可以根据单个物品的库存情况来计算。

关键术语

单期问题：当一种产品只购买一次并被使用，后续不再重新订购时，如何明确需要订购的数量。

定量订货模型（Q模型）：一种库存控制模型，其中每批订购的数量是固定的，实际订购是由库存下降到指定的库存水平触发的。

定期订货模型（P模型）：一种库存控制模型，用于在每一个固定时间段结束时产生订购行为的库存。订单之间的时间间隔是固定的，每笔订单的数量也不相同。

库存水平：现存量加上订货量减去缺货量。在产生特殊情况需要分配库存时，库存位置将减少这些分配的数量。

最佳订货量（Q_{opt}）：在此订单规模下，年度总成本将达到最小。

再订货点：当库存下降到这个水平时，就会迫使系统下订单。

安全库存：除预期需求外的库存量。

库存周转率：衡量一年内库存被替换的预期次数。

价格分界模型：当商品的价格随订单大小而变化时，此模型可用于查找商品的最佳订单数量。

关键公式

$$P \leq \frac{C_u}{C_o + C_u} \quad (20\text{-}1)$$

$$TC = DC + \frac{D}{Q}S + \frac{Q}{2}H \quad (20\text{-}2)$$

$$Q_{opt} = \sqrt{\frac{2DS}{H}} \quad (20\text{-}3)$$

$$R = \bar{d}L \quad (20\text{-}4)$$

$$R = \bar{d}L + z\sigma_L \quad (20\text{-}5)$$

$$\bar{d} = \frac{\sum_{i=1}^{n} d_i}{n} \quad (20\text{-}6)$$

$$\bar{d} = \sqrt{\frac{\sum_{i=1}^{n}(d_i - \bar{d})^2}{n}} \quad (20\text{-}7)$$

$$\sigma_L = \sqrt{\sigma_1^2 + \sigma_2^2 + \cdots + \sigma_n^2} \quad (20\text{-}8)$$

$$SS = z\sigma_L \quad (20\text{-}9)$$

$$安全库存 = z\sigma_{T+L} \quad (20\text{-}10)$$

$$q = \bar{d}(T+L) + z\sigma_{T+L} - I \quad (20\text{-}11)$$

$$\sigma_{T+L} = \sqrt{\sum_{i=1}^{T+L} \sigma_{d_i}^2} \quad (20\text{-}12)$$

$$平均库存总值 = (Q/2 + SS)C \quad (20\text{-}13)$$

$$库存周转率 = \frac{DC}{(Q/2 + SS)C} = \frac{D}{Q/2 + SS} \quad (20\text{-}14)$$

$$Q = \sqrt{\frac{2DC}{iC}} \quad (20\text{-}15)$$

20-3 利用帕累托法则分析库存

总结

- 大多数库存控制系统都太大而使建模和给出对策都不实用。然而，根据每年的资金占用量可以对这些条目进行分类。
- 其中一种简单的方式就是利用 ABC 分类法，A 是高资金占用类、B 是中等资金占用类、C 是低资金占用类。
- 一般地，A 类物资大体是前 15% 的产品，能产生 80% 的收益；B 类物资是接下来的 35%，能产生 15% 的收益；C 类是最后的 50%，只能产生 5% 的收益。
- 库存精度很重要，并且公司至少每年进行一次库存检查。周期盘点是一种检查库存的有效方法。

关键术语

ABC 分类法：根据资金占用量来排列各种库存产品的年使用情况，并找出相对应的策略。

周期盘点：一种实物盘点技术，其中经常对库存进行盘点，而不是一年一次或两次。

应用举例

20-2

例 1

某产品的单位售价为 100 美元，单位成本保持 70 美元不变。每一单位未售出的产品的残值为 20 美元。在周期内的期望需求为 35～40 单位；至少能售出 35 单位，但超过 40 单位是一定不能售出的。需求概率及相关的累计概率分布 (P) 如下表所示。

需求数量	需求概率	累计概率	需求数量	需求概率	累计概率
35	0.10	0.10	38	0.25	0.75
36	0.15	0.25	39	0.15	0.90
37	0.25	0.50	40	0.10	1.00

需要订购多少单位？

解答

低估需求的成本也就是利润的损失，即 $C_u = 100 - 70 = 30$（美元/单位）。高估需求的成本也就是当产品不得不以残值出售时的损失，即 $C_o = 70 - 20 = 50$（美元）。

未售出的最佳概率为 $P \leq \frac{C_u}{C_o + C_u} = \frac{30}{30 + 50} = 0.375$

根据上面的分布数据，对应的是第 37 单位。

以下是该问题完整的边际分析。注意，最小成本出现在订购 37 单位时。

需求数量	概率	采购的数量					
		35	36	37	38	39	40
35	0.1	0	50	100	150	200	250
36	0.15	30	0	50	100	150	200
37	0.25	60	30	0	50	100	150
38	0.25	90	60	30	0	50	100
39	0.15	120	90	60	30	0	50
40	0.1	150	120	90	60	30	0
总成本		75	53	43	53	83	125

例2

从卖方采购产品的单位成本为20美元，下一年的预测需求为1 000单位。如果每次发出订单的成本为5美元，单位产品年库存成本为4美元。回答下列问题：

a. 每次应该订购多少单位？
b. 一年的总订购成本为多少？
c. 一年的总持有成本为多少？

解答

a. 每次的订货数量为：
$$Q = \sqrt{\frac{2DS}{H}} = \sqrt{\frac{2 \times 1\,000 \times 5}{4}} = 50 \text{（单位）}$$

b. 一年的总订购成本为：
$$\frac{D}{Q}S = \frac{1\,000}{50} \times 5 = 100\text{（美元）}$$

c. 一年的总持有成本为：
$$\frac{Q}{2}H = \frac{50}{2} \times 4 = 100 \text{（美元）}$$

例3

某一产品的日需求量为120单位，标准差为30单位。检查周期为14天，提前期为7天。检查时，库存量为130单位。如果可接受的缺货概率仅为1%，应该订购多少单位？

解答

$$\sigma_{T+L} = \sqrt{(14+7) \times 30^2} = \sqrt{18\,900} = 137.5$$
$$z = 2.33$$
$$q = \bar{d}(T+L) + z\sigma_{T+L} - I = 120 \times (14+7) + 2.33 \times 137.5 - 130 = 2\,710\text{（单位）}$$

例4

一家企业现有200单位某产品库存，销售人员每两周来访一次，该企业就在此时订货。该产品的平均日需求为20单位，标准差为5单位。提前期为7天。管理层要求95%的不缺货概率。

销售人员将于今天下午来访，此时剩余的库存为180单位（假设今天售出了20单位）。需要订购多少单位？

解答

已知 $I = 180$，$T = 14$，$L = 7$，$\bar{d} = 20$
$$\sigma_{T+L} = \sqrt{21 \times 5^2} = 23$$
$$z = 1.64$$
$$q = \bar{d}(T+L) + z\sigma_{T+L} - I = 20 \times (14+7) + 1.64 \times 23 - 180$$
$$q = 278\text{（单位）}$$

例5

金属板加工公司（SMI）是金属板供应的龙头老大，台式计算机和电子设备的制造商是其主要的客户。SMI订购了一批种类不多但数量较大的原材料。采购部门正要建立一条订购政策以最小化总成本同时满足公司需求。其中一个最大量的订购是向钢铁处理商发出的裁剪钢铁。根据历史数据的预测表明SMI需要采购200 000个薄板。钢铁制造商拥有最低1 000个薄板的采购量，并且根据订购量有一定的浮动价格，如下所示。

订购量	单价
1 000～9 999	2.35
10 000～29 999	2.20
30 000+	2.15

采购部门估计每次采购需要花费300美元，SMI的库存成本为库存价值的15%。

根据这些信息，利用价格分界模型来确定最佳订货量。

解答

第一步是将题目中的信息匹配到模型中的合适位置。

$D = 200\,000$ 单位（每年需求）
$S = $ 单个订单的分配和处置成本300美元
$I = $ 单位成本的15%
$C = $ 单位成本，根据上表中的订购量有不同的价格

下一步是以最低单位成本计算出在每个价格初始点的经济的订购规模，当得到一个合适的订购量Q时即停止。

$$Q_{2.15} = \sqrt{\frac{2 \times 200\,000 \times 300}{0.15 \times 2.15}} = 19\,290\text{（不可行）}$$

在2.15美元的价格上计算出的EOQ不可行，因此该价格点上的最佳订购量是30 000个单位。

$$Q_{2.20} = \sqrt{\frac{2 \times 200\,000 \times 300}{0.15 \times 2.20}} = 19\,069 \text{（可行）}$$

在2.20美元的价格上计算出的EOQ是可行的，因此该价格点上最佳订货量是19 069个单位。我们找到了一个可行的EOQ，不需要再考虑其他更高的价格点。需要考虑的两个订购策略如下：以2.15美元的单价订购30 000个单位和以2.20美元的单价订购19 069个单位。问题是以2.15美元的价格订购能否抵销更高订购量产生的更高库存成本。为了回答这个问题，要计算每种方案的总成本。

$$TC_{Q=30\,000} = 200\,000 \times 2.15 + \frac{200\,000}{30\,000} \times 300 + \frac{30\,000}{2} \times 0.15 \times 2.15$$
$$\approx 436\,837\text{（美元）}$$

$$TC_{Q=19\,069} = 200\,000 \times 2.20 + \frac{200\,000}{19\,069} \times 300 +$$
$$\frac{19\,069}{2} \times 0.15 \times 2.20$$
$$\approx 446\,293(\text{美元})$$

最低的总成本是订购量为30 000、价格为2.15美元时的成本，因此这是最佳的订购策略。你是否奇怪5美分的差别会导致总成本如此的不同？当采购大批量的货物时，每个细微的价格变动都会对总成本有很大的影响。

讨 论 题

20-1

1. 区分麦当劳餐厅、个人复印机制造商和药店的相关需求与独立需求。
2. 区分在制品库存、安全库存与季节性库存。
3. 讨论成本是如何影响库存规模的。比如：
   a. 库存的降低是如何影响库存成本的？这种成本是怎么降低的？
   b. 缺失是如何影响库存成本的？这种成本是怎么降低的？

20-2

4. 在什么条件下，一个厂区经理会选择定量订货模型而不是定期订货模型？采用定期订货模型的缺点在哪里？
5. 库存控制决策中必须解决的两个基本问题是什么？
6. 讨论生产调整成本、订货成本与保有成本之间内在的假设。它们的有效性如何？
7. "库存模型最大的好处就在于，你可以随意从架子上取货并使用，只要你的成本估计是精确的。"评论这句话。
8. 在下列情况下，你会选择哪种类型的库存系统？
   a. 向你的厨房供应新鲜食物。
   b. 订购日报。
   c. 为你的汽车购买汽油。
   你认为在这些产品中，哪一种的缺货成本最高？

20-3

9. 产品分组的目的是什么，比如ABC分类法？
10. 当周期盘点库存时，为什么专家建议一个比B类和C类更低的可接受的A类产品偏差。

客 观 题

20-1

1. 配送过程中的库存，即在供应链中移动的产品叫什么？
2. 你肯定在校园或其他地方看过自动售货机。在已经确定了的计划安排中，自动售货的公司会检查每个机器并且用不同的产品装填机器。这是哪种类型的库存模型？
3. 戴尔公司需要订购所有的零部件来组装计算机，比如磁盘驱动器、主板和存储模块。很明显，这些产品的需求是由计算机的生产计划驱动的。用来描述这种零部件需求的是什么？

20-2

4. 为了保证新鲜，当地的超市每天购买莴苣。每天早上都将前一天剩下的莴苣出售给分销商，他们再出售给农民用于饲养动物。这周超市能够以每箱4美元的价格购进新鲜莴苣。莴苣的售价为每箱10美元，而分销商愿意为不新鲜的莴苣支付的价格为每箱1.5美元。历史数据表明，明天莴苣的预期需求量为250箱，标准差为34箱。明天超市应该采购多少箱莴苣？
5. 超级折扣航空下周有一个从纽约到洛杉矶的航班，将根据容量接受订票。根据以往的经验，航空公司知道平均将会有25名顾客（标准差为15）取消预订或未来搭乘。该航班每张机票的收入为125美元。如果超额预订，根据该航空公司的政策，需要让顾客搭乘下一班飞机，并给予其一张今后航班的免费双程机票。该免费双程机票的平均成本为250美元。超级折扣航空把从纽约到洛杉矶的飞行成本视为沉没成本。航空公司应该接受多少超额预订？
6. 解决下面的报童问题。最佳订货量是多少？

概率	0.2	0.1	0.1	0.2	0.3	0.1
数量	1	2	3	4	5	6

采购成本 $c = 15$
销售价格 $p = 25$
残值 $v = 10$

7. Wholemark是一家互联网订购公司，销售一种很流行的新年贺卡。贺卡的纸张成本是0.05美元每张，每张贺卡的打印成本是0.15美元。售价是2.15美元。

由于卡片打印的是当年的信息,因此没有售出去的卡片没有残值。它的顾客来自以下区域:洛杉矶、圣塔莫尼卡、好莱坞和帕萨迪纳市。根据过去的数据,来自这4个区域的消费者数量服从正态分布,均值是2 000,标准差是500(假定这4个区域是独立的)。该卡片的最佳订货量是多少?

8. Lakeside 面包店每天早上都会烘焙新鲜的派。每天苹果派的需求是随机的,服从离散分布,根据以往的经验,如下所示。

需求	5	10	15	20	25	30
概率	10%	20%	25%	25%	15%	5%

每个苹果派的烘焙成本是 6.75 美元,售价是 17.99 美元。当天末每个没售出去的苹果派由附近的流动厨房以 99 美分的价格收购。假定没有信誉成本。
   a. 如果公司决定每天烘焙 15 个苹果派,期望利润是多少?
   b. 根据上面的需求,公司应该每天烘焙多少个苹果派以使期望利润最大?

9. 萨莉的丝绸制品厂专业生产T恤,主要在特殊事件时出售。她想要确定为一个即将到来的事件需要生产的数量。在事件发生当天,萨莉能够以每件 20 美元售出。当事件结束后,没有卖出的T恤只能按每件 4 美元出售。T恤的生产成本为 8 美元。萨莉预测的需求量如下。

需求量	需求的概率	需求量	需求的概率
300	0.05	600	0.30
400	0.10	700	0.10
500	0.40	800	0.05

   a. 服务率是多少(或者最佳分离点)?
   b. 应当生产多少件T恤来应对此次事件?

10. 假设你是一个正在销售《圣佩德罗时报》的报童,在工作前,你去报社以 0.25 美元购得一份报纸。你的报纸售价为 1 美元,均值为 250,标准差为 50。每天早上结束的时候,剩下的报纸都是没用的并将被丢入垃圾桶里。
   a. 每天早上应当采购多少份报纸?
   b. 根据 a 的结果,缺货的概率是多少?

11. FamousAlbert 以西部的曲奇王著称。小的、新鲜烘焙的曲奇饼是该店的特色。FamousAlbert 正寻求帮助以决定每天制作的曲奇饼的数量。根据以往的需求分析,预估需求分布如下。

需求(打)	需求的概率	需求(打)	需求的概率
1 800	0.05	2 600	0.20
2 000	0.10	2 800	0.10
2 200	0.20	3 000	0.05
2 400	0.30		

每打的售价是 0.69 美元,成本是 0.49 美元,包括制作和运输成本。每天剩余的没卖出去的曲奇饼残值降到了 0.29 美元,并在第二天进行销售。
   a. 建立一张表,展示出每种可能的数量的收益和损失。
   b. 制作曲奇饼的最佳数量是多少?
   c. 利用边际分析解决这个问题。

12. 雷的卫星商店想要决定其最畅销的卫星天线(TS111型号)的最佳订货批量。雷已经估计,该型号的年需求量为 1 000 单位。他保管该产品的年度单位成本为 100 美元,且他预计每次的订货成本为 25 美元。运用经济批量模型(EOQ),求出雷每次应该订购的数量。

13. Dunstreet 的百货商店打算制定订货策略,要求 95% 的不缺货概率。详细说明你的建议,用白棉布床单的订货策略作为例子。

   白棉布床单的年需求量为 5 000 张。该商店每年营业 365 天。每两周(14 天)盘点库存并发出新的订单。需要 10 天时间才能收到床单。床单的日需求标准为 5 张。现有 150 张床单。
   你将订购多少张床单?

14. 查理比萨从意大利直接订购意大利辣味香肠、橄榄、凤尾鱼和白干酪。一个美国经销商每 4 周来取一次订单。订购的货物直接从意大利运送过来,需要花费 3 周的时间。

   查理比萨每周平均使用 150 磅意大利辣味香肠,标准差为 30 磅。查理比萨以其提供的高质量食物原材料与高水准的服务而自豪,因此,它要保证意大利辣味香肠 98% 的不缺货概率。

   假设销售代表正好来了,且大冷藏柜现有 500 磅意大利辣味香肠。需要订购多少磅意大利辣味香肠?

15. 已知如下信息,制定一个库存管理系统。一年 50 周存在产品需求。

产品成本	10 美元	平均需求	515/周
订货成本	250.00 美元	周需求标准差	25/周
年持有成本(%)	产品成本的33%	提前期	1 周
年需求量	25 750	服务概率	95%

a. 求出订货批量与再订货点。
b. 确定年持有成本与年订货成本。
c. 如果存在价格分界，订购量超过 2 000 时，每次的订购成本为 50 美元。那么，你将如何充分利用它？你每年可以节省多少？

16. 海军少校 Data 计划徒步到加玛海卓（Gamma Hydra City，GHC），这是他的月度（每30天）例行任务，他到那里取等线性芯片（isolinear chips）。这个旅程需要花 Data 两天的时间。在出发之前，他先打电话到 GHC 商店去订购。他每天平均使用 5 张芯片（每周7天），日需求标准差为 1 张。他需要 98% 的服务概率。如果他现有 35 张库存芯片，那么他应该订购多少张？他将订购的最大量是多少？

17. 吉尔的工作室从两个不同的供应商那里购买其生产系统需要的两个零部件（Tegdiws 和 Widgets）。这两个零件全年 52 周都需要。Tefdiws 的使用频率相对固定，每当其剩余的数量降到再订货水平时就发出订单。Widgets 是从另一个供应商那里采购的，3 周来访一次，并接受订货。这两种产品的数据如下。

产品	Tegdiw	Widget
年需求总量	10 000	5 000
持有成本（占产品成本的百分比）	20%	20%
调整或订购成本	150.00 美元	25.00 美元
提前期	4 周	1 周
安全库存	55 单位	5 单位
产品成本	10.00 美元	2.00 美元

a. Tegdiw 的库存控制模型是什么样的？也就是说，其订购批量与再订货点分别是什么？
b. Widget 的库存控制模型是什么样的？

18. 某一产品的年度总需求量为 1 000 单位。订货成本为 10 美元，年度单位保有成本为 2 美元。该产品的订货批量应为多少？

19. 某一产品的年度总需求量为 15 600 单位。周需求量为 300 单位，标准差为 90 单位。订货成本为 31.20 美元，从订购到接受中间间隔 4 周。每单位产品年保有成本为 0.10 美元。找出保证 98% 服务概率所需的再订货点。

假设要求生产经理降低该产品 50% 的安全库存。如果她这样做，新的服务概率为多少？

20. 某一产品的日需求量为 100 单位，标准差为 25 单位。检查期为 10 天，提前期为 5 天。检查时的库存量为 50 单位。如果要求 98% 的服务概率，应该订购多少单位？

21. X 产品是一个企业组件库存中的标准产品。每年该企业大概使用 2 000 单位产品 X，单位成本是 25 美元，使用率是随机的。库存成本（包括保险和资金占用成本）平均等于 5 美元/单位。每次订购产品 X 的费用为 10 美元。
a. 不管何时订购产品 X，其订货批量应为多少？
b. 订购产品 X 的年度成本为多少？
c. 库存产品 X 的年度成本为多少？

22. 某一产品的年度总需求量为 13 000 单位；周需求量为 250 单位，标准差为 40 单位。订货成本为 100 美元，从发出订单到接收货物中间间隔 4 周。每单位产品一年的保管成本为 0.65 美元。为了提供 98% 的服务概率，再订货点为多少？

假设要求生产经理减少 10 单位的安全库存。如果真的这样做，新的服务概率如何？

23. 文雅酒吧和饭店（Gentle Ben's Bar and Restaurant）每年使用一种进口葡萄酒 5 000 夸脱瓶。这种起泡葡萄酒每瓶 3 美元，而且只能整瓶供应，因为它的泡泡会很快消失。每次订货的成本为 10 美元，持有成本为采购价格的 20%。订购的货物需要 3 周才能到达。周需求量为 100 瓶（每年休业 2 周），标准差为 30 瓶。

本想要使用一个库存系统以实现库存成本最小化，并提供 95% 的服务概率。
a. 本应该订购的经济批量为多少？
b. 他应该在什么库存水平发出订单？

24. 零售商仓库（RW）是一个为百货商店提供家庭用品的独立的供应商。RW 试图保持足够的库存以保证 98% 的服务概率。

一套不锈钢刀具是其库存的一种产品。全年的需求（每年 2 400 套）相对平稳。无论何时订购新货物，买家都必须确知现有库存数量，然后打电话订购。订购的总成本为 5 美元。RW 算出持有库存以及为贷款支付利息等加起来，每单位产品年持有成本为 4 美元。

对历史数据的分析表明，一年 365 天零售商需求的标准差为 4 单位。提前期为 7 天。
a. 经济批量是多少？
b. 求出再订货点。

25. 某种产品的日需求为 60 单位，标准差为 10 单位。检查周期为 10 天，提前期为 2 天。检查库存时的库存为 100 单位。如果要求 98% 的服务概率，应该订购多少单位？

26. 某大学药房每 2 周（14 天）订购一次抗生素，因为此时正好医药公司的销售人员会过来。四环素是用量最大的一种抗生素，平均日需求量为2 000颗。通过检查过去3个月的处方，发现需求标准差为800颗。订购的货物需要5天才能送到。大学药房希望能够满足99%的处方。销售人员正好到达，而现有的库存量为25 000颗。

应该订购多少？

27. 撒拉的回气管（Muffler）商店有一种标准的回气管，适合很多型号的轿车。撒拉希望建立再订货点系统以管理该标准回气管的库存。运用下列的信息，确定最佳订货量和再订货点。

年需求量	3 500个回气管	订货成本	50美元/次
日需求标准差	6个/工作日	服务概率	90%
产品成本	30美元/个	提前期	2个工作日
年持有成本	产品价值的25%	工作天数	300天/年

28. 毕业后，你决定成为一家经营多年的办公用品商店合伙人。当你穿过商店和仓库时，你发现服务方面的一大堆问题。一些空间和箱子完全空置，另一些落满了灰尘，显然很长时间没用了。你决定着手建立稳定的库存水平以满足顾客的需求。你们的大部分供应是从少数分销商那里采购的，他们每2周来访一次。

你选择计算机打印纸张作为第一个研究对象。你检查了销售记录和采购单，发现过去12个月的需求量为5 000盒。通过计算机运算，你抽取几天的需求作为样本，并估计出日需求标准差为10盒。你也可以找出下面这些数字。

每盒纸的成本	11美元	销售人员每2周来访一次
要求的服务概率	98%	运送时间为3天
商店每天都营业		

运用你的程序，如果销售人员来访那天的库存量为60盒，则需要订购多少盒纸？

29. 一个大家电分销商需要确定其经营的各种产品的订货批量与再订货点。以下数据是关于其产品线中一台特定的电冰箱。

订购成本	100美元	年需求量	500台
持有成本	年产品成本的20%	提前期的标准差	10台
电冰箱成本	500美元/台	提前期	7天

考虑日需求是平均的，且一年有365天。

a. 经济订货批量为多少？
b. 如果分销商想达到97%的服务概率，再订货点应该为多少？

30. 作为尼科尔百货商场汽车部门的新领导，你有责任确保正确设定各种产品的订货批量。你决定检测一种产品，并选择了米其林轮胎，XW规格185×14BSW。你已经采用了一个长期的系统，所以检查这个的同时也能够查看其他记录，并获取下列数据。

每个轮胎成本	35美元	订货成本	20美元/次
持有成本	轮胎年成本的20%	日需求标准差	3个
需求量	1 000/年	提前期	4天

由于顾客通常不会等待轮胎而是直接到其他地方，你决定采用98%的服务概率。假设一年365天都发生需求。

a. 确定订货量。
b. 确定再订货点。

31. UA汉堡部落（UAHH）每天订购大量产品（汉堡、小圆面包、牛奶等）。UAHH每天盘点一次其现有库存并打电话订购，这样24小时后就能收到。在下列条件下，确定UAHH的汉堡数量。

平均日需求	600	要求的服务概率	99%
需求标准差	100	库存汉堡	800

32. 一个当地的服务站每周营业7天，一年365天。每天平均销售20罐10W40中等汽油。库存持有成本为每年每罐0.50美元。订货成本为10美元/次。提前期为2周。不可能产生退货，因为汽车已经开走了。

a. 根据这些数据选择合适的库存模型，并计算订货批量和再订货点。用一句话描述一个计划是如何运行的。提示：假设需求是确定的。
b. 老板很关心这个问题，因为需求事实上是变动的。根据样本数据得出的需求标准差为每天6.15罐。经理要求99.5%的服务概率。基于这个信息及a中的数据，确定一个新的库存计划，采用a中的Q_{opt}。

33. 戴夫的汽车供销社为其顾客调拌油漆。该店保持用于混合油漆的主要颜色一个月的库存数量。根据以下数据，确定应该订购多少白色油漆。

平均周需求量	20加仑	现有库存	25加仑
需求标准差	5加仑/周	提前期	1周
期望服务概率	98%		

34. SY制衣厂生产3种颜色的T恤：红色、蓝色和白色。每种颜色的每月需求为3 000件。每件T恤需

要消耗 0.5 磅的棉花，这些棉花来自布鲁塞尔 Luft Gesheft Textile 公司（LGT）。棉花的采购价是每磅 2.5 美元（货到付款），海运的运输成本是每磅 0.2 美元。从布鲁塞尔的 LGT 到美国的 SYM 的运输时间是 2 周。在 SYM，每笔订单的订购成本是 100 美元，并且年利率为 20%。

a. 棉花的最佳订货量是多少？
b. 订购频率是多少？
c. 假设第一笔订单要在 4 月 1 日到达，那么 SYM 要何时下订单？
d. 下一年 SYM 要下多少次订单？
e. 最终每年的持有成本是多少？
f. 订购成本是多少？
g. 如果年利率变为 5%，这对订购次数、最佳订货量、平均库存有什么影响（你不需要给出具体的数值，只要描述这种变化并解释你的答案）？

35. 亚马逊上一本书的每周需求是 250 本，这本书是由一家工厂供应给零售商。每次配送需要支付 10 美元，配送成本与订货量 Q 有关。

$$配送成本 = 50 + 2Q$$

假设年库存成本是 20%。
a. 每本书的订购和库存成本是多少？
b. 最佳订货量是多少？
c. 平均生产量是多少？

36. 佩林的回气管（Muffler）商店有一种标准的回气管，适合很多型号的轿车。撒拉希望确定再订货点系统以管理该标准回气管的库存。运用下列的信息，确定最佳订货量和再订货点。

年需求量	3 000 个回气管	订货成本	50 美元/次
日需求标准差	6 个/工作日	服务概率	90%
产品成本	30 美元/个	提前期	2 个工作日
年持有成本	产品价值 25%	工作天数	300 天/年
检查周期	15 个工作日		

a. 最佳目标水平是多少（订购量上限）？
b. 如果要求服务率达到 95%，最佳目标水平会：
（1）增加；
（2）减少；
（3）不变。

37. 某一产品的每日需求服从正态分布，均值是 100，标准差是 15。供应商是比较可靠的，提前期是 5 天。订购成本是 10 美元，库存成本是每单位每年 0.5 美元。没有缺货成本，而且没有满足的订单在货物到达时就会尽快被满足。假设一年中销售有 360 天。

你的目标是找出订货量和再订货点以使在提前期内有 90% 的概率不会出现缺货。
a. 该公司用的是那种类型的系统？
b. 找出订货量。
c. 找出再订货点。

38. 一个企业可以 3 种不同的价格购买同一种特殊的原材料。

小于 10 磅	20 美元/磅
100～1 000 磅	19 美元/磅
大于 1 000 磅	18 美元/磅

每次的订货费用为 40 美元。年需求量为 3 000 单位。持有（或保管）成本是原材料价格的 25%。每次购买的经济批量为多少？

39. CU 股份有限公司（CUI）生产开关和电器中使用的铜制触头。CUI 需要确定订货量 Q，实现以最低成本满足年度需求。铜片的价格取决于订购的数量。这里是该问题中价格分界和其他数据。

铜价	小于或等于 2 499 磅，每磅 0.82 美元	年需求	每年 50 000 磅
	2 500～5 000 磅，每磅 0.81 美元	持有成本	每年为单位铜价的 20%
	大于 5 000 磅，每磅 0.80 美元	订货成本	30 美元

订购量是多少？

20-3

40. 以前，泰勒工业有一个固定周期库存系统，它每个月都彻底盘点所有的产品。然而，增加的劳动成本迫使泰勒工业需求替代的方式，以降低库存仓库的员工数量，且不增加其他成本，例如缺货成本。以下是泰勒工业的 20 个随机抽样产品。

产品编号	年度用量（美元）	产品编号	年度用量（美元）
1	1 500	11	13 000
2	12 000	12	600
3	2 200	13	42 000
4	50 000	14	9 900
5	9 600	15	1 200
6	750	16	10 200
7	2 000	17	4 000
8	11 000	18	61 000
9	800	19	3 500
10	15 000	20	2 900

a. 你建议泰勒工业如何降低劳动力成本（采用 ABC 分类法说明）？
b. 15 号产品对连续生产有其重要。你将建议其如何分类？

41. 阿尔法产品有限公司的库存控制存在问题。在所有产品上平均分配时间，时间不充足。以下是库存的部分抽样产品，每种产品的年资金占用量如下。

产品	年资金占用量（美元）	产品	年资金占用量（美元）
a	7 000	k	80 000
b	1 000	l	400
c	14 000	m	1 100
d	2 000	n	30 000
e	24 000	o	1 900
f	68 000	p	800
g	17 000	q	90 000
h	900	r	12 000
i	1 700	s	3 000
j	2 300	t	32 000

a. 你能够提出一个分配控制时间的系统吗？
b. 确定清单中每种产品的摆放位置。

42. DAT 公司生产用于音像制品消费的数字式录音磁带。该公司缺乏足够的人员来对每种物资进行同样严格的管理，因此公司决定向你寻求帮助，采用 ABC 分类法来管理物资，有关库存记录数据如下。

产品	平均月需求	单位价格（美元）	产品	平均月需求	单位价格（美元）
1	700	6.00	6	100	10.00
2	200	4.00	7	3 000	2.00
3	2 000	12.00	8	2 500	1.00
4	1 100	20.00	9	500	10.00
5	4 000	21.00	10	1 000	2.00

对这 10 种产品用 ABC 分类法进行分类。

案例分析　BIG10Sweater.com 的库存管理

BIG10Sweater.com 是由两名刚毕业的大学生于去年成立的公司。公司的理念非常简单：出售带有十大名校联盟大学特殊图标的毛衣。该图标是顾客名字、专业和毕业年份的交织字母花纹。对于应届毕业生和往届毕业生来说，尤其是那些想在足球赛季秀支持的足球粉丝来说，这件毛衣是非常有意义的纪念品。该公司有个非常不错的开始，头一年只对少数学校出售，销售情况非常不错。今年，该公司计划扩大规模，3 年内争取覆盖十大名校。

假设你被 BIG10Sweater.com 雇用，你为了留下好印象，需要制定高效的供应链决策。这是你升职的好机会。公司目前除你之外只有两个人，如果干得好，你以后会有机会当部门经理。你的大学专业是供应链管理，曾经在大型零售公司有着十分优秀的实习经历。经历非常棒，如今没有其他人的帮助，你需要一个人独立完成。你需要查找和分析数据，从而做出重要决策。当然，R 和 S——公司的两位创立人，十分博学，他们会帮助你。

R 在两年前就有了新建公司的想法，并说服了商学院的 S 和她一起创业。R 非常擅长网络营销，有计算机科学的学位，并且完成了网络 MBA 课程。作为技术人员，R 非常热爱艺术。她赋予了网页活力。

S 的专业是会计，对数字有着非常高的敏感性。他把公司的账目打理得非常清楚，同时成功拉到了一些国内小风投人的投资。去年，他成功拉到了一次性 200 万美元的风投。但协议规定，每年只有 10 万美元用于两位创始人的工资，其余的钱可用于网站建设、广告和库存。另外，在运营的前 4 年，如果公司能够盈利，风投公司会拿走公司 25% 的税前利润。

你的第一份工作聚焦在企业的库存上。公司业务是在网络上向大学足球粉丝销售带有字母的毛衣。由于公司的一大部分资产就在于其库存价值上，因此你的分析对于公司的发展非常重要。

生意是不断的，而销售主要集中在大学足球赛季，也就是每年 8 月底到年底。在即将到来的来年赛季中，公司希望只对美国中西部地区几所最大的大学出售毛衣。这些大学包括俄亥俄州立大学、普渡大学、密歇根大学、密歇根州立大学和印第安纳大学。这 5 所大学会参加大型足球赛，并且有非常强大的粉丝群。

公司考虑过自己生产毛衣，但目前还是从他国供应商处购买。价格非常便宜，但是服务有问题。该供应商对每个订单的交货周期有 20 周，而且每单最少为 5 000 件。订单由带有不同标志的毛衣组成，比如 2 000 件带有俄亥俄州立大学标志的毛衣、1 500 件带有密歇根大学标志的毛衣、750 件带有密歇根州立大学标志的毛衣、500 件带有普渡大学标志的毛衣，还有 250 件带有印第安纳大学标志的毛衣。衣服的尺寸根据概率定制，供应商根据以往的数据，给出的建议是20%的加大码、50%的大码、20%的中码和10%的小码。

一旦收到订单，当地的承包商负责为毛衣印上字母，同时将毛衣发货给顾客。该承包商为公司存储这些毛衣。

今年是公司运营的第二年。去年，公司只对俄亥俄州立大学、密歇根大学和普渡大学三所大学销售毛衣。公司订了5 000件毛衣，并且全部售空。但代价惨痛，公司订了太多带有密歇根标志的毛衣，而俄亥俄州立大学的毛衣则短缺。去年，公司订购了2 300件俄亥俄州立大学的毛衣、1 800件密歇根大学的毛衣和900件普渡大学的毛衣。赛季过后，342件毛衣在eBay上大幅度打折售出。公司不希望再出现这种状况。

你为下一年的运营收集了一些数据。表20-4展示的是从他国供应商处购买产品的成本信息。此处，我们可以看到每件毛衣的成本价为60.88美元。对于5 000件及以上的订单，每件毛衣都是这个价格。订单包括了针对5所大学的毛衣。供应商需要20周来完成订单，因而4月1日前应当下单。

负责印字母的承包商每件毛衣收费13美元。顾客下单时会支付相应的运费。

表20-4 BIG10Sweater.com 的成本信息 （美元）

他国供应商成本	
原材料	32.00
人力	10.50
日常开销	1.25
他国境内交通费用	1.00
供应商利润	8.95
代理商成本	2.68
运费（海运）	1.50
关税和保险等	3.00
供应商总成本	60.88
美国内承包商成本	
原材料	5.00
人力	8.00
承包商总成本	13.00
总计（每件毛衣）	73.88

除开成本数据外，你也收集了一些关于需求的信息，如表20-5所示。去年确切的销售数据均有列出。表中显示了零售价（或者说是全价）为120美元。赛季过后，在eBay上出售的毛衣是没印字母的，每件售价为50美元。

表20-5 预测信息

	平均足球赛观看人数	去年实际销售（全价）	R 对下一年的预测	S 对下一年的预测	市场调研公司对下一年的预测	平均预测	标准差
俄亥俄州立大学	105 261	2 300	2 500	2 200	2 800	2 500	300
密歇根大学	108 933	1 468	1 800	1 500	2 000	1 767	252
普渡大学	50 547	890	1 000	900	1 100	1 000	100
密歇根州立大学	74 741	—	1 750	1 500	1 600	1 617	126
印第安纳大学	41 833	—	600	500	450	517	76
宾夕法尼亚州立大学	107 008						
威斯康星州立大学	80 109						
艾奥瓦州立大学	70 214						
伊利诺伊州立大学	59 545						
明尼苏达大学	50 805						
西北大学	24 190						
内布拉斯加州大学	85 071						
总计		4 658[①]	7 650	6 600	7 950	7 400	430[②]

[①] 342件毛衣以每件50美元的价格在eBay上销售（顾客支付运费）。

[②] 假设每个学校的需求是独立需求 = $\sqrt{\sum_{i=1}^{N} \sigma_i^2}$。

记住，零售数据并不能准确地反映实际需求，毕竟季末的时候俄亥俄州立大学的毛衣断货。

关于下个赛季毛衣的广告，R决心和去年采用同样的宣传手段。公司在足球赛场设立广告。对于现场看比赛的粉丝来说，广告是十分有效的。但是R意识到如果更改广告方式，应当能吸引更多的已毕业生。她雇了一家市场调研公司来帮助确定其他的广告手段，但今年她打算还是按照之前的方式宣传。

需求预测是公司的一大问题。你分别问过R和S关于明年需求的预测，也要求市场调研公司利用其预测工具给出预测。他们的预测都在表20-5中给出了。为了得出结论，你必须算出每所大学和总共的预测标准差。

根据市场调研公司的建议，你决定取它们预测值的平均和标准差作为你的总需求。总需求是各个大学毛衣平均预测的总和。总标准差是将各个毛衣标准差的平方求和之后开平方。这种计算方法基于各个大学的需求量相互独立，也就是俄亥俄州立大学毛衣的需求和密歇根大学毛衣的需求毫无关系。

你要根据各个学校的预期需求比例制定今年的订单。你和S、R商量过这个问题，他们都同意你的分析。他们想看看根据各个学校与其需求算出的订单总量。

在一个表格中，你录入了上述所有数据，并且开始计算。

问题

1. 你很好奇去年R和S赚了多少钱。你不可能有所有数据，但是有关于毛衣的加工费之类的数据。他们两个的年工资为5万美元，房租、设施、保险和给付项目费用为2万美元，你认为他们每年的税前收入为多少？如果他们支付给风投公司25%的利润，并且缴纳50%的税，那么他们实际到手的钱有多少？
2. 在确定订单总量的时候，你为什么使用总预期需求量而不是各个学校的预测？这点需要重新考虑一下吗？还是你认为这样做是非常合理的？给出理由。
3. 你今年会订多少毛衣？每个学校的毛衣定多少？用总预测需求量和各个学校单独的预测需求量来计算。
4. 你认为今年公司的利润能达到多少？你今年的年薪是4万美元，你希望你的福利能够有1 000美元每年。此处请基于总预测量计算。
5. 公司未来应如何发展？请给出具体建议，注意结合供应商、字母花纹承包商、目标客户和产品相关的改变。

练习测试

写出以下每个句子定义的术语或回答问题，答案见底部。

1. 最适合于物品的单期采购模型。
2. 只在固定间隔时间内进行库存补给时（例如每个月的第一个周一）最适合使用这种模型。
3. 这种模型最适于每次下达的采购订单都是固定的采购量。
4. 基于经济订货批量模型的条件，若想要订货量只是一个单位产品，哪种成本必须设为0呢？
5. 这个术语用来指可以精确计算的需求，例如可以满足生产计划的需求。
6. 这个词用来描述不确定并需要预测的需求。
7. 我们正在为春天的聚会预订T恤并打算以两倍成本的价格出售。我们预计可以销售100件T恤，且预测的标准差为10。请问我们需要预订多少件T恤？
8. 我们商店里存有的一种产品有着稳定的需求。供应商坚持让我们每次购买1 200个单位。该产品的提前期很短，因为供应商只有几步之遥。我们可以在产品卖完时就拿到另外1 200个单位。请问我们的平均库存是多少？
9. 假如我们预计第8题中描述的产品在下一年会卖出将近15 600个单位，请问一年中我们需要造访供应商多少次？
10. 假如我们决定为第8~9题中描述的产品保有10个单位的安全库存，也就是说当我们只剩10个产品时就会去找供应商。请问现在我们的平均库存是多少？
11. 我们用一年中总需求的满足百分比来做估计（不是本章中所使用的缺货概率），来看一个利用设有安全库存的定量订货模型进行管理的产品。我们决定将订货量增加一倍，但再订货点保持不变。你认为下一年总需求的满足百分比是上升还是下降？为什么？
12. 某产品还有120个单位的库存。该产品的平均需求为每周60个单位，产品的提前期为2周，安全库存为16个单位。如果现在订货，请问该产品的缺货率是多少？
13. 如果考虑到数量折扣的优惠，你认为平均库存是上升还是下降？假设缺货概率一直不变。
14. 这是一种清查库存的技术，库存水平的检查频率不止一年一次。

答案：1. 单期库存模型 2. 定期订货库存模型 3. 定量订货模型 4. 准备或订货成本 5. 非独立需求 6. 独立需求 7. 100件 8. 600 9. 13次 10. 610 11. 上升（即缺货概率变小） 12. 50% 13. 动态库存因为需要少量多次的购货，就此而言，周期缩短。 14. 周期盘点。

第 21 章

物料需求计划

学习目标

21-1 解释什么是 MRP；
21-2 了解 MRP 系统的结构；
21-3 分析 MRP 问题；
21-4 评估和比较 MRP 的批量问题。

引导案例

iPad 的内部

苹果公司生产 iPad 的成本是多少？

一个良好的估计可以通过分离和评估每个组件的成本来进行。有许多分析家在每次推出一款新的 iPad 时都会注意到这一点。看看这些报告，估计一个具有 64GB 内存的 iPad 3 的主要成本如下：

- 内存 80 美元；
- 触摸屏显示 130 美元；
- 处理器 23 美元；
- 相机 12 美元；
- Wi-Fi 和传感器 15 美元；
- 电池和电源管理 42 美元；
- 其他项目 50 美元；
- 盒子和充电器 6 美元；
- 制造成本 10 美元。

所以，只需约为 368 美元的总成本，苹果公司就可以制造一部售价约 700 美元的 iPad。当然，这不包括运输 iPad 的成本和其他支持成本，但利润 332 美元并不低。

© Aleksey Boldin/123RF

21.1 理解物料需求计划

物料需求计划（material requirement planning，MRP）是我们要强调的重点，它是从物料计划和控制角度将各生产功能联系起来的思想的关键部分。几乎所有的制造企业都安装了物料需求计划（MRP）系统，即使是那些规模较小的企业。原因在于 MRP 是一个逻辑性强、易于理解的途径，它可以确定生产各种最终产品所需的零部件和原材料的数量。

MRP 还可以提供进度表，确定何时应该订购或生产各种物料和零部件。

MRP 基于相关需求，相关需求是由更高层次产品需求引起的，比如轮胎、车轮和发动机都是汽车需求的相关需求产品。

确定所需的相关需求产品的数量，实际上是一个简单的乘法计算过程。如果零件 A 的生产需要 5 单位零件 B，那么 5 单位零件 A 就需要 25 单位零件 B。第 20 章介绍的独立需求与本章介绍的相关需求基本的不同之处如下：如果零件 A 出售到公司外部，则我们出售的零件 A 的数量是不确定的。我们需要运用以往的数据或通过市场分析之类的方法做出预测。零件 A 是独立需求产品。然而，零件 B 是一个相关需求产品，且它的用量取决于零件 A。所需零件 B 的数量就是简单地将 A 的数量乘以 5。这样相乘会出现以下结果：随着我们不断地按顺序深入计算，其他相关产品的需求量就会变成多块状。块状分布意味着需求会呈块状或束状分布而不是均匀分布，这也是由制造方式引起的。当进行批量生产时，生产该批量所需的产品分成多次而非一次性从库存中提取。

一位工人正进行最终的质量检查分析

21.1.1 MRP 能够被用于什么场合

有些行业使用同样的生产设备进行很多批量产品的生产，在这样的行业中，MRP 是最有价值的。表 21-1 中的清单就列出了不同的行业类型及其能从 MRP 获得的预期收益。正如你能够从表中看到的，MRP 在那种有装配式生产的企业中是最有价值的，而对那些流程型企业价值不大。另外值得注意的一点是，MRP 不适用于年产量较小的企业。尤其是对那些生产复杂昂贵产品的企业，它们需要先进的研究与设计。经验表明，它们的提前期太长且不确定，产品的组合太复杂。这样的企业需要控制网络规划技术的各种因素。这种项目管理的方法在第 4 章中已经介绍过。

表 21-1 MRP 在各行业的运用及其期望收益

行业类型	例子	期望收益
面向库存装配	将一个复杂元件组装到最终产品中，然后库存起来以满足顾客需求，例如手表、工具、家电	高
面向库存生产	产品是由机器制造而成而不是由零件组装而成，保存这些标准的产品以备预期的顾客需求，例如活塞环、电子手表	中等
面向订单装配	根据顾客选择的标准进行最终的组装，例如卡车、发电机、发动机	高
面向订单制造	根据顾客的订单用机器生产产品，通常是些工业订单，例如轴承、齿轮、紧固件	低
面向订单生产	产品完全根据顾客的特定要求进行加工或组装，例如水轮发电机组、重机械工具	高
流程型	包括玻璃、橡胶和塑料、特种纸张、化工、油漆、药品、食品加工等行业	中等

21.1.2 主生产计划

通常，主生产计划针对的是最终产品。然而，如果最终产品很大且很贵，主生产计划安排的可能是主要的组装元件与配件。

所有生产系统的能力和资源都是有限的，这就为主生产计划提出了一大难题。虽然综合计划提供了大体的运营范围，但是主生产计划还必须确定要生产什么。面对来自各职能部门的压力，例如销售部门（满足顾客的交货期）、财务部门（库存最小化）、管理层（产量及顾客服务最优化、资源需求最小化）与生产部门（平衡生产并最小化调整时间），决策的做出必须综合考虑以应对上述部门压力。

为了给车间制订可行的计划，就必须贯穿整个 MRP 程序运行试主生产计划。计算机得出的计划订单需要检查，以确保资源是可获得的，且完成的时间是合理的。一旦产品需求展开，且原材料、前工序生产的零部件与配件都已确定，一个可行的主生产计划仍可能需要额外的资源。如果确实出现这种情况（经常性事件），主生产计划就需要根据这些条件做出调整，重新运行 MRP 程序。为了制订合理的主生产计划，主生产计划者（人员）必须：

- 了解销售部门的所有需求、仓库补给量、多余数量与厂际需求情况；
- 绝不能忽视综合计划；
- 考虑顾客订单的满足情况；
- 让各管理阶层都看得到；
- 客观地平衡制造、市场营销与设计之间的冲突；
- 认清所有问题，并充分沟通。

图 21-1 的上半部分是每个月计划生产的床垫总数的综合计划，没有考虑到床垫的类型；下半部分是主生产计划，它确定了确切的床垫类型及其每周计划的生产量。再下一级（没有给出）应该是制定进度计划明细表的 MRP 程序，它告诉我们在生产床垫过程中，什么时候需要棉垫、弹簧和硬木。

为了再次总结计划的结果，第 16 章讨论过的综合运营计划确定了产品组，但它不是确定各个产品。计划过程的下一步是主生产计划。**主生产计划**（master production schedule，MPS）是分时段的计划，它确定企业生产多少每一种最终产品及何时生产。例如，一个家具企业的综合计划可能确定它下个月或下个季度计划生产的床垫的总数，MPS 则进一步确定床垫的规格、质量及其型号。企业所有销售的床垫都由 MPS 确定。MPS 也是按照一个周期接一个周期（通常每周）来确定所需床垫类型的数量和时间。

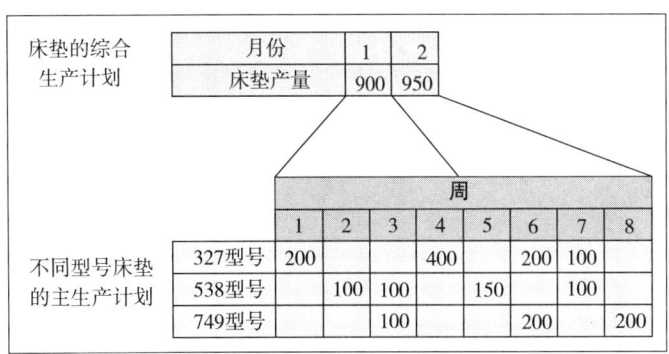

图 21-1 床垫的综合生产计划与主生产计划

分解过程的下一步就是 MRP 程序计算并安排由 MPS 确定的生产床垫所需的原材料、零部件。

时间围栏

一个主生产计划的柔性取决于几个因素：生产提前期、一个特定的最终产品所需的零部件和配件、顾客与卖方的关系、产能过剩量、管理层愿意做出改变的程度。

时间围栏的目的是在生产系统中保持一个合理可控的物流。除非制定并遵守一定的操作规章，否则系统会很混乱，到处是逾期的订单及不断地赶制。

图 21-2 给出了一个主生产计划时间围栏的示例。管理学上将时间围栏定义为顾客做出改变的特定概率所对应的时间段（顾客可以是企业内部的市场营销部门，该部门可能考虑产品促销、增加产品种类之类的）。注意在该图中，相对于第二个 8 周，主生产计划是固定的。每个企业有它自己的时间围栏和操作规则。根据这些规则，固定的区域可以定义为从一个企业完全没有任何改变到另一个企业出现最微弱的变化。部分可变区域可以允许零部件可获得的情况下一个产品组中某些特定产品的变化。柔性的区域几乎可以允许产品的任何变化，前提是产能基本保持一致且不包括任何提前期长的产品。

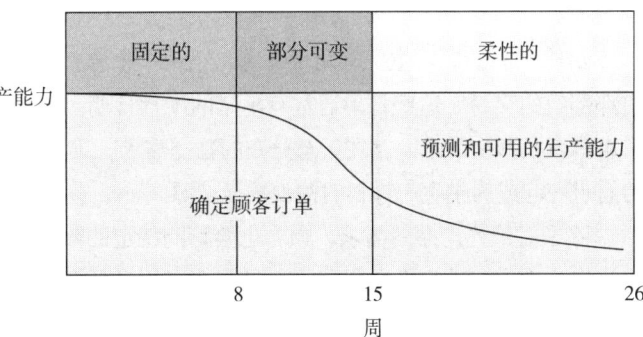

图 21-2 主生产计划的时间围栏

一些企业在主生产计划的产品中运用**待分配库存**（available to promise）的概念。该要素将主生产计划中现有的产品数量与确定的顾客订单区别开来。例如，假设主生产计划表明第 7 周将生产 100 张 538 型号的床垫。如果现在确定的顾客订单表明，目前实际上只售出 65 张，那么该周销售部门就还剩下 35 张床垫可以承诺发送。这是调节销售和生产的有力工具。

21.2 物料需求计划系统的结构

制造活动中的物料需求计划部分大多数情况下与主生产计划、物料清单文件、库存记录以及图 21-3 中所示的输出报告相互影响。

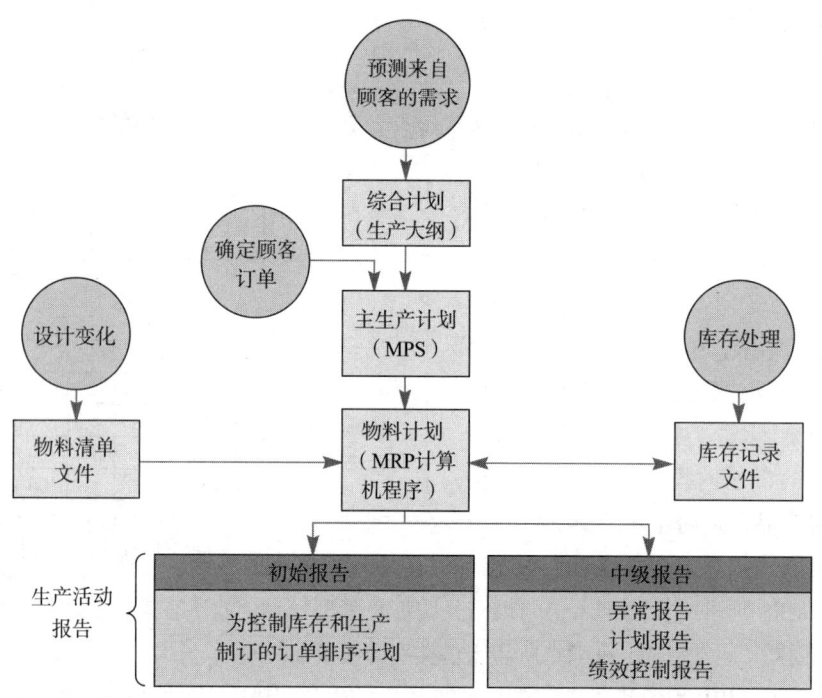

图 21-3 标准物料需求计划程序的输入与该程序生成的报告的全局图

图 21-3 中每个方块的内容在后面章节中都有详细阐述，但实质上，MRP 系统运行如下：使用产品订单生成主生产计划，该计划阐明在特定时期内将要生产的产品数量；物料清单确定生产每一种产品所需的具体材料及其数量；库存记录文件包含例如现有及已订购的产品数量的数据。这三个数据源——主生产计划、物料清单文件与库存记录文件，成为物料需求程序的数据来源，它将生产计划细化为整个生产期内的订单明细进度表。

21.2.1 产品需求

最终产品的需求主要有两个来源。第一个来源就是那些发出具体订单的顾客，例如那些由销售人员取得的订单或内部部门的交易。这些订单通常有承诺的发货日期。这些订单是不需要预测的，只要简单地将其加总就可以了。第二个来源就是预测需求。存在正态分布的独立需求，第 19 章讲过的预测模型能够被用于预测数量。来自已知顾客与预测的需求一起成为主生产计划的输入数据来源。

除了对最终产品的需求，顾客也会订购特定的零部件和配件，可能作为备用品或用于服务和维修。这些需求通常没有作为主生产计划的一部分，而是在适当的水平上直接输入物料需求计划程序。也就是说，它们加总进来作为对某零部件或配件的总需求。

21.2.2 物料清单文件

物料清单（bill of material，BOM）文件包含完整的产品说明，不止罗列了物料、零件与配件，还罗列了产品生产的顺序。物料清单文件是输入 MRP 程序的三个主要来源之一（另外两个是主生产计划与库存记录文件）。

物料清单通常被称为产品结构文件或产品树,因为它表明了产品是如何组装到一起的。它包含了识别每一种产品的信息以及每单位最终产品所需的该零件的数量。为了说明这一点,我们看一下图21-4a所示的产品A。产品A由2单位零件B和3单位零件C组装而成。零件B由1单位零件D和4单位零件E组装而成。零件C由2单位零件F、5单位零件G和4单位零件H组装而成。

物料清单通常采用缩进式结构罗列零部件。这样能够很清楚每一种产品及其装配的方式,因为每一次缩进就表示出产品的组成部件。比较图21-4b的缩进式零部件清单与图21-4a的产品结构,可以看出前者较清楚地显示了产品之间的关系。然而,从计算机的角度来看,采用缩进式的零部件清单是没有效率的。为了计算每一种低层级零件的数量,需要不断扩展并求和。一种较为高效的储存零部件数据的方法是简单的单层式零件表。也就是,清单上只罗列每一种产品和部件的母产品及其母产品每单位所需该零件的数量。这避免了重复计算,因为每一次装配只记录了一次。图21-4b给出了产品A的缩进式零部件清单和单层式零部件清单。

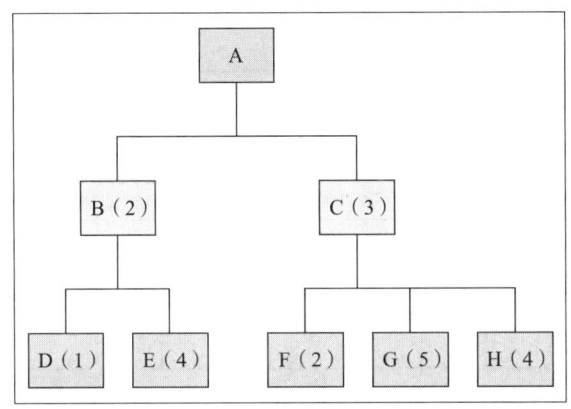

a) 产品A的物料清单(产品树)　　b) 缩进式与单层式零部件清单

图　21-4

模块化物料清单适用于那种能够生产并作为组件储存的产品。在模块内部,它也是没有替代品的标准件。许多既大又贵的最终产品采用模块(组件)化计划与控制比较好。尤其是当同样的组件出现在不同的最终产品中时,采用组件模块就特别有利。例如,一个起重机制造商可以以各种各样的方式组装悬臂、传动装置和发动机,以满足顾客的不同需求。采用模块化物料清单简化了计划与控制,也使得对各个不同模块需求的预测变得容易。采用模块化清单的另一个好处是,如果很多产品生产中使用同一个零件,则能够实现总库存投资最小化。

高级物料清单涵盖了有少量变化的产品(例如,一个高级清单能够指明某一零件的0.3,这意味着生产的产品有30%包含该零件而有70%不包含)。模块化与高级物料清单通常都被视为物料计划清单,因为它们都简化了计划的过程。

低位码

如果每一种最终产品对所有同一零部件的需求都只发生在某一相同水平上,那么该产品所需的零部件和物料的总数就很容易计算。请看图21-5a所示的产品L。值得注意的是,产品N既是产品L的组成部分又是产品M的组成部分。如果所有同一产品的需求都要降到2级水平(见图21-5b)以保持在同一水平上,则计算机就能够简单地扫描每一层级并加总求得所需的每一种产品的数量。

21.2.3　库存记录文件

库存记录文件可以是很冗长的。从表21-2中可以看出库存记录涵盖的各种信息。MRP程序根据特定的时期(MRP术语中称为时间段)选取记录中不同的状态段,选取的这些记录是程序运行时所需的。

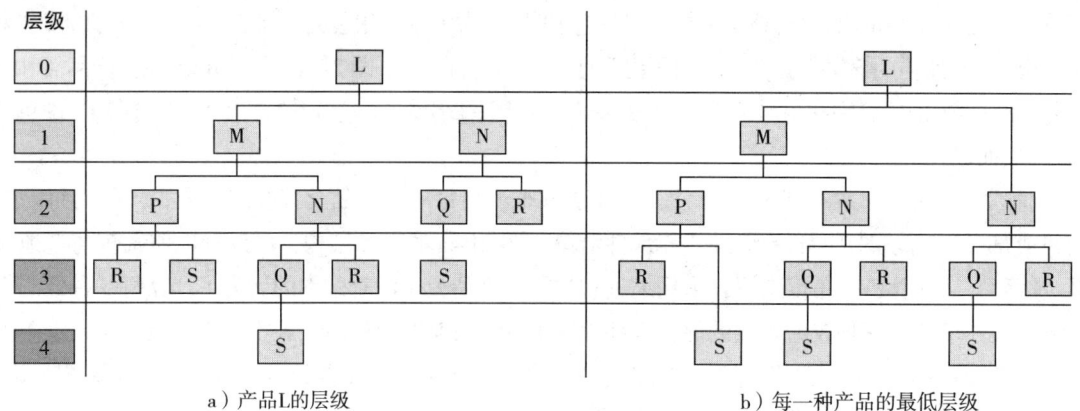

图 21-5　a 中产品 L 的层级拓展到 b 中每一种产品的最低层级

表 21-2　某一库存产品的库存状态记录

产品主要数据部分	零件编号		产品描述		提前期			标准成本			安全库存	
	订购数量		调试		周期			上年使用量			类别	
	允许的残料范围		切割数据		指针				其他			
库存状态部分	位置		控制平衡		周期							总和
					1	2	3	4	5	6	7	8	
	毛需求												
	计划接收量												
	预计可用库存												
	计划订单下达												
附加数据部分	订单详细情况												
	待处理												
	盘点人员												
	跟踪												

正如我们将看到的，MRP 程序是从产品结构的顶部开始往下分析的，逐层计算需求量。然而，存在这样的产品，在确定母产品时才产生物料需求。MRP 程序允许生成一个溯源记录文件，可以是单独的也可以作为库存记录文件的一部分。溯源需求文件使我们能够沿着产品结构向上跟踪每一层级的物料需求情况，确定发生需求的每一个母产品。

库存交易文件

库存状态在库存交易发生后更新。这些变化源于库存接收、过期作废、折旧损失、错误零件、订单的取消等。

21.2.4　MRP 计算机程序

> **关键思想**
> MRP 程序被合并到 SAP 和 Oracle 等公司提供的 ERP 系统中。

物料需求计划程序使用从库存记录、主生产计划和物料清单中选取的信息来运行。计算系统管理每一种产品的精确数量的过程通常被视为"展开"过程。从物料清单的最顶层开始往下计算，母产品的需求被用于计算组成部件的需求，将现有库存与计划将要收到的货物考虑进来。

以下是 MRP 展开过程的一个大体描述。

（1）0 级产品的需求，即通常所谓的"最终产品"，是从主生产计划中得到的。这些需求被 MRP 程序视为"毛需求"。通常，安排时间段为一周的毛需求。

（2）接下来，该程序使用现有库存与即将收到的货物数量，计算"净需求"。净需求是将来一周需求的数量扣除现有的数量和已经发出订单的货物。

（3）根据净需求，程序计算出何时应该收到货物以满足这些需求。这可以是根据精确的净需求安排订购货物到达的简单过程，也可以是跨期需求的较为复杂的过程。这种计划何时应该收到订购货物的行为，称为"计划订单入库"。

（4）每份订单通常都会有一个提前期，下一步就是计划实际上应该何时发出订单。这可以通过计划订单入库加上需求提前期得到，该计划被称为"计划订单下达"。

（5）所有0级产品完成以上4个步骤之后，程序就移到1级的产品。

（6）每一种1级产品的毛需求的计算都根据其相应的母产品的计划订单下达。任何额外的独立需求也应该包含在毛需求当中。

（7）在确定了毛需求之后，就按上面第（2）～（4）步描述的，计算净需求、计划订单入库与计划订单下达。

（8）然后，就对物料清单中的每个级别的产品都重复该过程。

正如你将在后面的例子中看到的，这些计算过程比描述的要简单得多。通常，每周或每当主生产做出改动时，进行展开式计算。一些MRP程序可以生成调度计划，成为净变化计划。**净变化系统**（net change systems）是"事件"驱动的，每当处理对产品有影响的交易时，需求和计划就即时更新。净变化使系统能够实时反映系统管理的每种产品的精确状态。

21.3 MRP 应用实例

安培公司生产一系列电表，电力公司将其安装在住宅建筑中，用以测量电力的使用量。用于单户家庭的电表有适于不同电压和电流范围的两种基本类型。除了完整的电表以外，也单独出售组件，以供维修或供不同的电压或电力负荷转换之用。MRP系统的问题在于确定生产计划以识别每一种产品及其需求期与适当的数量。然后，检查计划的可行性，并做出必要的改动。

21.3.1 需求预测

电表及组件的需求来源于两个方面：发出固定订单的老顾客与对这些产品产生正态随机需求的不确定顾客。随机需求的预测采用第18章的常用技术之一并结合历史需求数据。电表A与B及组件D的3个月期（3～5月）的需求量如表21-3所示。生产电表也需要"其他零部件"。为了使我们的例子保持可控性，我们不把这些包括在内。

表21-3 来自确定顾客订单与随机源的电表A与B及组件D的未来需求

月份	电表A		电表B		组件D	
	已知	随机	已知	随机	已知	随机
3	1 000	250	410	60	200	70
4	600	250	300	60	180	70
5	300	250	500	60	250	70

21.3.2 制订主生产计划

对于表21-3所示的电表与组件需求，我们假设当月第一周就可获知为满足确定与随机需求所需的数量。这个假设是合理的，因为管理层（在我们的例子中）宁愿每个月生产单一批量的电表，而不是同时生产很多批量。

在这些条件下以及3、4、5月的需求在每月的第一周（或第9、13、17周）就已知的情况下，我们采用的试主生产计划如表21-4所示。为简洁起见，我们考虑第9周的需求。我们制订的计划需要接受检验，考察资源的可获得性、能力的可获得性等，然后修改并重新运行。然而，在该计划的最后，我们会停止。

表 21-4 满足表 21-3 所示需求的主生产计划

	周								
	9	10	11	12	13	14	15	16	17
电表 A	1 250				850				550
电表 B	470				360				560
组件 D	270				250				320

21.3.3 物料清单（产品结构）文件

电表 A 与 B 的产品结构如图 21-6a 所示，采用经典的低位码方式。在这里，所有的产品都被置于其出现的结构层级的最低层级。电表 A 与 B 由通用组件 C 与零件 D 组成。为了简化问题，我们将集中研究其中一个零件，即零件 D，它是一个变压器。

从产品结构图中可以看出，零件 D（变压器）也用于组件 C（该产品也用于电表 A 与 B）的生产。考虑电表 A，需要一个零件 D（变压器）。用于生产 C 的 D 旁边括号中的"2"表示每生产一单位 C 需要两单位 D。产品结构与图 21-6b 中的缩进式零部件清单都表明了事实上电表是怎么生产的。先生产第一组件 C，可能将其保存为库存。在最终装配过程，装配电表 A 与 B，如果是电表 A 就需要一单位 D。

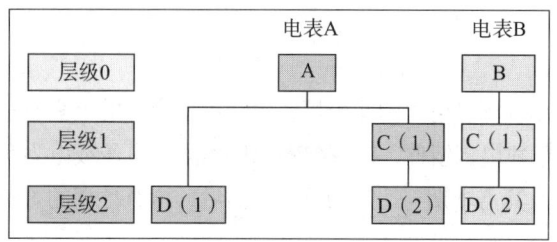

a) 电表 A 与 B 的产品结构

电表 A	电表 B
A	B
D（1）	
C（1）	C（1）
D（2）	D（2）

b) 电表 A 与 B 的缩进式零部件清单（括号中是每单位母产品所需的零件数量）

图 21-6

21.3.4 库存记录

库存记录数据类似于表 21-2。正如本章前面提到过的，附加数据如卖方信息、成本与提前期，也将包含在这些数据里面。在该例子中，相关的数据包括程序开始运行时的现有库存、安全库存要求以及已经发出订单的现状（见表 21-5）。安全库存是我们总是希望保留的一种产品的最小库存数量。例如，对于组件 C，我们从不希望其库存低于 5 单位。我们也看出对电表 B 有一份 10 单位的订单，计划要求在第 5 周周一到货。另一份对 100 单位零件 D（变压器）的订单计划第 4 周到货。

表 21-5 库存记录文件中会出现的现有产品数量与提前期数据

产品	现有库存	提前期（周）	安全库存	已经发出订单
A	50	2	0	
B	60	2	0	10（第 5 周）
C	40	1	5	
D	200	1	20	100（第 4 周）

21.3.5 进行 MRP 计算

进行 MRP 计算的条件已经设置好了：最终产品需求在主生产计划中已经给出，库存状态与订货提前期也一致，我们还掌握了相关的产品结构数据。MRP 是逐级计算的（通常被称为展开式），并结合库存数据与主生产计划的数据。

这些计算的细节如表 21-6 所示。下面的分析详细地解释了其逻辑。我们将分析限制在满足第 9 周毛需求为 1 250 单位电表 A、470 单位电表 B 及 270 单位变压器 D 的问题上。

表 21-6 电表 A 与 B 及组件 C 与 D 的物料需求计划

产品		周					
		4	5	6	7	8	9
A 提前期=2周 现有库存=50单位 安全库存=0 订购数量=按需定量	毛需求 计划接收量 预计可用库存 净需求 计划订单入库 计划订单下达	50	50	50	50 1 200	50	1 250 0 1 200 1 200
B 提前期=2周 现有库存=60单位 安全库存=0 订购数量=按需定量	毛需求 计划接收量 预计可用库存 净需求 计划订单入库 计划订单下达	60	10 70	70	70 400	70	470 0 400 400
C 提前期=1周 现有库存=40单位 安全库存=5 订购数量=2 000	毛需求 计划接收量 预计可用库存 净需求 计划订单入库 计划订单下达	35	35	35 2 000	400+ 1 200 435 1 565 2 000	435	435
D 提前期=1周 现有库存=200单位 安全库存=20 订购数量=5 000	毛需求 计划接收量 预计可用库存 净需求 计划订单入库 计划订单下达	100 280	280	4 000 1 280 3 720 5 000	1 200 80 5 000	80 5 000	270 4 810 190 5 000

系统管理的每种产品保持其各自的 MRP 记录。记录包含毛需求、计划接收量、预计可用库存、净需求、计划订单入库与计划订单下达数据。毛需求是对某一产品总的需求数量。这些需求可能是来自外部付款,也可能源于内部制造需求。计划接收量是指那些已经发出订单并预计在该时期期初将会到货的产品。一旦发出书面订单,在此之前的"计划"订单现在就变成计划接收量。预计可用库存是某一时期结束时预计的库存量。计算如下:

$$预计可用库存_t = 预计可用库存_{t-1} - 毛需求_t + 计划接收量_t + 计划订单入库_t$$

需要考虑的一件事是初始预计可用库存。在需要安全库存的情况下,现有库存需减去安全库存,因此时期 0 的预计可用库存要减去安全库存。

净需求是当预计可用库存加上计划接收量还不足以满足毛需求时所需的数量。计划订单入库是满足该期净需求的订单批量。最后,计划订单下达是指计划订单入库扣除提前期。

从电表 A 开始,预计可用库存为 50 单位,第 9 周之前都没有净需求。在第 9 周,需要额外的 1 200 单位以满足主生产计划中 1 250 单位的需求。订购数量可以采用"逐批订购法",这意味着我们能够订购用于满足净需求的精确数量。因此,第 9 周周一计划接收量为 1 200 单位。由于提前期为 2 周,因此该订单必须在第 7 周发出。

虽然第 5 期的计划订单为 10 单位,但电表 B 与 A 类似。我们预计第 6 周的可用库存为 70 单位。为了满足第 9 周 470 单位的毛需求,需要额外的 400 单位的净需求。为了满足该需求,400 单位的订单必须在第 7 周周一发出。

在电表 A 与 B 的生产中都使用组件 C。只有 A 或 B 开始生产,我们才需要额外的 C。我们对 A 的分析表明 1 200 的订单需要在第 7 周发出。400 单位 B 的订单将在第 7 周发出,因此,第 7 周 C 的总需求量为 1 600 单位。预计可用库存等于现有的 40 单位减去我们确定的 5 单位的安全库存,也就是 35 单位。在第 7 周,净需求为 1 565 单位。C 的订购策略要求订购批量为2 000单位，因此第7周计划的接收量为2 000单位。由于提前期为1周，因此该订单应该第6周发出。假设事实上以后处理该订单，则第7周、第8周和第9周的预计可用库存就为435单位。

组件D有不同的需求源。第6周的需求源于将D组装到C的需求。在这里，每单位C需要两单位D，也就是4 000单位（产品结构给出了这种2∶1的关系）。在第7周，需要1 200单位D，因为计划第7周发出1 200单位的A订单。此外，第9周需要270单位以满足主生产计划确定的独立需求。第4周的预计可用库存为280单位（200单位现有库存加100单位计划接收量减去20单位安全库存），第5周为280单位。第6周有3 720单位的净需求，因此我们计划接收5 000单位的订单（订购数量）。这使第6周的预计可用库存为1 280单位，第7周为80单位，其中1 200单位用于满足需求。第8周的预计可用库存为80单位。由于第9周的需求为270单位，第9周的净需求为190单位，因此第9周的计划接收量为5 000单位。

例21-1 MRP实施计算

朱诺照明生产的灯因造型别致在新家庭中颇受欢迎。朱诺预计其中两种产品在接下来8周的需求如下。

	周							
	1	2	3	4	5	6	7	8
VH1-234	34	37	41	45	48	48	48	48
VH2-100	104	134	144	155	134	140	141	145

两种灯泡的关键部分都是用于固定在底座的插口。每个灯泡都有几种插口的一种。基于下列信息，请给出生产灯泡和采购插口的计划。

	VH1-234	VH2-100	灯泡插口
现有库存 OH	85	358	425
数量 Q	200（生产批量）	400（生产批量）	500（采购量）
提前期 LT	1周	1周	3周
安全库存 SS	0	0	20

解答

产品		周							
		1	2	3	4	5	6	7	8
VH1-234	毛需求	34	37	41	45	48	48	48	48
Q = 200	计划接收量								
LT = 1	预计可用库存	51	14	173	128	80	32	184	136
OH = 85	净需求			27				16	
SS = 0	计划订单入库			200				200	
	计划订单下达		200				200		
VH2-100	毛需求	104	134	144	155	134	140	141	145
Q = 400	计划接收量								
LT = 1	预计可用库存	254	120	376	221	87	347	206	61
OH = 358	净需求			24			53		
SS = 0	计划订单入库			400			400		
	计划订单下达		400			400			
插口	毛需求		600			400	200		
Q = 500	计划接收量	500							
LT = 3	预计可用库存	905	305	305	305	405	205	205	205
OH = 425	净需求					95			
SS = 20	计划订单入库					500			
	计划订单下达		500						

最佳的着手点是从预计可平衡的量开始，逐期计算。当可平衡的量低于 0 时就形成净需求。一旦产生净需求，就需要下达订单以满足该需求。例如，VH1 最初有 85 单位的库存，第 1 周的生产需求为 34 单位。这使得第 1 周周末的预计可平衡量为 51 单位。第 2 周还需要 37 单位，库存降至 14 单位。到第 3 周，预计可平衡量降至 0，并且产生 27 单位的净需求。这个净需求需要由第 3 周预计收到订单给予满足。因为提前期是 1 周，所以这个订单需要在第 2 周下达。第 4 周的预计可平衡量为 128 单位，是将第 3 周收到的 200 单位减去第 3 周的净需求 27 单位再减去第 4 周的需求 45 单位计算而得。

因为 VH1 和 VH2 都需要用插口，因此插口的总需求由这两种灯泡产生：第 2 周需要 600 单位（VH1 需要 200 单位，VH2 需要 400 单位），第 5 周需要 400 单位，第 6 周需要 200 单位。预计可平衡量是由初始库存 425 单位加上预计收货量 500 单位减去 20 单位的安全库存计算而得。

21.4 MRP 系统中批量的确定

MRP 系统中批量大小的确定是一个困难而复杂的问题。批量大小是在 MRP 计划的计划订单入库与计划订单下达部分解决的零件数量的问题。对于内部生产的零部件而言，批量大小就是生产批量的数量。对于采购的零部件而言，这是指从供应商那里订购的数量。批量大小通常是满足一期或多期的零部件需求。

大部分确定批量的技术需要解决如何平衡调整订购成本与为满足 MRP 计划过程生成的净需求相关的持有成本。许多 MRP 系统选择一些月度使用的技术来计算批量大小。然而，显然，采用这种批量确定方式会增加生成 MRP 计划的复杂性。当完全展开时，计划的零部件数量将会十分巨大。

接下来我们将结合一个常见的案例，解释 4 种批量确定的技术。这 4 种决定批量的方法分别是按需定量法（L4L）、经济批量法（EOQ）、最小总成本法（LTC）与最小单位成本法（LUC）。

考虑下面的 MRP 确定批量的问题，下表给出了计划期为 8 周的净需求。

单位成本						10.00 美元	
订购或准备成本						47.00 美元	
库存保管成本/周						0.5%	
周净需求量：							
1	2	3	4	5	6	7	8
50	60	70	60	95	75	60	55

21.4.1 按需定量法

按需定量法（lot-for-lot，L4L）是最常见的技术，该方法：

- 设置恰好足以满足净需求的计划订单；
- 正好生产每周需要的，没有多余的库存用于将来时期；
- 最小化持有成本；
- 不考虑调整成本或能力局限。

按需定量法的计算如表 21-7 所示，第 2 栏给出了净需求。由于按需定量法的逻辑决定生产数量（第 3 栏）将正好与需求数量（第 2 栏）匹配，最后将没有额外的库存（第 4 栏）。

表 21-7 按需定量法确定 MRP 计划的批量大小

(1) 周	(2) 净需求	(3) 生产数量	(4) 期末库存	(5) 持有成本（美元）	(6) 调整成本（美元）	(7) 总成本（美元）
1	50	50	0	0.00	47.00	47.00

(1) 周	(2) 净需求	(3) 生产数量	(4) 期末库存	(5) 持有成本（美元）	(6) 调整成本（美元）	(7) 总成本（美元）
2	60	60	0	0.00	47.00	94.00
3	70	70	0	0.00	47.00	141.00
4	60	60	0	0.00	47.00	188.00
5	95	95	0	0.00	47.00	235.00
6	75	75	0	0.00	47.00	282.00
7	60	60	0	0.00	47.00	329.00
8	55	55	0	0.00	47.00	376.00

由于没有任何库存保留到下周，所以持有成本为 0（第 5 栏）。然而，按需定量法每周都需要调整成本（第 6 栏）。顺便说一下，如果一个工作中心每周生产各种不同的产品，则它每周都存在调整成本。一般不规定哪个工作中心只生产某种产品，当它不生产该产品时就处于闲置状态（在这种情况下，只需调整一次）。按需定量法导致了高调整成本。

21.4.2 经济批量法

我们在第 20 章中已经讨论过 EOQ 模型，它需要平衡调整与持有成本。在 EOQ 模型中，不一定要存在相当固定的需求，也不一定要保持安全库存以确保满足需求变动。EOQ 模型使用预测的全年总需求、调整或订购成本与年度持有成本，EOQ 不是为离散周期的系统如 MRP 而设计的。MRP 使用的批量确定技术假设在周期开始时满足零部件需求。因此，每个周期中只有在零部件使用完之前支付持有成本，而不像 EOQ 模型支付平均库存的持有成本。EOQ 假设在周期中连续使用。EOQ 确定的批量大小不一定正好满足整数倍周期。例如，EOQ 可能满足 4.6 个周期的需求。结合前面按需定量法使用的数据，经济订购数量的计算如下：

$$\text{基于这 8 周的年度总需求量} = D = \frac{525}{8} \times 52 = 3\,412.5 \text{（单位）}$$

$$\text{年度持有成本} = H = 0.5\% \times 10 \times 52 = 2.60 \text{（美元／单位）}$$

$$\text{调整成本} = S = 47 \text{ 美元（已知）}$$

$$EOQ = \sqrt{\frac{2DS}{H}} = \sqrt{\frac{2 \times 3\,412.5 \times 47}{2.60}} = 351 \text{（单位）}$$

表 21-8 给出了一个经济批量为 351 单位的 MRP 计划。第 1 周的经济批量大小足以满足第 1～5 周及第 6 周的一部分。接下来，第 6 周计划的另一个经济批量用以满足第 6～8 周的需求。注意，经济批量计划使得第 8 周周末还剩余一些库存，用于第 9 周。

表 21-8 经济批量法确定 MRP 计划的批量大小

周	净需求	生产数量	期末库存	持有成本（美元）	调整成本（美元）	总成本（美元）
1	50	351	301	15.05	47.00	62.05
2	60	0	241	12.05	0.00	74.10
3	70	0	171	8.55	0.00	82.65
4	60	0	111	5.55	0.00	88.20
5	95	0	16	0.80	0.00	89.00
6	75	351	292	14.60	47.00	150.60
7	60	0	232	11.60	0.00	162.20
8	55	0	177	8.85	0.00	171.05

21.4.3 最小总成本法

最小总成本法是一个动态的批量大小确定技术，它通过比较不同批量的持有成本与调整（或订购）成本，然后选择其中成本最接近的。

表 21-9 的上半部分给出了最小成本的批量。计算总成本最小的批量的方法是比较不同周的订购成本与持有成本。例如，比较第 1 周生产满足第 1 周需求的成本；第 1 周生产满足第 1 周与第 2 周需求的成本；第 1 周生产满足第 1 周、第 2 周与第 3 周需求的成本等。最佳的选择是订购成本与持有成本最接近的时候。在表 21-9 中最佳的批量是 335，因为持有成本为 38 美元，比 56.75 美元更接近 47 美元的订购成本（9 美元 vs. 9.75 美元）。该批量满足第 1～5 周的需求。与 EOQ 不同，该批量只满足整数倍的周期。

表 21-9　最小总成本法确定 MRP 计划的批量大小

周	订购数量	持有成本（美元）	订购成本（美元）	总成本（美元）	
1	50	0.00	47.00	47.00	
1～2	110	3.00	47.00	50.00	
1～3	180	10.00	47.00	57.00	
1～4	240	19.00	47.00	66.00	
1～5	335	38.00	47.00	85.00	←第一个总成本最小订单
1～6	410	56.75	47.00	103.75	
1～7	470	74.75	47.00	121.75	
1～8	525	94.00	47.00	141.00	
6	75	0.00	47.00	47.00	
6～7	135	3.00	47.00	50.00	
6～8	190	8.50	47.00	55.50	←第二个总成本最小订单

周	净需求	生产数量	期末库存	持有成本（美元）	调整成本（美元）	总成本（美元）
1	50	335	285	14.25	47.00	61.25
2	60	0	225	11.25	0.00	72.50
3	70	0	155	7.75	0.00	80.25
4	60	0	95	4.75	0.00	85.00
5	95	0	0	0.00	0.00	85.00
6	75	190	115	5.75	47.00	137.75
7	60	0	55	2.75	0.00	140.50
8	55	0	0	0.00	0.00	140.50

基于第 1 周发出满足 5 个周需求订单的决定，第 6 周面临的问题是确定从这里开始我们应该可以满足多少周的需求。表 21-9 表明当批量满足第 6～8 周的需求时，持有成本与订购成本最接近。值得注意的是，这里的持有成本与订购成本相差很多。这是因为我们的例子只计划到第 8 周。如果计划期延长，第 6 周的计划批量可能满足第 8 周以后更多的周。这引出了 LTC 与 LUC 共同的一个局限性（下面讨论），这两种技术都受计划期的跨度影响。表 21-9 的下半部分是最终的运行批量与总成本。

21.4.4 最小单位成本法

最小单位成本法是一个动态的决定批量的技术，它将每一批量的订购与库存保管成本加起来并除以每一批量中的单位数量，选择单位成本最低的批量。表 21-10 的上半部分计算了满足第 1～8 周的订购批量的单位成本。我们注意到，最小单位成本出现在第 1 周的批量为 410 单位，该数量足以满足第 1～6 周的需求。第 7 周的计划批量满足第 7 周到计划期期末的需求。

表 21-10　最小单位成本法确定 MRP 计划的批量大小

周	订购数量	持有成本（美元）	订购成本（美元）	总成本（美元）	单位成本（美元）	
1	50	0.00	47.00	47.00	0.940 0	
1～2	110	3.00	47.00	50.00	0.454 5	
1～3	180	10.00	47.00	57.00	0.316 7	
1～4	240	19.00	47.00	66.00	0.275 0	
1～5	335	38.00	47.00	85.00	0.253 7	
1～6	410	56.75	47.00	103.75	0.253 0	←第一个单位成本最小订单
1～7	470	74.75	47.00	121.75	0.259 0	
1～8	525	94.00	47.00	141.00	0.268 6	
?	60	0.00	47.00	47.00	0.783 3	
7～8	115	2.75	47.00	49.75	0.432 6	←第二个单位成本最小订单
周	净需求	生产数量	期末库存	持有成本（美元）	调整成本（美元）	总成本（美元）
1	50	410	360	18.00	47.00	65.00
2	60	0	300	15.00	0.00	80.00
3	70	0	230	11.50	0.00	91.50
4	60	0	170	8.50	0.00	100.00
5	95	0	75	3.75	0.00	103.75
6	75	115	0	0.00	0.00	103.75
7	60	0	55	2.75	47.00	153.50
8	55	0	0	0.00	0.00	153.50

21.4.5　选择最佳批量

采用按需订购法，8 周的总成本为 376.00 美元，EOQ 的总成本为 171.05 美元，最小总成本法的总成本为 140.50 美元，最小单位成本法为 153.50 美元。最低成本出现在采用最小总成本法时的 140.50 美元。如果超过 8 周，最低成本可能不一样。

最小单位成本法的优点在于其较为完整的分析，它将可能因订购批量变化而增加的订购或调整成本考虑进去。如果订购或调整成本保持不变，则最低总成本法是最佳的方法，因为它比较简单，易于计算，但是它只有在该前提下才是精确的。

本章小结

21-1　解释什么是 MRP

总结

- 物料需求计划（MRP）用于计算用于生产产品所需的各类部件、原材料的数量。
- 一个 MRP 系统能为几千种产品进行这类运算，并据此确定每样物料的订货时间。
- MRP 在由零部件批量生产的工业中最适用。
- 主生产计划（MPS）明确指定生产系统在未来应当生产哪些产品。
- MPS 中计划的产品被称为"最终产品"，代表的是驱动 MRP 系统物料需求的产品。
- MPS 需要满足各个最终产品的需求，包括客户需求、更新需求和其他可能存在的各类需求。
- MPS 系统引入"时间围栏"的概念，确保 MRP 系统指定的计划的稳定性和可行性。如果 MPS 系统基于需求预测而非实际需求的话，那么实际订单和 MPS 计划销量的差距就被称为待分配库存。待分配库存是协调销售和生产活动的有效工具。

关键术语

企业资源计划：一个集成了会计、销售、制造和公司其他功能应用程序的计算机系统。这种集成是通过所有应用程序共享的数据库完成的。

物料需求计划（MRP）：确定生产产品所需的零件、组件和材料数量的一种方法。

主生产计划（MPS）：一个按时间分段的计划，指定公司计划生产的每种最终产品的数量和时间。

待分配库存：MRP系统的一种特殊量，用于识别主计划中当前包含的单位数量与实际（公司）客户订单之间的差异量。

21-2 了解MRP系统的结构

总结

- 在MRP系统中，需求来自主生产计划。物料清单会列出生产各个最终产品所需的物料。各个物料的当前状态也是MRP必须包括的内容。这些状态包括：每种物料的现有库存、预计到货期以及再订货日期。
- 这些信息都包含在库存记录中。基于这三类信息，MRP系统为每个最终产品制订生产计划。
- MRP系统可根据实际情况实时更新或周期性更新。

关键术语

物料清单：一份完整的产品描述，其中列出了所需材料、零件和组件；每个产品的数量以及产出产品的顺序。

净变化系统：能够立即计算得出MRP数据（库存状态、物料清单或主计划）变化影响的MRP系统。

21-3 分析MRP问题

总结

- 理解MRP系统是如何通过学习案例来制定明细进度表的。这通常是由MRP的爆炸式计算所实现的，MPS中的需求被"灌输"进计划中，由系统进行管理。
- 基本的逻辑是通过上一阶段的项目平衡来计算当前阶段的平衡，减去当前阶段的总需求，加上计划的因素。

21-4 评估和比较MRP的批量问题

总结

- 批量订购在MRP中经常使用。
- 最简单的一个例子就是当系统会精确安排每个阶段的进度，这就要用到按需定量法。
- 当有较多的准备成本和其他类型的限制时，按需定量法也许并不是成本最少的方法。
- 批量方法可以用来平衡固定成本与可变成本，可变成本与生产规模有关。

应用举例

21-3

例1

产品X由2单位的Y和3单位的Z制成。Y由1单位的A与2单位的B制成。Z由2单位的A和4单位的C制成。

X的提前期为1周，Y为2周，Z为3周，A为2周，B为1周，C为3周。

a. 画出物料清单（产品结构树）。

b. 如果第10周需要100单位X，制定一个进度计划表，指出应该何时订购多少数量的每种产品。

解答

a.

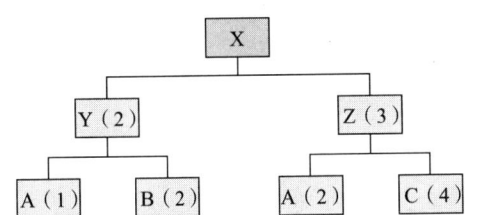

b.

		3	4	5	6	7	8	9	10
X	LT=1							ⓘ00	100
Y	LT=2					ⓘ200		200	
Z	LT=3				ⓘ300			300	
A	LT=2		ⓘ600	ⓘ200	600	200			
B	LT=1					ⓘ400	400		
C	LT=3	ⓘ1 200			1 200				

例2

产品M由2单位N与3单位P制成。N由2单位R与4单位S制成。R由1单位S与3单位T制成。P由2单位T和4单位U制成。

a. 给出物料清单（产品结构树）。

b. 如果M的需要量为100单位，各需要多少单位各种组件？

c. 写出单层式与缩进式零部件清单。

解答

a.

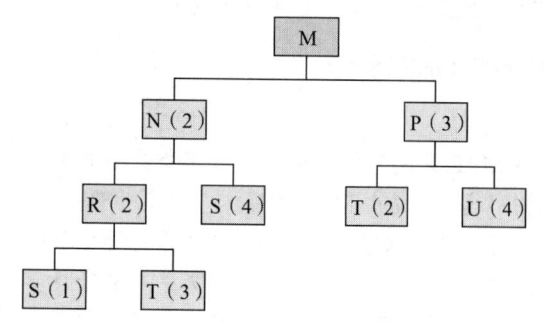

b. $M = 100$ $S = 800 + 400 = 1\,200$
   $N = 200$ $T = 600 + 1\,200 = 1\,800$
   $P = 300$ $U = 1\,200$
   $R = 400$

c.

单层式零部件清单	缩进式零部件清单
	M
	N（2）
	R（2）
N	S（1）
N（2）	T（3）
P（3）	S（4）
R	P（3）
R（2）	T（2）
S（4）	U（4）
S（1）	
T（3）	
P	
T（2）	
U（4）	

例3

下图给出了产品结构和相关数据，为 A、B、C 完成 MRP 记录。

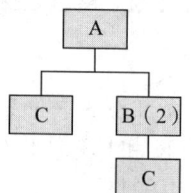

项目		周					
		1	2	3	4	5	6
A	毛需求	5	15	18	8	12	22

(续)

项目		周					
		1	2	3	4	5	6
$LT = 1$ 周	计划接收量						
现有库存 = 21	预计可用库存						
安全库存 = 0	净需求						
订购数量 = 20	计划订单入库						
	计划订单下达						
B	毛需求						
$LT = 2$ 周	计划接收量		32				
现有库存 = 20	预计可用库存						
安全库存 = 0	净需求						
订购数量 = 40	计划订单入库						
	计划订单下达						
C	毛需求						
$LT = 1$ 周	计划接收量						
现有库存 = 70	预计可用库存						
安全库存 = 10	净需求						
订购数量 = 按需定量	计划订单入库						
	计划订单下达						

解答

项目		周					
		1	2	3	4	5	6
A	毛需求	5	15	18	8	12	22
$LT = 1$ 周	计划接收量						
现有库存 = 21	预计可用库存	16	1	3	15	3	1
安全库存 = 0	净需求			17	5		19
订购数量 = 20	计划订单入库			20	20		20
	计划订单下达		20	20		20	
B	毛需求			40	40		40
$LT = 2$ 周	计划接收量	32					
现有库存 = 20	预计可用库存	52	12	12	12	12	12
安全库存 = 0	净需求			28	28		
订购数量 = 40	计划订单入库			40	40		
	计划订单下达	40	40				
C	毛需求	40	20	60		20	
$LT = 1$ 周	计划接收量						
现有库存 = 70	预计可用库存	20	0	0	0	0	0
安全库存 = 10	净需求			60		20	
订购数量 = 按需定量	计划订单入库			60		20	
	计划订单下达		60		20		

注意：

1. 对于 A，先通过第 2 周计算预计可用库存。在第 3 周，净需求是 17 单位，因此我们计划接收 20 单位的订单。第 3 周的预计可用库存是 3 单位,第 4 周的净需求是 5 单位,因此我们计划在第 4 周收到另一个订单。第 4 周的预计可用库存是 15 单位,第 5 周有 3 单位,第 6 周的净需求有 19 单位,因此需要在第 6 周收到另一个订单。

2. 对 B 的毛需求是根据对 A 的两次计划发出订单得到的。我们需要计算出第 1 周 32 单位的计划收料,从而得到第 1 周周末的预计可用库存为 52 个单位。

3. C 的毛需求是根据 A 和 B 的计划发出订单计算得到的。预计可用库存要减去安全库存。在第 1 周,预计可用库存为 70 单位现有库存 − 40 单位毛需求 − 10 单位安全库存 = 20 单位。

21-4

例 4

与 MRP 的批量问题有关的数据如下。

每单位成本	25 美元
准备成本	100 美元
每年的保管成本	20.8%

每周净需求:

1	2	3	4	5	6	7	8
105	80	130	50	0	200	125	100

利用本章的 4 种批量原则来制订一个 MRP 计划,假设初期无库存。

解答

按需定量法

由于按需定量原则很简单并且更直观,因此是一种常用的方法。计划订货量等于每周的净需求。

周	净需求	生产量	期末库存	持有成本(美元)	准备成本(美元)	总成本(美元)
1	105	105	0	0.00	100.00	100.00
2	80	80	0	0.00	100.00	200.00
3	130	130	0	0.00	100.00	300.00
4	50	50	0	0.00	100.00	400.00
5	0	0	0	0.00	0.00	400.00
6	200	200	0	0.00	100.00	500.00
7	125	125	0	0.00	100.00	600.00
8	100	100	0	0.00	100.00	700.00

经济批量法

在 EOQ 模型中需要计算出 D、S 和 H。根据每周需求估计出每年的需求。

$$D = 每年需求 = \frac{105+80+130+50+0+200+125+100}{8} \times 52 = 5135$$

$$H = 年库存成本 = 0.208 \times 25.00 = 5.2(美元)$$

$$S = 准备成本 = 100(美元)(已给出)$$

$$EOQ = \sqrt{\frac{2DS}{H}} = \sqrt{\frac{2 \times 5135 \times 100}{5.20}} = 444$$

在计算每周的持有成本时,将 H 除以 52,得出每周持有成本是每单位 0.10 美元。现在我们可以根据 EOQ 的批量制订订购计划。

周	净需求	生产量	期末库存	持有成本(美元)	准备成本(美元)	总成本(美元)
1	105	444	339	33.90	100.00	133.90
2	80	0	259	25.90	0.00	159.80
3	130	0	129	12.90	0.00	172.70
4	50	0	79	7.90	0.00	180.60
5	0	0	79	7.90	0.00	188.50
6	200	444	323	32.30	100.00	320.80
7	125	0	198	19.80	0.00	340.60
8	100	0	98	9.80	0.00	350.40

最小总成本法

利用表 21-9 的模板可以建立以下表格,比较第一次订购的各成本。

周	净需求	生产量	持有成本(美元)	准备成本(美元)	总成本(美元)
1	105	105	0.00	100.00	100.00
1~2	80	185	8.00	100.00	108.00
1~3	130	315	34.00	100.00	134.00
1~4	50	365	49.00	100.00	149.00
1~5	0	365	49.00	100.00	149.00
1~6	**200**	**565**	**149.00**	**100.00**	**249.00**
1~7	125	690	224.00	100.00	324.00
1~8	100	790	294.00	100.00	394.00
7	125	125	0.00	100.00	100.00
7~8	**100**	**225**	**10.00**	**100.00**	**110.00**

对于第一次订购,在第 1~6 周订购时,持有成本与准备成本的差异最小,因此第一次订购应当订购 565 单位,并且能够满足第 1~6 周的需求。对于第二次订购,只需要考虑第 7 周和第 8 周。在第 7~8 周订购时,持有成本与准备成本的差异最小,并且满足第 7~8 周的需求,因此第二次应当订购 225 单位。注意到我们是根据时间不断推进,当第 9 周的需求已知时,将会根据新的需求重新检查第二次订购。也许第二次订购会超过第 7 周和第 8 周的需求。基于以上数据,我们

可以制订一个订购计划。

周	净需求	生产量	期末库存	持有成本（美元）	准备成本（美元）	总成本（美元）
1	105	565	460	46.00	100.00	146.00
2	80	0	380	38.00	0.00	184.00
3	130	0	250	25.00	0.00	209.00
4	50	0	200	20.00	0.00	229.00
5	0	0	200	20.00	0.00	249.00
6	200	0	0	0.00	0.00	249.00
7	125	225	100	10.00	100.00	359.00
8	100	0	0	0.00	0.00	359.00

最小单位成本法

最小单位成本法利用最小总成本法中的计算结果，用每个选项的总成本除以订购量得到单位成本。下表中的大部分都是最小总成本法中的内容，但是添加了一列单位成本。

周	净需求	生产量	持有成本	准备成本（美元）	总成本（美元）	单位成本（美元）
1	105	105	0.00	100.00	100.00	0.952 4
1~2	80	185	8.00	100.00	108.00	0.583 8
1~3	130	315	34.00	100.00	134.00	0.425 2
1~4	**50**	**365**	**49.00**	**100.00**	**149.00**	**0.408 2**
1~5	0	365	49.00	100.00	149.00	0.408 2
1~6	200	565	149.00	100.00	249.00	0.440 7
1~7	125	690	224.00	100.00	324.00	0.469 6
1~8	100	790	294.00	100.00	394.00	0.498 7
6	200	200	0.00	100.00	100.00	0.500 0
6~7	125	325	12.50	100.00	112.50	0.346 2
6~8	**100**	**425**	**32.50**	**100.00**	**132.50**	**0.311 8**

第一次订购，最小的单位成本来自覆盖第 1~5 周的订购，因此第一次订购 365 单位（这一例子可能会有一点不实际，但不得不利用常识）。第 1~4 周的订购同样有最低的单位成本，这是因为第 5 周需求为 0。因此订购到第 1~5 周，这样不会将第 5 周不需要的订购覆盖第 5~8 周。第二次订购，最低单位成本来自第 6~8 周，计划订购 425 单位。正如在最小总成本法中那样，第二次订购可能会随着第 9 周的净需求变化而改变。基于以上的订购，现在可以制订一个订购计划。

周	净需求	生产量	期末库存	持有成本（美元）	准备成本（美元）	总成本（美元）
1	105	365	260	26.00	100.00	126.00
2	80	0	180	18.00	0.00	144.00
3	130	0	50	5.00	0.00	149.00
4	50	0	0	0.00	0.00	149.00
5	0	0	0	0.00	0.00	149.00
6	200	425	225	22.50	100.00	271.50
7	125	0	100	10.00	0.00	281.50
8	100	0	0	0.00	0.00	281.50

最佳批量方法

基于这些可行的数据，对每种方案总成本如下：按需定量法，700.00 美元；经济批量法，350.40 美元；最小总成本法，359.00 美元；最小单位成本法，281.50 美元。过高的准备成本使这一例子中按需定量法并不合适。最小单位成本法的总成本最小，由于它在计划期内最小化了库存成本，因此在此处比较适用。

讨论题

21-1

1. 通常我们说 MRP 是基于相关需求的，这有什么含义？
2. 讨论 MRP 系统中主生产计划的重要性。
3. 解释在主生产计划中时间围栏的必要性。

21-2

4. "MRP 只是提供采购清单，它不采购。"评论这句话。
5. MRP 系统中需求的来源是什么？这些需求是相关的还是独立的？它们是如何被输入系统的？
6. 指出物料清单文件与库存记录文件中保存那些类型的数据。

21-3

7. 讨论 MRP 术语中计划订单下达和计划订单入库的含义。
8. 为什么 MRP 的过程是"爆发式"的？
9. 目前，许多使用者每周或每两周更新一次 MRP。如果每天更新，是否更有效？讨论该问题。
10. 在需求的 MRP 系统中安全库存是必要的吗？如果是，为什么？如果不是，为什么公司还要有安全库存？
11. 比较传统 EOQ 条件下与 MRP 系统中提前期的含义。

21-4

12. 由于按需定量法简单和直观，因此在订单计划中很常用，并且在需要什么就订购什么的时候能够最小化持有成本。到目前为止，这听起来是一个很不错的想法。是否有其他的缺点？

13. 当我们说最小化总成本与最小化单位成本是一种动态的批量决策方法时，指的是什么？

客观题

21-1

1. 将以下的行业类型与 MRP 系统中的期望利润匹配起来：高、中、低。

行业类型	期望利润（高、中、低）	行业类型	期望利润（高、中、低）
根据库存组装		根据订单生产	
根据订单组装		根据订单设计	
根据库存生产		流程	

2. MRP 是基于哪种类型的需求？
3. 哪种类型的计划过程会驱动 MRP 中的需求？
4. 将主生产计划中的现有产品数量与实际（确定的）顾客订单区分开来的是什么？

21-2

5. MRP 系统中三个主要的数据来源是什么？
6. 物料清单另一个常用的名字是什么？
7. 用来确保某一特定产品所需要的各种数据能够在 MRP 系统中同时被计算出来的过程是什么？
8. 在 MRP 系统的计划中用到的时间段叫什么？

21-3

注意：对于以下问题，为了简化数据处理，包括前几期发出的订单的计划收料，都可以采用以下 6 行框架（现实中存在许多不同的技术，但关键的问题在于即时跟踪现有库存，以及何时到达、需要什么与订购批量的大小）。

	周					
毛需求						
计划接收量						
前期剩余库存						
净需求						
计划订单入库						
计划订单下达						

9. Semans 是一个生产组装支架的制造商。对组装支架（X）的需求量为 130 单位。以下是采用缩进式物料清单。

产品	说明	用量	产品	说明	用量
X	组装支架	1	E	陶瓷把手	1
A	大型显示墙板	4	C	圆头螺钉	3
B	吊钩	2	F	金属钳	4
D	吊钩铸件	3	G	塑料帽	2

下表是现有库存水平。

产品	X	A	B	C	D	E	F	G
库存	25	16	60	20	180	160	1 000	100

a. 运用 Excel，采用产品结构树生成 MRP。
b. MPS 中每一种产品的净需求是多少？

10. 在以下产品 J 的 MRP 进度计划中，指出为满足毛需求的相应的净需求量、计划订单入库与计划订单下达。提前期为 1 周。

产品 J	周编号					
	0	1	2	3	4	5
毛需求			75		50	70
预计可用库存	40					
净需求						
计划订单入库						
计划订单下达						

11. 假设产品 Z 由 2 单位 A 与 4 单位 B 制成。A 由 3 单位 C 与 4 单位 D 制成。D 由 2 单位 E 制成。

采购或制造每种产品到最终产品的提前期分别为：Z 需要 2 周；A、B、C、D 各 1 周；E 需要 3 周。第 10 个周期需要 50 单位（假设目前没有任何一种产品的库存）。

a. 画出物料清单（产品结构树）。
b. 生成一张 MRP 进度计划表，指明总需求、净需求、计划订单下达与入库的日期。

12. 每单位 A 由 3 单位 B、1 单位 C 与 2 单位 D 制成。B 由 2 单位 E 与 1 单位 D 组成。C 由 1 单位 B 与 2 单位 E 制成。E 由 1 单位 F 制成。

产品 B、C、E 与 F 的提前期为 1 周，A 和 D 的提前期均为 2 周。

假设对产品 A、B 与 F 采用按需定量法；产品 C、D、E 分别使用的批量大小为 50、50 与 200。产品 C、E、F 现有库存（期初）分别为 10、50 与 150。其他产品期初库存为 0。我们计划第 2 周收到 10 单位 A，第 1 周收到 50 单位 E，F 也一样。此外，没有其他计划接收量。如果第 8 周 A 的需求量为 30 单位，采用低位码的物料清单，为各个组件找出必要的计划订单下达。

13. 每单位 A 由 2 单位 B、3 单位 C 与 2 单位 D 制成。B

由1单位E与2单位F组成。C由2单位F与1单位D制成。E由2单位D制成。产品A、C、D、F的提前期均为1周;B与E的提前期为2周。对产品A、B、C、D采用按需定量法;产品E与F采用的批量分别为50和180。产品C现有库存(期初)为15,D现有库存为50,其他产品为零库存。我们预计在第2周收到20单位产品E,不存在其他计划接收量。

建立简单的低位码物料清单(产品结构树)以及缩进式和单层式零部件清单。

如果第8周产品A的需求量为20单位,利用低位码物料清单找出所有组件必需的计划订单下达日期。

14. 每单位A由1单位B和1单位C制成。B由4单位C和各1单位的E和F制成。C由2单位D和1单位E制成。E由3单位F制成。产品C的提前期为1周;产品A、B、E、F的提前期均为2周;产品D的提前期为3周。采用按需定量法确定产品A、D和E的批量大小;产品B、C、F的批量分别为50、100和50。产品A、C、D、E现有库存(期初)分别20、50、100和10,其他所有产品的期初库存均为0。我们预计在第1周收到10单位A和1 100单位C,在第3周收到100单位D,不存在其他计划接收量。如果第10周需要50单位A,利用低位码物料清单(产品树)找出所有组件必需的计划订单下达日期(见习题5注意项)。

15. 每单位A由2单位B和1单位C制成。B由3单位D和1单位F制成。C由3单位B、1单位D与4单位E组成。D由1单位E制成。产品C的提前期为1周;产品A、B、E、F的提前期均为2周;产品D的提前期为3周。采用按需定量法确定产品C、E和F的批量大小;产品A、B、D的批量分别为20、40和160。产品A、B、D、E现有库存(期初)分别5、10、100和100,其他所有产品的期初库存均为0。我们预计第3周收到10单位A,第7周收到20单位B,第5周收到40单位F,第2周收到60单位E,不存在其他计划接收量。如果第10周需要20单位A,利用低位码物料清单(产品树)找出所有组件必需的计划订单下达日期(见习题5注意项)。

16. 每单位A由2单位B和3单位C制成。每单位B由1单位F制成。C由1单位D、1单位E和2单位F制成。产品A、B、C、D现有库存分别20、50、60和25单位。采用按需定量法(L4L)确定产品A、B和C的批量大小;产品D、E、F分别需要采购50、100和100单位。第1周期B的计划接收量为30单位。不存在其他计划接收量。产品A、B、D的提

前期为1个周期,产品C、E、F的提前期为2个周期。第1周期产品A的毛需求为20单位,第2周期为20单位,第6周期为60单位,第8周期为50单位。找出所有组件的计划订单发出日期。

17. 每单位A由1单位B、2单位C与1单位D制成。C由2单位D与3单位E制成。产品A、C、D、E的现有库存分别为20、10、20和10单位。产品B在第1周期的计划接收量为10单位,产品C第1周的计划接收量为50单位。对产品A和B采用按需定量法(L4L)。产品C所需的最小批量为50单位。D和E分别需要采购100和50单位。A、B、C的提前期为1个周期,D和E的提前期为2个周期。第2个周期产品A的毛需求为30单位,第5个周期为30单位,第8个周期为40单位。找出所有组件的计划订单下达日期。

18. 产品A是一个最终产品,由2单位B和4单位C制成。B由3单位D和2单位E制成。C由2单位F和2单位E制成。A的提前期为1周,B、C、E的提前期为2周,D和F的提前期为3周。

(1) 画出物料清单(产品结构树)。

(2) 如果第10周需要100单位产品A,生成一个MRP计划进度表,确定何时该订购与收到产品。现有库存为0。

19. 音像制品公司生产两种轿车使用的AM/FM/CD播放器。收音机/CD元件是一样的,但是底板与最后装饰附件是不一样的。标准型号适用于重型和大型的轿车,而运动型号适用于小型运动轿车。

音像制品公司按照以下方式管理其生产。主板(收音机/CD元件)在墨西哥装配,其生产提前期为2周。底板向一个钢片公司采购,提前期为3周。最后装饰材料向一个在洛杉矶有代表处的中国台湾电子公司采购,包括把手和各种附件。附件包的提前期为2周。最后的装配时间可以被忽略,因为由顾客自己组装附件和底板。

音像制品为分销商和零售商提供产品,他们提前订购8周的两种型号的产品及其足够的附件,以满足小批量的个性化销售。需求计划如下表所示。

型号	周							
	1	2	3	4	5	6	7	8
标准型				300				400
运动型					200			100

现有50单位收音机/CD元件库存,但没有附件包或底板库存。

制订一个恰好满足计划需求的物料需求计划。

算出收音机/CD主板、标准附件与运动附件、标准底板与运动底板的毛需求、净需求、现有数量、计划订单下达与入库日期。

21-4

20. 接下来10周产品A的MRP毛需求如下表所示。产品A的提前期为3周，调整成本为10美元。每周单位产品的保有成本为0.01美元。期初库存为90单位。

	周									
	1	2	3	4	5	6	7	8	9	10
毛需求	30	50	10	20	70	80	20	60	200	50

使用最小总成本法或最小单位成本法确定何时应该发出多少数量的第一份订单。

21. 接下来10周产品X的MRP毛需求如右表所示。A的提前期为2周，调整成本为9美元。每单位产品每周的保管成本为0.02美元。期初库存为70单位。

	周									
	1	2	3	4	5	6	7	8	9	10
毛需求	20	10	15	45	10	30	100	20	40	150

22. 产品A由2单位组件B、3单位C与1单位D制成。B由4单位E和3单位F制成。C由2单位H和3单位D制成。H由5单位E和2单位G制成。

a. 画出一个简单的物料清单（产品结构树）。
b. 利用低位码画出一个产品结构树。
c. 写出缩进式零部件清单。
d. 为了生产100单位A，确定所需的B、C、D、E、F、G、H的数量。

分析练习 布伦瑞克摩托公司：MRP 入门案例

布伦瑞克摩托公司的生产主管菲尔·哈里斯看到一篇有关限时性要求计划的文章。菲尔好奇这种技术能否用于布伦瑞克摩托公司发动机装配的计划之中，他决定准备一个例子来验证时效性要求计划的使用情况。

菲尔首先准备了布伦瑞克摩托公司生产的一种发动机的主生产计划：1000型发动机。这个计划包含了在过去12周里1000型发动机每周的装配量，如下图所示。接下来，菲尔简化了计划安排，从多个1000型发动机装配所需的零部件挑选了两种。这两种部件（传动箱和输入轴）的产品结构图如下图所示。菲尔留意到，传动箱先在预装部门装配，然后再送到发动机主装配线上；输入轴是由布伦瑞克摩托公司生产、传动箱预装所需几种零部件中的一种。因此，产品结构图中的层级0、层级1和层级2代表了发动机生产过程中的三个阶段：发动机装配部门、预装部门和加工车间。

传动箱和输入轴的生产提前期也包含在了产品结构图之中。注意，生产一批传动箱需要2周，所有的传动箱必须在周一使用之前就送到装配线的零部件储存室。同样，生产一批输入轴需要3周，所有传动箱当周生产所需的输入轴必须在该周一之前全部送到预装部门的储存室。

1000型发动机主生产计划

周	1	2	3	4	5	6	7	8	9	10	11	12
需求	15	5	7	10		15	20	10		8	2	16

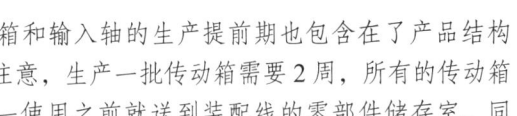

1000型发动机产品机构

发动机装配
├─ 曲轴箱
└─ 传动箱
   提前期=2周
   使用量：每个发动机1个
   └─ 输入轴
      提前期=3周
      使用量：每个传动箱2个

发动机主生产计划

周	1	2	3	4	5	6	7	8	9	10	11	12
数量												

传动箱需求

周	1	2	3	4	5	6	7	8	9	10	11	12
总需求												
计划接收量												
预计可用库存												
净需求												
计划订单下达												

输入轴需求

周	1	2	3	4	5	6	7	8	9	10	11	12
总需求												
计划接收量												
预计可用库存												
净需求												
计划订单下达												

在MRP案例的准备过程中，菲尔计划采用上图所示的工作记录表，并做出以下假设：

1. 第1周周初已有的传动箱的数量为17，并且现在已预订的 5 个传动箱将在第 2 周周初到达。
2. 第 1 周周初已有的输入轴的数量为 40，并且现在已预订的 22 个传动箱将在第 2 周周初到达。

问题

1. 假定菲尔最初是想要最小化库存。假定每个订单只能满足单个时期的需求。请用图中的数据计算出传动箱和输入轴的净需求与计划订单下达。采用按需定量法选择批量。
2. 菲尔想要考虑其会计师所使用的与传动箱和输入轴相关的库存持有成本与准备成本，具体数据如右表所示。

部件	成本
传动箱	准备成本 = 90 美元 / 订单
	库存保管成本 = 2 美元 / 单位 / 周
输入轴	准备成本 = 45 美元 / 订单
	库存保管成本 = 1 美元 / 单位 / 周

根据所给成本，请计算出问题 1 中计划的成本。假设在每周周末检查库存。

3. 请使用最小总成本法来制订一个更好的计划。新计划可以节约什么吗？

练习测试

写出以下每个语句定义的术语或回答问题，答案见底部。

1. 用来描述整合公司不同功能应用的计算机系统。
2. 确定某最终产品生产所需的零部件、配件及其他物料数量的逻辑流程。
3. 它驱动着 MRP 的计算，并包含了一份如何满足需求的详尽计划。
4. 它指顾客做出改变的特定概率所对应的时间段。
5. 它给出了产品生产所需的具体物料以及确切的数量。
6. 如果某个物品在层级 3 和层级 4 都要用到，请问这个物品应该标到哪个低位码？
7. 产品 A 和产品 B 中都包含 1 单位的部件 C。现在，库存里有 10 个 A、20 个 B 和 100 个 C。我们想要发出 60 个 A 和 70 个 B。请问还需要采购多少 C？
8. 这些是已经发出的订单，并且在未来会进行收货。
9. 某种物品的总的需求量。
10. 考虑现有库存量以及未来收货量之后的数量。
11. 计划订单入库和计划订单下达之间的时间。
12. MRP 报告中计划订单入库所使用的零部件的数量。
13. 该方法不考虑规模经济，只预订当期所需物品的量。
14. 没考虑这一重要非经济因素的订货批量方法是得不出可行的订货批量的。

> **答案**: 1. 企业资源计划 (ERP) 2. 物料需求计划 (MRP) 3. 主生产计划 4. 时间围栏 5. 物料清单 6. 层级 4 7. 0 8. 计划接收量 9. 毛需求 10. 净需求 11. 提前期 12. 批量 13. 按需定量法 14. 能力

第 22 章

工作中心调度

学习目标

22-1 解释什么是工作中心调度；
22-2 利用优先原则和更多专门的方法分析调度问题；
22-3 将调度方法应用于制造业中；
22-4 分析服务行业中的人员调度。

引导案例

医院缩减急救室等待时间：新的"快速轨道"单位、高科技身份识别提高访问速度

几年前，密歇根州迪尔伯恩（Dearborn）的 Oakwood 医疗中心承诺送到急诊部的每个患者都将在 30 分钟内接受诊断处理，如果医院没有做到这点，患者会收到书面道歉和两张电影入场券。一些雇员将此奉为廉价的营销方式。

在今天 30 分钟的承诺已经获得了巨大的成功。所有 Oakwood 医疗体系的 4 家医院全面推行了这个承诺。患者的满意率直线上升，少于 1% 的患者会索取电影票。

最近，该中心宣布一项零等待的项目，在 4 家医院急诊部门和 Oakwood 医疗中心实行。目前这项开创先例的服务能否成功还不得而知，但是这些流程已被重新设计过，一些棘手的工作安排正在进行中。

越来越多的医院开始采取措施减少患者的不满，那些原先要在候诊室苦等的患者被安置到"快速轨道"单位，帮助他们更为迅速地上下急诊床位。还有一些运用精密的计算机系统向管理者提供急诊室里每张病床上的每个患者精确到分的状态报告。在某些地区，可以通过医疗身份卡来提高患者注册和及时向急诊医护人员提供重要信息。为减少急诊室的等待时间，还有其他的变革，如结账、登记、实验室运营进行重组，提升技术人员的水平，为急诊治疗团队配备新的可以长时间工作的人员。

在医院等候室的患者

22.1 工作中心调度

时刻记住，作业流和现金流一样，**调度**（schedule）处于流程的中心位置。调度是实施活动、利用资源、配置设施的时间表。在本章中我们将讨论短期调度以及以工作中心为重点的次序控制，介绍一些服务人员短期调度的基本方法。

运营调度已经成为**制造执行系统**（manufacturing execution system，MES）的核心。MES 是在车间作业中计划、调度、跟踪、监控和控制生产的信息系统。这种信息系统也向物料需求计划系统（MRP）、产品和流程计划甚至于延伸到企业外部的供应链管理、企业资源计划系统（ERP）、销售和服务管理系统提供实时连接。有很多专业软件公司开发和采用 MES 作为软件工具套装的一部分。

与制造执行系统相似，**服务执行系统**（service execution system，SES）是一个将顾客服务平台的安排计划、调遣、跟踪、监管和控制与服务机构及其员工联系起来的信息系统。显然，这些要素的参与程度取决于顾客在服务机构中的实际参与度、服务的步骤数以及服务是否标准化（如既定的航线）或定制化（如看病）。所有大型系统的共同特点就是有一个中央系统，它涵盖了所有与资源可用性、顾客和流程整合及监管功能相关的信息。

22.1.1 工作中心的本质和重要性

工作中心（work center）是生产经营中的一块区域，在这块区域中，组织生产资源和完成任务。工作中心可以是一台机器、一组机器或者完成某种特定工作任务的区域。这些工作中心可以按照工艺专业化车间（job-shop）的功能或者流程、装配线、成组技术单位（GT cell）中的产品来组织。回顾第 8 章的讨论，很多公司从工艺专业化车间结构转移到成组单位结构。

在工艺专业化车间的结构中，完成工作任务需要设置好各项工作在按照功能组织的工作中心之间传送的路径。当任务到达工作中心的时候，例如，在制作客户定制回路板的工厂的钻孔部门，工件进入一个队列等待钻孔机器按照要求钻孔。调度在这个例子里包括任务排序和安排哪些机器可以用来完成钻孔。

一个调度系统不同于其他调度的特征是决定调度的时候如何考虑产能。调度系统可以采用有限或者无限负荷。**无限负荷**（infinite loading）通常用在需要超时工作的工作中心。不需要直接考虑完成任务所需的资源是否有充足的生产能力，也不需要考虑工作中心中完成任务所需的每种资源的实际作业顺序。我们通常会对关键资源设置简单检测，检验它们在总体水平上有没有超载。这可以通过对每种作业顺序采用准备时间和运作时间的标准计算一段时间内（通常是一周）要求的总工作量来完成。采用无限负荷系统时，提前期是将期望运营时间（准备时间和运作时间）加上由原材料运输和等待订单执行引起的期望队列延迟时间估测出来的。

有限负荷（finite loading）方法依据每种作业顺序下的准备时间和运作时间详细计划每种资源。实质上，这个系统规定每个工作日的每一时刻每种资源应该完成什么工作。如果由于每一个部件的短缺造成一项操作被延误，那么这道工序就在队列中等待，直到上一道操作将部件传递下来。理论上说，采用有限负荷所有的作业调度都是可行的。

一个调度系统区别于其他作业系统的另一个特征是这个调度是顺序调度还是逆序调度。从顺序、逆序的角度来看，最为普遍的是顺序调度。**顺序调度**（forward scheduling）是指系统选择一个作业顺序并且调度每项操作必须向前依次完成。顺序调度的系统给出的是一道工序最早在什么时候可以完成。相反，**逆序调度**（backward scheduling）是从未来的某一时间点出发（可能是到期日），依据逆序调度操作。逆序调度给出的是一项工序必须要在什么时候开始才能保证在某特定时间完成任务。

物料需求计划系统（MRP）是一个无限负荷、逆序的物料调度系统。在 MRP 中每个订单在未来某一时间都有一个到期日。在这种情况下，这个系统逆序计算运营过程完成订单所需的时间。制造每个部件（每批部件）所需的时间是依据历史数据估算的。本章所指的调度系统应用于实际制造那些部件和组

在回转寿司餐馆，寿司在传送带上传送至顾客。为了监控产品的质量，回转寿司餐馆利用 RFID 技术进行监控。

件的过程。

至今为止，我们所指的资源还是指一般意义上的资源。在实践中我们需要决定实际要调度什么。一般而言，工序总是指机器能力有限的或者劳动力有限的。在**机器有限的工序**（machine-limited process）中，设备是调度中最为关键的资源。同样，在**劳动力有限的工序**（labor-limited process）中，人员是调度中最关键的资源。大多数实际情况中的工序要么是劳动力有限的，要么是机器有限的，但很幸运不是两者都有限。

表 22-1 描述了不同制造过程中常用的调度方法，是否考虑生产能力取决于实际过程。现有的计算机技术可以实现非常详细的调度，诸如调度每台机器的每项工作和在某一特定时间给机器指派特定的工人。可以抓取每项工作和每种资源的准确状态的系统也已在应用中。采用条形码技术，这些系统可以有效地获得所有这些详细的信息。

表 22-1 不同种类的生产过程和相应的调度方法

分类	产品	特征	典型的调度方法
连续过程	化学品、钢铁、电线电缆、液体（啤酒、苏打水）、罐装产品	全自动化、产品成本中低劳动力含量、一种产品专用的设施	过程的有限负荷的顺序调度；机器有限
大批量制造	汽车、电话、扣子、纺织品、发动机、家用设备	自动化设备、半自动化处理、移动装配线、大多数设备在线	生产线的有限负荷的顺序调度（一般的生产速度）；机器有限；部件被拉到采用准时制（看板）系统上
中等批量制造	工业部件、高端消费品	GT 单元、集中型小型厂	典型的无限负荷的顺序调度；优先级控制；一般劳动力有限，有时会是机器有限；一般响应来自顾客的准时制订单或者 MRP 的到期日
小批量生产	家用或定型设备、专用工具、小批量工业产品	依据制造功能组织的机械中心（不在生产线上），产品成本中劳动力成分较高，通用设备的切换时间较长，物料处理的自动化程度低，产品种类多样	无限负荷，顺序调度；通常劳动力有限，但某些功能可能是机器有限的（比如热处理过程或者精确机械中心）；MRP 到期日决定优先顺序

22.1.2 典型的调度和控制功能

在调度和控制运营的过程中必须要执行以下的功能。

（1）将订单、设备和人员分配到工作中心或者其他地方。本质上，这是一个短期的能力调度。

（2）决定订单履行的次序（也就是建立任务优先级）。

（3）按照调度方案执行作业任务。通常被称为订单**调遣**（dispatching）。

（4）车间作业控制（生产活动控制）：

　　a. 在订单执行过程中控制订单进程，不时检查状态。

　　b. 督促加快延迟或者重要的订单。

图 22-1 展示的是简单的工作中心调度过程。在每天开始的时候，计划人员（在这里，一个生产控制人员被分配给这个部门）选择每个工作站上可以完成的任务并且对它们进行排序。调度制定者的决定基于运营程序和每项任务的程序、每个工作中心现有任务的状态、每个工作中心前面等待的任务队列、任务优先级、可得的物料、这一天晚些时候可能下达的订单和工作中心资源能力（劳动力和/或机器）。

调度员可以利用前一天工作状态的信息，生产控制中心和工艺管理部门提供的外部信息辅助组织生产调度。调度员还能与各部门的高层主管商议调度的可行性，尤其是劳动力的考虑和潜在的瓶颈。通过在计算机终端发布的调度列表、打印截屏图或者在中心区域张贴需要完成的任务列表向工人传达调度的细节。可视调度板是传达优先级和现在工作状态的有效方法。

22.1.3 工作中心调度的目标

工作中心调度的目标有：①按时交货；②尽力缩短提前期；③尽力缩短准备时间；④尽力减少过程中的在制库存；⑤尽

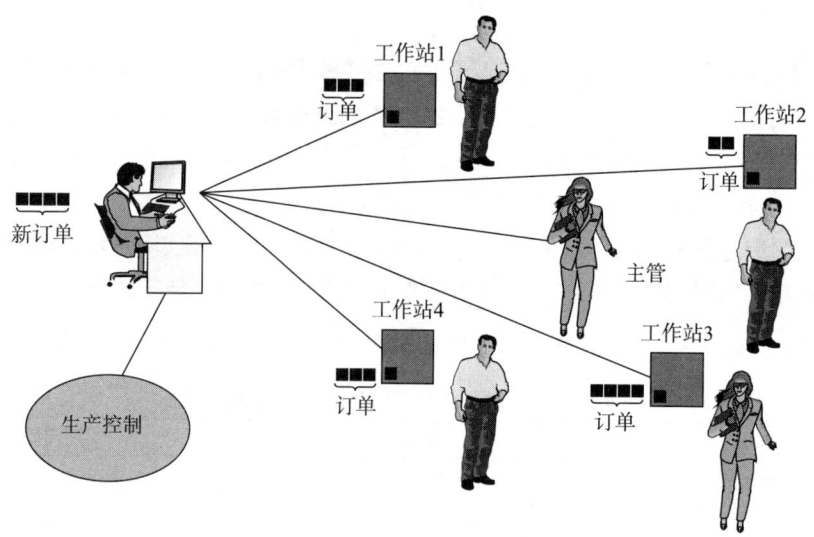

图 22-1　典型的调度过程

力提高劳动力或者机器的利用率。通常不可能也不需要同时满足所有这些目标。例如，保持所有设备和人员的忙碌可能会导致持有太多的库存。或者，又例如你有可能 100 次中有 99 次在到期日准时交货，但仍有一次很大的失误，不能按时完成一个重要的任务或者一个来自关键顾客的订单。要点在于，从系统的角度保持工作中心的目标和组织的运营战略相一致。

22.1.4　作业排序

在一些机器上或者一些工作中心中确定作业顺序的过程被称为**排序**（sequencing）或者优先级排序。**优先原则**（priority rules）是用于决定作业次序的原则。这些原则可以十分简单，任务可以仅仅依据一个数据决定，比如处理时间、到期日、订单到达日。其他的原则尽管也一样简单，但可能会需要几种信息，通常是从一些诸如最小松弛原则和关键比例原则（稍后定义）指数中获得。还有其他一些诸如约翰逊原则（稍后也会讨论），应用于一系列机器的任务调度要求一个计算程序指定执行顺序。表 22-2 中显示了其他 8 种常见的优先原则。

表 22-2　作业排序的优先原则

1. FCFS（first-come，first-served，先到先服务），订单按照它们到达生产部门的顺序被执行
2. SOT（shortest operating time，最少作业时间），先处理完成所需时间最短的任务，接着处理需要时间第二短的，依此类推，有时也被称作 SPT（最短加工时间），通常这个原则会和迟到原则（lateness rule）结合在一起防止耗时较长的任务被延迟太长时间
3. EDD（earliest due date first，最早到期日），先处理到期日最早的任务
4. STR（slack time remaining，剩余松弛时间），剩余松弛时间是离到期日所剩时间减去剩余加工所需时间，剩余松弛时间最短的订单先被处理： $STR = 距离到期日所剩时间 - 剩余加工所需时间$
5. STR/OP（slack time per operation，每个作业的剩余松弛时间）。平均剩余松弛时间最短的订单先被处理： $STR/OP = STR/剩余作业个数$
6. CR（critical ratio，关键比例），关键比例等于距离到期日的时间除与剩余的工作日，关键比例最小的订单先被处理
7. LCFS（last-come，first-served），通常这作为一种缺省原则，当订单到达时，它们被放置在最上面，操作员通常就会拿上面的订单先进行处理
8. Random（随机），主管或者操作员选择任何他们想要先处理的订单

以下调度效果的测评指标用于评估优先原则的效果：

（1）满足客户或者下游运营的到期日。
（2）尽力缩短流程时间（一项任务在过程中花费的时间）。
（3）尽力减少过程中的在制库存。
（4）尽力减少机器和工人的空闲时间。

22.2 优先原则和技术

22.2.1 n 项作业的单机调度（n/1）

我们在一个静态的情景中比较一下 8 个优先级原则中的部分原则，在这个情景里我们对同一机器上的 4 项作业进行调度（在调度术语中，这类问题被称为"n 项调度单机问题"或者简称为"n/1"）。理论上，调度问题的难度随着考虑的机器数量的增加而增加，而不是随任务数量的增加而增加，因此，对于 n 的唯一限制就是 n 必须是一个特定的、有限的值。考虑下面的例子。

例 22-1 同一机器上的 n 项作业

Mike Morals 是 Legal Copy-Express 公司的主管，这家公司为洛杉矶市中心的法律公司提供复印服务。5 个顾客在每周开始的时候下订单。调度数据如下表所示。

作业（按照到达顺序）	加工时间（天）	到期日（距离到期日的天数）
A	3	5
B	4	6
C	2	7
D	6	9
E	1	2

所有这些作业都要使用唯一可用的彩色复印机，Moral 必须确定 5 个订单的处理顺序。评价标准是作业的平均流程时间最小化。假设 Morales 为使 Legal Copy-Express 的操作看起来公平，决定采用 FCFS 原则。

解答

FCFS 原则：采用 FCFS 原则得到以下的流程时间。

FCFS 调度			
作业顺序	加工时间（天）	到期日（距离到期日的天数）	流程时间（天）
A	3	5	0 + 3 = 3
B	4	6	3 + 4 = 7
C	2	7	7 + 2 = 9
D	6	9	9 + 6 = 15
E	1	2	15 + 1 = 16

总流程时间 = 3 + 7 + 9 + 15 + 16 = 50（天）
平均流程时间 = 50/5 = 10（天）

将每项作业的流程时间和到期日做比较，我们发现只有作业 A 可以准时完成，作业 B、C、D 和 E 分别会延迟 1、2、6、14 天，平均每个作业会延迟 (0 + 1 + 2 + 6 + 14)/5 = 4.6（天）。

解答

SOT 原则：现在我们考虑 SOT 原则。这里 Morales 把最高优先级给加工时间最短的订单，得到的流程时间如下。

SOT 调度			
作业顺序	加工时间（天）	到期日（距离到期日的时间）	流程时间
E	1	2	0 + 1 = 1
C	2	7	1 + 2 = 3
A	3	5	3 + 3 = 6
B	4	6	6 + 4 = 10
D	6	9	10 + 6 = 16

总流程时间 = 1 + 3 + 6 + 10 + 16 = 36（天）
平均流程时间 = 36/5 = 7.2（天）

SOT 得出的平均流程时间比 FCFS 得出的要短。此外，作业 E 和 C 在到期日之前可以交货，作业 A 只延迟一天。作业平均延迟时间为（0＋0＋1＋4＋7）/5＝2.4（天）。

解答

EDD 原则：如果 Morales 决定采用 EDD 原则，得到的排序结果如下所示。

	EDD 调度		
作业次序	加工时间（天）	到期日（距离到期日的时间）	流程时间
E	1	2	0＋1＝1
A	3	5	1＋3＝4
B	4	6	4＋4＝8
C	2	7	8＋2＝10
D	6	9	10＋6＝16

总流程时间＝1＋4＋8＋10＋16＝39（天）
平均流程时间＝7.8（天）

在这种情况下，作业 B、C 和 D 会延迟，平均每个作业延迟（0＋0＋2＋3＋7）/5＝2.4（天）。

LCFS、Random 和 STR 原则：以下是 LCFS、Random 和 STR 原则得到的流程时间。

作业次序	加工时间（天）	到期日（距离到期日的天数）	流程时间（天）	
LCFS 原则				
E	1	2	0＋1＝1	
D	6	9	1＋6＝7	
C	2	7	7＋2＝9	
B	4	6	9＋4＝13	
A	3	5	13＋3＝16	
总流程时间＝46（天）				
平均流程时间＝9.2（天）				
平均延迟时间＝4.0（天）				
Random 原则				
D	6	9	0＋6＝6	
C	2	7	6＋2＝8	
A	3	5	8＋3＝11	
E	1	2	11＋1＝12	
B	4	6	12＋4＝16	
总流程时间＝53（天）				
平均流程时间＝10.6（天）				
平均延迟时间＝5.4（天）				
STR 原则				松弛时间
E	1	2	0＋1＝1	2－1＝1
A	3	5	1＋3＝4	5－3＝2
B	4	6	4＋4＝8	6－4＝2
D	6	9	8＋6＝14	9－6＝3
C	2	7	14＋2＝16	7－2＝5
总流程时间＝43（天）				
平均流程时间＝8.6（天）				
平均延迟时间＝3.2（天）				

优先原则比较

以下是 Morales 检测出的各种原则下结果的汇总。

原则	总流程时间（天）	平均流程时间（天）	平均延迟（天）
FCFS	50	10	4.6
SOT	36	7.2	2.4
EDD	39	7.8	2.4
LCFS	46	9.2	4.0
Random	53	10.6	5.4
STR	43	8.6	3.2

从流程时间角度来看，SOT 比其他原则要好。此外，我们的计算显示在 $n/1$ 的情况下 SOT 可以获得平均等待时间和平均延迟时间最短的解决方案。事实上，这个简单的原则就是这么具有威力，以至于被誉为"排序方面最重要的概念"，但它确实也有它的缺点，最主要的就是耗时短的任务不断到达以致使耗时长的任务一直不能开始进行。为避免这种情况的发生，公司通常会采用**截取 SOT 原则**（a truncated SOT rule），在这种原则中作业等待时间一旦达到特定值，就会自动移到等待队列的前面。

22.2.2 n 项作业的双机调度（n/2）

复杂性高一点的是 $n/2$ 的流程车间的情况，在这种情况下，两个或两个以上的任务必须依照相同顺序在两台机器上进行加工。和 $n/1$ 的情况下一样，根据某种标准会得到一个最优的解决方案。这种方法的目标被称为**约翰逊原则**（John rule）或者约翰逊方法（以其创始人的名字命名），这种原则是以尽力缩短从第一项任务开始到最后一项任务结束的流程时间为目标。约翰逊原则由以下步骤组成。

（1）列出两台机器上每项任务的操作时间。
（2）选择最短操作时间。
（3）如果最短操作时间是在第一台机器上发生的，那么就最先完成这项任务；如果最短操作时间是在第二台机器上发生的，那么就最后完成这项任务。如果出现多个最短时间，就任选一个。
（4）重复（2）(3)直到任务完成。

例 22-2 两个机器上的 n 项作业

我们将通过介绍两台机器上的 4 项工作说明这个过程。
解答
步骤 1：列出操作时间。

作业	机器 1 上面的操作时间	机器 2 上面的操作时间
A	3	2
B	6	8
C	5	6
D	7	4

步骤 2 和步骤 3：选择最短的操作时间和指派。作业 A 是机器 2 上面操作时间最短的，首先被指派，最后被实

施操作（一旦被指派，任务 A 就不能再排序安排了）。

步骤 4：重复步骤 2 和步骤 3 直到完成计划。在剩余的任务中选择操作时间最短的机器。作业 D 是机器 2 上面操作时间第二短的，所以把它排在倒数第二项任务（记住任务 A 排在最后）。这样作业 A 和 D 就确定下来了，不能再被安排了。在剩余的作业中，作业 C 在机器 1 上的操作时间最短，因此作业 C 先被执行。现在仅留下作业 B，它在机器 1 上面的运营时间最短。所以，根据步骤 3，在剩下的作业中，它先被执行，也就是在所有的作业中第二个执行它（因为作业 C 已经被安排在前面）。

最后我们得到排序结果：C→B→D→A，并且最短流程时间是 25 天。这个方案也将总闲置时间和平均闲置时间缩减至最短。图 22-2 展示的是排序的最终结果。这种安排令两台机器的同时操作时间达到最大，因而两台机器完成所有作业的总运营时间达到最小。

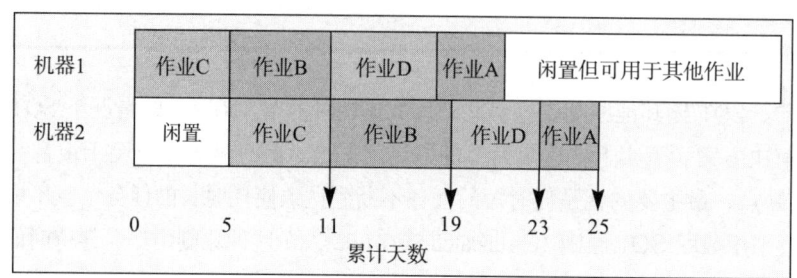

图 22-2　运用约翰逊原则求解最优作业排序调度

约翰逊方法被延伸到解决 $n/3$ 的情况中。当流程车间调度问题比 $n/3$ 更为复杂的情况出现时（通常会出现这样的情况），用解析方法来求最优解就无能为力了。原因在于尽管作业到达第一台机器的时候是静态方式，但调度问题变成了动态的，在下游的机器前面开始形成等待队列。这时问题转变成为多阶段队列问题，通常会用本章后面介绍的仿真技术来解决这类问题。

22.2.3　n 项作业的 n 机调度（n/n）

一些生产车间拥有足够的机器可以在同一时间开始所有的作业。这里要解决的不是先做哪项工作，而是特定的机器应该指派哪项特定的作业可以达到总体最优调度。在这些情况下，我们可以运用指派方法。

指派方法（assignment method）是线性规划中运输方法的一种特例。它适用于所有那些提供 n 项资源解决 n 项需求，并且目标是最大化或者最小化某些效率度量值的情况（例如 5 台机器上面的 5 项任务）。工作中心的作业分配、每项作业的人员分配等运用这种技术十分方便。指派原则被用于解决具有以下特征的问题。

（1）有 n 个事物要被分配到 n 个目的地。
（2）每个事物必须被分配给一个目的地，且仅被分配给一个目的地。
（3）仅能采用一个标准（例如成本最小化、利润最大化、补给时间最小）。

例 22-3　指派方法

假设一个计划人员有 5 项作业可以在 5 台机器上完成（$n=5$）。表 22-3 显示的是完成每个机器-作业组合所需的成本。计划人员想要设计一种成本最小化的指派（一共存在 5!，也就是 120 种可能的指派方法）。

表 22-3　显示每项作业机器加工成本的指派矩阵　　　　　　　　　　　　　　　　　（单位：美元）

作业	A	B	C	D	E
I	5	6	4	8	3
II	6	4	9	8	5

（续）

作业	A	B	C	D	E
III	4	3	2	5	4
IV	7	2	4	5	3
V	3	6	4	5	5

解答

这个问题可以用指派方法来解决，一般这种方法由4个步骤组成（注意：这也能用Excel Solver来解决）。

1. 每一行中的每一个数都减去该行中最小的一个数（那么每一行至少有一个0）。
2. 每一列中的每一个数都减去该列中最小的一个数（那么每一列都至少有一个0）。
3. 判断覆盖所有0的直线是否恰好为n条，如果恰好为n，那么我们就找到了最优的解决方案，因为所有的任务-机器组合要安排在表格中0的位置，而在这一检测方法下，这种结果是可行的。如果所需线条少于n条，那么跳至步骤4。
4. 画尽量少的直线令它们穿过所有的0（也许是和步骤3中的线相同的线）。在还没被直线覆盖的数字中选出最小的数，所有没被直线覆盖的数都减去这个数，而直线的交汇点上加上这个数。重复步骤3。

对于这个例子，我们将依照图22-3罗列的步骤来做。

步骤1：行减——对于一行的每个数字减去其中最小的数

作业	A	B	C	D	E
I	2	3	1	5	0
II	2	0	5	4	1
III	2	1	0	3	2
IV	5	0	2	3	1
V	0	3	1	2	2

步骤2：列减——对于一列的每个数字减去其中最小的数

作业	A	B	C	D	E
I	2	3	1	3	0
II	2	0	5	2	1
III	2	1	0	1	2
IV	5	0	2	1	1
V	0	3	1	0	2

步骤3：用线检验——覆盖所有0所需直线的数量是4；我们要求直线的数量是5，所以跳至步骤4

作业	A	B	C	D	E
I	2	3	1	3	0
II	2	0	5	2	1
III	2	1	0	1	2
IV	5	0	2	1	1
V	0	3	1	0	2

步骤4：减去最小的未被覆盖的数字，并且在直线的交叉点加上这个最小值；采用步骤3中画的线条，未被覆盖的数字中最小的那个是1

作业	A	B	C	D	E
I	1	3	0	2	0
II	1	0	4	1	1
III	2	2	0	1	3
IV	4	0	1	0	1
V	0	4	1	0	3

最优解决方案——通过线条测试

作业	A	B	C	D	E
I	1	3	0	2	0
II	1	0	4	1	1
III	2	2	0	1	3
IV	4	0	1	0	1
V	0	4	1	0	3

最优指派和相应的成本（美元）

作业 I 指派给机器 E	3
作业 II 指派给机器 B	4
作业 III 指派给机器 C	2
作业 IV 指派给机器 D	5
作业 V 指派给机器 A	3
总成本	17

图22-3 解决指派矩阵的过程

注意，尽管最终表格中有3行、3列都有两个0，但图22-3中展示的解决方案是这个问题的唯一解，因为为了满足"指派给0位"的要求，作业Ⅲ必须被指派给机器C。其他的问题可能会有一个以上最优解，当然这取决于问题所涉及的成本。

指派方法的非经济学原理是机会成本最小化。例如，如果我们决定指派作业Ⅰ给机器A而不是给机器E，我们可能牺牲了节约2美元（=5-3）的机会成本。像步骤1和步骤2中描述那样指派的运算法则有效地通过行列的减法比较了不同指派方案。在步骤4里做了类似的比较。很明显如果在0单元格做指派，对于这个矩阵来说，没有机会成本。

22.2.4 n 项作业的 m 机调度（n/m）

复杂车间的特征是多个机器中心加工一天内间歇到达的各种不同的作业。如果有 n 项作业要在 m 台机器上加工，并且所有的作业要经过所有的机器加工，那么这个工作环境中有 $(n!)^m$ 个可选方案。即使小型车间也会有大量的调度方案出现。计算机仿真是在这种情形下决定选择哪种优先原则的唯一实用的方法。

应该采用何种优先原则

我们认为通过一个相对简单的优先级排序调度可以满足大多数制造商在作业排序方面的需求。这个优先级排序一般包含以下原则。

（1）必须是动态的，也就是在作业过程中不断计算来反映变化的情况。

（2）必须基于松弛时间（完成一项作业还需要的时间和剩余的交货时间的差）。

新的调度方法结合仿真和人工调度完成排序调度工作。

22.3 车间作业控制

作业优先级排序只是**车间作业控制**（shop-floor control，现常被称为**生产活动控制**）的一个方面。APICS（美国生产与库存管理学会）字典定义车间作业控制系统为：

采用来自车间的数据和数据处理文件来维护与传递车间订单及工作中心的状态信息的系统。

车间作业的主要作用是：

（1）指派每个车间订单的优先级。

（2）维护在制品生产量的数量信息。

（3）向办公室传达车间订单的状况信息。

（4）为达到能力控制目的提供实际产出的数据。

（5）按照地点和车间订单提供数量信息辅助在途库存与会计。

（6）测评劳动力和机器的效率、利用率和生产率。

22.3.1 甘特图

小型工艺专业化车间和大型车间的独立部门，运用经典的甘特图辅助计划和跟踪作业。如第3章所述，甘特图是一种将任务标注在时间轴上的条形图。甘特图用于项目计划和协调计划活动。图22-4中的例子说明作业A比计划延迟了约4小时，作业B提前于时间计划。作业C由于设备维护延迟开工，现在已经完成了。注意一项工作是提前完成还是延迟完成，要根据它在时间计划表上的位置和我们现在进行的位置得出。在图22-4中，我们处在周三结束的地方，任务A应该已经完成但还没有完成。任务B已经完成周四的部分任务。

22.3.2 车间控制的工具

车间控制的基本工具有：

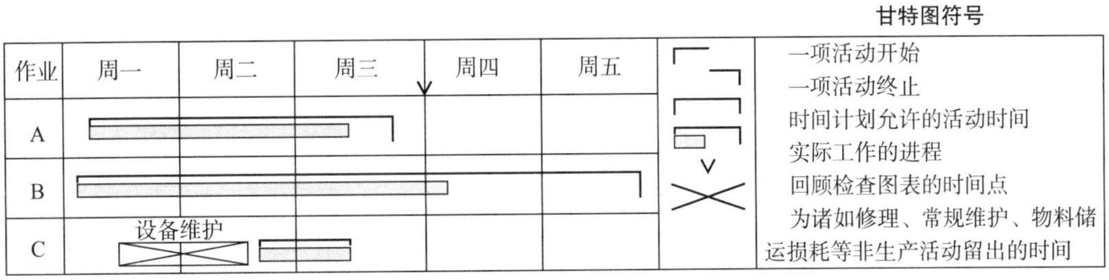

作业	周一	周二	周三	周四	周五	甘特图符号	
A						⌐⌐	一项活动开始
						⌐⌐	一项活动终止
B						▭	时间计划允许的活动时间
						▬	实际工作的进程
C	设备维护					∨	回顾检查图表的时间点
						✕	为诸如修理、常规维护、物料储运损耗等非生产活动留出的时间

图 22-4 甘特图

（1）每日调度单，这个列表可以告诉主管还需执行哪些工作，它们的优先级是怎样的，每项作业需要多少时间（见图 22-5a）。

（2）各种状态报告和预期报告（status and expectation report），包括：

　　a. 由车间调度员每周做出一到两次预期延迟的报告，由车间主调度员经常检查看是否会有严重的延迟可能会影响主调度表（见图 22-5b）。

　　b. 废料报告。

　　c. 返工报告。

　　d. 绩效总结报告提供时间调度表上已经完成的订单数量和比例、没有完成的订单的延迟量、输出量等。

　　e. 短缺量报告。

（3）输入/输出控制报告。辅助主管监控每个工作站工作负荷和工作能力的状况（见图 22-5c）。

工作中心 1501：2 月 5 日

开始日期	作业号	描述	操作时间
2.1	15131	轴	11.4
2.3	15143	铆钉	20.6
2.5	15145	锭子	4.3
2.5	15712	锭子	8.6
2.7	15340	测量杆	6.5
2.8	15312	轴	4.6

a）调度单

部门 24：4 月 8 日

部门号	计划日期	新预期的时间	延迟原因	措施
17125	4.10	4.15	夹具损坏	工具室将于 4 月 15 日返还
13044	4.11	5.1	转移电镀，电镀工罢工	开始新的批次
17653	4.11	4.14	部件新孔不匹配	重新设计安装夹具

b）预期延期时间

工作中心 0162

本周收尾	505	512	519	526
计划输入	210	210	210	210
实际输入	110	150	140	130
累计偏差	−100	−160	−230	−310
计划输出	210	210	210	210
实际输出	140	120	160	120
累计偏差	−70	−160	−210	−300

c）输入/输出控制报告

图 22-5 车间控制的基本工具

1. 输入/输出控制

输入/输出（I/O）控制（input/output control）是制造计划和控制系统的一个主要特征。它的主要原则就是一个工作中心的工作计划输入量不能够超出工作计划输出量。当输入超出输出的时候，在工作中心产生未交订单的积压，从而导致对上游作业提前期估计的增长。此外，当作业在工作中心积压的时候，会出现拥塞的情况，加工过程变得效率较低，流向下游工作中心的工作变得零散（图 22-6 中将车间能力控制类比为水流说明了这种现象的总体情况）。图 22-5c 展示的是一个下游工作中心的输入/输出控制报告。首先看表的下面部分也就是报告中关于输出的内容，我们可以发现输出远远低于计划水平。我们可以看到这个工作中心存在着严重的生产能力问题。但是，从计划的输入部分我们清楚地看到严重的生产能力问题出在上游工作中心向该工作中心输入作业的时候。控制过程承担寻找上游问题并相应调整生产能力和输入的职责。基本的解决方案十分简单：增加瓶颈工作站的工作能力或者减少对该工作站的输入（当工艺专业化车间遇到麻烦的时候，生产控制顾问一般会首先建议采取减小瓶颈工作中心的输入的措施）。

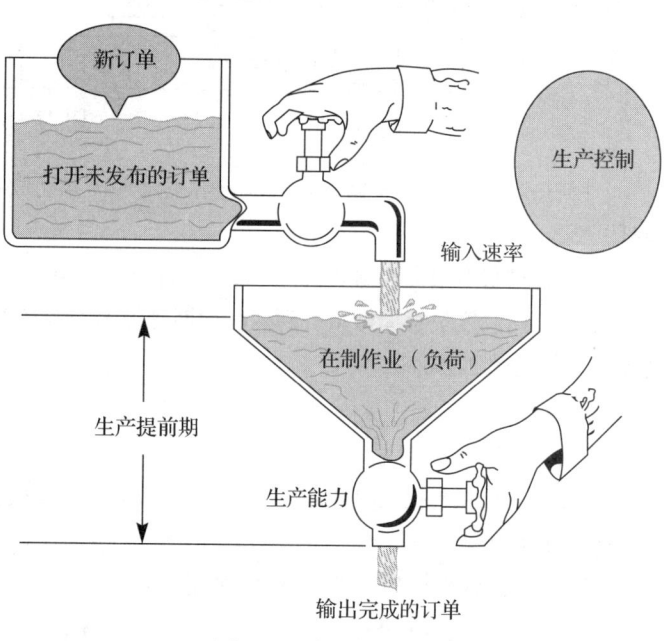

图 22-6 车间负荷控制

2. 数据完整性

在大多数现代工厂中车间控制系统都是计算机化的，当一项作业进入和离开工作中心的时候，作业的工作进行状态信息直接进入计算机中。很多工厂在条形码和扫描器上有了很大的投入，加快报告处理过程，减少数据录入的错误。正如猜想的那样，车间控制的主要问题是数据的不精确和无法及时获取数据。当出现这些问题的时候，对整个调度系统的数据反馈都是错误的，因而会导致错误决策。通常会出现的结果是过量库存或者缺货问题，或者两者都有；延误到期日和作业成本失控。

当然，要保持数据的完整性，要求在适当的位置设置可靠的数据收集系统，但更重要的是，每个与系统交互的人都要坚持系统的原则。大多数企业都意识到这点，但是维持被称为车间秩序（shop discipline）、数据完整性（data integrity）、数据责任（data responsibility）等原则并不是简单的事。尽管通过创建数据完整性，任务小组定期宣扬做出翔实的车间报告的重要性，但不精确的因素还是能以各种方式渗透到系统中：生产线工人将一个部件掉在工作台下面，从库存中拿出一个替补，但是他并没有对这一操作进行报告或者做任何处理；管理库存的职员在周期盘点中犯下一个错误；制造工程师没有标记一个部件加工过程的变动；部门主管没有依照调度单中指定的计划分配作业。

22.3.3 工作中心的调度原则

我们关于工作中心调度系统的讨论可以总结成以下原则。
（1）在工作流和现金流之间存在直接的对等关系。
（2）任何车间的效率都应该用车间的流动速度来衡量。
（3）顺序排列作业，加工步骤之间紧密无间。
（4）一项作业一旦开始进行就不要打断。
（5）达到预期流速最有效的方法是关注瓶颈工作中心和作业。

生产线的管理员正在观察员工并做记录

（6）每天进行调度调整。
（7）每天收集各个工作中心有关没有完成的作业的反馈。
（8）将工作中心输入信息和每个工人的实际工作能力相匹配。
（9）在考虑提高输出的时候，寻找工程设计和加工执行过程的不一致。
（10）在车间中完全按标准执行作业任务几乎是不可能的事情，但要尽力达到。

22.4 服务业中的人员作业调度

在多数服务型机构中的调度问题涉及制定每周、每日、每小时的人员调度。在本节中我们将展示一些简单的制定这些调度的分析工具。

22.4.1 日工作调度

我们接下来将介绍银行票据交换所和大型银行分支机构后勤服务部门如何制定日常工作时间调度表。基本上，管理工作希望得到一个满足以下要求的人员调度：①完成每日工作负荷需要的工人数最小；②实际输出和计划输出的差异最小。

在构造问题的过程中，银行经理将输入（支票、结账单和投资文件）定义为产品（products），这些产品经过不同的流程或者功能（functions，接收、分类、编码等）进行处理。

为解决问题，银行要对每个产品的每项功能做出日需求量的预测。这可以转化为对每项功能所需工人工时数的预测，也就是说可以转化为对每项功能所需工人数的预测。这些数字被列表、汇总，根据缺勤和休假情况调整之后得出调度工时。最后将它们除以每个工作日的工作小时数得到所需工人数，这样就得到了每日员工工作调度（见表22-4）。这就是部门人员调度的基础，部门人员调度列出了所需工人数、可用人员、方差和针对方差采取的管理对策（见表22-5）。

表22-4 日工作时间调度中所需的日人工工时

产品	日批量	职能								总计
		接收		预处理		微缩拍摄		核实		
		P/H	H_{std}	P/H	H_{std}	P/H	H_{std}	P/H	H_{std}	H_{std}
支票	2 000	1 000	2.0	600	3.3	240	8.3	640	3.1	16.8
结算单	1 000	—	—	600	1.7	250	4.0	150	6.7	12.3
备忘录	200	30	6.7	15	13.3					20.0
投资	400	100	4.0	50	8.0	200	2.0	150	2.7	16.7
收费单	500	300	1.7			300	1.7	60	8.4	11.7
所需总时间			14.3		26.3		16.0		20.9	77.5
1.25倍（考虑缺勤和休假）			17.9		32.9		20.0		26.0	
除以8小时等于所需工人数			2.2		4.1		2.5		3.3	12.1

注：P/H代表每小时的生产率，H_{std}代表所需时间。

表22-5 人员调度

职能	所需工人数	可用员工	方差（±）	管理对策
接受	2.3	2.0	−0.3	加班
预处理	4.1	4.0	−0.1	加班
微缩拍摄	2.5	3.0	+0.5	用多余人力核实
核实	3.3	3.0	−0.3	从微缩拍摄处得到0.3

22.4.2 小时工作调度

像餐馆这样的服务行业每个小时都不同的人员需求。在高峰时候需要更多工人，在其他时间需要的工人较少。管理工作要随时根据需求变化进行调整。这种人员调度可以运用一种简单的原则："第一小时"原则。看下面的例子可以更好地理解这个过程。假设每个工人连续 8 小时轮班工作。第一小时原则是指，对于第一小时我们指派到该小时工作的员工人数与该时段需要的人数相等。对于接下来的时段，补充指派人员使人员数能恰好满足需求。在一个时段如果有一个或多个工人正好结束班次，那么根据该时段的需求补充更多工人。下面的表格展示了一家 24 小时全天营业的餐馆前 12 小时的人员需求。

	时间段											
	10A.M.	11A.M.	中午	1P.M.	2P.M.	3P.M.	4P.M.	5P.M.	6P.M.	7P.M.	8P.M.	9P.M.
需求	4	6	8	8	6	4	4	6	8	10	10	6

调度中 4 名工人被指派在上午 10 点工作，到上午 11 点增加两名员工，到中午 12 点又加入两名员工来满足需求。从中午到下午 5 点，我们有 8 名员工当班。注意下午 2～6 点有富余的人员。上午 10 点开始工作的 4 名工人在下午 6 点结束工作，这时加入 4 名员工开始新的班次。两名员工上午 11 点开始工作，晚上 7 点结束工作，这时当班员工数又下降到 6 名，因而 7 点又有 4 名员工开始新的班次，到晚上 9 点有 10 名员工当班，这时有富余的人员，不需要增加员工。当新需求出现时再依此原则加入员工。

	时间段											
	10A.M.	11A.M.	中午	1P.M.	2P.M.	3P.M.	4P.M.	5P.M.	6P.M.	7P.M.	8P.M.	9P.M.
需求	4	6	8	8	6	4	4	6	8	10	10	6
分配	4	2	2	0	0	0	0	0	4	4	2	0
当班	4	6	8	8	8	8	8	8	8	10	10	10

另一种选择就是分割轮班。例如，一个工人工作 4 小时，接着休息两小时后再回来工作。这种方案在本质上与调度方法是类似的，只是生产时间划分变化了而已。当工人开始工作，他们必须签到、换制服，或许还要从前一班次的工人那里交接一些必要的信息。在生产中这些准备工作被称为"准备成本"。分割轮班就好比选择较小的生产批量，但做更多准备工作（更多准备时间）。这个问题可以用线性规划方法解决。

专栏 22-1

保安公司应用的员工调度软件

科罗拉多州 Broomfield 的 ScheduleSource 公司为人事经理提供了一整套名为 TeamWork 的工具软件。Team Work 的核心是定制和自动化的雇员调度系统。Team Work 软件的优点在于基于网络、最优化；零冲突；记录工作时间和出勤；电邮通知；审核追踪；提前报告；随时随地可以获取信息。这个系统依照下面的步骤进行调度。

第 1 步：定义劳动力需求。

第 2 步：建立可用员工的信息。

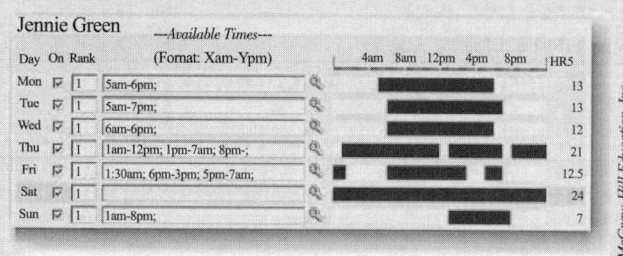

第 3 步：为员工评定技术等级，将员工的技术水平分为 1～10 等级（1 是初学者，5 是中等，10 为最优）。

第 4 步：TeamWork 软件自动生成一个调度表。

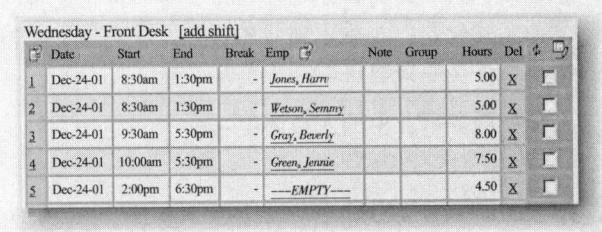

ScheduleSource 公司的顾客包括 Transportation Security Administration（TSA）。在 2002 年 7 月开始的 5 个月中，ScheduleSource 公司已经成功为 429 个机场的 44 000 个联邦机场保安人员制定了调度。在机场保安人员调度配置中要调度安排 30 000 000 多个轮班班次。

本章小结

22-1 解释什么是工作中心调度

总结

- 调度是资源配置的时间表。本章主要讨论短期调度以及以工作中心为重点的作业排序。
- 工作是在工作中心完成的，本章主要集中讨论这些地方的工作调度。一个调度系统不同于其他调度的特征是决定调度的时候是否考虑了产能（有限负荷或者无限负荷）。另一个特征是工作调度的顺序是从现在到以后，还是从截止日期倒推。
- 劳动力或设备的调度取决于哪种资源是最为有限的。
- 工作中心调度包括一系列过程：①根据资源分配工作；②根据每种资源排序任务；③释放（分派）工作；④监控任务状态。
- 任务的排序采用优先规则，根据处理时间、截止日期和订单到达时间来进行排序。整个过程通常是用制造执行系统这一软件来实现的。

关键术语

制造执行系统：一种在工厂车间执行计划、调度、跟踪、监视和控制生产工作的信息系统。

工作中心：通常被称为工作车间，一种适合大量非标准产品的小批量生产的工艺结构。工作中心有时被称为部门，专注于特定类型的操作。

无限负荷：工作是根据一段时间内所需的内容分配给工作中心的。不考虑容量。

有限负荷：使用每个订单所需的准备和运行时间详细计划每个资源。系统精确地确定每个资源在工作日的每个时刻将要做什么。

顺序调度：从现在开始，按顺序安排任务，以确定能够完成工作的最早日期。

逆序调度：从将来的某个日期（通常是到期日）开始，按相反的顺序安排所需的任务。确定能够在规定日期前完成工作的最迟时间。

机器有限的工序：设备是计划的关键资源。

劳动力有限的工序：人员是计划的关键资源。

调度：启动计划工作的活动。

排序：确定首先在机器或工作中心启动哪个作业的过程。

优先原则：用于确定工作队列中任务顺序排列的逻辑。

22-2 利用优先原则和更多专门的方法分析调度问题

总结

- 有许多方法可以用来安排工作。这一部分分析了三种最常用的方法。当在一个机器上进行多项任务时会用到优先原则。
- 还有一种特殊的情况是一系列的任务需要在两个机器上进行。
- 在这种情况下，约翰逊原则可以最小化所有任务的完成时间。
- 另一个特殊的情况是任务的数量与可用机器的数量是一样的，每个任务需要在唯一的机器上进行（并不是所有机器的效率都是一样的）。
- 在这种情况下，可以利用指派方法。在实际应用中，这些方法往往是结合起来使用的。

关键术语

约翰逊原则：一种排序规则，用于调度两台机器上任意数量的作业。该规则旨在将完成所有作业所需的时间最小化。

指派方法：线性规划运输方法的特殊情况，用于将特定数量的作业分配给相同数量的机器。

22-3 将调度方法应用于制造业中

总结

- 制造业中的时间任务管理被称作是车间作业控制或生

产活动控制。
- 这个系统包括了计算机追踪和决策支持，包含工人信息的可视图表。
- 这一系统的一个重要特征是实现管理工作的流入的能力，使得系统不会过载。这被称为是输入/输出控制，要意识到生产系统的生产能力有限。

输入/输出（I/O）控制：分配到工作中心的工作不得超过计划的工作输出。当输入超过输出时，在工作中心的待办工作任务会不断积压。

22-4 分析服务行业中的人员调度

总结
- 服务部分的调度关注于制订详细的个人计划，它回答了每个工人何时、何地的工作问题。
- 这些方法是根据工人的每日需求来选择的，需求会因为小时或天而不同。

关键术语
车间作业控制（生产活动控制）：利用车间数据维护和交流车间订单与工作中心状态信息的系统。

 应用举例

22-2

例1

考虑以下的任务数据，这些任务是在一个机器上等待处理的。下面列出了到达时间。

任务	处理时间（天）	截止日期（天）
A	5	8
B	3	5
C	4	12
D	7	14
E	2	11

根据以下的原则制订这些任务的计划：FCFS、SOT、EDD。在每种计划中，列出流动时间和延迟时间（提前完成的任务的延迟时间为0）。

解答
FCFS

任务顺序	处理时间（天）	截止日期（天）	流动时间（天）	延迟时间（天）
A	5	8	0+5=5	5-8=0
B	3	5	5+3=8	8-5=3
C	4	12	8+4=12	12-12=0
D	7	14	12+7=19	19-14=5
E	2	11	10+2=21	21-11=10

平均流动时间 $= \dfrac{5+8+12+19+21}{5} = 13.0$

平均延迟时间 $= \dfrac{0+3+0+5+10}{5} = 3.6$

SOT

任务顺序	处理时间（天）	截止日期（天）	流动时间（天）	延迟时间（天）
E	2	11	0+2=2	2-11=0

（续）

任务顺序	处理时间（天）	截止日期（天）	流动时间（天）	延迟时间（天）
B	3	5	2+3=5	5-5=0
C	4	12	5+4=9	9-12=0
A	5	8	9+5=14	14-8=6
D	7	14	14+7=21	21-14=7

平均流动时间 $= \dfrac{2+5+9+14+21}{5} = 10.2$

平均延迟时间 $= \dfrac{0+0+0+6+7}{5} = 2.6$

EDD

任务顺序	处理时间（天）	截止日期（天）	流动时间（天）	延迟时间（天）
B	3	5	0+3=3	3-5=0
A	5	8	3+5=8	8-8=0
E	2	11	8+2=10	10-11=0
C	4	12	10+4=14	14-12=2
D	7	14	14+7=21	21-14=7

平均流动时间 $= \dfrac{3+8+10+14+21}{5} = 11.2$

平均延迟时间 $= \dfrac{0+0+0+2+7}{5} = 1.8$

例2

Joe汽车座椅罩和喷漆厂正在竞标一份为Smiling Ed旧车交易所提供全部客户服务的合同。取得合同的主要要求就是快速交货，因为Ed希望汽车可以尽快整修并被送回，在这里我们不深究其中的原因。Ed称如果Joe可以在24小时或者更短的时间里对Ed刚刚收到的5辆汽车进行整修和重新喷漆，那么他就能取得这份合同。下面给出了整修和喷漆车间处理5辆汽车分别需要的时间。假设汽车先要经过整修才能进行重新喷漆，Joe 是否可以达到要求而取得合同呢？

汽车	整修时间（小时）	重新喷漆时间（小时）
A	6	3
B	0	4
C	5	2
D	8	6
E	2	1

解答

这个问题可以看作一个两台机器的流水车间，运用约翰逊原则可以轻松解决问题。最后的调度顺序是 B—D—A—C—E。

手工解决该问题的方法如下。

汽车	原始数据		约翰逊原则	
	整修时间（小时）	重新喷漆时间（小时）	选择顺序	队列位置
A	6	3	4	3
B	0	4	1	1
C	5	2	3	4
D	8	6	5	2
E	2	1	2	5

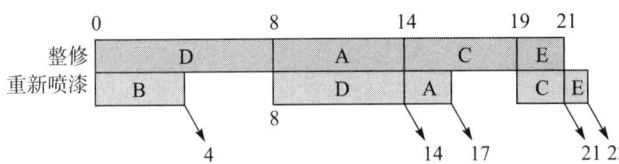

例3

Marion 机器车间的生产计划有 6 项任务等待处理，这些任务可以被分配至 6 个不同的工作站。考虑到每项工作的不同特点和工作站点不同的设备与技能，完成任务的时间取决于被分配的站点因素。以下是任务和每个工作站的任务完成时间。

任务	工作站点的任务完成时间（小时）					
	1	2	3	4	5	6
A	3.2	3.5	2.9	3	4	3.6
B	2.7	2.9	2.3	3	3.1	3.7
C	3.8	4	4.3	4.5	4.1	3.6
D	2.8	2.1	2.9	2.5	3	2.2
E	6.1	6.5	6.7	7	6	6.2
F	1.5	1.3	1.9	2.9	4	3.6

分配任务至每个机器，从而最小化总处理时间。

解答

如例 22-3 中那样利用指派方法。

a. 每一行减去该行中最小的值。

任务	工作站点的任务完成时间（小时）					
	1	2	3	4	5	6
A	0.3	0.6	0	0.1	1.1	0.7
B	0.4	0.6	0	0.7	0.8	1.4
C	0.2	0.4	0.7	0.9	0.5	0
D	0.7	0	0.8	0.4	0.9	0.1
E	0.1	0.5	0.7	1	0	0.2
F	0.2	0	0.6	1.6	2.7	2.3

b. 每一列减去该列中最小的值。

任务	工作站点的任务完成时间（小时）					
	1	2	3	4	5	6
A	0.2	0.6	0	0	1.1	0.7
B	0.3	0.6	0	0.6	0.8	1.4
C	0.1	0.4	0.7	0.8	0.5	0
D	0.6	0	0.8	0.3	0.9	0.1
E	0	0.5	0.7	0.9	0	0.2
F	0.1	0	0.6	1.5	2.7	2.3

c. 确定每个对应位置的最小值。

任务	工作站点的任务完成时间（小时）					
	1	2	3	4	5	6
A	0.2	0.6	0	0	1.1	0.7
B	0.3	0.6	0	0.6	0.8	1.4
C	0.1	0.4	0.7	0.8	0.5	0
D	0.6	0	0.8	0.3	0.9	0.1
E	0	0.5	0.7	0.9	0	0.2
F	0.1	0	0.6	1.5	2.7	2.3

d. 用 5 条线就可以覆盖所有的 0。自身和所有没被覆盖到的数字减去不覆盖 0 的线的最小值，每个交叉点加上这个值。重复 c 的部分。

任务	工作站点的任务完成时间（小时）					
	1	2	3	4	5	6
A	0.2	0.7	0.1	0	1.1	0.8
B	0.2	0.6	0	0.5	0.7	1.4
C	0	0.4	0.7	0.7	0.5	0
D	0.5	0	0.8	0.2	0.8	0.1
E	0	0.6	0.8	0.9	0	0.3
F	0	0	0.6	1.4	2.6	2.3

e. 现在有 6 条线可以覆盖所有的 0。将任务分配至有 0 的地方，从只有 1 个 0 的地方开始。然后移至超过

1个0的区域，但是只有一个0还没有被分配任务，如此反复。任务分配和时间如下。

任务	机器	时间
A	4	3.0
B	3	2.3
C	2	2.1
D	1	1.5
E	6	3.6
F	5	6.0
总计		18.5

22-4
例4

Albert 的市中心餐馆在印第安纳波利斯很流行，它提供早餐、午餐和晚餐，一周6天。这家餐馆要求在一天不同的时间有不同数量的服务员。根据历史数据的分析，得出了Albert以下的员工需求。

	6:00	7:00	8:00	9:00	10:00	11:00	中午	1:00
需要的服务员	3	6	5	3	2	4	7	5

	2:00	3:00	4:00	5:00	6:00	7:00	8:00	9:00
需要的服务员	3	3	4	6	7	7	4	2

现在服务员工作是8小时轮班制度。服务员随时可以吃饭，因此没有安排午餐时间。

a. 用第一小时原则来制定安排，标识出每小时有多少员工开始进入工作，每小时有多少员工在工作，以及每小时有多少仍在继续工作的员工。绘出你的结果。

b. Albert注意到每个顾客较少的阶段，在岗位服务员的数量都较多。同时，服务员也抱怨现在工作时间太长。因此，Albert正考虑缩短每班时间至6小时或4小时。服务员更倾向于6小时。利用第一小时原则制定6小时和4小时的工作安排，并对每个结果进行评价。

c. 假设Albert餐厅的工资是每小时7.50美元。计算出每种工作安排的成本并比较。

解答
a.

	6:00	7:00	8:00	9:00	10:00	11:00	中午	1:00
需要的服务员	3	6	5	3	2	4	7	5
开始	3	3	0	0	0	0	1	0
结束	0	0	0	0	0	0	0	0
在岗	3	6	6	6	6	6	7	7
超过	0	0	1	3	4	2	0	2

（续）

	2:00	3:00	4:00	5:00	6:00	7:00	8:00	9:00
需要的服务员	3	3	4	6	7	7	4	2
开始	0	2	1	2	1	0	0	0
结束	3	3	0	0	0	0	1	0
在岗	4	3	4	6	7	7	6	6
超过	1	0	0	0	0	0	2	4

在早上的间歇期和工作日的结尾都会有过多的服务员。由于是8小时轮班制，早上员工会在午后的间歇期结束工作，因此客人较少的时间段会有过多的员工。你也应该注意到在下午3:00开始的员工不可能工作8小时到晚上10:00的关门时间。很明显，利用8小时轮班的制度对晚上来说并不实用。

b. 6小时轮班

	6:00	7:00	8:00	9:00	10:00	11:00	中午	1:00
需要的服务员	3	6	5	3	2	4	7	5
开始	3	3	0	0	0	0	4	1
结束	0	0	0	0	0	0	3	3
在岗	3	6	6	6	6	6	7	5
超过	0	0	1	3	4	2	0	0

	2:00	3:00	4:00	5:00	6:00	7:00	8:00	9:00
需要的服务员	3	3	4	6	7	7	4	2
开始	0	0	0	1	5	1	0	0
结束	0	0	0	0	4	1	0	0
在岗	5	5	5	6	7	7	7	7
超过	2	2	1	0	0	0	3	5

同样，考虑在每天中最后一个工作的人也不会工作满全部的时间。似乎我们还未有效提升在岗的员工数量。

4小时轮班

	6:00	7:00	8:00	9:00	10:00	11:00	中午	1:00
需要的服务员	3	6	5	3	2	4	7	5
开始	3	3	0	0	0	4	3	0
结束	0	0	0	0	3	3	0	0
在岗	3	6	6	6	3	4	7	7
超过	0	0	1	3	1	0	0	2

	2:00	3:00	4:00	5:00	6:00	7:00	8:00	9:00
需要的服务员	3	3	4	6	7	7	4	2
开始	0	0	4	2	1	0	1	0
结束	0	4	3	0	0	4	2	
在岗	7	3	4	6	7	7	4	2
超过	4	0	0	0	0	0	0	0

这一安排似乎将任务与员工需求更好的匹配了起来，并且我们也只让1名员工工作到最后以工作满4小时。

c. 在计划这些安排的成本时，只需要将每个员工每个小时的工资加总即可。

安排	工作小时	成本（美元）
8小时	90	675.00
6小时	94	705.00
4小时	82	615.00

由于4小时的轮班能够最好地匹配服务需求，因此劳动力成本最低。这一策略要求有大量的员工，所以Albert需要雇用更多的人。在将工作时间砍到一半时，他应该考虑现有员工的反应。员工希望采用6小时的轮班策略，考虑到餐馆的需求分布，并且利用第一小时安排原则，这会是最有效率的安排。

很明显，工作中对员工的安排不是简简单单的任务！需要考虑成本，同时也要考虑人的因素。对Albert来说，最好的解决方案是包括不同时间长度的轮班方式，理想的是他能够将员工与他们期望的工作时间匹配起来。

讨论题

22-1
1. 工作中心调度的目标有哪些？
2. 工艺专业化车间、成组技术单元和流水车间的区别是什么？

22-2
3. 在实践中，采用SOT原则有哪些限制条件？
4. 你准备期中考试的学习时间采用的是哪一种优先原则？
5. 如果你有5门考试需要复习，请问有多少个备选的复习计划？
6. 从很多衡量标准来看SOT都能给出最优方案，银行经理能否采用SOT原则作为优先原则？为什么？
7. 为什么在工艺专业化车间中批量会带来很多问题？
8. 对于什么样的作业，你会根据"加工时间最长优先"的原则进行作业排序？
9. 为什么在工艺专业化车间调度中瓶颈的管理十分重要？
10. 指派方法适用于哪种情况？

22-3
11. 本章探讨了在车间控制中甘特图的应用，第4章也介绍了甘特图的应用。项目和工作中心的流程在属性上差别很大。为什么甘特图能用在项目中，也能用在工作中心上？
12. 为什么期望车间流动平滑和持续？
13. 在工业中数据完整性是一个重要的问题，为什么？

22-4
14. 解释为什么在服务运营中的人员安排是很有挑战性的？
15. 特殊顾客的调度会对服务业的人员调度产生什么影响？

客观题

22-1
1. 在车间作业中计划、调度、跟踪、监控和控制生产的信息系统指的是什么？
2. 生产经营中的一块区域，在这块区域中，组织生产资源和完成任务，这块区域叫什么？
3. 最小化工作中心调度结果的库存是什么？
4. 工作中心调度的关键问题就是任务安排：决定哪种任务什么时候开始/结束。根据相关人物的数据来决定作业次序的原则是什么？

22-2
5. 右面的表格给出了5个要在同一机器上加工作业的作业时间和完成时间。根据SOT原则来安排作业并计算出平均流程时间。

作业	加工时间（天）	完成时间（天）
101	6	5
102	7	3
103	4	4
104	9	7
105	5	2

6. 在MediQuick实验室，有3名可进行血样处理的实验员，同时还有3份需要分配的作业。每名实验员只能做一项工作。后面的表格给出了完成每项工作的预计成本（美元）。如何分配作业才能使成本最小？

作业	实验员A	实验员B	实验员C
J-432	11	14	6
J-487	8	10	11
J-492	9	12	7

7. Christine 有 3 辆车需要他的王牌机械师梅根进行大修。根据下面给出的数据，采用每个作业剩余松弛时间最短的原则决定梅根处理 3 辆车的优先级顺序。

汽车	顾客取车时间（从现在算起小时数）	剩余的大修时间（小时）	剩下的操作
A	10	4	喷漆
B	17	5	车轮校正、喷漆
C	15	1	钢板镀铬、喷漆、座椅整修

8. 下面是一个关键部门的作业列表和处理所需时间。

作业	要求时间（天）	承诺发货时间（天）	松弛时间（天）
A	8	12	4
B	3	9	6
C	7	8	1
D	1	11	10
E	10	-10 (迟)	-20
F	6	10	4
G	5	-8 (迟)	-13
H	4	6	2

a. 采用最少作业时间进行作业排序。
调度的次序是怎样的？
流程时间均值是多长？

b. 老板并不喜欢 a 计划。显然，必须先执行任务 E 和 G，因为它们已经延迟了。在第一个执行任务 E、第二个执行任务 G 的前提下，尽力做好其他任务的排序计划。
新计划是怎样的？
新流程时间均值是多少？

9. 一个制造工厂在生产中计划 5 项作业。下面的表格给出的是每项作业的加工时间、必要的等待时间以及其他必要的延迟时间之和。假设今天是 4 月 13 日，从现在到交货日，工厂每天都工作，交货日如下表所示。

作业	实际加工时间（天）	延迟时间（天）	总时间（天）	作业完工日期
1	2	12	14	4月30日
2	5	8	13	4月21日
3	9	15	24	4月28日
4	7	9	16	4月29日
5	4	22	26	4月27日

制订两个调度计划，列出处理订单的顺序，其中一个计划采用关键比例优先级原则，另一个计划可以采用其他的任意优先级原则，你更倾向于采用何种优先原则？

10. 下面的表格包含了要经一台机床加工的作业的有关信息。

作业	加工时间（天）	交货日期
A	4	20
B	12	30
C	2	15
D	11	16
E	10	18
F	3	5
G	6	9

绘出：
a. 先到先服务（FCFS）原则的排序方案；
b. 最少运营时间（SOT）原则的排序方案；
c. 剩余松弛时间（STR）原则的排序方案；
d. 最早到期日（EDD）原则的排序方案；
e. 以上每种调度的流程时间均值是多长？

11. Bill Edstrom 是一家生物医学咨询公司的管理合伙人，他想听取有关 2 月 2 日开始的咨询项目的最优调度的专家意见，这个项目的有关信息如下表所示。

任务	项目描述		接单时间		到期日（项目结束日）
	长度	公司	日期	时间	
I	3天	Novartis 公司	2月1日	上午9点	2月5日
II	1天	Reardon Biotech 公司	2月1日	上午10点	2月6日
III	2天	Vertex 制药厂	2月1日	上午11点	2月8日
IV	2天	OSI 制药厂	2月1日	下午1点	2月7日

咨询公司的收费标准是每日 4 000 美元。对于项目延期，这 4 家公司都会在佣金中扣取罚金。每延期一天，Reardon Biotech 公司扣除 500 美元，Vertex 制药厂、Novartis 公司、OSI 制药厂均扣取 1 500 美元。

基于以下原则准备备选方案：SOT、FCFS、EDD、STR 和最长加工时间（LPT），即处理时间最长的作业安排第一个做，依此类推。简化起见，假设咨询工作是一周工作 7 天。哪一种原则为 Bill 提出了最优方案？为什么？

12. 7 个作业任务必须经过 A 和 B 两道工序加工。所有 7 个作业都必须先经过 A 加工，然后由 B 加工。加工所需工作时间如下表所示，根据这些数据决定作业如何进行排序。

工件	工序 A 所需时间	工序 B 所需时间
1	9	6
2	8	5
3	7	7
4	6	3
5	1	2
6	2	6
7	4	7

13. 作业 A、B、C、D 和 E 必须依次经过工序Ⅰ和工序Ⅱ（首先由工序Ⅰ，然后由工序Ⅱ加工），采用约翰逊原则决定能使总需求时间最短的作业最优顺序。

作业	工序Ⅰ加工所需时间	工序Ⅱ加工所需时间
A	4	5
B	16	14
C	8	7
D	12	11
E	3	9

14. Joe 刚刚辞去了他在政府的工作。由于他出色的工作表现，他可以在边境上的新的汽车表面整修服务厂获得生产调度员的工作。在他离开这个行业的几年间，这个行业的技术有了很大提升，所以加工时间缩短了很多。这个系统每天能处理 10 辆汽车。加工次序是首先改装，接着进行重新喷漆。

汽车	改装时间（小时）	喷漆时间（小时）
1	3.0	1.2
2	2.0	0.9
3	2.5	1.3
4	0.7	0.5
5	1.6	1.7
6	2.1	0.8
7	3.2	1.4
8	0.6	1.8
9	1.1	1.5
10	1.8	0.7

Joe 应该怎样安排汽车的加工次序？

15. 用约翰逊原则调度依次经过两台机器加工的 6 项作业的次序。

| 作业 | 加工时间 | |
	机器 1	机器 2
A	5	2
B	16	15
C	1	9
D	13	11
E	17	3
F	18	7

16. 下面的矩阵是将 A、B、C、D 分配给作业 1、2、3、4 所需的成本（以千美元计）。做出合理的分配使成本最小。

| 人员 | 作业 | | | |
	1	2	3	4
A	7	9	3	5
B	3	11	7	6
C	4	5	6	2
D	5	9	10	12

17. 在工艺专业化车间，6 名机械师分别能独立操作 5 台机器中的任意一台。专业化车间积压了相当多的未完成的订单，所有 5 台机器都时刻保持忙碌。不操作机器的机械师一般会做一些文书工作或者常规维护的工作。根据下表中每个机械师操作每台机器的成本，设置一个最优分配调度（提示：加入一列值为 0 的虚拟列，采用指派方法解决问题）。

| 机械师 | 机器 | | | | |
	1	2	3	4	5
A	65	50	60	55	80
B	30	75	125	50	40
C	75	35	85	95	45
D	60	40	115	130	110
E	90	85	40	80	95
F	145	60	55	45	85

18. Joe 在现在居住和工作的社区中获得了一个有权力的职位。工作开展得十分顺利，他决定将每日的工作分配给 4 个值得信任的下属：Big Bob、Dirty Dave、Baby Face Nick 和 Trick Dick。问题是他怎样分配好工作才能充分发挥各个同事的独特技术，并使下一年各块业务的运营成本降到最低。下面的矩阵汇总了不同人员和机器组合的成本。

（单位：美元）

| 同事 | 区域 | | | |
	1	2	3	4
Big Bob	1 400	1 800	700	1 000
Dirty Dave	600	2 200	1 500	1 300
Baby Face Nick	800	1 100	1 200	500
Tricky Dick	1 000	1 800	2 100	1 500

19. 下面的矩阵包含的是作业 A、B、C、D 和 E 分配给机器 1、2、3、4 和 5 分别所需的成本。将各项作业分配给各个机器，使成本最小。

作业	机器				
	1	2	3	4	5
A	6	11	12	3	10
B	5	12	10	7	9
C	7	14	13	8	12
D	4	15	16	7	9
E	5	13	17	11	12

22-3

20. 车间控制另一个常用的名字是什么?
21. 哪种图形工具在项目管理以及在车间控制上都很有用?
22. 哪种车间控制文件会告诉监管者哪个任务需要进行、用什么顺序以及要花费多长时间?
23. 制造计划和控制系统的一个主要特征,它的主要原则就是一个工作中心的工作计划输入量不能够超出工作计划输出量,指的是什么?

22-4

24. 一家旅馆必须根据每小时负荷调度安排接待员。管理人员已经确定了满足每小时需求的接待员数量,这些需求每天都是变化的。假设每个接待员都依照4小时的班次轮班工作。下面是某日人员需求量的数据,采用第一小时原则制定人员调度。

	时间段					
	8A.M.	9A.M.	10A.M.	11A.M.	中午	1P.M.
需求	2	3	5	8	8	6
分配						
当班						
	2P.M.	3P.M.	4P.M.	5P.M.	6P.M.	7P.M.
需求	5	8	8	6	4	3
分配						
当班						

25. 下面的数据是餐馆服务生的人员需求数量,运用第一小时原则制定人事调度,假设轮班班次长度是4小时。

	时间段					
	11A.M.	中午	1P.M.	2P.M.	3P.M.	4P.M.
需求	4	8	5	3	2	3
分配						
当班						
	5P.M.	6P.M.	7P.M.	8P.M.	9P.M.	
需求	5	7	5	4	2	
分配						
当班						

26. 哪一个简单的概念可以应用于在一天内根据不同的人员需求来安排工作人员进行服务操作?

案例分析 让患者等待?在我的办公室里不可能发生

医生和患者之间的良好关系始于双方都能准时赴约。这一点在我的专科——小儿科显得尤其重要。只是生了点小毛病的那些孩子的母亲不想让她的孩子和那些病得不轻的孩子一起坐在候诊室,并且等待时间一长,生病的孩子都容易烦躁。

但在实践中无论是谁的过错,迟到都会带来一些问题。一旦你迟到了很长时间,可能当天你就轮不到看病了。尽管让那些可能还有其他约会的人一直等是很不公平的,但最近的一次调查表明,患者在办公室外面的平均等待时间达20分钟。对于这些情况患者可能会容忍,但是他们并不喜欢。

在我的办公室里,我不能容忍这种情况,并且我认为在别人的办公室里,这种情况也完全可以避免。大约在99%的情况下,我是在预约的时间接待患者的,因而在我繁忙的单独行医经历中,遇到过很多感激涕零的患者。患者经常对我说:"我们真的很感激您可以准时接待我们,为什么其他医生不能做到这点呢?"我的回答是:"我不知道,但是我很愿意告诉他们我是怎么做的。"

按实际情况安排预约

成功计划的关键,是根据需要实施的治疗,为每次就诊安排适当长度的时间段,然后严格执行这个计划。这就是说医生要小心掌握好自己的节奏,如果接待员偏离了计划,也必须要进行及时纠正,患者也要遵守他们的预约时间。

通过实际安排一些患者的就诊时间,我发现他们可以分为几大类别。对新患者我们可以安排半小时,给一个健康婴儿的身体检查或者一个重要病症安排15分钟时间,给伤症复查、疫苗注射或者类似小疣之类的小病安排5分钟或者10分钟。当然,你可以根据你的操作方法制定时间安排。

当预约好了以后,每一位患者都会被安排一个确切的时间,像10:30或者2:40。在我的办公室里,对患者说"10分钟以后来"或者"半小时以后来"是绝对不允许的。人们对这些指示的理解是不同的,而且没有人知道他们到底什么时候会到。

我经常使用的诊疗室有3个，第4个预留给小孩子，第5个预留给急诊患者。有这么多的诊疗室，我不需要把时间浪费在等待患者上，而且患者也很少要在接待处等待。实际上，甚至一些小孩子抱怨在就诊前，他们几乎没有时间在候诊室玩玩具和拼图，他们的母亲只能在结束就诊以后让他们玩上一小会儿。

在工作量较轻的日子，我从早上9点到下午5点要诊断20～30名患者。我们的预约系统非常灵活，在需要的时候完全可以应付在同样的时间诊治40～50名患者的情况。下面是我们如何收紧计划的。

我的两个助手（在繁忙的日子是3个）在保持顺序的同时，每天为急诊的患者安排一定量的空当。我们在冬季的几个月以及周末和假期后的几天比平时繁忙，就需要多留一点空当。

初次就诊，我们安排的时间是30分钟，通常都是以半小时或小时为单位来安排计划。如果我比计划时间早一点完成诊治，我们就可以为一个需要立即诊治的患者挤出一点时间。如果需要，我们还可以在健康检查的15分钟内预约2～3名患者。有了这些可以利用的缓冲时间，我就可以在一个严重的病症上多花10分钟，因为我知道损失的时间很快可以得到弥补。

一般我们要求新患者的父母在预约前的几分钟到办公室，来完成一些初步的信息登记工作。在那个时候，接待员就会告诉他们："这位医生总是很准时地按预约时间诊治。"一些患者已经知道了这一点，并且就是因为这个才选择我的。但是，另外一些甚至不知道有医生会如此准时，所以我们觉得最好在第一次就诊时就告诉他们。

急诊安排

急诊是医生无法遵守预约时间最常用的借口。当一个手臂骨折的小孩来就诊或者接到医院电话去参加剖宫产急救手术的时候，很自然我就会放下手上的一切工作。如果只是中断了一小会儿，那么还可以设法赶上原来的计划。如果可能要很长的时间，那么接下来的几个患者就可以选择继续等待或者安排新的预约。我的助手偶尔要对接下来一两个小时的预约全部进行重新安排。但是，通常这种插入中断都不会超过10～20分钟，而且患者通常也会选择继续等待。在这种情况下，我会把他们安排到为急症患者额外预留的时间里。

重要的是我从来不让急诊破坏我一整天的计划。一旦一个延迟得到调整，那么后面的预约我都可以准时完成。我能想象到的唯一会破坏我的计划的情景是：在工作室和医院同时有急诊患者，但是这还从来没有发生过。

当我回到我落下的患者身边时，我说"实在对不起让您久等了，我有个急诊——伤得很严重"（或者说些类似的话）。这些父母的回答通常都是："没关系，医生。在我来这里的这些年来，您从来没有让我等过。我想要是我的孩子受伤了，我也会希望您离开这个屋子的。"

除了急诊，我也几乎不会遇到没有预约直接就过来的情况。因为在这个社区里大家都知道除了急诊情况外，我只按预约接待患者。所以对于没有预约的非急诊的情况，会按照预约电话一样处理。接待员会询问来访者是想咨询还是想预约，如果是后者，就为他安排最早可以获得就诊的时间。

电话处理

如果你不能好好处理患者打来的电话，你的预约计划也会被破坏，但是我这里不会有这种问题。和其他医生不同，我没有固定的电话时间，但是我的助手会在办公时间处理来自患者家长的电话。如果问题比较简单，比如"一个一岁的孩子应该服用多少阿司匹林"等，那么我的助手就会直接解答。如果这个问题需要我来解答，助手就会写在患者表格中，在我为下一个孩子诊治的时候交给我。由我或者助手在表格里写下答案，然后助手传达给打电话的人。

如果打电话的人坚持要跟我说话怎么办呢？标准的回答是"如果时间不超过1分钟，医生将会和您直接通话，不然您可能要安排预约再过来"。在这种情况下，我很少要答复电话。但是如果患者的母亲很忧虑，我还是会和她通话的。我不会总是把电话时间限制在1分钟内，有时我也把通话延长到2～3分钟。不过打电话的人知道我是从患者身边走开跟她通话的，所以通话一般会很简短。

迟到处理

有些人习惯于迟到，还有一些人偶尔迟到，有合理的理由，比如车胎爆了或者"孩子吐了我一身"等。但是不管如何，如果他们比约定时间晚10分钟以上到达工作室的话，我坚决不会立即为他们诊治。因为如果立刻诊治他们的话，就会耽搁那些按时到达的患者。迟到不到10分钟的人，还是可以立即得到诊治，但是我会提醒他们已经迟到了。

一旦患者超过预约时间10分钟以上还没有出现在工作室，那么助手就会打电话到他家里，做晚些时候的预约。如果没人应答，并且患者在几分钟后到达办公室，接待员会很有礼貌地说："嗨！我们正在找您呢！医生不得不为其他预约的患者诊治了，但是我们会尽快把您安排进去的。"然后在患者记录表上做记录，记下日期、迟到的原因以及他是当天得到诊治还是另外预约时间了。这样可以帮助我们鉴别那些总是迟到的人，在需要的时候采取强硬点的措施。

如果知道他们自己造成了延误的话，大多数人会不太介意等待。我倒是宁愿这些迟到的少数分子生气，也不愿意大多数人为准时到达还必须等待的事情影响心情。尽管我做好准备要坚决地对待患者，但是其实很少需要用到这些强硬态度。我的办公室归根到底和军营还是不同的，相反，大部分人喜欢我们的这种处事方法，并且不断有人表示赞许。

不露面处理

对于预约好了但是结果根本没有出现、电话也找不到的患者怎么处理呢？这些也会被记在患者记录表中。通常这些患者有很简单的解释，比如出城了或者忘了预约。如果第二次出现，我们会重复同一步骤。如果第三次发生，患者就会收到一封信，提醒他时间已经预留出来，但是如果他三次都没有出现，再出现这样的情况他会为这些浪费的时间买单的。

这是我们给少数几个影响我们计划的人的最强硬措施，但是我从来没有因为患者这么做而抛弃他们。事实上，我不记得要求一个没有出现的人付过账。威胁他们只是帮助他们改正，而且当他们回来的时候（几乎所有人都会这样的），他们会得到同其他患者一样的便利和尊重。

问题

1. 哪些预约调度系统的特征在获得很多的"感激的患者"方面起到了关键的作用？
2. 什么程序使预约系统具有充分的柔性来适应急诊情况，同时又可以赶上其他患者预约的时间？
3. 对于诸如迟到和不露面情况，应该如何处理？
4. 为 Schafer 医生的这些患者制定一个从早上 9：00 开始的计划：

    Johnny Appleseed，左手拇指破裂。
    Mark Borino，一个新患者。
    Joyce Chang，一个新患者。
    Amar Gachane，102.5 华氏度发热。
    Sarah Goodsmith，注射疫苗。
    Tanya Johnston，婴儿健康检查。
    JJ Lopez，新患者。
    Angel Rammirez，婴儿健康检查。
    Bobby Toolright，膝盖扭伤复查。
    Schafer 医生每天约在上午 9：00 开始工作，在上午 10：15～10：30 休息一下。

    运用可以使调度效率最高的优先级原则，说明你是否看出这种优先原则有例外的情况。在计算中采用案例中列出时间长度的上限（比如案例中规定 5～10 分钟，那么就在解决这个问题的时候假设需要 10 分钟）。

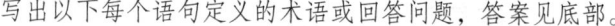

练习测试

写出以下每个语句定义的术语或回答问题，答案见底部。

1. 目前用于执行计划、调度、跟踪、监控和控制生产的信息系统。
2. 这个方法在需要时就把工作安排到工作中心，并不考虑完成工作所需要的资源。
3. 它依据每种作业顺序下的准备时间和运作时间详细调度每种资源。
4. 这种方法从一个时间点往前安排作业，关键点是告知作业能完成的最早时间。
5. 这种方法给出一项工序必须要在什么时候开始，以能保证在某特定时间完成任务。
6. 如果要造一个与资源调度相关的词"双约束"，那么这个术语应该指的是哪两种资源呢？
7. 在单机调度问题中，能保证最小平均流程时间的优先级原则是什么？
8. 现有三个需要在两台机器上加工的作业：A（3，1），B（2，2）和 C（1，3），括号里的数字分别是在第一台和第二台机器上加工的时间。怎样安排这三个作业以使总的加工时间最短呢？
9. 根据 APICS 定义，这是一个采用来自车间的数据和数据处理文件来维护及传递车间订单与工作中心的状态信息的系统。
10. 由自身能力限制而对流程产出形成限制影响的资源。

答案：1. 制造执行系统 2. 无限调度 3. 有限调度 4. 顺序调度 5. 逆序调度 6. 劳动力和设备（机器） 7. 最短作业时间 8. CBA 9. 车间作业（车间控制） 10. 瓶颈

第 23 章

约束管理

学习目标

23-1 理解约束理论（TOC）；

23-2 分析瓶颈资源并将约束理论用于过程控制；

23-3 比较 TOC 和传统方法；

23-4 利用 TOC 原则评估瓶颈调度问题。

引导案例

企业的约束管理

本章是关于管理大师高德拉特的管理思想，他提出的管理"约束"思想是最大化业务流程的产出率和效率的关键。他认为，经理应该集中精力管理最能限制流程实现目标的资源。这种资源被称为"瓶颈"，如果瓶颈不能得到有效的管理，致力于其他方面无法实现企业目标。他提出了改进流程的简单循环步骤。第 1 步：找到流程中最薄弱的环节，该环节限制了整个系统的产出。第 2 步：改进这个最薄弱的环节，使其不再制约整个流程的绩效。第 3 步：反复重复第 1 步和第 2 步，在每一次循环中使整个流程更好。

为了让人更容易理解他的理念，高德拉特写了一本名为《目标》的管理小说，这本书描述了 Alex Rogo 的生活，Alex 是一位工厂经理，他的工厂在跟进生产计划、减少库存、提高质量和降低成本等方面遇到了很大的麻烦，老板给了他 3 个月的时间去解决这些问题，否则这家工厂将被关闭。

这本书最有洞见的一个例子将其与工厂管理进行了类比，其中详细描述了 Alex 和儿子 20 英里夜间徒步旅行的经历。Alex 带领他儿子的童子军徒步，带他们去 20 英里之外地方过夜，然后在第二天早餐之后

返回。

徒步旅行开始后，队伍的进程就落后于预定计划，童子军的队伍拉得很长，最快的孩子 Andy 走在前面，而最慢的孩子 Herbie 走在队伍的最后，Alex 的目标是让所有的孩子尽快到营地，这样他们就可以安排帐篷，吃晚餐，享受篝火带来的乐趣，必须让所有的孩子同时到达营地才可以做这些开心的事情。

Alex 观察徒步中出现的状况，走在最前面的 Andy 想要创造速度纪录，而走在最后面的胖 Herbie 是一个瓶颈，Herbie 不能快速行动以跟上 Andy 的步伐，Alex 发现 Andy 的速度是每小时 3 英里，与 Herbie 的速度相

比，他将在不到一个小时的时间内超出 2 英里。在两个小时内，Herbie 将落后 4 英里！而计划是在 5 个小时内完成 10 英里的行程，为了改善这一现状，需要做一些事情了。

Alex 让领先的人停下，并告诉队伍中的每个人都要与他之前和之后的人握手，并且不要放手，随后他带走了后面的 Herbie，带领他到了队伍前面，让最慢的 Herbie 现在作为领队，最快的 Andy 安排到了队伍的最后。Alex 告诉全体孩子，徒步的目标不是以最快的速度到达那里，而是团队一起到达那里，而不是一群单独的个人。

因此，整个队伍和 Herbie 一起向前行进，这条队伍现在很紧凑，队员与队员之间没有缝隙，但过了几分钟，队伍后面的队员开始抱怨说走得实在太慢，他们快要睡着了！Alex 告诉队员如果想要更快，他们需要找出让 Herbie 更快的方式。

当队员观察 Herbie 时，发现他背着比其他人重得多的背包，里面有苏打水、意大利面条、糖果和其他人没有携带的各种东西，难怪他走路这么慢了！所以其他人决定通过帮助携带一些东西来减轻 Herbie 的负担，现在 Herbie 走得更快了，因为他背包中的大部分重量都被移除了，随后，队伍行进的速度是以前的两倍，却能保持整体队形。

那天晚上 Alex 将队伍徒步旅行和他的工厂管理之间进行类比，突然明白了，他的大多数机器都很快，但最慢的机器总是将工作拖延，导致工厂的库存不断增加，并且交货时间也会增加，他需要把工厂里的所有流程都联系在一起，这些流程没有理由比那个瓶颈流程运行得更慢。然后他需要弄清楚如何从管理这个瓶颈中获得更多的产出，他可以购买另一台机器，或者增加那台机器的工作时间，只有这样，他才能减少库存，提高产出。Alex 在陪儿子的徒步旅行中学到了很多。

23.1 高德拉特的约束理论

把 Herbie 的问题类比于工厂管理者 Alex 面临的问题的故事源于高德拉特博士的畅销书《目标》。1980 年，高德拉特认为制造商在计划和控制资源与库存方面做得非常不好。为了解决这个问题，高德拉特和他在 CreativeOutput 公司工作的同事开发了一种软件，制订制造过程中的作业计划。这种软件把生产过程中有限的设施、机器、人员、工具、物料以及其他影响企业生产能力的约束条件都考虑了进来。

这就是**最优化生产技术**（optimized production technology，OPT）。这个计划过程是可行并且精确的，它在计算机上运行的时间长度比 MRP 系统运行所需的时间短很多。这是因为这种计划的逻辑是建立在把瓶颈工序和非瓶颈工序分离开来的基础上。为了解释 OPT 计划逻辑的原理，高德拉特列出了 9 条生产计划原则（见表 23-1）。大约 100 家大公司应用这种软件之后，高德拉特开始推广这种方法的逻辑，而不仅仅是推广这种软件。

表 23-1 高德拉特的生产计划原则

1	追求物流平衡而非能力平衡
2	非瓶颈资源的利用率水平不由它的生产潜力决定，而由系统中其他约束条件决定
3	同一个资源的利用和活动不同
4	瓶颈资源上损失 1 小时就是整个系统损失 1 小时
5	非瓶颈资源上节约的时间是没有意义的
6	瓶颈资源决定了系统中的产出和库存
7	运输批量不等于而且很多时候不应该等于加工批量
8	加工批量应该随着加工工艺和加工时间的变化而变化
9	在考虑了系统的约束之后才能设定优先级，提前期是由计划得出的

随着这套逻辑的影响范围的扩大，高德拉特发展了他的"约束理论"（TOC），这种理论已经成为一种很受欢迎的解决问题的办法，它可以应用于很多商业领域。表 23-2 列出了 TOC 关注的 5 个步骤。高德拉特研究机构（http://www.goldratt.com）教授改进生产、分销和项目管理的课程，贯穿所有这些课程的主线是高德拉特的 TOC。

表 23-2 高德拉特的约束理论（TOC）

1	确定系统的约束条件（只有先找到约束条件或者最弱的环节，才有可能进行改进）
2	制定如何充分利用系统的约束资源的决策（使约束资源尽可能被有效利用）
3	让其他资源都服从于前面的决定（把系统中的其他资源排列起来支持约束资源，即使这样可能导致非约束资源的效率下降）
4	提升系统的约束资源的能力（如果产出仍然达到要求，那么需要获取更多的资源使它不再是约束条件）
5	如果在上面各步骤中，约束资源不再是约束资源，那么回到步骤1，但是不要让惯性成为系统的约束条件（在一个约束资源的问题解决之后，回到开头重新开始，这是一个持续改进的过程：确定约束、打破约束，然后找出新的约束资源再继续）

在就约束理论展开具体讨论之前，我们先将其与另外两个流行的持续改进方法——六西格玛和精益制造进行比较。六西格玛和精益生产都注重通过消除浪费、减少流程中各步骤或系统中各组成部分中的变动来降低成本。相反，约束理论的 5 个步骤则更注重于应用，它只关注关键过程或限制整个系统效能发挥的最弱环节的改进。如果这些要素被有效地管理起来，系统的功能就能得到充分发挥，系统的目标也就更有可能实现。

在本章中我们关注的是制造业中高德拉特方法的运用。现在我们采用同高德拉特一样的方法展开这个问题的研究：首先，定义一些公司的基本问题，其中包括意图、目标以及绩效测评等；然后，处理计划问题、缓冲库存、质量影响以及与销售和会计的相互作用。

高德拉特成果的主要思想就是**同步制造**（synchronous manufacturing），它是指整个生产系统协调一致共同实现公司的利润目标。在制造中真正实现同步制造时，强调的是整个系统的绩效，而不是诸如劳动力利用率或者机器利用率这样的局部绩效。

23.1.1 公司目标

高德拉特对公司目标的观点十分直接，他认为：公司的目标就是盈利。

高德拉特认为尽管一个组织会有很多的目标，如提供职位、消费原材料、提高销售额、增加市场份额、发展技术以及生产高质量的产品等，但是这些目标并不能保证公司能长期生存。它们只是实现目标的手段，而不是目标本身。只有公司盈利，它才会兴旺发达。只有当公司有足够的利润，它才能把重心放在其他的目标上。

23.1.2 绩效测评

为了适当地评价一个企业的绩效，需要采用两套测评标准：一套是从财务的角度出发，另外一套是从运营的角度出发。

1. 财务测评

我们用三个指标评定一家公司盈利的能力。

（1）**净利润**：以金钱计量的一个绝对指标。
（2）**投资回报率**：基于投资的一个相对指标。
（3）**现金流**：一个生存性指标。

这三个指标必须结合起来使用。例如，1 000 万美元的净利润是一项重要的指标，但是如果我们不知道投资多少可以得到这 1 000 万美元，那么它就没有实际意义。如果投资是 1 亿美元，那么投资回报率就是 10%。现金流也非常重要，因为现金是支付日常运营的费用必需的；如果没有现金，一家公司即使在常规会计项目下看起来十分稳健，也会破产。公司有可能会有高利润率和高投资回报率，但同时缺乏资金。例如，公司把利润投资在新的设备中或者利润沉淀在库存中。

2. 运营测评

财务测评在较高的层面上很有效，但是在运营层面上不能使用。此时，我们需要另外一套评价指标。

（1）**产出率**（throughput）：系统通过销售获得资金的速率。

（2）**库存**（inventory）：系统为了销售目的投入在购买物资上的资金。

（3）**运营费用**（operating expenses）：系统为了把库存变成产出率而花费的资金。

产出率特指售出的产品。产成品的存储不是产出，而是库存。必须明确，在产出率的概念中，必须是实际发生的销售。这种明确的定义可以防止系统在生产的产品可能售出的幻想中持续不断地生产。这种行为只会增加成本、囤积库存、消耗现金。持有的库存（无论是在制品库存还是成品库存）只应该根据原材料的成本来确定价值，劳动成本和机器的工作时间都忽略不计（从传统会计角度，花费的资金被称为附加值）。

尽管上述的定义有各种说法，但仅取原材料成本还是一种保守的观点。当采用附加值的方法（它包括所有生产成本）时，库存被扩大，资产负债表、收益表会出现严重的问题。试想在制品库存或者产成品库存过期，或者订购合同被取消，那么宣布大量的库存报废是一件非常困难的管理决策，因为即使它实际上毫无价值，但它长期以来都被作为一项资产。仅仅使用原材料成本，还可以避免区别直接成本和间接成本的问题。

运营费用包括生产成本（如直接劳动、间接劳动、库存持有成本、设备折旧以及生产中用到的物料和供给）和管理成本。这里面一个重要区别是不需要区分直接劳动和间接劳动。

如图23-1所示，公司的目标是同时持续地处理好以上三个指标，这样才能达到盈利的目标。

从运营的角度出发，公司的目标是在增加产出率的同时减少库存和运营费用。

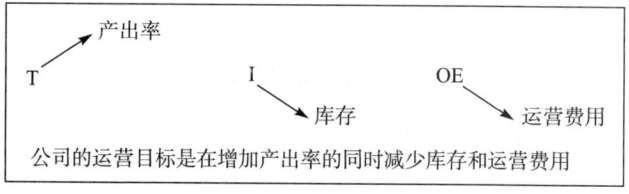

图 23-1　运营目标

3. 生产率

通常**生产率**（productivity）是以每劳动工时的产出量来度量的。然而，这个度量并不能确保公司会盈利（例如，当额外的产出不能售出而积压为库存的时候）。为了检验生产率是否增加，我们应该问下面的问题：我们采取的行动是否能增加产出率？是否能减少库存？是否能减少运营费用？这引导我们给出一个新的定义：提高生产率是所有令公司接近目标的行动。

23.1.3　不平衡的生产能力

过去（实际上现在许多企业还存在这种现象），制造商为了使生产能力和市场需求相匹配，都会竭尽全力平衡一系列工艺的生产能力。然而，这是一种错误的做法，实际上不平衡的生产能力更好一些。本章的引导案例描述的就是生产能力不平衡的例子。远途旅行团的一些孩子走得很快，可是Herbie却走得很慢。如何有效地利用取长补短是一种挑战。

现在我们考虑有几个工作站的简单加工生产线。一旦确定了生产线的产出比率，生产人员试图使每个工作站的生产能力相等。要做到这一点，需要调整使用的生产机器设备、工作负荷、分配的劳动力技能和类型、使用的工具以及加班的时间等。

然而同步制造思想并不认为使所有的生产能力都相等是一个好策略，这样一种平衡只有在所有的工作站产出为常数或者变动很小的情况下才能实现。上游工作站的加工时间稍一变长，下游工作站就会有空闲时间。相反，当上游工作站的加工时间比平均水平短的时候，在各个工作站之间就会产生库存。这种统计的变差效果是累计的。平滑这种变差的唯一方式是增加在制品（这不是一个好的选择，因为我们总是试图减少在制品的数量）或者增加下游的生产能力，弥补上游工作站延长的时间。这样看来，不是要把工序之间的生产能力平衡到同一个水平，而是应该尽力使系统中的产品流动达到平衡。当产品流动平衡后，生产能力就不会是平衡的。我们将在下一节中进一步解释这个观点。

非独立事件与统计波动

非独立事件这个术语是由工序产生的。如果加工过程是依A、B、C、D的次序进行，而且每一道工序都必须在转向下一道工序之前完成，那么工序 B、C、D 就是非独立事件。下一道工序的加工能力依赖于前一道工序。

统计波动是相对于均值的正常波动。当统计波动发生在没有库存的非独立工序间时，就不能达到平均产出。当某道工序的加工时间超过平均时间时，接下来的工序也不能弥补这个延长的时间。我们可以通过以下的例子来说明。

假设我们要加工 5 个零件，两道工序的加工时间分别符合图 23-2 中的两个分布。加工次序是从 A 到 B，且两者之间没有库存。工序 A 的加工时间的均值为 10 小时，标准差为 2 小时，这意味着 95.5% 的加工时间是处于 6～14 小时（±2σ）。工序 B 的加工时间是一个常数，为 10 小时。

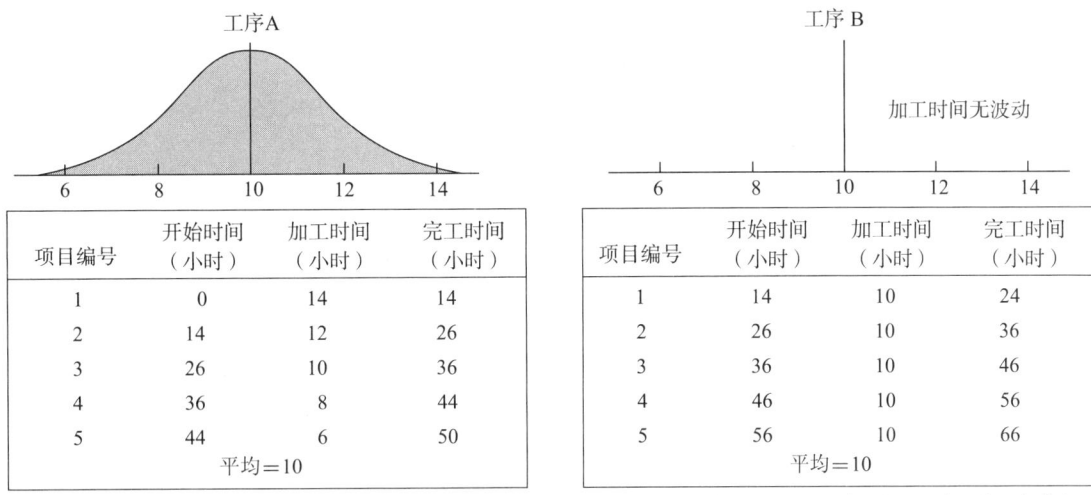

从左到右是从工序A到工序B，工序A的加工时间的均值为10小时，标准差为2小时；工序B的加工时间是一个常数，为10小时。

图 23-2 加工和完工时间——从工序 A 到工序 B

我们可以看到，尽管完工的期望时间为 66 小时，平均每个零件的加工时间为 13.2 小时，但是实际上最后一个零件的完成需要 60 小时，平均每个零件的加工时间为 12 小时（把工序 B 等待时间考虑在内）。

假设我们把加工次序反过来，由 B 供给 A。为了说明可能的延迟，我们把 A 的加工时间也反过来（见图 23-3）。我们又一次发现，最后一个零件的加工时间超过了平均时间（即 13.2 小时而不是 12 小时）。工序 A 和工序 B 有相等的平均操作时间 10 小时，而整个操作时间却延迟了。在两种情况下，我们都不能达到期望的平均产出率。为什么呢？因为第二道工序空闲时损失的时间不可能弥补过来。

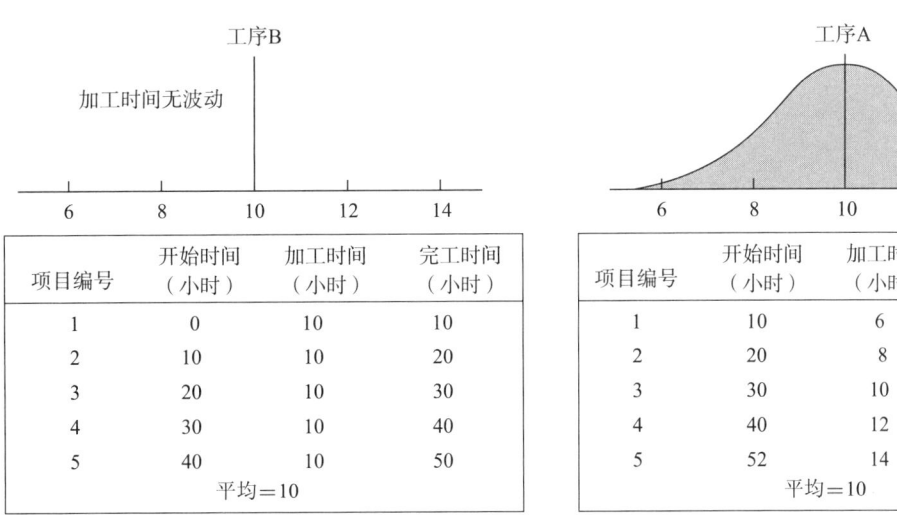

本图和图23-2相似，只不过把工序的加工次序反过来了，同时工序A的加工时间也反过来了。

图 23-3 加工和完工时间——从工序 B 到工序 A

这个例子旨在挑战把生产能力平衡到平均水平的理论。这说明我们不应该平衡生产能力，而应该平衡系统中的产品流。

23.2 瓶颈资源、能力约束资源和同步制造

瓶颈（bottleneck）资源是指生产能力小于对该资源需求的资源。瓶颈是系统中限制产出率的约束条件。它是在制造过程中产品流变窄的那个点。瓶颈资源可能是机器、稀有或高技能的劳动力以及专业化的工具。观察表明，大多数工厂都只有为数极少的几个瓶颈。

如果不存在瓶颈资源，那么就会存在剩余的生产能力。这时系统应该做一些改变，从而暴露出系统的瓶颈所在（例如增加生产准备作业或者减少生产能力），这点我们将在后面加以讨论。

生产能力（capacity）是指可以使用的生产时间，不包括维修和其他停工时间。**非瓶颈**（nonbottleneck）资源是指生产能力大于对该资源需求的资源。因此，非瓶颈资源不需要持续工作，因为它的生产能力超过需求。非瓶颈资源包含了空闲时间。

能力约束资源（capacity-constrained resource，CCR）是指利用率接近生产能力的资源，如果不仔细计划，那么它就可能成为瓶颈资源。例如，工艺专业化车间的 CCR 可能要接受来自不同其他资源的工作任务。如果这些工作任务没有安排好，使得 CCR 的空闲时间超过它不利用生产能力的时间，那么晚些时候当一些工作任务突然到来时，能力限制资源就会转化为瓶颈资源。如果批量大小发生改变，或者上游的作业因为某种原因不能实施，从而不能将足够的任务传递给 CCR，那么这种情况就会发生。

23.2.1 制造的基本类型

所有的生产过程和流程都可以简化为 4 种基本的类型，如图 23-4 所示。在图 23-4a 中，产品流经过工序 X 流入工序 Y。在图 23-4b 中，产品流经 Y 流入 X。在图 23-4c 中，工序 X 和工序 Y 生产的组件装配起来供给市场。在图 23-4d 中，工序 X 和工序 Y 相互独立，分别供给各自的市场。图中的最后一列显示了非瓶颈资源的可能次序，为了简化问题，非瓶颈资源合并起来用 Y 表示。

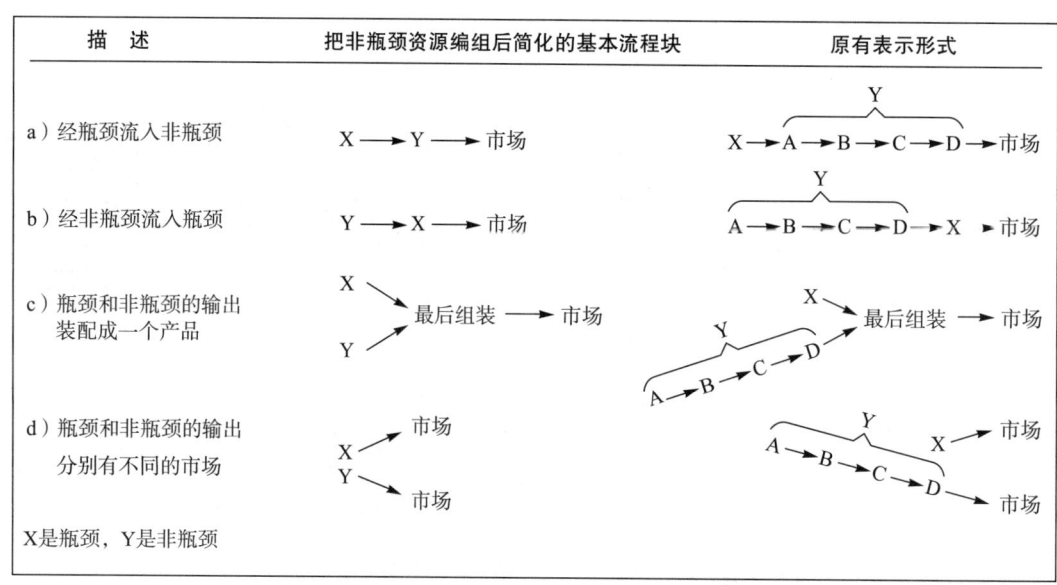

图 23-4 加工流程分组后产生的基本生产类型

这些基本模块的价值在于生产过程可以大大地简化，便于分析和控制。例如，不需要跟踪和计划所有经过非瓶颈资源的产品流的所有进程，我们只需要关注分组模块的开始点和结束点。

23.2.2 同步控制的方法

图23-5说明的是如何管理瓶颈资源和非瓶颈资源。资源X和Y是能生产多种产品的工作中心。每个工作中心每月可以利用200小时。为了简化问题，我们假定只生产一种产品，对于4种不同的生产类型，我们会相应地改变工作环境和结构。X生产单位产品时间为1小时，每月市场需求为200单位。Y生产单位产品时间为45分钟，每月市场需求也是200单位。

图23-5a表示的是由瓶颈工序供给非瓶颈工序。产品从X工作中心流向Y工作中心。X是瓶颈，它的生产能力为200单位（200小时/1小时每件），而Y的生产能力为267单位（200小时/45分钟每件）。由于Y必须等待X产出，而且Y的生产能力大于X，所以在系统中不会累积多余的产品，产品全部流向市场。

图23-5b是A的相反情形，由Y的产出供给X。也就是说，由非瓶颈工序供给瓶颈工序。由于Y的生产能力为267单位，而X的生产能力为200单位，所以Y仅生产200单位，Y的能力利用率不能超过75%，否则在X之前会产生在制品累积。

图23-5c表示的是X和Y生产的产品需要经过组装才能向市场出售。一个组件需要1单位的X和1单位的Y，所以X是瓶颈工序，它只有200单位的生产能力。因此，Y的生产能力也不能超过75%，否则会累积多余的部件。

在图23-5d中，市场需要相同数量的由X和Y生产的产品。在这种情形下，我们称这些产品为"成品"，因为它们面对是独立的需求。此时，Y需要的物料与X无关，因此它有更大的生产能力去满足市场的需求（本质上，市场是瓶颈），可以生产比市场需求更多的产品。然而，这样可能产生成品库存积压。

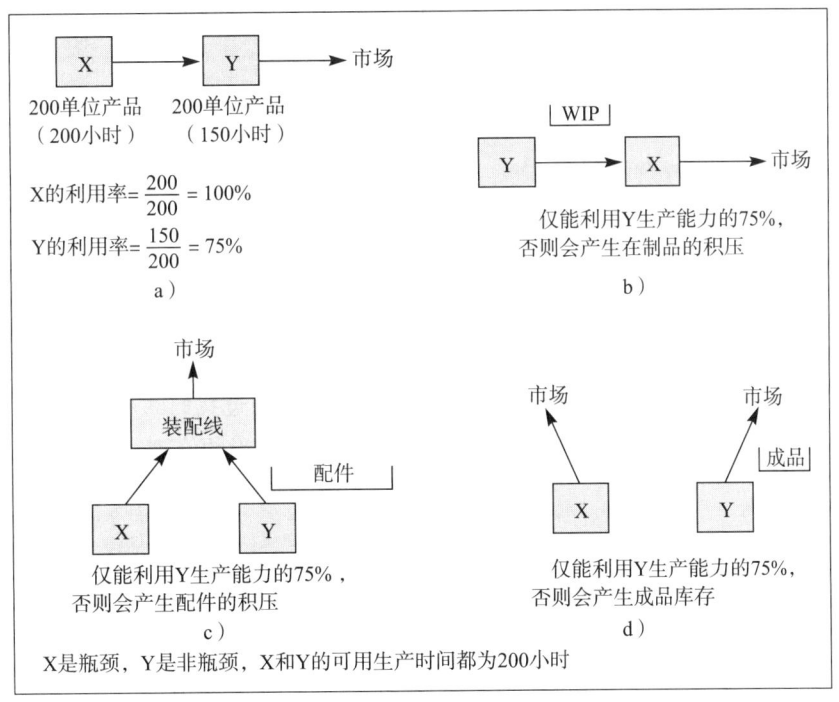

图23-5　产品流经瓶颈资源和非瓶颈资源

刚才讨论的4种情形说明了瓶颈资源和非瓶颈资源以及它们与生产和市场需求的关系。它们表明，使用资源利用率作为绩效测评指标的生产实践可能会导致非瓶颈资源的过量使用，从而产生多余的库存。

1. 时间构成

生产周期由下列时间构成：

（1）**生产准备时间**：在零件加工之前等待机器准备调整的时间；

（2）**加工时间**：零件加工的时间；

（3）**排队时间**：一个零件等待机器加工其他零件的时间；

（4）**等待时间**：零件等待与之装配的其他零件的时间；

（5）**空闲时间**：没有利用的时间，即生产周期减去生产准备时间、加工时间、排队时间和等待时间之后的剩余时间。

对于一个等待通过瓶颈资源的零件来说，排队时间最长。正如我们在本章后面会讨论的，这是因为瓶颈资源有相当多的工作要做（确保瓶颈资源一直在工作）。对于非瓶颈资源，等待时间是最长的。在非瓶颈资源处的零件需要等待其他零件到达，最后完成装配。

计划人员常常企图节省生产准备时间。假设生产批量增加一倍，从而节省一半的生产准备时间，那么由于批量增大一倍，其他所有时间（加工时间、排队时间和等待时间）相应会增加一倍。由于这些时间增加一倍，而生产准备时间只减少了一半，所以其结果是在制品几乎增加一倍，库存投资也增加一倍。

2. 寻找瓶颈

在一个系统中寻找瓶颈有两种方法：一种方法是建立资源能力概况分析，另一种方法是利用我们对特定工厂的了解，考察系统的运营情况，对管理人员和工人进行访谈。

工序负荷比较表可以通过考察计划通过每个资源的工作负荷来获得。在进行资源能力概况分析的时候，我们假设数据是比较精确的，但是不一定完全精确。例如，产品顺次通过资源 M1～M5，假设由产品生产引起的各个资源负荷的初步计算如下：

M1　生产能力的 130%
M2　生产能力的 120%
M3　生产能力的 105%
M4　生产能力的 95%
M5　生产能力的 85%

在初步分析中，我们忽略了生产能力利用不多的资源，因为它们是非瓶颈资源，这样做不会产生什么问题。接下来我们要拿着这份列表实地到工厂检查 5 道操作工序。我们注意到 M1、M2、M3 超负荷了，也就是说，计划分配给它们的任务超过了其生产能力。我们可以预期在资源 M1 前会产生大量库存。如果没有发生这样的情况，那么一定在某个地方出错了，或许是物料清单，或许是工艺线路。假设通过我们的观察和与车间工人的交谈，发现对 M1、M2、M3、M4 的计算有错误，那么我们可以跟踪分析，做出适当的修正，重新获得的资源能力概况分析如下：

M1　生产能力的 115%
M2　生产能力的 110%
M3　生产能力的 105%
M4　生产能力的 90%
M5　生产能力的 85%

M1、M2、M3 的生产能力还是不足，而 M2 最为严重。如果我们确信数据无误，可以把 M2 看作瓶颈资源。如果数据包含太多错误而难以得到可靠的数据分析，那么就不值得在修正数据上花费大量时间（可能需要几个月）。

3. 节省时间

前面我们提过瓶颈就是其生产能力低于对其需求的资源，我们关注瓶颈因为瓶颈的生产能力小于市场需求，限制产出率（我们定义为销售额）。我们有很多办法来节省瓶颈工序的时间（更好的工具、更高质量的劳动力、更大的批量、更少的准备时间等），但是节省时间的价值有多大呢？非常可观！

在瓶颈工序上节省一小时就可以给整个生产系统增加一小时的时间。

那么在非瓶颈工序节省时间又会怎样呢？

在非瓶颈工序上节省一小时没有什么意义，只是使空闲时间增加了一小时。

非瓶颈工序相比当前的产出率有多余生产能力，它已经包含了空闲时间。因此，使用任何方法节省非瓶颈工序上的时间不会增加产出，只会增加本身的空闲时间。

4. 避免非瓶颈转化为瓶颈

当非瓶颈工序安排更大的批量时，就有可能产生我们极力想避免的瓶颈工序。考虑图23-6中的例子，图中Y_1、Y_2、Y_3是非瓶颈工序。Y_1生产零件A和B，A供给Y_3，B供给Y_2。生产每个零件A，Y_1需要200分钟准备时间和1分钟生产时间。现在零件A的批量是500单位。生产每个零件B，Y_1需要150分钟准备时间和2分钟生产时间。现在零件B的批量是200单位。在这种条件下，Y_2的生产能力利用了70%，而Y_3的生产能力利用了80%。

由于Y_1生产零件A的准备时间是200分钟，工人和管理者都错误地认为，如果减少生产准备时间，可以获得更多的产出。假设生产批量增加到1 500单位，我们来看一看会发生什么情况。我们会产生这样

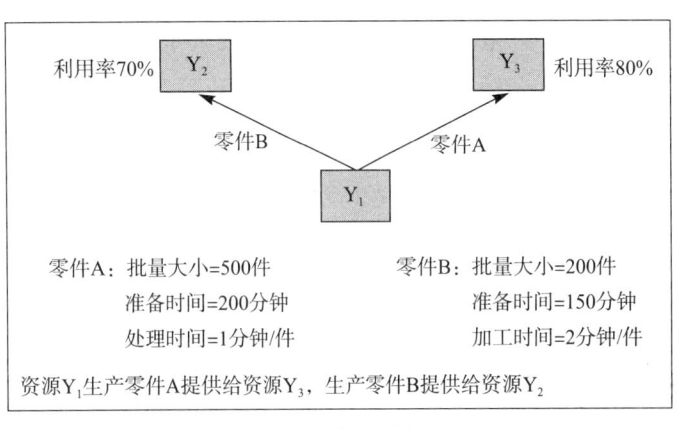

图23-6 非瓶颈资源

的错觉，认为节省了400分钟的生产准备时间（不是在每次生产500单位的情况下，需要3次生产准备，共600分钟，而是在每次生产1 500单位的情况下，只需要一次生产准备）。

问题是节省下来的400分钟并没什么意义，并且这种安排会干扰零件B的生产，因为Y_1还同时为Y_2生产零件B。没有变化之前的作业安排是零件A生产700分钟，零件B生产550分钟，然后又是零件A生产700分钟，零件B生产550分钟，如此重复进行。但是，当零件A的生产批量增加到1 500单位时，生产一批量需要1 700分钟，因此Y_2和Y_3只好停工等待，而且等待时间要超过Y_2和Y_3的空闲时间（分别为30%和20%）。新的作业安排是零件A生产1 700分钟，零件B生产1 350分钟，如此重复进行。这种延长的等待时间会引起Y_2和Y_3生产的混乱，从而使Y_2和Y_3可能成为当前的瓶颈工序，影响整个生产系统的产出。

5. 鼓、缓冲和绳

为了控制系统中的产品流动，每个生产系统需要设置一些控制点。如果系统中存在一个瓶颈工序，那么最佳的控制点就是瓶颈，因为控制点决定了系统中的其他部分（或者是它所能影响的部分）发挥作用的节奏，那么该控制点就可以称为鼓。前面提到，瓶颈工序就是生产能力不能满足需求的资源，这样瓶颈工序就一直在工作。使用瓶颈作为控制点，其中的原因之一是确保生产的上游不会过量生产，以免系统中积累瓶颈工序不能处理的过量在制品库存。

如果系统中不存在瓶颈工序，鼓的最佳位置是能力约束资源（CCR）。能力约束资源的运行时间接近生产能力，但是平均来说，只要正确计划安排，就会有充分的生产能力（其中，不正确的安排包括太多的生产准备时间，导致生产能力不足；或者生产太大的批量，使下游生产不得不停工）。

如果既没有瓶颈又没有能力约束资源，那么控制点的位置可以任意选择。当然，一般来讲，最好的位置是物流分叉点，即该处资源的产出流向多个下游的生产作业。

处理瓶颈问题非常重要，我们的讨论主要集中在确保瓶颈工序始终持续工作。图 23-7 是一个从 A 到 G 的简单线性流程。假设机器中心 D 是瓶颈资源，这意味着它的上下游的工序生产能力都比它大。如果这个过程不加以控制，那么我们就会看到在工作中心 D 前积累大量的库存，而其他地方则几乎没有库存。系统中没有成品库存，因为（根据瓶颈的定义）所有生产的产品都被市场所接受。

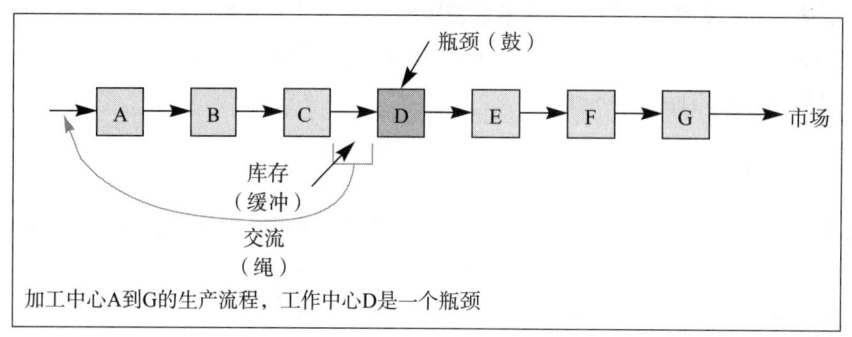

图 23-7 瓶颈资源的线性产品流程

在瓶颈资源上我们要做两件事情。

（1）在瓶颈工序的前面设置缓冲库存，以确保瓶颈总有工作可做。由于它是瓶颈工序，因此它的产出决定了整个生产系统的产出。

（2）把 D 的生产情况反馈给上游的 A，以便 A 按需求进行生产。这样可以防止库存的增加。这种反馈就称为绳。它可以是正式的（如计划），也可以是非正式的（如日常的讨论）。

在瓶颈工序前面的缓冲库存是一种时间缓冲。设置缓冲器的目的是确保工作中心 D 总是有工作做，而并不关注到底安排生产哪种产品。例如在图 23-8 所示的从 A 到 P 的流程中，我们可以设置 96 小时的缓冲。任务 A 到任务 E 的一半是第一天 24 小时中的任务；E 到 I 的一部分为第二天 24 小时中的任务；I 到 L 的一部分为第三天 24 小时中的任务；L 到 P 为第四天 24 小时中的任务，所有的任务需要 96 小时才能完成。这意味着上游的作业在一般波动或者发生意外而暂时中断工作的情况下，D 能够有 96 小时的时间来保证系统的产出率（这 96 小时的工作包括各项任务的生产准备时间和加工时间，这些都是根据设计标准时间来确定的）。

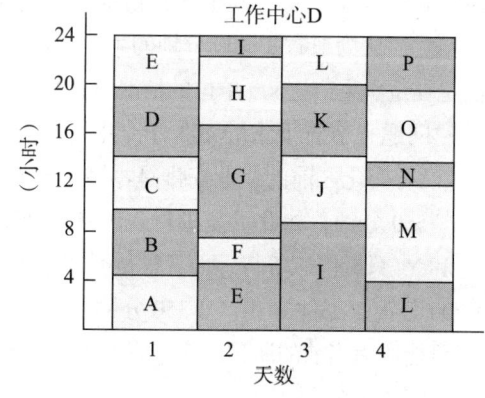

图 23-8 工作中心 D 的生产能力概况（在 4 天内 A 到 P 任务作业的分配）

那么，时间缓冲到底要多大呢？答案是：时间缓冲应该大到能保证瓶颈工序持续工作。通过考察每项作业的波动情况，我们可以做一下估计。从理论上说，通过考察过去的绩效数据，就可以以统计方式计算缓冲的大小，当然也可以对作业序列进行模拟。不论是哪一种方法，精确度并不是最重要的。我们可以用整个系统提前期的 1/4 作为初始的时间缓冲，例如，在我们的例子中（见图 23-7），从 A 到 G 总共需要 16 天。我们开始可以在 D 的前面设置一个 4 天的缓冲。如果在随后的几天或者几周内，缓冲的容量不够，我们必须增加缓冲的容量大小。通过分配更多的物料给第一个作业 A 就可以做到这一点。另外，如果我们发现缓冲从来不会降低到 3 天的水平以下，那么我们就应该减少 A 的物料供应，从而使时间缓冲降为 3 天。时间缓冲的大小最终还是需要依靠经验来决定。

如果鼓不是设置在瓶颈而是设在 CCR（那么它可能有少量的空闲时间），那么我们需要设置两个缓冲库存：一个在

CCR 的前面，另一个在最后，是成品缓冲库存（见图 23-9）。成品库存保证满足市场的需求，而 CCR 前面的时间缓冲则保证产出率。对于这种 CCR 情形，市场不可能接纳我们的所有产品，所以我们要确保在市场需要购买的时候予以满足。

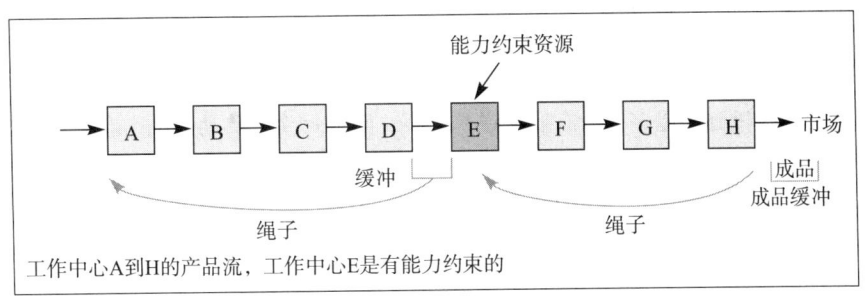

图 23-9　能力约束资源的线性产品流

在 CCR 的情形下，我们需要两根绳：一根绳从成品库存反馈到鼓，从而可以增加或者减少产出；另一根绳则从鼓反馈到物料分配点，确定需要多少物料。

图 23-10 是一个更为详细的网络流，反映了一个瓶颈工序的情形。本例不仅在瓶颈的前面设置了库存，而且在装配站上游供给工序的后面也设置了库存，这样做是为了确保产品离开瓶颈之后不会因为等待降低其流动速度。

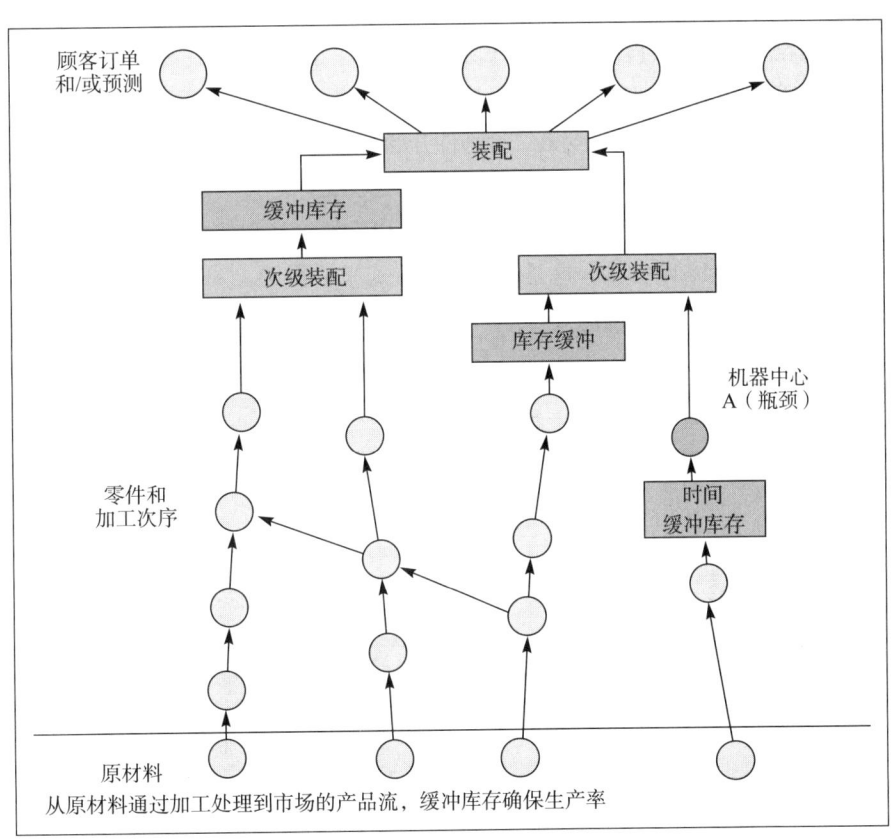

图 23-10　具有一个瓶颈资源的网络流

6. 质量的重要性

由于 MRP 系统建立了比实际需求大的批量，因而容许出现不合格品。而 JIT 系统不能容忍低劣的质量，因为 JIT 系统的成功是建立在平衡生产能力的基础上的。一个有缺陷的零件或者部件都会使整个 JIT 系统崩溃，从而使整个系统的产出率受到影响。然而，同步制造则允许整个系统中除瓶颈资源外的资源有过剩的生产能力。如果在瓶颈资源的上游出现一个不合格品，其结果只是造成了物料的损失。由于存在超额的生产能力，因此还有时间加工另外一个零件以替代不合格品。对于瓶颈资源，不存在超额的时间，因此应该在瓶颈前进行质量控制检查，确保瓶颈工序加工部件的质量。另外，对于瓶颈后的下游作业同样需要保证传送的产品必须是合格品，因为不合格品意味着整个产出率的损失。

7. 批量大小

在一条生产装配线上，批量到底是多大？有的人说是"1"，因为每次只移动一个产品；还有人说是"无穷大"，因为生产线在不停地生产同一个产品。两种答案都是正确的，只是他们看问题的方式不同而已。第一种答案"1"，主要关注的是在装配线上每次转移的零件个数。第二种答案则考虑的是整个加工过程。从资源的角度出发，加工批量的大小是无穷大，因为生产线在持续地生产相同的东西。因此，在一条装配线上，我们可以说加工批量无限大（或者为从一种产品转入另一种产品生产之前所生产的产品总数）和转运批量为一个单位。

生产准备成本和库存持有成本在第20章中已经深入讨论过了。在本章中，生产准备成本与加工批量有关，而库存持有成本与转运批量有关。

加工批量是指在特定的时间长度内加工的零件个数。从资源的角度出发，需要包括两个时间：生产准备时间和加工时间（忽略维修和维护的停工时间）。大的加工批量需要较少的生产准备时间，从而加工时间较长和产出更多。对于瓶颈资源，大的加工批量比较理想；对于非瓶颈资源，小的加工批量比较理想（可以利用现有的空闲时间），这样可以减少在制品的库存。

转运批量是指被加工的部件在传送过程中的批量个数。一个加工批量不是在一道工序全部加工完之后才向下游的工序传送，这样下一工序可以及时开始加工。在合理设计的生产系统中，转运批量可能会等于加工批量，但是不应该大于加工批量。只有当一个加工批量一直保持到第二批部件开始加工时，转运批量等于加工批量。如果这种延后的时间在开始是可以接受的，那么两项任务就应该合并，以后可以一起加工。

采用转运批量比加工批量小的好处在于，整个生产时间可以缩短，从而使在制品的数量变小。如图23-11所示，整个生产提前期从2 100分钟降为1 310分钟，这是通过两种方式来取得的：①转运批量大小为100，而不是1 000；②减少操作2的加工批量。

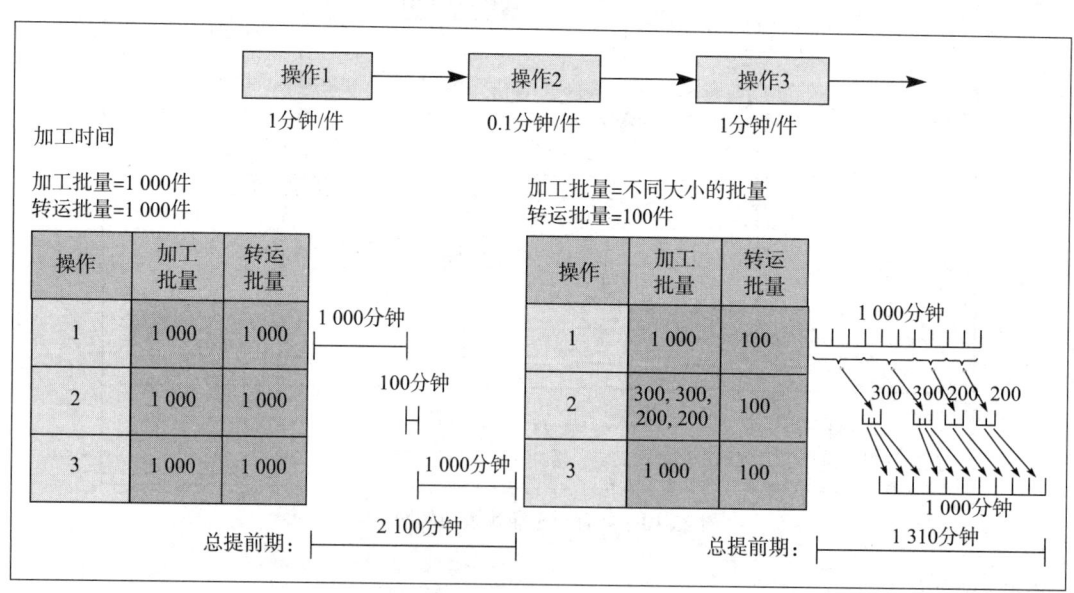

图23-11　改变加工批量对1 000单位的作业订单的生产提前期的影响

8. 如何确定加工批量和转运批量的大小

从逻辑上讲，主生产计划（无论如何制订起来的）应该从主生产计划对不同工作中心的影响角度进行分析。在

MRP 系统中，这意味着主生产计划应该通过整个 MRP 和 CRP（能力需求计划）运行，得到每个工作中心的生产负荷。从这份报告中识别出可能的 CCR 和瓶颈资源。在工厂中应该只有一个（或者几个）CCR 和瓶颈，这要经过管理者评估，这样他们能了解究竟哪些资源在控制他们工厂的生产。这些资源就决定了生产的节拍（鼓的节奏）。

相比采用调整主生产计划的办法改变资源负荷，更实际的办法是控制每个瓶颈资源或者 CCR 的物流，从而使生产能力协调有序。通过过去生产记录和交货期要求的比较，调整加工批量和转运批量的大小。

转运批量越小，在制品库存越少，产品流动速度越快（从而缩短提前期），然而物料搬运次数增多。转运批量越大，提前期越长，库存越多，但是物料搬运的次数较少。因此，转运批量的大小由生产提前期、库存量和物料搬运成本之间的权衡来决定。

在控制 CCR 和瓶颈的物流时，可能会出现 4 种情形。

（1）瓶颈资源（没有空闲时间）从一种产品的生产切换到另一种产品的生产时，不需要生产准备时间。

（2）瓶颈资源在产品生产切换时，需要生产准备时间。

（3）能力约束资源有少量的空闲时间在产品生产切换时，不需要生产准备时间。

（4）CCR 在产品生产切换时，需要生产准备时间。

在第 1 种情形中（瓶颈资源在生产切换时不需要生产准备时间），应该按照计划进行加工，以便按时交货。在没有生产准备时间的情况下，只有加工顺序是重要的。在第 2 种情形下，需要生产准备时间，因此依据加工顺序把相似的单独的加工任务合并起来，形成较大的批量。这意味着后面的任务被向前整合，有一些任务可以提前完成。由于这是瓶颈资源，所以更大的批量可以节省生产准备时间，从而增加系统的产出率（节省的生产准备时间可以用于加工）。较大的加工批量可能使作业计划中本来比较前面的作业滞后完成。因此，为了缩短提前期，以小规模频繁转运是非常必要的。

第 3 种情形和第 4 种情形包含的是不需要生产准备时间的 CCR 和需要生产准备时间的 CCR。处理 CCR 的情形可以使用类似处理瓶颈资源的办法，但是需要更加仔细。也就是说，CCR 有一些空闲时间。这时，恰当的办法是减小一些加工批量的大小，令产品品种的切换频繁一些。这样可以缩短提前期，按时完成任务。在面向库存生产的情况下，减小加工批量大小比增加转运批量大小更有效果，因为这样增加了产品组合种类，同时减少了在制品库存和缩短了生产提前期。

9. 如何看待库存

对库存的传统观点认为，其对企业绩效的负面影响只是库存持有成本。我们现在意识到，库存还延长了生产提前期以及给产品设计变化造成影响（当产品设计变化时，生产系统中滞留的产品通常需要根据变化进行修正，因此，在制品库存越少，设计变更的工作量就越少）。

从约束理论的角度看，库存是制造单元的负债。负债的价值根据作为库存一部分的采购物资来确定。就像我们在前面所说的，在本章中，库存只考虑其原材料成本，而不包括任何会计意义上的生产附加值。如果库存被视为制造单元的一项负债，那么我们就需要一种方法来衡量这项负债持有的时间长度，其中一种方法就是美元日。

10. 美元日

一个有效的绩效测评指标是**美元日**（dollar days），它用于测评库存的价值和它在一定区域范围内的停留时间。使用这个测评指标，我们只需要将部门内的库存价值和停留天数简单相乘就可以了。

假定 X 部门的平均库存是 40 000 美元，一般来说，库存在一个部门内大约停留 5 天，那么 X 部门的美元日指标就是 40 000 美元乘以 5 天，即 200 000 美元日的库存。此时，我们不能确定 200 000 美元日是高还是低，但是它确实显示了库存所处的水平。此时，管理层就可以明白它应该注意哪些地方，并且决定可接受的库存水平。我们在想方法降低美元日指标的同时，也要注意不能使这一指标成为局部目标（也就是对美元日的极小化），避免伤害整体目标（如提高投资收益率、现金流量、净利润）。

美元日指标在很多方面都很有效。想一下使用效率和设备利用率作为绩效测评指标。为了达到高设备利用率，需要持有大量的库存使所有设备都处于工作状态。然而，高库存水平会导致高美元日指标，而这一指标不鼓励高水平的在制品库存。美元日指标也可以用在其他的领域。

- 市场营销：不鼓励持有大量的成本库存，实际上它鼓励成品的售出。
- 采购：不赞成表面看来可以享受数量折扣的大量采购，它鼓励准时制订购。
- 制造：不赞成在不需要的时候事先生产和持有大量的在制品库存，而应促进工厂内物料的快速流动。
- 项目管理：把项目的有限资源用时间的函数形式加以量化，这样有利于促进资源在竞争性的项目中得到合理配置（见专栏 23-1 中高德拉特关于项目计划的观点）。

| 专栏 23-1 |

关键链项目管理

关键链项目管理是高德拉特开发的计划和管理项目的方法，这种方法从制造过程中借鉴了很多想法。在第 3 章中我们介绍过传统的关键路径方法，高德拉特扩展了这种方法，在项目中加入了对资源约束和特定时间缓冲的考虑。下面介绍一下他的关键链项目管理的一些观点。

1. 计划的负荷水平是依据可用资源的限制（约束）决定的。一长条连续的任务（基于任务间的相互依存和资源相互争夺）构成了"关键链"，这一关键链指明了整个项目持续所需的最短时间。

2. 在计划的战略性位置插入时间缓冲，这些位置包括关键链的末端和每一个关系到关键链的任务点，这样可以在不影响绩效的同时消除不确定性的负面影响。为建立缓冲需要在战略性的位置加入松弛时间。

3. 基于资源可用性对项目进行排列和串联，克服项目之间共享资源的瀑布效应，建立可行的多项目计划。

4. 缓冲管理用于在执行中设定任务的优先级。当不确定性令原计划发生变化的时候，基于缓冲的使用率（缓冲空间的消耗量占总工作量的百分比）排列任务优先级。缓冲空间不足的任务优先级要排在缓冲空间使用率低的任务之前。

23.3 同步制造与传统方法的比较

主生产计划提供给 MRP 后，MRP 采用**逆序计划方法**（backward scheduling），通过物料清单的扩展来逆序编制生产作业计划：从要求的完成日期开始，从后向前对各项作业进行安排。作为一个辅助程序，MRP 通过它的能力资源计划模块，建立了工作中心的能力利用概况表。当工作中心超负荷的时候，要么调整主生产计划，要么在系统中保留足够的松弛能力以便问题在局部被解决（由工作中心的管理人员或者工人自己解决）。用 MRP 平衡生产能力非常困难，需要很多的计算机运行时间，所以负荷过重或者负荷不足的问题最好是在局部得到解决，如在机器中心。一个 MRP 生产计划在它建立几天后就可能失效了。

同步制造（TOC）使用**顺序排序**（forward schedule）的方法，因为它关注关键资源。关键资源的生产计划优先制订，确保安排在关键资源上的负荷在它的生产能力范围之内，然后才用非关键资源（或者非瓶颈资源）支持关键资源。为了使库存持有时间最短，非关键资源的作业进行计划支持非关键资源的生产。这种步骤保证了生产计划切实可行。为了缩短提前期和减少在制品库存，在同步制造系统中的加工批量和转运批量是变化的，这是 MRP 不能做到的。

下面对同步制造和 JIT 系统做一个比较。JIT 在缩短提前期和减少在制品库存方面确实做得非常不错，但它也有几个缺陷。

（1）JIT 仅限于重复性的制造。

（2）JIT 要求一个稳定的生产水平（一般在一个月内）。

（3）JIT不允许生产的产品具有很多变化（产品相似且变化有限）。

（4）在使用看板时JIT仍然需要在制品库存，这样才有可供"拉动"的余地。这意味着已经完成的工件必须放在每个工作站的下游，以便下一个工作站在需要的时候把它们拉走。

（5）JIT要求供应商分布在附近，因为系统通常需要依赖于少量但频繁的送货。

因为同步制造使用一个计划给每一个工作站分配工作，因此除了正在生产的产品，没有必要留有多余的在制品库存，除了在瓶颈资源的前面为保证系统的持续工作特别设置的库存，或者在瓶颈资源下游的特定地方为确保产品的流动速度设置的库存。

至于对系统的持续改进，JIT是将试算法应用到现实的系统中的过程。在同步制造中，系统可以被程序化并在计算机上进行模拟，因为它的作业计划是切实可行的（可以完成的），而且计算机的运行时间很短。

与其他职能领域的关系

生产系统必须与其他职能领域紧密结合起来，实现最好的运营效果。本节简要讨论会计和市场营销领域，包括这些领域的冲突、合作以及协作计划等方面。

1. 会计的影响

有时我们的决策仅仅是为了符合测评系统的要求，而不是为了实现公司的目标。考虑下面的例子：假定两台旧机器现在正在生产同一种产品。每台机器的单件加工时间是23分钟。由于每台机器的加工能力是每小时加工3个部件，因此两台合并起来的加工能力是每小时6件，这刚好满足市场的需求。假设工程部门发现一种新机器，它的单件加工时间不是20分钟，而是12分钟。但是一台这种机器每小时的加工能力是5件，不能满足市场的需求。从逻辑上讲，管理人员应该是用一台旧机器来弥补每一小时一件的短缺。然而，事实并非如此。单件加工的标准从20分钟变为12分钟，由于旧机器的生产波动性很大，达到67%［=(20-12)/12］，绩效会看起来很糟糕。因此，主管会让新机器加班运行。

2. 成本会计核算指标的问题

成本会计应用于绩效测评、成本确定、投资依据和库存测评等方面。在评估时，要使用两套会计考核测评指标：①全局的测评指标体系，即财务报表，显示净利润、投资收益率和现金流量指标（这些都是我们认同的）；②局部的成本会计测评指标，表现为效率（相对于标准的波动变化）或者利用率（工作小时数/可利用的小时数）。

从成本会计（局部考核测评指标）的观点来看，传统意义上的绩效建立在成本和利用率的基础上。这种逻辑迫使主管不停地让工人工作，从而产生了过量库存。成本会计考核体系还有其他问题。例如，就像我们在上一节中所讨论过的，为了利用空闲时间增加利用率，可能会产生瓶颈资源。任何测评指标体系都应该支持公司的目标，而不是妨碍公司目标的实现。幸运的是，成本会计测评指标的理念正在发生变化。

3. 销售和生产

销售和生产应该相互沟通，在行动上协调一致。但是，在实际中它们往往各行其是。这其中有很多的原因，既有个性和文化上的差异，又有两个职能部门奖励制度的差异。销售人员往往用销售额、市场占有率和新产品的引入来判断公司的发展。销售部门是以销售额为导向的，而生产部门的人员以成本和利用率来作为判断依据。因此，销售人员希望用种类繁多的产品来提升公司地位，而生产人员希望降低成本。

用来评估销售和生产的数据也大不相同。销售数据是"软"的（定性的），而生产数据是"硬"的（定量的）。销售人员和生产人员的价值取向与经历也存在差异。销售人员通过提高销售额以及与客户保持良好的关系来获得提升。高层生产管理人员很可能是因为他们的生产运作业绩而获得提升，因而他们把工厂绩效作为最高目标。

文化也是对比销售和生产人员差异的重要因素。销售人员性格外向，有自我激励精神；生产人员性格内向，小心谨慎（至少不如销售人员外向）。

处理这些差异的方法是每个领域建立一套公平的绩效测评指标体系，促进销售与生产部门的沟通和交流，从而使它们更好为实现公司的目标服务。

23.4 约束理论：关于生产什么的问题

下面我们举两个例子来说明不同的目标和评价标准会导致错误的决策。这些例子同时还表明，即使你拥有所有的数据，你还是有可能无法解决问题，除非你知道怎么做。

例23-1 生产什么

在第一个例子中，3种产品A、B、C的市场价分别为每单位50美元、75美元以及60美元。假定市场可以接纳供给的所有产品。

3个加工中心X、Y、Z加工3种产品，如图23-12所示，每个加工中心所需的加工时间也如图中所示。注意每个加工中心都可以加工3种产品。依据生产各种产品的需要，原材料、零件、组件被注入各个工作中心。每个单件的物料成本也标注在图中用RM表示。

那么，到底应该生产哪种产品或者哪些产品？

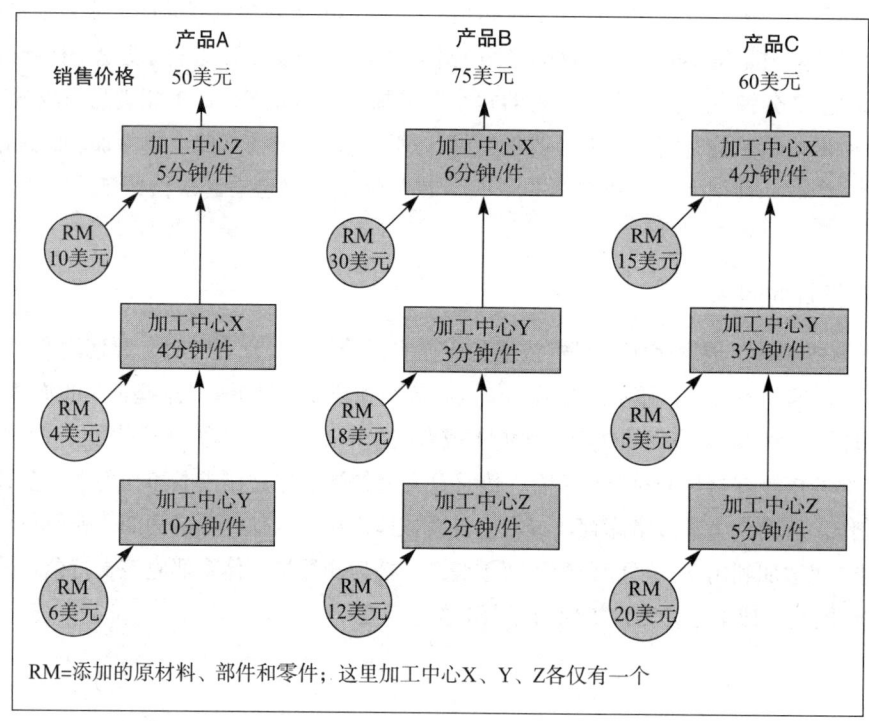

图23-12 3种产品的价格和3个工作中心生产3种产品的生产要求

解答

3种不同的目标可以得出不同的结论：

1. 销售收入最大化，因为销售人员的佣金是基于总销售收入决定的。
2. 单件毛利润最大化。
3. 总毛利润最大化。

在本例中，我们采用毛利润也就是销售价格减去物料成本，也可以包括其他的费用，如运营费用。但为简化起见，我们不考虑这些因素（在下个例子中我们将考虑运营费用）。

目标1：销售收入最大化。在本例中，销售人员不知道所需的加工时间，因此，他们只会努力以75美元的价格销售产品B，而不会销售产品A和C。销售收入最大化受限制性资源约束，有关计算如下。

产品	限制性资源	单件所需时间（分钟）	每小时加工件数	售价（美元）	每小时的销售收入（美元）
A	Y	10	6	50	300
B	X	6	10	75	750
C	Z	5	12	60	720

目标2：单件毛利润最大化。

（1）产品	（2）销售价格	（3）原材料成本	（4）单件毛利润（2）-（3）
A	50	20	30
B	75	60	15
C	60	40	20

最终的决策结果是只销售产品A，因为它的单件毛利润是30美元。

目标3：毛利润最大化。我们可以通过求解一段时期内的毛利润或者毛利润的产生速度得到答案。在本例中，我们使用毛利润获取速度这一指标，因为它比较容易计算，而且是更为适宜的测评指标。我们以每小时产生的毛利润测评毛利润的获取速度。

注意，每一种产品都有不同的加工中心限制它的产出水平，所以产品的生产速度取决于瓶颈加工中心的生产速度。

（1）产品	（2）限制性加工中心	（3）单件加工时间（分钟）	（4）产品产出速度（件/小时）	（5）销售价格（美元）	（6）原材料成本（美元）	（7）单件毛利润（美元）	（8）每小时的毛利润（美元）
A	Y	10	6	50	20	30	180
B	X	6	10	75	60	15	150
C	Z	5	12	60	40	20	240

从我们的计算结果可以看出，产品C每小时提供的毛利润最高，为240美元。综上所述，我们得到三种不同的结论：

- 为了使销售收入最大，我们选择生产产品B。
- 为了使单件毛利润最大，我们选择生产产品A。
- 为了使总毛利润最大，我们选择生产产品C。

如果我们只生产一种产品，选择C产品显然是公司的正确答案。利润可以提高到280美元/小时，生产混合的A：3、B：2和C：8单位/小时。该解决方案可以通过附录A中描述的"产品组合"问题来获得（参见例A-1）。

在本例中，所有的工作中心都要参与三种产品的生产，而每一种产品都有一个不同的加工中心是其限制性资源。我们这样做是为了简化问题，确保答案是一种产品。如果存在更多的工作中心或者同一个工作中心是几个不同产品的限制性资源，那么运用线性规划也能简单地解决这些问题（见附录A）。

例23-2 生产多少

在本例中，由两个工人生产4种产品，如图23-13所示。工厂实行三班轮换工作。市场的需求是无限的，可以吸纳工人生产的所有产品。唯一的限制条件是任何一种产品的最大销量与另一种产品的最低销量之比不应超过10：1。例如，一种产品的最大销量是100件，那么，另一种产品的最低销量不应低于10件。假设工人1和工人2没有经过交叉培训，只能在各自的岗位上工作。时间和原材料（RM）成本如图23-13中所示。总成本和时间请参见图中下半部分。每周的运营费用是 3 000 美元。

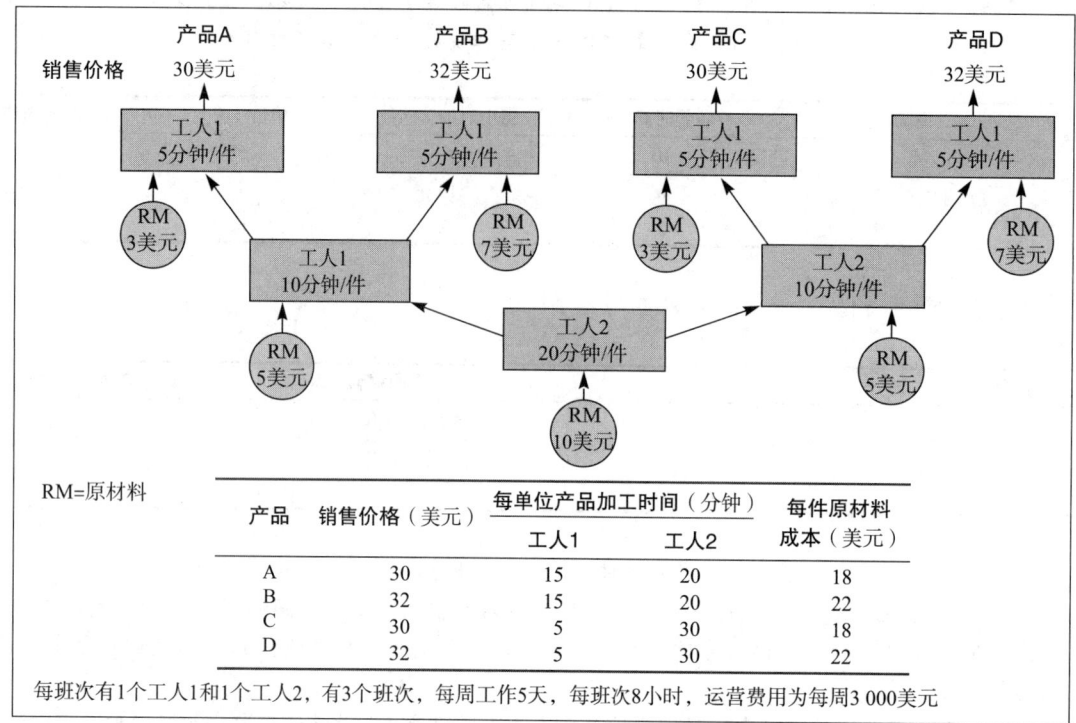

图 23-13　生产要求和 4 种产品的销售价格

我们应该分别生产多少产品 A、B、C 和 D 呢？

解答

如同例 23-1，根据不同的目标，该问题有三个不同的答案。这三个目标是：

1. 销售收入最大化，因为它决定销售人员的报酬。
2. 单件产品毛利润最大化。
3. 瓶颈资源利用率最大化（能导致总毛利润最大化）。

目标 1：销售收入最大化。销售人员宁愿销售产品 B 和 D（销售价格为 32 美元），而不愿销售产品 A 和 C（销售价格为 30 美元）。每周的运营费用是 3 000 美元。

销售的产品的比例应为：1A：10B：1C：10D。

每班的工人 2 是瓶颈，因而他决定了系统的产出水平。值得注意的是，在市场需求无限的情况下，每周工作时间应该为 7 天，而不是 5 天。

每周可利用的时间是：5 天/周 ×3 班/天 ×8 小时/班 ×60 分钟/小时 = 7 200（分钟/周）

工人 2 花费在每种产品上的时间分别为：

A：20 分钟，B：20 分钟，C：30 分钟，D：30 分钟

由于产出的比例为 1∶10∶1∶10，所以：

$$1X \times 20 + 10X \times 20 + 1X \times 30 + 10X \times 30 = 7\,200$$
$$550X = 7\,200$$
$$X = 13.09$$

因此，各种产品的产出水平分别为：

$$A = 13 \quad B = 131 \quad C = 13 \quad D = 131$$

每周总收入为：

$$13 \times 30 + 131 \times 32 + 13 \times 30 + 131 \times 32 = 9\,164（美元）$$

为了与目标 2 和目标 3 进行比较，我们可以计算一下每周的毛利润。

每周的毛利润（销售收入减去原材料成本，再减去每周的运营费用）为：
$13\times(30-18)+131\times(32-22)+13\times(30-18)+131\times(32-22)-3\,000=156+1\,310+156+1\,310-3\,000=-68$（美元）

目标 2：单件产品毛利润最大化。

	毛利润	=	销售价格	−	原材料成本
A	12	=	30	−	18
B	10	=	32	−	22
C	12	=	30	−	18
D	10	=	32	−	22

产品 A 和 C 的毛利润最高，因此产品 A、B、C、D 的生产比例为 10∶1∶10∶1。工人 2 是约束资源，每周的可利用时间为：

$$5\text{天/周}\times3\text{班/天}\times8\text{小时/班}\times60\text{分钟/小时}=7\,200\,(\text{分钟/周})$$

如前所述，产品 A 和 B 的单件加工时间均为 20 分钟，C 和 D 的单件加工时间均为 30 分钟。

所以：
$$10X\times20+1X\times20+10X\times30+1X\times30=7\,200$$
$$550X=7\,200$$
$$X=13$$

因此，产品 A、B、C、D 的产量分别为：

$$A=131\quad B=13\quad C=131\quad D=13$$

每周的毛利润（销售收入减去原材料成本，再减去每周的运营费用）为：
$131\times(30-18)+13\times(32-22)+131\times(30-18)+13\times(32-22)-3\,000=1\,572+130+1\,572+130-3\,000=404$（美元）

目标 3：瓶颈资源利用率最大化。工人 2 每两小时工作一次，他加工的产品数量以及获得的毛利润如下表所示。

（1）产品	（2）加工时间（分钟）	（3）每小时加工件数	（4）单价（美元）	（5）单位原材料成本（美元）	（6）每小时的毛利润（美元）（3）×[（4）−（5）]
A	20	3	30	18	36
B	20	3	32	22	30
C	30	2	30	18	24
D	30	2	32	22	20

工人 2 生产产品 A，每小时产生的毛利润最大。

产品 A、B、C、D 生产比例为 10∶1∶1∶1。

工人 2 每周可利用的时间是：
$$5\text{天/周}\times3\text{班/天}\times8\text{小时/班}\times60\text{分钟/小时}=7\,200\,(\text{分钟/周})$$

工人 2 每生产 1 单位的产品 B、C、D，就要生产 10 单位的 A。工人 2 的平均生产率是：
$$10X\times20+1X\times20+1X\times30+1X\times30=7\,200$$
$$280X=7\,200$$
$$X=25.7$$

所以，产品 A、B、C、D 的产量分别应为：

$$A=257\quad B=25.7\quad C=25.7\quad D=25.7$$

每周的毛利润（销售收入减去原材料成本，再减去每周 3 000 美元的运营费用）为：
$257\times(30-18)+25.7\times(32-22)+25.7\times(30-18)+25.7\times(32-22)-3\,000=3\,084+257+308.4+257-3\,000=906.4$（美元）

总之，根据不同的目标来决定生产量，我们得到三种不同的结论：

1. 销售收入最大化会致使毛利润亏损 68 美元。
2. 单件毛利润最大化可以获利 404 美元。
3. 瓶颈资源的利用率最大化，可以获得最佳的毛利润 906.40 美元。

上述两个例子都说明，销售和生产部门之间需要沟通。销售部门应该销售使公司获得最大利润的产品。生产部门在安排生产能力时，应该从销售部门了解何种产品可以销售出去。

例 23-3　TOC 在银行贷款申请流程中的应用

在本例中，高德拉特约束理论里用于消除瓶颈的 5 个步骤（见表 23-2）被运用在银行贷款申请的流程中。从本例可以看出，约束理论的思想可以应用到各个领域，包括服务流程。

第一步：确定系统的约束条件。假设银行是一家私有机构，其目的是在现在和未来都赚更多的钱。另外，假设初始约束是内在的，贷款经理不能立即完成所有任务。也就是说，在现有银行贷款申请的需求下，贷款经理不能以顾客认为是足够快的速度同时进行贷款批准流程中的所有步骤。

第二步：制定如何充分利用系统约束资源的决策。一旦确定好约束条件之后，管理人员应将约束资源的能力以及能实现系统目标的能力最大化。通过计算瓶颈资源单位时间的产出，管理人员就知道应将约束资源的工作赋予优先权。比如说，贷款部门经理可以算出每种贷款（如住房贷款、购车贷款和小企业贷款）申请在每小时内的产出。瓶颈资源贷款处理的顺序应当按照各种贷款的盈利能力排列，这样才能迅速地实现银行的目标。另外一个辅助优先级排列的方法就是保证瓶颈资源一直处于高效利用状态。所以，银行还可以考虑重新设计贷款批准程序，使得在工作负荷饱满的贷款经理可以将工作转移到那些部分利用的人员手中。

第三步：让其他资源都服从于前面的决定。这里的服从指的是令所有非约束资源支持瓶颈资源利用的最大化。在本例中，银行经理需要安排想要完成贷款申请的潜在客户，以待贷款经理进行处理。另外，银行经理还需要控制输送给贷款经理的贷款申请，以免使贷款经理处出现过多待处理的贷款申请。最后，银行需要保证有一名员工一直在确保每个申请的完成情况，并保证申请在送给贷款经理时符合各项标准（注意，保证一直有审核后的申请可以充分利用贷款经理的时间，这种服从的方法只能稍微提高产出率。这个方法可能导致银行偏离目标，约束资源仍然是贷款经理）。

第四步：提升约束资源的能力。提升约束资源的能力意味着要增加足够多的能力，以使现有的约束不再制约整个系统的产出。与前两个步骤相比，能力的提升通常需要资本支出或投资来购买新的资源或能力。在银行贷款的例子中，尽管我们可以认为经过第二步和第三步之后，贷款经理的生产率有所提高，但是系统的约束仍然是银行的贷款经理。因为这些改进还不足以消除约束，所以可以直接就约束因素做出处理。最直接的步骤就是另外雇用一名贷款经理。这一措施通过增加足够多的能力以满足现有贷款申请需求，从而提升现有约束的能力。不过这一决定会带来运营费用的显著提升，因此需要通过管理层来决策是不是实现流程目标以及银行总体目标的最佳方法。

第五步：回到第一步，但是不要让同一个问题一次又一次地成为系统的约束条件。通过第四步，原有的约束资源被突破，因此就有必要回顾第二步和第三步中所做出的变动，以确定它们是否仍然对流程和系统的性能有利。再次回到银行贷款的例子，第二步采取的措施——通过卸下贷款打包和信用核查等工作负荷给其他银行职员的效果很好，因此也就不需要回到以前的处理方式。而对于第三步，尽管银行仍想要积极安排银行代理与顾客见面，以帮助他们完成银行贷款，但是贷款申请和批准流程的约束已经转移到市场，所以可能就不会出现大量待处理的贷款申请。因此，可以回到 5 个步骤中的第一步了。

流程拓展　表 23-3 给出了这 5 个步骤未来几年银行贷款申请流程的可能实际的展开方式。通过雇用一名新的贷款经理使原有流程的约束资源的能力得到提升，同时也导致了新的约束资源的产生。假定新的约束资源是政策型的，也就是说，银行管理人员不能发展那些不用本行信用卡服务的顾客。对这一条件的考虑使得顾客仅限于至少在去年就已经拥有本行任何一种账户的顾客。接下来，因为没有充足的资金储备用于贷款的发放，所以新系统的约束资源变成了资金的供给。为了应对这一新的约束条件，假定银行从另一个高级贷款机构筹得资金，并能向更多顾客提供贷款。现在，就会出现一个新的市场约束，因为资金的供给大于市场中的需求。银行的营销团队通过努力，开发出了一种新的适合当地在校学生的贷款产品和服务，成功地消除了这一约束。在这个例子的最后，约束资源再次回到银行内部的贷款批准流程,贷款经理和银行职员贷款处理的速度不足以与需求同步。银行管理层购买了一套用于提高贷款申请处理速度的软件,并能充分利用贷款经理和助手。

表23-3　5个步骤在银行贷款子系统管理的连续应用

约束所在	约束类型	识别约束资源	约束缓冲的措施
银行贷款处理流程	物理	贷款经理和银行职员不能及时处理所有顾客的贷款申请	贷款经理的部分工作转移给其他职员,雇用新的贷款经理
市场	政策	现有银行的政策:如果贷款申请人不拥有本行账户,那么他们不符合贷款申请资格	新的银行政策:每笔贷款必须有本行的某个可用的账户;贷款需求增加,因为有更多合格的贷款申请人
供给	物理	可用的资金资源不足以满足所有顾客的贷款申请	银行从另一个高级贷款机构筹得资金,资金储备大于顾客的需求
市场	政策	在现有贷款产品下,贷款市场已饱和;较合格的贷款申请人而言,资金充足	银行为当地在校学生开发了新的贷款产品,市场中贷款的总需求增加
银行贷款处理流程	物理	贷款经理和银行职员不能及时处理所有顾客的贷款申请	银行投资购买了一套新的用于贷款申请流程的软件,流程能力超过需求

资料来源:Richard A. Reid, "Applying the TOC Five-Step Focusing Process in the Service Sector: A Banking Subsystem", *Managing Service Quality* 17, no. 2 (2007), pp.209–234. Copyright © 2007 Emerald Group Publishing Ltd.

本章小结

23-1　理解约束理论(TOC)

总结

- 高德拉特的约束理论是改善流程的一种方式。他的思想激励了一些实业家,并在许多领域进行了应用,如制造、配送和项目管理。
- 他的潜在哲学是关注资源能力的限制,对一家盈利的公司来说,必须去除这些限制。
- 他认为为了实现这些,必须同时增加产出、减少库存和运营费用,他认为提高劳动生产率未必会让公司盈利,而只有当公司增加生产能力、减少库存或运营费用时才能做到。
- 高德拉特称为了保持完美的平衡能力会导致许多问题,这是因为这会让各种资源依赖于其他资源,由于统计波动在任何过程中都是内在因素,因此完美的平衡会带来干扰,他认为应当实现过程流的平衡,而不是能力。

关键术语

同步制造:协调工作以实现公司目标的生产过程。

产出率:系统通过销售产生资金的速率(高德拉特的定义)。

库存:系统为购买它打算出售的物品而投入所有的资金(高德拉特的定义)。

运营费用:系统用于将库存转化为产出率所有的费用(高德拉特的定义)。

生产率:生产率是衡量资源使用的程度。根据高德拉特的定义(参见第23章),指所有使公司更接近其目标的行为。

23-2　分析瓶颈资源并将约束理论用于过程控制

总结

- 通过瓶颈来管理物流是TOC同步制造的关键。
- 瓶颈通过预期利用率(利用能力的百分比)的计算来确定。
- 在瓶颈资源上节约时间是唯一的提升生产率的方法。
- 根据瓶颈的节奏控制生产系统里其他环节的生产速度是控制生产系统的一种有效技术。

关键术语

瓶颈资源:制约整个过程的产出能力或输出的资源。

非瓶颈:容量大于需求的资源(高德拉特的定义)。

能力约束资源:一种其利用率已接近其能力,如果不仔细调度,可能成为瓶颈的资源(高德拉特的定义)。

23-3　比较TOC和传统方法

总结

- MRP使用的是逆序计划法,以满足交货期和最大化能力利用为导向原则。
- JIT根据需要拉动原材料,但是变化的灵活性不高,尤其是当能力很紧张时。
- 同步制造(TOC)更加灵活,并且是为了最大化系统能力的同时最小化成本。
- 为了成功实现 TOC，公司必须意识到它是与财务和市场销售的观点相冲突。传统的成本核算基于资源全部利用和成本最小的基础。这与 TOC 的目标是直接冲突的，TOC 通过提升整体生产来最大化利润。

23-4 利用 TOC 原则评估瓶颈调度问题

总结
- TOC 可用于生产安排，这与在第 22 章中讨论的传统原则非常不同。

应用举例

23-4

下图是产品 A、B 和 C 的工艺流程。产品 A、B 和 C 分别以 20 美元、25 美元和 30 美元的价格出售。资源 X 和 Y 生产产品 A、B 和 C，加工所需时间如图所示。各流程步骤所需的原材料以及单位原材料的成本都标在了图中（每个产品用一单位原材料）。

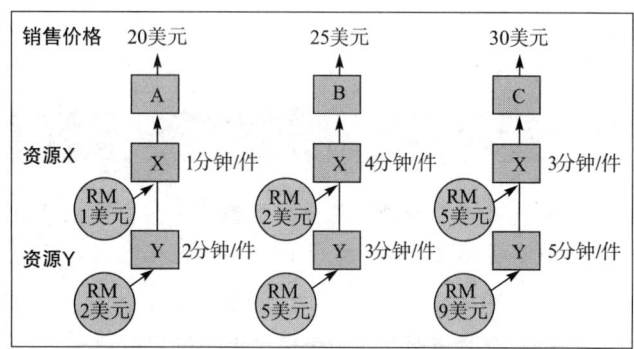

假设市场能吸收所有的产品。

1. 以单件毛利润最大化为目标，应该生产何种产品？
2. 以销售人员佣金最大化为目标，他们将销售哪种（些）产品？他们能售出多少？
3. 以每周毛利润毛利率最大化为目标，他们应该生产哪种（些）？
4. 在 3 情况下每周的毛利润是多少？

解答

1. 单件毛利润最大化。

产品	毛利润	=	售价	−	原材料成本（美元）
A	17	=	20	−	3
B	18	=	25	−	7
C	16	=	30	−	14

所以选择生产产品 B。

2. 销售人员佣金最大化。销售人员愿意销售价格最高的产品 C（除非他们知道市场和生产能力的限制）。假设市场能吸纳我们生产的所有产品，那么我们将每周工作 7 天，每天 24 小时。Y 是生产产品 C 的约束。每周生产 C 的数量为：

$C = (24\text{ 小时/天} \times 7\text{ 天/周} \times 60\text{ 分钟/小时}) \div 5\text{ 分钟/件} = 2\,016\text{（件）}$

3. 为使毛利润最大化，我们需要对生产不同产品每小时产生的毛利润进行比较。

（1）产品	（2）约束资源	（3）加工时间（分钟）	（4）每小时的加工件数	（5）售价（美元）	（6）原材料成本（美元）	（7）每小时的毛利润（美元）（4）×[（5）−（6）]
A	Y	2	30	20	3	510
B	X	4	15	25	7	270
C	Y	5	12	30	14	192

如果三种产品的约束相同，那么问题的答案只能是产品 A。但是，产品 B 的约束是 X，所以答案有可能是 A 和 B 的组合，为了检验这点，下面计算 Y 每小时生产产品 B 能获得的毛利润：

60 分钟/小时 ÷ 3 分钟/件 × (25 − 7) 美元
= 360（美元/小时）

既然 360 美元/小时小于 510 美元/小时，因此只能生产产品 A。每周生产 A 的数量为：

(60 分钟/小时 × 24 小时/天 × 7 天/周) ÷ 2 分钟/件
= 5 040（件/周）

4. 每周的毛利润是：5 040 × 17 = 85 680（美元）。

讨论题

23-1

1. 高德拉特的约束理论与现有的持续提升组织的方法有什么不同？有什么相似的地方？
2. 比较全局绩效测评指标与运营绩效测评指标，并对它们进行简单定义，说明它们与传统会计测评的区别。

3. 大多数制造企业都想方设法平衡各工序的生产能力，有人认为这是一种无效的做法。解释为什么平衡生产能力不能解决问题。

23-2

4. 单独或以小组为单位，回顾在公司工作的经历或作为顾客的经历。描述 TOC 在哪些地方得到了成功应用来提升流程，或者有哪些潜在的地方可以使用 TOC 来提升流程。

5. 讨论为什么加工批量和运转批量一般不相等，而且不应该相等。

6. 讨论如何决定加工批量和运转批量的大小？

7. 说明移动瓶颈的原因。

8. 解释非瓶颈是如何变成瓶颈的。

9. 讨论"鼓－缓冲器－绳子"的概念。

23-3

10. 对比 JIT、MRP 和同步制造，说出它们的主要特征，如各自适用的情况、原材料和在制品库存的数量、生产提前期和生产周期、控制方法等。

11. 比较 JIT、MRP 和同步制造中质量控制的重要性与实用性。

12. 讨论在 MRP、JIT 和同步制造逻辑下是如何制订生产系统计划的。

13. 讨论顺序加载和逆序加载的含义。

14. 说明 MRP、JIT 和瓶颈或约束资源逻辑中加工批量和转运批量及它们的含义。

15. 从计划过程的角度来看，如何处理 MRP 中的资源限制？在同步制造中如何处理资源限制？

16. 大多数企业中运营人员对会计方法的抱怨主要有哪些？说明这些方法导致整家公司不良决策的内在原因。

23-4

17. 以个人或小组的形式，在午餐期间观察喜爱的快餐店，在订餐和吃饭的时候注意观察各流程。系统中的瓶颈是什么？你能够提供什么建议？

18. 在决策该生产什么产品的时候，为什么仅仅考虑售价和不同产品的需求是不够的？

客观题

23-1

1. 高德拉特研发的来实现 TOC 思想的软件是什么？
2. 衡量公司绩效的三个必要的财务测评指标是什么？
3. 为实现公司目标协调一致的生产过程指的是什么？
4. 高德拉特定义的传统的运营测评"所有令公司接近目标的行动"指的是什么？

23-2

5. 下面给出了部件 O、Q 和 T 的生产过程、U 的预装过程以及最终产品 V 的装配过程。

M → N → O
P → Q
R → S → T
O + Q → U
U + T → V

N 中包括了瓶颈操作，而 S 中包含了能力约束资源。请画出流程图。

6. 如右图所示的 4 种情况，在情况 Ⅰ、Ⅱ 和 Ⅲ 中，市场需求的产品必须经过资源 X 和 Y 加工；在情况 Ⅳ 中，这两种资源的供给是相互独立的，但市场相互依赖，市场要求 X 和 Y 的产出数量必须相等。

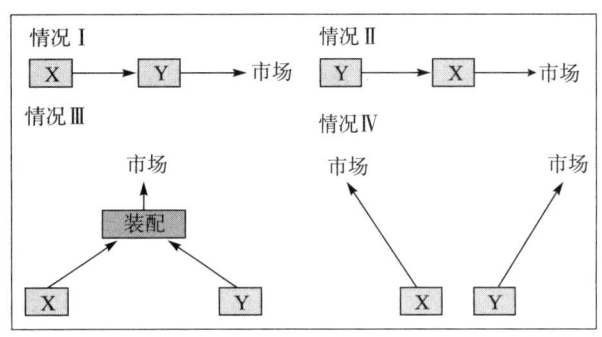

制订生产计划生产一种产品，要求资源 X 加工 40 分钟，资源 Y 加工 30 分钟。假设资源 X 和 Y 各有一个，每月市场需求是 1 400 件。

请问你计划安排 X 和 Y 各生产多少时间？如果它们被安排使用相同的小时数，那么情况又会怎样？

7. 下图是 A、B 和 C 三种产品的工艺流程图，图中有两个瓶颈，出现在第一分支和第四分支，用符号 X 表示在图中。方框代表工序，这里可能是机器加工也可能是手工加工。请提出设立鼓、缓冲器和绳子布置的建议。

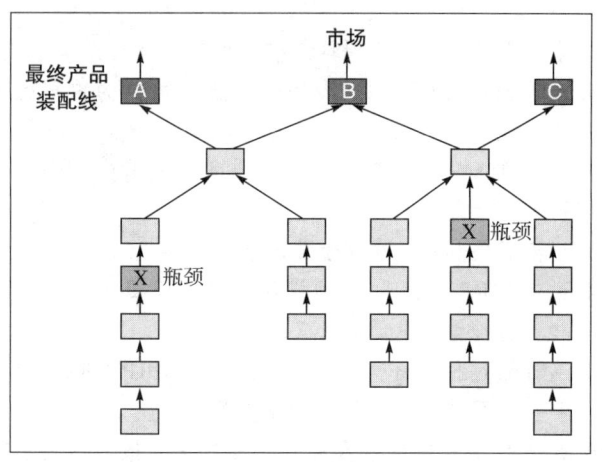

8. Willard 锁厂因为交货提前期长、交货延误严重，正在不断丧失市场份额。该厂的库存很多，其中包含了很多不能和短期订单匹配的成品。物料控制分析显示采购准时，供应商交货也很准时，废品率和返修率也在预期的水平之内，但是装配所需的零部件总不能与到期或即将到期的订单相匹配。月末赶工与加班现象经常发生，但是月初总有空闲时间。全月的利用率只有 70%，利用率水平偏低。

下图为锁具生产网络示意图。假如你被聘请到该厂做顾问，请你为该厂提出改进建议，帮助工厂找出存在的问题，并重点说明应该采取哪些措施帮助企业走出困境。

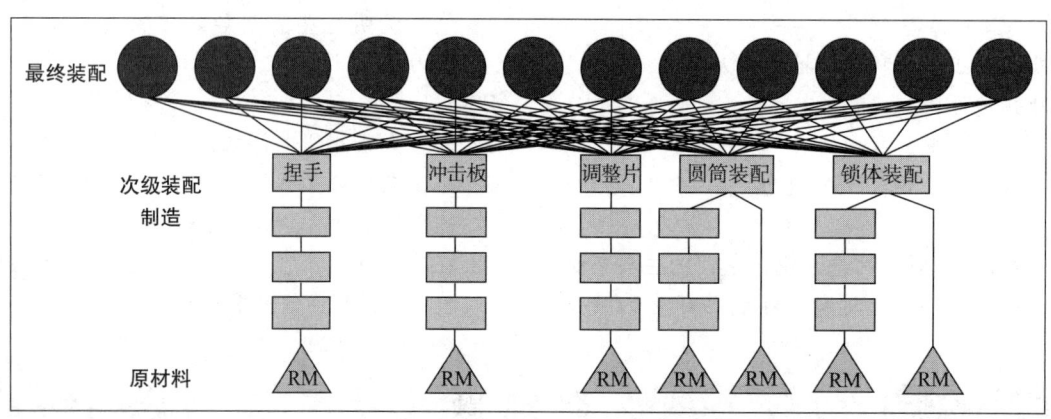

9. 下图为一个生产的网络模型，它标明了各个零件和生产流程顺序。请在图中标明：①在何处设置库存？②在何处进行检验？③哪些地方要强调高质量的产出？

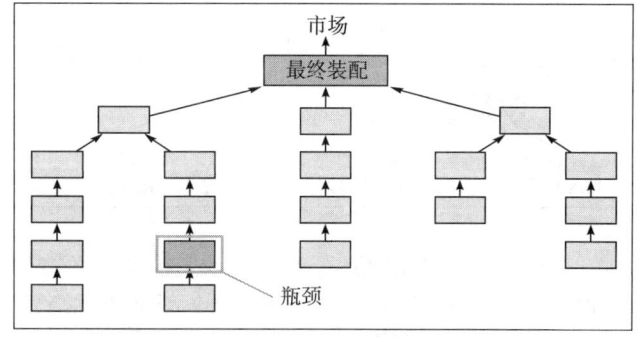

10. 下面是零件 E、I 和 N 的生产，部件 O 组装和产品 P 组装的流程：

A — B — C — D — E
F — G — H — I
J — K — L — M — N
E 和 I — O
N 和 O — P

B 中有一个瓶颈，M 中有一个 CCR。

a. 请画出流程图。

b. 在何处设置缓冲库存？
c. 在何处设置检验点？
d. 在什么地方要强调生产质量？

11. 下面是几个加工中心的加工周期。请指出哪个（些）加工中心是瓶颈、非瓶颈和能力约束？

加工时间		生产准备时间	
加工时间	生产准备时间	闲置时间	
加工时间	生产准备时间	闲置时间	
加工时间	生产准备时间	闲置时间	
加工时间	生产准备时间	闲置时间	

12. 下图列出了产品 A、B 和 C 的加工流程、原材料成本和机器加工时间。产品 A、B 和 C 的生产中用到机器 W、X 和 Y，图中标示的时间是生产单位产品所需的时间。原材料成本是以每单位产品的成本表示的。假设市场容量足够大。

a. 如果销售人员以佣金计酬，那么他们愿意销售哪种产品？
b. 以单件毛利润最大化为目标，应该生产哪种产品？
c. 以企业总毛利润最大化为目标，应该销售哪种产品？

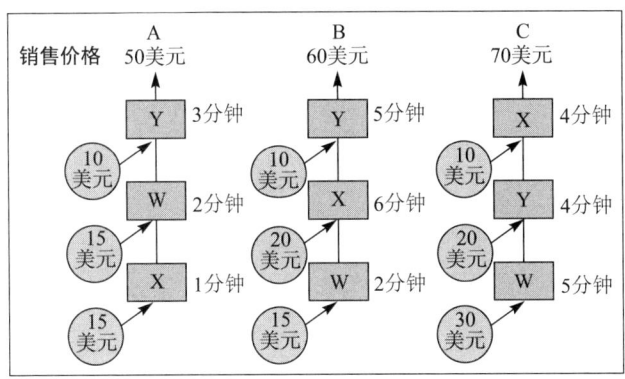
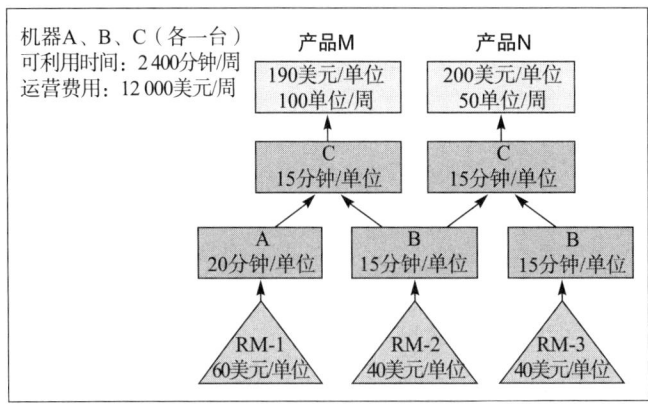

23-3

13. 同步制造与 MRP 有什么不同？
14. JIT 受限于哪种类型的制造环境？
15. 成本的计算思想能够帮助管理者保持各种资源的有效利用，提高生产率而不注重需求。这会有什么不好的结果？
16. 处理销售和生产的不同要做哪两件事情？

23-4

17. M-N 工厂生产 M 和 N 两种不同的产品。产品 M 和 N 的售价、每周需求时间和原材料成本如右图所示。工厂有三台机器 A、B、C，每台机器执行不同的任务，每台机器每次只能加工一单位产品。

    每项任务的加工时间也标示在图中。每台机器每周的可用时间为 2 400 分钟。系统没有 "Murphys"（系统出现混乱的主要机会）。生产准备时间与转运时间为零，市场需求是常数。

    每周运营费用（包括劳动力在内）为 12 000 美元，其中不包括原材料成本（答案见附录 D）。

    a. 该工厂的约束是什么？
    b. 什么样的产品组合能使工厂利润最高？
    c. 工厂每周可能获取的最高利润是多少？

18. 一家钢材制造商从原材料（碳素钢丝）开始，然后按顺序从机器 A 到机器 E 连续加工（如下表所示）。这是 5 部机器的全部作用。表中列出了每台机器每小时的产出。

操作	1	2	3	4	5
机器	A	B	C	D	E
每小时的产出	100	80	40	60	90

请回答下列问题。

a. 该钢材产品每小时的最大产出是多少？
b. 如果机器 B 的能力提高到 90，产出会提高多少？
c. 如果机器 C 的能力提高到 50，产出会提高多少？
d. 如果机器 C 的能力提高到 70，产出会提高多少？
e. 如果机器 A 每小时的能力只有 90，这会对系统产生什么影响？
f. 如果机器 C 每小时的能力只有 30，这会对系统产生什么影响？
g. 如果允许机器 B 每小时的产出降到 30，这会对系统产生什么影响？

练习测试

写出以下每句定义的术语或回答问题，答案见底部。

1. 在高德拉特看来，企业的目标是什么？
2. 在运营层次上，高德拉特建议用这三个指标来指导决策的制定。
3. 它是与上述三个指标相关的目标。
4. 高德拉特认为，不仅是能力，这个也需要平衡。
5. 任何低于分配需求的资源能力。
6. 高德拉特建议生产系统应当使用这三种机构来控制。
7. 需要把它放在瓶颈之前，以保证瓶颈能持续工作。
8. 在生产系统的控制中，绳的使用目的是。
9. 用于生产系统节拍的设置。
10. 用于测量库存的价值和它在一定区域范围内的停留时间。

答案：1. 盈利。 2. 产出率，库存，运营费用。 3. 在尽量少的同时间内投入库存成本的前提下产生最多的产出。 4. 流程。 5. 瓶颈。 6. 鼓，缓冲器和绳。 7. 缓冲。 8. 交流。 9. 鼓。 10. 美元日。

PART 5

第五篇

专 题

第 24 章　医疗
第 25 章　运营咨询

不仅适用于制造业和服务业

本书的这一篇，我们将展现前面章节讲述的运营与供应链管理（OSCM）概念还可以应用在某些特定行业。精益制造、消除浪费、价值链分析和其他的所有概念都可以应用于所有商业类型中，而不局限于单纯的制造业和服务业。

比如会有许多人会对金融行业感兴趣。在这个行业中许多流程都是重复性的，就像在制造业中那样。比如发放互惠基金招股章程给投资者，这些文件需要准备和打印，并且会和上千份类似的文件被统一保存，之后会在合适的时间邮寄给实际的和潜在的投资者。考虑到类似富达投资公司这类大客户的邮寄量较大，这些流程必须能够对投资者的需求做出快速响应并且有效地完成。这个流程就具有与制造和物流流程类似的元素，因此公司可以借鉴其中的一些措施帮助自己在快速递送文件的同时将成本最小化。

我们研究了两个特殊的行业——医疗行业和咨询行业。我们之所以选择这两个行业，是因为很多人在择业时会对这两个行业感兴趣。若要变成一个商业专才，你需要将课堂上所学的东西应用在新的和不同的领域。接下来的两章可以帮助你掌握这项技能。

第24章

医 疗

学习目标

24-1 理解医疗运营,将其与制造业和服务业运营进行对比;

24-2 举例说明绩效评估在医疗领域的应用;

24-3 阐述医疗的未来趋势。

引导案例

医疗优化协会

医疗优化协会(The Institute for Health Care Optimization, IHO)致力于将运营与供应链管理中使用多年的工具和方法应用于医疗中。一些企业已经应用这些工具(诸如排队模型和仿真)来设计运营和物料流以实现成本最小与质量最优。这些同样的工具还没有在医疗服务中取得类似的效果。医疗优化协会建立在多学科的基础之上,融合了运营管理、临床知识、分析技术和组织行为,将它们应用于医疗领域。

IHO 变动性管理法(Variability Methodology ™)服务基于独特的三阶段过程来为医院和其他医疗组织重新设计患者流。

阶段1:同类分组,比如择期的和非择期的、住院患者流和门诊患者流,如此可以减少急诊患者的等待时间,增加手术室和导管室的利用率,减少加班并降低预约情况下的延迟。

阶段2:通过减少临时紧急处理的影响,使择期患者的处理流程更加顺畅。目的是提高全院的患者流动率,实现稳定的护士/患者比例,增加各部门的患者处理能力。

阶段3:预测每类流程对资源的需求(如床位、手术室、核磁共振仪、员工),以保证在合适的时间和地点为每位患者提供合适的治疗。

资料来源:医疗优化协会网站(www.ihoptimize.org)。

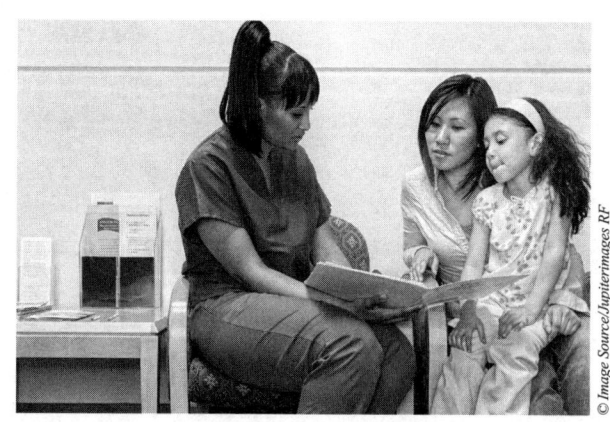

医院是医疗设施、酒店、餐厅以及商店的综合体。那里的人员以高技能的专家为主、以一般技能的员工为辅。采用最新的技术和严格的规范使不同患者接受的服务达到零出错率的质量水平,而且是在可负担的范围之内。

这不是容易的……

医疗服务是工作强度很高的服务业，而且其服务活动对顾客的影响最大。没有什么地方像医院这样，将优秀运营作为追求的中心目标，关注患者医疗处理的体验质量和费用。这点在美国尤为突出，美国一年花在医疗上的费用超过2万亿美元。虽说费用高，但是调查显示，超过55%的美国人都说不满意医疗服务的质量。然而，还是有许许多多的医疗机构都有着突出的、创新的表现。本章我们将要讨论医院和医疗中心的一些独有的特征，以及如何运用运营与供应链管理中的一些概念和工具在医疗行业取得良好的成果。

24.1 医疗运营的特点

医疗运营管理（health care operations management）可以定义为对提供医疗服务的系统进行设计、管理以及改进。作为服务业，医疗服务具有高的顾客接触特点、大量的服务供应商，以及掌握着患者的生命——生存或者死亡。

我们讨论的焦点是医院运营，当然所有我们讨论的也可以应用到比较小的诊所。医院的标准定义是这样一个设施，可以为患者提供观察、诊断、治疗等服务，以治愈或者降低患者的痛苦。观察包括对患者的研究和测试，以实现病情诊断；诊断是医疗专家对导致患者症状的病因解说；治疗是基于诊断的一系列干预行为。医院提供的所有服务都是围绕以上三个方面进行的。

下面总结出医院运营区别于其他组织的主要因素：

- 核心流程中的关键操作者是经过高度专业训练的（比如医疗专家），他们是服务请求的发出者，也是服务活动的提供者。
- 收取的费用与实际绩效之间的关系并不如其他生产领域那么直接。服务质量测量主要是基于顾客的评价而不是客观实在的证据。
- 医院里没有简单的管理线，而是不同利益群体（管理者、医疗专家、护理人员、家庭医生）之间力量的权衡，每个群体都对运营目标有自己的看法。
- 生产控制方法是以明确完备的最终产品要求和交付要求为前提的，但是在医院里，服务产品的要求通常是主观而模糊的。
- 医疗服务是一种不能存储的产品，医院是一个资源导向型的服务组织。

24.1.1 医院的分类

美国医院协会将医院分为以下三类：

- 综合医院/急诊室（general hospital/emergency room）：根据各种各样的情形提供全面的服务。
- 专科医院（specialty）：针对某一类特殊病情提供服务，比如心脏病。
- 精神病院（psychiatric）：为行为和精神失常的人提供照护。
- 康复医院（rehabilitation）：提供的服务集中在患者的康复治疗。

与其他行业一样，医院操作的复杂性对其绩效有着重大影响。如图24-1所示，我们可以将四类医院排列在一个二维"产品-流程"框架里，两个维度分别代表医疗产品范围的宽窄和流程操作的复杂性。由于

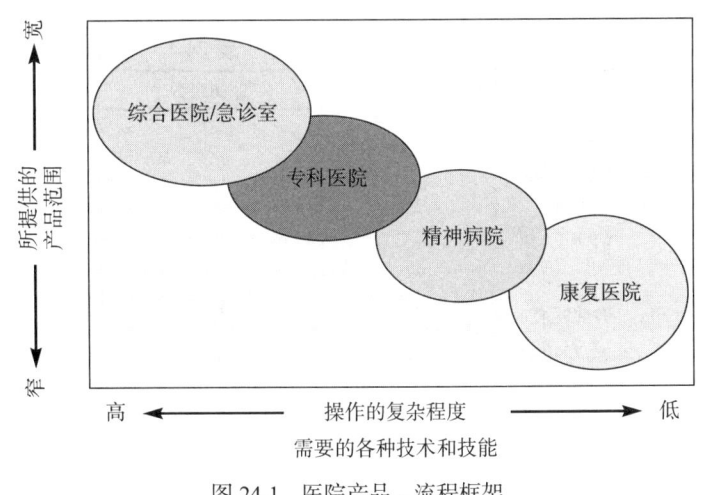

图24-1 医院产品-流程框架

综合医院需要处理各种患者需求，要求规模大、技术全面，因此其具有天然的复杂性。南非索韦托地区的克里斯·哈尼·贝拉格瓦纳思医院（Chris Hani Baragwanath Hospital）是世界上最大的医院。该医院占地173英亩，拥有3 200张病床和6 760名医务人员。专科医院的规模也可能会比较大，但是其医疗技术涉及面相对较窄。举个例子，在巴尔的摩的约翰·霍普金斯医院（Johns Hopkins Hospital）只专注于癌症患者。精神病院比较特殊，因为它们的治疗活动专注于心理而非生理，所以它们需要的技术量不如那些专注于生理疾病的医院。附属于哈佛大学的麦克莱恩医院（McLean Hospital）就是一家精神病院。这家医院以患者多为名人而著称。康复医院被认为是最简单的，尽管它们也用到技术，但是与其他医院提供的治疗活动相比，康复医院的工作多为照管性质的。这一类型医院的典型代表是退伍军人医院（Veterans Administration Hospitals）。

24.1.2 医院布局和治疗链

医院的布局会在物理形态上对其运营产生影响。医院布局的目标是使患者和资源在不同科室及楼层之间移动时，等待和运送时间最短。这种布局应用一种软件模型来决定，目标是最小化患者和医务人员的移动总时间。在患者和医务人员流动的定量因素不明显时，一种叫作**系统布局规划**（systematic layout planning，见第8章）的手工分析方法则更加适用。

医院设计的一般性原则是分离患者流、访客流和医生流。将电梯和专用资源走廊分开使用对防止拥挤和延迟是十分重要的。在整个医院布局中，最重要的部分就是护士站，这是给所有工作人员提供支持性工作的地方。医院设置了许多护士站来帮助不同的患者区域。与过去长方形的护士站相比，现在护士站的形状则更为紧凑。紧凑的方形、改进的三角形或是圆形设计可以缩短护士站与病床之间的距离。具体选择哪种形状取决于护士站的组织结构、每个护理单元所负责的病床数以及一个病房内的病床数等。全方位以患者为中心的治疗环境要求布局考虑小型医学图书馆和计算机终端的设置，可以让患者能对自己的身体状况和治疗有所了解；在患者单元内设置厨房和餐厅，让患者家属能够为家人准备食物并一同进餐。

医院中的工作流动有时被称作**治疗链**（care chain），包括科室内或科室之间，由医疗专家和团队向患者提供的一系列医疗服务。表24-1列出了在一般手术中，几类患者组的治疗链的典型特征。这些过程的一个主要区别在于治疗和资源的有效安排程度。外伤等紧急情况需要医务人员即时处理，所以本质上是低效率的。另外，择期程序则可以通过合理安排有效利用资源。治疗链的步骤数、每个步骤所需的时间以及是否具有明确的终点，都影响资源的利用情况和安排的复杂性。比如说，慢性疾病就不能明确指出什么时候结束治疗。此外，快速诊断、全面的咨询以及与其他专家一起工作的需要等都将提升复杂性。**缓冲点**（decoupling points）是指在医疗过程中出现等待的步骤，可能出现在某些程序前，也可能在其后。对于很多手术来讲，缓冲点都是发生在诊断之后；对于外伤的情况，则可能在紧急处理之后或患者从恢复室转到病房之后。

表24-1 一般手术流程/治疗链的特征

流程/治疗链特征	外伤患者	癌症患者（如肿瘤）	关节置换患者
紧急或可选	紧急	可选	可选
紧急程度	高	中等	低
手术量	大	中等	大
治疗长、短或慢性	短	慢性	短
诊断要求	马上	持续	持续
咨询要求	可能有有限的时间	一直包含	少
涉及的医生	据情况而定	多	少
瓶颈	手术室	手术室	手术室
缓冲点	术后	诊断	诊断

⊖ 1英亩 = 4 046.856平方米。——译者注

图24-2给出了治疗链的工作流程图。图上着重了描述患者与髋关节手术操作者之间的联系。实际流程可能更长，比如患者再次询问意见、在家进行身体恢复等。同时，也省略了一些结果修正流程，比如对患者的检查指出患者可能有低血压时，在这种情况下，患者要么由不同科的医生连续治疗（比如先治血压，再做髋关节置换手术），要么同时治疗（血压问题和髋关节置换在同一时间内，由一位专家辅助另外一位专家来处理），要么协同治疗（所有相关的专家都在同一手术室内、同一时间来处理）。

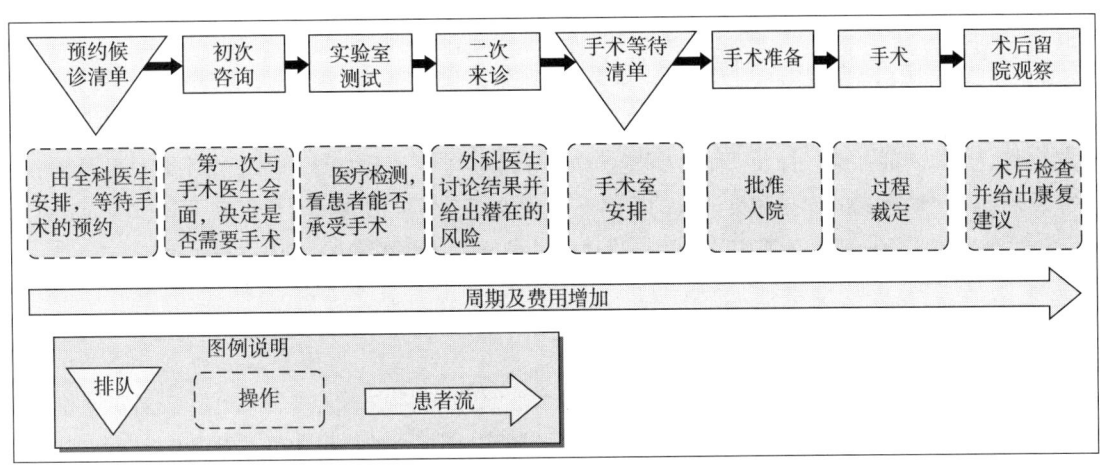

图24-2 髋关节置换手术的治疗链工作流程图

用RFID来跟踪工作流程

无线射频识别技术（radio frequency identification，RFID）可以应用电子标签通过无线频率存储、发送和接收数据。现在一些比较先进的医院应用这种技术跟踪患者、医务人员以及有形资产在医院中的移动位置。用RFID监控患者流的一个好处就是改善了患者的登记过程并且将患者和诊治记录更紧密地结合起来。比如，可以将RFID阅读器安置在医院的各道门上，在患者通过时进行自动识别。获得患者信息后，工作人员可以判别可能出现的瓶颈，并在医疗流程没有顺序要求的情况下，将患者引导至其他就诊区。这样，一个需要进行髋关节置换的患者就可以避免在心脏病科等着做心电图，而是被送往无须等待的放射科。对于有形资产，RFID可以定位出设备的精确位置，比如手提式X光机和轮椅等，使患者在需要时能及时送到。另外，在知道了每个设备的位置后，还可以省去一天结束时设备的清点时间。

24.1.3 能力规划

能力规划（capacity planning）是使组织的资源能够与当前和未来的需求相匹配。资源需求决策主要与医院患者数量及其住院时间相关。住院时间可以通过技术和流程管理来压缩，由此可以提高患者的接收量。在医疗行业，可以通过多种资源来测量能力，包括病床、科室、治疗室；可用的医生护士及其他人员、医疗技术和设备（如X光机）；空间场所，如过道、电梯；像咖啡厅和停车场之类的支持性服务设施。

能力规划的第一步是决定某个时期内某项资源的有效能力（effective capability），它等于设计能力（design capability，资源不间断工作时的能力）乘以平均利用率（average utilization rate），公式如下：

$$\text{有效能力} = \text{设计能力} \times \text{平均利用率}$$

举例说明，如果一台能每周7天、每天24小时工作的X光机的平均利用率是70%，那么它每天的有效能力就是16.8小时/天（=24×70%）。需要指出的是，70%这个平均利用率是一般企业为了保证较高的服务水平而设定的数字。后续的步骤则包括：①预测患者每小时对场地、医生等的需求；②通过生产率预估调整，将这种需求转换为能力需求；③用医务人员、设施以及设备的小时数来确定当前能力水平；④计算出每小时需求与能力之间的差距；

⑤找出消除上述差距的方法。常见的几种消除差距的方法包括：从部门之间进行能力转换、通过加班来提高能力、外包到其他医院以及减少瓶颈。

24.1.4 人员调度

医院调度最重要的是护士值班调度和手术室调度。护士在医院的人员中占比最大，而手术室（手术单元）往往是最大的收入中心。

护士值班可以分为固定式（循环的）和灵活式（自由的）两种。在循环式安排中，一般4～6周安排一次工作计划，在这个时期内，各人员每周的工作时间确定（比如，习惯上是一周5天，每天8小时）。灵活式的安排则有几种类型可用，用得最多的类型是每周都可调，每天工作8小时，平均每周40小时。比如这一周工作4天、每天8小时，下一周工作6天、每天8小时。循环式的安排和灵活式的安排各有优缺点，但灵活式的安排似乎更好，因为它能够更好地应对需求变动，同时满足护士由全职改为兼职的想法。具体的人员调度技术在第22章中进行了讨论。

24.1.5 质量管理和流程改进

直到弗罗伦斯·南丁格尔（Florence Nightingale，参见下面的阅读资料），医院才开始寻找提高质量和改进流程的方法。过去几十年里主要运用的是全面质量管理（TQM）方法。最近几年，六西格玛和精益思想开始在许多医院得以应用。医务人员是非常适应用TQM方法进行分析的，因为越来越多的医疗服务可以精准测量患者对药物和治疗过程的反应。

| 专栏 24-1 |

弗罗伦斯·南丁格尔：医院质量改进先驱

早在戴明、克罗斯比等工业大师之前，英国的弗罗伦斯·南丁格尔已是医院质量革命的领导人物。

在克里米亚战争期间，英国医院里恶劣的医疗条件震惊了英国公众。南丁格尔——现代专业护理的创始人，被派到土耳其的斯库塔里（Scutari），肩负着改善当地医疗的任务。除了指导来医院就职的护士，她还致力于医院卫生保健条件的改善。她主要使用的方法有收集、制表、解释以及用图像来表达护理过程中数据的变化带来的结果（她也被认为是饼状图的发明者）。例如，为了量化医院的拥挤程度，南丁格尔比较了伦敦医院（1 600平方英尺）与斯库塔里地区医院（400平方英尺）每单位空间里患者的数量。她还制作了标准统计表格，用来分析和比较收集的数据。这些创举带来了惊人的效果：患者的死亡率从1855年2月的42%下降到6月的2.2%。南丁格尔的方法，又被称作循证医学，为现代医疗实践方法奠定了基础。

---

1. 交接失真和瓶颈

经常需要引起注意的两个质量问题是任务交接失真和瓶颈。**交接失真**（gap errors）指的是当一项任务在不同人员或者团队之间传递或者交接时产生的信息错误。因此，护士或医生之间交换班过程设计了一些专业程序来防止任务失真。交接失真和药物不良事件一样可以给患者带来严重的伤害。一份研究交接过程的报告指出，94%的任务交接是面对面实现的，受访的 161 位住院医生有半数以上表示他们很少在一种安静的、私密的环境中进行交接，而且还有超过 1/3 的医生说交接过程经常被打断。现状-背景-评估-建议（Situation-Background-Assessment-Recommendation, SBAR）检查表技术是一种可以较好地解决这类问题的方法，它可以让医疗团队内的成员之间充分交流患者的情况。这个工具曾经在核潜艇上进行了应用，可以使潜水艇切换管理团队时迅速了解情况。SBAR 是一项便于记忆的工具，它能为交接谈话提供一个框架结构，从而让临床医生即刻关注一些重要事项并采取行动。

正如本书其他章节所讨论的，**瓶颈**（bottleneck）是指在系统中，相对于需求而言，产能最小的那一部分。瓶颈通常是由于个别部门为优化自身的产出（每小时处理的患者数）而不考虑对上下游部门造成影响的情况下引起的。如果这种优化改进只针对系统某一部分，而不重视约束关系，那么往往无法减少整个系统的延迟现象和等待时间。要找出整个系统的约束之所在，需要仔细观察工作堆积或排队的地方，并做些简单计算。举例说明，表 24-2 列出了波士顿贝丝以色列女执事医疗中心（Beth Israel Deaconess Medical Center）5 个手术前流程的能力（注意这里的瓶颈是护理）。

表 24-2　贝丝以色列女执事医疗中心手术前流程能力

	麻醉	护理	刺骼	EXG	X 光
总的过程（分钟，包括文书工作）	15	18	8	10	9
预计能力（每天到访量，考虑休息、电话以及午饭）	48	36	58	42	随时应诊
每天到访人数范围（周期 4 天）	27～45	23～41	22～41	11～30	7～21
平均每天到访量（周期 4 天）	35	27	29	20	14

表 24-3 列出了指导手册提供的消除瓶颈的建议。

表 24-3　就诊中的瓶颈以及消除方法

如何进行约束管理	就诊情况	补救措施
约束应当没有闲置时间	检查室的医生在等待一天中的第一位患者，而那位患者还在登记注册	患者在检查后再进行登记
如果约束是专家，那么他们只需要做专家参与的工作	在术前测试时，患者因等待护士（该流程中的约束）而被延后	接待员或助理承担不需要护士技巧的护士工作
将检验放在约束前	在手术当天，关键的 X 光不能用	由一个人来协调和分配手术当天一切所需的信息

2. 服务质量

正如其他服务行业一样，医院不断提高服务水平，提升患者的体验。我们发现这样做可以节约成本，比如减少医疗事故纠纷、减少预约爽约率、减少护士流失率。标准的理念是端到端的客户关注。洛杉矶的古德撒玛利亚医院（Good Samaritan Hospital）是这一理念的代表。当患者预约到达之后，不再是在候诊室坐着等，他们会在一个类似酒店休息室的地方被接待，然后被直接带领到他们就诊的科室。在患者等待时，医院会给出一些关怀以保证他们的舒适感（比如在房间内多放一个枕头）；当患者离开时，员工都会问候"还有什么可以帮助您的吗？"另外，医院的患者还可享受"红地毯待客项目"，这个项目给患者提供管家式的服务，比如当地餐厅的订餐服务、为家属提供当地住宿和温泉信息等。

24.1.6 医疗供应链

1. 医院的供应链

图 24-3 是一家医院的供应链，它包括三种关键资源的流动：信息流、资金流及产品和服务流。产品和服务由制造商开始，流向下游的分销商或第三方物流企业（third-party logistics，3PL），然后到零售商、医院仓库、各中心库，最后通过护士应用到患者身上。资金流向上游流动。医院供应链日常管理的重心主要是医疗用品和药品的供应。传统上，这些供应活动都是在不同的组织单元运营的。医疗手术用品的供应则比较复杂，需要从多个供应商和生产商处订货。药房里的绝大部分药品都是直接从分销商处获得的，只有极少部分从生产商而来。现有的方法则是将这两种采购过程合并到一个部门，以减少供应商的数量并提高透明度。

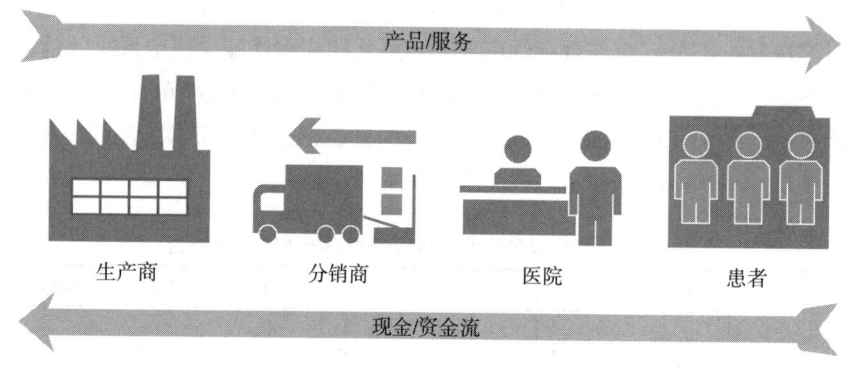

图 24-3　医疗供应链

2. 由医生驱动的服务链

计算机化医嘱录入系统（computerized physician order entry，CPOE）的广泛应用，使许多专家建议将其拓展运用到医生治病所需的一切资源的调度上。有一种叫作"事件管理"（event management）的方法，在录入患者的要求后（比如手术），会在信息系统中触发一系列后续操作（见图 24-4）。然后，系统将创建录入日期并预约手术室日期、手术团队（包

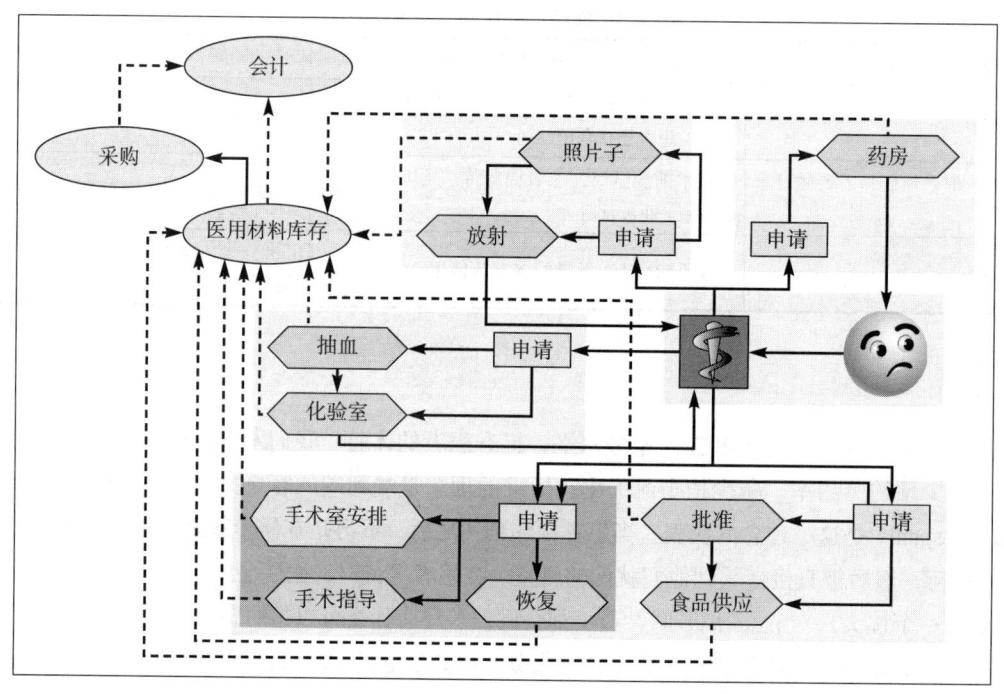

图 24-4　供应链事件管理

括麻醉师和护士)、恢复室以及实验测试。这些活动和流程也是连在一起的。比如，验血请求将被直接传送到采血员，然后采血员进行抽血并将血液送到实验室分析。实验室管理员会把这些信息与患者捆绑。在这背后，系统还会自动产生账单，通知保险公司，记录自费部分，并给供应商下达采购订单等。

24.1.7 库存管理

一家中等大小医院的平均库存大概是 350 万美元，为流动资产的 5%～15%、总资产的 2%～4%。一般来讲，库存是运营资金最大的需求者。库存费用与医院的病例组合直接相关。病例组合指数由**诊断相关分组**（diagnosis-related groups，DRG）这种分类法计算而得。

DRG 按照诊断或手术类型（有时包含年龄）将患者划分为几种主要的类型（每类都包含各自的病种、失调或步骤）。这种分类是基于相似的治疗会有相近的成本支出的假设。在医疗保险中已经开发出超过 1 000 个 DRG 的分类。

医院的库存管理系统可以分为两类：一类是推式系统，包括定量订货系统和定期订货系统（见第 20 章）；另一类是拉式系统，采用准时交货方式（见第 14 章）。两种系统的一个基本区别在于，推式系统要么按照一个设定的期望需求量来设置订单（定量订货系统），要么按照设定的时间周期来计算库存或设置订单使库存保持在一个预设的水平（定期订货系统）。拉式系统通过使用发出拉动信号的机制来保证库存供应按需准时（just-in-time，JIT）送达。当医院拥有自己的库存或是大量采购再按需分配给各护理单元或楼层时，推式系统比较有效。JIT 方式适用于一些昂贵的药品，比如植入物是在拉动模式下由合作供应商提供的。

医疗库存管理与其他行业库存管理的主要区别在于安全库存的设置。安全库存的标准计算是基于每额外单位库存的持有成本与缺货成本的权衡。对于一家百货公司来说，很容易比较持有多余的牛仔裤的费用与缺货导致的机会成本（或者失去的利润）。但在医院里，类似的比较要困难得多，比如比较每单位 A 型血的持有成本与缺货成本。医院缺货将会延长患者的疼痛时间甚至（尽管很少发生）给患者造成生命威胁。对于一些关键的药品，通常会设计一些应急计划，比如向附近的医院借用。

24.2 绩效测评

医疗诊所常用的绩效测评指标如下：

- 顾客满意度——调查提供初级保健和亚专科保健的满意等级；
- 诊疗生产力和效率——每天每位医生接待的患者数量；
- 内部运营——每 1 000 个患者的投诉数量、患者预约等待时间；
- 相互尊重和多样化——员工中少数族裔的比例、员工满意度调查。

可见，多数的绩效指标与运营管理紧密相关。

绩效仪表板

在当前实践中，仪表板上显示三类日常绩效测评指标：患者服务、临床手术和关键流程。**患者服务仪表板**（customer service board）以百分比的形式记录着这些评分信息：向他人推荐本医院的患者，以及针对住院停车、医务人员的礼貌程度、干净程度、医务人员的体贴程度、饮食质量、后续教育指导、疼痛控制和整体满意度等的评分。**临床仪表板**（clinical dashboard）用来度量死亡率、质量改进、再住院率以及多种流程型的关键绩效指标的表现。**关键流程仪表板**（key process dashboard）则记录如输血反应的百分比、输血条例的精确执行结果、药物不良反应、医药失误的严重性、尸检率、医务人员与血液和体液的接触可能性以及代码响应时间。

24.3　医疗趋势

和运营与供应链管理相关的几个主要的医疗趋势如下。

- **循证医学**（evidence-based medicine，EBM）：循证医学运用科学方法来评价各种可能的治疗方法，并为相似的临床病例提供指导。从本质上来看，循证医学是标准的治疗干预方法的发展。
- **综合医疗服务**（integrated medical care）：由梅奥诊所提出。这种方法有一系列理念上以及操作上的特征，包括多科室整合的团队合作、从容检查并聆听患者的描述、医院医生与社区医生长期合作共同指导患者治疗、将患者的治疗记录和普通支持性的服务整合。
- **电子病历**（electronic medical records）：数字技术彻底改变了患者就诊记录的收集和存储方式。比如，奥克兰凯撒医疗机构（Kaiser Permanente）急诊室的医生和护士使用的平板电脑可以查询每一位患者所有的诊疗记录。医生和护士还可以通过这种平板电脑，在病床边调出患者的检测记录和 X 光结果。目前，在沃尔玛就可以买到一些用于小规模医疗实践的类似技术设备。
- **健康信息交换**（health information exchanges，HIE）：HIE 可以让电子化临床信息在各种信息系统之间交换，同时保证信息含义不变。例如，印第安纳健康信息交换（Indiana Health Information Exchange，IHIE）允许医生对那些需要进行预防性检查或患慢性病后续治疗的患者进行实时追踪。
- **计算机辅助诊断**（computer-assisted diagnosis）：这是一种运用专家系统软件进行诊断的方法。假如医生面对一位儿童患者，其关节疼痛需要诊断可能的原因。专家系统可以将小孩子的症状与各类病种的评判标准进行比对，然后给出 3 种不同可能水平的诊断结果：确定、可能及疑似。如果系统给出"疑似"的诊断结果，则会建议寻找更多的线索来排除或者确认该可能。
- **远程诊断**（remote diagnosis）：又叫远程医疗（telemedicine），通过使用电子设备，为离医院很远的患者提供血压、心率、血氧水平等的测试。这种方法特别适合在那种因医生缺乏而无法给患者提供及时诊断的地区使用。
- **机器人**（robots）：机器人已经应用到包括乳腺癌、胆囊切除等手术中。在微型摄像机的帮助下，手术医生通过控制台对机器人设备进行操控。机器人的优势在于它们的"手"动作平稳而且操作范围大。与人工手术相比，机器人手术可以减少疼痛和失血。专栏 24-2 给出了一个有趣的简单机器人的应用——巡逻先生。

| 专栏 24-2 |

远程医生咨询

假设你昨天下午打网球时把脚踝摔断了，真是一团糟——整个关节脱臼，3 根骨头断了。医生说你可能要过一年才能恢复正常。你的手术是昨晚做的，现在不疼了，但可能是因为你胳膊上导管里的麻醉药物在起着作用。

医生想昨天晚上做手术，因为他今天一大早就要去度假了。在动手术之前，他向你保证一切都会很好，明天早上他会和你谈谈。他现在已经离医院 700 英里远了，怎么会这样呢？

护士进来问我情况怎么样。她说医生想和我谈谈，问我是否愿意。"当然。"我说，但我仍然不确定如何做到这一点。"没问题，我马上联系医生。"护士说。护士把一个我从未见过的设备推了进来。它看起来有 5 英尺多高，顶部有一个计算机显示器。

我听到一个声音说："嗨，现在感觉怎么样？"我抬头一看，屏幕上果然是我的医生。他告诉我手术进展如何。他描述了他是如何在我的脚踝里放进一块钢板，并用7个螺丝钉来把所有东西固定在一起的。他解释说，痊愈是需要时间的，6个月后，他可能会做另一个手术，取出钢板和螺丝钉。这便是整个过程。他说他明天早上再来联系我，我可能要四五天才能出院。此外，如果我感到疼痛，应该让护士知道。他向我保证，他是通过一个应用程序连接到这个设备上的，护士可以很快地联系到他，甚至比他在当地的办公室还要快。

这种类型的电子医师助理使医生能够直接获取当前与患者心率、血压、睡眠和活动期以及当前正在使用的药物有关的数据。在许多方面，这甚至比以前的医院查房方式更好。一切都在医生的掌握之中，信息是实时的、准确的。

"远程医疗机器人"已经成为现实，目前许多医院都在使用。现在，不管医生在哪里，医生与患者之间的交流都是可实现的。医生现在可以通过手机上的一款应用程序，在一天中的任何时间在诊所外或办公室进行查房。患者仍由医院护理人员监控，但现在他们能够通过应用程序与医生实时沟通。

许多患者对这项新技术印象深刻，因为它使医生有能力为患者提供更好的服务，而不是每件事都要面对面才能做到。例如，现在医生可以在患者的家庭成员来访时连线患者，查看患者状况。当有必要与家人沟通时，这种技术的优点就更明显了。

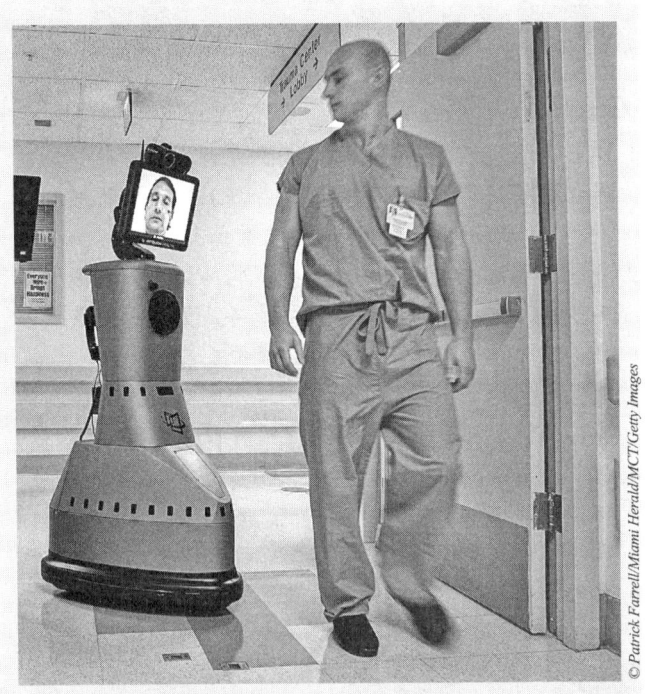

InTouch Health 的远程医疗机器人（简称RP-7）是一款移动远程医疗设备，通过配备摄像头和麦克风的计算机，将医生和专家与患者和其他医生实时联系起来。

本章小结

24-1 理解医疗运营，将其与制造业和服务业运营进行对比

总结

- 医疗行业要求运营更加有效。这部分的讨论集中在医院，但是这些思想对其他更专业的诊所也很适用。
- 医院的某些地方与生产过程很类似，可以利用产品-工艺矩阵进行分析。本节描述了布局、能力管理、质量和流程提升、供应链和库存，这些都可以应用在医院里。

关键术语

医疗运营管理：对创建和提供医疗服务的系统进行设计、管理以及改进。

医院：可以为患者提供观察、诊断、治疗等服务，以治愈或者降低患者的痛苦的设施。

治疗链：医院中的工作流动，包括科室内或科室之间，由医疗专家和团队向患者提供的一系列医疗服务。

缓冲点：在医疗过程中出现等待的步骤，可能出现在某些程序前，也可能在其后。

诊断相关分组：用于规划和计算手术费用，基本上是一份劳动力和原材料清单。

24-2 举例说明绩效评估在医疗领域的应用

总结

- 在医疗行业中有一系列衡量绩效的方式。
- 除了传统的客户满意度和员工（医生）生产率衡量方法，其他如患者死亡率和程序管理的跟进都可以用来衡量绩效。

24-3 阐述医疗的未来趋势

总结

- 新方法的应用驱动了医疗领域的变化。
- 信息整合、远程和计算机支持的诊断、远程控制机器人的应用引起了生产率的很大变化,也提升了护理患者的质量。

讨论题

24-1

1. 在产品-流程框架中,你觉得休尔德斯医院应该放在什么位置(参见第5章的案例分析)?如果新增加一种科目(比如整容手术)将意味着什么?
2. 想想你最近一次去医院或医疗机构的经历,你遇到了多少种不同的手续?将医院的服务质量与患者及其家属的感受结合起来,你将怎样评价?
3. 有些人认为,医学院以及护理学院都应当作为医院的供应链的一部分。你是否同意这种看法?
4. 医院是poka-yoke(故障-安全)设备的主要使用者。你能否举出一两个例子?
5. 医院或者医生能否就服务给出保证?请具体解释。
6. 由医生驱动的供应链如何区别于传统的物料供应链?
7. 医院可以从丽思·卡尔顿酒店、美国西南航空公司、迪士尼乐园等标杆型企业中学到什么?

24-2

8. 同制造业一样,医疗运营中生产率和能力利用率也是两个重要的绩效衡量指标。这些衡量指标在不同行业中的应用有什么相似和不同?
9. 你认为医院衡量绩效的最重要指标是什么?为什么?

24-3

10. 随着"婴儿潮"一代人的长大,美国超过65岁的人口正快速增长,超过了纳税劳动力群体和医疗保险费用的规模。你认为这会对医疗运营与供应链管理有什么影响?

客观题

24-1

1. 在制造业中,质量的衡量大多基于硬性指标。在医疗中,质量和服务的衡量大多基于什么?
2. 在设计医院布局时,一般性原则是将患者流、访客流和什么分开?(答案见附录D。)
3. 医院中的工作流程是指什么?
4. 医疗过程中可能在治疗前,也可能在治疗后出现等待的步骤,指的是什么?
5. 哪种类型的员工在医院的人员占比最大?

24-2

6. 在医院中,仪表板常用来进行日常绩效的衡量。哪种仪表板衡量了死亡率、质量改进、二次住院率?(答案见附录D。)
7. 哪种类型的仪表板衡量了输血条例的精确执行结果和代码响应时间?

24-3

8. 远程诊断是利用电子设备远程为患者进行诊断。另一个表示这种操作的专业术语是什么?
9. 让临床信息以电子形式在各种信息系统上传送的同时转换信息的含义,描述这种操作的专业术语是什么?
10. 运用科学方法来评价各种治疗方法,并为相似的临床病例提供指导。这个专业术语叫什么?

案例分析 在家庭诊所管理患者的等待时间

你的工作是在纽约市的一家家庭医疗诊所协助医务室主任。医务室主任很关心来诊所看病的患者等待时间太长这个问题,希望改进手术。以下是有关诊所的资料:

- 患者在上午9~12点以及下午1~5点在门诊就诊。
- 这家诊所平均每天接待150名患者。
- 通常有9名医生在诊所值班给患者看病。医生早上9点到,工作到下午5点,白天休息1小时。
- 他们由7名医务助理提供支持,负责记录患者的生命体征并将患者送入检查室。
- 4名挂号员在场给患者挂号,将他们登记在联邦和地方援助计划中，准备他们的医疗记录，并收取费用。
- 有3位协调员负责跟进预约和安排转介。协调员从早上9点到下午5:30为患者看病，白天有1个小时的休息时间。
- 有一名从早上7点到下午6点都有空的保安。
- 有一名药剂师和两名药房技术员。药房从上午9点开到下午5:30，中午至下午1点有午餐休息时间。
- 该设施本身在前门有一个安全窗口，有一个由警卫控制的入口门，一个大的等候区，5个挂号窗口，11个提供服务的房间（其中3个用于接受重要检查，8个用于医生的检查），以及4个协调员的办公桌。

诊所患者流程

平均每天有120个患者在诊所预约。另外，每天还有30名患者需要重新配药。

第1步：安检/登记

当患者到达时，他们都必须首先安检。通常，在门外等待一小段时间。安检的平均等待时间是10分钟，而平均安检时间是2分钟。门口的警卫再次检查预约时间，并向患者发放带有号码的彩色卡片——红色或黄色，红卡是为没有预约但只需要补充药物的患者预留的。这些患者必须挂号，但不需要看医生。

第2步：挂号

之后所有的患者进入候诊室，在那里他们等待叫号。这种等待通常很久，平均需要24分钟。

一旦患者被挂号处人员呼叫，他们的信息就会被验证。如果患者是新来的，需要参加几个项目，这个过程可能需要1~40分钟。平均每天有8个新患者。老患者平均挂号时间为7分钟，新患者平均挂号时间为22分钟，整体平均挂号时间为8分钟。申请补药（红卡）的患者挂号后直接前往药房（第6步）。

第3步：生命体征检查

黄卡患者回到候诊区，再等15分钟，由一名医助理通知他们做生命体征检查。这需要6分钟，然后他们再回到等候区。

第4步：医生看病

患者在候诊室再等8分钟，然后被叫回到提供服务的房间。进入这个房间后，患者平均要等17分钟，等待供应者（医生）到达。医生和每个患者相处大约20分钟。

第5步：协调/跟进

当患者看完医生后，患者的病历就会交给协调员。患者需要等待25分钟，由协调员安排进一步的实验室检查，转交给专家，并进行后续预约，这需要额外的7分钟。

平均来说，有50%预约的患者（黄卡）在就诊后前去药房。

第6步：药房

如果患者需要处方，等待时间是13分钟，然后药房会叫他们来拿处方，平均要花11分钟来配药。每位药房技术员独立工作，在咨询药师后配药。

一般来说，患者对医疗服务质量的满意程度很高，但每天仍有人投诉轮候这些服务的时间太长。对这些患者来说，等待时间至关重要，因为在等待的时间里，往往会直接导致他们收入的损失。

医生工作流程

每个医生都被分配到一个小组——A、B或C。这些由两到三名医生组成的小组都看同样的患者，这有助于确保患者的连续性。因此，每位患者在每次就诊时都要看团队中的一名医生，而且每次看同一名医生的可能性更高。

医生早上9点到达，等待第一批患者的到来。在通常情况下，由于挂号的延迟和等待医疗助理在开放的房间获取生命体征，患者要到9:30后才能进入检查室。

此外，由于团队体系，可能一个医生那里有3个患者在等待，而另一个医生仍然在等待他的第一个患者还在挂号。挂号台与医生所在区域没有联系，也没有其他形式的协调。因此，挂号人员可能会为一个团队连续排上3个患者，但不会为另一个团队安排一个患者。除此之外，新患者被随机分配到不同的小组，不管那天谁最忙。

一旦患者进入检查室，图表就会被放在架子上，供医生给患者看病前进行检查。如果缺少重要的实验室报告或X光检查结果，医生必须要求提供医疗记录或打电话到外部机构，并等待传真或电话告知结果，然后才能见患者。有60%~70%的概率会出现这种事情，导致每个患者的等待时间延迟10分钟。这些挑战通常会导致医生的时间利用率低下。

给患者看完病后，医生会让患者在候诊室等着见协调员，或者让患者在检查室等着做进一步的检查或护理程序。如果不需要跟进或开处方，患者可以自由离开诊所。

医生通常非常致力于实现诊所的使命，但对患者漫长的等待时间、不完整的医疗记录和混乱的患者流程感到失望。

挂号员工作流程

在每一天的开始，4名挂号员都要打印当天的预约副本作为准备。预约患者的病历在前一天晚上就会被拉出来，放在医护人员容易拿到的地方。4名工作人员的工作时间为上午 8:30～11:00，挂号窗口关闭至中午 12:30。在此期间，除了吃午餐，工作人员还会为下午诊所的工作拉图表，完成文书工作。中午 12:30，下午门诊的挂号窗口重新开放，患者在下午 4 点前办理入住手续。

问题

1. 画出两个流程图。一个针对抓药的患者，另一个针对常规或是新患者。
2. 计算出各种资源（人员、房间）的容量以及利用率，并找出瓶颈。
3. 分别计算出有预约的患者（新来的、再次就诊的）和再来抓药的患者的等待时间以及接受服务的时间。
4. 你是否能提出一些改进意见？

练习测试

写出以下每个语句定义的术语或回答问题，答案见底部。

1. 医院提供的三种基本服务分别是什么？
2. 最复杂的医院类型是哪种？
3. 员工的一种工作安排方式，工作安排固定且一次安排的时长为 4～6 周。
4. 医院质量管理的先驱者，同时是饼状图的创造者。
5. 表示交接时的信息传达错误的术语。
6. 一种由潜水艇成员创造的清单技术，现在在医院中应用。
7. 一种广为使用的病例组合指数分类方法。
8. 通过使用科学方法而形成的治疗介入的标准方式。
9. 两类医院库存管理系统。
10. InTouch Health 公司 RP-6 型远程代表机器人的绰号。
11. 在医疗过程中出现等待的步骤。

答案：1. 观察、诊断和治疗 2. 综合医院/教学医院 3. 循环班次安排 4. 弗罗伦斯·南丁格尔 5. 交接失误 6. SBAR（Situation-Background-Assessment-Recommendation） 7. 诊断相关分组 8. 佛迪医生 9. 排序系统和永续系统 10. 漫游先生 11. 缓冲点

第25章

运营咨询

学习目标

25-1 解释运营咨询以及该行业是如何盈利的；

25-2 列出一些在运营咨询行业所用的运营分析工具；

25-3 应用业务流程再造分析流程。

引导案例

PRTM：一家领先的运营咨询公司

优秀的商业战略可以描述企业发展方向的变化。一个成功的运营战略可以将发展方向落实到运营实际中，并在流程中创造战略性的竞争优势。PRTM（Pittiglio Rabin Todd & McGrath）是一家领先的公司，专门研究如何构建业务运营方案，以创造强劲增长、盈利和估值的突破性成果。

当今的运营CEO认识到，杰出的商业战略和运营战略是相互关联的。商业战略驱动着新的运营能力需求，而运营能力的发展演变塑造了未来的商业战略。PRTM咨询师主要关注运营战略的6个要素。

- **将市场力量转变为运营优势**。Black & Decker公司应用这一思想将一个双绝缘电动工具的常规需求转变为一个新的模块化产品平台，从而可以重新定义各类产品的成本和性能。同样的理念还帮助了Progressive Insurance公司将汽车索赔从成本结构的无收益部分转变为更加经济和有价值的竞争优势来源。

- **把一件事做到极致**。考虑一下苹果公司iTunes的情况。苹果公司坚持追求易用性，以此作为竞争的基础，从而实现了其在数字音乐播放器市场中的巨大份额。像沃尔玛这样的企业则专心于成本领先，实现了最低的端到端运营成本和最高的生产率。

- **用端到端、连续、实时、水平方式思考**。每个组织的运营模式都由一些核心的运营领域构成。对于大多数组织来说，包括产品开发链、供应链和顾客链。运营战略组合这些运营领域，以实现商业战略，并创造独特的优势。

- **在全球范围内思考和执行**。由于产品市场的全球化以及全球供应能力变化的可能，许多公司都需要考虑这样的战略，以使自己处于全球范围内的最佳竞争地位上。全球性的机会通常是驱动商业战略和运营战略变革的关键。

- **在运营和商业模式中鼓励创新**。彼得·德鲁克将创新定义为能创造一个新的绩效维度的变化。他还指出，CEO的核心职责就是创新。通常，创新被认为是一项技术活动或者面向产品的活动。现实情况是，运营创新正在造就今天的领导者。

- **坚决执行**。一个完整的运营战略需要执行力。市场上的领先企业总能贯彻市场策略，放眼全球市场，专注于单一竞争焦点，大胆创新，并且以坚实的运营战略为指导，该战略需要与商业战略和商业经济协调一致。

在 21 世纪，那些能将运营的方方面面视作战略创新源泉的企业才能在市场上处于领先地位，才能创造令人艳羡的收入增长、盈利成果和股东投资回报。

资料来源：改编自 PRTM 全球运营战略实践的合作伙伴汤姆·戈德沃德和马可·德克的声明，www.prtm.com。

运营咨询已经成为商学院毕业生主要就业的领域之一。上面来自 PRTM 网站的内容很好地概括了运营对于绩效的重要性。在本章中，我们将讨论如何进行运营咨询，以及咨询业的一般性质。此外，我们还将讨论运营咨询用到的工具和技术，并简单介绍业务流程再造，因为许多运营管理咨询都与此有关。

25.1　什么是运营咨询

运营咨询（operations consulting）的目的是帮助客户制定运营战略和改善生产流程。战略制定的核心是根据企业的竞争战略来分析它的运营能力。通常认为可以通过以下三种方式来获得市场领先地位：产品领先、运营卓越或与客户保持密切关系，其中每一个战略都可能需要不同的运营能力和侧重点。运营咨询人员需要能够帮助管理人员理解其中的差异，并且制定最有效的技术和系统的组合，用以实施企业战略。在流程改进方面，重点是运用分析工具和方法帮助运营经理提高本部门的运营水平。Deloitte & Touche 咨询公司列出了流程改进的步骤：完善/修改流程、修改活动、流程重组、修改策略/程序、改变产出、重新调整结构。后面我们会更详细地讨论战略因素和工具。不管企业的目标是什么，有效的运营咨询可以将战略和流程协调起来，改善客户的商业绩效。

25.1.1　管理咨询行业

管理咨询行业可按照三种方式来分类：根据规模、专业方向和内（外）部咨询。大多数咨询公司的规模较小，年收入不到 100 万美元。在专业方向方面，尽管大公司都能提供多种不同类型的服务，但是它们可以根据职能来进行专业化划分，如运营管理咨询；或根据行业来划分，如制造业咨询。许多大的咨询公司建立在信息技术和会计工作的基础之上。内部咨询或外部咨询是第三个划分标准，指的是一家公司或者是拥有自己的咨询机构或者是从外部购买咨询服务。内部咨询部门在大公司中很常见，通常隶属于规划部门。

咨询公司还常常根据它提供的主要服务是战略规划还是战术分析和实施来进行分类。麦肯锡（McKinsey & Company）和波士顿（the Boston Consulting Group）都是典型的战略型咨询公司，相反，双子星咨询（Gemini Consulting）和 A. T. Kearney 的业务主要集中在战术与实施项目上。一些大型的会计咨询公司和埃森哲（Accenture）公司都以提供多种咨询服务而著名。咨询行业中新的进入者主要是大型信息技术公司，包括 Infosys 技术、计算机科学公司（CSC）、电子数字系统（EDS）和 IBM 等。咨询公司与其客户面临共同的问题：立足于全球市场、实现计算机化以协调各项活动、招聘与培训员工，这使咨询公司很难选择做大型公司还是精品公司。如果建立中等规模的公司，那么不具有大公司的规模经济，也缺乏精品公司的专注度和灵活性。

典型咨询公司的结构可以看作金字塔形。金字塔的顶部是公司合伙人或者高级员工，他们的主要职能是销售和维持客户关系。金字塔的中间部分是管理人员，他们负责管理咨询项目或者"承诺书"。金字塔的底部是初级员工，他们作为咨询团队的成员来完成咨询工作。在每一个分类里面还可以进一步细分等级（如高级合伙人）。这三类人通常被口语化地称作（新业务的）探索者（finders）、项目团队的思想者（minders）（或经理）和跋涉者（granders）（做这项工作的顾问）。咨询公司主要以项目团队的方式来工作，团队成员根据客户需求以及项目经理和第一线顾问的偏好来选择。对于大多数初级人员来说，能够和好的合作者一起承担有趣的、知名度高的项目是一个重要的职业战略。拥有良好的团队能力以及获得丰富的咨询经验对于在咨询公司中取得长期成功是极为重要的（或者可以保持对其他咨询或者是非咨询公司的吸引力）。

25.1.2 咨询公司经济学

大卫·梅斯特（David H. Maister）写过许多有关咨询公司经济学的文章。在他的经典论文《平衡专业服务公司》中，他把咨询公司比作作业车间，必须把合适的"机器"（专业的员工）分配给最适合的作业（咨询项目）。与任何工作车间一样，工作定制程度和随之而来的复杂性是至关重要的。梅斯特把第一类即最复杂的项目称为"脑外科"项目，它需要改革与创新。第二类是所谓的"灰头发"（gray hair）项目，它需要大量经验，但不需要太多创新。第三类是"程序型"项目，这类项目的特征比较容易把握，其实现过程类似于其他项目。

由于咨询公司采用的是典型的合伙制，因此公司的目标是使合伙人的利润最大化。这要靠有效利用中级和初级咨询师，平衡合伙人的技巧来实现。在一般的项目中，这种平衡表现为合伙人、中级管理者和初级咨询师三者的比率关系（假设有一个名为Guru Association的咨询公司，表25-1显示了其利润是如何计算的）。由于绝大多数咨询公司都同时承担多个项目，因此分配到所有项目的按员工工时收费的百分比（目标效用）小于100%。对于技术先进的、客户风险高的项目（"脑外科"项目），必须配备大量合伙人，因为初级咨询师不能满足服务质量要求。相反，对于那些程序化、风险低的任务，则只需安排较少的合伙人，否则将导致效率低下，因为高薪的员工不应承担太多低价值的工作。

表25-1 Guru Association公司的经济分析

层次	人数	目标利用率	每人每年在2 000小时中可收费的时间（小时）	小时收费（美元）	总收费（美元）	人均工资（美元）	总工资（美元）
合伙人（高层）	4	75%	6 000	400	2 400 000	（参见下面的计算）	
中层	8	75%	12 000	200	2 400 000	150 000	1 200 000
低层	20	90%	36 000	100	3 600 000	64 000	1 280 000
总计					8 400 000		2 480 000
				总收费	8 400 000		
				总工资	(2 480 000)		
				收益	5 920 000		
				管理费用①	2 560 000		
				合伙人总利润	3 360 000		
				每个合伙人利润	840 000		

①假设每个专家的一般费用为80 000美元。

提高效率最普遍的方法是对于咨询工作的每一个方面都采用统一规范的方法来完成。埃森哲是采用这一方法最著名的公司。它把自己的初级顾问送到伊利诺伊州圣查尔斯基地接受培训，在这里培训一般运营工作所需的标准方法，如系统设计、流程再造、持续改进，以及这些运营工作需要的项目管理和汇报流程。当然，其他大型咨询公司也有自己的培训方法，以及关于销售、设计和执行咨询项目的一整套程序步骤。

25.1.3 什么时候需要运营咨询

下面列出了公司通常寻求运营咨询的一些战略和战术领域，首先是制造业咨询领域（用生产上的5P来分类），包括：

- 工厂（plant）：新工厂的增设和选址；扩建、合同以及现有设备的调整。
- 人员（people）：质量改进、工作标准的制定和修改、学习曲线分析。
- 零部件（parts）：自制或外购决策、供应商选择决策。
- 流程（processes）：技术评价、流程改进、再造。
- 计划与控制系统（planning and control system）：供应链管理（SCM）、企业资源计划（ERP）、物料需求计划（MRP）、车间作业控制、仓储和分销。

显然，这些问题有许多是相关的，需要系统性的解决方案。反映这一点的实例包括：开发制造战略；设计和实施

JIT 系统；实施 MRP 或专用 ERP 软件，如 SAP；涉及客户机－服务器技术的系统集成。主要解决的典型问题有"客户如何缩短产品交付期""如何减少库存""如何维持更好的车间现场控制"。制造战略咨询的热门领域包括可持续发展、外包、供应链管理以及全球化制造网络。在战术层面，以下咨询领域拥有很大的市场：电子运营、产品研发、ISO 9000 质量认证、分散的生产控制系统的设计与实施。

制造业咨询公司的业务范围很广泛，既包括流程工业，又包括离散装配制造业。与之相反，服务业咨询公司一般都具有很强的针对性，服务对象通常局限于某个行业或领域。服务业的咨询业务（和需要咨询的领域）主要包括以下几个方面：

- 财务服务（人事、自动化和质量研究）。
- 医疗服务（人事、财务、办公程序、电话接听、布局等）。
- 运输服务（路线规划、托运货物的运输和物流、航空公司的订票系统和航空行李处理系统）。
- 酒店服务（预订、人事、成本控制、质量计划）。

不论是制造业还是服务业，目前咨询的热门领域是精益六西格玛（lean six sigma）。这是因为企业在无法进一步缩小规模之后，需要关注各流程的测评和改善。医药公司、大型零售商以及食品公司就是需要这类咨询服务的典型行业。

何时需要运营咨询人员

公司面临重大的投资决策，或认为没有最大限度地利用其生产能力时，往往会求助运营咨询人员。关于第一种情况，请看下面的例子。

一家全国性的馅饼连锁店要求咨询人员帮忙决策是否需要扩大馅饼生产车间的冷藏能力，因为它在附近租用的冷藏仓库已经快要用完，所以必须尽快做出决定。工厂经理希望花 50 万美元来提高产能。在分析了各种馅饼的需求、分销系统情况以及与托运人的合同之后，咨询人员认为，如果按以下步骤操作，只需要 3 万美元的投资：根据 10 种不同馅饼的需求预测，采用混合模式进行生产（例如 20% 的草莓饼、30% 的樱桃饼、30% 的苹果饼、20% 的其他类型馅饼，每种馅饼的生产周期都是 2 天）。为了做到这一点，需要及时获得每家连锁餐馆的馅饼需求信息，并将需求信息直接反馈到工厂。在此之前一直是靠分销商购买了馅饼再卖给餐馆。最后，公司重新商议了从馅饼厂取货的时间，以确保能及时供货给餐馆。与前 5 年相比，公司现在处于更加有利的议价地位，而且分销商也愿意做一些合理的调整。

我们从上面的例子中可以看出：运营中的投资决策很少是完全正确的或是完全错误的。通过采用标准化的运营与供应链管理理念，包括生产计划、预测和时间安排等，就能找到好的解决方法。这一解决方法充分说明要立足于整个系统来看问题，更好的计划和分销可以替代实际的产能。

25.2 运营咨询过程

运营咨询的主要步骤与其他形式的管理咨询大致相同（见图 25-1），主要的不同点是问题的性质和使用的分析方法。与一般的管理咨询相同，运营咨询着眼于战略层或战术层，咨询过程通常需要广泛接触雇员、经理和顾客。运营咨询与一般咨询最大的区别在于运营咨询会导致实际流程或信息流程的改变，而且改变的效果可以迅速测量出来。一般的管理咨询通常要求态度和文化的改变，因而需要更长的时间才能看到效果。咨询人员扮演的角色可以是专家、助手、协作者或者流程咨询人员。在运营管理咨询项目中，咨询师通常扮演协作者和流程咨询人员的角色。现在一些咨询公司还提供在线专家职位。

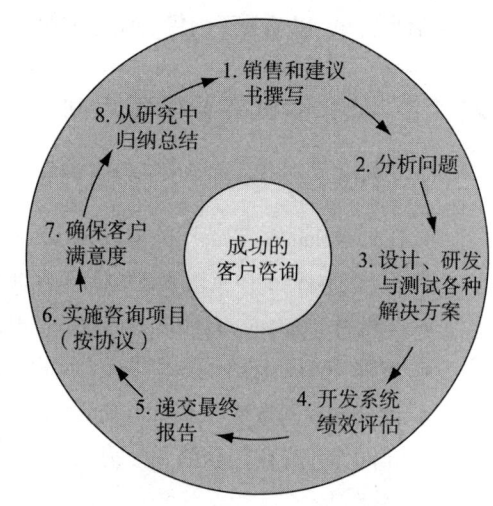

图 25-1 运营咨询流程的步骤

图 25-1 归纳了典型运营咨询流程的步骤。艾森·拉塞尔（Ethan M. Rasiel）出版了一本介绍麦肯锡公司工作方式的书，为咨询项目提供了一些实际指导。

- 在协议中谨慎做出承诺。少承诺、多做事是一条很好的座右铭。
- 组织合适的团队。不能随便拉上几个人，就期望他们很好地解决问题。考虑组员的技能和个性是否适合当前的项目，根据这个标准挑选组员。
- 二八法则是管理中不变的真理。80% 的销售额来自 20% 的销售人员，80% 的时间花在了 20% 的工作上，等等。
- 提供咨询的领域不要太多。不要试图分析所有的事情，对咨询的范围应该有所选择。
- 使用"电梯测试法"。如果在 30 秒钟的乘坐电梯过程中，你能向客户清晰准确地阐明你的解决方案，那么这个方案就足以推销给客户了。
- 进行适当的改进。如果你能立即做出改进，即使是在项目的中期，你也要及时修正。它能鼓舞士气，给你的分析带来可信度。
- 每天列一个计划表。把你的学习计划写在纸上，这样有助于促进思考，确保它不会被遗忘。
- 逐个解决问题。你不是万能的，不要试图一次解决所有问题。始终如一地打进一垒总比试图打出一个本垒要好。
- 不要接受"我不知道"这个说法。客户和他们的员工总是知道一些事情，所以去调查他们以得到一些有根据的猜测。
- 让客户加入咨询的过程中。如果客户不提供支持，项目将停滞不前。一定要让客户参与整个咨询项目。
- 在整个组织中获得认可。如果你的解决方案会对客户产生持久的影响，你必须获得整个组织的支持。
- 严格贯彻执行方案。进行改变需要做出大量的工作，所以一定要严格彻底地执行方案，确保有人对执行任务负责。

25.2.1 运营咨询工具箱

运营咨询工具可以分为以下几类：问题界定工具、数据收集、数据分析与方案研发、成本影响与收益分析以及实施。这些工具连同战略管理、市场营销和信息系统工具都列举在图 25-2 中，这些工具都是运营与供应链管理咨询中常用的，在下面将详细描述（注意有几种工具将会应用在项目的不同阶段）。

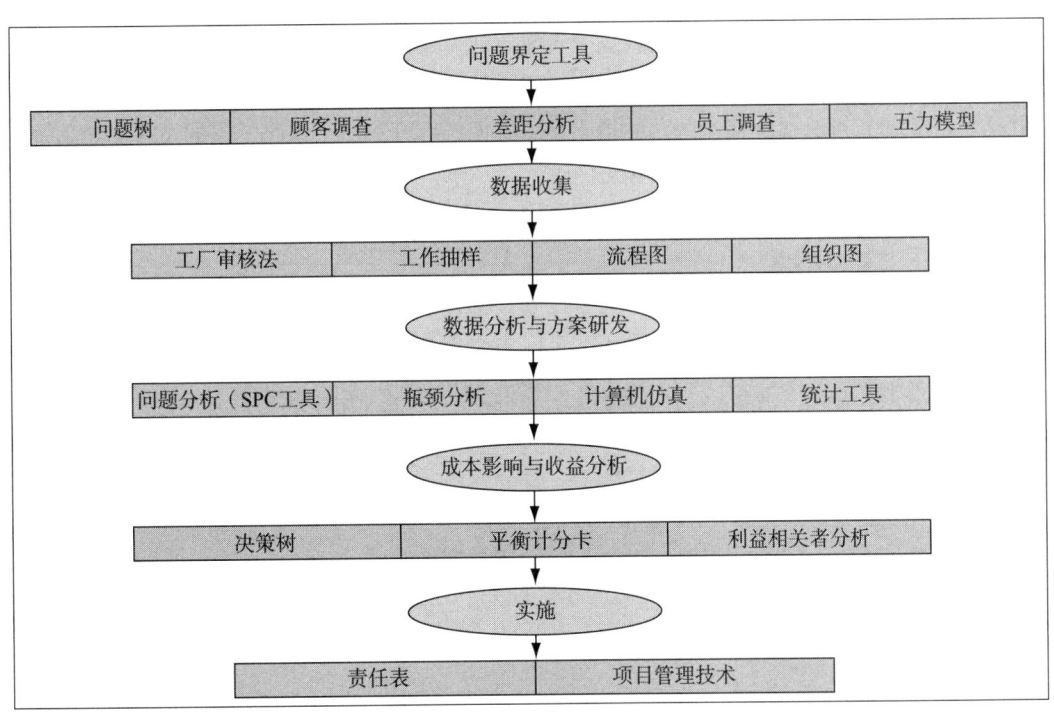

图 25-2　运营咨询的工具箱

25.2.2 问题界定工具

1. 问题树

麦肯锡公司使用问题树来描绘需要调查的主要问题，同时对于可能的解决办法给出初始假设。我们从图 25-3 中可以看出，问题树从总问题（如增加装饰品销售）出发，然后一级一级地展开，直至找到问题的所有根源。一旦画出了问题树，就可以讨论其中的关系和可能的解决方案，进而明确项目计划。

2. 顾客调查

营销咨询人员或市场人员进行顾客调查之后通常会发现问题，然后召集运营咨询人员分析、解决这些问题。不过，这些调查常常是过时的，或者这种调查的形式不能把流程的问题与广告或其他营销活动的问题区分开来。直接打电话给顾客，请他们讲述与公司进行交易的经历，仍然是一种感知流程绩效的好方法。顾客调查主要用于分析顾客忠诚度。尽管在现实生活中，顾客不可能仅仅因为好的绩效变得如此"忠诚"（你的小狗 Spot 倒是会很忠诚）。然而，忠诚一词却能反映出一个组织在三个关键市场指标上的表现：客户保持率、钱包份额以及相对于竞争对手的价格敏感度。这些信息能够帮助运营管理咨询人员对组织进行深入的研究，找出与客户保持率直接相关的运营因素。尽管忠诚度分析通常由营销部门负责，但运营管理咨询人员应该认识到它的重要性。

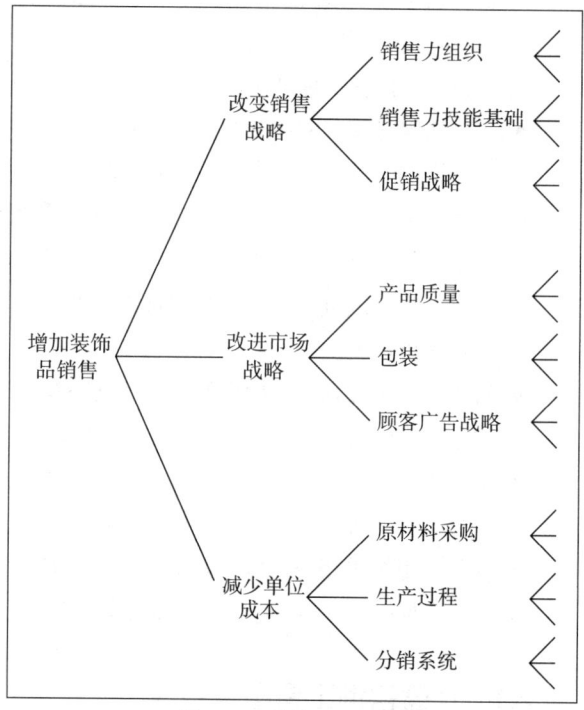

图 25-3 装饰品问题树

资料来源：E. M. Rasiel, *The McKinsey Way: Using the Techniques of the World's Top Strategic Consultants to Help You and Your Business*, (New York, McGraw-Hill, 1998), p. 12. Used with permission.

3. 差距分析

差距分析用于评估公司绩效相对于顾客期望或竞争者绩效的差异，图 25-4 给出了装饰品问题树的例子。另一种形式的差距分析是比较客户公司的流程与标杆流程之间的差异，并量化这些差异。例如，若有公司对票据处理过程的精确性和问题解决方法感兴趣，那么美国捷运公司称得上是这方面的标杆；对于铁路运输的及时性和高效性，日本铁路公司就是一个标杆；邮购业务方面的标杆是 L. L. Bean 公司。

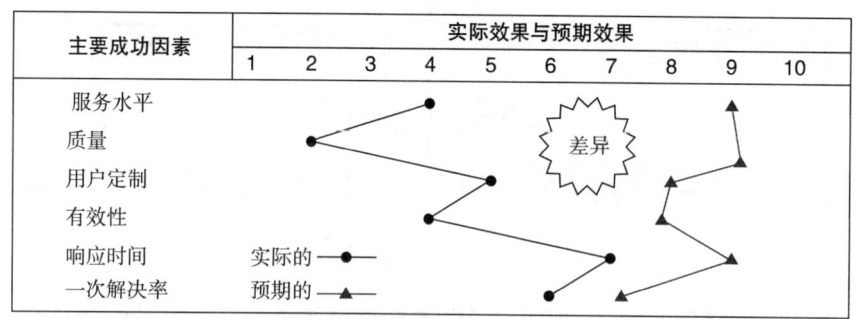

图 25-4 装饰品问题树

资料来源：Deloitte & Touche Consulting Group.

4. 员工调查

这个调查包括员工满意度调查和意见调查。必须记住一点，如果咨询人员要求员工提出建议，则得到的信息必须得到管理层的认真评估和执行。几年以前，新加坡航空公司向航班的工作人员发放了一份问卷，但是没有跟踪解决员工关心的问题。结果比起调查以前，员工对公司更加不满。直到今天，该公司再也没有进行过这种形式的调查。

5. 五力模型

这是一种著名的方法，它根据公司的产业结构来评估其竞争地位。这五力分别是：顾客购买力、潜在的进入者、原材料供应商、替代产品以及同业竞争者。咨询人员在应用此模型时，需要列出每个项目下的各种因素。当购买者只拥有有限信息时，潜在的进入者会遇到很大的障碍；市场中可选择的供应商很多，替代产品和行业竞争对手很少时，公司就处于很有利的竞争地位。

价值链模型经常与五力模型一起使用，如图25-5所示。价值链反映了组织活动之间的关联结构，这些组织活动在为顾客创造价值的同时也为公司创造利润。对于理解"为实现组织绩效最优化，运营和其他活动必须展开跨职能交叉工作"这一观念时，价值链尤为有效（同时也能避免令人沮丧的"职能单一"综合征）。

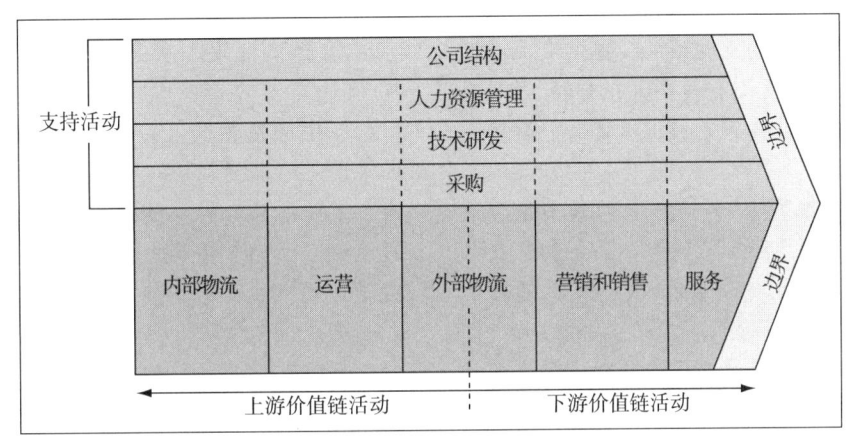

图25-5 价值链

资料来源：Based on Harvard Business School Press. From M. E. Porter, *Competition in Global Industries* (Boston, MA, 1986), p.24.

SWOT分析是与五力模型相似的一个工具。这种方法在评估组织时更为常见。相比之下，它更容易记忆：企业优势（S）、企业劣势（W）、企业在行业中的机会（O）、来自竞争对手或来自经济和市场环境的威胁（T）。

25.2.3 数据收集

1. 工厂审核法

我们可以把它分为制造业审核法和服务业审核法。完整的制造业审核是一个艰巨的任务，它不仅要审核生产设备和流程的方方面面，还要审核支持性的工作如设备维护和库存保管。利用为客户所在的行业专门设计的核查单进行审计，通常需要几周的时间。另外，工厂调查往往不够仔细，通常只需半天的时间就可以完成。调查的目的是对生产流程有个大致了解，然后再集中精力解决具体问题。为了保证收集到的信息的一致性，在审核时需要使用一致的核查单或问题清单。

快速工厂评估（the quick plant assessment，QPA）能使一个研究小组在45分钟内分析出工厂的精益之处。这个方法包括一张有20项内容的调查问卷和一个包含9类因素的评级表（见本章后面的分析练习）。在调查过程中，小组成员要与工人和主管进行谈话，寻找企业最佳实践的证据。在调查的最后，研究小组讨论他们的观点并填写工作表。因素分类是整个调查过程的核心，它们的特征在专栏25-1中进行了总结。

完整的服务业审核也是一项艰巨的任务，但是与制造业审核不同，它聚焦于顾客的体验和资源的利用率。典型的审核问题包括：获得服务的时间、场所的洁净程度、人员规模、顾客满意度等。服务业审核经常以神秘顾客的方式进行，咨询师亲自参与服务过程并记录其服务体验。

专栏 25-1

快速工厂评估

1. 聚焦顾客。 一个以顾客为导向的工作小组以满足外部和内部的顾客需求而自豪。这个导向的作用即使在简单的工厂调查中也很明显。例如，当问到工艺的下一个步骤时，具有顾客意识的员工会回答人名或产品名，而不是回答他们刚刚把产品放进货盘，现在产品已经送出。以顾客为导向的工作小组还具有一些其他特征，比如对调查团队比较诚实，他们会公布产品质量以及为顾客满意度划分等级（在 QPA 的问卷上，问题 1、2 和 20 涉及这一方面，本章的分析练习附有此问卷）。

2. 安全、干净与规范。 一个工厂的环境对运营效率来说是重要的。工厂干净、低噪声、良好的采光和空气质量显然是我们所追求的目标。给所有的库存产品贴上标签并对它们进行跟踪，而不是只针对昂贵的产品，才能清楚地知道产品放在哪个位置（对生产来说，不注重具体细节与缺少重要零部件的后果一样严重）(问题 3~5 和 20）。

3. 可视化的管理与调度。 生产管理工具应该很容易被员工看到，比如工作说明、看板计划表以及质量表和生产图表。与工艺的每个阶段息息相关的工作流程图是一种非常有效的视觉提醒（问题 2、4、6~10、11 以及 20）。

4. 空间利用率、物料移动效率以及生产线流程。 有效的空间利用指标是在短距离内实现最少的物料移动以及高效的容器使用量；物料要靠近使用地点存放，而不是放在独立的库存区；工具要放在机器附近；按照产品流程而不是工艺来进行布局（问题 7、12、13 和 20）。

5. 团队合作。 与员工进行讨论以及设置团队合作的可见指标（如确定工作区域内的团队名称以及悬挂"生产力奖"横幅）是确定员工对工作、公司及其他同事感受的快速方法（问题 9、14、15 和 20）。

6. 设备维护。 购买日期和设备成本应印在机器侧面，维护记录应张贴在附近。询问工厂员工如何操作机器以及是否参与采购设备和工具，也能反映鼓励工人参与并解决问题的态度（问题 16 和 20）。

7. 对复杂情况与突发状况的管理。 这主要取决于行业的类型。显然，产品线较少的行业处理复杂情况和突发情况相对较为容易。在一般情况下，需要特别注意的是手工记录数据的人员数量，以及可用于计算机录入数据的计算机数量（问题 8、17 及 20）。

8. 供应链整合。 企业大都希望能与关系良好的少数供应商进行密切合作。通过集装箱标签上供应商的名字可以粗略估计供应商的数量。若有为定制的零部件专门设计与标示的集装箱被运往工厂，则表明存在强有力的供应商合作关系。供应链整合较弱的特征之一就是在接收站上有大量的文书工作。这表明其缺少一个稳定的拉动系统，工厂从供应商那里拉动原材料，就好像这只是每个产品线在拉动系统中的另一个环节（问题 18 和 20）。

9. 质量承诺。 对质量的关注能从很多方面得到证明，包括发布质量奖、质量计分卡和质量目标声明。质量承诺还反映在许多其他工厂活动中，如产品的开发和新公司的成立（问题 8、9、15、17、19 和 20）。

资料来源：改编自 R. Eugene Goodson，"Read a Plant—Fast," *Harvard Business Review* 80, no. 5 (May 2002), pp. 105-13。

制造业的专家正对林肯电气的总部和工厂进行考察，他们观察到林肯制造计划在实际中的应用。专家指出了在制造工厂的 5 个不同区域，每天都会制造超过 300 个焊接机器模型和 1 600 个配件。

2. 工作抽样

工作抽样是对工作活动的随机抽样观察，设计工作抽样的目的是对工人花费的时间和设备利用情况做一个有效统计。工作日志是另一种收集数据的方法。咨询人员通过这种方法可以对工人执行的具体工作有一个了解。在这种方法中，雇员只要记下他们一周内所做的工作就可以了，避免了数据收集中分析人员现场的监控。在生活中使用日志的例子很多，包括图书馆的前台服务、护理工作和知识性的工作。

3. 流程图

流程图可以用于生产和服务行业之中，用来跟踪物料流、信息流和人员的流动。工作流程软件广泛应用于流程分析中，如 Optima! 和 BPR Capture。除了提供定义流程的功能之外，大多数的工作流程软件具备其他四个基本功能：工作分配和路由、生产时刻表、工作清单管理以及自动状态和流程度量。服务行业中使用的流程图，即服务蓝图是大致相同的，但是增加了可见分界线，以明确区分顾客可见的活动和企业后台的服务活动。我们认为服务蓝图没有被咨询公司充分利用，也许是因为咨询人员很少接受这方面的训练。

4. 组织图

组织图易于改变，因此应该注意实际的上下级汇报关系。一些公司不太愿意对外公布组织图。几年前，来自一家大型电子企业的高级管理人员曾经告诉我们，详细的组织图可以为竞争对手提供免费的信息。

25.2.4 数据分析与方案研发

1. 问题分析（SPC 工具）

帕累托分析、鱼骨图、作业图、散点图以及控制图都是持续改进项目常用的分析工具。帕累托分析应用于 ABC 分析下的库存管理。在生产控制的咨询人员考察库存管理问题时，这种 ABC 分析是生产控制咨询中库存管理问题的标准切入点。作为咨询项目的入手点，鱼骨图（又称因果图）是一个好方法（当把这种方法用于问题分析时，效果尤为明显，例如咨询公司在进行员工招募时，就可以采用这个方法）。作业图、散点图和控制图都是咨询人员在进行运营咨询的过程中应该了解的工具。

2. 瓶颈分析

在许多的运营与供应链管理咨询中，都会出现资源瓶颈。在这种情形下，咨询人员必须明确对某种产品或服务的期望产能以及目前有多少实际产能，以便确定和消除瓶颈。厘清这些关系需要使用逻辑分析，这些逻辑分析和你在高中代数中学过的经典"应用题"是同一类型的。

3. 计算机仿真

计算机仿真分析已经成为运营管理咨询中的常用工具，最普遍的仿真软件包是 Extend 和 Crystal Ball。SimFactory、ProModel（用于制造系统）、MedModel（用于医院仿真）和 Service Model 是一些专业化的仿真软件包。对于小规模的、相对简单的仿真问题，咨询人员经常使用 Excel。本书第 10 章对仿真进行了介绍。

目前，系统动力学分析逐渐成为仿真中的热点。系统动力学（system dynamics）是一门语言，能帮助我们理解复杂系统背后的规律，可以利用因果循环图有效地模拟各种因素对系统绩效的影响。因果循环有两类：强化循环和平衡循环。强化循环可以给予系统积极的反馈和激励。平衡循环与强化循环的机制相反，使系统趋向平衡。以图 25-6 为例，假设在质量标准中有一个质量目标需要控制。强化循

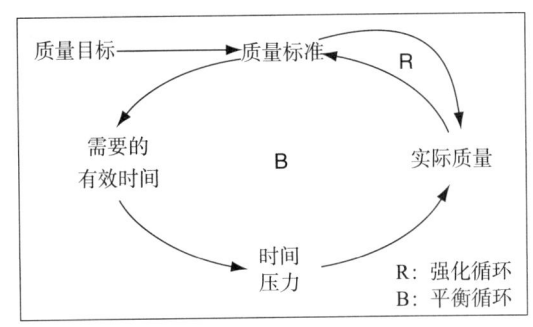

图 25-6　因果关系循环分析

环（R）表明，如果对标准不做修正，实际质量水平就会不断递增（或递减）。而在实际中，平衡循环（B）此时会发挥作用。达到质量标准所需要的时间给工人制造了压力，反过来它又会修正实际质量，使其最终达到质量标准的要求。该系统在这里的明显作用是估计提高质量目标之后的效果，以及提高或者降低系统中其他变量的取值后的效果。除了在分析问题时发挥作用外，因果关系循环分析仿真的方法还被咨询人员用于帮助客户公司成为更有效的学习型组织。

4. 统计工具

相关分析和回归分析在运营管理咨询服务中是常用的技术，这些分析可以很容易地通过电子表格来实现。在咨询公司的方法手册中，假设检验也经常出现。咨询人员在分析数据时还会使用卡方检验和T检验。另外，排队论和预测技术也是广泛使用的两种统计分析工具。咨询人员经常使用排队论来计算需要多少服务通道去处理顾客排队或者电话呼叫。预测问题同样频频出现在运营管理咨询中（例如预测一个呼叫中心的电话呼叫次数）。

数据包络分析（data envelopment analysis，DEA）是一种新出现的工具。DEA是一种线性规划技术，用于测量服务组织中各个分支机构的相对业绩水平，这些组织包括银行、特许经营店和公共代理等。DEA模型将每个分支机构与所有其他的分支机构进行比较，计算出效率比值，即资源的投入与产品或服务的产出之比。这种方法的一个重要特点是，它允许使用多个投入（如物料和劳动时间）和多个产出（如销售的产品和顾客回头率），从而得到一个效率比值。与其他多种运营指标或利润指标相比，这种方法提供了一种更全面和更可靠的效率测量方法。

25.2.5 成本影响与收益分析

1. 决策树

决策树是广泛应用于风险分析的基本工具，这种方法在考察工厂、设备投资以及研发项目时被大量使用。决策树被集成在不同的软件包里，如 TreeAge (www.treeage.com)。

2. 利益相关者分析

咨询项目在某种程度上影响了5个利益相关者：顾客、股东、雇员、供应商和社区。实际上，所有大公司的使命都反映了其对利益相关者的重视，这些信息可以为咨询建议制定提供指导。

3. 平衡计分卡

为了在绩效测评系统中反映出每个利益相关者的特定要求，会计人员开发出一种称为平衡计分卡的工具（平衡指的是计分卡不仅仅关注底线数字或者一两种绩效指标）。蒙特利尔银行使用平衡计分卡来设定特殊目标以及评估顾客服务、雇员关系、股东收益和社区关系。这种系统的一个重要的特点是，它能理顺中高层管理者和分支机构管理者有权力控制的东西。

4. 流程仪表盘

与关注组织范围内绩效数据的平衡计分卡不同，流程仪表盘用于为具体的流程提供简要的即时状态更新。仪表盘由若干性能指标组成，这些指标以图形形式呈现，并带有趋势线的颜色编码、感叹号形式的警报等，以显示关键指标何时接近问题水平。例如，图25-7给出了供应商仪表盘上三种不同的刻度盘。

25.2.6 实施

1. 责任表

责任表用于为项目的责任制订计划。它通常采用矩阵的形式，矩阵的列表示任务，行表示项目小组成员。这种方法的目的是确保给每个人都分配了任务。

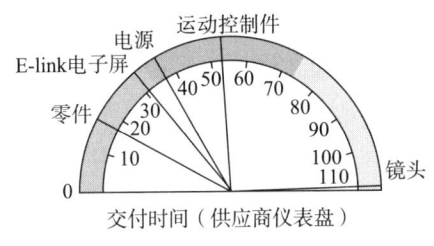
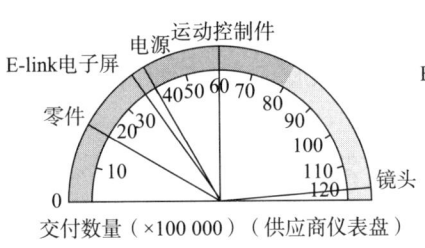
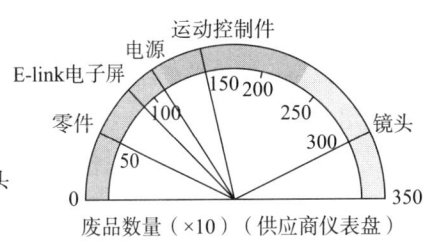

图 25-7　供应商仪表盘

2. 项目管理技术

咨询公司使用 CPM/PERT 和甘特图等项目管理技术计划与掌控整家公司的咨询业务，同时也监控单个项目。Microsoft Project 和 Primaverag Project Planner 都是这类常用软件的代表，这些软件能自动执行这些工具。Evolve Software 为专业的服务公司开发了一种软件包，它以 ERP 软件为模型，允许管理者将机会管理（销售流程）、资源管理和产品交付管理等模块集成起来。必须强调的是，对管理人员来说，计划工具总是排在第二位，而成功实施咨询项目的管理技能才是最重要的。这一点适用于我们在本节中讨论的所有工具。

25.3　业务流程再造（BPR）

流程再造（reengineering）是从根本上对业务流程进行重新设计，从而明显地改进顾客服务、减少成本、提升竞争力。我们可以应用之前讨论的工具来实现这些目标。

流程再造的概念已经出现了近 20 年，并被逐步应用于企业中。生产企业是最早践行流程再造的，虽然它们在当时并不知道这个概念，但它们通过并行工程、精益生产、单元制造、成组技术以及拉动型生产系统来实现流程再造。这些都是从根本上重新思考制造流程。

流程再造经常与全面质量管理（TQM）进行比较，我们已经在第 12 章讨论过 TQM。有人认为，这二者在实质上是一样的；另一些人则认为，二者是不兼容的。这两个概念都以顾客为中心。许多概念都是从质量管理中演化而来的，如团队、员工参与和授权、职能交叉、流程分析和评估、供应商参与以及标杆研究等。另外，在企业的职能日益复杂化的时代，质量管理重新强调在组织中必须以"全面"的观点看待问题。质量管理要求组织面对变革，这点影响了公司的文化和价值。两者之间最根本的区别是，质量管理强调对所控制的流程进行持续渐进的改进，而流程再造则是通过流程改革创造出根本性的、非连续性的变化。因此，在有效生命周期结束之前，一个流程可以通过 TQM 进行改善，而一旦生命周期结束，就需要进行流程再造。随后，再恢复持续渐进改进活动，新的循环重新开始。由于商业环境的重大变革，流程再造就成为必须。

25.3.1　流程再造的基本原则

流程再造的目的是获得显著的改进，以满足当前顾客对质量、速度、创新、定制化以及服务等方面的要求。下面我们给出流程再造和整合的 7 条指导原则。

原则 1：流程再造应着眼于结果，而非具体任务。原先由不同的人完成的几种专业化的任务应该合并为一个工作。这个工作可以由一个业务员或一个工作小组来完成。这个新工作应该包括所有步骤，从而能够带来预期的结果。围绕最终结果来组织流程再造可以缩短传递过程，从而加快速度，提高生产力，并对顾客的要求做出快速响应。同时，它也为顾客提供了一个专业可信的接触点。

原则 2：请流程产出的使用者参与流程再造。换句话说，必须以最合理的方式来开展工作。这就要求最熟悉流程的人参与流程再造，从而打破了部门内和部门间的传统界线。例如，雇员可以不通过采购部门而直接购买原材料，顾客自己可以做一些简单的维修工作，可以要求供应商管理零件库存。以这种方式重新安排工作，就无须再对流程执行者和使用者进行协调。

原则3：把信息处理工作整合到产生这些信息的实际工作中。这意味着信息收集人员应该同时负责处理信息。这样能大大降低其他工作人员协调和处理信息的需要，通过减少与外部联系的次数降低信息处理的错误率。一个典型的例子是，应付账款部门必须对采购订单、收货通知单和供应商发票进行协调。通过在线处理订单以及获取信息，整个过程中不再需要发票，许多传统的账户支付功能也不再是必需的工作。

原则4：集中化处理地理位置分散的资源。信息技术现在已经使得分散/集中的混合运营模式变为现实。它可以支持多组织并行处理同一项工作，同时改善了公司的整体控制。例如，集中的数据库和电信网络使公司可以与分散的组织以及独立领域的人员保持密切联系，在实现规模经济的同时，保证它们各自的灵活性和对顾客的响应能力。

原则5：将并行活动连接起来，而不只是整合其工作结果。仅仅将并行活动最后的结果进行整合往往是导致返工、高成本以及流程拖延的主要原因，这些并行活动应该在全流程自始至终紧密联合并加以协调。

原则6：把决策点放在工作的执行过程中，并对流程实行控制。决策是工作执行的一部分，这一点在今天成为可能，因为员工接受过更多的教育，另外还有决策支持技术的帮助。当今，控制已经成为流程的一部分。组织垂直方向的压缩，形成了具有快速响应能力的扁平组织。

原则7：一次性获取源头信息。在信息产生的地方，第一时间应用公司的在线信息系统收集和捕获信息。这种方法避免了错误的数据输入和昂贵的重新输入。

25.3.2 实施流程再造的指导原则

之前提到的业务流程再造的原则建立在创造性地运用信息技术的平台之上。但是，创造新的流程并且持续改进流程不仅仅需要对信息技术的创造性应用。一项关于765家医院的流程再造应用的研究，得出了以下三条管理指导原则，它们几乎适用于所有考虑流程再造的组织。

（1）**流程再造需要有明确的文字表述**：流程再造这样的组织变革是一个复杂的过程，其执行过程在时间和空间上可能都是分离的。中层管理人员往往需要执行流程再造过程中的重要工作。明确的文字表述可以为持续有效地执行工作提供指导和方向。

（2）**清晰的目标与持续的反馈**：必须建立明确的目标和预期，使用预先收集的基本数据，时刻监控结果，并把结果反馈给员工。假如没有明确的反馈，员工往往会感觉很不满意，导致他们对成功的流程再造的认识与实际情况之间有很大的区别。例如，医院研究人员发现，在他们详细研究的10家医院中，4家医院的大多数员工都觉得流程再造项目对于降低成本没有什么作用，尽管实际上，其成本与竞争对手相比降低了2%～12%。相反，在另外4家医院中，大多数雇员都感到流程再造降低了成本，但实际上医院的相对成本增加，成本情况恶化。

（3）**高层人员参与流程变化**：CEO深入参与主要的流程变化（例如医院流程变化）能够改善流程再造的结果。要求裁减经理和雇员的变革当然不太受欢迎，也更加困难，最好用一个更长期的计划来完成这些工作。

英国的零售商Marks & Spencer经过业务流程再造，制订了计划A，一个包含100个要点的生态计划。这个生态系统通过改善包装、增强回收利用和减少塑料袋使用来降低包装袋最终被填埋的数量。

本章小结

25-1 解释运营咨询以及该行业是如何盈利的

总结

- 专业的运营与供应链管理咨询公司致力于通过改善流程来提升公司的竞争力。
- 这些咨询公司会给客户公司带来它们不具备的专业知识。咨询可以做专业的分析，比如仿真和最优化的分析。
- 咨询公司通过收费服务来盈利，根据相关经验通常将咨询师分为不同的级别，级别不同则收费不同。若是由一群经验最丰富的咨询师来运营项目，则会按照最高等级收费。合伙人将分享咨询获得的利润。

关键术语

运营咨询：协助客户制定经营策略，改进生产流程。
探索者：主要职能是销售和寻找客户关系的合作伙伴或高级顾问。
思想者：咨询公司的经理，其主要职责是管理咨询项目。
跋涉者：初级顾问，其主要职责是实施工作内容。

25-2 列出一些在运营咨询行业所用的运营分析工具

总结

- 咨询公司会利用一些工具来帮助理解问题、收集数据、提出解决方案、分析所提出的变化会带来的收益、落实建议。
- 这些工具提供了咨询实践的框架并且能够符合顾客的需求。许多工具在本书之前的章节中就已经讨论过了。

25-3 应用业务流程再造分析流程

总结

- 与传统的改善流程的方法相比，流程再造是一种不同的方法。这一思想以提升绩效为目标，从根本上重新思考业务流程。

关键术语

业务流程再造：从根本上重新配置业务流程，以此来改善客户服务、降低成本并提升自身竞争力。

讨论题

25-1

1. 请浏览本章所列出的几家咨询公司的网站。如果你是一个潜在的客户或雇员，哪家公司给你的印象最深？

    波士顿咨询公司（www.bcg.com）
    德勤公司（www.dttus.com）
    麦肯锡公司（www.McKinsey.com）

2. 一名优秀的咨询人员应该具备什么条件？你适合这个职业吗？

25-2

3. 在讨论高效工厂的特征时，快速工厂评估（见专栏 25-1）的提出者 Goodson 暗示，大量的铲车是空间利用率低的标志。你认为在这个发现背后说明了什么？

25-3

4. 回忆你大学入学的注册程序，画出该程序的一个流程图。如何从根本上对该流程进行重新设计？

5. 你最近开过车吗？如何重新设计保险公司的索赔流程？（开车时千万不要考虑保险索赔流程！）

客观题

25-1

1. 采用哪三种方法来获得市场领先地位？
2. 咨询公司的运营过程与哪种类型的制造流程很相似？
3. 生产上的 5P 公司会寻求运营咨询，这指的是什么？
4. 在制造业和服务业中，现在的"热门领域"是什么？

25-2

5. 考虑顾客的期望或竞争者的绩效，什么方法可以用于评估客户端的性能？

6. 哪种方法可以在 30 分钟内分析出工厂的不足之处？
7. 哪种工具是为了在绩效测评系统中反映出每个利益相关者的特定要求？（答案见附录 D。）
8. 哪种工具用于确保项目中的每项任务都分配了相应的项目成员？

25-3

9. 一家设备制造企业的订单确认流程包括如下几个步骤：
    a. 接受订单并且传真到订单输入部门。

b. 将订单输入系统（10%的订单发生错误或看不清楚）。
c. 核对现有库存（15%的订单无法得到满足）。
d. 顾客信用调查（10%的订单有信用问题）。
e. 将物料清单送到仓库。

　　从接受订单到清单入库的周期一般为48小时，80%的订单可以得到准确无误的处理，订单处理费用占订货收入的6%。你认为应该进行流程再造还是进行持续的改进？如果选择流程再造，你打算怎么做？

10. 和全面质量管理相比，业务流程再造是更循序渐进，还是更加彻底改变，还是与其效果一样？
11. 什么样的观念给BPR项目连贯有效地执行提供了指导？（答案见附录D。）

 ## 分析练习　快速工厂评估

　　本练习是作为课程一部分的工厂参观活动。

　　本问卷主要针对制造工厂的"精益性"进行评估。回顾一下第14章的内容也许是有用的，里面描述了问卷中要考虑的概念。

　　问卷可以针对非制造类型的流程（例如服务或仓库）进行修改，这取决于所参观的设施。

　　我们建议与一个由2~4人组成的团队合作，并至少花45分钟参观一家工厂。如果你的导游了解工厂的运营并愿意回答问题，那将是非常有用的。在参观结束时，使用快速工厂评估（QPA）问卷和计分表对所观察到的进行评分。

　　在课堂上，讨论那些在参观过的工厂中普遍不够"精益"的区域。

　　咨询报告的附加分析：

　　1. 使用表25-2中的QPA问卷填写结果和你团队的观察，为QPA评分表（见表25-3）中的每个评估类别给出一致的评分。

　　2. 确定优先管理的目标。

　　3. 制订一份两页的行动计划，提交给管理层，帮助他们做出改进。

表25-2　快速工厂评估问卷

	是	否
1. 是否欢迎参观者参观工厂，并且给他们有关工厂如何运营以及员工、客户和产品的信息？		
2. 工厂对顾客满意度与产品质量划分等级吗？		
3. 工厂是否安全、干净、有序化并且设施良好？空气质量好吗？噪声低吗？		
4. 是否使用可视化标记系统来标识库存位置、工具储存位置、作业区域和移动通道的位置？		
5. 每件东西都有自己的存放位置吗？每件东西都放在自己的存放位置吗？		
6. 这些设施的性能度量和目标是否显著地标识出来并且更新及时？		
7. 是否将生产材料带到使用它们的地方附近并储存，而不是将它们储存在单独且偏远的区域中？		
8. 关于如何进行工作的具体说明和质量规范在所有工作站都可见吗？		
9. 是否显示所有作业区域中的生产率、质量和安全性的最新图表？		
10. 每个作业区域是否使用某种跟踪图表来调度，以便工人能看到实时状态与计划的对比结果？		
11. 可以从中央控制室、状态板或者计算机显示屏上实时看到工厂当前的状态吗？		
12. 原材料只搬运了一次，并且搬运的距离尽可能短？原材料是否放在合适的容器中，并且进行有效率的搬运？		
13. 工厂是否按照连续的生产线流程来安排，而不是按照"车间"来安排？		
14. 工作人员是否受过培训，并且有能力解决问题，进行持续的改进？		
15. 员工是否致力于持续改进流程？		
16. 是否为设备保养维修和工具与工艺的持续改进设计了时间表？		
17. 是否有针对项目（尤其是新产品的生产）的成本和时间目标进行管理的流程？		
18. 是否有供应商认证过程，包括交付、成本和质量绩效评审的措施？这些措施是否经常与供应商共享？		
19. 作业过程中是否使用故障-安全方法来防止常见的产品质量问题？		
20. 你愿意购买这家工厂生产的产品吗？		

表25-3 快速工厂评估得分表

评价类别	相关问题	回答为"是"的个数	回答为"是"的问题所占比率
聚焦顾客	1，2，20		
安全、干净与规范	3，4，5，20		
可视化的管理与调度	2，4，6，7，8，9，10，11，20		
空间利用率、物料移动效率和生产线流程	7，12，13，20		
团队合作	9，14，5，20		
设备维护	16，20		
对复杂情况与突发状况的管理	8，17，20		
供应链整合	18，20		
质量承诺	8，9，15，17，19，20		

练习测试

写出以下每个语句定义的术语或回答问题，答案见底部。

1. 说出三类咨询师的名字。
2. 这类项目需要大量的经验，不需要太多创新。
3. 埃森哲公司一个著名的培训咨询师的方法。
4. 哪一个水平上的咨询师通常有最高的目标利用率？
5. 麦肯锡公司使用该工具来显示需要调查的主要问题。
6. 说出五力模型的5个力。
7. 差异分析衡量了哪两种因素之间的差别？
8. 工厂速评法用来测量的变量是什么？
9. 一种反映每个利益相关者需要的会计方法。
10. 与全面质量管理相比，这种方法通过创新来寻求彻底变革。

答案：1. 实现者、信息者、顾问者。2. "实现者"项目。3. 统一方法。4. 高级咨询师。5. 问题树。6. 新进入者的威胁、替代品的威胁、买方议价能力、供应商议价能力、现有竞争对手的竞争。7. 实际业绩与预期业绩。8. 工厂的整洁与有效度。9. 平衡计分卡。10. 业务流程再造。

附录 A

用 Excel Solver 解决线性规划问题

充分利用可获取的人力、物料、工厂和设备以及资金等资源是运营盈利的关键。现在管理者可以采用强大的数学模型工具——线性规划来解决这些问题。在本附录中，我们将介绍利用 Microsoft Excel Solver 来解决线性规划问题是如何为具有创新意识的管理者打开一个崭新世界的，并为那些想要进入咨询行业的人介绍一种极其有用的、用来丰富其管理的工具，量化管理模型。在本附录中，我们将用一个产品计划问题来介绍这个工具的使用，找出在不同成本和资源要求的限制下的最优产品组合。这个问题显然和当今市场的激烈竞争息息相关。真正成功的企业都会提供从普通产品到高档奢侈型的一系列产品组合。所有这些产品都在争夺有限的生产能力和其他能力。保持适当的产品组合能有力地支持企业资产的收益和回报。

我们首先简要介绍一下线性规划和其适用的情况，接着我们会用线性规划的方法解决一个简单的产品组合的问题。本书的其他章节也介绍了一些线性规划在其他方面的应用。

线性规划（linear programming，LP）指的是对有限资源进行最优化配置的一些数学方法。LP 是数学最优化方法中最常用的一种，它被用来解决许多生产管理问题。以下是线性规划的常见应用。

总体销售与运营计划：制订成本最小化的生产计划。问题是要在生产能力和劳动力的限制条件下制订 3～6 个月的生产计划满足预期的需求。在此过程中要考虑的问题包括：常规劳动力工作时间和加班时间、雇用和解雇、合同转包和库存持有成本。

服务/制造生产率分析：通过与绩效最优的单元来比较，说明使用同样资源的其他单元的效率是如何变化的。这将通过数据包络分析（data envelopment analysis）来解决。

产品计划：在不同成本和资源要求的几种产品中选择最优的产品组合，比如决定汽油、颜料、食品动物饲料等的化学成分。本附录将说明有关该问题的例子。

产品生产路径：一个产品依次经过几个工作中心的加工，每个工作中心的机器的成本和产出特征不同，根据已有的条件决定产品加工的最佳路径。

交通工具/人员计划：寻找利用飞机、公共汽车、卡车或者运营人员向客户提供服务或者运输不同地点之间的物料。

过程控制：尽力减少从整卷或者整张织物上切割钢铁、皮革或者织物产生的废料。

库存控制：在不同仓库网络或者库存地点找到最优的产品放置组合。

分销计划：找到从工厂向仓库配送产品或者在仓库和零售商之间分销产品的最优运输方案。

工厂选址研究：通过评估不同地址方案之间以及不同供需资源之间的运输成本，找到新工厂的最优选址。

物料处理：寻找使工厂中不同部门的物料处理成本最低的路径。例如用卡车从供应仓库运送物料到工作地点，每辆卡车的运送能力和表现是不同的。

由于运营细节信息的可获取性增强，通过流程优化缩减成本也逐渐受到人们关注，线性规划在众多的行业都得到了广泛采纳。很多软件供应商用企业资源计划系统提供最优方案。一些企业将这些称为高级计划方案、同步计划和流程优化。

一个问题具备了5种必要条件就适合线性规划的方法。第一，必须有有限的资源（比如有限的工人、设备、资金、物料），否则就没有问题。第二，必须要有明确的目标（比如利润最大化或者成本最小化）。第三，必须存在线性关系（2是1的两倍，如果制作一个部件需要3个小时，那么制作两个部件需要6个小时，制作3个部件需要9个小时）。第四，必须有同质性（同一台机器上生产的产品都是相同的，或者每个工人的劳动工时的产出率都是相同的）。第五，必须有可分割性：一般线性规划假设产品和资源可以分割为分数。如果这种分割并不可能实现（比如半架飞机、雇用半个工人），那么可以采用线性规划中的整数规划。

当我们要实现单目标的最大化（利润）或者最小化（成本）时，可以采用线性规划；当我们要实现多目标的时候，可以采用目标规划。如果一个问题在阶段或者时间框架中最好解决，那么我们要采用动态规划。问题本身的其他一些限制要求可以用其他技术对问题进行求解，比如非线性规划或者二次规划。

A.1 线性规划模型

一般说来，线性规划问题就是一个最优化的过程，即选用非负的决策变量 X_1, X_2, $\cdots$, X_n 使目标函数最大化（或最小化）。公式为：

$$\max(\min) Z = C_1 X_1 + C_2 X_2 + \cdots + C_n X_n$$

约束条件为：

$$A_{11} X_1 + A_{12} X_2 + \cdots + A_{1n} X_n \leq B_1$$
$$A_{21} X_1 + A_{22} X_2 + \cdots + A_{2n} X_n \leq B_2$$
$$\vdots$$
$$A_{m1} X_1 + A_{m2} X_2 + \cdots + A_{mn} X_n \leq B_n$$

其中 C_n、A_{mn} 和 B_n 为常数。

根据实际问题，这些约束条件也可采用等号（=）或者大于等于号（≥）。

例 A-1 Puck & Pawn 公司

我们通过 Puck & Pawn 公司的一个例子来说明简单线性规划模型的解决步骤。Puck & Pawn 生产曲棍球球杆和国际象棋。每个曲棍球球杆利润为2美元，每副国际象棋利润为4美元。每个球杆需要在A车间生产4小时，B车间生产2小时；每套象棋需要在A车间生产6小时，B车间生产6小时，C车间生产1小时。A车间每天可用的生产能力是120小时，B车间每天可用的生产能力是72小时，C车间每天可用的生产能力是10小时。

如果公司希望收益最大化，那么每天应生产多少球杆和国际象棋？

解答

用数学公式表述这个问题。设 H 为曲棍球球杆的数量，C 为国际象棋的数量，利润最大化的目标函数可以表述为：

$$\max Z = 2H + 4C$$

这个最大化要受如下条件约束：

$$4H + 6C \leq 120 \text{（A 车间的限制）}$$
$$2H + 6C \leq 72 \text{（B 车间的限制）}$$
$$1C \leq 10 \text{（C 车间的限制）}$$
$$H, C \leq 0$$

这个公式满足了本附录开篇描述的标准线性规划必需的 5 个条件：

（1）资源有限（每个机器加工中心可用的工作时间有限）。

（2）目标函数明确（我们知道变量代表什么，也知道解决问题要达到的目标是什么）。

（3）等式是线性的（没有指数关系或者交叉产品）。

（4）资源是同质的（衡量方法是一样的，都是机器工时数）。

（5）决策变量是可分的并且是非负的（我们可以生产一个分数的球杆或者象棋，当然，如果认为这样是不合理的，我们可以使用整数规划）。

A.2 图解线性规划

尽管**图解线性规划**（graphical linear programming）的应用局限在两个决策变量的问题（3 个决策变量采用三维图形），但它可以快速揭示线性规划的本质。我们利用 Puck & Pawn 公司用到的图形方法来阐述图形线性规划的步骤。

（1）**把问题构建成为数学模型**。例 A-1 已经给出了问题的等式。

（2）**描绘约束条件等式**。约束条件很容易划分，只要设一个变量为 0，得到另一个变量在轴上的截距即可（这一步中约束条件的不等号可忽略不计）。对于机器中心 A 的约束条件而言，当 $H=0$ 时，$C=20$；当 $C=0$ 时，$H=30$。对于机器中心 B 的约束而言，当 $H=0$ 时，$C=12$；当 $C=0$ 时，$H=36$。对于机器中心 C 的约束条件而言，无论 H 为何值，$C=10$。图 A-1 绘出了这些图形。

（3）**确定可行域**。每个约束条件的不等号的方向决定了可行方案所在区域。在本例中，所有的不等式都是小于等于的，这就意味着生产出来的产品数量组合不可能落到图中任何一条约束线的右边。图 A-1 中可行解的区域是不规则的，并形成了一个凸多边形。如果一个多边形内任意两点之间的连线保持在多边形内部，那么该多边形为凸多边形。如果可行域不是凸多边形，那么说明构建问题方程的时候出现了错误或者该问题不适用于线性规划。

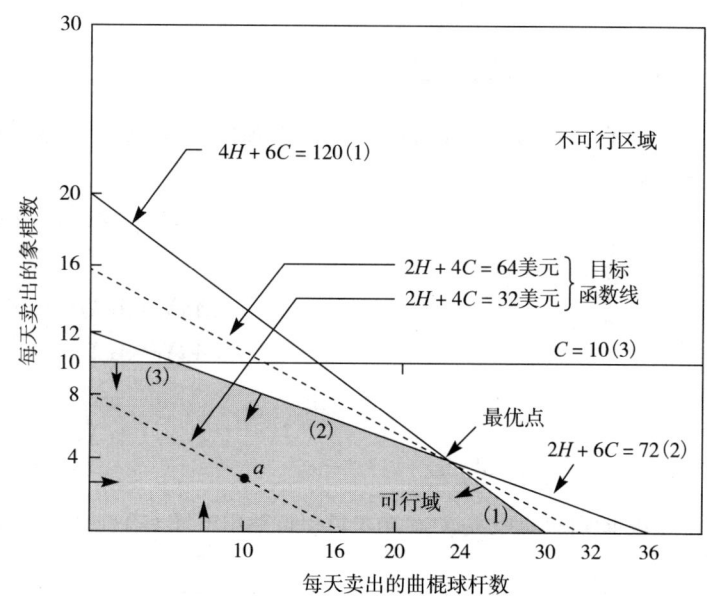

图 A-1　曲棍球杆和象棋问题的图解

（4）**描绘目标函数**。目标函数可以这样描绘，先假设一个任意的总利润额，然后求出轴上的截距坐标，就像在描绘约束条件等式时那样操作。本附录中用到的目标函数的其他形式是等利润或者等贡献线，因为它能列出任何给定利润额的所有可能的产品组合。例如，从图 A-1 中离原点最近的虚线上我们可以得到利润为 32 美元的曲棍球杆和象棋的所有生产组合，只要选定线上一点，就可以知道该点每种产品的数量。在 a 点 32 美元的收益组合是 10 根曲棍球杆和 3 副象棋。只要把 $H=3$、$C=10$ 代入目标函数就可以验证：

$$2 \times 10 + 4 \times 3 = 20 + 12 = 32（美元）$$

H	C	说　明
0	120/6 = 20	约束条件（1）和 C 轴的交点
120/4 = 30	0	约束条件（1）和 H 轴的交点
0	72/6 = 12	约束条件（2）和 C 轴的交点
72/2 = 36	0	约束条件（2）和 H 轴的交点

（续）

H	C	说　明
0	10	约束条件（3）和 C 轴的交点
0	32/4 = 8	32 美元利润线（目标函数）和 C 轴交点
32/2 = 16	0	32 美元利润线和 H 轴交点
0	64/4 = 16	64 美元利润线和 C 轴交点
64/2 = 32	0	64 美元利润线和 H 轴交点

（5）**寻找最优点**。通过数学方法可以发现决策变量的最优组合一般在凸多边形的顶点（交点）上得到。图 A-1 中有 4 个顶点（不包括原点），用以下两种方法中的任意一种都可以找出哪个是最优点。第一种方法是用代数的方法求出不同顶点的目标函数值。这要求解一对等式约束并把结果代入目标函数。例如，用以下方法求解 $2H + 6C = 72$ 和 $C = 10$ 的交点：把 $C = 10$ 代入 $2H + 6C = 72$，即 $2H + 6 \times 10 = 72$，$2H = 12$，即 $H = 6$。

再把 $H = 6$ 和 $C = 10$ 代入目标函数，得到：

$$\text{利润} = 2H + 4C = 2 \times 6 + 4 \times 10 = 12 + 40 = 52 \text{（美元）}$$

这种方法还可以直接从图 A-1 中读出 H 和 C 的值，并把结果代入目标函数，计算方法和前面一样。这种方法的缺点是当问题的约束条件很多时，就需要估算很多的可能点，而且数学计算每个可能组合的效率非常低。

第二种是采用用目标函数或者等利润线来寻找最优点。该过程就是画一条平行于任意初始等利润线的直线，并且令该利润线离原点最远（在成本最小化问题中，目标是画一条线令其通过最接近原点的那个点）。在图 A-1 中，标着 $2H + 4C = 64$ 美元的虚线贯穿最靠外的交点。注意这个任意的等利润线要能反映特定问题目标函数的斜率。不同的目标函数（如利润 = $3H + 3C$）会得出不同的距离原点最远的点。假设 $2H + 4C = 64$ 美元是最优的，那么需要生产的每个变量值从图 A-1 中可以读出：24 根球杆和 4 副象棋，再也没有别的产品组合能获利更多。

A.3　用 Excel 进行线性规划

电子数据表可以用来解决线性规划问题。Microsoft Excel 有一个最优化工具叫 Solver（规划求解），我们用曲棍球杆和象棋的问题来说明它的用法。我们从工具菜单选择规划求解，这时弹出对话框要求提供规划求解参数。接下来我们将描述如何用 Excel 来解决我们的例子。

如果你的工具菜单中没有规划求解的话，单击加载宏，选择加载"规划求解"，单击"确定"。这样以后用到规划求解都可以直接由工具菜单上直接选取。

在下面的例子里，我们将逐步建立电子数据表解决 Puck & Pawn 公司的问题。我们的基本策略是首先用电子数据表定义问题。因此，我们首先单击规划求解，输入所需的信息。然后，我们执行规划求解并且解释规划得出的报告的结果。

第 1 步：定义可变单元格。首先确定一个问题的决策变量要采用的单元格，在例 A-1 中是曲棍球杆数 H 和需要生产的象棋套数。Excel 在规划求解中把这些单元称为可变单元格。在图 A-2 的 Excel 截图中，我们用 B4 单元格表示曲棍球杆数量，用 C4 单元格表示国际象棋套数。注意我们把一些单元格的初始值设定为 2，当然我们可以给这些单元格赋予任何值，但最好用非零值，因为这样容易验证我们的计算是否正确。

第 2 步：计算总利润（或者总成本）。总利润或者总成本就是我们的目标函数，通过把各个产品的单位利润和产品数量相乘、加总，最后得到总利润值。我们把单位利润放在单元格 B5 和单元格 C5 中（$2 和 $4），因而可以用以下等式来计算利润：B4*B5 + C4*C5，将计算结果放在 D5 中。规划求解把这一单元格称为目标单元格，它反映了一个问题的目标函数值。

第 3 步：建立资源利用情况。我们的资源是例 A-1 中的车间 A、B 和 C。我们在电子数据表里面设立 3 行（9、10

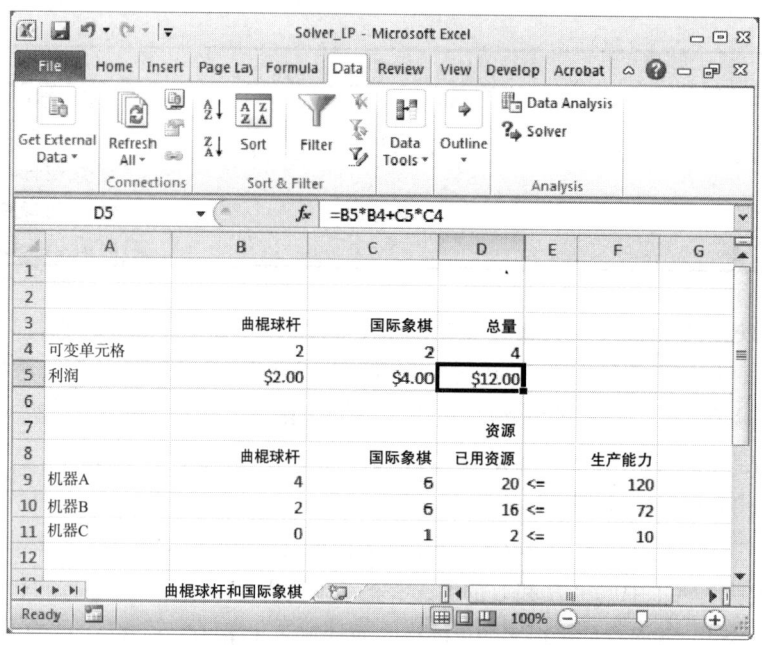

图 A-2　Puck & Pawn 公司的 Excel 截屏图

和 11），每一行建立一个资源约束。对于车间 A，每生产一根曲棍球杆的加工时间为 4 小时（单元格 B9），每生产一副国际象棋的加工时间为 6 小时（单元格 C9）。对于一个特定方案，D9 得出车间 A 所用的资源（B9*B4 + C9*C4）。E9 的小于等于号说明我们希望车间 A 采用的生产能力小于等于 120 小时（F9 中的数据）。第 10 行和第 11 行用同样的方法建立车间 B 和车间 C 的资源约束。

第 4 步：设置求解过程。进入工具菜单选择规划求解。

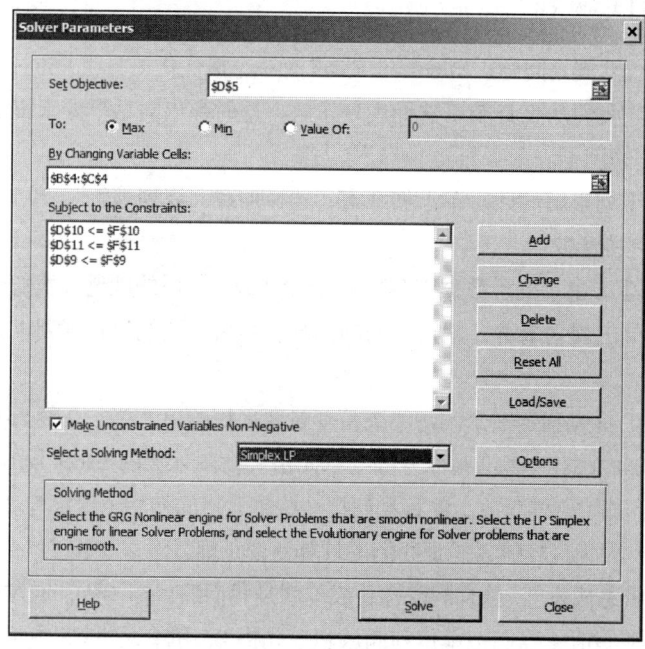

（1）设置目标单元格：我们想要计算的优化结果放置的位置。在例 A-1 中是电子数据表中 D5 计算的利润值。

（2）等于：由于我们要求最大利润，所以该项设置为最大。

（3）可变单元格：规划求解过程中为求得最大利润值可以变化的单元格。在例 A-1 中 B4～C4 是变化单元格。

（4）约束：根据车间的生产能力设置。这时我们单击"添加"列出利用的资源总数要小于等于可利用的生产能力。例如车间 A 的约束如下左图所示，每个约束方程确定以后单击"确定"。

（5）选项：单击"选项"，我们可以规定规划求解解决问题的类型和方法。规划求解有很多选项，但我们要用到的仅有很少一部分。

多数选项都是关于规划求解如何解决非线性问题。非线性问题一般较难解决，并且很难找到最优值。幸运的是，我们的问题是一个线性的问题，因为我们的约束条件和目标函数都是用线性等式来计算的，所以我们很容易知道这一点。单击"采用线性模式"说明我们想要采用线性模式来解决问题。此外我们已知可变单元格（决策变量）一定是非负数，因为如果曲棍球杆或者国际象棋的产量小于 0 就没有任何意义了。我们选择假定非负作为选项。我们现在就可以用规划求解来解题了，单击"确定"回到规划求解参数对话框。

第 5 步：解决问题。单击"规划求解"。我们立即得到如下右图所示的规划求解结果。

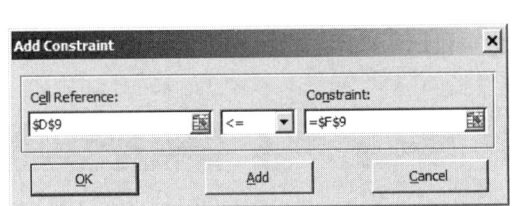
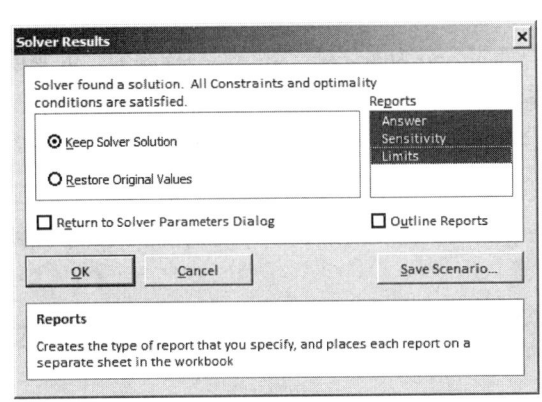

规划求解报告说明找到了一个看似最优的方案。对话框右面有三个选项：运算结果报告、敏感度报告、极限值报告。单击所有的选项令规划求解给出这些报告。当这些报告都被选中的时候，单击"确定"返回到数据表，Excel 根据要求生成了 3 个表格。

对问题最有用的报告是运算结果报告和敏感性报告，如表 A-1 所示。运算结果报告显示了总利润的最终结果（64美元）和生产的数量（24 根球杆和 4 副象棋）。在运算结果报告中的约束条件部分，给出了每种资源的状态。机器中心 A 和 B 都被充分利用，而机器中心 C 还有 6 单位的空闲能力。

表 A-1　Excel 规划求解报告和敏感性报告

运算结果报告					
目标单元格（最大值）					
单元格	名称		初值		终值
D5	利润总量		$12		$64
可变单元格					
单元格	名称		初值		终值
B4	可变单元格曲棍球杆		2		24
C4	可变单元格国际象棋		2		4
约束					
单元格	名称	单元格值	公式	状态	型数值
D11	车间 C 已用资源	4	D11 ≤ F11	未到限制值	6
D10	车间 B 已用资源	72	D10 ≤ F10	到达限制值	0
D9	车间 A 已用资源	120	D9 ≤ F9	到达限制值	0

敏感性分析

可变单元格

单元格	名称	终值	递减成本	目标式系数	允许的增量	允许的减量
B4	可变单元格曲棍球杆	24	0	2	0.666 666 667	0.666 666 667
C4	可变单元格国际象棋	4	0	4	2	1

约束

单元格	名称	终值	阴影价格	约束限制值	允许的增量	允许的减量
D11	车间 C 已用资源	4	0	10	1E+30	6
D10	车间 B 已用资源	72	0.333 333 333	72	18	12
D9	车间 A 已用资源	120	0.333 333 333	120	24	36

敏感性报告分为两部分。第一部分标题为"可变单元格",对应于目标函数系数。每根球杆的利润上浮或者下浮 0.67 美元(在 2.67 美元和 1.33 美元之间)对结果没有影响。同理,象棋的价格在 6 美元和 3 美元之间,对结果没有影响。A 车间的能力可以上涨到 144(=120+24)或者下调到 84,这样对目标函数造成每单位 0.33 美元的涨幅或跌幅。B 车间可以上涨到 90 或者下调到 60,同样对目标函数造成每单位 0.33 美元的涨幅或跌幅。对于 C 车间,可以上涨到无穷大(1E+30 是一个极大数的科学计数)或者下调到 4,都不会对目标函数产生影响。

本章小结

A-1 利用 Excel Solver 解决线性规划问题

总结

- 线性规划是业务分析很重要的工具,它允许管理者最有效地利用现有资源如原材料、工厂等。
- 利用 Excel Solver,我们可以解决线性规划的问题,融合了销售、计划、服务和制造分析、产品计划、产品路线以及其他更多的因素。
- 在 Excel Solver 中,线性规划问题遵循以下步骤:定义变化单元格、计算总利润(或者总成本)、建立资源利用情况、设置求解过程、解决问题。

关键术语

线性规划(LP):指以最优方式在竞争需求之间分配有限资源的几种相关数学技术。

图解线性规划:以直观的形式快速掌握线性规划的本质。

应用举例

例 1

一家家具工厂生产三种产品:茶几、沙发和椅子。这些产品要在 5 个部门中进行加工:锯木、裁布、打磨、染色以及组装部门。茶几和椅子只要用到原木、沙发需要木材和织物。胶水和缝合线十分充裕,它们所占成本比较低,包含在运营费用中。每种产品的特定要求如下。

资源或者作业(每月可用数量)	每个茶几需要的量	每个沙发需要的量	每把椅子需要的量
木材(4 350 英尺)	10 英尺 @ 10 美元/尺 = 100 美元/个	7.5 英尺 @ 10 美元/尺 = 75 美元	4 英尺 @ 10 美元/尺 = 40
织物(2 500 码)	无	10 码	无
锯木(280 小时)	20 分钟	24 分钟	30 分钟
切割织物(140 小时)	无	24 分钟	无
磨砂(280 小时)	30 分钟	6 分钟	30 分钟
染色(140 小时)	24 分钟	12 分钟	24 分钟
装配(700 小时)	60 分钟	90 分钟	30 分钟

公司的直接劳动力成本是每月75 000美元，总共1 540工时，每小时48.7美元。根据现有的需求，公司每月可以售出300个茶几、180个沙发和400把椅子。茶几的销售价格是400美元、沙发是750美元、椅子是240美元。假设劳动力成本是固定的，公司下个月不打算雇用或者解雇任何员工。

1. 家具公司最有限的资源是什么？
2. 要使利润最大化，公司的产品组合是怎样的？每月应生产多少茶几、沙发和椅子？

解答

设每月生产茶几的数量为X_1，沙发的数量为X_2，椅子的数量为X_3。利润是每件产品的收入减去物料成本（木材和织物），再减去劳动力成本。由于劳动力成本是固定的，我们将它们扣除，在数学上，我们有：$(400-100)X_1 + (750-75-175)X_2 + (240-40)X_3 - 75 000$。利润的计算如下：

利润 $= 300X_1 + 500X_2 + 200X_3 - 75 000$

约束条件如下：

木材：$10X_1 + 7.5X_2 + 4X_3 \leq 4 350$

织物：$10X_2 \leq 2 500$

锯木：$0.5X_1 + 0.4X_2 + 0.5X_3 \leq 280$

裁布：$0.4X_2 \leq 140$

打磨：$0.5X_1 + 0.1X_2 + 0.5X_3 \leq 280$

染色：$0.4X_1 + 0.2X_2 + 0.4X_3 \leq 140$

组装：$1X_1 + 1.5X_2 + 0.5X_3 \leq 700$

要求：

茶几：$X_1 \leq 300$

沙发：$X_2 \leq 180$

椅子：$X_3 \leq 400$

第1步：确定可变单元格。在本题中为B3、C3和D3，注意到这些单元格的值设为0（见下图）。

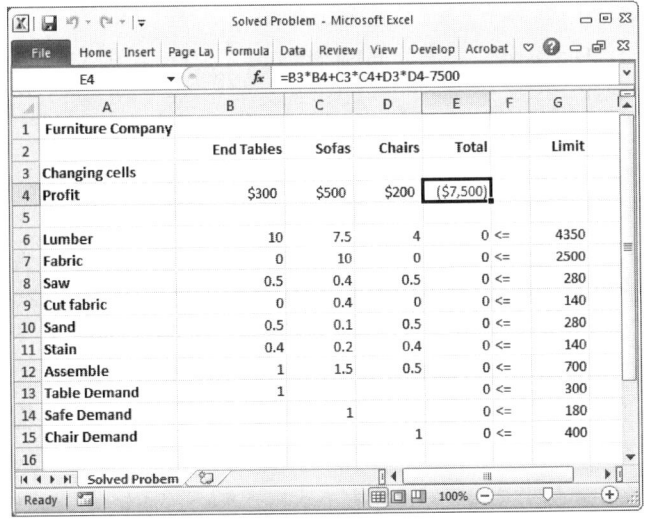

第2步：计算总利润。在本题中是E4（=300*B3+500*C3+200*D3-75 000）。注意到75 000美元的固定成本已经从收入中减掉了。

第3步：确定资源利用情况。单元格E6～E15是每种资源的利用情况，是由B3、C3和D3分别乘以各种产品的资源消耗量，再加总得到的（如E6=B3*B6+C3*C6+D3*D6）。各种资源的约束输入在单元格F6～F15中。

第4步：设定规划求解选项。单击"工具"，选择规划求解选项（见下图）。

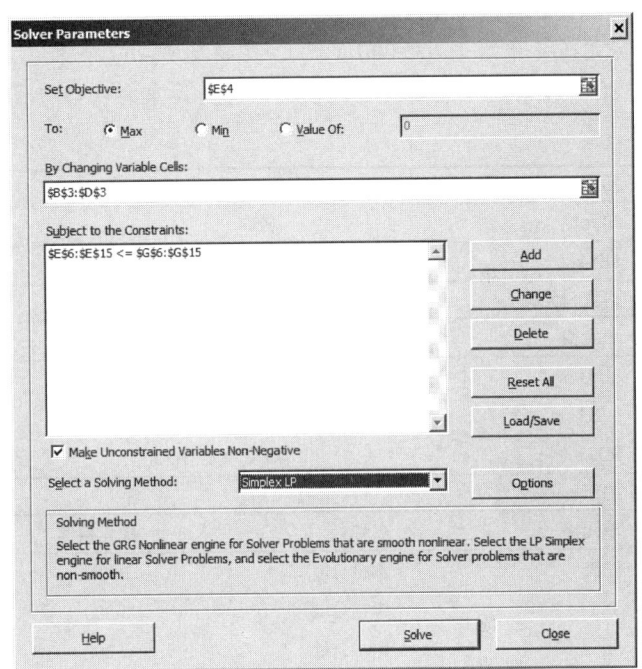

a. 设定"目标单元格"：我们希望计算出最优值的单元格。

b. 等于：由于要求利润最大化，选择"最大值"。

c. 可变单元格：规划求解为使利润最大化可以改变取值的单元格（在本题中为单元格B3～D3）。

d. 约束：添加约束条件的地方，我们设定E6～E15的值小于等于G6～G15（见下图）。

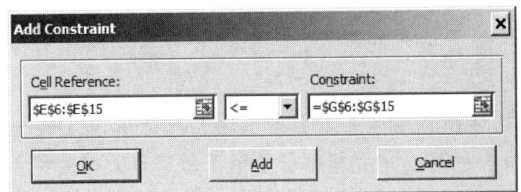

第5步：选择一种解法。这里有很多选项，但是为达到求解目的，只需要选择"采用线性模型"和"假定非负"。"采用线性模型"意味着我们所有的方程都是简单的线性等式。"假定非负"表明可变单元格的值必须大于等于0。

第6步：单击"求解"获得结果。 我们可以看到"规划求解结果"中显示找到了一个解，两种报告形式被选中。注意在图中显示的对话框中，规划求解显示找到了一个解并且满足所有约束条件达到最优。在右边的报告选项框中，运算结果、灵敏度和极限值报告都被选中了，表明我们想要了解这些结果。选中这些报告之后，单击"确定"返回到原来的数据表。

我们看到生成了三张新表：运算结果报告、敏感性报告、极限值报告。运算结果报告显示利润是93 000美元（一开始是–75 000美元），应该生产260个茶几，180个沙发，不生产椅子，在说明有关约束的表格中我们看到只有染色时间和沙发的需求达到了限制值。我们能从"状态"栏看到是否到达了极限值。未到限制值表示还有松弛，由最后一栏数值可以看到。

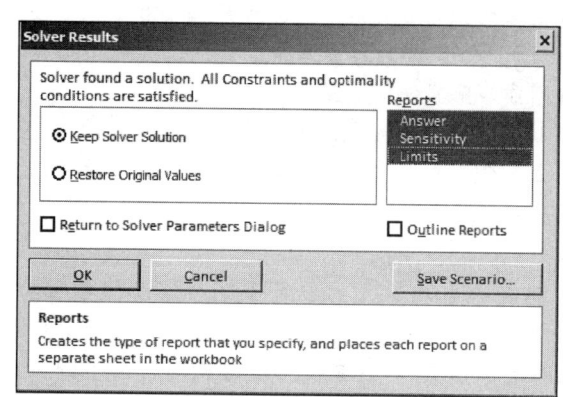

目标单元格（最大值）				
单元格	名称		初值	终值
E4	利润总量		–$75 000	$93 000
可变单元格				
单元格	名称		初值	终值
B3	可变单元格茶几		0	260
C3	可变单元格沙发		0	180
D3	可变单元格椅子		0	0
约束				
单元格	名称	单元格值	公式	状态	型数值
E6	木材总量	3 950	E6 ≤ G6	未到限制值	400
E7	织物总量	1 800	E7 ≤ G7	未到限制值	700
E8	锯木总量	202	E8 ≤ G8	未到限制值	78
E9	裁布总量	72	E9 ≤ G9	未到限制值	68
E10	打磨总量	148	E10 ≤ G10	未到限制值	132
E11	染色总量	140	E11 ≤ G11	达到限制值	0
E12	组装总量	530	E12 ≤ G12	未到限制值	170
E13	茶几需求量总量	260	E13 ≤ G13	未到限制值	40
E14	沙发需求量总量	180	E14 ≤ G14	达到限制值	0
E15	椅子需求量总量	0	E15 ≤ G15	未到限制值	400

当然，我们可能对这个结果并不满意，因为我们没有满足所有茶几的需求，并且完全不生产椅子似乎是不明智的。

敏感性报告（见后面的表格）对结果做了进一步解释。报告的可变单元格部分显示了每个单元格的终值和递减成本。递减成本说明当前设置为0的单元格发生变化时目标单元格会发生的变化。由于当前茶几（B3）和沙发（C3）不为0，它们的递减成本为0。而我们每增产一把椅子（D3），目标单元格值会减少100美元（为了方便解释对这些数据进行舍入）。可变单元格的最后3列是数据源数据表中的目标式系数以及允许的增量和允许的减量。允许的增减表示利润系数可以在哪个范围内变动而不影响可变单元格的值（当然目标单元格的值会变）。举例来说，每个茶几的收入可能高达1 000美元（=300+700）或是低到200美元（=300–100），我们仍然每个月卖260个茶几。记住这里假定除了某产品的利润系数以外，其他量不变。注意沙发的允许增量是1E+30。这是一个很大的数据，本质上是科学计数法表示的无穷大。

可变单元格						
单元格	名称	终值	递减成本	目标式系数	允许的增量	允许的减量
B3	可变单元格茶几	260	0	299.999 999 7	700.000 001 2	100.000 000 4
C3	可变单元格沙发	180	0	500.000 000 5	1E+30	350.000 000 6
D3	可变单元格椅子	0	−100.000 000 4	199.999 999 3	100.000 000 4	1E+30

约束						
单元格	名称	终值	影子价格	约束限制值	允许的增量	允许的减量
E6	木材总量	3 950	0	4 350	1E+30	400
E7	织物总量	1 800	0	2 500	1E+30	700
E8	锯木总量	202	0	280	1E+30	78
E9	裁布总量	72	0	140	1E+30	68
E10	打磨总量	148	0	280	1E+30	132
E11	染色总量	140	749.999 999 2	140	16	104
E12	组装总量	530	0	700	1E+30	170
E13	茶几需求量总量	260	0	300	1E+30	40
E14	沙发需求量总量	180	350.000 000 6	180	70	80
E15	椅子需求量总量	0	0	400	1E+30	400

对于报告的约束部分，每种资源的实际利用情况在"终值"栏表示出来。"影子价格"是指某种资源一单位的增量对目标单元格价值的贡献。如果我们能增加染色的生产能力，每增加一小时带来的利润增加额是 750 美元。"约束限制值"是当前每种资源的限制。"允许的增量"是影子价格保持不变时资源允许增加的量。用于染色的工作时间再增加 16 小时，每小时的影子价格还是 750 美元。类似地，"允许的减量"表示保持影子价格不变时，各种资源总额允许的减少量。在这张表上还有一些有价值的信息。

极限值报告为我们的问题提供了一些其他信息（见下表）。

单元格	目标名称	值				
E4	利润总额	93 000				
单元格	变量名称	值	下限极限	目标结果	上限极限	目标结果
B3	可变单元格茶几	260	0	15 000	260.000 000 2	93 000
C3	可变单元格沙发	180	0	3 000	180	93 000
D3	可变单元格椅子	0	0	93 000	0	93 000

目前方案的总利润是 93 000 美元。B3（茶几）目前的值是 260 单位。如果这个值减少到 0，利润就会减少到 15 000 美元。B3 为上限极限 260 单位时，利润是 93 000 美元（当前值）。类似地，对 C3（沙发），C3 为上限极限 180 单位时，利润是 93 000 美元，如果减少到 0，利润会减少到 3 000 美元。对 D3（椅子），若减为 0，利润是 93 000 美元（当前值），在本例中，上限极限也是 0。

问题的可行答案如下。

1. 家具公司最有限的资源是什么？

答案：对我们的生产资源来说，最关系到利润的是着色的时间。我们可以再增加 16 小时的能力。

2. 要使利润最大化，公司的产品组合应该是怎样的？每月应生产多少茶几、沙发和椅子？

答案：产品组合应该是 260 个茶几、180 个沙发、不生产椅子。

当然，我们仅仅简单地考虑了这个问题。实际上我们可以尝试增加染色的生产能力，这样会产生新的紧缺资源。我们也可以设置每种产品必须至少生产某个量的情景，这也可能更贴近现实一点。这能帮助我们决定如何重新配置劳动力资源。

例 2

周五下午 2 点，Bruce's Diner 的高级厨师（烤肉厨师）Joe，正在决定如何为当天晚上的 4 道特餐分配有限的原材料。当天下午一开始就要做好决定，因为有 3 道菜现在就要开始准备了（牛肉酱汉堡、玉米饼和红辣椒汤）。下表包含了库存的食物和每道菜需要的原材料用量。

食物	芝士汉堡	牛肉酱汉堡	玉米饼	红辣椒汤	可用量
碎牛肉	0.3	0.25	0.25	0.4	100 磅
芝士	0.1	0	0.3	0.2	50 磅
豆子	0	0	0.2	0.3	50 磅
生菜	0.1	0	0.2	0	15 磅
西红柿	0.1	0.3	0.2	0.2	50 磅
小圆面包	1	1	0	0	80 个
玉米饼	0	0	1	0	80 个

Joe 另外要考虑的一个因素是市场需求预测和售价。

	芝士汉堡	牛肉酱汉堡	玉米饼	红辣椒汤
需求	75	60	100	55
售价（美元）	2.25	2.00	1.75	2.50

Joe 购买了所需的所有原材料，放置在冷却器中，他希望获得最大利润。

要求：

1. 为使收入最大化，Joe 为周五特餐准备的最佳组合是什么？

2. 如果某个供应商以 1.00 美元一个的应急价格提供小圆面包，值得花钱购买吗？

解答

设 X_1 为周五特餐准备的芝士汉堡的数量，X_2 为牛肉酱汉堡的数量，X_3 为玉米饼的数量，X_4 为红辣椒汤的数量。

$$收入 = 2.25X_1 + 2.00X_2 + 1.75X_3 + 2.50X_4$$

约束条件如下。

碎牛肉：　$0.30X_1 + 0.25X_2 + 0.25X_3 + 0.40X_4 \leqslant 100$

芝士：　$0.10X_1 + 0.30X_3 + 0.20X_4 \leqslant 50$

豆子：　$0.20X_3 + 0.30X_4 \leqslant 50$

生菜：　$0.10X_1 + 0.20X_3 \leqslant 15$

西红柿：　$0.10X_1 + 0.30X_2 + 0.20X_3 + 0.20X_4 \leqslant 50$

小圆面包：　$X_1 + X_2 \leqslant 80$

玉米饼：　$X_3 \leqslant 80$

需求：

芝士汉堡：　$X_1 \leqslant 75$

牛肉酱汉堡：　$X_2 \leqslant 600$

玉米饼：　$X_3 \leqslant 100$

红辣椒汤：　$X_4 \leqslant 55$

第 1 步： 指定可变单元格，在该题中是 B3、C3、D3 和 E3。初值取为 10 以便检查公式是否有误（见下图）。

Solved Problem 2 - Microsoft Excel

F7　=SUMPRODUCT(B3:E3,B7:E7)

	A	B	C	D	E	F	G	H
1								
2		Cheese Burger	Sloppy Joes	Taco	Chili			
3	Changing Cells	10	10	10	10			
4		<=	<=	<=	<=			
5	Demand	70	60	100	55			
6						Total		
7	Revenue	$2.25	$2.00	$1.75	$2.50	$85.00		
8								
9								
10	Ingredients:	Cheese Burger	Sloppy Joes	Taco	Chili	Total		Available
11	Ground beef (lbs.)	0.3	0.25	0.25	0.4	12	<=	100
12	Cheese (obs.)	0.1	0	0.3	0.2	6	<=	50
13	Beans (lbs.)	0	0	0.2	0.3	5	<=	50
14	Lettuce (lbs.)	0.1	0	0.2	0	3	<=	15
15	Tomato (lbs.)	0.1	0.3	0.2	0.2	8	<=	50
16	Buns	1	1	0	0	20	<=	80
17	Taco Shells	0	0	1	0	10	<=	80

Solved Problem 2　Ready　100%

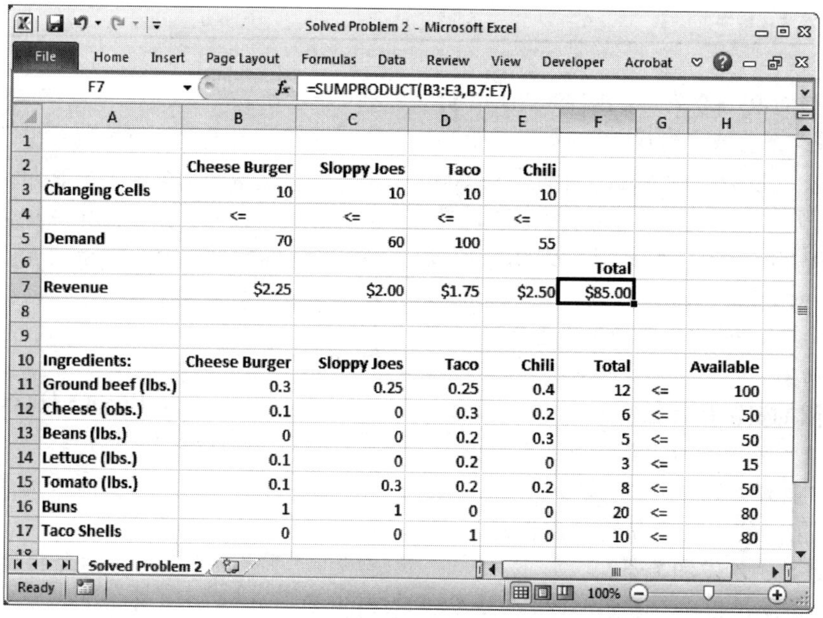

第2步：确定总收入的公式——F7（B3乘以芝士汉堡2.25美元的单位利润，加上C3乘以牛肉酱汉堡2.00美元的单位利润，加上D3乘以玉米饼1.75美元的单位利润，加上E3乘以每碗红辣椒汤2.50美元的单位利润，Excel里面的SUMPRODUCT功能可以快速进行该项计算）。注意到当前值是85美元，因为可变单元格初始值是10。

第3步：确定每种原材料的利用情况——单元格F11～F17，每种原材料的使用量通过可变单元格与对应系数的乘积之和得到。每种原材料的约束限制由H11～H17列出来。

第4步：设置规划求解，对选项进行设置（见下图）。

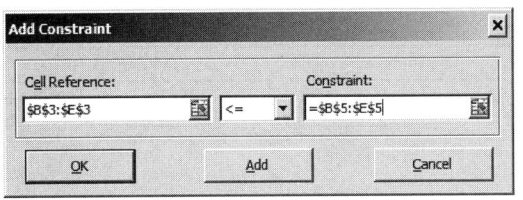

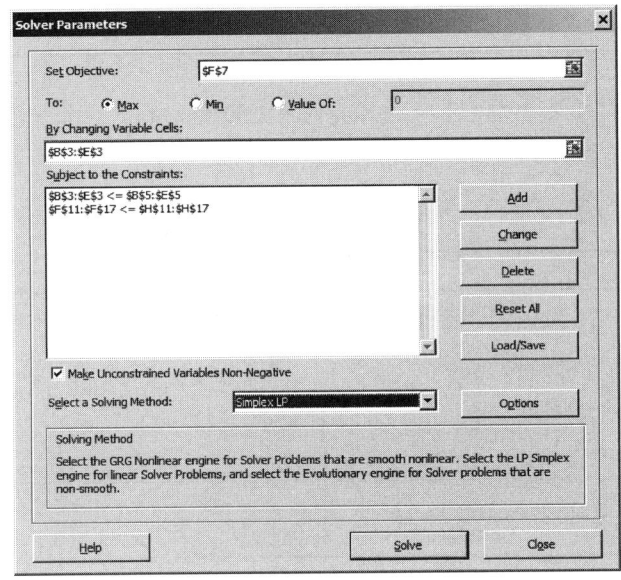

a. 设置"目标单元格"。把我们要进行最优值计算的单元格设为目标单元格。在这张表中，收入的计算值设定在F7单元格。

b. 等于：希望最大化结果时选择"最大值"。

c. 可变单元格：告诉我们每种食品该生产多少的单元格。

d. 约束：我们在这里添加两类约束，一是需求约束，一是原材料使用约束。

第5步：设置"选项"。单击"选项"，我们把所有选项设置为默认，除了两个之外：①我们必须选定采用线性模型；②我们必须选定假设非负。这两个选项规定规划求解为线性规划问题，并且所有的可变单元格都为非负。

第6步：单击"求解"，出现"规划求解结果"对话框。确认这个对话框上写着"规划求解找到一解，可满足所有的约束及最优状况"（Solver found a solution. All Constraints and optimality conditions are satisfied，见下图）。

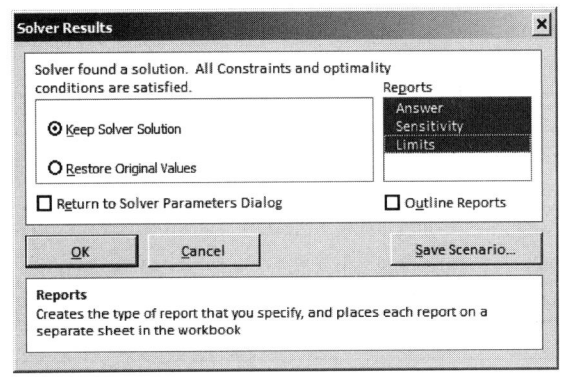

在对话框的右边可对三个报告选项进行选择：运算结果报告、敏感性报告和极限值报告。单击这三个报告，使它们变为亮色，再单击"确定"，就可以返回到原工作表，但这时有了三个新表。

运算结果报告显示目标单元格的终值是416.50美元，初值是85美元。在可变单元格区我们看到应该做20个芝士汉堡、60个牛肉酱汉堡、65个玉米饼和55碗红辣椒汤。这就回答了第一个问题，即周五特餐准备的食品组合应该是什么。

目标单元格（最大值）			
单元格	名称	初值	终值
F7	收入总值	85.00	416.25
可变单元格			
单元格	名称	初值	终值
B3	可变单元格芝士汉堡	10	20
C3	可变单元格牛肉酱汉堡	10	60
D3	可变单元格玉米饼	10	65
E3	可变单元格红辣椒汤	10	55

(续)

约束

单元格	名称	单元格值	公式	状态	型数值
F11	碎牛肉总值（磅）	59.25	F11 ≤ H11	未到限制值	40.75
F12	芝士总值（磅）	32.50	F12 ≤ H12	未到限制值	17.5
F13	豆子总值（磅）	29.50	F13 ≤ H13	未到限制值	20.5
F14	生菜总值（磅）	15.00	F14 ≤ H14	到达限制值	0
F15	西红柿总值（磅）	44.00	F15 ≤ H15	未到限制值	6
F16	小圆面包总值	80.00	F16 ≤ H16	到达限制值	0
F17	玉米饼总值	65.00	F17 ≤ H17	未到限制值	15
B3	可变单元格芝士汉堡	20	B3 ≤ B5	未到限制值	55
C3	可变单元格牛肉酱汉堡	60	C3 ≤ C5	到达限制值	0
D3	可变单元格玉米饼	65	D3 ≤ D5	未到限制值	35
E3	可变单元格红辣椒汤	55	E3 ≤ E5	到达限制值	0

第二个问题为是否值得购买 1.00 美元价格的小圆面包。运算结果报告显示小圆面包的使用已经达到了限制值，因此买更多的小圆面包是能够盈利的，但是运算结果报告并没有告诉我们用 1.00 美元的价格买进是否合算。为了回答这个问题，我们要看敏感性报告（见下表）。

可变单元格

单元格	名称	终值	递减成本	目标式系数	允许的增量	允许的减量
B3	可变单元格芝士汉堡	20	0	2.25	0.625	1.375
C3	可变单元格牛肉酱汉堡	60	0.625	2	1E+30	0.625
D3	可变单元格玉米饼	65	0	1.75	2.75	1.25
E3	可变单元格红辣椒汤	55	2.5	2.5	1E+30	2.5

约束

单元格	名称	终值	影子价格	约束限制值	允许的增量	允许的减量
F11	碎牛肉总值（磅）	59.25	0.00	100	1E+30	40.75
F12	芝士总值（磅）	32.50	0.00	50	1E+30	17.5
F13	豆子总值（磅）	29.50	0.00	50	1E+30	20.5
F14	生菜总值（磅）	15.00	8.75	15	3	13
F15	西红柿总值（磅）	44.00	0.00	50	1E+30	6
F16	小圆面包总值	80.00	1.38	80	55	20
F17	玉米饼总值	65.00	0.00	80	1E+30	15

我们可以看到小圆面包的影子价格是 1.38 美元，表示每增加一单位小圆面包可以产生 1.38 美元的收入。我们同样可以看到碎牛肉的影子价格是 0，这是因为碎牛肉的使用量并没有达到限制值，还有多余。另外一个重要的信息是小圆面包增加的数量不能超过 55 个，每个才价值 1.38 美元，这就是为什么允许的增量是 55。我们还看到每磅生菜值 8.75 美元。寻找生菜的应急供应商是明智的，因为它可以增加周五特餐的利润。

问题的答案如下。

1. 为使收入最大化，Joe 为周五特餐准备的最佳组合是什么？

答：20 个芝士汉堡、60 个牛肉酱汉堡、65 个玉米饼和 55 份红辣椒汤。

2. 如果某个供应商以 1.00 美元一个的应急价格提供小圆面包，值得花钱购买吗？

答：值得。每增加一单位的小圆面包带来 1.38 美元的收入，而只有 1.00 美元的成本，因此有 0.38 美元的净利润，但是这在购买数量不超过 55 个的情况下才成立。

客 观 题

1. 用 Excel Solver 规划求解解决如下问题：
$$\max Z = 3X + Y$$
$$12X + 14Y \leq 85$$
$$3X + 2Y \leq 18$$
$$Y \leq 4$$

2. 用 Excel Solver 规划求解解决如下问题：
$$\min Z = 2A + 4B$$
$$4A + 6B \geq 120$$
$$2A + 6B \geq 72$$
$$B \geq 10$$

3. 一家工厂停产了某种无利可图的产品，导致产生了相当大的过剩生产能力。管理部门决定利用过剩生产能力生产 X_1、X_2、X_3 三种产品中的一种或多种。

   所需的机器时间如下表所示。

机器类型	产品		
	X_1	X_2	X_3
磨床	8	2	3
车床	4	3	0
刀床	2	0	1

每周可用的机器时间如下表所示。

	每周可用的机器时间
磨床	800
车床	480
刀床	320

销售人员预测可以售出所有的 X_1 和 X_2，但 X_3 每周最大的销量为 80 件。

3 种产品的单位利润如下表所示。

	单位利润（美元）
X_1	20
X_2	6
X_3	8

a. 构造可用来求解每周利润最大化的规划模型。
b. 用 Excel Solver 规划求解该问题。
c. 最优解是什么？每种产品各生产多少？相应的利润是多少？
d. 机器情况如何？它们都满负荷工作还是仍有可用时间？X_3 是以最大销量销售吗？
e. 假定磨床每周还有 200 小时的工作时间可用。增加的成本 1.50 美元/小时。你建议这样做吗？说出你的理由。

4. 亚利桑那州大学宿舍计划准备一种食物，目标是使学生花费成本最低，但食物必须包含 1 800～3 600 卡路里的热量。摄入淀粉不能超过 1 400 卡路里，摄入蛋白质不能低于 400 卡路里。各种食物只有 A 和 B 两种组成。A 每磅 0.75 美元，包含 600 卡路里，其中 400 卡路里是蛋白质，200 卡路里是淀粉。每个学生食用的 A 不能超过 2 磅。B 每磅 0.15 美元，包含 900 卡路里，其中 700 卡路里是淀粉，100 卡路里是蛋白质，100 卡路里是脂肪（答案见附录 D）。
（1）写出代表这些信息的等式。
（2）用图形法求出所需各种食物的数量。

5. 在第 4 题上加上不超过 150 卡路里脂肪的限制条件，并将 A 的价格提升到 1.75 美元/磅，B 的价格提升到 2.50 美元/磅，再次求解。

6. 洛根公司想混合两种燃料（A 和 B）以使它的卡车成本最低。卡车每月至少需要 3 000 加仑燃料。卡车燃料容量最大为 4 000 加仑。现有 2 000 加仑 A 和 4 000 加仑 B 可用。混合燃料的辛烷含量要在 80% 以上。

   当燃料混合时，得到的混合量和加入的量相等。辛烷的含量是单种燃料的加权平均，权数是各种燃料占重量的比例。

   已知：燃料 A 的辛烷含量是 90，每加仑成本是 1.2 美元；燃料 B 的辛烷含量是 75，每加仑成本是 0.9 美元。
（1）写出能表达这些信息的等式。
（2）根据已知条件给出的每种燃料的用量，用 Excel Solver 规划求解这个问题。列出解答问题必要的假设。

7. 假设你要对你的可支配收入做一个预算。你一个月最多有 1 500 美元可用于食物、住宿及娱乐。花在食物和住宿上的费用不能超过 1 000 美元，单独花在住宿上的费用不能超过 700 美元，娱乐不能超过 300 美元。花在食物上的每一美元的满意度为 2，花在住宿上的每一美元的满意度为 3，花在娱乐上的每一美元的满意度为 5。

   假设预算问题是线性关系，用 Excel Solver 规划求解来决定资金的最优分配。

8. C镇酿酒厂酿造两种啤酒：Expansion Draft和Burning River。Expansion Draft每桶售价为20美元，而Burning River每桶售价8美元。酿造一桶Expansion Draft需要8磅谷物和4磅蛇麻草，酿造一桶Burning River需要2磅谷物、6磅稻子和3磅蛇麻草。假定这些配比是线性的，用Excel Solver规划求解Expansion Draft和Burning River的最优产量，使C镇的收入达到最高。

9. BC Petrol在他们Kentucky的化工厂生产3种化学药品：BCP1、BCP2、BCP3。这3种药物可用两种作业生产：自动作业和人工作业。自动作业每小时成本为48美元，可以产出3单位BCP1、1单位BCP2和1单位BCP3；人工作业每小时成本为24美元，可以产出1单位BCP1和1单位BCP2。为满足顾客需求，每天至少要产出20单位BCP1、10单位BCP2和6单位BCP3。假定线性关系，用Excel Solver规划求解使成本最优且能满足顾客需求的自动作业和人工作业的组合。

10. Wood县的一个农民拥有900英亩地。她准备在每英亩地上种植玉米、大豆或者小麦。一英亩地如果种玉米可获得2 000美元利润，种大豆可获得2 500美元利润，种小麦可获得3 000美元利润。她有100个劳动力和150吨肥料。

下表是每英亩地农作物的所需。假定该问题是线性关系的，用Excel Solver规划求解可以使利润最大的玉米、大豆和小麦的生产组合。

	玉米	大豆	小麦
人力（劳力）	0.1	0.3	0.2
肥料（吨）	0.2	0.1	0.4

附录 B

生产运营技术

近来很多生产力的提升都是由于生产运营技术的应用。在服务业中,生产力的提升主要是由于软技术——信息处理。在制造业中,生产力的提升主要是由于软技术和硬技术(机器)的结合。由于本书的读者大都在 MIS 课程里了解到了服务业的信息技术,因此本附录只关注制造业。

B.1 制造业的技术

最近几十年产生的一些先进技术对许多行业的制造工厂产生了广泛和深刻的影响,这些先进技术是本附录讨论的主题,它们被划分为两类:硬件系统和软件系统。

硬件技术促进了工艺自动化,它们承担了原先由人工完成的劳动密集型工作。重大的硬件技术进步的例子有数控机床、加工中心、工业机器人、自动材料处理系统以及柔性生产系统。这些都是可以用于制造过程的计算机控制设备。基于软件的技术辅助了制造产品设计以及生产活动的计划分析等工作。这些技术包括计算机辅助设计和自动制造计划及控制系统。下面我们将对每项技术进行详细的阐述。

1. 硬件系统

数控机床(numerically controlled,NC)由这些部分构成:①一台典型的用来折弯、切割或者磨削的各种类型零件的常用机床;②一台用来控制机器执行各道工序的计算机。NC 首先于 20 世纪 60 年代在美国航空公司里运用,并由此扩展到其他许多行业。在许多模型中,反馈控制循环测定工作中机器车床的位置,不断将实际位置与程序设定的位置做出比较,并在需要的时候做出修正,这被称为自适应控制。

加工中心(machining center)代表了比数控系统自动化程度更高和复杂性更大的水平。加工中心实现了机器的自动控制,它们还附带了各种工具,这些工具能根据每项操作的要求进行自动切换。另外,机器上配置了一种装置,能够在机器加工一个零件时自动卸下一个完成的零件并装上一个待加工零件。为了使读者对加工中心有一个直观的印象,我们在图 B-1a 中加入了关于加工中心的示意图。

工业机器人(industrial robot)用来替代工人进行一些危险、肮脏和枯燥的重复性劳动。机器人是一种安装了末端受动器的受程序控制的多功能机器。末端受动器可能是能拾起东西的夹子、扳手、焊接枪或者喷雾器。图 B-1b 展示了机器人模仿的人类行为。现在人们已经设计出了更先进的功能,如视觉、触觉以及近距离协作等。此外一些型号的机器人还可以按照设定的三维图形轨迹做一系列运动。当工人把机器人的手臂末端按要求移动时,机器人就会把这个轨迹存在存储器里并根据命令重复这一动作。新的机器人系统可以执行质量控制监控,然后通过搬运机器人,把部件传递给下游的机器人。正如专栏 B-1 所言,劳动力的节约证实采用机器人的合理性。

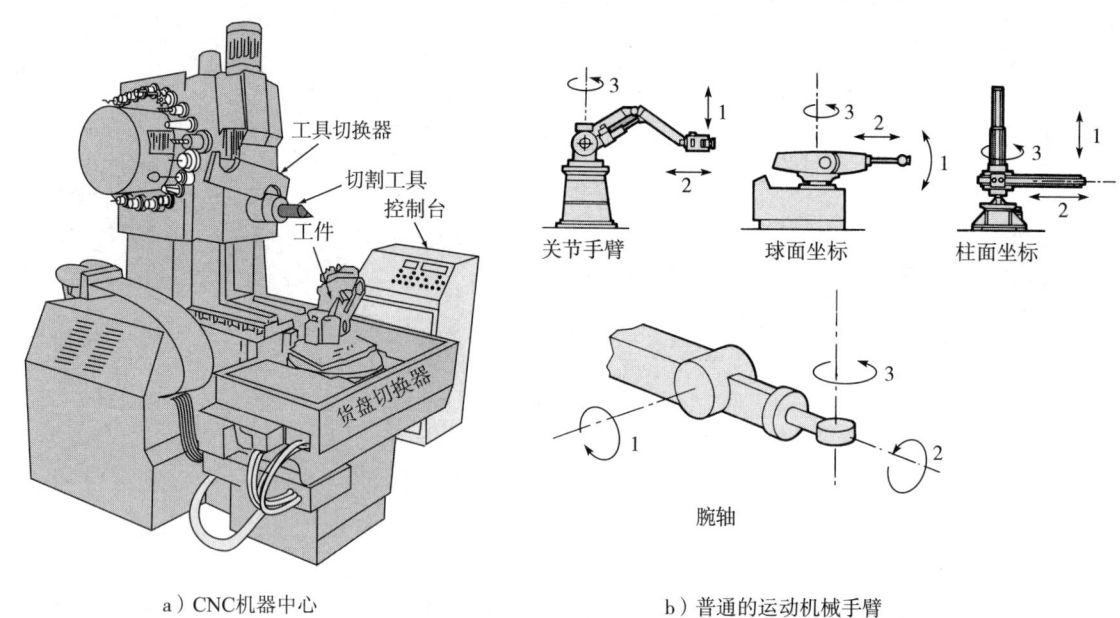

a）CNC机器中心　　　　　　　　　b）普通的运动机械手臂

图 B-1　CNC 加工中心示意图

资料来源：J. T. Black, *The Design of the Factory with a Future* (New York: McGraw-Hill, 1991), p.39, with permission of The McGraw-Hill Companies. L. V. Ottinger, "Robotics for the IE: Terminology, Types of Robots," *Industrial Engineering*, November 1981, p.30.

专栏 B-1

评估机器人投资的公式

许多公司在决定是否购买机器人时，使用下面的公式计算回收期：

$$P = \frac{I}{L - E + q(L + Z)}$$

式中　P——以年为单位回收期；
　　　I——机器人及其附件所需的总投资额；
　　　L——每年机器人替代的劳动力成本（每个工人的工资和福利 × 每天的轮班次数）；
　　　E——机器人每年的维护费用；
　　　q——加速（或减速）因素；
　　　Z——每年折旧。

例：
$I = 50\,000$ 美元
$L = 60\,000$ 美元（2 个工人 × 每个班次 20 000 美元；经常费用为每个班次 10 000 美元）
$E = 9\,600$ 美元（2 美元/小时 × 4 800 小时/年）
$q = 1.5$（机器人工作速度是一个工人的 1.5 倍）
$Z = 10\,000$ 美元

那么：

$$p = \frac{50\,000}{60\,000 - 96\,000 + 1.5 \times (60\,000 + 10\,000)} = 1/3 \text{（年）}$$

自动物料处理系统（automated material handling system，AMH）提高了运输、存储以及检索原材料的效率。例如计算机控制的输送机和自动化的存储及检索系统（AS/RS），在该系统中，计算机指挥自动装载机挑选和放置物品。自动导航设备（AGV）系统是工厂里埋在地下的用来指挥无人驾驶设备到达不同地点的电缆。AMH 的优点包括快速移动原材料，降低库存量，减少存储空间，减少生产损坏以及提高劳动力生产效率。

这些单独的自动化部分能够组合起来形成制造单元（manufacturing cell）甚至柔性生产系统（flexible manufacturing system，FMS）。一个制造单元可以由一个机器人和加工中心组成。机器人接受编程自动从加工中心插入和移除零件，这样就形成了无人监管操作。FMS 是一个全自动生产系统，其中包括能自动装卸零件的加工中心、一个用来在机器间移动零件的自动导航设备系统,以及其他用于无人监管生产的自动器件。在 FMS 中,一个全面的计算机控制系统用于运行整个系统。

俄亥俄州 Cincinnati Mtlacron 工厂的 FMS 就是一个很好的例子,它已经运营了 30 多年了。图 B-2 是这个 FMS 的示意图。在这个系统里,零件被运送到标准化的夹具上(这些设备被称为"提升机"),它被安装在由自动导航设备引导的可移动的货盘上。工人装卸工作站的标准化夹具上的工具和零件,如图中右边所示。这种装卸大都在一个班次中完成。这个系统实际上可以实现无人监管。

在这个系统中有两个区域用于储存工具(区域 7)和零件(区域 5)。这个系统是用来设计辛辛那提米兰制造的大型铸造工具的。铸造在 4 个 CNC 加工中心完成(区域 1)。当这个加工中心完成一个零件时,零件被送到零件清洗平台(区域 4),在那里得到清洗,接着零件被送到自动检测平台(区域 6)做质量检验。这个系统可以生产成百上千中的不同零件。

4 个大加工中心中的一个(见图 B-2),这是俄亥俄州 Cincinnati Mtlacron 工厂的 FMS 的一部分。

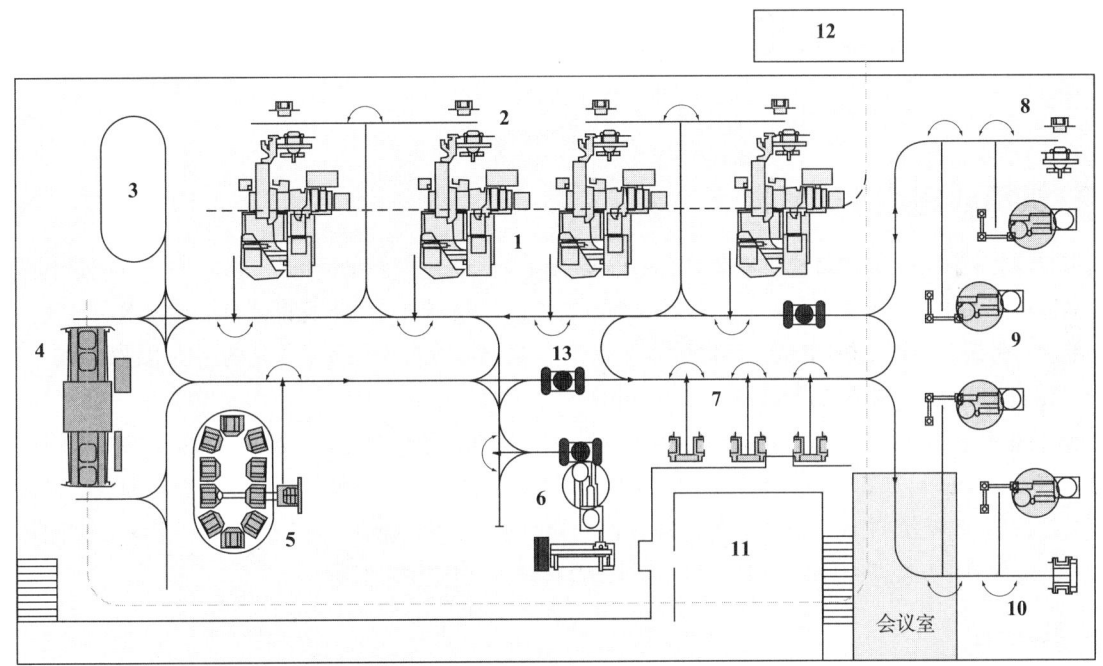

关键:
1. 4 个 Milacron T-30 CNC 加工中心
2. 4 个工具内部交互站,每台机器配置一个,通过计算机控制的小车补给工具
3. 小车维护站、冷冻液监控和维持区
4. 部件清洗站,自动处理
5. 在先货盘队列中安装的自动工作切换器(10 个货盘)
6. 一个水平坐标测量机器的检验模块
7. 工具传送链的 3 个排队站
8. 工具传送链的装卸站
9. 4 个部件装卸站
10. 货盘/夹具生产站
11. 控制中心,计算机室(在高处)
12. 中央芯片/冷冻液收集/恢复系统(----水道)
13. 3 辆计算机控制的小车,配置电线引导的路径
↷ 小车转向位置(在坐标轴平面中达360°)

图 B-2　Cincinnati Milacron 柔性制造系统示意图

资料来源:工厂的宣传手册。

2. 软件系统

计算机辅助设计（computer-aid design，CAD）是借助计算机的能力进行产品和工艺设计的一种方法。CAD 包含几种自动化技术，如检验产品外观特征的计算机图形设计软件（computer graphic）以及评估工艺特征的计算机辅助工程（computer-aided engineering，CAE）。Rubbermaid 用 CAD 提升 ToteWheels 的精度满足检查行李的要求。CAD 还包括与制造工艺设计相关的技术，如计算机辅助工艺过程设计（computer-aided process planning，CAPP）。CAPP 设计作为计算机控制加工机床指令的计算机程序，设计排列通过加工中心的零件次序以及工艺次序（诸如清洗和检测）的程序。这些程序被称为工艺计划（computer plans）等。复杂的 CAD 系统还能做即时屏幕测试，替代早期的原型定位测试和修改。

CAD 已经被用来设计各种产品，从计算机芯片到马铃薯切片。例如 Frito-Lay 公司用 CAD 来设计它们的双维度、有褶饰边的 O'Grady 马铃薯切片。设计这样一个切片的问题在于，如果切得不合理的话，就可能外焦内潮，太脆（比如放在包里的时候碎了），或者呈现出一些其他不适合做鳄梨酱蘸片的特征。然而，通过运用 CAD，运用数学方法产生适当的角度和褶皱数量；O'Grady 模型通过了在 Frito-Lay 公司压碾机上的压力测试，并成功摆上了杂货商的货架。

CAD 还可用于设计定制泳衣。穿着者的尺寸被输入到 CAD 程序中，同时输入顾客要求的款式。通过与顾客协作，设计者对照屏幕上显示的人体模特修改泳衣设计。一旦设计确定下来，计算机打出模版，就可以进行裁剪和现场缝制了。

自动制造计划和控制系统（automated manufacturing planning and control systems，MP&CS）是简单的基于计算机的信息系统，它用来辅助计划、排序计划以及监控制造运营。它们不间断地从工厂现场获取关于工作状态、原材料到达等信息，同时，它们发布生产及订货的指令。复杂的生产计划控制系统包括订单录入处理、车间现场控制、采购以及成本会计核算等。

B.2 计算机集成制造（CIM）

所有这些自动化技术都集合到**计算机集成制造**（computer-integrated manufacturing，CIM）中。CIM 是制造过程的自动模式，其中生产三大主要功能：产品与工艺设计、计划与控制以及制造过程本身都被自动化技术所替代。此外，口述和书写交流这些传统的一体化机制都被计算机技术所取代。这些高度自动化及一体化的制造也被称为**工厂全面自动化**（total factory automation）和**未来工厂**（factory of future）。

所有 CIM 技术是通过网络及一体化数据库联系在一起的。例如，数据整合把 CAD 系统同由数控零件程序构成的**计算机辅助制造**（computer-aided manufacturing，CAM）联结起来，同时生产计划与控制系统能够和自动物料处理系统联系起来辅助部件选择清单的生成。因此，在一个完全一体化的系统里，设计、测试、制造、装配、检测和物料处理不仅是自动的，而且是相互协调一体的，并且和制造计划及排序计划功能相协调。

1. 技术投资评估

像柔性生产系统或者计算机订单处理系统这样的现代技术意味着巨大的资本投资。因此，一个工厂在获取某项技术之前要仔细评估它的财务及战略收益。由于获取新技术的目的不仅是降低劳动力成本，还有提升产品质量和增加产品种类、缩短产品提前期、增加作业的柔性，因而评估这样的投资特别困难。相比劳动力成本而言，一些收益是无形的，因此验证过程就很困难。此外，技术的飞速发展使新技术在若干年后就被淘汰，这使成本-收益评估变得更加复杂。

千万不要认为新的自动化技术一定可以节约成本。即使当某项技术自动化的收益确定无疑的时候也有可能不值得采用该技术。例如，许多分析家预测一体化 CAD/CAM 系统能够解决所有制造问题，但许多公司都在这些系统的投资中遭受损失。这是由于在新产品或者重新设计的产品的生产设备以及工艺改进后的设备系统将很多高技术的劳动力排除到制造过程之外,但研磨少量复杂产品的时间可能比研磨机床编制程序的时间要少,并且编程员的单位时间成本要比研磨机操作工要高。另外,要把专家多年积累研磨的知识和经验全部转化为计算机程序也并不是件容易的事情。CAD/CAM 一体化软件在质量和成本上已经逐步提升到一定的水平,现在甚至常被采用在一些种类多而批量小的制造环节中。

2. 技术投资的收益

通常采用新的制造技术带来的收益既有有形的,也有无形的。有形的收益能用传统的财务分析模式进行有效的投资决策,如折算现金流。详细的收益归纳如下。

降低成本:

(1)劳动力成本。机器人取代工人,或者用较少的工人操作半自动化的设备。

(2)物料成本。更有效地使用现有物料,或者允许使用的物料差异范围较大。

(3)库存成本。允许 JIT 库存管理的快速设备调整。

(4)质量成本。自动检测和减少产品产出变动。

(5)维护成本。自动调整的设备。

其他收益:

(1)产品种类增加。由柔性生产系统产生的范围经济。

(2)产品性能提升。原先手工无法生产的产品的生产能力(如微处理器)。

(3)周转周期变短。加快调整和切换。

(4)产量扩大。

3. 采用新技术的风险

尽管采用新技术有很多收益,但在采用新技术时也伴随着风险。必须充分估计这些风险并在采用之前予以剔除。以下是一部分风险。

技术风险

较早采用新技术可以在竞争中处于领先的位置,但在采用未经测试的技术时也存在风险,这些问题可能导致工厂生产的中断,同时采用新技术也存在技术淘汰的风险,特别是获取新技术的固定成本及升级换代成本特别高的电子技术的发展日新月异。此外,未来的替代技术可能更有成本效益,令现今技术的收益失去优势。

运营风险

企业运营中采用新技术的过程也会存在一些风险。新技术的安装通常会干扰企业的生产,至少在短期内是这样。这种干扰由企业的机构重组、人员的重新培训等产生。在更深的层面上,生产工艺中会产生延迟和出错,对各种资源的需求也变得不确定和非常突然。

组织风险

公司可能缺乏相应的组织文化和高层管理来化解新技术带来的短期干扰与不确定性。在这样的组织里,当短期内试验失败时公司的员工或管理者就可能很快放弃新技术,或者对企业原有陈旧低效的工艺进行简单的自动化改进而避免大幅改动,因而企业也就不能获得新技术带来的效益。

环境或市场风险

曾经发生过很多这样的案例,一家公司投资某项新技术,结果若干年以后发现环境变化或市场因素令这些投资变得一文不值。例如,在环境问题上,汽车公司总是在投资生产电动汽车的新技术上踟蹰不前,因为它们无法确定联邦政府和州政府未来的尾气排放标准、降低燃油汽车生产量的趋势以及电池技术的进步潜力。市场风险的典型例子是货币兑换率和利率的波动。

本章小结

B-1 理解运营技术的应用是如何影响制造的

- 技术在大多数国家的生产力增长中起到主导作用，它为较早采用并成功实施的企业带来了竞争优势。
- 尽管这里所讨论的制造和信息技术本身都是威力巨大的工具并且都能单独采用，但它们如果配合一体使用，可以令收益呈现指数增长。典型的例子就是 CIM 技术。
- 增加现代技术采用的收益并不全是有形的，并且许多收益要在长期才能显现，因而通常使用的成本会计核算方法和标准财务分析不能充分显示出类似 CIM 这种技术的潜在收益，因此我们在评估这些投资时应该考虑到战略收益。此外，许多现代技术的资本成本是相当高的，我们必须仔细评估与这些投资相关的各种风险。
- 对于许多企业而言，采用柔性生产系统及复杂决策支持系统需要大量的投入。这些投资甚至超出一个中小型工厂的能力范围。但是，当技术不断提升并被广泛采用的时候，它们的成本就会降低，令小型企业也有能力去采用这些技术。鉴于这些技术的综合性、整合性，高层管理者及员工在这些技术的成功实施中的作用十分关键。

讨论题

1. 机器人需要培训吗？请解释其中的原因。
2. 在工业销售中的理论"你不是销售产品，而是销售公司"适用于制造技术吗？
3. 列出 3 种本书探讨过的可以用来评估技术方案的分析工具（除财务分析以外）。
4. 世界上最大的地面装饰公司 Atlanta-based Interface 公司在加拿大 Ontario 的 Belleville 子公司将它的大部分利润归功于"绿色制造"或者说是"生态效率"。你认为这些名词的含义是什么？这些实践是如何降低成本的？
5. 列举两个最近的产品和工艺技术革新的例子。
6. 数控机器和加工中心有什么不同之处？
7. 两个大型汽车制造商都计划投入大量资金开发电动汽车新产品和工艺技术。简述它们投资这些技术的原因，讨论这些投资的潜在收益和风险。

附录 C

财务分析

本附录将介绍运营管理中涉及的财务分析的基本概念和工具，包括成本的种类（固定成本、可变成本、沉没成本、机会成本、可避免成本）、风险与期望值和折旧（直线法、年数总和法、余额递减法、双倍余额递减法、业务量折旧法）。我们还将讨论作业成本和资本成本的计算，主要关注的重点是资本投资决策的内容。

C.1 概念与定义

我们首先从几个基本概念入手。

1. 固定成本

固定成本是不随产出多少变化的费用。事实上没有绝对的固定成本，许多费用实际上只是在一定产出的范围内保持不变。常见的例子有租金、财产税、大多数折旧、保险金和高级管理人员的工资。

2. 可变成本

可变成本是随着产出的变动而变动的费用。举例来说，美国钢铁公司每多生产一单位的钢板要消耗一定数量的材料和劳动力，而多消耗的材料和劳动力所增加的费用可以进行分割而分别分配到增加的每单位钢板上。许多企业的经常费用也是可变的，因为水电费和维修费等也是随着生产水平的变动而变化的。

图 C-1 说明了总成本是由固定成本和变动成本组成的。注意由于固定成本是不变的，因而总成本的增长率和可变成本增长率相等。

3. 沉没成本

沉没成本是过去已经发生的费用或没有残值的投资，因此在进行投资决策时不必把它考虑进去。沉没成本也可能在本质

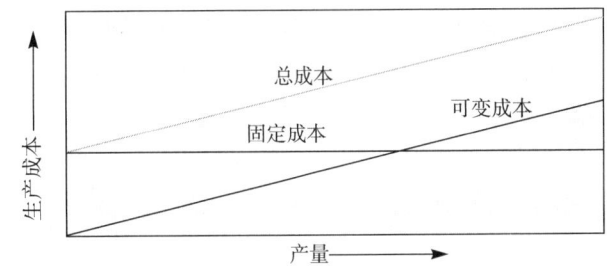

图 C-1 总成本中的固定成本与可变成本

上是固定成本的当前成本，如建筑物租金。例如，假设一家生产冰激凌的工厂租用了一间厂房，并考虑在这个厂房中生产冰冻果子露。如果公司生产冰冻果子露，成本会计将分摊一部分房租到冰冻果子露的成本中，但事实上这笔房租是不变的，决策时不用把这笔费用作为相关费用考虑。租金是"沉没"的，它已经存在，不论如何决策，这一费用都是不变的。

4. 机会成本

机会成本是由于在决策时没有选择最优方案而失去的利益或者优势。假设一家公司要投资 100 000 美元，有两个可比方案可供选择，A 投资方案可以获得净利润 25 000 美元，B 投资方案可以获得净利润 23 000 美元。A 方案明显是一个好的选择，因为有 25 000 美元回报。如果决策时采用了 B 方案，那么 B 方案的机会成本就是所损失的 2 000 美元的利润。

5. 可避免成本

如果进行了某项投资，某项费用就不会产生，但是如果不进行投资，就一定会出现某项费用，这种费用就是可避免成本。假设某公司有一台机床，该机床出现了故障。由于该机床是公司作业所必需的，所以机床必须修理或者更新。如果购买新机床，那么维修成本就是可避免成本。可避免成本能降低新投资成本，是因为投资的发生使可避免成本不会发生。可避免成本是通过花钱来省钱的例证。

6. 期望值

任何投资都有风险，因为将来的情况很难绝对准确地被预测到。一些数学方法如期望值法有助于研究这种不确定性。期望值等于期望结果乘以实现期望结果的概率。如前例，方案 A 的期望收入是 25 000 美元，方案 B 则为 23 000 美元。假设方案 A 的实现概率是 80%，方案 B 是 90%，那么期望值计算如下：

$$期望值 = 期望结果 \times 实际结果等于期望结果的概率$$

方案 A：$25\,000 \times 80\% = 20\,000$（美元）

方案 B：$23\,000 \times 90\% = 20\,700$（美元）

看起来方案 B 是一个较好的选择，其期望值超过方案 A 的 700 美元。

7. 经济寿命与报废

当企业投资购买生产设备时，要估计设备的使用寿命。从会计角度考虑，这台设备应在这段时间内折旧完毕。假如该设备在这一段时期发挥功能，就会陈旧或磨损，并且需要更新设备，但这种预计的使用寿命一般和实际并不一致。

假设一台设备购入时估计其使用寿命是 10 年。在这 10 年中的某一时间开发出了一种新设备，它比原来的机器效率更高或更经济，这时旧机器就过时了，而与该机器是否损坏无关。

机器的经济寿命是指机器能提供最好的方法来完成任务的时间段。当更先进的方法被研制出来的时候，旧机器就被淘汰了。这时，机器的账面价值就失去了意义。

8. 折旧

折旧是分摊设备资本成本的一种方法。在使用和消耗过程中，任何资本性资产，包括房屋、机器等的价值都会随使用时间的推移逐渐减少。摊销和折旧这两种方法通常可以相互替代。按传统的说法，折旧是根据有形资产的物理或功能的消耗分摊成本，如房屋或设备。摊销是把无形资产在有效期限内分摊到成本中，如专利权、租借权、特许经营权和商誉等。

折旧不能在其生命周期的任何时点反映资产的真实价值，由于任何时候都可能发生旧机器过时淘汰的情况，设备实际价值与账面价值之间往往存在较大的差异。同时，由于折旧率的大小对税收影响很大，企业在选择折旧方法的时候往往首先考虑折旧方法对税收的影响，而不是账面价值对实际变现价值的反映能力。

下面我们将介绍五种常用的折旧方法。

直线法

使用这种方法，设备的价值在使用寿命期内每年以相同的量递减。一般公式为：

$$年折旧额 = \frac{成本 - 残值}{预期使用寿命}$$

假设一台机器原值 10 000 美元，估计残值为 0，使用寿命为 10 年，其年折旧额为 1 000 美元，10 年内全部折完。

如果10年后的残值为1 000美元，则年折旧额为：

$$\frac{10\ 000 - 1\ 000}{10} = 900\ （美元）$$

年数总和法

年总和法（sum-of-the-years'-digits，SYD）的目的是在使用寿命的早期提取较高的折旧费，减少账面价值，而在使用寿命的后期以较低的折旧率折旧。

假设估计使用寿命是5年，总折旧分数累计为：1+2+3+4+5=15。第一年折旧率为5/15，第二年为4/15，依此类推，最后一年是1/15。

余额递减法

这也是加速折旧的一种方法。每年用固定的折旧率乘以每年的账面价值余额，这个折旧率使资产在结束时，账面价值恰好是它的残值。在任何情况下，资产的价值最终不能低于它的残值。使用余额递减折旧法时，折旧率的允许范围一般由内部收入服务条例控制。下面以下表简要说明前面的例子，表中40%的折旧率是任选的。注意，这一折旧是基于资产的原值，没有扣除资产的残值。

年	折旧率	期初账面价值（美元）	折旧额（美元）	累计折旧额（美元）	期末账面价值（美元）
1	40%	17 000	6 800	6 800	10 200
2	40%	10 200	4 080	10 880	6 120
3	40%	6 120	2 448	13 328	3 672
4	40%	3 672	1 469	14 797	2 203
5		2 203	203	15 000	2 000

在第5年，按40%减少账面价值将会使资产低于残值。因此，只需再折旧203美元就可使账面价值等于残值。

双倍余额递减法

双倍余额递减法是在资产寿命的早期提取较高折旧费的一种方法，它在税金方面更为有利。这种方法用直线法折旧率的两倍来提取折旧费，本质上和直线折旧法是一样的。如果有10年寿命期的设备年折旧率为10%，那么双倍余额折旧法的年折旧率为20%。

业务量折旧法

这一方法的目的是把资产的投资额按其使用的比例分摊到成本中。这种方法适用于那些重复同样操作的机器。这一机器的寿命不是以年计量的，而是以预计其在报废前可进行的作业总数来估算。假设一台金属冲压机寿命是冲压100万次，设备价值是100 000美元。每冲压一次计提折旧费为100 000÷1 000 000，即0.1美元。假设残值为0，历年折旧情况如下表所示。

年	每年总冲压次数（次）	每次冲压费用（美元）	年折旧额（美元）	累计折旧额（美元）	期末账面价值（美元）
1	150 000	0.1	15 000	15 000	85 000
2	300 000	0.1	30 000	45 000	55 000
3	200 000	0.1	20 000	65 000	35 000
4	200 000	0.1	20 000	85 000	15 000
5	100 000	0.1	10 000	95 000	5 000
6	50 000	0.1	5 000	100 000	0

该折旧法试图按实际的使用情况提取折旧费用，能更精确地匹配生产产出。而且，由于机器的变现价值与它的剩余使用寿命相关，账面价值与变现价值是可能一致的。令人担忧的是，技术发展迅速，常常使机器提前被淘汰。在这种情况下，账面价值就不能反映真实价值。

C.2 作业成本法

为了知道某一产品或提供某项服务占用了多少成本，必须应用某些方法将制造费用分配到生产活动中。传统的方法是根据直接人工成本或工时将经常费用分配计入成本。将经常费用的总量除以总直接劳动力工时可以得到经常费用比例。该方法所遇到的问题是，在过去10年中直接人工成本占总成本的百分比急剧下降。例如，先进制造技术以及其他改进生产的技术引入使许多工作中的直接人工成本已经降到总制造成本的7%～10%。因此，许多高度自动化的工厂就出现经常费用高达600%甚至1 000%的情况。

传统的会计方法是按直接人工分配经常费用，这种会计方法常常会导致一些问题。例如，根据计划成本的比较，我们可能会选择自动化生产而舍弃劳动密集型生产。不幸的是，安装设备时制造费用并不会消失，而如果采用劳动密集型生产，总成本实际上可能会更低。这种方法也可能会因为投入过多的时间去追踪直接人工时间长度而浪费投入的精力。例如，一家工厂花费了65%的计算机成本去追踪有关直接人工时间的信息，尽管直接人工费用仅占总生产成本的4%。

作业成本法（activity-based costing）通过简化经常费用的分配过程，更直接地反映生产活动中发生的经常费用所占的实际比例来解决这些问题。原因因素常被称为成本动因，被识别出来作为分配经常费用的依据。这些因素可能包括机器时间、占地面积、计算机时间、空运时间或运输里程。当然，经常费用分配的精度取决于成本动因的选择是否恰当。

作业成本法包含两阶段分配过程。第一阶段是将经常费用分配到成本活动库（cost activity pools）。这些库中包括诸如机器准备、发布购货订单、检验零部件之类的活动。第二阶段根据完成任务所需的成本库活动的数量，将成本库的成本分配给这些活动。图C-2展示的是传统成本法与作业成本法的比较。

思考表C-1作业成本法的例子。两种产品A和B使用同样数量的直接人工工时，相同时间的直接劳动力可生产5 000单位A产品或者20 000单位B产品。应用传统成本法，每种产品将分摊同样数量的制造费用；应用作业成本法，成本将被分配给特定的活动。因为每种产品需要不同数量的处理时间，因此从成本库中为这些产品分配不同数量的经常费用。

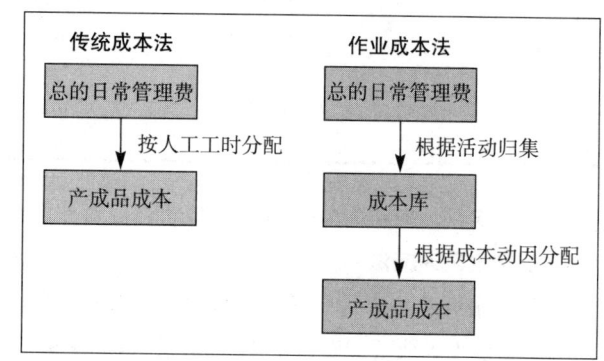

图 C-2 传统成本法与作业成本法

表 C-1 用作业法分配经常费用

基本数据

作业	可追溯成本（美元）	成本动因		
		总量	产品A	产品B
设备调整	230 000	5 000	3 000	2 000
质量检验	160 000	8 000	5 000	3 000
购货订单	81 000	600	200	400
工作机时	314 000	40 000	12 000	28 000
原材料接收	90 000	750	150	600
产量/件	875 000	25 000	5 000	20 000

作业	制造费用的动因分配率		
	(a) 可追踪成本（美元）	(b) 成本动因总数	(a)÷(b) 动因分配率
设备调整	230 000	5 000	46 美元/次
质量检验	160 000	8 000	20 美元/次
购货订单	81 000	600	135 美元/张
工作机时	314 000	40 000	7.85 美元/小时
原材料接收	90 000	750	120 美元/次

（续）

	单位产品的制造费用			
	产品 A		产品 B	
	成本动因	总成本（美元）	成本动因	总成本（美元）
设备调整 46 美元/次	3 000	138 000	2 000	92 000
质量检验 20 美元/次	5 000	100 000	3 000	60 000
购货订单 135 美元/次	200	27 000	400	54 000
工作机时 7.85 美元/次	12 000	94 200	28 000	219 800
原材料接收 120 美元/次	150	18 000	600	72 000
分配的经常费用		377 200		497 800
产量/件		5 000		20 000
单位产品经常费用		75.44		24.89

资料来源：R. Garrison, *Managerial Accounting*, 12th ed. (New York: MCGraw-Hill, 2007).

如前所述，作业成本法为每一项活动或事项建立起可以看成成本动因的成本库，并根据完成产品或作业所需的独立活动数量，将经常费用分配给产品或作业，这种方法克服了成本扭曲的问题。因此在前面的情况下，低产量的产品分配的成本往往较高，包括设备调整、购货订单及质量检验，因此对于其他产品而言，单位成本较高。

作业成本法有时被称为业务成本法。这种方法较之其他成本法，提高了经常费用的可追溯性，也为管理者提供了更加精确的单位成本数据。

C.3 税收的影响

税率以及使用税率的方法偶尔也会变化。当分析专家评论投资方案时，税金常被认为是决定性因素，因为折旧费用直接影响应纳税的收入，因而影响利润。在开始的几年中，加速提取折旧为投资提供了一个额外的资金来源。1986年以前，公司可利用投资减税，使税收责任直接减少。后来税法发生了变化，因此，遵守当前的税法，并尝试预测可能影响当前投资和会计活动的未来变化变得十分关键。

C.4 选择投资方案

资本投资决策已经变得高度理性化了，解决该问题具有多种可用的技术足以说明这一点。与定价策略及市场决策对比，决策者往往对资产投资决策更具信心，因为影响投资决策的变量相对而言更易获取，并且可以量化到一定精度。

投资决策通常可分为 6 种：

（1）购买新设备或设施。

（2）现有设备或设施的更新。

（3）自制或外购决策。

（4）租赁或购买决策。

（5）工厂临时停工或永久关闭决策。

（6）增加或减少产品或产品系列。

投资决策是根据可接受的投资回报率底限来制定的。作为问题的出发点，可接受投资回报率底限可以认为是投资金额的资本成本。当然如果不能收回资本成本，投资活动肯定不会发生。

投资方案通常根据其产生的超过资本成本的收益大小进行排序。根据这一办法，只有有限投资基金的企业可以选择可产生最大净收益的投资方案（净收益是指投资获得的毛利益减去投资融资成本后的收益）。通常，如果收益不能超过投资资本的边际成本，这项投资就不能进行（投资资本的边际成本是指没从外部渠道融资一单位新增资本所需的成本）。

1. 确定资本成本

资本成本是通过对负债和权益筹资成本的加权平均计算得到的。该加权平均值将随企业所采用的融资策略的不同而不同。最常用的融资渠道是短期负债、长期负债和权益性融资。银行贷款是短期负债,债券一般是长期负债,股票是权益性融资的常见形式。下面,对于每种融资形式我们都给出一个简短的例子,然后说明如何综合这几种融资形式确定资本成本的加权平均值。

短期负债成本取决于贷款利率以及贷款是不是减息贷款。记住利息对公司具有税收抵减的作用。

$$短期负债成本 = \frac{支付的利息}{获得资金}$$

如果银行贷款为减息贷款,则贷款面值扣除利息后才是企业实际可用的资金额。当需要保留补偿性余额时(即将贷款面值的一定百分比保留在银行中作为抵押),企业实际可用的资金也将减少。在这两种情况下,贷款的有效利率或实际利率都高于其名义利率,因为从贷款中获得的资金少于贷款金额(面值)。

短期负债举例

假设某公司贷款 150 000 美元,期限为 1 年,利率为 13%,该贷款为减息贷款,并且要求保留 10% 的补偿性余额,则有效利率的计算如下:

$$\frac{13\% \times 150\,000}{115\,500} = \frac{19\,500}{115\,500} = 16.88\%^{\ominus}$$

可用资金额如下所示(单位:美元)。

贷款面值	150 000	补偿性余额(10% × 150 000)	(15 000)
扣除的利息	(19 500)	可用资金额	115 500

注意:贷款的有效成本显著高于贷款的名义利率。

长期负债通常通过出售公司债券的方式获得,债券的实际成本可以通过计算两种类型的收益来获取:简单(票面)收益及到期收益(有效利率)。第一种收益涉及的是一种简单的近似值,第二种则要精确得多。名义利率等于按债券面值(到期值)支付的利率,通常按年计算。债券通常以 1 000 美元的票面价值发行,发行价可能高于面值(溢价发行)或低于面值(折价发行,又称为原始发行折扣)。当发售利率低于市场现行利率时,债券以折价发行。在这种情况下,其收益就会高于名义利率。债券以溢价发行时的情况与折价相反。

债券的发行价格等于票面价值(或面值)乘以溢价(或折价)比率。

$$简单收益 = \frac{名义利率}{债券发行价格}$$

$$到期收益率 = \frac{名义利率 + \frac{折价(溢价)}{年数}}{\frac{发行价格 + 到期金额}{2}}$$

长期负债举例

假设公司发行 10 年期 400 000 美元的债券,利率为 12%,以 97% 的价格折价发行。收益计算如下:

$$名义年利息 = 12\% \times 400\,000 = 48\,000(美元)$$
$$债券融资金额 = 97\% \times 400\,000 = 388\,000(美元)$$
$$债券折价金额 = 3\% \times 400\,000 = 12\,000(美元)$$
$$简单收益 = \frac{12\% \times 400\,000}{97\% \times 400\,000} = \frac{48\,000}{388\,000} = 12.4\%$$

$\ominus$ 原书为 16.89%,疑有误,更正为此。——译者注

$$到期收益 = \frac{48\,000 + \dfrac{12\,000}{10}}{\dfrac{388\,000 + 400\,000}{2}} = \frac{48\,000 + 1\,200}{394\,000} = 12.5\%$$

注意，债券以折价发行，因此收益超过名义利率（12%），债券利率对公司而言是减税因素。

权益性筹资（股票）的实际成本以股利的形式表现，对公司来讲股利不是减税因素。

$$普通股股本 = \frac{每股股利}{每股价值} + 股利增长率$$

其中每股价值等于每股的市场价格 - 浮动成本（即发行股票的成本，例如经纪人佣金、印刷成本等）。应该注意这一价值没有考虑投资者对市场价格上升的期望。该期望是基于对每股盈利的期望增长以及由于购买股票所带来的相关风险。资本资产定价模型（CAPM）可用于分析这种影响。

普通股成本举例

假设某公司发行了一种股票，每股股息为 10 美元，每股净值为 70 美元，股息增长率为 5%。

$$股票成本 = \frac{10}{70} + 0.05 = 19.3\%$$

为了计算加权平均资本成本，我们先要考虑每种融资渠道筹集的资金占总资金的百分比，然后计算每种融资方法的税后成本，最后根据其使用金额为每种成本赋予相应的权重。

计算加权平均资本成本举例

假设某公司的财务报表中显示了如下的数据。

短期银行贷款（13%）	100 万美元
可支付债券（16%）	400 万美元
普通股股票（10%）	500 万美元

在我们的例子中，假定以上每个百分比表示该项资本的成本。此外，我们还需要考虑公司适用的税率，因为债券及短期借款利息都可以抵税。假设公司适用的税率为 40%。

	百分比	税后成本	加权平均成本
短期银行贷款	10%	13% × 60% = 7.8%	0.78%
可支付债券	40%	16% × 60% = 9.6%	3.84%
普通股股票	50%	10%	5%
合计	100%		9.62%

在展开本节内容的过程中，我们在计算上做了很多假设。这些方法应用于某一特定公司时，其中的很多假设会有变化，但基本概念是一样的，并且记住：我们的目标是简化税后资本成本的计算。在通常情况下只需要计算特定项目的资本成本，而我们展示的是计算整个企业的资本成本的实例。

2. 利率的影响

有两种方法可以解释累计利息的影响：一种是将整个时段中产生的总量折算到未来某一时点，记为复利值；另一种就是将各个未来时点的金额扣除利息折成现值。

3. 单笔金额的复利值

爱因斯坦曾将复利利息称为世界第八大奇迹。读完本节的内容以后，我们可以看到经过很长一段时间后，复利利息会快速增长，你也许会希望能制定这样一条新的政府政策：当孩子出生时，父母必须将 1 000 美元存入这个孩子的退休基金，当孩子 65 岁时可以兑现。这样可以减轻社会保障的压力和其他州政府及联邦政府退休津贴的压力。即使通货膨胀使货币大大贬值，仍能保留一大部分钱。若投资回报率为14%，我们最初1 000美元的终值扣除通货膨胀的损失4 500 000美元会得到5 000 000美元，也就是说比原来翻了500倍（许多中性基金的长期年收益率都超过14%）。

运用电子数据表和计算器进行这些计算都十分简便。"应用电子数据表"的框中说明了最有用的财务功能，但仍有许多人借助复利系数表来计算复利值。如利用附录I中的表I-1（1美元的复利之和），我们可以看到在10%的利率下，1美元在3年后的复利终值为1.331美元，用该数字乘以10得到13.31美元。

4. 年金的复利值

年金是指在数年间每年收取相同的金额。通常年金在每期期末收到，在当期不获取利息。3年期的年金第一年年末投入10美元（如果在接下来两年，这10美元持续投入其中，那么就可获得后两年的利息），第二年年末投入10美元（这10美元可以在最后一年获得利息），第三年年末投入10美元（没有获利的时间）。如果年金是投入到年利率为5%的储蓄账户中，那么年利率为5%的10美元年金3年的复利值为：

年	年末投入（美元）		复利终值系数$(1+i)^n$		第三年年末的价值（美元）
1	10.00	×	$(1+0.05)^2$	=	11.02
2	10.00	×	$(1+0.05)^1$	=	10.50
3	10.00	×	$(1+0.05)^0$	=	10.00
					31.52

年金终值的一般计算公式为：

$$S_n = R[(1+i)^{n-1} + (1+i)^{n-2} + \cdots + (1+i)^1 + 1]$$

式中　S_n——年金复利值；

　　　R——年金；

　　　N——以年为单位的期数。

用该公式解释前例，可得：

$$S_n = R[(1+i)^2 + (1+i) + 1] = 10 \times [(1+0.05)^2 + (1+0.05) + 1] = 31.52（美元）$$

在附录I中，表I-2显示，当利率为5%、年数为3时，1美元的年金终值系数是3.152。用该数乘以10美元得到31.52美元。

以我们前面谈到的退休保障金投资为例，假设从21岁开始每年存入2 000美元，收益将会是多少？假设当前AAA级债券的收益率为9%，由附录I表I-2可以得出，30年后（51岁时）这些投资的价值是2 000美元的136.3倍，将达到272 600美元。再过14年（在65岁那一年）这笔投资将价值963 044美元（需要使用计算器，因为表中只给出了30年的系数，假定2 000美元在每年年末存入），但又有哪个21岁的年轻人会想到退休以后的事呢？

5. 未来单笔支付的现值

复利值用来确定资金在未来某一时点的价值，而现值（PV）的计算结果正好相反，它用于确定未来收入的总和或者多笔未来收入流入现在的价值。大部分投资决策都使用现值而非复利值，因为影响未来的决策是现在做出的，将未来的投资回报转化为决策时刻的现值会更好一些。通过这种方式，就可以将各种投资议案用现值表示出来。

举例来说明这个问题会更清楚一些。假如一位富有的叔叔打算送你一件价值100美元的礼物或者10年后送你一件价值250美元的礼物，你将做何选择？你必须权衡10年后250美元的价值与现在100美元的价值，假定平均每年的通货膨胀率为10%。把250美元折现，你可以比较其与现在100美元的购买力大小。通过求解复利值，可求得现值（P）。已知利率为10%，10年后的复利值（V）为250美元，其复利终值公式为：

$$V = P(1+i)^n$$

两边同时除以$(1+i)^n$，得：

$$P = \frac{V}{(1+i)^n} = \frac{250}{(1+0.10)^{10}} = 96.39(美元)$$

以上计算表明，在10%的通货膨胀率下，10年后获得250美元仅相当于现在获得96.39美元，所以明智的选择应该是现在的100美元。

在求解现值问题时，我们也经常利用复利系数表。借助附录I中的表I-3，10年后1美元的现值系数为0.386，乘以250美元，结果为96.50美元。

专栏C-1

运用电子数据表格

我们希望大家都能运用电子数据表格进行这些计算。尽管计算机简化了这些运算，但大家还是应该了解计算机实际所做的工作。此外我们也应该对电子数据表格进行检验，确保公式设置正确。由于电子表格出错带来错误决策从而带来惨痛结果的例子比比皆是。

为便于你快捷参考，我们给出下列最有用的财务公式。它们都是选自微软Excel的帮助栏。

PV（rate, nper, pmt）：得出投资现值。现值是指一系列未来的支出现在价值的总额。例如，当你向某个人借贷时，对借出人来说，借款金额就是借贷额的现值。rate是指每期利息率。举例来说，如果你获得一笔汽车贷款，年利率为10%，每月支付一次，则月利率为10%/12，即0.83%。在公式中你可以设定rate为10%/12或者0.83%或者0.008 3。nper是指年金支付的总期数。例如，假设你获得一笔4年期汽车贷款并按月偿还，借贷期数是4×12（即48）。这时，你应该在公式中把nper设置为48。pmt是指每期支付的金额，它在整个偿还期保持不变。一般来说，pmt包括本金和利息，但不包括其他费用和税。例如，对于一笔10 000美元、利率为12%的4年期汽车贷款，月偿还额为263.33美元，那么就把公式中的pmt设置为263.33。

FV（rate, nper, pmt）：按期支付固定金额、固定利率的终值计算。rate是指每期利率。nper是指年金支付的总期数。pmt是指每期支付的金额，它在整个偿还期中保持不变。通常pmt包括本金和利息，但不包括其他费用和税。

NPV（rate, value1, value2, …）：基于一系列现金流和一个折现率计算投资净现值。一项投资的净现值是指一系列未来支出（负值）和收入（正值）的现值。rate是一个期间的折现率。value1, value2, …, 应按时间顺序依次列出，收入/支出均发生在期末。

IRR（values）：计算一系列用数值表示的现金流的内部收益率。现金流不必像年金一样要求都相等。内部收益率是指一项投资取得的收益率，该项投资由定期发生的支出（负值）和收入（正值）构成。value是用来计算内部收益率的一个数组，或者是一系列单元格的引用，其中包含了计算内部收益率需要的数字，这些数字中至少包含一个正数和一个负数才能得出内部收益率。IRR用这些数字的顺序来表示现金流的顺序，因而当输入这些支出和收入数值时，应确保它们的顺序与你预期的相同。

资料来源：From Microsoft® Excel.Copyright © 2016 Microsoft Corporation.

6. 年金的现值

年金现值是指将在未来收到的年金值折合到现在的值。要计算期数为3年、年金金额为100美元、利率为10%的年金现值，可以利用现值系数表将每年的年金折现，然后再求和。注意，年金是在每年年末收到的。

年	年末收到的金额（美元）		利率为10%的现值系数		现值（美元）
1	100	×	0.909	=	90.90
2	100	×	0.826	=	82.60
3	100	×	0.751	=	75.10
合计	300		总现值	=	248.60

计算年金现值的一般公式为：

$$A_n = R\left[\frac{1}{(1+i)} + \frac{1}{(1+i)^2} + \cdots + \frac{1}{(1+i)^n}\right]$$

式中　A_n——n 年的年金现值；

　　　R——每期的收入；

　　　n——以年为单位的年金的期数。

利用该公式计算前例得：

$$A_n = 100 \times \left[\frac{1}{1+0.10} + \frac{1}{(1+0.10)^2} + \frac{1}{(1+0.10)^3}\right] = 100 \times 2.487 = 248.70(美元)$$

附录 I 的表 I-4 中包含了不同到期值年金的现值。当利率为 10%、期数为 3 时，1 美元年金的现值系数为 2.487。我们的年金为 100 美元而不是 1 美元，与年金现值系数相乘，可得现值为 248.70 美元。

如果未来各年收到的年金不相等，则应将各年年金逐一折成现值再求和。虽然这样比较烦琐，但这些步骤是不可简略的。

7. 折现后的现金流

折现后的现金流是指未来产生的资产支付流折合为现值的现金流。它是一种简单的现值分析，包括一次支付、年金以及其他各种类型。

C.5　投资排序的方法

1. 净现值法

净现值法是一种企业常用的方法。这种方法基于项目资金流入量的现值超过投资额的数量做决策。

一家公司正考虑两个可供选择的投资方案，两个方案的投入量分别为 30 000 美元和 50 000 美元，未来各年的现金流入量如下表所示（单位：美元）。

年	现金流入		年	现金流入	
	A 方案	B 方案		A 方案	B 方案
1	10 000	15 000	4	10 000	15 000
2	10 000	15 000	5	10 000	15 000
3	10 000	15 000			

我们要在 A 方案和 B 方案之间做出选择，比较两者中哪个项目的净现值更高。假定资本成本为 8%（单位：美元）。

方案 A	方案 B
3.993（PV 系数）× 10 000 = 39 930	3.993（PV 系数）× 15 000 = 59 895
减去投资额 = 30 000	减去投资额 = 50 000
净现值 = 9 930	净现值 = 9 895

由上表可见，方案 A 较好，因为它的净现值比方案 B 多 35 美元（= 9 930 - 9 895）。

2. 投资回收期法

投资回收期是通过比较各方案收回投资时间的长短，并以此为依据进行方案排序的方法。该方法的基本原理是投资回收的越快，就能越早对其他收益项目进行再投资。这样公司可以用投资基金获得最大的收益。

考虑两个投资方案，投资金额均为 1 000 美元。第一个方案在以后的 6 年中，每年收入 200 美元；第二个方案在前3年每年获得收入300美元,后3年每年获得收入100美元。

如果选择第一个方案,则可以在第5年年末收回投资,而第二个方案在第4年年末收入总额就已达到1 000美元。这样第二个方案用这1 000美元进行再投资的时间就要比第一个方案早一年。

虽然人们已经不经常只用投资回收期作为投资决策依据,但该方法经常与其他方法结合使用来说明收回全部投资的时间。投资回收期的主要不足是不考虑投资回收期以外的收入以及不考虑资本的时间价值。如果一种方法忽略了资本的时间价值,那么这种方法是值得商榷的。

3. 内部收益率法

内部收益率被定义为现金流入的现值与投资额相等时的利率。计算内部收益率没有直接可用的程序或公式,一般使用插值法或者重复计算求得。

假设我们要计算某方案的内部回报率,该方案的投资金额是12 000美元,在以后4年中每年现金流入量为4 000美元。我们可以试算,现值系数为:

$$\frac{12\ 000}{4\ 000} = 3.000$$

接下来我们就可以找出期数为4,现值系数为3.000的利率。因为3.000介于2.914和3.037之间,所以该利率必介于12%和14%之间(见附录I表I-4的第4列),利用线性插值法可得:

$$I = 12 + (14 - 12) \times \frac{3.037 - 3.000}{3.037 - 2.914} = 12 + 0.602 = 12.602,即12.602\%$$

以上计算得出了内部收益率较好的近似值。

如果现金流入的折现率为12.6%,则现金流入的现值与投资金额大致相等。因此该方案的内部收益率为12.6%,可以将资本成本与内部收益率做比较以决定投资的净收益率。在本例中,如果资本成本是8%,则该投资的净收益率为4.6%。

净现值法与内部收益率法的步骤在本质上是相同的。它们的区别是净现值以收入超过投资的数量来比较投资方案,而内部收益率则用收益率进行比较。此外,内部收益率法偶尔也会遇到计算的问题,因为计算中出现了多种利率。

4. 寿命不同的投资方案的评估

当各投资方案的寿命长度都相同时,可以运用上述方法计算,得出合理的各方案的相对价值,从而可以做出比较。然而,当寿命长度不相等时,如何联系不同的时间期间的问题就出现了。备选方案的寿命与原方案一致吗?寿命相对短、较早被更新的设备,其生产率应该高一些吗?未来设备的成本如何估计?

对在决策时不可预见的投资进行评估,估计值的准确度不可能很高。这些问题仍需继续探索,并且需要为评估提出合理的依据。

C.6 应用举例:投资决策

例C-1 扩建决策

威廉·威尔逊陶瓷制品公司(William J. Wilson Ceramic Products, Inc.)租用设备生产耐火砖。由于需求增加,该公司可以投资购买新的设备,提高产量,增加销量。产销量增加,耐火砖的单价还是会保持10美元。在进行工艺分析与成本分析的基础上,会计部门向经理提供了年增长量为100 000块砖的情况下的成本估算(单位:美元)。

项目	金额	项目	金额
预期寿命为5年的新设备购置成本	500 000	水电费用年增加额	40 000
设备安装成本	20 000	劳动力成本年增加额	160 000
设备残值	0	原材料成本每年增加量	400 000
新机器运营费用占用的年租金	40 000		

使用年数总和法折旧，税率为40%。公司的策略是，如果投资报酬率低于20%，就不进行投资。那么是否要实施扩建计划呢？

解答

计算投资成本（美元）：

购置设备成本	500 000
设备的安装成本	20 000
总投资成本	520 000

计算整个投资寿命周期的各年现金流量。

租赁费用是沉没成本。不管是否进行投资，该成本总要产生，所以它与决策无关，不在考虑范围之内。年生产成本包括水电费用、劳动力成本和原材料成本，这三者总额为600 000美元/年。

年销售收入为：10 × 100 000 = 1 000 000（美元），折旧前税前的年收入等于总收入（1 000 000美元）减去去年生产费用（600 000美元），等于400 000美元。

接着，利用年数总和法（年数总和 = 1 + 2 + 3 + 4 + 5 = 15），将折扣额从400 000美元的年收入中扣除。

年	5 000 000美元中折旧的部分		折旧费用（美元）
1	5/15 × 500 000	=	166 667
2	4/15 × 500 000	=	133 333
3	3/15 × 500 000	=	100 000
4	2/15 × 500 000	=	66 667
5	1/15 × 500 000	=	33 333
	累计折旧额	=	500 000

当税率为40%时，计算年现金流量。下面只给出第一年现金流入量的求解过程。

折旧与税前收入		400 000美元
减：40%的税额（40% × 400 000）	160 000美元	
折旧抵税额（0.4 × 166 667）	66 667美元	93 333美元
第一年现金流		306 667美元

计算现金流量的现值。由于公司要求至少20%的投资回报率，则将各年现金流量乘以20%的现值系数即可。各年的现金流量各不相同，要分别运用各年的现值系数。

年	现值系数		现金流量（美元）		现值（美元）
1	0.833	×	306 667	=	255 454
2	0.694	×	293 333	=	203 573
3	0.579	×	280 000	=	162 120
4	0.482	×	266 667	=	128 533
5	0.402	×	253 334	=	101 840
	现金流总现值（20%的折现率）			=	851 520

现在来观察净现值是正还是负。

现金流量现值	851 520美元
总投资成本	520 000美元
净现值	331 520美元

当折现率为20%时，净现值为正，这说明公司的投资报酬将超过20%，因此应实施该扩建计划。

例 C-2 更新决策

布鲁维尔公司给瓶子贴标签的机器已经使用 5 年了。该机器当年的购买价格是 4 000 美元，折旧时间为 10 年（用直线法折旧），残值为 0。若现在将该设备出售，可获得 2 000 美元。公司可以购入一台新标签机，价格为 6 000 美元，该机器可以使用 5 年，它可使每年劳动力成本减少 1 200 美元。旧机器在几个月后需要进行一次大修理，预计修理费用为 300 美元。若购买了新设备，则新设备按直线法在 5 年内计提折旧，残值为 500 美元。假定公司愿意在投资收益超过资本成本（12%）的项目上投资。税率为 40%，公司应投资新设备吗？

解答

求解投资成本。

新机器的价格		6 000 美元
减：旧机器的售价	2 000 美元	
可避免维修费	300 美元	2 300 美元
有效投资成本		3 700 美元

计算由于投资使用新机器产生的现金流入增量。

每年节约成本 = 1 200（美元）

折旧差额：

旧机器每年折旧额：

$$\frac{成本 - 残值}{期望寿命} = \frac{4\,000 - 0}{10} = 400（美元）$$

新机器年折旧额：

$$\frac{成本 - 残值}{期望寿命} = \frac{6\,000 - 500}{5} = 1\,100（美元）$$

折旧差额：1 100 − 400 = 700（美元）

每年现金流入净增长量为：

节约成本		1 200 美元
减：税率 40%	480 美元	
加：折旧抵税（0.4 × 700）	280 美元	200 美元
年现金流入增量		1 000 美元

期数为 5 年，每年现金流量为 1 000 美元的年金折现率（即资本成本）为 12%，则现值为：

$$3.605 \times 1\,000 = 3\,605（美元）$$

若第 5 年年末新购置的机器以残值 500 美元售出，则其现值为：

$$0.567 \times 500 = 284（美元）$$

预计现金流入量的总现值为：

$$3\,605 + 284 = 3\,889（美元）$$

求净现值是否为正。

流入量现值	3 889 美元
投资额	3 700 美元
净现值	189 美元

因为该投资的回报率稍高于资本成本，所以公司应购买新设备。

注意：我们从本例中可以看出折旧的重要性。由运营而引起的年金现值为：

（节约成本 − 税金）× 现值系数

$$(1200 - 480) \times 3.605 = 2596 \text{(美元)}$$

该数字比投资成本 3 700 美元少 1 104 美元，只有当折旧抵税作用特别大时，才值得投资。折旧抵税的现值为 1 009 美元，计算方法如下：

$$(\text{税率} \times \text{折旧差额}) \times \text{现值系数}$$
$$(0.4 \times 700) \times 3.605 = 1009 \text{(美元)}$$

例 C-3　自制还是外购的决策

Triple X 公司制造和销售冰箱。部分零件自制，部分零件外购。工艺设计部门认为当前外购价格为每件 8.25 美元的零件。如果自制的话可以削减成本。公司每年使用 100 000 件这种零件。会计部门在工艺设计部门估计的基础上列出以下成本清单：

- 固定成本将增加 50 000 美元；
- 劳动力成本将增加 125 000 美元；
- 企业经常费用将比现在的每年 500 000 美元增长 12%；
- 该零件的原材料成本为 600 000 美元。

根据以上估计，公司应该自制还是外购这种零件？

解答

自制零件的总成本如下。

固定成本增加	50 000 美元	经常费用增加（0.12 × 500 000）	60 000 美元
劳动力成本增加	125 000 美元	总自制成本	835 000 美元
原材料成本	600 000 美元		

自制零件的单位成本是：

$$\frac{835\,000}{100\,000} = 8.35 \text{(美元 / 单位)}$$

公司应该继续外购这种零件，因为自制零件的单位成本比外购高 0.10 美元。

本章小结

C-1　用不同的成本、风险、期望值和折旧来评估资本投资

总结

- 由于管理决策与资本投资有关，因此财务分析对运营与供应链管理是很必要的。我们在本附录中讨论了在运营与供应链管理中很有用的基本概念。

- 我们分析了成本如何分类以及资产折旧的常用方法。我们也使用基于活动的成本分析将成本分为普通成本和间接成本。

- 选择投资时需要用中长期的眼光来看待投资。在进行投资时，需要分析资金的时间价值。可以借助电子表格来做出相关决策。

附录 D

部分习题答案

第 1 章

1. 战略、流程和分析
9. a. 应收账款周转率 = 5.453
   b. 库存周转率 = 4.383
   c. 资产周转率 = 2.306

第 2 章

1. 三角底线模型
17. 生产率（小时）：
    Deluxe：0.20
    Limited：0.20
    生产率（美元）：
    Deluxe：133.33
    Limited：135.71

第 3 章

1. 测试和完善
9. 时间、生产效率和质量

第 4 章

7. b. A-C-F-G 和 A-D-F-G-I，18 周
   c. C：1 周，D：1 周，G：1 周
   d. 两条路径：A-C-F-G-I 和 A-D-F-G-I，16 周

第 5 章

1. 能力利用率 = 89.1%

8. 净现值 – 小工厂 = 480 万美元
   净现值 – 大工厂 = 260 万美元，因此要建设小工厂
10. 能力利用率 = 75%，它们都在关键区域

第 6 章

5. 4 710 小时
7. 学习率 – 劳动 = 80%
   学习率 – 零部件 = 90%
   生产小时数 = 11 556（小时）
   零部件 = 330 876（美元）

第 7 章

9. 7 500 个单位
16. 每小时 80 个单位

第 8 章

5. b. 120 秒
   c. 工作站 1（AD），工作站 2（BC），工作站 3（EF），工作站 4（GH）
   d. 87.5%
10. a. 33.6 秒
    b. 3.51，取整为 4 个工作站
    d. 工作站 1（AB），工作站 2（DF），工作站 3（C），工作站 4（EG），工作站 5（H）
    e. 效率 = 70.2%
    f. 将周期降至 32 秒，且加班 6.67 分钟
    g. 加班 1.89 小时，最好装配线再平衡

第 9 章

1. 服务包
2. 面对面程序化接触

第 10 章

6. a. 33.33%
   b. 1/3 小时或 20 分钟
   c. 1.33 个学生
   d. 44.44%
21. a. 0.233 3 分钟或 14 秒
   b. 2.083 辆汽车在队伍中，2.92 辆汽车在系统中

第 11 章

10. 传统方法 40 分钟
    替代方法 51 分钟，故传统方法更好
12. a. 最大速度为 3 加仑 / 小时，到第 50 小时，浴缸会溢出
    b. 平均速度只有 2.5 加仑 / 小时，这就是输出速率

第 12 章

6. $DMPO = 15\ 333$，这不是很好
11. 帕累托图

第 13 章

1. a. 不检测的成本 = 20（美元 / 小时），检测成本 = 9（美元 / 小时），故应该检测
   b. 每个 0.18 美元
   c. 每单位 0.22 美元
6. a. 0.333
   b. 不，这个机器生产质量不达标
9. 对于 $\bar{x}$ 图：
   $UCL = 1\ 014.965$
   $LCL = 983.235$
   对于 R 图：
   $UCL = 49.551$
   $LCL = 0$

第 14 章

10. 5 张看板
14. 5 张看板

第 15 章

9. a. 总成本是 1 056.770 美元
   b. 应当考虑关闭在费城的工厂，因为能力利用率非常低
10. $C_x = 373.8$，$C_y = 356.9$

第 16 章

11. 购买 $NPV = 143\ 226.27$ 美元，制作 $NPV = 84\ 442.11$ 美元，应当接受投标
16. 库存周转 = 148.6，供应周 = 0.350（有 1/3 的周供应）

第 17 章

5. 制造和物流
11. 9.61 天

第 18 章

4. 最近的第 3 个 = 1 000，最近的第 2 个 = 1 175，最近的第 1 个 = 975
6. a. 2 月：84，3 月：86，4 月：90，5 月：88，6 月：84
   b. $MAD = 15$
21. a. $MAD = 90$
    $TS = -1.67$
    b. TS 可行，但是趋势下降

第 19 章

7. 总成本 = 416 600 美元
10. 总成本 = 413 750 美元

第 20 章

4. 购买 268 盒生菜
14. $q = 713$
17. a. $Q = 1\ 225$
    $R = 824$
    b. $q = 390 - I$

第 21 章

11.

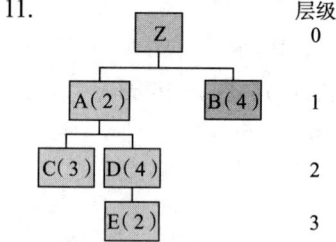

21. 最小总成本，通过第 4 阶段的 8 订购 180 单位

    最小单位成本，通过第 4 阶段的 8 订购 180 单位，或者通过第 4 阶段的 9 订购 220 单位

第 22 章

5. 按照以下顺序：103，105，101，102，104

    平均流动时间 = 16.2（天）

7. 首先选择汽车 C，然后是 A 和 B。

9. 关键比例：5，3，2，4，1；最早完成时间：2，5，3，4，1；最短处理时间：2，1，4，3，5

第 23 章

6. 情况 I：X 使用 = 933.3 小时

    Y 使用 = 700 小时

    情况 II：X 使用 = 933.3 小时

    Y 使用 = 700 小时

    情况 III：X 使用 = 933.3 小时

    Y 使用 = 700 小时

    情况 IV：X 使用 = 933.3 小时

    Y 使用 = 700 小时

    否则：

    情况 I：不出问题

    情况 II：出现多余的在制品库存

    情况 III：出现多余的零件

    情况 IV：出现多余的成品库存

17. a. 机器 B 是约束

    b. 全部的 M 以及尽可能多的 N

    c. 600 美元（100 单位 M 和 30 单位 N）

第 24 章

2. 员工流

6. 临床仪表板

第 25 章

2. 最优解为 $B = 10$，$A = 15$，$Z = 70$

4. a. $600A + 900B \leq 3\,600$

    $600A + 900B \geq 1\,800$

    $200A + 700B \leq 1\,400$

    $400A + 100B \geq 400$

    $A \leq 2$

    Min $0.75A + 0.15B$

    b. $A = 0.54$

    $B = 1.85$

    Obj = 0.68

附录 E

现 值 表

表 E-1

年	1%	2%	3%	4%	5%	6%	7%	8%	9%	10%	12%	14%	15%
1	0.990	0.980	0.971	0.962	0.952	0.943	0.935	0.926	0.917	0.909	0.893	0.877	0.870
2	0.980	0.961	0.943	0.925	0.907	0.890	0.873	0.857	0.842	0.826	0.797	0.769	0.756
3	0.971	0.942	0.915	0.889	0.864	0.840	0.816	0.794	0.772	0.751	0.712	0.675	0.658
4	0.961	0.924	0.889	0.855	0.823	0.792	0.763	0.735	0.708	0.683	0.636	0.592	0.572
5	0.951	0.906	0.863	0.822	0.784	0.747	0.713	0.681	0.650	0.621	0.567	0.519	0.497
6	0.942	0.888	0.838	0.790	0.746	0.705	0.666	0.630	0.596	0.564	0.507	0.456	0.432
7	0.933	0.871	0.813	0.760	0.711	0.665	0.623	0.583	0.547	0.513	0.452	0.400	0.376
8	0.923	0.853	0.789	0.731	0.677	0.627	0.582	0.540	0.502	0.467	0.404	0.351	0.327
9	0.914	0.837	0.766	0.703	0.645	0.592	0.544	0.500	0.460	0.424	0.361	0.308	0.284
10	0.905	0.820	0.744	0.676	0.614	0.558	0.508	0.463	0.422	0.386	0.322	0.270	0.247
11	0.896	0.804	0.722	0.650	0.585	0.527	0.475	0.429	0.388	0.350	0.287	0.237	0.215
12	0.887	0.788	0.701	0.625	0.557	0.497	0.444	0.397	0.356	0.319	0.257	0.208	0.187
13	0.879	0.773	0.681	0.601	0.530	0.469	0.415	0.368	0.326	0.290	0.229	0.182	0.163
14	0.870	0.758	0.661	0.577	0.505	0.442	0.388	0.340	0.299	0.263	0.205	0.160	0.141
15	0.861	0.743	0.642	0.555	0.481	0.417	0.362	0.315	0.275	0.239	0.183	0.140	0.123
16	0.853	0.728	0.623	0.534	0.458	0.394	0.339	0.292	0.252	0.218	0.163	0.123	0.107
17	0.844	0.714	0.605	0.513	0.436	0.371	0.317	0.270	0.231	0.198	0.146	0.108	0.093
18	0.836	0.700	0.587	0.494	0.416	0.350	0.296	0.250	0.212	0.180	0.130	0.095	0.081
19	0.828	0.686	0.570	0.475	0.396	0.331	0.276	0.232	0.194	0.164	0.116	0.083	0.070
20	0.820	0.673	0.554	0.456	0.377	0.312	0.258	0.215	0.178	0.149	0.104	0.073	0.061
25	0.780	0.610	0.478	0.375	0.295	0.233	0.184	0.146	0.116	0.092	0.059	0.038	0.030
30	0.742	0.552	0.412	0.308	0.231	0.174	0.131	0.099	0.075	0.057	0.033	0.020	0.015

㊀ 表中的值可用 Microsoft Excel 的以下式计算得出：$(1+利息)^{-年}$。

4 种生产计划的计划[⊖]

16%	18%	20%	24%	28%	32%	36%	40%	50%	60%	70%	80%	90%
0.862	0.847	0.833	0.806	0.781	0.758	0.735	0.714	0.667	0.625	0.588	0.556	0.526
0.743	0.718	0.694	0.650	0.610	0.574	0.541	0.510	0.444	0.391	0.346	0.309	0.277
0.641	0.609	0.579	0.524	0.477	0.435	0.398	0.364	0.296	0.244	0.204	0.171	0.146
0.552	0.516	0.482	0.423	0.373	0.329	0.292	0.260	0.198	0.153	0.120	0.095	0.077
0.476	0.437	0.402	0.341	0.291	0.250	0.215	0.186	0.132	0.095	0.070	0.053	0.040
0.410	0.370	0.335	0.275	0.227	0.189	0.158	0.133	0.088	0.060	0.041	0.029	0.021
0.354	0.314	0.279	0.222	0.178	0.143	0.116	0.095	0.059	0.037	0.024	0.016	0.011
0.305	0.266	0.233	0.179	0.139	0.108	0.085	0.068	0.039	0.023	0.014	0.009	0.006
0.263	0.226	0.194	0.144	0.108	0.082	0.063	0.048	0.026	0.015	0.008	0.005	0.003
0.227	0.191	0.162	0.116	0.085	0.062	0.046	0.035	0.017	0.009	0.005	0.003	0.002
0.195	0.162	0.135	0.094	0.066	0.047	0.034	0.025	0.012	0.006	0.003	0.002	0.001
0.168	0.137	0.112	0.076	0.052	0.036	0.025	0.018	0.008	0.004	0.002	0.001	0.001
0.145	0.116	0.093	0.061	0.040	0.027	0.018	0.013	0.005	0.002	0.001	0.001	0.000
0.125	0.099	0.078	0.049	0.032	0.021	0.014	0.009	0.003	0.001	0.001	0.000	0.000
0.108	0.084	0.065	0.040	0.025	0.016	0.010	0.006	0.002	0.001	0.000	0.000	0.000
0.093	0.071	0.054	0.032	0.019	0.012	0.007	0.005	0.002	0.001	0.000	0.000	
0.080	0.060	0.045	0.026	0.015	0.009	0.005	0.003	0.001	0.000	0.000		
0.069	0.051	0.038	0.021	0.012	0.007	0.004	0.002	0.001	0.000	0.000		
0.060	0.043	0.031	0.017	0.009	0.005	0.003	0.002	0.000	0.000			
0.051	0.037	0.026	0.014	0.007	0.004	0.002	0.001	0.000	0.000			
0.024	0.016	0.010	0.005	0.002	0.001	0.000	0.000					
0.012	0.007	0.004	0.002	0.001	0.000	0.000						

附录 F

负指数分布的 e^{-x} 值[○]

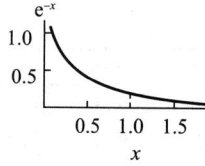

X	e^{-x}	X	e^{-x}	X	e^{-x}	X	e^{-x}
0.00	1.000 00	0.22	0.802 52	0.44	0.644 04	0.66	0.516 85
0.01	0.990 05	0.23	0.794 53	0.45	0.637 63	0.67	0.511 71
0.02	0.980 20	0.24	0.786 63	0.46	0.631 28	0.68	0.506 62
0.03	0.970 45	0.25	0.778 80	0.47	0.625 00	0.69	0.501 58
0.04	0.960 79	0.26	0.771 05	0.48	0.618 78	0.70	0.496 59
0.05	0.951 23	0.27	0.763 38	0.49	0.612 63	0.71	0.491 64
0.06	0.941 76	0.28	0.755 78	0.50	0.606 53	0.72	0.486 75
0.07	0.932 39	0.29	0.748 26	0.51	0.600 50	0.73	0.481 91
0.08	0.923 12	0.30	0.740 82	0.52	0.594 52	0.74	0.477 11
0.09	0.913 93	0.31	0.733 45	0.53	0.588 60	0.75	0.472 37
0.10	0.904 84	0.32	0.726 15	0.54	0.582 75	0.76	0.467 67
0.11	0.895 83	0.33	0.718 92	0.55	0.576 95	0.77	0.463 01
0.12	0.886 92	0.34	0.711 77	0.56	0.571 21	0.78	0.458 41
0.13	0.878 09	0.35	0.704 69	0.57	0.565 53	0.79	0.453 84
0.14	0.869 36	0.36	0.697 68	0.58	0.559 90	0.80	0.449 33
0.15	0.860 71	0.37	0.690 73	0.59	0.554 33	0.81	0.444 86
0.16	0.875 14	0.38	0.683 86	0.60	0.548 81	0.82	0.440 43
0.17	0.843 66	0.39	0.677 06	0.61	0.543 35	0.83	0.436 05
0.18	0.835 27	0.40	0.670 32	0.62	0.537 94	0.84	0.431 71
0.19	0.826 96	0.41	0.663 65	0.63	0.532 59	0.85	0.427 41
0.20	0.818 73	0.42	0.657 05	0.64	0.527 29	0.86	0.423 16
0.21	0.810 58	0.43	0.650 51	0.65	0.522 05	0.87	0.418 95

○ 这些值可用 Microsoft Excel 的方程 1 − EXPONDIST (x, 1, TRUE) 计算得出。

(续)

X	e^{-x}	X	e^{-x}	X	e^{-x}	X	e^{-x}
0.88	0.414 78	1.17	0.310 37	1.46	0.232 24	1.76	0.172 04
0.89	0.410 66	1.18	0.307 28	1.47	0.229 93	1.77	0.170 33
0.90	0.406 57	1.19	0.304 22	1.48	0.227 64	1.78	0.168 64
0.91	0.402 52	1.20	0.301 19	1.49	0.225 37	1.79	0.166 96
0.92	0.398 52	1.21	0.298 20	1.51	0.220 91	1.80	0.165 30
0.93	0.394 55	1.22	0.295 23	1.52	0.218 71	1.81	0.163 65
0.94	0.390 63	1.23	0.292 29	1.53	0.216 54	1.82	0.162 03
0.95	0.386 74	1.24	0.289 38	1.54	0.214 38	1.83	0.160 41
0.96	0.382 89	1.25	0.286 50	1.55	0.212 25	1.84	0.158 82
0.97	0.379 08	1.26	0.283 65	1.56	0.210 14	1.85	0.157 24
0.98	0.375 31	1.27	0.280 83	1.57	0.208 05	1.86	0.155 67
0.99	0.371 58	1.28	0.278 04	1.58	0.205 98	1.87	0.154 12
1.00	0.367 88	1.29	0.275 27	1.59	0.203 93	1.88	0.152 59
1.01	0.364 22	1.30	0.272 53	1.60	0.201 90	1.89	0.151 07
1.02	0.360 60	1.31	0.269 82	1.61	0.199 89	1.90	0.149 57
1.03	0.357 01	1.32	0.267 14	1.62	0.197 90	1.91	0.148 08
1.04	0.353 45	1.33	0.264 48	1.63	0.195 93	1.92	0.146 61
1.05	0.349 94	1.34	0.261 85	1.64	0.193 98	1.93	0.145 15
1.06	0.346 46	1.35	0.259 24	1.65	0.192 05	1.94	0.143 70
1.07	0.343 01	1.36	0.256 66	1.66	0.190 14	1.95	0.142 27
1.08	0.339 60	1.37	0.254 11	1.67	0.188 25	1.96	0.140 86
1.09	0.336 22	1.38	0.251 58	1.68	0.186 37	1.97	0.139 46
1.10	0.332 87	1.39	0.249 08	1.69	0.184 52	1.98	0.138 07
1.11	0.329 56	1.40	0.246 60	1.70	0.182 68	1.99	0.136 70
1.12	0.326 28	1.41	0.244 14	1.71	0.180 87	2.00	0.135 34
1.13	0.323 03	1.42	0.241 71	1.72	0.179 07		
1.14	0.319 82	1.43	0.239 31	1.73	0.177 28		
1.15	0.316 64	1.44	0.236 93	1.74	0.175 52		
1.16	0.313 49	1.45	0.234 57	1.75	0.173 77		

(续)

附录 G

累计标准正态分布概率表[一]

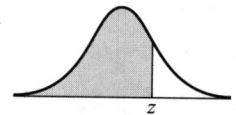

表中数值是随机数落在负无穷至 z 区间中的累计概率大小

z	G(z)	z	G(z)	z	G(z)	z	G(z)
−4.00	0.000 03	−2.90	0.001 87	−1.80	0.035 93	−0.70	0.241 96
−3.95	0.000 04	−2.85	0.002 19	−1.75	0.040 06	−0.65	0.257 85
−3.90	0.000 05	−2.80	0.002 56	−1.70	0.044 57	−0.60	0.274 25
−3.85	0.000 06	−2.75	0.002 98	−1.65	0.049 47	−0.55	0.291 16
−3.80	0.000 07	−2.70	0.003 47	−1.60	0.054 80	−0.50	0.308 54
−3.75	0.000 09	−2.65	0.004 02	−1.55	0.060 57	−0.45	0.326 36
−3.70	0.000 11	−2.60	0.004 66	−1.50	0.066 81	−0.40	0.344 58
−3.65	0.000 13	−2.55	0.005 39	−1.45	0.073 53	−0.35	0.363 17
−3.60	0.000 16	−2.50	0.006 21	−1.40	0.080 76	−0.30	0.382 09
−3.55	0.000 19	−2.45	0.007 14	−1.35	0.088 51	−0.25	0.401 29
−3.50	0.000 23	−2.40	0.008 20	−1.30	0.096 80	−0.20	0.420 74
−3.45	0.000 28	−2.35	0.009 39	−1.25	0.105 65	−0.15	0.440 38
−3.40	0.000 34	−2.30	0.010 72	−1.20	0.115 07	−0.10	0.460 17
−3.35	0.000 40	−2.25	0.012 22	−1.15	0.125 07	−0.05	0.480 06
−3.30	0.000 48	−2.20	0.013 90	−1.10	0.135 67	0.00	0.500 00
−3.25	0.000 58	−2.15	0.015 78	−1.05	0.146 86	0.05	0.519 94
−3.20	0.000 69	−2.10	0.017 86	−1.00	0.158 66	0.10	0.539 83
−3.15	0.000 82	−2.05	0.020 18	−0.95	0.171 06	0.15	0.559 62
−3.10	0.000 97	−2.00	0.022 75	−0.90	0.184 06	0.20	0.579 26
−3.05	0.001 14	−1.95	0.025 59	−0.85	0.197 66	0.25	0.598 71
−3.00	0.001 35	−1.90	0.028 72	−0.80	0.211 86	0.30	0.617 91
−2.95	0.001 59	−1.85	0.032 16	−0.75	0.226 63	0.35	0.636 83

[一] 这些概率值可用 Microsoft Excel 的 NORMSDIST（z）函数生成。

(续)

z	G(z)	z	G(z)	z	G(z)	z	G(z)
0.40	0.655 42	1.35	0.911 49	2.30	0.989 28	3.25	0.999 42
0.45	0.673 64	1.40	0.919 24	2.35	0.990 61	3.30	0.999 52
0.50	0.691 46	1.45	0.926 47	2.40	0.991 80	3.35	0.999 60
0.55	0.708 84	1.50	0.933 19	2.45	0.992 86	3.40	0.999 66
0.60	0.725 75	1.55	0.939 43	2.50	0.993 79	3.45	0.999 72
0.65	0.742 15	1.60	0.945 20	2.55	0.994 61	3.50	0.999 77
0.70	0.758 04	1.65	0.950 53	2.60	0.995 34	3.55	0.999 81
0.75	0.773 37	1.70	0.955 43	2.65	0.995 98	3.60	0.999 84
0.80	0.788 14	1.75	0.959 94	2.70	0.996 53	3.65	0.999 87
0.85	0.802 34	1.80	0.964 07	2.75	0.997 02	3.70	0.999 89
0.90	0.815 94	1.85	0.967 84	2.80	0.997 44	3.75	0.999 91
0.95	0.828 94	1.90	0.971 28	2.85	0.997 81	3.80	0.999 93
1.00	0.841 34	1.95	0.974 41	2.90	0.998 13	3.85	0.999 94
1.05	0.853 14	2.00	0.977 25	2.95	0.998 41	3.90	0.999 95
1.10	0.864 33	2.05	0.979 82	3.00	0.998 65	3.95	0.999 96
1.15	0.874 93	2.10	0.982 14	3.05	0.998 86	4.00	0.999 97
1.20	0.884 93	2.15	0.984 22	3.10	0.999 03		
1.25	0.894 35	2.20	0.986 10	3.15	0.999 18		
1.30	0.903 20	2.25	0.987 78	3.20	0.999 31		

(续)

附录 H

均匀分布随机数表

56970	10799	52098	04184	54967	72938	50834	23777	08392
83125	85077	60490	44369	66130	72936	69848	59973	08144
55503	21383	02464	26141	68779	66388	75242	82690	74099
47019	06683	33203	29603	54553	25971	69573	83854	24715
84828	61152	79526	29554	84580	37859	28504	61980	34997
08021	31331	79227	05748	51276	57143	31926	00915	45821
36458	28285	30424	98420	72925	40729	22337	48293	86847
05752	96045	36847	87729	81679	59126	59437	33225	31280
26768	02513	58454	56958	20575	76746	40878	06846	32828
42613	72456	43030	58085	06766	60227	96414	32671	45587
95457	12176	65482	25596	02678	54592	63607	82096	21913
95276	67524	63564	95958	39750	64379	46059	51666	10433
66954	53574	64776	92345	95110	59448	77249	54044	67942
17457	44151	14113	02462	02798	54977	48340	66738	60184
03704	23322	83214	59337	01695	60666	97410	55064	17427
21538	16997	33210	60337	27976	70661	08250	69509	60264
57178	16730	08310	70348	11317	71623	55510	64750	87759
31048	40058	94953	55866	96283	40620	52087	80817	74533
69799	83300	16498	80733	96422	58078	99643	39847	96884
90595	65017	59231	17772	67831	33317	00520	90401	41700
33570	34761	08039	78784	09977	29398	93896	78227	90110
15340	82760	57477	13898	48431	72936	78160	87240	52710
64079	07733	36512	56186	99098	48850	72527	08486	10951
63491	84886	67118	62063	74958	20946	28147	39338	32109
92003	76568	41034	28260	79708	00770	88643	21188	01850
52360	46658	66511	04172	73085	11795	52594	13287	82531
74622	12142	68355	65635	21828	39539	18988	53609	04001
04157	50070	61343	64315	70836	82857	35335	87900	36194
86003	60070	66241	32836	27573	11479	94114	81641	00496

（续）

41208	80187	20351	09630	84668	42486	71303	19512	50277
06433	80674	24520	18222	10610	05794	37515	48619	62866
39298	47829	72648	37414	75755	04717	29899	78817	03509
89884	59651	67533	68123	17730	95862	08034	19473	63971
61512	32155	51906	61662	64430	16688	37275	51262	11569
99653	47635	12506	88535	36553	23757	34209	55803	96275
95913	11085	13772	76638	48423	25018	99041	77529	81360
55804	44004	13122	44115	01601	50541	00147	77685	58788
35334	82410	91601	40617	72876	33967	73830	15405	96554
57729	88646	76487	11622	96297	24160	09903	14047	22917
86648	89317	63677	70119	94739	25875	38829	68377	43918
30574	06039	07967	32422	76791	30725	53711	93385	13421
81307	13114	83580	79974	45929	85113	72268	09858	52104
02410	96385	79067	54939	21410	86980	91772	93307	34116
18969	87444	52233	62319	08598	09066	95288	04794	01534
87863	80514	66860	62297	80198	19347	73234	86265	49096
08397	10538	15438	62311	72844	60203	46412	65943	79232
28520	45247	58729	10854	99058	18260	38765	90038	94209
44285	09452	15867	70418	57012	72122	36634	97283	95943
86299	22510	33571	23309	57040	29285	67870	21913	72958
84842	05748	90894	61658	15001	94005	36308	41161	37341

附录 I

利 率 表

表 I-1

年	1%	2%	3%	4%	5%	6%	7%	8%	9%
1	1.010	1.020	1.030	1.040	1.050	1.060	1.070	1.080	1.090
2	1.020	1.040	1.061	1.082	1.102	1.124	1.145	1.166	1.188
3	1.030	1.061	1.093	1.125	1.158	1.191	1.225	1.260	1.295
4	1.041	1.082	1.126	1.170	1.216	1.262	1.311	1.360	1.412
5	1.051	1.104	1.159	1.217	1.276	1.338	1.403	1.469	1.539
6	1.062	1.126	1.194	1.265	1.340	1.419	1.501	1.587	1.677
7	1.072	1.149	1.230	1.316	1.407	1.504	1.606	1.714	1.828
8	1.083	1.172	1.267	1.369	1.477	1.594	1.718	1.851	1.993
9	1.094	1.195	1.305	1.423	1.551	1.689	1.838	1.999	2.172
10	1.105	1.219	1.344	1.480	1.629	1.791	1.967	2.159	2.367
11	1.116	1.243	1.384	1.539	1.710	1.898	2.105	2.332	2.580
12	1.127	1.268	1.426	1.601	1.796	2.012	2.252	2.518	2.813
13	1.138	1.294	1.469	1.665	1.886	2.133	2.410	2.720	3.066
14	1.149	1.319	1.513	1.732	1.980	2.261	2.579	2.937	3.342
15	1.161	1.346	1.558	1.801	2.079	2.397	2.759	3.172	3.642
16	1.173	1.373	1.605	1.873	2.183	2.540	2.952	3.426	3.970
17	1.184	1.400	1.653	1.948	2.292	2.693	3.159	3.700	4.328
18	1.196	1.428	1.702	2.026	2.407	2.854	3.380	3.996	4.717
19	1.208	1.457	1.754	2.107	2.527	3.026	3.617	4.316	5.142
20	1.220	1.486	1.806	2.191	2.653	3.207	3.870	4.661	5.604
25	1.282	1.641	2.094	2.666	3.386	4.292	5.427	6.848	8.623
30	1.348	1.811	2.427	3.243	4.322	5.743	7.612	10.063	13.268

㊀ 表中的值可用 Microsoft Excel 的以下式计算得出：(1+利息)^{年}。

1 美元的复利之和[一]

10%	12%	14%	15%	16%	18%	20%	24%	28%
1.100	1.120	1.140	1.150	1.160	1.180	1.200	1.240	1.280
1.210	1.254	1.300	1.322	1.346	1.392	1.440	1.538	1.638
1.331	1.405	1.482	1.521	1.561	1.643	1.728	1.907	2.067
1.464	1.574	1.689	1.749	1.811	1.939	2.074	2.364	2.684
1.611	1.762	1.925	2.011	2.100	2.288	2.488	2.932	3.436
1.772	1.974	2.195	2.313	2.436	2.700	2.986	3.635	4.398
1.949	2.211	2.502	2.660	2.826	3.185	3.583	4.508	5.629
2.144	2.476	2.853	3.059	3.278	3.759	4.300	5.590	7.206
2.358	2.773	3.252	3.518	3.803	4.435	5.160	6.931	9.223
2.594	3.106	3.707	4.046	4.411	5.234	6.192	8.594	11.806
2.853	3.479	4.226	4.652	5.117	6.176	7.430	10.657	15.112
3.138	3.896	4.818	5.350	5.936	7.288	8.916	13.216	19.343
3.452	4.363	5.492	6.153	6.886	8.599	10.699	16.386	24.759
3.797	4.887	6.261	7.076	7.988	10.147	12.839	20.319	31.691
4.177	5.474	7.138	8.137	9.266	11.974	15.407	25.196	40.565
4.595	6.130	8.137	9.358	10.748	14.129	18.488	31.243	51.923
5.054	6.866	9.276	10.761	12.468	16.672	22.186	38.741	66.461
5.560	7.690	10.575	12.375	14.463	19.673	26.623	48.039	85.071
6.116	8.613	12.056	14.232	16.777	23.214	31.948	59.568	108.890
6.728	9.646	13.743	16.367	19.461	27.393	38.338	73.864	139.380
10.835	17.000	26.462	32.919	40.874	62.669	95.396	216.542	478.900
17.449	29.960	50.950	66.212	85.850	143.371	237.376	634.820	1 645.500

表 I-2

年	1%	2%	3%	4%	5%	6%	7%	8%
1	1.000	1.000	1.000	1.000	1.000	1.000	1.000	1.000
2	2.010	2.020	2.030	2.040	2.050	2.060	2.070	2.080
3	2.030	3.060	3.019	3.122	3.152	3.184	3.215	3.246
4	4.060	4.122	4.184	4.246	4.310	4.375	4.440	4.506
5	5.101	5.204	5.309	5.416	5.526	5.637	5.751	5.867
6	6.152	6.308	6.468	6.633	6.802	6.975	7.153	7.336
7	7.214	7.434	7.662	7.898	8.142	8.394	8.654	8.923
8	8.286	8.583	8.892	9.214	9.549	9.897	10.260	10.637
9	9.369	9.755	10.159	10.583	11.027	11.491	11.978	12.488
10	10.462	10.950	11.464	12.006	12.578	13.181	13.816	14.487
11	11.567	12.169	12.808	13.486	14.207	14.972	15.784	16.645
12	12.683	13.412	14.192	15.026	15.917	16.870	17.888	18.977
13	13.809	14.680	15.618	16.627	17.713	18.882	20.141	21.495
14	14.947	15.974	17.086	18.292	19.599	21.051	22.550	24.215
15	16.097	17.293	18.599	20.024	21.579	23.276	25.129	27.152
16	17.258	18.639	20.157	21.825	23.657	25.673	27.888	30.324
17	18.430	20.012	21.762	23.698	25.840	28.213	30.840	33.750
18	19.615	21.412	23.414	25.645	28.132	30.906	33.999	37.450
19	20.811	22.841	25.117	27.671	30.539	33.760	37.379	41.446
20	22.019	24.297	26.870	29.778	33.066	36.786	40.995	45.762
25	28.243	32.030	36.459	41.646	47.727	54.865	63.249	73.106
30	34.785	40.568	47.575	56.085	66.439	79.058	94.461	113.283

表 I-3

年	1%	2%	3%	4%	5%	6%	7%	8%	9%	10%	12%	14%	15%
1	0.990	0.980	0.971	0.962	0.952	0.943	0.935	0.926	0.917	0.909	0.893	0.877	0.870
2	0.980	0.961	0.943	0.925	0.907	0.890	0.873	0.857	0.842	0.826	0.797	0.769	0.756
3	0.971	0.942	0.915	0.889	0.864	0.840	0.816	0.794	0.772	0.751	0.712	0.675	0.658
4	0.961	0.924	0.889	0.855	0.823	0.792	0.763	0.735	0.708	0.683	0.636	0.592	0.572
5	0.951	0.906	0.863	0.822	0.784	0.747	0.713	0.681	0.650	0.621	0.567	0.519	0.497
6	0.942	0.888	0.838	0.790	0.746	0.705	0.666	0.630	0.596	0.564	0.507	0.456	0.432
7	0.933	0.871	0.813	0.760	0.711	0.665	0.623	0.583	0.547	0.513	0.452	0.400	0.376
8	0.923	0.853	0.789	0.731	0.677	0.627	0.582	0.540	0.502	0.467	0.404	0.351	0.327
9	0.914	0.837	0.766	0.703	0.645	0.592	0.544	0.500	0.460	0.424	0.361	0.308	0.284
10	0.905	0.820	0.744	0.676	0.614	0.558	0.508	0.463	0.422	0.386	0.322	0.270	0.247
11	0.896	0.804	0.722	0.650	0.585	0.527	0.475	0.429	0.388	0.350	0.287	0.237	0.215
12	0.887	0.788	0.701	0.625	0.557	0.497	0.444	0.397	0.356	0.319	0.257	0.208	0.187
13	0.879	0.773	0.681	0.601	0.530	0.469	0.415	0.368	0.326	0.290	0.229	0.182	0.163
14	0.870	0.758	0.661	0.577	0.505	0.442	0.388	0.340	0.299	0.263	0.205	0.160	0.141
15	0.861	0.743	0.642	0.555	0.481	0.417	0.362	0.315	0.275	0.239	0.183	0.140	0.123
16	0.853	0.728	0.623	0.534	0.458	0.394	0.339	0.292	0.252	0.218	0.163	0.123	0.107
17	0.844	0.714	0.605	0.513	0.436	0.371	0.317	0.270	0.231	0.198	0.146	0.108	0.093
18	0.836	0.700	0.587	0.494	0.416	0.350	0.296	0.250	0.212	0.180	0.130	0.095	0.081
19	0.828	0.686	0.570	0.475	0.396	0.331	0.276	0.232	0.194	0.164	0.116	0.083	0.070
20	0.820	0.673	0.554	0.456	0.377	0.312	0.258	0.215	0.178	0.149	0.104	0.073	0.061
25	0.780	0.610	0.478	0.375	0.295	0.233	0.184	0.146	0.116	0.092	0.059	0.038	0.030
30	0.742	0.552	0.412	0.308	0.231	0.174	0.131	0.099	0.075	0.057	0.033	0.020	0.015

㊀ 表中的值可用 Microsoft Excel 的以下式计算得出：FV（利息，年，-1）。
㊁ 表中的值可用 Microsoft Excel 的以下式计算得出：(1+利息)$^{-年}$。

N 年后 1 美元的年金总和

9%	10%	12%	14%	16%	18%	20%	24%
1.000	1.000	1.000	1.000	1.000	1.000	1.000	1.000
2.090	2.100	2.120	2.140	2.160	2.180	2.200	2.240
3.278	3.310	3.374	3.440	3.506	3.572	3.640	3.778
4.573	4.641	4.770	4.921	5.066	5.215	5.368	5.684
5.985	6.105	6.353	6.610	6.877	7.154	7.442	8.048
7.523	7.716	8.115	8.536	8.977	9.442	9.930	10.980
9.200	9.487	10.089	10.730	11.414	12.142	12.916	14.615
11.028	11.436	12.300	13.233	14.240	15.327	16.499	19.123
13.021	13.579	14.776	16.085	17.518	19.086	20.799	24.712
15.193	15.937	17.549	19.337	21.321	23.521	25.959	31.643
17.560	18.531	20.655	23.044	25.733	28.755	32.150	40.238
20.141	21.384	24.133	27.271	30.850	34.931	39.580	50.985
22.953	24.523	28.029	32.089	36.786	42.219	48.497	64.110
26.019	27.975	32.393	37.581	43.672	50.818	59.196	80.496
29.361	31.772	37.280	43.842	51.660	60.965	72.035	100.815
33.003	35.950	42.753	50.980	60.925	72.939	87.442	126.011
36.974	40.545	48.884	59.118	71.673	87.068	105.931	157.253
41.301	45.599	55.750	68.394	84.141	103.740	128.117	195.994
46.018	51.159	63.440	78.969	98.603	123.414	154.740	244.033
51.160	57.275	72.052	91.025	115.380	146.628	186.688	303.601
84.701	93.347	133.334	181.871	249.214	342.603	471.981	898.092
136.308	164.494	241.333	356.787	530.312	790.948	1 181.882	2 640.916

1 美元的现值

16%	18%	20%	24%	28%	32%	36%	40%	50%	60%	70%	80%	90%
0.862	0.847	0.833	0.806	0.781	0.758	0.735	0.714	0.667	0.625	0.588	0.556	0.526
0.743	0.718	0.694	0.650	0.610	0.574	0.541	0.510	0.444	0.391	0.346	0.309	0.277
0.641	0.609	0.579	0.524	0.477	0.435	0.398	0.364	0.296	0.244	0.204	0.171	0.146
0.552	0.516	0.482	0.423	0.373	0.329	0.292	0.260	0.198	0.153	0.120	0.095	0.077
0.476	0.437	0.402	0.341	0.291	0.250	0.215	0.186	0.132	0.095	0.070	0.053	0.040
0.410	0.370	0.335	0.275	0.227	0.189	0.158	0.133	0.088	0.060	0.041	0.029	0.021
0.354	0.314	0.279	0.222	0.178	0.143	0.116	0.095	0.059	0.037	0.024	0.016	0.011
0.305	0.266	0.233	0.179	0.139	0.108	0.085	0.068	0.039	0.023	0.014	0.009	0.006
0.263	0.226	0.194	0.144	0.108	0.082	0.063	0.048	0.026	0.015	0.008	0.005	0.003
0.227	0.191	0.162	0.116	0.085	0.062	0.046	0.035	0.017	0.009	0.005	0.003	0.002
0.195	0.162	0.135	0.094	0.066	0.047	0.034	0.025	0.012	0.006	0.003	0.002	0.001
0.168	0.137	0.112	0.076	0.052	0.036	0.025	0.018	0.008	0.004	0.002	0.001	0.001
0.145	0.116	0.093	0.061	0.040	0.027	0.018	0.013	0.005	0.002	0.001	0.001	0.000
0.125	0.099	0.078	0.049	0.032	0.021	0.014	0.009	0.003	0.001	0.001	0.000	0.000
0.108	0.084	0.065	0.040	0.025	0.016	0.010	0.006	0.002	0.001	0.000	0.000	0.000
0.093	0.071	0.054	0.032	0.019	0.012	0.007	0.005	0.002	0.001	0.000	0.000	
0.080	0.060	0.045	0.026	0.015	0.009	0.005	0.003	0.001	0.000	0.000		
0.069	0.051	0.038	0.021	0.012	0.007	0.004	0.002	0.001	0.000	0.000		
0.060	0.043	0.031	0.017	0.009	0.005	0.003	0.002	0.000	0.000			
0.051	0.037	0.026	0.014	0.007	0.004	0.002	0.001	0.000	0.000			
0.024	0.016	0.010	0.005	0.002	0.001	0.000	0.000					
0.012	0.007	0.004	0.002	0.001	0.000	0.000						

表 I-4　1 美元的年金的现值

年	1%	2%	3%	4%	5%	6%	7%	8%	9%	10%
1	0.990	0.980	0.971	0.962	0.952	0.943	0.935	0.926	0.917	0.909
2	1.970	1.942	1.913	1.886	1.859	1.833	1.808	1.783	1.759	1.736
3	2.941	2.884	2.829	2.775	2.723	2.673	2.624	2.577	2.531	2.487
4	3.902	3.808	3.717	3.630	3.546	3.465	3.387	3.312	3.240	3.170
5	4.853	4.713	4.580	4.452	4.329	4.212	4.100	3.993	3.890	3.791
6	5.795	5.601	5.417	5.242	5.076	4.917	4.766	4.623	4.486	4.355
7	6.728	6.472	6.230	6.002	5.786	5.582	5.389	5.206	5.033	4.868
8	7.652	7.325	7.020	6.733	6.463	6.210	6.971	5.747	5.535	5.335
9	8.566	8.162	7.786	7.435	7.108	6.802	6.515	6.247	5.985	5.759
10	9.471	8.983	8.530	8.111	7.722	7.360	7.024	6.710	6.418	6.145
11	10.368	9.787	9.253	8.760	8.306	7.887	7.449	7.139	6.805	6.495
12	11.255	10.575	9.954	9.385	8.863	8.384	7.943	7.536	7.161	6.814
13	12.134	11.348	10.635	9.986	9.394	8.853	8.358	7.904	7.487	7.103
14	13.004	12.106	11.296	10.563	9.899	9.295	8.745	8.244	7.786	7.367
15	13.865	12.849	11.938	11.118	10.380	9.712	9.108	8.559	8.060	7.606
16	14.718	13.578	12.561	11.652	10.838	10.106	9.447	8.851	8.312	7.824
17	15.562	14.292	13.166	12.166	11.274	10.477	9.763	9.122	8.544	8.022
18	16.398	14.992	13.754	12.659	11.690	10.828	10.059	9.372	8.756	8.201
19	17.226	15.678	14.324	13.134	12.085	11.158	10.336	9.604	8.950	8.365
20	18.046	16.351	14.877	13.590	12.462	11.470	10.594	9.818	9.128	8.514
25	22.023	19.523	17.413	15.622	14.094	12.783	11.654	10.675	9.823	9.077
30	25.808	22.397	19.600	17.292	15.373	13.765	12.409	11.258	10.274	9.427

年	12%	14%	16%	18%	20%	24%	28%	32%	36%
1	0.893	0.877	0.862	0.847	0.833	0.806	0.781	0.758	0.735
2	1.690	1.647	1.605	1.566	1.528	1.457	1.392	1.332	1.276
3	2.402	2.322	2.246	2.174	2.106	1.981	1.868	1.766	1.674
4	3.037	2.914	2.798	2.690	2.589	2.404	2.241	2.096	1.966
5	3.605	3.433	3.274	3.127	2.991	2.745	2.532	2.345	2.181
6	4.111	3.889	3.685	3.498	3.326	3.020	2.759	2.534	2.339
7	4.564	4.288	4.039	3.812	3.605	3.242	2.937	2.678	2.455
8	4.968	4.639	4.344	4.078	3.837	3.421	3.076	2.786	2.540
9	5.328	4.946	4.607	4.303	4.031	3.566	3.184	2.868	2.603
10	5.650	5.216	4.833	4.494	4.193	3.682	3.269	2.930	2.650
11	5.988	5.453	5.029	4.656	4.327	3.776	3.335	2.978	2.683
12	6.194	5.660	5.197	4.793	4.439	3.851	3.387	3.013	2.708
13	6.424	5.842	5.342	4.910	4.533	3.912	3.427	3.040	2.727
14	6.628	6.002	5.468	5.008	4.611	3.962	3.459	3.061	2.740
15	6.811	6.142	5.575	5.092	4.675	4.001	3.483	3.076	2.750
16	6.974	6.265	5.669	5.162	4.730	4.033	3.503	3.088	2.758
17	7.120	6.373	5.749	5.222	4.775	4.059	3.518	3.097	2.763
18	7.250	6.467	5.818	5.273	4.812	4.080	3.529	3.104	2.767
19	7.366	6.550	5.877	5.316	4.844	4.097	3.539	3.109	2.770
20	7.469	6.623	5.929	5.353	4.870	4.110	3.546	3.113	2.772
25	7.843	6.873	6.097	5.467	4.948	4.147	3.564	3.122	2.776
30	8.055	7.003	6.177	5.517	4.979	4.160	3.569	3.124	2.778

⊖ 表中的值可用 Microsoft Excel 的以下式计算得出：PV（利息，年，-1）。